国家哲学社会科学成果文库

NATIONAL ACHIEVEMENTS LIBRARY
OF PHILOSOPHY AND SOCIAL SCIENCES

中国劳动经济史
（1949—2012）（上卷）

宋士云　等著

中国社会科学出版社

宋士云 男，1966年4月生，山东阳谷人，经济学博士（后），现任聊城大学商学院教授、中国经济史学会理事、山东省经济史研究理事会副理事长、山东省人力资源和社会保障学会理事。1998年，破格晋升为教授。2001年，被评为山东省高等学校省级中青年学术骨干。

1989年7月，毕业于聊城师范学院，获哲学学士学位，并留校任教；1995年7月，毕业于中国人民大学，获经济学硕士学位；2005年6月，毕业于中南财经政法大学，获经济学博士学位；2007年11月，中国社会科学院经济研究所理论经济学博士后流动站出站。

长期致力于中国近现代经济史研究，主持完成国家社会科学基金规划项目2项（均以"优秀"鉴定等级结项）、省部级课题8项；出版学术专著5部，在《中国经济史研究》《中共党史研究》《当代中国史研究》《中国人口科学》《世界经济》《经济管理》等报纸杂志发表论文80余篇；独立或第一作者研究成果获山东省社会科学优秀成果二等奖5项、三等奖3项。

《国家哲学社会科学成果文库》
出版说明

为充分发挥哲学社会科学研究优秀成果和优秀人才的示范带动作用，促进我国哲学社会科学繁荣发展，全国哲学社会科学工作领导小组决定自 2010 年始，设立《国家哲学社会科学成果文库》，每年评审一次。入选成果经过了同行专家严格评审，代表当前相关领域学术研究的前沿水平，体现我国哲学社会科学界的学术创造力，按照"统一标识、统一封面、统一版式、统一标准"的总体要求组织出版。

全国哲学社会科学工作办公室
2021 年 3 月

导 论

劳动经济史是一门经济史科学。新中国成立七十年来，在中国共产党的领导下，新中国劳动经济制度经历了一个从建立到与权力高度集中的计划经济体制相适应，再到改革开放后与社会主义市场经济体制相适应的制度安排和变迁过程。在这个过程中，因应社会经济发展战略变化之需要，劳动力资源配置方式不断进行调整、改进和完善。但是，由于发展理念、资源禀赋与体制模式适应性的原因，每一个发展阶段也都在某种程度上存在这样或那样的不足和问题。因此，如何科学地研究新中国劳动经济史就至关重要。

一 研究现状述评与研究意义

改革开放以来，伴随着社会主义市场经济体制的建立与完善，中国劳动力供给与需求、劳动力就业与流动、劳动力培训、工资与收入分配、劳动者保障、劳动关系等都发生了重大变化，并深刻影响着产业结构的升级和民生制度的安排。与此同时，理论界和政府部门对劳动经济理论与实践的研究也取得了重大进展。在已出版的有关劳动经济研究的优秀著作中，主要有以下五类：

一是侧重国外经验借鉴的，主要有：《世界主要国家劳动就业政策概观》（毛立言，1995）、《全球视野下的劳动力市场政策》（沈琴琴、杨伟国，2008）、《经济全球化视角下的中国企业工资形成机制研究》（侯玲玲，2007）、《公务员绩效工资制度：国际实践与中国应用》（贺晨、孙杰，2012）、《经济全球化与中国劳动关系重建》（黄河涛、赵健杰，2007）等。

二是侧重劳动经济问题与对策论述的，主要有：《中国劳动经济蓝皮书（2009）》（杨河清，2010）、《中国劳动制度改革》（刘嘉林等，1988）、《中国的劳动与社会保障问题》（王延中，2004）、《当代中国农村劳动力流动》（李文安，2003）、《中国劳动力市场发展与政策研究》（孔泾源，2006）、《中国就业的改革发展》（张小建，2008）、《劳动力资源配置的理论与实践》（吴江，2010）、《工资、就业与劳动供给》（郭继强，2008）、《事业单位薪酬管理——内部收入分配的决定基础与模式选择》（岳颖，2009）、《中国薪酬发展报告（2010年）》（刘学民，2011）、《改革与修复：当代中国国有企业的劳动关系研究》（李琪，2003）、《当代中国就业与劳动关系》（张小建、蔡昉等，2009）、《中国劳动关系报告——当代中国劳动关系的特点和趋向》（常凯，2009）、《现代培训理论与实践》（张志鸿等，1997）等。

三是侧重中国劳动经济某一方面或几个方面研究的，主要有：《劳动供求关系变化与就业政策》（张车伟，2006）、《中国劳动力市场转型与发育》（蔡昉、都阳、王美艳，2005）、《中国转轨时期劳动力流动》（蔡昉、白南生，2006）、《工资和就业的议价理论——对中国二元就业体制的效率考察》（陆铭，2004）、《中国劳动力市场培育与工资改革》（戴园晨等，1994）、《中国城镇的就业和工资》（冯兰瑞、赵履宽，1982）、《农民工：中国进城农民工的经济社会分析》（李培林，2003）、《中国农民工的发展与终结》（韩长斌，2003）、《中国的二元经济与劳动力转移》（蔡昉，1990）、《当代中国的人事管理》（张志坚，1994）、《中国劳动力资源与妇女就业问题研究》（李慧京、吴国兰，1995）、《劳动剩余与工资上涨条件下的工业化》（丁守海，2010）、《转轨中的震撼：中国下岗问题追踪与探索》（唐云岐，1998）、《中国公务员工资制度改革研究》（毛飞，2008）、《中国社会保障体系的建立与完善》（劳动部课题组，1994）、《社会保险与职工福利讲稿》（劳动人事部保险福利局，1986）等。

四是从历史变迁视角研究劳动经济的，主要有：《中国劳动经济史》（袁伦渠，1990）、《当代中国的劳动力管理》（何光，1990）、《当代中国的职工工资福利和社会保险》（严忠勤，1987）、《中国改革全书（1978—1991）——劳动工资体制改革卷》（令狐安、孙桢，1992）、《新中国劳动制度发展与创新研究》（苏树厚，2005）、《中国工业劳动史》（祝慈寿，1999）、《新中国劳动保障史话》（刘贯学，2004）、《中国就业制度的变迁》（袁志刚、方颖，1998）、《中国反失业政策研究（1950—2000）》（程连升，

2002)、《中国就业60年（1949—2009）》（赖德胜等，2010）、《三十五年职工工资发展概述》（么树本，1986）、《新中国工资史稿》（庄启东、袁伦渠、李建立，1986）、《中国的工资调整与改革（1949—1991）》（黄定康、舒克勤，1991）、《国有企业工资制度演化内在逻辑》（徐萍，2012）、《中国劳动与社会保障体制改革30年研究》（蔡昉，2008）、《新中国人力资源管理变革的路径和走向》（林新奇，2012）、《回顾与展望：中国劳动人事社会保障30年》（杨宜勇、杨河清、张琪，2008）、《中国社会保障制度变迁与评估》（郑功成等，2002）、《走向和谐：中国社会保障发展60年》（胡晓义，2009）、《新中国社会保障制度结构与变迁》（宋士云等，2011）、《中国劳动关系系统论：从"单位型"向"市场型"》（史新田，2010）等。

五是研究新中国经济发展史较多内容涉及劳动经济的，主要有：《当代中国经济》（马洪、刘国光、杨坚白，1987）、《当代中国的经济体制改革》（周太和，1984）、《当代中国的经济管理》（朱镕基，1985）、《新中国经济50年（1949—1999）》（曾培炎，1999）、《中国经济发展史》（第五册）（宁可，1999）、《中国近现代经济史（1949—1991）》（赵德馨，2003）、《中华人民共和国经济简史》（武力，2008）、《中国的奇迹：发展战略与经济改革（增订版）》（林毅夫、蔡昉、李周，1999）、《中国十个五年计划研究报告》（刘国光，2006）、《中华人民共和国经济史》（第一卷）（1949—1952）（吴承明、董志凯，2001）、《中华人民共和国经济史（1953—1957）》（上、下册）（董志凯、武力，2011）、《中华人民共和国经济史（1967—1984）》（赵德馨，1989）、《中华人民共和国经济史（1985—1991）》（赵德馨，1999）、《中国经济通史》（第十卷·上）（苏少之，2002）、《中国经济通史》（第十卷·下）（赵凌云，2002）、《现代公司与企业改革》（吴敬琏，1994）、《中国国有企业改革30年研究》（吕政、黄速建，2008）、《中国非国有经济改革与发展30年研究》（刘迎秋，2008）等。

近十多年来，在研究中国劳动经济史的优秀论文中：

一是研究就业制度变革的，主要有：《中国就业制度演变》（胡鞍钢、程永宏，2003）、《中国就业制度改革的回顾与思考》（蔡昉，2008）、《就业制度改革三十年的回顾与反思》（刘社建，2008）、《就业篇》（莫荣，2008）、《我国大学生就业政策的演变及评价》（黄敬宝，2013）、《改革以来我国农村劳动力转移政策的演化及其经验》（李占才、运迪，2009）、《改革开放以来的中国农民工就业政策社会效应评估研究》（纪韶，2010）等。

二是研究劳动力市场发育与发展的，主要有：《中国劳动力市场发育与就业变化》（蔡昉，2007）、《中国劳动力市场的变革趋势与方向》（丁守海、许珊，2014）、《改革开放以来中国劳动力市场分割的制度变迁研究》（晋利珍，2008）等。

三是研究劳动力培训的，主要有：《改革开放三十年我国职工教育发展回顾》（李荣生，2008）、《企业改革与发展的强大智力支持（上）——改革开放以来我国企业职工教育培训工作的回顾与展望》（李为民、韩书锋，2006）等。

四是研究工资及收入分配制度改革的，主要有：《中国个人收入分配研究回顾与展望》（李实，2003）、《工业化、市场化与收入差距变化趋势研究》（武力、肖翔，2010）、《改革开放以来我国工资制度研究述评》（于东阳，2014）、《中国工资改革50年》（宋关达，1999）、《工资分配篇》（苏南海、刘秉泉，2008）、《试论建国以来农业剩余及其分配制度的变化》（武力，2004）、《中国农民工工资走势：1979—2010》（卢锋，2012）、《公务员工资制度改革的回顾与建议》（刘强，2014）、《中国公务员工资制度和工资水平的演变探析——基于1992—2012年的改革实践》（于东阳、苏少之，2014）、《中国职工福利制度的回顾与展望》（宋士云，2013）等。

五是研究劳动关系变革的，主要有：《劳动关系篇》（邱小平，2008）、《中国企业劳动关系的变迁》（洪泸敏、章辉美，2009）、《改革开放以来劳动关系的发展变化——市场化与法制化对构建和谐劳动关系的影响及辩证关系》（郭军，2012）、《中国劳动关系调整模式的变迁》（潘泰萍，2015）等。

六是研究社会保障制度变革的，主要有：《社会保障篇》（何平、汪泽英，2008）、《中国社会保障制度60年：成就与教训》（郑秉文，2009）、《十六大以来中国社会保障制度的改革与发展》（宋士云、焦艳芳，2012）等。

此外，中国人民大学书报资料中心编辑出版的《劳动经济与劳动关系》、人力资源和社会保障部主办的《中国劳动》和中国人力资源开发研究会主办的《中国人力资源开发》等杂志也都刊载一些有关中国劳动经济问题与制度变革的论文。

上述著作和论文的出版和发表，不仅为中国劳动经济理论与实践的发展做出了巨大的贡献，而且也为今后对中国劳动经济问题进行更深入的研究奠定了坚实的基础。然而，对新中国劳动经济发展史的探讨和研究，尽管在上述著作和论文中都有论述，但就目前来看，尚缺乏系统性和深层次的研究。以往有关新中国劳动经济史的论著，大都集中于某一时段或某些方面，尤其是较多地关注城市劳动经济的研究，或者是改革开放后劳动经济的研究。

本书从经济史学的视角，在中国工业化、市场化和现代化的背景下，以劳动力资源配置方式的变革为主线，对新中国近七十年来的劳动经济发展史进行了全面系统的研究，以期在理论上能对中国劳动经济制度变迁进行反思，进而为构建现代劳动经济体制框架提供理论依据，为国史研究写上"劳动经济史"这一重要篇章；以期在实践上能够为中国建立完善的、统一的劳动经济制度体系提供重要借鉴，为完善中国社会主义市场经济体制和实现经济发展模式的转换提供决策依据。

二 研究的主要内容、基本思路和研究方法

本书主要研究新中国劳动经济产生、演变和发展的历史，它以劳动力资源配置方式的变革为主线，研究五个历史时期劳动力供给与需求、劳动力就业与流动、劳动力培训、工资与收入分配、劳动者保障、劳动关系等方面的发展变化与特点，分析变迁的原因和劳动制度与社会经济发展之间的关系，探讨新中国劳动经济发展演变的规律与逻辑，并总结其中的经验与教训，进而提出未来一个时期的发展思路和政策建议。从研究对象所处的空间上看，是中国的大陆地区，不包括中国香港、中国澳门和中国台湾地区。从研究对象所处的时间上看，主要是从1949年新中国成立到2012年这一时间段。

（一）主要内容和重要观点

第一篇两次社会经济形态转变中的劳动经济（1949—1956）。它的主题是"转变中建立"，即在经历两次经济形态的转变中建立起社会主义的劳动经济制度。1949年是这个阶段的起点，其标志是中华人民共和国的成立。

1956年是这个阶段的终点，其标志是到1956年年底随着"一化三改"任务的基本完成，新中国初步建立起一套新的劳动经济制度。在这个阶段，新中国经历了从半殖民地半封建经济形态到新民主主义经济形态（1949—1952），从新民主主义经济形态到社会主义初级阶段经济形态（1953—1956）的两次转变。这两次经济形态的转变都是凭借强大的政权力量与群众动员，对既存经济形态实行改造，并逐渐形成了高度集中统一的计划经济管理体制和优先发展重工业的战略，开展了大规模的经济建设。在这个过程中，中国共产党和人民政府高度重视人民群众生活的改善和提高，采取了一系列有力措施减少失业和扩大就业，逐步调整、改革工资制度和劳动关系，建立起劳动保险制度。

一是坚持"公私兼顾、劳资两利"的新民主主义经济的基本方针，通过救济与安置并举、疏浚与堵源结合，较为成功地缓解了就业压力，同时建立起由政府统一介绍、招收与调配劳动力的制度。随着国民经济的恢复和有计划大规模经济建设的开展，在宏观层面上，劳动人口数量增多，就业人数扩大，失业率下降，劳动力就业结构发生了明显变化；劳动就业的计划管理体制开始形成，劳动力市场调节的空间不断缩小。在微观层面上，企业劳动定额、定员等管理制度正在形成，管理的内容和目标在不断强化。劳动力的职业技术培训工作开始从失业工人转业训练转向为大规模经济建设培养后备技术工人。

二是采取各种措施制止物价上涨和稳定职工生活，在适当提高工资水平的基础上，对全国职工工资制度进行逐步清理、调整，特别是历经两次大的工资改革，到1956年年初步建立了基本上体现按劳分配原则的社会主义工资制度。工人工资标准按产业统一规定，并根据不同产业生产技术特点，建立了不同的工资等级制度；国家机关工作人员和企业职员实行了职务等级工资制。建立了职工升级制度，推广和改进了计件工资和奖励制度。从收入水平上看，职工工资收入总体呈现波动上升的态势。

三是初步建成了以国家为责任主体，覆盖国家机关、企事业单位职工的社会保险和福利制度。《劳动保险条例》是颁布最早的劳动法规之一，其内容比较齐全，包括养老、疾病、工伤、生育、死亡等保险项目，适用于企业。国家机关、事业单位的社会保险制度，则由国家颁布的各项单行法规确定。它们都以就业为基础，实行的是以单位负费制为基础的现收现付筹资机制，呈现出国家—单位保障制的共同特点。

四是在民主改革和社会主义改造中，彻底废除了城市中的封建把头制度以及欺压工人的不合理的制度，实行了以固定工为主的用工制度，根据"劳资两利"的方针，调整劳资关系。劳动争议主要是按照国家的有关法规，处理私营企业中劳动关系当事人之间发生的劳动纠纷。各级劳动行政部门会同有关部门为处理劳动争议、稳定劳资关系做了大量工作，维护了劳动关系双方的合法权益。

五是农村个体劳动制度向集体劳动制度转变。土地改革完成后，地主土地所有制变为农民土地所有制，广大农民在自己的土地上，基本上以家庭为单位进行生产经营，生产积极性空前提高。过渡时期的总路线提出以后，随着农业社会主义改造的完成，1 亿多个以土地私有制为特征的个体家庭农业转变为 100 多万个以土地公有制为特征的农业合作社。农业合作社实行有别于个体农民家庭的经营形式，即统一经营、集体劳动、统一分配，"工分"成为社员劳动计量的尺度和进行个人收入分配的依据。

可以说，"转变"是这个阶段的主要特征，而"建立"起社会主义的劳动经济制度则是这个阶段的实质内容。

第二篇计划经济体制下的劳动经济（1957—1978）。它的主题是"曲折中探索"，即中国劳动经济历经"大跃进"、国民经济调整和"文化大革命"，在曲折中探索与发展。1978 年是这个阶段的终点，其标志是 1978 年 12 月中共十一届三中全会的召开，结束了"以阶级斗争为纲"，党和国家的工作重点转移到经济建设上来。在计划经济体制下，中国劳动经济制度总体上是一种城乡二元分割的劳动经济制度。因应优先发展重工业化战略的实施，城市实行劳动工资计划管理，统包统配、能进不能出的就业与固定用工制度进一步强化，新成长的劳动力就业基本上只有全民所有制单位一条途径，为了缓解城市的就业压力，甚至采取精减职工、知识青年上山下乡等逆城市化的措施和手段。按劳分配原则以及计件和奖励工资制屡遭冲击，尽管多次对工资进行调整和改革，但基本上实行的是一种带有平均主义色彩的等级工资制度，职工工资收入长期偏低且呈平均化态势。社会保险与职工福利制度基本上延续着建立时期国家—单位保障制的格局，但在"文化大革命"

中，由于社会保险的管理机构被撤销，面向城市劳动者的劳动保险制度从社会统筹模式转化成为由单位负责的、现收现付模式，劳动保险开始微观化为企业保险。而农村则在人民公社三级（人民公社、生产大队、生产队）所有的体制中，以生产队为基本核算单位，统一组织社员进行集体生产劳动和个人消费品分配，农村劳动力向城市流动的渠道基本被堵塞，中国城市化进程极其缓慢。受"左"的指导思想影响，过度强调职工（社员）利益服从集体利益、集体利益服从国家利益，职工对单位、社员对农村集体组织形成过度依赖，其结果是导致劳动激励不足，生产经营单位效率低下。总之，1957—1978年中国劳动经济管理工作深受各种社会的、政治的因素制约和国民经济曲折发展的影响，走过了一段曲折的探索之路。"曲折"是这个阶段主要特征，而"探索"在社会主义条件下实行什么样的劳动经济制度是这个阶段的实质内容。

第三篇向市场经济转轨初期的劳动经济（1979—1991）。它的主题是"摩擦中改革"。随着经济体制改革的起步和展开，一方面传统计划经济体制开始解体，但计划体制因素在资源配置中依然居于支配地位；另一方面，市场因素开始复苏和成长，并在资源配置中具有越来越重要的作用。这种二元经济体制的内在矛盾决定了两者之间的摩擦，摩擦、较量与转轨的互动，提升了劳动力资源配置的效率，决定了中国劳动经济体制改革的历史走向。在城市，以增强国营企业活力为中心，相应地开展了劳动合同用工制度、工资制度和社会保险制度等方面的配套改革：一是改革传统的统包统配就业制度，实行"三结合"就业方针、广开就业门路，推行劳动合同制、搞活固定工制度，建立和培育劳务市场、促进劳动力的社会调节；二是职业技术培训事业迅速恢复并有新的发展，从培养新技术工人的后备培训制度逐步转向多形式、多层次、全方位的职业技术培训网络；三是改革单一的等级工资制度，国营企业推行工资总额同经济效益挂钩的工资制度，国家机关、事业单位建立起以职务工资为主要内容的结构工资制，非国有部门市场化工资决定机制开始显现，工资水平相比计划经济时期有所提高；四是社会保险制度改革逐步"去单位化"，国家、企业、个人三方共同参与，实行保险基金社会统筹，实现了由企业自我保险向社会互济的过渡；五是国营企业在劳动关系确立和管理中的权限不断增大，原来行政性的劳动关系出现松动，企业和劳动者的利益诉求开始分化，具有市场经济属性的劳动关系双方利益主体逐渐形成。在农村，随着家庭联产承包制的推行，集体生产劳动形式转变为以家庭为单位的劳动形式，农民的农业收入分配转变为"交够国家的，留足集体的，剩下都是自己的"；农村剩余劳动力开始向非农产业和城镇流动，城乡劳动力二元分割的局面被打破。两种体制的"摩擦"是这个阶段主要特征，而"改革"传统的计划化的劳动经济制度是这个阶段的实质内容。

第四篇建立市场经济体制时期的劳动经济（1992—2001）。它的主题是"定向中转轨"。1992—2001年是中国由计划经济体制向市场经济体制转轨的关键时期，是中国经济发展史上一个相对完整的新阶段。这个阶段经济体制改革和发展的特征可以概括为"定向"两个字，即中国正式确立了走市场经济之路，确立了市场机制在资源配置中发挥基础性作用的地位，各经济主体必须面向市场展开其经营活动。1992年是这个阶段的起点，其标志是中共十四大报告明确提出了"经济体制改革的目标是建立社会主义市场经济体制"，此后，两种体制仍存在摩擦，但再也不会出现1979—1991年这段时间里两种体制不仅并存，而且谁胜谁负的前途未定的那种局面。2001年则是这个阶段的终点，其标志是中国加入了世界贸易组织。从此，中国市场经济国际化之门大开，开始走上了市场化与国际化相互交融并接受国际市场检验之路。

"转轨"，即传统的计划经济体制下的劳动经济制度向适应市场经济体制的新的劳动经济制度转轨，则是这个阶段的实质内容。

一是劳动就业体制进行了根本性变革。1992年以后，随着国有企业进入产权改革阶段和国有经济战略性调整，在计划经济体制下形成的国有企业内部的大量隐性失业人员公开化并被推向社会，安置富余人员与做好下岗职工基本生活保障和再就业，就成为这个阶段劳动体制改革的首要任务。因此，推行全员劳动合同制、实施再就业工程，培育和发展劳动力市场、建立市场导向的就业机制，积极推动双轨制就业体制向市场就业体制演变，就成为这个阶段劳动就业体制改革的主旋律。与此同时，随着"民工潮"的兴起和发展，党和政府开始把农村劳动力就业考虑进来，开展农村劳动力开发就业试点，实施劳动力跨地区流动有序化工程，提出了走城乡统筹就业之路，尝试建立城乡平等的就业体制，则构成了劳动就业体制改革的另一条主线。

二是职工教育培训从"职业培训"到"职业技能开发"转型。职工教育培训以市场需求为导向,形成了政府为主导、企业为主体、各类职业培训实体积极参与的格局。职工教育培训工作范围不断拓展,从单纯为城市服务、为国有经济服务,转变为以全社会劳动力为服务对象,以开发和提高劳动者的职业技能为宗旨,培训与就业紧密结合。在职业教育培训投入上,贯彻"谁受益,谁投资"的原则,改变了过去由政府(或企业)统包统揽的做法,从根本上解决了职业教育培训经费投入不足的问题。

三是工资收入分配的市场化改革加速推进。中共中央明确提出要坚持按劳分配为主体、多种分配方式并存,以及效率优先、兼顾公平的原则,允许和鼓励资本、技术等生产要素参与收益分配,探索建立与现代企业制度相适应的工资分配制度。国家对工资的管理,从实施弹性劳动工资计划到完善分级调控、分类管理体制,从建立最低工资保障和工资支付制度到对部分行业、企业实行工资控制线办法,从建立工资指导线、劳动力市场工资指导价位和人工成本预测预警等制度到加大运用法律和经济等手段调节收入分配的力度,国家不再统一制定国有企业内部工资分配的具体办法,实现了从直接计划控制到间接调控的转变。同时,继续深化企业内部分配制度改革,工资的激励作用明显增强。企业推行岗位技能工资制,探索按生产要素分配办法,经营者工资逐步从职工工资中分离出来;改革工资总量管理方式,改进完善工资总额与经济效益挂钩办法,部分企业开展了工资集体协商的试点。工资的市场决定方式成为20世纪90年代工资改革的趋势,到2001年年底初步建立起一个由"市场机制调节、企业自主分配、职工民主参与、政府监控指导"的现代企业工资收入分配制度。

四是社会保险制度的改革与转型。社会保险制度改革在维系经济体制改革和国民经济持续增长、保证整个社会基本稳定的同时,基本完成了从传统的"国家—单位保障制度模式"向现代的"社会保障制度模式"的转型。统一的城镇企业职工养老保险制度框架基本形成,职工医疗保险制度改革全面推进,失业保险制度改革取得积极进展,工伤保险、生育保险制度改革逐步展开,社会保险管理体制日臻完善,一个独立于企事业单位之外、资金来源多元化、保障制度规范化、管理服务社会化的社会保险体系基本建立起来。

五是劳动关系市场化转型的任务基本完成。国有企业成为独立的经济主体和企业法人，企业与劳动者通过签订劳动合同普遍建立起契约化的劳动关系，《劳动法》等法律法规的颁布与实施为市场化劳动关系的运行基本构建起了一个法制体系框架，劳动关系的法制化建设也取得了重大进展。

第五篇完善市场经济体制时期的劳动经济（2002—2012）。它的主题是"统筹中完善"。2002年是这个阶段的起点，其标志是2002年11月中共十六大提出了全面建设小康社会的奋斗目标。2003年10月，中共十六届三中全会通过的《中共中央关于完善社会主义市场经济体制若干问题的决定》（以下简称《决定》）提出了科学发展观，并详细阐明了"五个统筹"的含义。关于劳动经济体制改革问题，《决定》提出，要深化劳动就业体制改革，推进收入分配制度改革，加快建设与经济发展水平相适应的社会保障体系。就业是民生之本，收入分配是民生之源，社会保障是民生之安全网，这三项都是民生的基本问题，关乎经济发展、社会稳定和政权兴亡。中国劳动力资源配置、劳动力市场发展、社会保障制度改革等进入了统筹城乡、全面发展的新时期。"统筹"可以作为这个阶段的主要特征，再者，"统筹发展"也有"全面发展"之意。2012年是这个阶段的终点，也是本书的研究下限。2013年11月，中共十八届三中全会通过的《中共中央关于全面深化改革若干重大问题的决定》，提出了"使市场在资源配置中起决定性作用和更好发挥政府作用"的论断，这标志着劳动力资源配置方式将会有新的变化。所以，2013年宜作为下一个阶段的起点。

"统筹中完善"，"完善"的是社会主义市场经济体制，"完善"的是劳动力资源配置机制，包括就业、工资收入分配、社会保障制度等，进而实现劳动关系的和谐，这些方面构成了这个阶段的实质内容。

一是实施城乡统筹的积极就业政策。进入21世纪，中国就业问题，既有发达国家主要面临青年劳动力的就业问题，也有转轨国家主要面临转轨带来的结构性失业和再就业问题，还有发展中国家面临农村劳动力的转移就业问题，可谓就业问题"三碰头"。通过实施积极的就业政策，我们不仅有效地化解了当时的就业压力，而且随着就业规模的扩大，就业结构也进一步优化。

二是劳动力市场发展与转型。2002年以来，中国劳动力市场的制度变革和发展，既有在二元经济发展过程中，劳动力市场从低级到高级、从分割到统一、从不太规范到有序运行的发展任务，也有在完善市场经济体制过程中，劳动力资源配置进一步发挥市场机制基础性作用的转型任务。随着城乡劳动力二元分割的逐步瓦解，问题的焦点已逐步集中到城市内部的二元分割上。2007年，中共十七大报告明确要求"建立统一规范的人力资源市场，形成城乡劳动者平等就业的制度"。以"民工荒"从东南沿海向内地蔓延为标志，中国劳动力市场供求开始从"无限供给"转入"有限剩余"的新阶段。

三是工资收入分配制度改革取得重大进展。在"效率与公平并重、更加强调公平"的改革理念指导下，在企业工资分配方面，按照建立与现代企业制度相适应的收入分配制度的目标，以建立激励与约束相结合的收入分配机制为中心，突出推进国有企业经营者收入分配制度改革和改善对垄断行业工资收入分配调控两个重点，抓好企业内部分配制度改革、宏观调控体系建设、完善政策法规三个环节，职工工资水平进一步提高。在机关、事业单位工资分配方面，进一步深化公务员工资制度改革，实行国家统一的职务与级别相结合的工资制；改革事业单位分配制度，建立和实行岗位绩效工资制。

四是社会保障从作为经济体制改革的配套措施转变为一项基本的社会制度安排。中国政府坚持以科学发展观为指导，强调以人为本，统筹城乡社会保障制度建设，基本建立起覆盖城乡居民的社会保障制度框架。各项社会保障制度覆盖范围从国有企业扩展到各类企业和用人单位，从单位职工扩展到灵活就业人员和城乡居民，越来越多的人享有基本社会保障。社会保障水平较大幅度提高，多层次社会保障体系得到进一步发展。

五是劳动关系制度建设进入专业化、精细化的新阶段。政府逐渐用市场化劳动关系的专业思维，进行劳动关系问题的处理和调整，不再把调整劳动关系作为改革的辅助措施，而是作为整个社会经济发展中的有机组成部分予以规制。《劳动合同法》《劳动争议调解仲裁法》和《社会保险法》等劳动关系领域的专项法规出台，相关规定越来越细，具有较强的可操作性，消除了法规适用的模糊地带，给劳动者和用人单位提供了更为准确的法律预期。

回顾历史，我们充满自信；展望未来，祖国前程似锦。中共十八届三中全会为全面深化改革指明了方向,吹响了新的历史起点上的号角。从 2013 年起,中国劳动经济已经进入一个新的阶段,目前尚处在发展之中。"当某一经济事物尚处在发展之中,即目前的阶段尚未结束时,人们不可能根据实践的效果,对它作出历史性的结论与评价。这样的经济事物或其发展阶段,不属于经济史学的研究对象。"(著名经济史学家赵德馨教授语)因此,2013 年以来的劳动经济发展,也就不属于本书的研究范围了。这也是本书把研究下限断在 2012 年的主要原因。

另外,研究经济历史的目的在于说明现实和预见未来。研究经济史的人应该关注现实经济。2013 年以后,这个阶段的下限断在哪一年呢?目前下结论为时尚早。这仍然要看劳动经济发展在这个阶段的实质内容和主要特点。不过,根据中共中央已经确定的"两个一百年"奋斗目标和近年来的劳动经济发展态势,我们能够推测,这个阶段的主题可能是"共享中发展",即其特征是"共享",实质内容是民生的"发展"与提升。2015 年 10 月,中共十八届五中全会通过的《中共中央关于制定国民经济和社会发展第十三个五年规划的建议》首次提出了"共享是中国特色社会主义的本质要求",要使全体人民在共建共享发展中有更多获得感,增强发展动力,增进人民团结,朝着共同富裕方向稳步前进。

(二)基本思路和研究方法

本书以马克思主义理论为指导,在哲学思辨、劳动年鉴和档案资料分析,以及政府部门、学术界的调研数据和前人研究成果的基础上,综合运用经济学、历史学、法学、管理学等多个学科的方法和知识,以劳动力资源配置方式的变革为主线,对 1949—2012 年新中国劳动经济发展史,分为五个时期进行了专题性研究。

在具体的研究方法上,本书特别注重经济学基本理论与历史学方法相结合的分析方法,这也是进行经济史学研究的基本方法。在运用经济学理论方面,以马克思主义经济学为指导,也尝试运用新制度经济学的理论对中国劳动经济制度的变迁进行研究和阐释。在采用历史学方法方面,本书用史学方法挖掘、考证史料,并按历史发展逻辑分析劳动经济制度演变的轨迹。同时,本书还采用了动态的或进化的研究方法、比较研究方法、个案与整体分析方法等。所谓动态的或进化的方法，就是将一个事物放在一个动态发展的背景和过程中去观察，并力求从中把握住所呈现出来的特征和规律。在采用这种方法时，本书把劳动经济的发展变化放在了中国工业化、市场化和现代化的进程中来观察和把握。采用比较研究方法，本书通过对不同时期的劳动经济制度的考察，分析其各时期的变化与特点，并在此基础上分析制度绩效以及与社会经济发展的互动关系。个案与整体分析方法，本书是研究全国劳动经济发展与变迁的，关注研究范围的全国性和整体性是理所当然的，同时，本书也适当注意了各地区、各省份的具体发展情况，并以此作为佐证和支持材料。尽管在治史中"举例子"的方法是一种比较危险的方法，但是，大量的档案、年鉴资料、实地调研与访谈让我们对本书所得出的结论还是放心的。

三　主要创新之处

新中国成立七十年来，在中国共产党的领导下，劳动经济制度几经变革，而每一次变革都有其深刻的理论与社会经济根源，都对当时的社会经济发展产生了深远影响。站在新时代的高度，从独特的国情、以往劳动经济制度渐进改革的历程和当前新常态下劳动经济未来的发展考量，本书的主要创新之处表现在：

（一）研究框架与思路方面

劳动经济涵盖劳动力供给与需求、劳动力就业与流动、劳动力培训、工资与收入分配、劳动者保障、劳动关系等诸多方面的内容。以往有关新中国劳动经济史的论著，大都集中于某一时段或某些方面，尤其是较多地关注城市劳动经济的研究，或者是改革开放后劳动经济的研究。本书既研究城市也研究农村，既研究改革开放前也研究改革开放后，它以劳动力资源配置方式的变革为主线，分五个历史时期，贯穿劳动经济的诸多方面，全面系统地研究了新中国成立七十年来劳动经济产生、演变和发展的历史以及与社会经济发展之间的互动关系，总结了经验与教训，提出了未来一个时期的发展思路和政策建议。可以说，全面性、系统性是本书的一大特色和建树。

(二) 研究视角方面

从全面建设小康社会、城乡统筹发展的视角，透视中国劳动经济制度的二元结构特征，指出这是中国城乡差距拉大、经济发展质量不高和劳动关系问题突出的重要原因之一，当前及今后一个时期是中国全面建成小康社会的决胜阶段，必须牢固树立和贯彻落实创新、协调、绿色、开放、共享的发展理念，以使全体人民在共建共享发展中有更多获得感；从工业化、市场化和现代化进程的视角，依次分析中国劳动经济制度变迁的五个阶段，提出当前在中国新型工业化、市场化和现代化进程中，要有效发挥市场在资源配置中的决定性作用和更好发挥政府作用，兼顾效率与公平，进行统筹规划，积极为建立现代劳动经济制度体系，建设统一规范的人力资源市场，实现中国城乡劳动经济的一体化搭建基础和创造条件。

(三) 研究结论方面

劳动经济是事关国民切身利益的基本民生问题，也是衡量民生福祉最为重要的指标。劳动就业是民生之本，解决了就业问题也就解决了国民稳定的收入来源问题，即民生之源问题。稳定的收入来源渠道加上社会保障的安全预期（民生之依），是民生得到保障与改善的可靠依据和重要条件。因此，实施就业优先战略，推动实现更加充分、更高质量就业，形成合理有序的工资收入分配格局，是劳动经济可持续发展的一条最基本的经验。而构建和谐的劳动关系是加强和创新社会管理、建设社会主义和谐社会的重中之重，是保障经济持续健康发展和民生改善的重要基础，即和谐劳动关系是民生之基。总结和反思新中国七十年的劳动经济发展史，可以发现，它是一部从改革开放前的"生存"到改革开放后"生活"的蜕变史。

本书存在的不足或欠缺：一是研究对象仅限于中国大陆地区，对中国香港、中国澳门和中国台湾地区的劳动经济史没有涉及；二是有关人力资本改善情况、劳动生产率提高与经济增长的关系、劳动就业与产业结构互动的关系等问题，尚需深入研究。

上卷目录

第一篇 两次社会经济形态转变中的劳动经济(1949—1956)

第一章 新中国劳动经济制度的历史起点 ……(5)
  一 半殖民地半封建经济形态下的雇佣劳动制度 ……(5)
    (一)招工用工制度 ……(6)
    (二)劳动管理制度 ……(12)
    (三)工资制度 ……(15)
    (四)劳动保险制度 ……(21)
  二 新民主主义劳动经济制度的建立和扩展 ……(25)
    (一)第二次国内革命战争时期的劳动经济制度 ……(26)
    (二)抗日战争时期的劳动经济制度 ……(29)
    (三)解放战争时期的劳动经济制度 ……(33)
  三 新中国成立前后的人口与劳动力资源状况 ……(38)

第二章 新中国劳动就业制度的建立 ……(43)
  一 对失业人员的救济与安置 ……(44)
    (一)新中国成立初期严重的失业问题 ……(44)
    (二)解决失业问题的政策和措施 ……(48)
    (三)解决失业问题取得的成效 ……(55)
  二 劳动力统一招收与调配制度的形成 ……(56)

（一）劳动力招收政策的制定与调整 ………………………………（56）
　　（二）劳动力统一调配制度的建立 …………………………………（63）
　　（三）以固定工为主的用工制度的形成 ……………………………（72）
　　（四）农村劳动力流动逐渐受到限制 ………………………………（76）
　三　企业劳动管理制度的建立 …………………………………………（79）
　　（一）企业劳动定额的制定和实施 …………………………………（79）
　　（二）企业初步实行编制定员制度 …………………………………（84）
　　（三）企业劳动保护的加强 …………………………………………（86）
　　（四）整顿与巩固劳动纪律 …………………………………………（94）
　四　劳动力职业技术培训的开展 ………………………………………（97）
　　（一）失业工人的转业训练 …………………………………………（98）
　　（二）后备技术工人的培训 …………………………………………（102）
　　（三）劳动力培训的成就与经验 ……………………………………（107）
　五　就业增长与就业结构变化 …………………………………………（108）
　　（一）1949—1956年人口与劳动力资源的变化 ……………………（108）
　　（二）就业人数扩大与失业率下降 …………………………………（112）
　　（三）劳动力就业结构的变化 ………………………………………（115）

第三章　新中国工资制度的建立 ……………………………………（120）
　一　工资制度的调整和初步改革 ………………………………………（120）
　　（一）工资制度的个别调整和存在的问题 …………………………（121）
　　（二）以大行政区为主导的初次工资改革 …………………………（125）
　　（三）国家机关的供给制和工资制的变革 …………………………（130）
　二　1956年全国统一进行的工资改革 ………………………………（133）
　　（一）工资改革的背景和原因 ………………………………………（133）
　　（二）工资改革的主要内容 …………………………………………（134）
　　（三）工资改革的意义和问题 ………………………………………（137）
　三　私营企业的工资调整与改革 ………………………………………（138）
　　（一）公私合营前私营企业工资的调整与改革 ……………………（138）
　　（二）新公私合营企业的工资改革 …………………………………（142）

四 工资形式和工资水平的变化 …………………………………（146）
(一) 1949—1952年城镇职工收入构成和水平的变化 ………（147）
(二)"一五"时期工资形式和工资水平的变化 ………………（150）

第四章 新中国劳动保险和职工福利制度的建立 …………………（159）
一 企业职工劳动保险制度的初创 …………………………………（159）
(一)《劳动保险条例》的颁布与实施 …………………………（159）
(二)《劳动保险条例》的修正 …………………………………（162）
(三) 企业职工劳动保险管理体制 ………………………………（167）
二 国家机关工作人员社会保险制度的建立 ………………………（168）
(一) 国家机关工作人员的伤亡抚恤制度 ………………………（168）
(二) 国家机关工作人员的医疗保险制度 ………………………（169）
(三) 国家机关工作人员的生育保险制度 ………………………（171）
(四) 国家机关工作人员的退休退职保险制度 …………………（171）
三 职工福利制度的确立 ……………………………………………（172）

第五章 新中国成立初期的劳动关系 ………………………………（177）
一 新的劳动关系的形成 ……………………………………………（177）
(一) 改造旧的用工制度,废除封建把头制度 …………………（179）
(二) 开展民主改革运动,调整企业内部生产关系 ……………（180）
(三) 根据"劳资两利"方针,调整劳资关系 …………………（182）
二 劳动争议问题的处理 ……………………………………………（184）
(一) 设立劳动争议处理机构,发布劳动争议处理法规 ………（185）
(二) 积极处理劳动争议,保护劳动关系双方的
       合法权益 ………………………………………………（187）
(三) 劳动争议处理制度的中断 …………………………………（190）

第六章 农村个体劳动制度向集体劳动制度转变 …………………（193）
一 土地改革后的个体农民家庭经济 ………………………………（193）
二 农业生产互助组的劳动组织形式 ………………………………（197）

（一）农民传统的劳动互助方式及其性质 …………………………（197）
（二）农业生产互助组的劳动组织形式 ……………………………（198）
（三）互助组的劳动交换与耕作秩序安排 …………………………（198）
三　农业生产合作社的劳动组织形式 …………………………………（201）
（一）农业生产合作从初级社到高级社 ……………………………（203）
（二）农业生产合作社的劳动组织与管理形式 ……………………（206）
（三）农业社总收入在国家、集体和个人之间的分配 ……………（208）
（四）社员个人的劳动计量与分配 …………………………………（209）

第二篇　计划经济体制下的劳动经济（1957—1978）

第七章　计划经济体制下以城市为中心的劳动就业 ……………………（217）
一　劳动就业的计划管理与实施 ………………………………………（218）
（一）劳动计划管理体制及其变化 …………………………………（218）
（二）"大跃进"时期的招工失控及其处理 …………………………（224）
（三）"文化大革命"时期及以后两年的劳动就业管理 ……………（232）
二　劳动力统一调配工作的开展 ………………………………………（244）
（一）以地区为主的工人调动 ………………………………………（245）
（二）跨地区的工人调动 ……………………………………………（247）
（三）为支援三线建设的工人调动 …………………………………（250）
（四）组织青壮年支援边疆和少数民族地区建设 …………………（251）
三　用工制度的改革尝试与反复 ………………………………………（252）
（一）改革用工制度的初步尝试 ……………………………………（253）
（二）固定工制度的进一步强化 ……………………………………（261）
（三）临时工的使用、管理与转正 …………………………………（264）
四　企业劳动定额、编制定员与劳动组织管理 ………………………（272）
（一）企业劳动定额工作的曲折发展 ………………………………（273）
（二）企业编制定员工作的曲折发展 ………………………………（277）

（三）整顿企业劳动组织 ……………………………………（285）
　五　劳动力技术培训工作的曲折发展 ……………………………（293）
　　　（一）技工学校的发展状况与问题 ……………………………（293）
　　　（二）学徒培训的状况与特点 …………………………………（301）
　　　（三）半工半读教育 ……………………………………………（305）
　　　（四）对计划经济体制下职业技术培训的评价 ………………（308）

第八章　计划经济体制下的工资 ……………………………………（310）
　一　"大跃进"时期按劳分配原则受到冲击与工资调整 …………（310）
　　　（一）按劳分配原则受到冲击 …………………………………（311）
　　　（二）取消计件工资和奖励制度 ………………………………（312）
　　　（三）试行半供给半工资制 ……………………………………（315）
　　　（四）1958—1960年的工资调整 ………………………………（316）
　二　国民经济调整时期的工资调整与改革 ………………………（320）
　　　（一）重新确认按劳分配原则和恢复计件、奖励工资制 ……（320）
　　　（二）1961—1965年的工资调整和改进工资制度 ……………（325）
　　　（三）工资制度改革的探索 ……………………………………（328）
　三　"文化大革命"时期的工资制度 ………………………………（333）
　　　（一）按劳分配原则以及计件和奖励工资制再度被否定 ……（333）
　　　（二）"冻结"工资政策 …………………………………………（335）
　　　（三）1971年部分职工调整工资 ………………………………（336）
　　　（四）坚持和维护按劳分配原则的努力 ………………………（338）
　四　职工工资收入长期偏低且呈平均化态势 ……………………（339）
　　　（一）职工工资收入变化的态势 ………………………………（339）
　　　（二）职工工资收入及其变化的特点 …………………………（344）

第九章　计划经济体制下的社会保险与职工福利 …………………（347）
　一　社会保险制度的发展与变化 …………………………………（347）
　　　（一）社会保险制度在调整中发展 ……………………………（347）
　　　（二）"文化大革命"时期社会保险制度的受挫与停滞 ………（354）

（三）"文化大革命"结束后对社会保险制度的修复 …………（356）
　　　（四）传统社会保险制度的特征与内在缺陷 ………………（359）
　二　职工福利制度的发展与变化 ……………………………………（362）
　　　（一）职工福利制度的整顿与发展 ……………………………（363）
　　　（二）"文化大革命"时期职工福利制度遭到破坏 ……………（366）
　　　（三）传统职工福利制度的特征及其评价 ……………………（367）

第十章　农村人民公社体制下的劳动经济 …………………………（371）
　一　大公社时期的劳动组织形式与分配制度 ……………………（371）
　　　（一）人民公社化运动的兴起 …………………………………（371）
　　　（二）大公社体制的特点："一大二公"，政社合一 ……………（374）
　　　（三）大公社的劳动管理与收入分配制度 ……………………（377）
　二　对大公社体制的调整 ……………………………………………（380）
　三　人民公社时期的劳动组织形式与分配制度 …………………（384）
　　　（一）"三级所有，队为基础"的公社体制 ……………………（384）
　　　（二）生产队的劳动组织管理与工分制 ………………………（387）
　　　（三）生产队的个人收入分配制度 ……………………………（393）
　四　农村居民收入的变化 ……………………………………………（398）
　　　（一）农民收入增长的总体态势 ………………………………（399）
　　　（二）农村居民收入结构单一 …………………………………（402）
　　　（三）农村居民收入平均化和与城镇居民收入的差距 ………（404）

中国劳动经济史大事记（1949—1978） ………………………………（407）

Contents(Vol I)

Part I The labor economy in the two transformations of the social – economic formation(1949—1956)

Chapter 1 The historical starting point of labor economic system in New China ································ (5)

1.1 The wage – labor system under the semi – colonial and semi – feudal economy ································ (5)

   1.1.1 The recruitment and employment system ··············· (6)

   1.1.2 The labor management system ································ (12)

   1.1.3 The wage system ································ (15)

   1.1.4 The labor insurance system ································ (21)

1.2. Establishment and expansion of labor economic system during the New Democratic Revolution ··············· (25)

   1.2.1 The labor economic system in the period of the Second Revolutionary Civil War ································ (26)

   1.2.2 The labor economic system in the period of Anti – Japanese War ································ (29)

   1.2.3 The labor economic system in the period of Liberation War ································ (33)

1.3 Population and labor resources in the founding of New China ································ (38)

Chapter 2 The establishment of labor employment system in New China (43)

2.1 The relief and resettlement of the unemployed people (44)

    2.1.1 The serious unemployment problem in the early days of New China (44)

    2.1.2 The policies and measures to solve the problem of unemployment (48)

    2.1.3 The achievements in solving the problem of unemployment (55)

2.2 The establishment of unified recruitment and allocation system of labor force (56)

    2.2.1 Establishment and adjustment of labor recruitment policy (56)

    2.2.2 Establishment of a unified labor force allocation system (63)

    2.2.3 The establishment of employment system which was based on fixed workers (72)

    2.2.4 Rural labor mobility was gradually restricted (76)

2.3 The establishment of enterprise labor management system (79)

    2.3.1 The establishment and implementation of enterprise labor quotas (79)

    2.3.2 The preliminary implementation of enterprise personnel quota system (84)

    2.3.3 Strengthen of the labor protection of enterprises (86)

    2.3.4 Rectification and consolidation of labor discipline (94)

2.4 The development of vocational and technical training (97)

    2.4.1 The retraining of unemployed workers (98)

    2.4.2 The training of backup technology workers (102)

    2.4.3 The achievement and experience of labor training (107)

2.5 The changes of employment growth and employment
   structure ·· (108)
   2.5.1 The changes in population and labor resources from
         1949 to 1956 ·· (108)
   2.5.2 The increase in employment and the decline in the
         unemployment rate ·· (112)
   2.5.3 The changes of employment structure of labor force ·········· (115)

Chapter 3 The establishment of wage system in New China ·········· (120)
   3.1 Adjustment and initial reform of wage system ················ (120)
      3.1.1 The individual adjustment of wage system and its
            problems ·· (121)
      3.1.2 The initial wage reform led by the big administrative
            regions ·· (125)
      3.1.3 The supply system of state organs and the reform of
            wage system ··· (130)
   3.2 The wage reform across the country in 1956 ················ (133)
      3.2.1 The background and causes of wage reform ···················· (133)
      3.2.2 The main content of wage reform ····································· (134)
      3.2.3 The significance and problems of wage reform ················ (137)
   3.3 The wage adjustment and reform in private
       enterprises ··· (138)
      3.3.1 The wage adjustment and reform in private enterprises
            before the public – private joint management ················ (138)
      3.3.2 The wage reform of new public – private partnership ········ (142)
   3.4 The changes in the wage form and wage level ············· (146)
      3.4.1 The composition and level of income of urban workers
            from 1949 to 1952 ·· (147)
      3.4.2 The changes in the wage form and wage level during the
            first five – year – plan ·· (150)

Chapter 4 The establishment of labor insurance and employee welfare system in New China (159)

4.1 The initial establishment of enterprise employee's labor insurance system (159)

4.1.1 The promulgation and implementation of the Labor Insurance Regulations (159)

4.1.2 The amendments to the Labor Insurance Regulations (162)

4.1.3 The management system of enterprise employee's labor insurance (167)

4.2 The establishment of social insurance system for state organs (168)

4.2.1 The casualty reward system of state organs (168)

4.2.2 The medical insurance system for of state organs (169)

4.2.3 The maternity insurance system of state organs (171)

4.2.4 The retirement insurance system of state organs (171)

4.3 The establishment of employee welfare system (172)

Chapter 5 The labor relations in the early days of the founding of New China (177)

5.1 The establishment of new labor relations (177)

5.1.1 The transformation of the old labor system, the abolition of the feudal head system (179)

5.1.2 Carrying out the democratic reform and adjusting the internal production relations (180)

5.1.3 According to the policy that was beneficial to both sides, adjusting the relations of labor and capital (182)

5.2 Handling of labor disputes (184)

5.2.1 The establishment of labor dispute settlement institutions, the issuance of labor dispute handling regulations (185)

5.2.2　Actively dealing with the labor disputes and protecting the legitimate rights and interests of both parties ············· (187)
5.2.3　The interruption of labor dispute settlement system ········· (190)

Chapter 6　The transformation of rural individual labor system to collective labor system ···················· (193)
6.1　The individual peasant household economy after the Land Reform ···························· (193)
6.2　The labor organization form of agricultural production mutual aid group ···························· (197)
　6.2.1　The traditional way of labor mutual aid and its nature ···························· (197)
　6.2.2　The labor organization form of agricultural production mutual aid group ···························· (198)
　6.2.3　The arrangement of labor exchange and farming in mutual aid group ···························· (198)
6.3　The labor organization form of agricultural production cooperatives ···························· (201)
　6.3.1　The agricultural production cooperation from primary to senior ···························· (203)
　6.3.2　The labor organization and management form of agricultural production cooperatives ···························· (206)
　6.3.3　The distribution of the total income of agricultural cooperatives in the state, collectives and individuals ···························· (208)
　6.3.4　The labor measurement and distribution of individual members ···························· (209)

Part II The labor economy under the planned economy system(1957—1978)

Chapter 7 Under the planned economy system, the labor employment had been taken the city as the center ················ (217)

  7.1 The project management and implementation of labor employment ················ (218)

    7.1.1 The management system of labor plan and its change ················ (218)

    7.1.2 The recruitment out of control in the Great Leap Forward and its disposal ················ (224)

    7.1.3 The labor employment management during the Cultural Revolution and its subsequent two years ················ (232)

  7.2 The development of the unified deployment of labor force ················ (244)

    7.2.1 Worker mobility within the region ················ (245)

    7.2.2 Cross regional worker mobility ················ (247)

    7.2.3 Worker mobility to support the Construction of Three Lines ················ (250)

    7.2.4 Organizing the youth to support the frontier and minority areas ················ (251)

  7.3 The reform and repetition of employment system ················ (252)

    7.3.1 A preliminary attempt to reform the employment system ················ (253)

    7.3.2 Further strengthening the fixed worker system ················ (261)

    7.3.3 The use and management of temporary workers, which turned into formal workers ················ (264)

  7.4 Labor quota, personnel quota and labor organization of

Contents(Vol I)   VII

    enterprise ……………………………………………… (272)
  7.4.1 The tortuous development of enterprise labor quota ……… (273)
  7.4.2 The tortuous development of enterprise personnel
     quota ………………………………………………… (277)
  7.4.3 The reorganization of enterprise labor organizations ……… (285)
 7.5 The tortuous development of labor technical training …… (293)
  7.5.1 The development of technical schools ……………… (293)
  7.5.2 The apprenticeship training and its characteristics ……… (301)
  7.5.3 Half work and half reading education ………………… (305)
  7.5.4 The evaluation of vocational and technical training
     under the planned economy system ………………… (308)

Chapter 8 The wages under the planned economy system ………… (310)
 8.1 Principle of distribution according to work was affected
   in the Great Leap Forward period and wage
   adjustments ……………………………………………… (310)
  8.1.1 Principle of distribution according to work was
     affected …………………………………………… (311)
  8.1.2 Canceling the piecework wage and reward systems ……… (312)
  8.1.3 The trial implementation of semi‐supply and semi‐
     wage system ……………………………………… (315)
  8.1.4 Wage adjustments from 1958 to 1960 ……………… (316)
 8.2 The wage adjustment and wage reform in the National
   Economy Adjustment period …………………………… (320)
  8.2.1 Reconfirmation of the principle of distribution according
     to work and recovery of piecework wage and reward
     systems …………………………………………… (320)
  8.2.2 Wage adjustments from 1961 to 1965 ……………… (325)
  8.2.3 The exploration on the reform of wage system ………… (328)
 8.3 The wage system during the Cultural Revolution ……… (333)

    8. 3. 1   Principle of distribution according to work, piecework wage and reward systems were again denied .... (333)
    8. 3. 2   The wage freeze policy .... (335)
    8. 3. 3   The wage adjustment of some workers in 1971 .... (336)
    8. 3. 4   Maintaining the principle of distribution according to work .... (338)
  8. 4 A long-term low wage income and the wage equalization trend .... (339)
    8. 4. 1   The changing trend of wage incomes .... (339)
    8. 4. 2   The characteristics of wage income changes .... (344)

Chapter 9 The social insurance and employee welfare under the planned economy system .... (347)
  9. 1 The development and change of social insurance system .... (347)
    9. 1. 1   The development of social insurance system in the economic adjustment .... (347)
    9. 1. 2   The frustration and stagnation of social insurance system during the Cultural Revolution .... (354)
    9. 1. 3   The restoration of social insurance system after the Cultural Revolution .... (356)
    9. 1. 4   The characteristics and defects of the traditional social insurance system .... (359)
  9. 2 The development and change of employee welfare system .... (362)
    9. 2. 1   The rectification and development of employee welfare system .... (363)
    9. 2. 2   The employee welfare system was destroyed during the Cultural Revolution .... (366)
    9. 2. 3   The characteristics and evaluation of traditional employee

Contents(Vol Ⅰ) Ⅸ

welfare system ……………………………………… (367)

Chapter 10 The labor economy in rural people's commune system …………………………………………… (371)
  10.1 The labor organization and distribution system in the period of the Big Commune ………………………… (371)
    10.1.1 The rise of the People's Commune Movement ………… (371)
    10.1.2 The characteristics of the Big Commune system: large in size and collective in nature, integration of government administration with commune management ……………… (374)
    10.1.3 The labor management and income distribution in the Big Commune ……………………………………… (377)
  10.2 The adjustments of the Big Commune system ………… (380)
    10.3 The labor organization and distribution in the People's Commune period ………………………………… (384)
    10.3.1 The "three levels of all, team based" system of the People's Commune ……………………………… (384)
    10.3.2 The labor organization management and workpoint system of the production team …………………………… (387)
    10.3.3 The individual income distribution system of the production team …………………………………… (393)
  10.4 The changes in the income of rural residents ………… (398)
    10.4.1 The overall situation of rural residents' income growth ………………………………………………… (399)
    10.4.2 The single income structure of rural residents ………… (402)
    10.4.3 The income equalization of rural residents and the income gap between urban and rural residents ……………… (404)

Memorabilia of the history of labor economy in China (1949—1978) …………………………………………… (407)

第一篇

两次社会经济形态转变中的劳动经济(1949—1956)

1949年中华人民共和国的成立,揭开了中国历史的新篇章。1949—1956年,中国的社会经济形态经历了两次转变:第一次是在1949—1952年,通过肃清帝国主义在华经济势力和没收官僚资本以及土地改革,变半殖民地半封建经济形态为新民主主义经济形态,同时恢复国民经济;第二次是在1953—1956年,通过对生产资料私有制的社会主义改造,变新民主主义经济形态为社会主义初级阶段经济形态,同时形成高度集中统一的计划经济管理体制和优先发展重工业的战略,开展大规模经济建设。[①] 在两次社会经济形态的转变过程中,中国共产党和人民政府高度重视人民群众生活的改善和提高,采取了一系列有力措施减少失业和扩大就业,逐步调整、改革工资制度和劳资关系,并按照社会主义原则建立起一套新的劳动经济制度。

---

① 赵德馨:《中国近现代经济史(1949—1991)》,河南人民出版社2003年版,第29页。

新中国成立后，面对严峻的就业形势，中国共产党和人民政府按照"公私兼顾、劳资两利"的新民主主义经济的基本方针，通过救济与安置并举、疏浚与堵源结合，较为成功地缓解了就业压力，同时建立起了由政府统一介绍、招收与调配劳动力的制度。伴随着国民经济的恢复和大规模经济建设的开展，在宏观层面上，劳动人口数量增多，就业人数扩大，失业率下降，劳动力就业结构发生了明显变化；劳动就业的计划管理体制开始形成，劳动力市场调节的空间不断缩小。在微观层面上，企业劳动定额、编制定员等管理制度正在形成，管理的内容和目标也在不断强化。此外，劳动力的职业技术培训工作开始从失业工人转业训练转向为大规模经济建设培养后备技术工人。

新中国成立初期，中国共产党和人民政府采取了各种措施制止物价上涨和稳定职工生活，在适当提高工资水平的基础上，对全国职工工资制度进行逐步清理、调整，特别是历经两次大的工资改革，到1956年年初步建立了基本上体现按劳分配原则的社会主义工资制度。根据各产业生产技术的特点，企业工人工资实行了不同产业的工资等级制度；国家机关工作人员和企业职员实行了职务等级工资制。同时，建立了职工升级制度，推广和改进了计件工资和奖励制度。从收入水平上看，职工工资收入总体呈现波动上升的态势。

早在20世纪50年代初，新中国就开始建立劳动保险制度，《中华人民共和国劳动保险条例》是颁布最早的劳动法规之一，其内容比较齐全，包括养老、疾病、工伤、生育、死亡等保险项目，适用于企业。国家机关、事业单位的社会保险制度，则由国家颁布的各项单行法规确定。它们都以就业为基础，实行的是以单位负费制为基础的现收现付筹资机制，呈现出国家——单位保障制的共同特点。与此同时，初步建成了以国家为责任主体，通过单位来实现，覆盖机关、企事业单位职工生活方面的福利制度。社会保险和职工福利制度的建立和实施，因应工业化需要和为工业化战略服务，对国民经济的恢复与发展发挥了积极作用。

新中国成立初期，在民主改革和社会主义改造中，彻底废除了城市中的封建把头制度以及欺压工人的不合理制度，实行了以固定工为主的用工制度，根据"劳资两利"的方针，调整劳资关系。劳动争议主要是按照国家的有关法规，处理私营企业中劳动关系当事人之间发生的劳动纠纷。各级劳动行政部门会同有关部门为处理劳动争议、稳定劳资关系做了大量工作，维护了劳动关系双方的合法权益。

在农村，进行土地改革，变地主土地所有制为农民土地所有制，这既是新中国成立后继续完成民主革命遗留任务的基本内容之一，也是实现国家工业化的前提条件之一。广大农民在自己的土地上，基本上以家庭为单位进行生产经营，生产积极性空前提高。过渡时期的总路线提出以后，农村个体劳动制度开始了向集体劳动制度转变。随着农业社会主义改造的完成，1亿多个以土地私有制为特征的个体家庭农业转变为100多万个以土地公有制为特征的农业合作社。农业合作社实行有别于个体农民家庭的经营形式，即统一经营、集体劳动、统一分配，"工分"成为社员劳动计量的尺度和进行个人收入分配的依据。

第 一 章
新中国劳动经济制度的历史起点

1840年鸦片战争以后,由于帝国主义国家的入侵,中国经济逐渐从独立的封建经济形态演变为半殖民地半封建的经济形态。中国与世界经济的关系发生了剧变,中国市场被卷入世界市场,经济现代化从流通领域开始,并伴随洋务运动的进行,在困境中全面展开:在生产力方面,手工劳动开始向机器生产过渡,工业化起步;在生产关系方面,封建所有制的基础松动,资本主义生产方式产生。在近代中国,外国资本主义的入侵对封建社会自然经济基础的破坏,刺激了城乡商品经济的发展,而大量农民和手工业者的破产也给资本主义发展提供了劳动力市场。中国资本主义在发展过程中有一个显著特点,即分成两部分——民族资本主义经济和官僚买办资本主义经济。1927年以后,在中国共产党的领导下,随着新民主主义经济在革命根据地和解放区的产生和发展壮大,中国半殖民地半封建的经济形态开始解体。

一 半殖民地半封建经济形态下的雇佣劳动制度

在近代中国,随着资本主义生产方式的形成和发展,产生了以出卖劳动力为生的雇佣劳动者——工人阶级。中外资本家通过多种形式招收和雇佣工人,剥削工人创造的剩余价值,形成了与封建主义不同的雇佣劳动制度。在旧中国半殖民地半封建的社会经济形态下,这种资本主义雇佣制度在许多方面还带有殖民主义、封建主义的特征,具有明显的强行压榨和封建奴役性质。

（一）招工用工制度

近代中国资本主义企业中的雇佣制度，大致有两种：一种是资本主义自由雇佣制度，其主要形式有招工头制、私人介绍、公开招考、职业介绍所介绍以及临时工制；另一种是特殊雇佣制度，主要是包工制、包身工制、学徒工制、养成工制，它具有超经济强制性质，工人所受剥削和压迫更重，劳动者的生活更为悲惨。[①] 20世纪30年代以后，经过工人阶级的反复斗争，国民政府曾仿照西方资本主义国家的办法颁布过一些规章制度，包工制和包身工制逐渐衰落；学徒制和养成工制逐步发生变化，工人所受的压迫和束缚有所减轻和放松。

1. 自由雇佣方式

第一，招工头招工。上海开埠后，外商企业所招收的工人，起初大都是通过中国的工头招进的。后来，一些中国人自己经营的企业也通过招工头招工。英商杨树浦水厂、法商董家渡水厂、英商上海煤气公司等招雇的长期工，大多是由工头或工龄长的老职工推荐、担保。在上海的航运业中，也大都通过招工头来招募海员。招工头制与包工制的区别在于：包工制一般是由包工头承包企业的全部或部分生产任务，并且由包工头招收工人和支付工资，工人与企业没有雇佣关系；而招工头只负责为企业招收工人，并向工人收取一定数量的介绍费用，工人的工资则由企业支付，工人与企业存在雇佣关系。20世纪30年代中期以后，招工头招工逐渐式微，逐渐转变为由企业直接招雇工人。

第二，私人介绍，即利用亲朋好友等私人关系介绍求职。这是近代中国资本主义企业雇佣工人的主要方式，几乎各行各业都普遍采用。1935年，上海工厂的调查材料表明，以私人关系介绍求职的人数达到工人总数的70%。[②] 介绍人，或是与资本家有特殊关系的亲友、同乡，或是企业的中高级职员和有技能的老工人，或是外商企业的外籍职员与华籍高级职员。介绍成功之后，被介绍人一般要向介绍人送一笔介绍费。上海纺织业的工人大都是互相介绍进厂的。很多工人来自工厂主家乡，有的还与工厂主有千丝万缕

---

① 李家齐主编：《上海工运志》，上海社会科学院出版社1997年版，第96页。
② 翟幻君：《建国前劳动经济史》，《中国人力资源开发》1990年第1期。

的关系，工厂主也往往以此利用乡土观念约束工人。1925年，申新纺织公司荣宗敬创办申新五厂，有职工2200人，荣氏家族原籍在无锡，工人绝大部分来自无锡，职员也大多来自荣家的本乡本族。

第三，公开招考，即资本家利用报刊广告、街头招贴等形式发布信息，公开招聘专业人员或招雇工人。中华书局通过招考，招聘总办事处和编辑所的职员和管理人员，总经理陆费逵常亲临面试，应试者通过笔试后，还要由他对应试者察言观色，再决定取舍。上海邮局、海关和铁路等招用职工都必须经过考试，而且有一套严格考试制度。金城银行添用人员的办法是，招试各大学毕业生或请各学府选送毕业优才生，或招试中学毕业生，均须经考试后录用为试用员，试用六个月，合格者留用，不合格者不用。[1] 但是，在近代中国资本主义企业中，采用这种方式招到的工人很少。据1935年上海工厂的调查材料，利用这种方式雇佣的工人仅占工人总数的4%。其原因在于招考条件苛刻，考核内容繁多，应考者难以被录用。1936年，重庆民生轮船公司招收服务员和护航员，考核条件有年龄、学历、才智、品格、意志、性情、胆量等19项指标，应考者虽有430人，但被录取者仅有80人。[2]

第四，职业介绍所介绍。20世纪初以来，适应民族资本主义工商业发展对劳动力的需要，劳动力市场应运而生，出现了以介绍佣工为业的职业介绍所。1910年，山东省济南市就出现了私人介绍佣工（处）所，有的开办时间长达20余年。据济南市社会局1930年6月的调查，全市共有私立佣工介绍处（所）11个，其中营业20年的2个、3年的5个。[3] 这种职业介绍所，除极少数是公办免费的以外，绝大多数是私营，以收取介绍费为目的。介绍费的数额，低的一般为就业者第一个月工资的一半；多的，会超过一个月的工资。这种营业性的职业介绍所，北京叫"雇工介绍所"、上海叫"荐头店"、重庆叫"人市"等。[4]

第五，招用临时工。近代中国产业不发达，破产农民和无业人口多集中

---

[1] 汤立忠、赵宽、林玳玳：《略论旧中国民族资本企业的劳动工资管理》，《财经研究》1986年第3期。
[2] 袁伦渠主编：《中国劳动经济史》，北京经济学院出版社1990年版，第6—7页。
[3] 山东省劳动局地方志办公室：《山东省劳动志稿（一）》，内部资料，1987年9月，第87页。
[4] 翟幻君：《建国前劳动经济史》，《中国人力资源开发》1990年第1期。

于城市，中外企业不仅能廉价雇用工人，而且常采用临时工（或称短工）雇佣方式。因此，雇佣临时工的现象普遍存在于各个行业，甚至在有些行业和企业中临时工的人数超过了长工。有些资本家为了不给临时工升长工的机会，在临时工做满3个月后就辞退，过几天后再叫他们重新填写临时工"志愿书"，再招回来当临时工。

在近代中国，虽然自由雇佣方式有多种，但招工用工条件苛刻、手续繁多，资方随时可以解雇工人，并大量雇佣童工。所以，这种雇佣制度带有殖民主义、封建主义的印记。工人符合了资本家的招工条件后，首先要找保人或殷实铺保，由保证人填交保证书。20世纪20年代末，上海交通电政企业规定雇佣工人的保证人必须是下列情况之一者：殷实铺户；在职之局长或总管领班；在职之巡线员；两名在职工人之联保。1946年，上海橡胶厂所实施的《职工服务规则》规定："各职工应觅相当保证人填具保证书，如本公司认为须要换保证人时应即另觅，不得推诿"；职工"进厂后15天内尚未取得保证人者，可暂予停止工作，俟手续办妥后再予进厂"。不仅如此，工人进厂时还得交纳押金即保证金，或交存一部分工资，叫"存工"。上海大中华橡胶厂有一条厂规规定："凡经本厂检验录用的临时工，为表示双方诚实雇佣关系起见，每人必须交纳保证金国币5元，以资郑重。"另外，有些行业或企业，新进厂、店的还得向资本家填交一份"志愿书"，其中一般都写着"恪遵厂规，服从命令，如有违反，任凭处罚"，"更调岗位，解雇开除，绝端服从"，"如有意外，各听天命，与厂无涉"。①

在近代中国企业中，随时可以解雇工人的问题较为突出。1933—1935年，上海申新一厂、八厂解雇老工人多达1.3万人次，平均每年解雇的工人数占各年工人总数的34%—79%。商店、行庄一般是在阴历年底解雇职工，因为这时营业的旺季已经过去，接着将是一段时间的淡季。1947年，上海水泥厂雇佣工人临时办法规定：各部分工人如因本厂工作方面无继续雇佣之必要时，得由本厂随时解雇；本厂如因工人罢工或怠工情事而致不克照常工作时，所有工人除工资照扣外，立即解雇，不给解雇金。

在西方资本主义发展的初期，禁用童工是工人斗争的一个重要内容。但

---

① 李家齐主编：《上海工运志》，上海社会科学院出版社1997年版，第101—103页。

是，在近代中国的企业中，童工一直在大量使用。童工的工资比成年工人低得多，成年工人中的女工工资一般低于男工40%左右，童工工资最高不过为女工的70%，一般为50%左右，工时却和成年工人一样。在纱厂和其他工厂里，他们和成年工人一样干12小时一班。1924年，上海公共租界工部局发出禁止使用12岁以下的童工和缩短工时的公告后，申新一厂还有300个12岁以下的童工在做工。20世纪30年代以后，虽然12岁以下的小童工已很少被雇佣，13—16岁的童工却仍在普遍使用。这时，申新各厂招雇的包身工和养成工，实际上多数还是童工少女。1934年，申新三厂的养成工中，14—15岁的童工就占40%。

2. 特殊雇佣方式

第一，包工制。这是一种资本主义和封建主义相结合，进行层层剥削和压迫的雇佣劳动制度。在英国，被称为"血汗制度"。在上海，包工制出现于19世纪下半叶，这与外国资本家在中国开办企业有关。外国资本家为了便于剥削和压迫中国工人，利用一些行帮头目或封建把头做包工头，由他们招雇工人，且垄断包工权，一般是从工厂企业中把生产任务包下来，再通过小包工头之手交给工人去完成。后来，一些中国企业也采用了这种制度。具体办法是，由资本家按照工作性质、工作数量、质量、定出工资数额，依合同包给包工头。工人的雇佣、辞退、工资发放等全部由包工头包下来，资本家不同工人直接发生雇佣关系。这种用工形式早先在清末的矿山企业中使用，主要流行于码头运输业、建筑业、铁路运输业以及造船业、纺织业、橡胶业、面粉业等。包工头剥削包工工人的主要手法是从工人应得工资里扣取"佣金"。一般来说，包工头层层克扣的"佣金"占到公司付出工资的三四成以上，有的高达70%—80%。由于包工制对工人的剥削特别残酷，因此，在1926年国民党第二次全国代表大会的决议案中曾明令废除。20世纪30年代初，一些城市一度取消了把头，改由工人团体或工会直接承包，避免了包工头从中对工人的克扣。但抗日战争爆发后，在日本侵略者直接经营下的厂矿企业和港口码头中，又恢复了这种包工形式，在一些地方一直持续到当地解放后才完全废止。[①]

---

① 山东省劳动局地方志办公室：《山东省劳动志稿（一）》，内部资料，1987年9月，第93页。

第二，包身工制。它主要是在纺织行业中推行的一种定期"卖身"的包工制度，也是一种最残酷的压榨工人血汗的劳动制度。包身工一般是由包工头买来的"女奴"，多半是12—16岁的贫苦农家少女。她们在一定时期归包工头所有，即定期卖身。20世纪20年代初，包身工制度最初在日商纱厂中实行。后来，华商纱厂也加以仿行。据统计，1937年上海共有包身工达七八万人之多，占上海纱厂女工1/3左右。包工头多数是与中外资本家相勾结，利用欺骗的手段，以极其低廉的代价与包身工的父母或保护人订立包身契约，规定由包工头付给包身价银，一般为20—40元，有的一次付清，多数则分次付清。包身期一般为3年，实际要4—5年才能期满。在此期间，工厂付给包身工的工资均归包工头所有，包工头只供给包身女工极低的生活需要。包身工集中居住，一般不准外出和与外人接触，行动上受严密监视。包身工受到工厂主和包工头的双重压迫与剥削，他们住的是包工头向厂方租用的"鸽子笼"，冬天睡不暖，夏天闷死人。吃的是粗饭、咸菜乃至盐煮豆腐渣，穿的多是破烂"花衣"。每天由包工头领着去上班，放工后再领回住处，毫无人身自由。有的包身工还受包工头肉体凌辱，不少包身工未满3年就被折磨而死。1936年，夏衍发表长篇通讯《包身工》，在社会上引起很大反响。由于社会舆论的压力和工人运动的发展，抗日战争爆发后包身工制度渐趋衰落。

第三，学徒工制。近代中国的学徒制度是一种沿袭封建社会的手工业、商业传统的雇佣制度。封建社会的手工业主要是行会手工业，在行会制度下，通常只有业主才能收授学徒，收徒名额、学艺期限有严格限制。一般是"三年为满，出一进一"。学徒期间，师傅供给食宿和月规（少量零用钱），对学徒实行封建家长式的管理，可以任意打骂凌辱，支使从事各种劳役。学徒学艺期满，经过一定的仪式后，便取得师傅的身份；如果业主有缺额，他就可以当业主。这时，师傅与学徒之间存在着一种师承关系，而不完全是雇佣关系。鸦片战争以后，学徒制度在工商业以及金融业中普遍沿袭下来，但性质已发生了变化。主要表现在：一是旧时行会对收徒数额的限制被突破甚至废除了，资本家可以无限制地大量使用学徒。学徒拜资本家为师，而对真正教授技艺业务的老工人也称师傅。二是资本主义企业多半实行劳动分工，每人从事一种单调的劳动，学徒通常在一二年或较短时期内就能够独立操作，并不需要长期学艺。在这种情况下，学徒以出卖劳动力为主，成为业主的希望很小；业主与学徒之间也不再有过去传统技艺的师承关系，而是一种劳资关系。学徒主要由企业主招收，学徒进企业的条件通常为：年龄14—20岁；有的须有一定文化程度；还要有荐有保。介绍人、保证人或学徒亲属（多为父兄），一般要与资方以口头或书面形式订立学艺契约，即"保证书""契约书""雇约书""志愿书"等。学徒期限一般规定3—4年。学徒期间，不发工资，只供食宿和少量"月规钱"；如中途辍学或被开除，不仅要偿还食宿费，没收保证金，甚至还要诉诸法律。满师手续通常为办"谢师酒"和业务考核两种，然后成为该业正式工人。有些行业或企业规定学徒满师后须"帮师"2—3年，即"服务期"或"实习期"，在此期间工资一般很低，往往不及外来工人的一半，并仍无"自由决定去留之权"。新式工业的学徒主要在机器、印刷、纺织、玻璃等业，以机器业为最多。根据不完全的调查统计，20世纪30年代上海部分行业、企业学徒占工人的比重，以手工冶炼业为最，占57%。

第四，养成工制。养成工是与资本主义企业订有固定养成期的学艺合同的未成年工人，是一种变相的学徒制。该制度产生于日本，1922年前后首先引入上海的日商纱厂，20世纪二三十年代在棉纺织业较为盛行。据1936年的调查，30家日商纱厂工人总数近5万人，养成工约2.4万人。[①] 养成工多为14—18岁的女性。养成工制有两种主要形式：一种是养成工进厂时需要订立契约，交纳保证金或铺保。进厂后，在工头监视之下学习操作，学习期限3—6个月，在此期间厂方只供食宿，不发工资。训练期满后，必须在厂里工作3—4年，工资极低，一般只有正式工人工资的一半。另一种是进厂前不订契约，也不交纳保证金或找铺保，学习无限期，养成期间没有工资，吃住自理，但必须缴纳"原材料损失费"，最少也要交一个月的。他可以随时退厂，但不退还"原材料损失费"。每隔一段时间，厂方就安排工头组织一次考试，合格者即可升为本厂正式工人。也有工人把自己的孩子带进车间，自教自养，无偿给工厂劳动，等学成后再由工厂选用。由此可以看出，养成工制类似于学徒制，只不过是其习艺时间较短，是一种集体学艺，

---

① 李家齐主编：《上海工运志》，上海社会科学院出版社1997年版，第111页。

它基本没有师徒关系和侍候师傅等家务劳动。①

(二) 劳动管理制度

近代中国资本主义企业的劳动管理制度,不仅引进了外国资本主义的各种监督管理工人的方法,而且还承袭了一些旧中国行会手工业家长式的管理方式,因此,有些制度具有资本主义经济强制性质,有些还带有超经济强制的封建性。

1. 劳动时间

工作时间长是近代中国资本主义企业的普遍现象。1931年12月30日,国民政府宣布实施《工厂法》,虽然规定工人每日工作以8小时为原则,但同时又规定雇主可以根据具体情况延长工时至10小时或12小时。20世纪二三十年代,多数工人每日劳动时间长达12小时。

每日劳动12小时,工作实行两班制的,主要是纺织业、面粉业工人。据1922年的调查,纺织工人分日夜两班:日班上午6时进厂,晚上6时出厂;夜班晚上6时进厂,第二天早上6时出厂;中间有半小时吃饭休息时间,有的厂只有1刻钟,还有的日商纱厂中间没有休息时间,工人在车间里边劳动边吃饭。每日劳动10—11小时的,主要有卷烟业、机器制造业。南洋兄弟烟草公司和浦东英美烟厂男工每日劳动10小时;机器制造业的大隆机器厂和许多小铁工厂在10小时至10小时半。其他还有制革厂、制皂厂、木器厂、罐头食品厂、眼镜厂以及海员中的水手,每日劳动时间也为10小时。每日劳动9小时的,有造船业的英商祥生、耶松、瑞镕等船厂;官僚企业的江南造船所、上海兵工厂,以及英商上海电车公司、自来水公司和公共汽车公司。每日劳动8小时的,有公用业的法商上海电车电灯公司、华商电气公司、英商上海煤气公司、上海租界工部局市政部门,以及商务印书馆等。中华书局每日劳动时间是8小时半。在同行业或同一工厂企业中,工人每日劳动时间也有差异。如面粉厂,机器部分日夜两班,每班劳动12小时;打包部每日分3班,每班8小时;修理部的工人,每天劳动10小时。② 工人实际的劳动时间往往超过规定的劳动时间,工厂主强迫、引诱和威胁工人加

---

① 翟幻君:《建国前劳动经济史》,《中国人力资源开发》1990年第1期。
② 李家齐主编:《上海工运志》,上海社会科学院出版社1997年版,第118—119页。

班加点的情况也普遍存在，有的长达十五六个小时，有时甚至连续一天一夜或两天两夜不休息。劳动时间不足在一些企业中也存在，比较典型的是烟厂女工。

近代中国工人因行业、工厂的不同，全年劳动日和休息日数也是有差异的。全年劳动日普遍为303—308日，即全年休息日大多数为57—62日。全年休息日数包括每月固定休息日和全年例假日。每月休息日，有的每逢星期日休息。有的10天轮休1日。有的每月休息2日，即农历每月初一、十五或初二、十六休息。但是，外资经营的公用事业中的外籍高级职员，按其本国的习惯，每星期六下午和星期日休息，即每月休息6日。①

2. 劳动条件

近代中国工人的劳动条件因行业、工种的不同有所差异。但总体来说，劳动条件是很差的。很多工厂厂房、设备简陋，即使在机器业中规模最大的江南造船所，其翻砂车间也仅仅是一块10米宽、30米长，有个屋顶和几堵墙的场地。很多工厂缺乏通风和除尘设备，空气浑浊，纱厂车间花絮飞扬，锯木业车间木屑弥漫，机器厂翻砂车间灰砂纷飞，车间温度高、噪声大。很多企业缺乏安全保护装置，致使工伤事故频发，职业病也比较普遍。②

3. 劳动纪律

近代中国资本主义企业一般都有成文或不成文的规章制度，比较大的企业都会制定各自的"厂规""店规"，小型企业则把有关劳动纪律方面的条文写在工人的"志愿书"里。其具体内容主要包括：遵守劳动时间，按时上下班；服从调遣，听从指挥，不消极怠工，不擅自离开工作岗位；不许浪费原材料和毁坏机器设备，具有良好的服务态度，等等。许多工厂的厂规中，对上下班、考勤、考工、用料、产品检验等规定极严。③ 有的工厂规定，工人迟到，不让进厂，按"旷工"论处，不仅扣除当天工资，还要再罚扣一天工资；生产方面，完不成生产定额、出次品、工作不努力、损坏工具、串岗说笑、口角打闹等要处罚，或罚款，或罚工，或二者兼具。性质严重或

---

① 李家齐主编：《上海工运志》，上海社会科学院出版社1997年版，第120—121页。
② 同上书，第122—124页。
③ 汤立忠、赵宽、林玳玳：《略论旧中国民族资本企业的劳动工资管理》，《财经研究》1986年第3期。

多次违反者，一律开除。比如，南洋兄弟烟草公司1916年首次颁布的厂规中有10条罚例，1931年颁布新的厂规中属于开除或责令赔偿的10条，罚款的也是10条。再如，棉纺织业的德大、厚生纱厂制定的厂间普通罚例有92条，各车间罚例42条。至于不成文的罚则，由资本家任意处罚的，更是不计其数。资本家就是通过这些规定来束缚工人的言行，迫使工人为他们创造出更多的物质财富。

但是，除去其作为剥削工人手段的一面外，如果从企业劳动管理的角度来说，有许多规章或条文还是维持社会化大生产正常进行所必不可少的。比如，上海永安公司店规中规定：公司营业员"与人戏谑，或争吵谩骂，致妨碍工作者，应予警告"；"不服从公司调遣，不听从主管人员指挥或侮辱主管人员，情节严重者，应予开除"；"工作时间内，因事外出，不论公事私事，均须得部长同意，方得离开公司，擅离职守者，应予警告"；"营业场所，办公时间，不得阅读书报，并不得磕睡"；"不得无故旷职"等。资本家认为顾客是衣食父母，服务态度至关重要，得罪顾客是堵塞商品销售的渠道。于是，规定营业员"对顾客须竭诚对待，和蔼可亲，不得有厌烦傲慢态度，或出言不逊情节"。[①] 因此，看待近代中国资本主义的厂规、店规或奖惩条例，应当持辩证的态度。

4. 搜身制

近代中国资本主义企业为加强对工人的管理，实行了一种搜身检查工人的规章制度。它或规定于《工人约则》《稽查章程》，或单订在《女抄身约则》等厂规、店规之中。搜身检查一般有两种情况：一种是放工时搜查。即在厂门口设置只容一个人通过的木栅栏或铁栅栏，男女工人分两边由栅栏走出，女工由抄身婆搜查，男工由门警或专门雇佣之男子检查。另一种是随时搜身检查。即不限时间地点，无论在厂内、车间里，或上下班进出厂门，随时都可以搜身检查。从上身搜到下身，如果搜到了东西，就要受打挨骂、挂牌示众或被开除，甚至送警法办。1922年5月1日，《民国日报》副刊《觉悟》"劳动纪念号"曾报道说："各厂多有一种搜查身体的苛例"，"工人放

---

① 汤立忠、赵宽、林玳玳：《略论旧中国民族资本企业的劳动工资管理》，《财经研究》1986年第3期。

工时，门口严厉检查，尤以女工为最，随意玩弄取乐以侮辱"。①

搜身检查工人的制度是一种侮辱工人的制度，工人恨之入骨，也最早起来反对和抵制实行这种制度。虽然工人的反抗斗争迫使有些工厂废除了搜身制，但在纺织业和卷烟业以及一些商店、码头等长期实行。

（三）工资制度

工资制度是有关确定工资的基本原则、标准、等级、形式和措施等项内容的总称。资本主义的工资是劳动力价值或价格的转化形态，体现了资本家和雇佣工人之间压迫和被压迫、剥削和被剥削的关系。在近代中国，外国资本主义企业、官僚资本主义企业和民族资本主义企业并存，由于企业性质不同，它们实行的工资制度也有较大差异。可以说，近代中国资本主义企业工资制度五花八门，极其混乱，同时，还具有半殖民地半封建工资制度的特点及其复杂性。

1. 工资等级制

工资等级制是根据工作岗位（职务）、知识技能等因素把职工分为若干等级，在此基础上分别规定不同的工资标准（工资率）。近代中国中外工厂企业所实行的工资制度，虽然在各产业、行业中不尽相同，但基本上都是工资等级制度。一般来说，外商企业、官僚资本主义企业、规模较大的民族资本主义企业以及事业单位所实行的工资等级制度比较正规，等级较多；民族资本主义企业中规模较小的企业也有实行工资等级制度的，但多不正规，等级很少。也有不实行工资等级制度的，在这些企业中，没有工资标准等级以及调整方法，职工的工资完全由资本家说了算。此外，在中外企业中，资本主义的工资制度又往往同包工制度、包身工制度、学徒制度、养成工制度等封建性剥削制度结合在一起。

外国资本主义企业的工资制度，是各资本主义国家从本国带来的一套制度，虽然有所不同，但一般是按照技术或职务划分多个等级，它把职工分成若干类，分别规定不同的工资标准。旧中国海关和邮政企业长期受英帝国主义控制，职工的工资是袭用英国文官制的工资制度。海关下分税务和海务两

---

① 李家齐主编：《上海工运志》，上海社会科学院出版社1997年版，第132—133页。

大系统。税务部门是海关的主要部门，职员分为税务司、副税务司、帮办、税务员、文牍员、书记、核税员、经收员等职别。其中，税务司分四个工资等级，副税务司分两个等级，帮办分六等12级。海关每年4月、10月对职工各进行一次考核，内容主要是职员的品德、才能、资格等。考核表对职工完全保密，由主管领导填写。考绩分为五等，凡成绩优良，在本级服务满两年的，都可以照关员编制等级及薪俸表的规定晋升一级加薪一次。美商上海电力公司，把全体职工分为聘员（工程师和高级职员）、雇员（普通职员）和佣员（工人）三大类，分别规定不同的工资标准。法商上海电车电灯公司，职员实行月薪制，分为六等，即特等为股主任、高级会计师；一等为会计师、出纳主任等，共7级；二等为助理主要会计、高级翻译等，共5级；三等为会计员、出纳员等，共6级；四等为办事员、收账员等，共4级；五等为复印员、制票员等，共4级。工人有按月计薪的，也有按日计薪的。日薪工人分成若干等，每等又分若干级。一B等级最高，是高级技工；一等是甲级技工，二B等是乙级技工，二等是丙级技工，三B等是甲级半技工，三等是乙级半技工，四等是小工。此外，也实行按年加薪制。日商纱厂普遍把职工工资分成许多级，如抗日战争初期的日华纱厂把工人的工资分成了三等22级。[1]

官僚资本主义企业的工资制度，有的是效仿外国资本主义的一套制度，或沿用原外国在华企业的一套办法。以四大家族为首的官僚资本主义企业，主要是抗战胜利后接管的日本在华企业，在这些企业里基本上是沿用了日本企业的工资制度。比如，新中国成立以前上海第五棉纺厂（原为日商丰田纱厂）就沿用了日本的工资制度，职员实行月薪制，从厂长到助理员共分七等34级；工人实行日薪制，共分94个等级。再如，北京石景山钢铁公司改属国民党资源委员会的华北钢铁有限公司后，工资制度仍沿用日本占领时的一套办法，工人的工资有100多个等级，级差小到只相当于1斤小米。[2]

民族资本主义企业，一般规模较大的都有一套正规的工资制度和规定办法。比如，永安公司把职工划分为管理、部长、账房间职员、一般店职员、技工、勤杂工、练习生等几类，工资各不相同。该公司实行年加薪制度，加

---

[1] 李家齐主编：《上海工运志》，上海社会科学院出版社1997年版，第137—138页。
[2] 袁伦渠主编：《中国劳动经济史》，北京经济学院出版社1990年版，第18页。

给高级职员的,由资本家自己掌握;加给一般职工的,则由进货间主任及进货间其他几位管理级人员掌握。是否加薪依据考勤成绩,考勤表由有关部长填写,经主管的管理同意后,送进货间的主管人员。加薪幅度,高级职员多于一般职工,在一般职工中,店职员又多于技工、勤杂工和练习生。再如,新中国成立以前启新洋灰公司,职员实行月薪制,共分 129 个等级;工人的工资有的按月计算,有的按日计算。工人分里工和外工两种,里工由公司直接雇佣,其工资分为 92 个等级;外工由封建把头招雇和控制,其工资完全由工头决定。至于规模较小、职工又少的一些民族企业,一般没有正规的工资制度,工资的多少和如何发放往往由资本家决定。资本家和资方代理人以及他们的亲朋好友的工资待遇较高,甚至是挂名领薪,而与他们没有相应关系的职工,即使技术再高、工作再繁重、劳动条件再差,工资待遇也很低。[①]

2. 基本工资及奖金、津贴

基本工资是职工根据工资标准应得的工资,亦即通常所说的工资、工钱、薪水,其主要形式是计时工资和计件工资。它是一般职工最主要的工资收入,水平比较稳定。除了基本工资外,一些企业还有奖励、津贴等其他工资形式。

计时工资,即按照职工的工作时间支付工资,是近代中国普遍采用的工资形式。这种工资俗称"死工钱",实行该制度的工人被称为"时工"。据 1923 年对东北地区六个行业的调查,实行计时工资制的工厂占 74.4%,计时和计件制同时采用的占 13.8%。另据 1933 年对上海十六个行业的调查,实行计时工资制的占全部工人的 56.4%,实行计件工资制的占全部工人的 43.6%。[②] 计时工资根据计算工资时间单位的不同分为:年工资,也称年薪;月工资,也称月薪;日工资,也称日薪;小时工资,也称时薪。新式交通运输业、邮电业、商业、银行、学校的职工和工业职员、勤杂工人一般实行的是月工资。不同时期每工时数有所不同,抗日战争以前多以 10—12 小时为 1 工;解放战争时期多以 10 小时为 1 工。有些行业夜工时数少于日工,如民

---

① 翟幻君:《建国前劳动经济史(第二讲 旧中国的工资制度)》,《中国人力资源开发》1990 年第 2 期。

② 袁伦渠主编:《中国劳动经济史》,北京经济学院出版社 1990 年版,第 20 页。

族资本机器业日工以9—11小时为1工，夜工以6小时为1工。[①] 近代中国企业没有劳动法的约束，采取计时工资制的厂矿企业，资本家总是尽量延长工时或加班加点，来获得更多的剩余价值。

计件工资，即按照工人所完成的产品或工作数量支付的工资。这种工资俗称"活工钱"，实行该制度的工人被称为"件工"。计件工资形式主要流行于容易计算产品或工作数量，主要依靠手工操作或机手并用的行业、企业、工种，如运输业、建筑业、纺织业、针织业、火柴业、烟草业以及商业等。计件工资的具体形式很多，主要有以下几种：一是无限计件工资制，即不论工人完成劳动定额多少，均直接按照同一的计件单价计算工资，超额不限。这是普遍采用的一种形式。二是有限计件工资制，即对工人的超额工资作一定的限制，一般是计件单价采取按产量上升而累退。解放战争时期，纺织业几乎所有计件工资中都有累退的规定。三是定额计件制，即在计件工资制度下规定工人每天的生产定额，完成定额的以较高的计件单价付给，达不到定额的以较低的计件单价付给。此外，在商业饮食业服务业中，计件工资还有一种形式为"提成工资制"，即职工的工资总额按企业营业额、纯利润的一定比例提取，再在职工中平均或按比例分配；也可以是直接按个人的营业额或所创利润提取一定的比例作为本人的工资。提成工资制的名称很多，如分成制、拆账制、佣金制、厘金制等。资本家往往利用计件工资制的"多劳多得"，诱使工人增加劳动强度，提高产品质量，多出产品，从而获取更多的利润。

资本家除付给职工基本工资外，还利用奖金和津贴等作为工资的补充形式，刺激职工付出更多的劳动，以获取更多的利润。近代中国企业中的奖励名目繁多、形式各异，考核办法、奖金多少也不一样，奖金数额一般都比较小。从奖励的性质来看，主要有考勤奖、生产奖、质量奖、年终奖和红利等。例如，1931年大中华火柴公司制定了排梗工人的生产定额，其中规定凡每月排梗成绩在2900根以上者，视其成绩之高下，分别给予从5角到3元的奖励。再如，上海申新纺织公司第四棉纺厂，除规定出勤奖励以外，还规定节约原料的奖励制度。凡是因为节约原料而多出产品，每多生产一件棉

---

① 李家齐主编：《上海工运志》，上海社会科学院出版社1997年版，第140页。

纱，给予奖金10元。所得奖金由技师、考工主任、保全主任、训练管理、各部领班及副领班平均分配，并酌提十分之三四奖给工作负责的工人。① 其中，对职工影响最大、最普遍的形式是年终奖，通常是阴历年底发给。据1945年年底的调查，在231家工厂中，有115家有年终奖金。1946年年底，上海市社会局制定各业发给年终奖金的六项办法，其中规定年终奖数额以1个月工资为原则。自1946年12月至1947年1月底，公交、百货等50多个行业发放了职工年终奖，其中棉纺织业规定年终奖为40天、50天、60天三个等级。年终奖计算方法同一行业大致相仿，不同行业差别甚大，以1个月（连同当月工资即所谓"双薪"）最为普遍。②

近代中国的津贴，主要是企事业单位为使职工不致因物价上涨造成实际工资下降而给予职工的一种收入补充形式。一般实行于不提供膳宿的单位，主要是生活津贴，有的企业还提供工作津贴、年资津贴、福利津贴等。企业的津贴标准各不相同，如启新洋灰公司的标准是：直接生产工人每月发生活补贴8角；间接生产工人每月1—2元；雇员每月2—3元；职员按级别给予补助费，级别越高数额越大。③ 生活津贴的主要形式是米贴，开始实行于20世纪30年代，30年代初米价高涨，各业工人纷纷展开斗争，要求资本家发给米贴，并取得胜利。米贴分配方式各行业各单位有所不同。据20世纪30年代有关调查记载：阜丰面粉厂最初每月发2斗6升米，后改发1元钱；某烟厂米贴依据工资反比和米价高低发给，日工资在7角以上者每月贴1元5角，7角以下者贴2元，米价在12元以上时贴全数，12元以下时贴半数。生活津贴除米贴外，常见的还有房贴、煤贴、菜贴、布贴等，主要流行于20世纪40年代。解放战争时期，一度实行的对职工按月补贴米、布、煤球、糖、盐、油六种日常生活必需品就是当月与上月价格的"差额金"。④

3. 工资水平

近代中国产业工人的名义工资，在不同时期有所变化，但其总水平是很

---

① 汤立忠、赵宽、林玟玳：《略论旧中国民族资本企业的劳动工资管理》，《财经研究》1986年第3期。
② 李家齐主编：《上海工运志》，上海社会科学院出版社1997年版，第144页。
③ 袁伦渠主编：《中国劳动经济史》，北京经济学院出版社1990年版，第22页。
④ 李家齐主编：《上海工运志》，上海社会科学院出版社1997年版，第140页。

低的。1920年前后，上海工厂工人的月工资以9元左右者最为普遍。交通运输邮政工人工资略高于工厂工人，月工资普遍在12元以上。1927—1936年，上海工人工资总的水平有所增长，每月工资为14—15元。其中，印刷、造船、机器、丝织工人工资较高，一般都在20元以上；缫丝、火柴、棉纺工人工资较低，一般都在12元以下。手工业工人工资水平与工厂工人大体相当。店员工资水平略高于工厂工人，但低于交通运输邮电工人。职员工资仍然在同业普通工人的一倍以上。抗日战争以前，物价虽有上涨，但总的涨幅不大，基本处于稳定。上海物价指数（或工人生活费指数）以1926年为100，与相之比较，1912年为75.1，1916年为83.3，1920年为94.8；1927年为101.09，1931年为113.82，1936年为105.04。在上海工人的生活开支中，食的费用占最大比例，1922年的恩格尔系数为63.1%，1930年为53.2%。[①] 上海是近代中国的经济中心，也是工资水平比较高的城市，其工资水平尚且如此，其他城市工资水平就更低了。据1930年国民政府工商部对全国29个城市各行业男工、女工、童工的月工资调查，几乎没有一个地方的月平均工资能达到27.2元，男工工资平均为16.43元，女工工资平均为12.73元，童工更少。国际劳工局在1920—1929年曾对20个国家工人家庭收入进行过调查，中国平均每个家庭成员的月收入只合2.24美元，不但低于资本主义国家，也低于当时英国殖民地印度的3.67美元。[②] 工人的微薄收入难以维持生活，为了生存，他们有的只好在下工后再找些零活干，或是家庭接点零活，或是家属给人当保姆、婢女，孩子当童工、拾破烂、乞讨等。

从1937年7月抗日战争全面爆发至新中国成立前夕，物价飞涨，产业工人的名义工资水平已失去意义。资方迫于工人运动的压力，提高了工资或酌发了津贴。少数企业开始实行按生活费指数计薪，1940年6月上海邮局最早实行这一办法，之后，海关、银行等也相继效仿。到1941年，大部分企业依据当时的物价及职工生活的实际情况订立了津贴标准。1942年6月，上海纱厂联合会决定申新九厂等七家厂实施部分工资按生活费计算的办法。

---

① 李家齐主编：《上海工运志》，上海社会科学院出版社1997年版，第146—147、155页。
② 袁伦渠主编：《中国劳动经济史》，北京经济学院出版社1990年版，第22—23页；翟幻君：《建国前劳动经济史（第二讲 旧中国的工资制度)》，《中国人力资源开发》1990年第2期。

但总体上看，工人的实际工资在下降。1943年前后，重庆工人的实际工资只有战前的69%。解放战争时期，物价上涨幅度之大在世界物价史上所罕见，工人的实际工资更是每况愈下。据《大众晚报》1947年7月30日的记载，100元"法币"在不同时期的购买力是：1937年两头大牛，1938年1头大牛1头小牛，1939年1头大牛，1940年1头小牛，1941年1头猪，1942年1只火腿，1943年1只鸡，1945年1条鱼，1946年1个蛋，1947年1/3根油条。1948年8月，国民政府的货币由"法币"改为"金元券"后，通货恶性膨胀。以武汉市每斤大米价格为例，1948年11月底为金元券260元，12月底为950元，第二年1月底为1400元，2月底为1.3万元，3月底为13万元，4月底上涨到1000万元，5个月内竟上涨了近4万倍。物价如此猛涨，工人的实际工资随之直线大幅度下降，生活处于极端贫困之中。[①]

（四）劳动保险制度[②]

民国以前，在中国还谈不上有什么劳动保险。第一次世界大战时期，西方列强交战，无暇东顾，中国资本主义工业发展进入了一个"黄金时代"。在西方国家工业领域社会保险运动的影响下，觉醒了的中国工人阶级在共产党的领导下，针对资本家的压榨和剥削，不断地开展有组织的斗争，并把争取和实现劳动保险作为其斗争的重要内容之一。北洋政府和国民政府为了维护其统治，资本家为了维护其既得利益，也被迫制定和颁布了一些有关劳动保险的法律法规，并在一些地区和企业推出和实施。

1921年8月，中国劳动组合书记部在上海成立。[③] 1922年5月，劳动组合书记部在广州召开了第一次全国劳动大会，号召全国工人阶级进行劳动立法斗争，要求北洋政府颁行劳动法，实施社会保险。8月，劳动组合书记部拟定了《劳动立法原则》和《劳动法案大纲》。在《劳动立法原则》中，中国劳动组合书记部首次提出了工人阶级要争取劳动立法和实行失业保险、疾

[①] 袁伦渠主编：《中国劳动经济史》，北京经济学院出版社1990年版，第25—26页；翟幻君：《建国前劳动经济史（第二讲 旧中国的工资制度）》，《中国人力资源开发》1990年第2期。

[②] 宋士云：《民国时期中国社会保障制度与绩效浅析》，《齐鲁学刊》2004年第5期；宋士云：《建国以前中国共产党的社会保险政策探析》，《河南师范大学学报》（哲学社会科学版）2003年第6期。

[③] 在中华全国总工会1925年5月成立以前，它是中国共产党公开领导工人运动的领导机关。

病保险等社会保险的理念，指出："失业救济及疾病保险等为吾人梦想所不及……我等应参照西欧诸国之劳动法规，实现我劳动阶级之利益。"《劳动法案大纲》提出了实行社会保险的基本主张和具体要求："对于需要体力之女子劳动者，产前产后均予以八星期之休假，其他女工，应予以五星期之休假；休假中工资照给"；"为保障劳动者之最低工资计，国家应制定保障法；制定此项法律时，应许可全国劳动总工会代表出席。公私企业或机关之工资不得低于最低工资"；"一切保障事业之订立，均应使劳动者参加之，俾可保障政府、公共及私人企业或机关中劳动者所受之损失；其保险费完全由雇主或国家负担之，不得使被保险者担负"；"国家对于全国公私各企业，应设立劳动检查局"，等等。[①] 首先响应的是唐山铁路、矿山、纱厂和水泥厂等各厂矿的工会，他们联合成立了"唐山劳动立法大同盟"，组织示威游行，并通电全国，要求根据《劳动法大纲》，实行劳动保险。继之，郑州铁路工会和长沙等地的工会也纷纷响应。[②] 于是，1923年3月，北洋政府农商部便匆匆忙忙地颁布了一个条文不甚完备的《暂行工厂通则》，通则第十九条规定："厂主对于伤病之职工，应酌量情形，限制或停止其工作。其因工作致伤病者，应负担医药费，并不得扣除其伤病期内应得之工资。"1927年9—10月，北洋政府农工部将《工厂通则》修改为《工厂条例》，条例第二十条规定："厂主对于工人应为灾害保险，在工人保险条例未规定以前，厂主得查照抚恤条例办理。前项抚恤条例，另定之。"11月，北洋政府农工部还公布了《监察工厂规则》。[③] 但是，由于军阀割据、政局不稳、政令不畅等原因，这些通则、条例和规则在各地均未认真执行。

工人阶级在向北洋政府提出实行劳动保险要求的同时，也向厂矿资本家开展了争取某些保险待遇的斗争。1922年8月，京汉铁路长辛店工人举行罢工，提出："凡工人因公受伤者，在患病期间，应该发给工薪。"9月，萍乡安源路矿工人罢工，提出："工人例假、病假和婚丧假，路矿两局须照发

[①] 中华全国总工会中国职工运动史研究室编：《中国工会历史文献》（1921.7—1927.7），中国工人出版社1958年版，第15页。

[②] 严忠勤主编：《当代中国的职工工资福利和社会保险》，中国社会科学出版社1987年版，第291页。

[③] 邵雷、陈向东主编：《中国社会保障制度改革》，经济管理出版社1991年版，第15—16页。

工资";"工人因工殒命者,路矿两局须给以天字号棺木并工资3年,一次发给";"工人因公受伤不能工作者,路矿两局须营养终身,照工人工资多少,按月发给"。10月,英商开滦煤矿工人罢工,提出"工人在受雇期间,因受伤不能工作,应由矿务局担负医药费,并酌予津贴;工人在受雇期间死亡,由矿务局给以5年工资之恤金"两项要求,最终迫使矿务局答应了第一项要求。12月,湖南水口山工人举行罢工,经过斗争,资本家答应了三项要求:"工人因公丧命者,由矿局发给抚恤费";"工人因公受伤成废疾不能工作者,矿局予以相当之职务,否则每月给伙食费大洋6元";"工人婚丧病假,照发工资,婚丧假本省以1月为限,外省以2月为限,病假以4月为限。在工作地病亡者,发给工资5月,作一次发给"。① 1925年4月,青岛各日商纺织厂,在纺织工人举行罢工斗争的压力下,也不得不实行对工作中受伤的工人给付工资以及医药费的工伤保险措施。同年5月,全国第二次劳动大会召开,在大会通过的《经济斗争决议案》中提出:"应实行社会保险制度,使工人于工作伤亡时,能得到赔偿;于疾病失业老年时能得到救济。"② 特别是1929年11月在上海召开的第五次全国劳动大会通过的《中华全国工人斗争纲领》提出:"工人或工人家属发生疾病伤害,应由资本家给以医药费,听其自由医愈为度;病假期间不得扣工资";"因工作致死伤之工人,应给以优厚恤金",并强烈要求政府"举办工人社会保险(失业、养老、疾病等保险),所有费用应由资方与政府分担"。③

在工人运动和斗争的压力之下,国民政府也拟订和发布了一些保护劳工和劳动保险的条例规定以及政策纲领。例如,1924年1月,国民党第一届全国代表大会通过以反帝反封建为主要内容的宣言,提出了"中国工人之生活绝无保障,国民党之主张,则以为工人之失业者,国家应为之谋救济之道,尤当为之制定劳工法,以改良工人之生活。此外如养老之制,育儿之制,有相辅而行之性质者,皆当努力以求其实现",并要求对工人团体进行保护、

---

① 中华全国总工会中国职工运动史研究室编:《中国工会历史文献》(1921.7—1927.7),中国工人出版社1958年版,第20—30页。
② 中华全国总工会中国职工运动史研究室编:《中国历次全国劳动大会文献》,中国工人出版社1957年版,第17页。
③ 同上书,第288页。

扶助其发展、实行社会保险，等等。1926年10月，国民党中央及各省区联席会议通过的《国民党最近政纲》，提出了要制定劳动保险法，设立工人失业保险、疾病保险及死亡保险机关等内容。1931年12月，国民政府宣布实施《工厂法》。《工厂法》第四十五条规定：在社会保险法未施行前，工人因执行职务而致伤病死亡者，工厂应给予医药补助及抚恤费，其补助和抚恤标准为：对于因病暂时不能工作之工人，除担负其医药费外，每日给予平均工资2/3的津贴，如经过6个月尚未痊愈，其每日津贴得减至平均工资的1/2，但以1年为限；对于因伤病成为残废之工人，永久失去全部或一部之工作能力者，给予残废津贴，其津贴以残废之轻重为标准，但至多不得超过3年之平均工资，至少不得低于1年之平均工资；对于死亡之工人，除给予2个月平均工资之丧葬费外，应给予其遗属3年平均工资之抚恤费。① 1948年1月，国民党政府颁布施行了关于退休养老待遇的规定：工人退休，工龄不满5年者不发给待遇，满5年者发2个月的工资，5年以上按工龄计算增发，最多不得超过36个月的工资；低级员工退休办法与工人相同，但最高不超过30个月的工资；中级员工，工龄不满10年者不发，满10年者发4个半月的工资，10年以上增发，最多不得超过24个月的工资；高级员工，工龄不满10年者不发，最高不得超过20个月的工资。1946年和1948年，国民党资源委员会就职工医疗、工伤、死亡、生育等保险项目也分别作出一些规定：员工非因工疾病，免费诊疗，并供给备用药品，如经医生证明必须购买的药品，补助半数；必须住院治疗者，按工龄长短限制在3个月内，最低半个月，在限期内住院费由所在机关负担；职员病假全年不得超过2个星期，假期内不扣工资，逾期按事假扣工资。因工负伤，由机关负担医药费，治疗期间，前3个月发全薪，从第4个月起发半薪，1年为限；有特殊功绩者，加发半个月至6个月工资的特别恤金。因工残废，除一次发给3个月工资的恤金外，每年发给半薪，从第6年起发给1/4的工资，发至身亡；因工死亡，依其服务年限长短发给10—30个月工资的恤金；非因工死亡，每服务1年发1个月的工资，最多以21个月的工资为限。女职工生育，给假6个星期，工资照发，女职员生育补助费相当于生活补助费基本数之半数，女工人

---

① 邵雷、陈向东主编：《中国社会保障制度改革》，经济管理出版社1991年版，第15—17页。

及男职工配偶生育补助费为职员的60%。但是,"由于旧中国工业的畸形发展,帝国主义列强和官僚买办在中国开设的厂矿对有关法令采取抵制的态度。民族资本主义由于经济上的软弱,亦很难真正实施政府的法令,这些规定实际上形同虚设"。①

然而,需要指出的是,在工人阶级运动和斗争的强大压力下,国统区内也有一些资本家,主要是较大厂矿企业的资本家认识到,照顾一下工人生活,也许能起到一定的安定生产的作用。于是,他们在对工人的要求大大折扣的情况下,实施了一些标准待遇低、项目不齐全的劳动保险办法。例如,上海恒丰纱厂规定:职员病假2天折抵1天,于年终发给,计工时扣除,工人病假期内不给工资。开滦煤矿(英资)规定:高、中、低级员司及其直系亲属生病时,可住本矿医院治疗,免收医药费,而工人不能享受;中、低级员司请病假1个月内不扣工资,高级员司3个月内不扣工资,而因工残废完全丧失劳动能力的工人,服务不足5年者不发待遇;工人退职,最高发给3年的工资,以后生活困难不管。颐中烟草公司的职工退休,最多只发给1年的工资。太原西北实业公司规定:职工病假发半薪,病假超过10日者停薪,再超过10日者停职。② 以上是一些较大厂矿的规定,有些中小厂矿企业则没有成文的疾病伤残待遇规定,更没有退休待遇的规定。至于几十人的小厂或手工作坊,则是职工上班有工资,不上班就没有工资,根本没有疾病伤残的待遇规定。

二 新民主主义劳动经济制度的建立和扩展

民国时期不仅是半殖民地半封建经济形态的典型状况时期,也是中国新民主主义经济形态在革命根据地、解放区产生和扩展的时期。这一时期,新民主主义的劳动经济制度经历了第二次国内革命战争、抗日战争和解放战争三个阶段。

---

① 孙光德、董克用主编:《社会保障概论》,中国人民大学出版社2000年版,第19页。
② 袁伦渠主编:《中国劳动经济史》,北京经济学院出版社1990年版,第34页。

(一) 第二次国内革命战争时期的劳动经济制度

第二次国内革命战争时期，革命根据地开始创建，所包括的地区范围较小，而多数又建立在几省交界的农村。在革命根据地，虽然也有一些造船、造纸、采钨等手工业，但不过是雇佣少数工人以手工业劳动为基础，以简单机械为辅助的手工工场，近代工业几乎没有。又由于国民党反动派的"围剿"和经济封锁，根据地的薄弱经济时常遭到破坏。在中国共产党和苏区人民政府的领导下，通过开展土地革命运动，千百万农民摆脱了封建剥削，实现了耕者有其田，生产积极性空前高涨，农业生产迅速发展。同时，建立起一批国营军需工业和民用工业，如兵工厂、炸药厂、被服厂、纺织厂和炼铁厂等，制盐、制糖、造纸、烟草、医药、农具等民用工业也迅速发展。据1934年统计，中央苏区规模较大的国营工厂有33个，工人有2000多人。除了发展国营工业外，党和政府还组织起数以千计的手工业供销合作社，到1933年江西苏区有31423家合作社，有数以万计的工人在各地手工业合作社里工作。[①] 此外，还有效地发展商业，使其在活跃苏区经济、保证红军物质供给等方面发挥了重要作用。根据地农业、工业和商业的迅速恢复和发展，使根据地的经济结构发生了根本性的变化，由国营经济、合作社经济和私人经济三个方面组成的新民主主义经济初步建立起来，中国半殖民地半封建的经济形态开始解体。

1. 革命根据地的劳动管理工作

第一，颁布劳动法规。1931年12月1日，《中华苏维埃共和国劳动法》颁布，这是中国历史上第一部维护工人阶级利益的劳动立法。其主要内容有：一是雇佣的手续。"雇佣工人须经过工会和失业劳动介绍所，并得根据集体合同，严格禁止所谓工头，招工员，买办或任何私人的代理处的各种契约，劳动包工制，包工头等"，"凡欲寻找工作的人，须至劳动部所设立的失业劳动介绍所登记"，"严格的禁止私人设立工作介绍所或雇佣代理处"。二是集体合同与劳动合同。"集体合同是一方面由职工会代表工人和职员与另一方面的雇主所订立的集体条约。在该集体合同上规定出企业、机关、家

[①] 袁伦渠主编：《中国劳动经济史》，北京经济学院出版社1990年版，第36页。

庭及私人雇主对于雇佣劳动者的劳动条件，并规定了将来雇佣劳动者个人与雇主间订立劳动合同的内容"，"劳动合同是一个工人或几个工人与雇主订立的协定。"三是工作时间。"所有雇佣劳动者通常每日的工作时间，依本劳动法的规定，不得超过八点钟"。四是工资。"任何工人之工资不得少于由劳动部所规定的真实的最低工资额，各种工业部门的最低工资额，至少每三个月由劳动部审定一次"，"各种工业内（国家的合作社或私人的）实际的工资额，由工人（由工会代表工人）和企业主或企业管理人用集体合同规定之"。五是女工青工及童工。"除享受本劳动法各章的普通权利之外"，还规定了一些特别保护女工青工童工之条文。六是社会保险。"对于一切雇佣劳动者，不论他在国家企业、协作社或私人的企业，不论工作时间之久暂及付给工资的形式如何都得施及之"。七是解决劳资冲突。"凡违犯劳动法的案件以及劳资的纠纷，或由人民法院的劳动法庭判决强制执行之，或由劳资双方代表所组成的评判委员会及设在劳动部的仲裁委员会以和平解决之"。革命根据地《劳动法》的实行，确立了工人的合法劳动权利和政治权利的基本原则，对调动工人的劳动积极性和改善生活，促进革命的发展和根据地的建设，都起到了积极作用。但是，由于受"左"的错误政策影响，劳动法的某些条文规定过高，脱离了根据地实际情况。

第二，开展劳动竞赛。在工会的带领和组织下，革命根据地的国营企业普遍开展了劳动生产竞赛活动。竞赛活动主要是以"增加生产""节约材料""改良技术""超额完成生产计划，支援革命战争"为内容。劳动竞赛的开展，调动了工人的积极性，提高了工人的技术素质，强化了企业管理，有力地推动了根据地的生产发展，同时也支援了土地革命战争。

第三，处理失业问题。革命根据地因为战争频繁、经济屡遭破坏，加之，国民党反动派的经济封锁和资本家的对抗，产生了一些失业人员。各地苏维埃政府采取多种措施，从恢复和发展生产着手解决失业问题。比如，从劳动法规上限制资本家无故解雇工人，要求资本家按劳动合同办事；号召失业工人参加红军；失业工人若愿意种田，政府则分给他们土地。对于失业人员中生活困难者，政府及时给予救济。1933年政府从资本家企业中抽调出一笔钱来专门救济各地区的失业工人，得到救济的失业与半失业工人达

2000 多人。①

2. 革命根据地的分配制度

革命根据地的分配制度是适应革命战争的需要而建立和发展起来的，主要有两种形式：一是部队和机关实行供给制；二是国营企业供给制和工资制并存，以供给制为主。

第二次国内革命战争时期，在红军和根据地机关工作人员中实行一种军事共产主义性质的供给制，即按照工作和生活的最低需要，对部队和机关工作人员实行大体平均、免费供给生活必需品的一种分配制度。供给的范围包括部队和工作人员的衣、食、住、行、学等各个方面，以及子女的生活、保育费和一些零用津贴费等。从领导干部到一般工作人员，从指挥员到战斗员，都享受大体相同的物质生活待遇。这种供给制是在极端艰苦的条件下产生的，由于革命根据地范围比较小，敌人又不断围攻和封锁，战斗频繁，经济遭到了严重破坏，物资极端缺乏，根据地主要生活资料如食盐、布匹、药品等都供应不上。在这种情况下，革命队伍要想生存和发展下去，坚持革命战争取得胜利，不得不采取这种特殊的分配制度。

随着革命根据地的建立和巩固，一些军事企业和民用企业也开始发展起来，主要有兵工、修械、被服、制药、制盐及银行、贸易等。这些企业由于职工来源不同，因而实行不同的分配制度：从部队和机关调来的工人和职员一般实行供给制；从当地招收的工人有时实行工资制，有时也实行供给制，根据具体的经济条件而定；从外地聘请来的技术工人和技术人员实行工资制，工资标准由双方协商确定，一般来说他们的工资待遇都比较高，目的在于鼓励他们安心在革命根据地工作。此外，私营企业职工实行的工资制，工资待遇按照劳动法有关规定，由劳资双方通过签订劳动合同而确定。通常长期工实行月工资制，临时工和散工实行日工资制。②

---

① 翟幻君：《第四讲 解放区（革命根据地）的劳动管理工作》，《中国人力资源开发》1990 年第 5 期。

② 翟幻君：《建国前劳动经济史 第三讲 解放区（革命根据地）的分配制度》，《中国人力资源开发》1990 年第 4 期。

3. 革命根据地的社会保险制度[①]

《中华苏维埃共和国劳动法》中关于社会保险制度的规定，其内容主要有：雇主每月拨出工资总额10%—15%作为保险金，为职工生老病死伤残的补助和医疗专款。具体保险项目有：免费的医药帮助；暂时失却工作能力者的津贴；失业津贴费；残废及老弱的优恤金；婴儿的补助金；丧葬津贴费；工人家属贫困补助金。

1933年10月15日，中华苏维埃共和国中央执行委员会对《劳动法》作了修订，重新公布，其中对社会保险作了具体规定。一是社会保险实施范围。对于凡受雇佣的劳动者，不论他在国营企业，或合作社企业、私人企业，以及在商店、家庭内服务，不论他工作性质及工作时间的久暂，与付给工资的形式如何均得施及之。二是社会保险基金来源。各企业各机关、商店以及私人雇工，除付给工人职员工资外，支付全部工资总额的5%—20%给社会保险局，作为社会保险金，不得向被保险人征收保险金。三是社会保险实施内容。免费医药帮助，暂时丧失劳动能力时付给津贴，失业时付给失业津贴，残废及衰老时付给优抚金，生育、死亡、失踪时付给其家属补助金。

《中华苏维埃共和国劳动法》与国民政府颁布的《工厂法》（1931年12月实施）形成鲜明的对照，极大地鼓舞了根据地人民发展生产，支援革命的积极性。但是，由于它依据当时过"左"的错误政策，以近视的、片面的所谓劳动者福利为目标，规定了过高的劳动条件和保险待遇，因此，在实施过程中很多条款行不通，给劳动工作造成了一定损失。后来，由于红军被迫进行长征，有关社会保险制度的规定也无法再执行下去。

（二）抗日战争时期的劳动经济制度

抗日战争爆发后，中国共产党采取了坚决抗战的方针，发动群众，开展游击战争，领导人民在敌人后方建立起抗日根据地。到1945年抗战胜利前夕，全国已有19个抗日根据地（边区），总面积达95万平方千米，人口达9550万。

抗日战争时期，根据地由于战争频繁，生产破坏极为严重，经济十分困

[①] 宋士云：《建国以前中国共产党的社会保险政策探析》，《河南师范大学学报》（哲学社会科学版）2003年第6期。

难。为了渡过经济难关，保证革命战争的胜利，中共中央和毛泽东同志制定了"发展经济，保障供给"的总方针，各个抗日根据地军民掀起了轰轰烈烈的大生产运动。在农业方面，边区人民政府实行了减租减息，并开展了农业互助合作，农民生产积极性很高，农业生产发展很快，表现在耕地面积扩大，粮食、棉花产量大大增加。在工业方面，1937年陕甘宁边区只有一些规模很小的油坊和硝坊。大生产运动开展以后，纺织、机械修理、印刷、石油等公营工厂迅速发展起来。到1942年公营工厂发展到62个，职工达4000多人。如煤、石油、工具制造等已可达到完全自给，布匹、纸张达到半自给，颜料、酒精、三酸也开始试制。到1944年，职工达到12000多人。同时，民营手工业和家庭手工业也迅速发展起来。私营纺织厂由1938年的5个增加到1943年的50个，年产布12000匹。除陕甘宁边区外，其他敌后根据地的公营工业和民营手工业也得到了迅速发展，基本上保证了边区军民穿用等需要。在商业方面，由于采取以发展公营商业和合作商业为主，同时保护私营商业的政策，解放区的公营商业、合作商业和私营商业都有很大发展。如延安地区，1936年私营商店只有90家，1943年增加到473家，由供应洋货转向供应自制土产国货。[①] 总之，在中国共产党的领导下，各抗日根据地的工农业生产及商业都有很大发展，不仅使军民渡过了经济上最为艰苦的岁月，而且也为抗日战争的胜利提供了物质保证。

1. 抗日根据地的劳动管理

第一，颁布劳动法规。如1942年陕甘宁边区人民政府颁布了《陕甘宁边区劳动保护条例（草案）》。其劳动管理的内容主要有：工人每日实际工作为8小时，14—18岁的青工为6小时；工人在星期日和政府通知的纪念日可以休假；女职工在生育和哺乳期间禁止做夜间工作。女工和青工不得从事特别劳苦、笨重、有害健康及在地下的工作；女工分娩前后，给假两个月，每日有哺乳时间。学徒工的学徒期限最多不得超过3年，在学徒期内应分别规定工资或津贴。各企业商店有5人以上者需制定内部管理规则，其规定不得与集体合同和劳动合同内容相抵触。各企业商店与被雇人之间发生争执和冲突时，各级政府进行调解和仲裁；凡违法案件归劳动法庭审理。《劳动保

---

① 袁伦渠主编：《中国劳动经济史》，北京经济学院出版社1990年版，第40—42页。

护条例（草案）》体现了边区人民政府保护工人利益，提高工人生活水平，并贯彻劳资两利的政策。在实践中，也达到了提高工人劳动热情，发展战时生产的目的。

为了加强边区公营工厂职工劳动纪律教育，发扬群众英雄主义，增进职工团结，提高劳动热忱与生产效率，发展工业生产，繁荣边区经济，晋察冀边区人民政府制定颁布了《晋察冀边区公营工厂劳动纪律及奖惩办法暂行条例（草案）》。该条例的主要内容包括：劳动态度、职工规约、劳动纪律、奖惩办法等多个方面。

第二，处理劳资关系。由于抗日根据地存在着多种经济成分，因此，处理好私人企业中的劳资关系问题是当时劳动管理的重要工作内容。处理劳资关系的具体做法：一是克服 1931 年《劳动法》中"左"的错误，制定正确的劳资两利政策。既要使工人增加工资、减少工时的要求不能过高，又要从实际情况出发说服工人照顾长远利益，搞好生产；既要在政治上、经济上保护资本家的合法利益，以使他们有生产经营的积极性，又要在他们违反政府法令时，劝导或命令其遵守政策法令。二是严格按照劳动合同处理劳资争议问题。劳动合同中明确规定了劳资双方的条件，双方都要严格遵守，不得违反或随意废除。工人不能离开劳动合同随便提出额外要求，资本家也不能离开劳动合同加深对工人的压迫和剥削。由于各边区依据正确的劳动政策和遵守劳动合同，使出现的劳资问题得到有效处理，劳资关系有了很大的改善。

2. 抗日根据地的分配制度

抗日战争时期，各抗日根据地部队和机关工作人员所实行的供给制有了较大发展。一是供给制的经费来源扩大了。除了作战中缴获敌人的物资和没收汉奸的财产外，经费来源主要是依靠征粮、收税和生产自给。特别是大生产运动，增加了经费收入，保证了部队和机关人员的自给需要。二是供给制的标准提高了，也有了差别。从 1938 年 8 月陕甘宁边区财政厅的规定来看，各级政府工作人员的津贴标准是 4 元、2.5 元、2 元、1.5 元和 1 元 5 个等级，从分区的专员到政府杂务人员统一执行这个标准。1945 年 10 月，陕甘宁边区根据工作和生活需要，按不同人员来划类，实行 10 类生活标准。[1] 具

---

[1] 翟幻君：《建国前劳动经济史 第三讲 解放区（革命根据地）的分配制度》，《中国人力资源开发》1990 年第 4 期。

体包括：国际友人及少数民主人士标准；各类学校教员和学生标准；荣誉军人标准；各级技术人员标准；各级经济人员标准；工厂工人标准；老弱妇孺及伤病员标准；非党人士及中间分子标准；党政军各级负责人员标准；一般工作人员、战士标准。人员类别不同，其享受的待遇也不同。这些标准的规定，既做到大体平均略有差别，又合理地满足了各方面人员的需要。三是供给制日趋完善，供给项目和品种越来越齐全。如在衣着方面，能够按时供给单衣、棉衣、衬衣和鞋袜，以及毛衣、大衣；伙食方面，粮、菜、油盐、肉等的供给基本能够满足；日常生活用品方面，可供给牙刷、精盐、肥皂、草帽、笔墨纸张等学习用品和书报；女工作人员生育时，除发给生育费外，还可以提高伙食标准。

随着革命形势的好转，抗日根据地国营企业的数量有了较大增加，职工人数迅速增长，企业的分配制度也发生了很大变化，即由原来实行的供给制开始向混合工资制发展，还有的企业完全实行了工资制。混合工资制也叫部分供给部分工资制，由供给和工资两部分组成，供给部分是在一定范围内根据实际情况和本人需要实行定量免费供给；工资部分是根据实际情况和本人劳动数量和质量而确定的。它与工资制的区别在于，工资制是完全依据本人劳动的数量和质量来确定工资的，不再有供给成分。如太行、山东等抗日根据地公营企业军工工人，在较长时间内多数实行混合工资制。

3. 抗日根据地的社会保险制度①

抗日战争时期，根据党的劳动政策，各根据地边区政府都制定了一些比较可行的社会保险制度和政策。这些制度规定，既考虑到职工在丧失劳动能力时生活发生困难的情况，也照顾了敌后的实际情况和雇主与企业的经济负担能力。

陕甘宁边区政府1940年公布的《边区战时工厂集体合同暂行准则》和晋冀鲁豫边区政府1941年公布的《边区劳动保护暂行条例》都明确规定，实行劳动保险的目的，在于发展战时生产，保护工人利益，提高劳动热忱，巩固民族统一战线，增进劳资双方的利益。陕甘宁边区的《战时工厂集体合同暂行准则》规定："女工分娩前后给假2个半月，工资照发。工作不满半

---

① 宋士云：《建国以前中国共产党的社会保险政策探析》，《河南师范大学学报》（哲学社会科学版）2003年第6期。

年者，工资只发一半，假期照给"；"工人或学徒因病医治或住院者，医药费概由厂方负责，病假在 1 个月以内者，工资照发，病假至 2 个月，发给工资一半，病假至 3 个月，发工资 1/3，3 个月以上，停发工资，但医药、伙食仍由公家设立之医院负责，并由厂方每月发给 1—3 元的津贴费及衣服"；"工人或学徒因病死亡，而其家属无力埋葬者，应由厂方负责埋葬之，并须调查死者之家属情况，酌量给予抚恤金"；"工人或学徒因公受重伤而不能工作，厂方除负责医药外，应发给其原有工资至病愈时为止，并由厂方酌给一定之保养费"；"工人因公受伤而致残废失去一部分工作能力者，应分配其适当之轻便工作，保持其原有工资；失去全部工作能力者，除发给其半年之平均工资外，应照政府颁布之抚恤条例办理之"；"工人因公死亡者，厂方除负责埋葬外，应按政府劳动保护条例给予抚恤金"。

各边区所属的地区、单位在边区政府领导下，也根据自己的实际情况，制定了一些劳动保险办法。例如，1942 年 2 月冀中区总工会和农村合作社冀中总社公布的《关于各级社工厂职工待遇之共同决定》中规定："厂方在工资之外，按工资 1/10 存贮作劳动退休金，于工人脱离工厂时发给之"；"女工分娩前后例假 6 星期，工资照发，分娩后由工厂酌给补养费"；"工人本身如因结婚或直系亲属丧葬，请假 7 天以内不扣工资"；"职工患病，每人每月发给医药费不超过 2 角，集中使用，由厂方开支，超过 2 角的，即介绍到公立医院医治；养病不超过 1 个月，工资照发。超过 1 个月发给一半，超过 3 个月者停发"；"职工因工作致疾而残废或死亡及被敌人残杀者，一律按其 3 个月生活费（工资、粮柴、菜金）的数目发给其家属作为抚恤金"。

抗日根据地各地区所制定的劳动保险规定，虽然项目少，标准水平也低，但体现了中国共产党和边区人民政府在艰苦的战争岁月里对广大职工的关怀，因而鼓舞了职工搞好生产、支援抗日战争的积极性。

（三）解放战争时期的劳动经济制度

解放战争时期，中国共产党人深刻分析了中国社会经济状况，制定了没收封建地主阶级的土地归农民所有、没收官僚资本归新民主主义国家所有、保护民族工商业的新民主主义革命三大经济纲领，提出了"发展生产、繁荣经济、公私兼顾、劳资两利"的正确方针。这些经济方针政策，既指出了正确解决人民大众同帝国主义、封建主义、官僚资本主义三大敌人之间的矛盾，从而使生产力从半封建半殖民地桎梏下解放出来的道路，又正确地处理了在发展经济中人民内部的矛盾，从而调动了各方面发展生产的积极性，使解放区的经济迅速发展起来，促进了对新民主主义经济的变革。在三大经济纲领指引下，1947年后，各解放区农村普遍开展了轰轰烈烈的土地革命运动，到1949年新中国成立前，约有1.6亿人口的解放区完成了土地革命。在城市中，人民政府接管城市后，首先有计划、有准备、有步骤地没收官僚资本主义企业归国家所有，使社会主义的国营经济成为整个国民经济的领导成分。到1949年，人民政府已没收官僚资本主义工业企业2858个，其资产约占旧中国现代工业资产的80%。解放区土地革命的胜利，工业生产的高涨，带来了商业的迅速发展，整个解放区呈现出一派市场繁荣、购销两旺的景象。

1. 解放区的劳动管理

解放战争开始后，形势发展很快，许多城市和地区陆续解放。为了迎接全国解放，各解放区的工业生产被提到了十分重要的地位。各解放区人民政府要求国营工业企业除按计划进行生产以外，还要切实改善经营管理，实行企业化原则和管理民主化。

第一，加强劳动管理，做到合理使用劳动力。采取的具体措施主要有：确定以职工的能力、技术水平、忠于职责为用人标准；实行考核制度，对全体职工的生产和工作进行严格考核，按其表现，合理使用；实行赏罚制度，职工要严格实行个人负责制，遵守劳动纪律，做到人尽其责、功过分明、赏罚适当；机构设置合理，职工精干，名副其实。这些措施的贯彻落实，进一步优化了劳动力的配置和使用，充分发挥了广大职工的劳动积极性，出现了产品不断增加、生产不断上升的良好局面，有力地支援了解放战争的胜利。[1]

第二，大力培训和选拔管理人员。由于解放区不断扩大，工业发展很快，企业普遍缺乏技术干部和管理干部，急需培训和选拔专业人员作为骨干力量，以加强对工业企业的领导和管理工作。采取的政策和措施主要有：从现任干部中提拔优秀分子，帮助一切现任干部提高知识水平和管理能力，在

---

[1] 翟幻君：《第四讲 解放区（革命根据地）的劳动管理工作》，《中国人力资源开发》1990年第5期。

工厂较多的地方开办职工学校培养在职干部；在工业企业以外的其他工作岗位上，抽调一批人员参加工业管理工作；对新解放区企业中愿意留用的旧管理人员和技术人员，除查有证据的破坏分子外，予以任用，并帮助他们改变旧的劳动态度和管理方法；对于自愿来解放区服务的工业人才和知识分子，安排到工业企业中工作，并为他们学习工业管理和技术方面的知识创造条件，使之适应工业管理工作；在学生、师资和设备等条件相当具备的地方，开办工业专门学校，培训新的工业干部。这些政策和措施都发挥了积极作用，使工业企业管理水平有了很大改善。

2. 解放区的分配制度

1946年6月解放战争全面开展以后，随着战争规模的不断扩大，人力、物力和财力消耗迅速增加。为了保证战争前线的需要，解放区的分配制度发生了重要变化。

起初，在继续发扬自力更生、艰苦奋斗，把主要人力、物力和财力用来支援人民解放战争的号召下，各解放区部队和机关所实行的供给制标准开始降低，以节省开支。1947年5月，在华北邯郸召开了各解放区财经负责人员参加的财经会议。在这次会议上，确定了供给制的五项原则：部队优于地方，前方优于后方，野战军优于地方武装，后方节衣缩食支援前方；节约地方经费，军费主要用于保证部队最低限度生活；提倡同甘共苦，降低特殊待遇，严格纠正超过供给标准的浪费现象；各地区的供给标准应求相对一致，但也要有适当差别，贫富地区应有所不同；开展群众性增产节约运动，向农民生活看齐。此后，随着解放战争的胜利推进，许多大中城市陆续解放，经济状况有所好转，供给制的标准又有所提高，供给项目和内容又有所增加，制度由不统一逐步走向统一，到新中国成立前夕，供给制趋于定型。1949年，根据中共中央的指示，全国统一了供给制的标准。

解放战争时期，随着解放区的不断扩大，国营企业有了更大发展，许多企业的生产已经开始走向正常，不再因战争而中断。解放区的物质条件有了较大改善，实行工资制的客观条件逐渐成熟。同时，支援前线的任务十分繁重，需要实行工资制，以从物质利益上调动职工的生产积极性。在这种情况下，老解放区国营企业的分配制度发生了重大变化，由混合工资制向工资制转化，大都实行了工资制。比如，1946年1月晋冀鲁豫边区的军工企业开始实行由食用工资、穿用工资和固定工资三个部分组成的分配制度。虽然这种分配性质仍属于混合工资制,但与以前相比较,其工资部分的比重有所加大,除了职工本人的零用钱和菜金以外,还增加了供养家属的费用。新解放区国营企业的分配制度主要有以下三种情况:一是解放较早的东北地区实行新的工资制度。1948年全东北地区临近解放之际,东北行政委员会发布了公营企业、机关统一实行战时工薪标准。为使职工收入有保证,这个标准以"工资分"计算。① 每人每月工资标准是:技术工人、下井矿工、有损健康的化学工人,最高为110分,中等77分;一般重工业工人,最高100分,中等70分;一般轻工业工人,最高90分,中等63分。1949年1月,东北行政委员会和东北工业部规定,全东北地区企业、事业和国家机关统一实行13等39级的工资等级制度,即"一条龙"式的工资形式。各类人员的工资差别用等级线加以区分,最高工资630分,最低工资70分,级差最大50分,最小仅1分。二是对于陆续新解放的地区实行"原职原薪"政策。随着一些大中城市和工业区的解放,人民政府接收了官僚资本主义企业,但因受条件限制,还不能彻底废除旧的工资制度。根据中共中央的指示,为了顺利接管新城市和官僚资本主义企业,凡留任原职的职工和公教人员,只有暂时一律照旧支薪,即按解放前最近三个月内,每月所得实际工资的平均数领薪。对于解放前工资偏低的地区,在"原职原薪"的基础上,进行适当调整,规定了新的工资标准。② 三是对于解放较晚的西南地区实行发给维持费的办法。对于西南地区国民党遗留下来的军工企业的职工,规定发给维持费。维持费标准根据开工生产和停工两种情况,在原有工资等级制度的基础上予以规定,工人分6等36级;职员仍保留国民党军衔等级。

3. 解放区的社会保险制度

解放战争时期,整个劳动经济工作是紧密配合打倒国民党反动派、解放全中国这个中心任务进行的。作为劳动经济工作重要组成部分的劳动保险,

---

① 每个工资分的含量为:二等高粱米1.6斤,解放布0.6尺,豆油0.025斤,精盐0.025斤,中等煤3.4斤。按照发薪时国营公司上述实物的零售牌价计算支付货币工资。参见严忠勤主编《当代中国的职工工资福利和社会保险》,中国社会科学出版社1987年版,第29—30页。

② 翟幻君:《建国前劳动经济史 第三讲 解放区(革命根据地)的分配制度》,《中国人力资源开发》1990年第4期。

同样要服从党的中心任务和贯彻党的经济方针。为此，各解放区开始建立起项目较为齐全、标准水平较高的劳动保险制度，特别是东北地区搞得最好。

在中国共产党的领导下，1948年8月1日在哈尔滨召开了第六次全国劳动大会，大会作出了《关于中国职工运动当前任务的决议》，提出："在工厂集中的城市或条件具备的地方，可以创办劳动的社会保险"。根据第六次全国劳动大会决议，东北解放区开始劳动保险方面的立法。东北行政委员会根据本地区的经济条件和具体情况，于1948年12月27日颁布了《东北公营企业战时暂行劳动保险条例》（以下简称《条例》），并决定从1949年4月1日起在铁路、邮电、矿山、军工、军需、电气、纺织七大行业试行。[①] 该《条例》规定：各公营企业须按月缴纳等于本企业工资支出总额3%的劳动保险金，将其中30%缴存于政府指定的银行，作为劳动保险总基金；70%保存于本企业的会计处，作为本企业开支的劳动保险基金。劳动保险基金主要用于职工的伤残、死亡抚恤金或疾病、退休、生育补助金开支。《条例》还规定：女职工生育期间，产假为45天，工资照发；职工患病或非因工负伤，免费在本企业医疗所和指定医院治疗，病假在3个月以内的按工龄长短发给本人工资50%—100%的补助金，病假在3个月以上的发给本人工资10%—30%的救济金；职工因工负伤，企业负担全部医药费，工资照发；因工残废，按残废程度和致残原因，发给本人工资50%—60%的抚恤金；退休按职工工龄长短每月发给本人工资的30%—60%，作为养老金；职工因工死亡，发给丧葬费，最多不超过死者本人工资2个月；等等。《条例》的颁布和实施，使全东北地区的420个厂矿企业的79.6万名职工享受到了劳动保险待遇。职工在生、老、病、死、伤、残暂时或永久丧失劳动能力时，都可以得到物质帮助，从而解除了职工的后顾之忧。该《条例》是新中国成立以前第一次在较大范围内实行的较为完备的一部劳动保险法规，它的实施对于调动职工的生产积极性和激发职工的政治热情，密切党群关系，促进生产的恢复和发展，支援解放战争，都起了重大作用，也为新中国劳动保险制度的建立提供了宝贵经验。其他地区和产业单位参照该《条例》也制定了本地区、本部门的劳动保险办法。如太原市军管会于1949年7月颁

---

① 宋士云：《建国以前中国共产党的社会保险政策探析》，《河南师范大学学报》（哲学社会科学版）2003年第6期。

布了《太原市国营企业劳动保险暂行办法》，铁道部于 1949 年 8 月颁布了《铁道部职工抚恤暂行办法》。[①]

三　新中国成立前后的人口与劳动力资源状况

人们的经济活动总是在特定的空间中进行。中国的自然条件、资源环境是中国经济的产业结构、就业结构、区域布局、经济成分以至于社会人文环境形成的基础，而且这种影响随着社会的发展与生产力的提高而变化着。因此，新中国成立之初的人口与劳动力资源状况，构成了新中国劳动经济史研究无法回避的内容。

中国是世界上疆域辽阔、人口众多的大国之一。在中国广阔的领土领海上，蕴藏着极其丰富的自然资源和其他经济资源，但资源分布不均，相对资源量小。中国是世界上人口最多的国家，约占世界人口总数的 1/4。在中国历史上，人口增长曾经是社会稳定、经济繁荣的标志之一。近代以来，连年战乱使人口增长速度明显放慢，1840—1949 年的 109 年间中国人口增长接近 1.4 亿，年均增长率仅为 2.6‰。1949 年年底，中国大陆人口为 54167 万人。[②] 人口众多，使中国发展生产的劳动力资源非常丰富；人口增长速度较快，使中国的人口结构相对年轻，这都是经济发展的有利因素。但是，相应带来对生活资料的需要也十分巨大，相对于资源的开发形成了巨大的社会压力，从而影响人口素质的提高。[③] 从人口分布来看，中国的人口分布极为不均，东南部地区人口占全国总人口的 95% 以上，其中长江三角洲、成都平原、珠江三角洲每平方公里超过 600 人，华北平原大约 500 人；西北部地区的人口则很少，平均人口密度在 10 人以下。

从产业结构、城乡关系和劳动就业的角度看，中国人口与劳动力有两个特点：农业人口比重大与农村存在大量剩余劳动力。在 1949 年的 54167 万

[①] 翟幻君：《第五讲 解放区（革命根据地）的劳动保险制度》，《中国人力资源开发》1990 年第 5 期。

[②] 许涤新主编：《当代中国的人口》，中国社会科学出版社 1988 年版，第 3、18 页。

[③] 吴承明、董志凯主编：《中华人民共和国经济史（1949—1952）》（第一卷），中国财政经济出版社 2001 年版，第 39 页。

人中，农业人口为 48402 万人，占 89.4%，非农业人口为 5765 万人，占 10.6%。① 值得一提的是，在中国传统农业社会中，有相当一部分非农业人口或半农非农业人口居住在乡村，他们主要是手工业者和商贩。据统计，1949 年，农村劳动者人数为 16549 万人，占全国劳动力总数的 91.5%；城镇中的个体劳动者 724 万人，真正进入劳动力市场的劳动力并不多，仅有职工 809 万人，占全部就业人口的 4.47%。② 在农村劳动力中，从事传统农业生产的约占 80%，从事工业、交通运输业、建筑业的约占 20%。在工业中，工场手工业工人与工厂工人的人数约为 6∶1。根据 1952 年的统计，中国农业劳动力为 17317 万人③，当时一个劳动力可以耕种 10 亩土地，而全国 20 世纪 50 年代平均总耕地面积在 15 亿亩左右，粗略计算，农村剩余劳动力应在 2000 万人以上。④ 如何安置农村剩余劳动力，关系到中国经济稳定与社会发展，是经济社会生活中长期面临的重大课题之一。

从 19 世纪中叶开始，中国社会生产力就进入了从使用手工工具生产到使用机器生产的过渡。但从总体上说，现代化的进展非常缓慢。直到 1949 年，现代生产力（机器生产力）在整个社会生产力中所占比重甚小。不仅如此，在各个生产部门和各个地区，生产力中存在手工生产、机器生产以及两者的各种衔接形式。比如，在交通运输业中，从肩挑手提背驮到手推车、手拉车（板车），到脚蹬的三轮车、自行车，到利用畜力的马车，从电车、汽车、火车，到轮船、飞机等世界上最先进的交通运输工具都同时存在。在工业生产领域里，各个层次的设备、技术几乎无所不有，即使在最先进的部门或工厂里，也并存着从手工劳动到机器生产的各个层次。在这种多元的生产力结构中，最广泛的是以家庭为单位的手工农业与手工工业的结合。在少数城市与矿区，使用机器生产或半机器生产。重工业的生产技术落后，最大、最先进的钢铁企业鞍山钢铁厂技术操作没有全部机械化。当时的重工业，大多是机械修理厂，以及为外国提供原料和半成品的矿山和工厂。1949

---

① 《中国统计年鉴（1983）》，中国统计出版社 1983 年版，第 103 页。
② 武力、李光田：《论建国初期的劳动力市场及国家的调控措施》，《中国经济史研究》1994 年第 4 期。
③ 《中国统计年鉴（1983）》，中国统计出版社 1983 年版，第 120 页。
④ 吴承明、董志凯主编：《中华人民共和国经济史（1949—1952）》（第一卷），中国财政经济出版社 2001 年版，第 40 页。

年，在工农业净产值中，农业占 84.5%，工业占 15.5%。在工业的 15.5% 中，轻工业为 11%，重工业为 4.5%。生铁在历史上的最高产量（1943 年）是 180 万吨，钢是 92.3 万吨。[①] 这就是说，半殖民地半封建的中国是一个手工劳动的农业国，现代工业在国民经济中所占的比重很小。

再看一下人口与劳动力的素质。人口平均寿命是反映人口身体素质的一个重要指标。1949 年以前，旧中国 20—40 岁的成年人平均体重只有 52 公斤，平均身高 161.5 厘米，全国人口平均寿命 35 岁，[②] 是当时世界平均寿命最低的国家之一。1950 年，北京市城区人口平均寿命男性为 53.38 岁，女性为 50.22 岁。[③] 1949 年以前，人口出生率高达 35‰—38‰，死亡率高达 25‰—33‰；婴儿死亡率占出生人数的 1/5—1/4。导致人口大量死亡的原因，首先是饥饿和灾荒；其次是瘟疫和疾病，一些急性传染病和地方病，如鼠疫、天花、伤寒、霍乱、血吸虫病、疟疾等，也常夺走大量人口的生命；再次是战争，中国历史上战争频繁，常造成大量人口死亡；最后是其他意外事故等。当时，许多急性传染病、流行病猖獗，发病率高，病死率也高，成为人口死亡的经常性因素。据 1931—1933 年南京、上海、北京等 8 个城市统计，病死人数占死亡人总数的 33.2%，其中肺结核占 8.1%。[④] 那么，新中国成立之初中国的医疗卫生条件又是怎样呢？据统计，1949 年全国中西医药卫生技术人员共有 505040 人，其中高级技术人员仅有 38875 人，而且绝大部分是在大城市里工作；全国有医院 2600 所，病床 80000 张，医疗设备少得可怜，药品供应非常不足。[⑤] 不仅如此，而且医疗费用高昂，一般人很难就医。

一个国家人口中文盲人数的多少、比率的高低是衡量其劳动力文化素质的一个重要指标。由于经济落后，教育也是非常落后的，旧中国人口中 80% 是文盲，有文化的人口占总人口的比率 1947 年为 24.9%，其中 90% 以

[①] 赵德馨：《中国近现代经济史（1842—1949）》，河南人民出版社 2003 年版，第 322—324 页。
[②] 武力主编：《中华人民共和国经济简史》，中国社会科学出版社 2008 年版，第 15 页。
[③] 倪江林：《我国人口寿命的研究》，《中国卫生统计》1985 年第 1 期。
[④] 许涤新主编：《当代中国的人口》，中国社会科学出版社 1988 年版，第 172 页。
[⑤] 黄树则、林士笑主编：《当代中国的卫生事业（上）》，中国社会科学出版社 1986 年版，第 2—3 页。

上为小学与私塾水平（私塾水平占有文化人口总数的 1/3 以上）。[①] 据国民政府的统计，1947 年（新中国成立以前全国教育最好的年份）高等学校共有 207 所，在校学生 15.5 万人；1946 年全国中等学校（包括普通中学、师范、职业学校）5892 所，在校学生 187.8 万人；小学（包括国民学校、幼儿园）290617 所，学生共 2381.3 万人。学龄儿童入学率在 20% 左右。学校分布也极不平衡，中等学校大多设在县城以上的城镇，高校 40% 以上设在沿海地区。[②] 另据《中国统计年鉴（1983）》统计，1949 年各级学校（不包括成人教育）在校学生 2577.6 万人，占全国总人口的 4.76%，其中大学生 11.7 万人，中学生 126.8 万人（包括中等专业学校、普通中学，但不包括技工学校），小学生 2439.1 万人；平均每万人口中，有大学生 2.2 人、中学生 23 人、小学生 450 人。[③] 即使这样低的比例，1952 年大学招生还是面临着招不满的忧虑，因为应届高中毕业生太少。

由于教育落后，劳动力素质普遍较低，懂技术的劳动力与技术人员、管理人员十分短缺。据估计，在全国就业人口中，具有初中以上文化程度者不超过 5%。根据 1952 年的统计，在全国就业人口中，每万人中有科技人员 7.4 人；每万名职工中（不包括占就业人口 90% 以上的农民和个体经济劳动者）有科技人员 269 人。[④] 另据 1952 年全国干部统计资料（县以上国家机关及企事业单位中办事员以上的干部和技术人员，但不包括党委系统、群众团体系统、合作社系统、军事系统、教育行政管理部门主管的中等师范学校和中、小学），在 247.07 万名干部中，专业技术人员为 34.4 万人，其中工程技术人员 133684 人（内有工程师以上技术职称者 16739 人），农业技术人员 14495 人（内有技师以上职称者 537 人）。这 247.07 万名干部，按文化程度分，大专以上文化者占 6.58%，高中文化者占 15.54%，初中文化者占 36.98%，小学文化者占 37.80%，文盲占 3.10%。再从建筑行业看，在 1952 年的就业人员中，有技术的职工仅占职工总数的 10%—20%，80%—

---

① 许涤新主编：《当代中国的人口》，中国社会科学出版社 1988 年版，第 67—69 页。
② 欧阳军喜等：《解放初期教育改造的历史意义》，《清华大学教育研究》1992 年第 2 期。
③ 《中国统计年鉴（1983）》，中国统计出版社 1983 年版，第 511—514 页。
④ 武力、李光田：《论建国初期的劳动力市场及国家的调控措施》，《中国经济史研究》1994 年第 4 期。

90%的职工没有专门技术,是一般劳动力,因此,建筑公司之间互相挖人的现象很普遍。① 上述这种劳动力素质水平,远不能适应国民经济迅速恢复和社会各项事业发展的需要。

---

① 董志凯主编:《1949—1952年中国经济分析》,中国社会科学出版社1996年版,第194—195页。

第 二 章
新中国劳动就业制度的建立

1949 年 3 月，毛泽东在中国共产党七届二中全会上所作的报告，阐明了新民主主义经济形态的五种经济成分①及其相互关系的理论，设计了新中国经济体制的蓝图，提出了党的工作重心必须由乡村转移到城市以及应当采取的基本政策，指出了中国由农业国转变为工业国、由新民主主义社会转变为社会主义社会的发展方向。新中国成立后，中国共产党领导全国各族人民废除了帝国主义在中国的一切特权，没收了官僚资本主义企业，完成了土地改革，实现了"三大改造"，同时在国民经济恢复的基础上，开始了有计划的经济建设，初步建立起了社会主义的经济基础。

新中国成立之初，因长期的战争和经济混乱导致百业萧条，失业人口数量庞大，给社会经济发展带来了沉重压力。面对严峻的就业形势，中国共产党和人民政府按照"公私兼顾、劳资两利"的新民主主义经济的基本方针，通过救济与安置并举、疏浚与堵源结合，较为成功地缓解了就业压力；同时建立起由政府统一介绍、招收与调配劳动力的制度以及劳动保险制度。伴随着国民经济的恢复和大规模经济建设的开展，在宏观层面上，劳动人口数量增多，就业人数扩大，失业率下降，劳动力就业结构发生了明显变化；劳动就业的计划管理体制开始形成，劳动力市场调节的空间不断缩小。在微观层面上，企业劳动定额、定员等管理制度正在形成，管理的内容和目标在不断强化。此外，劳动力的职业技术培训工作开始从失业工人转业训练转向为大

---

① 新民主主义经济形态的基本特点是以社会主义国营经济为领导，多种经济成分长期并存，即社会主义的国营经济、半社会主义性质的合作社经济、私人资本主义经济、个体经济、国家资本和私人资本合作的国家资本主义经济。

规模经济建设培养后备技术工人。

一 对失业人员的救济与安置

（一）新中国成立初期严重的失业问题①

新中国成立后，在劳动力管理工作中一个突出的任务就是解决旧社会遗留下来的失业问题。在城市，工商业萧条，大批失业工人流落街头，变成失业大军；在农村，农民贫困破产，一批又一批背井离乡，流入城市，扩大了城市中的失业大军。此外，一些知识分子和公教人员也很难找到"一官半职"。据统计，新中国成立前夕，城镇失业人员已达472.2万人，失业率高达23.6%。② 新中国成立初期，由于对原有社会政治、经济结构的剧烈改组，又产生了一批新的失业人员，失业问题更显突出，形成了两次失业高峰：一次是在1950年，另一次是在1952年。

1. 新中国成立初期的失业状况及其特点

第一，失业人数庞大。1950年社会经济改组后出现的失业人口和解放前遗留下来的失业人口，形成了新中国成立后的第一次失业高峰。根据1950年9月底各地不完整的统计，全国失业工人共有1220231人，失业知识分子188261人，共计1408492人。此外，尚有半失业者255769人。③ 失业率最高的1950年7月，仅全国登记的失业工人就达1664288人④，占当时城市职工总数的21%；如果加上未登记的失业者，失业人数会更多。1952年，全国有失业、半失业人员280万左右，其中失业、半失业工人约有120万人，失业知识分子约有43万人，没有职业或没有正当职业的旧军官约有20万人，其他应予安置、救济或改造训练使之就业的老弱病残、流浪儿童、无

---

① 参见程连升《中国反失业政策研究（1950—2000）》，社会科学文献出版社2002年版，第61—69页。
② 何光主编：《当代中国的劳动力管理》，中国社会科学出版社1990年版，第34页。
③ 《1949—1952中华人民共和国经济档案资料选编·劳动工资和职工福利卷》，中国社会科学出版社1994年版，第199页。
④ 同上书，第203页。

业游民、乞丐、娼妓等约有98万人。① 如果按城镇失业人员计算，1950年年底全国有437.6万人，1951年年底有400.6万人，1952年年底有376.6万人。其中1952年，城镇失业率为13.2%。②

第二，失业范围广泛。就地区而言，失业是全国性的，最为严重的是各个中心城市。就行业而言，失业现象涉及社会各行各业。就产业特征来看，失业主要分布在第二、第三产业，即制造业和服务业，而农业剩余劳动力转移也为失业高峰推波助澜；在失业人口中，以店员、手工业者和纺织工人为最多，食品、五金、印刷次之。就职业范围而言，波及各个阶层和各种职业，既有农民、工人、店员、平民，又有业主、官吏和公教人员。据统计，1952年年底要求就业的162.2万人中，失业工人为77.98万人，占48.07%；家庭妇女、失学青年为43.8万人，占27%；小商业主、行商、摊贩等10.9万人，占6.72%；失业知识分子10.4万人，占6.41%；城市贫民、妓女、乞丐等15万人，僧尼道士0.57万人，共占9.6%；旧军官、旧官吏3.42万人，占2.11%。③ 在失业群体中，工人所占比重最大。失业范围的广泛性，体现了社会大变动时期的不稳定性。

第三，失业类型复杂。从时间上看，新中国成立初期的失业既有长期性失业，又有短期性失业；既有解放以前的遗留性失业，又有解放后社会经济改组新产生的失业。从性质上看，既有经济遭受破坏后需求不足而形成的周期性失业，又有社会经济调整所产生的结构性失业，还有政策存在缺陷而导致的政策性失业。

第四，社会危害性大。对广大居民来说，失业即意味着断粮、断炊。严重的失业问题造成经济资源的巨大浪费，不仅降低了失业者个人及其家庭的收入与生活水平，而且还制约着经济结构改组与调整工作的开展，阻碍了国民经济恢复的进程。在一些大城市里，由失业造成生活无着而导致自杀的现象时有发生，也出现了诸如反对工会、殴打政府干部等发泄不满情绪的骚乱

---

① 《1949—1952中华人民共和国经济档案资料选编·劳动工资和职工福利卷》，中国社会科学出版社1994年版，第159页。
② 《中国劳动工资统计资料（1949—1985）》，中国统计出版社1987年版，第109页。
③ 《1949—1952中华人民共和国经济档案资料选编·劳动工资和职工福利卷》，中国社会科学出版社1994年版，第212—213页。

事件，激化了社会矛盾，造成恶劣的政治影响。正如当时上海市长陈毅所报告的，1950年3—4月上海人心浮动，匪特乘机活动，市面上发生了吃白食、分厂、分店、抢糕饼、打警察、聚众请愿和捣毁会场等事件。可见，经济问题已影响到了社会的安定。

2. 新中国成立初期失业严重的成因

新中国成立之初，之所以产生如此庞大的失业人口，形成两次严重的失业高峰，是与中国社会秩序中的历史遗留问题和推陈立新过程分不开的。

第一，国民党反动集团的破坏。解放战争末期，面对已成定局的失败局面，国民党反动集团不仅大肆搜刮民脂民膏、聚敛战争军费，并强行将工厂机器和运输设备拆迁到香港、台湾地区，将中央银行的全部黄金、银元和外汇储备劫往台湾地区，而且还把搬不动或来不及搬走的厂房、机器、船舰、铁路、机车以及工业、民用设施尽量摧毁。许多工厂企业的生产经营活动被迫中断。[1] 国民党反动集团盘踞台湾后，在美国的支持下，对东南沿海地区实行武装封锁与轰炸，加重了上海等沿海工商业城市的经济困难。封锁、禁运断绝了大部分需要进口的工业原材料，许多工厂因缺料而无法开工运转；飞机的狂轰滥炸，破坏了交通运输设施和发电设备，许多企业因缺乏运输和动力而陷入瘫痪。所有这些，都造成了工人大批失业。

第二，社会经济结构的剧烈调整。旧中国有许多行业是专供封建迷信活动或地主、官僚、资产阶级奢侈消费服务的。在新旧社会制度更替、社会组织结构和社会风气急剧变革的过程中，由于这类工商服务业的市场需求和服务对象迅速减少，生产经营的可替代性小，遂纷纷倒闭，如解放后许多城市的香烛、纸火、娱乐、服装、美容、餐饮、出租车、金融、珠宝、精品店等行业的衰败。因此，在这类行业就业的人员也就相应失业了。[2]

第三，新民主主义经济秩序的建立，导致投机工商业衰退。新中国成立初期，物价剧烈上涨、投机资本空前膨胀，给社会经济带来极度混乱，人民政府集中力量打击投机资本，力争市场物价稳定。物价稳定之后，虚假购买力消失，部分工商企业难以适应新的市场形势，陷入生产经营的困境。其中

---

[1] 程连升：《新中国第一次失业高峰的形成和治理》，《中国经济史研究》2002年第1期。
[2] 《1949—1952 中华人民共和国经济档案资料选编·劳动工资和职工福利卷》，中国社会科学出版社1994年版，第159页。

一些企业主为了转嫁危机,解雇工人,造成了相当数量的工人失业。

第四,在制定和执行新政策的过程中,部分干部出现了一些过激行为,错误地排挤私营工商业。新中国成立初期,中央开展统一财经、稳定物价的工作,由于银根抽得过紧,国营贸易前进的步子过快,社会需求压缩过急,部分私营工商业负担过重,使不少私营工商业陷入困境。许多资本家经营消极,解雇职工,停产歇业,或关厂歇店,造成了部分工人失业。据上海市统计,到1950年4月下旬,全市倒闭的工厂有1000多家,停业的商店有2000多家,失业的工人在20万以上。另据统计,14个较大城市在1950年1月到4月倒闭的工厂合计2945家,6个较大城市半停业的商店合计9347家。1950年春夏之交,全国失业的工人超过100万,[①] 其中在稳定物价过程中新增加的失业人口合计为38万—40万。[②] 1952年"五反"运动中,失业、半失业的人数又有增加。为了不影响生产,开展这场运动之前,中共中央曾强调运动和业务要"两不误",但是,一方面,运动使各级干部的工作重心转移,不再重视对私营企业的加工订货,城乡交流也陷入停滞状态,经济生活出现了混乱与停滞;另一方面,不少资本家对自己的前途丧失信心,消极观望,以致躺倒不干。因此,"五反"运动后期,一度出现了生产萧条、失业增多、城乡交流不畅,公私、劳资关系都很紧张等情况。[③] 根据不完全的材料估计,从"五反"运动开始到1952年6月中旬,新增加的失业、半失业的人数约为150万。与"五反"运动前的失业人数相比,增加了1.5倍。[④]

第五,土地改革后,农村中的剩余劳动力不断流入城市,加剧了城市中失业、半失业现象。1952年,全国共有农业剩余劳动力(全劳力和半劳力)4039万人,占农村劳动力总数的16.8%。据新中国成立初期的一些典型调查统计,城市工人平均收入约为农民平均收入的3倍,1952年非农业居民的平均消费水平为农民的2.4倍。[⑤] 城乡收入的巨大差距和城市现代生活的诱惑,使不少青年农民在土改后陆续涌入城市和工矿区,谋求新的职业。据

[①] 薄一波:《若干重大决策与事件的回顾》(上卷),中共中央党校出版社1991年版,第94—95页。
[②] 何光主编:《当代中国的劳动力管理》,中国社会科学出版社1990年版,第4页。
[③] 程连升:《新中国第一次失业高峰的形成和治理》,《中国经济史研究》2002年第1期。
[④] 《1949—1952中华人民共和国经济档案资料选编·劳动工资和职工福利卷》,中国社会科学出版社1994年版,第158页。
[⑤] 董志凯主编:《1949—1952年中国经济分析》,中国社会科学出版社1996年版,第193—196页。

1951 年春统计,仅东北的沈阳、鞍山两市,即有进城找工作的农民 2 万余人。到 1952 年,东北地区流入城市的农民 32117 人,占失业人员总数的 22.4%。①

第六,经过各种社会改革运动,社会风气发生巨大变化。许多人(特别是城市中的家庭知识妇女)要求参加工作,从而大大提高了劳动参与率,增加了劳动力的供给人数。如 1952 年年底上海市的统计,在该市 143.8 万的无业人口中,家庭妇女就有 95.4 万,占失业人员总数的 67% 左右。②

另外,国民经济恢复时期社会秩序的调整,使一部分知识分子、旧公职人员、旧军官也成为无业人员。同时,工、矿、交通企业通过生产改革和管理改革,劳动生产率提高,使企业中原有的职工有了剩余。当然,这些不是导致失业高峰的主要原因。③

(二) 解决失业问题的政策和措施④

全国大中城市出现的大量失业造成社会经济秩序严重混乱,引起了党和国家领导人的高度重视。为了减轻就业和失业的压力,中共中央和政务院制定了解决失业问题的方针、政策和措施,规定了救济失业工人和失业知识分子的具体办法。

1. 对旧公职人员(以及官僚资本企业职工)实行"包下来"的政策

新中国成立前夕,随着大中城市的陆续解放,如何对待国民党政府遗留下来的公职人员和接收的官僚资本企业中的职工,成为摆在中国共产党面前的一个棘手问题:全盘接纳必定给新政权造成沉重的负担,放任辞退又会形成失业上升和社会动荡。先期解放的东北地区,在接管城市过程中总结的经验提出:对于接收企业中的旧职员,除"不愿为人民服务,或因作恶过多为工人痛恨不能留用者外,其余凡愿为人民服务、忠于职务、不做破坏活动

---

① 《1949—1952 中华人民共和国经济档案资料选编·劳动工资和职工福利卷》,中国社会科学出版社 1994 年版,第 230 页。
② 董志凯主编:《1949—1952 年中国经济分析》,中国社会科学出版社 1996 年版,第 193—194 页。
③ 程连升:《新中国第一次失业高峰的形成和治理》,《中国经济史研究》2002 年第 1 期。
④ 参见程连升《中国反失业政策研究(1950—2000)》,社会科学文献出版社 2002 年版,第 70—83 页。

者，都应给以工作"。① 并对原国民政府公职人员及企事业单位职工颁布六项规定，② 实行暂时"包下来"的政策，以利于新政权的尽快建立。1949 年年初平津解放以后，中共中央权衡利弊，最终决定实行原样"包下来"的政策，但也提出了对其政府机构人员和一般技术人员区别对待的原则。这样，在新中国成立前后新旧政权的交替过程中，中国共产党和人民政府对国民党政府遗留下来的 600 余万公职人员和企业职工采取了"包下来"的政策，进行了妥善安置，从而避免了失业人数的扩大。③ 在对旧人员实行"包下来"政策的同时，中共中央提倡"三个人的饭五个人吃"。虽然这一政策使人民政府承担了改造和养活旧职员的社会责任，增加了国家财政负担，但实际上却有利于减轻社会变革的阻力，有利于新生政权的建立与巩固，有利于生产力的衔接保护和国民经济的恢复。从当时的情况看，"包下来"的政策是明智的选择，"只有这样才是对人民有利的"。④

2. 实行"公私兼顾、劳资两利"政策，防止有利于国计民生的私营工商业停工倒闭

对于有利于国计民生的私营工商业，中国共产党和人民政府实行了"发展生产、繁荣经济、公私兼顾、劳资两利"的政策，尽量防止这些企业停工倒闭，造成工人失业。1949 年，全国私营工业企业共有 12.3 万家，⑤ 总产值达 68.3 亿多元（新币），占当时全国工业总产值的 48.7%；1949 年年底，私营企业职工人数达 296 万人，占当时全国各种经济类型职工总人数的 36.6%。⑥ 为了恢复和发展国民经济，保证职工的就业和生活问题，就必须允许私营工商业存在和发展。

解放初期，由于遭到帝国主义和国民党反动集团的严重破坏，私营工商业在资金、原材料、产品销路等方面都有许多困难。许多工商业资本家对党和政府的政策存有疑虑，因而消极对待生产经营活动，不断关厂歇业，解雇

---

① 《陈云文选（1926—1949）》，人民出版社 1984 年版，第 252 页。
② 即原职照常上班；保原负责的一切；造册上报军管会接收系统；呈报手续由该机关主管人员办理，限 3 日内呈报完毕；有功者奖，违抗或不当者罚；到职人员发生活维持费。
③ 程连升：《新中国第一次失业高峰的形成和治理》，《中国经济史研究》2002 年第 1 期。
④ 《建国以来毛泽东文稿》（第 1 卷），中央文献出版社 1987 年版，第 116 页。
⑤ 何光主编：《当代中国的劳动力管理》，中国社会科学出版社 1990 年版，第 43 页。
⑥ 《中国统计年鉴（1984）》，中国统计出版社 1984 年版，第 194、111 页。

工人。不少工人也认为解放后不应再受资本家的压榨与剥削，纷纷提出过高的工资待遇和苛刻的就业要求，以致引起了大量的劳资纠纷。针对这些情况，党和政府通过工会组织和工商联，分别对工人和资本家进行形势政策教育，端正他们的思想和态度。各级劳动部门根据国家对私营工商业的基本政策，把调整劳资关系作为重要的任务，努力宣传"同舟共济"的精神。遇有争议，尽可能通过推动劳资双方协商解决；协商不成，由劳动争议仲裁委员会进行仲裁；不服仲裁的，允许到当地人民法院申诉。由于正确地制定了私营工商业政策，采取了恰当的处理劳资争议的措施，使劳资关系相对稳定下来。同时，鉴于国营经济发展过快、统得过宽，导致私营工商业在生产经营上遇到困难，政府在1950年6月和1952年3月先后两次调整公私关系，在经营范围、原料供给、销售市场、劳动条件、技术装备、价格政策、财政政策和货币政策等方面，实行一系列有利于私营工商业发展的政策。在党的"公私兼顾、劳资两利"正确方针指导下，私营工商业得到了适当的发展，对于防止产生新的失业人员和重新安置一部分失业人员，都起到了积极作用。

3. 设置负责劳动就业的专门机构，加强对失业人员的管理

1949年11月2日，中央人民政府劳动部成立。在《劳动部暂行组织条例》中，明确了劳动部负有领导就业介绍所、办理安置失业工人工作的任务。1950年5月20日，劳动部公布了《失业技术员工登记介绍办法》和《市劳动介绍所组织通则》。此后，全国各大城市都建立了劳动介绍所，负责登记、统计失业人员，调查公私企业需要劳动力的情况，统筹介绍失业人员就业。登记对象开始只限于失业技术员工，随后扩大到一般失业和求职的人员。1952年7月25日，为了进一步加强对劳动就业的领导，协调各方面的关系，中央人民政府政务院成立了劳动就业委员会。[①] 一些大中城市也相继成立了相应的机构，统一对失业人员进行登记和管理。同年8月30日，政务院发布的《劳动就业委员会关于失业人员统一登记办法》规定，"凡原在公私工商企业、交通、运输事业、手工业作坊及机关、团体、学校中从事体力或脑力劳动的工人、职员以及无固定雇主的建筑工人、搬运工人，于失

[①] 中央人民政府政务院秘书长李维汉兼任主任。1954年9月27日，该部门撤销。

业后尚无固定职业者；凡从事季节性行业的工人其行业已经衰落无法找到工作者；具有初中以上文化程度的失业知识分子及尚无职业的旧军官、旧官吏生活困难，要求就业者；凡已停工歇业的独立生产者、行商摊贩、资方代理人及小工商业主确无其他收入，生活困难，要求就业从事雇佣劳动者；生活困难，要求就业的其他失业人员"，均一律进行登记。登记以后，根据不同情况分别处理。一般有计划地分批分期予以训练，然后根据国家建设发展的需要与他们本人的条件，逐步地解决他们的就业问题。生活确有困难者适当予以救济。①

4. 举办大规模的失业救济

1950年4月14日，中共中央发出《关于举行全国救济失业工人运动和筹措救济失业工人基金办法的指示》，提出在"五一"前后开展一场全社会捐助救济失业工人运动。6月6日，毛泽东在中共七届三中全会上把救济和安置失业人员列为当时的八项任务之一。② 6月17日，政务院发出《关于救济失业工人的指示》，劳动部公布《救济失业工人暂行办法》（7月1日起施行），确立了对城市失业工人的救济原则及具体措施。7月25日，政务院发出《关于救济失业教师和处理学生失学问题的指示》。1950年11月，中共中央根据近几个月工作中存在的问题和经验，发出《关于救济失业工人问题的总结及指示》，政务院提出《关于处理失业知识分子的补充指示》，进一步完善了救济和安置失业人员的具体政策和措施。在救济对象方面，1952年9月以前，只限失业工人和失业知识分子。后来，扩大到所有登记的失业人员，其中有劳动能力的由劳动部门按失业救济办理；丧失劳动能力、不能重新就业的，由民政部门按照社会救济办法进行救济。

为了筹措失业救济基金，国家采取了政府拨款与社会捐助相结合的办法。其具体来源有三个方面：一是国家财政拨款。据不完全统计，1950年中央财政分拨救济经费合计2121.5万斤粮食，1951年分拨经费324万元，1952年分拨经费859万元。二是由政府向社会征收救济金。政务院规定：凡是举办失业救济的城市，其所有国营和私营的工厂、作坊、商店的行

---

① 《1949—1952中华人民共和国经济档案资料选编·劳动工资和职工福利卷》，中国社会科学出版社1994年版，第180页。

② 《毛泽东选集》（第五卷），人民出版社1977年版，第17页。

政方面或资方，均须按月缴纳所付实际工资总额的1%，上述各种企业及码头运输等事业的在业工人和职员，亦应按月缴纳所得实际工资总额的1%，作为失业救济基金。① 三是社会各界自愿捐献。在社会各界的大力响应下，失业救济金的筹措取得了积极进展，从而为救济失业人员准备了物质前提。

在失业救济工作方面，党和政府坚持"以工代赈为主，而以生产自救、转业训练、还乡生产、发给救济金等为补充办法"的原则。为此，采取的措施主要有：

第一，以工代赈。即由各地失业救济部门会同有关方面，组织失业工人参加为国家建设所急需的市政工程等，然后按工作量发给参加者工资。这种形式主要用于1950年和1951年，重点解决失业人员的生活困难。按照中央规定，工赈的费用来自国家财政拨出的失业工人救济基金，其中绝大部分（按规定不得少于全部工程费用的80%）用于支付工资，少部分（不得超过全部工程费用的20%，超过部分由市政建设费用开支）用来购买原材料和生产工具。② 以工代赈的工资，主要实行计件工资制，一般高于单纯的失业救济金，低于在职职工的工资水平。组织失业工人以工代赈，既能解决失业工人的生活问题，又能解决市政建设方面的资金短缺难题，及时新建有关项目。据不完全统计，全国1950年以工代赈123854人；1951年为59639人；1952年9月底为85128人。

第二，转业训练。即对失业工人进行技术训练，以提高就业能力。这是1951年工商业好转以后救济工作采用的主要方式。新中国成立初期，失业人员中很大一部分是属于结构性失业，即由于失业人员无技术专长、不符合岗位要求导致的失业。针对这种情况，失业救济部门会同有关方面，根据经济建设的需要，从失业人员中挑选年轻又有培养前途的工人、店员和知识分子，让他们参加经济建设迫切需要的建筑、机械、纺织、邮电、化工、税务、土木工程、会计、统计、医药卫生等专业以及政治文化训练班。训练方式有劳动行政部门自办、与企业部门合办、委托工厂学校代办以及请技工

---

① 1954年，各地失业情况好转，各地失业工人救济基金先后停止征收。参见山东省劳动局地方志办公室《山东省劳动志稿（二）》，内部资料，1988年11月，第11页。

② 《1949—1952中华人民共和国经济档案资料选编·劳动工资和职工福利卷》，中国社会科学出版社1994年版，第170页。

带徒弟四种,训练时间一般为 3 个月至 1 年。据 1951 年 10 月底统计,各地各种形式的训练班共有 209 个,参加人数 37400 人。

第三,生产自救。即根据自愿和民主管理的原则,组织具有一定技术专长和经营管理知识的失业者从事生产经营活动以维持生活。各地采用了组织加工工厂、合作社、生产小组、作坊、农场、采矿、运输等多种方式;一些地方还帮助歇业工厂的工人利用原有机器和房屋,恢复生产。生产方式多种多样:劳动救济部门从失业救济金中拨出部分款项贷给手工业生产单位,使其扩大经营,吸收一些失业工人参加劳动;劳动与商业部门合作,让一部分失业人员参加城市物资的收购、储运和销售工作;政府补助生产资金,资助个人独立生产和经营。据统计,截至 1951 年 10 月底,全国共有生产自救单位 428 个,参加人数 118806 人,大都做到了自给自足。

第四,还乡生产。即动员和资助家在农村的失业工人回乡,从事农业生产活动,以减轻城镇的就业压力。这种方式是与土地改革运动结合进行的。失业工人还乡生产大都本着自愿的原则,并事先与失业工人家乡的县区政府取得联系。政府发给本人及其家属路费,按救济标准发给 3 个月的安家费。失业工人还乡后,得到了当地人民政府的妥善安置,分到了土地、房屋和农具。据不完全统计,从 1950 年 7 月到 1951 年 10 月底,共有 11.8 万人返回农村。

第五,组织救济。即对没有机会或能力按以上办法自救且生活确有困难的失业人员发给救济金。1950 年,《救济失业工人暂行办法》规定:失业工人每人每月发给当地主要粮食 45—90 斤;失业学徒每月 30 斤;半失业工人所得工资低于失业工人所领的救济金额而无法维持生活者,也按实际情况酌量予以救济。1952 年,政务院将城市失业人员的救济标准适当提高为:大城市每人每月 6 元,有家属一口者包括本人在内每月 9 元,有家属两口者每月 11 元,家属超过两口每增加一人增发 2 元,但最高不能超过 15 元;中等城市,失业人员每人每月 5 元,有家属一口者,每月 7.5 元,其后每增加家属一人,增发 1.5 元,最高不超过 12 元。[①] 1950 年领取救济的人数为 113190 人;1951 年年底为 36253 人;1952 年 9 月底为 90342 人。1950 年为

[①] 《1949—1952 中华人民共和国经济档案资料选编·劳动工资和职工福利卷》,中国社会科学出版社 1994 年版,第 179、205 页。

失业工人发放救济粮3884.9万斤，1951年发放救济款为342.4万元。①

据不完全统计，从1950年7月至1953年年底，在各地政府失业救济工作中，以工代赈达280余万人次，生产自救者达15万余人，参加转业训练的15万人，还乡生产者14万余人，领取失业救济金者460余万人次。②

5. 实行政府介绍就业与鼓励失业者自谋职业相结合的就业政策

这个时期，失业人员主要通过政府安置和个人自行就业两种途径安置就业。从总体来看，以政府安置为主，个人自行就业为辅。③

第一，政府安置。一方面，扩大社会就业。新中国成立初期，解放较早的地区如东北以及经济遭受破坏不甚严重的行业或企业经济恢复比较快，许多企事业单位和部门开始从失业人员中自行选择和招收大量的技术人员和知识分子。到1951年10月底，失业工人重新就业者已达128.26万人，其中长期安置者91.02万人。失业知识分子经过各种训练和招聘，参加工作的约有100万人。④ 另一方面，介绍就业。劳动部公布的《市劳动介绍所组织通则》规定，各市劳动局设置劳动介绍所，各大城市可在市区设立劳动介绍分所。随着国民经济的恢复，在劳动力的调配方面加强了统一管理，并在劳动就业方面初步实行了统一介绍就业的政策。截至1951年3月底，全国建立了市劳动介绍所49个，在43个城市中介绍了40万人就业，临时协助东北招聘的工人计有24万人。⑤ 1950年7月到1952年年底，各地劳动介绍所介绍就业人数达90余万人。⑥

第二，个人自谋职业。由于政府介绍和安置就业的能力有限，远不能满足就业者的需要；而私营工商业可以容纳一定数量的劳动力，它们自行招聘人员的愿望很强烈。因此，党和政府在强调劳动力统一安置与调派的同时，也鼓励失业者自谋出路。1952年7月之前，政府介绍就业和鼓励个人自谋

---

① 吴承明、董志凯主编：《中华人民共和国经济史（1949—1952）》（第一卷），中国财政经济出版社2001年版，第875页。
② 董志凯主编：《1949—1952年中国经济分析》，中国社会科学出版社1996年版，第201页。
③ 程连升：《新中国第一次失业高峰的形成和治理》，《中国经济史研究》2002年第1期。
④ 《1949—1952中华人民共和国经济档案资料选编·劳动工资和职工福利卷》，中国社会科学出版社1994年版，第203、194页。
⑤ 同上书，第194页。
⑥ 吴承明、董志凯主编：《中华人民共和国经济史（1949—1952）》（第一卷），中国财政经济出版社2001年版，第876页。

职业相结合的就业政策效果良好，数十万失业者通过自谋出路找到了工作。

(三) 解决失业问题取得的成效

新中国成立初期，通过上述一系列行之有效的政策和措施，救济和安置失业人员的工作取得了巨大成效。

第一，初步缓解了失业压力。到1952年，约有一半失业人员重新获得了职业，其他人员也得到一定程度的安置。凡有劳动能力并愿意工作的失业人员，大多数都解决了就业问题。经过救济安置和扩大就业，逐渐消除了失业人员的不满，使他们增强了对人民政府的信任。工人普遍反映：以前我们失业挨饿没人管，现在能做工的有工做，不能做工的有救济粮，只有我们工人自己的政府，才会照顾得这样周到。通过实实在在地排忧解难，党和政府树立了良好的形象，得到了广大群众由衷的信任和支持，从而巩固了新生的人民民主政权。同时，在开展失业救济募捐运动及安置人员的过程中，发挥了工人阶级互助友爱的精神，消除了失业工人与在业工人之间的对立情绪，工会的威信提高了。

第二，壮大了职工队伍，保护和培养了经济建设的有用人才。在救济、安置失业工人的工作中，由于把生活救济和培养就业能力紧密结合，不仅使职工队伍逐年壮大，1949年全国各种类型职工人数为809万人，1952年为1603万人[1]；而且经过转业训练等活动，提高了劳动力的素质，调整了劳动力的内部结构，缓解了结构性失业问题，培养了一批具有真才实学的经济建设人才。与此同时，党和政府还非常重视失业知识分子的救济和安置。所有旧公教人员全部由人民政府包了下来；旧社会遗留下来的失业知识分子，经过各种训练、招聘，以及个别安置而参加到各种工作中的，约有100万人，[2]适应了国民经济恢复和发展时对知识分子的迫切需要。

第三，促进了国民经济的恢复和发展。政府大力救济、安置失业工人和知识分子，解决了他们的生活困难，稳定了社会秩序，调动了人们从事革命和建设的积极性和创造性，促进了劳动生产率的提高。在国民经济恢复时

---

[1] 《中国统计年鉴（1984）》，中国统计出版社1984年版，第111页。
[2] 《1949—1952中华人民共和国经济档案资料选编·劳动工资和职工福利卷》，中国社会科学出版社1994年版，第193页。

期，经济高速度的恢复和发展，与政府大力救济和安置失业人员、解决失业问题所创造的各种有利条件不无关系。

二 劳动力统一招收与调配制度的形成

新中国劳动力的招收、调配制度，是在解决大批失业人员就业问题的基础上，逐步形成和发展起来的。国民经济恢复时期，结合失业问题的治理，中央人民政府在劳动力的招收、调配和管理方面，制定了一系列的政策和规定，开始建立由政府统一介绍和招聘的制度。"一五"时期，为了配合大规模有计划的经济建设和优先发展重工业战略的实施，加强了劳动力的计划管理，劳动力统一招收和调配的实施范围进一步扩大，不断缩小直至取消了企事业单位在招工、用工方面的自主权，也逐渐限制了劳动者就业的选择权和自主创业权，把劳动力的招收和调配从市场和社会，不断向劳动部门和中央集中。在此过程中，劳动力的市场调节和活动空间迅速萎缩，政府统包统配的劳动就业计划体制逐步建立起来。

（一）劳动力招收政策的制定与调整[①]

新中国成立前夕，在一些已经解放的工业比较集中的城市，企业雇用或解雇职工等事宜，主要由工会组织负责管理。1948年1月，哈尔滨市公布的《战时暂行劳动法》规定：公营、私营、合作社经营的企业雇用工人，须经工会介绍或同意，不得通过工头及其他代理人。上海、无锡等市劳动部门未设立劳动介绍所以前，也是由工会负责管理企业雇用职工及介绍职业等工作。[②] 1950年3月，劳动部开始组织办理失业人员的登记和职业介绍事宜，着手制定职工招收的有关政策。在随后几年中，劳动力的招收政策，经过了从分散到统一，再到分散，之后又统一的调整转变过程。

1950年3月到1952年7月全国劳动就业会议召开前，是新中国劳动力招收政策形成过程的第一个阶段。1950年3月，第一次全国劳动局长会议明确提出：先解决技术员工失业问题，暂从技术人员开始登记介绍，作适当

[①] 参见程连升、贾怀东《建国初期就业政策的演变及其原因》，《天津商学院学报》2001年第3期。
[②] 何光主编：《当代中国的劳动力管理》，中国社会科学出版社1990年版，第111—112页。

的调配，俟有成绩，再办产业与一般失业职工登记介绍，其目的是一面减少失业，一面使劳动力得到适当的调配。① 5 月 20 日，劳动部颁发了《市劳动介绍所组织通则》和《失业技术员工登记介绍办法》。《市劳动介绍所组织通则》指出："各市劳动局为办理失业职工的登记及职业介绍事宜，应设置劳动介绍所。"《失业技术员工登记介绍办法》规定：公营、私营企业因恢复和生产发展需要添雇技术员工时，须先拟出雇佣人员的条件及待遇等办法，向当地劳动介绍所提出申请，由劳动介绍所从登记的失业人员中推荐介绍，选择录用；为保证企业的需要，劳动介绍所介绍的失业技术员工，有不超过一个月的试用期，在试用期内发现不符合原要求条件的，退回劳动介绍所。同时，也允许企业从登记的失业人员中自行选用，雇佣后向劳动介绍所备案；失业人员也可以自行寻找职业。经劳动介绍所介绍的人员，雇佣单位与被雇佣人员双方签订劳动契约，其内容包括企业行政或资方雇佣职工的工作期限、工资待遇、试用期等。劳动契约事先须经劳动部门审查，签订后向劳动部门备案。1950 年 6 月 17 日，政务院在《关于救济失业工人的指示》中规定："各国营、私营企业在恢复生产、扩大经营范围及创立新工厂企业时，应尽先录用本企业原来解雇的工人和职员；在招雇新工人和职员时，原则上应由当地劳动局设立之劳动介绍所统一介绍。"②

上述法规和办法重点强调了国营企事业单位和私营企业招收人员时，应主要由各地劳动介绍所负责介绍。到 1951 年 3 月，全国有 49 个大中城市设立了劳动介绍所，实行统一介绍就业的办法，据 43 个城市统计，正式介绍就业的有 404329 人。③ 从此，劳动部门全面接替了原由工会组织负责的企业用人招收管理工作。但是，鉴于私营及个体经济在城市经济中占很大比重，国营企业吸纳就业能力有限，因此，也鼓励失业人员自找门路，自行就业。

从 1952 年 7 月全国劳动就业会议召开到 1953 年 5 月前，是劳动力招收政策变化的第二个阶段。这一阶段实行了由国家统筹安排的"统一介绍"方针，并针对劳动力结构性短缺和农村大量剩余劳动力涌入城市的问题，提

---

① 《中国劳动人事年鉴（1949.10—1987）》，劳动人事出版社 1989 年版，第 187 页。
② 《1949—1952 中华人民共和国经济档案资料选编·劳动工资和职工福利卷》，中国社会科学出版社 1994 年版，第 167 页。
③ 《中国劳动人事年鉴（1949.10—1987）》，劳动人事出版社 1989 年版，第 187—188 页。

出了逐步实现对劳动力统一调配的要求。

新中国成立后的最初两年，政府通过"两条腿走路"的就业政策，使失业人员安置工作收到明显成效。但是，由于城乡收入差距、劳动力总量过剩、结构性短缺以及市场机制的作用，大量农民流入城市，导致城市失业严重，企业"挖雇"人员和职工"跳槽"等现象频繁发生。受这些问题的困扰，特别是1952年"五反"运动后城市失业人数猛增（1952年4月全国失业人口比1951年年底增长1.5倍），使党和政府更加希望在劳动就业和劳动力招收方面实行劳动部门统一招收的计划管理体制。于是，1952年7月，受毛泽东委托，周恩来主持召开了全国劳动就业会议。会议就失业工人、失业知识分子、失业旧军官、农村富余劳动力出路等问题进行讨论，提出了应对之策。8月6日，政务院发布了这次会议起草的《关于劳动就业问题的决定》。其主要内容有：

第一，一切公私企业应不解雇或少解雇职工，凡因生产改革、合理地提高劳动生产率而多余出来的职工，均应采取包下来的办法，不得解雇；凡因企业经营困难而需解雇职工时，亦需报经政府劳动部门批准。

第二，对城市中的失业、无业人员进行全部登记（自愿报名），并由政府对其进行就业训练，然后由国家统一调配，分期分批地解决就业问题。

第三，农村中的富余劳动力，应通过发展农业生产和多种经营就地吸收消化，少数可根据工业发展需要，有计划地进入城市。

第四，一切公私企业凡需招聘职工时，必须由当地政府劳动部门统一介绍，除在特殊情况下，统一介绍不能满足需要时，方可经劳动部门批准后，自行招聘，但事后须到劳动部门备案。

这次会议对于解决失业问题的估计过于乐观，认为随着大规模经济建设的开始，劳动部门能够经过对全国城市失业人员和无业人员的登记培训后，分期分批地解决工作。因此，也就改变了过去三年实行的介绍就业与自行就业相结合以扩大就业的方针政策，决定从1952年9月开始，由劳动部门统一组织全国就业。同年10月31日，政务院发布了《关于处理失业工人办法》，提出国营、私营工商企业雇佣工人职员，均由劳动行政部门所属调配机关统一介绍，也可在指定的登记的失业人员中自行选择录用。但未经劳动局批准，不得登报或出布告自由招雇，不得雇用在职职工，不得到外地或乡村招人。

之所以会出现这样的就业政策变化，原因如下：一是国民经济恢复工作的进展超出最初的预想，从而使党和国家领导人产生了轻视心理，认为单方面依靠政府的能力就可以解决全部的失业问题；二是私营企业在经营过程中的违法乱纪行为，在"三反""五反"运动中暴露后，引起人们的震惊，促使党和国家领导人对私营经济的认识发生变化，逐步收紧了对其活动的限制；三是城市企业挖人和职工"跳槽"现象频繁发生，扰乱了国家的劳动力安置政策；四是为了保证重点工程建设的用人需要，产生了由政府统一管理劳动力配置的要求。

由政府统一介绍和招收劳动力的政策发布后，短期内有效地防止了企业互相挖工和工人随意跳厂给生产造成的混乱与损失，保证了经济建设用人的需要。但由于对劳动力招收统得过宽，劳动部门承担"统一介绍"就业的任务过重，愿望和实际能力不相适应，使就业遇到很大困难，其限制就业门路和就业积极性的弊端就凸显出来。一方面，这一政策限制了企业解雇和招聘职工的权力，因此，许多企业乘国家统一登记失业人员的时机，尽力解雇多余或不合要求的人员，将包袱甩给国家；同时又尽可能地突击招收所需人才，以免将来"统一介绍"政策生效时不能如愿招人。据中南地区反映："自劳动就业的决定公布后，公私企业借故解雇职工现象，似有逐日增长之势。如广州解雇纠纷，7月份为105件，8月份为166件，9月份陡增至368件。用人单位不经劳动调配机关介绍，私自招雇现象亦甚严重。"[①] 另一方面，小商贩、个体手工业者、小型私营企业主等收入和生活不稳定者也纷纷停业，等待政府安排有保障的职业。这都加剧了失业程度，导致了社会怨言鹊起。

从1953年8月到1955年4月，招收劳动力的政策再次发生转变，进入政策调整的第三个阶段，即政府再次贯彻执行"介绍就业与自行就业相结合"的就业方针，在加大劳动部门介绍就业力度的同时，积极鼓励失业者自谋出路。1953年5月，政务院劳动就业委员会、劳动部和内务部联合召开了劳动就业座谈会。会议提出：改变城市就业由国家包下来的做法，转而实行

[①] 吴承明、董志凯主编：《中华人民共和国经济史（第一卷）（1949—1952）》，中国财政经济出版社2001年版，第881页。

政府介绍就业与劳动者自行就业相结合的政策，鼓励失业、无业人员自谋出路。8月5日，上述三个部门在向中央的《关于劳动就业工作的报告》（以下简称《报告》）中，第一次明确地提出了对失业人员要采取"介绍就业与自行就业相结合"的方针，敞开政府介绍就业与自行就业两扇门。该《报告》指出：为保障工业发展对劳动力的需要，有计划有步骤地实行统一介绍和调配是必要的，但在目前情况下，实行无所不包的统一调配政策为时过早，在实际上限制了公私企业和用人单位的积极性，缩小了自行就业的门路。因此，为了增加更多的就业机会，应适当缩小统一介绍和调配的范围，即国营、地方国营、合作社营和私营企业及基本建设单位招用数量较多职工时，仍由劳动介绍所统一介绍；招用数量较少的，用人单位可自行在当地失业人员中选用，向劳动局备案。机关、团体、学校、军队招用职工，企业招用临时工，手工作坊招用学徒，小城镇的工商企业招用工人、店员，私人雇用保姆、厨师等，都可自行招用。8月中旬，中共中央批转了这一报告，要求全国各地改行介绍就业和自行就业相结合的方针政策，鼓励失业、无业人员自找门路，自行就业，把劳动力统一调配的范围限制在工厂企业内部。8月12日，毛泽东还在全国财经会议上对前一时期劳动就业工作中的政策失误主动承担了责任，并作了自我批评。[①] 这样，从1953年8月开始，全国转而实行新的就业方针，并很快显示出促进就业的非凡作用。

第四阶段从1955年4月以后。事实证明，"介绍就业与自行就业相结合"的劳动就业新方针是非常正确和有效的。在其贯彻执行后的一年时间里，失业人员自行就业的人数有了显著的增加，介绍就业的人数却并未因此减少，失业压力因而明显减轻。可不幸的是，这种局面并未维持下去。当时，由于建设规模加大和建设速度加快，各部门对劳动力的需求也随之增加；同时，社会主义改造已进入高潮，非公有制经济成分被急剧消灭。在这种局面下，限制非公经济招收劳动力的自主权，强调劳动力招收与使用的计划性，废除政府介绍和自谋职业相结合的"两条腿走路"的就业方针，似乎也就理所当然了。为此，1955年4月，中共中央在《关于第二次省、市计划会议总结报告》上批示："一切部门的劳动力调配必须纳入计划，增加

[①] 董志凯主编：《1949—1952年中国经济分析》，中国社会科学出版社1996年版，第206页。

人员必须通过劳动部门统一调配，不准随便招收人员。"同年 5 月，在劳动部召开的第二次全国劳动局长会议上，根据中共中央的批示精神，强调必须要贯彻"统一管理，分工负责"的原则，即在劳动部门的统一管理下，由企业主管部门分别负责。从此，大多数企事业单位在招用职工时，一般都需按规定由下而上编制招工计划，由劳动部门统一安排招收，劳动者自寻出路的自由又逐渐缩小了。

其实，全国从 1951 年开始，就把职工人数纳入了国民经济计划，当时的劳动工资计划是以各大行政区和各省、市、自治区为主进行管理，并允许企业按照生产任务和超产幅度自行决定增加必要的劳动力。从 1953 年起，随着整个国民经济工作的集中统一管理，劳动工资计划管理也集中到中央。劳动工资计划包括职工人数、工资总额和劳动生产率三项内容，均为指令性指标。1954 年各大行政区撤销之后，进一步实行了"统一计划，分级管理"的办法，即由国家计划部门统一编制下达职工人数计划，而后由各部门、各地区按隶属关系下达所属单位执行。各级劳动部门凭各主管部门下达的计划，组织安排招工。但是，由于各部门、各单位都比较注重生产、基本建设计划，较为普遍地忽视劳动力计划，存在"人多好办事"的思想，提出的增人计划往往超过实际需要。因此，1955 年 2 月，国家计委[①]在第二次全国省、市计划会议总结报告中指出：各部门、各地区劳动力的招收还是相当混乱，要求各部门和各省、市一律要编制各该部门和各该省、市的劳动计划，要注意和加强劳动计划工作。

1956 年，各部门、各地区为了提前完成和超额完成"一五"计划任务，不适当地加大基本建设、生产和其他事业的计划，因而劳动力需要计划与后备人员培训计划也随之加大。在这种情况下，国家计委和劳动部下放了在计划外增加人员的批准权限，同时放宽了招工政策，允许招工单位按比例招用家居城镇或农村的职工家属。为了简化招收手续，1956 年 6 月，国务院发出了《关于各企业、事业单位增加新职工招收手续的通知》，提出今后各企业、事业单位在国家批准的劳动计划指标内招收新职工时，由企业、事业单

[①] 中央人民政府国家计划委员会，是 1952 年 11 月 15 日中央人民政府委员会决定增设独立于中央人民政府政务院的政府部门，简称国家计委。国家计委成立后，原由政务院财政经济委员会领导的重工业部、第一机械工业部等 13 部划归其领导。1954 年 9 月，国务院成立后，国家计委划归国务院领导。

位直接报当地劳动部门，不必再报主管部门和上一级劳动部门审核；凡因超计划增加生产或建设任务需要增加招收的职工，应在保证完成劳动生产率计划的条件下，按多生产、多建设、少增人的原则，由主管部门将招收人数下达企业、事业单位，直接与当地劳动部门联系就地招收。① 同年 8 月，劳动部党组在《关于解决城市失业问题的意见向中共中央的报告》中提出，各企业事业单位招收人员时，仍然应遵守先城市后农村的原则。在城市中能够解决的，就不要到农村中去招收。在招收人员的条件上，不要强求过高。能用高小生的尽量用高小生，能用女性的，就尽量用女性，能用年龄较大的就尽量用年龄较大的。对于政治条件，凡是已经查清而又符合生产需要的，就应该酌情给他们分配工作。② 由于将计划外增加劳动力的审批权下放，加之，不少企事业单位不按计划随意增人，结果使职工人数增长失去控制。这一年从社会上招工 217 万人，超过原计划一倍多。③ 1957 年 1 月，国务院发出《关于有效地控制企业、事业单位人员增加，制止盲目招收工人和职员的现象的通知》，提出自 1957 年 1 月起，所有企业和事业单位，一律停止自行从社会上招收人员；从社会上招收临时工，也应由中央主管部门或省、市人民委员会批准，在严格控制的原则下，就地招收，其雇用期限不得超过一个月。

为加强招工计划指标的分配和管理，全民所有制单位的招工计划指标由国家统一管理，每年由国家统一分配中央各部门和各省、市、自治区，然后由它们分别下达。有时对某些重点单位的招工计划，由国家直接下达专项指标。区、县以上集体所有制单位的招工计划，由各省、市、自治区下达控制指标，向国家备案。全民单位的招工计划，由国家计划指标和自然减员指标两部分组成。自然减员指标的使用，原则上谁减谁补，由劳动部门安排招工，但必要时也可由主管部门或劳动部门统筹使用。

由上可见，在新中国成立初期，随着经济建设形势和制度环境的急剧变化，中国劳动力招收政策和就业制度始终处于调整变化之中，而加强劳动力

---

① 国家劳动总局政策研究室编：《中国劳动立法资料汇编》，工人出版社 1980 年版，第 67 页。
② 《1953—1957 中华人民共和国经济档案资料选编·劳动工资和职工保险福利卷》，中国物价出版社 1998 年版，第 19 页。
③ 何光主编：《当代中国的劳动力管理》，中国社会科学出版社 1990 年版，第 126 页。

招收和就业管理工作的统一性和计划性是政策变化的基本取向。但是，就国民经济的运行实际来说，当时由于受经济条件的约束，特别是多种所有制经济成分并存和沉重的就业压力，中国总体上还是"两条腿走路"，即坚持政府介绍和自谋职业相结合的就业方针，尽管自谋职业的市场之路后来越走越窄。正因如此，才使当时的失业治理和劳动就业工作取得了比较大的成效，不仅使几百万原有失业人员得到了安置，而且基本解决了新增劳动力的就业问题。

（二）劳动力统一调配制度的建立

劳动力调配是劳动力管理工作的重要组成部分。它是新中国成立以后在劳动力统一登记介绍、招收制度的基础上，逐步建立起来的一项管理制度。国民经济恢复时期，在东北等地开始实行建筑业劳动力统一调配。此后，随着大规模经济建设的发展，从建筑业扩大到工矿企业和交通运输等各个部门，进而在全国范围内实行劳动力统一调配，并根据社会经济的发展，制定了调配管理制度和有关政策规定。

1. 对劳动力的统一管理和调配

最早实行有组织的统一招聘职工办法的是东北地区。东北是中国重工业基础比较雄厚的地区，由于解放较早，工业生产建设恢复和发展很快。当关内地区正在积极对失业人员开展救济和安置工作之时，东北地区的一些主要工业城市却出现了劳动力不足，尤其是技术工人缺乏的问题。为此，从1949年下半年开始，东北地区即组织了招聘团分别到上海、北京等地招聘各种技术人才。上海市第一批应聘到东北工作的就有机械和机电技术工人213人。1950年3月，东北人民政府成立了以劳动部门为主、工业部门及工会等有关部门参加的"东北招聘工人委员会"，并公布了"东北国营工矿企业1950招聘工人暂行办法"，要求国营工矿企业的招聘工人的计划报经东北人民政府计划委员会批准，省、市公营工矿企业的招聘工人计划报经省、市人民政府批准，由招聘工人委员会统一安排，有组织地到指定的地区进行招聘。1950年，全区各级劳动部门协助国营、公营企业招聘的职工共有19万多人，被招聘的工人有失业的技术员工，有回乡的技术工人，及少数农村剩余劳动力。到1951年3月，东北地区经劳动部协助招聘的工人达24万人，其中从关内各城市招聘去的有 2 万多人。① 此后，华北、西北等地区也相继开展了有组织地招聘职工的工作。为了规范和推动企业招聘职工这项工作，1951 年 5 月 15 日，劳动部发布《关于各地招聘职工的暂行规定》（以下简称《规定》），明确了招聘职工的审批程序和手续。该《规定》指出：凡在中央直属各省市和各大行政区之间招聘职工时，须持有中央人民政府劳动部正式介绍信件；在大行政区所辖范围以内的省市之间招聘职工时，须持有大行政区劳动部正式介绍信件。并要求在招聘职工时，雇佣者与被雇佣者双方应直接订立劳动契约，将工资、待遇、工时、试用期以及招收远地者的来往路费、安家费等加以规定，并向当地劳动行政机关备案。② 同年 8 月，劳动部提出，要建立健全各级劳动力调配机构，各大行政区劳动部与省、市劳动局应对劳动力调配工作加强领导，对城乡劳动力要进行调查登记；各市劳动介绍所必须贯彻劳动力统一调配的方针。

1950 年，失业人员登记的范围比较窄，只限于有一定技术和专业技能的技术员工，经过几年介绍与安置，这些人的就业问题大都得到解决。为迎接即将开始大规模经济建设的需要，逐渐解决失业、半失业与剩余劳动力问题，争取逐步实现合理使用劳动力，1952 年 8 月 30 日，政务院发布了《劳动就业委员会关于失业人员统一登记办法》，决定扩大失业人员登记范围，进一步扩大到包括旧军政人员和社会上其他各种失业者和求职者；同年 10 月 31 日，政务院发出《关于处理失业工人办法》，提出为配合国家建设计划，逐渐解决失业与剩余劳动力问题，应从统一介绍就业开始，逐渐达到统一调配劳动力。当时，统一调配劳动力主要内容是：第一，国营和私营工商企业需要从社会招收职工，均由劳动部门的调配机关统一介绍，未经劳动部门同意，不得登报、贴广告自由招工。第二，在职工调动方面，各产业部门可自由调整本系统内部的职工，但调动大批职工至所属外地工厂时，须商得劳动行政部门的同意。第三，新建扩建的工矿企业，需要增加劳动力，应提出年度、季度、月度增加劳动力计划，报劳动力调配机关，以便按时调配供应劳动力。第四，常年性的生产工作，企业不得雇用临时工，已经使用的，

---

① 何光主编：《当代中国的劳动力管理》，中国社会科学出版社 1990 年版，第 114 页。
② 《1949—1952 中华人民共和国经济档案资料选编·劳动工资和职工福利卷》，中国社会科学出版社 1994 年版，第 283 页。

都要转为正式工或预备工。① 与此相配合，各省市均建立了劳动力统一调配的组织机构，仿照东北计划委会编制劳动力平衡计划的做法，有计划地统一调配劳动力。从 1949 年至 1953 年 5 月，经过各级劳动部门介绍与调配的各种失业人员、城乡剩余劳动力和建筑工人等，共达 76 万余人，基本保证了重点建设所需劳动力的供应。② 这种统一调配劳动力的做法，初衷是解决当时居高不下的失业问题并尽可能使城市就业问题得到缓解，但它在一定程度上限制了劳动力流动和劳动力供求直接见面，抑制了劳动力资源的优化配置，阻碍了劳动力市场在就业中的积极作用。

1953 年，中国开始实行第一个五年计划，全面进行大规模经济建设。当时，全国基本建设工程任务很大，重点建设项目也多，需要大量建筑施工力量。如 1953 年，国家确定的重点建设项目有 130 多个，全国房屋建筑面积 2700 多万平方米，基本建设投资占国家财政支出的1/3。这样宏大的建设规模在中国历史上是前所未有的，那么，如何保证供应基本建设特别是国家重点工程所需要的劳动力，提高建筑工人的劳动生产率，就成为当时劳动力管理工作中的一项突出任务。加之，由于建筑工作的季节性强、建筑力量分散和当时建设单位缺乏管理经验，在劳动力使用上经常发生严重的窝工浪费现象，需要加以改进和加强管理。因此，建筑业在重工业化过程中所承担的基础责任和建筑业劳动力管理方式之间的矛盾，使政府首先实行了对于建筑工人统一招收和调配的制度，以确保急需基本建设所必需的劳动力。

1954 年 1 月，劳动部召开了各大行政区和省、市劳动局长座谈会，对劳动部门的工作重点作了调整，提出在大规模的经济建设时期，劳动部门的工作重点应该由救济和安置失业工人转向建筑工人的调配。同年 3 月，劳动部又召开了全国建筑工人调配工作会议，进一步明确了建筑工人调配是劳动部门工作重点之一。会议提出建筑工人调配的方针和任务是：要为基本建设服务，逐步做到有计划有组织地供应和调配劳动力，并协助建筑单位改进劳动组织，推广先进施工经验，合理使用劳动力，提高劳动生产率，保证国家基

---

① 何光主编：《当代中国的劳动力管理》，中国社会科学出版社 1990 年版，第 115 页。
② 《1949—1952 中华人民共和国经济档案资料选编·劳动工资和职工福利卷》，中国社会科学出版社 1994 年版，第 268 页。

本建设任务的胜利完成。为了有利于工作的开展，同年5月，中财委①批准转发了劳动部《关于全国建筑工人调配工作会议的报告》，以及《建筑工人调配暂行办法》《关于建筑工程单位赴外地招用建筑工人订立劳动合同办法》《关于订立建筑工人借调合同办法》三个政策性规定。其中，《建筑工人调配暂行办法》中规定：各建筑单位的建筑工人调配工作，均由工程所在地劳动部门统一管理；凡基本建设任务较多的城市，由劳动部门和建筑部门共同组织"基本建设工程劳动力平衡委员会"，根据工程性质，分轻重缓急，决定劳动力平均调配计划，交由劳动部门负责执行；各建筑单位均需根据国家批准的施工计划，按期编造劳动力平衡计划，由劳动部门加以汇总，编造全市平衡调配计划，报当地劳动力平衡委员会审查同意后统一调配之；凡经登记的零散建筑技术工人和壮工，均由劳动行政部门统一调配，各建筑单位固定的技术工人及壮工，如因国家紧急需要或窝工时，得由劳动行政部门酌情进行抽调或调剂。建筑工人的调动按下列规定办理：国营及省营建筑企业的固定工人，如因任务需要，本产业部门基本建设管理机关得在地区间自行调动；市营建筑企业的固定工人及国营、省营、市营建筑企业的临时工人，一般不得在地区间自行调动；各建筑单位互相调剂工人时，双方应签订借调合同。② 从此，在全国范围内统一了建筑工人的招收和调配制度，建筑工人的调配工作在全国各城市普遍开展起来。到1954年年底，全国已有139个大中城市设立了建筑工人调配机构，其中93个城市设立专管机构，46个城市由劳动部门调配机构兼管。长春、天津、武汉等城市还成立了劳动力平衡委员会，并建立了定期平衡调剂会议制度。据24个省、市统计，1954年各地调配机构为建筑单位介绍、调配建筑工人240.3万人次，其中建筑技工

---

① "中财委"是中央人民政府财政经济委员会的简称。它是中华人民共和国中央人民政府政务院的一个部门，根据1949年9月27日中国人民政治协商会议第一届全体会议通过的《中华人民共和国中央人民政府组织法》第十八条的规定，于1949年10月21日成立。陈云任主任。按照相关规定，政务院财政经济委员会负责指导当时的财政部、贸易部、重工业部、燃料工业部、纺织工业部、食品工业部、轻工业部、铁道部、邮电部、交通部、农业部、林垦部、水利部、劳动部、人民银行、海关总署的工作。为进行工作，政务院财政经济委员会可以对这些部门和部门所属的下级机关颁发决议和命令，并审查其执行情况。1954年9月，第一届全国人民代表大会第一次会议在北京召开，会议通过了《中华人民共和国宪法》和《中华人民共和国国务院组织法》，成立中华人民共和国国务院。根据国务院《关于设立、调整中央和地方国家机关及有关事项的通知》，中央人民政府政务院财政经济委员会即告结束。

② 国家劳动总局政策研究室编：《中国劳动立法资料汇编》，中国工人出版社1980年版，第58页。

107.4 万人次，壮工 132.9 万人次。1955 年为建筑单位调配 238 万人次，其中建筑技工 92 万人次，壮工 146 万人次。① 这些被调配的人员，一般是各城市的零散建筑工人。把他们组织并调配起来，不仅解除了他们的失业问题，减少了窝工浪费，而且还对完成当时国家基本建设任务，特别是重点工程项目，起到了非常重要的作用。

随着各项建设事业的发展，不少部门和地区由于未能很好地节约和合理使用劳动力，出现有些城市和企业存在大量剩余劳动力，而有些城市和新建企业又盲目地从农村招工，造成劳动力浪费严重和分布不平衡的现象。据中央 6 个工业部门统计，1954 年一至三季度国营工业企业从农村招收劳动力就有 43000 多人。② 为此，中央再度强调劳动力的统一招收和调配，企事业单位在招工、用人方面的自主权受到了更多的限制，政府计划管理劳动力的力度越来越大。1955 年 4 月，中共中央在《第二次全国省、市计划会议总结报告》上批示："一切部门的劳动调配必须纳入计划，增加人员必须通过劳动部门统一调配，不准随便招收人员，更不准从农村中招收人员。今后劳动力调配必须执行以下原则：老企业老机关增产、增事、不增人，新企业新机关首先从老企业老机关抽调；精简机关，充实企业；凡是需要人员的单位首先从原行业（公的、私的）中抽调，从有多余劳动力的城市中抽调。"③ 同年 5 月，劳动部召开了第二次全国劳动局长会议，按照中共中央的批示精神，明确要求加强劳动部门劳动力招收调配工作，扩大管理范围和权限。劳动部门要管理工业、建筑、交通运输企业劳动力的招收调配工作，并管理商业、外贸、粮食、合作社、农业、林业、水利等企事业单位的劳动力招收工作。劳动力调配在全国要实行"统一管理，分工负责"的原则，即在劳动部门的统一管理之下，由企业主管部门分别负责。具体办法是：企业招用工人和技校学生统一通过劳动部门进行，机关和事业单位招用人员应报当地劳动部门备案；企业之间劳动力的余缺调剂主要由主管产业部门在本系统内进行，为避免同类职工相向调动和远距离调动所造成的浪费，此类调剂由地方

---

① 《中国劳动人事年鉴（1949.10—1987）》，劳动人事出版社 1989 年版，第 244 页。
② 同上。
③ 《中共中央关于第二次全国省市计划会议总结报告的批示》，http://www.china.com.cn/guoqing/2012-09/07/content_26746597.htm。

劳动部门进行地区平衡；各部门、各地区之间劳动力余缺调剂，以及抽调技术工人支援内地重点建设，由劳动部门组织进行；私营企业的劳动力按行业进行归口管理，尚未归口的由劳动部门统一管理；各部门、各地区根据国家批准的劳动计划，编制本部门、本地区的年度劳动力平衡计划，以保证劳动力调配有计划地进行。[①] 1955 年 8 月 22 日，国务院发布了《关于控制各企业、事业单位人员增长和加强劳动力管理问题的指示》，规定：中央各部和省（市）人民委员会各厅、局应切实掌握所属单位各类人员的多余和缺少情况，建立劳动力的管理和调配制度，并在本系统内组织劳动力的调配；劳动部和省（市）劳动局应给各单位以积极的帮助，在必要时召开劳动力调配会议，在部门之间和地区之间进行平衡、调节。[②] 此后，劳动力的统一招收调配又从建筑业扩大到工矿企业和交通运输等各个部门。

"一五"计划重点是集中主要力量发展重工业，重工业的布局重点是在东北和内陆地区。当时发展重工业所需要的技术力量和人力资源主要集中分布在上海、天津等沿海城市，而这些地方又不是当时的重点建设地区。为了满足重点建设地区、重点建设项目对技术力量的需要，中国共产党的组织部门和人民政府的劳动、人事部门通过组织手段和行政手段对技术人员和技术工人进行了统一调配。1954 年重工、燃料、一机、轻工、纺织 5 个部门建成投产的厂矿就有 83 处，需要补充生产工人 5 万多人；甘肃、陕西、内蒙古、山西等重点建设地区，1955 年仅厂房建筑面积达 430 多万平方米，除现有施工力量外，需要外地支援建筑技工和壮工 20 多万人。[③] 1955 年 4 月，劳动部召开了 17 个重点城市建筑工人平衡会议，确定从有多余劳动力的上海、天津、济南等城市，调配 1.9 万多名建筑工人，支援西安、兰州、包头、太原、大同等地区的重点建设单位。1956 年年初，劳动部又召开劳动力调配会议，确定从上海、天津、张家口及山东、江苏等省、市调配 6 万名工人，支援陕西、甘肃、内蒙古、山西、河南等省、自治区以及铁路修建工程（见表 2—1）。除了通过会议形式进行平衡调剂外，有关部门和地区还采取自行

[①] 程连升、贾怀东：《建国初期就业政策的演变及其原因》，《天津商学院学报》2001 年第 3 期；陈跃、陈汉卿：《社会主义建设时期就业政策与实践探索》，《晋阳学刊》2009 年第 2 期。
[②] 国家劳动总局政策研究室编：《中国劳动立法资料汇编》，中国工人出版社 1980 年版，第 59 页。
[③] 《中国劳动人事年鉴（1949.10—1987）》，劳动人事出版社 1989 年版，第 248 页。

联系协商组织支援劳动力的办法。例如,上海市在"一五"计划时期内,共调配 30 多万名职工支援各重点建设地区和重点单位,其中从企业抽调的各类技术人才有 15 万人。再如,1956 年上海船舶工业系统,在一机部船舶工业管理局的支持下,通过系统厂际劳动力临时借调平衡会议制度,各厂间平衡借调的工人就达 1 万人以上,相当于 500 个工人一年的工作日,生产价值约在 1000 万元,保证了各厂生产计划的如期完成。通过平衡借调,减轻了各厂的窝工浪费现象,各厂共解决窝工工人达 15 万人次,节省国家工资基金达 40 余万元,约等于 4000 两黄金的价值。[①] 总之,劳动力的统一调配,不仅保证了重点建设地区和单位所需的劳动力,促进了"一五"计划的顺利完成,而且也解决了一些沿海城市和企业多余劳动力的出路问题,保证了劳动力的职业稳定。

表 2—1　　　　　1955 年和 1956 年地区间劳动力平衡调配计划　　　单位:人

1955 年				1956 年			
调出地区	人数	调入地区	人数	调出地区	人数	调入地区	人数
合计	18922	合计	18922	合计	60974	合计	60974
上海	9806	甘肃	6645	上海	38026	甘肃	15350
		兰州	117			陕西	22326
		西安	3000			山西	350
		太原	44	天津	10000	内蒙古	10000
济南	5286	兰州	3286	张家口	1500	山西	1500
		包头	2000	山东	3248	陕西	509
北京	14	大同	14			山西	940
天津	2058	包头	2000			铁路	1799
		大同	58	江苏	8200	河南	6000
太原	124	大同	124			铁路	2200
张家口	1000	大同	1000				
山东	634	兰州	132				
		西安	500				
		大同	2				

资料来源:何光主编:《当代中国的劳动力管理》,中国社会科学出版社 1990 年版,第 125 页。

[①]《1953—1957 中华人民共和国经济档案资料选编·劳动工资和职工保险福利卷》,中国物价出版社 1998 年版,第 164—165 页。

1956年9月，国务院批准劳动部劳动力调配司改设为劳动力调配局，管理劳动力统一调配工作。自此以后，劳动力统一调配、调剂即作为国家劳动力管理的一项重要制度，在实际工作中长期贯彻执行。

2. 对毕业生就业的统一调控

随着新民主主义革命的迅速胜利，中国共产党及其领导的军队和政府机构迅速扩大，迫切需要吸收一大批有文化的人参加新中国的建设工作。这其中，青年学生成为最理想的人选，他们有文化，有理想，年轻无家累，历史清白，接受新知识新技能快。因此，新中国成立前后，人民政府和解放军招收了大批青年学生，经过短期培训后，参加革命工作。据统计，1949年以前参加革命的干部有五六十万人，1949—1952年参加工作的干部（包括企业部门的职员）200余万，其中相当大部分是解放后从学校动员和招收的青年学生。由于旧中国教育落后，而新中国百废待兴，知识青年远不能满足社会需求。为了保证知识青年的合理使用和学校教育工作的正常进行，从1950年开始，中共中央和人民政府加强了对招收在校学生参加工作的管理。例如，1951年3月19日，中共西南局就向中共中央反映：各方面任意抽调在校学生参加工作的现象极为严重，如川东涪陵一中（高中），1950年下学期开学时，计有学生222名，到学期末，被各方调走者竟达100余名，其中人民银行40名，保险公司20名，专署及公安局10余名，县委、县政府及川东行署共20名，川东团校6名，卫生学校4名，严重影响了学校的正常教学。针对这种情况，中共中央于5月2日发出《关于克服目前学校教育工作中偏向的指示》，重申过去的有关指示，禁止党、政、军机关及人民团体随便到学校抽调在校学生参加工作。①

为了使高等学校毕业生就业制度适应社会经济建设事业发展的需要，1950年6月21日，政务院决定统筹分配全国高等院校当年暑假毕业生。政务院成立了暑期高等学校毕业生工作分配委员会，直接办理全国公私立高等学校毕业生的工作分配事宜，还发出工作《通令》，决定从华东、华南、西南三个大区调出一部分毕业生支援东北建设，并指出对毕业生一般应说服争

---

① 武力、李光田：《论建国初期的劳动力市场及国家的调控措施》，《中国经济史研究》1994年第4期。

取他们听从政府的分配；表示愿意自找职业者，可听其自行处理。① 1951年5月29日，中央人民政府人事部和教育部联合召开全国高校毕业生分配计划会议。会议认为，1950年暑期，华北有86%的毕业生接受了统一分配；据最近的调查，在2719名毕业生中，除35人提出自找职业外，其余全部表示愿服从政府的统一分配；西南虽属新区，但在全部2618名毕业生中，表示愿意自找职业者只有10余人；预计1951年90%—95%以上的毕业生愿意服从统一分配。根据上述调查和人才极为短缺的情况，会议制订了如下毕业生分配方案：医科毕业生1647人，全部交给军委卫生部；为平衡各地需要，从华北、华东、中南、西南共抽出毕业生6800人，补充东北2000人，西北500人，中央2900人，剩下的1400人分到全国各高校及中央科学院作教师、研究生之用。同年6月2日，中共中央公布了《关于今年暑期高等学校毕业生的分配方案》。6月29日，政务院又发出《关于1951年暑期全国高等学校毕业生统筹分配工作的指示》，指出当年的统筹分配计划主要还是地区调剂计划，以适应国家的重点建设以及中央和地方各部门业务上的需要，并照顾毕业生人数过少的个别地区；明确要求做好政治工作和动员工作，努力使90%以致95%以上的毕业生服从国家分配。② 自此，国家对大学毕业生实行统一分配的制度正式建立。1951年，全国高等学校毕业生18712人。③

1951年10月1日，政务院公布的《关于改革学制的规定》进一步明确指出，高等学校毕业生"由政府分配工作"。④ 1952年6月5日，中共中央又发出《关于高等学校暑期毕业生统一分配工作的指示》，要求各机关遵守国务院的上述决定，严格制止自行洽聘、乱拉毕业生现象。强调"各地区在分配时，首先应保证完成中央抽调到其他地区的数字，特别是工科学生必须全部由中央统一支配"。1951年以前，高等学校毕业生分配工作由教育部、人事部共同负责。1954年年底，人事部撤销后，高等学校毕业生的分配、调配、派遣和调整工作，统一交由高等教育部办理。1956年编制毕业生分

---

① 季明明主编：《中国高等教育改革与发展》，高等教育出版社1994年版，第93页。
② 武力、李光田：《论建国初期的劳动力市场及国家的调控措施》，《中国经济史研究》1994年第4期。
③ 《中国统计年鉴（1983）》，中国统计出版社1983年版，第521页。
④ 季明明主编：《中国高等教育改革与发展》，高等教育出版社1994年版，第93页。

配计划的工作移交给国家计委办理,高等教育部负责提供毕业生系科、专业人数等资源情况,并负责毕业生的调配、派遣工作以及分配后的调整工作。

由于初中以上毕业生供不应求,为了保证国家教育计划顺利实施,避免学生因过早就业而影响高等教育的发展,从1952年开始,政府对高等中专学校的生源也开始进行调控和计划管理。1951年2月13日,中共中央发出《关于解决1952年全国高等学校学生来源的指示》,指出:为了适应国家建设需要,1952年全国工科学院将招生4万名,比1951年增加2.5万名,这样,1952年全国高等学校将计划招生7.5万名。但是,1952年全国高中毕业生只有6.4万名,即使90%考入高校,仍差2万人,需另行补足。为此,中央决定采取以下措施:全国各地高中以上学生,在未毕业前,一个也不许抽调;动员、号召与组织应届高中毕业生升入大学,努力争取高中毕业生全部升入大学,至少保证95%以上升学;从党政军中抽调、从社会上招选一批青年知识分子补足大学招生差额。1952年5月31日,为保证实现上述教育计划,中共中央又制定了关于高等学校、中专、高中统一招生的规定,并要求初中毕业生全部升学,严禁各单位乱抽调、乱招收。[①]

(三)以固定工为主的用工制度的形成

前述劳动力招收政策的变化,以及全国劳动力统一招收和调配制度的确立,其实也是中国劳动力统包统配就业制度的形成过程。这一过程的实质,是不断缩小直至取消企事业单位在招工、用工方面的自主权,逐渐限制了劳动者就业的选择权和自主创业权,把劳动力的招收和调配权从企业和市场不断地向劳动部门和中央集中。从机关企事业单位和劳动者层面来看,也就是形成了以固定工为主的用工制度。所谓固定工,是指经国家各级劳动人事部门正式分配、安排和批准招收录用,在全民所有制或城镇集体所有制单位中工作,并未规定工作期限的人员。其最大特点是机关企事业单位在用工方面"能进不能出",不能以任何经济性原因裁减其多余的职工,企业丧失了用工的自主权。

在国民经济恢复时期,为争取国家财政经济状况的基本好转和政治上的

[①] 武力、李光田:《论建国初期的劳动力市场及国家的调控措施》,《中国经济史研究》1994年第4期。

稳定，国家对旧社会遗留下来的外国企业和官僚资本企业的职工实行原职原薪；对国民党军政人员和公教人员给予工作和生活出路；明确由各地人民政府在接管时实行"包下来"统一安置的有 75 万多人。对于旧社会遗留下来的失业人员，基本上也是由政府统一安排，在 400 万失业人员中，有 207 万人是通过各级劳动部门安排到国营工矿企业和其他单位为固定职工的。[①] 对于高等院校、中专和技工学校毕业生，1950 年 6 月政务院决定对高等学校毕业生实行"有计划合理地分配"；紧接着又规定中等技术学校的毕业生由主管部门分配工作；此后还规定技工学校毕业生由办校单位分配。对这些人员实行国家统一分配，虽然情况有所不同，但实际上也是"包下来"。实行"包下来"的政策，对于防止产生新的失业人员，稳定社会秩序，巩固人民政权，促进国民经济的恢复和发展，都起了重要作用。同时，为了社会安定，国家在对待企业辞退、解雇职工问题上采取了严格限制的政策。1952年政务院明确规定：一切公私企业，因实行生产改革合理地提高劳动生产率而多余出来的职工，仍由原企业单位发给原工资，不准随意解雇。这样，一方面"包下来"的人员数量加大；另一方面又严格限制企业辞退、解雇职工，所以，这一时期固定职工增长很快。据国家统计局的统计，1949 年，全民所有制单位职工为 485.4 万人，固定职工比重不大，到 1952 年全民所有制单位职工达到 1079.7 万人，[②] 固定职工有较大增加，国营企业逐渐形成以固定工为主的用工制度。当时，由于存在多种所有制成分和多种用工形式，企业用工还比较灵活，并有一定权力辞退不合格职工，基本能够适应社会经济发展的需要。

新中国成立后，私营、公私合营、合作社营企业职工人数在整个职工队伍中仍占相当的比重，这些企业用工基本上仍沿用能进能出的用工制度。根据国家统计局统计，1949 年全民所有制单位职工为 485.4 万人，私营企业职工为 295.7 万人，公私合营企业职工为 10.5 万人，全民所有制单位职工占职工总数的 60.6%，是主要成分。到"一五"计划开始的 1953 年，全民所有制单位职工增加为 1302.9 万人，而私营企业职工增加为 366.9 万人，公

---

① 何光主编：《当代中国的劳动力管理》，中国社会科学出版社 1990 年版，第 163 页。
② 《中国劳动工资统计资料（1949—1985）》，中国统计出版社 1987 年版，第 83 页。

私合营职工增加为28万人，全民所有制单位职工在全部职工中占71.4%。[①] 私营、公私合营、合作社营企业用工形式比国营企业灵活得多，即使是固定职工，也可根据生产经营变化，随时增减人员。尤其是私营企业，在贯彻执行国家关于公私企业不准随意解雇职工的政策规定中，对生产经营有困难而多余下来的职工，不是按照国营企业包到底的办法，而是采取减人减工资的办法。有的减少职工工资，有的停发工资，有的精减部分职工，有的动员职工自动离职从事个体经营，人员能进能出，比较灵活。

虽然国营企业1953年以前已经初步形成了以固定工为主的用工制度，但是，在许多企业和单位里，临时工、季节工仍占有相当比重，一般地占职工总数的20%左右。有些行业特别是季节性生产企业的临时工比重更大，矿产企业在50%以上。建筑行业历来就是以使用临时工、季节工为主，1953年全国建筑安装工程单位临时工人数占全部工人数的62.7%。[②] 这些临时工能进能出，随着生产任务的变化而由企业灵活调节。

"一五"计划开始执行后，所有制变革所带来的劳动力计划性安置要求不断增强，"统包统配"政策的范围进一步扩大，企业的用工自主权就被逐渐剥夺了。对于企业使用临时工也实行限制，劳动部1953年规定：经常性工作不应雇佣临时工担任，已经担任经常性工作的临时工，可根据生产需要逐步地分别改为正式工，即固定工。1956年，"三大改造"基本完成以后，社会主义公有制占绝对优势的经济制度随之确立。城镇个体手工业被改造为合作经济和集体经济，城镇个体劳动者从1953年的898万人下降到1956年的16万人，集体所有制职工从30万人增加到554万人。[③] 在对私营工商业的社会主义改造中，采取了按行业归口"包下来"的政策，将大批私营企业职工转入了公私合营和国营企业。公私合营的职工由1953年的28万人，增加到1956年的352.6万人，[④] 增长了11.6倍，几乎都是固定工。同时，一批1955年以前的老公私合营企业陆续上升为国营企业，按照当时的政策规定，其职工均被安排为国营企业的固定职工。由于全民所有制单位占绝对

---

① 《中国劳动工资统计资料（1949—1985）》，中国统计出版社1987年版，第83页。
② 何光主编：《当代中国的劳动力管理》，中国社会科学出版社1990年版，第164页。
③ 《中国劳动工资统计资料（1949—1985）》，中国统计出版社1987年版，第5、68页。
④ 同上书，第83页。

优势，原来多种就业的渠道变成了单一渠道，城镇新成长劳动力基本上到全民所有制单位当固定工。不过，固定职工可在行业、部门和地区之间调剂、调动。这一时期，为了解决有的职工多余，有的职工不足的矛盾，各级劳动部门在职工平衡调剂方面做了大量工作。据 1954 年全国 22 个省、市、自治区的统计，劳动部门给各厂矿企业调剂的固定工人为 23 万多人。当时，大多数职工甚至高级技术工人能自觉地服从调动，即可以抽得出、调得动。

另外，对于家居城市具有一定文化、技术水平的复员军人，根据"归口包干、统一安排"的原则，由中央有关部门和地方各级政府部门分别归口安置到全民所有制企业单位当固定职工。1954 年 10 月 23 日，国务院颁布《复员建设军人安置暂行办法》，规定：复员建设军人以在原籍安置为原则，对家在城市又有一定的工作能力或专门技术的，劳动、人事部门在分配、介绍员工时，应给予优先就业的便利。1955 年 5 月 31 日，国务院《关于安置复员建设军人工作的决议》规定：各单位在调用干部、调配劳动力和招收人员时，都应当把复员建设军人作为一位录用的对象。凡是从工厂、矿山及其他企业、事业单位参军的职工，原单位不论是公营或私营，均应恢复其工作，如果原单位因为编制所限不能吸收时，也应当将他们列入编外职工的平衡调配计划之内，加以培训或调入本系统其他单位就业。工业、铁道、交通、农业、林业、水利、邮电、地质、商业、贸易等部和全国合作总社，在新建扩建厂矿、铁路、公路、农场、合作、邮电等较大企业的时候，应当有计划地吸收一批复员建设军人参加工作。今后遣送复员建设军人的时候，国防部应当对他们加以审查，把家居城市、参军前无固定职业、回城市后安置确有困难的人员以及家居农村但不适于在农村安置的人员，另行组织集体转业参加到上述各有关部门的新建或扩建的企业中去。即便是刑满释放人员，也要求"在可能条件下由劳动改造机关、劳动部门给予介绍就业",[1] 事实上也实行了"包下来"的安置方式。

这样，随着"三大改造"的基本完成，全民所有制单位国家职工的人数大幅度增加，在职工总数中的比重也迅速上升，固定工在数量上处于绝对优势地位。据国家统计局统计：1957 年，在全国国营、公私合营、合作社

---

[1] 《1953—1957 中华人民共和国经济档案资料选编·劳动工资和职工保险福利卷》，中国物价出版社 1998 年版，第 91—92 页。

营、私营单位的 2451 万职工中，固定职工就有 2248.6 万人，占总数的 91.7%。[①] 不少企业在常年性生产工作岗位上使用的大量长期临时工，实际上也成为固定职工。与此相关联的是工资标准按照固定工制定，劳保福利待遇只有固定工可以享受，这些都助长了用工制度向单一化的固定工制度方向发展，影响着国营企业固定工的能进能出和合理流动。随着生产建设的发展变化，企业多余人员流动不出去，缺少的人员也吸收不进来，固定工制度与生产建设发展不相适应的矛盾越来越显露出来。

（四）农村劳动力流动逐渐受到限制

随着城市"统包统配"就业计划体制的形成，从农村招工被严格限制，加之户籍管理制度的建立，致使农村劳动力向城市流动的渠道被堵塞。

城市就业问题的巨大压力，不仅来自城市本身存在的庞大的失业、无业人口，也来自不断涌入城市寻找工作的农民。1951 年春季，仅东北地区的沈阳、鞍山两市，就有 2 万多农民进城务工。虽然随着土地改革的完成和农业互助合作的发展，基本上避免了农民因贫困破产、流入城市成为失业后备军的境况。但是，由于城乡、工农差别的存在，城市生活对于农民仍具有很强的吸引力。随着国民经济的恢复和发展，农民自发流动、进入城市寻求工作的日渐增多。由于农民身强力壮，能吃苦，福利要求不高，且辞退容易，因此，深受需要体力劳动单位的喜爱。但由于当时城市经济对就业人口的吸纳力不强，城市本身需要就业的人数又多，无形中给城市就业造成了较大的压力。

为了稳定农民和减轻城市就业压力，从 1952 年起，政务院多次在有关文件中提出劝阻农民盲目流入城市的问题，规定城市各单位不得擅自从农村招工，需要增加人员时，必须通过地方劳动部门统一调配或组织招收，避免因盲目增人，使农民盲目流入城市。[②] 其中，最具代表性的是 1953 年 4 月 17 日政务院发布的《关于劝止农民盲目流入城市的指示》。[③] 另外，政府号召流入城市的城镇失业人员返回原籍农村从事农业生产。1950 年新解放区土

[①]《中国劳动工资统计资料（1949—1985）》，中国统计出版社 1987 年版，第 13、33 页。
[②] 程连升：《新中国第一次失业高峰的形成和治理》，《中国经济史研究》2002 年第 1 期。
[③] "盲流"一词就是那时提出来的。

地改革运动开始以后,各级政府动员了16.5万原籍在农村的失业人员还乡生产。实践证明,在中国农村劳动力犹如汪洋大海,而城市经济尚不发达,吸纳劳动力有限而自身就业也困难的情况下,限制农村劳动力自由进入城市的政策利多弊少。

真正堵塞农村劳动力向城市流动渠道的是户籍制度的建立。1953年,有两个情况推动了户籍管理制度在全国的建立:一个是全国人大代表即将普选;另一个是即将开始的工业化建设。1953年4月,政务院发布《为准备普选进行全国人口调查登记的指示》,并制定了《全国人口调查登记办法》。随后,以6月30日24时为时点,进行了第一次全国人口调查登记。1954年12月,内务部、公安部、国家统计局联合发出通知,要求普遍建立农村的户口登记制度。这样,通过第一次人口普查和登记,就在农村建立起了简易的户口登记制度,也为全国统一的户籍管理奠定了基础。1955年6月22日,国务院发布《关于建立经常户口登记制度的指示》,要求乡、镇人民委员会应当建立乡、镇户口簿和出生、死亡、迁出、迁入登记册,以及时准确掌握人口出生、死亡、迁入、迁出等动态情况。全国户口登记行政由内务部和县以上政府民政部门主管,办理户口登记的机关是公安派出所。[1] 从此,统一了全国城乡的户口登记工作。

同时,适应大规模有计划经济建设的开展,也需要准确的人口数据。因为实行粮、油、棉布等生活必需品的计划供应,需要核准供应对象,以控制供应的规模和范围,于是,户籍管理和人口的流动以及迁移逐步纳入了国家计划之内。起初,计划供应粮食的范围比较大,它包括县以上城市、农村集镇、缺粮的经济作物产区人口,一般地区缺粮户,灾区的灾民。按这个范围供应,吃商品粮的人口接近2亿,超过全国总人口的1/3。城市粮食供应太宽,引起农村人口流入城市,或者城市粮食向乡间倒流,加重了粮食供应的紧张。为了解决这个问题,中央决定实行定产、定购、定销的政策和办法。1955年8月,国务院发布《农村粮食统购统销暂行办法》和《市镇粮食定量供应暂行办法》,规定粮食凭城镇户口实行按人定量供应,农民吃粮自行解决;同时规定了对粮食转移证、粮票等的管理使用办法。从此,粮食的计

---

[1] 肖冬连:《中国二元社会结构形成的历史考察》,《中共党史研究》2005年第1期。

划供应就与城镇户口紧密联系在一起。1955年11月7日，国务院颁发《关于城乡划分标准的规定》，确定"农业人口"和"非农业人口"作为人口统计指标。中国的户籍人口由此分割为两种："农业人口"与"非农业人口"。

虽然户籍管理开始纳入了计划，不过在"一五"计划期间执行并不严格。1954年9月，全国一届人大通过的《中华人民共和国宪法》仍规定："中华人民共和国公民有居住和迁徙的自由。"其他户口管理的规定对人口迁移只要求办理手续，未加限制条件。1949—1958年，是新中国成立以后户口迁移最频繁时期。仅1954—1956年的三年间，迁移人数就达7700万。这其中包括城镇向城镇的迁移和农村向农村的迁移，沿海向内地和边疆移民垦荒，但也有不少人口由农村流向了城镇。[①] 1956年出现一个高峰，全国职工人数比1955年增加了815万人，达到2977万人；市镇总人口比1952年增加了2022万人，达到9185万人。市镇人口比重相应提高到14.6%，比1952年增加了2.1个百分点。[②] 据估计，机械增长人口（即从农村迁入城市的人口）约占新增城市人口的50%以上。

随着"三大改造"的基本完成，高度集中的计划经济体制形成。由于城市人口的增加和就业渠道趋于狭窄，开始出现了城镇难以全部安排新成长劳动力就业的情况。政府感到了压力，开始动员中、小学毕业学生下乡上山。1956年1月，中共中央制定的《一九五六年到一九六七年全国农业发展纲要（草案）》中提出："城镇中、小学毕业的青年，除了能够在城市升学、就业的以外，应当积极响应国家号召，下乡上山参加农业生产，参加社会主义建设的伟大事业。"政府在少数几个城市进行了动员知识青年下乡插队的试点。在这种情况下，限制农民进城政策的力度也随之加强。同年8月，中共中央批转劳动部党组《关于解决城市失业问题的报告》时提出：各企业事业单位招收人员时，仍应遵守先城市、后农村的原则。1956年年底至1958年年初，国务院连续四次发出"防止、制止农村人口盲目外流"的指示。1957年12月18日，中共中央、国务院发出的《关于制止农村人口盲目外流的指示》设置了三道关卡：乡不得开发证明；铁路或交通要道加强"劝阻工作"；城市和工厂区"动员"其返回原籍，严禁流浪乞讨，在大城

[①] 肖冬连：《中国二元社会结构形成的历史考察》，《中共党史研究》2005年第1期。
[②] 《中国统计年鉴（1983）》，中国统计出版社1983年版，第103—104、213页。

市设置收容所,"临时收容,集中送回原籍"。同时规定,企业事业单位招用临时工,必须尽量使用城市剩余劳动力,需要从农村招用的,必须经省、自治区、直辖市人民委员会批准。① 于是,阻止农民进城的政策和措施更加严厉了,农民自由流向城市就业的道路被完全堵死,城乡二元分割的劳动力管理体制形成。

三 企业劳动管理制度的建立

企业劳动力管理是企业管理工作的一项重要内容。做好此项工作,对于建立正常的生产、工作秩序,满足生产建设对劳动力的需要,使劳动力与生产资料实现有效地结合,发挥劳动者的积极性和创造性,提高劳动生产率和经济效益,都有重要的作用。1949—1956 年,随着中国两次社会经济形态的转变,适合劳动力计划管理的企业劳动管理制度和微观机制也在形成之中。

(一)企业劳动定额的制定和实施

劳动定额是企业管理中一项重要的基础工作。劳动定额是指在一定的生产技术和组织条件下,为劳动者生产一定量的合格品或完成一定量的工作,所预先规定的活劳动消耗量的标准。它有两种基本表现形式:一是时间定额,就是生产单位产品或完成一项工作所必须消耗的工时;二是产量定额,就是单位时间内必须完成的产品数量或工作量。时间定额和产量定额互为倒数,成反比例。除以上两种形式外,劳动定额还可以采用看管定额和服务定额的形式。先进合理的劳动定额是企业编制计划、组织生产、实行经济核算、进行按劳分配等不可缺少的依据和条件。从新中国成立到"一五"计划结束,是新中国企业劳动定额工作从初创到发展,逐步走向比较健全的时期。

1. 企业劳动定额管理的初创

新中国成立初期的国营企业,主要是没收的官僚资本企业。接管这些企

---

① 《中共中央、国务院关于制止农村人口盲目外流的指示》,《劳动》1958 年第 1 期。

业后，首先是恢复和发展生产，进行民主改革和生产改革。在此基础上，逐步建立包括劳动定额管理的各项管理制度。

东北地区解放较早，也就成为首先学习苏联企业管理经验，较早地实行劳动定额管理的地区。1949年11月，东北人民政府工业部发出了《关于工资与定额问题的通知》（以下简称《通知》），要求各厂矿企业在群众性的创生产新纪录运动中，迅速建立起统计登记工作，并进行技术测定；提出各厂矿的主要定额要在1949年12月下旬制定出来，并报工业部审批。同时，《通知》对定额水平也提出了原则要求，即"介乎先进生产者所达到的新纪录和现在存在的技术标准之间，而为一般职工在正常的积极工作条件下都能达到的水平"。1949年12月，东北人民政府工业部又在《进一步组织和推广新纪录运动的指示》中提出：新纪录运动开展得比较深入的厂矿，即应逐渐确定合理的定额。合理定额的确定，一般应经过三个步骤：第一，充分发动群众创造各方面的新纪录，建立系周密的统计工作，并组织干部到现场进行技术测定，准确地测定机器设备的效率和劳动效率，以作为合理定额的重要依据。运动发展到一定阶段，工厂管理委员会①应研究定额，确定在最先进的小组或车间实行定额管理。第二，在确定定额之前，应将工厂管理委员会研究的结果，交给小组民主讨论定额是否合理，打消工人对实行定额管理的顾虑，使完成与超过定额成为全体工人的自觉行动。第三，经过工人讨论、工厂管理委员会通过以后，再由局（公司）一级批准执行。全厂、全公司的技术定额，最后需经工业部批准。经工业部批准的定额，一般的半年不动。这些规定，为后来其他地区开展劳动定额工作提供了经验。

1951年，劳动部会同全国总工会、各产业部，举办了有850人参加、历时四个月的劳动工资干部训练班，劳动定额课是这次训练班的一个重要内容。这次训练班除讲授了有关定额工作的一般原则和方法外，还分别由铁路、燃料、机械、纺织等产业部门讲授了劳动定额专业课。此后，各产业部门采取办训练班与在实践中学习相结合的方式，进一步加强了对劳动定额专业干部的培训工作。铁路系统到1952年年底，受过训练的定额干部达2900人。纺织系统在纺织工业部的直接领导下，1952年组织了上万名干部、工

---

① 工厂管理委员会是解放初期国营企业的统一领导机构，由军代表、厂长、生产、经营部门的负责人和职工代表组成。

程技术人员和工人参加，在全国国营纺织企业中开展了技术测定工作，进一步摸清了企业的生产潜力，为确定先进合理的劳动定额提供了科学依据，并且培养、训练了一大批干部。这一时期，经过企业、企业主管部门、劳动部门、工会组织等各有关方面和从事劳动定额工作的专业人员的共同努力，培养和形成了一支对业务比较熟悉、热爱本职工作的干部队伍。①

国民经济恢复期间，劳动定额工作由企业和企业主管部门负责管理，提高并确定合理的劳动定额主要在开展劳动竞赛和推广先进的操作方法的基础上进行。通过开展劳动竞赛，主要是激发工人的劳动热情，充分利用工作时间，提高劳动效率。而推广先进的操作方法，则使工人在工作方法上做到如何更加科学合理，去掉不必要的和不合理的因素，消除无效劳动。各行业都有一些先进生产者创造了先进的操作方法和新的生产纪录。如纺织行业的"郝建秀细纱工作法"和"五一织布工作法"，采矿业的"马万水小组"和机器制造业的"马恒昌小组"，等等。推广这些先进的经验，大大地提高了劳动效率，大幅度地提高了定额水平。如"五一织布工作法"推广后，使织布工人的工作有规律、有计划，既节约时间，又省力气，提高了工人的看台能力，普通布机看台从4—6台增加到8台，自动布机看台从12—16台增加到24—32台。同时，对提高产品质量，降低停台率，也起到了积极作用。

2. 企业劳动定额管理的推广

"一五"计划期间，随着计件工资制和超额奖励制度的推行，劳动行政部门对劳动定额工作实行了综合管理。1954年4月，中共中央批准的劳动部党组《关于劳动局长座谈会的报告》中提出：劳动行政部门要"协助各国营厂矿企业逐渐推行计件工资制及计时奖励制，检查劳动定额工作，协助有关部门制定建筑工人劳动定额和技术等级标准"。1956年6月，国务院发布了《关于工资改革的决定》，要求在企业中"凡是能够计件的工作，应该在1957年全部或大部实行计件工资制。同时，必须建立并且健全定期（一般为一年）审查和修改定额制度，保证定额具有技术根据和比较先进的水平。"② 按照上述要求，企业和一些企业主管部门建立和健全了劳动定额管理制度，对于劳动定额的制定、贯彻、修改和日常管理等作了明确的规定，

---

① 《中国劳动人事年鉴（1949.10—1987）》，劳动人事出版社1989年版，第231页。
② 《国务院关于工资改革的决定》，《劳动》1956年第8期。

基本上形成了一套适合中国当时企业管理工作情况的定额管理制度,保证了劳动定额工作的健康发展。具体表现在:

第一,扩大定额面,提高定额水平。到 1957 年年底,全国实行劳动定额的工人有 310 余万人,约占产业部门生产工人总数的 42%。其中建筑、煤炭、纺织等产业,实行定额的工人占生产工人总数的 50% 以上。[1] 在扩大定额面的过程中,定额水平也在逐年提高。在"一五"计划时期,老产品的定额一般每年修改一次,每次定额水平往往会提高百分之几到百分之十几,甚至更多。如山西阳泉矿务局,从 1953—1957 年共修改了 5 次定额。每次修改后主要工种的定额审批均有大幅度提高,如 1953 年的修改提高定额水平 20%—30%,1954 年修改又提高 20%—40%,1955 年提高 35%,1956 年提高 30%。通过不断修改定额,促进了成本的降低和生产的增加,大大提高了企业和行业的劳动效率和经济效益。如 1955 年 10 月修改定额后,比修改前一个月全员劳动效率提高了 11.4%,工资成本降低 10.7%,每吨煤节约 0.1588 元,一个月节约工资 39524 元。[2]

第二,改进定额方法。制定劳动定额的方法,根据技术条件和具体情况的不同,大致可以分为经验估工法、统计分析法、类推比较法和技术测定法四种。它们虽然使用在不同的场合,但就准确性和科学性而言,是按前后顺序而依次提高的。在国民经济恢复时期,主要采用的是前三种方法,只有少数行业和企业采用技术测定法制定定额。到了"一五"时期,由于全面推行计件工资制和超额奖励制度,对定额的准确性要求提高了,而经验估工法、统计分析法和类推比较法已不能适应这种要求。因此,把技术测定法作为当时定额方法改进的重点方向,通过定额方法的改进来提高定额质量,也就成为"一五"时期劳动定额工作的重要内容。

第三,建筑业制定和实行全国统一的劳动定额。由于建筑施工企业之间的共同性多,可比性大,因而具备制定统一定额的条件。1954 年以前,东北、华北等大区和一些省(市)分别制定了建筑工程的统一定额。1954 年大区机构撤销以后,为了适应基本建设发展的需要,在原大区(省、市)建筑工程劳动定额的基础上,由建筑工程部和劳动部共同负责编制了 1955

---

[1] 《中国劳动人事年鉴(1949.10—1987)》,劳动人事出版社 1989 年版,第 232 页。
[2] 袁伦渠主编:《中国劳动经济史》,北京经济学院出版社 1990 年版,第 104 页。

年全国统一建筑工程劳动定额，发给各省（区、市）贯彻执行。1956 年，国家建设委员会接管了这项工作，并且负责编制了 1956 年度全国统一的建筑工程劳动定额，一直沿用到 1957 年年底。实践证明，通过制定这些统一的定额，有效地促进了各地建筑企业生产管理水平的提高。如华北区 1954 年制定的建筑工程统一劳动定额，定额水平比 1953 年实际达到的水平提高了 20%—30%。建筑工程部在各大区统一定额的基础上制定的全国统一定额，也比原定额水平提高了 4%—5%。①

3. 劳动定额执行中出现的问题

在执行劳动定额管理的过程中，也出现了不少问题，特别是有些产业部门，对定额水平研究不够，对企业之间、车间之间相同工作的定额水平高低不一的情况，不能适时地加以改善，因而削弱了劳动定额的调节作用，甚至打击了先进、鼓励了落后。具体来说，主要存在两方面的问题：

第一，指导思想发生偏差，劳动定额偏重于为计件工资和奖励服务。本来劳动定额是企业各项管理工作的基础，无论是计划管理、生产管理，还是财务管理、劳动管理，都离不开科学的劳动定额。但在"一五"计划期间，劳动定额工作并没有充分发挥在加强企业管理和改善企业管理方面的基础作用，而主要是为计件工资和奖励服务的，助长了企业的短缺经济意识。指导思想的不明确、不科学，使一些行业和企业领导的本位主义思想产生，为了能使自己在完成计划时处于主动，制定定额时留有很大的"余头"。

第二，有些企业存在着定额管理不善、定额水平落后，甚至弄虚作假的现象。据 1956 年 1 月建筑工程部劳动工资司定额处《1955 年度全国统一劳动定额贯彻情况》，如长春直属公司混凝土工捣固第一类设备基础达到定额 140%，捣固混凝土墙才达到定额 62.5%；又如东北第一公司某工地普通工用轻轨矿车运混凝土预制品仅达到定额的 15%—30%，而人力运输部分一般都超过劳动定额，以致形成生产效率忽高忽低。"有的工长和定额员为片面地照顾工人收入，擅自修改工作范围、工作量，或多估工作日，明计件暗计时。如西北五公司第六工地执行定额时，抹灰工定额本来包括清扫落地灰的工作，但却另派普通工去做，结果多用了 29.35 个工日。仅 9 月上半月就

---

① 袁伦渠主编：《中国劳动经济史》，北京经济学院出版社 1990 年版，第 105 页。

因多加工支出工资 134.99 元。"①

(二) 企业初步实行编制定员制度

企业编制定员工作也是企业劳动管理的一项重要内容，是劳动组织工作的主要环节。其主要内容是，根据生产和管理工作的需要，按照先进合理的劳动定额、工作岗位和职责范围，确定组织机构和定员人数，确定企业内部各单位、各岗位应该配备多少人和配备什么样条件的人，保证生产、工作对人员的需要，合理地使用劳动力。

新中国的企业编制定员工作是从"一五"计划才开始的，而且最早的编制定员制度并不是出于控制企事业单位劳动力过快增长的目的。当时，一些从国外引进的生产项目已经开始建立劳动定员制度，主要是按设计资料设置机构和配备人员。其他一些大型国营工矿企业也有实行定员计划的，但并没有把编制定员工作作为一项经常性的劳动力管理制度而坚持执行。从各级政府来说，对此也没有投入足够的关心，没有实行统一领导和管理，只是在企业增人较多时才提出搞编制定员，人员不多时似乎就又忘却了。

1954 年，由于企业增加新职工过多，造成了严重的窝工浪费。1955 年 8 月 10 日，劳动部党组关于第二次全国劳动局长会议给中共中央的报告中指出：随着各项建设事业的发展，在劳动力问题上曾经发生并且目前还存在着人员过多、浪费严重和分布不平衡的现象。据重工、燃料、铁道等 10 个部（不包括建筑）的初步估计，这些部门所属企业共有多余职工 21.8 万多人。在建筑企业中，仅辽宁、山东、四川、上海 4 省、市，就多余 14 万多人（包括临时工）。《报告》中提出，为了更有效地处理企业中现有的多余人员和防止今后盲目招用工人的现象继续发生，各产业主管部门应该建立企业的编制定员制度，争取在 1955 年年底以前研究出本部门的统一定员标准，使企业用人有所遵循。中共中央同意这一报告，并批转给各地区、各有关部门研究执行。② 同年 8 月 22 日，国务院发出《关于控制各企业、事业单位人员增长和加强劳动力管理问题的指示》，指出目前各企业、事业单位普遍存在

---

① 《1953—1957 中华人民共和国经济档案资料选编·劳动工资和职工保险福利卷》，中国物价出版社 1998 年版，第 220—224 页。
② 《中国劳动人事年鉴（1949.10—1987）》，劳动人事出版社 1989 年版，第 221—222 页。

着机构庞大、人员过多的现象，要求"中央各部和省（市）人民委员会各厅、局应即着手研究整顿劳动组织的工作，逐步建立编制和定员制度。现有企业应根据节约和合理使用劳动力的原则制定编制和定员表；新建企业的定员应以技术设计资料为准，不得任意扩充编制"。同年 12 月 29 日，国务院在《关于进一步做好国家机关精简工作的指示》中指出："在企业、事业单位中行政管理机构庞大，非业务人员或非生产人员过多"，因此，"应当根据增加生产，厉行节约，贯彻经济核算，提高管理水平的要求，逐步地实行编制定员制度，大力精简行政管理机构，缩减非生产人员和非业务人员"。[①]

但是，时隔不久，1956 年由于基本建设规模加大，工业、交通运输企业的任务加重，企业的人员又由多余变为不足，企业要求从社会上招收大批劳动力。由于在编制定员的管理上缺乏健全的制度，在用人方面缺乏严格的控制，当年国家原计划增加 84 万人，结果却比计划多增加了 146 万人，致使企事业单位机构庞大、人浮于事、浪费劳动力的现象比以前更为严重。工矿企业非生产人员一般地达到全员的 20%—30%，甚至还有达到 40% 以上的，这就不能不影响到职工的劳动积极性和劳动效率的提高。为了遏制这种局面的继续，国务院于 1957 年 1 月发出《关于有效地控制企业、事业单位人员增加，制止盲目招收工人和职员的现象的通知》，要求所有企业、事业单位要根据需要和精简的原则，考虑人员编制；管理人员应当尽量减少，充实基层生产人员。同年 2 月和 9 月，中共中央和国务院又先后两次重申了严格控制企事业单位人员编制、加强编制管理制度的要求。

依照上述要求，新建企业和从国外引进的生产建设项目，一般都根据设计资料设置机构和配备人员，并且随着基本建设与生产的发展进行了必要的调整。但是，原有企业的编制定员工作，就全国来说还只是比较零星地进行着，多数企业由于"预算软约束"机制的影响，对机构臃肿和人浮于事并没有切肤之痛，反而存在"人多好办事"的思想，加上国家对此项工作的要求也是时断时续，缺乏经常性的检查监督，企业的编制定员工作始终没有走上经常化、制度化的轨道。因此，"一五"时期的情况是，企业的机构不断增加，人员越来越多，人浮于事的现象日趋严重。

---

① 《1953—1957 中华人民共和国经济档案资料选编·劳动工资和职工保险福利卷》，中国物价出版社 1998 年版，第 180、181 页。

(三) 企业劳动保护的加强

改善劳动条件，保护劳动者在生产中的安全和健康，是新中国成立后国家确立的一项重要政策，也是企业劳动管理的基本内容之一。新中国成立以后，党和政府加强了劳动保护建设工作，逐步缩短劳动时间和限制加班加点，加大保护女工的力度，并努力改善工人的劳动安全和卫生保障条件。

1. 劳动时间的限制和逐步缩短

新中国成立以前，在国民党统治区，国民政府曾于1931年颁布实施《工厂法》。该法规定成年工人日实际工作时间以8小时为原则，但同时又规定雇主可以根据具体情况延长工时至10小时或12小时。实际上，很少有企业实行8小时工作制。在革命根据地，除了土地革命战争时期受左倾思想影响，不顾战争环境而推行过8小时工作制外，抗日战争和解放战争时期，各根据地、解放区基本上都实行10小时工作制。1948年4月，中共中央在发给各地关于城市政策的电报中特别指出："入城之初，不要轻易提出增加工资减少工时的口号。在战争时期，能够继续生产，能够不减工时，维持原有工资水平，就是好事。将来是否酌量减少工时增加工资，要根据经济情况即企业是否向上发展来决定。"[①] 因此，新中国成立以前，在新解放的城市中无论公私企业，一般都维持原来的工时制度。

1949年9月，中国人民政治协商会议第一届全体会议通过的《共同纲领》关于工时问题的规定是："公私企业目前一般应实行八小时至十小时的工作制，特殊情况的斟酌办理。"同年12月，政务院总理周恩来在解释"劳资两利"政策时也指出："我们不要为一时的利益而损害长远的利益。工人的劳动应该实行八小时工作制的，但现在一般还得工作八个多小时到十个小时。"[②] 根据《共同纲领》精神和当时的条件，在国民经济恢复时期，虽然8小时工作制的实施范围逐步扩大，但是，各地在掌握上仍然以10小时为限。据劳动部1950年10月对全国92个城市的1376个企业（分属70余种产业，共有职工548314人）的调查，实行8小时工作制的占26%，8.5—9.5小时

---

① 《毛泽东选集》（第四卷），人民出版社1991年版，第1324页。
② 《1949—1952中华人民共和国经济档案资料选编·劳动工资和职工福利卷》，中国社会科学出版社1994年版，第3、8页。

工作制的占24%，10小时工作制的占29%，10.5—11.5小时工作制的占5%，11.5—12小时工作制的占11%，12.5小时以上工作制的占4%。按地区分，东北地区的企业平均为8小时45分，华北为9小时37分，华东为9小时45分，华南为9小时25分，西北为9小时45分。另据劳动部1950年8月对192个私营企业工时制的调查，实行8小时（包括不到8小时）工作制的企业占15.6%，实行8.5小时的占1.6%，9小时的占20.3%，9.5小时的占5.7%，10小时的占41.7%，10小时以上的占15.1%。而同时对527个国营企业的调查显示，实行8小时（包括不到8小时）工作制的企业占45.2%，实行8.5小时的占2.8%，9小时的占19.5%，9.5小时的占0.6%，10小时的占29.4%，10小时以上的占2.5%。[①] 从上述调查可以看出：一是工时制是多样的，虽然国营企业的工时短于私营企业，但差别并不是很大；二是10小时工作制的上限也不是硬性规定，仍然有少数企业突破。

到1952年9月，根据对1024个国营企业的调查，实行8小时（包括不到8小时）工作制的企业占78.4%，8—9小时的占17.5%，9—10小时的占3.3%，10小时以上的占0.8%，其中12小时以上的仅占0.1%。同时，对25114个私营企业的调查，实行8小时（包括不到8小时）工作制的企业占17.4%，实行8—9小时的占24.4%，9—10小时的占49.5%，10小时以上的占8.7%，其中12小时以上的仅占0.3%。[②] 可以看出，无论公私企业，工时都普遍缩短，尤其是国营企业，正迅速向8小时工作制靠拢。

1953年7月6日，河南省劳动局发布《河南省工时暂行实施办法》，作为内部掌握文件。该办法规定，100人以上使用机械动力的企业、铁路、邮电、交通、银行、市政、医疗、文化事业等，均实行8小时工作制。基本建设企业最多不得超过9小时工作制，但工资应以8小时为计算标准，超过部分按小时工资率增加。1956年3月26日，轻工业部盐务总局发布《海盐区工作时间暂行办法》规定，海盐区国营、公私合营盐场工人工作时间，四月、五月、六月每天为9小时；十一月、十二月、一月为7小时；其余月份为8小时。同年12月4日，国务院批准商业部发布《商业部所属各级国营

---

① 《1949—1952中华人民共和国经济档案资料选编·劳动工资和职工福利卷》，中国社会科学出版社1994年版，第741—744页。

② 同上书，第745页。

商业企业及其附属单位工作时间暂行办法》，该办法规定，职工每个标准工作日的工作时间为 8 小时；从事特别繁重或有害健康工作的职工，可缩短为 7 小时或 6 小时；怀孕满 7 个月或产后哺乳未满 6 个月的女职工，不得从事夜班工作；夜班工作时间应缩短 1 小时。粮食部、中国人民银行总行和中华全国供销合作总社也都制定了类似的规定。

总之，1956 年以后，全国各行业、各地区的工时制度基本上已统一，除季节性、临时性等工作和少数小企业外，一般均实行 8 小时工作制。

在工作日的规定方面，除政府统一规定的全国性的年节及纪念日等法定假日外，每月工休日的多少，一般由企业根据自己的情况和习惯自行决定。据 1950 年 8 月的调查，按每月平均 30 日计算，在 191 个私营企业中，每月休息 5 天的占 3%，休息 4 天的占 25%，休息 3 天的占 7%，休息 2 天的占 45%，休息 1 天的占 10%，没有休息日的占 10%；在 527 个国营企业中，每月休息 5 天的占 2%，休息 4 天的占 63%，休息 3 天的占 3%，休息 2 天的占 15%，休息 1 天的占 2%，没有休息日的占 15%。[1] 上述调查显示，国营企业的平均工休日数比私营企业多。

为了保护职工的身体健康，促进企业管理水平和劳动生产率的提高，劳动部还于 1951 年 9 月制定了统一的限制工矿企业加班加点的办法。在国民经济恢复时期，由于工时普遍较长，每月工休日不多，在抗美援朝前加班加点情况不严重。抗美援朝开始以后，由于生产任务增加和开展爱国主义生产竞赛，加班加点才比较普遍，上述办法就是针对这种情况制定的。

1955 年 8 月 29 日，劳动部向国务院报送了《关于限制公私企业加班加点的暂行规定（草案）》。草案规定，职工每人的加班加点总数，全年不得超过 160 小时，每月不得超过 14 小时。每次加班不得超过正常工作时间；每次加点连同正常工作时间不得超过 12 小时。连续加班加点不得超过两次，如超过以上限制数时，必须经当地劳动部门批准。1956 年，铁道部、二机部、林业部、电力部、浙江省、河北省、北京市等也先后制定了限制加班加点办法，并公布实行。[2]

---

[1] 《1949—1952 中华人民共和国经济档案资料选编·劳动工资和职工福利卷》，中国社会科学出版社 1994 年版，第 744 页。

[2] 《中国劳动人事年鉴（1949.10—1987）》，劳动人事出版社 1989 年版，第 669 页。

2. 保护女工

在旧中国，由于女工工资低，轻纺、食品、卷烟等行业的企业大量雇佣女工。女工不仅不能与男工同工同酬，其特殊劳保也得不到基本保障。

新中国成立以后，人民政府和工会根据《共同纲领》规定的"废除束缚妇女的封建制度""男女平等""保护青年、妇女的特殊利益"，着手制定保护女工的政策和办法。1950年3月，全国总工会起草《保护妇女、童工暂行条例》，经过中央各有关机关、团体的25个单位座谈研究，前后改写8次，因为客观条件尚未具备，遂将保护童工的内容取消，改为《保护女工暂行条例（草案）》。该《条例（草案）》，经1951年9月劳动部召开的第一次全国劳动保护会议讨论通过。《条例（草案）》规定：禁止虐待、打骂、侮辱或歧视妇女；女工与男工的工作技术和效能相等时，应得到同等报酬；禁止借故开除或变相辞退怀孕和生育的妇女；各企业、机关及事业单位已经实行的保护办法，其待遇高于本条例者，不得降低。此外，《条例（草案）》还对女工的孕期、产后休假以及哺乳等作了具体规定。

女工的保护工作是以经济发展和企业劳动条件改善为基础的。在国民经济恢复时期，尽管女工的待遇比旧中国有了较大改善，但是，由于社会福利较低和劳动条件改善受到较大限制，女工保护工作仍不尽人如意。据1952年12月召开的全国劳动保护工作会议反映，当时全国女工共有130多万，保护工作仍然赶不上生产发展的需要。尤其是纺织行业，女工因病缺勤较多。

1953年，新华社西北分社反映，西北地区公私营棉纺织厂5000多名女工中，1952年2—10月共有97名孕妇流产，其中国棉一厂就有10多人，很多女工是在车间内流产的。为此，中国纺织工会全国委员会于1953年1月29日责成西北区委员会调查这一问题，找出流产原因，并定出防止办法。1955年，劳动部劳动保护司派出工作组检查了上海、杭州两地的女职工保护工作。上海市有30万女工，其中纺织工业16万多人，轻工业4.5万人，机械工业1万人左右。女工多的工厂，一般有托儿所，有20多个工厂有卫生室、哺乳室；一般工厂都没有哺乳室，甚至没有规定给予哺乳时间。女工流产情况也很严重，1954年全市女工流产1.2万个，平均占正产的12.6%。卷烟厂269个怀孕女工中，流产者62人，占23.05%。造成流产的原因主要是：对怀孕女工保护不够，怀孕女工在生产中疲劳过度，举重爬高弯腰工作多，再加上家务过累、缺少卫生知识等。为了解决女工保护问题，华东纺织局所属厂规定，女工负重量不超过 20 公斤；怀孕 7 个月以上的女工，做夜班工间休息 1 小时。上海锅炉厂规定女工怀孕 3 个月不作夜班，满 7 个月后调轻便工作。上海机床厂女工怀孕 6 个月以上减轻工作，不作夜班，每天发半磅牛奶等。[1]

1956 年，劳动部将起草的《中华人民共和国女工保护条例》发至各地征求意见。条例草案规定了男女同工同酬，禁止女工从事特别繁重或有害生理机能的工种，还规定了"经期、孕期、产期、哺乳期"的具体保护要求。

3. 改善劳动安全条件

职工的劳动安全和卫生保障，既是劳动保护的重要内容，也是企业提高效益的基本条件，因此，受到政府的高度重视。为了加强劳动安全、改善卫生条件，除了在劳动管理部门和国营企业内建立专职机构外，还专门在各级工会内成立了劳动保护委员会。人民政府会同工会制定了大量政策法规和办法，并加以认真贯彻和实施。这方面较为重要的法规、指示有：《工厂卫生暂行条例（草案）》（劳动部 1950 年 6 月 17 日颁行）、《公私营煤矿安全生产管理要点》（政务院财政经济委员会 1950 年 10 月 20 日批准）、《关于作好夏秋间工矿职工卫生保健工作的指示》（劳动部、卫生部 1951 年 7 月 20 日颁行）、《劳动部关于及时检查厂矿建筑物及其他防雨设备的通知》（1952 年 8 月 2 日）、《工业交通及建筑企业职工伤亡事故报告办法》（政务院财政经济委员会 1951 年 12 月 31 日颁行）等。

国民经济恢复时期，劳动安全工作的重点：一是抓思想建设，克服"只重视机器，不重视人"的思想。通过各种形式，宣传安全生产的重要意义，同时严肃处理了河南宜洛煤矿瓦斯爆炸事故。1950 年，河南宜洛煤矿发生瓦斯爆炸，工人死亡 174 人，被炸面积占井下总面积的 1/3。[2] 政务院查明事故原因（主要原因是管理问题）后，在依法追究了有关责任者的刑事责任外，还给予河南省工业指导委员会副主任、省工会筹委会副主任各记大过一次，给河南省主席、副主席以警告处分。二是建立伤亡报告制度。中财委通

---

[1] 《中国劳动人事年鉴（1949.10—1987）》，劳动人事出版社 1989 年版，第 667 页。

[2] 刘平：《建国初期我国的劳动保护工作》，《工会博览》2002 年第 12 期。

令严查伤亡事故，究明责任，严惩失职人员，改进安全制度。同时，开展群众性的工矿企业安全卫生大检查，引起各地区各部门的重视，推动企业改善劳动条件。

表2—2反映出1950—1952年三年来伤亡事故呈上升趋势，但是死亡和重伤事故的比例则呈下降趋势。据当时调查分析，事故增加的原因主要有四个：一是劳动保护工作落后于生产发展和职工的生产积极性；二是私营企业存在单纯利润观点，忽视安全保护工作，生产任务饱满时尤其严重；三是缺安全卫生设备，没有与生产发展相应增加和改良；四是事故报告和统计制度逐渐严密起来，过去许多轻伤事故未报告。

表2—2　　　　　　　　　　1950—1952年劳动安全事故统计

年份	死亡 人数	比例（％）	重伤 人数	比例（％）	轻伤 人数	比例（％）	伤亡合计 人数	比例（％）
1950（5—12月）	2468	3.9	5739	9.1	55094	87.0	63301	100
1951	3370	3.1	7989	7.5	96115	89.4	107474	100
1952	2736	1.6	6171	3.7	159734	94.7	168641	100

资料来源：《劳动部三年来劳动统计参考资料（1950—1952）》，1953年11月，载《1949—1952中华人民共和国经济档案资料选编·劳动工资和职工福利卷》，中国社会科学出版社1994年版，第799页。

国民经济恢复时期，伤亡事故与当时企业管理水平不高有很大关系。据劳动部对1950—1951年两年里发生的2073次重大伤亡事故原因分析，其中93.3％属于责任事故。而在这些责任事故中，除少部分应由职工负责外，厂矿领导方面应该负责的占88.7％。[①] 另据调查，在1952年的重大事故死亡人数中，除3.8％的事故是自然原因造成外，其余96.2％的事故属于责任事故。而在这些责任事故中，应由职工本身负责的仅占5.5％，其余90.7％属于管理方面的责任。[②] 值得指出的是，当时私营企业的事故发生率和所占比重均高于国营企业，煤矿行业尤为突出。1951年山西省私营小煤窑的死亡

---

① 《1949—1952中华人民共和国经济档案资料选编·劳动工资和职工福利卷》，中国社会科学出版社1994年版，第816页。

② 同上书，第796页。

人数占当年全省工矿业死亡总数的 64.5%，占该省矿业死亡人数的 90%。[①]

"一五"时期，大规模经济建设开始以后，由于职工劳动条件的改善和保护跟不上生产发展的需要，职工伤亡事故非常严重。据不完全统计，1952 年全国工伤死亡 2736 人，1953 年死亡 3400 人，1954 年死亡 2953 人，1955 年死亡 3023 人，1956 年死亡 3177 人。[②] 从各地上报的材料来看，当时全国工伤事故主要有以下几个特点：一是从因工伤亡人数与事故次数来看，以煤矿系统为首，建筑系统次之，再次为五金冶炼与交通运输业，林业占第四位；二是从企业的社会性来看，以私营企业中的伤亡事故最为严重，地方国营企业次之；三是在各种事故中，以爆炸事故造成的危害最为严重，尤其是瓦斯与火药的爆炸造成重大的伤亡与损失；四是从事故发生的原因分析，因没有制定安全技术规程或规程制度不健全、贯彻不力，技术管理不善或技术指导错误，仅凭经验进行操作所造成的伤亡事故为最多，再就是新工人在工作中发生事故的比重很大；五是在事故的处理上，大部分只责备不幸受伤的职工，把责任推到工人身上，而对企业管理上存在的各种可以产生伤害事故的真正原因反而看不到，对主要责任者与次要责任者也没有加以区分，以致使事故处理失去了教育意义。各种工伤事故的发生，已经严重影响到广大职工的身心健康。为此，进一步加强劳动保护方面的工作，并建立起比较严格的劳动保护制度，成为摆在政府和企业面前的一件大事。

"一五"期间，劳动安全工作的加强主要表现在以下几个方面：

第一，实行安全技术劳动保护的计划管理。为使劳动保护工作随着生产的发展，逐步走向计划化，1953 年 11 月 5 日，中财委向各企业主管部门提出了在编制生产财务计划的同时应该作出安全技术劳动保护措施计划。劳动部也函告各地劳动局督促协助厂矿企业制订安全技术劳动保护措施计划。据对 9 个省区 24 个城市的 935 个厂矿企业的调查，1954 年已制订了安全技术劳动保护计划的企业占被调查企业数的 66.63%；在产业系统中，铁道部占 89.3%，一机部占 85.96%，二机部占 70%，重工业部所属单位大部分制订

[①] 《1949—1952 中华人民共和国经济档案资料选编·劳动工资和职工福利卷》，中国社会科学出版社 1994 年版，第 795 页。

[②] 同上书，第 789—792 页。

了劳动保护计划。① 1954 年 11 月 18 日，劳动部发布了《关于厂矿企业编制安全技术劳动保护措施计划的通知》，对编制计划的项目范围、职责、程序及经费等方面的问题，作出了明确规定。该通知指出：各厂矿企业在每年编制生产财务计划时，应将安全技术劳动保护措施计划列入并同时进行编制；项目范围包括以改善劳动条件、防止工伤、预防职业病和职业中毒为主要目的的一切技术组织措施；基层工会和行政应签订协议书或合同，报送上级备案，并向职工公布，按季进行检查，监督与保证计划的贯彻执行。在中央各部的重视与督促下，安全技术劳动保护措施计划的编制工作，开始引起了全国各地厂矿企业的高度注意。从 1955 年开始，一般都在编制生产财务计划的同时，编制了安全技术措施计划，并积极付诸实施。

第二，加大劳动保护法规的建设力度。针对某些企业和企业主管部门对贯彻安全生产方针仍然重视不够，以及国家还缺乏统一的劳动保护法规和完整的监察制度等问题，1956 年 5 月，国务院同时颁发了《工厂安全卫生规程》《建筑安装工程安全技术规程》《工人职员伤亡事故报告规程》三个劳动保护的法规。《工厂安全卫生规程》要求我国所有的大型工厂都要做到清洁和有秩序的文明的生产。它对厂院、工作场所环境，机械、电气设备的安装与操作，锅炉、气瓶的检验与使用，气体、粉尘和危险物品的存放，供水的检验与管理，生产辅助设施的建设与使用，以及个人防护用品的供给和质量等问题，都作出了详细的规定。《建筑安装工程安全技术规程》要求各建筑企业必须加强施工中的安全技术措施与施工组织措施，在充分考虑施工安全的基础上合理地布置施工现场，妥善地安排工序和采取正确的施工方法，合理地提出组织施工的各项具体方案，从而保障职工在施工中的安全和健康。《工人职员伤亡事故报告规程》明确规定了企业领导对伤亡事故应负的责任，也明确规定了劳动部门和工会组织对这一工作的监督检查职权，以及负伤频率和负伤严重率的统计指标等，这就促使厂矿企业能够认真负责地对伤亡事故进行调查、登记、统计、分析和报告，惩处迟报、漏报和隐瞒不报的现象，有利于企业确实采取有效的措施以避免类似的事故重复发生。这三个劳动保护法规，集中了几年来劳动保护工作的经验，用法令的形式把这些

---

① 《1953—1957 中华人民共和国经济档案资料选编·劳动工资和职工保险福利卷》，中国物价出版社 1998 年版，第 855 页。

经验肯定下来，使厂矿企业改进和加强劳动保护工作有了统一的依据和准则，使职工群众能够更好地监督和支持这一工作的深入开展。

除此之外，这一时期中央还颁发了一些其他的劳动保护法规。例如，1956年1月经国务院批准由劳动部颁布了《关于防止沥青中毒的办法》，对沥青装卸、搬运和使用中的程序标准和防护要求，作出了细致规定。1956年5月国务院颁布的《关于防止厂、矿企业中矽尘危害的决定》，对石英粉的研磨技术、通风条件、空气含尘指标、防尘用品、产品包装、健康检查等问题，提出了明确规定，为减轻或消除厂、矿企业中矽尘的危害，保护职工的安全与健康，起到良好作用。

第三，建立劳动保护的监督机构。为了能够把国务院和劳动部提出的各项劳动保护要求落到实处，使企业职工的劳动保护制度发挥作用，建立劳动保护组织机构就显得十分必要。1954年，中华全国总工会通过了《工会基层组织劳动保护委员会组织通则》，要求在工会基层积极建立或健全劳动保护委员会，培养专职的主任委员，具体负责领导劳动保护工作，配合并监督企业行政遵守劳动保护法令。1956年3月，全国总工会又颁发了《工会基层（车间）委员会劳动保护工作委员会组织条例》。条例规定，在工会基层（车间）委员会下建立由3—21人组成的劳动保护工作委员会，委员由工会基层委员会聘请劳动保护检查员、先进生产者、工程技术人员和其他积极分子担任。条例要求，劳动保护工作委员会是专门监督企业行政执行劳动保护法令、安全技术与工业卫生规程和标准，保证职工的安全和健康的组织机构。工会基层劳动保护工作委员会的成立，对国家劳动保护法令的执行和落实，起到了积极的推动作用，促进了全国各地劳动保护工作的蓬勃发展，维护了职工的利益和健康。

（四）整顿与巩固劳动纪律

劳动纪律是劳动者在共同劳动中所必须遵守的劳动规则和秩序，包括遵守工作时间、坚守工作岗位、完成生产任务、保证产品质量、遵守工艺规程、保证安全生产、爱护公共财物、保守国家机密、服从组织调动等。它是企业进行生产经营活动的重要条件和保证，也是每个职工应当履行的基本职责。新中国成立以来，按照国家的统一部署，发布实施对企业职工进行奖惩工作的法规，整顿与巩固企业劳动纪律，是企业经营管理中一项经常性的工作。

新中国成立后，广大职工群众翻身得解放，以主人翁的姿态积极参加生产劳动，自觉遵守劳动纪律，为国民经济的恢复与发展生产作出了积极贡献。但是，"在一小部分职工中，仍然存在旷工、借故请假、逃避劳动、消极怠工、不服从指挥调度、不遵守操作规程和保安规程等违反和破坏劳动纪律的现象"。"这种劳动纪律松弛现象的存在是造成生产计划完不成、产品质量低、废品多、事故频繁的重要原因。"①

当时劳动纪律松弛的原因是多方面的，主要有：首先，由于旧社会遗留的恶劣习气的影响，一小部分职工的觉悟不够高，还没有真正认识到国家利益与个人利益的一致性，仍以旧的劳动态度对待新社会的建设事业。同时，随着国家工业的发展，来自农民、城市贫民、小手工业者和其他阶层的新职工大量增加，这些新职工或多或少地存在小生产者的自由散漫、狭隘自私的不良习气，不习惯于有组织、有纪律的劳动。其次，在某些厂矿企业中，过去的一套剥削压迫工人的管理制度，在民主改革中已经被废除，但还没有及时建立和健全新的管理制度。绝大多数工厂还没有适当的工厂内部规则，还缺乏合理的奖励制度，工资制度还相当混乱，对破坏劳动纪律的职工还没有一定的处理办法。再次，有些工人对解放后当家做主人缺乏正确的理解，有极端民主化的倾向，认为工厂是自己的，可以随随便便。有的工厂建立"生产时间内不请假不准任意外出"这个最起码的制度时，竟遭到一部分工人的反对。他们说："连出入的自由都没有了，还做什么主人？"②特别是经过1952年反对官僚主义以后，有些人产生了错觉，把厂长的领导权、管理人员的管理权、技术人员的指挥权，都视为官僚主义；有的干部怕犯官僚主义的错误，而不敢进行管理；有些工会干部无原则地袒护一些落后的工人，甚至认为"强调劳动纪律会脱离群众"，"在私营企业中强调劳动纪律是帮助资方压迫工人，丧失了立场"。最后，劳动保险制度实施以后，有少数职工不能正确对待这一制度的建立，纪律松弛了，他们说"现在不像国民党时代

---

① 《1953—1957中华人民共和国经济档案资料选编·劳动工资和职工保险福利卷》，中国物价出版社1998年版，第313页。

② 田毅鹏、余敏：《单位制形成早期国企的劳动纪律问题》，《江海学刊》2015年第4期。

了，请假也能拿到工资"，因而无故请假、缺勤。

为克服劳动纪律涣散的状况，逐步建立起适应经济建设发展需要的职工队伍，1953年5月，在中国工会第七次全国代表大会上，刘少奇同志代表中共中央致祝词中提出："必须对工人群众加强共产主义的教育，提高工人群众的觉悟程度，使他们认识到全体人民的利益、国家的利益与个人利益的一致性。同时，必须采取批评与自我批评的方法去克服企业中各种缺点和错误，反对官僚主义，反对破坏劳动纪律的各种现象，大大地巩固劳动纪律。"①

根据中国工会第七次全国代表大会的精神，1953年7月，中华全国总工会发布了《关于巩固劳动纪律的决议》，要求"工会各级组织必须把巩固劳动纪律作为自己经常的重大责任，根据厂矿的不同情况，进行具体分析，找出劳动纪律松弛的根本原因，在一定期间结合当前的中心工作，集中地对职工群众进行一次巩固劳动纪律的教育"。企业"工会应当把小组生活健全起来，展开批评与自我批评，使巩固劳动纪律成为群众的舆论，以提高工人阶级的组织性和纪律性。对于严重破坏劳动纪律、屡教不改的分子，给予适当的处分"。但在处分职工时，必须反对采取简单粗暴的方式，严格防止惩办主义的倾向。特别是在私营企业中，要防止假借巩固劳动纪律而无理压迫工人的不法行为。

随后，各地区党委和工会组织，对加强劳动纪律工作作了具体部署。要求所有企业（包括私营企业）中的党组织和工会结合传达中国工会第七次全国代表大会的决议，加强计划管理，贯彻责任制，在工人群众中广泛地进行劳动纪律教育，表扬遵守劳动纪律的模范，反对败坏劳动纪律的行为。同时，各级企业都把加强纪律教育作为一定时间内企业管理工作的一项主要内容，把说服教育作为提高群众思想觉悟、巩固劳动纪律的基本方法，通过民主生活会、开展批评与自我批评、抓住典型事例进行教育等方法，提高广大职工群众遵纪守法的自觉性，向一切违法违纪行为进行斗争。

在普遍进行遵纪守法教育的同时，为了进一步加强企业劳动管理，巩固劳动纪律，政务院于1954年7月14日颁布了《国营企业内部劳动规则纲

---

① 《中国劳动人事年鉴（1949.10—1987）》，劳动人事出版社1989年版，第239页。

要》，指出："根据中国人民政治协商会议共同纲领第八条的规定，中华人民共和国国民均有遵守劳动纪律的义务"，"在厂矿企业中规定内部劳动规则，其目的在于保证和巩固劳动纪律，正确地组织劳动，充分而合理地利用工作时间，提高劳动生产率，出产优等质量的产品。因此，严格遵守内部劳动规则是中华人民共和国全体工人、工程技术人员和职员的神圣义务。"[①]《纲要》就企业劳动管理中的一些主要问题，包括对职工的录用、调动、辞退，企业行政和职工的基本职责，以及对职工的处分等，都作了原则规定；并要求各企业主管部门和企业单位根据《纲要》，分别制定适合本部门、本企业工作条件的内部劳动规则。

此后，各有关部门和企业单位，都把贯彻《纲要》，制定与审核企业内部劳动规则，开展宣传教育，提高职工阶级觉悟，增强主人翁责任感，巩固劳动纪律，作为企业劳动管理工作的一项重要内容。经过各级党委、政府、工会组织和企业单位的共同努力，在"一五"计划期间，逐步建立起一支以老工人为骨干的、阶级觉悟比较高的职工队伍。在许多企业里，遵纪守法蔚然成风，出满勤、干满点，维护正常的生产秩序，成为大多数人的自觉行动。在这支队伍中，有数以百万计的职工服从国家的需要，远离家乡和亲人，从大中城市到艰苦地区，从内地到边疆，积极参加开发、建设边远落后地区，保证了"一五"计划生产建设任务的胜利完成。

四 劳动力职业技术培训的开展

职业技术培训，包括就业前培训和就业后培训两个方面。就业前培训也称为后备培训，主要是把到达劳动年龄的青年人培养成为合格的劳动力。就业后培训，既包括在职人员的技术提高和知识技术更新，也包括富余职工或失业人员的转业训练。无论是哪种培训，都属于劳动力的再生产，直接关系着劳动者素质和劳动生产率的不断提高以及实现劳动者的充分就业，并促进社会经济的稳定和发展。因此，它在经济建设与社会发展中有着战略性的地位和作用。

[①] 《1953—1957 中华人民共和国经济档案资料选编·劳动工资和职工保险福利卷》，中国物价出版社 1998 年版，第 317 页。

新中国成立以前，旧中国经济落后，工业基础十分薄弱，加之执政当局不关心劳动人民疾苦，不重视工人技术培训，没有统一管理工人培训的体制，因此，职业技术培训事业得不到应有的发展。新中国成立后，中央人民政府和工会组织即设置了专门机构，负责组织工人的文化学习和开展扫盲的工作，劳动部门也开始着手综合管理工人的技术培训，从新中国成立初期救济失业工人的转业训练，到为适应大规模经济建设补充新技术工人的后备培训制度建立，新中国的职业技术培训事业逐步发展起来。

（一）失业工人的转业训练

1. 对失业工人实行转业训练的政策

对失业工人实行转业训练的政策，是按照毛泽东主席1950年6月6日在中共七届三中全会上提出的"认真地进行对失业工人和失业知识分子的救济工作，有步骤地帮助失业者就业"的基本精神制定的。1950年6月17日，政务院《关于救济失业工人的指示》和《救济失业工人暂行办法》规定：对失业工人分别予以适当教育，提高其文化、政治、技术水平，并尽可能根据社会需要，组织各种专业训练。[1] 同时，对转业训练的具体方法规定为：对于参加以工代赈或生产自救的失业工人，组织业余学习；对于尚未参加以工代赈或生产自救的失业工人，尽可能在自愿原则下组织集体学习或转业训练；在失业工人中，选拔有革命斗争历史者，或过去在生产中，或在以工代赈中起积极作用并有相当文化程度者，开办干部训练班。为了解决受训失业工人有关生活问题，政务院以及劳动部还规定：凡参加干部训练班学习的失业工人，由学校供给食宿，并根据各人情况酌量发给救济金；对转业训练的失业工人确实无力解决冬衣者，可从失业救济费中开支，发给冬衣。

转业训练从一开始就注意，既根据实际需要确定培训的工种（专业），又根据当时生产技术水平，确定培养目标。1950年，政务院根据全国财贸战线职工队伍短缺的状况，于当年8月22日发出通知，决定从失业人员中选训7800人，充实财贸战线的职工队伍。他们经过培训后，基本都及时得到了就业。1951年，全国各地市政工程公用设施等方面的基建任务繁重，

---

[1] 程连升：《国民经济恢复时期的结构性失业及其治理》，《中国经济史研究》1999年第4期。

建筑工人奇缺。针对这种情况，劳动部于4月18日发出通知指出"建筑技术比较简单易学，而且目前需要技术工人甚多"，因此，确定当时"转业训练要以建筑为重点"。

1951年年底，劳动部在总结一年来救济失业工人工作时，进一步强调今后的救济失业工作，应当以转业训练为重点。并且指出，这样不仅可以帮助失业工人迅速找到新的职业，而且可以帮助国家培养技术工人，减轻某些工厂企业缺乏技术工人的困难。

鉴于有的产业部门和企业单位办的转业训练班，根据各自招收工人的要求，把年龄条件规定得很严，不利于一部分失业工人参加转业训练。1952年7月，周恩来总理在政务院讨论《关于劳动就业问题的决定》时指出"凡各部门举办的各种训练班招收学员时，应照顾年龄较大者亦可入学，不应再过严地规定年龄限制"，"其招生章程和报考条件，须由政务院劳动就业委员会、人事部、教育部及劳动部联合成立专门小组审查批准；其未经小组审查已公布者，仍须由该小组重新审查批准"。7月28日，政务院秘书厅专门发文向政务院所属各委、部、会、院、社、行等传达了周恩来总理的指示，并在各地得到贯彻实行。

当时，转业训练工种（专业）的确定，一方面靠劳动部组织各产业部门提计划、提要求，进行统一安排部署；另一方面，靠各地根据当地的实际需要，自行灵活安排。后者是主要的方面。1953年8月，政务院劳动就业委员会、内务部、劳动部在联合向中共中央报送的《关于劳动就业工作的报告》中总结了转业训练的方针，即"必须根据国家目前经济建设的需要来进行，无论举办技术、业务任何一种训练班，一定要以有出路为原则"。①

2. 失业工人转业训练经费

失业工人转业训练所需经费，主要从失业救济费中开支，由各地每年编制计划和预算，报中财委批准下达实行。工会、妇联从关心失业工人、失业妇女就业的问题出发，他们也拿出一定的资金来为失业的青年工人、青年妇女举办转业训练。

1950年，由于救济失业工人工作刚刚开始，重点只能放在组织以工代

---

① 程连升：《国民经济恢复时期的结构性失业及其治理》，《中国经济史研究》1999年第4期。

赈和临时发放救济金两个方面，因而年度预算开支比重，以这两项所占的比重较大，而转业训练所占比重相对较小。因此，1951年年初，中财委在审批《一九五一年救济失业工人与失业知识分子计划及预算》时，及时地提出了为使失业工人容易转业或就业和配合生产建设计划的需要，确定以后将重点放在转业训练上，从以工代赈预算开支中减少20%，加到转业训练的项目上。而1950年上海、北京等六个大城市失业救济费支出的实际情况：以工代赈的支出占全部支出总数的43.38%；发救济金占20.86%；生产自救占12.33%；还乡生产占14.74%；转业训练仅占8.49%。按照新的实施意见，1951年失业救济费预算开支比例作了较大的调整；即以工代赈由原来的43.38%削减到23.38%；转业训练由原来的8.41%上升到了28.41%。

转业训练经费，主要由各地劳动部门统一掌握使用。1953年国家进入经济建设的第一个五年计划，国家计划中也制订了熟练工人培养训练的计划。此后，失业工人转业训练与后备工人的培训计划相结合进行。因此，1953年9月劳动部在给中共中央的《关于劳动就业工作的报告》中，对转业训练提出了"以用人单位自训为主"的意见。对训练人员所需的经费开支，也提出了"用人单位自训者，按训练单位原规定标准执行并自出经费，必要时劳动部门可给以适当补助"。劳动部门继续代用人部门、单位培训及与用人单位合办和由劳动部门委托工厂代培的艺徒，训练经费仍由劳动就业经费或失业救济基金中开支一部分或全部。[①]

3. 失业工人转业训练形式

解放初期，失业工人需要实行转业训练的人数较多，要求就业的心情迫切，带来转业训练的任务繁重，因此，训练形式上适宜于短期速成，并依靠多方面的力量来举办。当时有各地劳动部门办、用人部门单位自己办、劳动部门同用人部门或用人单位联合举办、由劳动部门委托厂矿企业单位代培等几种办法。具体转业训练形式，基本可分为两种：

一种是举办各种不同专业的短期训练班。有单一工种（专业）的训练班，也有同时设两个或几个工种（专业）的训练班。训练期限多数是半年左右，视工种（专业）技术繁简不同，有的还可延长或缩短。各种转业训

---

① 《中国劳动人事年鉴（1949.10—1987）》，劳动人事出版社1989年版，第148页。

练班，中心任务是搞好教学、保证培训质量，使失业工人都能在较短的时间里较快地获得新的一技之长。因此，各地劳动部门对于开设这种转业训练班都有一定的规定要求，例如必须有一定的师资、教材、教学设备和生产实习设备，要有教学、实习场地，要配备专职班主任、政治辅导员等。

另一种是委托公、私营工商企业采取以师带徒的办法进行现场培训。采取这种办法进行培训，主要是利用现有企业的生产技术设备和人员力量，在国家少花钱的情况下，使更多的失业工人能及时地得到转业训练，或是由地方劳动部门出面，同有关企业单位签订合同，实行委托培训；或是经劳动部门介绍，由用人部门单位同代培单位签订合同，开展委托代培。许多省、市劳动部门和有的产业部门，都制定出委托培训艺徒的办法或条例。按照这些办法或条例规定，委托培训的失业工人，都要经过考核，符合条件，才能录取。培训期间，要由代培单位选择优秀的老工人当师傅，签订师徒合同，实行包教包学。学习期满合格后，如代培单位需要，可优先录用为正式工人。代培期间所需培训经费，由委托部门、单位负责。

采用以上两种形式开展转业训练，工种（专业）设置主要根据当地的实际需要，用人单位自培自用的则是根据本单位的实际需要。据北京、上海等44个城市和一部分省、自治区的统计，从1950年举办转业训练开始到1951年末，共训练失业工人30875人，所开设的工种（专业）近30余种。这些工种（专业），按其性质划分，大体可分为三类：第一类是政治性的，主要是为有关部门、单位培养干部，其培训人数占转业训练总数的25.1%；第二类是业务性的，包括会计、统计、俄文、文教、卫生、保育、邮电、铁路、税务、贸易、财经、司法、公安等专业，其培训人数占总数的43.7%；第三类是技术性的，包括的工种有化工、轻工、建筑、汽车驾驶、电机、机械、海员、土木测量、缝纫、印刷、纺织、造纸、拖拉机驾驶等，培训人数占总数的31.2%。

4. 经过转业训练的失业工人的就业

经过转业训练的失业工人，一般是由各地劳动部门负责安置就业。实际上，由于工种专业设置都是从实际出发，根据实际需要来开设；培训期间一般都重视思想政治工作，失业工人经过忆苦思甜，进行阶级教育，政治思想、阶级觉悟提高进步很快，能刻苦学习，较快地掌握专业技能知识，深受用人部门单位的欢迎。因此，委托厂矿企业单位代培的，基本上都能被代培单位留用。用人部门、单位自培自用的，更不存在结业后分配的问题。由地方劳动部门培训的，很多在训练期间就被用人部门单位提前"订货"。例如，上海市劳动局在1950年至1951年举办的机械训练班，训练期限为6个月一期，第一期结业的由华东重工业部录用，考工时一般被评为四级工，铁道部录用的也被评为三级工。第二期、第三期训练的，铁道部提前包下来全部接收录用。不能在训练期间定向安排工作的，一般训练期满后，根据各单位招工的需要，都很快能给予介绍就业。

转业训练不仅为大批失业工人创造了重新就业的条件，而且也为国民经济的迅速恢复和发展培养准备了人才。据统计，从1950年至1953年年底，全国参加转业训练的失业工人有15万人之多，其中仅1953年一年内经过转业训练后获得重新就业的就有3.3万人。这些失业工人，在转业训练期间，政治觉悟都提高得很快，衷心拥护中国共产党和人民政府的各项方针政策，技术业务学习也都进步较快。很多重新就业的失业工人走上生产岗位后，很快成为生产技术工人的骨干力量。此外，转业训练还为大规模经济建设开始后的后备技术工人培训工作奠定了基础。各种转业训练班不断巩固提高后，成为很好的培训基地。一大批培训工作干部和教师迅速成长，劳动部门和一部分厂矿企业单位及其主管部门的培训机构陆续建立，有力地促进和推动了培训工作事业的发展。

（二）后备技术工人的培训

从1953年起"一五"计划开始实施，随着国家大规模经济建设的开展，各生产建设部门迫切需要补充新的技术工人。适应这一需要，劳动力职业技术培训工作的重点从失业工人转业训练转为有计划地培养后备技术工人。第一个五年熟练工人培养计划的制订与超额完成任务，不仅为大规模经济建设的开展培养输送了新的技术工人，同时也为后备技术工人培训列入国家计划奠定了基础。除短期训练班的形式随着学徒学习期限的延长而逐渐不被采用外，技工学校和学徒培训两种形式，一直在后备技术工人培训中占有着重要地位和发挥着积极作用。

1. 技术人才短缺的情况

经济建设各部门缺少技术工人的情况，早在1953年之前就已存在了。

国民经济恢复时期，虽然一方面是数以百万计的失业人员要求就业，而另一方面是具有一定生产技术的人员却寥寥无几。仅1953年3—8月，直接找劳动部申请招聘技术职员和技术工人的就有43个单位，需要人数为8477人。这些用人单位经劳动部介绍到全国各地去招聘，结果很多单位均未能完成招聘计划。解放较早的东北地区，建设任务比较繁重，建筑、工矿、交通部门不仅技术工人需求不能满足，就连普通工人和学徒工也是难以补充。例如，1950年该区铁路部门招收学徒，原定招收具有初中文化程度的青年，后降为高小文化水平的也行，尽管这样最终也未能招足所需人数。全国其他地区的情况也与东北大致相似，真正有技术或有业务专长的人员为数很少，很难满足招工用人部门和单位的需要。

1953年以后，由于对技术人才的需求量进一步加大，人才短缺的矛盾就更加突出了。据劳动部1954年年初的调查统计与预测，仅重工、一机、燃料、轻工、纺织五个部，当年新建扩建投入生产的厂矿就有83家，共需各种生产技术工人5万人，到1956年16个部全年需要新增技术工人59万人。

就当时各个部门职工的构成来看，技术人员的比例是很小的。据1954年全国干部（县以上国家机关及企事业单位中办事员以上的干部和技术人员，不包括党委系统、群众团体系统、合作社系统、军事系统、公私合营企事业机构、中等师范学校和中小学）统计资料显示，在376万名干部中，专业技术人员为58.35万人，其中工程技术人员221473人（内有工程师以上技术职称者21365人），农业技术人员52485人（内有技师以上职称者966人）；在这376万余名干部中，共有科长以上干部22.3万人，按文化程度分，具有大专以上文化者占14.25%，高中文化者占16.03%，初中文化者占41.87%，小学文化者占27.07%，文盲占0.78%。从建筑行业看，1952年的就业人员中，有技术的职工仅占职工总数的10%—20%，其余的职工均没有专门技术，属于一般劳动力。[①] 因此，当1953年大规模经济建设开始后，建筑行业的技术人员尤为短缺。这也是劳动力统一调配首先在建筑行业实行的根本原因。

---

① 宁可主编：《中国经济发展史》（第五册），中国经济出版社1999年版，第2628—2629页。

不断扩大的技术人才需求得不到满足，必将制约国民经济的发展。1954年6月，陈云在《关于第一个五年计划的几点说明》中就指出：五年内工业和交通运输两项需要增加技术人员39.5万人，但是高等学校和中等技术学校的毕业生仅为28.6万人（其中，中专毕业生占2/3），相差近11万人。[①]如何克服技术人才和管理人才严重不足的问题，就成为"一五"计划实施中所面临的难题。

2. 有计划地培养技术工人

技术工人的培养计划是国家国民经济发展计划的重要组成部分。"一五"计划规定："五年内，中央工业、农业、牧业、运输、邮电、劳动等部门将培养熟练工人92万多人。"为了保证这一目标的实现，当时政府主要采取了以下几方面的措施。

第一，明确负责技术工人培训工作的组织机构。为了适应后备技术工人培训工作的需要，1953年年初，中财委党组决定，将技工教育划归劳动部管理。同年6月，劳动部在劳动力调配司成立技工培训科，在继续负责失业工人转业训练的同时，也负责后备技术工人培养训练的综合管理与业务指导。12月，进一步在技工培训科的基础上扩大编制，增加干部，成立了技工培训司。与之相适应，中央各产业部的劳动工资司和各省、直辖市、自治区的劳动厅（局）都建立了技工培训处，并要求在各个企业中建立专职机构，加强对技工培训工作的领导和管理。不久，劳动部党组在向中共中央所作的《关于过去工作检查和改进今后工作的报告》中，又进一步明确了劳动部门和产业部门在技工培养工作上的分工，即由各产业管理机关具体负责举办和领导，而由劳动部门协助并逐步规定一些必要而可行的统一制度。于是，到1953年年底，从中央到地方、从政府到企业，负责技术工人培训的管理机构建立起来，并形成了从上而下的垂直性管理体制。1954年，劳动部聘请了苏联培训顾问帮助工作。

第二，编制第一个五年熟练工人培养计划。第一个五年熟练工人培养计划，是以部门行业为主编制的。主要是各产业部门根据"一五"时期的建设项目在建设过程中及建成投产后所需补充后备技术工人的人数，同时也考

[①] 《陈云文选》（第二卷），人民出版社1995年版，第241页。

虑到下个五年计划头一两年的需要，确定本部门五年内共需培训的人数指标。劳动部门因为担负着平衡、调剂与指导培训工作的任务，而且需要继续做好失业工人的转业训练工作，直接举办并掌握了一部分培训基地实体，因此，也列为"一五"计划中的培训部门单位之一，承担一定的培训计划指标任务。整个"一五"熟练工人培养计划，包括重工、燃料、机械、交通、纺织和劳动部等十三个部门，培训计划指标人数为92万余人。具体分为技工学校、训练班、学徒三种方式进行培养训练，其中，采用技工学校的形式培养毕业学生并使其成为熟练技术工人11.9万人，占计划总数13%；各类企业采用工人技术训练班培养训练36.2万人，占总数的39%；在生产中运用师傅带徒弟的方式培养43.9万人，占总数的48%。以上计划执行的结果，均已超额完成任务。

第三，建立和发展技工学校。技工学校在整个后备技术工人的培训中承担着培养中级技术工人的任务。新中国成立初期，全国仅有技工学校3所，分布在大连、长春和哈尔滨市，学生2700人。到1952年，增加到22所，在校学生1.5万人。"一五"期间，技工学校的发展列入国家计划。"一五"计划要求，到1957年发展到140所，五年共培养出熟练工人11.9万人。为了按期实现这一任务，中央各产业部门和地方劳动部门都开始组建新的技工学校。当时，组建的途径主要有两种：一种是由国家投资新建。主要是一些重点建设项目在上马的同时，即拿出一定的资金兴建技工学校，及早培养人才，做到"生产未到，培训先行"。这类技工学校建成后，一般由产业主管部门直接领导管理，经费来源充足并稳定，生产设备和师资人员配备比较齐全，条件较好。另一种是由地方劳动部门利用原来条件较好的转业训练班改建扩建而来的。这类学校的筹办资金多数是利用原有失业救济基金的节余部分，国家并给予适当的补助投资。

1955年4月，劳动部会同各产业部在北京联合召开了第一次全国技工学校校长会议，会议做出了《关于提高教学工作质量的决议》，提出了"以生产实习教学为主"的方针，纠正了以往技工学校重理论轻实习的偏向，对技工学校的健康发展起到重要作用。1956年，苏联援建的北京实验工人技术学校初步建成，赠送的8个工种专课教室和1个教学方法研究室的成套设备安装完毕。到1957年，全国技工学校发展到144所，五年共培养毕业生

14.7万人（见表2—3），超额完成了国家规定的任务。由于技工学校有固定的学制和培养目标，有统一的教学计划、大纲和教材，建立了实习工场，按照国家规定的人员编制配备师资干部，有一系列的考试考核制度，使学生既能学到文化技术理论知识，又能学到生产实际操作本领，毕业后能很快顶班生产，并很快成为技术能手和生产骨干，因而深受企事业用人单位的欢迎。实践证明，技工学校是培养中级技术工人的一种重要的、较好的形式。

表2—3　　　　　1953—1957年技工学校招生、毕业学生人数

项目	1953年	1954年	1955年	1956年	1957年
年底学校所数	35	65	78	212	144
招生人数	15000	34419	34059	91272	14616
毕业学生数	6500	12000	29919	29500	69000
年末在校学生人数	23500	43919	48095	110867	66583

资料来源：何光主编：《当代中国的劳动力管理》，中国社会科学出版社1990年版，第195页。

第四，积极推动学徒培训。学徒培训也称生产中培训，是在生产现场采取师傅带徒弟的方法来传授技艺和培养新技术工人的一种传统的方式，也是后备技术工人培训中一种主要的方式。新中国成立后，人民政府坚决取缔了旧学徒制度中各种封建陈规陋习，严格禁止打骂虐待学徒与摧残童工。在采用学徒形式开展失业工人转业训练工作中，通过制定新的办法和规定，保证了学徒的学习、生活和各种合法权益。"一五"时期，进一步将学徒培训列为国家熟练工人培养计划的组成部分，学徒的生活待遇和政治地位得到明显的提高和改善。"一五"计划规定，应该积极地推进在生产中培养熟练工人的各种有效方法，五年内各类企业运用师傅带徒弟的方式培养43.9万人。计划执行的结果是，五年中仅工业企业（包括交通运输业在内）通过学徒形式培养出的技术工人就有58.4万人，超过了计划培训人数33%。①

至于各类企业采用短期训练班形式培养技术工人，因为时间短、见效快，既培养新工人，也训练在职工人，所以，培训人数远远超过计划数。

---

① 当时学徒期限尚未统一规定为2—3年，以平均每年在培学徒有半数学习期满转正计算。参见何光主编《当代中国的劳动力管理》，中国社会科学出版社1990年版，第195—196页。

此外，还派遣留学生、技术人员和工人到苏联、东欧等国家进行培训。20 世纪 50 年代，苏联和东欧各国为中国培养的技术人员和管理干部达 7000 多人。①

（三）劳动力培训的成就与经验

新中国成立后，劳动力的职业技术培训工作从解放初期救济失业工人的转业训练，逐步发展到"一五"时期的后备技术工人培训，对当时的社会稳定和经济发展起到了积极作用。1950—1953 年，通过转业训练，不仅使 15 万失业工人尽快地获得重新就业，而且也为国民经济的迅速恢复和发展培养准备了人才。这些失业工人在转业训练期间，不仅技术业务水平提高很快，而且政治觉悟也进步较快，增强了对党和政府的信任，增强了对新政府各项方针政策的理解与支持。

当国家进入大规模经济建设的时候，培训工作相机调整，及时地转移到后备技术工人培训的轨道，建立后备技术工人培训制度，以适应国民经济发展不断补充熟练工人的需要，这是完全正确和必要的。在制订和实施"一五"计划的过程中，开始把对劳动力的培训工作作为国民经济发展计划的重要内容之一。五年内，利用技工学校和学徒方式培养熟练工人 73 万余人，是计划培训人数的 1.31 倍。培养起来的这些技术工人，立即就能投入生产建设的急需岗位，为经济建设目标的顺利实现创造了良好的条件。

这一时期，劳动力培训工作在取得显著成绩的同时，也积累了一些有用的经验，直到今天仍有深刻的启迪意义。首先，经济调整与劳动力培训紧密结合，是经济建设能够广开就业之门的必要条件。"一五"时期既是国民经济的发展时期，也是经济结构的剧烈调整时期。在国民经济的发展计划中，把工人的培训列入国家计划并提供一定的财力和人力，不仅保证了国家重点建设项目及时补充新的技术工人的需要，同时也避免了结构性失业现象的产生。其次，设立专门负责劳动力培训的组织机构和执行机构，制定严格的培训要求和培训管理的制度，实施规范的培训考核和监督，是劳动力培训取得成功的基本保证。最后，劳动力培训中坚持理论联系实际的方针，达到教育

---

① 彭敏主编：《当代中国的基本建设》（上），中国社会科学出版社 1989 年版，第 53 页。

与生产劳动的紧密结合,培训工作同劳动就业紧密结合,突出操作技能培训,是保证劳动力培训取得实效的关键。

但是,这一时期劳动力培训工作还存在一些问题。例如,学徒培训的期限问题。学习期限多数是半年、一年或者三个月,少数是一年半或者二年;学徒出师后的工资,一般是三级,至少二级,经过2—3年又升为四级、五级。存在学习期限太短、转为正式工人后技术水平较低,而工资级别太高的现象。这种现象,容易造成青年工人忽视生产实践经验的倾向,甚至在一部分青年工人中间滋生骄傲自满的情绪,不利于青年工人的刻苦学习和加强新老工人之间的团结。再如,一些技工学校的办学条件不足问题。有些学校的教学工作,基本参照普通学校和中等专业学校设置课程,安排课时,组织课堂教学,有的甚至全部教材、讲义都搬用中专学校的一套。这不符合技工学校培养技术工人的特点,难以实现培养中级技术工人的目标要求。特别是实习工场建设滞后,"以生产实习教学为主"的教学方针难以贯彻到位,人才培养质量还有待提升。

五　就业增长与就业结构变化

新中国成立初期,旧中国遗留下来的几百万城镇失业工人和其他失业人员,经过国民经济恢复时期的失业救济与转业训练,部分失业人员得到了安置就业。在"一五"时期,随着大规模经济建设的开展,劳动就业岗位迅速增加,失业现象基本消失,就业人员数量不断扩大,就业结构也出现了显著的变化。

(一) 1949—1956 年人口与劳动力资源的变化

1. 人口的快速增长

新中国成立前,由于多年战争和政局不稳,中国人口一直未能得到准确的统计。新中国成立之初,通常的说法是,全国人口数为"四万万"或"四万万五千万"左右。因此,在国民经济恢复时期,国家对生育及人口增长采取了自由放任的政策。在保护妇女身心健康的口号下,卫生部门发布了"禁止非法打胎"的规定,不仅限制国内销售计生药具,而且也禁止进口此类药物，严格限制人口节育和人工流产。这样的人口政策，虽然出发点是保护妇女的身心健康，但在客观上却起到了鼓励妇女多生育的作用。从1950年至1953年，中国人口总量从55196万人增加到58796万人[1]，三年净增了3600万人，平均每年增加1200万人左右，形成了第一个人口增长高峰期。

1953年7月，新中国进行了第一次人口普查。普查结果使人震惊，中国大陆人口数量（不包括港澳台地区）不是通常所估计的4.5亿，而是已经接近了5.9亿。如此庞大的人口数量与当时提出的建设社会主义工业化目标的矛盾开始显现，这引起了中国共产党第一代领导集体的高度关注。周恩来总理在人口普查后的一次报告中指出："我们大致算了一下，我国人口大概每年平均要增加一千万，那么十年就是一万万。中国农民对生儿育女的事情是很高兴的，喜欢多生几个孩子。但是，这样一个增长率的供应问题，确是我们的一个大负担。"[2] 1954年11月，卫生部发出通知，规定对避孕节育要求一律不加限制，"凡请求避孕节育者，医疗卫生机关应予以正确的节育指导"，"一切避孕用具和药品均可以在市场上销售，不加限制"。[3] 此后，中共中央在卫生部起草的一个报告上批示："节制生育是关系广大人民生活的一项重大政策性问题。在当前的历史条件下，为了国家、家庭和新生一代的利益，我们党是赞成适当节制生育的。各地党委在干部和人民群众中（少数民族地区除外）适当地宣传党的这项政策，使人民群众对节育问题有一个正确的认识。"[4] 这标志着新中国人口政策从鼓励生育到宣传推广节制生育的重大转变。

然而，由于受"多子多福"传统封建观念的影响和计划生育客观条件的限制，国家提倡的控制人口政策并不能在短期内奏效。随着社会局势趋于安定，人民生活日益改善，卫生防疫工作逐步发展，人口出生率仍然保持着提高的势头，导致人口数量持续快速增加。1953年年底，全国总人口为58796万，到1956年年底增长到62828万（见表2—4），平均每年增加1300多万人。

---

[1] 《中国统计年鉴（1983）》，中国统计出版社1983年版，第103页。
[2] 彭佩云主编：《中国计划生育全书》，中国人口出版社1997年版，第133页。
[3] 孙沐寒：《中国计划生育纪事》，红旗出版社1987年版，第4页。
[4] 彭佩云主编：《中国计划生育全书》，中国人口出版社1997年版，第135页。

表2—4　　　　　　　1949—1957年全国人口数量与分布　　　　单位：万、%

年份	总人口	城镇总人口	城镇人口比例	农村总人口	农村人口比例
1949	54167	5765	10.6	48402	89.4
1950	55196	6169	11.2	49027	88.8
1951	56300	6632	11.8	49668	88.2
1952	57482	7163	12.5	50319	87.5
1953	58796	7826	13.3	50970	86.7
1954	60266	8249	13.7	52017	86.3
1955	61465	8285	13.5	53180	86.5
1956	62828	9185	14.6	53643	85.4
1957	64653	9949	15.4	54704	84.6

资料来源：《中国统计年鉴（1983）》，中国统计出版社1983年版，第103、104页。

2. 劳动力资源的变化

新中国成立以后，在人口快速增长的同时，社会风尚和生活观念也在发生急剧转变，越来越多的劳动年龄内人口特别是家庭妇女开始大量进入劳动力市场，导致人口劳动参与率显著提高。据统计资料显示，1952年全国劳动力资源总数为26710万人，其中，社会劳动者人数为20729万人，劳动力资源总数占人口数的46.5%；到1957年年底，劳动力资源总数迅速上升为29000万人，其中，社会劳动者人数增加为23771万人，劳动力资源总数占人口数的44.9%。1953—1957年，全国劳动力资源年平均增长速度为1.7%，其中，社会劳动者人数年平均增长速度为2.8%。虽然劳动力资源占人口数的比重由46.5%下降到44.9%，但劳动力资源利用率（即劳动参与率）由77.6%提高到了82.0%。[①]

根据1953年第一次全国人口普查的资料，中国5.67亿的总人口（不包括港澳台地区的人口数）按年龄分组，16岁以下的人口21591万，占总人口的38.0%；16岁以上（包括16岁）至60岁以下（包括60岁）的人口31405万，占总人口的55.4%；61岁及以上的人口3749万，占总人口的

---

① 《中国劳动工资统计资料（1949—1985）》，中国统计出版社1987年版，第3页。

6.6%。① 可见，当时中国人口结构总体上显得比较年轻，93.4%的人口年龄在60岁以下，61岁以上的老人仅占总人口的6.6%。世界上大多数国家把年龄在16—60周岁之间的人口定义为劳动年龄人口，而中国则把16岁以上、男性60岁以下和女性55岁以下的人口界定为劳动年龄人口。那么，1953年中国劳动年龄人口，若按世界标准匡算，总数是31405万人，占总人口的55.4%；若按中国标准计算，人口总数是30397万人，占总人口的53.6%。也就是说，超过总人口一半的人，在当时是处于可以参加劳动的年龄阶段。这种人口结构，说明劳动力的供给是非常丰富的，对促进经济建设发展和提高人民生活是比较有利的。

从劳动力质量来看，尽管劳动力素质有所提升，但当时的水平仍然很低，人力资本稀缺。1949年，全国各级学校在校学生2577.6万人（不包括成人教育学生），占全国总人口的4.76%，其中大学生11.7万人，中学生126.8万人（包括中等专业学校、普通中学，但不包括技工学校），小学生2439.1万人；平均每万人口中，有大学生2.2人、中学生23人、小学生450人。1952年，全国各级学校在校学生5443.6万人，占全国总人口的9.47%，其中大学生19.1万人，中学生314.5万人，小学生5110.0万人；平均每万人口中，有大学生3.3人、中学生55人、小学生889人。到1957年，全国各级学校在校学生7180.5万人，占全国总人口的11.11%，其中大学生44.1万人，中学生708.1万人，小学生6428.3万人；平均每万人口中，有大学生6.8人、中学生110人、小学生994人。② 1952年，全民所有制单位各类自然科学技术人员42.5万人，其中工程技术人员16.4万人，农业技术人员1.5万人。到1957年，全民所有制单位各类自然科学技术人员增长了1.88倍，增长为122.6万人，其中工程技术人员49.6万人，农业技术人员11.3万人。但是，1952—1957年，平均每万人口中科技人员从7.4人增长到19.0人；平均每万名职工中科技人员从269.0人增长到500.2人。③ 在1953年11月全国登记的140多万失业人员中，文盲占29.3%，小学文化程

---

① 《中国统计年鉴（1983）》，中国统计出版社1983年版，第110页。
② 同上书，第511—514页。
③ 《中国劳动工资统计资料（1949—1985）》，中国统计出版社1987年版，第91页。

度者占 51.7%，初中以上文化程度者占 18.1%。① 这说明，"一五"时期科技人员和技术工人严重短缺。

劳动力数量持续增长和劳动力素质依然偏低，给劳动者的充分就业造成了很多困难。一方面，城镇所能提供的就业岗位难以满足不断增长的劳动力就业需求。1957 年，城镇新增的就业岗位不会超过 100 万个，而同年新增的人口则达 1300 万人。另一方面，人均耕地从 1949 年的 2.70 亩下降到 1957 年的 2.59 亩，人均粮食产量也同时下降，大多数人维持着一种低水平的温饱。党和政府的领导人也已深深感受到了人口增长过快带来的挑战和压力。

（二）就业人数扩大与失业率下降

1. 就业人数的扩大

1956 年年底，全国社会劳动者人数已达 23018 万人，比 1949 年年底增加 4936 万人，增加了 27.30%；比 1952 年年底增加 2289 万人，增加了 11.04%。1956 年年底职工人数达到 2977 万人，比 1952 年的 1603 万人增加了 85.71%。关于全国社会劳动者人数和职工人数增长情况，见表 2—5 和表 2—6。

表 2—5　　　　　1949—1957 年全国就业人数变化情况　　　　单位：万人、%

年份	社会劳动者	社会劳动者占人口比例	职工人数	城镇个体劳动者	农村劳动者
1949	18082	33.4	809	724	16549
1952	20729	36.1	1603	883	18243
1953	21364	36.3	1856	898	18610
1954	21832	36.2	2002	742	19088
1955	22328	36.3	2162	640	19526
1956	23018	36.6	2977	16	20025
1957	23771	36.8	3101	104	20566

资料来源：《中国劳动工资统计资料（1949—1985）》，中国统计出版社 1987 年版，第 5 页。

---

① 《1953—1957 中华人民共和国经济档案资料选编·劳动工资和职工保险福利卷》，中国物价出版社 1998 年版，第 40 页。

表 2—6　　　　　　　1952—1957 年职工人数扩大指数　　　　　单位:%

年份	1952	1953	1954	1955	1956	1957
以 1952 年为 100	100	115.8	124.9	134.9	185.7	193.4
以上年为 100		115.8	107.9	108.0	137.9	104.2

资料来源：根据表 2—5 的数据推算。

到 1956 年年底，城镇社会劳动者总人数达到 2993 万人，比 1949 年净增 1460 万人，增长了 95.24%。其中，职工人数由 809 万人增加到 2977 万人，净增 2168 万人，增长 267.99%；城镇个体劳动者则由 724 万人减少到 16 万人，这主要是因为社会主义改造后大部分个体劳动者成为集体所有制职工。这一时期，城镇不仅使旧中国遗留下来的失业人员和新成长的劳动力（平均每年大约 100 万）大部分就业，而且还吸收了 800 多万农村劳动力就业。

2. 失业率下降

国民经济恢复时期结束时，虽然失业人数比新中国成立初有所下降，但失业压力依然没有消除。总体上看，当时仍然登记的失业人员中，有技术或业务知识比较容易就业的仅占少数，绝大多数都是就业条件差，难以安置的。据比较全面和准确的资料显示，到 1952 年年底，全国城镇失业人员共有 376.6 万多人，城镇失业率仍然高达 13.2%。因此，根据社会经济发展的要求和经济体制变化的趋势，积极消化失业人员，依然是当时劳动就业工作的一项重要任务。

进入 1953 年后，国家及时调整了对失业人员处理的方针政策。当年 5 月，中共中央提出，除根据国家建设和经济发展的需要以及失业人员的就业条件逐步增加就业外，还要鼓励失业人员自行就业。从此，各地开始实行介绍就业与自行就业相结合的新就业方针。在实际操作中，各地政府在中央的统一要求和部署下，制定和实施了一系列失业治理与防范的具体措施，即对所有登记的失业人员，采取发放救济费或以工代赈的方法进行救济，解决他们的生活困难；提供扶持资金，鼓励失业人员自谋职业；配合经济计划，政府介绍就业；公私合营改造中实行行业分口包干，防止失业人员扩大；实行先城市、后农村的劳动力招收原则，禁止农民流入城市。据不完全统计，在

1956年全国安置就业的123万失业人员中,政府介绍就业的就达94.4万人,自行就业的有11.3万人,参加农业生产的8.5万人,归口安置的3万多人,采取其他方法安置的6万多人。① 这一状况大致反映了"一五"期间失业人员就业安置的基本途径。

由于国家采取了一系列有效的政策措施,加之国民经济的发展,到1956年就基本上解决了严重的失业问题。城镇失业人数由1952年年底的376.6万人减少到1956年年底的212.9万人,城镇失业率由13.2%下降到6.6%(见表2—7)。

表2—7　　　　　1949—1957年全国失业人员就业情况　　　单位:万人、%

年份	当年就业人数	累计就业人数	城镇失业人员数	城镇失业率
1949			474.2	23.6
1950	36.6	36.6	437.6	
1951	37.0	73.6	400.6	
1952	24.0	97.6	376.6	13.2
1953	43.9	141.5	332.7	10.8
1954	11.9	153.4	320.8	10.5
1955	5.4	158.8	315.4	10.1
1956	102.5	261.3	212.9	6.6
1957	12.5	273.8	200.4	5.9

资料来源:《中国劳动工资统计资料(1949—1985)》,中国统计出版社1987年版,第109页。

新中国成立初期,在治理失业方面之所以能够取得如此的好成绩,原因是多方面的。概括地说,工农业生产和其他建设事业发展为解决劳动力就业提供了良好的客观条件,而国家制定和实施了比较灵活、正确的方针政策则为解决失业问题准备了主观条件。具体来说,就是国民经济的恢复和发展,提供了越来越多的就业机会,从而安置了大量的新旧人员;国家对在业人

---

① 《1953—1957中华人民共和国经济档案资料选编·劳动工资和职工保险福利卷》,中国物价出版社1998年版,第151页。

员，包括私营企业的资方人员，采取了负责安排和"包下来"的政策；农业合作化的推行，制止了农民进城谋生的现象，在招用职工的过程中，基本上贯彻了先城市、后农村的招收原则；各级党委、政府有关部门和社会团体对失业求职人员的关怀和积极安排。正是在这些主客观条件的促动下，中国政府能够在短短的七八年时间里解决一度非常严重的失业问题。

（三）劳动力就业结构的变化

"一五"计划时期，既是中国工业化基础的奠基时期，也是国家对农业、手工业和资本主义工商业进行社会主义改造的时期。随着"一化三改"任务的完成，中国社会、政治和经济形势发生了翻天覆地的变化，国民经济的城乡结构、所有制结构、产业结构、地区结构都出现了巨大调整。在此过程中，劳动力的就业结构也随之发生了明显的改变。

1. 劳动力就业的城乡结构变化

第一，城镇就业增长快于农村就业增长，城镇就业人数占社会劳动者人数的比重稳步上升。"一五"时期，由于重工业优先发展战略的制定和实施，国家的基本建设投资主要集中在大中城市和新建矿山城镇，城镇就业机会增多；加之，工农生活和城乡生活差距仍然较大，城市户籍制度控制还未像以后那样严格，吸引着大批劳动力进城。1952—1957年，城镇劳动者人数增长的速度几乎是全社会劳动者人数增长速度的2倍。同时，这些因素也促进了城市化水平的迅速提高。1956年中国城市化率（市镇总人口占全国总人口的比例）上升到14.62%，比1952年和1949年分别提高了2.16个和3.98个百分点。[1] 这主要是由农村人口迁入城市和城镇人口自身增长共同作用的结果，其中，"一五"时期因农村劳动力进城而引起的城镇人口增长，约占增长总数的56%。[2] 受这些条件的影响，"一五"时期城镇就业的绝对数和相对数总体基本呈现出上升趋势（见表2—8）。

---

[1] 《中国统计年鉴（1983）》，中国统计出版社1983年版，第103页。
[2] 李文安编著：《当代中国农村劳动力流动》，陕西人民出版社2003年版，第2页。

表 2—8　　　　　1949—1957 年城镇乡村劳动者人数及其变化　　　单位：万人、%

年份	社会劳动者人数	城镇劳动者人数	城镇劳动者比例	城镇劳动者指数（以上年为100）	农村劳动者人数	农村劳动者比例	农村劳动者指数（以上年为100）
1949	18082	1533	8.5		16549	91.5	
1952	20729	2486	12.0		18243	88.0	
1953	21364	2754	12.9	110.8	18610	87.1	102.0
1954	21832	2744	12.6	99.6	19088	87.4	102.6
1955	22328	2802	12.5	102.1	19526	87.5	102.3
1956	23018	2993	13.0	106.8	20025	87.0	102.6
1957	23771	3205	13.5	107.1	20566	86.5	102.7

注：城镇劳动者人数是职工人数与城镇个体劳动者之和的近似值。
资料来源：《中国劳动工资统计资料（1949—1985）》，中国统计出版社 1987 年版，第 5 页。

第二，城乡劳动力市场被逐渐分割。1952 年以后，国民经济从恢复时期转到大规模的经济建设时期，适应优先发展重工业战略的就业制度也逐步确立。"一五"时期也是计划就业制度形成的雏形时期。为了减轻城市的就业压力，政府一方面严格控制农村剩余劳动力流入城市，强调在不破坏水土保持和不妨害畜牧业发展的情况下，进行垦荒，扩大耕地面积，进行精耕细作，或者通过有计划地发展副业、手工业和农副产品初步加工、植树造林、养鱼捕鱼、疏浚河道以及建设大型水利工程等，以容纳大量的农村剩余劳动力。同时，在用工制度方面，对于此前解决旧政府公教人员就业的"包下来"的政策被逐步扩大范围，形成计划就业制度中的"固定工"制度。这种起步于国民经济恢复时期、发展于"一五"时期的统一的计划就业制度，仅仅是对全体劳动年龄人口的一部分人而言的，或许由于其工作经历，或许由于其城市籍贯，或许是由于其他原因（如转业和复员的革命军人），均可由国家包其就业，但无论怎样规定，都是将农民排除在外的。这种带有城乡分隔、将农民限制在农村的就业规定，最终定格为以限制城乡居民流动的户籍制度来划分就业类型和途径的制度。由此可见，城乡劳动力就业被分隔成两个部分，以劳动者自由流动和择业为特征的劳动力市场日渐式微，与单一公有制和计划经济相匹配的城乡二元就业体制就出现了。

2. 城市劳动力就业的所有制结构变化

"一五"时期，中国的所有制结构和生产关系发生了剧烈变化。由于大力推行对农业、手工业和资本主义工商业的社会主义改造政策，各种个体的和私营的经济形式逐渐被限制和消灭，全民所有制和集体所有制经济迅速扩大了阵地。其间，劳动力就业的所有制结构也随之发生了显著的改变：在国营、公私合营和合作社营经济中就业的职工数量迅速增加，而在私营经济中就业的职工人数和个体劳动者人数迅速下降（见表2—9）。

表2—9　　　　　1949—1957年按经济类型分的年末就业人数　　　　单位：万人

年份	国营单位职工	公私合营单位职工	合作社营单位职工	私营企业职工	城镇个体劳动者
1949	485.4	10.5	8.8	205.7	724
1950	653.5	13.1	25.6	331.7	
1951	833.9	16.7	45.8	385.1	
1952	1079.7	25.7	107.7	367.3	883
1953	1302.9	28.0	127.8	366.9	898
1954	1358.8	54.9	178.0	289.2	742
1955	1440.2	89.9	158.6	218.9	640
1956	1879.4	352.6	188.2	2.8	16
1957	1921.9	345.7	180.5	2.5	104

资料来源：《中国劳动工资统计资料（1949—1985）》，中国统计出版社1987年版，第5、83页。

3. 劳动力就业的产业结构变化

"一五"时期，由于大力推进以重工业为主的工业化建设，因此，工业和农业之间、重工业和轻工业之间、三次产业之间的比例关系发生了较大的变化，不合理的产业结构得到逐步调整。受产业结构变化的影响，中国劳动力就业的产业和部门比例也出现了相应的变化，但情况比较复杂。从劳动者在农、轻、重的部门分布来看，农业劳动者的绝对数虽然仍在稳步增加，但相对数却基本未变；重工业劳动者无论在绝对数上还是在相对数上，均有了明显的提高；与之相反，轻工业劳动者却在绝对数和相对数两方面都出现了明显的下降。从劳动者在三次产业的分布来看，在第一产业的比重有所下降，在第二、第三产业的比重有所上升。究其原因，一是重工业优先发展的工业化战略和投资政策使然；二是城乡劳动力市场分隔局面开始形成；三是在为生产和生活服务的非物质生产部门中就业人数和比例的不断增加。具体情况见表2—10。

表2—10　　　1952—1957年社会劳动者在产业和部门间的分布　　　单位:%

年份	社会劳动者构成（以合计为100）		社会劳动者构成（以合计为100）			工农业劳动者构成（以合计为100）		
	物质生产部门	非物质生产部门	第一产业	第二产业	第三产业	农业	轻工业	重工业
1952	96.5	3.5	83.5	7.4	9.1	93.3	4.7	2.0
1953	96.5	3.5	83.1	8.0	8.9	92.8	5.0	2.2
1954	96.5	3.5	83.1	8.6	8.3	92.4	5.4	2.2
1955	96.5	3.5	83.3	8.6	8.1	93.0	5.0	2.0
1956	95.6	4.1	80.6	10.7	8.7	93.1	4.2	2.7
1957	95.4	4.6	81.2	9.0	9.8	93.2	4.1	2.7

注：农业包括农、林、牧、副、渔业。

资料来源：《中国劳动工资统计资料（1949—1985）》，中国统计出版社1987年版，第7—9页。

4. 第二、三产业就业人口的地区结构变化

"一五"时期，为了改变旧中国遗留下来的工业分布极不合理的状况，促进中西部地区的工业发展和社会经济进步，中国工业投资布局的重点主要集中在内陆地区。在投入施工的150个项目中，其中民用企业106个，除50个布置在东北地区外，其余绝大多数分布在中西部地区，即中部地区29个、西部地区21个；44个国防企业，布置在中西部地区的有35个。这150个项目实际完成投资196.1亿元，其中东北投资近87亿元，占实际投资额的44.3%，其余绝大多数资金都投到了中西部地区，即中部地区64.6亿元，占32.9%；西部地区39.2亿元，占20%。[①] 由于每个重点建设项目还同时安排了一系列其他配套项目，因此，"一五"时期对中西部地区形成了第一

---

① 董志凯、吴江：《新中国工业的奠基石——156项建设研究（1950—2000）》，广东经济出版社2004年版，"前言"第3页。

次大规模的投资，极大地改变了不合理的经济布局，促进了中西部地区经济的发展。1952—1957 年，内地工业总产值平均每年增长 20.5%，比沿海地区高 3.7 个百分点，内地工业总产值占全国的比重由 30.6% 提高到 34.1%。[①] 与国家基本建设投资重点和工业布局调整相配合，这一时期劳动力就业的地区结构也发生了一些变化。目前尽管没有直接的劳动力地区分布的统计数据，但不难推断的是："一五"期间，劳动力在内地特别是西部地区的就业有了更快的增长，在全国实行劳动力统一招收和调配制度的影响下，沿海地区的一部分工程技术人员和建筑工人开始向内地转移。因此，在劳动力就业领域发生的变化是，全社会劳动者在东部地区的比重有所下降，而在中西部地区的比重有所上升。

---

① 魏后凯：《中西部工业与城市发展》，经济管理出版社 2000 年版，第 6 页。

第 三 章
新中国工资制度的建立

随着社会主义经济基础的建立和发展，按劳分配原则也在越来越广泛的领域里发挥作用。新中国成立初期，中国共产党和人民政府采取了各种措施制止物价上涨和稳定职工生活，在适当提高工资水平的基础上，对全国职工工资制度进行逐步清理、调整和统一，特别是历经两次大的工资改革，到1956年初步建立了基本上体现按劳分配原则的等级工资制度。工人工资标准按产业统一规定，并根据不同产业生产技术特点，建立了不同的工资等级制度；国家机关工作人员和企业职员实行了职务等级工资制；建立了职工升级制度，推广和改进了计件工资和奖励制度。从收入水平上看，职工工资收入总体呈现波动上升的态势。

一 工资制度的调整和初步改革

新中国成立之初，由于多种经济成分并存和就业形式的多样化，职工收入分配制度的情况比较复杂。在老解放区，部队和机关工作人员继续实行供给制，解放后参加工作的一部分人员除外；在企业中有的实行供给制，有的实行部分供给部分工资制，有的实行以实物为计算基础的货币工资制。解放较早的东北地区，于1949年就在全区范围内实行了统一的13等39级的工资等级制度；在新解放区，对接管后城市和官僚资本主义企业中的职工和一般公教人员实行"原职原薪"政策，即按解放前最近3个月中每月所得实际工资的平均数领薪；只有在个别地方3个月的平均数太高或太低时，才稍加增减，同时对旧的奖励制度、劳动保险制度等也加以保留。

（一）工资制度的个别调整和存在的问题

1. 工资制度的个别调整

第一，实行以实物为计算基础的工资支付办法。新中国成立之初，由于要继续进行大规模的革命进军，又要迅速恢复生产，并对国民党政府留下来的大批军政人员实行"包下来"的政策，因此，国家财政支出日益增大，不得不依靠发行货币来弥补巨大的财政赤字。同时，还由于私人资本囤积居奇、哄抬物价，致使全国除东北地区外，各地物价处于大幅度上涨态势。因此，党和政府一方面统一全国财政经济工作，采取各种措施，努力稳定物价；另一方面，为了保证职工的工资不受物价波动的影响，各地都相继实行了以实物为计算基础、以货币支付工资的办法。[①] 从全国来看，有的以粮食为计算基础，如北京市将解放前原薪折合为一定数量的小米，天津市将原薪折合为一定数量的玉米面，按发放工资日的国营商业牌价计发货币。有的以"折实单位"为计算基础，这是从中国人民银行实行"折实储蓄"引用过来的一种办法。最早是上海实行，武汉、广州、西安以及西南地区解放后，也陆续实行。如上海市每个"折实单位"的实物含量和牌号（商品质量）为：中白粳米（一种中等质量的大米）1.56斤、12磅白龙头细布1尺、生油1两、煤球1斤。也有以"工资分"为计算基础的。东北地区从1948年起，就实行了该办法。每个工资分的含量为：二等高粱米1.6斤、解放布0.6尺、豆油0.025斤、精盐0.025斤、中等煤3.4斤[②]，按照发薪时国营公司上述实物的零售牌价计算支付货币工资，1949年之后又多次进行了调整。1950年8月，武汉市军管会规定以工资分作为工资计算单位，最低60分，以养活两口人（含本人）为原则，工人最高工资200分，职员的最高工资为400分。实行上述各种以实物为基础计算工资的办法，对于稳定市场物价、保障职工生活，以及对促进生产的恢复和发展，都起到了重要作用，受到了广大职工的欢迎，但是，也因此带来了全国工资计算单位的不统一。

第二，结合民主改革运动，对突出不合理的工资作了调整。新中国成立

[①] 袁伦渠主编：《中国劳动经济史》，北京经济学院出版社1990年版，第128页。
[②] 严忠勤主编：《当代中国的职工工资福利和社会保险》，中国社会科学出版社1987年版，第29—34页。

之初,国营企业大部分来自没收官僚资本的企业。在没收与接管官僚资本企业时,为了迅速恢复生产、安定职工生产情绪,基本承袭了以往的工资制度,即对这些企业的职工实行"原职原薪"的政策。自1950年春天起,随着企业民主改革运动的开展,在废除了煤矿、建筑、搬运、纺织等行业的封建把头和包工头等压迫人和剥削人制度的同时,也对少数人突出不合理的工资进行了调整。主要是对那些不学无术、倚仗亲朋势力和裙带关系或由于接近国民党要人而身居高位领取高薪的人员的工资作了必要的降低。同时,在职工群众的要求下,还取消或降低了一些高级职员极不合理的津贴和其他变相工资。例如,石景山钢铁公司根据群众的要求,对少数过去靠"牌头""背景"而居高位、领高薪的职员的工资予以降低,降低最多的折合165斤小米;中纺系统所属各厂取消了职员相当于3个月的季度奖,相当于2个月工资的子女教育费。

西南地区解放较晚,当时国民党遗留下来的军工企业处于半停工状态。为了保障这些企业职工的生活,规定了发给维持费的办法。维持费是在原来工资等级制度的基础上规定的,工人分为6等36级,职员仍保留了国民党的军衔等级。1950年7月,西南军政委员会工业部颁布《暂行工资标准草案》,废除了职员按国民党军衔发给维持费的办法,改为根据职责大小、工作简繁规定新的工资标准。[①]

对于遗留下来的各种变相工资,采取慎重处理的方针,加以区别对待。例如,属于福利性质的"年终双薪",即年终时增发一两个月或更多的工资,因为它是旧社会工人斗争得来的胜利果实,则继续保留。1949年12月,中共中央发出了《关于处理公营企业中原有年终双薪或奖金的指示》,规定福利性的年终双薪半个月以上的按对折计算,最高不得超过两个月工资。这样,既保护了群众的切身利益,又避免了各企业之间的苦乐不均,还适当减轻了国家的财政负担。

第三,初步实行了一些奖励制度。为了进一步激发广大职工的劳动积极性,迅速恢复和发展生产,支援抗美援朝运动,随着爱国增产节约和劳动竞赛运动的开展,有些地区和部门建立了一些生产奖、劳动竞赛奖和合理化建

[①] 袁伦渠主编:《中国劳动经济史》,北京经济学院出版社1990年版,第126页。

议奖。中央人民政府重工业部制定了《爱国主义生产竞赛奖励办法暂行条例（草案）》，以生产中的基本环节为竞赛和奖励的对象，对竞赛的优胜者给予表扬、记功、发奖旗、奖状、奖章及奖金或其他物质奖励。燃料工业部颁发了全国电力企业统一实行的《发供电无事故奖励条例》，奖励采取累进办法，职工所负责的机器设备安全运转的时间越长，奖金越高，但奖金额最高不得超过 12 个月的标准工资。铁道部系统实行了节约燃料奖。天津钢厂实行以降低废品率为考核指标的质量奖。实行各种奖励制度，对提高产品的数量和质量、安全生产、节约原材料和燃料都起了一定作用。①

2. 工资制度的混乱与不合理问题

新中国成立之初，虽然各地区各企业对工资制度进行了若干调整，废除了其中突出不合理的部分，初步实行了一些奖励制度，但是，就全国来说，对旧的工资制度并未能从根本上加以改变。除东北地区建立了比较统一的工资制度外，关内各地区的工资制度还较为混乱和存在一些不合理的问题，主要表现在以下四个方面：

第一，工资轻重倒置，轻工业高于重工业，邮政、电信业高于铁路运输业。根据 1950 年 5 月全国主要地区主要产业的工人与职员的总平均工资即可看出，以军火工业平均工资 134 分（均折成新工资分，下同）为 100 分，则电信业为 219 分，邮政业为 204 分，电力业为 187 分，纺织业 181 分，重化学业为 179 分，机器业、铁路业、钢铁业、煤炭业、面粉业、被服业、烟草业、火柴业分别为 165 分、146 分、134 分、133.5 分、131 分、128 分、115 分、111 分。② 轻工业工资高于重工业，是与新民主主义经济建设方针相违背的。在企业内部，一般的辅助职务工资高于主要职务工资，也是一种轻重倒置。炼钢厂把炼钢炉工和铸钢工的工资规定得较修理工、水管工、木工低。如石景山钢铁厂炼铁工以其最高工资 98 斤小米为 100 分，瓦工和水管工的工资均为 118 分。

第二，企业内部平均主义严重。关内企业的工资等级多、级差少。如石景山钢铁厂是 86 级，华北兵工是 5 等 45 级，华北机器厂是 6 等 46 级，华北

---

① 严忠勤主编：《当代中国的职工工资福利和社会保险》，中国社会科学出版社 1987 年版，第 36 页。
② 《1949—1952 中华人民共和国经济档案资料选编·劳动工资和职工福利卷》，中国社会科学出版社 1994 年版，第 466—467 页。

电业是 148 级。有的最低工资与最高工资之间距离很短，职员最高工资与最低工资一般差 2 倍到 3.5 倍；工人最高工资与最低工资之间差别也很短，有的不及 2 倍，如北京电业局最高 286 分，最低 157 分，合 1.8 倍。级差小的只有 1 斤小米。另外，技术工人与非技术工人、熟练与不熟练、繁重劳动与轻易劳动之间差别很小，甚至不熟练劳动工资高于熟练劳动。米贴、房贴、煤贴等津贴补助以及带救济性的提下压上，更加重了工资中的平均主义。①

第三，同一产业内部不同企业之间工资高低悬殊，各地差别很大。如铁路、邮电部门，旧有的工资制度虽不合理，可是大致上全国是统一的。新中国成立后，经过各地区各种各样的调整，各地区工资高低差别很大，甚至同一职名，工资高低差达 2—3 倍。如铁路电机钳工最高工资，汉口是 397 分（折合新分），郑州 213 分，太原 205 分；电信部门最高工资，青岛是 520 分，北京是 434 分，成都是 232 分，福州是 192 分。还有同一产业部门甚至同一企业单位的职工中存在多种工资制度。② 同一产业部门工资高低悬殊，不仅引起职工不必要的流动，而且造成调动干部很困难。

第四，工资计算方法和单位不统一。新中国成立以前，工资计算方法是以底薪乘生活指数，后改为底薪折成。解放后，代之以折实计算。有的另拟标准，重新评定，计算起来更较简单易于明了。也有保持底薪为基数的，如中纺，工资仍以底薪计算，然后按每元底薪折合多少粮食或工资单位计算支付。还有保留配给工资制的。就计算单位而言，东北是"工资分"，山西是"铱"，北京市以小米，天津以玉米面，上海、南京、西安、重庆、桂林、武汉等地均采用"折实单位"等，但各地每单位所含实物种类和数量各不相同。甚至同一城市，工资计算单位也有多种，如青岛，中纺是白面"袋"，电信是小米"斤"，邮政是工资"分"。没有统一的工资计算单位，就不可能制定统一的工资标准，就无法制定工资基金计划。

以上仅是国营公营企业工资情况，如果加上私营企业的情况，则问题会更加复杂。工资制度的混乱与不合理，妨碍了企业制度的统一，增加了管理的难度，遏制了工人生产劳动的积极性，也不符合按劳分配原则，已经成为

---

① 《1949—1952 中华人民共和国经济档案资料选编·劳动工资和职工福利卷》，中国社会科学出版社 1994 年版，第 468—470 页。

② 同上书，第 470—471 页。

恢复和发展生产的严重障碍。

（二）以大行政区为主导的初次工资改革

1. 东北地区工资制度的改革

新中国成立以后，东北地区在 13 等 39 级的工资等级制度的基础上又作了改进。1950 年 6 月，东北人民政府决定在全区进行工资改革，企业工人改行 8 级工资制，分轻工业、重工业和普通工三种标准。企业、事业和国家机关的工程技术人员实行 23 级工资制；企业、事业管理人员和国家机关工作人员仍实行原来的 13 等 39 级工资制，即工程技术人员和管理人员分别实行两种工资标准，工程技术人员高于管理人员。1951 年 5 月，东北全区继续进行工资调整，企业工人仍实行 8 级工资制，但按产业分成五类，执行五种工资标准（见表 3—1）；企业、事业和国家机关工程技术人员改行 24 级工资制，企业、事业管理人员和国家机关行政人员改行 31 级制。工厂分 6 等，不同等级的工厂管理人员工资起止点各不相同（见表 3—2）。从 1951 年 6 月起，东北实行的每个"工资分"含粮食 1 斤、白布 0.1 尺、豆油 0.04 斤、食盐 0.04 斤、原煤 5 斤。其中，粮食为混合粮，包括高粱米 0.3 斤、苞米茬子 0.2 斤、小米 0.2 斤、大米 0.2 斤和二号白面 0.1 斤。[①] 可以说，东北地区先行一步的工资改革，为其他大区的工资改革提供了经验。

表 3—1　　东北地区企业工人工资等级标准（1951 年 5 月）

产业顺序	第一类　煤矿业、冶炼业等							
等级	1	2	3	4	5	6	7	8
系数	3.00	2.55	2.17	1.85	1.58	1.35	1.16	1.00
分数	315	268	228	194	166	142	122	105
第二类　金属矿业、石油业、电力业、炼焦业、硫酸、硝酸及盐酸制造业等							
等级	1	2	3	4	5	6	7	8
系数	3.00	2.55	2.17	1.85	1.58	1.35	1.16	1.00
分数	309	263	224	191	163	139	119	103

---

① 俞树芳：《六年来我国工资支付形式的演变》，《劳动》1956 年第 5 期。

续表

产业顺序	第三类 机器、电器、车辆制造与修配业、化学业、建筑器材制造业等							
	等级	1	2	3	4	5	6	7	8
	系数	3.00	2.55	2.17	1.85	1.58	1.35	1.16	1.00
	分数	300	255	217	185	158	135	116	100
	第四类 纺织业、造纸业、皮革业等							
	等级	1	2	3	4	5	6	7	8
	系数	2.84	2.44	2.10	1.81	1.56	1.35	1.16	1.00
	分数	250	215	185	159	137	119	102	88
	第五类 被服业、毛皮业、粮米加工业、食品业、烟草业、肥皂业、火柴业等							
	等级	1	2	3	4	5	6	7	8
	系数	2.84	2.44	2.10	1.81	1.56	1.35	1.16	1.00
	分数	241	207	179	154	133	115	99	85

注：本表之工人每月平均工作日统以25.5天计算；工长除按本人技术评定应得之工资等级外，另按其所负职责大小、轻重繁简，按本人基本薪支给3%—5%的责任津贴，不脱离生产实行计件工资制之工长，则按5%—15%支给责任津贴。

资料来源：《1949—1952中华人民共和国经济档案资料选编·劳动工资和职工福利卷》，中国社会科学出版社1994年版，第491页。

表3—2　东北地区工程技术人员、管理人员工资标准（1951年5月）

分类和等级数目	工资标准（分）		倍数	备注
	最高	最低		
1. 工程技术人员实行24级制				
一类产业	1200	100	12.00	
二类产业	1180	100	11.80	
三类产业	1160	100	11.60	
四类产业	1100	100	11.00	
五类产业	800	100	8.00	
2. 管理人员实行31级制				局长及各等厂厂长工资的起点
局（公司）24级	800	110	7.27	局长、公司经理6级
一等厂23级	575	100	5.75	一等厂厂长9级
二等厂22级	500	100	5.00	二等厂厂长10级

续表

分类和等级数目	工资标准（分） 最高	工资标准（分） 最低	倍数	备注
2. 管理人员实行31级制				局长及各等厂厂长工资的起点
三等厂21级	460	90	5.11	三等厂厂长11级
四等厂19级	380	90	4.22	四等厂厂长13级
五等厂16级	305	90	2.39	五等厂厂长16级
六等厂14级	260	90	2.89	六等厂厂长18级

资料来源：袁伦渠主编：《中国劳动经济史》，北京经济学院出版社1990年版，第131页。

2. 其他各大行政区的工资初次改革

针对新中国成立之初工资制度存在的问题，1950年8月31日至9月18日，劳动部与全国总工会召开了全国工资准备会议。会议研究了《工资条例草案》等文件，讨论了如何统一工资计算单位、工资标准高低的产业顺序以及各产业的工资标准、工资制度、技术津贴等问题。会议同意以工资分作为全国统一的工资计算单位，确定了改革工资制度的三项原则，即"第一，要在可能范围内调整得比较合理，打下全国统一的合理的工资制度的初步基础；第二，一定要照顾现实，尽可能做到为大多数工人拥护，才能行得通；第三，要照顾国家财政经济能力，不能过多增加国家财政负担"。[①] 会后，各地区和中央有关部门为工资改革做了大量的准备工作，如开展大规模的工资普查，为工资改革收集了可靠的资料；举办工资培训班，加强劳动工作机构，为工资改革做组织准备；选择部分企业进行工资改革试点。各试点企业一般是先根据不同工种、不同的技术要求制定工种等级线和技术等级标准，拟定职工工资等级表，根据技术标准进行测算，制订方案；同时，对职工进行深入广泛的思想教育，宣传新工资制度的优越性，有领导地评定职工工资。[②] 1950年11月7日，中共中央就关于统一调整全国工资问题做出重要指示："调整工资的目的在于使现有工资较为公平合理，便于发展生产，加

---

① 《1949—1952中华人民共和国经济档案资料选编·劳动工资和职工福利卷》，中国社会科学出版社1994年版，第552页。
② 《中国劳动人事年鉴（1949.10—1987）》，劳动人事出版社1989年版，第400页。

强团结。调整办法则应确定：高的不再高、低的逐渐向高的看齐，不应定一个折中标准，使高低双方都向中间看齐。因为这样会引起大多数工人工资的过分变动，而形成大的波动。但低的向高的看齐，是分作3年、5年、8年、10年逐步提升，提升过快会使企业本身与政府财政负担不起，结果也是对工人不利的。"[①] 1951年2月，中财委对工资改革具体补充指出：在工资问题上，采取由地区到全国逐步清理、逐步调整、逐步统一的方针。于是，初次全国工资制度改革实际上是以大行政区为主导进行的。

1952—1955年，华北、华东、中南、西南、西北等地区都根据各自的情况，或早或晚，或全区性或分省、市、地普遍进行了一次工资改革。各地区的工资改革都是在适当增加工资的基础上，参照全国工资准备会议上提出的工资制度基本模式进行的。这次工资制度改革的主要内容有：

第一，统一以"工资分"作为工资的计算单位。"工资分"的确定以粮、布、油、盐、煤五种主要的生活用品为代表，以维持两口人最低生活消费量为100，取其1作为一个"工资分"。每个"工资分"含：粮0.8斤、白布0.2尺、食油0.05斤、盐0.02斤、煤2斤。实物的数量全国一致，而实物的品种各地有别。如粮食，长江以南为大米，华北为40%的白面、60%的粗粮，东北为20%的白面、80%的粗粮，以中等质量为准。布、油、盐、煤各地采用的种类、牌号即商品质量也不相同。同等级技术工人在任何地区都可得到同等的工资分数，但折合人民币数额不同。以"工资分"为计算单位，是物价波动情况下稳定职工生活的有效措施，为全国统一工资标准创造了条件。

第二，企业工人实行新的工资等级制度，职员实行新的职务等级制度。新的工资制度规定了工资的最高最低倍数、起止点工资和工资标准、工种等级线、职务划分以及产业分类、企业分类。各地国营企业的工人大多数实行8级工资制，少数实行7级制或6级制，最高最低工资的倍数一般为2.5—3倍，多数为2.8倍，并且大多制定了工人技术等级标准。各大行政区调整了产业顺序和工资关系，煤矿、冶炼业工资标准较高；机器制造、电力业工资标准次之；轻工、纺织业工资标准更低些。各大区产业的分类标准不同，华

[①]《中华人民共和国经济大事记（初稿）》（专辑一），《计划经济研究》1983年第16期。

东、东北和西南分为五类,中南和西北地区分为八类,华北地区分为九类。各类产业的工资标准,有的地区(如东北)一般是一个产业实行一种工资标准,多数地区是一个企业还划分为四五种工资标准,各工资标准中的最高工资为最低工资的倍数由大行政区自行规定,倍数最大的3.4倍,最小的2.16倍,多数在2.6—3倍。企业职员包括企业的管理人员与工程技术人员,实行了职务等级工资制。有的产业各个企业实行同一工资标准,有的产业则与工人同样划分为几种工资标准。职务等级工资制是按职务规定工资,即按各职务的责任大小、工作复杂性和繁重性以及各职务所需要具备的知识和能力而确定的。每个职务又规定几个工资等级,各职务之间上下有一定的交叉。

第三,推广和改进计件工资和奖励工资制度。在初步改革前,中央重工业部、燃料工业部及铁道部等就制定草案和条例,建立了生产奖、劳动竞赛奖和合理化建议奖。各地在工资改革中,规定了按先进水平制订和修改劳动定额的原则,提出了改革旧计件、推广新计件办法的要求;大力推行奖励工资制,对奖励的条件、考核指标、奖金额等作了规定。计件工资制和奖励工资制调动了工人的生产积极性。

在改革不合理的工资制度过程中,对于可能降低部分职工收入的变革,政府采取了非常慎重的态度和稳妥的办法。例如,关于取消"年终双薪"、建立合理的奖励制度,就采取了预先通告、充分解释和推迟到1953年实施的办法,以使绝大部分职工实际收入不降低。

此外,这一时期国家对企业职工工资的调整,着重于控制工资总额。企业职工升级工作,由企业根据国家规定的方针政策和主管部门下达的工资总额以及企业的实际情况进行安排,国家不作统一规定。一般做法是,企业按照年度工资总额增长计划和实际需要,编制职工升级方案,报企业主管部门批准后执行。[1]

总之,通过这次工资的初步改革,在全国范围内实行了以"工资分"规定工资标准和以工资分值计发货币工资的办法。同时,也使大多数职工特别是重工业职工和技术较高职工增加了较多的工资,工资制度趋向合理,为

---

[1] 《中国劳动人事百科全书》(下册),经济日报出版社1989年版,第1577—1578页。

进一步改革建立了基本框架。这次改革后存在的主要问题有：一是企业工人工资一般高于文教卫生部门工作人员工资，中学教师收入不如普通壮工；二是企业内管理人员、技术人员与工人工资相近，甚至实际工资不如工人，影响了这部分人的工作积极性。因此，如何制定更为合理的工资标准以体现工人、技术员和管理人员的劳动价值，贯彻好按劳分配原则，是大规模经济建设中需要进一步解决的问题。

（三）国家机关的供给制和工资制的变革

新中国成立之初，国家机关工作人员[①]有实行供给制的，也有实行工资制的。供给制是一种军事共产主义性质的收入分配制度，它适应战争年代的艰苦环境，在"量入为出"的原则下，实行相对平均的按需分配，保障了革命战争的胜利。新中国成立后，供给制逐步向工资制过渡，到1955年7月完成。国家机关的工资制，于1949年10月以后首先在新参加工作的人员中实行，经历了一个建立和发展的过程。这是在国家财政比较困难的情况下尊重历史的一种决策选择，既保证了国家机关工作人员基本生活的稳定，也节约了行政经费开支。

1. 供给标准的统一及向工资制过渡

新中国成立之初，国家机关实行供给制的人员有100多万，主要是全国解放前参加工作的人员，解放后参加工作的人员中也有一部分根据本人意愿实行供给制。据政务院直属机关和华北人民政府的统计资料显示，在366620工作人员中，实行供给制的占83.17%。[②] 供给制度基本保留了革命战争时期的供给制办法，其主要特点是：供给标准较低，大体平均，略有差别；供给范围除保障每个工作人员的个人生活需要外，还供给一部分家属的生活待遇；供给项目和供给标准以及享受灶别的条件全国不统一。当时供给制的项目由伙食、服装和津贴三部分组成。伙食标准分大灶、中灶和小灶（战时只有大灶、小灶）。小灶的伙食标准是大灶的1.8倍。津贴有"普通"和"特别"之分，"普通"津贴按职务划分为4级，每人皆有；"特殊"津贴发给部长以上职务的领导干部。1950—1951年2月，供给标准曾几经变动。1952

[①] 国家机关工作人员，是指国家机关、民主党派、人民团体和事业单位工作人员，下同。
[②] 严忠勤主编：《当代中国的职工工资福利和社会保险》，中国社会科学出版社1987年版，第46页。

年2月,"特殊"津贴与"普通"津贴的差距由起初的8.58倍扩大到27.5倍,高级领导干部的供给标准平均(包括伙食、服装、津贴)是一般工作人员的5.4倍(起初是2.6倍)。折合为人民币,大体情况如表3—3所示。

表3—3　　　　1952年2月国家机关工作人员供给标准　　　　单位:元

类别	职务	标准	
		高	低
一	国家正副主席、政务院正副总理、最高人民法院及检察院正副院长、中央政府委员及正副部长	89.97	55.31
二	正副司局长、正副处长	32.2	
三	正副科长	24.68	
四	科员、办事员	16.99	
五	工人、勤杂工	16.53	

资料来源:严忠勤主编:《当代中国的职工工资福利和社会保险》,中国社会科学出版社1987年版,第46页。

政府、军队、学校、党派及人民团体的大部分工作人员都实行供给制,供给标准开始很低,以致许多供给制人员无力扶养直系亲属,有病无钱看。随着国民经济的恢复,供给制人员的待遇逐步提高,以满足城市生活的基本需要。1952年3月11日,政务院颁发了《关于全国供给制工作人员统一增加津贴的通知》,决定把供给制改为"包干制",将伙食、服装、津贴合并为一个统一标准,并予以适当提高;改直接供应伙食、服装为全部折发人民币,并改为以"工资分"为计算单位。各级政府供给制工作人员,暂分10等24级,津贴最高的360元(以新币计算,下同),最低的4.1元。三项合计最高为386.42元,最低的为18.32元。[①] 此外,过去供给制度所定的普通津贴、保健费、高级干部特别津贴即行取消。1952年7月1日,政务院发出《关于颁发各级人民政府供给制工作人员津贴标准及工资制工作人员工资标准的通知》,并附发《各级人民政府供给制工作人员津贴标准表》和《各级人民政府工资制工作人员工资标准表》,提高了供给制工作人员的津贴标准

---

① 《1949—1952中华人民共和国经济档案资料选编·劳动工资和职工福利卷》,中国社会科学出版社1994年版,第431—432页。

和工资制工作人员的工资标准，并统一为 29 级，且都以"工资分"作为计算单位，起点均为 85 分。最高标准：供给制为 1706 分，工资制为 2200 分，供给制标准明显低于工资制标准。两种制度，均实行"每一职名定为数级，职务之间多有交叉"的办法。此后，随着有计划地减少实行"包干制"的人数和新参加工作的人员不断增加，实行工资制人员的比重进一步提升。直到 1955 年 8 月，国务院发布了《关于国家机关工作人员全部实行工资制和改行货币工资的命令》，供给制和"工资分"办法才退出了历史舞台。

2. 职务工资制的建立和发展

国家机关工作人员的工资制度，与其他生产部门的工资制度不同，它是在供给制占绝大比重的条件下，一开始就实行的新工资制度，没有经过像新解放区接管企业工资制度那样的个别调整和初步改革的过程。但是，新工资制度也有一个初步建立和逐步完善的过程。

1949 年年底以前，在国家机关新参加工作的人员中实行工资制待遇，但没有全国统一的工资标准，而是采取临时借支的办法。1949 年 12 月，财政部对新参加工作人员规定的暂时借支的工资标准为：部长、副部长每月小米不得超过 1500 斤；司、局长级（含相当于司、局的处）每月小米不得超过 900 斤；处长级（含相当于处的局、科）每月小米不得超过 700 斤；科长级每月小米不得超过 500 斤；科员级以下每月小米不得超过 350 斤。[①]

1950 年 1 月，政务院颁布了《关于中央直属机关新参加工作人员工资标准的试行规定》，其中规定：以小米市斤为计算单位，试行 25 级工资标准，每类职务划分若干等级，职务之间的工资标准上下交叉。最高工资为小米 3400 斤（折合人民币 358.7 元），最低 120 斤（折合人民币 12.66 元），高低相差 28.33 倍。1951 年 12 月，人事部颁布了《暂行工资标准》，工资等级由 25 级改为 29 级，根据"上面少增，下面多增"的原则，普遍提高了工资水平。最高工资为 403.09 元，最低工资为 21.20 元，高低相差 19 倍，较之以前有所缩小。据测算，这次调资，司局长级以上的干部大约提高 13%，处、科级提高 20%—56%，科员、办事员以下提高 29%—67%。此后，随着国民经济的好转，1952 年 7 月和 1954 年 6 月，又曾两次调整，在

---

① 《中国劳动人事年鉴（1949.10—1987）》，劳动人事出版社 1989 年版，第 277—278 页。

最低工资有了相当提高的基础上，最高工资和最低工资的差距由19倍扩大到22.64倍。1955年7月，全部人员统一实行工资制时，又由29级改为30级，北京地区最低工资标准为20.88元，最高由403.09元提高到649.60元，高低相差31.1倍。① 1956年，国家机关工作人员的工资制度，与其他部门同时进行了统一的改革。这次改革，重点降低了17级以上领导干部的工资，级别越高降低幅度越大，调整后的工资差距开始缩小。

总之，新中国成立初期，国家机关、事业单位的职工工资的调整，一般是通过改行新的工资标准，同时对少数工资偏低的职工予以升级的办法来进行的，职工的工资水平逐年有所提高。

二　1956年全国统一进行的工资改革

1956年的工资改革，是中国计划经济体制下工资制度成形的一件大事。这次工资改革是在全国统一进行的，包括国营企业、事业单位和国家机关三个主要部门，其主要取向是贯彻按劳分配原则，提高职工的劳动积极性。

（一）工资改革的背景和原因

1956年之所以进行工资改革，其原因主要有以下几个方面：

第一，混乱的工资标准不利于大规模经济建设的开展。1951年以来的初次工资改革是由各大行政区分别制定方案实施的，工资标准全国并不统一。到"一五"计划时期，由于地区间工人调动的增多，不统一的工资标准就与当时经济发展的计划性、地区发展的均衡性以及经济发展战略的要求极不适应。例如，一部分纺织工人的工资高于煤矿工人，建设任务较少的沿海城市职工的工资高于重点建设的内地城市；许多企业在技术高和技术低的工人之间、繁重劳动与轻便劳动之间的工资差别偏小，平均主义现象比较严重。因此，根据经济建设和社会发展的需要，有必要在全国范围内把工资制度统一起来。

第二，职工工资增长缓慢不利于生产积极性的发挥。"一五"计划实施

---

① 严忠勤主编：《当代中国的职工工资福利和社会保险》，中国社会科学出版社1987年版，第48—49页。

以后，全国工业企业的劳动生产率有了快速提高，1954年和1955年分别提高了12.4%和9.9%。①但从1953年到1955年，职工工资没有进行全面调整，出现了职工工资水平增长过缓的情况。一方面，1953年取消了职工的年终双薪，停止了年休假制度；1954年和1955年职工平均工资只增长了3.1%和2.9%，大大落后于劳动生产率的提高幅度。另一方面，随着建设规模的扩大，这期间增加了不少工资低的新职工，加上生活消费品价格上涨较快，于是，部分职工的实际工资有所下降。工资增长的缓慢，引起了越来越大的抱怨和不满。

第三，工资分计算标准失去了存在的价值。随着生产的恢复和发展，全国物价逐渐稳定，工资分的分值已很少变动，工资分保障职工实际收入水平的作用已经消失，工资分所含的五种实物已经不能真实地反映职工日常生活多样化的要求。同时，工资分制度在实行过程中，在部分地区出现了物价涨工资分值随之上升，而物价下降时工资分值却不相应调整，即工资分值只升不降的刚性现象，从而增加了地区之间不合理的工资差别。国家机关和事业单位于1955年7月已将以工资分为计算基础的工资制度改为纯粹的货币工资制。

（二）工资改革的主要内容

1956年6—7月，国务院先后发布了《关于工资改革的决定》《关于工资改革中若干具体问题的规定》和《关于工资改革方案实施程序的通知》等文件，决定自1956年4月1日起实行新的工资标准，并对工资改革的范围和原则做出明确规定。工资改革的范围包括国营企业、供销合作社企业、全行业公私合营前的公私合营企业、事业单位和国家机关。改革的原则是，根据国家工业和农业的发展情况及当时的政治经济任务确定职工平均工资提高的幅度，职工的工资水平应与劳动生产率水平相适应，并且要使劳动生产率提高的速度超过职工工资的提高速度；根据按劳分配的原则和国家工业化的政策，以及当时的工资情况，较多地提高重工业部门、重点建设地区、高级技术工人和高级科学技术人员的工资。在工资改革内容上，主要涉及以下

---

① 《中国劳动工资统计资料（1949—1985）》，中国统计出版社1987年版，第224页。

几个方面：

第一，取消了工资分制度和物价津贴制度，全国统一实行直接用货币规定工资标准的制度。为了能使工资制度比较正确反映经济建设布局调整和各地区生活、物价水平，在实行货币工资的同时，规定了不同的工资区类别和地区工资标准。当时，全国实行的工资区类别有 15 种之多，比如，国家机关、事业单位及部分服务行业企业划分为 11 类工资区；铁路职员分为 8 类工资区，工人分为 18 类工资区；建筑安装企业的职员分为 7 类工资区，建筑材料职员分为 5 类工资区，建筑工人分为 9 类工资区；工业企业职员分为 7 类工资区，工人是按厂规定工资标准，没有明显的工资区类别，如此等等。各部门划分的工资区类别之间的工资标准差别，各不相同。国家机关最高地区的工资标准同最低地区工资标准之间相差 30%。其他部门的地区差别，最多的相差 77.8%，最少的相差 17.8%。对于生活艰苦、物价又高的边远地区，另外增加一定的生活补贴。

第二，调整产业、地区、部门之间和人员之间的工资关系。在产业之间，根据各产业在国民经济中的重要性、技术复杂程度和劳动条件等因素，排出产业顺序，分别制定工资标准，使重工业工资标准比轻工业的工资标准高一些。以辽宁地区为例，一级工与八级工的月工资标准，钢铁冶炼和煤炭行业为 34.5 元和 110.4 元，卷烟行业为 28.5 元和 71.3 元。在部门之间，直接生产部门的工资比其他部门的工资有较高的增长。有关资料表明，工资改革以后的 1956 年与改革前的 1955 年相比，国营重工业部门职工的平均工资提高了 15.6%，轻工业部门提高了 12%，非工业部门（不包括教育部门和供销合作社系统）提高了 10.9%，国家机关工作人员提高了 10%。在地区之间，为了使工资政策符合国家经济发展的需要，对于内地重点发展地区的工资标准也规定得较高，增长幅度较大。以国营机械制造工业职工的平均工资为例，这次工资改革中黑龙江地区增长 20%，山西增长 19%，湖北增长 18%，天津增长 12%，上海增长 9%。[①] 在各类人员的工资关系方面，规定企业干部的工资高于相应的国家机关干部的工资，以鼓励干部到企业去工作；同时规定工程技术人员的工资高于同级管理人员，以鼓励人们钻研科学

---

① 庄启东等：《新中国工资史稿》，中国财政经济出版社 1986 年版，第 65 页。

技术的积极性；高级知识分子的工资提高得更多一些，在北京地区，这些人员的工资标准提高了36%左右。

第三，统一和改进了工人工资等级制度。就产业工人的工资等级而言，在这次改革中出现了三个方面的变化：一是根据各产业工人的生产技术特点，建立了不同的工资等级制度，使工人的工资等级制度与企业的生产技术特点结合得更加紧密。比如，工业工人一般实行8级工资制，建筑工人实行7级制，商业部门的售货员实行三类五级工资制，等等。二是较多地提高了高级技术工人的工资标准，从而使技术熟练劳动与非熟练劳动、复杂劳动与简单劳动在工资标准上有了比较明显的差别，以便从物质利益上鼓励人们提高技术水平。一级工人工资标准一般提高8%左右，8级工人工资标准一般提高18%左右。高等级工人与低等级工人之间的工资标准差距扩大，以钢铁冶炼工人为例，新定工资标准倍数，比华北地区原工资标准的倍数高0.3—0.6倍，比东北地区高0.17—0.33倍，比华东地区高0.2—0.45倍，比中南地区高0.38—0.5倍，比西南地区高0.2—0.3倍。[①] 三是按产业统一规定了工人的工资标准，从而使工资标准数目有所减少。通过对16个产业529个企业的统计，工资标准数目由改革前的291个减少到改革后的184个；其中，有色金属由原来的25个工资标准减少到12个。

第四，改进国家机关、事业单位和企业职员（包括管理人员和技术人员）的职务等级工资制。按照职务高低、责任大小、工作繁简或技术复杂程度，确定了职务等级和工资标准。实行职务等级工资制，就是采取一职数级、相邻职务之间上下交叉的办法来划定工资。国家机关行政人员和技术人员分别规定了工资标准：行政人员工资标准划分为30个等级，北京地区（六类工资区）党和国家主要领导人工资最高为644元，部长最高为460元；机关工程技术人员比同级行政人员的工资标准高，分18个等级，按产业分为5类。六类工资区，科研人员、高等院校教学人员实行12级工资制，最高一级的研究员、教授为345元，最低一级实习研究人员、助教为62元；中学教员实行10级工资制，最高为149.5元，最低为42.5元；小学教员实行11级工资制，最高为86.5元，最低为26.5元；卫生技术人员实行6等

[①] 《中国劳动人事年鉴（1949.10—1987）》，劳动人事出版社1989年版，第403页。

21 级工资制,最高为 333.5 元,最低为 29 元。[1] 企业职员实行的职务等级工资制,全国分为 7 类地区、4 类产业,每类产业又分为 4 类企业,在企业内部又划分为 3 类科室、4 类职员。企业职员的所有职务一般划分为 13 类,每类职务又划分为若干等级,分别规定不同的工资标准。

第五,推广计件工资制,改革奖励津贴制度。按照国务院决定的要求,各产业部门凡是能够计件的工作,全部或大部分实行计件工资制,并规定计件工资标准可以比计时工资标准高 4%—8%;各产业部门根据生产需要,制定统一的奖励办法,积极建立质量提高、产品创新、节能降耗、任务超额等多种奖项。

(三) 工资改革的意义和问题

1956 年的工资改革,是按照党中央和国务院的决定,在全国范围内近 2000 万职工中同时进行的。在工资制度上,取消了工资分制度和地区物价津贴制度,全部采用了货币工资标准;按产业统一制定了工资标准以及技术等级标准,使工人升级工作有所遵循;熟练劳动和不熟练劳动、简单劳动和复杂劳动之间工资上的平均主义有所克服;产业之间、地区之间、部门之间某些不合理的工资关系也有了一些改进。这次工资改革,纠正了前两年某些部门工资增加过少甚至没有增加的缺点,使绝大多数职工增加了工资收入,极少数原来工资偏高的职工除外。改革执行的结果,实际增加工资总额 14.5 亿元(比计划多增加 2 亿元),全国职工平均工资提高 18.1%(比计划多提高 3.6 个百分点)。[2] 总之,这次改革是在较多地增加工资的基础上,根据按劳分配原则,克服了过去工资制度中某些不合理、不统一的状况,贯彻统一的工资政策,建立起比较统一、比较合理的工资制度,调动了广大职工的劳动积极性,保证了"一五"计划建设的顺利完成。

但是,由于原来的工资状况十分复杂,加上当时对工资及其有关方面的情况调查研究不够,这次工资改革也反映出了一些缺点和问题。一是工资增加过多了一些,如多数地区的乡干部、乡村供销合作社营业员、普通工、学徒工等的工资标准定得偏高,与农民的收入比较起来扩大了。二是职工的升

---

[1] 《中国劳动人事年鉴(1949.10—1987)》,劳动人事出版社 1989 年版,第 332—356 页。
[2] 马文端:《马文端回忆录》,陕西人民出版社 1998 年版,第 177 页。

级面过大，不少部门超过了50%，许多不应该升级的人也升了级。三是推行计件工资制过急过宽，实行了计件工资率而没有及时修改落后的劳动定额和改进定额管理制度。[①] 四是在工资制度即地区关系、产业关系以及各类人员的工资关系上，没有达到预定的目的，有些地方和部门还出现了新的不合理现象，如工资的地区差别仍未能与地区之间的实际物价和生活费用的差别相适应，各类人员之间特别是企业管理人员和普通工人之间、高级工与低级工之间的工资差别不适当地扩大了。

三　私营企业的工资调整与改革

新中国成立之初，私营工商业在整个国民经济中占有相当大的比重。如何利用其有利于国计民生的积极作用，限制其消极作用，促进国民经济的恢复与发展，是经济工作需要解决的主要问题。中国对民族资本主义工商业是采取国家资本主义形式进行和平改造的，从加工订货和统购包销的初级形式，到公私合营的高级形式。其中，妥善解决私营企业职工的工资问题，是贯彻"公私兼顾，劳资两利"政策和建立新民主主义新型劳资关系的重要环节。

（一）公私合营前私营企业工资的调整与改革

私营企业大多是一些规模不大的小厂小店，工资制度相当混乱。主要表现在：有些企业工资等级太多，有些企业根本没有等级，工资高低由厂方负责人或管理人员任意决定，主辅不分，同工不同酬，轻重倒置，实行计件工资的没有合理的计件单价；没有统一的工资计算标准，变相工资名目繁多，工资忽高忽低，地区与地区之间、行业与行业之间、同一行业的厂与厂之间、店与店之间工资过分悬殊；由于工人（特别是技术工人）缺乏，资方往往用抬高工资的方法挖人，以致工人跳厂、流动现象严重。

新中国成立之初，由于当时处于新旧劳资关系的变动时期，处于迫切解决很多劳资之间复杂问题的环境中，各地普遍进行的工资工作是改为实物工

---

① 《1953—1957 中华人民共和国经济档案资料选编·劳动工资和职工保险福利卷》，中国物价出版社 1998 年版，第 553 页。

资，或按折实单位计算，以保证工人的实际工资收入和生活，因此，私营企业的工资制度问题并不凸显。然而，从1950年下半年起，随着第一次调整工商业工作的全面展开，私营工商业获得初步好转，工资问题逐渐在整个劳资关系中占据重要地位。尤其是1951年国家扩大对私营企业的加工订货和统购包销，使大部分私营企业在淡季不淡、旺季更旺的情况下较前获得了更多的利润，以及由于各地公营企业均先后调整工资的影响下，工人要求调整工资的现象更为普遍。各地劳动部门每月受理的和审查的工资案件，也日有所增。如山东省劳动局1951年10月的报告说："最近各地（济南、青岛、徐州、烟台）营业情况较好，因此工人要求提高工资待遇已成为各地带有普遍性的问题"；皖北劳动局1951年上半年的总结报告说："工资改革和调整在目前皖北地区来说，是主要问题之一"；哈尔滨市劳动局1951年第三季度的报告说："私营企业的工资，从续订合同与公营企业调整后，私营企业的工人普遍要求提高工资，他们认为公营企业涨了私营企业也得涨。"[①] 私营企业不合理的工资制度，越来越明显地对进一步发展生产与提高工人的劳动效率，都起了很大的阻碍作用。因此，调整与改革不合理的工资制度，已成为各地广大工人群众的普遍要求。

应该说，新中国成立后，工人翻身做了国家的主人，在私营企业生产经营获得好转的情况下，工人提出调整工资的要求具有较大的合理性。纵观1951年前后各地私营企业工资调整的情况，尽管工人的工资水平有不同程度的上升，但是，由于其主要是通过劳资协商形式进行的个别调整，因此，私营企业的工资制度并未发生多大改变，而且在调整过程中还有一些问题和缺点。这主要表现在：一是缺乏一套比较完整、系统的方法和步骤。工资调整不是在生产运动的基础上以及在有计划、有步骤的条件下进行的，而是在单纯地增加工资的要求上进行的，因而，调整后并未对生产、对工人的劳动热情起什么作用。如上海大中华橡胶厂工会，只是要求资方在50元底薪以下，一律给予调整，没有从制度不合理的方面提出改革的要求。据调查，该厂50元底薪左右的职工占最大部分，该厂50元底薪是按2.2折实单位计算，有110个折实单位，再加上5斗津贴米，共实得130个折实单位，此数

[①] 《1949—1952中华人民共和国经济档案资料选编·劳动工资和职工福利卷》，中国社会科学出版社1994年版，第580页。

在上海一般说来并非低工资。经过劳资数度协商，最后资方答应了工人的要求，不仅引起了同行资方的反对，而且影响了该厂全体职工的情绪。二是不了解掌握技术标准是调整好工资的主要关键，工资调整忽略了以技术高低为主，没有以技术的高低作为确定等级的依据，造成了平均主义式的调整。如长沙市劳动局7—8月的报告说："私营企业的民主评薪未掌握正确方向——按劳取酬，合理的技术标准，因此发生了两种偏向，另一种是单纯以工龄长短来评定工资之高低，一种是评薪加入政治因素，以是否积极从事活动作为评薪的标准，以致忽略了技术的高低，形成了技术熟练的老年工人与一般技术较差的青工的工资差额不大。这是非常不合理的"。三是有些企业不是根据自己企业内的实际情况和设备条件去衡量工资标准或技术标准，而是机械地搬用其他企业的办法，或者向外看齐，或者在评薪时，同一工厂内车间与车间、生产小组与生产小组之间互相捧场抬高工资，或者只从本车间出发的本位主义。如东北劳动部的报告说："私营企业……在评定工资时，没有技术标准和确定等级的依据，工人互相往上挤，技术差的也挤上去了，技术好的也多挣不了，形成严重的平均主义现象。如长春市印刷业合同规定，最高工资为200分，最低120分，而联营印刷厂的评薪结果，最低是150分，技术好的工人挣200分，与技术差很远的工人工资仅差10分。"四是有些营业很好的私营企业，工资本来已高，但工人看到买卖好了，工资也应提高，资方不答应就用磨洋工方式争取，资方为了多接生意，多得利润，也就随便接受工人要求，陷政府于被动不利的地位，有的则以提高生产作为交换条件，不管对政策有无违背。[①]

1952年2月"五反"运动开始。在"五反"运动中，私营企业内部资本家和工人群众的力量对比发生了重大变化，从劳资协商进一步发展到工人对企业经营活动实行监督，并形成了工人阶级的政治优势。许多资本家不甘心接受社会主义改造，采取乱提工资、乱增加福利的办法加大生产成本，减少上缴税额，以便把调整工资福利的支出转嫁给国家，增大限制和改造的困难。有的资本家则采取观望态度，消极经营，使企业陷入半停业或停业状态。对此，中财委主任陈云于1952年6月指出："私营工厂的工人工资，也

[①]《1949—1952中华人民共和国经济档案资料选编·劳动工资和职工福利卷》，中国社会科学出版社1994年版，第581—582页。

要有一个规定,一般不能超过国营工厂工人的工资。如果不作这样的规定,资本家就会在结账时把赚来的钱都算成'工资',他就可以少纳税或不纳税。"① 所以,"五反"运动以后,为制止资本家随便调整工人工资,政府开始加强了对私营企业工资的领导和管理,规定了私营企业工资调整必须报请当地劳动部门审批,进而使私营企业随意调整工资的现象初步得到了控制。

天津市是较早由政府出面组织调整私营企业工资的城市。1952年9月,天津市人民政府颁布了《关于私营厂店生产、工时、工资及劳保福利等项原则暂行规定》和《关于私营企业调整工资的几项原则规定》。文件指出:调整工资的目的是增加生产和适当提高工人的待遇,工资调整的范围仅限于生产已恢复或超过"五反"运动前水平的行业,生产尚未恢复的厂店待恢复以后再行调整;调整工资的原则是以"五反"运动前的工资水平作基础,高的一般不动,低的适当增加;调整工资以行业为单位,照顾全局,照顾公私关系,统一以国家规定的"工资分"为计算单位;在市区两级成立由劳动局、工会、工商联及有关部门代表组成的调整工资委员会,领导调资工作。调整工资的办法,即在调整工资委员会的领导下,按照天津市政府的有关规定,以行业为单位,由劳资双方订立集体协议,在协议经市调资委员会和劳动局批准后,行业、厂店依协议拟订本企业的调资方案,该方案经区调资委员会审查批准并报劳动局备案后方可实施。到1953年3月,天津市共在21个行业中订立了调资协议,并在各大企业调整了工资,虽然调资企业仅占私营企业总户数的5%,但人数却占私营企业职工总数的40.76%。这是因为私营企业中的个体和小型企业所占比重较大。② 1952年11月,中共中央对《东北局关于调整私营企业职工工资的指示》复示中指出:根据天津、太原、唐山等地经验,调整私营企业的工资在一个市的范围内,要通过劳资协商方式按行业订立合同,然后由各厂、店根据行业的合同,分别进行调整为好。在要求上,工业商业应有所不同,对私营大中工厂,要求参照国营企业的工资标准和制度进行调整,以求基本上大致与国营企业趋向平衡;商店及小工厂,因其规模小、分散、类别复杂,只能要求在现有基础上改善

---

① 《陈云文选(1949—1956)》,人民出版社1984年版,第179页。
② 武力、李光田:《论建国初期的劳动力市场及国家的调控措施》,《中国经济史研究》1994年第4期。

一步，既做到为大多数职工拥护，也要做到资方过得去。关于取消伙食津贴等变相工资，以及规定由工人缴纳房租水电费等，应以照顾工人实得利益并取得职工同意为原则。[①] 天津市和东北区通过政府出面有组织地进行工资调整，使公私营企业的工资水平和制度差异得以缩小，促进了私营企业的生产和管理，并为规范全国企业的工资制度提供了可贵的借鉴。

1954年年底，劳动部召开了北京、上海、天津等9大城市主管私营企业的劳动局长座谈会，交流了私营企业的生产经营管理状况和工资问题，并对私营企业工资调整和改革的目的、原则和办法作了研究。会议明确指出：调整工资的目的是进一步改善劳资关系，推动生产改革，解放生产力；工资调资的范围应限于生产已经恢复或超过"五反"运动前水平的行业或企业，生产有困难的厂店，暂不调整；工资调整的原则是适当提高部分低工资职工的工资，高的一般不动。改革不合理的工资制度，可参照地方国营企业建立等级制度，并将"管伙""馈送"等变相工资合并到工资标准中去，以利于企业的经济核算和劳动管理。既要严格按照政府规定办事，又要尊重资方对企业的自主权。通过劳资协商会议在调查研究的基础上充分协商，制订行业或厂店的调整和改革方案，签订劳资集体合同并贯彻执行。[②] 随着工资的调整和改革，私营企业的工资制度开始逐步趋向合理化，不仅职工的工资普遍提高，生活明显改善，而且私营企业在加工订货中对工缴费的核算也有了可靠依据，为私营企业实行公私合营、进入国家资本主义的高级形式，打下了良好的基础。

（二）新公私合营企业的工资改革

公私合营是中国对民族资本主义工商业进行社会主义改造的高级形式。1955年以前，主要是进行单个企业的公私合营；1955年年底开始实行全行业的公私合营；到1956年，基本上完成了对资本主义生产资料所有制的改造。私营企业实行公私合营后，企业的性质发生了重大变化，企业的生产资料已由原来的资本家占有变为公私共有。人民政府派出的公股代表参加企业

---

① 《1949—1952中华人民共和国经济档案资料选编·劳动工资和职工福利卷》，中国社会科学出版社1994年版，第592页。

② 袁伦渠主编：《中国劳动经济史》，北京经济学院出版社1990年版，第137页。

管理，在企业中居领导地位，实际上掌握了对生产资料的支配权。企业生产、经营活动直接纳入了国家计划。公私合营企业利润分配的办法是"四马分肥"，即把企业的利润分成四个部分：国家征收的所得税，企业公积金（用于扩大再生产），企业工人的奖励基金，资本家的红利。资本家的红利占利润的25%左右。[①] 1955年以前实行公私合营的企业，即老公私合营企业的工资改革，是和国营企业一起，按照国营企业的一套制度、办法进行的，其工资标准和工资制度与同一地区性质相同、规模相近的国营企业大致相同，其工资标准高于当地同类性质国营企业的，一般不予降低，而是在以后通过提高劳动生产率来逐步消化。老公私合营企业的工资改革这里不再赘述。全行业公私合营后的合营企业，即新公私合营企业的工资改革，则是单独进行的一次工资改革。

全国各地私营企业实行全行业公私合营以后，企业的性质发生了根本性变化。资本家已把生产资料交给工人阶级领导的国家，只拿国家规定给他们的定息，而这个定息，已同企业利润的大小失去了联系。这样，企业的全部生产资料就由国家统一管理和使用，企业实际上变成了社会主义性质的企业，基本上具备了实行按劳分配制度的条件。再加上国营企业工资改革已经开始进行，因而新公私合营企业的工资改革也势在必行。1956年8月，受中共中央和国务院委托，全国总工会、劳动部和国务院第四办公室（主管轻工业和手工业）、第八办公室（主管对私人工商业的社会主义改造）召开了全国新公私合营企业工资会议。陈云在会上作了重要讲话，并直接领导了新公私合营企业工资改革的实施。10月12日，国务院发布了《关于新公私合营企业工资改革中若干问题的规定》，决定对新公私合营企业的工资制度进行改革。国务院规定的工资改革方针是："新公私合营企业的工资标准和工资制度，应该逐步向同一地区性质相同、规模相近的国营企业看齐。新公私合营企业的工人、职员和私方人员的现行工资标准，同当地同类性质的国营企业的工资标准相比较，高了的不减少，低了的根据企业生产、营业情况和实际可能，分期地逐步增加。现行工资标准高于新定工资标准的部分，给予保留。保留的工资，今后应该随着提高工资标准和升级逐步抵消。"同时指出：

---

① 赵德馨：《中国近现代经济史（1949—1991）》，河南人民出版社2003年版，第126—127页。

"新公私合营企业的工资制度,应该根据按劳付酬的原则进行合理的调整,但又要从实际可能出发,采取适当的步骤,逐步地达到统一合理。对原有的工资制度,要注意吸取合理的因素。在这次工资改革中,要求企业内部的工资制度能够达到基本上统一合理;行业之间、行业内部以及各类人员之间的工资悬殊的状况能够有所改善。"①

但是,在工资改革中,各地报送国务院审查的新公私合营企业工资改革方案,普遍存在两个问题:一是工资增长的幅度和绝对数偏高;二是不少地区生搬硬套国营企业的工资制度,过早过急地要求全部统一合理。针对这些问题,并根据当时国营企业和国家机关工资改革的经验以及国家财力情况,中共中央于1956年12月发布了《关于目前新公私合营企业工资改革问题的指示》,并提出如下意见:新公私合营企业增加工资的幅度和绝对数,无论城市和乡村,都不能超过当地地方国营企业;工资改革既要避免增加工资过多,又要做到多数职工群众满意,凡现行工资标准低于国营企业的,都能或多或少地有所增加;城市大中工业企业,应根据企业的需要和可能适当规定工资,不要机械地套用国营企业的八级工资制度;商业企业可以根据实际情况规定若干个工资标准,不要采用国营商业的3类5级工资制;县城和乡镇新公私合营企业的职工和私方人员增加工资平均不超过3.5元,最高不超过5元;企业主要领导干部工资的增长,不能超过各该企业平均工资增长的幅度。②

根据上述改革方针和政策,各省、自治区和直辖市大都在1957年1月公布了新公私合营企业工资改革方案,并组织了实施。各企业的工资改革,一般是分以下几个步骤进行的:第一步进行宣传教育;第二步组织群众评议;第三步领导审查和张榜公布;定案后,补发工资和召开群众大会庆祝。新的工资方案不论在哪一个月份宣布,工资新增部分一律从1956年7月1日起补发。总体来看,这次工资改革,进展稳妥、顺利,取得了良好效果。

第一,通过改革初步建立了比较合理的工资制度。一是企业内部统一了工资标准。不少行业制定了业务、技术标准,作为评定职工工资的依据。新

---

① 《1953—1957中华人民共和国经济档案资料选编·劳动工资和职工保险福利卷》,中国物价出版社1998年版,第593—594页。

② 同上书,第597—599页。

公私合营企业的工资标准，根据企业的设备、技术水平和原工资标准等条件参照当地同类性质的地方国营企业的工资标准制定，工人的工资等级制度原则上也向国营企业看齐。有些省、市的工业企业实行了八级工资制，有的采取在八级制的两级之间附加半级的办法，以减少保留工资①的人数，避免职工工资的大增大减。轻工业企业中某些工种内部技术差别不大、工种之间又没有直接升级关系的，则按工作规定工资。二是整顿了变相工资。按照国务院的规定，凡属于福利性质的待遇，予以保留；办法不合理的，加以改进。例如，江西省把私营企业中原有的伙食津贴、米贴、房贴并入改革前的基本工资；包头市把伙食费、衣服费、年节伙食补助费等并入标准工资。凡属于不合理的，都予以取消。例如，江西省取消了一些企业原有的牙祭肉、黄烟等；长沙市糖果糕点业多年来都是把包装原料的麻袋、面粉袋变卖后得款分摊给职工，这次工资改革中取消了这类行规。三是对于实行计件工资的，都制定或修订了劳动定额，并根据标准工资和定额，重新规定了计件单价。有的企业建立了奖励工资制。服务业、饮食业的提成工资制，继续实行，并加以适当改进。四是给技术水平较高的工程技术人员规定了技术津贴，给有重要贡献的高级工程技术人员规定了特别津贴。

第二，通过工资改革，适当改善了职工生活。根据部分地区的统计，工资增长的幅度是：上海市为3.92%，天津市为5.31%，江西省为10.1%，河南省为13.01%，吉林省为10.9%，湖北省为8.19%，湖南省为12.62%。增加工资的人数占参加工资改革人数的比例：上海市为47%，天津市为59.3%，江西省为84.12%，河南省为87.6%，湖北省为75.2%，湖南省为85.14%，其他省、市一般都在70%以上。各地的改革多在1957年春节前基本结束，并在春节前把补发的工资发到职工手中，受到职工的欢迎。

第三，提高了广大职工的思想觉悟，促进了生产的发展。通过工资改革，宣传了只有在发展生产、改善经营管理的前提下，才能改善生活的道理，职工的生产积极性有了很大提高。例如，唐山陶瓷业10个厂，1957年5月的总产值为49.4万元，比1956年同期提高27.76%；包头印刷厂排字工人的工作效率比改革前提高了50%；湖南湘潭炼丹厂的职工，在工资改

---

① 保留工资，是指职工应得工资之外，允许其多领的一部分工资。在工资改革或职工调动工作时，原工资高于新评工资的，高出部分保留起来，继续发给。

革后提出了合理化建议,提高产量16%,出品率平均由90.6%提高到95%,每月还节省木炭4430斤。各地这方面的实例很多,充分说明了这次工资改革所取得的成效。①

第四,这次工资改革对于私方人员的工作和工资都作了合理的安排,使他们各得其所,也感到满意。在评定他们的工资时,除了考虑他们的职务以外,还充分考虑他们的技术水平和管理经验,并适当照顾其现行的工资水平。对于他们的家属,凡是已经作为全劳动力参加了工作的,都吸收为正式工作人员,同职工一样评定工资;凡是部分时间参加工作的,都按月发给生活费,不列为在册人员。这些措施对于发挥工商业者的积极性,巩固社会主义改造的成果起到了积极作用。

新公私合营企业工资改革中的缺点和问题,主要是:有的地区和部门对中央提出的工资改革一定要从实际出发,逐步走向合理的精神领会不够,有生搬硬套、片面强调向国营企业看齐的现象;青年工人增加工资较多,而老工人保留工资的较多,增加工资的较少,不适当地缩小了高级技术工人同初级技术工人的工资差别。

综上所述,工资制度改革的结果,主要是初步建立了以按劳分配为原则的社会主义工资制度,劳动工资管理权限逐渐由大区向中央集中,特别是经过1956年的工资改革后,工资计划的大权就完全集中统一到中央了。通过建立全国统一的工资计划管理体制,有力地支持了全国重点地区的建设,推进了中国工业化的发展。

四 工资形式和工资水平的变化

新中国成立初期,伴随着经济制度、经济体制的变革,以及社会主义工业化建设的迅速开展,职工的工资形式和工资水平发生了显著变化。由于工资政策越来越强调物质刺激,工资形式中计件工资、奖励工资的比重有所增强,来自津贴和救济性质的收入不断减少,个人收入分配方式更多地体现了"按劳分配"的原则。从收入水平上看,职工工资收入总体呈现波动上升的态势。

---

① 严忠勤主编:《当代中国的职工工资福利和社会保险》,中国社会科学出版社1987年版,第68—70页。

(一) 1949—1952 年城镇职工收入构成和水平的变化

1949 年年末，城镇人口为 5765 万，占总人口的 10.6%；1952 年城镇人口达到 7163 万，占总人口的比重也上升到 12.5%。在城镇人口中，由于缺乏统计资料，仅知 1949 年和 1952 年城镇社会劳动者人数分别为 1533 万人和 2486 万人，其中个体劳动者分别为 742 万人和 883 万人①，其余为国家机关和国营企事业职工、私营企业职工，以及数量不多的公私合营、外资企业职工。由于缺乏有关城镇个体劳动者收入的统计资料，这里仅对国家机关、国营企事业单位和私营企业职工的收入进行一些分析。

1. 城镇职工的收入构成

城镇职工的收入大体由下列几项组成：一是工资。工资有基本工资和辅助工资之分。1951 年 3 月 7 日，中财委发布了《关于工资总额组成的规定》，其中规定，基本工资包括：按工资标准、工资等级所直接支付的计时工资，按计件单价（含直接无限制的、累进的、集体的计件形式）所直接支付的计件工资，计时奖金（如提高质量、节约燃料、节约动力、无事故等奖励金），不采用上列各种工资制度的企业单位内的营业提成。辅助工资包括：除计时奖励之外各种有关提高生产的奖金，加班加点费及夜班津贴，各种津贴（如技术津贴、地区津贴、有害健康津贴等），事故停工工资（如因机器、动力发生故障或原材料供应不足之停工期间工资等），用其他形式支付的工资（指用津贴形式支付，如伙食津贴、房贴、水电贴）。二是供给制工作人员的收入。供给制的标准在 1950—1952 年曾经做过几次调整，但供给的项目没有变，即仍然包括伙食、服装、津贴三部分。1952 年 3 月起，供给制发生重大变革，即对供给实行"包干制"，将伙食、服装、津贴三部分合并为一个统一的标准，将直接供应伙食、服装改为全部折发货币，以"工资分"为计算单位。三是兴办职工福利事业带来的职工经济负担的减轻和文化生活的丰富。四是因享受社会保险待遇而相应增加的收入。据统计，1952 年职工劳保福利费用总额为 9.5 亿元，相当于工资总额的 14%。② 以上各项

---

① 《中国统计年鉴（1983）》，中国统计出版社 1983 年版，第 103、120 页。
② 《1949—1952 中华人民共和国经济档案资料选编·劳动工资和职工福利卷》，中国社会科学出版社 1994 年版，第 865 页。

收入中，占职工收入的绝大部分，也是职工生活消费的主要来源。

2. 职工收入水平的变化

从收入构成看，收入涵盖了工资且大于工资收入。由于资料匮乏，有些收入难以量化（如前面提及的收入组成中的第三、四部分，加之私营企业的变相工资很多，制度混乱，难以准确计算出国民经济恢复时期城市居民收入总水平。这里以国营企事业单位职工工资及供给制工作人员的收入为分析对象，了解这个时期城镇职工收入水平的变化。

从工资总水平看（国家财政对工资的支出包括工资、供给生活费及工资补助），1952年比1951年全国工资总额增长约26.3%。以平均工资计算，供给制人员在1952年3月增加津贴前，每人每月待遇加权平均约为120工资分，增加津贴后为154工资分，收入提高约28%。工资制工作人员1950年加权平均月工资约为150工资分，1951年工资调整后为200工资分，1952年7月工资提高后为240工资分；1951年工资调整后比1951年提高约33%，1952年工资调整后则比1950年提高约60%，较之1951年提高20%。1952年7月待遇标准调整后，工资制人员比供给制人员的待遇高56%。[①]

国家机关实行工资制工作人员的工资收入与供给制工作人员的待遇标准的差距大体经历了一个"扩大—缩小—扩大"的过程。在1950年1月颁发试行的25级工资标准中，机关工资制工作人员的工资标准最高是最低的28.33倍；1951年2月，人事部颁发29级暂行工资标准，高低工资相差19倍；1952年7月提高的工资标准中，最高是最低的25.88倍。1950年1月，供给制工作人员的待遇标准最高是最低的28.33倍；到1952年3月，包括伙食、服装、津贴在内的供给标准最高是最低的21.09倍；1952年7月，以工资分为计算单位的供给制标准，最高待遇是最低待遇的20.07倍，差距略有缩小。

经过工资调整与改革，行业工资高低悬殊很大的状况得以改变。在改革中，各工资标准中最高工资与最低工资的倍数虽由各大区规定，但规定行业工资必须考虑行业状况，依劳动力市场供求情况等多种因素决定，使各个行业工资的高低倍数差距不致过大。1951年工资改革后，在各大区中除华北

[①] 《1949—1952中华人民共和国经济档案资料选编·劳动工资和职工福利卷》，中国社会科学出版社1994年版，第458页。

实行8级工资制外，其他地区均实行7级工资制。最高工资和最低工资的倍数以西北的3.1倍和华北的3倍为最高；以东北的2.43倍为最低。行业工资倍数最大的是3.4倍，最小的是2.16倍，多数在2.6—3倍。

在1952年68.3亿元的工资总额中，全民所有制单位工资总额为67.5亿元，其他所有制单位的工资总额只有0.8亿元。按部门划分，工业部门工资总额为25.4亿元，建筑业和资源勘探部门为5.9亿元，农、林、水利、气象部门为0.9亿元，邮电和运输部门为6.2亿元，商业、饮食业、服务业和物资供销为9.5亿元，科教文卫为9.2亿元，管理部门为9.5亿元，其他为1.7亿元。① 以平均工资计，1952年各类经济部门的年平均工资为445元，其中全民所有制单位为446元，城镇集体所有制单位为348元。在国民经济各部门中，平均工资最高的是邮电业和运输业，为581元；其次是建筑业和资源勘探业，为562元；工业部门为508元，位居第三；管理部门、农林水利气象、科教文卫各为377元、377元和370元。在全民所有制单位中，城市公用事业年平均工资为634元，邮电和运输为583元，建筑业和资源勘探为564元，工业为515元，金融保险为458元，机关团体、农林水利气象、科教文卫分别为376元、375元、360元。在全民所有制工业部门中，平均工资最高的是电力工业，为681元；最低的是建材工业，为416元。②

不同所有制企业工资水平尚没有完整的数据。从1951年的情况看，在工业中，国营企业（中央所属）的平均工资是374元，地方国营企业为328元，公私合营企业为442元。公私合营企业的平均工资水平高于国营企业。在这三种性质的企业中，工程技术人员、职员和生产工人的工资已经拉开一定档次，由高到低排列。③

工资制和供给制人员的待遇标准几经调整，每次均有提高，增长幅度比较大。1949—1952年，职工平均工资的增长速度为60%—120%，而农民收入的增长幅度约为30%。由于工农收入差距拉大，引起了部分农民的不满，并开始出现农民向城市流动的现象。因此，政务院在1953年宣布不全面调

---

① 《中国劳动工资统计资料（1949—1985）》，中国统计出版社1987年版，第115、119页。
② 同上书，第153、158、179、159页。
③ 《1949—1952中华人民共和国经济档案资料选编·劳动工资和职工福利卷》，中国社会科学出版社1994年版，第595—596页。

整工资，停止正在试行的年休假制度，取消年终双薪，以期解决收入分配格局中出现的不合理问题。

（二）"一五"时期工资形式和工资水平的变化

1. 工资形式及其地位

"一五"时期，中国职工工资主要有计时工资、计件工资、奖金和津贴四种形式。

第一，计时工资。计时工资是按照计时工资标准支付给职工的劳动报酬，包括对已做工作按照计时工资标准支付的计时工资，因病、工伤、产假、事假、探亲假、定期休假、停工、学习、执行国家或社会义务等原因按计时工资标准或计时工资的一定比例支付的工资。"一五"时期，职工计时工资的标准具有职务工资的特点，即按照工作人员的职务高低、责任大小、工作繁简和业务技术水平确定不同的工资等级，工人实行八级工资制，干部实行职务等级工资制。大多数企业职工是以计时工资的形式取得个人劳动报酬的。

第二，计件工资。"一五"时期，计件工资制有了进一步的发展。据统计，1952年工业企业实行计件工资制的工人占全部工人的35%，1953年扩大到40%，1956年又增至41.4%。[1] 其原因在于政府认为计件工资制是最符合按劳分配的形式，要求凡是能实行计件的工作，应该全部或大部分实行计件制。1956年全国工资改革时，曾规定计件工人按比同级计时工资标准高4%—8%的水平计算计件单价，以此鼓励计件工资的推行。计件工资制的推行对促进生产发展起到一定的积极作用，但在实行中也出现了只关心个人物质利益而不关心劳动成果的弊端，如只注意数量不注意质量、弄虚作假等。因此，1957年后，实行计件工资的范围逐渐缩小。1957年工业部门的计件工资面缩小为36%，建筑业由1956年的63%缩小到60%。[2]

第三，奖励工资。"一五"时期，国营工业企业奖金占工资总额的比重，1953年12月为4.7%，1954年9月为2.1%，1955年9月为2.2%，1956年9月为2.7%，1957年为2.9%。1953年是奖励制度大发展的一年，

---

[1] 苏星、杨秋宝编：《新中国经济史资料选编》，中共中央党校出版社2000年版，第437页。
[2] 同上书，第438页。

大多数企业都建立了各种不同形式的奖励制度，奖金的支出和奖励的人数都有显著的增加。由于奖励面过宽（如实行超额奖的机械行业企业，得奖人数占工人总数的 70%—90%，奖金占工资总额的 20%，最高达 40%）、奖励制度结合生产特点不够等问题，因此，1954 年和 1955 年对奖励制度进行了整顿，并在全国范围内取消了年终双薪、考勤奖和人身安全奖。在整顿奖励制度中，由于取消的多、建立的少，获得奖励的人数和发放的奖金都有不同程度的下降，工人收入随之减少，引起了许多工人的不满。1956 年，随着全国工资改革，奖励制度又有较大的发展，仅中央 13 个部门颁布的奖励办法就有 98 种，企业颁布的奖励办法就更多了。据对 48 个企业的调查，1956 年第三季度就有 330 种奖励，有的企业奖励办法就有 74 种。这些奖励办法，按性质分，主要是超额奖、节约奖、质量奖、安全奖、新产品试制奖等。[①]总体上看，奖励制度的推行，对调动职工的生产积极性、提高职工收入均起到了良好作用。1957 年以后，由于对奖励制度存在的必要性有所动摇，对奖励制度进行了不恰当的整顿，导致大多数奖励办法被取消了。

第四，津贴。新中国成立初期，凡是实行供给制的人员，其主要收入就是生活津贴。在 1953 年以后的几次调整与改革中，津贴制度依然保留，先后使用了地区津贴、野外津贴、技术津贴、停工津贴、学习津贴、生活津贴等多种形式，以此来处理工资改革中的某些特殊问题。1956 年全国工资改革后，全民所有制单位职工工资总额构成：工业部门中计时工资和计件工资占 91.7%，各种奖金占 2.1%，各种津贴占 3.7%，其他工资占 2.5%；建筑业中计时工资和计件工资占 90.5%，各种奖金占 0.7%，各种津贴占 5.8%，其他工资占 3.0%。[②]

需要指出的是，"一五"期间实行计件工资制和奖励工资制，对于鼓励职工增加生产、厉行节约、提高产品质量、降低生产成本起到一定的积极作用。例如，沈阳重型机器厂推广计件工资后，劳动生产率 1954 年比 1953 年提高 20%，1955 年比 1954 年提高 26%，1956 年比 1955 年提高 16%，1957 年比 1956 年提高 22%；国营太原矿山机器厂从 1954 年实行计件工资以后，工时定额逐年降低，1955 年降低 23.4%，1956 年降低 30%，1957 年降低

[①] 袁伦渠主编：《中国劳动经济史》，北京经济学院出版社 1990 年版，第 182—184 页。
[②] 《中国劳动工资统计资料（1949—1985）》，中国统计出版社 1987 年版，第 132、133 页。

37%。天津动力机械厂铸工车间实行质量奖励以后，废品率从1953年的10%降低到1955年7月的2.5%；鞍钢大型轧钢厂实行原材料节约奖励后，产品合格率由91%提高到92.3%，仅在6个月时间里就节约钢材400吨，价值为65100元；唐山发电厂实行安全运转奖后，创造了33个月安全无事故纪录。[①]

2. 工资水平和结构变化

第一，职工工资的增长情况。"一五"期间，职工的工资水平在提高劳动生产率的基础上有了较大提高，职工生活有了明显改善。全国工业总产值平均每年增长18%，工业全员劳动生产率平均每年增长8.7%，职工工资每年递增7.5%。从全国职工的工资总额来看，1952年为68.3亿元，1957年增加到190.8亿元，增加了1.8倍；从全部职工年平均工资来看，1952年为445元，1957年达到637元，增长了43.1%（见表3—4）。

表3—4　　　　　　　　"一五"时期全国职工工资和指数

年份	工资总额（亿元）	工资总额指数 以1952年为100	工资总额指数 以上年为100	年平均工资（元）	平均工资指数（以1952年为100）货币工资	平均工资指数（以1952年为100）实际工资
1952	68.3	100.0		445	100.0	100.0
1953	90.0	131.8	131.8	495	111.2	105.8
1954	98.8	144.7	109.8	517	116.2	109.0
1955	108.8	159.3	110.1	527	118.4	110.8
1956	158.6	232.4	145.8	601	135.1	126.5
1957	190.8	279.2	120.3	624	140.2	127.9

资料来源：《中国劳动工资统计资料（1949—1985）》，中国统计出版社1987年版，第115、116、151页。

从表3—4可以看出，"一五"期间职工工资总额和平均工资都呈现不断增长的态势，但增长速度在各年度之间不平衡。1953年提高较快；1954年

[①] 《1953—1957中华人民共和国经济档案资料选编·劳动工资和职工保险福利卷》，中国物价出版社1998年版，第657页。

和 1955 年，由于工业、基本建设、交通运输等部门的工资标准没有调整，并取消了一些不合理的奖励、津贴制度后，新的奖励、津贴制度没有及时建立起来，对职工的升级控制过紧，以及某些企业和工程单位有停工窝工现象，因而这些部门职工的平均工资提高的速度较慢；1956 年工资改革增加工资过多，超过了国务院原规定增加工资 14.5% 的指标，实际增加了 18.1%，增长最快。由于增加工资过多，加大了国家财政开支，使市场一度出现消费资料供应紧张的情况；1957 年又减缓下来。

从主要工业部门职工年平均工资的增长情况来看，"一五"时期煤炭工人工资增长 57.34%，建材工人工资增长 46.88%，冶金工人工资增长 36.88%，机械工人工资增长 25.47%，纺织工人工资增长 24.16%（见表 3—5）。

表 3—5　　　　主要工业部门职工年平均工资（全民所有制单位）　　单位：元

年份	合计	冶金	电力	煤炭	石油	化工	机械	建材	森林	食品	纺织	造纸
1952	515	564	68i	504	650	631	585	416	536	441	534	477
1953	576	655	719	578	821	657	645	491	657	483	579	559
1954	597	667	736	607	800	701	659	492	652	490	616	576
1955	600	675	735	650	825	686	668	496	620	470	613	583
1956	674	783	802	769	935	704	739	590	715	519	654	636
1957	690	772	817	793	915	701	734	611	768	574	663	627

资料来源：《中国劳动工资统计资料（1949—1985）》，中国统计出版社 1987 年版，第 159 页。

第二，工资增长中的产业、地区差别。"一五"时期，地区间、部门间、各类人员间的工资关系和工资制度都有不同程度的调整和改进。有些部门、有些地区的工资增加得较多，而另外一些部门、地区的工资增加得较少。这既取决于贯彻按劳分配原则，又受国家工业化战略和原来工资状况的影响。

"一五"时期，建设的重点是发展重工业，建立工业化的初步基础。重工业技术复杂、劳动条件艰苦，因此，在工资增长指标、工资标准和平均工资增长数量等方面，一般都高于轻工业。全国工资改革的后 1956 年与 1955 年相比，职工的平均工资在国营重工业部门提高 15.6%，国营轻工业部门提高 12%，非工业部门（不包括教育部门和供销合作社系统）提高 10.9%，国家机关提高 10%。到"一五"末期，工资水平较高的是工业、基建、交通运输部门的职工，其次是国家机关人员和事业单位的职工，比较低的仍然是乡镇干部、小学教员和供销合作社人员。就工业部门职工平均工资来看，据国家统计局对五个工业部门的统计，各产业职工工资水平由高到低的顺序，1950 年是纺织、机械、冶金、煤炭、轻工，1953 年是冶金、机械、纺织、煤炭、轻工，1957 年是煤炭、冶金、机械、纺织、轻工。[①]

在地区关系方面，为了使工资政策符合国家经济建设的需要，对于内地重点发展地区的工资标准也规定得较高，沿海地区与其他地区之间过大的工资差别有所缩小。在提高工资最多的 1956 年的工资改革中，对于同类产业在不同地区的企业，规定了不同的工资标准加以调整。以石油钻井行业为例，同等级工人的工资标准由低到高的地区排序分别是四川、河北、陕西、甘肃、新疆、青海。以国营机械制造工业职工的平均工资为例，1956 年工资改革后，上海增长 9%，天津增长 12%，湖北增长 18%，山西增长 19%，黑龙江增长 20%。由于对各地区采取不同的增长幅度，各地区之间的工资关系有了一定改善。从上海和西安的几个同类产业职工的平均工资水平的对比来看，改革前电力业上海比西安高 35.4%，改革后高 18.4%；纺织业改革前上海比西安高 23.1%，改革后高 12.5%；印染业改革前上海比西安高 17.7%，改革后高 10.6%。再从北京和东北地区的同类产业职工平均工资水平的对比来看，北京的钢铁业改革前比东北高 16.2%，改革后高 10.1%；电力业改革前高 10.4%，改革后高 5.9%；机器制造业改革前高 8.2%，改革后高 3%。再如，包头市工人的各级工资标准，改革前都低于沈阳，改革后一般都比沈阳高 9%。[②] 在国家机关和事业单位方面，由于改行了 11 类地区工资标准，地区间的不合理状况也有所改善。

第三，工资调整中的等级差距。"一五"时期，工资调整中一个非常突出的问题是干群工资差距的处理。在 1956 年的工资改革中，企业领导人的工资标准定得较高，工资增加幅度过大，一时引起了工人的不满。中央及时发现了这个问题，于是，在 1956 年 10 月批转劳动部党组的报告中决定：科长以上干部的工资增长幅度不得超过 20%，厂长一级主要领导干部的工资

[①] 《中国劳动工资统计资料（1949—1985）》，中国统计出版社 1987 年版，第 159 页。
[②] 袁伦渠主编：《中国劳动经济史》，北京经济学院出版社 1990 年版，第 151—152 页。

增长幅度不得超过 13%。通过调整降低企业领导人员工资增加的幅度，一定程度上消除了群众的意见，缓和了企业内部的干群关系，保证了工资改革的顺利完成。1956 年 12 月，国务院发出《关于降低国家机关十级以上干部工资标准的规定》，决定将国家机关 10 级以上领导干部的工资标准降低 3%—10%。其中，1—5 级降低 10%，6—8 级降低 6%，9 级、10 级降低 3%。就北京地区而言，干部的最高工资由 644 元降到 579.50 元。

3. 工资增长的影响因素

"一五"时期，职工工资收入总体呈现波动上升的态势。影响工资增长的因素主要有以下几个方面：

第一，劳动生产率的增长速度。职工工资增长的快慢，首先取决于劳动生产率的提高速度，劳动生产率的提高是工资提高的物质基础。根据"一五"计划的规定，劳动生产率要提高 66%，每年平均增长 13.2%；工资增长 33%，每年平均增长 6.6%，即劳动生产率每提高 1%，工资增长 0.5%。从当时的情况看，这样的安排是合理的，它既照顾到了职工个人眼前的利益，使工资逐步有所提高、物质生活不断得到改善，又考虑到了国家长远的利益。实际执行的情况是：职工工资水平的提高和社会劳动生产率的提高基本上是相适应的，社会劳动生产率提高快的年份如 1953 年和 1956 年，职工工资增长率就高；社会劳动生产率提高慢的年份如 1954 年、1955 年和 1957 年，职工工资增长率就低。除 1956 年外，职工工资水平的增长速度都低于社会劳动生产率的增长速度。这种状况也是符合党中央提出的在发展生产、提高劳动生产率的基础上逐步增加工资的方针的。职工工资增长慢于劳动生产率的提高，保证了社会主义积累的不断扩大，从而也就促进了国民经济的高速发展。两者历年增长速度如表 3—6 所示。

表 3—6　　劳动生产率与职工工资水平变化的关系（以上一年为 100）

年份	1953	1954	1955	1956	1957
职工工资水平	105.3	103.5	102.5	114.4	102.4
社会劳动生产率	110.3	103.6	104.1	112.0	103.0
工业部门劳动生产率	108.1	112.5	110.0	118.9	95.6

资料来源：苏星、杨秋宝编：《新中国经济史资料选编》，中共中央党校出版社 2000 年版，第 441 页。

第二，国民收入分配格局的变化。"一五"时期，国民收入的增长速度是较快的。从1952年的643.6亿元（按1957年不变价格计算，下同），增长到1957年的980.4亿元，5年内增长了52%，平均每年增长8.8%。5年的国民收入总共为4199亿元，其中积累基金为966.7亿元，消费基金为3232.3亿元，积累和消费的比例是23%：77%。总体上看，积累占国民收入的比重呈现逐渐提高的趋势。各年的积累率分别是：1952年19.7%、1953年22.4%、1954年22.7%、1955年21.6%、1956年24.4%、1957年23.7%。1957年同1952年比较，积累基金增长了77%，消费基金增长了40%。[①] 1953年，中共中央在关于工资问题的批示中指出："正确的方针应该是：在发展生产、提高劳动生产率的基础上，使工资福利适当地逐步增加，但也不可能增加过多。既不可不增，也不可多增，就是说应把重点放在长远利益上。"[②] 在这一方针的指引下，"一五"时期，为了尽快奠定国家工业化的基础，积累基金增长快于消费基金的增长，积累基金比例逐渐提高，从而决定了职工的工资水平只能出现小幅度提高。职工工资增长43%，与消费基金增长40%的状况是基本吻合的，反映了消费基金增速对职工工资增速具有限制性意义。从上述资料也可以看到，国民收入中积累和消费比例的变化对于职工工资变化具有滞后影响效应。也就是说，在国民收入中积累比例较高从而消费比例较低的年份（如1952年和1955年），一般会带来次年职工工资较高的增幅（如1953年和1956年）；反之亦然。所有这些情形，说明了国民收入分配比例对于职工工资变化的制约作用。

第三，农业的丰歉。在一个相对封闭的经济体中，职工工资和生活水平的提高，也受制于本国农业生产的发展情况。"一五"时期，中国计划经济体制基本建立，主要农副产品也开始实行统购统销政策，国家调整职工工资的计划，离不开对前一年农业丰歉的考虑。由于当时消费资料生产的增长90%是靠农业，从而农业生产的好坏与职工工资增长之间存在密切的联系。5年内，农业生产增长了24.7%，工业消费品增长了83%，两者合计增长43%，职工工资增长了43.1%，两者基本相同。实践证明，工资福利的增长

---

① 苏星、杨秋宝编：《新中国经济史资料选编》，中共中央党校出版社2000年版，第256页。
② 《1953—1957中华人民共和国经济档案资料选编·劳动工资和职工保险福利卷》，中国物价出版社1998年版，第464页。

必须要有生活资料的物质保证，而生活资料的增长（轻工业、农业）主要是靠农业，因此，农业收成的好坏，直接影响轻工业生产，也影响职工的工资福利。从统计数据看，凡是农业丰年，农业向轻工业提供的原料也较多，下一年轻工业生产发展也就比较快，职工工资的增长幅度也随之比较大；遇到歉收年份，则下一年轻工业生产增长就慢些，职工工资增长幅度就小些。比如，1952年和1955年都是农业丰年，因而1953年和1956年的工资增长就快些；1954年和1956年是农业歉年，因而1955年和1957年的工资增长就慢些。相关情况如表3—7所示。这种情况表明，由于中国是一个人口众多、生产落后的农业大国，经济发展的速度很大程度上取决于农业生产的好坏。因此，工资福利增长的速度，不仅要根据工业生产发展的速度，而且一定程度上也要根据农业生产发展的速度来计划。中国增加工资福利，必须周密地考虑到生活资料的供应能力和国家的财政力量，考虑到工人和农民的关系，必须根据农业生产的丰歉，有计划、按比例、逐步地进行。

表3—7　　　　农业增长与职工工资增长的关系（比上一年增长%）

年份	1952	1953	1954	1955	1956	1957
农业总产值	15.3	3.1	3.3	7.7	4.9	3.5
提供轻工业加工的农业原料	26.5	8.2	3.2	13.2	5.2	2.5
轻工业总产值	23.8	26.7	14.2	-0.03	19.8	5.6
职工工资		5.3	3.5	2.5	14.4	2.4

资料来源：苏星、杨秋宝编：《新中国经济史资料选编》，中共中央党校出版社2000年版，第286、441页。

第四，经济发展战略。"一五"时期，一方面，国家经济建设的基本任务是集中主要力量进行以苏联帮助设计的156个建设单位为中心的、由限额以上的694个建设单位组成的工业建设，建立社会主义工业化的初步基础。与之相应，"一五"计划把基本建设投资的大部分投入了工业，在工业投资中的重点又是重工业，突出体现了重工业优先发展的战略。为了配合这一战略的实施，国家安排重工业部门的工资增长快于轻工业部门，直接生产部门比其他部门的工资有较大的增长。另一方面，为了改变工业布局极不合理的历史现状，国家把工业建设的重点转向内地，要求在合理地利用沿海城市的工业基础的前提下，更为积极地进行华北、西北、华中和西南地区新的工业基地建设。为了鼓励职工到内地工作，开发矿产资源，发展落后地区的经济，国家就在工资报酬上给予适当照顾，或者设立了地区津贴，或者提高了工资的地区差别，把内地重点发展地区的工资标准规定得比较高，以符合国家经济发展的需要。在这种政策导向下，"一五"时期内地职工的工资增长快于沿海地区。

第 四 章
新中国劳动保险和职工福利制度的建立

新中国成立之初，国家对某些行业在旧中国建立的社会保险制度采取了延续下来的办法。例如，1950年3月15日中财委曾发出《关于退休人员处理办法的通知》。虽然这是新中国成立后发布的第一个关于退休养老方面的文件，但其适用范围限制在旧中国就有退休金的机关、铁路、邮局、海关等单位的职工，因此，这只是对上述单位原有职工享受退休保障制度的延续或认可，不能将其视为新中国退休养老保险制度建立的开始。[①] 新中国成立初期，在中国共产党和人民政府的领导下，为适应国民经济的恢复和发展，特别是优先发展重工业战略的需要，根据在发展生产、提高劳动生产率的基础上逐步改善职工生活的方针，建立起企业职工劳动保险制度和国家机关工作人员社会保险制度以及职工福利制度，显著提高了城市职工和居民的生活水平。

一 企业职工劳动保险制度的初创

（一）《劳动保险条例》的颁布与实施

早在1948年12月，东北地区就首先制定了《东北公营企业战时暂行劳动保险条例》，1949年4月在全区国营的铁路、矿山、军工、军需、邮电、电气、纺织7个行业的企业实行，随后扩大到常年固定生产的公营工矿企业，这是新中国劳动保险工作的序幕。随着解放战争的节节胜利，华北各省

[①] 郑功成等：《中国社会保障制度变迁与评估》，中国人民大学出版社2002年版，第78页。

市如察哈尔、河北、天津、太原、石家庄和铁路、邮电企业以及西北、西南、中南个别地区及企业都仿照东北条例的规定，实行了劳动保险。

新中国成立后，政务院根据中国人民政治协商会议第一届全体会议通过的、起临时宪法作用的《共同纲领》关于在企业中"逐步实行劳动保险制度"的规定，责成劳动部会同中华全国总工会草拟《劳动保险条例》。劳动部和中华全国总工会在总结革命根据地和解放区以及铁路、邮电等产业部门实行社会保险的经验基础上，参考国外的做法，于1950年拟定了《中华人民共和国劳动保险条例（草案）》。《劳动保险条例（草案）》，经中国人民政治协商会议审查同意后，政务院于1950年10月27日予以公布，组织全国职工讨论。① 《劳动保险条例（草案）》对医疗、生育、年老、疾病、伤残、死亡等待遇都有规定，对职工供养的直系亲属的待遇也作了某些规定。

当时，国民经济正处于恢复时期，人民解放战争和抗美援朝战争正在进行，国家的财政经济存在很多困难。在这样的情况下，为解决职工因暂时或永久丧失劳动能力时的困难，着手创建社会保险制度，充分体现了党和政府全心全意为人民服务的宗旨。因此，《劳动保险条例（草案）》在全国各报公布的当天，报纸立即被竞购一空，工人群众争先阅读，他们对比新旧社会，感慨万千，都说：社会主义好，生老病死有"劳保"。许多职工把《劳动保险条例》比作农民在土改中分得的土地，喜庆生活有了保障。有的职工把准备养老用的积蓄，全部捐献给国家购买飞机大炮，支援抗美援朝战争。《劳动保险条例（草案）》经过广大职工3个月的充分讨论，再做了认真修改后，政务院于1951年2月26日正式颁布实施。② 该《劳动保险条例（草案）》是公认的新中国成立后的第一个内容完整的社会保险法规，也是新中国社会保险制度建立的标志。

为了顺利贯彻《劳动保险条例》，1951年3月24日，劳动部公布试行了《劳动保险条例实施细则（草案）》，并会同中华全国总工会举办了全国保险干部培训班，以做好组织上的准备。此外，还做了以下三个方面的工作：一是劳动部和有关部门颁布了保证《劳动保险条例》正确执行的一些制度，主要有：《关于劳动保险登记手续的规定》（1951年2月27日）、《劳

---

① 单其身：《第一部社会保险立法》，《中国社会保险》1999年第10期。
② 黎建飞：《中国共产党与中国的社会保障法制建设》，《法学家》2001年第4期。

动保险登记卡片表式及说明的通知》（1951年3月6日）、《关于工资总额组成的规定》（1951年3月7日）、《劳动保险基金会计制度》（1951年4月20日）等。① 二是建立劳动保险组织，批准实行《劳动保险条例》的企业都成立了劳动保险委员会，车间设劳动保险委员，班组设劳动保险干事，并通过各种方式，培训基层大批脱产和不脱产的保险工作积极分子。三是继续进行宣传教育，使职工更好地理解实行《劳动保险条例》的意义和具体内容，为社会保险工作的群众监督打下基础。

《劳动保险条例》开始只在100人以上的国营、公私合营、私营和合作社营的工厂、矿场及其附属单位，以及铁路、航运、邮电三个产业所属企业单位和附属单位实行。其原因有：一是国家财力有限，还不能在所有企业普遍实行；二是缺乏经验，只宜采取"重点试行，逐步推广"的办法；三是100人以上的单位，生产经营比较正常，具有支付保险费用的能力，行政和工会组织也比较健全。当时，100人以上的企业虽然不多，但职工人数却占全国职工总数的很大比重。以上海为例，全市16个产业有5315个企业，41.5万职工，其中100人以上的企业只占14%，而职工人数却占职工总数的80%以上。据统计，至1952年年底，全国实行《劳动保险条例》的企业共有3861个，职工302万人，连同他们的供养直系亲属在内，有1000万人左右，支付劳动保险费用1.7亿元。②

对暂不实行《劳动保险条例》的单位，职工的保险待遇，采取由企业行政或资方与工会组织双方，根据《劳动保险条例》的原则与本企业的实际情况进行协商，通过签订集体劳动保险合同的办法解决，使这些职工也享受到社会保险待遇。③ 山东省的集体合同形式有两种：一种是"生产劳动集体合同"。如1951年9月济南市砖瓦窑业工会在市总工会帮助下，领导全行业职工与行政或资方订立了"生产劳动集体合同"，将生产、奖励、劳动保护和职工的病、死、伤、残等保险福利问题都作为主要内容。另一种是"劳动保险集体合同"，如1951年4月省运输公司、省公路运输总工会订立的

---

① 单其身：《第一部社会保险立法》，《中国社会保险》1999年第10期。
② 严忠勤主编：《当代中国的职工工资福利和社会保险》，中国社会科学出版社1987年版，第304—305页。
③ 黎建飞：《中国共产党与中国的社会保障法制建设》，《法学家》2001年第4期。

"劳动保险集体合同"规定了职工的各项劳保待遇,包括因工负伤、残废待遇;疾病、非因工负伤、残废待遇;工人与职员及其供养的直系亲属死亡时的待遇;养老待遇;生育待遇等。[①] 虽然这些尚不具备实行《劳动保险条例》的单位签订集体合同的时间有早有晚,合同规定的项目有多有少,待遇标准也比《劳动保险条例》的规定低些,但是,通过这种方式,却使职工在不同程度上享受到了社会保险待遇。

《劳动保险条例》所规定的内容比较齐全,包括养老、疾病、工伤、生育、死亡等保险项目,适用于企业。它的实施,基本解决了企业职工在旧社会依靠个人无法解决的困难,大大地鼓舞了他们的劳动热情。当时,许多工矿企业掀起了爱国主义劳动竞赛,订立了爱国公约,推动了增产节约运动的开展,生产面貌日新月异。

(二)《劳动保险条例》的修正

1953年,国家财政经济状况已经根本好转,进入了有计划建设时期。为了适应大规模经济建设的要求,对《劳动保险条例》又做了一些修改。1953年1月2日,经政务院政务会议通过,发布了《关于中华人民共和国劳动保险条例若干修正的决定》,同时公布了修正后的《劳动保险条例》。1953年1月26日,劳动部公布了《劳动保险条例实施细则修正草案》。这次修正的主要内容包括两个方面:一是适当扩大实施范围;二是酌量提高待遇标准。政务院的《决定》指出:"现在国家经济状况已经根本好转,大规模经济建设工作即将展开,自应适当扩大劳动保险条例实施范围并酌量提高待遇标准,但由于抗美援朝的斗争仍在继续进行,经济建设又需投入大量资金,国家势必将财力首先用之于全国人民根本利益的主要事业,同时工人阶级和全体人民的福利也只有在生产发展的基础上才能改进。因此目前劳动保险条例的实施范围还不能扩大得过大,待遇标准也不能提得过高。"[②] 1954年,新中国第一部宪法也对社会保险制度做出一些原则性规定。

《劳动保险条例》修正前后各项条件和待遇,具体内容见表4—1。

---

① 山东省劳动局地方志办公室:《山东省劳动志稿(三)》(内部资料)1988年3月,第135—141页。
② 严忠勤主编:《当代中国的职工工资福利和社会保险》,中国社会科学出版社1987年版,第306页。

表4—1　　　　　　《劳动保险条例》修正前后各项条件和待遇比较

		修正前规定	修正后规定
	实施范围	限于100人以上的工厂、矿场及铁路、邮电、航运三个产业	扩大到工厂、矿场及交通事业的基本建设单位；国营建筑公司
生育	假期和工资	正产56天，3个月以内小产15天，7个月以内小产30天。产假期间工资照发	正产56天，7个月以内小产30天；难产或双生增加14天。产假期间工资照发
	生育补助费	5尺红布	4万元（旧币）
	检查费、接生费	无规定	由企业支付
疾病	病假工资或疾病救济费	病假连续3个月以内，由企业支付本人50%—100%的工资；病假连续3个月以上至6个月，由劳动保险基金支付本人工资30%—50%的疾病救济费	病假连续在6个月以内，支付本人60%—100%的工资；病假连续6个月以上，支付本人工资40%—60%的疾病救济费
	治疗费、住院费、普通药费	由企业负担	同左
	贵重药费、就医路费、住院膳费	本人自理	同左
负伤	因工 生活待遇	医疗期间工资照发	同左
	因工 医疗待遇	治疗费、住院费、药费、住院膳费、就医路费均由企业负担	同左
	非因工 生活待遇	与疾病待遇相同	同左
	非因工 医疗待遇	与疾病待遇相同	同左
残废	因工 完全丧失劳动能力	饮食起居需人扶助的，按本人工资发给75%的残废抚恤费；不需人扶助的，发给60%	同左
	因工 部分丧失劳动能力	发给本人工资5%—20%的残废补助费	发给本人工资10%—30%的残废补助费
	非因工	完全丧失劳动能力的，发给本人工资20%—30%的残废救济金；有其他经济来源可维持生活的不发给	完全丧失劳动能力的，饮食起居需人扶助的，发给本人工资50%的残废救济金；饮食起居不需人扶助的，发给本人工资的40%；部分丧失劳动能力尚能工作的不发给

续表

			修正前规定	修正后规定
实施范围			限于100人以上的工厂、矿场及铁路、邮电、航运三个产业	扩大到工厂、矿场及交通事业的基本建设单位；国营建筑公司
死亡	因工	丧葬费	由企业支付相当于2个月的企业平均工资	由企业支付相当于3个月的企业平均工资
		抚恤费	按供养直系亲属人数，每月由保险金支付相当于死者本人工资25%—50%的供养直系亲属抚恤费	同左
	因病或非因工	丧葬补助费	由保险金支付相当1个月企业平均工资	由保险金支付相当2个月企业平均工资
		救济费	由保险金支付相当于死者3—12个月的工资	由保险金支付相当于死者6—12个月的工资
养老	退休养老条件		男年满60岁、女满50岁；本企业工龄10年，一般工龄男25年、女20年	男年满60岁、女满50岁，本企业工龄5年，一般工龄男25年、女20年；从事井下、有毒有害工作的，男年满55岁、女满45岁
	退休养老待遇		每月由保险金按本人工资35%—60%支付	每月由保险金按本人工资50%—70%支付
供养直系亲属待遇	医疗		在企业医疗所、医院、特约医院免费诊治，普通药费企业负担一半	在企业医疗所、医院、特约医院或特约中西医师处免费诊治，手术费和普通药费企业负担一半
	丧葬补助费		死者10周岁以上，付给企业月平均工资的1/3；1—10周岁的付给1/4；不满1周岁的不给	死者10周岁以上，付给企业月平均工资的1/2；1—10周岁的付给1/3；不满1周岁的不给
	生育补助费		职工配偶生育时，与女职工享受同样的生育补助	同左

注：修正后规定：患职业病的职工，享受因工待遇；符合年老退休规定的职工，因工作需要继续留用的加发本人工资10%—20%的在职养老金。

资料来源：严忠勤主编：《当代中国的职工工资福利和社会保险》，中国社会科学出版社1987年版，第307—308页。

由于扩大实施范围，实行《劳动保险条例》的企业和职工人数均有增加。据统计，到 1953 年 3 月底，全国实行《劳动保险条例》的企业达到 4400 多个，比 1952 年增长 11.6%；职工人数达到 420 万人，比 1952 年增长 39.0%。另据不完全统计，全国签订集体劳动保险合同的单位有 4300 多个，职工 70 多万人。[1]

1955 年 5 月 21 日，经国务院批准，国家统计局重新颁发了《关于工资总额组成的暂行规定》，指出："工资总额包括在册与非在册人员的全部工资"，"凡企业、事业、机关、团体以货币形式或实物形式支付给职工的工作报酬，及根据立法规定支付给职工的工资性质的津贴，不问经费来源，均应计算在工资总额内。"工资总额的组成包括：对已做的工作按工资标准支付的计时工资；对已做的工作按计件单件（包括累进制的累进单价）支付的计件工资；由于工作条件变更（原材料不符合要求、加工过程复杂、工具和设备不良等）而发给计件工人的工资津贴；计件工人从事低于其技术等级的工作未达到原工资率的工资补贴；包工工资；不采用上列工资制度，而用营业提成办法所支付的报酬；各种经常性的奖金（如完成与超额完成计划、节约原材料、燃料、电力、提高质量及无事故等奖金）；加班加点津贴（包括节日、假日加班）；夜班津贴；非因工人过失而产生废品时的工资；非因工人过失而机器设备停工时间的工资；由于工作条件困难（工作有害健康、繁重、危险等）而发给的津贴；节日值班津贴；技术津贴；支给兼任工长（班组长）者的津贴；支给生产中教学徒者的津贴；稿费、讲课费及其他专门工作的报酬；地区津贴；在工作中女工哺育婴儿时间的工资；执行国家和社会义务时的工资；未成年工优待工作时间的工资；职工调动期间的工资；定期休假的工资；支给派出学习但仍算本单位编制内的工作人员的工资；其他工资性质的津贴（如伙食津贴、房贴、水电贴、煤贴等）；解雇金。这个《暂行规定》，不仅适用于企业，也适用于国家机关和事业单位，是计算社会保险待遇的重要依据。[2]

---

[1] 黎建飞：《中国共产党与中国的社会保障法制建设》，《法学家》2001 年第 4 期。
[2] 这个《暂行规定》一直实施到 1990 年 1 月 1 日《关于工资总额组成的规定》开始实施才废止。新的《关于工资总额组成的规定》，1989 年 9 月 30 日国务院批准，1990 年 1 月 1 日国家统计局令第一号发布施行。

1956年，根据国家财政经济的可能和国民经济发展的需要，《劳动保险条例》的实施范围又扩大到商业、外贸、粮食、供销合作、金融、民航、石油、地质、水产、国营农牧场、造林等产业和部门。至此，全国实行《劳动保险条例》的职工达到1600万人，比1953年增加了近3倍；签订集体劳动保险合同的职工有700万人，是1953年的10倍。享受保险待遇的职工人数，相当于当年国营、公私合营、私营企业职工总数的94%。[①] 其中，山东省实行劳动保险的职工达到512594人，比1951年增加2倍多。自公布《劳动保险条例》到1955年年底，全省实行劳动保险的企业共拨出劳动保险基金948.5万元，直接支付劳动保险费2575万元，这两项支出占同期工资总额的6.89%。[②]

《劳动保险条例》确立了以企业单方负费制为基础的现收现付筹资机制。[③] 企业职工各项社会保险待遇的费用，全部由实行《劳动保险条例》的企业负担，其中一部分由企业直接支付，另一部分由企业缴纳社会保险金，交工会组织办理。《劳动保险条例》将社会保险金划分为两大块，也即企业基层工会管理的社会保险基金与全国总工会管理的社会保险总基金。企业按月缴纳本企业职工工资总额的3%，作为劳动保险金。全国总工会委托中国人民银行代收、保管劳动保险金。在开始实行社会保险的前两个月内，企业缴纳的社会保险金，全数上缴全国总工会作为社会保险总基金，用于举办集体社会保险事业。自第三个月起，每月缴纳的社会保险金，其中30%上缴全国总工会，作为社会保险总基金，70%作为社会保险基金由企业基层工会管理，以应付日常支付之需，即用作支付因工残废抚恤费、救济费，疾病和非因工负伤救济费，退休费，退职生活费，丧葬补助费等项待遇。企业工会基层委员会留用的社会保险基金，每月结算一次，余额转入省、市工会组织或产业工会委员会，作为社会保险调剂金；不足开支时，向上级工会组织申请调剂。省、市工会组织或产业工会委员会的社会保险调剂金，用于补助所属各基层工会组织开支之不足和举办集体保险事业，每年结算一次，余额上

---

① 曾培炎主编：《新中国经济50年（1949—1999）》，中国计划出版社1999年版，第652页。
② 山东省劳动局地方志办公室：《山东省劳动志稿（三）》（内部资料）1988年3月，第132—133页。
③ 陈佳贵、罗斯纳等：《中国城市社会保障的改革》，《阿登纳基金会系列丛书》2002年第11辑，第66页。

缴中华全国总工会；不足开支时向中华全国总工会申请调剂。社会保险费用的统筹制度，对各企业支付社会保险各项待遇，发展社会保险集体事业，起到了保证作用。

（三）企业职工劳动保险管理体制

《劳动保险条例》规定，中华全国总工会为全国企业劳动保险事业的最高领导机关，统筹全国劳动保险事业的进行，督导所属各地方工会组织、各产业工会组织有关劳动保险事业的执行；审核并汇编劳动保险基金及总基金的收支报告表，每年编造劳动保险金的预算、决算、业务计划书及业务报告书，并送中央人民政府劳动部、财政部备查。各工会基层委员会为执行劳动保险业务的基层单位，其主要工作为：督促劳动保险金的缴纳；决定劳动保险基金的支付；监督本条例所规定由企业行政方面或资方直接支付的各项费用的开支；推动该企业改进集体劳动保险事业及医疗卫生工作；执行一切有关劳动保险的实际业务；每月编造劳动保险基金月报表，每年编造预算、决算、业务计划书及业务报告书，报告省、市工会组织和产业工会全国委员会及当地人民政府劳动行政机关；并向工会全体会员大会或代表大会报告工作。劳动部为全国企业劳动保险业务的最高监督机关，负责贯彻《劳动保险条例》的实施，检查全国劳动保险业务的执行；企业申请实行劳动保险均须由当地劳动部门登记审批；各级劳动部门负责监督检查劳动保险金的缴纳和业务的执行，处理有关劳动保险的申诉。1954 年为了精简政府机构，经政务院批准，企业的社会保险业务工作移交工会统一管理。同年 5 月 28 日，政务院发出了《关于劳动保险业务移交工会统一管理的通知》。6 月 15 日，劳动部和中华全国总工会根据政务院《通知》的精神，发出了《关于劳动保险业务移交工会统一管理的联合通知》，对各级劳动部门和工会组织的移交事宜作了具体规定。[①] 此后，企业的社会保险业务，由各级工会组织统一进行管理。

由于社会保险关系着每个劳动者的切身利益，有着广泛的群众性，政策性也很强。各级管理部门，特别是基层单位，必须发动群众参加管理，依据

[①] 宋士云、吕磊：《中国社会保障管理体制变迁研究（1949—2010）》，《贵州财经学院学报》2012 年第 2 期。

群众的监督，工作才能做好。《劳动保险条例》规定，企业成立保险委员会，车间设保险委员，在基层工会领导下，开展活动。这种组织，是企业中吸收热心社会保险的积极分子参加工作和进行监督的一种有效的群众组织。1951年3月1日，中华全国总工会发布《劳动保险委员会组织条例（试行草案）》，规定了保险委员会所属各组（宣传登记组、病伤职工照顾组、医务工作监督组、集体保险事业工作组、财务监督组）的具体任务。1954年5月16日，中华全国总工会书记处颁发了《劳动保险委员会组织通则（试行草案）》，规定委员会的主要任务是：向职工宣传社会保险的内容和意义，以激发他们的劳动热情，努力搞好生产；监督并帮助改善医务所或医院工作，积极开展防病防伤活动，降低职工病伤率，促进他们的身体健康，以利于增加生产；开展群众性的病伤慰问活动，主动关心职工，把党和国家的关怀及时送到每个职工的心坎上，起到密切党群关系的纽带作用；按照国家有关规定，处理日常工作，如办理保险登记、指导保险会计工作、审批职工对保险待遇的申请等。组织广大职工群众参加社会保险工作的管理和监督，是中国社会保险工作的重要特征。

此外，为了适应大批民工参加国家各项经济建设工程的形势，经政务院批准，由内务部和劳动部于1954年6月联合发布了《关于经济建设工程民工伤亡抚恤问题的暂行规定》。规定对伤亡民工的治疗、工资、抚恤、家属生活补助等问题提出了详细执行办法，一定程度上缓解了民工生活的后顾之忧。

二　国家机关工作人员社会保险制度的建立

全民所有制企业和大部分集体所有制企业的职工，实行《劳动保险条例》。而国家机关、民主党派、人民团体和事业单位工作人员（以下简称国家机关工作人员）的社会保险制度，则是以颁布各项单行法规的形式，逐步建立起来的。按照分工，新中国成立初期国家机关工作人员的社会保险工作由内务部统一管理。

（一）国家机关工作人员的伤亡褒恤制度

1950年12月11日，经政务院批准，内务部公布施行了《革命工作人员伤亡褒恤暂行条例》。该条例对国家工作人员的伤残和死亡待遇作了具体规定。该条例在1952年、1953年和1955年曾作过几次修改之后，待遇标准逐步提高。按照规定，革命工作人员对敌斗争或因公负伤后，送公立医院或就近请医治疗。医疗期间，生活费照发。负伤后成为残废的，根据致残原因，按照残废等级，并区别致残后是继续工作还是复员回家等不同情况，给予不同的待遇。1955年3月28日，内务部公布的标准规定，因公残废后在职工作的，每年发给残废优待金20—62元（因战残废的为24—72元）；复员回家的，如属于二等以上残废，每年发给残废抚恤金126—380元（因战残废的为136—420元），属于三等残废的，一次发给140—176元（因战残废的为165—220元）。按照《伤亡褒恤暂行条例》规定，国家机关工作人员死亡，除发给丧葬费外，又根据牺牲、病故两种不同情况和生前职务的高低，分别发给一次性抚恤费。1955年的抚恤费标准规定：牺牲的为180—650元，病故的为150—520元。死者遗属生活如有困难，由原工作机关根据从严掌握的精神，酌情给予临时或长期的补助。此项费用在机关福利费内列支；如果开支有困难，也可以在行政费内报销。

（二）国家机关工作人员的医疗保险制度

公费医疗预防的措施，在老革命根据地早有先例，那时它是战时共产主义体制下"供给制"的内容之一。新中国成立后，由于条件限制，仅在部分地区和人员中实行。1951年随着企业实行《劳动保险条例》，公费医疗的范围有所扩大。到1952年，国民经济恢复已经取得重大成就，具备了普遍实行公费医疗所必需的医疗条件和经济条件。

1952年6月27日，政务院颁发了《关于全国各级人民政府、党派、团体及所属事业单位的国家机关工作人员实行公费医疗预防措施的指示》，《指示》规定：自1952年7月起，分期推广公费医疗制度，使全国各级人民政府、党派、工、青、妇等团体，以及文化、教育、卫生等事业单位的工作人员和残废军人，都享受公费医疗待遇。医疗费用由各级人民政府领导的卫生机构，按照各单位编制人数比例分配，统筹统支，使用时可按照情况重点支付，绝对不许平均分配发给个人。门诊、住院所需的诊疗费、手术费、住院费、门诊或住院中经医师处方的药费，均由医药费拨付；住院的膳费、就医路费由病者本人负担,如实有困难,得由机关给予补助,在行政经费内报销。8月24日,政务院批准了卫生部制定的《国家工作人员公费医疗预防实施办法》。1952年公费医疗制度启动时,该医疗保险计划覆盖国家干部400万人。[①] 1953年1月,卫生部在《关于公费医疗的几项规定》中,又将公费医疗预防制度实施范围扩大到高等学校的在校学生及乡干部。同时,为了控制用药与不必要的检查,国家还制定了十一类西药和大部分中成药的基本药物目录、大型设备检查的规定及公费用药报销范围。1956年《国家机关工作人员退休后仍应享受公费医疗待遇的通知》《关于高等学校工作人员退休后仍应享受公费医疗待遇的通知》等法规和规定的发布,则使公费医疗实施范围进一步扩大。公费医疗制度是中国对享受对象实行的一种免费医疗保障制度,由于其经费主要来源于各级财政,因此,这项制度又可以说是一种国家或政府保险型的医疗保险制度。

关于国家机关工作人员患病期间的待遇问题,政务院于1952年9月12日颁发了《关于各级人民政府工作人员在患病期间待遇暂行办法的规定》。1954年7月24日和1955年12月29日作过两次修改,修改后的待遇为:病假连续在1个月以内的,不分工作年限长短,都按本人标准工资的100%发给;超过1个月至6个月以内的,为70%—100%(工作年限满10年的为100%);6个月以上的,为50%—80%。上述原办法和修改后的新办法在待遇水平上均高于企业。

关于国家机关工作人员子女的医疗问题,1955年9月17日,财政部、卫生部和国务院人事局联合发布的《关于国家机关工作人员子女医疗问题的通知》提出,由于国家机关工作人员已全部实行工资制,其子女患病的医疗问题,可在两种办法中择其一种来解决:一种办法是国家机关工作人员的子女,每人每月按公费医疗规定数额缴纳医疗费,由机关统一掌握,参加统筹子女的医疗费,从统筹费内开支;另一种办法是,实行统筹有困难的单位,子女医疗费由本人自理,对确有困难的,从机关福利费内予以补助。

---

① 陈佳贵、罗斯纳等:《中国城市社会保障的改革》,《阿登纳基金会系列丛书》2002年第11辑,第67页。

(三) 国家机关工作人员的生育保险制度

国家机关工作人员的生育待遇是以政务院 1955 年 4 月 26 日颁发的《关于女工作人员生育假期的通知》建立起来的。这一通知规定的生育假期、生育假期工资及怀孕、分娩时的检查费、接生费等的待遇，都与《劳动保险条例》的规定相同，只是没有规定生育补助费。

(四) 国家机关工作人员的退休退职保险制度

它是以 1955 年 12 月 29 日国务院发布《国家机关工作人员退休处理暂行办法》《国家机关工作人员退职处理暂行办法》《关于处理国家机关工作人员退职、退休时计算工作年限的暂行规定》等法规为建立标志的。其中，《退休处理暂行办法》规定："男子年满 60 岁、女子年满 55 岁，工作年限已满 15 年的"，或者"工作年限已满 10 年，因劳致疾丧失工作能力的"工作人员，可以退休。工作人员退休后的待遇标准：属于因工残废退休的待遇为本人工资的 70%—80%，符合其他条件退休的为 50%—70%；对有重大功绩或贡献的退休人员，只规定"可以酌量提高"，没有规定具体数额。退休后的工作人员死亡时，一次发给 3 个月的退休金给其家人，作为丧葬补助费。自此以后，国家机关、事业单位工作人员的退休制度与企业职工的退休制度一直处于并行格局。这种长期并行的格局，迄今仍在影响着当前中国社会养老保险制度的改革与发展。

国家机关建立退休、退职制度后，据 1956 年的不完全统计，退休人数约 1000 人；退职人数按中央 51 个部门和 25 个省（自治区、直辖市）统计有 8000 多人。这对当时贯彻中央关于精简的方针起到了积极作用。[①]

到 1955 年年末，国家机关工作人员的社会保险制度已相继建立，他们的生、老、病、死、伤、残待遇，都有了明确的规定。国家机关工作人员社会保险待遇的费用，主要来自两个方面：公费医疗经费由国家每年拨交给卫生部门统筹使用；其他各项待遇，则由各单位的行政费或事业费项下列支。

综上所述，到 1956 年年底，在城市基本建立起两套社会保险制度体系，

---

① 严忠勤主编：《当代中国的职工工资福利和社会保险》，中国社会科学出版社 1987 年版，第 313 页。

即企业职工的劳动保险体系和政府机关、事业单位工作人员的社会保险体系，它们都以养老、医疗保险为主要支柱，同时涵盖工伤、生育、死亡抚恤等保险项目；都以就业为基础，实行的是以单位负费制为基础的现收现付筹资机制，而且也都没有失业保险内容；都在一定程度上有效地防范了生、老、病、死、伤、残等各类风险，满足了职工的基本生活需求。它们都呈现出国家—单位保障制的共同特点，即国家（主要体现在中央政府）承担着制定统一政策、直接供款和组织实施的主要责任，各机关、企事业单位则具体承担着本单位职工社会保险的相关责任，特别是在全民所有制单位中更为突出。它们的不同点在于：从管理体制上看，企业职工的劳动保险体系，依据《劳动保险条例》规定，企业基层工会负责社会保险基金的收缴、发放，各省、市工会组织、各产业工会全国委员会或地区委员会对所属企业基层工会负指导督促之责，各级人民政府劳动行政机关负责监督社会保险金的收缴、发放，并处理有关社会保险事件的申诉。而政府机关、事业单位的社会保险体系，按照分工，则由内务部负责，费用来自财政拨款，或在机关福利费内列支，也可以在行政费内报销，或由公费医疗经费项目开支。从它们适用的法律法规上看，企业职工的劳动保险依据《劳动保险条例》，政府机关、事业单位的社会保险则是以颁布单项法规的形式进行。例如，企业职工和国家机关工作人员的医疗保险是分开的，前者是由《劳动保险条例》规定的，称为劳保医疗；后者是单行法规规定的，称为公费医疗。企业用于职工的医疗经费，由企业在"劳动保险金"项下列支；国家机关、事业单位用于工作人员的公费医疗费用，在国家预算拨付的，由卫生部门管理的"公费医疗经费"项下列支。从社会保险待遇的标准来看，互有高低。比如，国家机关和事业单位退休待遇标准比企业稍低一些，但医疗、病假待遇标准高于企业。

三　职工福利制度的确立

职工福利由职工所在单位举办，它以职业为依托、以城镇职工为主体，只要凭本单位的正式职工的身份即可享受，是消费基金分配的一种形式。[①]

---

① 宋士云：《新中国社会福利制度发展的历史考察》，《中国经济史研究》2009 年第 3 期。

职工福利的内容、形式和水平不是一成不变的，它决定于不同时期的社会生产力水平、职工消费水平和单位经济效益的高低。职工福利作为新中国社会福利制度重要组成部分，其内容大体可分为三类：

第一，为职工生活提供方便、减轻家务劳动而举办的集体福利设施，如宿舍、食堂、浴室、理发室、托儿所、幼儿园等。1953 年 1 月，劳动部公布的《劳动保险条例实施细则修正草案》规定：实行劳动保险的企业应根据工人职员的需要及企业经济情况，单独或联合其他企业设立疗养所、营养食堂、托儿所等，其房屋设备、工作人员的工资及一切经常费用，完全由企业行政方面或资方负担。全国总工会女工部和全国妇联多次召开托儿所工作会议和儿童福利工作会议，要求各单位把托幼工作做好。1956 年教育部、卫生部、内务部联合发出通知，指出"为了帮助母亲们解决照顾和教育自己的孩子的问题，托儿所和幼儿园必须有相应地增加"。以纺织系统为例，1953—1955 年，青海、天津、东北、上海等地区用于老厂基建、兴建、扩建托儿所、幼儿园的费用就达 182 亿元。[①]"一五"计划期间，住房建设投资相当于国家基建投资的 9.1%，建成职工住宅 9454 万平方米。大量的职工从解放初住的草棚、木板房搬进了工人新村，较快地改善了职工的住宅条件。[②] 大多数的大、中型企业和机关、事业单位办起了职工食堂、浴室，有些单位还建立了理发室、休息室等。

第二，为减轻职工生活费用开支而建立的福利补贴，如生活困难补助、冬季宿舍取暖补贴、探亲补贴等。1953 年 5 月，财政部、人事部发布《关于统一掌管多子女补助与家属福利等问题的联合通知》，初步确立了面向城镇居民家庭的津贴政策；1954 年 3 月，政务院发布《关于各级人民政府工作人员福利费掌管使用办法的通知》，对机关事业单位工作人员的福利待遇及经费来源、管理和使用作了规定；1955 年 9 月，财政部、卫生部、国务院人事局联合发出《关于国家机关工作人员子女医疗问题的通知》，家属享受半费医疗待遇成为新的福利政策；1956 年 12 月，国务院发布《关于国家机

[①] 劳动人事部保险福利局编：《社会保险与职工福利讲稿》，劳动人事出版社 1986 年版，第 167—169 页。

[②] 严忠勤主编：《当代中国的职工工资福利和社会保险》，中国社会科学出版社 1987 年版，第 195—196 页。

关和事业、企业单位1956年职工冬季宿舍取暖补贴的通知》，确立了城镇职工家庭的冬季取暖福利政策；1956年，全国总工会向各级工会发出了《职工生活困难补助办法》，对有关职工困难补助的原则、补助对象、经费来源、补助办法等都有明确的规定；等等。

第三，为丰富职工生活而建立的文化福利设施和组织的活动，如文化宫、俱乐部，以及开展各种文娱体育活动等。1950年6月颁布的《中华人民共和国工会法》规定：工会有改善工人、职员群众的物质生活与文化生活的各种设施之责任，各级政府应拨给工会以必要的房屋与设备，作为工会办公、会议、教育、娱乐及举办集体事业等之用。同年，还召开了全国第一次工会俱乐部工作会议，制定了工人文化宫、俱乐部组织条例、工作条例。全国市文化宫和俱乐部1950年有789个，到1954年增至12376个。工人图书馆从无到有，发展到9650个，藏书达1170万册。1956年全国职工业余曲艺观摩会演，检阅了职工业余文艺成绩。据不完全统计，当时参加各种业余文艺组织的有60多万人，职工业余创作组有6000多个。[1] 这些文化福利事业的发展，既丰富了广大职工的文化生活，又为职工学政治、学科学技术，参加各种业余文艺活动创造了良好条件。

职工福利工作是由有关政府行政部门及工会、妇联等群众团体共同协作配合进行的。在基层单位，职工福利的具体事宜由单位行政部门和工会分头负责，协同管理。为了建立职工福利设施、发展文化福利事业和建立福利性补贴制度，中国共产党和人民政府高度重视，并提出举办职工福利事业的方针，1953年中共中央明确指出：从国家建设的长远利益与保护工人的当前切身生活利益出发，适当解决工人的工资福利问题甚为重要，正确的方针应该是在发展生产、提高劳动生产率的基础上，使工资福利适当地逐步增加。另外，国家和单位在经费上给予保证。职工福利事业的经费来源主要有以下五个方面：

一是国家提供给单位的基本建设投资中，与职工基本生活有关的必要的非生产性建设费用。"一五"计划期间，全国非生产性投资占基本建设投资总额的28.3%。

---

[1] 劳动人事部保险福利局编：《社会保险与职工福利讲稿》，劳动人事出版社1986年版，第170页。

二是机关事业单位设有福利费,企业设有福利基金。职工生活困难补助以及企业单位职工食堂、托儿所、浴室、理发室等设施的经常性费用,均由福利费和福利基金开支。1953年政务院财经委员会规定,国营企业可按工资总额2.5%提取福利基金,用于一切有关福利方面的经常补助和浴室、理发室、洗衣房、哺乳室、托儿所、食堂的开支除去收入的差额。同年11月,政务院财经委员会在企业奖励基金办法中规定奖励基金的一部分可以用于改善职工物质生活与文化生活的各种福利设施和集体福利事业。此外,国家还规定私营企业的盈利部分按四方面分配(即四马分肥),即以盈利的5%—15%用来举办职工集体福利事业和奖励生产上的先进职工。1954年以前,财政部在各级人民政府供给制标准规定中按供给制人数提取一定的经费,用于干部家属补助费、供给制人员病号补贴和干部家属医药补助费。1954年政务院公布了各级政府工作人员福利费掌管使用新办法,并将以上几项补助费合并统称为"工作人员福利费"。1956年规定,区以上工作人员福利费标准按工资总额5%提取,乡镇干部的福利费标准按工资总额3%提取。[①]

三是从机关的行政经费、企业的管理费和事业单位的事业费中开支的福利费用。如机关、事业单位对食堂、托儿所等的补贴,职工上下班交通费补贴、房贴、水电贴、冬季宿舍取暖补助等。

四是工会经费中的一部分。1950年,全国总工会规定基层组织工会会费收入的20%用作会员困难补助费。1953年政务院财经委员会规定国营企业可按工资总额2%提取工会经费,其中,1%作为文娱体育费及业余文化补习学校经费。

五是福利设施本身的收入。如电影、某些文艺演出和体育竞赛活动所得的收入。

此外,对女职工的劳动保护,在立法形式上主要表现为文件和部门规章;在立法的内容上主要是保障妇女的就业平等权利、对女工的四期保护。例如,1952年政务院颁布的《关于劳动就业问题的决定》,规定对妇女要根据需要尽可能地吸收她们就业;在1951年制定、1953年修订的《劳动保险条例》中,也包含部分女工特殊劳动保护的内容。

[①] 劳动人事部保险福利局编:《社会保险与职工福利讲稿》,劳动人事出版社1986年版,第168—169页。

通过举办上述多种集体福利事业，到 1956 年前后，中国初步建成了以国家为责任主体，覆盖国家机关、企事业单位职工生活方方面面的福利制度。职工从集体福利事业中，得到了生活上的方便，享受了经济上的实惠，激发了其劳动积极性。职工在食堂就餐，基本上只收取食品的原料费；子女入托儿所，只交伙食费和少量杂费，管理费一般是免缴的；职工在本单位浴室洗澡，大多数是免费的；基层俱乐部组织群众性文体活动职工免费享受，电影票约只相当社会上电影票价的 1/3。职工住房也是一项福利，即房租很低。根据财政部 20 世纪 50 年代的计算，房租只包括折旧、维护和管理三项费用，一般每平方米每月应收租金 0.25 元，但实际上向职工收取的租金每平方米只有 0.1 元左右。[1] 有些企业职工住单位宿舍，每间房仅收房租 0.30 元；有的单位的单身职工住集体宿舍不仅不交费，还可享受一份房贴。[2]

---

[1] 严忠勤主编：《当代中国的职工工资福利和社会保险》，中国社会科学出版社 1987 年版，第 234 页。
[2] 宋士云：《新中国社会福利制度发展的历史考察》，《中国经济史研究》2009 年第 3 期。

第 五 章
新中国成立初期的劳动关系

新中国成立初期,企业在用工方面沿袭了旧中国的用工形式和一些习惯做法,并在民主改革和社会主义改造中,彻底废除了城市中的封建把头制度以及欺压工人的不合理制度,实行了以固定工为主的用工制度。劳动争议主要是按照国家的有关法规,处理私营企业中劳动关系当事人之间发生的劳动纠纷。在这段时间里,随着国民经济的恢复与发展以及国家对私营工商业社会主义改造的进行,劳资关系时而紧张、时而缓和,劳动争议案件较多。各级劳动行政部门会同有关部门为处理劳动争议、稳定劳资关系做了大量工作,对维护劳动关系双方的合法权益、恢复与发展国民经济、安定社会秩序起到了重要作用。

一 新的劳动关系的形成

新中国的成立标志着新民主主义经济在发展过程中进入了一个新的阶段。《共同纲领》规定,中国经济发展的目标是:发展新民主主义经济,稳步地变农业国为工业国。为了发展新民主主义经济,中国共产党和人民政府在经济上的主要任务之一,就是发展、壮大社会主义国营经济,使它成为新民主主义经济中居领导地位的经济成分。新中国成立之初的国营经济有三个主要来源:解放区的公营经济、没收官僚资本和处理一部分外资企业归人民政府所有。1949 年,中国已经有了相当比重的现代工业。工矿方面有企业 2858 个,职工 129 万人,其中产业工人 75 万人。交通方面有国民政府交通部、招商局所属企业,计有铁路 2 万多公里,机车和客车各 4000 多台,货车 4.7 万辆，铁路车辆和船舶修造厂约 30 个，各种船舶吨位 20 多万吨，飞机 12 架。[①] 其中，官僚资本占全国工业资本的 66% 左右，占全国工矿、交通运输业固定资产的 80%。[②] 没收了官僚资本企业并使其转变为全民所有制企业，人民政府控制了全国的经济命脉，掌握了社会生产力最先进最强大的部分。从生产关系上，则是废除一切封建剥削制度。继续消灭封建生产关系，就是在农村进行土地改革，变地主土地所有制为农民土地所有制；在城市进行民主改革。这既是新中国成立后继续完成民主革命遗留任务的基本内容，也是实现国家工业化的前提条件。

　　1949 年，在城市经济生活中，资本主义经济关系占主导地位，封建关系还有一定的势力，渗透于经济生活的各个方面。封建关系存在的主要方式有：一是封建把头制度。其势力范围主要是那些既属于手工劳动，又无须技术的行业。其特点是在经济上对资本主义经济依附性比较小。其压榨的对象主要是城市贫民和破产后流入城市的农民。以搬运业为例，封建帮会、行帮、会道门头目或大流氓、恶霸、地痞等，凭借社会恶势力，勾结政府官员或资本家，割据码头，垄断搬运业务，欺压搬运工人。二是工头制。它主要存在于资本主义企业中，特点是依附于资本主义关系。资本家经常雇用封建残余分子担任包工头、工头等职务，利用他们的恶势力强化对工人的压迫和剥削。这些封建残余分子是资本家统治工人的帮凶，并利用他们获得的雇佣劳动力、监督生产的权力，对工人实行超经济的剥削。三是包工制。它是从封建主义向资本主义过渡的形式。以建筑业的包工制最为典型。资本主义营造商是建筑业的大包工头，承包工程后，又转包、分包给小包工头。小包工头一般是以带封建性的师徒关系为基础，在承包工程后招募一些工人。他们自己有技术，参加一些劳动。有的进一步上升为营造商，有的演化为把头。这三种形式都以超经济的强制与剥削为特征。封建残余势力凭借其掌握劳动力的雇佣权，利用帮会、会道门、宗族、师徒、地域等种种关系，加强对工人的控制。他们制定"帮规""家法"，豢养打手，甚至私设公堂，对工人进行残酷的统治。其剥削工人的主要办法有：直接侵吞工人劳动所得（如搬运工人必须向把头分子交"分子钱"，或由把头分成，有的码头，脚力钱为

[①] 赵德馨：《中国近现代经济史（1949—1991）》，河南人民出版社 2003 年版，第 38—39 页。
[②] 何光主编：《当代中国的劳动力管理》，中国社会科学出版社 1990 年版，第 2 页。

把头独占，工人靠向货主另要"酒钱"或偷窃货物为生）；克扣工人工资、福利，或承办伙食，从中克扣；向工人勒索财礼等。城市劳动群众在资本主义的剥削下本已十分贫穷，加上封建残余势力的残酷压迫和盘剥，更加痛苦不堪。新中国成立初期，各行业、私营企业中的封建残余势力基本没有受到触动。在国营企业中，把头制度已不能公开合法存在，但封建残余势力利用其历史的影响，对群众仍有一定的控制能力。这种势力在国营企业中成为共产党、行政、工会、青年团联系、教育、发动群众，实行民主管理，改革规章制度，开展生产运动的严重障碍；在私营企业中，工头制阻碍了新的劳资关系的形成。在搬运事业中，封建把头制度严重影响了商品流转，成为搬运事业发展的障碍。在建筑业中，包工制是造成偷工减料、工程质量低劣的一个重要原因。城市经济生活中的残存封建关系，压抑了工人群众的积极性，阻碍了生产事业的发展。[①] 因此，要把半殖民地半封建性质的旧城市改造新民主主义性质的新城市，发展生产，繁荣经济，就必须铲除封建残余势力，实行民主改革，从根本上改变用工制度的性质，探索建立新的用工制度和劳动关系。

（一）改造旧的用工制度，废除封建把头制度

随着人民民主政权的建立和国营经济处于领导地位，在中国共产党和人民政府领导下，从 1950 年起，各地相继开展了废除封建把头制度的斗争。1950 年 4 月 3 日，中央人民政府政务院发布了《关于废除各地搬运事业中封建把持制度暂行处理办法》，规定由各地人民政府设立搬运公司，统一承揽搬运货物，统一规定运价，统一编队，统一调配劳动力。到 1951 年 12 月，在全国 538 个城市 83 万搬运工人中基本上废除了封建把头制度，其中在 141 个城市建立起了 130 个搬运公司和 11 个搬运站，有 32.4 万搬运工人经过审查编队，参加了搬运公司工作。[②] 与此同时，矿山业也开展了反对把头的斗争。根据燃料工业部 1950 年 2 月 21 日发布的《关于全国各煤矿废除把头制度的通令》，各矿务局发动煤矿工人，彻底废除了封建把头制度，取消了剥削欺压工人的不合理制度，贯彻了民主化管理的方针。在建筑业中，

[①] 苏少之：《中国经济通史》（第十卷·上），湖南人民出版社 2002 年版，第 35—37 页。
[②] 《中国劳动人事年鉴（1949.10—1987）》，劳动人事出版社 1989 年版，第 195 页。

1951年4月，劳动部提出了《关于切实废除建筑业中封建把头剥削制度的意见》，要求各地在反把头斗争中，建立起建筑工人调配机构，取代把头"包工制"，统一办理登记介绍建筑工人的工作。到1953年年底，全国设立建筑工人调配机构的城市有93个，并有2个大行政区、5个省、19个市颁发了建筑工人调配办法。通过废除把头剥削制度，把建筑工人组织起来，进行统一管理和调配，解决了他们的工作和生活问题，同时为各建筑单位提供了劳动力。[①] 经过前后三年的反把头斗争，在矿山、搬运装卸、建筑等行业中，废除了压在工人头上的封建压迫制度，使广大职工真正从政治上获得解放，同时也逐步建立起以固定为主的新的用工制度。

（二）开展民主改革运动，调整企业内部生产关系

结合反对封建把头制度的斗争，从1950年起，中国共产党和人民政府还领导广大职工进行了民主改革运动。在国营、公营企业中，对原来官僚资本统治时期遗留下来的各种不合理制度，进行了有计划有步骤的改革。1950年2月28日，中财委下达了《关于国营、公营工厂建立工厂管理委员会的指示》，要求各国营、公营工厂企业进行民主改革，改革的中心环节是实行工厂管理民主化，保障职工群众在企业中的地位，发挥职工群众的生产积极性，改进经营管理，发展生产。从此，一场群众性的民主改革运动迅速在各行各业国营公营的工厂企业中普遍开展了起来。

国营、公营企业民主改革的主要内容：一是改造旧企业的领导机构，建立新的领导制度和组织机构。这包括取缔反动党团组织，清除反动分子；改造、调整旧机构，精简冗员；培养积极分子，充实企业领导力量，建立起新的厂长负责制；在企业中建立发展中国共产党基层组织，并发挥其对行政和生产负有的监督和保证作用。厂长负责制与民主管理相结合，民主管理的组织形式是企业管理委员会。二是废除把头制、工头制、包工制等压迫工人的管理制度，肃清封建残余势力，建立起厂、车间、班组三级管理制度。三是消除职工队伍内部对立，加强整个工人阶级的团结。通过揭露把头分子的罪行，进行依靠谁的教育，开团结会、批评会等活动，教育工人认清帮派对立

---

① 何光主编：《当代中国的劳动力管理》，中国社会科学出版社1990年版，第161页。

的根源和危害，分清敌我，加强了工人阶级内部的团结。四是改革分配关系，初步建立起按劳付酬的分配制度。消灭封建剥削关系，废除封建把头、工头对工人的超经济剥削；对旧企业遗留下来的混乱的不合理的工资制度进行初步改革。国营、公营企业的民主改革，内容十分广泛。不仅是肃清封建势力，而且是企业生产资料所有权变革后，全面变革生产关系，目的是把旧企业改造成为新型的社会主义企业。[1] 此外，国营企业工会与行政部门还建立起集体合同制度。1950年9月，东北人民政府发布了《关于公营企业签订集体合同的指示》，对公营企业中的集体合同的内容与签订程序等作出具体规定。为了在全国范围内国营企业中普及集体合同制度，在吸收东北地区推广集体合同制度经验的基础上，中央人民政府的一些部和相应的工会组织联合发布了在各个产业系统推行集体合同制度的指示，如1953年9月纺织工业部和纺织工会全国委员会发布了《关于在国营工厂中签订集体合同的联合指示》，1955年重工业部与重工业工会全国委员会发布了《关于生产厂矿签订集体合同的指示》。在各个有关部门及产业工会的重视下，国营企业内的集体合同在1953年后也有了蓬勃的发展。[2]

私营工矿企业的民主改革，由企业工会领导（在已建立中国共产党支部的大型企业，由党支部领导），在上级工会协助下，根据各地人民政府的统一布置进行。私营企业实行民主改革的目的，是为了打倒封建残余势力，免除工人所受封建压迫和剥削。1950年2月9日，中华全国总工会常务委员会批准了《关于废除"搜身制"的决议》，废除了当时私营企业中比较普遍实行的侵犯人身自由的不合理的搜身制度。再者，在私营企业中废除了欺压工人的"包身制"和"养成工制"。这些都有利于新的劳资关系的形成，促进企业的发展。民主改革的方针是"反封建，不反资本"，工作路线是依靠工人阶级，团结其他劳动群众，争取、联合工商业者。私营企业中反对封建残余势力的斗争方式、政策，与国营企业大体相同。其主要特点表现在：一是注意分清资本主义与封建残余势力的界限，劳资纠纷用劳资协商的方法解决，与打击封建分子区别开来。二是积极宣传民主改革的政策，打消工商业者的思想顾虑和对抗情绪，争取他们对改革的同情或赞同，减少改革的阻

---

[1] 苏少之：《中国经济通史》（第十卷·上），湖南人民出版社2002年版，第38—39页。
[2] 关怀：《略论集体合同制度》，《法制与社会发展》1996年第2期。

力。三是打倒封建残余势力后,旧制度的废除,新制度的建立,以及对把头分子的处理,新管理人员的任命,均由工会代表工人与资方协商解决,由资方宣布执行。①

(三) 根据"劳资两利"方针,调整劳资关系

新中国成立后,在整个社会中,工人阶级已经是国家的领导阶级,资产阶级在政治上处于被领导地位。但在私营企业中,工人还处于被剥削的地位,资本家处于主导地位。两者这种地位上的二重性,决定了劳资关系的复杂性。工人阶级要利用自己在整个社会中的政治地位,来争取实现自身的更大利益;资本家要维护自己对企业的所有权、支配权,以获得最大利润。这就使劳资矛盾不断激化起来,甚至在一段时间里劳资关系非常紧张。城市刚刚解放时,工人群众自发起来要求增加工资福利;物价稳定后,私营工商业处于困难境地,停工的工人要求发给生活费,被遣散的工人要求发给遣散费,劳资冲突不断。劳资关系的紧张,影响了生产经营的正常进行,工人不服管理,资本家不敢管理,生产率下降,浪费增加,加重了企业的困难。有的资本家因此丧失了继续经营的信心,消极观望,甚至有人弃厂、弃店而去。这种状况对国家、对工人群众、对工商业者都是不利的。② 为此,必须根据《共同纲领》规定的"劳资两利"的方针,通过调整劳资关系③,建立一种与新民主主义社会经济制度相适应的新型的劳资关系。

1950年3月,劳动部在召开的第一次全国劳动局长会议上,把劳资关系问题列为会议的一项中心议题,进一步明确了处理劳资关系的基本原则是"发展生产、繁荣经济、公私兼顾、劳资两利";新民主主义的劳资关系应当是民主的、平等的、两利的、契约的关系。对于劳资关系中的各项具体问

---

① 赵德馨:《中国近现代经济史(1949—1991)》,河南人民出版社2003年版,第67—68页。
② 苏少之:《中国经济通史》(第十卷·上),湖南人民出版社2002年版,第61—62页。
③ 新中国成立之初,经过打击投机资本的斗争和统一财经工作,实现了物价稳定。在国民经济好转的情况下,私营工商业和部分手工业者却出现严重的困难,大量停业歇业,增加了失业人口。对此,中国共产党和人民政府高度重视,并迅速研究和制定了调整工商业的各项政策措施。调整工商业的基本目的,是在国家宏观调控和国营经济的领导下,使有利于国计民生的资本主义工商业走出困境,为国民经济的恢复和发展服务。调整工商业的内容十分广泛,但其基本环节有三:即调整公私关系、调整劳资关系、调整产销关系。

题，应当在劳资双方自愿订立的合同中加以规定，并通过建立劳资协商会议等形式来协商解决日常发生的各种问题。对于劳资纠纷，应当通过双方谈判、劳动局调解以及劳动争议仲裁委员会仲裁等办法解决。在解决劳资纠纷时，要保护劳动关系双方的合法权益，既要对某些资本家的违反政策法令、克扣工人、不注意安全生产、随意延长工时等行为进行必要的限制和斗争，也要纠正某些工人只顾眼前利益而提出的过分要求。劳动局在处理劳资关系时，不应该是消极地调解劳资争议，而应该是采取积极的办法，促进劳资关系正常化，减少劳资纠纷。这项原则成为后来各级劳动行政部门调整劳资关系、处理劳资争议的指导原则。此后，调整劳资关系主要围绕以下两方面的工作展开：

第一，建立平等的契约劳资关系，推动劳资双方订立集体合同。其实，早在1949年，中华全国总工会和东北人民政府曾先后发布过私营工商企业签订集体合同的办法。1950年，劳动部转发了东北人民政府关于《私营工商企业劳资双方订立集体合同的暂行办法》，要求各地区参照办理。暂行办法规定，各行业劳资双方所组织之团体，要根据平等、自愿、协商的原则，签订集体合同，明确规定劳资双方的权利、义务及劳动条件。各行业的劳资集体合同，以规定劳资关系为目的，包括雇用、解雇、厂规铺规、工资、工时、假期、女工童工问题、劳动保护与职工福利等项内容。各行业的劳资集体合同要报劳动局批准。在各级劳动行政部门、工会组织和有关部门的倡导和推动下，签订集体合同受到劳资双方的积极响应。据1950年的不完全统计，各地区共签订行业的集体合同有1600多份。而到1953年，据33个城市的统计，这一年共签订行业的和企业的集体合同有103428份，其中上海市占40%。由于劳资双方签订的集体合同，都是以发展生产、搞好经营为中心内容，体现了"劳资两利"的政策，对于改善和稳定劳资关系，搞好生产经营，起了重要作用。[①] 此外，由于集体合同定的比较具体，这在一定程度上补救了当时劳动法规不完善的缺陷，有利于处理劳资争议。

第二，建立劳资协商会议，按照民主、平等的原则协商解决问题。在私营企业中建立劳资协商会议，是由天津、武汉等地区的一些企业的劳资双方

---

① 《中国劳动人事年鉴（1949.10—1987）》，劳动人事出版社1989年版，第266页。

共同创造的。在这些企业里，劳资双方签订集体合同之后，感到有些问题需要通过一定的形式，由双方商量解决。于是，他们自发地成立了劳资协商委员会或劳资座谈会，双方在一起研究解决问题，并收到很好的效果。1950年4月29日，劳动部发布了《关于在私营企业中设立劳资协商会议的指示》，指出要根据劳资两利和民主原则，用协商的方法，解决企业中有关劳资双方利益的一切问题；同时，将有关职工的雇用与解雇以及工资、工时、福利待遇等列为劳资双方协商的内容，对突出不合理的工时、工资、劳动条件作了必要的调整和改善。各地根据这一指示，普遍在私营企业中建立了劳资协商会议。据各地区1950年4—12月的不完全统计，共建立劳资协商会议2787个，其中产业的或行业的923个，厂店的1864个。1951年无论是行业的还是厂店的劳资协商会议，都有了更大的发展。[1] 通过劳资协商会议，劳资双方代表按照民主、平等的原则协商解决问题，可以互相了解彼此的困难和要求，使即将发生的问题在事前得到解决。当时在许多企业里，经过劳资协商解决问题以后，工人和资本家的积极性都有所提高。工人方面，经过协商后，大多能努力生产，厉行节约，爱护机器、工具，遵守劳动纪律，在企业发生困难时，自愿减薪或轮流上班以维持生产、经营，帮助资方克服困难。资本家方面，有些人经过劳资协商后，也逐步改变了经营方针和管理方法，克服消极态度，设法增加资本，为恢复与发展生产创造条件。

二　劳动争议问题的处理

新中国成立之初，私营企业的职工人数在全部职工中占很大比重。如工业企业，1949年共有职工305.9万人，其中私营企业有164.4万人，占53.7%；1950年共有职工342.1万人，其中私营企业有181.6万人，占53.1%。[2] 由于旧的劳资关系被打破，新的劳资关系还未建立起来，加之，劳资双方对政府的政策都不够了解，劳资关系曾有一时混乱，劳动争议和纠纷很多。这些问题如不及时、适当地解决，不仅会影响生产经营的正常进行，也会影响工人的生活和社会的安定。

---

[1] 何光主编：《当代中国的劳动力管理》，中国社会科学出版社1990年版，第321页。
[2] 《中国劳动工资统计资料（1949—1985）》，中国统计出版社1987年版，第83页。

妥善处理劳动争议，是各级劳动行政部门、工会组织的一项主要任务。

（一）设立劳动争议处理机构，发布劳动争议处理法规

为了贯彻"发展生产、繁荣经济、公私兼顾、劳资两利"的新民主主义经济政策的总方针，正确处理劳资关系，妥善处理劳资争议，1949年11月22日，中华全国总工会发布了《关于劳动争议解决程序的暂行规定》《关于劳资关系暂行处理办法》和《关于私营工商企业劳资双方订立集体合同的暂行办法》。这三个文件，在劳动部门设置专门的劳动争议处理机构之前，发挥了重要的积极作用。

1950年5月20日，劳动部公布了《省、市劳动局暂行组织通则》。通则规定：省、市（包括中央直辖市、大行政区直辖市和工商业发达的省辖市）要设置劳动局，其职责包括调处与仲裁私营工商业中的劳资争议，调整公营企业中的公私关系。为适应工作的需要，劳动局内要设立调处科，掌管调处公私营企业中的劳动争议等事宜；设审查督导科，掌管登记、审查公私营企业中的集体合同、劳动契约，工厂规则，并督导公私营企业加强劳动纪律，奖励劳动模范等事宜；设仲裁委员会，由劳动局聘请总工会、工商业团体的代表及其他有关机关与社会团体的代表组成，经调解无效的劳动争议，由仲裁委员会仲裁。同年10月，经政务院批准的《中央人民政府劳动部试行组织条例》中规定，劳动部设立劳动争议处理司，负责调解与仲裁具有全国意义的企业的劳动争议；检查指导各省、市劳动部门的调整劳资关系和劳动争议处理工作。

1950年6月29日，中央人民政府公布了《中华人民共和国工会法》。工会法中规定："在国营及合作社经营的企业中，工会有代表受雇工人、职员群众参加生产管理及与行政方面缔结集体合同之权。""在私营企业中，工会有代表受雇工人、职员群众与资方进行交涉、谈判、参加劳资协商会议并与资方缔结集体合同之权。""工会有保护工人、职员群众利益，监督行政方面和资方切实执行政府法令所规定之劳动保护、劳动保险、工资支付标准、工厂卫生与技术安全规则及其他有关之条例、指示等，并进行改善工人、职员群众的物质生活与文化生活的各种设施之责任。""在国营及合作社经营的企业中，各级的工会组织有要求其同级企业行政当局在工会委员会全体会员大会或代表会议上报告工作之权,并有代表受雇工人、职员群众参加同级企业管理委员会或企业行政会议之权。""工厂、矿场、商店、农场、机关、学校等生产单位或行政单位的行政方面或资方,雇用工人或职员时,应通知工会基层委员会,工会基层委员会如发现此种雇用违反人民政府法令或集体合同情事时,有权于三日内提出抗议。如行政方面或资方不同意工会基层委员会之抗议而形成争议时,应按照劳动争议解决程序处理之。"等等。

为了明确劳动争议仲裁委员会工作中一些主要问题和劳动争议处理工作的程序问题,1950年6月16日,劳动部发布了《市劳动争议仲裁委员会组织及工作规则》,明确规定了市劳动争议仲裁委员会由劳动局局长或副局长、工商行政机关代表、总工会代表、工商业联合会代表组成。必要时,由劳动局临时聘请与争议有关的团体代表参加。仲裁委员会的主席由劳动局局长或副局长担任,日常工作由劳动局有关部门办理。由劳动争议仲裁委员会仲裁的案件,包括劳动局调处科提请仲裁的案件和劳动争议任何一方申请仲裁的案件。仲裁决定后,写成仲裁决定书,经劳动局局长批准,通知双方当事人执行。同年11月26日,劳动部又发布了《关于劳动争议解决程序的规定》。[①] 按照规定,劳动争议处理工作的范围包括在一切国营、公营、私营、公私合营及合作社经营的企业中,因职工劳动条件事项(如工资、工时、生活待遇等),职工之雇用、解雇及奖罚事项,劳动保险及劳动保护事项,企业内部劳动纪律与工作规则事项,集体合同、劳动契约事项,其他劳动争议事项。劳动争议处理的程序,首先由争议双方协商解决。协商不能解决者,国营、公营、公私合营与合作社经营的企业中的争议,由争议双方的上级工会组织与企业管理机关协商解决;私营企业中的争议,由该产业工会组织及同业公会协助解决。仍不能解决者,当事人双方都可以申请当地劳动行政机关调解;调解不成时,由劳动争议仲裁委员会仲裁。仲裁后,如当事人之一方仍不服时,须于仲裁决定书送达后5日内通知劳动行政机关,并向人民法院起诉,请求判决。否则,仲裁决定即具有法律效力。如果争议双方或一方

---

① 劳动部发布的这一规定,和中华全国总工会1949年11月发布的《关于劳动争议解决程序的暂行规定》基本相同,修改补充的内容主要有:在适用范围上增加了国营企业;增加了因劳动保护、劳动纪律而发生的争议事项;当事人经劳动行政机关传讯三次不到者,可实行缺席仲裁。鉴于劳动行政部门是处理劳动争议的主管部门,在劳动部发布规定之后,全国总工会发布的规定即停止实行。

对于仲裁委员会的仲裁，既不按期向人民法院起诉又不执行时，由劳动行政机关移送法院处理。还规定，劳动争议发生后，在协商、调解及仲裁过程中，除经政府许可者外，双方应维持生产原状，厂方不得有关厂、停薪、停伙及其他减低待遇之行为，劳方也应照常生产与遵守劳动纪律。经仲裁委员会仲裁后，即使有一方表示不服，而要求提请人民法院处理时，在人民法院未判决前，双方仍应执行仲裁决定。

（二）积极处理劳动争议，保护劳动关系双方的合法权益

1949 年和 1950 年的上半年，是新中国成立初期劳动争议案件较多的一段时间，特别是大城市更为突出。据 1949 年年末统计，上海等 15 个城市共受理劳资争议案件 7021 件，其中上海市劳动局在 6—12 月受理 4436 件，占 15 个城市受理案件总数的 60% 以上。在上海市劳动局受理的案件中，因雇工和复工问题发生的争议 1209 件，占 27.3%；因解雇问题发生的争议 758 件，占 17.1%；因工资问题发生的争议 1554 件，占 35%；其他争议 915 件，占 20.6%。[①] 另据 30 个城市的统计，1950 年共受理争议案件 24634 件，其中有上海市 9480 件，占 30 个城市受理案件总数的 38.5%，平均每天 26 件。其主要原因是：1950 年上半年以前，由于商品滞销，工商业生产经营困难，有些私营企业入不敷出；许多资本家对政策不了解，心有疑虑，经营消极，企图搞垮企业、解雇工人；而有些工人对解放后翻身做主人缺乏正确的理解，对工资福利要求过高，纪律松懈，甚至对资方采取罢工、斗争的方式，因而加深了矛盾。从 1950 年下半年开始，国家采取了统一财经、稳定物价、调整工商业等一系列政策措施，私营工商业的生产经营情况日趋好转。加上，在各级劳动行政部门和有关部门的组织推动下，劳资双方通过签订集体合同、建立劳资协商会议等，劳资关系趋向缓和、稳定，劳动争议案件也有所减少。据 30 个城市的统计，1951 年劳动行政部门共受理争议案件 23835 件，比 1950 年减少 3.2%。而在上海这个私营企业多、劳资纠纷也多的城市里，1951 年共受理争议案件 4402 件，比 1950 年减少 53.3%，在 30 个城市中所占的比重，也由 1950 年的 38.5% 下降为 18.4%。但有些城市由于解放

[①] 《中国劳动人事年鉴（1949.10—1987）》，劳动人事出版社 1989 年版，第 264、1308 页。

时间较晚或私营工商业恢复发展较慢,劳资关系还不稳定,1951 年的劳动争议案件和因解雇而发生的争议都比 1950 年有所增加。如广州市,1950 年共受理劳动争议案件 1498 件,其中因解雇而发生的争议占 24.3%;1951 年受理案件总数增加为 2429 件,其中因解雇而发生的争议占 36.9%。[1]

各级劳动行政部门和劳动争议仲裁委员会,对于受理的争议案件一般均能按照劳动争议处理程序的规定,以推动争议双方协商和劳动行政部门进行调解为主的原则,积极进行处理。处理过程中,坚持按照政策、法规办事,注意保护双方的合法权益。对于不了解政策的,着重向他们讲解政策,把调解的过程作为进行政策教育的过程。对故意违反劳资两利的政策、借口解雇职工的资方或侵犯资方行政管理权、违反劳动纪律的职工,则进行严肃的批评,对他们的错误做法予以制止和纠正。对于那些意气用事的劳资双方,则着重说明道理,指出利害关系,克服感情用事。对于影响较大的典型案件的处理,则请有关方面的代表都到场,以扩大影响,有利于同类性质的争议获得解决。对于各类案件,都坚持先调解后仲裁的原则,能够通过调解解决的尽量调解解决。一般地说,通过调解解决比经过仲裁或法院判决效果要好,有利于争议双方增强团结,共同遵守协议,搞好生产经营。但对少数案件必须经过劳动争议仲裁委员会仲裁或法院判决的,就及时进行仲裁或移送法院判决,不能久调不决。据 30 个城市统计,在 1950 年和 1951 年受理的 48469 件案件中,到 1951 年年底共处理了 46982 件,占受理案件总数的 95.9%,其余的转到下年度处理。在已处理的案件中,经过劳动行政部门推动争议双方协商解决的有 17717 件,占处理案件总数的 38.1%;通过调解解决的有 17935 件,占 38.6%;通过仲裁解决的有 660 件,占 1.4%;移送法院处理的有 2120 件,占 4.56%;申诉人撤销的有 1510 件,占 3.2%;其余的属于移送其他机关或通过其他方式进行了处理。[2]

1952 年,针对不法资本家的"五毒"行为(行贿、偷税漏税、盗骗国家财产、偷工减料、盗窃经济情报),中共中央决定在全国范围内开展了"五反"运动。通过这次运动,有效地巩固了国家的财政经济纪律和工人阶级的领导地位,把私营企业重新纳入按照《共同纲领》进行发展的轨道。

---

[1] 何光主编:《当代中国的劳动力管理》,中国社会科学出版社 1990 年版,第 321 页。
[2] 《中国劳动人事年鉴(1949.10—1987)》,劳动人事出版社 1989 年版,第 267 页。

但是，在"五反"运动之后，各地的劳资关系普遍紧张，劳动争议案件大量增加。据 30 个城市的统计，1952 年共受理劳动争议案件 60341 件，比 1950 年、1951 年两年之和还多 11672 件。其中，因解雇而发生的争议案件有 22444 件，占案件总数的 37.2%，仅此一项，即接近于 1951 年劳动行政部门受理的案件总数；因工资问题发生的争议案件有 15461 件，占案件总数的 25.6%（见表 5—1）。这些争议，严重地影响了生产、经营的正常进行和职工的生活。

表 5—1　　　　1950—1952 年 30 个城市受理劳动争议案件数

	三年总计	1950 年	1951 年	1952 年
受理案件总数	108810	24634	23835	60341
复工与雇用问题	12300	2844	2428	7028
解雇问题	41009	8937	9678	22444
工资问题	30388	8498	6429	15461
工时问题	195	21	83	91
劳保福利问题	1940	344	650	946
劳动纪律问题	1739	281	501	957
劳动合同问题	2641	395	1248	998
企业经营和管理问题	1731	463	378	890
资方或行政方面侵犯工人权利问题	1168	440	581	147
临时工问题	1023	16	34	973
"三停"*问题	4697	4	69	4624
其他问题	9895	2307	1806	5782
性质不明	84	84	—	—

注：* 一般指停工、停伙、停薪。

资料来源：劳动部：《三年来劳动统计参考资料（1950—1952）》，1953 年 11 月，G143-1-9。参见《1949—1952 中华人民共和国经济档案资料选编·劳动工资和职工福利卷》，中国社会科学出版社 1994 年版，第 145 页。

为了稳定劳资关系，维持和发展生产，各地党、政、工会和有关部门做了一系列工作。一方面调整公私关系，对私营企业增加加工订货，降低贷款利息，增加贷款，扶植其维持与发展生产经营。另一方面教育干部要端正对资本家的认识,克服"宁左毋右"的思想;向劳资双方交代政策,纠正错误认识,解除思想顾虑;发动工人、店员主动团结资方搞好生产、营业;通过地方政治协商会议、民主建国会、劳资协商会议等进一步向资方交代政策,从而使紧张的劳资关系逐步缓和,不少停工、半停工的厂店迅速恢复与发展。如天津市到1952年7月,私营工商业生产、营业基本上恢复到"三反""五反"运动前的水平,因停工、停业而失业的七八万工人大部分复工复业。

(三)劳动争议处理制度的中断

到1952年年底,中国民主革命遗留的任务已基本完成,国民经济迅速恢复到历史最高水平。按照中国共产党原来的设想,此后的任务,是在新民主主义制度下,发挥各种经济成分的积极作用,开展经济文化建设,为将来进一步向社会主义转变准备一切必要的物质文化条件。但此时,党和政府的发展战略发生了重大的转变,要求立即开始着手消灭一切私有制,向社会主义过渡,并明确了优先发展重工业的经济发展战略,制定了过渡时期的总路线和国民经济发展的第一个五年计划。[①] 1954年9月20日,第一届全国人民代表大会第一次会议通过了新中国的第一部《宪法》。《宪法》第十条规定:"国家对资本主义工商业采取利用、限制和改造的政策。……鼓励和指导它们转变为各种不同形式的国家资本主义经济,逐步以全民所有制代替资本家所有制。"按照上述总的方针政策,劳动行政部门的工作重点开始转移。

1954年2月,劳动部党组在关于劳动局长座谈会给中共中央的报告中提出:在"劳资关系方面,劳动部门的任务是:第一,根据中央关于利用、限制和改造资本主义企业的政策,正确处理私营企业特别是国家资本主义企业中的工资、劳保福利和雇用、解雇等问题;第二,对有关劳动条件的劳动合同或厂规,各地可根据情况分别采取审查批准、备案、备查等方法处理;第三,调处劳资争议"。报告还提出,"关于国营企业的劳动争议,劳动部门主要进行两项工作:一是协同企业主管部门和工会组织正确处理工人向劳动局的申诉;二是建议在国营企业中试行设立劳动争议调处委员会,以便及

[①] 苏少之:《中国经济通史》(第十卷·上),湖南人民出版社2002年版,第99页。

时解决国营企业中的劳动争议。"

随着国家对私营工商业社会主义改造的发展和中国共产党对私营企业以及工会工作领导的加强,1953—1955年劳动争议案件逐年减少。1953年,据33个城市的统计,共受理劳动争议案件45588件,比1952年减少24.4%。其中,私营企业的争议案件36774件,占80.7%;国营企业的争议案件4011件,占8.8%。在私营企业的争议案件中,仍以解雇和工资争议为多,两者共占案件总数的65%。国营企业的争议案件中,解雇争议占45.8%,其中因劳动纪律问题引起的解雇,占解雇案件总数的68.2%。1954年,据21个城市的统计,共受理劳动争议案件28117件,比1953年大大减少。其中,私营企业的争议案件25345件,占90.1%;国营企业的争议案件2314件,占8.2%。在私营企业的争议案件中,解雇争议占35.8%,工资案件占31.3%。解雇争议的原因,主要是某些私营企业的产、供、销发生一些困难,加上一些资方抗拒社会主义改造,抽调资金、消极经营而引起的。这类争议,1953年占全部解雇案件的52.2%,1954年增加到65.9%。1955年,据22个城市统计,共受理劳动争议案件17514件,比1954年减少37.7%。这一年受理的案件中,因工资问题发生的争议上升到第一位,共6143件,占受理案件总数的35%,其中因拖欠职工工资而发生的争议有4100件,占工资争议案件的66.7%;因解雇发生的争议则退居第二位,共3752件,占受理案件总数的21.4%。[①] 这些变化致使当时占主导地位的思想观念认为:在社会主义公有制条件下,资本家阶级已经消灭,人们的根本利益是一致的,劳动争议的发展趋势是越来越少,越来越简单。

综合以上情况,从1950年到1955年,各地区劳动行政部门共受理劳动争议案件约20万件。其中,因解雇职工发生的争议有73315件,占36.7%;因工资问题发生的争议有56076件,占28%;因复工与雇用问题发生的争议有18752件,占9.4%;其他主要是因为劳保福利、劳动纪律、劳动合同、临时工问题而发生的争议。对于这些争议案件,一般都作了及时的处理。处理的方式,据对147387件争议案件的分析,经过劳动行政部门推动争议双方协商解决的有36787件,占25%;经过劳动行政部门调解解决的有67262

[①] 《中国劳动人事年鉴(1949.10—1987)》,劳动人事出版社1989年版,第268页。

件,占 45.6%;经过仲裁委员会仲裁的有 1576 件,占 10.6%;移送法院处理的有 9185 件,占 6.23%;移送其他机关处理的有 4439 件,占 3%;其余的案件,有的是主诉方自己撤销,有的通过其他方式进行了处理。上述劳动争议,多系集体争议。据 1954 年和 1955 年处理的 55947 件案件统计,这些案件共关系职工 424974 人次,即平均每个案件关系到 7.6 人次。按此推算,1950 年到 1955 年受理的 20 万件劳动争议案件,共关系到职工 150 多万人次。

1955 年第四季度,国家对资本主义工商业的社会主义改造形成了高潮,全行业实行公私合营,企业的性质和劳动关系都发生了重大变化。此后,发生的劳动争议,主要由企业行政和基层工会协商解决;解决不了的,由企业主管部门处理。需要由劳动行政部门处理的案件已经大大减少。因此,1955 年 10 月,劳动部发出了撤销劳动争议仲裁委员会的通知。这样,由劳动争议仲裁机构处理劳动争议的工作也就结束了。1956 年 11 月,劳动部撤销了劳动争议处理司,各地区劳动行政部门也相继撤销了劳动争议处理机构。《关于劳动争议解决程序的规定》等规章也自行停止实行,劳动争议处理法律制度也就不复存在。人民法院也不再受理劳动争议案件。从此以后,反映到劳动行政部门的劳动争议案件,转由处理人民群众来信来访的机构按照处理来信来访的方式处理。

第 六 章
农村个体劳动制度向集体劳动制度转变

新中国成立后，中国共产党和人民政府领导广大农民群众，胜利地完成了新解放区的土地改革，在全国范围内废除了地主阶级封建剥削的土地所有制，建立起农民土地所有制。广大农民在自己的土地上，基本上以家庭为单位进行生产经营，生产积极性空前提高。那么，如何才能使农民走上共同富裕的道路而避免走资本主义发展的道路，同时，又最有利于采用先进技术，迅速提高农业生产力，适应工业化的需要？中国共产党根据马克思主义理论和苏联的经验，当时认为合作化是唯一出路。于是，提出了过渡时期的总路线，加快了改造生产资料私有制为公有制的进程。原本设想要15年或更长一些的时间完成农业社会主义改造，实际上，到1956年，只用了短短的4年时间，便通过暴风骤雨般的群众运动完成了。随着农业社会主义改造的完成，1亿多个以土地私有制为特征的个体家庭农业转变为100多万个以土地公有制为特征的农业合作社。农业合作社实行有别于个体农民家庭的经营形式，即统一经营、集体劳动、统一分配。这种生产经营形式，虽然可以通过内部分配的办法避免农民贫富差别的扩大，便于组织农民进行诸如水利等大型工程建设，有助于降低政府与农民之间的交易成本，但从整体上看，它不利于调动广大农民群众在日常农业生产过程中的积极性和主动性，对于农业生产是弊大于利。

一 土地改革后的个体农民家庭经济

进行土地改革，变地主土地所有制为农民土地所有制，这既是新中国成立后继续完成民主革命遗留任务的基本内容之一，也是实现国家工业化的前提条件之一。1950年6月30日，中央人民政府颁布实施了《中华人民共和国土地改革法》，明确指出土地改革的目的是："废除地主阶级封建剥削的土地所有制，实行农民的土地所有制，借以解放农村生产力，发展农业生产，为新中国的工业化开辟道路。"从1950年冬开始，在中国共产党的领导下，新解放区农村的土地改革有计划、有步骤、分期分批进行。到1953年春，除一部分少数民族地区外，全国大陆土地改革已顺利完成。这场"我国历史上规模最大的土地改革运动，是历次土地改革运动中进行得最顺利、搞得最好的一次"[1]，取得了巨大成就。

新中国的土地改革[2]，又使3亿多无地少地的农民无偿地获得了约7亿亩土地和其他生产资料，免除了过去每年向地主交纳的约700亿斤粮食的地租，获得经济利益的农民占农业人口的60%—70%。从全国来看，占农村人口不到10%的地主和富农，土地改革前占有全部耕地70%以上，土地改革后下降为8%左右；而占农村人口90%以上的贫雇农、中农，土地改革前占有全部耕地面积30%以下，土地改革后则达到90%以上。[3] 土地改革的完成，彻底废除了封建土地所有制，解决了旧中国农村土地占有关系极不合理的状况，实现了"耕者有其田"，使中国农村经济的发展走上了崭新的阶段。

全国土地改革的完成，解放了农村生产力。在新民主主义制度下，农民成为土地的主人，拥有自己的生产资料，在政治上翻了身，摆脱了对封建主义和资本主义的依附。他们基本上以家庭为单位进行生产经营，耕种着自己的土地，土地上的所得，除缴纳为数不多的土地税（公粮）外，其余均归自己家庭所有，或改善生活，或积累资金用以扩大再生产。农民充满了增加生产、发家致富的喜悦与干劲。这种精神和物质条件的变化，推动了农村经济和整个国民经济的恢复发展，也巩固了人民民主专政的政权。

根据《1954年我国农家收支调查报告》，1954年与土地改革结束后相比，各阶层农民的生产规模都有不同程度的扩大，其中，原贫雇农占有的各

---

[1] 胡绳主编：《中国共产党的七十年》，中共党史出版社1991年版，第274—275页。
[2] 新中国成立之前，只在北方约有1.6亿人口的解放区进行了土地改革。
[3] 国家统计局编：《伟大的十年》，人民出版社1959年版，第29页。

种主要生产资料的增长速度都超过了平均增长水平，中农占有农村生产资料总数的比例高于农户的比例；贫雇农占农户总数的比例从 57.1% 下降到 29%，中农占农村总户数的比例从 35.8% 上升到 62.2%；新富农虽有产生，但只占农户总数的 0.57%。富农户在农村总户数中的比重由 3.6% 下降到 2.1%，他们拥有耕地和耕畜占农村总数的比重也分别由 5.5% 和 6% 下降到 3.9% 和 4%。① 由于农民经济地位的普遍上升，中农已经成为农村中的基本力量，所以说，农村阶级结构变化的总趋势是两极缩小，向中间集中，是中农化，不是两极分化。

但是，由于土地改革中分配土地以平均主义为原则，加之，中国人多地少，国民经济发展水平又低，因此，土地改革后，个体农民家庭的经营规模很小，生产工具简陋，以人力和畜力为主，商品率低，基本上是自给自足的自然经济或半自然经济。据国家统计局调查，到 1954 年年底，全国农户平均拥有耕地 15.8 亩，户均拥有的耕畜、犁、水车分别为 0.92 头、0.62 部和 0.11 部，农村人口占全国人口总数的比重为 86.3%。在个体农民中，1954 年占农村总户数 2.1% 的富农户生产经营规模相对大些，户均拥有的耕地 31.1 亩，耕畜 1.84 头，犁 1.22 部，相当于平均水平的两倍左右。但由于富农户家庭人口和劳动力多于平均数，人均占有的耕地、耕畜和其他工具等只相当于平均水平的一倍半左右，每个劳动力负担的耕地也只有 10.4 亩。② 从劳动力与生产资料的比例来看，经营规模的优势并不十分突出。在富农的家庭生产经营活动中，雇工不到家庭成员劳动量的 1/4，说明还没有完全突破家庭经营的范围。在广大农区，农户生产经营的内容是以农业，特别是以种植业为主。农户种植生产的目的主要是满足家庭成员生活的需要，种植业特别是粮食生产的商品率很低。1954 年，全国农户平均商品粮率仅为 25.7%。③

从土地改革结束到农业集体化高潮之前，由于制度上允许，农村土地买卖、出租的现象始终存在，但规模都不大。据国家统计局对 23 个省 15432 户农户调查，1954 年出卖土地仅占土地总数的 0.33%，出租的土地仅占全

---

① 《1954 年我国农家收支调查报告》，中国统计出版社 1957 年版，第 13—20 页。
② 同上书，第 15、18 页。
③ 同上书，第 37 页。

部耕地面积的 2.3%。农民出卖土地，或因调整生产（即坏地换好地、远地换近地、卖地买牲口等），或因转业、迁移；也有因缺乏劳动力、不善经营、天灾人祸等造成生产生活困难而卖地的，但此类数量很少。出租土地的农户，大多是老弱病残、鳏寡孤独户及军烈干工属，他们无劳力或者劳力很弱，无力进行耕种，土地若不出租就会撂荒；另一部分是兼营或主要从事其他职业者，他们正处于劳动力转移的过渡阶段，因对其他职业是否能取得稳定的足以谋生的收入尚无信心，还不愿意彻底放弃自己的土地。在出租户中，出租土地进行剥削的只是极少数。此外，农村中普遍存在雇佣关系。据国家统计局调查，1954 年农村中有 59.7% 的农户雇工，53.7% 的农户出雇。在农村各阶层中，富农是净雇入，但因富农户很少，富农雇工数只占农村雇工总数的 12%。这说明雇佣关系主要是发生在劳动群众之间。从雇工的性质看，当时农村中的雇工，属于劳动力调剂与临时"抢火"（农忙季节）以及换工的居多数，把雇工作为经常性的主要劳动力使用的不多，而这其中老弱病残、军烈干属、职业转移者又占了相当的比重。[①]

总的来看，土地改革后农村中虽然存在土地买卖、租佃和雇佣关系，但基本上是属于一次大的平均分配土地和生产资料后，生产要素局部调整性质。这种生产要素的重组，是在农民小生产者的竞争中进行的，它有利于农村经济发展，但也使劳动力强壮、勤于劳动、善于经营的农民处于有利地位，少数尤其是缺乏劳动力的农民处于不利的地位，在大体平均的基础上又开始出现了贫富的差别。当时，党和政府对生产要素重组中出现的上述情况极为关注，将其定性为农民的自发资本主义势力的发展，在社会舆论和政策上不断加强限制措施，并已开始兴办苏联集体农庄式的农业生产合作社，以从根本上杜绝生产要素自发调整的可能性。在这种社会舆论和环境下，一些生产发展较快的农民心怀苦闷，影响到生产积极性，乃至生产后吃光用光，不再将资金投入扩大再生产上。而一些比较困难的农民不是通过积极生产来改变自己的经济地位，寄希望于政府救济再救济，想早点进入他们理想中吃大锅饭的"社会主义"。[②] 这种平均主义思潮以及对生产要素流动的限制，对农村经济的发展是不利的。

---

① 苏少之：《论我国农村土地改革后的"两极分化"问题》，《中国经济史研究》1989 年第 3 期。
② 苏少之：《中国经济通史》（第十卷·上），湖南人民出版社 2002 年版，第 335—336 页。

二　农业生产互助组的劳动组织形式

（一）农民传统的劳动互助方式及其性质

在农业生产活动中，换工是中国农民劳动互助的一种传统方式。在这种方式中，农户之间或直接交换自己的劳动，或以人工交换耕畜、农具的使用，它多发生于族人、亲戚和邻里之间。

个体农民在生产过程中需要劳动互助，一般有两类情况：一类是有些农业生产活动（如用脚踏水车车水、修塘、筑堰等）劳动量大，非一家一户所能及，必须依靠劳动互助和协作。这种性质的互助劳动不是经常性的，可以通过临时互助来解决，或组织固定，但只是在必要时开展活动，它们在农户一年中所付出的劳动量中占的比重不大。另一类是农忙时的农业生产活动。中国农业生产力及整个国民经济发展水平低下，没有机械设备，更谈不上社会化服务体系，农忙季节，一块耕地上的某些活路，需要在短时间内完成（如播种、插秧、收获等），部分农户家庭的劳动力相对不足，需要彼此调剂劳动力。至于换工量的多少，又与各农户的经济实力有关。富裕的农户可以雇工，而不换工。劳动力多、牲畜壮、农具齐全的农户，在大忙季节只需少量互助，甚至不需要换工。而缺乏劳动力、畜力和农具的农户，连日常耕作都无力单独完成，大忙季节更需要依靠互助，才能完成作业。[①] 而且越是贫困的农户，对互助换工的要求与依靠也就越强烈。所以说，这类性质的换工互助，是贫苦农民处于以家庭为独立的生产单位，而家庭的生产条件又不能独立完成整个生产过程这个矛盾下的产物，它是以农民的贫穷为基础的。

传统劳动互助方式的基本特点是：以家庭为生产单位，土地和其他生产资料私有，分散和小规模的经营，在生产需要实行互助时，共同使用几家的劳动力、耕畜或大型工具，对等换工，各家土地上的收获物归己。换工（或劳动互助）只是家庭经营的补充，它不改变农民家庭的个体经营与私有的性

[①] 赵德馨、苏少之：《两种思路的碰撞与历史的沉思——1950—1952 年关于农业合作化目标模式的选择》，《中国经济史研究》1992 年第 4 期。

质。在这种换工形式中，农户之间直接交换劳动而不是交换劳动产品，这种交换一般不用货币衡量价值，也不经过市场，它是自然经济下的产物，是中国农业生产力低下与部分农民处境贫困的反映。这种换工，并不属于生产社会化的形式，从某种意义上看，它是原始公社制度瓦解过程中生产方式的残存形式。

（二）农业生产互助组的劳动组织形式

土地改革后，中国共产党领导的农业生产互助运动，是在利用、改造农民传统劳动互助形式的基础上发展起来的。其中，互助组是中国农业生产互助合作运动的最初形式。与传统的劳动互助方式相比，农业生产互助组有许多新的特点：一是它不再完全是农民的自发组织，而是共产党和人民政府领导下组织农民克服困难，恢复生产，并进行集体主义教育的组织形式；二是它突破了仅在亲朋好友邻里之间实行互助的界限，扩大了互助的范围；三是开始建立起各种记工制度，使换工更接近与等价交换；四是组织了与传统互助有了重要区别的一批长期互助组；五是注重在互助组内消除隐蔽的剥削现象，使互助组完全成为劳动群众互助互利的组织。

新中国农业生产互助组主要有两种形式：一种是临时性、季节性互助组。一般只有三五户，多则十几户，成员不固定。农忙季节临时组织，主要是在农业生产方面实行劳动互助，农闲时各干各的，需要时再重新组织。另一种是常年互助组。成员比较固定，规模一般比临时互助组大，有初步的生产计划和记工清账制度，有的还做到农业与副业相结合。有的常年互助组逐步购置了某些公有的农具和耕畜，积累了少量的公共财产。在互助组发展的初期，临时互助组的比重大。在1952年，临时互助组和常年互助组的比重大致是2∶1。到1955年上半年，常年互助组作为向农业生产合作社过渡的准备形式，所占比重才超过了临时互助组。据统计，参加临时互助组的农户占全国农户总数的23.1%，参加常年互助组的农户占农户总数的27.6%。[①]

（三）互助组的劳动交换与耕作秩序安排

虽然农业生产互助组在农业生产的某些环节中实行了集体劳动，但仍然

---

① 苏少之：《中国经济通史》（第十卷·上），湖南人民出版社2002年版，第346页。

是建立在生产资料私有和家庭经营基础上的私人劳动的交换。为了使劳动的交换符合等量的原则，并尽量满足各个家庭生产经营的需要，互助组内开始初步形成了各种换工和轮流耕作的制度。

1. 实行评工、计工

评工、计工主要有三种办法：第一种，工换工。或按日计工，即整劳动力做一天活，算一个工，半劳动力做一天活，算半个工；或按时计工，即把一天分为早晨、上午、下午三段时间（比如一天计十分，早晨两分，上午和下午各四分），做多少时间，就记多少分。这种办法一般用于规模比较小的临时互助组和刚成立不久的常年互助组。这种劳动互助，与旧有换工一样，多为主要劳动力参加换工，劳动力之间的强弱和技术高低相差不多。而且临时互助往往是由亲朋好友、街坊邻里自愿组合的，在平时生产、生活中，还经常存在其他各种形式的互助，如盖房、婚丧娶嫁的相互帮忙，农民可以通过其他形式来补偿换工时的少量差别。但在常年互助中，互助的范围扩大了，内容增加了，家庭的辅助劳力也加入了集体的劳动；常年在一起劳动，也使劳动交换的量大大增加。在互助组内参加劳动的各类劳动力有强弱、技术有高低，劳动积极性也不一样，一工换一工实际上是不等价，继续实行简单的工换工，劳动力强的、技术好的就会有意见，"磨洋工"的现象便会发生。所以，常年互助组多采用以下第二、三种办法。

第二种，评工计分，即按照劳动力强弱、技术高低、劳动效果大小计工。主要包括"死分死计""死分活计"等形式。"死分死计"，即根据劳动力强弱、技术水平高低评定工分。例如，会犁、耙、插秧、锄田的十分；会锄田、插秧、挑粪的九分；会锄田、插秧的八分；只会锄田的七分。做一天活，记一天工分。"死分活评"，即先根据劳动力强弱、技术水平高低评出每个组员的固定工分，每天再按每人的实际劳动表现和劳动效率进行评议，适当增减工分。

第三种，按件计工，即农活分类定出工分，不管男女老幼，做什么活，记什么分，做多少活，记多少工。例如，插秧一亩一个工，插几亩就记几个工。这种记工方法，只是在少数互助组出现过，按件记工的活路也不多。

2. 对耕畜、农具规定合理的报酬

耕畜、农具是劳动者过去劳动的积累，使用者应当根据这些生产资料的磨损程度，给予所有者以合理的报酬。对耕畜的报酬，一种是先根据耕畜力量大小定出工分（一头牛顶两个人工，或一个半人工，或一个人工），按日计工，不管做多少活，一律按规定的工分计算；一种是按耕畜耕作的亩数评定工分，例如，耕一亩田五分，耕两亩就十分。人工和畜力工换工，也按上述办法折合。农具的报酬，一般也折合为工分。工分标准大体上相当于折旧费或者比折旧费高一些。耕畜、农具的报酬，不能过高，也不能过低。过高，会使占有耕畜、农具多的较富裕农民占便宜；过低，则会侵犯中农利益，影响他们购置耕畜、农具的积极性，甚至会出现损坏或出卖耕畜、农具的现象。有少数互助组，组员"伙养"耕畜，或者"伙买"农具。这些耕畜、农具已经是公有财产，就不存在报酬的问题了。

在新中国成立之初，农业劳动力比较充裕，生产资料普遍不足。在耕畜、大型工具报酬与人工进行折合时，拥有较多耕畜、农具的农户在客观上处于有利的地位。为避免耕畜、农具报酬对人工的折合过高而造成对贫农不利的局面，互助组一般不容许富农参加。

3. 制定合理的工资标准

互助组内的工资是组员之间偿还劳动的一种辅助形式。当农户之间换工工分的差额无法用劳动来补齐时，就用换算成工资标准的现金来补偿。工资标准一般和社会上的工资相差不多或者稍微低一些。原因是互助组内毕竟和一般雇佣关系不同，许多在组内用别人工的农民，单干时不一定要雇人，在组内给别人出工的农民，单干时也不一定打短工。因此，只要双方自愿，和市价悬殊不太大，就不追求市价标准。但是，也不能比社会上的工资低得过多，太低了，富裕中农就会占便宜，贫农就会吃亏。

由于工分有了工资的表现形式，而工资又是参照市场上的劳动力价格来确定的。这样，在进行劳动的比较、制定工分等级时，就有了一个可参照的客观依据，在一定程度上避免了纯主观的因素，使工分等级的制定能够比较客观合理。

4. 合理地安排耕作顺序

农业生产不违农时很重要。耕作时间先后，直接影响收成好坏。耕作顺序安排不当，就会有人占便宜、有人吃亏，甚至会使互助组因争吵不休而垮台。耕作先后的排列，在临时互助组里比较简单和容易解决。小型互助组，只有三五户，耕地不多，组员之间感情上较融洽，在田里一边做活一边计议一下，第二天给谁家做就可以了。但计议中也有个标准，即"抢火色"时按"需要"，一般情况下按"就便"。

常年互助组情况就不同了。户数多、耕地多，矛盾就多，非有个耕作排列次序不可。在常年互助组里，耕作顺序的排列，有以下几种方法：第一种，哪家要工往哪家拨。先由需要工的组员提出要用多少工，经全组讨论确定哪几家出工。第二种，根据农活急需，全组出动"抢火色"。例如锄地，每家把最急需锄的地报出来，根据急缓分成若干批，全组人员一齐出动，一批一批突击，直到锄完为止。第三种，统一安排耕作顺序，统一调配人力。

互助组内制定的各种换工和轮流耕作的制度，都是为了贯彻等价互利原则，这是巩固和发展农业生产互助组的关键。互助合作组织中的等价交换问题，主要是困难较多的农民和生产条件较好的农民的关系问题，是劳力强、技术好的农民和劳力差、技术差的农民的关系问题，是有耕牛、农具的农民和没有耕牛、缺乏农具的农民的关系问题。实质上主要的也就是贫雇农和中农的关系问题。只有保证富裕中农不能剥削贫雇农和下中农，贫雇农和下中农不侵犯中农的利益，农业生产互助组才能健康地发展。

总之，农业生产互助组组织农民在生产资料私有制和家庭经营的基础上，共同完成农业生产环节中某些需要进行协作的生产活动，解决农忙季节农户仅靠自家劳动力"抢火"不及时的问题，特别是帮助那些在土地改革后生产资料仍还比较缺乏和劳力不足的农户克服困难，完成整个农业生产的过程，对农村经济的恢复和发展起到了重要的推动作用，也为农业社会主义改造准备了一定的条件。据国家统计局统计，1952年，互助组的产量一般比单干户要高出10%—30%。[①]

三 农业生产合作社的劳动组织形式

正当新解放区农业生产互助组方兴未艾之时，东北、华北等老解放区的互助组的发展却出现了耐人寻味的现象。随着农村经济的恢复和发展，原来

---

① 董志凯主编：《1949—1952年中国经济分析》，中国社会科学出版社1996年版，第89页。

老解放区的贫农,大部分的经济状况上升到中农水平,他们可以独立地进行家庭经营,不再需要使用别人的农具或耕牛了。那种因缺乏农具、耕畜而成立互助组的要求已经成为过去。或者说,原有的互助组已经不能满足他们的新要求。于是,在经济上升较快的农民中,出现要求退出互助组的倾向。对农民退出互助组和在新的形势下如何把互助合作运动进一步推向前进,人们的认识不同。中共山西省委在一个报告中提出,互助组涣散的原因是农民的自发的资本主义倾向,为了克服这种倾向,必须在互助组内增加公共积累,采取按劳力、按土地两个标准分红,并逐渐增加按劳分配的比重,不断增加社会主义的因素,动摇、削弱直至否定私有制。中共中央华北局则在有关报告中提出,目前面临的问题,是如何改良生产技术,解决销售问题,是如何完善互助组的生产内容,而不是逐步动摇私有制。刘少奇同志认为,山西省委提出的办法是一种错误的、危险的、空想的农业社会主义的思想。动摇私有基础,搞农业集体化,那是将来的任务,要以国家工业的发展和农业机器的大量使用为条件。华北局和刘少奇没有提出互助组进一步前进的组织形式,但反对不从提高生产入手,而是着限于分配的平均主义思想。这与毛泽东关于合作化的目标模式发生碰撞。[①] 在毛泽东的倡议下,1951年9月,中共中央召开了全国第一次互助合作会议,通过了《中共中央关于农业生产互助合作的决议(草案)》,肯定了以土地入股、集体经营、按劳力和土地分红的初级农业生产合作社,是从互助组到更高级的社会主义集体农庄之间的过渡形式;认为初级社实现了统一经营,解决了互助组集体劳动和分散经营的矛盾,可以逐步克服小农经济的弱点。《决议(草案)》的贯彻实施,推动了农业互助合作运动的发展。至此,从农业生产互助组到初级农业生产合作社,再到高级农业生产合作社,成为中国农业合作化的基本道路。应该说,从互助组到初级社、高级社,直至后来的人民公社,这与当时公有制优于私有制的意识形态有很大关系,更是与当时中国实施的工业化发展战略分不开的。在极度薄弱的经济基础上迅速实现工业化,就要把农业剩余转移给城市工业。而要实现这一转移,单个农户经济显然是一个不利的条件,因为由政府直接同无数单个农户打交道收取农业剩余,无论是阻力还是交易成本

---

① 赵德馨、苏少之:《两种思路的碰撞与历史的沉思——1950—1952年关于农业合作化目标模式的选择》,《中国经济史研究》1992年第4期。

都将是巨大的[1],这就要求农业迅速实行集体化。

(一) 农业生产合作从初级社到高级社

新中国成立后,一些解放较早的地区,开始在互助组的基础上试办了少数初级形式的农业生产合作社。农业生产合作社较快的发展是从 1954 年开始的,这一方面是生产发展的需要,另一方面是由于过渡时期总路线的推动。[2] 1953 年,因基本建设投资增加过快而引起的农副产品供应紧张,使党和政府认为,农业拖了工业化的后退,如何加快农业的发展,成为毛泽东和全党关注的重要问题。加之,大多农业合作社取得了增产成绩。据此,毛泽东认为小农经济与社会主义工业化不相适应,提出各级党的一把手要亲自动手抓农业社会主义改造这件大事,县区干部的工作重点要逐步转到农业合作化方面来。1953 年 12 月 16 日,中共中央发布了《关于发展农业生产合作社的决议》,提出"必须采用说服、示范和国家援助的方法使农民自愿联合起来",并要求到 1954 年秋,合作社应由 1953 年的 1.4 万个发展到 3.58 万个。这个决议标志着农业互助合作运动的重心已由发展巩固互助组转变为发展巩固初级社。[3] 此外,1953 年秋,中共中央做出实行粮食统购统销的决定,也加速了初级社的建设进程。到 1954 年秋,初级社发展到 10 万个;到 1954 年年底,初级社发展到 48 万个。在老解放区的许多村庄入社的农户已达到 60%—70%,以致 80%,参加合作社已开始成为一种群众性的行动。[4] 到 1955 年上半年,全国初级社发展到 67 万个,参加的农户约 1700 万户。[5]

初级社一般是经过互助组发展起来的,是农民个体经济过渡到集体农庄式的高级农业生产合作社的组织形式。它的特点是:以土地和其他生产资料入股,合作社统一使用,把农民家庭的分散经营变为合作社的统一经营,集体劳动,收益按土地和劳动力比例分配。土地报酬部分,按社员入股土地多少进行分配。劳动报酬部分按社员参加集体劳动的数量和质量分配。牲畜、

---

[1] 文启湘、周晓东:《农村集体经济组织长期生存与制度变迁原因探讨——兼论人民公社的建立、失败与乡镇企业的改制》,《现代财经》2008 年第 9 期。
[2] 马洪、刘国光、杨坚白主编:《当代中国经济》,中国社会科学出版社 1987 年版,第 88—89 页。
[3] 武力主编:《中华人民共和国经济简史》,中国社会科学出版社 2008 年版,第 68 页。
[4] 胡绳主编:《中国共产党的七十年》,中共党史出版社 1991 年版,第 313 页。
[5] 许涤新:《我国过渡时期国民经济的分析》,科学出版社 1957 年版,第 150 页。

农具及其他生产资料作价入社，取得合理的补偿。劳动力已归合作社统一指挥，社员自行支配劳动力的权利已经非常有限。土地以外的生产资料，只有在合作社不用的时候，社员自己才可以用或者租给别人用。有的社已有较多的公共积累，并购置了公有的牲畜和农具。因此，初级社的生产资料所有制，已不是完全的私有制了，已经变成了一种半私有制和部分公有（集体所有）制。

1955年上半年，在全国农户总数中，参加互助组的占50.7%，参加初级社的占14.2%，参加高级社的不到1‰。① 1955年10月4—11日，中共中央召开扩大的七届六中全会，会议根据毛泽东的讲话精神②，通过了《关于农业合作化问题的决议》以及《农业生产合作社的示范章程（草案）》。会议把党内在合作化速度问题上的不同意见当作右倾机会主义来批判，助长了农业社会主义改造中的急躁冒进情绪。1956年1月，毛泽东主编并亲自写了两篇序言和大量按语的《中国农村的社会主义高潮》一书公开出版；中共中央提出了《一九五六年到一九六七年全国农业发展纲要（草案）》。纲要（草案）强调："对于一切条件成熟的初级社，应当分批分期地使它们转为高级社，不升级就妨碍生产力的发展"；要求合作基础较好并办了一批高级社的地区，在1957年基本完成高级形式的合作化，即农户基本加入高级社，其余地区在1958年基本上完成高级形式的合作化。这进一步推动了农业合作化运动，并迅速地在全国农村掀起了建立高级社的高潮。到1956年

---

① 赵德馨：《中国近现代经济史（1949—1991）》，河南人民出版社2003年版，第113页。
② "我国的商品粮食和工业原料的生产水平，现在是很低的，而国家对于这些物资的需要却是一年一年地增大，这是一个尖锐的矛盾。如果我们不能在大约三个五年计划的时期内基本上解决农业合作化的问题，即农业由使用畜力农具的小规模的经营跃进到使用机器的大规模的经营……我们就不能解决年年增长的商品粮食和工业原料的需要同现时主要农作物一般产量很低之间的矛盾，我们的社会主义工业化事业就会遇到绝大的困难，我们就不可能完成社会主义工业化。这个问题，苏联在建设社会主义的过程中是曾经遇到了的，苏联是用有计划地领导和发展农业合作化的方法解决了，我们也只有用这个方法才能解决它。……社会主义工业化的一个最重要的部门——重工业，它的拖拉机的生产，它的其他农业机器的生产，它的化学肥料的生产，它的供农业使用的现代运输工具的生产，它的供农业使用的煤油和电力的生产等等，所有这些，只有在农业已经形成了合作化的大规模经营的基础上才有使用的可能，或者才能大量地使用。……在农业方面，在我国的条件下，则必须先有合作化，然后才能使用大机器。由此可见，我们对于工业和农业、社会主义的工业化和社会主义的农业改造这样两件事，决不可以分割起来和互相孤立起来去看，决不可以只强调一方面，减弱另一方面。"参见《关于农业合作化问题》，载《毛泽东选集》（第五卷），人民出版社1977年版，第168—191页。

上半年，全国建立了 70 多万个高级农业生产合作社。[①] 到 1956 年年底，全国参加农业社的农户占农户总数的 96.3%，其中参加高级社的农户占 87.8%[②]，农业生产基本上实现了合作化，个体农民私有的生产资料变成了农业生产合作社集体所有。至此，以实行生产资料公有制为特征的农业社会主义改造基本完成，原来计划用三个五年计划完成的事情，实际上不到一个五年计划就提前完成了。这样，国家工业化的要求终于经农业互助合作促成了农业集体化。

初级社转为高级社的主要标志，是土地和其他主要生产资料实现公有化，归集体所有。初级社转为高级社时，土地无偿地归集体所有，取消土地报酬；土地以外的其他生产资料，根据所费劳动多少和生产资料的磨损程度，付给本主一定的代价，其资金主要来自社员向合作社交纳的公有化股份基金。这部分资金开始是按土地或按土地和劳动力分摊，后来按劳动力分摊。由于入社农民差不多都带有数量不等的生产资料入社，他们可以用自己应得的生产资料的代价，抵交应交纳的股份基金。贫农和下中农占有的生产资料少，抵消以后，往往要补交一部分款项。富裕农民占有生产资料多，抵消以后，社里还要补给他们一部分款项。有些没有生产资料或者只有少量生产资料的贫苦农民，交不起股份基金，国家银行设有贫农合作基金贷款，可以向银行借贷。这部分贷款，此后大部分没有收回，由国家财政负担了，实际上是政府对农业合作化的财力的支持。在初级社转为高级社的过程中，往往是与几个初级社合并为一个大社的同时进行的。初级社公有的生产资料，在转社的时候，也转归高级社所有。一是原各初级社积累的公积金、公益金、国家奖励和社员集体劳动所增加的财产，如集体购买的耕畜、农具、工副业工具以及农田水利、副业基本建设等，一律无偿转归高级社所有。几个社合并在一起，虽然公有财产数量不等，多的不退，少的也不补。二是原初级社社员交纳的生产股份基金，一律转为高级社的生产股份基金。几个初级社合并在一起，数量不等，多交的不退，少交的也不补。三是原初级社集体的贷款均转由高级社承担债务，负责偿还。这样，就基本上建立了高级农业生产合作社的生产资料公有制，人们把它定性为劳动群众的集体所有制。

---

① 薄一波：《若干重大决策与事件的回顾》（下卷），中共中央党校出版社 1993 年版，第 749 页。
② 胡绳主编：《中国共产党的七十年》，中共党史出版社 1991 年版，第 320 页。

在数个初级社合并转为高级社的过程中,虽然原各社拥有的生产资料多寡、富裕程度不同,但生产资料全部归于大社统一使用,统一核算,统一分配,这实际上是穷社共了富社的产,开了"共产风"的先例。

(二) 农业生产合作社的劳动组织与管理形式

农业生产合作社成立后,除了要妥善地处理原属于农民私有的生产资料外,面临的另外一个重要问题,就是在改变过去一家一户的小规模的分散经营为大规模的统一经营、统一管理后,如何组织好合作社的生产经营的问题。最初成立的初级社,小则几户十几户,大则二三十户、三五十户。在基本上实现合作化后,初级社的范围,大体上是农村的一个自然村落。而高级社规模,小则百余户,大则两三百户。据1956年的统计,高级社的平均规模为250户,此后经过整顿,降到社均150户左右,仍相当于3—5个初级社的规模。[①] 这样,生产劳动的管理就成为合作社十分突出的问题。

初级社刚成立的时候,是临时派活,即生产不分组,土地不分片,农活由社长统一安排,每天派工,每天记分。这种办法,使社干部过于紧张和劳累,不能周密计划;社员每天不知上哪块地,不知做什么活,不知拿什么工具,因而等人、等活,不是窝工,就是漏掉重要的农活。生产效率很低,降低了社员的生产积极性。为了克服这种混乱现象,后来小一点的社,就把社员分成几个小组,大一点的社,就分成几个生产队。成立高级社后,生产队普遍成为合作社下属的一级生产管理单位,规模大体上是原初级社,有的生产队下还分设若干个生产小组。

生产队作为一级生产固定的管理组织,它主要有以下几个特点:一是劳动力固定。生产队的成员确定以后,除在必要的时候,组织全社范围的协作外,一般都在队里劳动,不得随意变动。二是土地固定。土地固定使用,便于社员摸熟土地的特性,合理地利用土地。三是耕畜和大型农具固定。合作社所有的耕畜、农具,除了在技术上不适宜由一个生产队单独使用的部分以外,全部分给生产队使用。除了田间生产队,有些合作社还建立了专业生产

---

① 苏少之:《中国经济通史》(第十卷·上),湖南人民出版社2002年版,第364页。

队,如畜牧队、林业队、副业队等。

农业生产合作社下设生产队、组,向生产队、组下达生产任务,由队长、组长直接组织所辖社员进行生产,这在一定程度上有利于克服农业社规模过大造成的生产管理混乱状况。而这又产生了新的矛盾:合作社是统一计划、统一核算、统一分配的,但生产活动是在各个生产队里进行。那么,如何正确处理社和队的关系呢?

早在初级社时,有的合作社对生产队(组)已经开始实行"包工制",即把一定的生产任务,按照工作定额计算出一定数目的用工数(劳动日或工分),包给生产队限期完成。生产队的劳动效率高,用工数少于包工数,按包工数记工,多出来的工分归生产队;生产队的劳动效率低,用工数多于包工数,也按包工数记工,不足的工分社里不补。"包工制"有临时包工、季节包工和常年包工等多种形式。

"包工制"提高了各生产队的劳动效率,但是,它没有解决农活质量和农产品产量的问题。为了使生产队和社员不仅关心用工多少,而且关心农活质量和农产品产量,"包工制"又发展为"包工包产制"。这种制度,是由合作社根据全社的农作物种植计划,确定各生产队不同地段种植什么作物,按土质好坏、常年产量加上当年的增产措施,规定出每个生产队所经营的耕作区的包产产量,把它和用工总数一起,包给生产队。生产队经营得好,农产品产量超过包产产量,超产农产品的一部分或全部奖给生产队;生产队经营得不好,农产品产量达不到包产产量,生产队要赔偿社里的损失。实行包产的生产队不再适合临时包工,一般都推行了季节包工或常年包工了。

包工包产还没有解决生产费用的节约问题。为了促进各生产队节约生产开支,在包工包产的同时,又加上包生产投资(也叫包财务、包成本)。由合作社按照不同作物的不同需要和经济力量,计算出每种作物每亩地的投资数量,作为投资限额包给生产队。生产队可以在限额以内,因地制宜地在作物或地段之间合理地调剂使用。这样,就形成了"三包一奖"制度,即包工、包产、包生产投资和超额奖励制度。许多高级社实行过这种制度。有的农业社在生产队包工包产的基础上,还进一步对生产小组实行包工包产,浙江省永嘉县更创造了"包产到户"①的做法。

固定生产队和"三包一奖制度",是在高级社广泛发展以后,在实践中产生出来的劳动组织形式和管理制度。它在一定程度上解决了社和队之间的矛盾,加强了集体经济的管理,提高了社员的责任心和生产积极性。但是,"三包一奖制度"仍然存在许多矛盾,在实行过程中,遇到对工量、产量、生产费用要进行大量计算,产量不容易包准,奖励和赔偿问题常常发生争执等困难,所以,农业集体经济组织的经营管理方式还有待于继续探索。

(三)农业社总收入在国家、集体和个人之间的分配

农业生产合作社每年的收入,首先归集体占有。在补偿当年生产资料的消耗部分,扣除缴给国家的农副业税和支付给国家银行贷款的利息,提留公积金、储备基金、公益金和管理费用后,其余部分再分给社员个人。在初级社,补偿生产资料的消耗的形式还包括支付租用农民自有的耕畜和工具的租金,或者耕畜工具折价入社分期付款的资金。在高级社,后者从公有化生产股份基金中支付,不再另列成本。从农业合作化到人民公社期间,农业税大体上是相对稳定的,对农民集体来说负担并不算重。但统购的农副产品因存在"剪刀差",实际上成为一种隐蔽的税收。其数量的多少则不仅关系到农民集体和个人留用、消费实物的水平,同时也决定着国家与农村集体经济和农民的价值分配关系。公积金是用于集体经济扩大再生产的积累基金,储备基金是为应付自然灾害和其他事故的后备基金和保险基金,如储备粮基金。按规定,公积金一般不超过8%。公益金是用于集体福利事业,照顾没有依靠的老、弱、孤、寡、残疾的社员和困难户,优待军属、烈属和残废军人,补助因公负伤的社员,抚恤因公死亡的社员的家属等所需要的基金。按规

---

① "包产到户",又称"家庭联产承包责任制",首创于1956年5月浙江省永嘉县雄溪乡燎原社进行的农业生产产量责任制试验,他们把它概括为:"三包到队、责任到户、定额到丘、统一经营"。其具体做法是,社里"三包"(包工、包产、包成本)包到生产队后,再包到每户社员;把社里成片土地重新划成小块,确定每块田的产量、肥料和所需工数,一般用"按劳分田"的办法,包给每户社员去分散经营。社员对承包土地的产量负完全责任,超产部分全部奖励,减产部分全部赔偿。平时社员单独生产,农忙时小组互助,全社性农活大家出工。这一办法实行后,社员的生产积极性大大提高,当时主管农业的县委副书记李云河将这种管理方法命名为"包产到户"。它从诞生之时起,就出现了不同认识,不久受到了批判,但它却有着顽强的生命力,在改革开放后成为中国农村经济的基本经营形式。

定，公益金一般不超过2%。

在初级社，个人分配包括劳动报酬和土地报酬两种形式。土地报酬，是土地私有制在经济上实现自己的形式。由于社员差不多都是带着土地入社，他们既负担土地报酬，又分得土地报酬，有一部分可以互相抵消，这一部分是他们自己的劳动果实。但是，由于社员占有土地的数量不平衡，占有土地多的社员，就会凭借土地所有权，获得要素收入。初级社的土地报酬出现过多种形式：一是"死租制"。土地报酬固定，从合作社的可分配收入中，扣除土地报酬和公积金、公益金，其余按劳分配。绝大部分初级社是采取这种形式。二是"活租制"。合作社的可分配收入扣除公积金、公益金以后，土地和劳动力按比例分配。三是劳动力得固定工资，并在扣除公积金、公益金以后，再按土地分红。在不同时期、不同地区的土地报酬和劳动报酬的比例差异很大。但总的变化是，不断提高劳动报酬的比例，降低土地报酬的比例。直至发展到高级社阶段后，取消了土地报酬。这样，社员个人从合作社得到的收入分配，基本上来源于按劳动进行的分配。

（四）社员个人的劳动计量与分配

农民在参加农业合作社之前，使用自己的生产资料，收获归己，日常劳动与自身的物质利益的联系是直接的、明确的。参加合作社后由于实行了统一经营，集体劳动，统一分配，日常劳动的付出与最终收益的联系要经过诸多中间环节，并取决于各种自身不能决定的因素。因此，实行怎样的劳动管理、计量和分配办法，才能更好地贯彻按劳分配的原则，把农民的日常劳动与自身物质利益紧密地联系起来，最大限度地调动农民的责任心和积极性，这就成为农业合作社管理的一个十分重要乃至核心的问题。从农业合作社成立到20世纪80年代初人民公社解体，中国农村集体经济组织对社员劳动管理、计量和个人分配的办法基本上是实行工分制，即劳动记工、按工分的多少进行分配。

工分，是社员劳动计量的尺度和进行个人分配的依据。它反映一定时期社员劳动的数量、强度、技术含量和质量，最终折合成可比的总量。社员取得的工分越多，从合作社得到的实物和现金分配也就越多。现金分配，完全按照工分多少；实物（粮食、蔬菜、柴草等）分配，一部分按工分多少，一部分则按人口或社员的不同的需要。后者也是要计价的。

工分作为衡量劳动数量和质量的单位，其雏形在互助组时期就产生了。合作社实行的工分制，就其将不同的劳动折合为可以计量的单位而言，与互助组时作用是相同的，但两者又有很大区别。在互助组，计算工分只是简单换工的一种补充形式，工分在计算彼此的劳动交换中大多数抵消掉了，只有少量的差额付给现金。由于付给的现金要以市场工价为参照，所以，工分等级的确定（包括按件记工）就有了可参照的客观依据。在合作社，社员的全部劳动都要记工分，按全年的工分总量多少获得劳动报酬。因此，与互助组相比，工分与社员物质利益的关系要密切得多。因此，对工分计量精确性的要求也高得多。合作社的工分不能参照市场劳动力的价格直接表现为价值形态。这是因为，一方面，农业集体化完成后，农村劳动力市场基本消失，即使有残留的部分也非常狭小，劳动力价格信号已失真；另一方面，也是更重要的，农业生产周期长，受自然力作用大，农业集体经济组织及个人的生产劳动成效要形成最终产品后才能以价值形式表现出来。工分最初表现为社员之间的劳动数量与质量的对比关系，最后通过占合作社可分配产品总额的份额迂回地表现为价值。由于没有了在互助组阶段制定工分等级时可参照市价的客观依据，合作社制定工分等级往往主要是依据人们的主观经验。

最初农业生产合作社采用的评工计分办法，主要是沿袭互助组的"死分死记""死分活评"等形式。"死分死记"，只是反映了社员的潜在的劳动能力（且不谈在评估中也存在主观因素），不能反映人们的实际劳动的付出，无法避免出工不出力的现象。因此，有些农业社结合政治思想教育工作，推行了"死分活评"的办法。即根据每个社员当天劳动的好坏，在死分的基础上进行群众评议，劳动好的就适当增加工分，劳动不好的就适当扣分，并结合评分互相开展批评教育。这种评工记分办法，比"死分死记"要好些，但执行起来也有很大的困难。因为评定干活的好坏没有客观、精确的标准，而且每天（有的两三天）都要评分，互相开展批评争论。在领导骨干较强，评得认真时，往往一评工就是半夜，影响了第二天的生产。在领导骨干不强，思想工作基础薄弱的地方，社员往往由于碍于亲戚邻里关系磨不开情面，走了过场，结果还是干好干坏一个样。

为了搞好集体生产的劳动管理，一些农业社在发展中开始实行"劳动定额，按件计工"的办法。即把农活按劳动繁重程度、技术高低、操作难易分类排队，定出每项农活的定额，根据社员实际完成的工作量计算工分。例如，北京市郊区张郭庄社，把全年的农活进行排队，分成3等8级。1等1级活，是带有技术性和比较重的活，如扶犁、撒籽、撒粪、锄地、割麦割谷、赶车等，共30种。达到规定的数量和质量的，春季记8分工，夏、秋两季记10分工，冬季记6分工。又如3等3级活，活轻且容易做，也不需要技术，像选种、治虫、大麻籽间苗等，达到规定的数量和质量的，春季记5分工，夏秋两季记6分工。

定额记工的劳动管理与计酬办法，在一定程度上解决了计量社员劳动数量的问题，对于减少出工不出力现象发挥了较好的作用。但要实行好，难度就更大。首先，定额工分的制定难度极大。要把全年的农活按照其劳动强度、技术含量、耗时多少、操作地块的远近，折合成统一的计量单位——工分，在实行了包工的生产队，还要将本队全年农活折算的总量与对合作社包工的数量相对应，这是一项极为细致、复杂和困难的工作。其次，劳动定额和工分等级制定了，但不是固定不变的，还需要结合实际情况及时进行调整。如雨后湿地和平时干地里作业的难度差别甚大，在固定的农活类别里难以反映，需要临时加以调整。毫无疑问，这样复杂的工作对于农村中文化水平不高的基层干部来说，是十分困难的。定额制定的不合理，在派工时社员就会争抢相对容易获得高工分的活路，不愿干费力费时而获得工分较少的农活，发生争执，使派工发生困难。天天如此，烦不胜烦。最后，定额工分制定得好，可以在一定程度上解决劳动强度、技术和数量的计量问题，但难以解决劳动质量的鉴定问题。有些农业劳动的质量难以精确地检验。农业劳动的场所是分散的，领导者无法对社员的劳动质量进行有效的监督。要么监督成本极高，要么监督成效不明显。

鉴于定额记工的方法执行起来十分复杂，尽管政府一度大力推广，但真正实行了全面的"劳动定额，按件记工"的合作社并不多。有的只是对农活划分了粗线条的等级，有的是部分农活按件记工，其余部分仍然实行"死分死记""死分活评"。有的实行了一段时间的定额记工后，坚持不下去了，又回到了"死分死记""死分活评"。[①]

[①] 苏少之：《中国经济通史》（第十卷·上），湖南人民出版社2002年版，第371—375页。

第二篇

计划经济体制下的劳动经济
（1957—1978）

　　1956年9月召开的中国共产党第八次全国代表大会指出："社会主义的社会制度在我国已经基本上建立起来了"，国内的主要矛盾不再是无产阶级和资产阶级的矛盾，"已经是人民对于建立先进的工业国的要求同落后的农业国的现实之间的矛盾，已经是人民对于经济文化迅速发展的需要同当前经济文化不能满足人民需要的状况之间的矛盾"，全国人民的主要任务是集中力量发展社会生产力，实现国家工业化，逐步满足人民日益增长的物质和文化需要。中共八大还通过了周恩来总理所作的《关于发展国民经济的第二个五年计划的建议的报告》。应该说，中共八大对当时中国社会经济主要矛盾和主要任务的认识和判断是正确的，"二五"计划也是符合实际的，但遗憾的是，由于指导思想上急于求成，夸大了主观意志和主观努力的作用，对经济发展规律和基本国情认识不足，"完全违背客观实际情况，头脑发热，想超高速发展"①,对上述认识和判断并没有坚持下去,既定的"二五"计划也未能执行。1958年5月,中共八大二次全体会议通过了"鼓足干劲、力争上游、多快好省地建设社会主义"的总路线,随后在全国掀起了"大跃进"和人民公社化运动。政府一方面转向用阶级斗争的强制力量来巩固和"纯化"社会主义经济体制,另一方面也更急迫地要大大提高经济发展速度,希望迅速建立起强大的物质技术基础,以巩固和发展社会主义制度,并进一步向共产主义过渡。②这就使以高指标、瞎指挥、浮夸风和"共产风"为主要标志的"左"倾错误泛滥于全国,国民经济的比例关系严重失调,给国民经济发展带来了很大灾难。为了摆脱国民经济畸形发展的困境,1960年9月,中共中央提出"调整、巩固、充实、提高"的八字方针,对整个国民经济进行调整。"我们花了三年时间,纠正错误,才使情况又好起来"③,经济建设工作重新走向正常发展的轨道。然而,由于"左"的指导思想并没有根除,1966年至1976年"文化大革命"十年浩劫,又给中国经济带来无法弥补的重创,延缓了社会主义现代化建设的进程,拉大了和世界先进国家的距离。当然,不可否认,通过全国各族人民的共同努力,中国在某一些方面也取得了长足的进步,如"两弹一星"的成功研制,打破了超级大国对中国的武力威胁和核讹诈,使新中国快速地自立于世界民族之林。

在1957—1978年的计划经济体制下,中国劳动经济制度总体上是一种城乡二元分割的劳动经济制度。因应优先发展重工业化战略的实施,城市实行劳动工资计划管理,统包统配、能进不能出的就业与固定用工制度进一步强化,新成长的劳动力就业基本上只有全民所有制单位一条途径;为缓解城市的就业压力,甚至采取了精减职工、知识青年上山下乡等逆城市化的措施和手段。按劳分配原则以及计件和奖励工资制屡遭冲击,尽管多次对工资进行调整和改革,但基本上实行的是一种带有平均主义色彩的等级工资制度,职工工资收入长期偏低且呈平均化态势。社会保险与职工福利制度基本上延续着建立时期国家—单位保障制的格局,但在"文化大革命"中,由于社会保险的管理机构被撤销,面向城市劳动者的劳动保险制度从社会统筹模式

---

① 《邓小平文选》(第三卷),人民出版社1993年版,第253页。
② 苏少之:《中国经济通史》(第十卷·上),湖南人民出版社2002年版,第211页。
③ 《邓小平文选》(第三卷),人民出版社1993年版,第234页。

转化成为由单位负责的、现收现付模式，劳动保险开始微观化为企业保险。而农村则在人民公社三级（人民公社、生产大队、生产队）所有的体制中，以生产队为基本核算单位，统一组织社员进行集体生产劳动和个人消费品分配，农村劳动力向城市流动的渠道基本被堵塞，中国城市化进程极其缓慢。受"左"的指导思想影响，过度强调职工（社员）利益服从集体利益、集体利益服从国家利益，职工对单位、社员对农村集体组织形成过度依赖。总之，1957—1978年中国劳动经济管理工作历经"大跃进"、国民经济调整和"文化大革命"，深受各种社会的、政治的因素制约和国民经济曲折发展的影响，走过了一段坎坷的探索之路，经济发展质量不高，或者说有增长无发展。这其中的经验和教训，在当今中国完善社会主义市场经济体制和机制的背景下，有许多值得总结和借鉴的地方，甚至需要引以为戒。

第 七 章
计划经济体制下以城市为中心的劳动就业

1957—1978 年,随着新中国成立后出生的人口开始进入劳动年龄,要求就业的人数越来越多,中国城镇就业规模不断扩大。到 1978 年,全国职工人数和城镇个体劳动者达到 9514 万人,比 1957 年年底增加 6309 万人。同 1950 年至 1957 年比,虽然年平均增长率由 9.6% 下降到 5.3%,但年平均增长的绝对人数由 209 万人增加到 300 万人(见表 7—1)。新就业人员中,包括国家统一分配的大学、中专、技工学校毕业生,累计有 765.5 万人;从社会上招收的人员,有来自城镇历届未能升学的初、高中毕业生 3600 万人,有七八百万是返回城镇的上山下乡知识青年,还有 1000 万左右是直接从农民中招进来的工人。[①] 但是,由于"左"的错误和"文化大革命"的影响,经济发展受挫,以城市为中心的就业情况起伏很大,就业门路越来越窄,积累了许多经验和教训。

表 7—1　　　　　　1958—1978 年城镇就业人数增减情况

时期	就业者分类	累计增加就业人数（万人）	平均每年增加就业人数（万人）	年平均增长率（%）
1958—1878 年合计	合计	6309	300	5.3
	职工	6398	305	5.5
	城镇个体劳动者	-89	-4	-9.7

---

① 肖冬连:《中国二元社会结构形成的历史考察》,《中共党史研究》2005 年第 1 期。

续表

时期	就业者分类	累计增加就业人数（万人）	平均每年增加就业人数（万人）	年平均增长率（%）
"大跃进"时期（1958—1960年）	小计	2914	971	24.1
	职工	2868	956	24.4
	城镇个体劳动者	46	15	13.0
国民经济调整时期（1961—1965年）	小计	-983	-328	-3.6
	职工	-1004	-335	-3.8
	城镇个体劳动者	21	7	2.7
"文化大革命"时期以及以后两年（1966—1978年）	小计	4387	337	3.0
	职工	4534	349	3.1
	城镇个体劳动者	-156	-12	-12.3

注：表中负号"-"是指绝对人数减少。

资料来源：《中国劳动工资统计资料（1949—1985）》，中国统计出版社1987年版，第5页。

一 劳动就业的计划管理与实施

（一）劳动计划管理体制及其变化

1957年1月15日，国务院发布《关于各部负责综合平衡和编制各该管生产、事业、基建和劳动计划的规定》，据此，劳动部党组决定成立劳动计划临时办公室。同年10月23日，国务院常务会议正式决定："由劳动部负责综合和编制全国的劳动计划和工人培养计划。为了使劳动部能够很好地完成这项任务，可以由国家经济委员会、国家计划委员会抽调几名干部给劳动部，由马文瑞部长同宋劭文、宋平副主任具体协商办理。"[①] 1958年，劳动部正式成立劳动工资计划局，具体承担全国的劳动计划工作。国家计划委员

---

① 《中国劳动人事年鉴（1949.10—1987）》，劳动人事出版社1989年版，第107页。

会则负责劳动计划与其他国民经济计划的综合平衡。1958年3月20—24日，华北地区劳动计划工作座谈会在太原召开，会议达成如下主要共识：劳动计划的范围要从6亿人口出发，既管城市也管农村，企业、事业、机关、团体、学校都管，全面管起来便于统筹兼顾、适当安排。编制劳动计划有两个指导思想，一个是编制劳动计划的作用、目的及与生产计划的关系，亦即编制劳动计划的主动性问题；另一个是如何摆脱单纯从数字来到数字去、见物不见人的现象，充分考虑到人的因素。劳动计划既服务生产、促进生产，也决定生产；劳动与生产是互相制约的。劳动部门编制劳动计划，要主动地和计委部门取得工作上的密切协作、互相配合。劳动计划的主要内容有五项：劳动生产率增长指标、职工人数增长指标、工资总额和平均工资增长指标、技术工人的培养。[①] 同年8月，全国劳动计划会议原则通过了《关于加强劳动计划工作问题的若干初步规定》，其中，关于劳动计划管理制度，规定总的原则是"统一计划，分级管理"，"中央负责工资总额、职工总数和全国范围内的科学技术力量、劳动力的培养和调配"，"以及原有的人数工资水平的提高，新增人员的工资水平的确定，中央各部直接管理的企业和事业单位的计划和重要技术力量"；"各省市自治区在确保国家的劳动计划和技术力量调配任务的条件下，对本地区的劳动力和技术力量可以统筹安排"，"省市自治区编制劳动计划，应包括在本地区内的中央部直属和地方所属的全部企业、事业、机关在内"。关于劳动计划的指标问题，规定"各省市自治区和中央各部上报中央的劳动计划指标应包括：年末到达的固定工人数，年平均职工人数和工资总额。此外，还应说明工资水平（分出原有人员和新增人员）和劳动生产率（按全部职工计算的）的增长、变化情况，各省市自治区还应开始研究社会劳动生产率的增长情况"。[②]

中国开始集中全党全国的力量进行大规模的社会主义建设，从"五年"计划的角度看，是从实施第二个五年计划，即1958年开始的。"二五"计划作为中共中央的建议，早在1956年中国共产党第八次代表大会上就通过了。然而，由于"大跃进"期间在经济工作的指导方针上违背客观规律，对

[①] 《1958—1965 中华人民共和国经济档案资料选编·劳动就业和收入分配卷》，中国财政经济出版社2011年版，第25—26页。

[②] 袁伦渠主编：《中国劳动经济史》，北京经济学院出版社1990年版，第275—276页。

"二五"计划以及各年度的计划指标不断进行大幅度的调整和拔高,甚至搞"两本账"①,在经济管理体制上管理权限下放过多、过快②,助长了经济建设中急躁情绪,加之否认商品生产和商品交换,使经济运行出现空前混乱。在劳动经济方面,劳动计划审批权由中央下放地方,地方又层层下放,于是,引发了全国第一次招工失控、职工人数增加过多过猛(参见第226页有关内容)。为了摆脱国民经济发展的困境,1960年9月,中共中央提出了"调整、巩固、充实、提高"的八字方针,决定对整个国民经济进行调整。同年12月5日,国家计委、劳动部出台了《关于改进劳动工资管理体制的意见》,进一步强调劳动计划的审批权限必须集中,做好劳动力的管理工作。《意见》的主要内容有:

第一,关于劳动计划的管理。各地区、国民经济各部门和企业、事业单位,应该在编制生产、建设、事业计划的同时编制劳动计划。全国劳动计划包括劳动力计划(其中有国营企业、事业和机关、团体职工人数,农村人民公社劳动力的分配和使用,城市人民公社劳动力的分配和使用,后备技术工人的培养等指标)、劳动生产率计划(其中有社会劳动生产率、部门劳动生产率等指标)和工资福利计划(其中有工资福利总额、工资总额、福利总额、工资福利平均水平、平均工资、平均福利等指标)。劳动计划的审批权限必须集中,全国的、中央各部门(以下简称中央部)和大区的劳动计划,必须报经中央和国务院批准;省、市、自治区(以下简称省)的劳动计划,必须报经大区批准;中央部所属企业、事业的劳动计划,必须报经中央部批准,其中,工资福利部分应该报经所在省批准;省以下各部门、各地区的劳

---

① "两本账"是"大跃进"期间的一种计划工作方法,这种方法将全国的经济计划分为中央和地方两部分。中央的计划分为必成和期成两本账,即第一本账和第二本账;地方的计划也分为必成和期成两本账,中央的第二本账就是地方的第一本账。这样,全国就有了"三本账"。参见刘国光主编《中国十个五年计划研究报告》,人民出版社2006年版,第114、141页。

② 这次经济管理体制上管理权限的下放,是在计划经济的框架内大规模调整中央与地方的权力,是中央与地方的行政分权。但是,在政府职能没有改变的情况下,地方政府作为一级投资主体的权力扩大后,便成为投资饥渴症的重要根源和"大跃进"最积极的推动者。通过这次权力下放,虽然企业有了较大的权力,但并没有向着独立商品生产者和经营者的方向发展。这是因为,从外部条件看,没有市场环境;从内在的性质看,企业作为行政机关附属物的地位没有改变,经营机制和行为目标依旧。在权力下放过程中,体制改革也搞"大跃进",下放越快越好,各企事业归属关系改变过急过快,缺乏必要的协调衔接过程,造成了各企事业单位协作关系的紊乱甚至中断,也加剧了国民经济的混乱。

动计划，必须报省委和省人委批准。

省计划委员会和劳动厅（局）与大区计划委员会，分别负责综合平衡，包括本省或本区内的一切地方单位、人民公社和中央部所属单位的全省或全区的劳动计划。省的劳动计划经省委和省人委审核后报大区中央局①汇总审核，大区的劳动计划报中央和国务院审批，并且都同时抄送国家计划委员会和劳动部。省编制委员会（或人事局）负责综合平衡省内，包括地方的和中央的机关、团体及其附属机构和事业单位的劳动计划，省农业厅负责综合平衡全省农村人民公社的劳动计划，这些计划经省委和省人委审核后，分别报送中央主管部门。

中央部负责综合平衡包括中央各部所属单位和地方所属单位的各自主管的行业全国劳动计划，国务院编制委员会和内务部负责综合平衡全国机关、团体及其附属机构和事业单位的劳动计划，农业部负责综合平衡全国农村人民公社的劳动计划，这些计划都报中央和国务院审核，同时抄送国家计划委员会和劳动部。

中央部所属单位的不包括工资福利部分的劳动计划，由企业、事业单位报中央主管部、局审核，同时抄送所在省的对口厅（局）、计委和劳动厅（局）；劳动计划中的工资福利部分报所在省的计委和劳动厅（局）审核，同时抄送中央主管部、局。中央主管部、局批准下达所属单位的劳动计划，应该同时抄送单位所在省的计委和劳动厅（局）；地方批准下达中央各部所属单位的工资福利计划，应该同时抄送中央主管部、局。

国家计划委员会和劳动部负责综合平衡全国劳动计划，报告中央和国务院审批。各地区、各部门都必须按照国家批准的劳动计划办事，超计划增加人员和工资，必须另经批准；超计划增加人员和工资属于大区和中央部的，须经中央和国务院批准；属于省及以下各级，均须经上一级党委批准，并且从批准机关所掌握的已定计划指标范围内调剂解决。

中央部与大区和省在编制、贯彻劳动计划的时候，应该密切联系、充分协商。大区和省有责任按计划给中央部所属单位调配必需的劳动力，同时有

---

① 1961年1月14日，中共八届九中全会在北京举行。全会批准恢复成立东北、华北、华东、中南、西南、西北6个中央局，代表中央分别加强对各省、市、自治区党委的领导。

权在总的指标不动和不影响生产的条件下，在增人时间安排上进行调整。[①]

第二，关于劳动力的管理。各地区、各部门、各单位根据批准的劳动计划招收职工的时候，应该报请省委和省人委批准，并且通过劳动部门统一安排。严格禁止私自招工和挖用在职职工。临时工转为长期工，应该报省劳动厅（局）批准。企业、事业单位因抢修、抢险等紧急任务，需要在计划以外增加临时工的时候，可以报经当地人委（或者人民公社）同意后招用，同时报请上一级主管部门备案。紧急任务完成以后，应该立即将招用的人员退回原来的单位。

在职工人的调配，一般地应该在省的范围内进行，尽可能地避免远距离调动。如果需要跨省调动的时候，在大区范围以内、不超过100人的，由大区计划委员会审查办理；在大区之间或者在大区内部、超过100人的，应该经过劳动部审查办理。中央和省的企业、事业主管部门，在本部门范围内调动技术工人，可以不受上述规定限制，但是应该事先通知调出地区的劳动部门。铁道、交通、地质、水利电力等部门在本部门范围内调动所属的筑路、运行、勘测、送变电施工等流动性较大的长期工，也不受上述规定的限制，但是，如果跨省调动临时工的时候，应该取得调出地区的省人委的同意。

大区中央局和省委、省人委在必要的时候，可以调动中央部所属的企业、事业单位的工人（包括技术工人），但是要事先商得中央主管部门的同意。

企业、事业单位应该根据节约和合理使用劳动力的原则，制定编制定员标准，并且报请其主管部门批准后执行，同时抄送当地劳动部门。劳动部门如果对于企业、事业单位的编制定员标准有不同的意见，应该及时通知有关的主管部门。

各地区、各部门、各单位委托别的地区、部门、单位培训技术工人，或者接受代为培训技术工人任务的时候，都应该经过劳动部门审查平衡。在省的范围内，由省劳动厅（局）审查平衡；超出省的范围，在大区范围内的，由大区计划委员会审查平衡；超出大区范围的，由劳动部审查平衡。中央部对于直属企业单位可以直接分配委托培训技术工人的任务，但是应该通知有

[①] 《1958—1965 中华人民共和国经济档案资料选编·劳动就业和收入分配卷》，中国财政经济出版社 2011 年版，第 27 页。

关省的劳动厅（局）。各部门所属技工学校的开办和停办，应该经过学校所在地的省劳动厅（局）批准；技工学校学员的招收以及毕业生的分配，也要事先商得省劳动厅（局）的同意。①

1961年1月，中共中央发出《关于调整管理体制的若干暂行规定》，决定在两三年内，把经济管理权限更多地集中到中央和各中央局。同年2月5日，国家计委、劳动部发出《关于劳动计划工作若干问题的规定（草案）》，进一步指出：第一，劳动计划工作必须执行全国一盘棋、上下一本账的方针，不得层层加码。国家规定的劳动计划，各部门、各地区不许突破。计划内规定增加的职工，应当首先在各省和中央各部所属范围内进行调剂，不足时，再经劳动部门统一解决。计划外增加人，必须报经中央批准。各企业、各事业单位不得擅自招收工人。第二，各地区、各部门的劳动计划工作，在中央和中央局统一领导下，按工业交通、农林水气、基本建设、财贸、文教卫生、科学研究、机关团体等分口管理，由各级劳动部门和计划委员会综合管理。各口管理劳动计划工作的职责，主要是紧紧结合生产建设事业计划的安排，提出对劳动计划安排的意见；结合对各部门生产建设事业计划的审核，提出对劳动计划的审核意见；结合检查各部门的生产建设事业计划执行情况，检查劳动计划执行情况。第三，中央各部门所属单位和地方所属单位劳动计划的管理，实行"条条"与"块块"相结合而又各有侧重的双轨制。中央各部门所属单位的劳动计划，由中央各部门管理为主、地方为辅；地方所属单位和城乡人民公社的劳动计划，由地方管理为主、中央各部门为辅。中央各部门所属单位的劳动计划指标和地区之间劳动力的调配计划，在全国性计划会议上与地方共同研究确定。中央各部门、大区、省在日常工作中应该密切联系，协商解决问题。第四，从中央各部门、省到各基层单位，特别是县、人民公社和企业，都应该有一定的机构或专人管理劳动计划工作，已经有了专门工作机构或专人负责的，应该提高干部的政治、业务水平，充实工作内容，健全工作制度；还没有专门工作机构或专人负责的，应该根据精

---

① 《1958—1965中华人民共和国经济档案资料选编·劳动就业和收入分配卷》，中国财政经济出版社2011年版，第27—28页。

简的原则,首先解决机构和干部问题,建立起经常的业务工作。[1] 经过国民经济调整,劳动工作计划又开始走上健康发展的轨道。

"文化大革命"期间,经济建设计划服从于政治斗争和意识形态工作,在计划制订过程中以战备为中心,致使科学决策受到干扰。虽然"三五"计划和"四五"计划本身的制订和完成经过了多次反复和变化,但总体来看,"三五"计划只有一个概略的纲要,没有形成完整的计划,且制订的计划指标过低;"四五"计划始终是一个草案,而且制订的计划指标过高。加之,批判计划管理规章制度,计划管理失控,统计数据十分混乱,劳动计划管理也遭到严重冲击和破坏,其中1966年至1969年劳动计划工作被中断。1970年6月,中共中央批准成立国家计划革命委员会,撤销劳动部,劳动部业务工作并入计委劳动局,并简化了劳动工资制度。直到1975年9月国务院决定设立国家劳动总局以后,劳动计划管理工作才得以逐步恢复和加强。

总之,劳动计划管理体制是整个国民经济计划管理体制中的一个重要组成部分。它的基本特征是:国家对城镇劳动力实行统一计划、分级管理,用行政手段分配和使用劳动力,以固定工的形式使劳动者同企业保持终身固定的关系。这种计划管理体制,对保证社会主义经济的确立和发展起了重要作用,但是,随着社会主义建设事业的发展,越来越暴露出集中过多、统得过死的问题,不仅不能更好地发挥劳动者的创造性和企业生产经营的积极性,而且劳动计划也往往与生产发展和社会需求相脱节。

(二)"大跃进"时期的招工失控及其处理[2]

1958年开始的"大跃进"使中国出现了一种怪异现象:本来是劳动力过多、就业困难的情况却突然变成劳动力不足了。1956年年底和1957年年底,中国城镇分别还有212.9万和200.4万待业人员,城镇待业率分别为6.6%和5.9%[3],劳动部门为此颇感为难。因为1956年企业增人过多,国

---

[1] 《1958—1965中华人民共和国经济档案资料选编·劳动就业和收入分配卷》,中国财政经济出版社2011年版,第31页。
[2] 参见程连升《中国反失业政策研究(1950—2000)》,社会科学文献出版社2002年版,第94—106页。
[3] 《中国劳动工资统计资料(1949—1985)》,中国统计出版社1987年版,第109页。

务院已决定 1957 年停止从社会上招收职工。① 到 1958 年 3 月，劳动部党组关于各地在跃进中要求增加新人员问题向中央的报告认为："目前除按劳动计划招用必需的临时工外，仍然应该坚持不从社会上招收正式职工的方针。各地区所需补充的人员，应该经过准确地编制劳动计划，进行周密的组织工作，千方百计地从现有职工中调剂解决（调剂的范围，包括中央部门所属企业、事业单位的职工在内）。应该提倡多办事，少用人，增产增事不增人，力求促进劳动生产率的提高"②，并提出各地要求增加的新职工，应尽可能从多余职工中调剂，不从或少从社会上招收的意见。但是，事隔不久，1958 年 5 月，中共八大二次全体会议提出了"鼓足干劲、力争上游、多快好省地建设社会主义"的总路线，并号召全党和全国人民争取在十五年，或者在更短的时间内，在主要工业产品产量方面"超英赶美"。此后，在"左"的错误思想指导下，全国各地迅速掀起了"大跃进"高潮。各部门、各地区、各单位为迎接"工农业生产大跃进高潮"的到来，普遍提出要为生产大发展准备劳动力，由原来计划减人的变为要求增人，由原来计划少增人的变为要求多增人，要求增加职工的呼声越来越高。为适应大发展的需要，同年 6 月 29 日，中共中央在转发劳动部党组《对于当前工业企业补充劳动力问题向中央的请示报告》中指出："中央决定今后劳动力的招收、调剂等项工作，由各省、市、自治区党委负责管理。当前的招工计划，经省、市、自治区党委确定后即可执行，不必经过中央批准。但是第二个五年的长期劳动计划，应该报送中央审查和批准。所有企业招收学徒和工人，都必须在省、市、自治区党委领导下有计划地进行，并且要有适当的控制，而不应该放任自流。劳动部党组报告提出的力求从城市中招工，一般的不从农村招工，中央认为必须这样办。"③ 同年 8 月 23 日，中共中央批转劳动部党组《关于劳

---

① 1957 年 1 月 12 日，国务院发出《关于有效地控制企业、事业单位人员增加、制止盲目招收工人和职员的现象的通知》，《通知》指出，1956 年国营企业、事业单位招收的工人和职员大大突破 1956 年劳动力发展计划，也超过了 1957 年国民经济计划劳动力的需要量；《通知》提出，所有企业、事业单位，中等专业学校、技工学校、技工训练班，自 1957 年 1 月起，一律停止从社会上招收工作人员和招收新生。

② 该报告 1958 年 3 月 3 日由中共中央转发，参见《1958—1965 中华人民共和国经济档案资料选编·劳动就业和收入分配卷》，中国财政经济出版社 2011 年版，第 123 页。

③ 《1958—1965 中华人民共和国经济档案资料选编·劳动就业和收入分配卷》，中国财政经济出版社 2011 年版，第 160 页。

动工作分工管理向中央的请示报告》规定:"省、自治区、直辖市和中央各部门关于劳动工作的职责和管理范围,可以根据权力下放精神,结合本地区或本部门的具体情况,自行研究确定。"在劳动计划审批权下放后,中央和各级有关部门还放松了对招工的方针、职工总数和工资总额计划等方面的控制。[1] 于是,各地招工审批权限又层层下放,很快出现了一股大招其工的浪潮。不少地方大批农民进城和大量从农村招工,还有一些城市在"人人有事做,家家无闲人""家务劳动社会化"的口号下,许多职工家属都进了家属工厂做工。其结果是,职工人数和城镇人口急剧膨胀。据统计,仅1958年职工人数就增加了2093万人,比1957年增长了67.5%,其中全民所有制职工增加2081万人,增长了84.9%。[2] 这是新中国成立以来增加职工人数最多的一年,是最大的一次招工失控。这种增人趋势一直持续到1960年,全国职工总数达到了5969万人。城镇人口由1957年的9949万人增加到1960年的1.3亿多人,增加了3124万人;其占全国总人口的比例也由15.4%提高到了19.7%。[3]

"大跃进"造成劳动力不足的这种虚假现象,给人们一种错觉,以为"劳动工作中所需要解决的,已经不是如何处理失业问题和劳动力过剩问题,而是如何解决城乡劳动力不足问题"。因此,在这种背景下,1958年11月召开的全国工业书记会议对就业形势做出了错误判断:"社会主义生产建设的全面跃进,使得劳动力从'过剩'转变为普遍不足,历史上长期存在的失业问题,得到了彻底解决。"[4] 然而,"大跃进"的高速度没有维持多久,城市就感到难以承受的压力——生产资料、消费资料的供应日趋紧张,特别是粮食和副食品的供应严重紧张。伴随职工人数和城镇人口的大幅度增加,吃商品粮的人口也大幅度增加,国家不得不提高粮食征购率,以增加城市的粮食供应。为了保证城市粮食供应,在1959年、1960年两年粮食产量连续减产的情况下,粮食征购率仍然提高到占粮食总产量的28%和21.5%,高

---

[1] 尚长风:《陈云与20世纪50—60年代的压缩城镇人口工作》,《红广角》2015年第8期。
[2] 《中国统计年鉴(1983)》,中国统计出版社1983年版,第123页。
[3] 同上书,第123、103—104页。
[4] 程连升:《中国第二次失业高峰的形成与治理》,《北京社会科学》2002年第4期。

于 1957 年 17.4% 的水平①，从而大大挫伤了农民的生产积极性，严重影响了农民的生活。职工人数和城镇人口的急剧增长使市场供求矛盾十分尖锐。与 1957 年相比，1960 年全民所有制职工工资总额增长 68.5%，社会商品购买力增长 49.2%，而零售商品货源只增加了 23%。此外，农村大量劳动力流入城市，加上大炼钢铁、大修水利，留在农业第一线的很多是妇女和半劳力，严重地影响了农业生产②，致使不少农产品烂在田里。1960 年 9 月 26 日，中共中央在转发国家计委党组、劳动部党组《关于当前劳动力安排和职工工资问题的报告》中总结这一时期的经验教训时说："一个社会究竟能够拿出多少劳动力从事工业、交通、商业、文教事业等等，归根到底取决于从事农业生产的劳动力能够为社会提供多少商品粮食和为工业提供多少农产品原料。"③ 这是一条经济规律，"大跃进"的做法正是违背了这一经济规律，最终受到历史的惩罚。

"大跃进"中的招工失控，在劳动力问题上造成了全民所有制企业事业、机关用人过多，农业生产第一线劳动力减少过多，致使城乡劳动力比例关系出现严重失调。同时，也使企业严重人浮于事，劳动生产率急剧下降，全民所有制工业企业全员劳动生产率 1958 年比 1957 年下降 8.5%，1959 年又比 1958 年下降 7.5%。④ 为了扭转这种局面，中共中央和国务院提出坚决缩短基本建设战线、重工业生产战线和压缩计划指标的重要措施，其中，劳动就业方面的措施主要有：

1. 停止招工，高度集中招工权

鉴于 1958 年全国新增加职工的数目很大，有 1000 万之多，1959 年 1 月 5 日，中共中央发出了《关于立即停止招收新职工和固定临时工的通知》，要求各企业事业单位立即停止招收新的职工和继续固定临时工人，严格制止私招乱挖在职工人；各省、市、自治区 1959 年的劳动力计划，必须报经中

---

① 王爱云：《从城市到农村：多维度视阈下的就业抉择——试析新中国前三十年间城市劳动力向农村的转移》，《中共党史研究》2012 年第 12 期。
② 刘国光主编：《中国十个五年计划研究报告》，人民出版社 2006 年版，第 162 页。
③ 《1958—1965 中华人民共和国经济档案资料选编·劳动就业和收入分配卷》，中国财政经济出版社 2011 年版，第 178 页。
④ 《中国劳动工资统计资料（1949—1985）》，中国统计出版社 1987 年版，第 223 页。

央批准，然后方可按计划招工，超过原计划的招工，还需报告中央批准。[①]这就是说，把1958年下放给地方的劳动计划审批权收归中央集中管理。3月11日，中共中央、国务院发出《关于制止农村劳动力盲目流动的紧急通知》，要求农民安心农业生产，不要盲目外流，对外流的农民要进行说服教育，就地动员他们返回原籍，有关地区要根据情况设置机构或者指定有关部门进行收容和遣返，各地人民公社要安排好外流人员返乡后的生产和生活，同时要撤销城市的招工机构和劳动力自由市场。对于城市居民确实需要必不可少的各种临时工，各市、县人民委员会应当采取具体措施妥善安排，在本地区内自行调剂解决，不应当再向外地招收。[②]同年5月27日，中共中央在批转国家计委党组、劳动部党组《关于1958年劳动工资的基本情况和1959年劳动工资的安排意见》中提出，1959年全国职工年末人数应该比1958年减少800万人，减人主要应该减来自农村的临时工、合同工，使他们回乡参加农业生产；并规定，"自各基层单位到各省、市、自治区，到中央各部，都应该在编制生产事业计划的同时，编制劳动工资计划。计划必须经过逐级审批，各单位（包括中央直属单位）的计划必须由当地主管部门汇总后报经省、市、自治区党委批准（中央直属单位还须报经中央主管部批准）；省、市、自治区和中央各部的计划必须报经中央批准。计划一经确定，必须严格按照计划办事。超过计划增加人员、工资时，一定要按照上述程序另经批准。根据以往几年的经验，对于劳动工资问题加强集中管理，把增加人员和工资的决定权集中在中央和省、市、自治区两级，完全不能放任自流，是十分必要的。"[③]但是，由于同年8月中共中央召开的庐山会议错误地开展"反右倾"斗争，使基本建设规模继续扩大，这一年职工人数不仅没有减下来，反而比1958年增加了81万人。

1960年9月，中共中央在转发国家计委党组、劳动部党组《关于当前劳动力安排和职工工资问题的报告》中指示各级党委，"各方面用人，都必

[①] 《1958—1965中华人民共和国经济档案资料选编·劳动就业和收入分配卷》，中国财政经济出版社2011年版，第163页。
[②] 国家劳动总局政策研究室编：《中国劳动立法资料汇编》，中国工人出版社1980年版，第42页。
[③] 《1958—1965中华人民共和国经济档案资料选编·劳动就业和收入分配卷》，中国财政经济出版社2011年版，第33—35页。

须按照国家批准的劳动计划办事。超计划增加人员，必须另经批准，大区及中央各部超计划增加人员，须经中央批准，省、市、自治区及以下各级超计划增加人员，均须经上一级党委批准，从其掌握的已定计划指标范围内调剂解决。严禁私招和挖工，违反者除了应该责令将私招、乱挖来的人员送还原单位以外，并且必须给以应得的处分"。"从各方面挤出一切可能挤出的劳动力，加强农业生产、首先是粮食生产第一线的力量。必须下定决心，三五年内不从农村中招收工人。"[①] 同年12月5日，国家计委、劳动部出台了《关于改进劳动工资管理体制的意见》，进一步强调劳动计划的审批权限必须集中，做好劳动力的管理工作。

根据中央指示精神，1960年12月22日，劳动部召开了全国劳动厅（局）长会议，对"大跃进"以来劳动力管理方面出现的问题进行了总结，并且提出了三条积极措施：一是收回劳动力管理权，招工审批权控制在中央、中央局和省委三级，省、市、自治区党委必须加强劳动计划工作的管理，省、市、自治区的劳动力计划，必须报经中央批准，而后按计划招工。二是加强工资基金、粮食、户口管理。超过劳动计划增加的人员，银行不拨工资基金、粮食部门不发粮票。三是对一切私招乱雇职工者，除了将私招的人员退回原单位外，对责任者进行严肃处理。

2. 精减职工，减少城镇人口

1961年1月，中共八届九中全会召开，决定从1961年起正式对整个国民经济实行"调整、巩固、充实、提高"的方针，大幅度地压缩基本建设，对工业实行关停并转，调整工业与农业、城市与乡村的关系，精减职工和减少城镇人口。同年5月，中共中央在北京召开工作会议决定实行精减政策，动员城镇人口下乡。会议规定，城镇人口在1960年年底12900万人的基础上，三年内减少2000万人，1961年至少减少1000万人；职工人数三年内减少1160万人，1961年减少970万人。[②] 还规定，全国城镇只许减人，不许加人，特殊需要加人的必须得到中共中央和中央局的批准。各机关、企业、事业单位的职工，特别是1958年以来从农村招收的职工，凡是能够回农村的，

---

① 《1958—1965中华人民共和国经济档案资料选编·劳动就业和收入分配卷》，中国财政经济出版社2011年版，第179—183页。

② 何光主编：《当代中国的劳动力管理》，中国社会科学出版社1990年版，第132页。

都动员回农村支援农业生产。精减职工和减少城镇人口是一件关系全局、涉及千家万户切身利益的大事,中共中央和国务院对这项工作非常重视。中共中央成立了精减干部和安排劳动力五人小组(后为中央精减小组)。各级劳动部门在地方党委和政府领导下,把精减职工工作作为中心任务。

　　适当确定精减对象,是十分重要的政策问题。"大跃进"以来增加的新职工,大部分来自农村。如"在1958年新增加的职工2082万人中,有1104万人来自农村,其中约有800万人当了临时工,304万人当了学徒"。[①] 他们离开农村的时间不长,农业生产上又需要他们,因此,他们就成为主要精减对象。1961年6月28日,中共中央发出《关于精简职工工作若干问题的通知》,决定"这次精减的主要对象,是1958年1月以来参加工作的来自农村的新职工(包括临时工、合同工、学徒和正式工),使他们回到各自的家乡,参加农业生产。""1957年年底以前参加工作的来自农村的职工,确是自愿要求回乡的,也可以准许离职回乡。""原先就是城市居民的职工,不论新老,一般的都不精减","某些1957年以前参加工作的老职工,如其因为年老体弱,自愿退休退职的,也可以准许退休或退职。"[②] 1961年全国精减职工、减少城镇人口工作取得了显著成绩。据初步统计,全年共减少城镇人口1295.4万人,其中回农村的劳动力约980万人;1961年年末职工人数为4099.8万人,比1960年年末减少944万人,完成全年精减964万人计划的98%,其中回农村的职工667.5万人。但仍有不少地区、单位不顾中央历次指示,未经中央批准,还从社会上招收职工。根据23个省、市的不完全统计,全年自社会上招收职工达32.5万人,其中从农村招收了9.9万人,从城市招收22.6万人。[③]

　　1962年2月14日,中共中央决定,1962年上半年继续减少城镇人口700万人,其中职工应占500万人以上。这次精减的主要对象仍然是1958年以来来自农村的新工人。决定提出任何单位1961年以来私招的职工,未经

[①] 《1958—1965中华人民共和国经济档案资料选编·劳动就业和收入分配卷》,中国财政经济出版社2011年版,第194页。

[②] 同上书,第196页。

[③] 国家统计局:《1961年全国精简职工成绩显著》1962年2月8日。参见《1958—1965中华人民共和国经济档案资料选编·劳动就业和收入分配卷》,中国财政经济出版社2011年版,第209—211页。

上级批准，都必须一律减掉。同年 5 月 27 日，中共中央、国务院发出了《关于进一步精减职工和减少城镇人口的决定》，提出 1962 年和 1963 年两年全国要减少职工 1056 万至 1072 万人，减少城镇人口 2000 万人，同时相应地减少吃商品粮的人口；要求"1957 年年底以前来自农村的职工，凡是能够回乡的，也应当动员回乡。各单位来自农村的勤杂人员，能够回乡的，统要动员回乡"。"到农村去的职工家属，原则上要与职工一起下乡，其妻或夫是生长在城里的，也应当动员下乡"，"在职职工的非直系亲属，来自农村的，一律动员回乡；来自农村的直系亲属有劳动能力的，也要动员回乡。"由于中共中央和国务院采取正确的政策和有力措施，各部门各地区密切配合，认真执行中央的方针政策，广大职工为国家承担困难，积极响应党和政府的号召回乡，下乡参加农业生产。根据 1963 年 7 月 6 日《中央精减小组关于精减任务完成情况和结束精减工作的意见的报告》，全国职工人数从 1961 年 1 月到 1963 年 6 月两年半的时间内，共减少了 1897 万人，其中从 1962 年 1 月到 1963 年 6 月共减少 1034 万人；全国城镇人数，1960 年年末为 13072 万人，到 1962 年年末减少的和同期内因自然增值、农民进城和行政区划调整而增加的，两者相抵后，下降为 11659 万人；全国吃商品粮人口数，1961 年 1 月到 1963 年 6 月，共约减少 2800 万人。[①] 由于大量地减少了职工和城镇人口，加强了农业生产第一线，到 1962 年年末农村劳动力已增加到 21373 万人，超过了 1957 年的人数。同时，节省了国家工资支出，减少了商品粮销量，提高了企业的劳动生产率。所有这些对于改善工农关系、城乡关系，对于国民经济形势的好转，都起到了重要作用。到 1963 年 7 月，全国性的精减工作基本结束。

在精减职工的同时，对于城镇新成长的劳动力，除对大专院校及技工学校毕业生、复员退伍军人继续实行统一分配外，对其他不能升学、需要就业的青年学生和社会闲散人员，也采取动员下乡的办法。从 1962 年起，国家开始有组织、有计划地动员城镇青年下乡，参加农业生产。1964 年 1 月，中共中央、国务院发布的《关于动员和组织城市知识青年参加农村社会主义建设的决定》，进一步推动了城市知识青年上山下乡的工作。据统计，从 1962

[①] 《1958—1965 中华人民共和国经济档案资料选编·劳动就业和收入分配卷》，中国财政经济出版社 2011 年版，第 217—219 页。

年至 1966 年上半年，大约有 130 万城市知识青年下乡，他们大多被安置在国营农、林、牧、渔场。

总之，国民经济的调整和加强劳动力管理的工作取得了较好的效果。一是抑制了职工人数增长过快的势头。1966 年全国职工总人数为 5198 万人，比 1960 年职工 5969 万人减少 771 万人。二是扭转了劳动生产率急剧下降的趋势。1966 年全民所有制工业企业劳动生产率达到 12031 元，比 1957 年提高 59.5%，比 1960 年提高 73%。三是从劳动力的分布看，城镇所有制结构有所改善。1960 年，在城镇社会劳动者总数中，全民所有制人员占 82.4%，集体所有制人员占 15.1%，个体劳动者占 2.5%；1966 年全民所有制人员占 73.5%，集体所有制人员占 23.6%，个体劳动者占 2.9%。四是产业结构也有了改进。1960 年在全民所有制职工总数中，工业占 42.5%，建筑业和资源勘探占 14.2%，商业、饮食业、服务业和物资供销占 11.6%；1966 年工业占 33.4%，建筑业和资源勘探占 10.4%，商业、饮食业、服务业和物资供销占 15%。[①] 但由于农业增长缓慢和国民经济的积累率高于"一五"时期等原因，这个时期职工货币平均工资大体上同 1957 年持平，未能增长。

（三）"文化大革命"时期及以后两年的劳动就业管理

从 1966 年"文化大革命"开始到 1978 年中共十一届三中全会召开之前，劳动力计划工作曾经有 4 年（1966—1969）被中断，后来虽有不同程度的恢复，但基本上仍处于极不健全的状态。"文化大革命"十年，中国政治、经济、社会各方面陷入了全面动乱，加之国际环境复杂和基本建设规模不断膨胀等历史原因，这一时期劳动就业计划的突出问题是：宏观失控，职工增加过多，超过了国家财力、粮食以及城市各方面供应的可能，同时，劳动生产率增长缓慢，增加生产主要靠增人。这期间，职工人数平均每年增加 285.6 万人，超过年计划 150 万—200 万人；1978 年全民所有制工业企业全员劳动生产率为 11130 元，平均每年递增 1.7%，低于年平均约 4% 的计划安排，其中有 6 年（1967 年、1968 年、1971 年、1972 年、1974 年、1976

[①] 《中国劳动人事年鉴（1949.10—1987）》，劳动人事出版社 1989 年版，第 5、223、13 页。

年）劳动生产率是下降的。[1] 虽然在周恩来总理、邓小平副总理先后分别主持中共中央、国务院日常工作期间，为了尽量减少"文化大革命"所造成的损失，在控制职工增加，节约和挖掘劳动潜力，进行职工余缺调剂，统筹安排城乡劳动力，努力提高劳动生产率等方面，曾经做了大量力所能及的工作和努力，并取得了一定的成效，但是，"文化大革命"对劳动就业管理工作所造成的影响和损失仍然是很大的。其中，最主要的问题是国民经济出现"三个突破"和大规模的城镇知识青年上山下乡。

1. 国民经济的"三个突破"及其处理

1966年开始的"文化大革命"，冲击了社会各个方面，使国民经济急剧恶化。1970年以后，随着生产事业的恢复和发展，加上盲目"铺摊子"，扩大基建规模，城市用人增多，新毕业的初、高中毕业生和历届未下乡的毕业生，又大多在城镇就业。1971—1975年执行的"四五"计划，在国际紧张形势和国内"文化大革命"的影响下，盲目追求高速度和高指标，为扩大地方用人权，还一度将增加临时工的权力下放给省、专区[2]，导致20世纪70年代初国民经济出现了"三个突破"的严重失控现象，即1971年全民所有制单位职工人数突破5000万、工资总额突破300亿元和粮食销售量突破800亿斤。1970年和1971年，原计划增加职工306万人，实际增加了983万人，超出计划两倍以上；1971年全国工资总额按计划应控制在296亿元内，实际达到了302亿元；1971年粮食销售计划为794亿斤，实际达到855亿斤。[3] 到1971年年末，全民所有制职工人数达到5318万人，比1969年的4335万人，增长22.7%。[4] 全民所有制职工人数出现历史上第二次大幅度增加，其主要特点是：

第一，基本建设部门的职工增长速度超过基建投资总额的增长速度，劳动生产率显著下降。1971年全国基本建设投资总额比1970年增长8.9%，但基本建设部门的职工人数，1971年比1970年增长10.4%。同时，1971年

---

[1] 《中国劳动人事年鉴（1949.10—1987）》，劳动人事出版社1989年版，第111页。这里的职工人数平均每年增加的数量，与1987年出版的《中国劳动工资统计资料（1949—1985）》上的数据有出入，后者为349万人。
[2] 周太和主编：《当代中国的经济体制改革》，中国社会科学出版社1984年版，第146页。
[3] 刘国光主编：《中国十个五年计划研究报告》，人民出版社2006年版，第307、313页。
[4] 《中国劳动工资统计资料（1949—1985）》，中国统计出版社1987年版，第14页。

基本建设使用的民工达到1121万人,1972年全国施工单位劳动生产率比1971年下降15%,比历史最高水平的1965年下降36%。①

第二,工业、农林水利气象、商业、文教卫生部门的职工增加得多(见表7—2)。1971年全民所有制工业企业职工为2232.7万人,比1969年增加602.7万人,增长36.98%。1971年商业、饮食、服务和物资供销部门职工为680.2万人,比1969年增加91.2万人,增长15.5%。商业部门由于增加职工过多,每个商业从业人员的平均销售额减少。1971年城镇社会商品零售总额比1969年只增长了11%,每个商业从业人员的销售额1971年比1970年减少3.9%。②

表7—2　　　国民经济各部门职工(全民所有制单位)年末人数　　单位:万人

年份	合计	工业	建筑业和资源勘探	农、林、水利、气象	运输和邮电	商业、饮食、服务和物资供销	城市公用事业	科教文卫	金融保险	机关团体
1969	4335.0	1630.0	393.0	531.0	282.0	589.0	48.0	536.0	35.0	291.0
1970	4792.0	1959.0	431.0	566.0	296.0	619.0	49.0	537.0	33.0	302.0
1971	5318.0	2232.7	475.7	607.4	324.5	680.2	54.7	582.7	33.2	326.9
1972	5610.0	2350.0	504.0	623.0	340.0	723.0	58.0	656.0	35.0	321.0

资料来源:《中国劳动工资统计资料(1949—1985)》,中国统计出版社1987年版,第26—27页。

第三,县及县以下职工增加的速度比全国职工增加的速度快。1971年全国县及县以下全民所有制单位的职工人数为1807.5万人,比1957年的769.1万人增加1038.4万人,增长1.35倍,年平均增长6.3%,比同期全国职工人数增长5.7%的速度快。③

---

① 《中国劳动人事年鉴(1949.10—1987)》,劳动人事出版社1989年版,第113页。
② 《中国劳动工资统计资料(1949—1985)》,中国统计出版社1987年版,第26—27页;《中国统计年鉴(1983)》,中国统计出版社1983年版,第367页。
③ 《中国劳动工资统计资料(1949—1985)》,中国统计出版社1987年版,第30页。

第四，三线①地区职工增长速度快。1972年三线地区职工人数为1848万人，比1965年增加762万人，年平均增长9.3%，比同期全国职工总数年平均增长6.1%的速度快。但是，三线地区工业总产值在全国工业总产值中的比重没有提高，而且有所下降，1971年三线地区工业总产值为675亿元，占全国工业总产值的24.3%，比1965年的比重下降0.6%。②

第五，由于安置城镇知青就业，国营农场和生产建设兵团的职工人数也有较大数量的增长。1971年达到342万人，比1952年增加332万人，增长34.3倍，占全国职工总数的比重，由1952年的0.6%提高到1971年的6.4%。③

1972年年底，职工人数又超过计划招收183万人；职工工资总额比上年又增加38亿元；粮食销售量达到927.2亿斤。"三个突破"超过了国家财力、物力的承受限度，造成了多方面不良影响。多招收的983万人中，约有600万人是直接从农村招进城市的，过多、过快地减少了农业劳动力，不利于农村经济的发展。另外，短时间内大量增加吃商品粮人口，也加剧了粮食供应的紧张。1972年全国粮食统购量只有792.7亿斤，出现了134.5亿斤的缺口，不得不动用库存和进口。随着工资总额的增长，货币发行量必然要增加，1971年、1972年两年共增发货币27.6亿元，超过计划12.6亿元，到了最大警戒线，出现了"第四个突破"，给市场带来很大压力。1971年社会商品购买力比上年增加12.3%，而零售商品货源只增加5%，市场供不应求的矛盾更加突出。④此外，职工人数增加过多、增长过猛，也加重了城市其他方面的承受能力，严重影响了劳动生产率的提高。

中央不得不再次收回下放的权力。1972年1月21日，国务院副总理李

---

① 所谓一、二、三线是对中国地理区域作的战略划分。粗略地从行政区划上看，一线地区：北京、上海、天津、黑龙江、吉林、辽宁、内蒙古、山东、江苏、浙江、福建、广东、新疆、西藏。三线地区：四川（含重庆）、贵州、云南、陕西、甘肃、宁夏、青海7个省份及山西、河北、河南、湖南、湖北、广西等省份的腹地部分，共涉及13个省份。介于一、三线地区之间的地区，就是二线地区。三线又分为两片：一是云、贵、川、湘西、鄂西为西南三线；二是陕、甘、宁、青、豫西、晋西为西北三线，这两片统称"大三线"。在"大三线"之外，还有"小三线"，那就是沿海和中部省份的腹地山区。国家集中力量加强"大三线"建设，各省区负责"小三线。"
② 《中国劳动人事年鉴（1949.10—1987）》，劳动人事出版社1989年版，第113页。
③ 同上。
④ 刘国光主编：《中国十个五年计划研究报告》，人民出版社2006年版，第313页。

先念在劳动计划的几个材料上批示：现在劳动指标的管理计划太松了；有计划等于无计划，对计划太没有严肃性，是不合社会主义原则的；脱产人员这么大的比例使人简直不可思议，长此以往，这个企业很难先进或持久。这不是增产节约建设社会主义，而是在那里不劳动或少劳动而吃社会主义，应注意。同年2月5日，国务院总理周恩来听取国家计委汇报全国计划会议情况时指示：现在企业乱，要整顿，目前有些自流现象。在经济发展中出现的最突出问题是基本建设战线规模过大，导致了1971年"三个突破"。原来的人不用，插队去了，又要招新的，职工增加太多，非犯错误不可。"三个突破"给国民经济各方面带来一系列问题，应注意解决。[①] 根据上述精神，国家计委确定1972年除国家重点建设项目和新扩建投产的重点企业少量补充新的劳动力外，其他企事业单位原则上不增加职工。4月7日，国家计委发出《关于严格控制增加职工、充分挖掘现有劳动潜力的通知》，规定国家下达的劳动计划必须严格执行，要在全国开展控制职工增长和挖掘节约劳动潜力以及压缩非生产人员充实生产第一线的工作；指出"新增职工人数、年末职工人数和工资总额，未经国务院批准，不得超过。轮换工和县办企业常年生产岗位使用的临时工，也要纳入国家计划，不得在计划外招收"。[②] 1972年10月15日到31日，国家计委劳动局召开全国劳动力节约挖潜工作经验交流会，交流了县以上企业压缩非生产人员、改善劳动组织、开展技术革新方面的经验和做法；会议提出坚持劳动计划的集中统一管理，把好增人关，劳动计划大权集中在中央，任何地区、任何部门、任何单位和个人，都无权在国家劳动计划之外，任意增加职工。

1973年2月21日，李先念副总理在全国计划会议领导小组扩大会议上讲话：第一条，1973年基本不招工，除了特别批准的以外，一个劳动指标也不给。1974年基本不招，甚至1975年也基本不招。需要安排的大专毕业生和家住城市的复员退伍军人，从减少的人数中安排；新开工企业需要的职工从现有职工中调剂解决。第二条，能减的坚决减下来。基本建设上使用的300万常年民工要下来，上半年先减200万。第三条，基本建设队伍要统一调度。现在施工队伍360万，属于中央的"野战军"有100多万，有的省市

[①] 何光主编：《当代中国的劳动力管理》，中国社会科学出版社1990年版，第437页。
[②] 国家劳动总局政策研究室编：《中国劳动立法资料汇编》，工人出版社1980年版，第70页。

不让调，成千人没活干也调不动，从现在开始要调。① 11 月 28 日到 12 月 18 日，国家计委劳动局在北京召开全国劳动工作座谈会，主要内容是：汇报 1973 年劳动计划执行情况；交流 1973 年精减职工情况和经验；研究 1974 年劳动计划安排和开展职工余缺调剂工作。会议确定 1974 年全民所有制职工计划增加 110 万人，主要用于煤炭、化工、电力、邮电和港口等重点建设项目的需要；按照 1973 年全国计划会议确定精减职工 200 万人的计划，未完成的 50 万，要求 1974 年继续完成；在 1973 年各地共余缺调剂职工 50 万的基础上，力争 1974 年再调剂一部分，余缺调剂工作由各省、市、自治区按照实际情况具体掌握；各地区、各部门使用临时工，都必须严格控制在国家下达的劳动计划之内，各级银行、粮食部门要共同配合抓好临时工管理工作。②

由于"四五"期间，基本建设大量动用民工达 1100 多万人，大大突破了国家劳动计划。为此，1975 年 12 月，国务院向各地区、各部门发出《关于整顿计划外用工和压缩民工的通知》，指出："目前，许多地方，以种种名目随意用人的现象相当严重。计划外用工越来越多，动用民工的数量也越来越大，造成了劳动力的浪费，冲击了国家劳动计划，削弱了农业第一线的劳动力。"同时规定：未经省、市、自治区批准和计划外工程项目使用的农村劳动力要限期动员返回农村；各省、市、自治区将使用的民工压缩一半；县办工业使用的亦工亦农人员，要按定员标准进行整顿，重新审查，多余的人员退回农村，生产确实需要的，经省、市、自治区批准可以继续留用，但社员身份不变，定期轮换；国营农林牧渔场等企业单位和生产建设兵团，只能安置城镇知青和户口在农场的职工子女，不得随意安插农村劳动力；在企业常年性生产、工作岗位劳动的家属工和其他城镇社会劳动力，要尽快撤出来，由企业和城市的区或街道组织他们参加集体生产劳动，同全民所有制企业从经济上划清界限；凡是在劳动计划之外和违犯规定增加的人员，拒付工资和粮食补助。③ 按照国务院上述规定，1976 年经过各地政府以及劳动部门的共同努力，整顿压缩民工 500 多万人，取得了一定的成绩。

---

① 何光主编：《当代中国的劳动力管理》，中国社会科学出版社 1990 年版，第 437—438 页。
② 《中国劳动人事年鉴（1949.10—1987）》，劳动人事出版社 1989 年版，第 114 页。
③ 同上。

2. 组织城镇知识青年上山下乡[①]

组织城镇知识青年上山下乡，始于20世纪50年代中时期，到1978年年底，全国累计上山下乡人数达1700多万人（见表7—3）。根据社会经济历史背景和政策措施的不同，大体可以划分为以下四个阶段：

表7—3　　　　1962—1979年全国知识青年上山下乡人数变化情况　　　单位：万人

年份	上山下乡人数 合计	插队	到集体场队	到国营农场	调离农村人数	年末实际在乡人数
总计	1776.48	1282.21	203.08	291.19	1490.46	
1962—1966	129.28	87.06		42.22	合计 401.35	
1967—1968	199.68	165.96		33.72		
1969	267.38	220.44		46.94		
1970	106.40	74.99		31.41		
1971	74.83	50.21		24.62		
1972	67.39	50.26		17.13		
1973	89.61	80.64		8.97		533.32
1974	172.48	119.19	34.63	18.66	60.35	681.54
1975	236.86	163.45	49.68	23.73	139.79	757.25
1976	188.03	122.86	41.51	23.66	135.25	809.69
1977	171.68	113.79	41.90	15.99	103.01	863.69
1978	48.09	26.04	18.92	3.13	255.32	641.9
1979	24.77	7.32	16.44	1.01	395.39	246.9

注："插队"中包括回乡的人数；"到集体场队"中包括到农副业基地、农工商联合企业的人数；"到国营农场"中包括到国营林、牧、渔场的人数。由于统计中有重复、遗漏差错等原因，上山下乡人数减去调离人数不等于年末实际在乡人数。

资料来源：《中国劳动工资统计资料（1949—1985）》，中国统计出版社1987年版，第110—111页。

第一阶段，从1955—1957年，它是以农村合作化运动和城市尚未解决失业问题为社会背景的。"一五"计划后期，由于城市人口的增加和教育事

---

① 参见程连升《中国反失业政策研究（1950—2000）》，社会科学文献出版社2002年版，第107—117页。

业的发展，城市中、小学毕业生增多；另外，随着社会主义改造任务的完成，所有制结构趋于单一化，城镇就业渠道日趋狭窄，于是，开始出现了城镇难以全部安排新成长劳动力就业的情况。同时，随着农业合作化高潮的到来，农村又需要有文化的青年。1955年8月11日，《人民日报》发表了《必须做好动员组织中小学毕业生从事生产劳动的工作》的社论，阐述了当时动员城镇中、小学毕业生下乡上山的缘由。社论说："新中国成立的时间还短，还不可能马上就完全解决城市中的就业问题。如果国家用分散经济力量的方法把每人的职业都包下来，那么，工业的发展就要受到挫折。必须指出，家在城市的中、小学毕业生中有一部分人目前的就业问题是有一定困难的。"农业增产运动对中、小学毕业生的容纳量是十分巨大的，要求各地根据自己的情况做出安排，重点是动员回乡参加农业生产。[1] 同年9月，毛泽东同志在《中国农村的社会主义高潮》一书的按语中也指出："全国合作化，需要几百万人当会计，到哪里去找呢？其实人是有的，可以动员大批的高小毕业生和中学毕业生去做这个工作。"他号召："一切可以到农村中去工作的这样的知识分子，应当高兴地到那里去。农村是一个广阔的天地，在那里是可以大有作为的。"[2] 1956年1月，中共中央政治局在《1956年到1967年全国农业发展纲要（草案）》中提出："城市的中、小学毕业的青年，除了能够在城市升学、就业外，应当积极响应国家的号召，下乡上山去参加农业生产，参加社会主义建设的伟大事业。"这里已经把城镇知识青年参加农业生产概括为"下乡上山"。[3] 1957年，中央继续号召中小学毕业生下乡或回乡参加农业生产。4月10日，《人民日报》发表《关于中小学毕业生参加农业生产劳动》的社论；7月11日，又发表《妥善安排中小学毕业生下乡》的社论。从8月起，大批城镇毕业生直接到农村生产合作社安家落户，参加生产，掀起了下乡高潮。[4]

城镇知识青年上山下乡的出现，是同中国城镇就业困难，而农村又需要

---

[1] 崔禄春：《论"文化大革命"之前的知识青年上山下乡》，《北京党史》1990年第3期。
[2] 《毛泽东选集》（第五卷），人民出版社1977年版，第254、247—248页。
[3] 1965年以后，因强调"向山区进军"，才把"下乡上山"颠倒过来，成为"上山下乡"。此后，"上山下乡"就作为习惯用语沿用下来。
[4] 崔禄春：《论"文化大革命"之前的知识青年上山下乡》，《北京党史》1990年第3期。

有文化的青年这一历史条件联系在一起的。它的根本出发点是试图把解决城镇失业问题与改变农业生产落后的状况结合起来，探索出一条解决中国就业问题的道路。从 1955—1957 年，曾经有 7.9 万多城镇青年响应党和国家的号召，在青年团的组织和帮助下，奔赴农村和边疆参加农业生产。他们那种立志改变农村、边疆落后面貌的思想境界和艰苦创业精神，受到党和政府的表彰和人们的敬佩，一些人后来还成为国营农场的领导骨干。到 1958 年，由于"大跃进"中城市大量招工，上山下乡即停顿下来。

第二阶段，从 1962—1966 年，它是在三年"大跃进"后精减职工和减少城市人口的历史背景下进行的。1962 年 5 月，上山下乡被重新提上了日程。为了加强对下乡安置工作的领导，11 月 22 日，中共中央、国务院发出指示，要求国务院农林办公室，各中央局与各省、市、自治区组成专门领导小组，设立专门办事机构。起初，安置城市青年下乡的方向主要是到国营农、林、牧、渔场。但是，1963 年 6—7 月间，在六个大区城市精减职工和青年学生安置工作领导小组长会议上，华东地区介绍了浙江嘉兴县组织城市精减职工和青年学生到农村人民公社生产队插队的经验，认为"花钱少，收获大，多快好省"。这一经验受到中共中央、国务院领导人的重视，决定作为以后下乡安置的主要方向。其次才是建立新的国营农、林、牧、渔场。同年 10 月 23 日，经中共中央、国务院批准下发的《第二次城市工作会议纪要》中指出："安置城市需要就业的劳动力，主要方向是下乡上山，下乡上山的主要办法是到农村人民公社插队。对于城市中不能下乡上山的人员，应当尽可能地组织他们参加工业生产、城市建设和商业服务等方面的工作。" 1964 年 1 月 16 日，中共中央、国务院发出《关于动员和组织城市知识青年参加农村社会主义建设的决定》，再次肯定插队为主的下乡安置方向。《决定》要求插队地区主要选择那些地多人少、需要劳动力、领导力量较强、生产门路较多、有发展前途、收入比较稳定的专、县和社、队。这是第一次发布关于知青下乡工作的指导性文件，标志着知青下乡进入有组织、有计划的阶段，是知青史上的一大转折。[①] 由于安置去向的变化，中央安置工作领导小组的机构和人员也相应地作了调整，决定由谭震林任组长，办事机构设在

[①] 崔禄春：《论"文化大革命"之前的知识青年上山下乡》，《北京党史》1990 年第 3 期。

国务院农林办公室。中共中央、国务院还决定每年拿出一笔专款作为安置城市下乡人员的经费。① 1965 年，一些地方遵照国家主席刘少奇倡导的两种劳动制度和两种教育制度的精神，在下乡青年集中的地方办起了半农半读的劳动大学，组织下乡和在乡青年学习文化知识和科学种田知识，为城镇青年上山下乡注入了新的内容，不仅使下乡青年既劳动又学习，而且也促进了当地群众性科学实验活动的开展，推动了农副业生产的发展。

由于采取了集体插队的方式，加之动员组织的计划性，知青下乡的规模大大超过以前。从 1962—1966 年上半年，全国城镇知识青年上山下乡人数累计有 129 万人，其中插队 87 万人，占 67%。这一阶段，上千万被精减的职工和城市青年学生，顾全大局，克服个人困难，积极下乡参加农业生产，为完成国民经济的调整做出了重大贡献。到 1966 年下半年，随着"文化大革命"的兴起，上山下乡运动再次中止。

20 世纪 60 年代以后，大规模动员和组织城镇知识青年上山下乡，仍然是与中国城镇就业困难这一历史条件联系在一起的。但造成就业困难的主要原因是"左"的错误指导下出现的政策失误。上山下乡主要出于调整国民经济扭转失误的需要。当时发展农业生产和开发建设边疆确实需要一批有文化的青年，动员对象限于部分城镇不能升学、就业，而本人愿意下乡的青年。但是，把上山下乡作为解决城镇就业问题的长期政策，终究是不妥的。特别是在"文化大革命"中采取政治运动的办法动员下乡就更不妥了。世界经济发展史证明，劳动力总是从农村向城镇转移，从农业向非农业转移。中国城镇人口比例不大，只要政策得当，随着国民经济的发展，城镇新成长的劳动力是可以自行消化的。

第三阶段，从 1968—1977 年。这一阶段的上山下乡是在"文化大革命"的特殊历史背景下进行的。"文化大革命"最初的几年，学校基本停课，大学不招生，工厂企业基本不招工，上山下乡也处于停顿状态。66 届、67 届、68 届初、高中毕业生近千万人留在城镇无事可干，如何安置他们成了当时的紧迫任务。1968 年 4 月，中共中央、国务院在对黑龙江省革命委员会《关于大专院校毕业生分配工作报告》的批示中提出：毕业生分配是个普遍

---

① 何光主编：《当代中国的劳动力管理》，中国社会科学出版社 1990 年版，第 52—54 页。

问题，不仅有大学，而且有中小学；各地方、各部门、各单位、各大中小学领导机关和负责人，应按照"面向农村，面向边疆，面向工矿，面向基层，对大、中、小学一切学龄已到毕业期限的学生，一律做出适当安排，做好分配工作。根据这一精神，一些大中城市重新恢复中断了两年的知识青年上山下乡工作。① 同年12月22日，《人民日报》引述了毛泽东同志指示："知识青年到农村去，接受贫下中农的再教育，很有必要。要说服城里干部和其他人，把自己初中、高中、大学毕业的子女，送到乡下去，来一个动员。各地农村的同志，应当欢迎他们去。"随后，全国很快出现了一个上山下乡高潮。在当时狂热情况下，1966—1969年4届高中毕业生和不能升学的初中毕业生，基本上"一锅端"，全部上山下乡。这时候的上山下乡已经改变了原来就业的内涵，而成为一种"接收贫下中农再教育"的政治性运动。1968—1969年两年内上山下乡的青年累计达467万人。

1970—1973年，随着生产事业的恢复和扩大，城市用人增多，下乡人数迅速减少，平均每年近85万人，其中1972年只有67万人。但由于城市招工过多，1972年出现了"三个突破"，造成供给与消费的严重不平衡和劳动生产率的大幅度下降。1973年再次决定调整国民经济，精减职工，减少招工。于是，上山下乡又成了城镇知识青年安置的主要方向。

由于下乡青年在农村存在许多具体困难，1973年6—7月间，国务院召开全国上山下乡工作会议，研究了统筹解决有关下乡知青问题的具体政策。8月4日，中共中央向全党转发了国务院《关于全国知识青年上山下乡工作会议的报告》和《关于知识青年上山下乡若干问题的试行规定草案》，其主要内容有：一是城镇中学毕业生的分配方向仍然以上山下乡为主。对于病残青年、独生子女、虽多子女但身边仅有之一子女、中国籍的外国人子女，不动员下乡。二是归侨学生需要下乡的，主要安排到华侨农场。三是提高插队补助经费标准。南方地区从230元提高到480元，北方地区从250元提高到500元；到内蒙古、新疆等地牧区的，提高到700元。四是按照国家计划在下乡知识青年中招工、招生、征兵时，应在党组织领导下，经知识青年小组评议，征求带队干部和贫下中农意见，并经县革命委员会批准，杜绝"走后

---

① 王爱云：《从城市到农村：多维度视阈下的就业抉择——试析新中国前三十年间城市劳动力向农村的转移》，《中共党史研究》2012年第12期。

门"不正之风。全国知识青年工作会议之后,城镇青年上山下乡人数又开始多了起来。从1974—1977年,累计下乡769万人,平均每年下乡192万人。同一时期,下乡青年通过招工、招生、征兵、病退回城等途径调离农村的人数也比过去多了。据统计,1962—1973年累计调离农村的下乡青年有401.4万人,平均每年33.4万人;而1974—1977年累计调离438.4万人,平均每年109.6万人。到1977年年底,1962年以来下乡的1700余万人中,实际还留在农村的有863.7万人。其中,插队青年483万人,国营农、林场168万人,集体场(队)165万人。①

这一阶段,主管上山下乡工作的机构变动频繁。1967年至1969年,中央安置办公室保留一个业务组,先后放在农垦部和劳动部办公。1970年并入国家计委劳动局。1973年,国务院成立知识青年上山下乡领导小组,陈永贵任组长,于驰前任办公室主任。1977年4月,国务院派出以许法为首的工作组领导国务院知青办的工作。②

第四阶段,1978—1979年,是上山下乡的收缩阶段。"文化大革命"结束后,随着国民经济的调整和发展,城镇就业的情况有所改善。但当时还没有突破"左"的束缚,城镇就业仍然受到限制。1978年3月,邓小平在一次谈话中指出:要研究如何使城镇容纳更多劳动力的问题,现在是搞上山下乡,这种办法不是长期办法,农民不欢迎。我们第一步应做到城市青年不下乡,然后再解决从农村吸收人的问题。归纳起来,就是要开辟新的经济领域,做到容纳更多的劳动力。4月13日,中共中央批准《关于调整国务院知识青年上山下乡领导小组成员和办公室管理体制》的报告,决定调整领导小组成员,并将国务院知青办由农林部代管改为劳动总局党组领导。1978年12月上旬,国务院召开了全国知识青年上山下乡工作会议,总结了上山下乡工作的历史经验和教训,决定调整上山下乡政策:一是逐步缩小上山下乡的范围。矿山、林区、小集镇和一般县城的非农业户口的中学毕业生,不再列入上山下乡范围;有条件解决就业问题的城镇,可以不再搞上山下乡。二是今后上山下乡不再搞分散插队,可以因地制宜地举办独立核算的集体所有制的知识青年农场、工厂或生产队,国家在经费上予以支持。三是城市积

---

① 何光主编:《当代中国的劳动力管理》,中国社会科学出版社1990年版,第56—57页。
② 《中国劳动人事年鉴(1949.10—1987)》,劳动人事出版社1989年版,第136页。

极开辟新的领域、新的行业，大力发展集体所有制的企业、事业，举办大学分校、中等专业学校、技工学校等，为更多城镇中学毕业生创造就业和升学条件。四是逐步解决几百万已经下乡插队的知识青年问题。在国营农场的青年，则采取稳定的方针，但有困难的可以商调回城。根据上述精神，除少数有困难的城镇在1978—1979年仍然动员了部分青年下乡外，大多数城镇停止了动员下乡工作。同时，插队青年开始陆续返回城镇，这成为当时城镇就业压力巨大的一个很重要原因。据统计，1978—1979年两年内返回城镇落户的下乡知识青年达650万人，同一时期，仍有73万人下乡，但主要是到城镇郊区知青农场和知青工厂。[①] 到1980年，国务院知青办与国家劳动总局合署办公，绝大多数地区已不再动员城镇青年上山下乡了。尚存的下乡插队的青年，也大多陆续返回城镇等待就业。1982年，国家机关调整，成立劳动人事部后，有关知青工作由劳动人事部培训就业局管理。

综上所述，知识青年上山下乡的根本出发点，是试图解决城镇就业问题，减轻城市压力。20多年中，城镇上山下乡工作的起伏始终是同城镇就业压力的大小联系在一起的。但是，实践证明，企图通过上山下乡作为长期解决就业问题的出路是行不通的。根本的出路还在于改革搞活，在于发展国民经济，在于控制人口增长。

二 劳动力统一调配工作的开展

如前所述，劳动部门和企业主管部门对国民经济各部门、各地区之间劳动力调配实行"统一管理，分工负责"，始于1955年。1956年9月，国务院批准劳动部劳动力调配司改设为劳动力调配局，管理劳动力统一调配工作。此后，中共中央、国务院和有关主管部门以及地方政府部门又相继制定了一些劳动力调配的管理制度和有关政策，推动了劳动力统一调配工作的开展。但是，由于受"大跃进"和"文化大革命"的影响，劳动力调配工作还存在忽进忽退，或者时断时续的情况。

[①] 何光主编：《当代中国的劳动力管理》，中国社会科学出版社1990年版，第57—58页。

（一）以地区为主的工人调动

鉴于1956年全国经济建设规模加大和速度加快，中央各部门和各地区为了提前完成或超额完成"一五"计划任务，增加了大量的职工，到第三季度末，全国职工人数比1955年年底增加了224万人，超过了国家规定的劳动力发展计划（全年平均增加84万人）一倍多。1957年由于国家对建设规模和速度作了调整，各部门、各地区普遍出现了人员多余的现象，需要进行平衡调剂，减少浪费。1957年4月4日，国务院发出了《关于劳动力调剂工作中的几个问题的通知》，提出各企业、事业单位人员多余或不足时，应按下述原则平衡调剂：第一，中央各部所属企业多余的四级或四级以上的技术工人、工人技术学校和工人技术训练班的学员以及生产培训的学徒和某些特殊工种的工人由中央各部负责，在尽量避免远距离调动的原则下，于本系统内部进行平衡调剂；第二，中央各部所属企业的三级和三级以下的工人，以及地方企业的工人、学徒等，都由地方负责进行平衡调剂；第三，建筑和交通运输部门的工程单位的长期工人，都各由其主管部门平衡调剂，各单位在进行平衡调剂时应做好被调人员的思想教育工作，并实事求是地向他们说明调动的理由和调往单位的具体情况，动员他们自愿地服从国家调配。被调人员如无正当理由而拒绝调配，并屡教无效者，可以作为自愿离职处理，并向当地劳动部门备案。在不同单位间调剂人员时，调入单位应与工人签订个人的劳动合同。合同内容应包括工种、技术等级、工作地点、工作时间、工资福利待遇以及有关的权利、义务等。[①] 同年4月，劳动部召开了全国劳动力调配工作会议，提出了1957年劳动力调配工作的主要任务。根据"统筹兼顾，适当安排"的原则，为避免远距离工人调动，应以地区为主就近调剂劳动力。对于高级技术工人和特殊工种的工人的调剂，则应以部门为主。这次会议上，李先念副总理在讲话中指出：劳动力南来北往的调动要基本停止。过去的调动是必要的。现在看来在一定时期内，应基本上固定下来。当然不是绝对，如从上海调一些技工支援兰州，这样的调动还是必要的。

---

① 《1953—1957中华人民共和国经济档案资料选编·劳动工资和职工保险福利卷》，中国物价出版社1998年版，第159—160页。

1958年3月，中共中央召开成都会议，对当时工业生产和基本建设在"大跃进"中需要补充劳动力以及各部门各单位同时存在大量的多余人员问题进行了研究，讨论了如何控制增加新职工和加强调剂的问题，并通过了《中共中央关于调剂和补充职工问题的意见》。该《意见》的主要内容有：第一，各地区、各企业需要补充的正式职工，首先从本地区多余人员和下放人员中进行调剂。采取动员说服的方法，抽调一部分条件适合的人，去从事体力劳动或者其他需要的工作。第二，调剂中，首先从当地本企业系统内，或从生产技术相近的企业内抽调解决。这一调剂权赋予各省、市、自治区党委。中央直接管理的企业（如铁路管理局、大钢厂）的人员除了调剂技术人员和技术工人应当与国务院有关部商量外，一般人员的调剂，也授权省、市、自治区党委统一办理。第三，需要的临时工，同样应当先从现有人员中抽调解决。这些人有的可以保留原来的职务和原来的工资，有的可以不保留原来的职务，但应当赋予他相当于原来工资的报酬。[①]

1958年下半年，工农业生产"大跃进"开始以后，各部门各地区职工人数大幅度增加，造成劳动力严重浪费。为了改变这种情况，中共中央决定收回下放的招工审批权，并开展精减职工的工作，要求把多余的人员坚决地减下来。1963年3月，国务院发出《关于企业、事业单位职工调剂问题的若干规定》，提出各单位工种之间多余或不足的平衡调剂，由主管部门在系统内调剂解决。解决不了时，商请地方劳动部门就地调剂。也可采取借调办法，双方单位签订借调合同，劳动部门负责进行监督执行。[②] 据北京、上海、武汉、重庆、黑龙江、吉林、江西、江苏、安徽、广东、广西、云南、贵州、宁夏、内蒙古、山西16个省、市、自治区统计，在这一年中进行单位之间就地平衡调剂职工有366831人，其中借调的有70630人。[③]

1963年3月，劳动部召开了有14个省市劳动厅（局）调配处（科）长参加的劳动力调配工作座谈会，总结新中国成立以来劳动力调配管理工作经验及其他有关问题。座谈会总结了实行劳动力统一调配的五点好处，即可以

---

① 《1958—1965中华人民共和国经济档案资料选编·劳动就业和收入分配卷》，中国财政经济出版社2011年版，第160页。
② 同上书，第165页。
③ 《中国劳动人事年鉴（1949.10—1987）》，劳动人事出版社1989年版，第245—246页。

保证生产需要，特别是重点地区、重点单位的需要；可以控制企业少用工人；统一调剂余缺，避免劳动力自由流动，减少挖工、跳厂等不合理现象；能够做到统筹兼顾，合理安排，各得其所；便于解决社会就业问题。同时，座谈会还指出，对劳动力管理严格一点，劳动力使用就比较合理；反之放松，用人就多。

1977 年 8 月，国家劳动总局在《关于加强劳动管理，严格控制增加职工，大力提高劳动生产率的意见（草稿）》中提出，要做好职工的余缺平衡调剂工作。新建、扩建投产单位所需要的劳动力，应尽量从现有职工中调剂解决。要采取长期抽调、临时支援、定期协作等方式，把各方面多余的人员调剂到急需用人的单位。某些工矿企业中，从事繁重劳动或特殊工种的工人，已不能坚持原岗位工作，但并没有丧失劳动能力的，可以调剂到需要增人的劳动强度较轻的部门。职工余缺调剂工作，以地方为主。各省、市、自治区革命委员会有权调剂本地区的国务院部属单位多余的职工，但在调剂时应同国务院主管部门商量。国务院各部门的直属单位特别是新建单位需要调剂少数技术工人时，省、市、区应予支持。[①]

（二）跨地区的工人调动

跨地区调动工人，是根据生产建设事业发展的需要，在国家计划指导下，有组织地进行的。它是解决地区间劳动力分布不平衡的措施之一。由于有些地区和城市对调进工人有一定限制，甚至有些工人不允许调动，因此，跨地区调动工人，须经有关管理机关办理审批手续。1959 年 12 月 5 日，劳动部在《关于劳动力招收和调配的若干规定（草案）》中规定，职工的招收和调配，一般地应该在省、市、自治区范围内进行，尽可能地避免远距离调动；如果需要在省、市、自治区之间招收和调配职工，应该经过劳动部审查办理。中央各主管部门可以根据生产或工作的需要在本部门范围内调动技术工人，但是必须事先通知当地劳动部门。铁道、交通、地质等部门对于所属的筑路、运行、勘探等流动性较大的长期工，可以根据需要在本部门范围内进行调动；对于临时工，可以在施工的省、市、自治区范围内进行调动，如

---

① 国家劳动总局政策研究室编：《中国劳动立法资料汇编》，中国工人出版社 1980 年版，第 62 页。

果必须在省、市、自治区之间进行调动的时候，应该征得临时工所在省、市、自治区人民委员会的同意。"大跃进"时期，上海市支援外地建设的各类人员达202000人。①

在精减职工期间，为有利于精减职工，适当控制职工调动，1962年6月，国务院发出《关于精简职工安置办法若干规定》和劳动部发出《关于跨省调动职工中几个问题的处理意见的通知》中规定，因生产工作需要跨地区调动职工，一次调动工人在10人以下的，由中央主管部批准；11人及以上的由劳动部批准。还规定，跨省调动工人，应该从严掌握，如非十分必要，不作跨省调动。同年10月，国务院批转了劳动部《关于临时性跨省调动职工审批手续问题的报告》，提出：中央各部所属单位，因生产任务的需要，如铁路交通、地质勘探、测绘、设计、送变电线路维修、建筑安装等部门，部分职工需要经常跨省流动作业，被调动的职工由原单位支付工资，列入原地区、原单位的劳动计划之内，经中央主管部批准，同时向临时调出和调入地区的劳动部门备案，即可调动；临时性跨省调动的职工，其户口关系可不迁移，在调入地区办理临时户口手续，其粮食供应，由调出地区的粮食部门发给全国通用粮票，调入地区凭全国通用粮票供应口粮和副食品。②

经过三年国民经济调整，工业战线又有了新的发展，有些地区、单位出现了技术力量不足的现象。为便于各部门进行职工的调剂工作，1963年3月，国务院规定，中央各部在劳动计划以内，在直属企业、事业之间调剂技术工人，或者成建制地调动职工，一次调动50人以上的须经劳动部批准，一次调动50人以下的由中央主管部批准，但应把批准调动的文件抄送给调出调入职工的省、自治区、直辖市人民委员会和劳动部、粮食部及中国人民银行。为了重点保证国防科研和军工部门生产的需要，20世纪60年代初，从北京、江苏、江西、河南、陕西等地和中央有关部门抽调一批三级以上技术工人，支援国防科委和二机部等，据6个省、市1963年统计，为上述部门共抽调了3471名技术工人。③

---

① 《中国劳动人事年鉴（1949.10—1987）》，劳动人事出版社1989年版，第248页。
② 《1958—1965中华人民共和国经济档案资料选编·劳动就业和收入分配卷》，中国财政经济出版社2011年版，第164—165页。
③ 《中国劳动人事年鉴（1949.10—1987）》，劳动人事出版社1989年版，第248页。

为了进一步简化调动手续，有利于安排和使用劳动力，1965年3月24日，国务院在《关于企业、事业单位的干部和工人调动问题的若干规定》中对各单位人员跨地区调动做出如下规定：第一，国务院各部门及其所属各级管理机构，在自己所管的企业、事业单位之间跨地区调动工人、干部，由国务院各部门及其所属各级管理机构自行决定。其中一次跨地区调动干部10人以上、工人50人以上的，在下达调人文件时，应当抄送调出、调入单位所在地的市、县人民委员会。第二，国务院各部门之间，各省、自治区、直辖市之间，以及国务院各部门与各省、自治区、直辖市之间相互调动工人，可以由双方直接洽商调动，但一次调动工人100人以上的，应向劳动部备案。第三，除了经常流动作业的干部和工人以外，一般不要从设在农村的企业、事业单位往城市调动干部和工人。如因特殊需要，必须调动时，一次调动50人以下的，应经管理局、总公司一级管理机构批准；一次调动50人以上的，应经主管部批准。第四，国务院各部门从其他城市往上海调入干部和工人以及往北京调入工人的时候，应当事先商得上海、北京市人民委员会同意；双方如有不同意见，再分别报劳动部、内务部审定。第五，调动干部和工人的时候，应当考虑调入单位的编制定员和实有人员情况，编制定员已经满员的单位，不得批准调入干部和工人。此外，由内务部、劳动部安排抽调支援重点建设单位的干部和工人，有关部门、有关地区和有关企业、事业单位必须保证完成。[①]

1975年3月，中共中央发出《关于加强铁路工作的决定》，提出全国铁路必须由铁道部统一管理，铁路职工必须由铁道部统一调配。同年4月，国家计委发出通知，提出铁路职工由铁路部门统一调配，调入京、津、沪三大城市，应与当地劳动部门协商。1979年3月，国家劳动总局规定，电力部、水利部、交通部、邮电部直属企业事业单位的职工与部外单位之间调动，由这四个部自行办理。跨省、市、自治区调动职工，应将调出调入人数事先报有关地区，调入地区应准予落户。对调入北京、上海、天津三大城市的工人，需经三市革命委员会同意。

此外，对集体所有制单位工人的调动，1965年10月，劳动部规定，集

---

① 国家劳动总局政策研究室编：《中国劳动立法资料汇编》，工人出版社1980年版，第61—62页。

体所有制单位向全民所有制单位调动工人时，调入单位必须办理增加国家职工的审批手续。集体所有制单位之间，跨地区调动工人，须报经调入调出单位所在地的劳动部门同意。调出调入地区意见不一致时，报上级劳动部门审批。

（三）为支援三线建设的工人调动

三线地区是中国经济建设和国防建设的重要战略后方基地。1964年，中共中央工作会议讨论第三个五年计划的国民经济建设时，提出划分一、二、三线战略布局和建设大三线的战略方针，中央各部门和各省、市、自治区按照中央的要求，立即着手进行部署和规划，组织力量到三线地区勘察设计选厂定点，从一、二线地区的现有老厂，采取迁厂、分迁、包建及技术支援等形式，迁建一批企业、事业单位和职工到三线地区。为了有利于企业搬迁和职工随迁，1966年年初，国务院批转了劳动部《关于搬迁企业单位职工工资和劳保福利待遇问题暂行处理办法》，对内迁职工的工资待遇及留居原地的职工家属应享受的有关福利待遇等都作了具体规定。

1964—1970年是三线建设①的高潮，也是大批职工内迁的时期。据四川、陕西、青海、湖北4个省1970年统计，由沿海地区迁入职工达50万人，其中随迁家属约30%。1971年7月，在国务院、中央军委批转国家计委、国家建委关于内迁工作的报告中提出，列入国家迁建计划的项目，对内迁职工家属迁入地区要主动与迁出地区协商，做出规划，分期分批内迁，并区别不同情况，进行妥善安置。到1974年，大约用了十年时间，迁建工作基本完成，内迁职工大体安排就绪。② 十年间，第一机械工业部从沿海地区迁到三线地区的所属企业、研究所、设计院有241个，随迁职工62679人，

---

① "三线"建设，是20世纪60年代中期中共中央作出的一项以战备为指导思想的，大规模国防、科技、工业和交通基本设施建设的重大战略决策，是在当时国际局势日趋紧张的情况下，为加强战备，逐步改变生产力布局的一次由东向西转移的战略大调整。在1964年至1980年，国家在属于"三线"地区的13个省和自治区的中西部投入了占同期全国基本建设总投资的40%多的2052.68亿元巨资；400万工人、干部、知识分子、解放军官兵和成千万人次的民工，在"备战备荒为人民""好人好马上三线"的时代号召下，打起背包，跋山涉水，来到祖国大西南、大西北的深山峡谷、大漠荒野，风餐露宿、肩扛人挑，用艰辛、血汗和生命，建起了1100多个大中型工矿企业、科研单位和大专院校。

② 何光主编：《当代中国的劳动力管理》，中国社会科学出版社1990年版，第136页。

在三线地区形成了 200 多个建设项目,并在鄂西、重庆、西宁等地建成了新的机械工业基地。辽宁省职工支援三线建设有 10 万人;上海市随企业搬迁到四川、贵州、陕西、湖南、湖北、甘肃 6 省职工 9 万多人;北京市组织机械、化工、首钢、矿务局等单位支援四川、陕西、甘肃、山西等 8 省市职工 3.5 万人。仅贵州省就迁入了近 200 个企业,职工达 7 万人。随着大量职工的调入,四川、贵州、云南、陕西、甘肃、青海、宁夏、河南、湖北、湖南、山西等三线地区 11 个省、自治区的职工队伍得到了发展和壮大,职工人数由 1964 年 1104 万人增加到 1975 年的 2047 万人,增长了 85%,这对加快三线建设起了重要作用。

大规模的三线建设,除了从一、二线地区成建制或成批地随着工厂、设备迁移到三线地区的内迁职工外,还有相当大的一部分是非内迁职工,即三线地区与沿海地区或中央有关部门自行联系调入和就地招收的,包括招收调配的技术工人、知识青年,统一分配的大中专、技校毕业学生、复员退伍军人,以及成建制或零星调去的施工队伍。有计划、有组织地跨地区远距离调动大批职工,这是新中国成立以来规模最大的一次。

(四) 组织青壮年支援边疆和少数民族地区建设

中国边疆和少数民族地区地大人口少,物质资源丰富,需要开发利用,但劳动力资源不足,而沿海地区人口密度大,劳动力资源多。为了使边疆和少数民族地区的社会主义建设事业能够迅速发展,与内地齐头并进,同时根据边疆和少数民族地区的要求,1958 年 8 月,中共中央发出《关于动员青年前往边疆和少数民族地区参加社会主义建设的决定》。决定从 1958 年到 1963 年 5 年内,由内地动员 570 万青年到边疆和少数民族地区去参加社会主义开发和建设工作。由河北动员去内蒙古 50 万人;河南动员去青海 65 万人,去甘南 15 万人;湖南动员 60 万人,湖北动员 40 万人,安徽动员 40 万人,江苏 60 万人去新疆;浙江动员去宁夏 30 万人;四川东部动员去四川川西地区 100 万人;山东动员去东北三省 80 万人;广东动员 30 万人去海南和南路。支边人员主要应是本人自愿、政治可靠、身体强壮、家务拖累不大的青年,也包括一部分有生产经验的壮年;男女人数大体相等。其中除大部分是农民外,还有工人和商业、教育、卫生、服务行业的人员。另外,还配备了一定数量的干部和党、团员。

为解决支边人员所需经费开支和必要的装备，1959年农垦部、财政部、劳动部发出通知，规定了中央财政和地方财政开支的项目，以及动员去工矿企业、森林工业当工人、学徒的工资待遇的标准。1960年又规定，对动员去高寒地区的，每人供应棉被1条，棉衣1套（包括棉帽和棉鞋）和棉大衣1件；去南方地区的，每人供应棉被1条，衬衣、单衣各1套、鞋1双和蚊帐1顶。

为了贯彻落实中央的决定，动员和接收安置地区的党政领导部门都很重视这次支边工作。山东省设立了动员青年支援边疆建设领导小组和办公室，新疆维吾尔自治区人民政府成立了劳动力调配委员会，负责支边青年的组织动员和接运安置工作。据统计，1959年和1960年，上述有关地区共动员和接收安置了1443740人，其中青壮年997506人，家属446234人。安置在国营农场的有498434人，人民公社的有209877人，其他方面的有289195人。此后，由于国民经济的调整，有关省份陆续停止了成批动员工作。

三 用工制度的改革尝试与反复

在计划经济体制下，固定工制度是中国多种用工制度中的最主要形式。1957—1978年，在全国各种经济类型职工总数中，全民所有制单位职工平均约占77%；而在全民所有制单位职工总数中，固定工所占比重平均为87.2%（见表7—4）。应该说，固定工制度对于稳定职工队伍和提高职工生产技术水平等方面都曾发挥过重要作用。但是，从用工形式必须适应经济建设发展需要这个原则考虑，它很难适应生产条件变化的需要。因此，对用工制度进行必要的改革和调整，既是完善社会主义劳动制度的一项十分重要的内容，也是决定和影响着社会主义经济发展快慢的关键因素之一。

表7—4　　　　1957—1978年全国各种经济类型职工年末人数　　　单位：万人

年份	全民所有制单位职工				城镇集体所有制单位职工	城镇个体劳动者
	职工总数	其中：固定职工	其他	计划外用工		
1957	2450.6	2248.6	202.2		650	104
1958	4532.3	3354.1	1178.2		662	106

续表

年份	全民所有制单位职工 职工总数	其中：固定职工	其他	计划外用工	城镇集体所有制单位职工	城镇个体劳动者
1959	4560.8	3571.0	989.8		714	114
1960	5043.8	4261.0	782.8		925	150
1961	4171.2	3757.9	413.3		1000	165
1962	3309.1	3058.5	250.6		1012	216
1963	3293.1	3074.6	218.5		1079	231
1964	3465.0	3203.9	261.1		1136	227
1965	3738.0	3376.1	361.9		1227	171
1966	3934.0	3423.0	511.0		1264	156
1967	4006.0	3444.0	562.0		1299	141
1968	4170.0	3596.0	574.0		1334	126
1969	4335.0	3758.0	577.0		1379	111
1970	4792.0	4126.0	666.0		1424	96
1971	5318.0	4644.1	673.9		1469	81
1972	5610.0	5265.0	345.0		1524	66
1973	5758.1	5339.0	419.1	171.0	1579	51
1974	6007.0	5433.1	573.9	342.0	1664	36
1975	6426.0	5642.0	784.0	513.0	1772	24
1976	6860.0	5889.1	970.9	684.0	1813	19
1977	7196.3	6064.3	1132.0	854.7	1916	15
1978	7451.4	6278.4	1173.0	904.3	2048	15

资料来源：《中国劳动工资统计资料（1949—1985）》，中国统计出版社1987年版，第26、33、35、68、78页。

（一）改革用工制度的初步尝试

"一五"计划实施后期，中共中央就觉察到单一化固定工制度的弊病，提出要改革用工制度的问题。一方面，制定相应的措施，改进固定工制度。例如，在企业、行业和地区之间开展劳动力的平衡调剂；对厂矿企业多余职工，按编余人员作退职处理；制定和贯彻新的劳动就业方针，鼓励失业人员自找职业、自谋生活出路等。这些措施都取得了一定效果,使职工基本上能进能出。另一方面,为搞活用工制度,研究推行劳动合同制。根据刘少奇同志的指示,劳动部于1956年9月派出赴苏考察团,主要是了解和学习苏联在劳动力管理方面的经验,着重研究苏联企业、机关和职工签订劳动合同方面的经验。1957年2月9日,劳动部向刘少奇报送了《赴苏劳动考察团报告》,提出:中国劳动力有两种不同的管理办法:一种是继续采取由机关、企业"包下来"的办法;另一种是逐步改变现行的办法,允许机关、企业在一定条件下辞退职工,职工也可以自由选择职业,失业的职工可由国家的专管机构"包下来"给予适当救济。后者的好处可以克服前者的缺点。从前一种办法过渡到后一种办法的条件是在逐步成熟。为此,提出新招收的工人应实行劳动合同制,特别是从农村新招收的工人,应签订个人合同。刘少奇同意上述报告,并提出劳动合同的名称可定为集体的劳动合同和个人的劳动合同。签订个人劳动合同,可以解决或避免许多劳动争议。[①] 1957年4月23日,劳动部召开全国劳动力调配工作会议,提出以后劳动力的安置,必须贯彻"统筹兼顾,适当安排"的方针,而不是"包下来",强调要订立劳动合同,以改变"只进不出"的固定工制度。会后,还将劳动合同样本发给各地试行。

针对当时中国固定工制度和"包下来"政策的弊端,1958年3月28日,刘少奇在四川省劳动工资座谈会上的报告指出:"从解放以来,我们在劳动工资制度方面,已在几个问题上相当程度地陷于被动。"第一,"我们从旧工厂、国民党的官僚资本、合营工厂接收了很多的工人、职员,或从社会上招收进来,不论是机关、工厂、商店,只要进来了,不管有无工作,就不能辞退,又不能让他转作别的工作。"第二,"学徒毕业后,必须分配工作;没有工作,分配别的工作也不行"。第三,"大学毕业生、中技毕业生,也只能分配他们所学的工作,学什么就必须派什么工作,无工作也不能作其他工作。"第四,"临时工招进来后,过一个时期,不管生产上有无需要,就要求转为正式工人。"[②] 同时,刘少奇还提出了改进这种劳动制度的一些

[①] 何光主编:《当代中国的劳动力管理》,中国社会科学出版社1990年版,第166页。
[②] 中共中央文献研究室编:《刘少奇论新中国经济建设》,中央文献出版社1993年版,第359—360页。

设想。比如,"在工厂有多余工人的时候,招收的工人没有工作可作时,是否可以暂时辞退?需要的时候再来。是否可将多余的工人不辞退,而暂调作其他工作?是否可以暂时回家种地?或者派他们去上山下乡?需要时再请他们回来。""不要把机关、工厂多余的人员没有事放在那里,可以让这些人去作临时工人。……打破工人中'养老院''铁饭碗'的观点。""我的意见在县以下新建的工厂,趁早实行新办法,以后新建的大工厂,是否也可以实行新的办法。……建议把四川省作为典型试验,拟定一套新办法,以后新建工厂实行新办法,撇开旧办法,完全根据实际情况办事,不管旧的条例,按照新办法招收工人,愿意来的就来。实行这样的新办法,当然有很多复杂问题,在全国一下实行还有困难,但可在四川试行。""煤矿不要招收附近的农民作固定工人,只招收他们作临时工人,学习 3 个月,临时工的工资可以高一些,但不实行劳保条例。需要 10 个临时工,我们训练 30 个。可以讲清楚,需要时请你们来,不需要时就回去,或者 30 个人轮流做工,这实际是相对固定的临时工,也是长期分班轮换的熟练工人。这些人完全是附近的农民。有人提出,这样作农业社可能不同意。这可以和农业社讲清楚,订合同,这样对工矿、国家、农业社都有好处。……煤矿可以这样作,其他工厂也可以这样作。""在招收工人时,合同上要写清楚,学好手艺,有工作就作,没有工作可以暂时回家,或担任其他工作,有工作时,优先录用他们",等等。[①] 此后,刘少奇多次提出要打破工人中"铁饭碗"的观念,建立固定工、合同工、临时工并存的用工制度。同年 7 月 10 日,刘少奇指出:"今后,老工人按老办法,新招收的工人实行新办法。新办法在工业上大体有三种:一、固定工,这是少数人,大部分是老工人、技术复杂的工人和干部。二、长期合同工;三、短期合同工。合同工有事就干,没事辞退。"[②] 1964 年 8 月 22 日,刘少奇在广西壮族自治区干部会上的讲话中提出:"我们现在只有一种劳动制度,固定工,有劳动保险,招来了不能退,要退很困难。以后,我看劳动制度不要只是一种,要尽量用临时工、合同工。这种临时工、合同工,也是正式工。有些工厂,历来就是季节性生产的工厂。例如糖厂、

[①] 中共中央文献研究室编:《刘少奇论新中国经济建设》,中央文献出版社 1993 年版,第 362—365 页。

[②] 刘崇文、陈绍畴主编:《刘少奇年谱》(下),中央文献出版社 1996 年版,第 433 页。

烟厂、榨油厂、碾米厂、面粉厂、造纸厂，就是用季节性的工人，有工作就来，没有工作就回家。过去上海、无锡那些地方都是这样。我们在革命取得胜利之后，反而把这些季节工改成固定工、常年工。这件事情做得真是蠢呀！"①

1958年5月30日，刘少奇在中共中央政治局扩大会议上还提出了两种主要的教育制度和两种劳动制度同时并存的意见。他谈道："我们国家应该有两种主要的学校教育制度和工厂农村的劳动制度。一种是现在的全日制的学校教育制度和现在工厂里面、机关里面八小时工作的劳动制度。这是主要的。此外，是不是还可以采用一种制度，跟这种制度相并行，也成为主要制度之一，就是半工半读的学校教育制度和半工半读的劳动制度。""如果半工半读的制度能够普遍实行起来，那就可能解决很多问题，可以比较充分地满足许多人的升学要求，工厂里人多的问题也可以解决，劳动就业的人可以多些。"② 可见，刘少奇提出的两种劳动制度有双重含义，其一是工厂里面、机关里面八小时工作的劳动制度和半工半读的劳动制度；另一个含义，即指固定工制度同临时工、合同工制度并存的劳动制度。③ 同年6月，中央提出了教育与生产劳动相结合的问题，6月21日，刘少奇致信劳动部部长马文瑞，建议在新建的工厂中试办半工半读。④

1958年6月，为大力推行劳动合同制，中共中央批转了《四川省委关于县以上新建工业企业劳动工资和劳保福利问题向中央的请示报告》，该报告提出："新建厂矿在农村中招用工人，必须贯彻工农合一、亦工亦农的精神，根据工农业生产的需要，使农民既有机会当工人，又可以回去当农民。这就是说，要使我们的劳动工资政策有一定的灵活性和回旋余地，不能完全采取包下来的办法。因此，工业企业招用工人的时候，除了必须要有一部分有技术的长期固定的工人以外，大部分工人都应当通过与当地农业生产合作社订立合同，以招用长期合同工和短期合同工的办法来加以解决。"⑤ 这就

---

① 《刘少奇选集》（下），人民出版社1985年版，第470页。
② 同上书，第324—326页。
③ 周太和主编：《当代中国的经济体制改革》，中国社会科学出版社1984年版，第119页。
④ 刘崇文、陈绍畴主编：《刘少奇年谱》（下），中央文献出版社1996年版，第428页。
⑤ 《1958—1965中华人民共和国经济档案资料选编·劳动就业和收入分配卷》，中国财政经济出版社2011年版，第99页。

是说，县以上新建工业企业，从农村招工，要实行亦工亦农制度①，不采取"包下来"的办法。此后，各省、市、自治区组织积极试行这种新的劳动制度。四川省成都市很快组织试点，并在500多个大中型企业中推行了新的劳动制度；河北省县以下工矿企业，除一部分技术骨干是固定职工外，其余都是就地招收的农民合同工。当年11月，劳动部在四川省召开了推行新的劳动制度的现场会，总结推广亦工亦农这种新用工形式的经验。这一年，全国从社会上招收的新职工1800多万人，大部分是实行新劳动制度的合同工，做到能进能出，比较灵活。在国民经济调整时期精减的2000多万职工中，合同工是主要的精减对象，在处理这些人员时就比较好办些，初步体现了改革的效果。②1959年12月5日，劳动部在《关于劳动力招收和调配的若干规定（草案）》中明确规定："在用人制度上，应根据不同情况，分别采用长期工、合同工、亦工亦农的方法"，第一次将亦工亦农作为多种用工形式之一，正式在招工办法中规定下来。各地区在执行中，一般是用农村来的劳动力实行亦工亦农，用城市劳动力实行临时工，签订合同，逐步扩大了职工队伍中临时工和亦工亦农人员的比重。1962年5月，中共中央、国务院发出的《关于进一步精减职工和减少城镇人口的决定》规定："今后，凡是适宜于用临时工和季节工的工作，都应当按照规定的手续使用临时工、季节工，不得因临时需要和季节性需要而增多长期工的定员。"

在国民经济经过三年调整取得初步好转后，刘少奇提出的关于两种劳动制度和两种教育制度的倡议，在1964年5月中共中央工作会议上，得到了肯定和称赞。中共中央决定在全国范围内逐步推行两种劳动制度。同年7—8月，刘少奇到天津、山东、安徽、江苏、上海、湖北、广西等省、市视察工作时指出："中国是一个人口多的国家，农村有大量剩余劳动力，要利用农村农闲劳动力的剩余，在城市做些工。如果这样做，就要逐步减少固定工，增加临时工、合同工，否则，都是固定工，将来不得了。""要把两种劳动制度、两种教育制度作为正规的劳动制度和教育制度，每个省、每个大

---

① 亦工亦农制度是1958年开始实行的一种新的用工制度。这种用工制度的特点是被招用的农民，既做工又务农，坚持农民身份不变，农村户口不变，吃农业粮不变，做到有工做工，无工务农，农闲做工，农忙务农。实行亦工亦农制度，对于改革企业用工制度、促进县、社工业的发展，有着重要作用。
② 《中国劳动人事年鉴（1949.10—1987）》，劳动人事出版社1989年版，第197页。

中城市，都来着手试办。从当前讲，这个办法可以普及教育，减轻国家和家庭的负担，从长远讲，可以逐步消灭脑力劳动与体力劳动的差别。劳动制度还要实行亦工亦农制度，以后应该减少固定工，或者少增加固定工，比较多地用临时工。"① 刘少奇提出实行亦工亦农制度，是利用农村的剩余劳动力。他说：季节性生产的工厂，农村的工厂，农村的技术推广站、排灌站、拖拉机站等，都要实行亦农亦工。"有些工厂不要办在城市里面，可以办到乡下去，利用乡下的剩余劳动力分散办。""城市里面有的工厂，我看也可以实行亦工亦农。如城市里面的纺纱厂，就可以农忙时开一班，农闲时开三班。纺纱厂可以这样，其他许多轻工业工厂也可以这样，制造机器的工厂也可以这样"，"矿山也可以这样"。② 1964年9月18日，劳动部在《劳动部对实行亦工亦农劳动制度的一些意见》中提出："在我国今后的社会主义建设中，各行业必需新增的劳动力，应该大部分实行能进能出的合同工制度"，"这样做好处很多，因它可以逐步做到用人能进能出，合理使用劳动力；可以更好地保护劳动力，防止职业病，减少企业中的老弱残人员；可以控制城镇人口和商品粮销量的增加，节约企业生活福利设施方面的投资；可以使提供劳动力的社、队增加收入，帮助穷队和参加亦工亦农劳动的贫农、下中农解决部分困难；可以提高这部分社员的文化技术水平，有利于农业的技术改革。"因此，"从社会上招用国家职工时，凡是适宜于用城市劳动力的，要使用城市劳动力，并尽可能实行临时工制度；凡是招用农村劳动力，必须实行亦工亦农制度。原有企业单位（如季节性生产的工厂、矿山等）宜于实行亦工亦农制度的，可以结合对原有工人的安置处理，改行亦工亦农制度"。③

各地区、各部门根据中共中央指示精神和刘少奇同志的建议，在劳动部门指导下，比较广泛地开展了亦工亦农制度的试点，并取得了一定的成绩。据27个省、自治区、直辖市不完全的统计，截至1965年6月底，共有2205个试点单位（其中，中央企业有194个），亦工亦农劳动者达520236人（其中，中央企业176731），其中，实行轮换制的349个单位，196636人；实行

---

① 刘崇文、陈绍畴主编：《刘少奇年谱》（下），中央文献出版社1996年版，第597—598页。
② 《刘少奇选集》（下），人民出版社1985年版，第470—471页。
③ 《1958—1965中华人民共和国经济档案资料选编·劳动就业和收入分配卷》，中国财政经济出版社2011年版，第103—104页。

季节工、临时工制的 1624 个单位，270725 人；实行包工制和其他形式的 232 个单位，52875 人。从试点的地区看，人数在 3 万人以上的，有四川、贵州、山东等 5 个省区，其中四川省试行的人数最多，达 13.5 万人；人数在 3 万人以下、1 万人以上的，有上海、安徽、广东等 8 个省市；人数在 1 万人以下的，有陕西、江苏、辽宁等 14 个省区。试行的行业，有矿山、森林、建工、建材、邮电、纺织、商业、水产、交通运输、水利电力、地质勘探、农村各站以及农副产品收购加工等 30 多个行业。第一轻工业部所有糖厂、陕西省的棉绒加工、辽宁省柞蚕缫丝企业和商业部所属食品加工企业已经在全行业试行。[①] 试点单位，一般是地处农村、县城、集镇和城市郊区的企业、事业单位。实行亦工亦农制度的工人，多数是劳动强度大、技术比较简单和有害身体健康的工种。

实行亦工亦农制度的形式，主要有以下几种：一是季节工。季节工一般需要具有一定的专业技术，因此，可以实行订合同预约的办法，一年用几个月。它适应季节性生产厂矿和农副产品加工企业，如糖厂、烟厂、茶厂、轧花厂、粮食加工厂和农副产品加工厂等，根据生产任务的需要，与农业社队签订合同，农民在工厂生产旺季来厂做工，淡季回去务农。这些季节性生产企业大部分建在农村或农村附近，主要是进行农副产品的初步加工，生产季节性很强。如棉花、烤烟的加工，一年只加工半年左右时间，而且集中在冬季，正是农闲季节。这种形式，可以使季节性生产单位做到用人机动灵活，劳动力按照生产需要能进能出。例如，全国制糖企业 1964 年普遍实行了亦工亦农制度以后，1964 年至 1965 年度生产期比上个生产期少用固定职工 7800 多人。各厂多余的固定职工抽调出来支援新建糖厂所需要的技术力量，满足了生产发展的需要，使糖产量比上一个生产期增产了 50% 左右。二是非全日制常年工。它适应由农村社队出劳动力常年包工包任务的部门，如靠近农村的工厂、车站、码头以及公路交通、农电等部门，将一部分装卸、搬运和公路养护、农电线路维护等工作常年发包给附近农业社队，由社队组织劳动力承包，按时、按质、按量完成任务。这些亦工亦农人员不脱离农业生产，为这些单位常年担负一定的工作量。例如，1964 年北京大兴县全县农

---

① 《1958—1965 中华人民共和国经济档案资料选编·劳动就业和收入分配卷》，中国财政经济出版社 2011 年版，第 114—115 页。

村用上了电,但县电力局全部职工只有45人,难以负担全县500多个自然村的供电和600多公里线路的维护工作。该县从1964年11月起,按150根左右电杆为一段,由一个亦工亦农电工负责查线、抄表和处理临时小故障,以保证安全用电。一般每月用2—3天时间检查一次线路,1—2天参加电力局技术学习,2—3天进行一般检修,每月合计有5—8天的工作时间,其余时间干农活。[1] 非全日制常年工一般也需要具备一定的专业技能。三是临时工。它适应某些企业的临时性、突击性工作,如工业、交通运输、建筑施工部门必须从农村短期招用的劳动力;农村短途运输、途经农村的电力网和农村电力线路的安装检修所需劳动力;国营农、林、牧、渔场与农村人民公社结合,使用公社多余的劳动力;商业部门从事农产品采购、加工、入库、翻晒等所需的劳动力。四是轮换工。如对矿山、森工、建筑施工、地质勘探所需从农村招用的部分常年使用的劳动力,某些企业中从事有害健康作业的工人等。一般是由企业与公社、生产队订立合同,使用社队的劳动力,三年至五年轮换一次。个别人员,由于生产上确实需要,在征得社队及本人同意后,可以超期使用,但超期使用的时间不得超过两年。轮换分期分批进行,具体的轮换周期和轮换人数比例,根据企业生产的特点和所需劳动力的技术要求来确定。[2] 实行轮换工制度,不仅能够保护工人的身体健康,而且还可以使这些岗位经常保持一支精壮劳动力,有利于提高劳动生产率和增强企业活力。

为了少用固定工、多用临时工,1965年3月10日,国务院颁发了《关于改进对临时工的使用和管理暂行规定》,指出:在劳动计划管理上,根据严格控制固定工人数,便利使用临时工的原则,今后,国家劳动计划只控制固定工的年末人数和固定工、临时工的全部工资总额,用人单位在国家下达的职工年末人数内,有权减少固定工,改用临时工。"企、事业单位必须从社会上招用职工时,凡是临时性、季节性的工作,都应当使用临时工(包括季节工),已经使用固定工的临时性工作,应当逐步改用临时工。""各单位使用临时工,应根据当地劳动部门统一安排,就近招用。有些企业为了使用

---

[1] 《中国劳动人事年鉴(1949.10—1987)》,劳动人事出版社1989年版,第207页。
[2] 《1958—1965中华人民共和国经济档案资料选编·劳动就业和收入分配卷》,中国财政经济出版社2011年版,第104页。

临时工方便，要求和附近街道组织或人民公社、生产队建立固定的协作关系，当地劳动部门应予协助，并规定一些使用原则，进行监督。""各单位招用临时工，必须签订劳动合同。"① 随着各企业、事业单位招用临时工数量的扩大，临时工在职工总数中的比重明显上升。如辽宁省到1966年年末，全省临时工人数达到28.7万人，比1964年增加了15.8万人。临时工占职工总数的比重，从1964年占4.9%，上升到1966年占10.2%。②

合同工、临时工相对于固定工，有很多优点。合同工比较灵活，双方签订合同，规定用工期限。如果企业需要，工人工作出色，合同还可以继续签订；企业不需要，工人可以另找工作，企业不背包袱。合同工为了续订合同，就要努力工作，这就调动了工人的积极性。没有签订劳动用工合同的临时工，比合同工具有更大的灵活性。而固定工由于没有失业的忧虑，企业对他们"包下来"，致使一些人产生一种优越感，同时，企业不能裁人，背上了沉重的包袱。③ 在中国国营企业普遍实行统包统配的固定工制度背景下，广泛开展亦工亦农这种新的劳动制度试点，实行合同工、临时工、轮换工等新的用工形式，企业用人可以做到能进能出、合理使用劳动力，这是一个很大的进步。但是，当时推行的合同工、临时工、亦工亦农制度，只局限于用工制度本身，缺乏同用工制度有着密切关系的工资、保险、福利等方面的配套措施，使实行新制度职工的一些生活问题难以解决。正当总结经验，肯定成绩，准备进一步巩固新的用工制度的时候，"文化大革命"开始了，致使新的用工制度试点夭折。

（二）固定工制度的进一步强化

"文化大革命"期间，由于受"左"倾错误的严重影响，不仅前一阶段用工制度改革试验所取得的初步成效遭到破坏，而且统包统配的范围又进一步扩大，使固定工制度进一步强化。当时，由劳动部门介绍就业成为唯一途

---

① 国家劳动总局政策研究室编：《中国劳动立法资料汇编》，中国工人出版社1980年版，第43—44页。
② 何光主编：《当代中国的劳动力管理》，中国社会科学出版社1990年版，第169页。
③ 周兢：《刘少奇劳动制度改革思想及其现实意义》，《北京科技大学学报》（人文社会科学版）1998年第4期。

径，而且在人们的就业观念中，"不进全民单位当固定工"就不算就业。

"文化大革命"开始后，江青等别有用心地煽动临时工造反，把推行两种劳动制度作为刘少奇的一大罪状，把"多用临时工，少用固定工"说成是"修正主义"，是"阴谋瓦解工人阶级队伍"。1966年12月，江青接见"全红总"①的头目时煽动说：临时工、合同工制度像资本主义对待工人一样，非造这个反不可。会后，"全红总"把江青的讲话散发全国各地，并迫使当时全国总工会和劳动部负责人同"全红总"签发了"联合通告"，错误地规定：临时工、合同工、外包工，一律不得解雇；1966年6月1日以来被解雇的临时工、合同工、外包工，必须立即召回本单位，参加生产，补发解雇期间的工资。江青的讲话和"联合通告"下发以后，搞乱了人们的思想，并由此引起一系列的连锁反应，大批临时工离开生产工作岗位，到处串联，冲击党政机关、企业主管部门和各级劳动部门，破坏生产、工作秩序，引起了一片混乱。

在固定工是社会主义、临时工是修正主义的"左"倾错误思想指导下，1971年11月30日，国务院发出了《关于改革临时工、轮换工制度的通知》，规定："常年性的生产、工作岗位，应该使用固定工，不得再招用临时工。现在在这种岗位上使用的临时工，凡是企业、事业单位生产、工作确实需要，本人政治历史清楚，在'抓革命、促生产、促工作、促战备'中表现较好，年龄和健康状况又适合于继续工作的，经群众评议，领导批准，可以改为固定工。"这种以生产岗位来确定招用临时工或固定工的办法是不科学的，事实上，常年性生产岗位经常有临时性任务，需要招用临时工。各地各部门根据《通知》，将大批临时工改为固定工。据统计，1970年全国全民所有制企业、事业单位临时工人数为900多万人，改为固定工的占90%，为800多万人。如北京市1971年在常年性生产、工作岗位上工作的临时工为10.6万人，改为固定工的有9.51万人，占89.7%。内蒙古自治区1971年有临时工12.7万人，改固定工的11万人，其余1.7万人，主要是1972年新增临时工，改固定工的比例，在95%以上。甚至一些地方和单位在办理转正过程中，还把一批不属于转正范围的家属工和亦工亦农人员也改为固定

---

① "全红总"，即"全国红色劳动者造反总团"的简称，是一个临时工造反组织。

工。这批家属工一般在40岁左右，都有几个孩子，劳动力也不强，企业很难安排他们工作。① 于是，1971—1972年就成为新中国成立以来转正人数最多的一次临时工大转正。这次临时工大转正，使临时工在职工总数中的比重，由1971年年前的12%—14%，下降到6%，进一步强化了单一固定工制度，这既不利于劳动生产率的提高，也增加了国家安排就业方面的压力。②

这个时期，对城镇人员的就业安置，或者是上山下乡，或者是依靠劳动部门安置在全民所有制单位就业，就业渠道单一。20世纪70年代初，有些厂矿企业因老弱残职工过多，要求恢复子女顶替③和内招职工子女的办法，以解决职工队伍更新问题。于是，1972年9月23日，经国家计划革命委员会转发的燃化部④关于煤矿企业劳动力补充问题的请示报告中提出，对因工死亡、病亡、退休职工的子女，符合煤矿工作条件的，可以吸收参加煤矿工作。⑤ 1973年8月4日，经《中共中央转发〈国务院关于全国知识青年上山下乡工作会议的报告〉》附件一中规定，矿山井下、野外勘探、森林采伐等行业补充减员或按国家计划增加工人时，可由退休的职工子女顶替，或者从本单位职工的子女中招收为固定工。⑥ 根据这一文件精神，1974年7月29日，国家计委又将范围扩大到盐业生产工人子女。这样，职工子女由本单位"安置"的政策在矿山井下、野外勘探、森林采伐和盐业"四大行业"得以恢复。但一些城市在补充自然减员试点工作中，却突破了"四大行业"的限制。比如，1974年哈尔滨市进行补员试点工作中，有84个企事业单位退

---

① 《中国劳动人事年鉴（1949.10—1987）》，劳动人事出版社1989年版，第204页。
② 周太和主编：《当代中国的经济体制改革》，中国社会科学出版社1984年版，第146页。
③ 子女顶替，即允许职工退休后招收其符合条件的子女参加工作，是1956年1月14日在劳动部发出的《关于年老体衰职工以其子女代替工作问题复轻工业部的函》中首次提出的。但它作为鼓励城市中老、弱、残职工退休的一种政策全面实施，并逐渐作为一种就业制度确立、延续下来，则是在20世纪60年代初，中共中央决定实行调整国民经济的方针，大量精减职工。1962年10月6日，中共中央、国务院发出了《关于当前城市工作若干问题的指示》，规定在今后城市减少职工工作中，"年老退休的职工，家庭生活困难的，允许子女顶替"。根据中央精神，1963年3月，劳动部、内务部、全国总工会制定了《关于安置和处理暂列编外的老、弱、残职工的意见》，以允许子女顶替就业的办法解决老、弱、残职工退休、退职的后顾之忧。
④ 1970年6月22日，煤炭工业部、石油工业部、化学工业部合并，组成燃料化学工业部，简称燃化部。
⑤ 国家劳动总局政策研究室编：《中国劳动立法资料汇编》，中国工人出版社1980年版，第42页。
⑥ 《中共中央转发〈国务院关于全国知识青年上山下乡工作会议的报告〉》附件一《关于知识青年上山下乡若干问题的试行规定草案》（1973年8月4日）。

休退职职工9074人，子女顶替5982人，占65.9%；1976—1977年，该市办理顶替手续的知识青年达3万人。①

"文化大革命"时期，正常的退休、退职被中止。到"文化大革命"结束时，企业职工应退而未退者达200多万人，机关、事业单位职工60多万人，使企事业单位职工日益老化。为了妥善安置退休职工的生活，促进工人队伍的更新，并结合当时城镇严峻的就业形势，1978年6月，国务院颁发了《关于安置老弱病残干部的暂行办法》和《关于工人退休、退职的暂行办法》。规定工人退休、退职后，"家庭生活确实困难的，或多子女上山下乡、子女就业少的，原则上可以招收其一名符合招工条件的子女参加工作；招收的子女，可以是按政策规定留城的知识青年，或是上山下乡知识青年，也可以是城镇应届中学毕业生。可以允许一名子女顶替参加工作"。"家居农村的退休、退职工人，应尽量回到农村安置，本人户口迁回农村的，也可以招收他们在农村的一名符合招工条件的子女参加工作。"此后，各地均按照国务院的规定制定了招收退休、退职工人子女参加工作的暂行办法。这样，子女顶替就在全国各地各部门、各行各业的工人退休工作中广泛实行。20世纪80年代初，子女顶替就业达到高峰。据统计，从1978年至1983年，全国办理退休、退职的职工共有1220万人，其中子女顶替900多万人，占退休退职人数的80%。从各地顶替人员的来源来看，返城知识青年占了相当的比重。如上海市自1978年10月至1983年11月，全市职工退休退职共66万人，子女顶替578769人，其中上山下乡知识青年322999人，所占比重达55.8%。② 这些通过顶替而就业的人员绝大多数都是固定工。

（三）临时工的使用、管理与转正

顾名思义，临时工就是暂时在单位工作的人员。在计划经济体制下，临时工是区别于当时的长期固定工（或称正式工）而言的一种用工形式，一般是指企事业单位在临时性、季节性岗位上使用的短期工人（或称短工，签

---

① 王爱云：《试析中华人民共和国历史上的子女顶替就业制度》，《中共党史研究》2009年第6期。
② 同上。

订了劳动用工合同的临时工又可称为合同工①），也包含机关事业单位、国有企业里的非在编人员（或称计划外用工）。一般来说，临时工的工作不稳定，职业上不像固定工那样有可靠的保障，工资福利待遇较低，几乎没有什么劳动保险。但是，临时工有到期延续的可能，这要以双方达成的共识为前提；临时工也有转正，即成为固定工的机会，这主要看是否符合国家政策，并经过主管部门或劳动部门的批准。因此，一些企业往往利用临时工的廉价劳动力和招之即来、挥之即去、辞退方便的条件，在不少长期需要的岗位上大量使用临时工。临时工作为当时中国实行以固定工为主的用工制度的一种辅助用工制度，在生产建设事业中曾经起过不可忽视的作用。

1957—1978年，随着中国社会政治经济形势的变化，全国全民所有制单位使用的临时工数量时多时少，波动很大，甚至还有大量的计划外用工。

1. 临时工的招用与计划管理

新中国成立之初，国家对企业招用临时工没有统一的管理制度，主要由各省、市自行制定具体办法，各行各业招用临时工情况复杂。例如，上海市军事管制委员会1949年10月发布的《关于上海市各企业雇佣临时工暂行办法》规定："各业各厂为了生产或工作的需要及无长期连续性之工作，可以雇佣临时工。"但由于未对使用范围作出明确规定，上海一些企业在常年性的工作岗位上也使用临时工。② 1951年年初，山东省劳动局颁布了《山东省国营、私营企业雇用临时工试行办法》，规定各单位雇用临时工人时，须订立短期劳动契约，内容包括临时工待遇、职责、工时、解雇办法等；受雇期限以不超过3个月为原则，如连续工作6个月仍继续使用，得改为正式工。③ 1952年10月，中央人民政府政务院在《关于处理失业工人办法》中提出：严格限制滥用临时工，并规定："凡在各国营、私营企业担任经常生产的临时工，应一律改为正式工或预备工。以后一切经常性的生产工作一律不得雇用临时工，只有经常生产以外的临时性的工作，才得雇用临时工。"1953年，劳动部就关于临时工问题的处理意见给甘肃省劳动局的函中指出，关于

---

① 计划经济体制下，各单位招用临时工，一般都要签订劳动用工合同。但是，这种合同工与1986年实行劳动合同制度之后的合同工，在劳动权益方面有很大的差异，后者也可称为正式工。
② 李家齐主编：《上海工运志》，上海社会科学院出版社1997年版，第490页。
③ 山东省劳动局地方志办公室：《山东省劳动志稿（二）》，内部资料，1988年11月，第135页。

临时工问题，主要根据工作性质及生产需要来确定，不能单纯以雇用时间长短为根据，并得依实际需要确定雇用期间签订合同。工作任务完成后，即可解雇，不能以时间超过多久即要求转为正式工。[①]"一五"计划后期，随着大规模经济建设的开展，国家开始对临时工实行计划管理，即企业单位招用临时工必须纳入劳动计划。按照一般程序：全民所有制企业应根据国家下达的劳动计划，按年、按季编制临时工需要计划，报送当地劳动部门申请办理招用手续。但是，这对有些紧急的生产任务，由于事先无法纳入计划，或者因生产任务发生变化，需要相应地改变计划时，则很难按照正常程序办理。根据这种实际情况，1956年6月7日，劳动部在《关于简化临时工人招收手续的通知》中规定："各企业需要招收少量的临时工（具体人数由当地劳动部门规定后通知当地各个国营企业照办），可在当地自行招收，并向当地劳动部门备案。"[②] 此后，在实际执行过程中，由于招收程序和计划掌握不够严格，有些企业本来人员就有多余，仍还从社会上招用临时工，甚至使用大量的长期临时工，结果造成人力资源的浪费。1956年劳动计划被突破，其中主要原因之一就是过多地招用了临时工。

为此，1957年1月12日，国务院在《关于有效地控制企业、事业单位人员增加，制止盲目招收工人和职员的现象的通知》中规定，企业和基建单位需要临时工人，应当从现有的企业、事业单位和国家机关工作人员中进行调剂；无法调剂的，可以报经中央主管部或省、自治区、直辖市人民委员会批准，在严格控制的原则下，就地吸收。但对临时工的雇用期限，不得超过一个月。招收临时工必须签订劳动合同。现有的和新招的临时工都应当按照合同办事，不能转为正式工人。[③] 12月13日，国务院发布了《关于各单位从农村中招用临时工的暂行规定》，强调各单位需用的临时工，应该首先从本单位多余人员中调剂解决；调剂不够的时候，应该根据国家批准的劳动计划，拟订各季度需要临时工的计划，报请所在省、自治区、直辖市人民委员会批准后，由地方劳动部门从当地其他单位的多余人员中调剂解决；当地调

---

① 国家劳动总局政策研究室编：《中国劳动立法资料汇编》，中国工人出版社1980年版，第40页。
② 同上。
③ 《1953—1957中华人民共和国经济档案资料选编·劳动工资和职工保险福利卷》，中国物价出版社1998年版，第170页。

剂仍然不够的时候，才可以由劳动部门布置招用。招用临时工必须尽量在当地城市中招用，不足的时候，才可以从农村中招用。各单位从农业社招用临时工的时候，必须与农业社和外出做工的社员共同签订劳动合同。劳动合同上应该写明临时工的工作职务、工作期限、工资福利等。合同签订以后，三方均须严格遵守。同时明确规定，"各单位一律不得私自从农村中招工和私自录用盲目流入城市的农民。农业社和农村中的机关、团体也不得私自介绍农民到城市和工矿区找工作"。① 该《规定》进一步明确了临时工的招用原则，强调合同化管理，加强了对招用临时工的计划管理。1958年1月9日，《中华人民共和国户口登记条例》颁布实施。该条例对农村人口进入城市作出了带约束性的规定："公民由农村迁往城市，必须持有城市劳动部门的录用证明，学校的录取证明或者城市户口登记机关的准予迁入的证明，向常住地户口登记机关申请办理迁出手续。"这一规定标志着中国以严格限制农村人口向城市流动为核心的户口迁移制度的形成，农村劳动力到城市就业的路径被进一步堵塞。1959年12月5日，劳动部在《关于劳动力招收和调配的若干规定（草案）》中规定，企事业单位从社会上招收的职工一般是临时工，如果因为生产或工作的需要必须使用长期工的时候，经过省、市、自治区劳动部门批准，可以将符合条件的一部分临时工转为长期工。

  随着经济建设的发展，招用临时工数量不断增加，为了保证临时性、季节性的生产和工作的需要，适当安排社会劳动力。1962年10月14日，国务院发布了《关于国营企业使用临时职工的暂行规定》，明确了临时工的使用范围，"凡是临时性的工作，如临时搬运，临时修建，货物临时加工、翻晒，临时增加生产任务和基本建设中的部分壮工活等，应当使用临时职工；季节性的工作，如晒盐、制糖、制茶、轧花和烧取暖锅炉等，除少数长年需用的管理人员和生产骨干以外，也应当使用临时职工。对于临时职工，应当是有生产任务时招用来厂（场）生产，无生产任务时辞退离厂（场），都不得转为长期职工。"同时，放宽了计划管理，简化了招收手续。"凡是在正常的生产和业务范围以内使用临时职工，应当纳入企业年度劳动计划。临时职工的人数（折算为年平均人数）和临时职工的工资，应当在年度劳动计划中

---

① 《1958—1965中华人民共和国经济档案资料选编·劳动就业和收入分配卷》，中国财政经济出版社2011年版，第159页。

单列项目。在预计不到的紧急情况下，如抢险、抢修、抢运等所需用的临时职工，其人数及工资可以不列入企业年度劳动计划以内，并且可以就近报请当地人民委员会批准"。①为了促使企业、事业单位积极推行两种劳动制度，少用固定工，多用临时工，1965年3月10日，国务院颁发了《关于改进对临时工的使用和管理的暂行规定》，指出："今后，国家劳动计划只控制固定工的年末人数和固定工、临时工的全部工资总额。临时工的平均人数和期末人数，只进行统计，不作为计划控制指标。国务院各部门，各省、自治区、直辖市和各企业、事业单位，在国家下达的固定工年末人数和工资总额计划指标以内，有权减少固定工，多用临时工。""对某些适宜于居民拿回家里做的工作，如糊纸盒、锁扣眼、纳鞋底等所使用的家庭工；企业单位因拣拾废弃物品所组织的职工家属或附近居民；临时使用的零星修缮人员；学校临时性的代课教员；不由国家开支工资，不由企业、事业给予补贴，不享受劳保待遇，而是由职工、学生自己缴费开支的或者自负盈亏的生活服务人员，如炊事员、理发员等"，"可以不纳入工资总额计划，不计算劳动生产率"。②

2. 计划外用工大量形成

"文化大革命"开始以后，劳动计划管理遭到严重冲击和破坏。加之基本建设规模不断膨胀等历史原因，致使招工失控，职工增加过多。全民所有制企业、事业和行政单位，在国家下达的劳动计划之外，还自行招用人员。这些在企业营业外开支（无保险福利费用）使用的各种用工，国家统计局在劳动工资统计中，1977年称"全民所有制单位实际使用而未列为职工人数"，1978年称"全民所有制单位使用的计划外用工人数"，此后，即简称为"计划外用工"。

1973年，全国全民所有制单位的计划外用工是171万人，到1978年达到904.3万人，增加733.3万人，增长4倍多。在904.3万人的计划外用工中，按城乡分，来自农村的有500.5万人，占55.3%，来自城镇的有403.8万人，占44.7%；按国民经济各部门分，工业部门有374.9万人，占

---

① 《1958—1965中华人民共和国经济档案资料选编·劳动就业和收入分配卷》，中国财政经济出版社2011年版，第119—120页。

② 同上书，第121页。

41.5%，商业饮食业服务业和物资供销部门有185.2万人，占20.5%，建筑业和资源勘探部门有78万人，占8.6%，农林水利气象部门有75.1万人，占8.3%，其他经济部门合计有191.1万人，占21.1%；按生产、工作岗位分，在常年性生产、工作岗位上的有703.4万人，占77.8%；按地区分，在50万人以上的有河北68.9万人、辽宁58.2万人、黑龙江57.5万人、江苏62.3万人、山东61.2万人、广东62.4万人、四川50.5万人，其他各省、自治区、直辖市均在50万人以下，少则10万左右，多则40多万不等。①

计划外用工大量形成，主要原因来自三个方面：第一，经过1963—1965年的国民经济调整，生产不断发展，基本建设规模不断扩大，县一级办的"五小工业"②随之大量兴起，需要的劳动力越来越多。国家对全民所有制单位的新增职工计划150万左右，主要用于一些重点工程建设项目，地、县以下企业所需要的劳动力不能满足。在这种情况下，各地陆续在国家下达的劳动计划之外招用了400多万人，其中有城镇职工家属、有街道和劳动力管理站介绍的各种社会劳动力、有以集体职工名义招收在全民单位混岗工作的、有使用的农村劳动力、有县级主管部门使用的各类人员、有县以下各级行政部门从农村提拔的干部等。第二，1966—1978年，大量城镇知识青年上山下乡，同时，又从农村大量招收工人进城，形成城乡劳动力大对流，其中，"亦工亦农"人员最多的1977年曾达到225.3万人，占来自农村计划外用工的55%。第三，"文化大革命"期间下放到农村去的大量知识青年在70年代后期开始陆续回到城镇，城镇就业压力急剧加大，各地区各部门普遍采取按系统按行业包干安置的办法，在国家劳动计划不能满足其需要的情况下，即以集体所有制职工名义安排到全民单位混岗作业，又增加了一部分计划外用工。此外，计划外用工是廉价劳动力，省钱、省事、使用方便，企业又不付保险福利等费用，这也是增加计划外用工的一个重要原因。

大量增加计划外用工，不仅扩大了全民所有制职工队伍，同时，也影响

---

① 《中国劳动人事年鉴（1949.10—1987）》，劳动人事出版社1989年版，第111—112页。
② 五小工业，即地方发展的小煤矿、小钢铁厂、小化肥厂、小水泥厂和小机械厂。五小工业的发展改变了中国工业经济的结构，扩大了中小企业在工业企业中的比重；更重要的是小企业能更好地利用当地资源，不仅增强了地方经济实力，使县域经济面貌得以改善，从单一的农业经济转向农业生产为主，兼顾工业，适度提高农业外收入水平。

了企业劳动生产率的提高,对国家劳动计划的正常执行,带来很多问题。因此,从20世纪70年代后期开始,中共中央和国务院多次要求全面清理和压缩计划外用工。例如,1978年3月23日,国务院在批转商业部关于控制粮食销售的意见中指出:"对计划外用工,要进行清理,坚决压缩","今后城镇用工,基本上不从农村招收。已经使用的计划外用工要进行清理,属于农村户口的要坚决动员他们回到农业第一线去。"

3. 临时工的转正

新中国成立以来,随着国家经济建设的发展,对企业使用的临时工,有过几次大范围的转正。

1956年是新中国历史上使用临时工较多的一年,达到300余万人次,超过以往每年平均200万人次的50%。这些临时工中有相当一部分人是在常年性生产岗位上工作,并已掌握了一定技术,成为生产中不可缺少的人员,而厂矿企业因生产发展需要,要求将他们改为正式工人。仅地质、重工、电力、石油、建筑工程6个部门,要求将这些临时工改为正式工人的就有16000余人。① 1956年3月,国务院发出《关于处理厂矿企业长期性临时工的通知》,认为:"各厂矿企业如因生产需要必须将上述工人由临时工人改为正式工人时,可在编制定员范围内报经上级主管部门批准,并经当地劳动部门同意后,按正式工人录用。"通知下达后,各厂矿企业分批分期地进行了转正工作。据国家统计局的统计,1956年全国全民所有制职工人数比1955年增加了515万人,其中大部分是临时工转为正式职工的人数。

由于临时工大量转正和固定工人数增加较多,造成劳动力浪费现象比较严重,如建筑业1956年职工人数为215万人,按1957年的全国建筑安装任务,职工人数已经超过施工任务的需要40万人左右。一些省市的建筑企业已经出现了窝工浪费现象。为此,1957年1月,国务院发出《关于有效地控制企业、事业单位人员增加,制止盲目招收工人和职员的现象的通知》,规定:"现有的和新招的临时工都应当按照合同办事,不能转为正式工人。"根据《通知》精神全国各工矿企业一律停止临时工转正。

1958年"大跃进"时期,各工矿企业招用了大批临时工。在煤矿、金

---

① 《中国劳动人事年鉴(1949.10—1987)》,劳动人事出版社1989年版,第203页。

属矿和非金属矿中招用了更多的合同工和临时工。全国煤炭工业的采掘工人中,有50%是临时工。这些临时工经过多年工作锻炼,技术水平有了一定提高,有不少人已经成为生产上的骨干。为了稳定他们的生产情绪,调动他们的生产积极性,1961年4月28日,劳动部发出了《关于在矿山工作的合同工、临时工转正问题的通知》,确定:"凡在煤矿、金属矿和非金属矿中工作的合同工和临时工,企业应即根据生产需要和劳动计划,把他们转为正式工人。"

在矿山企业以外的其他单位招用的大量临时工中,有些也是在常年性生产或工作岗位上工作多年的临时工。经过精减辞退,其中有些人仍然被保留下来,大多也已成为生产、工作上的骨干力量。为了稳定这些人的生产工作情绪,以利于生产和工作,1963年7月12日,国务院发出了《关于从事经常性工作的临时工转为长期工问题的通知》,指出:"各企业、事业单位应当结合当前的调整工资、转正定级工作,对精减后保留下来的临时工,进行一次清理,凡是1960年以前进入企业、事业单位从事经常性生产或工作,现在已经成为生产、工作上的骨干的,可以在国家已经批准的1963年的劳动计划人数以内,将他们转为长期工人。但是,担任临时性工作的临时工,不论其参加工作时间多长,都不得转为长期工人,并且应当在工作完毕后,即予辞退。"[①] 这项工作一直进行到1964年,甚至一些地方请示将工作两年以上的临时工也转为长期工。对此,1965年8月31日,劳动部正式复函河北省劳动局并抄送全国各省、市、自治区劳动厅、局和中央各有关部,提出:"各单位现有的临时工(合同工),不论其入厂时间长短,一律不再办理转正手续。但是,经过批准在劳动计划以内增加固定工时,可以从现有城市的临时工(合同工)中选用。"这个数字不是很大,因为城市的临时工中,有部分人的年龄和身体条件已不适合选招条件。

在新中国历史上,转正人数最多的一次临时工大转正,是1971—1972年(前文已有涉及,在此不再赘述)。

---

① 《1958—1965中华人民共和国经济档案资料选编·劳动就业和收入分配卷》,中国财政经济出版社2011年版,第166页。

四　企业劳动定额、编制定员与劳动组织管理

劳动定额、编制定员与劳动组织管理，是企业劳动力管理的重要内容。新中国成立以后，随着国民经济的恢复与发展，逐步建立起一套适合当时经济管理体制的企业劳动力管理制度。这些制度对于加强企业管理，发挥劳动者的积极性和创造性，有效地组织劳动者与生产资料相结合，建立正常的生产、工作秩序，促进经济建设的发展，起了重要作用。

1957—1978年，中国企业的劳动定额、编制定员与劳动组织管理工作又是怎样的呢？

在1958年的"大跃进"中，由于受"左"倾错误的影响，在企业管理中大搞群众运动，否定科学管理，不适当地精简管理机构，下放管理人员，破除行之有效的规章制度，致使对企业的招工失去控制，职工人数大量增加，劳动组织不合理和浪费劳动力的现象非常普遍和严重。为了克服这种混乱状况，20世纪60年代初，根据中共中央关于"调整、巩固、充实、提高"的调整国民经济的方针和《国营工业企业工作条例（草案）》（"工业七十条"）的规定，结合精减职工，把恢复建立各项劳动力管理制度，健全组织机构，整顿劳动组织，加强定员定额管理，作为加强企业管理的重要内容。经过企业和有关方面的共同努力，到1965年前后，企业的劳动定额、编制定员等劳动力管理工作基本上恢复到"一五"计划期间的水平，并且在某些方面有所发展。但是，"文化大革命"期间，社会主义企业管理被全盘否定，把一切规章制度统统诬蔑为"管、卡、压"，试图要建立没有规章制度、没有人员管理的企业。在这种情况下，企业用人无定员，劳动无定额，工时无记录，效率无考核，劳动组织不合理，人浮于事，无政府主义泛滥，劳动纪律松弛，成了普遍现象。[1] 直到"文化大革命"结束，企业劳动力管理制度才得以恢复和发展。可见，在计划经济体制下，企业的劳动定额、编制定员与劳动组织管理工作，经历了一个曲折的发展过程。

---

[1] 何光主编：《当代中国的劳动力管理》，中国社会科学出版社1990年版，第247—248页。

(一) 企业劳动定额工作的曲折发展

1. 劳动定额被否定与得到恢复

在1958年生产"大跃进"中,提倡共产主义劳动,职工积极性很高,干劲很大,但加班加点和浮夸现象也很严重。在这种情况下,许多企业的劳动定额被大大超过。当时在"左"的思想指导下,肯定了虚假数字,否定了定额管理的作用,认为"现在是一天等于二十年的工农业大跃进的局面,劳动定额成百倍、成千倍地被突破,平时的定额管理失去了效力",说劳动定额是"阻碍生产大跃进的绊脚石"。加上在"破除资产阶级法权思想,立共产主义劳动态度"的口号下,否定了计件工资制,因此,取消了劳动定额管理。许多企业相继撤销了定额管理机构,下放了定额管理干部。

劳动定额被否定后,工人劳动没有定额,劳动效率高低无法考核,生产计划、劳动力安排无所依据,给企业管理带来了不良影响。1959年3月28日,劳动部转发了辽宁省劳动厅的《辽宁省关于1959年度建筑工程统一施工劳动定额编制工作总结报告》,指出:"在生产大跃进以后,有少数单位产生一种错觉,认为工人的觉悟提高了,可以'实行无定额的劳动','要政治挂帅,不靠定额管理',等等。因而放松了对劳动定额工作的管理,甚至取消了定额工作,这是不妥当的。在工业生产和基本建设中,实行定额管理是企业必不可少的一种制度,不论实行计件工资制或计时工资制,都必须有劳动定额及其管理办法,如果没有劳动定额,就失掉了衡量工人劳动效率、评比生产成绩的尺度,和合理组织生产、实行计划管理的科学依据。生产大跃进以后,不但不应该否定劳动定额的作用,而且还要根据生产大跃进带来的有利条件和新的生产要求,把定额水平和定额工作提高一步,以促进生产的发展。"[①] 为统一思想,恢复和加强劳动定额管理工作,1960年2月,劳动部、建筑工业部、第一机械工业部所属机械科学研究院和一些地区的企业主管部门,陆续组织召开了劳动定额工作会议、定额研究会。通过这些会议,在不同程度上克服了浮夸风、"共产风"等错误思想影响,提高了对劳动定额工作的认识,明确了一些主要问题:第一,劳动定额工作是企业管理

---

① 《中国劳动人事年鉴(1949.10—1987)》,劳动人事出版社1989年版,第232页。

中一项重要的基础工作，它不仅仅为工资分配服务，更重要的是为组织生产和企业管理工作服务。第二，劳动定额水平要先进合理，即经过努力多数人可以达到或超过，少数人可以接近的水平，要克服"越先进越好"的思想。第三，在制定、修订定额和在定额的日常管理工作中，要依靠群众，实行专业管理与群众管理相结合。第四，制定定额的方法，企业可以根据具体情况灵活运用，提倡搞技术测定，但也不要否定经验估工、统计分析等方法。第五，要健全定额管理制度，加强定额干部队伍的建设，原来从事定额工作的干部要归队，增加和培训新的专业人员。

为了推动企业开展劳动定额工作，1961年4月13日，劳动部党组向中共中央提出《关于企业整风中建立和健全定员定额制度的建议》，提出："要把精减职工的成绩巩固下来，还需要建立和健全编制定员与劳动定额制度，使所有企业单位，对于一定的事情用什么人、用多少人去做（定员），或者在一定的时间内用一定的人力应该做多少事情（定额），全都心中有数，并且据此安排和使用人力，非经批准不得超编用人。"5月18日，中共中央把这一建议批转给各地区党委和国务院各工业交通部门党组以及大中型厂矿企业参照办理。

为加强企业管理，推动生产发展，1961年9月16日，中共中央发布《国营工业企业工作条例（草案）》，要求各地区、各部门组织试行。《条例（草案）》规定："实行计时工资制和计件工资制，都要有合理的劳动定额。劳动定额，一般地应当每年修改一次；生产条件发生了变化，可以即时修改。"如中共上海市委工业部和市委劳动工资委员会在9月4日联合召开会议，部署在35个企业中进行定员定额试点工作。35个试点单位工作成效显著，工时定额一般比原来压缩10%以上，人员配备一般也减少10%以上，实物劳动生产率平均提高15%以上，职工出勤率一般提高3%。12月26日，中共上海市委工业部和市委劳动工资委员会召开全市定员定额经验交流会议，要求全市各大中型工厂在次年第一季度内，结合改善企业管理和精减职工，普遍开展定员定额工作。①

1962年8月23日，劳动部、建筑工程部联合发出《关于颁发试行1962

---

① 沈智、李涛主编：《上海劳动志》，上海社会科学院出版社1998年版，第195页。

年编制的建筑安装工程统一劳动定额的通知》，规定统一劳动定额适用于各省（市、自治区）、专区所属的建筑安装企业和国务院各产业部在各地区的建筑安装单位，并指出："实行统一劳动定额，对于促进建筑企业加强经济核算，推行先进生产经验，巩固技术革新成果和正确贯彻执行按劳分配原则，提高劳动生产率都有重大的意义。"同年11月17日，劳动部、建筑工程部又联合发出《关于颁发建筑安装工程统一劳动定额有关问题暂行规定的通知》，对统一劳动定额的适用范围、定额项目的补充、定额水平的修改以及工人配备问题作了具体规定。除建筑工程部修订了统一定额外，其他一些中央企业主管部门也制定了一批劳动定额标准，发给企业参照执行。这些标准一般是以同类企业已经实现的先进水平为基础，本着先进合理的原则确定的。要求企业在贯彻标准时，要在保证全面完成国家计划的前提下，以提高劳动生产率为目标，积极采取措施，力争在一定时间内全面达到或超过标准。

为进一步推动企业开展劳动定额工作，1964年3月4日，劳动部发出《关于1964年进行企业定员和劳动定额工作的意见》，提出："企业里凡是能够按个人或小组计算产品数量或工时消耗的工人，争取在今年内全部建立和实行劳动定额。已经实行劳动定额的，要把定额水平在现有的基础上提高一步。尚未达到本企业历史上最高定额水平的，争取达到或者超过；已经达到本企业历史上最高水平的，争取达到国内同行业先进单位的水平。""在贯彻劳动定额的时候，必须做好思想政治工作，提高职工的政治觉悟和生产积极性，并且同工资奖励工作结合起来，把完成定额的好坏，作为评定工人奖励和超额工资的主要条件。"

在国民经济调整时期，经过企业和有关方面的共同努力，劳动定额工作有了较快的恢复和发展。但是，在此期间，由于实行计件工资制的面比较小（到1963年年底，国营企业实行计件工资制的工人只占生产工人总数的19.9%），实行的综合奖励制度条件较多（包括生产成绩、劳动态度、原材料节约等），与生产结合得不密切，得奖面很宽，鼓励作用不大，因而有些人对劳动定额不重视，在一定程度上影响了定额面的扩大和管理工作的加强。

2. "文化大革命"中劳动定额工作遭到破坏

在"文化大革命"中，企业的各项管理工作都遭到破坏，劳动定额工作首当其冲。定额管理被诬蔑为"走资派管、卡、压工人的工具",定额管理人员是"管、卡、压工人的帮凶"。随之而来的是撤销定额管理机构,批斗和下放定额管理人员,焚毁定额资料。其结果是,劳动无定额,效率无考核,成了普遍现象。许多企业职工的出勤率低,劳动生产率大幅度下降,影响了国家计划任务的完成。例如广州黄埔港,1972年的装卸效率仅相当于1965年定额指标的64%。由于生产效率下降,港口堵塞,压车、压船、压货现象十分严重,外轮停港延期索赔罚款事件日益严重,给国家造成了很大损失。

1972年4月7日,国家计划革命委员会发出了《关于严格控制增加职工,充分挖掘现有劳动潜力的通知》,要求建立和健全编制定员、劳动定额和工资基金管理等制度。根据这一要求,有些企业开始着手恢复劳动定额工作,有的单位在抓定额管理的基础上着手恢复计件工资制。比如,广州黄埔港从1972年11月起,在部分现场生产人员中试行了定额工时超产奖励的办法,即把过去由奖金改成的附加工资再改为定额超产奖,装卸工人以班组为单位,完成定额工时的,分别给予每人7—12元的奖金。1973年10月,黄埔港又在超产奖励的基础上,改行了计件工资制。这样,生产情况迅速好转,装卸效率提高,港口的吞吐量、装卸量都很快上升,压车、压船、压货以及外轮停港延期现象减少。但是,此项工作刚刚恢复不久,又因1974年"要当码头的主人,不做吨位的奴隶"大字报的发表和宣传鼓动,而被迫停止。说什么"不做平方米的奴隶""不做产值的奴隶"等,鼓噪一时。努力干活的人被说成是"没有路线觉悟""安于奴隶地位"。工人气愤地说:"现在是大干的受气,不干的神气","舒舒服服地当主人,幸辛苦苦的是奴隶"。从而,给想搞劳动定额的企业增加了思想压力而不敢搞,少数企业只好偷偷摸摸地搞。

3. "文化大革命"结束后劳动定额工作的再次恢复

"文化大革命"结束以后,劳动定额再次作为加强企业管理,促进生产发展,提高经济效益的一项重要基础工作。为促进企业提高定额水平,一些企业主管部门制定或修订了劳动定额标准或综合性用工指标。如纺织工业部,在1977年、1978年制定和颁发了棉、毛、麻、丝、绸、针织、印染7

个行业的"折可比用工"。① 各地区的纺织企业主管部门都以"折可比用工"为依据,把用工多少作为考核企业经济效益的一项重要指标。企业按照"折可比用工"找差距,采取措施,挖掘劳动潜力,节约用人,提高劳动生产率,效果比较明显。棉纺织企业的"折可比用工"于1977年下达后,仅半年时间,据9个省、市的92个企业的统计,纺部的件纱用工减少12.5%;织部的万米布用工减少4.5%;加工部的件纱用工减少3.5%。综合三项用工的减少,相当于每天节约3万个工日。② 对于考核企业的用工水平、促进企业减少用工、提高劳动定额水平起了较大的作用。

1978年4月,中共中央在《关于加快工业发展若干问题的决定(草案)》中规定:"所有企业都要做好编制定员和劳动定额工作,提高劳动生产率。"根据这一要求,企业在恢复性整顿中,结合恢复奖励制度,陆续恢复与加强了劳动定额管理。

(二) 企业编制定员工作的曲折发展

如第二章所述,"一五"期间,企业编制定员工作尚属初创阶段。除了新建企业一般是按照设计资料设置机构和配备人员,并随着基本建设与生产的发展进行调整外,原有企业的编制定员工作,就全国来说还只是比较零星地进行。

1. 全面开展编制定员工作

在1958年生产"大跃进"中,由于左倾错误,基本建设规模过大,生产指标过高,企业、事业单位增加人员失去控制,从农村招收大量新职工,

---

① "折可比用工"的全称是"折标准品可比用工"。它是考核实物劳动生产率的指标,也就是单位产品的用工量。"折可比用工"的办法,就是把看来不可比的因素转变为可比的指标。主要做法是,选择本行业有代表性的产品(如棉纺织行业的20支纱和20×20的市布)作为标准品,按一定的企业规模和生产条件,确定这种标准品的产量和用工量;然后,把其他各种因产品规格、设备、规模等不同因素所造成的产量和用工量的差数,按其内部的合理关系,换算成标准产品的产量和用工量。同时,为了统一考核,促进水平落后的企业逐步达到先进水平,纺织工业部又把各行业的"折可比用工"确定为三个档次的指标。如棉纺织企业每吨纱用工的指标,一档为29工,二档为31工,三档为35工。实行"折可比用工",既能反映用人多少,又能反映生产高低,是考核企业生产技术、经营管理水平的综合性指标;它考虑了各个不同的因素,实事求是,比较科学合理,便于地区之间、企业之间找差距,互相学习,减少用工量,提高劳动生产率。

② 何光主编:《当代中国的劳动力管理》,中国社会科学出版社1990年版,第263—264页。

造成农业生产第一线劳动力严重不足，工业、建筑、交通运输企业劳动力大量浪费。另外，企业中一些必要的职能机构被砍掉，管理人员被下放，企业管理工作大大削弱。为了改变这种混乱状况，有些地区和企业从1959年下半年起，在整顿劳动组织工作中进行了编制定员工作。同时，还有一些企业主管部门通过分析同类型企业的定员水平，找出用人多少的原因，帮助企业改进定员，节约用人，提高劳动生产率。

1959年11月，劳动部召开第三次全国劳动计划工作会议，马文瑞部长在总结报告中，把搞好编制定员作为加强劳动力管理的一项办法提了出来。他说，劳动力管理办法主要有这么几条：第一，搞好劳动计划，既要保证需要，又要控制招人。在劳动计划的制订和执行中要抓提高劳动生产率的指标。第二，管理权限要适当集中。超过劳动计划增人，须经中央批准。第三，搞好编制定员。编制定员标准必须先进，不能超过标准用人。第四，实行工资基金管理，没有经过批准增加的人员，银行不支付工资。

为了推动企业编制定员工作的全面开展，1960年1月，劳动部在青岛市召开了全国企业编制定员工作会议。会议在交流经验的基础上，进一步明确了编制定员工作是合理地、节约地使用劳动力的一项重要措施，提出了进行编制定员工作的指导思想和基本原则。第一，在保证生产需要的前提下，编制定员必须力求先进，按照"生产越多越好，用人越少越好"的精神办事。衡量先进的标准，就是在条件大体相同的同类企业中比较：一是组织机构更加切合生产的需要，定员相对地少；二是管理人员和服务人员的配备，既做到应办的事情都有人办，而占全员的比例小；三是生产效率高。第二，随着客观情况的变化和主观努力如生产组织和劳动组织的改善，操作方法的改进，工人技术水平的提高等，不断地改进编制定员。第三，新建扩建项目，在未经中央和省、自治区、直辖市批准以前，不能设置生产准备机构和配备生产准备人员。第四，必须在劳动计划的范围以内定员，即按照编制定员标准配备人员的时候，不应该超过劳动计划指标。会议要求，中央主管部门和省一级企业主管部门尽快制定先进的编制定员标准，压缩企业管理人员和服务人员在职工总数中所占的比重；要求各地区、各部门抓典型、推广先进经验，促进企业编制定员工作的开展。① 为加强企业编制定员工作管理，1960年2月11日，劳动部发布了《关于加强企业编制定员工作的几项规定（草案）》，对编制定员工作的管理体制，企业、企业主管部门和劳动行政部门的主要职责，制定与贯彻编制定员标准的原则，先进的编制定员标准的标志，新建企业的编制定员工作以及编制定员与劳动计划的关系等问题，都作了原则规定。②

20世纪60年代初，压缩非直接生产人员在职工总数中所占的比重，是企业编制定员工作的重点内容。1960年9月26日，中共中央批转了国家计委党组、劳动部党组《关于当前劳动力安排和职工工资问题的报告》。报告指出：企业中非直接生产人员即管理人员和服务人员过多，一般要占到职工总数的20%左右，约多用了1/3（1958年精减以后曾经一度减少到13%左右）。企业中生产工人的使用也有不少浪费。例如：条件大体相同的单位，定员标准和实际用人的数量往往大有悬殊。同样一座3吨炼钢转炉，有的只用129人，有的用384人；规模相同的热电厂，每千瓦发电容量，有的只用4.8人，有的用7.1人。对此，报告提出：各类企业都必须坚决精减非直接生产人员，非直接生产人员占职工总数的比重，今年内一般应该减到13%以下。各单位都要结合精减，制定先进的定员标准，严格实行。③ 10月26日，劳动部发出《关于结合节约劳动力的群众运动开展编制定员工作的通知》，要求各级劳动部门做好以下几项工作：第一，协同企业、事业主管部门研究制定各类人员的具体比例，坚决压缩非直接生产人员。第二，督促和帮助企业、事业单位在节约劳动力的群众运动中制定先进的编制定员标准，报上级主管部门批准后执行。对于超过编制定员标准的多余人员，要及时抽调出来，输送到农业生产或其他需要劳动力的地方去。第三，建立与健全编制定员管理制度，严格控制企业、事业单位人员的增长。企业、事业单位超过编制定员标准配备人员时，必须报上级主管部门批准。

为了推动企业开展编制定员工作，1961年4月13日，劳动部党组向中

---

① 《1958—1965中华人民共和国经济档案资料选编·劳动就业和收入分配卷》，中国财政经济出版社2011年版，第326页。
② 同上书，第332页。
③ 《中国劳动人事年鉴（1949.10—1987）》，劳动人事出版社1989年版，第223页。

共中央提出《关于企业整风中建立和健全定员定额制度的建议》，提出：鉴于定员定额问题与改善企业的经营管理、改进企业的领导作风关系甚大，可把它作为这次企业整风的一项重要内容，在整风中加以解决。5月18日，中共中央批转了这一建议，并指出：要抓住这次整风的有利时机，结合改善企业的管理制度，首先在重点企业中把定员定额工作认真搞好，取得经验，进行推广。

劳动部在提出上述建议之后，4月14日，又向各地区、各部门发出《关于组织企业编制定员及劳动定额试点工作的通知》，要求工业、交通、建筑、商业等部门在各自的产业系统中进行编制定员和劳动定额工作的试点；要求各省、自治区、直辖市劳动部门也选择一些企业试点。试点工作的主要内容是：制定企业的编制定员方案和定员定额标准；贯彻执行中央批准的企业非直接生产人员一般应该压缩到13%以下的规定；妥善处理多余人员；建立和健全定员、定额管理制度以及劳动计划管理、劳动力调配管理、工资基金管理、考勤管理等有关制度。5月16日，劳动部在《关于企业非直接生产人员定员的意见》中提出：企业单位非直接生产人员的控制比例，应该根据行业性质、生产规模、机械化程度、工艺过程繁简、产品是否固定以及企业所处的环境条件等不同情况来制定。一般地说，机械化程度高，工艺过程复杂，产品不固定，环境条件比较差的企业，非直接生产人员占职工总数的比重应该大一些；反之则应该小一些。[①]

1961年9月，中共中央发布《国营工业企业工作条例（草案）》，把定人员、定机构列为企业进行"五定"的内容。规定"企业必须根据自己的生产条件，按照国家确定的生产规模、生产任务和劳动定额，认真进行定员工作，坚决消除人浮于事、效率低下的浪费现象。""企业要根据设备的生产、技术要求，合理地配备人员。要适当增加生产工人和技术人员的比重，努力降低行政管理人员和服务人员的比重。"为统一企业直接生产人员与非直接生产人员的计算口径，便于考核定员的合理程度，1962年12月14日，劳动部发出《关于划分工业企业直接生产人员与非直接生产人员范围的通知》，规定企业的人员分为三部分：一是直接生产人员，包括工人、学徒、

[①]《1958—1965中华人民共和国经济档案资料选编·劳动就业和收入分配卷》，中国财政经济出版社2011年版，第336页。

直接从事生产操作的工程技术人员；二是非直接生产人员，包括各种行政管理人员、业务技术管理人员、党群工作人员和服务于职工生活或间接服务于生产的人员；三是其他人员，包括农副业生产人员、长期学习人员、长期病伤假人员、列为编外的年老体弱人员、支援农村公社人员和出国援外人员。《通知》中对于非直接生产人员的划分范围还作了具体规定。[①]

为进一步推动企业开展编制定员工作，1964年3月4日，劳动部发出《关于1964年进行企业定员和劳动定额工作的意见》，提出：第一，进一步压缩企业的管理人员和服务人员，克服这两方面人员过多的现象。第二，加强企业生产工人的定员工作，每个企业需要多少生产工人要有个总的定员人数。企业应当根据先进合理的劳动定额，确定可以实行定额的生产工人的定员人数；对于不能实行定额的工人，应当制定定员标准，按标准确定定员人数。第三，企业经过定员而多余的人员，按照国家规定处理。

按照上述要求，从1960—1965年，许多企业主管部门和企业单位都把编制定员工作，作为加强企业劳动力管理的一项主要工作内容。如第一机械工业部1962年在汇总分析50多个国内外设计厂的资料和70多个工厂的实际资料之后，拟定了机械工业企业组织机构设置和定员标准，以草案的形式发给企业贯彻执行。其中包括：第一，机械工业企业典型组织机构系统表，对职工人数在1500人左右、5000人左右、8000人以上的三种规模不同的企业职能科室的数量、科室名称及其领导关系等作了具体规定。第二，机械工业企业职工分类标准，即按工作岗位和工作性质划分直接生产工人、辅助生产工人、工程技术人员、行政管理人员、党群工作人员和服务人员的具体范围。第三，机械工业企业定员标准，包括按不同行业（如重型机械、矿山机械、机床、汽车、轴承等）规定的10种管理人员的定员标准；按不同的行业规定的辅助生产工人定员标准；按不同规模的企业规定的厂级干部和科级干部（包括车间主任）定员标准；按车间规模和生产特点规定的典型车间管理人员定员标准；按企业所处的地区条件规定的服务人员定员标准和各类服务人员的服务定额。而直接生产工人的定员主要是按照劳动定额（劳动效

---

① 国家劳动总局政策研究室编：《中国劳动立法资料汇编》，中国工人出版社1980年版，第50—52页。

率）来计算。① 这些标准，成为 20 世纪 60 年代前期企业进行编制定员工作、有关部门衡量企业编制定员水平的重要依据。

在上级有关部门的组织推动和具体指导下，许多企业结合整风、贯彻《国营工业企业工作条例（草案）》和精减职工，进行了定人员、定机构的工作。定员工作的步骤一般分为三个阶段：第一阶段，主要是调查企业内部与外部条件，确定企业的生产规模，摸清企业的生产规律。第二阶段，根据核定的生产规模、综合生产能力、设备条件、劳动条件和人员条件，平衡工作量，调整劳动组织、管理机构，建立责任制，拟定定员方案。第三阶段，定员方案经过逐级平衡定案后，将方案落实到人，通过群众讨论，贯彻执行。同时，还健全了定员管理制度，加强了劳动力的统一管理；明确了企业的编制定员工作在厂长的领导下，由人事、劳动工资部门具体办理，主要岗位职工的调动，要由厂长批准。

20 世纪 60 年代前期的编制定员工作，是全面整顿和加强企业管理、健全企业各项管理制度的重要组成部分。通过编制定员工作，收到的主要效果是：第一，按照实际需要，本着精简的原则，调整了组织机构。企业的组织机构，在 1958 年被不适当地精简、合并后，削弱了企业管理。1961 年前后，企业在恢复建立组织机构时，又不适当地增加机构，出现了新的机构庞大和分工过细的情况，因此，在编制定员工作中，本着加强企业管理和精简的原则，参照主管部门下达的机构设置标准，调整了组织机构，加强了以厂长为核心的生产指挥系统，有利于贯彻党委领导下的厂长负责制。第二，在人员大增后又进行大减的情况下，通过定员工作，调整了人员分布不合理的状况，按照生产、工作的需要，定岗位、定班组，人员相对稳定，巩固了精减成果，保证了生产工作的正常进行。第三，基本上做到了用人心中有数。无论是劳动部门、企业主管部门对企业，还是企业领导、职能部门对基层单位，经过定员工作，开始做到用人心中有数。总之，通过建立和健全编制定员制度，以及劳动定额、劳动力调配、考勤等各项管理制度，基本上克服了"大跃进"中造成的混乱局面，为建立劳动力管理工作的正常秩序奠定了基础。

---

① 《中国劳动人事年鉴（1949.10—1987）》，劳动人事出版社 1989 年版，第 223—224 页。

20世纪60年代前期,编制定员工作存在的主要问题是:第一,工作发展不平衡。有些企业由于生产任务不足或生产规模、产品方向未定,难以进行定员工作;有些部门主管的行业多,制定定员标准的工作量大,短时间内不可能制定出各行业的定员标准,以致有些企业在编制定员工作中缺乏科学依据。第二,定员与劳动计划脱节。全国企业编制定员工作会议确定,企业必须在劳动计划的范围以内定员。而国家的劳动力计划并不是按照企业的实际需要和定员人数下达的。企业定员以后,定员人数如果超过劳动力计划数,缺员也得不到补充,影响企业进行定员工作的积极性。第三,确定非直接生产人员不超过职工总数的13%的控制指标缺乏科学根据,脱离实际。全国编制定员工作会议后,劳动部虽然按照不同的行业分别下达了控制指标,但也是在总的不超过13%的前提下确定的,因而也是脱离实际的。许多企业特别是大型企业和13%的要求距离较大,这个指标也就起不到控制作用。

2. "文化大革命"中编制定员工作遭到严重破坏

"文化大革命"开始不久,企业管理工作即受到冲击。管理机构被"砸烂",一个几千人的工厂只设几个组、室(如政工组、生产组、办事组、革命委员会办公室等);行之有效的规章制度被否定;正常的生产、工作秩序被打乱;编制定员工作被诬蔑为"修正主义的管、卡、压",用人无定员,岗位无专责,成了普遍现象。

由于1970年和1971年企业增人过多,劳动力浪费严重。为制止企业增人、克服劳动力浪费,1972年4月7日,国家计划革命委员会发出了《关于严格控制增加职工,充分挖掘现有劳动潜力的通知》,提出:企业要积极改善劳动组织,1972年全国工业劳动生产率要提高4%,非生产人员和脱产工人全国平均要压缩到占职工总数的18%左右;要建立和健全编制定员、劳动定额和工资基金管理制度,未经批准超计划增人和违反国家政策开支工资的,各地区、各部门应严格检查纠正。但是,在当时的社会政治背景下,许多企业不可能认真进行编制定员工作;相反,企业组织机构设置和人员配备不合理、浪费劳动力的现象越来越严重。

3. "文化大革命"结束后编制定员工作的恢复

"文化大革命"结束后,即着手对企业进行整顿。其中,恢复与加强编制定员管理是企业整顿工作的一项内容。1978年4月，中共中央发布了《关于加快工业发展若干问题的决定（草案）》，要求所有企业都要做好编制定员工作，要精简企业机构，压缩非直接生产人员，增加生产人员的比重，不应脱产的人员一律回到生产岗位。

国务院有关部门和一些地方企业主管部门，组织一些干部，经过调查研究，制定和修订了一批不同行业、不同类型企业的组织机构设置标准和各类人员定员标准。如轻工业部1977年委托12个省、市轻工业局、公司和一些重要企业，共150多人参加，用了一年的时间，经过广泛的调查研究，制定和修订了造纸、自行车、缝纫机、制钟、搪瓷、电池、火柴、保温瓶、制糖、卷烟、酒精11个行业的定员定额标准，经轻工业部审定后，于1978年7月颁发试行。同时，要求各省、市、自治区轻工业局参照部颁标准的原则精神，制定其他行业的定员定额标准。上海市轻工业局在贯彻部颁标准的同时，结合本市的具体情况补充制定了糖果、饼干、啤酒、手表、自来水笔等14个行业的定员定额标准，发给企业试行。再如，水利电力部1978年12月发布了《火力发电厂编制定员标准（修改草案）》，把企业分为四类：50万千瓦以上的为一类厂；20万千瓦以上的为二类厂；5万千瓦以上的为三类厂；0.6万千瓦以上的为四类厂。按照工厂的类别确定厂部的职能机构和管理人员定员标准。职能机构按电厂的规模，一般是：一、二类厂设6科1室；三类厂设6个科，四类厂设4个科。某些容量小、机组台数少，管理简单的电厂也可以不设职能机构，只配备必要的专业人员。[1]

企业在整顿中把核定与改进编制定员作为整顿劳动组织的一项主要内容。企业通过精简、调整组织机构，核定编制定员，精减了富余人员，挖掘了劳动潜力，人浮于事的现象有所克服。如首都钢铁公司从1978年开始，在全公司范围内开展了"四查"（查工时利用、查工作效率、查岗位负荷、查设备利用率）、"三比"（比部颁定员定额标准、比本单位历史最好水平、比同行业先进水平）、"一定"（核定定员）的群众性活动，有效地克服了人浮于事的现象。从1978年到1981年上半年，全公司共减下多余人员8700人。

---

[1]《中国劳动人事年鉴（1949.10—1987）》，劳动人事出版社1989年版，第227页。

但是，在企业整顿中，编制定员工作搞得比较好的毕竟是少数企业。许多企业组织机构不合理、定员水平低、人浮于事的问题并没有很好地解决。还有些企业有了自主权以后，却不适当地扩充机构，增加管理人员，加重了组织机构不合理和人浮于事的现象。

（三）整顿企业劳动组织

根据生产经营的需要调整劳动组织，也是企业劳动力管理工作中一项经常性的工作。在计划经济体制下，在全部或大部分国营企业中同时进行整顿劳动组织工作主要有四次，都是在企业人员普遍多余的情况下，以精减多余人员为主要内容来进行的。

1. 1957 年的整顿劳动组织工作

这次整顿是在 1956 年企业增人过多、出现人浮于事的情况下进行的。1956 年，由于基本建设规模过大，工业、交通运输企业的任务加重，企业增加大量新职工，大大突破了国家的劳动计划。1957 年，国家压缩了基本建设规模，调整了生产速度，于是，人员多余的问题凸显。据国家经济委员会的估算，除国家机关外，各部门至少多余 60 万人，其中建筑施工企业多余 30 万人，工业、商业企业各多余 15 万人。

为了制止企业、事业单位继续增加新职工，妥善安排多余人员，1957 年 1 月，国务院发出了《关于有效地控制企业、事业单位人员增加，制止盲目招收工人和职员现象的通知》，要求各地区、各部门严格控制从社会上招收新职工，加强企业、事业单位之间的人员余缺调剂工作，并责成劳动部门、国家监察部门加强对这一方面的监督检查。[①] 同年 2 月，中共中央发出《开展增产节约运动的指示》，把严格控制人员的增加，整顿劳动组织，合理节约用人，列为增产节约运动的一项重要内容。

根据中共中央、国务院的指示，劳动部确定 1957 年劳动力管理工作的方针是"多生产，多办事，少增人"，"老企业增产增事不增人，新企业增人由老企业抽调。"要求企业改善劳动组织，大力精减非直接生产人员和非业务人员；企业主管部门和劳动部门要建立定期的检查制度，帮助企业改善

---

① 《1953—1957 中华人民共和国经济档案资料选编·劳动工资和职工保险福利卷》，中国物价出版社 1998 年版，第 170 页。

劳动组织，安排多余人员。

在整顿劳动组织中，对于多余人员中的固定职工，采取"包下来"的政策；对于临时工则可以辞退。为了避免随意辞退职工，1957年3月，国务院批转了劳动部《对于精减时辞退人员问题的两点意见》的报告。报告提出：第一，企业、事业、机关编余的人员，应设法在企业、事业、机关或部门之间调剂安置工作，一时无工作的，可组织学习或从事机关生产（如养猪、种菜等），待机分配工作，不得任意辞退。有充足理由必须辞退职工时，须得到基层工会的同意，并报当地劳动部门备案。第二，辞退生产不需要的临时工。对于家居城市的被辞退的临时工，原单位应该在当地劳动部门的协助下另给安排适当的工作。如果暂时没有工作、生活困难的，由民政部门给予适当救济。家居农村的临时工被辞退后，应动员他们还乡生产。但对于雇用时间已经相当长的临时工，如果没有适当安置，则不宜辞退。

1957年，各地区、各有关部门和企业单位特别是建筑施工企业，把整顿劳动组织、精减多余职工、进行劳动力平衡调剂，作为劳动力管理工作的主要任务。企业在整顿劳动组织、精减人员时，首先是精减临时工，以正式工来顶替临时工的工作。如西安市按照1957年的生产建设任务计算，约多余5.2万人。经过市劳动局与企业主管部门、企业单位的共同努力，按照"先农村后城市、先本省农村后外地农村"的原则，1957年上半年减少了临时工4.2万多人。对于多余的正式职工，各地区都分别情况给予妥善安置。其主要安置办法：一是调剂给缺人单位。如辽宁省沈阳、旅大、鞍山三个市，1957年上半年通过这种办法共安置多余人员5000多人。二是把多余人员临时借调给需用人单位。华北包头工程总公司在1957年3月至7月借出的劳动力折合46069个工日，节约工资开支11.5万元。三是妥善安排老弱病残人员。对于符合退休条件的，按照《劳动保险条例》的规定退休养老；对于不符合退休条件，并有一定劳动能力的人员，因地因人制宜进行妥善安置。鸡西、抚顺、开滦、淄博、北票、阳泉、焦作、阜新8个煤炭矿务局，1957年组织老弱残人员从事拣煤、洗煤泥、拣废坑木、种菜、饲养家禽家畜、磨豆腐、洗衣服等工副业生产，共安置4100多人。[①] 这样既有利于克服

---

① 《中国劳动人事年鉴（1949.10—1987）》，劳动人事出版社1989年版，第214页。

企业劳动组织不合理、人浮于事的现象,也发挥了多余人员的作用。

经过各有关方面的共同努力,1957年的整顿劳动组织和控制新职工增加的工作取得了较大的成效。到1957年年底,基本建设、商业饮食服务、金融、国家机关等部门共减少职工50.9万人(主要是临时工,有一部分是由国家机关、人民团体调剂给工业企业的正式职工),与其他部门增加的职工人数相抵,这一年全国新增职工仅28万人。

2. 1959—1963年的整顿劳动组织工作

这几年的整顿劳动组织工作,是围绕着精减职工、充实农业生产第一线进行的。大体可分为两个阶段:1959—1960年为第一阶段和1961—1963年为第二阶段。

第一阶段的整顿劳动组织工作是从推广安徽省淮南市的经验开始的。1958年,淮南市增加职工13.3万人,相当于原有职工的2.6倍,造成了企业人员严重多余、市场供应和城市服务业日趋紧张、企业安排职工食宿非常困难的情况。但在编制1959年劳动计划时,全市工矿企业又提出增加15.4万人的计划。为了解决这个矛盾,中共淮南市委决定,从1958年12月下旬开始,在全市范围内进行整顿劳动组织工作。主要做法是大搞群众运动,揭发劳动力浪费现象。运动开始后不到一个月的时间,全市职工提出有关劳动组织、劳动纪律、干部作风方面的批评、建议21万余条,有力地推动了企业整顿劳动组织和精减人员的工作。到1959年2月末,全市共减少6.1万人,占1958年在册职工总数的35.18%。对于精减下来的人员,除留下1.5万人用于新建扩建项目外,其余的都调出支援农业生产和其他建设项目。1959年4月27日,中共中央批转了劳动部《关于安徽省淮南市整顿劳动组织情况的报告》,建议推广淮南市的经验,以地区为单位开展一次以整顿劳动组织为中心的群众运动,节约与合理使用劳动力,提高劳动生产率。

1959年7月,劳动部召开了全国整顿劳动组织、精减人员工作经验交流会。会后,劳动部党组向中共中央作了汇报。中共中央批转了劳动部党组的报告,并指出:继续整顿劳动组织,精减多余人员,是开展增产节约运动的一项重要的积极措施。企业中劳动力的使用要做到既保证生产和基本建设的需要,又要克服浪费,精打细算,不多用人。要求各省、市、自治区党委、中央各部委党组加强督促检查,完成精减多余人员的任务。1959年,经过各地区、各有关部门和企业的共同努力，共精减职工581万人，其中大部分是来自农村的合同工、临时工，他们被精减后又回到农村参加农业生产。但是，这一年主要是工业、基本建设和金融部门精减了职工，其他部门的人员仍有所增加，因此，到1959年年末，职工总数仍然比1958年年末新增加了29万人。

1960年，继续推动整顿劳动组织工作。其中，重庆市是当时搞得较好的地区之一。重庆市原计划1960年增加职工4.8万人，经过整顿劳动组织不仅未增加，还从工业、基本建设、交通运输、商业4个部门的企业中减少11.6万人，占这4个部门职工总数的18%。对于节约的人员，根据"统筹兼顾，合理使用，保证重点，合理安排"的原则，用于新建、扩建、综合利用、多种经营等扩大生产方面的有6.1万人，占节约劳动力总数的53%；回乡参加农业生产的有3.5万人（其中绝大多数是来自农村的亦工亦农合同工），占30%；用于技术革新、组织培训和作其他安排的1.9万人，占17%。[①] 1960年8月27日，中共中央批转了劳动部党组《关于推广重庆市节约和调剂劳动力的经验的报告》，并指出：节约和调剂劳动力，应当作为当前保粮、保钢的增产节约运动的一个重要内容，各地区、各部门、各单位都要切实抓好这项工作，用大搞群众运动的方法，抓紧思想教育，把一切可以节约的劳动力都抽调出来。凡是能够动员回农村参加农业生产的，应当一律动员回农村，以加强农业战线。

1960年9月11日，国家计委党组和劳动部党组向中共中央提出了《关于当前劳动力安排和职工工资问题的报告》。报告提出，在劳动力安排使用方面存在重大缺点。首先是使用在农业生产特别是粮食生产方面的劳动力太少了。1960年上半年比1957年减少4000万人。其次是企业、事业、机关一般用人过多，有严重的浪费。自1958年以来，全国企业、事业、机关共增加职工2454万人（其中来自农村的有1200多万人），到1960年8月底，全国由国家开支工资的职工总数已经达到4905万人。1960年原定增加职工200万人，结果8个月就增加了344万人。为了切实实现以保粮、保钢为中心的增产节约任务，今后安排使用劳动力的方针应该是：坚决地、迅速地从

---

① 何光主编：《当代中国的劳动力管理》，中国社会科学出版社1990年版，第295—296页。

各方面抽调劳动力加强农业战线,首先是粮食生产战线;城市必须坚决停止从农村招工,紧缩基本建设队伍,在一切企业、事业、机关中实行精减,从现有职工中调剂劳动力,充实工业生产第一线,保证钢铁生产的需要;要开展节约与合理安排使用劳动力的群众运动,保证国民经济的持续跃进。① 9月26日,中共中央将这一报告批转给各地方党委、中央各部门党组贯彻执行,并指出:许多工矿企业由于生产管理不善,劳动组织不合理,编制定员多,生产定额低,浪费劳动力的现象十分严重。对于这种状况,如果不重视,再不大力扭转,就会给国民经济的持续跃进带来新的困难,甚至成为重大错误。要求各级党委必须深刻认识这个问题,认真地从各个方面挤出一切可能挤出的劳动力,加强农业生产,首先是粮食生产第一线的力量。要下决心,在三五年内不从农村招人,工业、交通、基本建设和商业等新增企业所需要的劳动力,应当从技术革命、原有企业、事业精减的人员和城市新成长的劳动力中调剂解决。

但是,在持续"跃进"的思想指导下,新职工还在继续增加。到1960年末统计,全民所有制单位职工人数达到5043.8万人,比1959年年末又增加了483万人,其中工业、基本建设、交通运输企业增加了231.5万人,占新增职工总数的47.9%。② 所以说,这一阶段只是控制了职工人数增加幅度,并没有达到精简职工的目的。

第二阶段的整顿劳动组织是按照"调整、巩固、充实、提高"的调整国民经济的方针,为完成精减职工、加强农业生产第一线这一重要任务而进行的。

1961—1963年,通过采取下达精减职工指标的措施,促进了整顿劳动组织、合理调配劳动力工作的开展。按照政策,精减职工的对象主要是1958年以后从农村招收的职工,但这些职工在企业之间和企业内部的各类人员之间、工种之间分布不平衡。为了解决他们被精减后出现的人员不平衡,一般结合工业调整和企业整顿,调整劳动组织,按照先减后调、调减结合的原则,首先由企业进行内部的人员余缺调剂,企业解决不了的,由企业

---

① 《1958—1965中华人民共和国经济档案资料选编·劳动就业和收入分配卷》,中国财政经济出版社2011年版,第179—182页。
② 《中国劳动工资统计资料(1949—1985)》,中国统计出版社1987年版,第26页。

主管部门和地方劳动部门在企业之间进行余缺调剂,从而保证了生产建设的需要和精减职工任务的完成。在各级党委、政府和企业的共同努力下,经过整顿劳动组织和精减工作,全国全民所有制单位职工总数由1960年年末的5043.8万人,到1963年年末减少为3293.1万人,减少了34.7%。其中固定职工由4261.0万人减少为3074.8万人,减少了27.8%。[①]

对于精减下来的人员,除家居农村的组织回农村参加农业生产外,对于家居城市的也积极进行了安置。有些城市为安置精减职工而开辟的生产服务门路有10余种,包括:为国营工厂和合作工厂加工;利用大工厂的边角余料和废旧物资进行小商品生产;发展生活服务行业和修补行业;到国营工厂或合作社做临时工;根据市政建设的需要砸碎石、修缮房屋;从事短途运输;为国营商业部门代购废旧物资;在厂矿企业、机关、学校办消费合作社,为国营商业代销商品;办小型集体农场;办补习学校等。对于一时安置不了的、生活有困难的,由当地民政部门给予适当的救济。

为解决在整顿劳动组织和精减职工工作中对老弱残职工的安置问题,1963年4月1日,国务院发出《关于老、弱、残职工暂列编外的通知》。规定:暂列编外的老、弱、残职工的范围包括1957年以前参加工作、不符合退休条件的下列人员:达到退休年龄,但不符合其他退休条件,工作上又不需要的年老职工;患病连续停止工作已经一年以上,预计在今后一年内仍不能恢复工作的体弱残职工;非因工负伤,在医疗终结后完全或者大部分丧失劳动能力的残废职工。《通知》还规定:暂列编外的老、弱、残职工,算作企业的精减减少的人数;对于暂列编外的老、弱、残职工,在处理以前,生活待遇一般按照本人标准工资的75%发给,体弱职工按照病假期间的待遇规定办理。所需经费,企业单位在营业外项下开支;事业单位、国家机关和群众团体在行政费内单另列项开支。这项经费不列入工资总额。[②]

为了安置、处理暂列编外的老、弱、残职工,劳动部、内务部、全国总工会向国务院提出《关于安置和处理暂列编外的老、弱、残职工的意见》,即企业对于接近退休条件的年老职工按照退休处理;对于原来的体弱职工,

---

① 《中国劳动工资统计资料(1949—1985)》,中国统计出版社1987年版,第26、33页。
② 《1958—1965中华人民共和国经济档案资料选编·劳动就业和收入分配卷》,中国财政经济出版社2011年版,第620页。

经过治疗已经恢复健康的,给予安排适当工作;对于既不符合退休条件又不能恢复工作的老、弱、残职工,本人自愿退职的,按退职处理,并根据他们的家庭生活状况分别发给一次性退职费或按本人工资的40%按月发给生活救济费;对于久居城市的老、弱、残职工,退休退职后家庭生活有困难的,吸收其一名合乎条件的子女参加工作。[①] 国务院基本上同意这些意见,于1963年4月批转各地区、各部门参照组织试点,并指出:安置处理暂列编外的老、弱、残职工,牵涉面比较广,情况比较复杂,过去又没有经验,因此要切实加强领导,派得力干部进行试点工作。经过一年的试点,逐步地、妥善地把所有暂列编外的老、弱、残职工安置、处理完毕。

3. 1972—1973年的整顿劳动组织工作

这是针对"文化大革命"中增人过多而进行的一次整顿劳动组织工作。"文化大革命"开始后的前三年,停止从社会上招收新职工。1970年和1971年,国家允许企业从社会上招工以后,又发生增人过多的现象。为了控制增加新职工,1972年4月7日,国家计划革命委员会发出《关于严格控制增加职工,充分挖掘现有劳动潜力的通知》,指出:1970年和1971年超计划增加职工过多,全国原定计划增加职工306万人,实际增加了737万人,其中未经批准超计划增加固定工130万人,新增临时工170万人。全国工业劳动生产率不仅没有提高,反而有所下降。到1971年,职工总数已突破5000万人,工资总额突破300亿元,粮食销售额突破了800亿斤。如果不严加控制,继续过多地增加职工,势必给国民经济的发展带来严重后果。《通知》要求各地区、各部门在1972年要采取切实有效的措施,推动企业改善劳动组织,充分挖掘现有劳动潜力,努力提高劳动生产率,严格控制职工人数的增加。1972年10月,国家计委召开了全国劳动力节约挖潜工作经验交流会,交流了一些地区和企业整顿劳动组织工作的经验,推动了企业整顿劳动组织工作的开展。通过整顿,全国共精减170万人,其中大多是来自农村的亦工亦农人员和计划外用工。

但是,在十年动乱中,企业劳动管理工作中存在的问题很多,各级政府和企业领导不可能也顾不上认真地改进劳动管理。因此,企业中存在的劳动

---

① 《1958—1965中华人民共和国经济档案资料选编·劳动就业和收入分配卷》,中国财政经济出版社2011年版,第619—620页。

组织不合理，非生产人员过多，人浮于事，纪律涣散，出勤率和工时利用率低等问题，基本上没有解决。

4. 1978 年开始的整顿劳动组织工作

这次整顿工作从 1978 年开始，到 1985 年基本结束，可分为两个阶段，即 1978—1981 年为恢复性整顿和 1982—1985 年为建设性整顿，在此不详细叙述。

"文化大革命"结束以后，企业即进行恢复性整顿。在企业整顿中，有些地区和企业主管部门进行了劳动力使用状况的调查，推动了企业进行整顿劳动组织工作。通过调查发现，企业劳动组织与劳动力管理在"文化大革命"中遭到的破坏比预想还要严重，主要表现在以下几个方面：第一，人员增多，生产减少，劳动生产率大幅度下降。根据冶金工业部对冶金企业的调查，1976 年比 1973 年，生产水平下降 13%，人员增加 12%，全员劳动生产率降低 21.5%（比历史最好水平降低 27%）。鞍山钢铁公司和武汉钢铁公司从 1973 年到 1976 年分别增加新职工 173090 人和 18160 人，结果这两个单位 1976 年的全员劳动生产率比 1973 年分别下降 11.6% 和 51.4%。第二，非生产人员不断增加，人员结构严重不合理。铁路系统的脱产工人占职工总数的比重，1974 年为 3.8%，1975 年为 4.8%，1976 年和 1977 年均为 4.9%。到 1977 年末，全国铁路脱产工人达到 95705 人。[1] 第三，职工出勤率、工时利用率、劳动效率低。根据冶金工业部对 25 个大型骨干企业的调查，一个 7 万名职工的钢铁联合企业，每天约有 13500 人不上班，炼钢厂的一座平炉定员 8 人，有时只有 2—3 人上班，无法组织生产；生产一线工人的工时利用率只达到 50% 左右，劳动效率比历史最好水平低 20%—40%。[2] 许多建筑施工单位的机械化程度大大提高，而劳动效率却大大降低。第四，老弱病残多。由于在"文化大革命"中正常的退休、退职制度被打乱，企业的老弱病残职工越积越多。据冶金工业部 1976 年的统计，冶金企业老弱病残职工占职工总数的 8.3%。这些老弱病残职工仍算作生产岗位上的人员，但不能顶岗工作，影响劳动生产率的提高。此外，还有企业劳动力管理制度不健全、劳动纪律松弛、劳动组织不合理等问题。

---

[1] 《中国劳动人事年鉴（1949.10—1987）》，劳动人事出版社 1989 年版，第 218 页。
[2] 何光主编：《当代中国的劳动力管理》，中国社会科学出版社 1990 年版，第 299 页。

在调查的基础上，一些企业主管部门和企业单位在 1978 年就开始把整顿劳动组织、挖掘劳动潜力，作为企业进行恢复性整顿、改善企业劳动管理的一项重点内容。如全国冶金企业 1978 年全面开展了整顿劳动组织工作，共挖掘劳动潜力 41.6 万人，扭转了劳动生产率大幅度下降的局面。对于减下来的人员，分别充实到新建扩建项目，组织技术培训，参加农副业生产，搞综合利用，调出冶金系统等，做了妥善安置。1978 年 12 月，国家劳动总局召开了全国劳动工作会议，着重介绍了一些地区、部门和企业整顿劳动组织工作的经验，进一步推动这项工作的全面开展。可以说，凡是认真进行整顿的企业，劳动组织不合理和人浮于事的状况都有所改善，劳动效率有所提高，撤出并安排了一批富余人员。

五　劳动力技术培训工作的曲折发展

在计划经济体制下，中国对劳动力职业技术的培训主要通过两种方式进行：一是通过技工学校进行工种专业性的班级训练；二是采用生产现场中以师傅带徒弟的方式进行个别培养。此外，还有一种半工半读教育的形式。

（一）技工学校的发展状况与问题

技工学校是培养技术工人的学校，担负着培养中级技术工人的任务。早在 1954 年 4 月 25 日由中财委批准发布的《劳动部关于技工学校暂行办法草案》中规定："技工学校以培养四、五级技工为主。"以后，劳动部历次颁发的《工人技术学校标准章程（草案）》（1956 年 2 月 1 日）、《技工学校通则》（1961 年 5 月 15 日）、《技工学校工作条例（试行）》（1979 年 2 月 20 日）等文件中都规定：技工学校的基本任务是培养中级技术工人。具体的培养目标，包括思想政治、文化技术理论知识、实际操作技能以及身体健康等多方面，要求德、智、体全面发展，成为合格的中级技术工人。

1. 技工学校管理体制变革

"一五"期间，全国技工学校基本上是由中央各产业部按系统直接领导，由劳动部综合管理。一些大型厂矿单位虽然也办有技工学校，但行政业务的领导管理也都按系统集权在中央各产业主管部门。地方劳动部门办的技工学校，其基建、招生、经费、生产、物资供应等，则由劳动部统一管理。到1957年年末，全国技工学校总计144所，在校学生6.6万人。

上述这种管理体制，由于中央集权太多，统得过死，不利于地方积极性的发挥，也难以适应当时中央工业企业大批下放、地方工业迅速发展的新情况。1958年7月8日，中共中央批转了《劳动部党组关于技工学校下放问题的请示报告》，指出：凡是培养适宜于由地方统一分配的通用工种技术工人的学校（如机械、电力、建筑、化工和冶金等），原则上都应该下放给省、市、自治区管理；少数培养适宜于由部门分配的工种、专业技术工人的学校（如铁道、航运以及国防工业等），仍由中央主管部管理。所有的技工学校都必须紧密地依靠当地党委的领导，招生工作由地方统一规划。技工学校的毕业生，下放地方各校的，由省、市、自治区党政统一分配，分配的时候应该尽先照顾当地中央企业的需要；中央部属各校的，由中央主管部分配，也应该尽可能支援地方的需要。根据学校的培训能力，地方管理的技工学校应该接受中央有关部的委托培训任务，中央部属的技工学校也应该接受地方的委托培训任务。同时指出，今后技工学校还需大力发展，并力求办好，使之成为培养后备技工的重要基地。为了使培养后备技工的工作能够和招收、调剂劳动力等工作紧密地结合起来，建议各地党委责成劳动厅、局负责进行管理技工学校的实际工作。[1] 这样，在现有的144所技工学校中，下放给地方管理的有75所，仍保留中央各部管理的为69所。

技工学校管理体制下放，改变了过去举办技工学校主要依靠中央各产业部和主要依靠国家投资兴建的状况，扩大了地方在后备技术工人培训工作中的管理权限。许多地方产业主管部门和地方企业单位，均可根据地方、部门、单位的实际需要，按照国家规定的审批手续报省、市、自治区人民政府批准，即可开办技工学校。同时，领导管理体制下放，也有利于劳动部进一步加强对全国技工学校工作的综合管理。许多关于地方劳动部门技工学校的生产、财务等各项工作，交给地方管理之后，劳动部就能更加集中力量，加强调查研究，主要在方针政策、计划、重要规章制度，以及教学计划大纲、教材和师资队伍建设等方面，加强宏观指导和综合管理。根据国家的规定，

---

[1] 《1958—1965中华人民共和国经济档案资料选编·劳动就业和收入分配卷》，中国财政经济出版社2011年版，第253—254页。

技工学校的内部行政领导管理体制,总的是实行党委领导下的校长负责制。

但是,在技工学校管理体制下放以后,也出现了一些问题。如有些地区和部门把一部分技工学校改为工厂或中等专业学校;有的地区将技工学校学生抽调去工厂工作或到商业方面作营业员或长期下放农村劳动等。这都不利于国家培养技术工人计划的完成。为此,1961年2月28日,劳动部发出了《关于改变技工学校性质和抽调在校学生的审批手续的通知》(以下简称《通知》),《通知》规定:各地区、各部门不得随意抽走学习期限未满的技工学校学生参加工厂的生产劳动,或顶替厂内职工的义务劳动和其他各种社会活动;各地区、各部门对现有技工学校如果确实需要停办、改变性质和劳动部门的学校需要改变领导关系时,省辖市以上各部门(包括其直属企业)所属技工学校必须经劳动部审查批准,县以下所属技工学校必须经省、市、自治区劳动厅、局审查批准。[①] 同年5月15日,劳动部还制定颁发了《技工学校通则》《关于技工学校学生的学习、劳动、休息时间的暂行规定》和《技工学校人员编制标准(草案)》三个文件,进一步明确指出:"技工学校由各主管部门直接领导,由劳动部门综合管理,并且接受教育部门的教学指导和按照国家规定的招生计划统一安排招生。""技工学校的开办停办、改变性质和毕业生分配等事宜,按照劳动部的规定执行"。这对于加强技工学校的领导管理,促进技工学校的巩固提高,建立健全学校内部的领导管理体制和正常的教学、生产、工作秩序等,都起了重要的作用。

1964年,国家提出大力发展职业学校和推行半工半读的教育制度,为便于对各类职业学校的统一领导管理,经国务院批准,曾一度将劳动部综合管理全国技工学校的工作划归教育部。但劳动部仍继续综合管理劳动部门系统举办的技工学校和其他后备技术工人培训工作。1966年"文化大革命"开始,技工学校和培训工作均遭受破坏,领导管理工作陷于停顿。直至1978年2月11日,经国务院批准,教育部、国家劳动总局联合发出《关于全国技工学校综合管理工作由教育部划归劳动总局管理的通知》,技工学校移交国家劳动总局管理。[②]

[①] 何光主编:《当代中国的劳动力管理》,中国社会科学出版社1990年版,第203—204页。
[②] 《中国职业培训与技工学校管理体制的历史沿革》,《现代技能开发》1995年第7期。

2. 技工学校贯彻执行"以生产实习教学为主"的方针

1955年4月，第一次全国技工学校校长会议的召开，会议做出了《关于提高教学工作质量的决议》，提出了技工学校"以生产实习教学为主"的办学方针，并对提高理论课的授课质量和改进教学研究工作、加强政治思想教育、经常地检查教学质量、有计划地提高现有师资水平和培养新师资等，提出了措施和意见。这个《决议》，经国务院批准颁发在全国技工学校贯彻实行，对技工学校的健康发展起到了重要作用。

为了贯彻执行"以生产实习教学为主"的方针，技工学校对课程设置、课时安排、教学内容、方法等均作了较大的调整。第一，制定统一的教学计划和组织编写教材。技工学校根据培养技术工人的特点，要开设生产实习课。同时，教学上既要开设政治、体育和其他文化课程，又必须开设技术基础理论和专业技术理论课。因此，根据技工学校的学制与培养目标要求，并按照工种、专业或行业的不同，统一制订教学计划很有必要。1956年，劳动部曾制订颁发招收高小毕业学生、学制为二年的教学计划；1962年又制订颁发了招收初中毕业学生，学制为三年的教学计划。此后，随着招生对象和学制的调整，教学计划、教学大纲也不断调整、修订，技工学校课程门类设置基本趋于稳定。课时比重安排，基本做到文化技术理论课同生产实习课的比例各占一半。有的工种（专业），生产实习教学所占的课时比重超过了总课时的50%。1958年全国技工学校工作会议，提出"分工协作、统一组织编写教材"的方案和计划之后，基本上做到了通用工种、专业的教材由劳动部统一组织编写，专业性强的工种所需教材由有关的产业主管部门组织编写。经过多年来的努力，编写出大量的教材，基本保证了各技工学校教学上的需要。第二，建立实习工场，加强生产实习教学的组织和管理。这是贯彻"以生产实习教学为主"的方针、保证培养出操作技术上符合标准要求的技术工人最重要的环节。为提高技工学校学生的动手能力，需要建立自己的实习工场。实践经验证明：凡是建立了实习工场、生产实习教学组织好的技工学校，不仅培训质量好，而且学校有经济收益，能不断补充学校教学、生产设施，改善教职员工的生活福利条件，学校越办越有起色，不断地得到充实提高和发展。第三，加强师资培训和教学研究工作。多年来，技工学校采取多种形式和办法，例如组织进修、轮训、以老带新、组织教学观摩、开展集体教学研究等，培养提高在职师资教学工作业务水平，起到了较好的作用，收到较好的效果。

技工学校学生的思想政治教育，主要是根据技工学校培养技术工人的特点，按照国家规定的培养目标要求，通过开设政治课和做好日常的思想政治工作来进行，以把学生培养成为具有社会主义觉悟，热爱社会主义祖国和社会主义事业，热爱劳动，有良好的职业道德品质，将来毕业后走上生产建设岗位，成为一名合格的劳动者。

3. 技工学校发展几经起落

中国技工学校的发展，并非是一帆风顺，而是随着政治、经济形势的发展变化，几起几落，经历了艰难曲折的道路。

1958年，全国出现"大跃进"的局面，地方工业发展很快，各方面需要补充新技术工人的数量大、要求紧迫，加之，技工学校管理体制下放，于是，一些地区开始大办技工学校，技工学校呈现出"大跃进"式的发展（见表7—5）。鉴于有些技工学校办学条件差，难以保证培训质量，1959年4月，劳动部在上海召开的全国技工学校工作会议上，及时地提出了新建技工学校必须具备的五个条件：一是招收的学生必须有初中或高中毕业的文化程度；二是学制在一年以上，并有相应的教学计划；三是有一定数量的专职的教学、行政人员，能够组织学校的教学工作；四是有专用的教学、生产设备，能够进行较正常的教学工作和生产实习；五是要有单独的财务计划和生产计划。1960年3月，劳动部在郑州召开全国技工培训工作现场会议，总结交流了河南省大办技工学校的经验，进一步促使了技工学校"大跃进"式的发展。到1960年年底，全国技工学校发展到2179所，在校学生为51.68万余人。但在新建立的学校中，普遍地存在设备不足、师资不足等问题，有30%的学校办得不合格，这反映了发展中质量与速度、好与快的不相适应。[1]

1961年1月，在国民经济调整中，中共中央对于技工学校的政策也进行了调整，开始压缩技工学校的数量。中央在批转劳动部党组《关于精减技工学校的请示报告》中，初步确定全国保留技工学校200所，学生12万

---

[1] 《1958—1965中华人民共和国经济档案资料选编·劳动就业和收入分配卷》，中国财政经济出版社2011年版，第259页。

表7—5　　　　　　　1957—1978年技工学校基本情况统计　　　　　单位：人

年份	学校数	招生数	毕业生数	在校生数	教职人员 合计	其中：专任教师
1957	144	14616	69000	66583	8539	4438
1958	417	141000	38000	168803	25608	13316
1959	744	126678	15481	280000	35897	18666
1960	2179	330000	90000	516819	70000	36915
1961	1507	200000	200000	300000	44117	21928
1962	155	19389	12218	59594	8763	4256
1963	220	47541	20768	78119	28659	8143
1964	334	65518	19254	123476	38861	11976
1965	400	107484	47541	183419	—	—
1966	—	—	65518	—	—	—
1967	—	—	117901	—	—	—
1968	—	—	—	—	—	—
1969	—	—	—	—	—	—
1970	—	—	—	—	—	—
1971	39	6960	3270	8550	2620	1080
1972	236	33590	3109	36942	10081	1990
1973	653	66030	4994	94923	17972	7472
1974	905	58209	23646	136278	25019	10033
1975	1151	97391	67282	192386	35711	14164
1976	1267	120084	54416	221499	44997	14982
1977	1333	131632	103127	243072	52294	19659
1978	2013	256994	89377	381977	66614	27974

资料来源：《中国劳动人事年鉴（1949.10—1987）》，劳动人事出版社1989年版，第150页。

人。[①] 到1962年，为了进一步贯彻中央关于"缩短工业、文教战线，压缩城市人口"的精神，全国技工学校调整压缩到155所，在校学生为5.9万人。

[①] 《1958—1965中华人民共和国经济档案资料选编·劳动就业和收入分配卷》，中国财政经济出版社2011年版，第261页。

这次调整压缩幅度较大，也给培训工作事业带来一定的损失。一些条件较好的技工学校，均下马停建、撤销或改为工厂，当时刚刚上马新建的4所技工师范学院也全部停建。既带来人力、财力、物力上的一定损失，也给后来培训事业的发展带来困难和影响。

1962年12月，劳动部对1958年以来的技工学校工作进行了总结。其中，取得的成绩主要表现在：五年来，技工学校为国民经济各部门培养输送的新技术工人有24万余人；技工学校由过去一般只能生产手工工具、机器零件的状况转变为能够成批生产复杂的定型产品，包括各种型号的车、铣、刨、磨、立钻等机床以及各种型号的柴油机、锅驼机、水泵等；许多学校实现了经费的自给或部分自给，节省了国家的财政开支，还改善和补充了教学、生产设备；学校的教学、生产管理工作与技术水平也有很大的提高，还组织编写出版了150多种教材和必要的教学文件。同时，也指出了这一时期技工学校工作中存在的问题和缺点：技工学校发展得过多过快，1960年新办技工学校1200多所，不少学校办学条件过差，培养质量得不到保证；对学生的培养目标订得过高，变动过多；在教学工作上，有些学校对生产自给提出过高要求，曾经产生了偏重生产、放松教学的现象，对基本操作技能的训练和基础知识的教学有所忽视，影响了培养质量；还有些地区和部门随意开办、停办学校，随意改变学校规模、学制与工种设置，等等。[①] 在此基础上，劳动部提出：技工学校应根据国家经济建设对技术工人需要的情况，有计划、有条件地进行发展；学生培养目标、学制、规模、工种设置、招生对象等都必须力求稳定，今后技工学校应当招收初中毕业学生，学制为三年，规模以600—900人为宜，工种一般不超过10个；技工学校必须坚决贯彻执行教育与生产劳动相结合的方针，各项工作以教学为主、教学工作以生产实习教学为主；学校经费纳入国家的统一预算，执行统一规定的经费开支标准，并受财政部门和劳动部门的监督。这对于调整后保留下来的技工学校迅速获得巩固提高，起到了积极的作用。此后，随着国民经济逐渐好转，至1965年，全国技工学校已发展到400所，在校学生为18万余人，校均规模基本与1957年持平。

---

① 《1958—1965中华人民共和国经济档案资料选编·劳动就业和收入分配卷》，中国财政经济出版社2011年版，第262—263页。

"文化大革命"期间,技工学校和技工培训事业遭受了毁灭性破坏。起初,技工学校的师生开展所谓的"停课闹革命""复课闹革命",参加本单位、本地区的斗、批、改等活动,教学工作不注重教育规律和社会需要,领导管理工作长期陷入停顿,师资流失,校舍房屋被占用或改为工厂,教学仪器设备、图书资料被毁坏或遗失,到1971年,全国只有39所技校,在校生8550人,招生不到7000人,毕业生3000多人。1973年7月,国务院在批转《国家计委、国务院教科组关于中等专业学校、技工学校办学中几个问题的意见》中规定:"全国中等专业学校、技工学校开始招生"。从此,技工学校所数、在校生数、招生和毕业生开始逐年增加。但此时,废除了考试制度,实行"群众推荐、领导批准、学校复审"的招生制度,招生对象是工农兵学员。1975年,全国有技工学校1151所,在校生、招生和毕业生数分别为19.2万、9.7万和6.7万多人。

"文化大革命"结束后,因大量下乡知青返城,企业职工子女就业等问题极为突出,不少厂矿企业单位为解燃眉之急纷纷办学,技工学校从1976年的1267所迅速发展到1978年的2013所。但新办的技工学校多数规模小、办学条件较差,有的甚至是单纯安置职工子女就业或变相招工。例如上海、北京、湖北武汉等地,有不少技校是在里弄里的一个小厂子挂个牌子,弄上几间办公室和办公桌就算是学校了,条件很简陋。[①] 这个时期的技校亟待进行整顿与提高,不少地方和有关部门也开始了这方面的工作,但力度不大。

1978年12月12日,国家劳动总局召开全国技工培训工作会议,提出"要大力整顿、充实、提高现有技工学校;要全面规划有计划地发展技工学校",并指出今后各行各业要有计划地开办技工学校,加强培训工作。这表明,国家开始从国民经济发展的整体角度去看待技工学校,正式着手恢复发展技工学校教育。同时,将技工学校的覆盖面加宽,招生面加宽,技工学校不再是工矿企业的特有产物,特别是非工矿行业技工学校的兴起进一步促进了技工学校整体的发展。[②] 此外,改革开放前夜,中国以加工制造业为主的产业结构的优化调整,也需要大量的有一定技能的熟练技术工人。

---

① 张凯利:《从数字看我国技工学校的发展和改革》,《职业技能培训教学》1999年第12期。
② 魏朋:《技工学校改革发展60年历程的回顾与反思》,《河北科技师范学院学报》(社会科学版)2011年第1期。

(二) 学徒培训的状况与特点

1. 学徒培训制度的完善

"一五"时期，基本建设任务较重，学徒培训被列为国家熟练工人培养计划的组成部分，各企事业单位曾采用短期的师傅带徒弟的办法训练了大批的技术工人。但是，由于学习期限太短（很少有超过1年的），学徒转为正式工人以后，大多技术水平较低，缺乏独立的作业能力，加之学习期间的生活待遇较高，学习期满后升级太快，这不仅不能鼓励青年徒工刻苦钻研技术，而且影响到新老工人的团结和师徒之间的合作，甚至引起了"徒弟不肯学、师傅不愿教"等问题。

为进一步加强对学徒培训工作的管理、提高培训质量，1957年4月17日，国务院下发了《关于学徒（练习生）是否按期转为正式工人问题的通知》，指出：各企业、事业单位的学徒在学习期满时，如果生产上不需要补充正式工人，应当延长学习期限。延长学习的期限由主管部门或省、自治区、市人民委员会根据具体情况自行决定。如因生产上确需补充正式工人需要学徒转正时，应当提出实际需要人数报经主管部门或省、自治区、市人民委员会批准后，经过考试合格，方可转为正式工人。[①] 1958年2月6日，国务院又颁发了《关于国营、公私合营、合作社营、个体经营的企业和事业单位的学徒学习期限和生活补贴的暂行规定》，其主要内容包括：学徒的年龄一般应该在16周岁以上，某些特殊行业可以小于16周岁；学徒的学习期限应该为三年，技术比较简单的工种可以适当缩短，但不得少于二年；学徒在学习期限内由所在单位按月发给生活补贴，其标准按照当地或者本行业一般低级职工的伙食费另加少数零用钱计算规定；学徒在学习期满以后，经过考试合格，才能够转为正式工人、职员；学徒转为正式工人、职员后第一年的工资，按照所在单位生产工人和职员的最低工资标准执行，工作满一年后，再根据生产工作需要和本人的技术业务水平，正式评定他们的技术等级和工资等级；各单位适用于工人、职员的工资制度、奖励制度和津贴办法，不适用于学徒，学徒可以按照有关规定享受劳动保险待遇；企业、事业单位同学

[①] 《1953—1957中华人民共和国经济档案资料选编·劳动工资和职工保险福利卷》，中国物价出版社1998年版，第297页。

徒或者师傅同学徒之间，都应该订立合同，合同上写明学习期限、学习内容、学习期间的生活待遇以及双方的义务和权利。① 该《规定》是新中国第一个比较完整的关于学徒培训制度的规定，它的颁发与实施基本解决了以往学徒期限短而待遇高的弊端，标志着中国学徒培训制度化、规范化建设的开始。此后，各产业主管部门或地方根据《规定》对本系统、本地区的学徒培训分别制定了实施细则，对工种专业划分、学徒期限、培训目标、训练形式以及转正定级、考核考试办法和标准等都做了具体规定。

例如，天津市就依据《规定》，制定了《关于培训学徒的补充规定》，内容包括入厂教育、师徒合同、政治思想教育、技术教育、考试、出师以及其他等方面，规定得非常详细、具体。比如，技术教育分为四条：一是对学徒必须进行技术教育，技术教育又分为技术操作教育和技术理论教育、安全技术教育。二是对学徒的技术理论教育，应由厂方劳动工资部门责成车间行政负责组织，并聘请技术人员、老工人讲课，同时厂方有关部门或车间对所聘请的讲课人员的工作、生活、讲课时间等，应妥善安排，以保证讲课得以顺利进行。其内容应包括技术基础理论课的教育和工种专业课教育，教育的形式可根据厂方具体条件自行组织。三是在工作时间内进行的技术理论教育，平均每周不得低于四小时，由厂方根据情况集中或分散使用。此外，业余性的技术理论教育，由各厂考虑。四是技术操作教育，应保证学徒有实习位置，师傅带徒的数量在机械行业使用机床的工种中，最好是一师一徒，其他行业也不可带得过多，避免师傅带不过来，学徒操作时间太少，影响培训质量。为了鼓励师傅认真教导学徒，积极传授技术，更好地培养新技工，天津市还制定了《关于技工师傅带徒奖励制度的暂行规定》，实行师傅带徒津贴等相关激励政策。②

随着新的学徒制度日臻完善，学徒培训工作日渐走上正规，并成为当时培养后备技术人员规模最大、效果最好的技能人才培养模式。据1959年统计，新中国成立以后通过学徒培训的工人达790万人次，全国生产建设各部门培养的技术工人95%是通过学徒培训形式培养的，对补充当时技术工人

---

① 《1958—1965中华人民共和国经济档案资料选编·劳动就业和收入分配卷》，中国财政经济出版社2011年版，第271—272页。
② 崔铁刚：《新中国学徒制演变的制度分析》，《职教论坛》2012年第10期。

的不足起到了重要作用。①

2. 学徒培训的做法与特点

在计划经济体制下,由于中国原有工业基础和技术力量十分薄弱,为了适应大规模经济建设补充新技术工人的迫切需要,学徒培训在整个后备技术工人培训工作中一直占有重要的地位,也是厂矿企事业单位补充新工人的一条重要渠道,因而,在实际培训工作中积累了较丰富的经验,创造摸索了许多较好的办法。例如,在操作技术方面,除了选择好的师傅,签订师徒合同,提倡尊师爱徒,实行包教包学外,有的还组织学徒开展技术比武、岗位练兵,举行技术表演赛,推动和促进学徒学好技术。有的还专门开辟学徒车间、工段,或指定专用设备,专供学徒练基本功和进行操作技术的教学演习。在技术理论学习方面,多数是根据培养目标要求,制订教学计划,开设一定的课程,采取集中上课的办法来组织学习。集中上课学习的时间安排,大体可分三种:一种是学徒入厂后,先集中较长时间,学完必要的基础技术理论课程后再分到车间、班组,固定师徒关系,跟班劳动,在跟班劳动中学操作技术;另一种是学徒进厂经过短期集中,较快地分到车间班组劳动一段时间之后,再抽调回来集中学技术理论;再一种是边生产劳动,边组织技术理论学习,采取隔天倒换,或半天学习、半天劳动等多种办法。在思想教育工作方面,除依靠师傅言传身教,既传授生产技术,又关心学徒的思想进步,帮助学徒树立良好的思想道德品质外,更主要的是依靠党、团、工会组织,互相配合,共同做好青年工人和学徒工的思想政治教育工作。②

采用学徒形式培养训练技术工人,有其独特优势和特点:一是投资少、收效快。学徒培训主要采用在生产现场以师傅带徒弟的方式培养训练新的技术工人,它利用的是现有的生产设备和企业的师傅,并不需要国家另外投资,也不需要过多的申请人员编制,从投资的角度讲,既节约了物力,又节省了人力。③再者,许多工种专业的学徒,经过半年或一年左右时间的培训,即能在师傅带领下跟班生产,参加实际的生产劳动,创经济效益。这非常适合中国当时的国情,特别是在技工学校、职业技术教育还不发达的情况

---

① 毕结礼、王琳:《我国学徒制的历史沿革与创新》,《中国培训》2012年第4期。
② 何光主编:《当代中国的劳动力管理》,中国社会科学出版社1990年版,第218—219页。
③ 毕结礼、王琳:《我国学徒制的历史沿革与创新》,《中国培训》2012年第4期。

下，更多地采用学徒形式来培养新的技术工人是完全必要的。二是容量大、工种专业比较齐全。凡是在生产部门已经有了的技术工种专业，而且这些工种专业中又有适合担任师傅工作的老工人，一般均可招收学徒。它可以根据需要，随时招收，不受时间与人数的限制。既可为本厂自培自用，也可为外厂代培代训。例如，"我国现在有近万个工种，而技校培养的仅有450多种工种中，过去技工学校所能培养的工种也不过二三十个，即使把某些工种归类合并，充其量能培养的工种也不过一百多个，而大量的工种是学校所解决不了的，特别是一些具有特殊技艺的工种更是如此。"[1] 这既说明采用学徒形式培养新技术工人是当时客观实际的需要，也说明学徒培训这种形式和它的培训能力得到了充分的利用。三是同企业岗位紧密结合。学徒培训是在岗培训，师傅通过言传身教，让徒弟在生产现场边干边学，尽快掌握岗位所需要的各项岗位技能。学徒转正定级后一般不需要大批的重新分配工作，不仅能较快地在工作岗位上顶班生产并发挥作用，而且避免了学非所用与专业不对口等方面的问题。

但是，学徒培训这种形式也有一些缺点和劣势，特别是与技工学校培训形式相比较的话。1961年7月，劳动部调配局培训工作调查组曾对西安仪表厂、大连机车车辆厂学徒工和技校学生培训质量进行过比较调查，其得出的结论是：在技术理论上，技校生比学徒工学得全面系统；在实际操作上，刚毕业的技校学生赶不上同期转正的学徒工，但经过短期的实际锻炼后，不仅能赶上，而且在产品质量、工时定额等方面还超过了学徒工。总的来看，技校学生比学徒工好。好在哪里？主要表现在：有一定技术理论，掌握的技术比较全面，换机床、换工件生产时，不大费力气；能看图制图，能根据图纸要求确定加工工艺；能写能算；能根据材料选择刀具，并会刃磨各种角度刀；能积极参加社会活动，进步较快，集体观念和纪律性也较强。其缺点主要是进厂初期干活不够熟练。对于学徒工来说，其劣势主要是：技术理论学得不够系统，师傅告诉多少就知道多少，只能记住一点死公式，不能举一反三；在固定机床、固定工件的情况下，干活比较熟练，一换机床、工件就抓瞎；看图能力差，对照实物能看懂加工工作物图纸，离开实物则看不懂；掌

---

[1] 宗令：《初谈学徒制度改革问题》，《职业教育研究》1983年第6期。

握一定技术，特别是和师傅倒班时就翘起尾巴，不尊重师傅，不听从指挥；生活散漫，纪律性差。① 因此，多年来学徒培训工作中一条十分重要的经验，就是要切实按照国家关于学徒培训的政策制度，组织安排好学徒培训计划，加强督促检查，严格考工考试与转正定级的制度，把好质量关，保证培训质量。

此外，有一些企业单位在生产任务紧张的情况下，往往对学徒单纯使用，而忽视培训工作。特别是 20 世纪 70 年代初期，一些工矿企业通过子女接班顶替和内招职工子女，录用了一批新工人，以解决职工队伍更新问题。招录后，他们被直接分配到车间里去，单纯当劳动力使用。由于没有经过正规、全面的培训，许多工人缺乏技术理论知识和操作技能，以致造成生产中事故多，产品质量差，劳动效率低等不良后果。②

（三）半工半读教育

20 世纪五六十年代兴起的半工半读，是工学结合、校企结合的一种形式，是一种新的教育制度和劳动制度。从当时实施半工半读教育的实践来看，不仅技工学校、中等专业学校等实施职业技术教育的机构举办半工半读学校，普通中学、师范学校、高等学校也举办半工半读学校。半工半读制度，除在学校中实行外，还在厂矿、企业和机关中实行。

1956 年以后，中国进入了全面建设社会主义时期。国家经济建设"大跃进"对大量的技术工人提出了需求，工农及各行各业的发展需要大量有文化的合格人。而当时的教育基础仍很薄弱，学校招生数额有限，不能满足人们进一步的求学需求，国家在短期内又拿不出更多的经费办学校。全国 500 万高小毕业生有 400 万升不了初中，109 万初中毕业生有 80 万升不了高中，20 万高中毕业生有 8 万升不了大学。同时，一些家庭因为经济困难也不能供给所有子女读书。③ 当时，如何安置中小学毕业生是一个非常重大的问题。

鉴于上述存在的矛盾，1957 年 11 月，刘少奇同志受《参考资料》刊载

---

① 《1958—1965 中华人民共和国经济档案资料选编·劳动就业和收入分配卷》，中国财政经济出版社 2011 年版，第 277—279 页。
② 宗令：《初谈学徒制度改革问题》，《职业教育研究》1983 年第 6 期。
③ 梁卿：《建国后两次实施"半工半读"制度的差异研究》，《职业教育研究》2008 年第 6 期。

的《美国大学生有 2/3 半工半读》文章的启发，并结合自己中学时半工半读的经历，提出了是否可以选择个别单位，来重点试行勤工俭学、半工半读制度的问题。① 1958 年 1 月 31 日，毛泽东同志在《工作方法六十条（草案）》中指出："一切中等技术学校和技工学校，凡是可能的，一律试办工厂或者农场，进行生产，做到自给或者半自给。学生实行半工半读。在条件许可的情况下，这些学校可以多招些学生，但是不要国家增加经费。一切高等工业学校的可以进行生产的实验室和附属工厂，除了保证教学和科学研究的需要以外，都应当尽可能地进行生产。"② 他既指出了半工半读是勤工俭学的重要实现形式，又指出半工半读的适用范围、主要形式和举办目的。5 月，中共八大二次全体会议期间，刘少奇听取了天津市代表关于试办半工半读学校准备情况的汇报，进一步阐明了试行半工半读制度的意义。他认为，工厂附设半工半读的学校，可以加快培养大批的工人阶级知识分子。半工半读，既不影响生产，又不影响工人生活；工人既能在生产实践中学到生产技术，又能在学校中学到科学文化知识。5 月 27 日，天津国棉一厂的工人半工半读学校举行了开学典礼，标志着全国第一所半工半读学校诞生。5 月 30 日，刘少奇在中共中央政治局扩大会议上作了《我国应有两种教育制度、两种劳动制度》的讲话，从制度变革的角度全面阐述了半工半读教育的意义，提出半工半读也是一种学校教育制度和劳动制度。7 月，刘少奇提出除了在职工中办半工半读外，也要在青年学生中试办半工半读，工厂企业要试办招收初中毕业生的半工半读学校。他说："老厂子困难大一些，新厂子还没招工，准备招工实行半工半读，新开工厂除老师傅外，都招初中毕业生，四小时做工，四小时上课。""学校工厂合一，工厂就是学校，学校就是工厂"。9 月，中共中央、国务院发出《关于教育工作的指示》，提出了大量发展业余的文化技术学校和半工半读学校的要求。这样的制度既能满足青年学生升学和工人提高学习文化知识的愿望，又可以将教育制度和劳动制度两种制度紧密结合，在短时期内为国家培养大量的技术人员。到 10 月，天津市各类半工半

---

① 曹晔：《新中国初期半工半读教育的形成及其实现形式》，《职业技术教育》2013 年第 16 期。
② 《毛泽东文集》（第七卷），人民出版社 1999 年版，第 360 页。

读学校猛增到 125 所，学生达 25000 人。[1] 这样，半工半读的职业教育形式以天津为试点，"企业大办学校、学校大办工厂"成为全国教育领域的群众运动推广开来。

半工半读教育在试办两三年后，由于"大跃进"导致整个国民经济工农业比例严重失调，不得不对国民经济进行调整整顿，多数半工半读学校被迫停办。到 1964 年 8 月，天津市仅剩下 8 所，在校学生 780 人。半工半读的主要形式有三种：一是工人从工作时间内抽出一两个小时读书（加上工余时间，每天学习三四个小时）。这种学校从 1958—1961 年先后办了 84 所，参加学习的工人达 1.2 万多人。工人学习占用生产时间，扣 10% 或 20% 的工资（后来改为 5% 或 10%）。工人学习以后，文化水平和技术水平都有显著的提高。后来，因为生产班次不好安排，定员没有相应增加，劳动生产率计算办法没有合理解决，以及工人对扣工资有意见等原因，从 1960 年以后就相继停办了。二是全日制学校与工厂合并，学生改为半天劳动，半天读书（课程只作适当削减）。这种学校全市只举办了几所，后来因为学习与生产发生矛盾，学校方面感到教学任务重，学习时间不够用；工厂方面感到学生毕业后即离厂升学，费了力气，落不着工人，这种学校也就解散了。三是工厂办学校，招收社会上的初中毕业生实行半工半读。这种学校从 1958 年起，先后有 35 个单位办了 35 所，共计招收学生 9727 人，已经毕业的有 2307 人。因为调整和精减，有 27 所学校停办或转为全日制学校，有 6000 多名学生没有坚持到毕业。已经毕业的 2300 多名学生，绝大多数都当了技术工人，其中有 60% 左右的人，能够胜任技术员的工作；有 140 多人当了技术员。[2]

1964 年，随着国民经济形势的好转，刘少奇再次倡导两种教育制度和两种劳动制度方案，并建议各省、市、自治区以及各大城市都着手试验、试办。1964 年下半年，天津、北京、上海等大中城市开始举办各种形式的半工半读学校。11 月，中共中央正式发出《关于发展半工（耕）半读教育制度问题的批示》，明确提出两种教育制度和两种劳动制度，指出："在教育

---

[1] 李庆刚：《刘少奇两种教育制度思想发展的内在逻辑——以天津半工半读教育发展为参照》，《天津大学学报》（社会科学版）2012 年第 1 期。

[2] 《1958—1965 中华人民共和国经济档案资料选编·劳动就业和收入分配卷》，中国财政经济出版社 2011 年版，第 293—294 页。

工作中，全日制小学还要发展，全日制的中学和高等学校不再发展了；以后，国家的教育经费，除了维持这些全日制的学校以外，新增加的主要用来办理或者津贴半工半读、半农半读的中等和高等学校。"于是，全国半工半读教育又得到迅速发展，一些省市和中央教育部门还成立了专门管理半工半读的机构。[①] 到1965年，全国半工半读学校增加至4000余所，学生80多万人。[②] 天津市的半工半读教育更是取得了丰硕成果，1966年天津半工半读中等技术学校已增至119所，在校学生达24000多人，还有半工半读师范院校和大专班6（所）个。[③]

"文化大革命"期间，刘少奇被错误地批判，半工半读学校被认为是资产阶级职业学校，把两种教育制度定为资本主义国家双轨制教育的翻版。此后，中等专业学校大多停办，技工学校大多改为工厂，职业教育学校几乎丧失殆尽，半工半读教育制度消失，直到21世纪初在职业教育中再次被提起。当然，半工半读教育制度试验夭折还有其他多方面的原因。

总之，20世纪五六十年代兴起的半工半读，是一种职业教育制度，它注重技能的培养和职业观念的养成，关注教育的公平性，体现了职业教育的技艺授受性和就业性；是人才培养的一种模式，尽管它在培养目标上不太明确，是培养技术员？还是培养技术工人？但是，半工半读学校毕业生，应该具有相当于二级工人的技术水平，全日制中专毕业生的文化和技术理论知识，因此，半工半读还体现出学徒制的某些特征。

（四）对计划经济体制下职业技术培训的评价

1957—1978年计划经济体制下，坚持实行"先就业后培训"的劳动就业制度，用人和培训有机结合，劳动力职业技术培训在取得显著成绩的同时，还积累了较为丰富的经验。其中，特别是艰苦创业，勤俭节约，依靠多方面力量来举办培训事业，并在培训中理论联系实际，教育与生产劳动紧密

[①] 曹晔：《新中国初期半工半读教育的形成及其实现形式》，《职业技术教育》2013年第16期。
[②] 魏朋：《技工学校改革发展60年历程的回顾与反思》，《河北科技师范学院学报》（社会科学版）2011年第1期。
[③] 李庆刚：《刘少奇两种教育制度思想发展的内在逻辑——以天津半工半读教育发展为参照》，《天津大学学报》（社会科学版）2012年第1期。

结合，突出操作技能培训，做到既培训人才，又生产产品，创经济收益等，对于培训事业的长期发展与不断进步，都具有深远重大的意义。

但是，劳动力职业技术培训在多年的实践中也暴露出一些问题，必须予以改革：

第一，把劳动力培训列入国家计划，作为国民经济计划的一个组成部分，实行计划招收、计划培训和计划分配，这是中国多年来技术工人培训制度主要特点之一。这对于保证培训事业的发展，特别是保证国家重点建设项目及时补充后备技术工人，使受培训者及时地得到就业岗位，具有积极的意义。但是，招生与毕业生分配受国家计划控制过严过死，受培训者统一由国家包下来并统一分配到全民所有制单位，不但难以适应新形势发展的需要，而且也不利于培训事业的发展，这是中国劳动力培训制度需要改革的重要内容之一。

第二，劳动力职业技术培训，基本上是采取技工学校培训和学徒培训两种主要的形式。这两种培训形式各有特点，按照分工任务的不同各有侧重，符合国情和实际需要。但是，随着学徒制度规范化，学徒学习年限一般定为三年，学徒期限和技工学校的学制相统一，这样，劳动力培训制度就形成了一律均为三年的长期培训制度，不能长短结合，灵活性不足，较难及时适应生产建设的紧迫需要。

第三，劳动力职业培训同劳动就业紧密结合，既根据经济生产建设的需要，也要考虑就业形势。随着中国人口的迅速增加，城市初中文化教育的逐渐普及，进入劳动年龄的城市青年日益增多，劳动力职业培训制度中那种单一根据全民企事业单位需要制订的培训计划，逐渐不能适应广大城镇青年职业技术培训的需要。因此，劳动力培训如何进一步同劳动就业相结合，也成为中国劳动力培训制度改革所必须考虑的问题之一。

第 八 章
计划经济体制下的工资

随着国民经济的恢复和发展与生产资料私有制的社会主义改造基本完成,到1956年经过全国统一进行的工资改革,中国初步建立了体现按劳分配原则的等级工资制度。等级工资制度是计划经济时期"统包统配"制度的产物。在计划经济条件下,工资反映了职工与国家之间的分配关系。为了实现"经济赶超"的重工业优先发展战略,国家需要通过计划手段,对收入分配进行控制,处理消费和积累的关系。而采取等级工资制度便于通过对职工工资收入直接干预,实现工资总额的总量调节,防止出现工资分配对积累挤占和破坏计划目标。国家与企业的分配关系僵化单一,国营企业缺乏生产经营自主权,把所有利润都上缴国家财政,企业职工工资按照职务等级工资制发放,平均主义的"大锅饭"盛行,无法对工人生产积极性产生激励作用,工人"偷懒"和"磨洋工"现象普遍。[1] 再加上受"左"的指导思想影响,经济建设开始偏离正确的轨道,劳资工作出现较大波折,致使职工工资收入长期偏低且呈平均化态势。

一 "大跃进"时期按劳分配原则受到冲击与工资调整

"一五"期间经济工作所取得的巨大成就,本来可以使按劳分配原则得到比较全面的贯彻,并使工资制度走向一个健康发展的新阶段。但是,在1958年下半年开始的"大跃进"中,浮夸风泛滥。伴随浮夸风而来的是

---

[1] 蔡昉主编:《中国劳动与社会保障体制改革30年研究》,经济管理出版社2008年版,第218页。

"共产风",表现在生产关系方面,一是片面地强调"一大二公",超越当时生产力发展的实际水平,主观主义地将国营经济以外的各种经济成分向公有化程度更高的所有制形式过渡;二是取消计件工资制和奖励制度,试行半供给半工资制,在个人消费品分配方面急于向按需分配过渡。

(一) 按劳分配原则受到冲击

1958年下半年,在浮夸风泛滥,"共产风"盛行之时,错误地提出了关于破除按劳分配的"资产阶级法权"[①]的问题,一些报刊相继发表文章并设专栏,开展了新中国成立以来第一次按劳分配问题的大讨论。这场大讨论,以当时农村人民公社试行以"吃饭不要钱"为主要内容的半供给制为背景,围绕着职工是否应该实行工资制等问题而展开,进而触及当时实行的工资制度和工资形式。"资产阶级法权"的批判者认为,革命战争年代根据地实行的军事共产主义性质的供给制体现了马列主义和毛泽东思想,全国解放后把一部分人实行的供给制改为工资制,助长了个人主义思想,这实际上是对"资产阶级法权"的妥协;物质利益原则是"资产阶级法权"的反映,是实际工作中产生右倾保守思想的根源。他们还认为,贯彻按劳分配原则的等级工资制度以及脑力劳动者与体力劳动者的收入差别,都是"资产阶级法权"思想的残余,按劳分配原则已不适应"大跃进"的形势了。因此,要批判物质利益的原则,要限制和部分取消等级工资制,改行供给制和半供给制,从按劳分配向按需分配过渡。当时,也有相当多的同志反对上述观点。他们认为,按劳分配是社会主义分配原则,是客观经济规律,否定它是理论上、政策上的错误,是冒进。革命战争年代实行的供给制,是在艰苦的战争环境中,在物资极端匮乏的情况下向革命工作人员提供最低生活必需品的一种特

---

① "资产阶级法权"是科学社会主义创始人马克思在其晚期著作《哥达纲领批判》中提出、用于描写社会主义经济特征的一个概念,又译"资产阶级权利"。他认为,在刚刚从资本主义社会中产生出来的共产主义社会,即社会主义社会的经济关系和社会关系中,由于实行等量交换的按劳分配原则,因此,还存在类似资本主义社会那种形式上平等而事实上不平等的属于资产阶级性质的法定权利。社会主义社会是生产资料公有制,不存在占有生产资料剥削其他人的资产阶级,但生活资料是按照每一个人的劳动的质的好坏、量的多寡来分配的,也就是生活资料还没有公有、没有按照人们的需要来分配。按劳分配中体现的资产阶级权利,是指在按劳分配条件下,仍然通行着商品等价交换的原则,即一种形式的一定量劳动可以和另一种形式的同量劳动相交换,每个劳动者的报酬都以平等的尺度——劳动来计量。但这个平等的权利,对于不同等的劳动是个不平等的权利。

殊分配制度，它不是共产主义性质的分配制度。在解放后的社会主义阶段不宜继续实行，而必须代之以社会主义的按劳分配制度。因此，急于向共产主义的按需分配过渡，就混淆了社会主义和共产主义两个不同历史阶段的区别，混淆了进行共产主义思想教育和分配问题上实行按劳分配原则的区别。[①]

关于"资产阶级法权"问题的大讨论和对按劳分配原则的批判，一直到 1958 年 12 月中共八届六中全会通过了《关于人民公社若干问题的决议》（以下简称《决议》），才逐步停止。该《决议》指出：在今后一个历史时期内，人民公社仍应保留按劳分配制度，人民公社的商品生产和商品交换，必须有一个很大的发展。但是其影响，却持续到 1961 年 6 月中共中央向各地下发试行《农村人民公社工作条例（修正草案）》（即第二个"农业六十条"），取消了分配制度上的供给制，停办了公共食堂，才基本上消除。

（二）取消计件工资和奖励制度

"大跃进"运动中，刮"共产风"，批判按劳分配的"资产阶级法权"，使按劳分配原则备受质疑并遭受巨大冲击。体现在工资制度上，就是否定计件工资制和奖励制度。1958 年 9 月 25 日，上海《解放日报》报道了江南造船厂工人自动取消计件工资制的消息，并发表题为《共产主义光芒》的社论加以赞扬，要求其他企业的领导支持群众取消计件工资的要求。《人民日报》还摘要转载了《解放日报》的报道和社论。10 月 13 日，《天津日报》发表《用共产主义思想武装群众》的社论，批判计件工资制，要求各级党组织抓住群众当中已经出现的处于萌芽状态的共产主义思想和典型事例，进行大宣传大表扬。[②] 10 月 15 日，中共中央转发了《北京市委关于取消计件工资制的情况和意见的报告》（以下简称《报告》），《报告》认为，"经过整风、双反运动，工人阶级的共产主义觉悟提高，生产不断大跃进，计件工资制度已经愈来愈明显地束缚生产力的发展，束缚群众的积极性和创造性，许多实行计件工资的单位的领导和有政治觉悟的工人群众，都已经感觉到计

[①] 严忠勤主编：《当代中国的职工工资福利和社会保险》，中国社会科学出版社 1987 年版，第 76—77 页。

[②] 袁伦渠主编：《中国劳动经济史》，北京经济学院出版社 1990 年版，第 245 页。

件工资不改不行了。"《报告》认为，计件工资人为地造成了国家和工人、领导和群众之间的一些矛盾，助长了工人的资本主义思想和个人主义思想，实际上阻碍了生产力的发展；影响了工人内部的团结，增加了新老工人之间、计时工人和计件工人之间的矛盾；严重影响了一部分计件工人的健康，从工人自身的长远利益来看也是不利的；造成了行政管理上的一套烦琐制度和人力上的浪费。[①] 紧接着，全国工矿企业普遍发动群众揭发计件工资的"流弊"，报纸、广播也集中报道这方面的消息和文章，形成一个来势迅猛的取消计件工资制的浪潮。国家统计局1959年8月7日的统计资料显示："1957年底工业和建筑业共有计件工人约260万人，占这两个部门生产工人总数的40%左右（工业为36%，建筑业为60%）……1958年工农业生产大跃进以后，多数企业取消了计件工资制。根据上海、天津、沈阳、鞍山、武汉、西安、成都、重庆等25个大中城市的资料推算，截至1958年底，约有75%的计件工人取消了计件工资制（工业为68%，建筑业为90%）。计件面已降至5%左右，即全国尚有计件工人约100万人（1958年新招工人中也有一部分是实行计件工资的）。纺织部门在取消计件工资后采取了冻结工资的办法，即以取消前1个月或3个月的平均工资作计时工资标准，其他部门则一般改按原来的计时工资标准支付工资。"[②]

继取消计件工资之后，许多生产奖励制度也被认为是"钞票挂帅""资产阶级法权残余"的产物，并在"要社会主义，不要钞票挂帅"的口号下被取消了。虽然有些奖励制度未明文宣布取消，如劳动竞赛奖、创造发明奖和合理化建议奖，但是，在"大跃进"的形势下，由于正常的生产秩序被打乱，实际上也被停止执行，或者仅给荣誉了。

取消计件工资和奖励制度以后，虽然在一定程度上调整了分配关系，但工人的工资收入有所降低。根据对156个企业4581人的典型调查资料，取消前一月计件工人的平均工资为79.6元，取消后一月为66.5元，比取消前下降13.1元，下降16.5%。其中工业下降16.2%，建筑业下降17.9%。[③]

---

① 《1958—1965中华人民共和国经济档案资料选编·劳动就业和收入分配卷》，中国财政经济出版社2011年版，第411—413页。
② 同上书，第420页。
③ 同上书，第421页。

在"大跃进"中,由于职工热情高涨,这样做一开始并未影响生产,但为时不久就较为普遍地出现了劳动纪律松弛,工效下降的现象。据对51514名取消计件的工人的统计,1959年3月缺勤人数比1958年同期增加了38%,缺勤工日数增加48%。其中,事假增加近1倍,旷工增加1倍多。[①] 实践证明,不加区别地取消计件、奖励工资制是错误的,是不利于生产发展的。

取消计件工资和奖励制度以后,为了使职工不过多地降低收入,鼓励职工群众的劳动积极性,1959年1月2日,中共中央和国务院决定给职工发一次1958年"跃进奖金",奖金总额6亿元,为1958年12月(或11月)一个月实支工资总额的1/2;个人奖金额,一般可以发给相当于半个月工资的奖金,学徒可以每人发给10元。1959年12月15日,中共中央和国务院决定在1960年春节以前再给职工发一次"跃进奖金",奖金总额7亿元。生产工人的奖金额根据标准工资以百分比规定,每人最高不超过本人月标准工资的50%(即半个月的工资);生产工人以外的其他职工的奖金额以绝对数规定,每人最高不超过40元;学徒的奖金每人不超过12元。奖金可分为几个等级(一般不要少于三个等级,但也不要分等级过多),各等级之间应该有一个适当的差距,并且应注意到各类人员之间的合理平衡。[②] 由于"跃进奖金"基本上是平均发放的,因此,对调动职工的生产积极性作用不大,对职工收入也只是略有小补。

1959年3月,全国劳动工资计划会议提出在企业中建立综合性奖励制度以后,许多企业单位开始试行。综合奖励制度是一种把产量、质量、节约、安全以及劳动纪律、互助协作等条件综合起来的奖励制度。起初,综合奖是以完成和超额完成生产任务为主要的考核条件,奖励范围暂限于工人,每季评一次,得奖面一般可达生产工人的80%左右;奖金一般不超过工人月工资标准总额的15%。后来,扩大到除主要领导干部以外的其他职工,并规定奖金一般不少于三个等级,对那些在生产上有特殊贡献的集体和个人还可给予更优厚的奖金。1959年11月25日,劳动部出台了《关于建立和改进综合性奖励制度的意见》,供各地参考。

---

① 《1958—1965中华人民共和国经济档案资料选编·劳动就业和收入分配卷》,中国财政经济出版社2011年版,第422页。
② 同上书,第431—432页。

（三）试行半供给半工资制

在取消计件工资和奖励制度的同时，一些地方还试行了半供给半工资制相结合的分配制度，主要是在农村人民公社试行（参见第十章），城市则是普遍宣传其优越性，探讨试行办法。1958年10月21日，马文瑞在劳动部推行新劳动制度四川现场会议上的总结发言，就曾肯定地认为改工资制为供给制会比不改好，并论述了实行半供给半工资制的几点好处和改行半供给半工资制的方法、步骤和原则等问题，提出"今年新招的工人原则上可和农村人民公社实行半供给半工资制结合起来首先实行。钢铁大军可以先实行半供给半工资制，专县新建企业和大、中型新建企业大部分是新工人的，也可以先实行半供给半工资制。原有的企业可先试点，搞试验，不宜一下铺开。"①

当时，城市中实行半供给半工资制的企业范围是"大跃进"中新建的钢铁冶炼、煤炭企业，对一些建立城市公社的老企业，也曾加以探讨或拟订实行。从河南、四川、辽宁、青海等省试点单位的方案来看，总的原则是：在国家规定的工资总额和工资附加费的范围内实行，不增加国家开支；既要缩小差距，又要保证多数职工实际收入不降低；供给部分实行有限制的按需分配原则，大平均、小差别。工资部分实行按劳分配原则，保持差别，但不宜过大；供给对象包括固定工、长期合同工、干部以及由他们供养的亲属。具体实行办法由各企业自行确定。据河南省的材料，职工试行半供给半工资制后，工资部分比重小（一般占职工收入的20%—30%）；部分职工收入降低，矛盾很多。

历史唯物主义认为，生产方式决定分配方式。社会主义的生产方式和生产力发展水平以及由此制约的文化道德水平决定了社会主义的分配原则只能是按劳分配，这是客观经济规律。"大跃进"中，试行半供给半工资的分配制度，不仅仅是否定某种工资形式，而是否定刚刚确立起来的工资等级制度，否定按劳分配原则，这实际上是企图在社会经济条件还不具备的情况下，勉强向共产主义过渡，是不可能成功的。由于其消极作用太大，城市试点企业于1959年就停止试行了，并结合职工升级改为工资制。

---

① 马文瑞时任劳动部部长。参见《1958—1965中华人民共和国经济档案资料选编·劳动就业和收入分配卷》，中国财政经济出版社2011年版，第367—370页。

(四) 1958—1960 年的工资调整

根据周恩来在中共八届三中全会上《关于劳动工资和劳保福利问题的报告》和当时生产建设情况,对职工工资标准做了一些调整与改进,主要有以下几个方面:

1. 降低普通工、勤杂工的工资待遇

1958 年 2 月 6 日,国务院发布了《关于企业、事业单位和国家机关中普通工和勤杂工的工资待遇的暂行规定》,指出:"目前各部门、各地区的普通工和勤杂工的工资待遇,一般都有些偏高。由于普通工和勤杂工只从事简单的体力劳动,并且一般都是就地招收的,同农民的关系比较密切,他们的工资待遇比农民高出过多,就会引起农民的不满,并且容易吸引农民大量流入城市,既有碍于农业生产,也给城市中劳动就业的安排和居民的生活供应等方面增加了困难。"为了改变这种状况,"今后新录用的建筑业中正式的和临时的普通工(一级至三级)的工资,既不可超过当地一般农民的收入过多,又要照顾城乡生活水平的差别,因此,他们的工资标准,应该以相当于当地普通工主要来源地区的一般中等农业社中劳动力较强的农民的收入加上城乡生活费用的差额为原则予以规定;其他企业、事业单位和国家机关今后新录用的临时普通工的工资标准,应该大体相当于或者略低于当地建筑业普通工的工资标准。"[①] 新录用的勤杂工的工资标准,最高不得超过现行国家机关工作人员工资标准表(一)第 28 级的工资标准(北京地区为 27.5 元)。这个规定发布以前已经录用的正式普通工和合同期未满的临时普通工以及勤杂工的现行工资标准,不予变动。

2. 降低部分党员领导干部的工资标准

为了密切领导干部与群众之间的关系,缩小高低工资之间的差距,中共中央、国务院于 1957 年 1 月至 1960 年 10 月先后三次决定降低部分干部的工资。第一次是 1957 年 1 月。1956 年 12 月,国务院颁发了《关于降低国家机关十级以上干部的工资标准的决定》。10 级以上干部工资标准降低的比例,1—5 级为 10%、6—8 级为 6%、9—10 级为 3%;涉及的范围包括国家机关

---

① 《1958—1965 中华人民共和国经济档案资料选编·劳动就业和收入分配卷》,中国财政经济出版社 2011 年版,第 353 页。

单位以及参照国家机关工作人员工资标准单独制定工资标准的事业、企业单位，其相应等级的行政人员。高等学校教师、科学研究人员、工程技术人员、卫生技术人员、文艺工作人员等，仍然按照原来规定的工资标准执行，不予降低。第二次是1959年3月。1959年2月，中共中央颁发了《关于降低国家机关三级以上党员干部工资标准的决定》。在1957年1月降低后的国家机关10级以上干部工资标准的基础上，将国家机关1级、2级、3级的工资标准合并为一级，并且降低到400元（指一类工资区）。这次降低工资，只限于1级、2级、3级的党员干部，4级以下工资标准一律不变。1级、2级、3级的非党员，不予降低。企业、事业单位和教育、科学、文艺工作者的工资标准一律不降。第三次是1960年10月。1960年9月，中共中央转发《国家计划委员会党组、劳动部党组关于当前劳动力安排和职工工资问题的报告》，对降低17级以上党员干部工资问题提出建议：3级（包括原来的1级、2级）降低12%，4级降低10%，5级降低8%，6级降低6%，7级降低4%，8级降低2%，9级至17级各降1%。企业、事业单位中相当于国家机关17级以上党员干部的工资，同样降低。非党员干部的工资标准，一律不予降低。其中，保留工资①和技术津贴与工资标准合并计算，有生活费补贴、地区津贴或地区生活补贴的，也相应降低。经过三次降低以后，最高工资标准降低到404.8元（六类工资区，下同），和1955年8月国务院颁发的最高一级的工资标准649.6元比较，减少了244.8元，降低了37.68%。最高与最低工资的倍数由31.11倍缩小到17.60倍。②

3. 新建企业试行"新人新制度"

1958年3月，中共中央成都会议通过了《关于发展地方工业的意见》。此后，全国各地新建了不少工业企业，其中以县以下企业为主。由于新增职工较多，四川、河北、山西等省在新建工矿企业中对新招收的职工试行了新的工资制度，即"新人新制度"。据有关资料显示，1958年新招收工人的工资水平，一般比原有工人的平均工资低50%左右。

1958年6月25日，中共中央批转了《四川省委关于县以上新建工业企业劳动工资和劳保福利问题向中央的请示报告》，指出："新建企业职工的

---

① 职工的保留工资，是指他应得工资之外，允许其多领的一部分工资。
② 《中国劳动人事年鉴（1949.10—1987）》，劳动人事出版社1989年版，第361—363页。

工资标准，其原则应该是普通熟练工人的工资收入，除过城乡生活费差额后略高于或较高于农民的劳动收入，技术复杂工人的工资高于普通熟练工人的工资"。县以上新建企业一般是大、中型的，实行工人工资等级制度，技术工人的工资等级，有的可以多一些，有的可以少一些，也可以不分等级；普通工、勤杂工和学徒工的工资标准，一律按新调整的工资标准执行，由老厂调到新厂的工人工资应当按新厂的工资制度执行；新建县以上厂矿企业均不建立津贴制度。① 关于县以下工业企业的工资制度，1958年8月11日，《河北省委关于县以下工业企业试行新的劳动工资及劳动保护制度情况向中央的报告》的主要内容是：新建县以下工业企业除一部分技术工人和管理人员是固定职工外，其余均为临时工；新建县以下工业企业均未实行八级工资制，但是也都根据不同工种工人的技术水平评定等级，工资一般分为二等或三等；最高工资比最低工资没超过一倍半；"工人的工资水平，除粗壮工、学徒工外，一般技术工人均稍高于农民的收入水平"，一般可掌握在高6%—15%。"县工业和部分乡工业实行货币工资，一般有两种形式：月薪日记和计件。一般乡、社工业都是记工制度，记工形式也有两种：一种是社记工分，每天补助生活费，另一种是不补助生活费。老工人和原手工业社社员还是保持原工资标准，按月发给。"② 山西、河南等省对新建企业的新职工也制定和实施了新的工资制度。

4. 职工升级和调整部分职工工资标准

1957年2月，中共中央规定升级工作一律停止，开始进入由国家统一规定调整职工工资的时间和升级面的职工升级制度时期。至1983年除按国家规定统一给职工调整工资和对学徒、大中专毕业生等新参加工作的职工定级外，各单位都未调整过职工工资。③ 1959年5月27日，中共中央批转了国家计划委员会党组、劳动部党组《关于1958年劳动工资的基本情况和1959年劳动工资的安排意见的报告》，国家规定的升级面为：工业、基本建设、交通运输、邮电和公用事业部门的工人的升级面平均不超过30%，职

---

① 《1958—1965中华人民共和国经济档案资料选编·劳动就业和收入分配卷》，中国财政经济出版社2011年版，第371—373页。
② 同上书，第377—378页。
③ 沈智、李涛主编：《上海劳动志》，上海社会科学院出版社1998年版，第290页。

员的升级面不超过10%；农业、林业、水利部门的工人及商业部门的售货员、服务业和饮食业的工人的升级面不超过原有工人的5%；其他部门的职工原则上不升级，只在十分必要的情况下个别调整级别，调整的人数不得超过总人数的1%—2%。此外，1956年进厂的30万老学徒和1958年分配实习的38万大专、中技校毕业生，要转为正式职工和定级；1958年新转到地方工作的55万复员、退伍军人，要调整工资标准。[①] 同年10月，国务院决定调整文教部门人员的工资：高等学校和中等专业学校的教学人员、卫生技术人员、运动员升级面为5%；普通中学教学人员升级面4%；其他文教事业和小学校、出版社、剧团、新华社、广播电台等单位的人员升级面为1%—2%。[②] 为了充分发挥中、小学教师的积极性和创造性，1960年3月，国务院发出《关于评定和提升全日制中、小学教师工资级别的暂行规定》，提出评定和提升教师的工资级别，应以教师的思想政治条件和业务工作能力为主要依据，并照顾其资历和教龄。同时，决定给高等学校和国家举办的全日制中小学教师调整工资，高等学校教师的升级面为40%；中小学教师的升级面为25%。[③]

由于1956年工资改革时，按产业规定工资标准，分类过细，如机器制造与机器修配工人、矿山井下与井上工作工人执行不同的工资标准，产生了一些矛盾。1960年，在全国范围内机器修配工人统一实行机器制造工人的工资标准；井下工人统一实行井上工人的工资标准，下井另外实行井下工作津贴。一些省、市结合职工升级，统一简化了本地区新老企业工人的工资等级制度。如贵州省，1959年将该省原来工业企业的28种工资标准，简化为三类地区15种工资标准，并在原一级工资标准以下增设二个至三个附加级，这样，不仅减少了全省地方企业的工资标准，也统一了新老企业工人的工资标准。[④] 1960年，针对工资等级制度方面存在的问题，上海市对已建立工资等级制度的单位（这部分单位的职工约占全市职工总数的45%），主要采取

[①] 《1958—1965中华人民共和国经济档案资料选编·劳动就业和收入分配卷》，中国财政经济出版社2011年版，第36页。
[②] 《中国劳动人事年鉴（1949.10—1987）》，劳动人事出版社1989年版，第366页。
[③] 《中国劳动人事百科全书》（下册），经济日报出版社1989年版，第1578页。
[④] 《中国劳动人事年鉴（1949.10—1987）》，劳动人事出版社1989年版，第406页。

"插""拉""并""冲"的办法,进行了不同程度的改进。"插",即在各个工资等级之间加一个副级(半级),以增加等级缩小级差,将8级工资制拉成15个或16个等级。"拉",即把各种起点工资标准拉到最低1级,对部分工资等级线起点偏高的工种,向下拉若干等级,避免一些工龄较短的工人一次增加工资较多。"并",即把性质相近的工资标准和岗位工资标准合并联结起来。针对执行的某些工种划分过细,不合理的工资标准和工种等级线,根据生产需要,有条件地加以简化,适当合并和联结起来。"冲",即表现突出的工人,即使其工资已到达所在工种的最高工资等级,也可以冲破最高等级的限制进行升级。[①] 这些改革,对简化、归并工资标准,减少实际工作中的困难,起到了积极的作用。

二 国民经济调整时期的工资调整与改革

1961—1965年的调整时期,随着国民经济重新转到健康发展的轨道,工资工作也得到了进一步的恢复和发展:重新确认按劳分配原则;基本恢复了计件和奖励工资制;进一步加强了对工资基金的集中控制与计划管理。1961年,国家曾给部分行业的职工调整了工资,但范围很小,主要限于矿山和林区的少数职工。1963年,随着国家财政经济情况的好转,职工工资升级面有所扩大,同时,工资制度改革试点也取得重大进展。

(一) 重新确认按劳分配原则和恢复计件、奖励工资制

1. 重新确认按劳分配原则

"大跃进"中对按劳分配原则的冲击,搞乱了社会主义阶段的个人消费品分配理论,搞乱了工资制度的秩序,挫伤了劳动者的社会主义积极性。因此,重新确认按劳分配原则,是恢复和改进分配制度的前提,也是贯彻国民经济调整方针不可或缺的重要内容之一。

关于坚持按劳分配原则,1958年12月,中共八届六中全会通过的《关于人民公社若干问题的决议》中就曾指出:"社会主义社会和共产主义社会

---

① 沈智、李涛主编:《上海劳动志》,上海社会科学院出版社1998年版,第291页。

是经济发展上程度不同的两个阶段。社会主义的原则是'各尽所能，按劳分配'；共产主义的原则是'各尽所能，按需分配'。共产主义的分配制度更合理，但是这只有在社会产品极大地丰富了以后才可能实现。没有这个条件而否定按劳分配的原则，就会妨害人们劳动的积极性，就不利于生产的发展，不利于社会产品的增加，也就不利于促进共产主义的实现。"[1] 1959年10月，劳动部召开了全国工资问题座谈会，会上除讨论了工资制度和工资管理方面的若干具体问题，还确定了工资政策的五项原则：一是思想政治工作和物质鼓励相结合；二是在发展生产和提高劳动生产率的基础上，逐步改善职工的物质文化生活，即工资福利不可不增，也不可多增；三是从6亿人口出发，统筹兼顾，适当安排；四是坚持按劳分配原则，工资应该有合理的差别，既要反对平均主义，又要反对高低过分悬殊；五是表现按劳分配的工资形式，应该有利于鼓舞职工的生产积极性和增进职工内部的团结，不是固定不变的。同时，指出："目前在职工中实行的计时工资制、计时加奖励工资制、计件工资制，都是表现按劳分配的工资形式，应该根据工作性质、生产特点和职工群众的意愿等条件来决定取舍。"[2] 但是，由于"反右倾"打断了纠"左"的进程，计件工资和奖励制度未能实行。

1961年1月，中共八届九中全会决定对国民经济实行"调整、巩固、充实、提高"的方针。同年6月，中共中央颁发了《农村人民公社工作条例（修正草案）》，取消了分配上实行部分供给制的规定，这不仅解决了人民公社中社员之间的平均主义问题，也为重新确认按劳分配原则铺平了道路。9月16日，中共中央又发出关于讨论和试行《国营工业企业工作条例（草案）》的指示。《条例（草案）》规定，"国营工业企业对职工的劳动报酬，实行各尽所能、按劳分配的社会主义原则。""国营工业企业的工资、奖励制度，必须体现按劳分配的原则，克服平均主义。工人、技术人员、一般职员的劳动报酬的多少，应当按照本人技术业务的熟练程度和劳动的数量质量来决定，不应当按照其他标准。"中共中央明确指出，做好思想政治工作和

---

[1] 《农业集体化重要文件汇编（1958—1981）》（下册），中共中央党校出版社1981年版，第114—115页。
[2] 《1958—1965中华人民共和国经济档案资料选编·劳动就业和收入分配卷》，中国财政经济出版社2011年版，第402—404页。

物质鼓励相结合,是充分调动职工群众的积极性的正确原则。在贯彻按劳分配的时候,要加强对职工的思想政治教育,但是,就确定每个人的劳动报酬来说,只能是按劳分配。中共中央要求,各地方党委要责成所有国营工业企业的党委,把这个指示和条例草案一字不漏地读给全体职工听,不允许把不符合自己口味的条文略去或任意篡改。这样,随着国民经济的调整,社会主义的按劳分配原则被重新确认和接受。

2. 恢复并改进计件、奖励工资制

在重新确认按劳分配和物质利益原则的基础上,中共中央、国务院对恢复并改进计件、奖励工资制度作出一系列的指示,有关部门和单位做了大量工作。

第一,恢复并改进计件工资制。1961年9月,《中共中央关于讨论和试行国营工业企业工作条例(草案)的指示》以及《国营工业企业工作条例(草案)》明确指出,工人的工资形式,应当根据需要和可能,根据对提高劳动生产率是否有利,实行计时工资制或计件工资制。企业的性质不同,条件不同,一个企业中各个生产单位和工种的情况也各有不同,所以不能笼统规定以哪种形式为主,而只能按照实际情况办事。凡是需要实行计时工资制的,就应当实行计时工资制;凡是需要和可能实行计件工资制的,就应当实行计件工资制。计件工资制分为个人计件和集体计件(包活)两种。实行计件工资制的单位,要做好定额工作,要特别注意提高产品质量和节省原料、材料、工具。实行计时工资制和计件工资制,都要有合理的劳动定额。同年11月15日,劳动部在《关于当前工资工作中应注意掌握的几个问题的通知》中也指出,实行计件工资制必须做好劳动定额工作和健全各种有关的管理制度,避免产生不正常的超额过多,增加工资过快的缺点。此后,不少企业恢复了计件工资制。

根据国家统计局统计,到1964年6月底,全国工业和施工单位已有20%(工业为16.8%,施工单位为32.7%)的工人,即196万人实行了计件工资制,对调动工人的生产积极性,提高劳动生产率起了一定的作用。但是,在计件工资方面也存在一些值得注意的问题,主要是计件超额率高,计件工人所得超额工资过多。计件超额工资过高的主要原因有:一是定额管理工作跟不上,定额比较落后;二是工人自动延长工作时间,加班加点;三是管理不善，执行制度不严，有弄虚作假的现象。①

1964年4月6日，劳动部颁发《企业计件工资暂行条例（草案）》，对实行计件工资的条件、形式、定额水平、计件单价、工资支付等都作了详细的规定与说明。② 该《条例（草案）》发出后，由各地区各部门组织试行，并对实行的计件工资制进行了整顿。

第二，恢复并改进奖励制度。1959年3月以后，许多企业单位普遍地实行了计时工资加综合性奖励的制度。在当时的社会经济条件下，实行综合奖是有它的积极作用的，它为继续贯彻按劳分配原则，恢复计件奖励制度开了好头。但由于综合奖励制度条件广泛，与生产结合不密切，考核指标笼统，执行的结果往往是生产（工作）完成与不完成都能得奖，对生产的促进作用不大。针对综合奖存在的问题，从1961年8月开始，对综合性奖励制度做了一些改进。例如，许多企业规定了某些考核指标，并改评奖为计奖或采取计奖为主、计评结合的办法，以克服干好干坏都得奖的弊病。

1961年9月，《国营工业企业工作条例（草案）》明确规定："计时工资制包括标准工资加奖金。实行计时工资制的单位，要按照职工超额完成任务的情况，合理地评定和分配奖金，不许平均分配。""实行计时工资制的职工，在完成产量、质量、节约等指标以后，发给综合奖。""实行必要的单项奖。单项奖的项目，由企业根据生产特点和每个时期的实际情况规定，但是，不宜过多。不论实行计时工资制或者计件工资制的工人，都可以按照规定的条件获得单项奖。""工人、技术人员和职员，凡有新的创造发明，经过试验、鉴定，证明确有成效的，应当按照对国家贡献的大小，分别给以奖励。防止和消灭重大事故，使国家财产免受损失或者少受损失的，应当给以奖励。""企业在全面完成和超额完成计划以后，所有干部，都可以得奖。奖金的多少，按照每个人的工作成绩来评定。企业主要领导干部的奖金，不得超过本企业熟练工人所得奖金的最高数额。""集体计奖的单位，奖金不应当平均分配，也不应当按工资等级分配，应当按照各人实现得奖条件的情况分配。小组、工段没有完成任务，而个人完成和超额完成任务或者定额

---

① 《1958—1965中华人民共和国经济档案资料选编·劳动就业和收入分配卷》，中国财政经济出版社2011年版，第424页。

② 《中国劳动人事年鉴（1949.10—1987）》，劳动人事出版社1989年版，第435页。

的，应当按照规定发奖。""职工的奖金，每月评定一次。工人按月发奖，技术人员和职员按季发奖。"《条例（草案）》发布后，各地区、各部门结合改进综合奖励制度，逐步恢复和建立了单项奖励制度以及企业领导干部的奖励制度，甚至不属于工资基金开支的奖励项目也增加了不少。

为了鼓励工人节约使用国家资材，以利于进一步降低生产成本，增加生产。1962年12月，国务院发布了《关于国营工业、交通运输、基本建设企业工人试行节约奖励制度的通知》，规定企业对于直接大量使用原料、材料、燃料、电力生产的工人和使用贵重工具、原料、材料加工的工人，有重点、有计划地试行节约奖励制度。奖金率，根据原材料、燃料等价格的高低和降低定额的难易等情况确定，一般控制在节约价值的5%—15%。奖金来源，在节约价值中开支，实际支付的节约奖金应计入工资总额之内。

1963年12月30日，劳动部发出《关于某些事业单位职工实行经常性奖励制度的通知》，同意高等学校、中等专业学校、技工学校和研究设计单位所属的实习（试验）工厂、修理工厂的职工，县及县以上城市的市政清洁队职工和房屋修缮队职工，实行经常性的奖励制度，但这些单位中的厂、队一级领导干部和计件工人暂不实行。其奖金率不得超过职工标准工资总额的6%，在其生产任务不正常的情况下奖金率不得超过4%。

1964年4月6日，劳动部制定了《企业计时奖励工资暂行条例（草案）》（以下简称《条例》），对企业实行奖励制度作了更为明确、具体的规定。按《条例》规定，国营和公私合营的工业、基本建设、交通运输、水产、商业、饮食业、服务业、金融业等企业单位，均可实行计时奖励工资制。奖励的形式可以根据具体情况，分别实行综合奖和单项奖。但实行单项奖的，在同一时间内，最多只能实行两种奖励制度。实行综合奖的，一般不再实行单项奖。《条例》还规定企业的主要领导人员，企业附属的学校、医院、托儿所等单位的人员，以及局一级的企业管理机构和联合企业的公司的各职能机构的人员，不实行经常性的奖励制度。

1964年下半年，由于全国开展社会主义教育运动，继之强调所谓"突出政治"，反对"物质刺激"，因此，计件、奖励工资制度再一次受到批判和冲击。

(二) 1961—1965 年的工资调整和改进工资制度

1961—1965 年，国家先后两次调整了部分职工的工资，提高了工资水平，研究改进了企业职工的工资标准，调整了部分地区的工资区类别。

1. 职工升级

1961 年，国民经济处于困难时期，国家大批精减职工，减少城镇人口。同时，考虑到一些劳动条件差、工作艰苦的短线生产部门，职工生活困难的也比较多，职工的工资福利待遇需要增加。10 月 21 日，国务院发出《关于职工升级、转正和定级的通知》，统一安排了对矿山和林区职工的工资调整。这次职工调资升级仅限于矿山和林区的工人及矿山井下和林区采伐现场的基层干部。其中，煤矿基本生产工人和基层干部的升级面不超过这部分职工总数的 35％；辅助生产工人不超过这部分工人总数的 15％。金属矿、石油矿和林区的基本生产工人和基层干部不超过这部分职工总数的 30％；辅助工人不超过这部分工人总数的 15％。非金属矿职工升级面由各省、直辖市、自治区根据生产需要和职工的现有工资水平，在低于金属矿职工升级面的原则下，自行确定。[①] 这次职工升级，工人根据生产需要、技术水平、日常生产成绩和劳动态度确定；基层干部根据现任职务和德、才情况，并适当照顾资历确定。

1963 年，国民经济经过调整，逐步得到恢复和发展，财政、市场情况好转，国家安排了一次全国性的职工升级。根据 1963 年 7 月 21 日中共中央、国务院批转《劳动部关于 1963 年工资工作安排意见的报告》，职工升级面为：各地区、各部门的工人、行政 18 级及以下干部（包括国家机关、企业、事业单位的行政干部、经济干部和技术干部）升级面均为 40％；国家机关行政 17 级至行政 14 级的行政干部，升级面为 25％；行政 13 级至行政 11 级的行政干部升级面最大不超过 5％（不需要升的一个也不升）；行政 10 级及以上行政干部一律不升级。企业、事业单位中工资或条件相当于行政 17 级及 17 级以上的行政干部比照办理（是按工资还是按干部条件来比照，各省、市、自治区决定）。对于相当于行政 17 级及 17 级以上的科学技术干

[①] 《中国劳动人事百科全书》（下册），经济日报出版社 1989 年版，第 1579 页。

部和经济干部,升级面可稍大一些,其中相当行政 10 级以上的,也可以个别升级。[①] 同时,还规定了升级条件,应当根据生产和工作需要,职工的技术(业务)熟练程度与工作成绩,劳动态度来确定。工人的技术熟练程度,应当以工人技术等级标准为主结合平日生产成绩来衡量。职工升级一般只升一级,极少数生产和工作成绩特别好,工资等级又过低的职工,可以升两级,但不得升三级。职工升级应当力争在 8 月完成,8 月不能完成的,可以推迟一两个月,因升级增加的工资也从 8 月起补发。为了适应生产发展和职工升级的需要,工业、基本建设、交通、地质、农垦等 17 个部门,还修订了工种等级线和技术等级标准,并以此作为工人升级的主要依据。据有关资料显示,在这次职工升级中,1957 年以前参加工作而工资等级偏低的老职工,有 50%—60% 的人升了级;工作满五年的大专毕业生和工作满三年的中专毕业生,定级后一直未升过级的,有 70%—80% 的人升了级;提职未提级而工资又偏低的技术人员,也有半数以上的人升了级。[②]

2. 改进工业交通企业干部和商业业务人员的工资制度

1963 年职工工资调整之前,企业职员多数实行职务工资等级制,工资标准比较混乱。1963 年,为了便于进行升级工作,采取了凡是原来的工资标准比较统一的,即按原来的工资标准进行升级;原来的工资标准混乱,需要适当改进才便于升级的,则先适当改进工资标准而后再进行升级。根据这个精神,有 14 个中央工业、交通、基本建设部门结合职工升级,在增加工资的基础上,改进了原来的职务工资制,取消了 1956 年规定的科室分类、人员分类的规定,简化了职员工资标准,适当调整了部分企业干部的最高和最低工资水平,实行了类似国家机关行政干部的工资等级制度;有 14 个省、区的地方企业干部改行了国家机关干部的工资标准。其中多数部门还规定,企业的行政管理人员和工程技术人员都实行相同的工资标准,即"一条龙"的工资形式,仅在工资等级线上加以区别。

商业、粮食和供销部门的业务人员(包括售货员、采购员、保管员等),原来的工资标准分得过细,部门之间也不统一,不利于职工内部团结。

[①] 《中国劳动人事百科全书》(下册),经济日报出版社 1989 年版,第 1579 页。
[②] 《1958—1965 中华人民共和国经济档案资料选编·劳动就业和收入分配卷》,中国财政经济出版社 2011 年版,第 457 页。

商业企业结合这次职工升级,改进了业务人员的工资制度,将原来实行的按商品分类的三类五级工资制度,改为统一实行的 11 级工资制度。

3. 调整过低的职工工资标准

1958 年以后,有些地区对新进企业的职工实行"新人新制度",规定了较低的工资标准。随着时间的推移,许多新职工的技术业务水平有了不同程度的提高,有的已成为生产中的骨干,但他们的工资标准仍旧很低,不仅低于老一级工,而且有的还低于学徒待遇,很不合理。另外,某些企业也有工资标准偏低的情况。为此,在 1963 年的工资调整中,各地都把企业、事业单位中工人工资低于老一级工人的,提高到本单位老一级工人的工资标准;国家机关干部中工资低于行政人员 29 级工资标准的,提高到行政人员 29 级的工资标准。有的地方还把中医中药人员中工资低于最低一级工资标准的,提到了最低一级工资标准,把小学教员低于 10 级工资标准的提到了 10 级工资标准。此外,有些地区随工资区类别的调整,还适当提高了某些偏低的工业、交通企业和基本建设单位的工人工资标准。通过调整,有 261 个中央直属企业和四川、湖南、山东等 13 个省、区的地方企业的工人工资标准有了提高,其中一级工资标准的水平,一般提高 0.5—1.5 元。[1]

4. 审查修订工人工资等级线和技术等级标准

为了适应生产发展和 1963 年职工升级工作的需要,各产业部门对工人的工种等级线和技术等级标准进行了审查修订,经劳动部平衡下达执行。技术工种的工资等级线,是根据技术复杂程度、精确程度、工作责任大小和技术设备情况、劳动繁重程度等条件来确定。各工种工资等级线的起点,凡是技术要求不太复杂、体力劳动又比较轻的,一般从一级开始;凡是技术要求比较复杂、体力劳动又比较重的工种,从二级开始;对于劳动特别繁重、劳动条件又不好,且有一定技术要求的工种(如矿山井下采掘工),从三级开始。各技术工种工资等级线的止点,原则上不提高,只对特殊不合理的做了个别调整。普通工、装卸搬运工的工资等级线,在车间工作的搬运工,起点从一级开始,止点不超过三级;特重体力劳动的辅助工,起点从二级开始,止点不超过四级。厂外运输工(汽车、火车装卸工)起点从二级开始,止

---

[1] 《1958—1965 中华人民共和国经济档案资料选编·劳动就业和收入分配卷》,中国财政经济出版社 2011 年版,第 458 页。

点不超过五级。工人的技术等级标准，由于生产技术的发展，工人文化技术的提高，修订后的技术等级标准，一般比现行水平提高一级以上。在修订工种工资等级线的同时，对于某些工种的学徒期限也做了适当调整。对于不实行学徒制的工种，还规定了熟练期限，熟练期一般为半年至一年。[①]

5. 调整部分地区工资区类别

工资区类别，是1956年工资改革取消"工资分"，全国统一实行以货币作为计算工资标准的办法，为解决地区之间物价差别而划分的。当时国家机关、事业单位和商业企业全国统一划分为11类工资区。另外，对物价过高的边远地区如新疆、青海等地，还实行了生活费补贴。其他部门的企业，由各中央主管部门根据自己的情况划分工资区类别，划分的办法和地区范围，与国家机关、事业单位不一样。到1963年，各地区经济生活条件发生了很大变化，工资区类别与当地的物价和生活水平不相适应，有的偏高，有的偏低。为此，1963年结合以职工升级为主要内容的工资调整，对工资区类别做了个别调整，主要是把国家机关、事业单位原规定的11类工资区中的第一、二类工资区提高到第三类；原来实行第三类标准的地区，有的提高到第四类（主要是西南和中南地区）；原来实行第四类标准的，个别地区提高到第五类；五类地区和五类以上地区，除个别地区的类别有升有降，基本没有动。[②] 经过调整，国家机关、事业单位的工资区类别只剩下9类。全国共有902个市、县，91个区或公社，119个矿区提高了工资区类别或生活补贴；有11个市、县建立或提高了地区津贴，7个矿区建立了矿区生活补贴，4个省的88个海岛建立了海岛津贴。[③] 对上述地区的企业单位的工资标准，也作了相应的调整。

（三）工资制度改革的探索

1. 进行"一条龙"工资标准的改革试点

从1960年开始，劳动部门就已着手探讨进一步改革工资制度的问题。

[①] 《中国劳动人事年鉴（1949.10—1987）》，劳动人事出版社1989年版，第407页。
[②] 严忠勤主编：《当代中国的职工工资福利和社会保险》，中国社会科学出版社1987年版，第86页。
[③] 《1958—1965中华人民共和国经济档案资料选编·劳动就业和收入分配卷》，中国财政经济出版社2011年版，第457—458页。

1960年7月31日,《劳动部对于现行职工工资制度的改革意见(草案)》,不仅指出了工资制度存在的问题,而且提出了工资制度改革的原则、内容和方法步骤。在职工的工资标准和工资关系方面,存在的问题主要有:一是工人的工资标准过多过繁,工资等级和工资差别不够适当。1956年工资改革时,对于工人的工资标准作了全国统一的规定是好的,但是有过多过繁的弊病。例如,中央国营企业生产工人的工资标准,按产业划分,全国有36种;按企业划分,全国有270余种,在一些综合性生产的大型企业中,往往一个企业就实行着十几种不同的工资标准。由于产业划分过细,有些产业之间工资标准的差别就很小,显得烦琐。二是职员的工资标准不够统一,过多过繁,工资关系不够合理。1956年工资改革时,对于职员的工资标准基本上是按部门作统一规定的。企业职员的工资标准,由于分了四类产业,产业中又分四类企业,企业中又分三类科室、六类"员",因而工资标准更显得繁多,仅仅中央国营企业正副科长和工程师的工资标准,全国就有210余种。三是地区工资关系不够合理。例如,国家机关、事业单位和商业企业工作人员的地区工资标准分为11类,每类相差约3%;工业、交通运输和基本建设部门职员的地区工资标准多数分为7类,每类相差约5%。至于工业等部门的工人的工资标准,虽然在地区之间也有差别,但是并没有明确划分工资区。这样,各部门之间、职员与工人之间的地区工资关系,就显得比较乱和不够合理。为此,工资制度改革,应该本着以下两个原则来进行:正确地运用按劳分配原则,适当地简化现行的工资标准,将各种应该统一而又能够统一的工资标准适当地统一起来,同时进一步合理地调整各类职工的工资关系;在年度工资增长计划指标的范围内,在既不普遍提高职工的工资标准又不降低职工个人工资的前提下,有步骤地进行改革。[①] 此后的几年,虽然对工资标准做过一些局部的改进和调整,但问题并没有得到根本解决。

1965年3月12日,劳动部党组拟定了《关于改革现行职工工资标准的初步方案及进行试点的意见》(即通常说的"一条龙"方案)。工资制度改革方案的主要内容是:

第一,统一职工的工资标准。将国家机关、企业、事业单位现行的多种

[①]《1958—1965中华人民共和国经济档案资料选编·劳动就业和收入分配卷》,中国财政经济出版社2011年版,第382—384页。

工资标准，统一为一种工资标准。新拟统一工资标准，是以现行国家机关行政人员的工资标准为基础拟订的，共为 25 个工资等级，比国家机关行政人员现有的 30 个工资等级减少了 5 个等级。其中，行政人员占用全部 25 个等级；科学技术等人员，占用 20 个等级（6—25 级）；工人占用 12 个等级（14—25 级）。在表现形式上，将科技人员（包括经济人员）、工人、行政人员的工资标准分开，在工资等级表中，各种职务、工种的工资关系用等级线加以区分。

第二，调整各类人员之间的工资关系。适当提高一般职工的工资标准，以缩小高级领导人员与一般职工之间的工资差距；适当降低科学技术人员的最高工资标准，缩小他们与行政人员、经济管理人员的工资差别，使这三类人员相当职务的工资标准大体持平；适当提高繁重体力劳动者的最高工资，以缩小他们与技术工人之间的工资差距；适当降低大学毕业生定级的工资待遇，以改善他们与老工人及参加工作多年的一般干部的工资关系。

第三，取消工资区类别。全国各地区逐步实行一个统一的工资标准。办法是：现在国家机关六类和六类以上工资区工作的职工，可以一步实行新拟统一工资标准，某些物价较高、生活条件又特别艰苦的地区，在统一工资标准以外，另加地区生活津贴。现在国家机关三、四、五类工资区工作的职工，为避免他们一次增加工资过多，影响工农关系，另订了两个比统一工资标准低的过渡工资标准，第一步先分别实行过渡工资标准，以后随着经济条件的变化、物价的平衡，再实行统一工资标准。在执行新标准时，原执行机关行政级的可以套级；原执行其他工资标准的，因无对应关系，要按规定条件重新定级，原工资高于新工资标准的，除 11 级和 11 级以上，以及特殊情况经批准可以保留外，一般不予保留。①

当时，按上述方案进行改革试点的，全国共有 53 个单位，其中西南地区 24 个，中南地区 14 个，华北地区 9 个，东北地区 6 个。试点的行业和部门，有煤矿、机械、化工、纺织、轻工、铁道、交通、邮电、地质、建筑、商业、饮食服务业等。内蒙古的赤峰市和贵州的清镇县是在市、县范围内全

---

① 《1958—1965 中华人民共和国经济档案资料选编·劳动就业和收入分配卷》，中国财政经济出版社 2011 年版，第 388—390 页。

面试点。① 从试点单位来看,"一条龙"方案的实施,一是简化了工资标准,消除了工资标准多、等级乱的现象。如西南铁路局第七工程处,职工来自四面八方,原来分别执行十种工资标准和几种不同的工资区类别,在单位内部工资标准相当混乱,通过改革,统一到一个工资等级制度中了。二是合并了工种、职务名称,调整了职务等级线。如西南铁路局第七工程处,工人由原来50个工种名称合并为35个,工种等级线由原来12条合并为5条。此外,结合改革,整顿了奖励、津贴制度;办法也各有不同,铁路工程局对奖励采取压缩方针,重庆市的试点单位取消了经常性奖励制度和计件工资,把奖金和计件超额工资的全部或大部分用于改进工资制度。②

总的来说,"一条龙"方案通过试点,进行工资改革途径的探索是有积极意义的。但是,这个方案忽视了产业、行业和企业的具体特点,笼统地搞工资标准简化,试图搞形式上的统一,特别是由于历史条件的限制,"一条龙"方案也不可能切中工资分配上长期存在的"两个大锅饭"的弊端。试点工作开始不久,即由于"文化大革命"的爆发而被迫停止。

2. 试行职工工龄津贴制度

根据《国营工业企业工作条例(草案)》有关实行工龄津贴制度的精神,1961年11月11日,劳动部工资局制定了《关于国营工业企业工人、职员试行工龄津贴办法的初步意见(草稿)》。1963年5月,劳动部印发了《关于试行工龄津贴制度若干问题的意见》,指出试行工龄津贴有三种目的:一是专门鼓励那些本工种、本职务的最高工资标准或最高技术等级较低,升级提职的机会较少,又需固定其工作岗位的专业职工,长期安心本职工作;二是普遍地关心和照顾所有工龄较长的老职工,充分调动他们的积极性;三是既鼓励专业职工安心本职工作,又普遍关心和照顾老职工。该《意见》按三种不同目的,分别提出范围、条件不同,按年限享受的津贴标准相同的三个方案。同年9月,劳动部发出《关于进行工龄津贴试点工作的通知》,并组织了煤炭、冶金、第一机械工业等10个部门和辽宁、河北、北京等10个省市,在所属的200多个基层单位、40多万职工中,进行了工龄津贴的试

---

① 《中国劳动人事年鉴(1949.10—1987)》,劳动人事出版社1989年版,第408页。
② 严忠勤主编:《当代中国的职工工资福利和社会保险》,中国社会科学出版社1987年版,第90页。

点工作。① 这些试点单位，分布在工业、基本建设、交通运输、城市公用事业、商业、科学、文化、教育、卫生和国家机关等部门。

1964年11月7日，劳动部向中共中央、国务院上报了《关于工龄津贴制度试点情况和今后意见的报告》。报告显示，根据150个单位材料统计，共有5.9万人享受工龄津贴，占150个单位职工总数25.3万人的23.2%。一个月最低每人每月领取津贴4元，最高每人每月领取15元，一个月要支付津贴30.4万元，占工资总额1500万元的2.03%。职工享受工龄津贴的条件一般是：达到本工种最高工资等级并且连续工龄满10年的工人，虽未达到本工种的最高工资等级但连续工龄满15年的工人，以及连续工龄满15年的职员。少数地区、部门的规定，则略高于或略低于这个条件，如有的规定：已经达到本工种最高工资等级并且连续工龄满15年的工人和尚未达到本工种最高工资等级但连续工龄满20年的工人以及连续工龄满20年的职员；个别部门则规定专业人员（如卫生部门的护理人员、卫生员和邮电部门的乡邮员、投递员等），只要连续工龄满12年即可享受。对相当于国家机关15级以上的干部，都规定不享受工龄津贴。②

根据试点单位反映，试行工龄津贴制度以后，获得了一定的效果，主要是：进一步调动了老职工的积极性；在一定程度上解决了一部分职工不够安心本职工作的问题，特别是对一些从事技术简单、劳动繁重、卫生条件不好而工资标准不高的工种；照顾了老职工的生活。据150个试点单位的计算，享受工龄津贴的职工，平均每人每月增加收入5.17元。但是，在试点中，也暴露出不少问题：一是实行工龄津贴制度与推行两种劳动制度的要求不相适应。两种劳动制度要求尽可能多用临时工、少用固定工，而普遍实行工龄津贴制度的结果，助长了人们愿意当固定工，不愿意当临时工，从而不利于推行新的劳动制度。二是实行工龄津贴制度，扩大了新老职工的工资差距。三是花钱太多，增大财政开支。根据试行方案的条件和标准计算，如果在1965年普遍实行，全国3400万职工中将有31.4%的人享受工龄津贴，全年支付的津贴总额将达到6亿元左右。这在当时是国家财政所承担不了的。有

---

① 袁伦渠主编：《中国劳动经济史》，北京经济学院出版社1990年版，第266页。
② 《1958—1965中华人民共和国经济档案资料选编·劳动就业和收入分配卷》，中国财政经济出版社2011年版，第449—450页。

鉴于此，这种制度于 1965 年就停止试行了。

3. 改进和整顿企业奖励制度

1965 年 3 月 18 日，劳动部提出了《关于改进和整顿企业奖励制度的初步意见》，认为"企业中现行的奖励制度，在一定程度上有助于提高职工的劳动积极性，但是目前存在许多问题，主要是有单纯物质刺激倾向和平均主义现象"，因此，应当在总的不降低职工原有收入的原则下加以进行改革。具体的意见是：奖励工作应当同生产同比学赶帮的劳动竞赛运动密切结合进行，得奖的必须是生产成绩显著而政治表现又好的职工；减少现有奖金，奖金减下一部分，用于调整工资标准或者解决工资方面的其他问题；改进奖金的提取和分配办法，可以考虑不按百分比，改按绝对数，即按各地区各部门所属企业职工人数发给，以改变目前的工资越高奖金越多的状况；加强思想政治工作，奖金的分配必须经过群众充分讨论，力求做到公平合理，反对由少数干部包办代替的做法。[①] 此后，在"左"的指导思想支配下，部分企业在开展社会主义教育运动中，又开始批判计件工资和奖励制度，直至"文化大革命"中被取消。

三 "文化大革命"时期的工资制度

"文化大革命"期间，"左"的思想和路线被推向极端，一切正常工作秩序被打乱，经济建设和企业生产遭到新中国成立以来最为严重破坏，劳动工资管理工作陷入瘫痪、半瘫痪的状态。

（一）按劳分配原则以及计件和奖励工资制再度被否定

1956 年 11 月 18 日，林彪提出了所谓"突出政治"的五项原则。随后，报刊上连续发表了一系列关于政治挂帅的社论，把"政治"抬高到了不适当的高度，甚至还提出"政治可以冲击一切、代替一切""政治要在百分之百的时间里起作用"，等等。这些极"左"的指导思想，把政治与经济、政治与业务、思想政治工作与物质鼓励对立起来，片面地强调精神的作用，否

---

① 《1958—1965 中华人民共和国经济档案资料选编·劳动就业和收入分配卷》，中国财政经济出版社 2011 年版，第 438—442 页。

定了物质利益原则；认为调动广大职工群众的积极性，只能靠政治挂帅，靠政治思想教育，靠人的政治觉悟的不断提高；认为按劳分配原则调动起来的积极性是个人主义的积极性。这样，很自然地又把奖金制度说成是不符合政治挂帅精神的东西，是资产阶级和修正主义的货色。[1] 于是，在实践上，一些经过社会主义教育运动的企业，把计件工资和奖金制度取消了。1967 年前后，为了不使职工因此而降低收入，首先从北京市开始，自行决定实行附加工资制度，即把原来发放的奖金平均发给职工。后来，几乎所有的企业都取消了计件工资和奖励制度，企业的多种工资形式变成了简单的计时工资制，奖金变成了月月固定、人手一份的"附加工资"，计时工资的正常考核制度和职工升级工作停止了。

1975 年，姚文元在《红旗》杂志第 3 期发表《论林彪反党集团产生的社会基础》的文章，歪曲马克思关于"按劳分配所体现的平等权利是资产阶级权利"的原意，把资产阶级权利说成是按劳分配，进而推出"按劳分配是产生资本主义和资产阶级分子的经济基础"的结论。紧接着，张春桥在《红旗》杂志第 4 期发表《论对资产阶级的全面专政》文章，对此又进行了补充和发挥，说什么"按劳分配使人们像一群苍蝇，围着马克思说的那个旧社会的'痕迹'和'弊病'嗡嗡叫"。他们都攻击按劳分配是"产生资产阶级和资本主义的土壤"，把工资等级当成划分阶级的标准；说什么"平均主义多一点，共产主义因素就多一点""搞计件工资、奖金，这不是关心群众生活，这是对工人阶级的莫大侮辱"，甚至提出"不为错误路线生产"等反动口号，公开破坏生产，破坏企业管理制度。[2]

"文化大革命"中，攻击和否定按劳分配原则、取消计件工资和奖励制度，是同批判所谓"走资本主义道路当权派大搞物质刺激"，同批判"修正主义路线"相联系的。因此，造成了极为严重的恶果。全国各地造反之风盛行，许多企业停工停产，停产后亏损严重，只能靠银行贷款发放工资。原来没有实行奖金和附加工资的单位和个人，一律不再实行，已经取消和停发的单位也不再恢复。其结果是，有的单位有附加工资，有的单位没有；早参加工作的职工有附加工资，新参加工作的职工没有。加之，职工长期不能进行

---

[1] 严忠勤主编：《当代中国的职工工资福利和社会保险》，中国社会科学出版社 1987 年版，第 92 页。
[2] 袁伦渠主编：《中国劳动经济史》，北京经济学院出版社 1990 年版，第 287—288 页。

正常的工资调整，还造成了在生产和工作中干与不干、干多干少、干好干坏一个样的平均主义分配，甚至"干的不如不干的，不干的不如捣蛋的"极不正常的现象，严重影响了职工内部团结，挫伤了职工的劳动积极性，使生产建设事业遭受到重大损失。

再者，1967—1968年两年甚至没有编制国民经济计划。在这种情况下，作为国民经济计划一个重要组成部分的劳动工资计划，也就失去了顺利进行的前提条件。

（二）"冻结"工资政策

从1966年下半年开始，中国的政治、经济局势迅速恶化，经济主义泛滥，一些不明真相的职工群众，以"革命串联"为名，纷纷外出；临时工、合同工要求转正；精减的职工要求复工；学徒工要求提前转正，工人要求补发奖金，增加各种津贴，调整工资，恢复已经取消的保留工资、各种变相工资和不合理的工资待遇。随着经济主义之风的蔓延，全国各级劳动部门被冲击、被砸或被封，致使劳动工资工作陷入瘫痪、半瘫痪状态。经济主义之风在全国各地蔓延，不仅腐蚀了职工的思想，也给国家带来了严重的经济损失。如东北某市，职工要求补发的项目多达30余种。在闹经济主义的21天中，该市由于发钱多，百货公司呢绒销量倍增，自行车、手表等被抢购一空。全国其他地方也不同程度地存在类似的现象。

为了稳定局势，说服教育职工群众，并维护国家的劳动工资政策和制度，1967年1月11日，中共中央发出了《关于反对经济主义的通知》，要求各地区各部门立即制止经济主义之风，并责成各级银行对所有不符合国家规定的支出，一律拒绝支付；同时指出，在经济问题上，过去有些不合理的规定，中央将进行调查研究，提出解决办法，但在中央没有提出新的办法以前，暂不变动。[①] 同年8月18日，劳动部复《四川省劳动局关于奖金、活工资问题的函》指出，奖金制度是物质刺激的东西，活工资是取消综合奖金制度的一种临时措施。根据中央反对经济主义的精神，原来没有实行奖金制度的单位以及新建企业和新参加工作的人员，一律不再实行奖金制度或活工

---

① 《中华人民共和国经济大事记（初稿）》（专辑四），《计划经济研究》1983年第32期。

资；已经取消和停止了的单位也不再恢复，更不应该补发奖金。1967年12月28日，国务院下达了《关于职工转正定级问题的通知》，《通知》规定：学徒、大中专毕业生、复员退伍军人等的转正定级工作，可以照常进行。转正定级的工资水平应严加控制，学徒转正工资不得超过工资标准的最低一级；学徒和技工学校毕业生的定级工资不得超过二级；复员退伍军人的定级工资一般不得超过二级；高等学校和中等专业学校毕业生的定级工资，仍按现行有关规定办理（中专毕业生分配当工人的不得超过二级）；临时工、合同工和轮换工的工资待遇，按原合同规定办理。调动工作后改变工种或改变工资制度的职工，不再评定等级。在地区之间、矿山井上井下之间、航运航岸之间调动工作的职工，其工资待遇可按原规定执行。其他调动工作的职工，其工资一律暂不变动。[①] 后来，又加上了地质野外与室内之间的调动。

1968年1月18日，中共中央、国务院、中央军委和中央"文化大革命"小组联合发出了《关于进一步打击反革命经济主义和投机倒把活动的通知》，《通知》规定：关于工资、福利、奖金、附加工资、补贴、劳动保护用品和保健食品等制度的改革，应放在运动的后期统一处理。对上述制度，目前没有实行改革的单位暂不实行；擅自提高标准或扩大范围的，必须严格纠正。同年2月，劳动部再次强调，对奖金、附加工资等问题，应按中共中央和国务院的精神严加掌握，原来没有实行的单位和个人，一律不再实行，过去不论什么原因实际上已经取消和停发的单位不再恢复，恢复了的，必须严格纠正。这样，经济主义之风才逐步被刹住。与此同时，奖金和附加工资实际上也被"冻结"了起来。

（三）1971年部分职工调整工资

由于工资被"冻结"，一部分低工资收入的职工生活比较困难。1971年11月30日，国务院发出《关于调整部分工人和工作人员工资的通知》。这次调整工资，主要是考虑1958年参加工作的二级工已经工作10多年，多数已成为生产骨干，已带了两三批徒弟，许多人有两三个孩子，可是每月工资

---

① 《中华人民共和国经济大事记（初稿）》（专辑四），《计划经济研究》1983年第32期。

在 40 元左右，生活确有困难。再者，是因为自 1963 年调整工资以来已有 8 年没有调整了，而 1963 年调整时由于受 40% 调资面的限制，1958 年参加工作的职工基本上没有升级。他们对自己的这种境遇有一个非常形象的说法，叫作"拖车（家庭负担）、挂斗（带徒弟）、加爬坡（在生产中起骨干作用承担重要任务）"。他们所带的徒弟，多数也已经是二级工，工资与他们差不多，出现了所谓"两代同堂"，甚至"三代同堂"（师傅和所带的徒弟或其徒弟的徒弟工资一样）的局面，不仅他们自己的劳动报酬与劳动贡献大大不相符，而且新、老职工之间也存在严重的不合理现象。因此，有必要对他们的工资和"左邻右舍"情况类似人员的工资进行一次调整。

这次调整工资的范围是：全民所有制企业、事业单位和国家机关中 1957 年年底以前参加工作的三级工，1960 年年底以前参加工作的二级工，1966 年年底以前参加工作的一级工和低于一级工的工人，以及与上述年限相同，工资等级相似的职工。矿山井下主要生产工人的调资范围，分别放宽了一级，即 1957 年年底以前参加工作的四级工，1960 年年底以前参加工作的三级工，1966 年年底以前参加工作的二级工，都调了工资。调资范围内的工人和工作人员，一般都调高一级；对 1957 年年底以前参加工作的二级工、1960 年年底以前参加工作的一级工和低于一级工的工人，调高两级。在这次调整工资中，调高一级的工资级差在 5 元以上的按工资标准执行，级差不够 5 元的增加到 5 元。这次工资调整，调资面为 28% 左右，一年增加工资基数为 11 亿元。不论何时进行调整，一律从 1971 年 7 月 1 日起增加工资。[①]

这次工资调整是在企业的各项规章制度基本被废除和正常的升级制度被打断的情况下进行的，由于当时职工在"文化大革命"中形成的派性尚未消除，因此，不得不采取按工作年限和工资登记状况确定调资对象和范围的办法，给少数低工资的职工调整工资。这种做法，尽管带有平均主义的倾向，但是，对于调动那些工资多年未动、工资偏低的中年生产和工作骨干的积极性，改善他们的生活，还是起到了积极作用的。

---

① 《中华人民共和国经济大事记（初稿）》（专辑四），《计划经济研究》1983 年第 32 期。

(四) 坚持和维护按劳分配原则的努力

"文化大革命"期间，虽然按劳分配原则被攻击和否定，但在周恩来和邓小平等老一辈领导人支持下，坚持和维护按劳分配原则的斗争一直在继续。

计件工资制和奖励制度被再度取消后，许多企业职工的出勤率降低，劳动生产率大幅下滑，严重影响了国家计划任务的完成。特别是港口装卸搬运问题更为突出，例如广州黄埔港，1972年的装卸效率仅相当于1965年定额指标的64%。由于生产效率下降，港口堵塞，压车、压船、压货现象十分严重，外轮停港延期索赔罚款事件日益严重，给国家造成了很大损失。根据周恩来"三年改变港口面貌"的指示，广州黄埔港于1973年10月开始，在2660多名装卸工人中重新实行计件工资制。实行计件工资后，生产情况迅速好转，装卸效率提高，港口的吞吐量、装卸量都很快上升，压车、压船、压货以及外轮停港延期现象减少。再如，开滦煤矿唐家庄矿，1973年9月恢复了过去行之有效的奖励制度，煤炭生产出现了新局面。原煤平均日产量由8月的6930吨提高到9月的7200吨，全员劳动生产率也由8月的1.325吨提高到9月的1.39吨；职工出勤率由8月的88.7%上升到10月的92.3%，工程规格质量和设备完好率也有显著提高。每吨煤的工资成本也由8月的3.51元降低到了10月的3.23元。[①] 实践证明，实行计件工资制和奖励制度，对调动职工的生产积极性，保证和促进生产任务的完成，是十分有效的，也是符合按劳分配原则的。

1975年，邓小平主持国务院工作期间，着手对许多方面的工作进行整顿，使全国形势有了明显的好转。在邓小平主持下，起草了《关于加快工业发展的若干问题》的文件。文件明确指出：各尽所能，按劳分配，不劳动者不得食是社会主义原则，在现阶段，它是基本符合生产力发展要求的，必须坚决实行。他在《关于发展工业的几点意见》一文中指出："坚持按劳分配原则。这在社会主义建设中始终是一个很大的问题，大家都要动脑筋想一想。所谓物质鼓励，过去并不多。人的贡献不同，在待遇上是否应当有差

[①] 袁伦渠主编：《中国劳动经济史》，北京经济学院出版社1990年版，第291页。

别？同样是工人，但有的技术水平比别人高，要不要提高他的级别、待遇？技术人员的待遇是否也要提高？如果不管贡献大小、技术高低、能力强弱、劳动轻重，工资都是四五十块钱，表面上看来似乎大家都是平等的，但实际上是不符合按劳分配原则的，这怎么能调动人们的积极性？""工资政策是个很复杂的问题，要研究。"[1] 这些指示，本应成为工资领域拨乱反正，恢复按劳分配制度的有力武器。但是，随着"反击右倾翻案风"运动的开展，按劳分配原则又再次受到冲击。

四 职工工资收入长期偏低且呈平均化态势

在1957—1978年的计划经济体制下，中国的经济形式单一，公有制经济在城镇的经济形式中几乎占100%，城镇劳动者主要是在全民所有制和集体所有制单位中就业，且以全民所有制职工占绝大比重（见表7—4），其主要收入来源是工资收入。由于在城镇长期实行高就业、低工资的政策，城镇中几乎不存在失业的现象，工资制度的变动主要是缩小工资等级差别，加之，在"左"倾思想的干扰下，记件工资和奖励工资制受到冲击以致被废止，多年对工资很少进行调整，致使职工工资收入长期偏低且呈平均化态势。

（一）职工工资收入变化的态势

从表8—1和表8—2中的数据中可以看出，在1957—1978年的20多年时间里，职工工资总额从190.8亿元增长到568.9亿元，增长了1.98倍。其中，全民所有制单位职工工资总额从156.4亿元增长到468.7亿元，增长了2倍；全民所有制单位职工工资总额指数，也增长了近2倍。但就职工的实际工资而言，1957年是职工人均工资最高的一年，而在国民经济比较困难的20世纪60年代初期达到了最低点。此后，随着国民经济的恢复，职工人均工资开始上升。"文化大革命"十年，工资水平始终基本不变，甚至还有所降低。它充分体现出这一时期经济运行方式和分配方式变化的特点。

---

[1] 《邓小平文选》（第二卷），人民出版社1994年版，第30—31页。

表 8—1　　　　　　　　1957—1978 年职工工资总额及指数

年份	全部职工工资总额（亿元）			全部职工工资总额指数（以 1952 年为 100）		
	合计	全民所有制单位	城镇集体所有制单位	合计	全民所有制单位	城镇集体所有制单位
1957	190.8	156.4	24.4	279.2	231.7	4300.0
1958	210.8	180.0	30.8	308.6	266.7	3850.0
1959	263.1	233.5	29.6	385.2	345.9	3700.0
1960	296.7	263.2	33.5	434.4	389.9	4187.5
1961	280.7	244.1	36.6	411.0	361.6	4575.0
1962	254.3	213.6	40.7	372.3	316.4	5087.5
1963	249.9	211.1	38.8	365.9	312.7	4850.0
1964	263.7	224.0	39.7	386.1	331.9	4962.5
1965	282.3	235.3	47.0	413.3	348.6	5875.0
1966	296.3	243.6	52.7	433.8	360.9	6587.5
1967	308.3	250.0	58.3	451.4	370.4	7287.5
1968	312.0	254.0	58.0	456.8	376.3	7250.0
1969	322.6	263.0	59.6	472.3	389.6	7450.0
1970	334.3	277.5	56.8	489.5	411.1	7100.0
1971	364.0	302.0	62.0	532.9	447.4	7750.0
1972	409.6	340.0	69.6	599.7	503.7	8700.0
1973	429.1	353.3	75.8	628.3	523.4	9475.0
1974	441.9	370.9	71.0	647.0	549.5	8875.0
1975	463.5	386.1	77.4	678.6	572.0	9675.0
1976	489.2	406.1	83.1	716.3	601.6	10378.5
1977	514.8	425.7	89.1	753.7	630.7	11137.5
1978	568.9	468.7	100.2	832.9	694.4	12525.0

资料来源：《中国劳动工资统计资料（1949—1985）》，中国统计出版社 1987 年版，第 115、116 页。

表 8—2　　　　　　　　1957—1978 年职工平均工资及指数

年份	职工平均工资（元）			全民所有制单位职工平均工资指数（以 1952 年为 100）	
	合计	全民所有制单位	城镇集体所有制单位	货币工资	实际工资
1957	624	637	571	142.8	130.3
1958	536	550	470	123.3	113.7

续表

年份	职工平均工资（元）			全民所有制单位职工平均工资指数（以1952年为100）	
	合计	全民所有制单位	城镇集体所有制单位	货币工资	实际工资
1959	512	524	430	117.5	108.1
1960	511	528	409	118.4	106.3
1961	510	537	380	120.4	93.7
1962	551	592	405	132.7	98.7
1963	576	641	371	143.7	113.7
1964	586	661	358	148.2	121.7
1965	590	652	398	146.2	121.5
1966	583	636	423	142.6	120.0
1967	587	630	455	141.3	119.5
1968	577	621	441	139.2	117.7
1969	575	618	439	138.6	116.1
1970	561	609	405	136.5	114.3
1971	560	597	429	133.9	112.3
1972	588	622	465	139.5	116.8
1973	587	614	489	137.7	115.2
1974	584	622	441	139.5	115.9
1975	580	613	453	137.4	113.9
1976	575	605	464	135.7	112.1
1977	576	602	478	135.0	108.5
1978	615	644	506	144.4	115.2

资料来源：《中国劳动工资统计资料（1949—1985）》，中国统计出版社1987年版，第152、156页。

"大跃进"期间，职工人数急剧增加，引起了工资总额的大幅度增长。1960年全民所有制职工人数比1957年增长了105.8%，工资总额比1957年增加了107亿元，增长68.6%。由于取消或停止实行计件工资制和奖励制度，国营企业职工的收入都不同程度地下降，尤其是老工人收入下降更多。虽然1958年和1959年国家先后发放了总额为6亿元和7亿元的"跃进奖"，但具体到职工，数额较小，工人不超过半个月的工资，其他人员不超过40

元，且基本上是平均发放，因此，对职工收入只是略有小补。1960年以后，因经济状况恶化，"跃进奖"停止发放。在这几年里，由于国民经济比例严重失调，国家在增加原职工工资方面力不从心，只是为了解决1956年工资改革遗留的问题，在1959年和1960年分别给少数生产工人和部分中小学教师调整了工资，但这两次调整工资的面都很小，最高升级面分别为30%和25%。此外，在工资制度改革方面，还降低了普通工、勤杂工的工资标准；进一步降低了党员领导干部的工资标准，包括1959年将国家机关党员干部的1级、2级、3级的工资标准合并为一个等级，都采取原3级工资的标准，1960年又决定降低17级以上党员干部的工资。这样，1958—1960年，国营企业职工工资总额尽管增加了100多亿元，但主要是用于支付新增职工的工资，而新增职工工资往往较低，使全国国营企业职工的人均工资下降了17.1%，扣除物价上涨因素，职工的人均实际工资下降了18.4%。

国民经济调整时期，计件工资和奖励制度在企业中逐步得以恢复和改进，国家先后两次调整部分职工的工资，并进行工资制度改革的探索，全民所有制职工工资水平经历了一个下降和恢复性增长的过程。20世纪60年代初，由于国民经济严重困难。1961年，国家仅给矿山和林区的少数职工调整过工资，但范围很小。据统计，1961年全民所有制职工人均实际工资比1957年降了28.6%，比1952年还低7%。1962年职工人均工资略有增加。到1963年，国民经济经过调整，恢复的速度比较快，市场情况也在好转，特别是精减职工的任务已经完成。全民所有制单位职工从1960年的5053.8万人减少到3293.1万人，同时，全民所有制单位工资总额也有大幅度下降，从263.2亿元下降到211.1亿元。鉴于当时农民的生活已有改善，而职工实际工资收入下降较多，部分职工生活相当困难，政府决定在较大范围内给部分职工调整工资，调整工资的升级面为40%。同时，这次还调整了工资区类别（取消了第一类、第二类工资类别），调整了过低的工资标准，建立和改进了津贴制度。经过这次工资调整，1963年全民所有制职工人均工资比1962年增加了49元，比上年增长了8.3%。如果考虑物价水平的回落，以1952年职工人均工资指数为100的话，那么，职工的实际工资增长了10.97%。此后，国家对工资制度又进行一些改革，诸如提高部分职工的工资标准，简化企业单位的工资标准，统一全国企事业单位的工资标准，等等。总的来看，1964—1965 年，职工总数和工资总数都是增加的，职工人均工资也继续增长。到 1965 年，全民所有制职工人实际工资比 1960 年增长了 14.3%，年均增长 2.7%，但比 1957 年还低 6.75%，还没有恢复到 1957 年水平。

"文化大革命"期间，国民经济几起几伏，比例严重失调，职工工资长期处于"冻结"状态。全国各企业基本上停止了实行奖励制度和计件工资制，原来的奖金和计件超额工资改成了平均化的"附加工资"，而且对"文化大革命"后新参加工作职工的工资不再给予"附加工资"，这实际上降低了新职工的工资水平。因此，在 1966—1971 年，全民所有制单位职工的工资，无论是平均货币工资还是实际工资都是逐步下降的，人均货币工资从 636 元下降到 597 元，人均实际工资水平下降了 6.4%。1971 年，国民经济从"文化大革命"初期的下降转为恢复发展，国家决定对部分职工的工资进行升级加薪，调资面不到 30%。调整工资后，1972 年全民所有制职工的工资水平比上年有了明显的提高，平均货币工资和实际工资分别比上年增长了 4.2% 和 4%。这次调整部分职工工资后，直到 1976 年"文化大革命"结束，全国职工工资再未进行过调整。1976 年与 1966 年相比，全民所有制单位职工工资总额增长了 66.7%，平均每年增长 5.2%，高于同期国民收入平均每年增长 5% 的速度。而 1976 年，全民所有制单位职工平均货币工资只相当于 1966 年的 95.1%，平均每年下降 0.5%；平均实际工资只相当于 1966 年的 93.4%，平均每年下降 0.7%。

"文化大革命"结束后，鉴于 10 多年来大多数职工没有升过级，一些低工资的职工生活困难，国家决定从 1977 年 10 月 1 日起，对部分职工的工资进行调整。这次调整工资的重点是工作多年但工资偏低的职工。具体范围是：1971 年以前参加工作的一级工，1966 年年底以前参加工作的二级工，以及工作年限相同、工资等级相似的企业干部和商业、服务业、文教卫生、国家机关等部门的职工。同时，1971 年年底以前参加工作的职工，除 17 级以上的干部（含 17 级）外，还可以有 40% 的人升级加薪。这次调整工资，升级幅度为一级，工资级差不到 5 元的增加 5 元，但大于 7 元的只增 7 元（俗称保五限七）。在这次调整工资中，凡是 1966 年以前参加工作的中专毕业生，不论是工人还是干部，也可以增加 7 元的工资；普通高校"文化大革命"期间入学的大学毕业生,其定级工资统一规定为43元(六类地区)。通过这次工资调整,全国有60%的职工增加了收入。其中,40%提高了工资级别,20%的职工因提高工资标准也不同程度地增加了工资收入。1978年5月,政府决定恢复奖励和计件工资制度。当年,全民所有制职工工资平均工资有较多的增长,其中货币工资增长7%,扣除物价因素,实际工资增长6.2%。

由于城镇集体所有制单位职工的工资等级、工资标准、升级办法大体上是参照全民所有制单位的办法实行的,因此,城镇集体所有制单位职工的工资变动情况,不再做专门叙述。

(二) 职工工资收入及其变化的特点

在计划经济体制下,国家统一规定调整职工工资的时间和升级面。1957—1978年职工工资收入及其变化的特点如下:

第一,职工低工资。1978年全民所有制职工人均年工资644元,平均月工资为53.67元。如果扣除物价因素,按1952年不变价格计算,实际年工资只有514元,月平均工资只有42.8元。城镇居民的生活水平在一定程度上能反映出工资水平的高低。在这20多年中,由于实行"高积累、低消费"的政策,城镇居民的生活水平仅能勉强维持温饱。恩格尔系数[①]是用来衡量家庭富足程度的一个重要指标,指居民家庭中食物支出占消费总支出的比重。1957年,中国城镇居民人均生活费支出为222元,其中人均食品支出为129.72元,占生活费支出的58.43%;1964年,城镇居民人均生活费支出为220.7元,其中人均食品支出为130.7元,占生活费支出的59.22%;1978年,城镇居民人均生活费支出为311.6元,其中人均食品支出为178.9元,占生活费支出的57.41%。[②]

第二,职工工资低增长。1978年与1952年相比较,全民所有制职工人均实际工资仅增长了15.2%,年均增长速度不到0.6%。其中,1953—1957年的增长速度为30.3%;1958—1978年则下降了11.5%,年均增长速度为-0.5%。

---

① 根据联合国粮农组织提出的标准,恩格尔系数在59%以上为贫困,50%—59%为温饱,40%—50%为小康,30%—40%为富裕,低于30%为最富裕。

② 《新中国五十年统计资料汇编》,中国统计出版社1999年版,第22页。

第三，职工工资收入平均化。在1956年工资改革后，中高工资人群（如行政17级及以上的干部以及工资水平相当的人员），由于自然减员，或由于工资制度改革降低了工资标准，在数次工资调整时限制他们工资升级等，到1978年，他们的人数略有减少，工资水平与低工资人群的差距也在缩小。在低工资人群中，从1957—1978年，只有三次全国性的调级加薪机会，但升级面加起来仅有110%，平均约1.1人次得到升级，大多数升了一级。这样，在1977年下半年调整工资之前，除大中专毕业生外，1957年以前参加工作的职工，大多为四级工；1958—1960年参加工作的大多为三级工，他们的人数约为1500万人，占1977年年底全民所有制职工总数的21%，月工资水平在43—48元；1961年到1974年参加工作的多为二级工或一级工，他们的人数约为2000万人，占1977年年底全民所有制职工总数的29%左右，月工资水平在30—40元；1974年之后参加工作的职工多为学徒工资，他们的人数在1200万左右，占1977年年底全民所有制职工总数的17%，月工资水平在20—30元。这就是说，1958—1977年参加工作的4700万全民所有制职工，人数占职工总数的67%，他们年龄、工龄最大相差约20年，已完全是两代人，但工资大体分布在学徒工资、一级和二级工、三级工这三个"平台"上。1977年刚刚参加工作的学徒工的工资收入一般在20元左右，与1958年已参加工作20年工作的职工收入差距，仅在23—28元；1973年参加工作，工作实足时间已满4年，在比较正规的国营企业中正常情况下应转正定级为二级工，工资收入与1958年参加工作的三级工差距一般不超过10元。在相同等级的职工之间，除了地区工资差别、产业工资差别和少量的特殊工种津贴、加班津贴外，因取消了奖励和计件工资制度，再无大的区别。另外，集体所有制职工高工资人群更少，低工资人群面更大，人均工资1978年比全民所有制职工低21.6%。因此，低工资职工人群收入平均化的情况更为显著。①

第四，城镇居民从业人员占城镇人口总数比例提高，就业者平均赡养的人口减少。从表8—3的数据可以看出，1978年与1957年相比，从业人口占城镇人口总数的比例，从32.21%提高到55.17%。尽管从业人口比例的提

---

① 苏少之：《中国经济通史》（第十卷·上），湖南人民出版社2002年版，第1094—1095页。

高,是在严格控制城市人口机械性增长和大量下放城市人口的情况下实现的,但从城镇人口统计的角度看,从业者人均负担系数大大降低。这种情况对城镇居民收入的影响有两个方面:一是就业者人均负担系数的降低,使在职工低工资的情况下,城镇居民的平均收入有所增加。如前所述,全民所有制职工的人均实际工资1978年比1957年下降了11.5%,但由于就业者人均负担系数的降低,全国城镇居民的实际收入却增加了18.5%。二是在职工工资收入平均化的基础上的广就业,导致了城镇居民收入的平均化。1978年,中国城镇居民基尼系数为0.16,[1] 属于绝对平均的范围。

表8—3　　中国城镇人口从业人员的比例及就业者人均负担系数

	单位	1952年	1957年	1964年	1978年
城镇人口数	万人	7163	9949	12950	17245
城镇从业人数	万人	2483	3205	4828	9514
其中职工数	万人	1603	3101	4601	9499
全民所有制职工数	万人	1580	2451	3465	7451
集体所有制职工数	万人	23	650	1136	2048
城镇个体劳动者	万人	883	104	227	15
城镇从业者占城镇人口的比重	%	34.66	32.21	37.28	55.17
就业者人均负担系数(包括本人)	人	2.89	3.1	2.68	1.81

注:1952年和1957年全民所有制职工人数中包括私营企业和公私合营企业。
资料来源:根据《中国统计年鉴(1983)》,中国统计出版社1983年版,第103、120、123页计算。

---

[1]　张东生主编:《中国居民收入分配年度报告(2011)》,经济科学出版社2012年版,第228页。

第 九 章
计划经济体制下的社会保险与职工福利

计划经济体制下,中国社会保险与职工福利制度基本上延续着建立时期国家—单位保障制的格局,即国家(主要体现在中央政府)承担着统一制定各项社会保险制度与职工福利政策、直接供款和组织实施之责,城镇机关、企事业单位具体落实本单位职工的社会保险和福利待遇及其家属的有关社会保障费用,国家和单位在社会保险与职工福利制度实施过程中日益紧密地结合为一体。当然,为了适应新形势的发展变化,国家也曾对社会保险与职工福利制度进行过某些调整和完善,但是,由于对尚处在社会主义初级阶段的基本国情缺乏科学认识和主观决策的失误,社会保险制度与职工福利也经历了一个曲折发展与变迁的过程,积累了丰富的经验与教训。这些历史经验教训,给当今的社会保险与职工福利制度改革提供了沉重的警示。

一 社会保险制度的发展与变化

(一)社会保险制度在调整中发展

遵照 1957 年中共八届三中全会的精神和周恩来总理对社会保险工作的意见,劳动部会同中华全国总工会等有关部门,在对原来社会保险制度中有关享受条件和待遇规定进行调整的同时,还根据需要建立健全了一些新的社会保险办法和管理制度。

1. 统一退休、退职规定,完善养老保险制度

养老保险是社会保险制度的重要项目之一。由于《劳动保险条例》和

《国家机关工作人员退休处理暂行办法》对企业和国家机关的退休待遇规定不统一,两者相互影响,加之,某些条件限制严了一些,待遇标准也不够适当,因此,有相当一部分年老体衰的人员不能够或不愿意退休。根据当时的实际情况,有必要把企业和国家机关的退休制度统一起来,并适当放宽退休条件、调整退休待遇。在这种情况下,劳动部草拟的《国务院关于工人、职员退休处理的暂行规定(草案)》,在全国近1.2万个重点企业310.3万名职工中征求意见后,国务院于1958年2月9日公布施行。为了贯彻实施这个暂行规定,1958年4月23日,劳动部发布了《国务院关于工人、职员退休处理的暂行规定实施细则(草案)》。[1] 新的暂行规定与原办法相比,其变化之处在于:一是制定了工人、职员因工致残完全丧失劳动能力后退休待遇的条款;二是放宽了退休条件,"一般工龄"年限减少了5年;三是增加了因身体衰弱,丧失劳动能力,经医生证明不能继续工作的可以提前退休的内容;四是取消了在职养老金的规定;五是对于有特殊贡献人员的退休待遇提高了5%。这次政策调整最显著的变化是,把企业职工的养老保险与机关干部的养老保险纳入一个共同的公共养老保险计划之中,即两套社会保险体系中最重要的养老保险制度开始出现了制度上的趋同倾向。[2]

关于退职制度,国家机关工作人员[3]原来实行的是国务院1955年12月颁发的《国家机关工作人员退职处理的暂行办法》,企业职工原来实行的是政务院财政经济委员会1952年1月发布《国营企业工人、职员退职处理暂行办法(草案)》。企业和国家机关实行两种不同的办法,加之某些规定不尽恰当,职工颇有意见。因此,劳动部在起草企业和国家机关统一的退休办法的同时,还草拟了《国务院关于工人、职员退职处理的暂行规定(草案)》,经全国人大常委会1958年3月7日会议原则批准,由国务院公布施行。新规定统一了企业和国家机关的退职办法,适当放宽了退职条件,提高了待遇标准(最高为本人30个月工资),解决了企业和国家机关退职办法中

---

[1] 严忠勤主编:《当代中国的职工工资福利和社会保险》,中国社会科学出版社1987年版,第315页。

[2] 陈佳贵、罗斯纳等:《中国城市社会保障的改革》,阿登纳基金会系列丛书,2000年第11辑,第69页。

[3] 国家机关工作人员,是指国家机关、民主党派、人民团体和事业单位工作人员,下同。

的矛盾，推动了退职工作的开展。

随着城镇集体经济的不断发展，原来签订集体劳动保险合同的集体经济组织，大都申请批准实行了《保险条例》，而仍然实行集体劳动保险合同的单位，因为合同中一般没有退休退职的规定，那么，在这些集体单位工作的职工的退休养老问题也就显露出来。于是，有些系统和单位开始根据自己的实际情况，制定了标准较低的退休退职制度。如第二轻工业部、全国手工业合作总社于1966年4月颁布了《关于轻、手工业集体所有制企业职工、社员退休统筹暂行办法》《关于轻、手工业集体所有制企业职工、社员退职暂行办法》，尝试建立集体所有制单位职工的退休退职统筹制度，对退休职工按月发给本人工资40%—65%的退休补助费；退职的一次发给1—20个月本人工资的退职补助费。[①]

为了解决退休人员的生活困难问题，1964年3月6日，内务部与财政部联合发出了《关于解决企业职工退休后生活困难救济经费问题的通知》，对退休人员的困难补助也是退休养老保障的一项内容。

此外，1958年7月5日，国务院还公布了《关于现役军官退休处理的暂行规定》；1959年11月6日，内务部、中国人民解放军总政治部联合发出《关于执行〈国务院关于现役军官退休处理的暂行规定〉的通知》，再次确认军官退休制度，并由民政部门与军队政治机关共同负责。

2. 改进公费医疗与劳保医疗制度

企业职工的劳动保险医疗制度和国家机关工作人员的公费医疗制度，自公布实行以后，对保护职工和国家机关工作人员的身体健康，起到了一定的作用。但是，由于享受医疗保险待遇的对象范围不断扩大，医疗费用的支出也不断上升，政府开始感到压力。1957年9月，周恩来总理在中共八届三中全会的报告中即提出"劳保医疗和公费医疗实行少量收费，取消一切陋规，节约经费开支"。这是在新的历史条件下首次指出公费医疗存在弊端，需要加以改革。从1960年开始，国家颁布了一系列法规、规定，对医疗费用报销范围作了具体规定，明确了自费与公费的界限，并对药品的使用作了限制。例如，1961年卫生部修订《关于中央机关司局长及行政十级以上干部

[①] 彭于彪：《中国城镇养老保险制度的变迁及特征》，《武汉学刊》2005年第3期。

公费医疗的报销规定》、1962年卫生部发出《关于严格控制病人转地治疗的通知》以及1964年国务院批转卫生部、财政部的几个文件，都明确了享受公费医疗的国家工作人员经批准到外地就医路费可参照差旅费的规定报销，未经批准不予报销，并明确了干部公费报销与自费的界限等。到1965年，公费医疗制度和劳保医疗制度已实行了10余年，制度的不完善，愈加暴露出医疗费用浪费严重的问题。例如，全国公费医疗经费年年增长，年年超支。1960年国家规定公费医疗费用平均每年每人18元，实际用了24.6元。1964年国家规定公费医疗费用平均每年每人26元，实际用了34.4元。[①]1965年9月21日，中共中央在批转卫生部党委《关于把卫生工作的重点放到农村的报告》的批示中指出："公费医疗制度应做适当的改革，劳保医疗制度的执行也应当适当整顿。"根据中央的批示，同年12月，卫生部和财政部发出了《关于改进公费医疗管理问题的通知》，对国家机关工作人员的医疗制度作了适当改进。改进的主要内容：一是看病要收挂号费，二是营养滋补药品除医院领导批准使用的以外，一律实行自理。[②]

劳动保险医疗初创时是一种"半基金"式的保险模式，由企业行政和工会共同管理，当时可以在劳动保险基金（按职工工资总额的3%，税前提取，列入成本）项目下支付职工非因工负伤治疗超过6个月时的补助费。1957年3月23日，国务院批转了财政部、劳动部及中华全国总工会《关于整顿现行附加工资提取办法的报告》，将原规定[③]调整为：重工业提取5.5%，轻工业提取5%，贸易部门提取4.5%，全国平均为5.09%。1964年1月27日，财政部、劳动部、国家统计局、全国总工会颁发了《关于国营企业提取工资附加费的补充规定》，又进行了适当的补充：由劳动保险金和

[①] 郑功成等：《中国社会保障制度变迁与评估》，中国人民大学出版社2002年版，第121页。
[②] 邱善圻、施明才：《我国社会保险的发展概况》，《中国劳动》1985年第12期。
[③] 1953年1月13日，政务院财经委员会颁发了《关于国营企业1953年计划中附加工资内容和计算办法的规定》。之后，不同行业按职工工资总额的一定比例提取医药卫生补助金：重工业、建筑部门、森林工业、铁路及交通部门，为工资总额的7%；轻工业、纺织工业、邮电、贸易企业、商业企业、粮食企业、银行及国营农场为工资总额的5%。所有下列各项开支均应在此项补助金内计付：职工因工负伤医疗费；职工疾病或非因工负伤医疗费；职工供养的直系亲属疾病医疗费；医务人员（包括医生、护士及附属的医院医疗所内的一切工作人员）的工资和附加工资；医务经费（包括附属的医院、医疗所等的经费，但医院医疗所的固定资产的基本折旧和大修理折旧不计算在内）；职工因工负伤就医路费。以上前三项医疗费的内容应以劳动保险条例的规定为依据。

企业直接支付的劳保费用开支的病、伤、产假工资，病伤救济费，可以提取各项附加费；从劳动保险金中支付的退休费，可以提取医药卫生补助金；上述提取的各项附加费，均在企业成本中开支。由医药卫生补助金和福利补助金开支的医药费，可以提取各项工资附加费，在医药卫生补助费中列支。

针对劳保医院国家和企业包得过多、药品浪费等情况，劳动部和中华全国总工会本着逐步对企业职工的医疗保险进行整顿的精神，于1966年4月15日联合发出《关于改进企业职工劳保医疗制度几个问题的通知》，规定企业职工患病和非因工负伤，在指定医院或企业附设医院医疗时，其所需的挂号费、出诊费，均由职工本人负担；职工患病所需贵重药费改由行政方面负担；职工服用营养滋补药品的费用改由本人自理；职工因工负伤或患职业病住院期间的膳费，改由本人负担1/3，企业行政方面负担2/3。企业职工供养直系亲属患病医疗时，除药费和手术费仍然实行半费外，挂号费、检查费、化验费等均由个人负担。[①]

应该说，对国家机关和企业的医疗制度做上述改进，是符合当时实际情况的，也是必要的。但是，医疗待遇规定总体变化不大，只是将一般情况下的门诊挂号费、出诊费等以及职工亲属半费医疗的一些项目改为由个人承担，这种象征性地引入个人负担机制，难以有效阻止受保对象对稀缺的医疗资源的过度消费以及由此造成的社会性浪费，而且在随后的实际工作中也证明了这一点。

3. 规定职业病范围和职业病患者处理办法

为了保护职工的身体健康，改进劳动条件，做好职业病的防治工作，合理解决职工患职业病后的社会保险待遇问题，1957年2月28日，卫生部发布实施了《职业病范围和职业病患者处理办法的规定》。职业病是指职工在生产环境中由于工业毒物、不良气候条件、生物因素、不合理的劳动组织，以及一般卫生条件恶劣等职业性毒害而引起的疾病。根据当时的经济、生产和技术条件，中国将危害职工健康和影响生产比较严重并且职业性比较明显的14种职业病列为职业病范围，即职业中毒、尘肺、热射病和热痉挛、日射病、职业性皮肤病、电光性眼炎、职业性难听、职业性白内障、潜函病、

[①] 严忠勤主编：《当代中国的职工工资福利和社会保险》，中国社会科学出版社1987年版，第317页。

高山病和航空病、振动性疾病、放射性疾病、职业性炭疽和职业性森林脑炎。以后，又将布氏杆菌病、煤肺、井下工人的滑囊炎，相继列入职业病范围。职业病一般由本单位医疗机构或指定医疗机构负责治疗的医师确定，如果不能确定时，由本单位的医务劳动鉴定委员会鉴定。确定为职业病的，发给职业病证明书。患职业病的职工在治疗或休养期间，以及医疗终结确定为残废或治疗无效而死亡时，可以按《劳动保险条例》有关规定享受保险待遇。这一规定的发布实行，对加强职业病防治和督促企业改善劳动卫生条件发挥了积极作用。1963年年初，劳动部、卫生部、中华全国总工会、冶金工业部、煤炭工业部联合召开的防止矽尘危害工作会议，对解决矽尘危害、对矽肺病人的安置和生活待遇、还乡休养待遇等提出了具体要求。同年2月9日，国务院批转了这次工作会议的报告，进一步推动了职业病防治工作的开展。

4. 制定批准职工病伤生育假期的办法

在实施《劳动保险条例》过程中，为了保护职工的身体健康，保证职工在病伤或生育时获得合理的休养和正确地支付职工享受的保险待遇，以及做好职工因病伤而丧失劳动能力的鉴定工作，1957年2月26日，卫生部和中华全国总工会发布实施了《批准工人、职员病、伤、生育假期的试行办法（草案）》和《医务劳动鉴定委员会组织通则（试行草案）》。《试行办法（草案）》规定，企业职工发生病伤或生育时，必须要有医疗单位批准的病伤或生育假期证明书，方可休养和领取待遇；对门诊患者，医师每次给假一般不超过5天，同一病例连续给假不超过15天；对住院患者，可根据实际需要给假。女职工生育或怀孕不满7个月而小产的假期，按照《劳动保险条例》规定的期限给假。职工病伤休假连续15天以上仍需治疗或休养的，由负责治疗的医师提出意见，交本企业的医务劳动鉴定委员会审批后，发给病伤假期证明书。医务劳动鉴定委员会由厂矿企业的医疗单位、行政、工会、人事和技术安全等有关部门负责人组成。其主要任务是：审批和发给15天以上的病伤假期证明书；对经过治疗，医师认为不能胜任原工作或需要疗养的职工进行鉴定；对治疗终结，或医师认为继续治疗无效的职工，鉴定其丧失劳动能力的程度；监督企业对处理病伤职工的复工、疗养、调换工作等的执行情况；了解职工的劳动条件，对有害职工身体健康的状况提出改善意见；监督检查医师是否正确对待病伤职工的治疗和批准休假的工作。但是，这两个办法试行后，没有及时总结、完善，因而有些企业未能坚持下来，更没有得到推广。

5. 调整学徒工的社会保险待遇

20 世纪 50 年代初期，学徒实行工资制，和其他职工一样享受《劳动保险条例》规定的各项待遇。1958 年 2 月 6 日，国务院制定和发布了《关于国营、公私合营、合作社营、个体经营的企业和事业单位的学徒的学习期限和生活补贴的暂行规定》，把学徒的工资制改为生活补贴制。因此，对学徒的社会保险待遇也相应作了调整。《暂行规定》发布以前招收的学徒，其本人及其直系亲属的保险待遇，仍按《劳动保险条例》的规定办理。《暂行规定》发布以后招收的学徒及其直系亲属的社会保险待遇规定为：学徒因病或非因工负伤连续停止学习不满 6 个月的，生活补贴照发；超过 6 个月休学后，生活补贴停发；因病或非因工负伤医疗所需要的医药费用、住院费以及住院伙食费，本人负担有困难时，由所在单位酌情给予补助，休学以后，停止享受医疗补助待遇。除此之外，学徒本人的其他保险待遇，均按《劳动保险条例》有关规定办理。学徒的直系亲属，除学徒因工死亡可享受抚恤待遇外，不享受其他保险待遇。

6. 规定被精减职工的社会保险待遇

20 世纪 60 年代初期，中共中央决定调整国民经济，精减职工，减少城镇人口。为了妥善安置这些职工，1962 年 6 月 1 日，国务院发布了《关于精减职工安置办法的若干规定》，规定凡精减下来的老弱残职工，符合退休条件的，作退休安置；不符合退休条件的作退职处理。其中家庭生活有依靠的，发给退职补助费；家庭生活无依靠的，由当地民政部门按月发给相当于本人原标准工资 40% 的救济费；他们的家属生活有困难的，另按社会救济标准给予救济。对于精减下来回乡、下乡的职工，凡 1957 年年底以前参加工作的，发给退职补助费；对于安置到外乡的职工，原来生活在城市自愿下乡落户的职工，以及因工部分丧失劳动能力、原来享受因工残废补助费的回乡回家职工，除发给生产补助费或退职补助费外，另酌情一次加发 1—3 个月的本人标准工资的安家补助费；职工本人及其随行供养亲属回乡下乡时所需的车旅费和途中伙食补助费，由原工作单位按照规定标准发给。这些规定，对当时顺利完成精减任务发挥了重要作用。

7. 建立易地支付社会保险待遇的办法

随着时间的推移，享受长期保险待遇的职工人数不断增多，其中有的迁移到外地居住。为了保证和方便易地居住的职工及时领取待遇，减少基层单位每月邮寄的手续和避免可能发生的差错，1960年7月6日，中华全国总工会制定了《关于享受长期劳动保险待遇的移地支付试行办法》，并于1963年1月23日重新发布。重新发布的《办法》规定，凡领取退休费、因工残废抚恤费、非因工残废救济费和因工死亡职工供养直系亲属抚恤费的职工、家属转移居住点时，经本人自愿申请，可以办理异地支付手续，到易居地点的工会组织领取应得的待遇。异地支付的职工死亡时，其丧葬费、丧葬补助费和供养直系亲属抚恤费、救济费，均由异居地点的工会组织按照有关规定发给。异地领取待遇的职工患病时，可在异居地点指定的医疗机构就医，所需费用由支付待遇的工会组织按规定给予报销。这一办法，既方便了异地居住的职工、家属，也减轻了原工作单位的负担。

总之，从1957—1966年，中国社会保险制度在调整中不断得到发展和完善，得到了广大职工的拥护，为加速社会主义工业化建设、发展经济和稳定社会作出了巨大历史贡献。但是，由于受"左"的影响，有些待遇规定改进不大，待遇水平依然偏高，甚至表现出高福利化的特点，如医疗待遇；有些待遇规定未能修改，一直在延续《劳动保险条例》的规定。尽管也有有关部门为此进行了大量调查研究，草拟过多次改革方案，然而由于情况复杂，长期定不下来。

（二）"文化大革命"时期社会保险制度的受挫与停滞

1966年5月，"文化大革命"全面发动，国家自此进入了十年动乱时期。因政治运动冲击，已经平稳运行了十五年的社会保险体系遭受破坏，陷入停滞状态。

1. 社会保险的管理机构被撤销

"文化大革命"以前，从中央到地方都有比较健全的社会保险管理机构，并配备有经过专业培训的专职干部。具体而言，国家机关工作人员的社会保险工作由内务部统一管理；企业职工的社会保险业务工作由各级工会统一管理。"文化大革命"开始不久，社会保险工作与其他工作一样受到了很大的冲击，负责管理企业职工劳动保险事务的中华全国总工会被停止活动，各级工会组织亦几乎处于瘫痪状态，劳动保险的管理工作由工会组织转到了企业行政方面；劳动部门也受到削弱，1970年6月，撤销劳动部，劳动部业务工作并入国家计委劳动局。虽然各级劳动部门根据工作需要，逐步建立了管理社会保险业务的工作机构，但劳动保险工作丧失了有效的宏观组织管理。[1] 1969年1月，管理国家机关工作人员社会保险业务的内务部被撤销，改由国家人事局管理。这样，在中央政府宏观管理层面上，社会保险体系就出现了"真空"状态，致使整个社会保险工作一度处于无人管理的局面。加之，由于受无政府主义思潮的影响，在许多单位，社会保险的政策、法令得不到正确贯彻执行，造成有法不依、有章不循。有的任意放宽享受条件，提高待遇标准；有的由于社会保险历史资料丢失，保险卡片和待遇证残缺不全，致使不该享受的人领到了待遇，应该享受的人反而享受不到；手续制度非常混乱。社会保险的群众工作也受到影响，职工中许多实际困难得不到解决。

2. 企业职工社会保险费用统筹制度被迫废弃

"文化大革命"中，由于生产经营遭到破坏，有些企业资金不足，缴纳不起社会保险金，加上社会保险专管机构被撤销，社会保险金统一征集、管理、开支的制度难以继续执行。1969年2月，财政部发布了《关于国营企业财务工作中几项制度的改革意见（草案）》，规定"国营企业一律停止提取劳动保险金"，"企业的退休职工、长期病号工资和其他劳保开支，改在营业外列支"。[2] 这一改变，使劳动保险丧失了它固有的统筹调剂职能，进而丧失了其应有的社会性和互济性功能，劳动保险演变成"企业保险""单位保险"。由于各项保险待遇均由企业开支，其结果是，退休人数多的老企业，费用开支很大，而新工人多的新建、扩建企业，一般开支较少，造成企

---

[1] 宋士云、吕磊：《中国社会保障管理体制变迁研究（1949—2010）》，《贵州财经学院学报》2012年第2期。

[2] 这一文件正式决定了原有企业职工劳动保险制度自此失去了统筹调剂职能，演变为企业保险。这种变化所带来的不仅是这一时期社会保险方面的混乱局面，而且是长期影响中国社会保险制度改革、发展进程的一个重要因素。

业之间的负担畸重畸轻。对于一些经营不好或亏损的企业，其各项保险待遇的开支，就成了他们的沉重负担。因此，取消劳动保险费用统筹以后，企业保险扩大了保险待遇上的"苦乐不均"现象，也恶化了职工养老金筹资与给付上的代际冲突。此外，易地支付社会保险待遇的办法也不能继续执行，这给易地居住的退休人员在领取退休金、报销医药费时，带来了很大的不便。

3. 正常的退休制度也遭到破坏

"文化大革命"中，原有的退休养老制度因有法难依、有章不循而处于失控状态，退休工作在一些地方被迫中止，大批具备退休、退职条件的企业职工和国家机关、事业单位工作人员得不到妥善处理，其后果便是企业单位人员不能更新，机关事业单位人员老化，干部、职工实际上走向了终身制。据1978年统计，企业职工应退而未退者达200万人，机关事业单位达60万人。[①]

总之，"文化大革命"期间，社会保险工作遭到了多方面的干扰破坏。由于广大职工的坚决维护，加之保险制度并未改变适应计划经济体制的实质，尽管由国家负责与政府主导的社会保险演变为"单位保险"，责任重心已经发生转移，但是，保险标准被维持下来，基本保险待遇尚能支付。如"文化大革命"后期，鉴于公费医疗制度存在的问题，为了加强公费医疗管理，缩小差别，扭转公费医疗管理混乱无序的状态，1974年7月20日，卫生部、财政部颁发了《关于检发"享受公费医疗人员自费药品范围（试行）"的联合通知》，规定自费药品除用于抢救危重病人和治疗工伤人员外，均按自费处理，不予报销，等等。尽管如此，"文化大革命"对于社会保险事业的发展，其影响无疑是严重的。历史给人们留下了深刻的教训。

（三）"文化大革命"结束后对社会保险制度的修复

"文化大革命"结束以后，为了适应新形势发展的需要，中国开始修补被破坏了的社会保险制度，其主要进展表现在：

1. 修改退休、退职规定，退休养老制度逐渐得到恢复

1978年6月2日，国务院颁布了《关于安置老弱病残干部的暂行办法》

[①] 严忠勤主编：《当代中国的职工工资福利和社会保险》，中国社会科学出版社1987年版，第324页。

和《关于工人退休、退职的暂行办法》。这两个暂行办法，是对1958年颁布的退休、退职规定的修订，是"文化大革命"结束后国家恢复重建退休养老制度的重要标志。它们与1958年的规定相比较，变化主要表现在：一是对干部和工人分别制定了办法，将原来企业和国家机关实行的统一退休、退职制度再分别由两个法规来规范。这主要是考虑到原来的规定没有充分反映出干部的特点，尤其是有一部分参加革命工作时间较长的老同志，对革命和建设事业作出过重要贡献，具有丰富的工作经验。工人和干部分别规定办法，便于处理干部中的一些特殊问题。二是放宽了养老金的享受条件，提高了待遇标准。这两个暂行办法把原来完全按工龄规定退休待遇标准的办法，改为1949年10月前参加革命工作的，按革命时期来规定退休待遇标准；这以后参加工作的，干部按工作年限、工人按连续工龄来规定退休待遇标准。干部的退休条件是男年满60岁、女年满55岁，参加工作年限满10年；工人的条件是男年满60岁、女年满50岁，连续工龄满10年。[1] 工人与干部的养老金按同一受益公式发放，抗日战争时期参加革命工作的，按本人标准工资的90%发给；解放战争时期参加革命工作的，按本人标准工资的80%发给。1949年10月后参加革命工作，连续工龄满20年的，按本人标准工资的75%发给；连续工龄满15年不满20年的，按本人标准工资的70%发给；连续工龄满10年不满15年的，按本人标准工资的60%发给。对因工致残完全丧失劳动能力退休的，如饮食起居需要人扶助，由原来的75%提高到90%，并且每月加发不超过一个普通工人工资的护理费；饮食起居不需要人扶助的，由原来的60%提高到80%。而1958年的规定所确立的养老金的最高给付标准为70%，两者相差20个百分点。三是提高了退职生活费标准。对退职人员由原来发给一次性退职补助费改为按月发给相当于本人标准工资40%的退职生活费，并继续享受医疗待遇。四是实施了最低养老金保证线制度。具体标准是：退休的为25元，退职的为20元，因工致残退休的为35元。此外，还规定了退休、退职后的易地安家补助费，这也是1958年规定中没有的。1981年1月7日，国务院发出《关于严格执行工人退休、退职暂行办法的通知》，被破坏了的退休养老制度逐渐得到恢复。1982年2月20

---

[1] 1958年的规定：男女工人的一般工龄要分别达到20年和15年，方可退休。

日，中共中央又发出了《关于建立老干部退休制度的决定》，强力打破干部终身制和恢复正常的干部退休制度。

2. 建立老干部离休制度

为了更好地安置老干部，发扬关心、爱护干部的传统，1978年6月2日，国务院公布实施了《关于安置老弱病残干部的暂行办法》，规定：对于丧失工作能力，1949年9月底以前参加革命工作的地委正副书记、行政公署正副专员及相当职务以上的干部；1942年年底以前参加革命工作的县委正副书记、革命委员会正副主任及相当职务的干部；1937年7月7日以前参加革命工作的干部，可以离职休养，工资照发。1980年10月7日，国务院颁布《关于老干部离职休养的暂行规定》，再次明确了有别于退休制度的离休制度。1982年4月10日，国务院颁发了《关于老干部离职休养制度的几项规定》，再次放宽了离职休养的条件，并对离职休养的待遇作了规定。国家对离休干部实行基本政治待遇不变，生活待遇略为从优的原则，除工资照发以外，还按一定条件和标准发给不同标准的生活补贴。至此，中国特有的老干部离休制度即已建立，并一直维持至今。[①]

3. 城镇集体企业职工社会保险制度的新发展

为了促进城镇集体经济的发展，国家采取措施逐步解决集体职工的社会保险问题。1977年12月14日，轻工业部、财政部和国家劳动总局《关于手工业合作工厂劳动保险福利待遇标准和劳保费用列支问题的通知》规定，手工业合作工厂职工的社会保险待遇标准，可以按照国家和省、自治区、直辖市对国营企业的有关规定执行。此后，各地对区、县以上（含区、县）集体职工，相继比照这一规定办理。1978年8月19日，交通部、财政部、国家劳动总局又发出通知，使县（市）成立的统一核算的运输公司和县（市）主管部门统负盈亏的集体交通企业，也按照当地国营企业的规定实行了社会保险。同年9月29日，国务院批转商业部等四单位《关于合作商店实行退休办法的报告》，使合作商店的职工的退休退职参照国营企业和国家机关的规定执行。上述规定的实施，使集体职工的社会保险向前推进了一大步。

总之，尽管国家在社会保险方面颁行了多个法规性文件（主要是养老保

[①] 赵炜：《老干部离休制度的形成与演进》，《北京党史》2008年第4期。

险方面的），推动了社会保险制度的发展，但是，国家—单位保障制下的"单位保险"制度模式并未被触动，现收现支、个人不需缴纳保险费用等格局仍在延续。

（四）传统社会保险制度的特征与内在缺陷

考察计划经济体制下的社会保险制度，可以发现，这种制度安排除了只面向城镇劳动者外，其单位保障制特征非常鲜明，不仅社会性原则体现不充分（确切地说是缺乏社会性），而且还缺乏市场化的因素，是高度集中计划经济体制下优先发展重工业战略的选择。因此，我们称其为"传统社会保险制度"。它在实践中所表现出来的特征主要有：

第一，单位负责制。在传统社会保险制度安排下，劳动者被分割在各个单位组织内，每个单位不仅对本单位的在岗劳动者负责，而且还要对其退休人员负责。虽然劳动者退休离开了劳动岗位，但仍然被看成是原单位的职工，不仅从所在单位领取养老金，而且要服从原单位的管理，继续享受在职期间相应的住房福利与医疗保健等待遇。也就是"离岗不离单位"，退休人员与所在单位的劳动关系事实上会一直延续到职工死亡才能真正解除。同时，职工个人不需要缴纳劳动保险费用，国家机关、事业单位职工的保险经费完全来源于国家财政拨款，企业职工的保险经费则来源于企业收益。1969年以前，依据《劳动保险条例》，劳动保险金主要由本企业缴纳，交由企业工会控制，同时企业工会将企业上缴的劳动保险金的30%交由全国总工会掌握，用于地区乃至全国的调剂。这种制度设计，实际上使劳动保险的管理机构与企业形成了一种连体共生的特殊关系。1969年财政部发出通知，要求国营企业一律停止提取劳动保险金，企业的离退休职工、长期病号工资以及其他劳保开支均改在营业外列支。至此，社会保险的宏观社会性内容（统筹调剂职能）已不复存在，社会保险开始微观化为企业保险。

从经济运行的内在机理分析，社会保险之所以微观化为企业保险，究其实质则在于传统经济体制本身。在传统经济体制内，企业还难以成为名副其实的经营主体，企业的厂长（经理）由上级主管部门任命或委派，其行为受制于一条纵向从属链。在这种环境下，企业厂长（经理）有一种不言自明的动机，他要赢得上级的认可，并且要实现他们的期望。而能否赢得上级的认可，关键在于企业产值的高低而非企业利润的高低。为此，企业行为表现为数量扩张型冲动，即投资饥渴症。在当时的会计体系中，社会保险营业外列支实际上即由企业的利润支付，而企业利润又统统上缴。这样，以企业利润支付社会保险金既不会与企业厂长（经理）的利益发生冲突，同时亦不会与企业的集团利益发生冲突。相反，社会保险金超额侵蚀利润反倒有助于企业厂长（经理）实现其集团福利。社会保险微观化为企业保险，其中最重要的社会收益是该制度结构使社会保险的某些功能在微观层面上得以保存和延续，但无疑这是以昂贵的社会成本作为代价的。

然而，就是这种由单位单方面负责的社会保险制度，当时曾被看作是社会主义制度优越性的具体体现。

第二，现收现付制。传统社会保险制度采取的是现收现付财务模式，国家机关、事业单位职工的保险经费列入国家财政年度预算，企业单位职工的劳动保险经费亦构成企业年度经营成本的开支项目，两者均非基金制，也无任何积累。现收现付财务模式，虽然管理起来较为简便，但却无法应对人口老龄化的冲击。

第三，二元化特征。面向城镇劳动者的传统社会保险制度呈现出二元化结构特征，这主要表现在，国家机关、事业单位职工与企业职工是两个系统，不仅经费来源不一，而且分割管理、分割实施。以医疗保险为例，全民所有制企业职工和国家机关工作人员的医疗待遇是分开的，前者是由《劳动保险条例》规定的，称为劳保医疗；后者是由单行法规规定的，称为公费医疗。企业用于职工的医疗经费，在"企业职工福利基金"项下列支；国家机关、事业单位用于工作人员的公费医疗费用，在国家预算拨付的，由卫生部门管理的"公费医疗经费"项下列支。[①] 不仅如此，即使是企业职工，也分为国营企业与集体企业两大块，后者参照前者执行，但比前者的待遇要低。即使在国营企业内部，固定工以外的临时工等其他用工形式的人员，也不在保险范围之内。

总之，在计划经济体制下，正是凭借这种颇具特色的社会保险制度，中国基本上解除了城镇职工的无钱治疗病伤与防老养老之虞，也解除了城镇职

[①] 严忠勤主编：《当代中国的职工工资福利和社会保险》，中国社会科学出版社1987年版，第338—339页。

工心理上的后顾之忧,实现了相对充分就业,为每一位受保对象慷慨地奉献着"免费的午餐"。尽管它在实践中不可避免地受到了政治运动的冲击,但除"文化大革命"时期外,基本上做到了政令畅通,即国家有关社会保险的政策规定能够比较有效地贯彻落实,违背政策的现象较为少见,仍然是一种信誉极高的制度安排,而这正是社会保险制度作为一种稳定机制的内在功能得到有效发挥的重要标志。

当然,传统社会保险制度在二十多年的实践中,也暴露出来了一些内在缺陷,这主要表现在以下几个方面:

第一,脆弱性。传统社会保险制度是由行政机关主导的,在很大程度上是一种政策性保险。这一特性决定了它必然深受行政架构、职能部门乃至领导人更迭以及政治运动的冲击,政策的多变性会损害这种制度体系的内在稳定性,其带来的严重后果便是制度在实践中发生蜕变。特别是1969年劳动保险基金被取消后,职工遇到生老病死伤残的问题完全由本企业自己解决,保险制度创设初期采取的社会统筹方式成为历史,社会保险也就演变成了单位保险或者说企业保险。

第二,封闭性。传统社会保险制度实行的是一种非社会化管理的方式,即各个单位组织只对本单位职工负责,这种封闭运行的直接后果便是职工队伍老化与单位老化、人浮于事同步。在计划经济条件下,国家保障着各种单位长生不死,各个单位又保障着它的每个劳动者的就业岗位,固定岗位与终生就业很自然地将劳动者与所在单位结合成了一个不可分割的整体,劳动者很难流动,"从一而终"者司空见惯。这样,便不可避免地带来两个显著的后果:一是单位组织存续的时间越长,职工队伍就越老化;单位组织越年轻,职工队伍就越年轻;各个单位因退休人员的多寡或职工队伍的年龄结构差异而出现养老负担畸轻畸重的现象,无法开展公平竞争。二是如果要想改变单位组织的职工队伍年龄结构状态,便只能不断地补充年轻人,在原有职工不能流动的条件下,职工队伍必然持续膨胀,计划经济体制下所形成的普遍性的人浮于事、效率低下的局面即是这种制度安排的必然结果。因此,无论出现上述哪一种情况,传统社会保险制度造成的均是对效率的直接损害。

第三,单一层次性。传统社会保险制度是单一层次的制度安排,其后果是替代率不断攀升并居高不下。在这种制度下,退休人员只能从一个渠道获得退休养老金，其老年生活也就完全依赖这一制度的保障。按照国家在20世纪50年代确立的退休制度，企业职工退休的养老金最高待遇标准不得超过本人工资的70%，机关、事业单位职工不得超过60%，这意味着职工一旦退休，收入即会剧减，在长期实行低工资政策的条件下，职工工资水平长期偏低，几乎不可能自己积累养老基金，因此，除提高退休养老金替代率很难找到能够确保退休人员老年生活的替代办法。这样，职工退休养老金的替代率便一路攀升，到改革开放前后，退休养老金替代率几乎达到了90%，部分获得有关荣誉称号及有特殊贡献者的退休养老金替代率达到100%。此外，由于退休养老的责任由国家或企业单位单方负责，随着退休人员的增加，国家与企事业单位便不堪重负，国营企业因离退休人员多而导致陷入困境的现象，在改革开放以后破产倒闭更是屡见不鲜。

综上所述，通过对传统社会保险制度的回顾与总结分析，可以发现，它的出发点是维护劳动者的权益，创建初期采取的也是社会统筹方式，如果沿着这样的道路走下去，符合社会经济发展要求的社会化社会保险制度一定会在全国得以确立和进一步发展，即使为了适应市场经济改革而要加以改造也要轻易得多。但是，政治运动的冲击和这种制度自身某些内在缺陷的放大，使其在实践中蜕变成不可持续的单位保险，并产生了至今仍然难以完全消除的一系列后遗症。传统社会保险制度所走的路是一条非常曲折的发展之路，政治运动的冲击以及由此带来的对社会保险制度的破坏，表明了这种制度的脆弱性；而这种制度自身的非社会性和单一层次性，又决定了它对单位与国家的依赖和不可持续性。因此，即使中国不进行市场化改革，传统社会保险制度也同样面临着改革的任务。

二 职工福利制度的发展与变化

职工福利是指机关企事业单位在工资、社会保险之外，根据国家有关规定，建立的各种补贴制度和举办的集体福利服务设施，是对职工提供直接的和间接的物质帮助。在计划经济体制下，中国传统的职工福利由职工所在单位举办，以职业为依托、以城镇职工为主体，包括生活服务、文化娱乐和福利补贴等内容，又称"单位福利""职业福利"。

（一）职工福利制度的整顿与发展

新中国成立初期，由于对人口多、底子薄的情况了解不够，对统筹兼顾、在发展生产的基础上逐步改善职工生活的方针领会不深，致使职工福利事业的发展与当时的政治、经济情况不相适应，某些待遇规定偏高；同时掌握又偏松，不少单位福利项目繁多。针对这种情况，1957年1月和5月，国务院先后发出了《关于职工生活方面若干问题的指示》《关于国家机关工作人员福利费掌管使用的暂行规定的通知》，对职工的住宅、上下班交通、职工的疾病医疗、职工生活必需品供应和困难补助等问题以及职工福利费用的来源和掌管使用都作了明确规定，要求各级领导机关一定要经常注意职工生活问题，要根据需要和可能作适当的解决，并提醒各级领导注意国家在经济上还很落后，人民生活的改善不可能太多和太快。同年9月，中共八届三中全会召开，会议对前一阶段的劳动工资和劳保福利工作进行了全面总结，在肯定成绩的同时，也指出了存在的缺点和问题。主要缺点：一是"走得快了一些""办得多了一些"，"助长了职工对国家的依赖"；二是"项目混乱，制度不合理，管理不善，掌握偏松偏宽"。[①] 会议要求，今后必须继续贯彻执行在发展生产的基础上逐步开展职工福利事业的方针；"二五"计划期间要对劳保福利工作和制度进行整顿，简化项目，加强管理，克服浪费，改进不合理的制度，适当降低过高的福利待遇；提倡依靠群众集体力量办福利，提倡用互助互济的办法解决职工生活中的某些困难问题。[②]

根据中共中央、国务院的指示，各地区、各有关部门做了许多工作：一是缓建或取消部分福利补贴项目。1957年3月，劳动部通知各省、自治区、直辖市劳动局暂缓建立房租及上下班交通费补贴，并向国务院各部门，各省、自治区、直辖市劳动局发出报送整顿奖励、福利、津贴制度情况及意见的通知。根据通知的要求，有的单位取消了一些突出不合理的补贴制度，如向职工发火柴、黄烟、茶叶等；属于变相工资待遇的，通过增加工资并入工资当中。二是降低福利费标准。国务院规定，中央各机关工作人员的福利费，由过去按工资总额5%提取改为按2.8%提取，区以上各机关和中央各

[①] 劳动人事部保险福利局编：《社会保险与职工福利讲稿》，劳动人事出版社1986年版，第172页。
[②] 宋士云：《新中国社会福利制度发展的历史考察》，《中国经济史研究》2009年第3期。

机关驻在外地的机构按 3%、乡镇机构按 1% 提取。三是部分产业部门取消了不合理的房贴制度。住公家宿舍原享受房贴者，取消房贴，并按规定缴纳房租；住私人房屋享受房贴者，只限于原享受者，不准扩大范围。[①] 此外，为了动员广大职工到外地、到祖国边远地区参加建设，国务院于 1958 年 2 月实施了《关于工人、职员回家探亲的假期和工资待遇的暂行规定》。在国营、公私合营的企业、事业单位和国家机关、人民团体中连续工作满一年的正式工人、职员，同父亲、母亲、配偶都不住在一起而又不能够利用公共休假日回家团聚的，原则上每年给假一次。假期根据路程的远近，规定为两个星期至三个星期。探亲假期，按照本人的计时工资标准发给工资。探亲所需用的往返车船费，原则上由本人自理，如果本人自理确有困难的时候，由工人、职员所在单位的行政方面酌予补助。其标准是，往返车船费超过本人月计时工资标准 1/2（两年回家一次的超过 1/3）的，可以由本单位行政管理费内补助其超过部分的 1/2。

"大跃进"时期，"左"倾思想泛滥，追求高指标、高速度；重积累、轻消费；重生产、轻生活，削减了基建投资中的非生产性投资比重，一些新建企业只建厂房，不建生活福利设施。有的企业为了扩大生产，扩建生产车间、仓库而占用了饭厅、幼儿园和职工文体活动的场所，使职工福利工作受到很大影响。1957 年全国省、市、自治区一级工人文化宫有 1634 个，到 1960 年只剩下 752 个。"大跃进"加上连续三年的严重自然灾害造成了农业大幅度减产，城乡人民的口粮降低，主副食品供应紧张，有相当一部分职工处于困难的境地。据国家统计局 1962 年 6 月对 15 个大中城市 1738 户职工生活情况的调查，入不敷出的达 980 户，占 56.4%。[②] 在这种情况下，中共中央及时提出必须一手抓生产，一手抓生活，要求各级党委注意安排职工的生活。有关部门采取多种措施，搞好职工福利工作：一是普遍加强了对困难职工的补助和救济工作。1962 年，在中共中央、国务院召开的城市工作会议上，对职工生活困难补助工作专门进行了讨论和布置，会后发出了关于当前城市工作若干问题的指示，提出要努力保证职工生活稳定在现在的水平上，

---

① 严忠勤主编：《当代中国的职工工资福利和社会保险》，中国社会科学出版社 1987 年版，第 197—198 页。

② 同上书，第 199 页。

并且力争有所改善，要求各地重视和加强职工的困难补助工作，适当提高补助标准。随后，劳动部、财政部、全国总工会联合发出通知规定了困难补助的具体标准，增加了困难补助的经费。二是搞好职工食堂工作，千方百计帮助职工渡过灾荒。1960年，中共中央发出管好粮食，办好食堂，生产渡荒，节约渡荒和关于开展大规模采集、制造代食品运动的指示。在中共中央的号召和动员下，职工食堂工作人员大搞副食品、代食品的生产，补充食堂物资供应之不足；大搞粗粮细做，瓜菜代粮，在粮食定量降低的条件下，尽量使职工吃得饱。三是开展了农副业生产。例如，大庆油田1961年创建了大庆北安职工农场，当年开荒1万亩。职工农场和家属农场以自己生产的农副产品解决了严重的生活困难，为大庆油田的开发立下了功劳。

国民经济调整时期，"左"的偏差得到了一定程度的克服，职工福利也得到整顿：一是提高了非生产性基本建设投资占基建总投资的比重，使各项集体福利设施有所增加，其中，住宅投资占基建投资总额的比重，由"二五"期间的4.1%提高到6.9%。二是调整了国家机关工作人员福利费的提取和使用。1963年，将中央国家机关工作人员的福利费从1958年按工资总额的1%提取提高为按2%提取；1964年，确定省、自治区、直辖市以下地方各级机关工作人员福利费按工资总额的2.5%提取；中央机关工作人员福利费又改按每人每月1.8元提取。1965年8月25日，内务部《关于国家机关和事业单位工作人员福利费掌管使用问题的通知》规定，福利费仍以解决工作人员及其家属生活困难为主，如果还有结余时，可以补贴工作人员家属统筹医疗费用的超支和用于哺乳室、托儿所、幼儿园、少年之家、理发室、浴室的零星购置费的开支、慰问住院的患病工作人员少量慰问品的开支。[1]三是修订了企业职工福利补助费开支办法。1962年4月10日，国务院《关于企业职工福利补助费开支办法的规定》指出："各企业现行的按照职工工资总额2.5%提取的职工福利补助费不变，但是这项职工福利补助费主要应该用于职工的生活困难补助，其余部分可以适当用于补贴托儿所、幼儿园、浴室、理发室等其他集体福利事业的开支。职工福利补助费开支的不足部分，可以从企业奖金中弥补"。"各企业在执行上述职工福利补助费开支办

---

[1] 宋士云：《新中国社会福利制度发展的历史考察》，《中国经济史研究》2009年第3期。

法的同时,应该合理地使用福利补助费,并整顿现行不合理的福利补助制度,以便使职工必要的福利补助得到保证。"① 四是在行政、工会和妇联组织的协作配合推动下,经过整顿,职工食堂和托儿所、幼儿园也得到了发展。

(二)"文化大革命"时期职工福利制度遭到破坏

"文化大革命"十年是社会大倒退时期,职工福利制度和事业发展也遭到严重破坏。受"左"的思想影响,当时把方便职工生活、有利于生产的职工福利事业误认为"福利主义""修正主义"。1968年年底内务部被撤销。之后,许多基层单位的福利机构被解散,工人文化宫、俱乐部被砸、被毁、被抢占。许多集体福利事业的设备、图书、资料、玩具、教具、戏装、乐器也被抢占。群众所喜闻乐见的丰富多彩的音乐、舞蹈、戏剧、电影、文艺、美术等被打入了禁区。许多从事职工福利事业的干部、积极分子受到迫害,行之有效的规章制度被废弃,福利事业的服务质量普遍下降。

"文化大革命"期间,还大幅度降低了非生产性基本建设投资比重。"三五"期间城镇住宅投资占基建投资总额的比重降为4%,1970年下降为2.6%。社会上商业、服务业网点也大大减少,造成职工住房难、外出吃饭难、洗澡难、理发难等,生活很不方便。

1969年11月,取消了财政部和国家经济委员会1962年规定的国营企业提取企业奖金的制度(其中有一部分可用于改善职工物质文化生活的各种集体福利设施)。财政部在《关于做好1969年决算编审工作的通知》中规定中央国营企业原按工资总额2.5%提取的福利费、3%提取的奖励基金和5.5%提取的医疗卫生费实行合并,提取办法统一按照工资总额的11%提取为职工福利基金,直接计入成本;如果11%提取的福利基金仍不敷使用,企业可以从税后留利中提取职工福利基金进行弥补。② 这种办法,完全和企业经营成果脱钩,不利于调动职工的生产积极性。

1972年10月,国务院在北京召开加强经济核算、扭转企业亏损的会议。

---

① 《1958—1965中华人民共和国经济档案资料选编·劳动就业和收入分配卷》,中国财政经济出版社2011年版,第684页。

② 郑功成等:《中国社会保障制度变迁与评估》,中国人民大学出版社2002年版,第126—127页。

会议提出了允许国营企业在完成七项计划指标后，可以从利润中提取奖励基金，其中一部分可用于职工集体福利和给先进生产者以物质奖励。1973 年 5 月 15 日，财政部在《国营工业、交通企业若干费用开支办法》中规定了国营企业福利基金的提取和使用范围：按国家规定的工资总额 11% 提取的职工福利基金，从生产成本中提取；编外人员的生活费和 6 个月以上的病假工资，亦视同工资，按规定比例提取职工福利基金，在营业外列支。

1976 年后，国家又陆续修改和建立了一些福利补贴制度。1977 年冬，决定对住在装有暖气设备宿舍的职工实行免费供暖，既不发取暖补贴，也不收取暖费用，并于 1978 年将实行冬季宿舍取暖补贴的范围作了适当的扩大。1978 年 2 月，统一了全国职工上下班交通费补贴制度，先在 50 万人口以上的城市和主要工矿区实行。1978 年 12 月，财政部发布了《关于计提职工福利基金等所根据的工资总额的范围问题的通知》，要求在计提职工福利基金时，职工工资总额应仅包括"固定职工和临时职工"的工资总额，不应包括"未列为职工的其他用工"的工资总额。[1]

（三）传统职工福利制度的特征及其评价[2]

全面考察计划经济体制下中国社会福利制度，可以发现，它主要包括两大板块：一是上面所谈到的职工福利；二是民政福利，它主要是民政部门主管的社会福利事业，通过举办社会福利机构，为"无劳动能力、无法定抚养人、无生活来源"的老年人、残疾人和未成年人等"三无"对象提供基本的生活保障和服务保障。这两大板块都被纳入计划体制的轨道，服务于整个社会政治、经济资源的计划配置，服从于政策目标，都是靠政策的弹性调节。民政福利实际上是与救济混合在一起的，甚至可以说更像一种社会救济；企业或单位举办福利事务，缺少西方国家同类组织那样的自主性，完全听命于政府，福利与工资几乎不可分割，有些福利待遇是与工资报酬一起分

---

[1] 1978 年 10 月国家统计局颁发的《1978 年劳动工资统计年报》规定，企业的"全部人员"，除包括"固定职工"和"临时职工"外，还包括"未列为职工的其他用工"。前两类人员是企业的职工，后一类人员不是企业的职工。参见郑功成等《中国社会保障制度变迁与评估》，中国人民大学出版社 2002 年版，第 126—127 页。

[2] 宋士云：《新中国社会福利制度发展的历史考察》，《中国经济史研究》2009 年第 3 期。

配的。因此，中国的传统福利模式既非国外流行的社会化福利，也非西方的职业福利，而是一种服务于计划经济体制的特殊混合模式，有西方国家社会福利之实而无其形、有西方国家职业福利之形却无其效。这种模式不仅降低了中国整个社会福利事业的社会性和福利资源的利用效率，而且也限制了其他社会主体参与社会福利事业的积极性与可能性。

在这种模式下，中国传统职工福利制度主要围绕着城镇就业劳动者设计，且以企业或单位为本位实施。由于企业绝大多数是全民所有制企业，是国营单位，企业职工也就成了国家职工。职工只有进入了一个"具体的单位"，他的福利以至基本生活需求才能得到满足，他对福利资源以至其他社会资源的享有必须通过"单位"才能合法地得以实现，他一旦离开了"单位"，也就失去了这些权利。因此，这种"单位福利"大大强化了职工"单位人"的社会特性，职工个人必须依附于"单位"。国有单位的职工福利，并不是完全意义上的"社会福利"，它不是所有社会成员都可以同样享受的，它是依据社会成员的一定"身份"配置的。在计划经济体制下，所有的社会成员均被以"干部""工人""农民"等身份区分开来。不同身份的社会成员拥有不同的社会权利，占有不同的社会资源，包括福利资源。城镇就业人口通过单位既可以获得工资收入，又可以获得诸如住房、教育、生活福利及享受集体福利设施等福利待遇，那些缺乏就业人口的家庭或孤老残幼则只能享受民政福利待遇。这种制度模式显然与工业化国家社会福利实践截然不同。不过，由于计划经济体制能够保证企业或单位长生不死和城镇适龄劳动人口普遍就业，因此，95%以上的城镇居民通常能够享受到各种与就业关联的福利。在计划经济体制下，虽然城镇国有单位与集体单位的劳动者能够获得多种福利待遇，但这种与就业关联的福利实质上还是对长期低工资的必要的补充之一。换言之，对多数城镇居民而言，离开了职工福利而要靠工资来满足家庭成员的生活需要与服务需求几乎是不可能的，因此，职工福利其实只是城镇居民生存的必要条件，在这种条件下，家庭成员之间的相互保障与服务仍然是必不可少的。

传统的职工福利制度，虽然在计划经济体制下发挥过特定的历史作用，但它与生俱来的制度性缺陷也是十分突出的。首先，它是一种典型的"身份"福利制度。在计划经济体制下，作为中国传统福利主要内容的民政福利和职工福利，一直处于相互分割、自成体系、封闭运行的格局。这种格局，一方面，导致了本来应该由社会承担的社会福利和社会服务职能分散转嫁给了单位，把政府的社会政策目标与各类企事业单位的自身组织目标混合在了一起，使机关企事业单位承担了原本不应该承担的社会功能；另一方面，造成经费来源单一、福利设施效率低下，养成了城镇居民的畸形福利观念，使居民与企业或单位之间形成了一种奇特的人身"依附"关系。这种"身份"福利制度，不是激励人们去努力劳动，创造财富，而是刺激人们去追求"身份"、凭"身份"获取权力，导致了"官本位"观念和以权谋福利现象的滋长。其次，工资分配与福利分配相混淆。由于企业或单位必须依据国家政策对职工及其家庭的福利负责，这就不可避免地要牵涉大量的人力、物力与精力，从而降低了其工作效率，妨碍了自身功能的发挥；政府则因需要对企业的生死直接负责，也不得不强势干预企业的生产经营。国家的这种福利投入是与计划就业及低工资政策相结合的，从而形成了一种低收入、高福利以及就业—福利的格局。在这种条件下，低工资构成多福利的前提，而多福利自然成为低工资的必要补充。工资分配与福利权益的混合，使企业办社会、政府办企业的角色错位问题成了计划经济时代的"中国病"。而它则进一步强化了城乡二元社会经济结构的差别，限制了资源的合理流动。最后，职工福利被严重异化。一是性质异化。职工福利的本源职能是为企业发展战略服务，由企业根据自身条件、经济效益及人才竞争战略等来设置，但中国的职工福利却与企业或单位的发展无直接关系，从而是一种政府或社会责任的转嫁，是企业或单位的一种社会负担。二是地位异化。职业福利在西方国家充当社会福利制度的补充，而在中国职工福利却成了传统福利制度的主体；职业福利在西方国家是对工资分配的一种补充，而中国的职工福利却与工资分配同等重要甚至超过工资收入。传统的职工福利，无论是规模还是水平，在整个福利制度与企业或单位分配中的地位已经异化。三是功能异化。职业福利最基本的功能，是激励职工努力工作并使生产效率得以提高，它带来的是企业与职工关系的良性循环；而传统的职工福利却是职工应当享受的法定权益，受益与工作好坏并无多少关联，致使职工福利在许多企业或单位成为滋生懒惰的"温床"。四是影响异化。职工福利应当是企业或单位的内部事务，各国政府除强制推行社会保险制度和规定最低工资标准，对职工福利从不干预，因为职工福利只事关企业或单位的兴衰；然而，传统的职工福利却完全听命于政府，它所产生的影响往往超过企业或单位本身而变成一种社会公共事务，造成普遍的社会攀比心理，有时甚至酿成严重的职企纠纷。[①]

综上可见，传统的职工福利存在严重的制度性缺陷，若不从根本上加以改造，必然损害社会经济的健康发展，同时也必然阻碍中国企业走向现代化、市场化。

[①] 郑功成：《中国社会福利发展论纲——从传统福利模式到新型福利制度》，《社会保障制度》2001年第1期。

第 十 章
农村人民公社体制下的劳动经济

为了适应社会主义工业化建设和保证国家对农产品高征购的需要，以人民公社为载体的农村集体经济也被纳入了计划经济体制之中。农村人民公社是在高级农业生产合作社的基础上联合组成的政社合一的组织，它既是中国农村的生产组织单位，又是农村的基层政权组织，它不仅负责全社的生产经营，而且还对工、农、商、学、兵等进行统一管理。它从1958年出现到1983年退出，在中国风行了25年，不仅对农村社会经济发展，而且对中国工业化建设，都有极其重要的影响作用。

农村人民公社化主要表现在生产关系和社会制度变革等方面的盲目冒进。[1] 如果以人民公社所有制的变革作为分期依据，那么，1962年以"三级所有，队为基础"为本质特征的人民公社新体制的确立，便可把25年的人民公社史划分为两个时期，即1958—1962年的"大公社时期"和1962—1983年的"公社时期"。[2]

一 大公社时期的劳动组织形式与分配制度

（一）人民公社化运动的兴起

人民公社化运动的兴起是从农业生产合作社合并成为大社开始的。1957年冬到1958年春，全国出动几千万到上亿的劳动力，大搞农田水利基本建

---

[1] 薄一波：《若干重大决策与事件的回顾》（下卷），中共中央党校出版社1993年版，第727页。
[2] 辛逸：《关于农村人民公社的分期》，《山东师大学报》（社会科学版）2000年第1期。

设，揭开了农业生产"大跃进"的序幕。由于农田水利基本建设要求在大面积土地上统一规划，一些较大工程的建设需要大批的劳动力和资金，建成后的使用又要求做到大体与受益单位的投入相适应，这就不仅涉及农业生产合作社之间的经济利益关系问题，而且还涉及村与村、乡与乡、区与区，甚至县与县之间的经济利益关系问题。在当时的条件下，只能从调整农业生产合作社的规模和调整行政区划方面打主意。在这种情况下，毛泽东重提1955年他讲过的"大社的优越性"，主张小社合并为大社。根据毛泽东的提议，1958年3月22日，成都会议通过了《中共中央关于把小型的农业合作社适当地合并为大社的意见》，指出："我国农业正在迅速地实现农田水利化，并将在几年内逐步实现耕作机械化，在这种情况下，农业生产合作社如果规模过小，在生产的组织和发展方面势将发生许多不便。为了适应农业生产和文化革命的需要，在有条件的地方，把小型的农业合作社有计划地适当地合并为大型的合作社是必要的。"[①] 成都会议以后，各地迅速开始了小社并大社的工作。辽宁于5月下半月，即把9272个社合并为1461个社，基本是一乡一社，平均每社2000户左右，最大的为18000多户。紧接着，河南、河北、江苏、浙江也相继完成并社。河南由38286个社合并为2700多个社，平均每社4000户左右；北京郊区农村，由原来的1680个社合并为218个社，平均每社1600户。[②]

1958年5月，中共八大二次会议确定了社会主义建设总路线，"大跃进"在全国掀起高潮。随着农业合作社规模的扩大，农业合作社的经营范围和农村基层组织结构都出现了一些新变化。农业社办工业[③]，地方工业遍地开花，带来了农业劳动力的紧张；一些地方为动员更多的妇女劳动力，办起了简易的公共食堂和托儿所；为了让青年农民学习农业技术，一些农业社办起了农业技术学校。还有的社把农业社、供销社和信用社合为一体，称为"三社合一"；有的还加上手工业社，成了"四社合一"。

---

① 《农业集体化重要文件汇编（1958—1981）》（下册），中共中央党校出版社1981年版，第15页。
② 薄一波：《若干重大决策与事件的回顾》（下卷），中共中央党校出版社1993年版，第730页。
③ 1958年1月，毛泽东在南宁会议上提出地方工业要超过农业产值。会后，国家经委根据毛泽东的意见，起草了《关于发展地方工业的意见》，提出："农业社办的小型工业，以自产自用为主，如农具的修理，农家肥的加工制造，小量的农产品加工等。"这是第一次提到"社办工业"这一概念。

各地并起来的大社，初期的叫法多种多样，有的叫集体农庄，有的叫合作农场，有的叫社会主义大院，有的叫国营农场或共产主义农场，还有的叫共产主义公社。"人民公社"这个名称是毛泽东选定的。1958 年 7 月 16 日，《红旗》杂志第 4 期发表了题为《在毛泽东同志的旗帜下》的文章，文章讲道："毛泽东同志说，我们的方向，应该逐步地、有秩序地把'工（工业）、农（农业）、商（交换）、学（文化教育）、兵（民兵，即全民武装）'，组成一个大公社，从而构成我国社会的基本单位。"最先得到关于人民公社信息的河南省遂平县，则于 7 月间把 1958 年 4 月由嵖岈山附近 27 个高级社合并而成的卫星农业社（共有 6566 户、30113 人），改名为嵖岈山卫星人民公社，成为全国第一个人民公社。8 月上旬，毛泽东先后视察河北徐水、安国，河南新乡，山东历城，多次发表"人民公社好"的谈话。8 月 29 日，北戴河政治局扩大会议通过了《中共中央关于在农村建立人民公社问题的决议》，《决议》指出："人民公社发展的主要基础是我国农业生产全面的不断的跃进和五亿农民愈来愈高的政治觉悟。""在目前形势下，建立农林牧副渔全面发展、工农商学兵互相结合的人民公社，是指导农民加速社会主义建设，提前建成社会主义并逐步过渡到共产主义所必须采取的基本方针。"《决议》对社的组织规模，小社并大、转为人民公社的做法和步骤，并社中的若干经济政策问题，以及社的名称、所有制和分配制的问题也作了具体规定。《决议》指出："人民公社虽然所有制仍然是集体所有的，分配制度无论工资制或者按劳动日计酬，也还都是'按劳取酬'，并不是'各取所需'，但是人民公社将是建成社会主义和逐步向共产主义过渡的最好的组织形式，它将发展成为未来共产主义社会的基层单位"。《决议》还宣布"共产主义在我国的实现，已经不是什么遥远将来的事情了，我们应该积极地运用人民公社的形式，摸索出一条过渡到共产主义的具体途径。"[①] 《决议》公布之时，正值"大跃进"狂热至极，加之，文件本身亦有许多"左"的提法，所以，《决议》公布后，在全国范围内就掀起了大办人民公社的高潮。

据中央农村工作部 1958 年 9 月 30 日编印的《人民公社化运动简报》第 4 期报道，到 9 月 29 日止，全国农村已基本实现了公社化。除西藏以外，共

---

① 《农业集体化重要文件汇编（1958—1981）》（下册），中共中央党校出版社 1981 年版，第 69—72 页。

建立人民公社 23384 个，入社农户占总农户的 90.4%，其中 12 个省达到 100%；平均每社 4797 户，其中河南、吉林等 13 个省，已有 94 个县以县为单位，建立了县人民公社或县联社。11 月 27 日，中央农村工作部报告，到 10 月底，全国农村共有人民公社 26576 个，参加的农户占农户总数的 99.1%。至此，1956 年上半年中国农村建立起来的 70 多万个高级农业生产合作社，才刚满两年，就被 2 万多个政社合一的人民公社所代替。平均大约 28 个农业生产合作社并成一个公社。到 10 月底的不完全统计，全国农村共举办公共食堂 265 万多个，在食堂吃饭的人占农村总人口的 70%—90%。已建托儿所、幼儿园 475 万个，幸福院 10 万多个。河北、贵州、辽宁等 20 各省市共建民兵师 1052 个，民兵团 24525 个。①

（二）大公社体制的特点："一大二公"，政社合一

根据 1958 年 8 月北戴河会议的讨论和《决议》，以及 9 月 1 日《红旗》杂志第 7 期发表的《迎接人民公社化高潮》社论和《嵖岈山卫星人民公社试行简章（草稿）》，建立起来的农村人民公社，即大公社体制的特点是："一大二公"，政社合一。毛泽东在北戴河会议上谈道："人民公社的特点：一曰大，二曰公。我看，叫大公社。大，人多（几千户，一万户，几万户），地多，综合经营，工农商学兵，农林牧副渔；大，人多势众，办不到的事情就可以办到；大，好管，好纳入计划。公，就是比合作社更要社会主义，把资本主义残余（比如自留地、自养牲口）都可以逐步搞掉。""人民公社是政社合一，那里将会逐渐没有政权。"②

1. 人民公社的组织规模和对生产资料的处理

《中共中央关于在农村建立人民公社问题的决议》规定："社的组织规模，就目前说，一般以一乡一社、两千户左右较为适宜。"实际上，这个规定并没有执行。初期的人民公社，多是几乡一社，平均规模为 4797 户。2 万户以上的特大社，全国就有 51 个。如河南省的修武县人民公社（29193 户）、河北省的徐水人民公社（成立时称徐水人民总公社，由 248 个农业社合并而成，共 30 多万人）都是一县一社。另根据国家统计局提供的资料，

---

① 薄一波：《若干重大决策与事件的回顾》（下卷），中共中央党校出版社 1993 年版，第 749 页。
② 同上书，第 741—742 页。

1958 年农村成立人民公社 23630 个，参加农户 12861 万户，平均每个公社 5440 余户、23700 余人。[1]

根据中共中央"应该以共产主义的精神去教育干部和群众"，"不要采取算细账，找平补齐的办法，不要去斤斤计较小事"[2] 的精神，在人民公社化的过程中，各原农业社"应该将一切公有财产交给公社，多者不退，少者不补。原来的债务，除用于当年度生产周转的应当各自清理外，其余都转归为公社负责偿还。各个农业合作社社员所交纳的股份基金，仍分记在各人名下，不计利息。各个农业合作社社员的投资，由公社负责偿还。"为了彻底消灭私有制残余"，"社员转入公社，应该交出全部自留地，并且将私有的房基、牲畜、林木等生产资料转为全社公有"[3]，有些公社甚至还将社员的部分生活资料，如缝纫机、自行车、家具、生活用具，等等，也都转为公有。这实际上是对农村社员的剥夺。

人民公社成立初期，公社作为基本核算单位，可以在全社范围内从各生产队（原高级社）无偿调拨和使用人力、财力和物力，收入分配也是在全公社范围内进行的。这样，实际上就是公社"共"了各队的产，穷队"共"了富队的产。在大办水利、大办工业等过程中，在公社与公社之间，上级政府对人民公社，也实行人力、财力、物力的无偿调拨，甚至以公共积累的名义过多地搞义务劳动，又进一步扩大了"共"产的范围，助长了"共产风"的盛行。"共产风""平调风"盛行，破坏了等价交换原则，侵犯了集体和群众的利益，加上人民公社生产经营管理的无序，分配上的平均主义和"大锅饭"，严重挫伤了社员群众的生产积极性，造成了农村经济生活和社会生活的极大混乱。

2. **人民公社是"政社合一"的"单位制"管理体制**

人民公社把农业生产、农村发展和农民生活全部纳入其管理和管辖范围，形成了以公有制和高度计划经济为基础，将政治、经济、社会、文化、

---

[1] 《中国统计年鉴（1983）》，中国统计出版社 1983 年版，第 147 页。
[2] 《中共中央关于在农村建立人民公社问题的决议》，载《农业集体化重要文件汇编（1958—1981）》（下册），中共中央党校出版社 1981 年版，第 71 页。
[3] 《嵖岈山卫星人民公社试行简章（草稿）》，载《农业集体化重要文件汇编（1958—1981）》（下册），中共中央党校出版社 1981 年版，第 95 页。

意识形态和资源的分配与再分配，社员个人的生产、生活等全部包括在内的、"一大二公"的管理体制。国家通过公社，一方面，将其意志、方针政策深入贯彻到每一农户、社员；另一方面，将工业化所需各种资源从农村源源不断地输往城市和建设工地，以保证国家建设之需要。[①] 在生产管理和经营决策上，人民公社党委一把抓，并实行国家的指令性计划和直接管理，主要产品按照国家的统一计划进行生产，并按照国家调拨价由国家统一收购。作为政权机关，公社要服从上级的指定，也要从事各种党务、政务和包揽社会福利活动，对工、农、商、学、兵、党、政、青、妇等统一管理；作为经济单位，公社又要考虑生产、经营、农民生活。人民公社的双重身份和权力过分集中，造成了党政不分，政社（企）不分，以党代政、以政代社（企），这是导致农村工作中不讲经济效益、不按经济规律办事，强迫命令、"一刀切"、瞎指挥的体制根源。

初期人民公社的架子基本上是按照嵖岈山卫星公社的模式搭起来的。一般分为公社、生产大队（有的叫管理区或作业区）、生产队（规模相当于原高级社）三级。有些几乡一社的大社，还有一个虚级，即在公社和大队之间，有一个管理区，作为公社的派出机构，大体相当于原来的乡。作为人民公社标准模式的嵖岈山公社模式，虽然规定"生产大队是管理生产、进行经济核算的单位"，"生产队是组织劳动的基本单位"，"在保证完成全社总计划的条件下，生产大队有具体组织生产和基本建设、具体支配生产开支和奖励工资的一定限度的机动权。大队和生产队超额完成了产量计划或者节约了生产开支，公社和大队应当适当地拨给奖励工资"，但同时又规定"盈亏由社统一负责"。[②] 这就是说，大公社实际上是以公社为基本核算单位的。这种公社集中领导、三级管理的模式，实际上是公社有权无责，生产大队和生产队，特别是生产队作为直接组织生产劳动的单位有责无权，无法负责。

人民公社作为一级行政机构，还管理着农村中原有的某些全民所有制的银行、商店和其他下放给公社管理的企业，加之"左"倾思想的泛滥，这

---

① 尹业香：《矛盾·改革·出路——农村人民公社以来体制与制度构建之反思》，《学术论坛》2005年第10期。

② 《嵖岈山卫星人民公社试行简章（草稿）》，载《农业集体化重要文件汇编（1958—1981）》（下册），中共中央党校出版社1981年版，第97页。

样就混淆了全民所有制和集体所有制的界限，成为无偿调拨人民公社人、财、物、力的"依据"。①

总之，"大办人民公社的过程，实际上也是大刮'共产风'的过程。人民公社化运动，不仅造成了对农民的剥夺，而且也使农村生产力遭到灾难性的破坏。"②

（三）大公社的劳动管理与收入分配制度

在劳动管理方面，大公社摒弃了在农村合作化过程中通过不断探索、逐步形成的比较适合农业生产特点的管理制度，如"三包一奖""包产到组"等，统一调配劳动力，搞什么"组织军事化""行动战斗化""生活集体化"，实行"大兵团作战"。所谓组织军事化，就是以男女民兵为骨干，与全体社员结合在一起，按军事组织建制，编成班、排、连、营、团等。有的还根据劳动力的强弱、年龄的大小和性别的不同，组成了"青年火箭排""壮年跃进排""妇女突击排""少年先锋排"等。所谓行动战斗化，就是在进行田间管理时，由公社统一指挥和调配劳动力，诸如突击积肥、锄草、防除病虫害等。社员必须按司令部所规定的时间作息，在劳动中必须听从指挥，无故旷工要受到批评、处罚或扣发工资。有的甚至上下工还要列队，并按口令行进，开工有战前动员，收工有总结评比。所谓生活集体化，就是公社大办公共食堂、幼儿园、托儿所、养老院等福利事业，实行劳动力集体吃、集体住。在这些"大办"中，许多地区都无偿地平调社员的房屋、粮食、蔬菜、炊具、家具等生活物资。这种所谓的"大兵团作战"的劳动方式，借助于行政命令的瞎指挥，很难做到发挥社员群众的积极性，也很难做到因时因地制宜和不误农时，造成了劳动管理上的极度混乱。

农村人民公社化初期，分配制度上的一个重大变革，就是全国比较普遍地推行了或者准备推行"吃饭不要钱"的供给制。③ 供给制在当时被说成是

---

① 苏少之：《中国经济通史》（第十卷·上），湖南人民出版社2002年版，第383页。
② 中共中央党史研究室编：《中国共产党历史》（第二卷·上册），中共党史出版社2011年版，第499页。
③ 《1958—1965中华人民共和国经济档案资料选编·综合卷》，中国财政经济出版社2011年版，第50页。

已经包含了共产主义按需分配的因素，实质上是对粮食等基本生活资料的免费供应与平均分配，其主要有三种形式[1]：第一种是粮食供给制，具体办法是在公社预定分配给社员个人的消费基金中，口粮部分按国家规定的留粮标准，统一划拨给公共食堂，社员在所属食堂凭食粮证免费吃粮，副食品部分仍由社员出钱承担。第二种是伙食供给制，是指社员除免费吃粮外，公共食堂还免费向社员供应菜、油、盐等。第三种是基本生活用品供给制，是指在免费伙食的基础上，再免费向社员提供穿衣、住房、养老、育儿等各种生活设施与服务。如河北省徐水县实行了"十五包"，即吃饭、穿衣、住房、鞋、袜、毛巾、肥皂、灯油、火柴、烤火费、洗澡、理发、看电影、医疗、丧葬这15项开支，全部由县人民公社统一包起来。[2] 在供给制外，是工资部分，它属于按劳分配的范畴。实际上，由于中国农村经济发展水平很低，绝大多数公社除了保障社员按低标准吃饭或吃粮以外，发不了多少工资。如河北省1958年秋收后，人民公社分为三类情况：一类是吃饭都没有保证，要求国家救济；二类是能管社员吃饭，但发不出工资；三类是除管吃饭外，能发一点工资，有一个月发几角钱的，有发一元钱的，有发两元或三四元钱的。一些地方能发工资的社，也是发一两个月就难以为继了。这说明，大公社初期的分配制度，尽管规定是供给制加工资制，但真正按劳分配的部分微乎其微。"干不干，都吃饭"，"工多不喜，工少不急，两餐稀饭，你吃我吃"，这实际上就是社员与社员之间的平均主义。新华社1959年1月18日内部报道，广东省新会县人民公社第一次发工资后，出现了"四多四少"和"三化"的现象，即吃饭的人多，出勤的人少；装病的人多，吃药的人少；读书的人多，劳动的人少；"出工自由化，吃饭战斗化，收工集体化"。据分析，主要原因就是因为供给部分过多，工资所发无几，因此，社员生产积极性和劳动效率普遍下降。[3]

这种大公社的分配制度，仅实施数月就遇到了危机，即出现了全国性的粮食、油料、猪肉、蔬菜等主要农产品供给下降。1958年年底至1959年年初，湖北、广东、河北、山东、河南等地相继出现大面积饥荒。在经济困难

---

[1] 辛逸：《简论大公社的分配制度》，《中共党史研究》2007年第3期。
[2] 薄一波：《若干重大决策与事件的回顾》（下卷），人民出版社1993年版，第751页。
[3] 同上书，第760—761页。

和大饥荒的压力下，1959年2月，第二次郑州会议起草了《关于人民公社管理体制的若干规定（草案）》，明确提出了生产大队（相当于原来的高级社）是人民公社的基本核算单位，规定了"当前整顿和建设人民公社的方针"，即"统一领导，队为基础；分级管理，权力下放；三级核算，各计盈亏；分配计划，由社决定；适当积累，合理调剂；物资劳动，等价交换；按劳分配，承认差别"。① 同年5月26日，《中共中央关于人民公社夏收分配的指示》指出："认真执行包产、包工、包成本的三包责任制和奖惩制度"，"一定要做到多劳多得，赏罚分明。""在夏收分配当中，工资部分和供给部分所占的比例，要适当调整，必须力求做到工资部分占60%—70%左右，供给部分占30%—40%左右。""认真地整顿公共食堂"，"可以办全体社员参加的食堂，也可以办一部分社员参加的食堂；食堂可以是常年的，也可以是农忙的；可以农忙多办，农闲少办，灵活执行"。"口粮应该分配到户，分配到社员，以人定量，在公共食堂吃饭的，粮食交给食堂，节约归个人；不在食堂吃饭的，粮食全部分给个人保管食用。"② 上述政策措施的变化，比如提出以生产（大）队为基本核算单位，强调等价交换规律和按劳分配原则，允许各地对公共食堂实行更加灵活的政策，等等，表明中共中央和毛泽东已经开始着手纠正大公社体制的错误。

然而，1959年8月庐山会议的"反右倾"打断了纠"左"的进程，大公社基本所有制和分配制度改革陡然转向，并随着所谓"新跃进"的兴起，供给制和公共食堂在很多地方又得以恢复。据国家统计局1961年1月报告：到1959年年底，全国农村公共食堂已由1958年10月底的265万个增加到391万多个，在公共食堂吃饭的约为4亿人，占人民公社总人数的72.6%，③ 当时还要求提高到80%—90%以上。供给制和公共食堂的回潮，使农村饥荒在全国进一步蔓延开来，迫使中央不得不最终放弃以公共食堂为核心的供给制。从1957年到1960年，全国每人平均消费的粮食由406斤下降到327斤，猪肉由10.2斤下降到3.1斤。④ 1960年11月3日，中共中央发出《关

---

① 《农业集体化重要文件汇编（1958—1981）》（下册），中共中央党校出版社1981年版，第139页。
② 同上书，第220—221页。
③ 薄一波：《若干重大决策与事件的回顾》（下卷），人民出版社1993年版，第761页。
④ 周太和主编：《当代中国的经济体制改革》，中国社会科学出版社1984年版，第75页。

于农村人民公社当前政策问题的紧急指示信》，明确指出："在很长的时期内，至少在今后二十年内，人民公社分配的原则还是按劳分配。在分配给社员个人消费的部分中，应该控制供给部分，提高工资部分"，"供给部分和工资部分三七开"。1961年6月，中央在公布的《农村人民公社工作条例（修正草案）》（即第二个"农业六十条"）中又明确要求："生产队必须认真执行按劳分配，多劳多得，避免社员与社员之间在分配上的平均主义"。至此，大公社分配领域中的供给制寿终正寝。[①]

二　对大公社体制的调整

人民公社化运动以后，农村实现了土地、耕畜、大型农具等生产资料的公有化和生产经营的集体化，但农业生产的机械化和现代化却没有及时跟进，传统农业的生产条件和耕作制度并没有根本性的变化。如前所述，"一大二公"的大公社体制普遍推行不久，就暴露出多方面的制度缺陷和问题。它打乱了农村原有的生产关系和生活秩序，给农村基层和农民社员造成了极大的混乱和恐慌，尤其是各地普遍发生了"账外账"和瞒产私分问题。瞒产私分一般以生产小队为行为单位，有的是生产队干部暗中允许，小队长、记账员直接执行的。这实际上是对"一大二公"大公社的否定。诚如毛泽东所言："瞒产是有原因的，怕'共产'，怕外调。农民拼命瞒产是个所有制问题。"[②] 而由庐山会议引发的"新跃进"，则进一步使全国农村普遍陷入了大饥荒的绝境，引发了广大干部群众的不满和农村形势的紧张，同时也促使中共中央和毛泽东最终下定决心，纠正"共产风"，对大公社体制和农村政策进行调整。

1960年11月3日，中共中央发出了《关于农村人民公社当前政策问题的紧急指示信》（以下简称《十二条》），《十二条》提出"以生产队为基础的三级所有制，是现阶段人民公社的根本制度，从1961年算起，至少七年坚决不变"；"坚决反对和彻底纠正一平二调的错误"，"县和县以上各级机关和企业、事业单位向社平调的、县和社向生产队平调的，以及县、社和队

[①] 辛逸：《对大公社分配方式的历史反思》，《河北学刊》2008年第4期。
[②] 逄先知、金冲及主编：《毛泽东传（1949—1976）》（下），中央文献出版社2003年版，第913页。

向社员个人平调的房屋、家具、土地、农具、车辆、家畜、家禽、农副产品和建筑材料等等各种矿物，都必须认真清理，坚决退还"；"加强生产队的基本所有制"，"生产队（有的地方叫管理区或者生产大队）是基本核算单位。生产经营管理的权力应该主要归生产队"，"公社的生产计划应该建立在生产队的生产计划和生产小队的包产计划的基础上"；"坚持生产小队的小部分所有制"，"生产小队是组织生产的基层单位"，"劳动力、土地、耕畜、农具必须坚决实行'四固定'，固定给生产小队使用"，"生产队对生产小队要实行包产、包工、包成本和超产奖励制度"；"坚持各尽所能、按劳分配的原则，供给部分和工资部分三七开"；"从各方面节约劳动力，加强农业生产第一线"，"公社和生产队（基本核算单位）两级占用的劳动力，不能超过5%左右，其余的95%左右都归生产小队支配"；"允许社员经营少量的自留地和小规模的家庭副业"，"社员自留地上收获的农产品，不计入分配产量，不顶口粮，不计征购，归社员个人支配"，等等。[①] 不过，在这里需要说明的是，《十二条》所讲的"生产队"相当于人民公社化初期的生产大队，所讲的"生产小队"相当于人民公社化初期的生产队（原高级社的规模）。在对大公社体制的调整中，《十二条》的主要贡献在于，明确了生产大队为公社的基本核算单位，并提出了坚持生产队的小部分所有制，较好地解决了"调"的问题，但是并没有解决"平"，即平均主义的问题。平均主义的问题，主要是通过《农村人民公社工作条例》的起草、修订和再修订、实施，在一定程度上得到了逐步改善。

1961年是中国共产党的"调查研究年"。在全党进行大规模农村调查的基础上，1961年3月29日，中共中央正式向全国下发了《农村人民公社工作条例（草案）》，即第一个"农业六十条"。《条例（草案）》明确规定："农村人民公社一般地分为公社、生产大队和生产队三级。以生产大队所有制为基础的三级所有制，是现阶段人民公社的根本制度"；"在生产大队范围内，除了生产队所有的和社员所有的生产资料以外，一切土地、耕畜、农具等生产资料，都属于生产大队所有"；处理生产大队与生产队之间的经济关系，必须采用"三包一奖四固定"的办法。这些规定基本上接续了《十

[①] 《1958—1965中华人民共和国经济档案资料选编·农业卷》，中国财政经济出版社2011年版，第96—101页。

二条》的提法,从制度上制止了公社及其上级对农村基层生产资料和农产品的无偿调拨,也有效克服了公社内生产大队之间的平均主义。《条例(草案)》另一个减少生产大队间平均主义的重要举措则是缩小社队规模。《条例(草案)》规定:"人民公社的规模,一般地应该相当于原来的乡或者大乡;生产大队的规模,一般地应该相当于原来的高级农业生产合作社。"人民公社各级的规模都不宜过大,特别是生产大队的规模不宜过大,避免在分配上把经济水平相差过大的生产队拉平。此外,《条例(草案)》还规定,公社"不许无代价地调用劳动力、生产资料和其他物资","占用生产大队的劳动力,一般地不得超过生产大队劳动力总数的2%";"生产大队兴办的企业和事业,从生产队占用的劳动力,一般地不能超过生产队劳动力总数的3%";生产大队扣留的公积金和公益金,一般控制在大队可分配收入的5%左右。①

虽然第一个"农业六十条"搭建了公社新体制的框架,但没有触及"一大二公"大公社体制中诸如供给制、公共食堂、基本核算单位过大等最核心的问题。针对这些问题,历经两个多月的征求意见和修改后,中央于6月15日下发各地试行,这就是《农村人民公社工作条例(修正草案)》,即第二个"农业六十条"。《条例(修正草案)》提出要坚持自愿互利和等价交换的原则,取消供给制,实行评工记分。同时规定:"在生产队办不办食堂,完全由社员讨论决定","对于参加和不参加食堂的社员,生产队都应该同样看待,不能有任何的歧视";"社员的口粮,不论办不办食堂,都应该分配到户,由社员自己支配"。② 取消公共食堂和供给制,可以说是真正触动了大公社体制的根基,动摇了生产队内社员间平均主义的制度基础,恢复按劳分配为主的分配办法也就顺理成章了。③《条例(修正草案)》下发后,各地调整了社队的规模,即增加社队的数量、缩小其规模。据国家统计局统计,1961年全国农村人民公社总数为57855个,比1960年增加了33538个;生产大队为73.4万个,比上年增加了37万个;生产队为498.9万个,增加

---

① 《农业集体化重要文件汇编(1958—1981)》(下册),中共中央党校出版社1981年版,第455—469页。
② 同上。
③ 辛逸:《"农业六十条"的修订与人民公社的制度变迁》,《中共党史研究》2012年第7期。

了209.7万个；参加公社的户数为13199万户，增加了370万户；平均每个公社有生产大队12.7个，比上年减少了6.4个；平均每个生产大队有生产队6.8个，增加了0.6个。1962年，全国农村人民公社总数为74771个，生产大队为70.3万个，生产队为558万个，参加公社的户数为13410万户；平均每个公社有9.4个生产大队，74.6个生产队，1793户；平均每个生产大队有7.9个生产队，191户；平均每个生产队有24户。①

但是，第二个"农业六十条"仍然没有解决"生产的基本单位是生产队，而统一分配的单位却是生产大队"的问题，即集体经济中长期以来存在的生产和分配不相适应的矛盾。经过各地广泛调查与试点，1962年2月13日，中共中央正式发出《关于改变农村人民公社基本核算单位问题的指示》，指出："基本核算单位下放，这是继'十二条'、'六十条'之后，调整我国农村生产关系的又一重要政策。意义是重大的，影响是深远的。……在我国绝大多数地区的农村人民公社，以生产队为基本核算单位，实行以生产队为基础的三级集体所有制，将不是短时期内的事情，而是在一个长期内，例如至少三十年，实行的根本制度。"②把基本核算单位下放到规模只有二三十户的生产队，并规定至少30年不变，是1962年6—7月对《农村人民公社工作条例（修正草案）》修改的主要之点，也是对人民公社"一大二公"模式的重大突破。③

第二个"农业六十条"颁发实施一年后，根据各方意见，又进行了几次修改，于1962年9月29日经中共八届十中全会正式通过，这就是后来十几年内对农村人民公社和整个农村工作起指导作用的《农村人民公社工作条例修正草案》④，即第三个"农业六十条"。它正式确立了农村生产队的基本核算制度，赋予了生产队清晰和完整的生产资料所有权、生产经营权、收益分配权等，在制度上基本克服了生产队之间的平均主义。它的制定和试行，在一定程度上稳定了几亿农民的生产情绪，成为中国农村摆脱连续三年的严

---

① 《中国统计年鉴（1983）》，中国统计出版社1983年版，第147页。
② 《农业集体化重要文件汇编（1958—1981）》（下册），中共中央党校出版社1981年版，第546—547页。
③ 薄一波：《若干重大决策与事件的回顾》（下卷），人民出版社1993年版，第941—943页。
④ 《农业集体化重要文件汇编（1958—1981）》（下册），中共中央党校出版社1981年版，第628—649页。

重灾祸、迈向 60 年代中期新发展的转折点。十年"文化大革命"动乱，农村之所以能够保持相对稳定，农业之所以能够保持继续增长势头，与第三个"农业六十条"实施是分不开的。

三 人民公社时期的劳动组织形式与分配制度

经过几年的探索，通过采取逐级下调农村集体所有制公有水平、缩小社队的经营规模、取消供给制和公共食堂、恢复按劳分配为主的分配办法、确立生产队为基本核算单位等政策措施，到 1962 年年底，在中国农村基本否定了"一大二公"的大公社经济制度，最终确立了"三级所有，队为基础"的人民公社新体制。此后的十几年，中国农村集体经济进入了基本制度形成和相对稳定的时期。

(一)"三级所有，队为基础"的公社体制

根据《农村人民公社工作条例修正草案》（以下简称《公社条例修正草案》）规定，农村人民公社仍然是政社合一的基础组织，是社会主义的互助、互利的集体经济组织，实行各尽所能、按劳分配、多劳多得、不劳动者不得食的原则。经过调整之后，人民公社的规模大大缩小了，原来规模大于高级社的生产大队或管理区的这一级机构取消了，基本核算单位由相当于高级社规模的生产队（后称生产大队）退到相当于初级社规模的生产小队（后称生产队）。① 这就在相当大程度上承认了传统的以血地缘关系为财产边界的"小农村社制"，巩固了以村社为基础形成的生产队的财产权益，抑制了大公社的"一平二调"。② 在此后长达十几年的时间里，人民公社普遍实行公社、生产大队、生产队三级架构，其中，"三级所有，队为基础"公社新体制中的"队为基础"，实际上是以生产小队为基础。

"三级所有，队为基础"公社体制的最大特点，就是以生产队（又称生产小队）作为基本核算单位。《公社条例修正草案》规定，"生产队是人民公社中的基本核算单位"，它"实行独立核算，自负盈亏，直接组织生产，

---

① 以下称的生产大队都是指高级社规模的原生产队，生产队都是指生产小队。
② 温铁军：《中国农村基本经济制度研究》，中国经济出版社 2000 年版，第 216 页。

组织收益的分配。这种制度定下来以后，至少三十年不变"；生产队的土地、大牲畜、农具、山林、水面、草原等归生产队所有和经营；"生产队范围内的劳动力都由生产队支配，公社或者生产大队向生产队调用劳动力，必须同生产队的社员群众商量，不得到他们的同意，不许抽调"；"生产队对生产的经营管理和收益的分配，有自主权"；"在接受国家计划指导和不破坏自然资源的前提下，生产队有权因地制宜、因时制宜地进行种植，决定增产措施"；"在保证完成国家规定的农副产品交售任务的前提下，生产队经营所得的产品和现金，在全队范围内进行分配。这些产品和现金的分配和处理，由社员大会讨论决定"。不过，也有一些地方是实行以生产大队为基本核算单位制度的，但所占比例不高。据 11 个省、市、自治区的统计，以生产大队为基本核算单位的大队占大队总数的比例，1962 年为 5%，1970 年为 14%，1975 年为 9.2%。[①]

表 10—1　　　　　　　　1962—1978 年农村人民公社组织

年份	公社数（个）	生产大队数（万个）	生产队数（万个）	公社户数（万户）	公社人口（万人）	平均每个公社生产大队数（个）	平均每个生产大队生产队数（个）	平均每个生产队人口（人）
1962	74771	70.3	558.0	13410		9.4	7.9	
1963	80956	65.2	564.3	13424	56833	8.1	8.7	101
1964	79559	64.4	559.0	13388	57572	8.1	8.7	103
1965	74755	64.8	541.2	13527	59122	8.7	8.3	109
1966	70278	65.1	516.4	13661	60648			
1967	70050	64.9	510.6					
1968	59812	64.1	486.9					
1969	53722	64.8	458.5					
1970	51478	64.3	456.4	15178	69984	12.0	7.0	153
1971	52674	65.4	458.7	15387	71611	12.0	7.0	156
1972	53823	66.2	472.2	15601	73181	12.0	7.0	155

---

① 周太和主编：《当代中国的经济体制改革》，中国社会科学出版社 1984 年版，第 266 页。

续表

年份	公社数（个）	生产大队数（万个）	生产队数（万个）	公社户数（万户）	公社人口（万人）	平均每个公社生产大队数（个）	平均每个生产大队生产队数（个）	平均每个生产队人口（人）
1973	54423	66.7	476.9	15829	74798	12.0	7.0	
1974	54620	67.1	480.0	16139	76389	12.0	7.0	
1975	52615	67.1	482.6	16448	77712	12.9	7.1	161
1976	52665	68.1	482.7	16803	78745	12.9	7.1	163
1977	52923	68.3	480.5	17107	79688	12.9	7.0	166
1978	52781	69.0	481.6	17347	80320	13.1	7.0	167

资料来源：《中国统计年鉴（1983）》，中国统计出版社1983年版，第147页。

  人民公社的各级组织，都必须执行国家的政策和法令，在国家计划指导下，因地制宜地、合理地管理和组织生产。公社、大队根据需要和可能，组织兴办公社、大队、生产队共同投资、共同受益的企业、水利事业，可以组织几个生产队之间的协作，但必须严格遵守自愿互利和等价交换的原则，不能无代价地调用生产队的劳动力、生产资料或其他物资。生产队有完成国家征购粮食、棉花、油料和派购农副产品的义务，国家在规定生产队的征购、派购任务的时候，要兼顾国家、集体和个人的利益，要保证生产队多产多留。但实际上，由于人民公社实行"三级所有"，县、区、社、大队四级的单位和部门经常借多个名目，向生产队伸手，平调生产队的劳动力、物资等，形成农村社员税负之外的负担。

  在积极办好集体经济，不妨碍集体经济的发展，保证集体经济占绝对优势的条件下，人民公社允许和鼓励社员利用剩余时间和假日，发展家庭副业，增加社会产品，增加社员收入，活跃农村市场。社员家庭副业的产品和收入，都归社员所有，都归社员支配。社员家庭耕种的由集体分配的自留地，一般占生产队耕地面积的5%—7%。这一时期，社员耕种自留地和开垦零星荒地以及经营家庭副业在保障社员基本生活方面发挥了重要作用。

  人民公社取消了公共食堂和供给制之后，生产队恢复了农业合作社时期所实行的劳动定额和评工记分制度。因此，认真地根据每个社员提供劳动的数量和质量，付给应得的劳动工分，是保证执行按劳分配的关键。工分制成为中国农村贯彻按劳分配原则的一种主要的分配制度和集体劳动管理模式。此外，还有联系产量计算劳动报酬的形式，即在生产队统一核算和分配的前提下，包工到作业组，联系产量计算报酬，实行超产奖励。《公社条例修正草案》规定："生产队对于社员的劳动，应该按照劳动的质量和数量付给合理的报酬，避免社员和社员之间在计算劳动报酬上的平均主义。"

这种"三级所有，队为基础"的公社体制，较好地克服了生产队之间的平均主义，有利于保障生产队的自主权，有利于改善集体经济的经营管理；生产队的范围小，几十户为一个基本核算单位，社员对于集体经济同自己的利害关系，对于自己的劳动成果，比过去看得直接、看得清楚，比较适合于农民的觉悟程度，有利于调动社员参与和发展集体经济的积极性。但是，这种体制的局限性也是十分明显的。比如，人民公社政社合一的问题并未涉及，它是长期以来政社（企）不分，行政命令、瞎指挥的重要体制根源。再如，基本核算单位虽然退到了原初级社水平，克服了人民公社化造成的"一大二公"，甚至比高级社都前进了一步，但却保留了"三级所有"，成为之后再搞"穷过渡"的体制根源。[①] 此外，劳动记工和按工分分配排除了包产到户或包干到户的可能性，使家庭难以作为生产单位，直到20世纪80年代初农村改革兴起来以后，这个缺点才得到克服。

（二）生产队的劳动组织管理与工分制

在"三级所有，队为基础"的公社体制下，生产队是人民公社的基本核算单位，又是基本的劳动组织形式。根据《公社条例修正草案》规定，生产队组织一切有劳动能力的人参加集体生产劳动，把男、女劳动力都按照他们的体力强弱和技术高低，因"人"制宜地安排到农、林、牧、副、渔、工、商各业生产建设上去，做到各尽所能，人尽其才。在搞好集体生产的前提下，安排剩余劳力或辅助劳力从事政策范围所允许的个体劳动和从事联产经营。生产队范围内的劳动力都由生产队支配，大队以上单位抽调生产队劳力进行农业基本建设时，如有非受益单位的劳力参加，应当付给合理报酬或

[①] 苏少之：《中国经济通史》（第十卷·上），湖南人民出版社2002年版，第392、399页。

记工还工。① 生产队必须努力提高社员的耕作技术，要充分发挥有经验、有技术的老农民的作用，要有计划地组织青年人学技术，提倡老手带新手。从全国范围来看，虽然大部分地区的生产队能够组织广大社员群众有计划并且有效地进行生产活动，并保证农业生产第一线有足够的劳动力，但是，在不少地区也出现了"三多一少"（调离生产队的劳动力多，非生产人员多，非生产用工多，从事农业生产的劳动力少）和"三低"（劳力出勤率低、劳动利用率低、劳动生产率低）的现象。其原因主要是：有些社队纵容农村劳动力外出搞非农经营；有些国家和集体的企事业单位，无计划地乱拉社队劳动力；有些社队不顾农村实际，占用生产时间大搞体育、文艺等非生产活动，使非生产人员、非生产用工大量增加。② 实际上，在农村中有一定技术专长的社员，如木匠、铁匠、泥瓦匠等，利用农闲时间走街串巷从事生产和劳务性活动，对发展生产和满足农民群众生活需要是有益的，但却常被当作"副业单干""野马副业"而屡遭禁止或限制，甚至对社员在择业、迁徙等方面进行超经济的控制，这就人为地阻碍了农村劳动力的转移。

生产队为了便于组织生产，一般是根据规模大小及农活性质，划分相对固定的、季节性的或者临时的作业小组，划分地段，实行小段的、季节的或者常年的包工，并建立严格的生产责任制。有的地区对作业组实行劳动力适当搭配，建立定领导、定劳动力、定任务、定质量、定工分的"五定"责任制；对于养牛、养猪、管水等农活，责任到人。③ 作业组的主要任务是：接受生产队的包工包产任务；根据生产队统一制订的小段计划具体安排农活；根据农活情况全面地组织使用劳动力；经常检查社员的农活质量和完成情况；根据劳动定额和小段包工搞好评工记分；及时向队管理委员会报告本组完成小段计划的情况，为生产队制订下一段计划做好准备。④ 生产队对于劳动积极，管理负责，成绩显著，或者超额完成任务的小组和个人，给予适当的奖励；对于那些劳动不积极，管理不负责，没有完成任务的小组和个

---

① 山东省农业委员会政策研究室编写：《农村人民公社经营管理问题解答》，山东人民出版社1981年版，第24—25页。
② 王凤林：《新时期人民公社经济问题》，中国农业出版社1979年版，第62—63页。
③ 同上书，第64页。
④ 山东省农业委员会政策研究室编写：《农村人民公社经营管理问题解答》，山东人民出版社1981年版，第27页。

人，适当降低劳动报酬，或者给予其他的处分。不管采取什么组织形式，都必须建立健全严格的责任制。只有明确了责任制，才可以提高工效，分清好坏，保证质量，便于开展劳动竞赛，实行奖惩制度，正确贯彻按劳分配原则。所以，建立严格的责任制是加强劳动管理的一项十分重要的内容。

工分制是生产队贯彻按劳分配制度的一项具体措施，具有两重作用。

第一，工分是衡量社员在集体经济中所提供的劳动量的计量单位，用来反映社员的劳动数量和质量。社员向生产队提供的劳动数量越多、质量越高，所得的工分也就应该越多，多劳多得，少劳少得，同工同酬。为了比较准确地反映每个社员投入集体生产的劳动量和应得的报酬量，许多地方实行过定额记分（也即按件记工）的办法。[①] 生产队将某类农活按其工作量折算成工分，社员依据其工作量计算所得工分。它有两种管理形式，一种是规定一定工分数所应完成的工作量，比如说完成某一工作量才能拿到相应工分，提前完成可以提前收工，不能按时完成则只有加班加点。像一些劳动强度大而且需要相互合作的农活通常采用这种记分方式，如农田水利工程挖土方一类的农活。另一种是完全按其工作量记分。生产队将农活进行量化，折算成工分标准，社员完成该工作量，只要工作质量得到认可就可拿到相应的工分。[②] 一般说来，除少数农活"定额记分到人"外，定额记分大都实行"小段作业，集体包工，个人活评"，即"定额到组，活评到人"。这种办法强调"四定一验收"（定任务、定时间、定质量、定工分、验收合格），能够将劳动定额和劳动工分联系在一起，有利于调动社员群众的劳动积极性，挖掘劳动潜力，提高劳动工效，有利于实行男女同工同酬原则，也可以有效地克服"出工一条龙，干活一窝蜂"、出工不出力的窝工浪费现象。[③] 因此，"生产队应该逐步制订各种劳动定额，实行定额管理。凡是有定额的工作，都必须按定额记分"，"在制订劳动定额的时候，要根据各种劳动的技术高低、辛苦程度和生产中的重要性，确定合理的工分标准"，"生产队制订、调整劳动定额和报酬标准，不仅要注意到农活的数量，尤其要注意到农活的

[①] 这实际上是一种"包工制"，这种包工并非包工作而是包工分。它是中央首肯并竭力推荐的一种工分制。

[②] 张江华：《工分制下的劳动激励与集体行动的效率》，《社会学研究》2007年第5期。

[③] 许经勇：《关于贯彻农村人民公社中的工分制问题》，《中国经济问题》1978年第3期。

质量"。① 定额记分的缺点是会导致做工只顾数量，不能保证质量的问题，而且定额管理也确为复杂，执行难度大。因此，对于一些无法制定定额的农活，也就难以推行。这样，生产队一般就采取评工记分（也即按时记工）的办法。这一办法的首要事件是将劳动力分等，评定每个劳动力的底分。所谓评底分，是指根据一个人的综合能力（包括体力、劳动技能、"手脚快慢"等因素）和劳动态度而评定的基本分。评底分的会议，一般由生产队队长主持，全体社员民主评议，确定后公开宣布。评底分是生产队中的大事，有一年或半年一次评的，也有一月一评、一季一评的。生产队的每个社员，不论男女老幼，只要能够参加集体劳动，就有一个底分。一般来说，一个整劳力参加集体劳动一天可得 10 分；少年、大姑娘或刚过壮年的男劳力一天得 8 分左右；依次递减。大部分成员的底分均保持不变，但也总有个别成员的底分会发生变化。如对一些逐渐长成的社员增加底分，对老龄社员相应减少底分。② 对于按时计分的一类劳动而言，底分意味着一个人干一个单位工作日所能得到的工分。也就是说，社员在一起共同从事这一类的劳动时，劳动一天所得工分并不相同，它是根据底分分配工分，即相同底分的人得同等工分，不同底分的人得不同工分。评工记分也分两种，一种是"底分死记"，也称"死分死记"，实行这种记工办法，社员出勤一天，就按死底分记一天工分。它不能反映社员劳动的实际情况，会导致出工不出力、磨洋工的现象，不利于调动社员群众的劳动积极性。另一种是"底分活评"，也称"死分活评"，也即按时记工加评议，就是对社员一天（或半天）集体劳动的成果，以底分为依据，参照实际的劳动态度、劳动效果，确定实得分值。一般而言，当天干活，当天评分，除非收工较早在田间完成评分，都是夜晚开会评议。它在一定程度上弥补了"底分死记"的缺陷。尽管这种民主评分方式往往掺杂些许人为因素，比如亲缘或邻里关系，常常走过场，或者争论不休，但恰恰是这种过程，增强了"底分制"的公平性和对劳动者的相互监督。③ 一般来说，在一个生产队中，在不同时间里，通常是上述所

---

① 《农村人民公社工作条例修正草案》，载《农业集体化重要文件汇编（1958—1981）》（下册），中共中央党校出版社 1981 年版，第 638 页。
② 张江华：《工分制下的劳动激励与集体行动的效率》，《社会学研究》2007 年第 5 期。
③ 吴淼：《工分制下农民与干部的行为选择》，《中共党史研究》2010 年第 2 期。

谈到的"定额记分到人""定额到组,活评到人"和"底分死记""底分活评"等几种记工分形式并用,或是以其中的一种办法为主,而不是只采用某一种办法。表10—2 是广西某县就一个生产队采取一种主要分配形式统计的记工分形式分布情况。不管哪一种办法,每个社员的劳动工分都要按时记入他的工分手册,并且社员的工分账目还要定期公布。

表 10—2　　　　　　　广西某县记工分形式分布情况

记工分形式	采用的生产队数	占总队数（%）
四定到组,组内活评（四定,即定任务、质量、时间、工分）	1675	37.5
按件记分	324	7.2
底分死记	792	17.7
劳力分等,底分活评	671	15.0
大寨式评工记分	710	15.9
其他	286	6.4

资料来源：韦钦：《对目前农村按劳分配问题的一些探讨》,《学术论坛》1978 年第 1 期。

何为大寨式评工记分呢？它是山西省昔阳县大寨大队创设的一种"一心为公劳动、自报公议工分"制度,"文化大革命"期间,它曾一度被当作普适的劳动管理经验在全国推广。"大寨工",又称"大概工"。"大寨工分"的具体做法是：平时,记工员只记社员的出勤天数,并在社员出勤登记表上记录每个社员的出勤时间（分早、上午、下午、晚或者加班）、工种、备考（比如,谁有什么特殊贡献或者未完成任务、干活不讲质量等,都要在备考栏内注明）。评工前,党支部先在党内外进行思想动员,以教育党员和骨干积极带头做好自报公议工作,并制定好标准工分。标准工分,分男社员和女社员。一般男劳力一天挣 10 分左右,最高 11 分至 12 分,50 多岁的男劳力一般 7 分、8 分、9 分,女同志最多 7 分。随后,召开社员大会,让社员根据"标准工分"自报自己一天应得的工分。自报以后,当场由大家进行民主评议,然后由支委扩大会进行审查。审查后,公布审查结果,由群众讨论定案。① 实际上，劳动者获得的工分，只是与劳动能力和出勤天数相联系，不反映在生产过程中的实际劳动支出；工分等级差别小和固定不变，各社员得到的工分差别不大，所得到的实际收入大体上是平均的。这类似于"死分死记""死分活评"的做法。它的特殊之处在于，将社员个人的思想觉悟作为评定工分的依据之一，使社员得到的工分同劳动支出在一定程度上脱钩，违背了按劳分配原则。这种"政治工分"助长了形式主义、说假话的风气。各地在学习大寨记工法时，评议工分的做法和等级工分的结构大体相似，只是有的地区办法更为简单、粗糙，工分等级差别更小。普遍推行大寨式记工法，实际上是对先前实行的"定额记工""联产计酬"等做法的否定，是集体经济劳动计酬方式的倒退，是平均主义。但在极"左"思潮的背景下，它却被赋予了"巩固集体经济""防止两极分化""坚持共同富裕道路"的特殊含义。1968年初，上海、天津、山西、山东等省、市已有70%以上的生产队，广东、广西、河北、黑龙江等省、自治区有50%以上的生产队实行了大寨记工法。②

第二，工分又是社员从生产队中分配个人收入的主要尺度。这个时期，工分成为社员生活中最重要的名词，也是社员的"命根"。在农村集体所有制经济中，社员通过按劳分配所取得的个人收入，不仅取决于社员所应得的工分数量，而且还取于每一个工分值的大小。前者决定于社员个人提供的劳动数量和质量，后者决定于各个生产队全体社员集体劳动的生产成果。③ 由于工分关涉收入分配，为了增加家庭工分总量，不仅农村妇女全面卷入集体生产劳动之中，传统的男女分工基本上被抹除，而且小孩提早参加集体生产劳动，老人更多地留在了劳动领域。在此，需要进一步研究的是工分的值。从20世纪六七十年代的实际情况看，一般生产队的工分值是几角钱，有些生产队的工分值甚至是几分钱，而且还有下降的趋势。每个劳动日的工分值如此之低的原因是什么呢？当然，这首先与当时国家和农业的生产力水平不高有很大关系。因为生产决定分配，生产力水平不高，生产的物质财富少，工分值自然就低。所以，在当时的生产力水平下，生产队必须努力增加生

---

① 李静萍：《二十世纪六七十年代大寨劳动分配办法述略》，《中共党史研究》2009年第1期。
② 苏少之：《中国经济通史》（第十卷·上），湖南人民出版社2002年版，第403—404页。
③ 许经勇：《关于贯彻农村人民公社中的工分制问题》，《中国经济问题》1978年第3期。

产，节约劳动力和生产费用，严格控制非生产性开支，坚持少扣多分，从各方面提高社员劳动工分的分值，增加社员的收入。其次，农村人口增加较快造成农业劳动投入的过密集化。从1962年实行生产队核算的体制以后，生产队的规模已经确定，生产队的土地资源没有增加，反而有所减少；城市化滞后，在封闭的生产中，增加的劳动力被限制在生产队中参加农业劳动。在这一时期，生产队的总收入呈上扬趋势，但是，总收入的增长被同步增长的人口和劳动投入所抵消，因此，反映农民收入水平的工分值一直在低水平上徘徊。[①] 再次，"干部误工"工分的设置稀释了工分值。公社以下的大队、小队干部是不吃"公家粮"的半脱产或不脱产的农村基层管理人员。他们的经济收入全由当地的生产队来负担，这便是"干部误工"设置的依据。对其在工分总额中的份额，《公社条例修正草案》规定："生产大队和生产队干部的补贴工分，合计起来，可以略高于生产队工分总数的1%，但不能超过2%。"虽然干部误工以及其他形式的管理和公共事务的误工，对于农村集体经济来说，有些是必不可少的。但问题是，人民公社政社合一的过于集中的管理体制，大大增加了"误工"的数量，从而增加了农村集体经济的管理成本，而且还为农村基层干部的不劳而获提供了机会和借口。[②] 最后，上级组织给生产队集体和社员个人增加了许多不合理的负担，某些干部的强迫命令和瞎指挥形成了大量的无效劳动，也造成了生产队物质财富的严重损失，也都直接或间接地影响了工分值。[③] 因此，要在实际分配中使社员多劳多得，从而充分调动他们的劳动积极性，就不能只孤立地研究分配形式问题，更重要的是要从分配内容上对直接影响社员实现多劳多得的问题，加以认真地研究和解决。

（三）生产队的个人收入分配制度

生产队的收入分配，主要是生产队一年的总收入在扣除已经开支的各项费用（包括生产费用、管理费等）后的纯收入（也叫收益），在国家、集体和社员之间进行分配。生产队是基本核算单位，它根据党的分配政策有权自

---

① 张乐天：《告别理想——人民公社制度研究》，上海人民出版社2005年版，第221页。
② 辛逸：《农村人民公社分配制度研究》，中共党史出版社2005年版，第157—158页。
③ 韦钦：《对目前农村按劳分配问题的一些探讨》，《学术论坛》1978年第1期。

行分配本单位的产品和收入。各个生产队之间的分配水平的高低，完全取决于本单位生产发展的程度和收入的多少。生产队在进行收入分配时，既要兼顾国家、集体和个人三者的利益，又要处理好积累和消费的关系。一方面，要把国家利益放在第一位，完成国家的征购和派购任务；另一方面，要在生产发展的基础上，逐年增加集体积累，同时重视社员个人的物质利益。由于农业生产存在着商品生产和自给性生产相结合的特点，生产队的收益分配也就存在着实物形态（产品）和价值形态（现金）两种形式的分配。因此，在粮食分配上，应当按政策完成国家的粮食征购任务，留出足够的种子粮和必要的饲料粮，又要安排好社员的口粮[①]；在现金分配上，应当先扣除上缴给国家的税金和到期的国家贷款，扣留集体积累，又要使社员能够逐年增加个人收入。可见，生产队年终分配的收入并不是生产队全年的总收入，而是总收入在减去农业税收、大队提留、生产队积累、各种生产成本等费用之后的收入。这一时期，生产队分配给社员的部分占其总收入的 50%—60%，而且在有些地区还有下降之势。如山东德州地区，1965 年为 55.91%，1978 年降为 41.39%。[②] 1965 年社员人均集体分配收入 52.3 元（基本现金 14.5 元），1976 年为 62.8 元（基本现金 12 元），平均每年增加 0.95 元。[③]

在公有制占主体的经济制度中，应当遵循和贯彻按劳分配的原则，这是毫无疑问的。但是，应当执行和怎样执行按劳分配原则，并不是一回事。生产队的分配制度不是不执行按劳分配，而是在怎样执行上遇到了不可逾越的困难，其分配的原则与方式同按劳分配的本意相去甚远。[④] 与国营企业采取工资形式和按月支付的办法不同，生产队采取的是工分形式，即每个劳动者的所得，取决于其工分多少和生产队当年可分配的水平，而这要等到年终才能最后确定下来。

20 世纪六七十年代，由于国家和农业生产力水平很低，中国农村集体

---

① 当时全国维持温饱的口粮标准大致为：南方以水稻为主的地区 400 斤，北方以杂粮为主的 300 斤。但直至 1977 年南方社员口粮为 400 斤以下者，占 37.9%；北方社员口粮在 300 斤以下者，占 25.7%。也就是说，全国有一亿多人吃不饱肚子。参见韩钢《艰难的转型：一九七八年中央工作会议的农业议题》，《中共党史研究》2011 年第 9 期。

② 辛逸：《农村人民公社分配制度研究》，中共党史出版社 2005 年版，第 165 页。

③ 赵德馨：《中国近现代经济史（1949—1991）》，河南人民出版社 2003 年版，第 299 页。

④ 辛逸：《农村人民公社分配制度研究》，中共党史出版社 2005 年版，第 165 页。

经济基本上是一种半自给性质的经济，社员个人收入分配主要是实物分配，现金分配比例很小。1975 年，实物分配占人均集体分配收入的比重为 80%。① 现金分配主要是指对生产队卖粮或其他经济来源的货币进行分配。凡是生产队生产的，又是社员家庭需要的农副产品都实行实物分配，包括粮食、油料、蔬菜、柴草等，其中又以粮食为重中之重。这个时期的农业生产结构基本上是两个约等式：农业≈种植业，种植业≈粮食生产。那么，粮食是如何分配的呢？《公社条例修正草案》规定，"生产队对于社员粮食的分配，应该根据本队的情况和大多数社员的意见，分别采取各种不同的办法，可以采取基本口粮和按劳动工分分配粮食相结合的办法，可以采取按劳动工分分配加照顾的办法，也可以采取其他适当的办法。"从各地的实际情况来看，生产队的粮食分配办法主要有以下几种：一是基本口粮和按劳动工分分配粮食相结合。基本口粮和劳动工分粮的比例，有的按"人七劳三"，有的按"人六劳四"，也有按其他比例的。"人七劳三"就是按人口的多少分配 70% 的粮食，按劳动工分的多少分配 30% 的粮食。基本口粮部分按人定等，按等定量，不分男女老少都有基本口粮。二是按劳动工分分配加照顾。即 80%—90% 的粮食按劳动工分分配，同时又对干、工、军、烈属给予一定照顾。三是基本口粮、劳动粮、照顾粮三结合。没有劳动力的给基本口粮，分配标准较低，每人每月 20—30 斤，根据生产队实际情况而定；有劳动力的基本口粮不发，参加劳动，按劳动工分分配；还有一些照顾粮，照顾劳动力不足的社员家庭。基本口粮大约占 1/3，劳动粮大约占 2/3，照顾粮大约占 5%。还有些生产队为了鼓励社员向生产队缴售家肥，还从口粮总数中提取一定比例的粮食，按肥料工分或投肥金额分配。食油的分配通常是采用基本食油按人定等定量，超产部分按工分分配的办法。按人口平均提供商品粮、油较多的社、队，口粮、吃油标准一般高一些。从事经济作物、蔬菜、林业、渔业等生产的社队，在他们完成国家收购任务的条件下，保证他们的口粮标准不低于邻近产粮区。在粮食分配上，不论采用哪种办法，一般都要保证出勤正常的烈军属、困难户和上山下乡知识青年能够得到一般水平的口粮和必要的副食品。② 其他小宗的农副产品一般是按人平分。

---

① 苏少之：《中国经济通史》（第十卷·上），湖南人民出版社 2002 年版，第 404 页。
② 河南省农业厅公社处编：《农村人民公社经营管理》，河南人民出版社 1981 年版，第 70 页。

《公社条例修正草案》规定："社员的口粮，应该在收获以后一次分发到户，由社员自己支配。"生产队对社员个人消费品的分配，平时是采取预分、预支的形式，到年终才进行决算分配。如山东、河南实行的"夏秋预分、年终决算"制度，就是在夏秋季节把收获的产品，预先分配给社员，待年度终了再根据全年的实际收入进行决算分配。这是因为农产品大量集中在夏秋两季收获，必须把收获的这些农产品及时地合理地进行分配，以使国家需要的农产品及时收购起来，以满足社会主义建设和城镇居民的需要；使集体生产所需要的种子、饲料和其他工副业原料提留出来，以保证生产的需要；使社员需要的农产品及时分配给社员，以便安排好生活。再者，通过夏秋预分，既可以把收回来的现金继续投入生产，加速资金的周转，促进生产的发展；又可以减少贮存和保管的麻烦，避免损失浪费。所以，夏秋预分是整个分配工作的重要环节。[1] 年终决算分配是在年度结束以后，根据生产队的实际收入，最后确定国家、集体和个人在收入中所占的份额，并对各分配项目进行找平补齐，社员根据决算分配方案所计算出来的实际工分值和自己家庭全年实际工分，取得全年劳动成果。这是收益分配工作最后的一个环节，也是最关键的环节，它要对先前各预分项目进行找补兑现。由于夏秋预分是按人口平均分配，不管预分的口粮按不按工分决算，那些年终所挣人均工分达不到生产队平均数的家庭，就会成为欠集体的"超支户"（又称缺粮户）；反之，成为集体欠他的"分空户"（又称余粮户）。也就是说，在这个过程中，就会出现人口多、劳动力较少的家庭按实物分配所分到的实物多于其价值分配时凭劳动工分所得到的实物，即他需要在年终决算时拿出钱来给集体；而人口少、劳动力较多的家庭则是按实物分配所分到的实物少于其价值分配时凭劳动工分所得到的实物，即他需要在年终决算时从集体那里拿到一部分钱。[2] 一般来说，在农村集体经济组织的生产水平大体上只能维持社员生计的最基本需求和全国人民还在为解决温饱问题而努力的条件下，如果按人口分配的实物比例越大，到年终结算时，实物分配和价值分配的分离就越严重，社员多劳实际上也就很难多得，即社员多劳可以多得工分，却不一

---

[1] 河南省农业厅公社处编：《农村人民公社经营管理》，河南人民出版社1981年版，第304页。
[2] 宋士云：《中国农村社会保障制度结构与变迁（1949—2002）》，人民出版社2006年版，第138—139页。

定多得实物和现金；少劳少得工分，欠款记账，照样可以得到维持生活需要的实物。于是，这也就形成了生产队对社员个人消费品分配的平均主义，农村社员消费水平也趋于平均化。"以 1975 年山东省为例，全省人均占有粮食 632 斤，国家征购人均 88 斤，集体扣留 167 斤，人均分配 377 斤。如按山东当时'人七劳三'的比例留口粮，真正能按劳分配的就只剩下 113 斤了。有时，就是'劳三'也是要打折扣的。1978 年山东德州地区在粮食分配中，社员分配部分占总产量的 65.65%，在其中的 30% 按工分分配的部分中，又要扣除肥料工分和各种照顾补贴工分等。结果，劳动工分分配的粮食，还不到社员粮食分配总额的 15%，仅为粮食总产量的 9.8%。"①

这个时期，生产队对超支户超支欠款的控制实际上经常陷入两难的境地，而且"超支""分空"问题已经成为各地社队内的一个普遍现象。从全国来看，据统计 1978 年全国社员超支欠款累计达到 74.8 亿元，达 5369 万户，占社员总户数的 31.5%，超支户为了还款，到处求亲告友，情绪低落。1978 年分空额累计达到 31 亿元，分空户达 2509 万户，占社员户数的 14.7%，由于分空难以兑现，分空户对超支户意见很大。② 这种问题，在没有多少现金收入的贫穷队更为突出；现金收入较多的富裕队情况相对还好一些，它可以通过其积累和其他副业收入对"分空户"进行部分补偿，对"超支户"进行部分抵扣。

另据温铁军先生的调查，1973—1978 年贵州省湄潭县霄基湾生产队，最高工分户的人均工分在 1973 年为最低工分户的 2.1 倍，而所分粮食数则为最低工分的 1.22 倍。1978 年最高工分户的人均工分为最低工分户的 2.5 倍，而所分粮食却为 1.19 倍。河北省玉田县十一村，1969 年最高工分户的人均工分比最低工分户高 2472.55 分，所分粮食多 272.55 斤，人均分款比最低工分户高 158.32 元。而到 1973 年人均工分高出 3137.80 分，人均分粮的差距却下降为 167 斤，人均分款差距为 102.94 元。③ 这说明工分越来越背

---

① 辛逸：《农村人民公社分配制度研究》，中共党史出版社 2005 年版，第 165—166 页。
② 梅德平：《60 年代调整后农村人民公社个人收入分配制度》，《西南师范大学学报》（人文社会科学版）2005 年第 1 期。
③ 温铁军：《中国农村基本经济制度研究——"三农"问题的世纪反思》，中国经济出版社 2000 年版，第 245、463、466 页。

离了劳动的价值,也反映出生产队收益分配中日趋严重的平均主义倾向。

此外,在社队集体福利事业中更充满平均主义色彩。盲目兴办集体福利事业,不适当地扩大集体消费的比例,是这个时期农村平均主义的又一表现形式。如办托儿所不收费、儿童入学费用由集体负担、社员免费合作医疗、对社员因病误工给予补贴、修理社员房屋不收费等。盲目增加集体福利费用,既削弱了集体经济积累,又减少了一部分社员的个人收入。

分配中平均主义的盛行,造成了"干多干少一个样"。多劳不能多得,少劳并不少得,实际上是一部分人无偿占有另一部分人的劳动成果,使青壮劳力、技术能手等农业生产骨干的利益受到侵犯,使人口少、劳动力多的家庭的利益受到侵犯。其结果是鼓励懒汉,鼓励多生小孩,挫伤了生产积极分子的劳动热情,导致劳动纪律松弛,出工不出力。人们概括当时的情况是"出工划杠杠,干活是样样","出工一窝蜂,干活大呼隆,最后评个'大概(寨)工'"。平均主义分配方式没有给社员带来共同富裕,却使农业劳动生产率下降,一部分地区的农民终年劳动也不能解决温饱问题。[①] 另外,平均主义分配方式还刺激了农村人口的膨胀,即多生小孩成了社员提高其家庭保障能力和水平的理性选择。尤其是口粮绝大部分是按人头分的,但小孩子吃得少,这就相对提高了社员家庭其他成员的消费水平。

四 农村居民收入的变化

由于缺乏反映1949—1978年全国居民收入的系统资料,本部分的分析除了使用《中国统计年鉴》上的相关数据外,主要是利用目前已经出版的相关论著中的资料。总的来说,从1949—1957年,随着国民经济的恢复和发展以及"一五"计划建设的进行,农村居民收入增长较快。1958—1978年,由于国民经济发展几经起伏,农村居民收入增长十分缓慢,严重影响了农民生活的改善。从农村内部看,居民收入呈现平均化态势;从城乡比较看,农村居民与城镇居民收入有较大差距。

---

① 苏少之:《中国经济通史》(第十卷·上),湖南人民出版社2002年版,第405—406页。

（一）农民收入增长的总体态势

从 1949 年新中国成立到 1952 年，是国民经济恢复时期。1952 年与 1949 年相比较，农业总产值从 326 亿元增加到 461 亿元，按 1952 年不变价格计算，增长了 48.5%；农业净产值从 245 亿元增加到 340 亿元；而农村人口仅增加了 3.96%[1]，农村居民人均占有的农业产值和净产值是大大增加了。从分配的角度看，1952 年土地改革完成后，全国 3 亿多无地少地的农民无偿获得了 7 亿亩土地和大批耕牛、农具、粮食、房屋及其他生产资料，免除了过去每年向地主缴纳的 700 亿斤粮食的沉重负担，仅此每人每年可多收入 200—300 斤粮食；国家征收的农业税从 1950 年的 19.1 亿元增加到 1952 年的 27 亿元，增加了 7.9 亿元，仅占这两年农业净产值增加额的不到 14.9%。[2] 同时，人民政府又领导农民组织起来发展生产，以合理价格收购农副产品、供应生产和生活所需物资。因此，广大农民群众在生产恢复发展的基础上，收入大大增加。据统计，1952 年同 1949 年相比，各地农民的收入一般增长 30%，平均每人的消费水平约增长 20%。其中，粮食消费 191.5 公斤，略高于 1950 年；食油 1.7 公斤，肉 5.5 公斤，棉布 4.6 米，都比 1949 年增长 50% 左右。[3]

1953—1957 年，是"一五"计划建设时期。随着优先发展重工业战略的实施，国家在农村积极推动农业合作化的发展，在发放农业贷款、兴修水利、供应农具、增加肥料等方面给农民以巨大援助，促进了农业增产，而农业税率一直稳定在 1953 年 13% 的水平上。同时，国家还大量收购农副产品，适当调整工农业产品的比价，以提高农民的购买力。据统计，1957 年农业总产值到达 537 亿元，按 1952 年不变价格计算，比 1952 年增长了 24.8%。[4] 1957 年农民收入比 1952 年增长近 30%，年均速增约 5.4%；1957 年农民家庭人均纯收入达到 72.95 元，其中从集体得到的收入为 43.4 元。[5]

---

[1] 《中国统计年鉴（1983）》，中国统计出版社 1983 年版，第 13、149、22、103 页。
[2] 同上书，第 22、446 页。
[3] 曾培炎主编：《新中国经济 50 年（1949—1999）》，中国计划出版社 1999 年版，第 536—537 页。
[4] 《中国统计年鉴（1983）》，中国统计出版社 1983 年版，第 13、149 页。
[5] 曾培炎主编：《新中国经济 50 年（1949—1999）》，中国计划出版社 1999 年版，第 538 页；《中国统计年鉴（1983）》，中国统计出版社 1983 年版，第 499 页。

1958—1965 年，中国农村经济的发展经历了一个大的曲折。1958—1960 年的"大跃进"、人民公社化运动和高征购，使农业生产力遭受严重破坏。按 1957 年不变价格计算，1960 年全国农业总产值，比 1957 年下降了 22.7%；按当年价格计算，1960 年农业净产值比 1957 年下降了 21.9%。① 农民收入直线下降，据有关资料估算，1960 年全国农村居民人均年收入比 1957 年下降了 23.2%。② 这几年农民收入大幅度下降，不仅是农业减产的结果，而且与国家对粮食实行高征购密切相关。1959 年，全国粮食产量比 1957 年减产 500 多亿斤，下降 12.84%，但国家从农村净收购粮却增加了 273.9 亿斤，净收购占粮食产量的比重从 1957 年的 17.4% 猛增至 28%，使农村净留粮减少了 770 多亿斤。在农村人民公社基本核算单位总收入和纯收入下降的情况下，国家税收占农村人民公社基本核算单位总收入的比重也从上年的 9.51% 增加到 10%，造成社员从集体得到的分配的绝对额和占总收入的相对比例都下降。结果，1959 年在农村人民公社纯收入分配中分配给社员 194.7 亿元，比上年下降了 9.23%。③ 1960 年，尽管粮食总产量下降到中华人民共和国成立以来的最低水平，但净收购率仍高达 21.5%。此外，自留地交给公社和家庭副业的取消，也断绝了农民的其他收入来源。这样，使农民口粮水平大幅度下降，由 1957 年的 204 公斤减为 1962 年的 160 公斤，平均每天不到 0.5 公斤粮。其他副食品也同时减少，如食用植物油由 1.8 公斤减为 0.8 公斤，猪肉由 4.3 公斤减为 1.9 公斤；穿的也减少了，布由近 6 米减为 3 米。④

表 10—3　　　　　　1957—1965 年粮食收购量占产量比重　　　　　单位：万吨

年份	产量	收购量 合计	其中：净收购	收购量占产量（%） 合计	其中：净收购
1957	19504.5	4804.0	3387.0	24.6	17.4
1958	20000.0	5876.0	4172.5	29.4	20.9

---

① 《中国统计年鉴（1983）》，中国统计出版社 1983 年版，第 22、149 页。
② 苏少之：《中国经济通史》（第十卷·上），湖南人民出版社 2002 年版，第 1098 页。
③ 《中国统计年鉴（1983）》，中国统计出版社 1983 年版，第 209 页。
④ 曾培炎主编：《新中国经济 50 年（1949—1999）》，中国计划出版社 1999 年版，第 539 页。

续表

年份	产量	收购量 合计	其中：净收购	收购量占产量（%） 合计	其中：净收购
1959	17000.0	6740.5	4756.5	39.7	28.0
1960	14350.0	5105.0	3089.5	35.6	21.5
1961	14750.0	4047.0	2580.5	27.4	17.5
1962	16000.0	3814.5	2572.0	23.8	16.1
1963	17000.0	4396.5	2892.0	25.9	17.0
1964	18750.0	4742.5	3184.5	25.3	17.0
1965	19452.5	4868.5	3359.5	25.0	17.3

注：收购量是社会收购量；净收购即净商品粮，是收购减去返销农村的数量。
资料来源：《中国统计年鉴（1983）》，中国统计出版社1983年版，第393页。

  1961年，农业总产值为405亿元（按1957年不变价格计算），虽然仍略有下降，但国家在分配政策上作了较大调整。从国民经济整体看，国民收入积累率从1960年的39.6%下降到19.2%。从国家与农民的关系看，1961年农业税从上年的28亿元减少到21.7亿元，是自1951年以来农业税征收最少的一年；这年中国粮食产量略有增加，但国家从农村净收购量却比1960年减少101.8亿斤，这意味着农村增加了留粮。从农村集体经济组织内部的分配关系看，1961年全国人民公社总收入的分配中，分配给社员部分的比重也从上年的56.73%增加到60.1%。[①] 因此，1961年农业生产虽未回升，但却因分配政策的调整，全国农民人均收入开始从下降转为增加。从1962年开始，农村经济得到恢复和发展，国家在分配政策上继续贯彻有利于农民休养生息的方针，加之，农民对自留地投入的增加和经营一点家庭副业，农民收入随着农业生产的发展和国民经济的调整逐年增加。到1965年，农民人均全年纯收入增加到107.2元，其中从集体分得的收入为52.3元。[②]农民主要消费品的实物量，有的虽较1957年还有差距，但有的已开始超过。

[①] 《中国统计年鉴（1983）》，中国统计出版社1983年版，第25、149、446、210、393页。
[②] 曾培炎主编：《新中国经济50年（1949—1999）》，中国计划出版社1999年版，第542页。

1966—1978 年，农村中"左"倾政策盛行，阻碍了农业生产的发展；城市化进展的停滞，使大量剩余人口滞留在农村，不利于农业生产率的提高，增加了农业生产的成本。农村经济增长缓慢，极大地影响了农村居民收入的增长。1978 年与 1965 年相比，全国农村居民收入从 107.2 元增加到 133.6 元，仅增加了 26.4 元，扣除物价因素，在 13 年里仅增长 19.2%，年均增长 1.4%。①

另外，根据农民家庭收支抽样调查资料，1957—1978 年，农民家庭年人均纯收入由 72.95 元增长到 133.57 元②，21 年仅增长 83%，年均增长率为 2.9%。

（二）农村居民收入结构单一

1957—1978 年，由于商品经济的发展受到抑制，农村生产经营结构单一，农民收入渠道单一，中国农村居民收入增长缓慢。

1. 农村生产经营结构单一，第二、第三产业发展缓慢，商品化程度低，导致农村居民收入结构单一

1955 年春，国家统计局曾经在全国范围内进行了 1954 年农家收支抽样调查。当时，农村基本上以农民家庭个体经济为经营单位（参加农业合作社的农户只占农村总户数的 2%），尽管农村经济水平很低，商品经济不发达，农民以农业生产经营为主，但是，取得收入的渠道相对还是多元化的。当时的统计资料表明，在农户总收入中，农业收入平均占 60.7%；采集渔猎产品、农产品初步加工、为消费者加工、自产自用手工业产品、新建房屋、手工业产品、货运、出雇、出租生产资料等收入占 32.6%；其他包括商业收入、补助金、保险金、亲友赠送、在外家庭成员寄回现金等杂项收入占 6.7%。③

到 1978 年，农村居民已经全部组织在人民公社中，收入的大部分来自集体的分配。由于农村集体经济组织的生产经营范围基本上局限于第一产业，第二产业和第三产业很不发达，因此，当年农民人均纯收入中，来自

---

① 苏少之：《中国经济通史》（第十卷·上），湖南人民出版社 2002 年版，第 1100 页。
② 《中国统计年鉴（1983）》，中国统计出版社 1983 年版，第 499 页。
③ 《1954 年我国农家收支调查报告》，中国统计出版社 1957 年版，第 25—27 页。

农、林、牧、副、渔等农业生产性收入占85%，来自非农业生产的性收入，即从事农村工业、建筑、运输、商业、饮食业得到的收入只占7%，来自非生产性收入（从在外人口寄回和带回的现金和实物折价，从集体公益金中得到的收入，从国家财政得到的收入等非生产收入）占8%。① 农村居民收入中来自非农业的生产性收入主要是得益于社队企业的发展。

中国农村生产经营结构单一，还表现为农村经济商品化进展迟缓，自给性的生产还占很大的比重。从1954年农家收支调查的情况看，在农户总收入中，实物性收入占68.9%，现金性收入占31.3%。② 到1978年，农村居民人均全部货币纯收入为56元，在全年纯收入中，货币收入占41.9%。③

2. 农民家庭副业受到限制，发展缓慢，不利于农村居民收入的增长

1956年，中国农村基本上实现了集体化。由于农村集体经济发展水平很低，虽然自给性很强，但却不能满足农民的各项需求，因此，在强调发展集体经济的同时，国家在政策上允许农民拥有一定程度的"小自由"，即由农民自行经营小私有的家庭副业，收入归己。从1957—1978年，自留地和家庭副业收入一般占农民纯收入中直接生产收入的30%以上。这说明自留地和家庭副业收入对补充集体经济之不足、发展农村经济、增加农民收入具有重要的作用。但是，由于家庭副业的发展，与集体经济的发展在客观还有相互矛盾的一面，在一些时期、一些地方往往采用限制它发展的做法来"巩固集体经济"。特别是在"左"倾思潮泛滥的年代，它被当作资本主义的自发势力受到打击和限制。因此，从1957—1978年，农民家庭副业由于其客观上的重要性和需要，或多或少，始终存在，但也由于政策时松时紧，发展步履维艰，长期处于停滞状态。

根据农民家庭收支抽样调查资料，1957—1978年，在农民家庭平均每人纯收入中，从农村集体经济组织得到的收入，1957年为43.40元，占59.49%；到1978年为88.53元，占66.28%。农民家庭副业收入和其他非借贷性收入占农民纯收入的比重，1957年分别为29.42%和11.09%，到

---

① 《中国统计年鉴（1992）》，中国统计出版社1992年版，第307页。
② 《1954年我国农家收支调查报告》，中国统计出版社1957年版，第49页。
③ 国家统计局编：《新中国五十年（1949—1999）》，中国统计出版社1999年版，第38页。

1978 年分别为 26.79% 和 6.93%。① 这意味着农民家庭副业收入在发挥补充集体经济、增加农民收入方面的作用甚微。

特别是"文化大革命"期间，受"左"倾思潮影响，农民家庭副业受到的打击尤为严重，对农民收入的增加产生了极为不利的影响。10 年间，农村居民收入增加速度十分缓慢。从各省的情况来看，一些省份的农民纯收入甚至还有下降的。表 10—4 中的数据表明，在 1965—1976 年，除云南省农民人均家庭副业收入在生产性纯收入中占的比重略有上升外，其他各省份都在下降；除云南、广东省农民人均家庭纯收入增加外，其他各省均有所下降。其中，湖北、吉林、辽宁省的情况最为突出。这 3 个省 20 世纪 70 年代中期与 60 年代中期相比，农村居民人均从集体得到的收入都增加了，但由于同期农民家庭副业收入减少更多，致使人均生产性纯收入总额减少。四川省在"文化大革命"期间农民家庭人均生产性纯收入减少了 5.1 元，但这期间集体分配的收入只减少了 1.3 元，而家庭副业收入减少了 3.8 元。也就是说，农村居民生产性纯收入的减少，主要是因为家庭副业收入减少而造成的。

（三）农村居民收入平均化和与城镇居民收入的差距

1. 农村居民收入的平均化

新中国成立之前，在农村中，封建土地所有制占统治地位。占农村人口不到 10% 的地主、富农占有农村耕地 50% 以上，他们通过高额地租和高利贷的盘剥，聚敛着财富。而广大农民，特别是缺少土地和生产资料的贫农（中农以下的贫农占农村总人口的近 60%，拥有的耕地只占耕地总数的 17%），因遭受沉重的封建剥削和苛捐杂税的掠夺，收入微薄，难以维持生计。新中国成立后，通过土地改革，彻底消灭了封建土地所有制，富农经济受到打击，广大农民占有生产资料平均化了。在完成土地改革不久，为了防止农民在经济上的差距在小商品生产者的竞争中扩大，又进一步实现了农业合作化。从 1957—1978 年，在农村集体经济条件下，农民收入不仅增长缓慢，而且在低水平的基础上呈平均化趋势。

---

① 《中国统计年鉴（1983 年）》，中国统计出版社 1983 年版，第 499 页。

表10—4　　　　1965年和1976年湖北等8省份农民家庭人均
　　　　　　　　副业收入及其在生产性纯收入中的比重　　　　单位：元

年份		湖北	湖南	吉林	河北	四川	辽宁	广东	云南
1965	生产性纯收入	108.2	95.92	129.9	76.18	98.1	108.51	171.4	96
	其中：集体分配	74.5	59.94	76.1	56.49	64.3	63.94	107.73	61.2
	家庭副业收入	33.7	35.98	53.8	19.69	33.8	44.57	63.67	34.8
	家庭副业收入占生产性纯收入的比重（%）	31.5	37.75	37.51	25.84	35.15	41.07	37.51	36.25
1976	生产性纯收入	99.4	108.81	123.9	76.6	93	106.7	241.52	109.9
	其中：集体分配	87	73.27	86.6	59.61	63	71.61	152.66	69.6
	家庭副业收入	12.4	35.54	37.3	16.99	30	35.08	88.86	40
	家庭副业收入占生产性纯收入的比重（%）	12.47	32.66	30.1	22.18	32.26	36.79	36.79	36.4

资料来源：苏少之：《中国经济通史》（第十卷·上），湖南人民出版社2002年版，第1105页。

根据调查资料，1978年全国农民家庭按人均纯收入分组户数结构如下：人均纯收入100元以下的户数占33.3%，100—150元的占31.7%，150—200元的占17.6%，200—300元的占15%，300元以上的占2.4%。[1] 据国家统计局编辑出版的《新中国五十年》的估算，1978年前，反映农村居民收入分配差距程度的基尼系数为0.2左右。[2] 可见，农村居民收入差距程度处于绝对平均和比较平均的边界。

中国农村居民收入差距的问题，一方面，农村基本核算单位内部差距小，平均化程度高。实现高级合作化之后，农村基本核算单位的收入分配办法，除1958年下半年人民公社成立初期在短时期内实行了供给制加工资制，在60年代初期部分社队短时期里搞包产到户外，基本上是劳动记工分，按工分多少进行分配。但在平均主义盛行的年代里，不仅劳动力强弱、做不同农活所得等级工分差距不大，而且农村集体经济组织在进行收入分配时，除了向国家缴纳农业税和保证征购外，所剩收入仅能维持简单再生产和保障社

---

[1] 《中国社会统计资料》，中国统计出版社1985年版，第58页。
[2] 国家统计局编：《新中国五十年（1949—1999）》，中国统计出版社1999年版，第38页。

员群众的基本生存需要。也就是说，集体经济组织在按人口平均分配了基本生活必需品后，能够按劳（或者说工分）分配的剩余物其实很少。而这又进一步强化了农村核算单位内部收入分配的平均化。另一方面，在不同农村集体经济组织之间社员收入差距较大。这首先表现为不同地区之间收入的差距。据表10—4中的数据显示，1976年，广东省农村居民平均从集体分配到的生产性纯收入为152.66元，相当于河北省59.61元的2.56倍。同时，在同一省内以至一个县、一个公社内集体经济组织的收入分配水平也有很大差距。如1966年，在山西省昔阳县的1366个农村基本核算单位中，劳动日分值在0.5元以下的占58.3%，0.5—1元的占40.3%，1元以上的占1.4%。[①] 这主要是由于不同的农村集体经济组织的自然条件、人地比例、经济发展水平、拥有生产资料的实际状况、干部水平等种种条件具有很大的差异，生产经营的成果和收益差别很大，因而，在不同的核算单位社员从集体分配的收入也有较大差别。这是中国农村居民收入差距略大于城镇的基本原因。

2. 城乡居民的收入差距

新中国成立之初，城乡居民收入就有较大差别，人均年收入的差距为1.27倍。1949—1957年，城乡居民收入都有较快增长，但城镇居民收入增长速度快于农村，致使城乡居民收入差距进一步扩大到2.53倍。到20世纪60年代中期，国民经济经历了一个大的曲折，全国居民收入在大幅度下降后开始得到恢复，城乡居民收入的差距有所缩小。到1978年，城镇居民家庭人均收入为343元，农村居民家庭人均纯收入为133.6元，两者差距为1.57倍。当然，城乡居民的实际收入有很多方面是不可比的。如农村居民的一些自给性收入和服务是不便统计的；而城镇居民，特别是全民所有制职工享受有国家或企业提供的廉租住房、公费医疗，以及有更多的接受免费教育的机会，也是不便于列入收入统计的。[②] 总之，中国城乡居民收入是在低水平的基础上，保持着较大的差距。这种差距从50年代初到70年代末，不但没有缩小，反而略有扩大。

---

① 陈家骥等：《昔阳农村经济史记》，山西省社会科学院1984年印行，第190页。
② 苏少之：《中国经济通史》（第十卷·上），湖南人民出版社2002年版，第1110页。

中国劳动经济史大事记(1949—1978)

1949 年

3月,毛泽东在中国共产党七届二中全会上所作的报告,阐明了新民主主义经济形态的五种经济成分(社会主义的国营经济、半社会主义性质的合作社经济、私人资本主义经济、个体经济、国家资本和私人资本合作的国家资本主义经济)及其相互关系的理论,设计了新中国经济体制的蓝图,提出了党的工作重心必须由乡村转移到城市以及应当采取的基本政策,指出了中国由农业国转变为工业国、由新民主主义社会转变为社会主义社会的发展方向。

9月21—30日,中国人民政治协商会议第一届全体会议通过了《共同纲领》。《共同纲领》指出:中华人民共和国经济建设的根本方针是,以公私兼顾、劳资两利、城乡互助、内外交流的政策,达到发展生产、繁荣经济之目的。

9月27日,中国人民政治协商会议第一届全体会议通过《中央人民政府组织法》。组织法规定政务院设劳动部。劳动部的工作由政务院财政经济委员会指导。

9月,毛泽东在给上海的一封电报中指出:"我们必须维持上海,统筹兼顾,不轻易迁移、不轻易裁员。着重整理税收,以增加收入。三个人的饭五个人匀着吃,多余人员设法安插到需要人的岗位上去。""已裁的二万七千人是件大事,已引起许多人不满,应加以处理。其办法是立即加以调查,分别自己有办法生活的和自己无办法生活的两类。对于后一类人,应予收回,给以饭吃。"

10月19日，中央人民政府委员会第三次会议任命李立三为劳动部部长，施复亮、毛齐华为副部长。

10月21日，中央人民政府财政经济委员会（简称中财委）成立，陈云任主任，中财委是中华人民共和国中央人民政府政务院的一个部门，按照相关规定，政务院财政经济委员会负责指导当时的财政部、贸易部、重工业部、燃料工业部、纺织工业部、食品工业部、轻工业部、铁道部、邮电部、交通部、农业部、林垦部、水利部、劳动部、人民银行、海关总署的工作。政务院财政经济委员会可以对这些部门和部门所属的下级机关颁发决议和命令，并审查其执行情况。1954年9月，中华人民共和国国务院成立。根据国务院《关于设立、调整中央和地方国家机关及有关事项的通知》，中央人民政府政务院财政经济委员会即告结束。

10月，中共中央发出处理旧人员的指示，指出：①在新接收的城市中，对旧人员的处理应十分慎重。这些人员除少数战犯、特务及劣迹昭著的分子外，一般均将其希望寄托于我们，基本要求是吃饭。旧人员一般不能用裁撤遣散的办法解决，必须给予工作和生活出路。②党及人民政府有改造和在工作中养活这些人的责任。我们准备在全国解放后，在一定期间，包括新旧军政人员在内，总共在工作中养活900万—1000万人。③接收之国民党旧工作人员，除作恶多端、严重贪污及依靠门子吃饭的分子等，而为群众所十分不满者，应予撤职并依法办理外，一般应留用。但一不是原职原薪，二不是原封不动。④一切人民政府机关、财政机关，特别是企业机构，均须改变国民党官僚主义效率低下的作风，闲杂人员及庞大的机关，应加以精减，但对精减下来的人员，不可踢开不管，而应举办训练班。

11月2日，中央人民政府劳动部成立。

11月22日，中华全国总工会发布《关于劳资关系暂行处理办法》《关于劳动争议解决程序的暂行规定》《关于私营工商企业劳资双方订立集体合同的暂行办法》。《关于劳资关系暂行处理办法》提出劳方有参加工会及一切政治及社会活动之自由与权利，资方不得限制。劳方有受雇解约之自由，资方不得强迫劳方受雇。资方为了生产或工作上的需要，有雇用与解雇工人及职员之权。工会认为资方对工人职员之处分与解雇不合理时，有向资方提出抗议之权。劳资双方发生争议无法取得一致意见时，应由劳资双方请求该业工会与同业公会派出之代表会同双方当事人共同协商解决之，如仍无法取得一致意见时，任何一方得请求当地人民政府劳动局调解之。调解无效得由劳动局组织仲裁委员会仲裁之。劳资双方之任何一方对劳动局仲裁不服时，得依司法程序向法院提出控诉。在《关于劳动争议解决程序的暂行规定》中规定：凡公营、私营、合作社经营的企业中因劳动条件（如工资、工时、生活待遇等）、职工的任用、解雇、奖惩、劳动保险、企业内部工作规则、集体合同、劳动契约等方面发生的劳动争议，均可按照本规定的程序处理；劳动局是调解、仲裁劳动争议的机关；发生劳动争议后，职工及企业工会、公营企业主管人、私营企业主及同业工会，均可向劳动局申诉；解决劳动争议的步骤是：争议双方协商、劳动局调解、仲裁委员会仲裁，人民法院判决；在处理劳动争议过程中，争议双方均应照常进行生产、营业。在《关于私营工商企业劳资双方订立集体合同的暂行办法》中规定各行各业劳资双方必须签订集体合同。合同内容包括劳资双方的权利义务和劳动条件，雇用与解雇手续以及厂规、铺规等。集体合同由劳资双方所组织的团体签订，报经劳动局批准后施行。

12月12日，中共中央发布《关于处理公营企业中原有年终双薪或奖金的指示》，规定福利性的年终双薪半个月以上的按对折计算，最高不得超过两个月工资。

1950 年

1月20日，政务院发布《关于中央直属机关新参加工作人员工资标准的试行规定》。

2月9日，中华全国总工会常务委员会批准《关于废除"搜身制"的决议》，废除了当时私营企业中比较普遍实行的侵犯人身自由的不合理的搜身制度。

2月28日，中财委下达《关于国营、公营工厂建立工厂管理委员会的指示》，要求各国营、公营工厂企业进行民主改革，改革的中心环节是实行工厂管理民主化，保障职工群众在企业中的地位，发挥职工群众的生产积极性，改进经营管理，发展生产。

3月7—21日，劳动部在北京召开第一次全国劳动局长会议。董必武副总理在会上作政治报告。指出劳资问题是一个严重的问题。如果这个问题不解决就不能开展大生产。自从有了劳资以后，就有劳资的纠纷和矛盾。工人在自己的政权下，可以把劳资问题解决。李立三部长在会上作了《劳动政策与劳动部的任务》的报告，提出人民政府劳动政策的基本原则就是"发展生产、繁荣经济、公私兼顾、劳资两利"。会议讨论了在私营企业里建立劳资协商会议办法、工会暂行法，工厂的清洁卫生和职工业余教育等问题。

3月21日，燃料工业部发布《关于全国各煤矿废除把头制度的通令》，要求各矿务局发动煤矿工人，彻底废除封建把头制度。

3月31日，政务院通过《关于设立搬运公司废除各地搬运事业中封建把持制度之建议的决定》，接受中国搬运工会第一届代表大会关于设立搬运公司废除各地搬运事业中封建把持制度的建议。

3月，东北人民政府成立了以劳动部门为主、工业部门及工会等有关部门参加的"东北招聘工人委员会"，并公布了《东北国营工矿企业1950招聘工人暂行办法》，要求国营工矿企业的招聘工人的计划报经东北人民政府计划委员会批准，省、市公营工矿企业的招聘工人计划报经省、市人民政府批准，由招聘工人委员会统一安排，有组织地到指定的地区进行招聘。

4月3日，政务院发布《关于废除各地搬运事业中封建把持制度暂行处理办法》，规定废除搬运事业中的包工头、把头、帮头、脚行头等封建把持制度，建立搬运公司，统一承揽搬运货物，建立统一的调配劳动力的制度。

4月14日，中共中央发布《关于举行全国救济失业工人运动和筹措救济失业工人基金办法的指示》，提出在"五一"前后开展一场全社会捐助救济失业工人运动。

4月20日，政务院公布《省、市劳动局暂行组织通则》。

4月29日，劳动部发布《关于在私营企业中设立劳资协商会议的指示》，指出根据"发展生产、繁荣经济、公私兼顾、劳资两利"的方针，在私营工商企业中，在劳资双方同意下，得设立劳资协商会议的组织。劳资协商会议的组织，一般适用于50人以上的私人工厂、商店。

5月20日，经中央人民政府批准，劳动部公布《失业技术员工登记介绍办法》和《市劳动介绍所组织通则》。此后，全国各大城市都建立了劳动介绍所，负责登记、统计失业人员，调查公私企业需要劳动力的情况，统筹介绍失业人员就业。登记对象开始只限于失业技术员工，随后扩大到一般失业和求职的人员。

6月6日，毛泽东同志在中共七届三中全会上作了《为争取国家财政经济状况的基本好转而斗争》的报告。报告在要求全党和全国人民做好的几项工作中，有一条是"认真地进行对失业工人和失业知识分子的救济工作，有步骤地帮助失业者就业"。

6月16日，劳动部发布了《市劳动争议仲裁委员会组织及工作规则》，规定市劳动争议仲裁委员会由劳动局长或副局长、工商行政机关代表、总工会代表、工商业联合会代表组成。

6月17日，政务院发布《关于救济失业工人的指示》（简称《指示》），并制定了《救济失业工人暂行办法》（7月1日起施行）。《指示》规定，救济办法应以以工代赈为主，以生产自救、转业训练、还乡生产、发给救济金等为辅。《关于救济失业工人的指示》把转业训练作为安置失业工人的重要办法之一。《救济失业工人暂行办法》规定：失业工人每人每月发给当地主要粮食45—90斤；失业学徒每月30斤；半失业工人所得工资低于失业工人所领的救济金额而无法维持生活者，也按实际情况酌量予以救济。

6月17日，劳动部颁行《工厂卫生暂行条例（草案）》。

6月21日，为适应国家重点建设需要，政务院决定统筹分配全国高等院校当年暑假毕业生。政务院人事局发布《关于供给制工作人员小、中灶伙食待遇标准的规定》。

6月29日，中央人民政府公布《中华人民共和国工会法》。其中规定：工厂、矿场、商店、农场、机关、学校等生产单位或行政单位的行政方面或资方，在解雇工人或职员时，应将解雇人员之名单与理由，于10日前通知工会基层委员会。如工会基层委员会发现此种解雇有违反人民政府法令或集体合同情事，有权于7日内提出抗议。

6月30日，中央人民政府颁布了《中华人民共和国土地改革法》，明确指出土地改革的目的是"废除地主阶级封建剥削的土地所有制，实行农民的土地所有制，借以解放农村生产力，发展农业生产，为新中国的工业化开辟道路"。

6月，东北人民政府决定在全区进行工资改革，企业工人改行8级工资制，分轻工业、重工业和普通工三种标准。企业、事业和国家机关的工程技术人员实行23级工资制；企业、事业管理人员和国家机关工作人员仍实行原来的13等39级工资制，即工程技术人员和管理人员分别实行两种工资标准，工程技术人员高于管理人员。

7月4日，中央复员委员会正式成立。

7月7日，军委总政治部做出《关于部队整编复员的指示》。

7月25日，政务院发布《关于救济失业教师与处理学生失业问题的指示》。对于失业的文化、教育、艺术人员进行登记，帮助他们就业。

7月30日，政务院公布《关于各地区各机关招聘工作人员和招考干部训练学校学员、训练班学员的暂行规定》。

8月11日，政务院发布《关于奖励有关生产的发明、技术改进及合理化建议的决定》。

8月25日至9月18日，劳动部、全国总工会联合召开全国工资准备会议。会议研究了《工资条例草案》等文件，讨论了如何统一工资计算单位、工资标准高低的产业顺序以及各产业的工资标准、工资制度、技术津贴等问题。会议同意以工资分作为全国统一的工资计算单位。

8月22日，为了解决主要城市失业问题，政务院发出通知，决定从失业人员中选训7800多人，充实财贸战线的职工队伍。

9月5日，中央人民政府委员会第九次会议决定成立中央人民政府人事部，并任命安子文为中央人民政府人事部部长。

10月2—12日，全国妇联召开妇女儿童福利工作会议，研究了妇女儿童福利工作的方针、任务。

10月10日，人事部、总政干部管理部发出《关于军队转业干部登记的通知》。

10月20日，政务院财政经济委员会批准《公私营煤矿安全生产管理要点》。

11月，中共中央根据近几个月工作中存在的问题和经验，发出《关于救济失业工人问题的总结及指示》，政务院提出《关于处理失业知识分子的补充指示》，进一步完善了救济和安置失业人员的具体政策和措施。

11月7日，中央政治局否定了原拟的工资条例草案，提出了统一调整全国工资问题的几个原则。

11月26日，劳动部发布《关于劳动争议解决程序的规定》，提出各企业内发生劳动争议时，先由争议双方协商解决；如不能解决的，将申请当地劳动行政机关调解，调解不成，由劳动争议仲裁委员会仲裁解决；如不服从仲裁的，可向人民法院提出控诉。

12月11日，内务部发布《革命工作人员伤亡褒恤暂行条例》和《民兵、民工伤亡抚恤暂行条例》。

1951 年

1月12日，政务院颁布《关于处理知识分子的补充指示》。要求各级政府对知识分子进行为人民服务的思想教育，尽可能吸收他们参加国家建设和社会服务的各种实际工作。指示还规定了处理失业知识分子的范围。

1月17日，政务院发出《关于遣送失业工人还乡生产应注意事项的通知》。要求各大区在遣送失业工人还乡生产时，必须先与当地政府取得联系，并根据自愿原则，使其还乡后确能从事生产事业。

2—3月，政务院财政经济委员会召开全国工业会议，决定适当提高工资较低地区的工资，有准备地实行8级工资制，逐步地实行计件工资制。原则上同意以"工资分"为全国工资的统一计算单位。

2月26日，政务院颁布并实施《中华人民共和国劳动保险条例》。

3月1日，全国总工会发布《劳动保险委员会组织通则》。

3月5日，劳动部转发了上海市失业工人救济委员会《关于委托私营机器厂训练机器艺徒的办法》。

3月16日至4月中旬，全国人事工作座谈会召开。周恩来总理在开幕式上着重讲了精简机构问题。会议讨论了人事工作方针政策、人才使用、人事工作机构和人事管理制度等问题。

3月24日，劳动部发出《关于试行〈中华人民共和国劳动保险条例实施细则（草案）〉的决定》的通知，并公布该方案。

4月18日，劳动部通知各地劳动部门，应动员失业工人特别是失业的搬运工人转入建筑行业就业。转业培训要以建筑为重点。

5月2日,中共中央发布《关于克服目前学校教育工作中偏向的指示》,重申过去的有关指示,禁止党、政、军机关及人民团体随便到学校抽调在校学生参加工作。

5月15日,劳动部发布《关于各地招聘职工的暂行规定》,凡中央直辖市和各大行政区之间招聘职工时,须持有中央人民政府劳动部正式介绍信件;大行政区所属省、市之间招聘职工时,须持大行政区劳动部正式介绍信件。

5月29日,中央人民政府人事部和教育部联合召开全国高校毕业生分配计划会议。

6月2日,中共中央公布《关于今年暑期高等学校毕业生的分配方案》。

6月29日,政务院发出《关于1951年暑期全国高等学校毕业生统筹分配工作的指示》,指出当年的统筹分配计划主要还是地区调剂计划,以适应国家的重点建设以及中央和地方各部门业务上的需要,并照顾毕业生人数过少的个别地区;明确要求做好政治工作和动员工作,努力使90%—95%以上的毕业生服从国家分配。

7月4日,中共中央批准劳动部部长李立三《关于各地调整工资情况的综合报告》。

8月20日,劳动部发出《关于劳动力的供求情况与今后工作中应注意的几点意见的通报》,提出:要建立健全各级劳动力调配机构;各大行政区劳动部与省市劳动局应对劳动力调配工作加强领导,对城乡剩余劳动力要进行调查登记;各市劳动介绍所必须贯彻劳动力统一调配的方针;进行培训。

8月26日,《工人日报》刊登"坚决废除建筑业中封建把头制度"的社论,指出当时把头掌握了招收、调配和解雇工人的大权,在反把头斗争中,一定要同时解决工人的固定和统一调配问题。

9月3—15日,劳动部召开全国劳动保护工作会议。会议讨论并通过了《工厂安全卫生暂行条例(草案)》《限制工厂矿场加班加点暂行办法(草案)》和《保护女工暂行条例(草案)》。

9月,中共中央召开全国第一次互助合作会议,通过了《中共中央关于农业生产互助合作的决议(草案)》,肯定了以土地入股、集体经营、按劳力和土地分红的初级农业生产合作社,是从互助组到更高级的社会主义集体农庄之间的过渡形式;认为初级社实现了统一经营,解决了互助组集体劳动和分散经营的矛盾,可以逐步克服小农经济的弱点。

10月1日,政务院公布《关于改革学制的决定》,正式确立"高等学校毕业生的工作由政府分配"的制度。

10月13日,中共中央发布《关于干部休假制度的规定》。

12月7日,中共中央成立中央转业建设委员会,同时撤销中共中央复员委员会。

12月31日,政务院财政经济委员会颁行《工业交通及建筑企业职工伤亡事故报告办法》。

1952 年

1月12日,政务院发布《国营企业工人职员退职处理暂行办法(草案)》。

3月11日,政务院发出《关于全国供给制工作人员统一增加津贴的通知》,决定把供给制改为"包干制",将伙食、服装、津贴合并为一个统一标准,并予以适当提高;改直接供应伙食、服装为全部折发人民币,并改为以"工资分"为计算单位。

4月4日,劳动部发出指示:在"三反""五反"运动中,同时对失业工人救济经费使用情况进行检查,不使贪污分子漏网。

4月15日,人民革命军事委员会、政务院作出《关于集体转业部队的决定》。

6月5日,中共中央发布《关于高等学校暑期毕业生统一分配工作的指示》,要求各机关遵守国务院的决定,严格制止自行洽聘、乱拉毕业生现象。强调各地区在分配时,首先应保证完成中央抽调到其他地区的数字,特别是工科学生,必须全部由中央统一支配。

6月18日,政务院发布《关于调整高等学校毕业生工作的几个问题的指示》。

6月26日,在北京召开1952年第1期回乡转业工作总结会议,聂荣臻作总结报告。

6月27日，政务院发布《关于全国各级人民政府、党派、团体及所属事业单位的国家机关工作人员实行公费医疗预防措施的指示》。

7月1日，政务院颁发了《各级人民政府供给制工作人员津贴标准及工资制工作人员工资标准的通知》。

7月2—19日，政务院召开全国劳动就业会议。在听取各大区关于城市失业问题的情况及处理意见的汇报后，分成失业工人问题、失业知识分子问题、失业旧军官问题、农村剩余劳动力问题及社会救济问题（包括少数民族及归国华侨失业问题）五个小组进行专题讨论，提出解决问题的方案，并讨论修改代政务院起草的《关于劳动就业问题的决定》。

7月15日，人事部、卫生部颁发了《卫生技术人员工资标准》。

7月19日，政务院发布《关于1952年暑假全国高等学校毕业生统筹分配工作的指示》。

7月25日，政务院决定成立政务院劳动就业委员会，任命李维汉为主任，安子文、李立三、章乃器、钱俊瑞为副主任。

7月25日，政务院通过《关于劳动就业问题的决定》，同年8月6日发布执行。决定主要内容是：一切公私企业都要积极发展生产，扩大就业，不得随意解雇职工，对多余职工应采取"包下来"的政策；对失业知识分子采取广泛吸收、教育、改造、使用的方针；对旧军官旧官吏采取教育、改造、使用的方针；对农村剩余劳动力应积极设法使之在生产上发挥作用，发展多种经营、兴修水利、道路等，克服盲目流入城市；对城市失业少数民族，要尊重他们的风俗习惯，并设法给以就业、转业的机会；对归国华侨贫苦侨民必须充分利用一切机会帮助他们找到职业，或给予升学、救济；对老弱病残流浪儿童分别情况收容教养和救济；一切失业工人应统一办理登记，有计划地分期分批地加以训练。中央、大行政区和省，均应设立劳动就业委员会。

8月17日，中共中央、中央军委发布《关于接收和处理军队转业干部问题的指示》。

8月24日，政务院批准了卫生部制定的《国家工作人员公费医疗预防实施办法》。

8月27日，政务院批准劳动就业委员会《关于失业人员统一登记办法》（简称《办法》），同年8月30日公布执行。《办法》规定，"凡原在公私工商企业、交通、运输事业、手工业作坊及机关、团体、学校中从事体力或脑力劳动的工人、职员以及无固定雇主的建筑工人、搬运工人，于失业后尚无固定职业者；凡从事季节性行业的工人其行业已经衰落无法找到工作者；具有初中以上文化程度的失业知识分子及尚无职业的旧军官、旧官吏生活困难，要求就业者；凡已停工歇业的独立生产者、行商摊贩、资方代理人及小工商业主确无其他收入，生活困难，要求就业从事雇佣劳动者；生活困难，要求就业的其他失业人员"，均一律进行登记。登记以后，根据不同情况分别处理。一般有计划地分批分期的予以训练，然后根据国家建设发展的需要与他们本人的条件，逐步地解决他们的就业问题。生活确有困难者适当予以救济。

9月12日，政务院发布《关于各级人民政府工作人员在患病期间待遇暂行办法的规定》。

9月17日，政务院发布《关于军队转业干部待遇的指示》。

10月22日，人事部发布《各级人民政府工作人员退职处理暂行办法》。

10月31日，政务院发布《关于处理失业工人办法》，提出为配合国家建设计划，逐渐解决失业与剩余劳动力问题，应从统一介绍就业开始，逐渐达到统一调配劳动力。

11月15日，中央人民政府决定增设独立于政务院的政府部门——国家计划委员会（简称国家计委）。国家计委成立后，原由政务院财政经济委员会领导的重工业部、第一机械工业部等13部划归其领导。1954年改为国务院组成部门中华人民共和国国家计划委员会。

11月，中共中央对《东北局关于调整私营企业职工工资的指示》复示中指出：根据天津、太原、唐山等地经验，调整私营企业的工资在一个市的范围内，要通过劳资协商方式按行业订立合同，然后由各厂、店根据行业的合同，分别进行调整为好。

12月20—31日，劳动部召开全国劳动保护工作会议。会议讨论了《加强劳动保护工作的决定》《工厂安全卫生管理条例》《保护女工暂行条例》三个文件；并研究了工作时间问题和加强劳动保护组织机构及在厂矿企业中设立劳动监察员的问题。

12月31日,政务院发出《关于中央各部在北京市招募建筑工人应注意事项的通知》。

1953 年

1月2日,经政务院政务会议通过,发布了《关于中华人民共和国劳动保险条例若干修正的决定》,同时公布了修正后的《中华人民共和国劳动保险条例》。这次修正的主要内容包括两个方面:一是适当扩大实施范围;二是酌量提高待遇标准。

1月5日,劳动部通知各地,各企业招工时不要直接向劳动部申请介绍。应以就地取才为原则,如当地确无所需人才,则由当地劳动部门依照组织手续报请上级介绍。

1月13日,政务院财政经济委员会发布《关于国营企业1953年度计划中附加工资内容和计算方法的规定》。

1月26日,劳动部发布《中华人民共和国劳动保险条例实施细则修正草案》。第24条规定:"工人职员因工死亡或因工残废完全丧失劳动力,直系亲属具有工作能力而该企业需人工作时,行政方面或资方应尽先录用。"

4月17日,政务院发布《关于劝阻农民盲目流入城市的指示》。规定未经劳动部门许可或介绍者,不得擅自到乡村招收工人。

4月,政务院发布《为准备普选进行全国人口调查登记的指示》,并制定了《全国人口调查登记办法》。随后,以7月1日零时为时点,举办了第一次全国人口调查登记。

5月6日,财政部、人事部发出《关于统一掌管使用多子女补助与家属福利等问题的联合通知》。

5月,劳动就业委员会、内务部、劳动部召开劳动就业座谈会,提出劳动部门应根据生产发展需要培养技术工人,不应在技工训练方面单纯安置失业人员。此后,各级劳动部门对原有的以训练失业人员就业为主的技工训练班、技工学校作了整顿,积极发展以培养技术工人为目标的各类技工学校。

7月4日,国家计委批准《关于技工学校及技工训练招生原则规定的意见》。

7月9日，中共中央发布了《关于国营企业中的工资、年终双薪、年休假问题》的指示。

7月21日，政务院发布《关于中等专业学校毕业生工作分配的指示》。

7月，中华全国总工会发布《关于巩固劳动纪律的决议》，要求"工会各级组织必须把巩固劳动纪律作为自己经常的重大责任，根据厂矿的不同情况，进行具体分析，找出劳动纪律松弛的根本原因，在一定期间结合当前的中心工作，集中地对职工群众进行一次巩固劳动纪律的教育"。

8月6日，中共中央同意政务院劳动就业委员会、内务部、劳动部《关于劳动就业工作的报告》，第一次明确地提出了对工人要采取介绍就业与自行就业相结合的方针，敞开政府介绍就业与自行就业"两扇门"。

8月14日，政务院发布《关于处理1953年国营企业工资及年终双薪问题的指示》。

9月，纺织工业部和中国纺织工会全国委员会发布《关于在国营工厂中签订集体合同的联合指示》。

11月，中共中央发布《关于统一调配干部，团结改造原有技术人员及大量培训干部、训练干部的决定》。中共中央作出《关于加强干部管理工作的决议》。

12月16日，中共中央通过了《关于发展农业生产合作社的决议》。

1954 年

1月11日，劳动部召开各大行政区和部分省市劳动局长座谈会，提出劳动部的主要任务是逐步做好供应、调配劳动力及技工培训工作，为生产建设服务。会议认为，在国家有计划的经济建设开始以后，劳动部门的工作应当从过去以调整劳资关系和救济失业工人为主转到着重在国营企业方面，首先抓紧解决建筑工人的调配和工资问题。

3月4日，劳动部发布《关于对失业人员进行清理工作的指示》，针对失业登记人员中不同情况，提出了以下处理意见：①凡确有就业条件和培养前途者，应根据经济发展的需要逐步介绍就业，或在有出路的条件下，予以技术训练。②对不适合厂矿需要及就业条件较差者,应着重鼓励其自行就业或自谋生活出路。③对老弱病残、长期患病无就业条件或有家庭拖累无法就业者,其中有生活出路或有子女抚养的注销登记;生活确实困难的移交民政部门给予社会救济。④长期性临时工或找到了长期生活出路者,应视为就业。

3月5—17日,劳动部在北京召开全国建筑工人调配工作会议。李立三部长作了"经济建设时期建筑工人调配工作的任务"的报告,讨论了有关的办法草案。5月,中财委批准转发劳动部《关于全国建筑工人调配工作会议的报告》及《建筑工人调配暂行办法》《关于建筑工程单位赴外地招用建筑工人订立劳动合同办法》《关于订立建筑工人借调合同办法》。

3月12日,政务院发出《关于各级人民政府工作人员福利费掌管使用办法的通知》。

3月12日,内务部、劳动部发布关于继续贯彻《劝止农民盲目流入城市》的指示。

4月25日,中央财政经济委员会批准转发劳动部起草的《技工学校暂行办法草案》,要求中央各工业部所属专业局、各技工学校试行。

4月,内务部、劳动部就已登记失业人员的救济分工问题发出联合通知。规定:失业职工、失业知识分子由劳动部门救济,其他各类失业人员由民政部门救济;劳动部门根据划归民政部门救济人数所需经费,由失业救济费项下拨给民政部门;劳动部门应向民政部门认真交代过去工作情况和应注意事项,并向失业人员进行适当解释。

5月28日,政务院发出《关于劳动保险业务移交工会统一管理的通知》。

5月,劳动部成立技工培训司,负责综合管理全国技术工人培养训练工作。

6月12日,劳动部发出《关于订立委托训练技工合同的通报》。

6月12日,内务部、劳动部发布《关于经济建设工程民工伤亡抚恤问题的暂行规定》。

6月19日,中央人民政府通过《关于撤销大区一级行政机构和合并若干省市建制的决定》。

6月19日，劳动部发出《关于技工学校、技工训练班招生问题几项规定的通知》。指出：技工学校与技工训练班要逐步负担起为国家建设供应技术工人的重要任务。对招生条件、手续、地区范围等作了具体规定。

7月14日，政务院颁布《国营企业内部劳动规则纲要》（简称《纲要》），《纲要》对职工的录用、调动和辞退，企业行政和职工的基本职责、工作时间以及处分等作了规定。对违反劳动纪律职工的处分包括：警告、记过、记大过、调任工资较低的工作、降级、降职、开除以及送法院依法处理。

8月26日，教育部、劳动部就有计划地组织未能升学的初中和高小毕业生参加工业生产的问题发出联合通知。通知规定，今后各厂矿企业、技工学校招用工人、学徒、技工学校学员时，必须向当地劳动部门提出申请；劳动部门根据招收人员的条件会同教育等有关部门进行有组织有领导的统一招收。为了扩大就业范围，除由劳动部门根据生产需要逐步介绍就业外，尚须大力动员他们从事农业生产和其他工作。

8月28日，中央财政经济委员会批准劳动部《关于技工学校经费预算标准（草案）》并颁发试行。

9月15日，中华人民共和国第一届全国人民代表大会在北京开幕。会议颁布了中国历史上第一部人民的宪法——《中华人民共和国宪法》。《宪法》（1954年）规定：中华人民共和国公民有劳动的权利。国家通过国民经济有计划的发展，逐步扩大劳动就业，改善劳动条件和工资待遇，以保证公民享受这种权利。中华人民共和国劳动者有休息的权利。国家规定工人和职员的工作时间和休假制度，逐步扩充劳动者休息和休养的物质条件，以保证劳动者享受这种权利。中华人民共和国劳动者在年老、疾病或者丧失劳动能力的时候，有获得物质帮助的权利。国家举办社会保险、社会救济和群众卫生事业，并且逐步扩大这些设施，以保证劳动者享受这种权利。中华人民共和国公民有居住和迁徙的自由。

9月16日，政务院发布《关于处理编余人员的指示》，提出凡不能工作又不能学习者，仍应留在原机关妥善安置，或暂时供养起来，不能强迫动员其回家或辞退。

9月29日，根据第一届全国人民代表大会第一次会议决定，任命马文瑞为劳动部部长。国务院发出通知：在人事部撤销后，高等院校毕业生分配划归高等教育部。

10月23日，国务院公布《复员建设军人安置暂行办法》规定，复员建设军人以在原籍安置为原则：家在农村的，以从事农业生产为主。家在城市的，有一定工作能力或专门技术，劳动、人事部门在分配、介绍员工时，应给予优先就业的便利，参军时原是职工，原工作单位应予以吸收。

10月30日，劳动部向中央工、建、交部门发出劳动部门技工学校和委托代训的五年训练计划，并请各部同地方劳动部门签订委托训练技工的合同。

11月18日，劳动部发布《关于厂矿企业编制安全技术劳动保护措施计划的通知》，对编制计划的项目范围、职责、程序及经费等方面的问题作出明确规定。

12月7日，国务院发出《关于各级人民政府工作人员福利费掌管使用问题的补充通知》。

12月，内务部、公安部、国家统计局联合发出通知，要求普遍建立农村的户口登记制度。

1955 年

2月25日，国务院发出《关于国家机关工资、包干制工作人员工资、包干标准表及有关规定的通知》。

3月10日，劳动部发出《关于技工训练经费问题的通知》。

3月28日至4月7日，经国务院批准，劳动部在北京召开第一次全国技工学校校长会议。会议讨论通过《关于提高教学工作质量的决议》。9月15日，国务院批准并转发了这个决议。

4月12日，中共中央在《关于第二次全国省、市计划会议总结报告》中批示："一切部门的劳动调配必须纳入计划，增加人员必须通过劳动部门统一调配，不准随便招收人员，更不准从乡村中招收人员。今后劳动调配原则是：老企业、老机关增产增事不增人，新企业、新机关从老企业、老机关抽调，精简机关、充实企业；凡需要人员的单位首先从原行业中抽调，从有多余劳动力的城市中抽调。"

4月26日，国务院发出《关于女工作人员生产假期的通知》。

4月28日，劳动部召开17个重点省市建筑工人平衡会议，确定从有多余劳动力的上海、天津、济南等城市调配近2万名建筑工人，支援西安、兰州、包头等地，并研究平衡调剂有关问题。

5月21日，经国务院批准，国家统计局重新颁发了《关于工资总额组成的暂行规定》，指出"工资总额包括在册与非在册人员的全部工资"，"凡企业、事业、机关、团体以货币形式或实物形式支付给职工的工作报酬，及根据立法规定支付给职工的工资性质的津贴，不问经费来源，均应计算在工资总额内"。

5月27日至6月20日，劳动部在北京召开了第二次全国劳动局长会议。会议研究了劳动部的职责范围、劳动力管理和工资问题，并讨论了工资改革方案。会议要求：继续贯彻介绍就业与自行就业相结合的方针；加强失业救济工作纠正过去掌握偏紧的现象；就业登记范围可以适当放宽，并拟将此项工作移交民政部门管理。会议确定了劳动部负责管理工业、建筑、交通运输企业劳动力的招用、调动工作，并管理商、贸、粮、合、农、林、水利等企业、事业和其他单位劳动力的招用工作。会议要求各产业部门建立企业的编制定员制度，研究制定本部门的统一定员标准。12月，中共中央同意第二次全国劳动局长会议的报告。

5月31日，国务院全体会议通过《关于安置复员建设军人工作的决议》（简称《决议》），《决议》提出，各单位在调用干部、调配劳动力和招收工人、学徒、学员、技术人员时，都应当把复员建设军人作为第一位录用对象。对原由农村参军的复员建设军人如无专门技术，仍应回到农村参加农业生产。

6月18日，国务院发出《关于国家机关工作人员自今年七月份起全部实行工资制待遇的通知》。

6月22日，国务院发布《关于建立经常户口登记制度的指示》，要求乡、镇人民委员会应当建立乡、镇户口簿和出生、死亡、迁出、迁入登记册，以及时准确掌握人口出生、死亡、迁入、迁出等动态情况。全国户口登记行政由内务部和县以上政府民政部门主管，办理户口登记的机关是公安派出所。从此统一了全国城乡的户口登记工作。

7月，国务院批转山东省人民委员会"关于贯彻国务院'关于安置复员建设军人工作的决议'的几个问题的意见"批示：同意山东省所提"归口包干"安置的意见。

8月11日，《人民日报》发表《必须做好动员组织中小学毕业生从事生产劳动的工作》的社论，阐述了当时动员城镇中、小学毕业生下乡上山的理由。

8月22日，国务院发布《关于控制各企业、事业单位人员增长和加强劳动力管理问题的指示》，决定自1955年下半年起，中央各部委及各省（市）人民委员会所属企业、事业单位，除在现有职工总人数（包括归口安排的私营工商从业人员）内进行调剂外，应停止从社会上录用新职工。

8月31日，国务院发布《关于国家机关工作人员全部实行工资制和改行货币工资制的命令》《关于某些特殊地区实行实物供应的决定》，并作出《关于中国人民解放军退出现役干部就业的指示》。

8月，国务院发布了《农村粮食统购统销暂行办法》和《市镇粮食定量供应暂行办法》两个文件，规定粮食凭城镇户口实行按人定量供应，农民吃粮自行解决；规定了对粮食转移证、粮票等管理使用办法。从此，粮食的计划供应就与城镇户口紧密联系在一起。

9月1日，劳动部颁发《关于工人技术学校寒暑假期的规定》，同时颁发了《工人技术学校学生守则》。

9月15日，国务院批准同意并转发劳动部《关于目前技工学校工作的报告》。

9月17日，财政部、卫生部和国务院人事局联合发出《关于国家机关工作人员子女医疗问题的通知》。

10月4—11日，中共中央召开扩大的七届六中全会，会议通过了《关于农业合作化问题的决议》以及《农业生产合作社的示范章程（草案）》。

10月31日，劳动部派遣关于技工培训的参观团赴苏联进行为期三个月的参观学习。

10月，国务院发布《中央国家机关工作人员宿舍取暖补贴暂行办法》。

11月7日，国务院颁发《关于城乡划分标准的规定》，确定"农业人口"和"非农业人口"作为人口统计指标。中国的户籍人口由此分割为两种:"农业人口"与"非农业人口"。

11月11日,国务院批准同意关于劳动部技工学校及业务人员训练班经常费用由国家预算开支。

11月21日,国务院发出《关于地方事业单位实行货币工资制和调整工资标准问题的通知》。

12月22日,劳动部发出《关于厂矿建筑企业处理多余工人职员与工人技术学校招收学员的几个问题的通知》,提出凡从社会上招收工人时,地方企业应该经当地劳动局审查批准,国营企业应经劳动部审查批准。

12月29日,国务院发布《关于进一步做好国家机关精简工作的指示》《关于处理中央一级国家机关精简中调整出来的工作人员的指示》《国家机关工作人员退休处理暂行办法》《国家机关工作人员退职处理暂行办法》《国家机关工作人员病假期间生活待遇试行办法》《关于处理国家机关工作人员退职、退休时计算工作年限的暂行规定》。

1956 年

1月14日,劳动部发出《关于年老体衰职工以其子女代替工作问题复轻工业部的函》,提出企业劳动力不足,按规定手续经批准从社会招用工人和职员时,可适当吸收退休后生活确有困难的职工的子女参加工作,但不作为一项制度。

1月16日,重工业部召开的安全生产工作会议通过《关于消除矿山危害、改善劳动保护工作的意见》。

1月23日,中共中央政治局制定《1956年到1967年全国农业发展纲要(草案)》,第38条规定:"城市中小学毕业的青年,除了能够在城市升学就业的以外,应当积极响应国家的号召,下乡上山去参加农业生产,参加社会主义农业建设的伟大事业。"

1月,毛泽东主编并亲自写了两篇序言和大量按语的《中国农村的社会主义高潮》一书公开出版。

2月1日,劳动部颁发试行《中华人民共和国工人技术学校标准章程草案》和《工人技术学校编制标准额暂行规定草案》。

2月21日,内务部、财政部、国务院人事局发出《关于工作人员病假期间的工作年限计算问题的通知》。

2月24日,国务院发布《关于服兵役取得军龄的人员转业后计算工作年限和工龄问题的决议》。

3月,鉴于失业问题缓和,经国务院常务会议决定,停止征收失业救济基金。

3月23日,国务院发出《关于处理厂矿企业长期性临时职工的通知》,提出企业长期性临时工在编制定员范围内经主管部门批准,当地劳动部门同意,可按正式工人录用。

4月16日,劳动部召开全国劳动力调配工作会议,研究解决全国劳动力平衡计划问题,有关劳动力调配制度、劳动就业规划以及劳动合同等问题。

5月18日,劳动部发出《关于招用临时建筑工人的往返路费及途中生活补助费由企业单位全部负担的通知》。

5月19日,国家计委就1956年计划外招收工人及学徒、学员问题,发出通知:今后凡因超过计划增加生产或建设任务要增招的工人,应在保证完成劳动生产计划的条件下,按多生产、多建设、少增人的原则,直接与劳动部洽商办理,不必再经计委审核;培训技工必须扩大招收学徒、学员名额时,也直接与劳动部门联系解决。

5月25日,劳动部发出《关于做好1956年劳动力调配工作的意见》,确定1956年劳动力调配工作的方针任务是:认真掌握劳动力资源的分布情况,各企业部门要及时地编制劳动力计划和招用计划,劳动力计划经批准后,协助招工单位进行招收,保证按时完成招收任务。同时对企业劳动力使用情况进行监督检查,加强劳动力的管理,防止浪费,争取提前消灭失业现象。

5月25日,国务院发布《关于发布工厂安全卫生规程、建筑安装工程安全技术规程和工人职员事故报告规程的决议》《关于防止厂、矿、企业中矽尘危害的决定》。

6月7日,劳动部发出《关于简化临时工人招收手续的通知》,通知各级劳动部门；各国营企业应根据国家已经批准的劳动计划按年、按季编制临时工需要计划，直接报送当地劳动部门申请调配；各地需要招收少量临时工，可在当地自行招收。

6月16日，国务院全体会议通过《关于工资改革的决定》《关于工资改革中若干具体问题的规定》，决定从1956年4月1日起，在全国范围内实行新的工资标准，并对工资改革的范围和原则作出明确规定。

6月26日，财政部、国务院人事局联合发出《关于国家机关工作人员福利费问题的通知》。

6月，国务院发布劳动部起草的《关于建筑业从7月1日起实行8小时、小礼拜工作制度的规定》。

6月，国务院发出《关于企业、事业单位增加新职工招收手续的通知》，提出今后各企业、事业单位在国家批准的劳动力增长控制指标内招收新职工时，可由企业、事业单位直接报请当地劳动部门协助招收，不必再报经主管部门和上一级劳动部门审核。

7月2日，劳动部发出《关于企业单位招用职工家属问题的通知》，提出经批准从社会上招收人员的单位，可以吸收本单位适合工作要求条件的职工家属或有供养关系的家属。在劳动力缺乏的城市，劳动部门可与招收单位研究，酌量吸收一部分家居农村的职工家属。

7月4日，国务院发出《关于工资改革方案实施程序的通知》。

7月16日，国务院发出《关于颁发国家机关工作人员工资方案的通知》。

7月18日，劳动部发出《关于工人技术学校教职员工资标准及有关规定的通知》。

8月6—19日，受中共中央和国务院委托，全国总工会、劳动部、商业部和国务院第四办公室（主管轻工业和手工业）、第八办公室（主管对私人工商业的社会主义改造）召开了全国新公私合营企业工资会议，确定了新公私合营企业工资改革的方针。陈云在会上作了重要讲话，并直接领导了新公私合营企业工资改革的实施。

8月11日，国务院发布《关于高等学校和中等专业学校毕业生分配工作以后临时工资待遇的规定》。中国科学院、国务院专家局等单位联合发布

《招聘工作人员工作通告》，在北京、天津等 11 个城市招聘尚未就业的知识分子。

8月21日，国务院人事局、卫生部、内务部发出《国家机关工作人员退休后仍应享受公费医疗待遇的通知》。

8月28日，中共中央批发劳动部党组8月20日向中央报送的《关于解决城市失业问题的意见》，提出解决城市失业问题必须和发展生产相结合，就是把安置失业人员就业和补充工业、农业生产所需要的劳动力这两个方面结合起来进行。各企业事业单位招收人员时，仍应遵守先城市后农村的原则。在招收人员的条件上，能用高小生的就尽量用高小生，能用女性的就尽量用女性，能用年龄较大的就用年龄较大的。

8月28日，全国总工会发布《关于职工生活困难补助办法》。

9月15—27日，中国共产党第八次全国代表大会在北京召开。大会肯定了党中央从"七大"以来的路线是正确的，同时正确地分析了社会主义改造基本完成以后，中国阶级关系和国内主要矛盾的变化，确定把党的工作重点转向社会主义建设。大会提出，生产资料私有制的社会主义改造基本完成以后，国内的主要矛盾不再是工人阶级和资产阶级之间的矛盾，而是人民对于建立先进的工业国的要求同落后的农业国的现实之间的矛盾，是人民对于经济文化迅速发展的需要同当前经济文化不能满足人民需要的状况之间的矛盾。这一矛盾的实质，在中国社会主义制度已经建立的情况下，也就是先进的社会主义制度同落后的社会生产之间的矛盾。大会通过了第二个五年计划的建议，规定了党和全国人民当前的主要任务是：集中力量发展社会生产力，实现国家工业化，逐步满足人民日益增长的物质和文化需要。这次大会为新时期的社会主义事业的发展和党的建设指明了方向。

9月17日，国务院批准发布《中华人民共和国劳动部组织简则》，规定劳动部负有监督管理工业、建筑、交通运输企业劳动力的招用、调配工作，并且监督或管理其他企业、事业和有关单位劳动力的招用工作；管理技术工人培养训练工作，为此，下设劳动力调配局和技术工人培养训练局。

9月，劳动部组织赴苏劳动考察团，主要考察苏联在劳动力管理方面的制度和经验，并着重研究苏联企业、机关和职工签订劳动合同方面的经验以及劳动计划的编制等问题。

9月，国务院批准劳动部劳动力调配司改设为劳动力调配局，管理劳动力统一调配工作。

10月5日，劳动部与卫生部发出《关于实行职业中毒和职业病报告试行办法》的联合通知。

10月12日，国务院发布《关于新公私合营企业工资改革中若干问题的规定》，决定对新公私合营企业的工资制度进行改革。

11月3日，劳动部颁发《技工学校教学方法研究组工作规则》；财政部、劳动部联合颁发《关于技工学校经常费预算及开支标准的通知》。

11月12日，国务院发出《关于国家机关工作人员退休和工作年限计算等几个问题的补充通知》。

11月16日，国务院发出《关于国家机关停止增设机构扩大编制的通知》。

11月23日，中共中央批转《劳动部党组关于企业领导干部增加工资问题的报告》。中共中央组织部发出《关于一九五六年调整干部工资级别的通知》。

11月24日，国务院发布《关于私方人员的疾病医疗和病假期间的工资待遇问题的意见》。

12月18日，国务院发布《关于降低国家机关十级以上干部工资标准的决定》。

12月30日，国务院发布《关于防止农村人口盲目外流的指示》。

12月30日，劳动部颁发《工人技术学校学生学业成绩考查与考试暂行办法草案》。

12月，中共中央发布了《关于目前新公私合营企业工资改革问题的指示》，提出如下意见：新公私合营企业增加工资的幅度和绝对数，不论城市和乡村，都不能超过当地地方国营企业；工资改革既要避免增加工资过多，又要做到多数职工群众满意，凡现行工资标准低于国营企业的，都能或多或少地有所增加；城市大中工业企业，应根据企业的需要和可能适当规定工资，不要机械地套用国营企业的八级工资制度；商业企业可以根据实际情况规定若干个工资标准，不要采用国营商业的3类5级工资制；县城和乡镇新公私合营企业的职工和私方人员增加工资平均不超过3.5元，最高不超过5

元；企业主要领导干部工资的增长，不能超过各该企业平均工资增长的幅度。

1957 年

1月12日，国务院发出《关于有效地控制企业、事业单位人员增加，制止盲目招收工人和职员的现象的通知》。通知指出，1956年国营企业、事业单位招收的工人和职员大大突破1956年劳动力发展计划，也超过了1957年国民经济计划劳动力的需要量。通知提出所有企业、事业单位，中等专业学校、技工学校、技工训练班，自1957年1月起，一律停止从社会上招收工作人员和招收新生。

1月15日，国务院发布《关于各部负责综合平衡和编制各该管生产、事业、基建和劳动计划的规定》，据此，劳动部党组决定成立劳动计划临时办公室。由劳动部负责综合平衡和编制全国的劳动工资计划和工人培训计划，送国家经济委员会。

1月18日，中共中央召开省、市、自治区党委书记会议，毛泽东主席在讲话中指出："精减一定要坚决搞，一条是减人，一条是安排，一定要把人安排好再送出去。"会议确定了统筹兼顾和全面安排的方针。

1月25日，赴苏劳动考察团根据苏联经验并结合中国情况，写了《赴苏劳动考察团的报告》。对中国劳动工作提出如下建议：精简机构；推行个人的劳动合同制度；从企业"包下来"逐步过渡到允许机关企业在一定的条件下辞退职工，职工也可自由选择职业，失业的职工由国家的专管机构包下来给予适当救济；解决就业问题可考虑实行二班制、三班制，年休假制，以工代赈，组织自学和培训，以及控制农民进城等。在工资政策上实行低工资、多就业的方针。2月17日，刘少奇对《报告》批示：①劳动合同名称定为集体的劳动合同和个人的劳动合同为好，也可简称为集体合同与个人合同。签订个人的劳动合同，可以解决或避免许多劳动争议。②关于劳动问题，我们党内很多干部还是很生疏而不熟悉的，应当注意向党内干部作宣传。

1月26日，国务院发出《关于在建筑业中迅速停止增加固定工人和在旧历年年前根据工作量停止预约临时工人合同的通知》。

2月15日，中共中央发布《关于1957年开展增产节约运动的指示》，要求大量节减行政部门、事业单位和企业单位的行政管理费用，严格限制人员的增加，合理调整现有机构和人员，逐步改变某些不合理的工资福利制度，消灭铺张浪费现象。

2月26日，卫生部、全国总工会发布《批准工人、职员病、伤、生育假期试行办法》和《医务劳动鉴定委员会组织通则》。

2月28日，卫生部发布《关于职业病范围和职业病患者处理办法的规定》。

3月2日，国务院发布《关于防止农村人口盲目外流的补充指示》。

3月14日，国务院发出《关于处理建筑业中多余的临时工人问题的通知》，规定应当首先处理家在农村的临时工人回乡，临时工人所在的县、乡人民委员会负责安排他们在农业生产合作社内参加生产，使他们能安于农村，不再流向城市。对家在城市的多余的临时工人，可先辞去有其他生活出路的人。

3月30日，国务院同意《劳动部对于精简时辞退人员问题的两点意见向国务院的报告》。两点意见是：各单位编余的人员，应设法调剂安置工作；雇用临时工均须按规定订立合同，合同期满、应予辞退。

4月4日，国务院发出《关于劳动力调剂工作中的几个问题的通知》，提出了对各企业、事业单位人员多余或不足时应进行平衡调剂的原则。

4月17日，国务院发出《关于学徒（练习生）是否按期转为正式工人问题的通知》。通知主要针对当时建设规模和速度有调整，生产上不需要补充新工人的情况，确定一部分已经学习期满的学徒和技工学校学生延长学习期限，继续进行培训。

4月23日，劳动部在北京召开全国劳动力调配工作会议。李先念副总理到会并讲话，指出劳动力南来北往的调动要基本停止。劳动部部长马文瑞作了题为《1957年的劳动力调配工作问题》的报告。会议确定了劳动力调配工作的主要任务是：坚决贯彻精简方针，严格控制招工，根据统筹兼顾、适当安排的原则，切实做好劳动力的平衡调剂工作，监督和协助国民经济各部门正确执行国家劳动计划；同时，研究拟订更加切合实际情况的解决城市失业问题的规划，为城市失业、无业人员多方面寻找就业门路和安置办法。

4月24日，中共中央批转劳动部党组《关于西藏调出人员分工安置和调送程序的意见》。中共中央决定，西藏的建设，今后只能根据可能的条件缓步进行。所有已经进藏的人员，除了留下一部分必需的工作人员外，其余一律调回内地安置。

5月7—20日，劳动部召开全国劳动厅（局）长会议，总结1956年的工资改革工作。

5月13日，国务院批复同意劳动部《关于调整工人技术学校学生人民助学金标准的请示》，并发各地区、部门参照办理。

5月22日，国务院发出《关于调整国家机关工作人员福利标准的通知》及《关于国家机关工作人员福利费掌管使用的暂行规定的通知》。

5月28日，劳动部发出《关于各种训练班一律停止从社会上招收新生的通知》。

6月13日，国务院发出《关于一九五七年不提高工资标准的通知》。

6月18日，国务院秘书厅发出《关于企业领导人员、工程技术人员和职员的奖金按照国务院常务会议的决定执行的通知》。

6月26日，周恩来总理在第一届全国人民代表大会第四次会议上作的政府工作报告中，就关于劳动就业问题、工资制度问题和学徒制度问题，阐述了解放以来政府的方针、政策和取得的成就。

6月26日，劳动部发出《关于技工学校毕业生评级问题的通知》。

7月5日，国务院决定，1957年度中等专业学校及工人技术学校除特殊情况可以从社会上招生外，一律从现有企业、事业单位和国家机关多余人员中招收。

7月29日，国务院发布《关于工人职员在企业之间调动工作后的工资和补助费的暂行规定》《关于军队转业干部及复员军人的排级以上干部参加工作后工资待遇问题的通知》。

8月9日，劳动部发布《关于1956年工资改革工作基本总结和1957年工资工作安排意见的报告》。

9月4日，国务院发布《关于公私合营企业私方人员死亡待遇的试行办法》。

9月14日，国务院发出《关于防止农民盲目流入城市的通知》。

9月20日至10月9日，中国共产党第八届中央委员会召开第三次全体会议。会议期间，周恩来作了《关于劳动工资和劳保福利问题的报告》。会议基本通过了有关工人、职员劳动工资和劳保福利问题的规定草案。

10月23日，国务院常务会议正式决定："由劳动部负责综合和编制全国的劳动计划和工人培养计划。为了使劳动部能够很好地完成这项任务，可以由国家经济委员会、国家计划委员会抽调几名干部给劳动部，由马文瑞部长同宋劭文、宋平副主任具体协商办理。"

10月25日，国务院全体会议决定：降低高等学校毕业生和中等专业学校毕业生的工资待遇，发布了《关于高等学校和中等专业学校毕业生在见习期间的临时工资待遇的规定》。

10月26日，国务院颁布《关于国家行政机关工作人员的奖惩暂行条例》。

11月14日，国务院发布《关于建筑安装企业工人职员在冬季非施工期间的工资待遇的规定》。

11月16日，全国人大常委会批准《国务院关于工人、职员退休处理的暂行规定（草案）》。1958年2月9日，国务院公布施行。

11月18—25日，劳动部召开全国防止矽尘危害工作会议。

11月26日，国务院转发监察部、劳动部《关于北京地区某些中央部门违反国务院指示增设机构增加人员和私自从社会上招收人员的检查报告》。国务院批示：各地区、各部门对增设机构，增加人员的现象进行一次检查，通过整风运动，坚决加以改正。重申必须加强劳动力平衡调剂工作，严禁从社会上私自招收人员。

12月13日，国务院全体会议通过《关于各单位从农村中招用临时工的暂行规定》，主要内容是：各单位需用的临时工，应该首先从本单位多余人员中调剂解决；各单位从农村招用临时工，必须持有当地劳动部门的介绍信；各单位从农业社招用临时工的时候，必须与农业社和外出做工的社员共同签订劳动合同等。

12月18日，中共中央、国务院发布《关于制止农村人口盲目外流的指示》，要求：在农村中，应当加强对群众的思想教育；在某些铁路沿线或者交通要道，应当加强对于农村人口盲目外流的劝阻工作；在城市和工矿区，对盲目流入的农村人口，必须动员他们返回原籍，并且严禁流浪乞讨；各企业、事业部门和机关、部队、团体、学校等一切用人单位，一律不得擅自招用工人或者临时工。

1958 年

1月9日，《中华人民共和国户口登记条例》颁布实施。该条例对农村人口进入城市作出了带约束性的规定："公民由农村迁往城市，必须持有城市劳动部门的录用证明，学校的录取证明或者城市户口登记机关的准予迁入的证明，向常住地户口登记机关申请办理迁出手续。"

2月6日，国务院全体会议修改并通过了《关于国营、公私合营、合作社营、个体经营的企业和事业单位的学徒的学习期限和生活补贴的暂行规定》《关于企业、事业单位和国家机关中普通工和勤杂工的工资待遇的暂行规定》。

2月6日，国务院发布《关于工人、职员回家探亲的假期和工资待遇的暂行规定》《关于工人、职员退休处理的暂行规定》。

3月1日，劳动部召开省（市）劳动厅（局）长座谈会。研究讨论了劳动工作如何跃进，以及劳动计划管理工作，职工开除、辞退、退职，编制定员、劳动定额工作管理等问题。

3月5日，中共中央转发劳动部党组《关于各地在跃进中要求增加新人员问题的报告》。

3月7日，国务院发布《关于工人、职员退职处理的暂行规定（草案）》。

3月9—26日，中共中央在成都召开工作会议，总结了1956年招工过多的教训。3月23日，通过了中共中央《关于调剂和补充职工问题的意见》，主要内容是：各地区、各企业事业单位需要补充正式职工，首先从本地区多余人员和下放人员中调剂；调剂权限赋予各省、市、自治区党委；各地区、各企业事业单位需要补充临时工，先从原有人员中抽调解决；调剂之后，仍不能满足时，才可从社会上招用。招用计划经省、市、自治区党委审查后，报中央考虑决定。

3月19日，劳动部、卫生部、全国总工会发布《矿山企业防止矽尘危害技术暂行办法》《矽尘作业工人医疗预防措施暂行办法》《产生矽尘的厂矿企业防痨工作暂行办法》。

3月20—26日，劳动部在天津召开全国技工学校工作会议，劳动部长马文瑞在开幕式上作了题为《勤俭办学、勤工俭学，为培养具有思想好、技术好、身体好的新工人而努力》的讲话。会上有28所技工学校向全国发出挑战倡议。

3月22日，成都会议通过了《中共中央关于把小型的农业合作社适当地合并为大社的意见》。

3月31日，中共中央发出《在生产高潮中应当控制劳动强度的通知》。

4月5日，中共中央就1957年招工过多问题，发出《关于调剂和补充问题的意见》。中共中央在《关于发展地方工业问题的意见》中提出，县营企业的劳动力，除一部分技术工人和管理人员应该是正式职工外，其余所需的劳动力，应该就地招用临时工。在招用临时工的时候应由企业、农业社和劳动者本人三方签订合同。县营企业职工（包括临时工在内）工资的平均收入，原则上应高于农民的收入水平，但不应悬殊过大；工资制度也不宜执行八级工资制。

4月20日，劳动部《劳动通讯》刊登《奋起直追，向前跃进》的评论中提出，劳动工作跃进的目标是，多办事，少用人，少花钱，增产、增事、不增人，五个人的事三个人做，艰苦奋斗，千方百计促进劳动生产率的提高。要有计划地培训技术工人和技术力量，同时大规模组织失业、求业人员上山下乡。

4月23日，劳动部发布《国务院关于工人、职员退休处理的暂行规定实施细则（草案）》及《对于制订国务院关于工人、职员回家探亲的假期和工资待遇的暂行规定实施细则中若干问题的意见》。劳动部颁发《对于制定国务院关于国营、公私合营、合作经营、个体经营的企业和事业单位的学徒的学习期限和生活补贴的暂行规定实施细则中若干问题的意见》。

5月3日，经国务院第七十三次会议讨论通过发布《关于处理义务兵的暂行规定》，提出了义务兵的安置应当实行"从哪里来回哪里去的原则"。

5月5—23日，中共八大二次全体会议通过了"鼓足干劲、力争上游、多快好省地建设社会主义"的总路线，随后在全国掀起了浩浩荡荡的"大跃进"和人民公社化运动。

5月21日，教育部、劳动部发出《关于技工学校招收新生问题的联合通知》。指出今后技工学校的新生从应届初中、高小毕业生中招收，也可以从企业多余的学徒中招收。

5月30日，刘少奇在中共中央政治局扩大会议上提出：我们的国家应该有两种主要的教育制度和劳动制度同时并行。一种是现在的全日制的学校教育制度和现在工厂、机关里八小时工作的劳动制度，另一种是半工半读的学校教育制度和半工半读的劳动制度。

6月14日，国务院第五办公室召开会议，讨论招收劳动力问题，提出要改变当时冻结劳动力的状况，为"二五"计划的生产大发展准备劳动力。

6月20日，劳动部发出《关于1958年度技工学校招生问题的通知》。规定：今后招收的新生，一律改变完全包下来的办法，应依生产部门需要，按事先签订的合同即行就业或等待就业或自谋职业；学习期间生活待遇应根据勤工俭学精神，实行助学金补助办法；要尽先录取企业、事业、机关的多余人员；应在本城市就地招收。

6月21日，刘少奇在给马文瑞的信中提出学校教育同生产劳动相结合问题和招工问题。要求劳动部同有关部门商量，能否选择若干新建工厂和城市分别进行试验。

6月25日，中共中央批转了《四川省委关于县以上新建工业企业劳动工资和劳保福利问题向中央的请示报告》。

6月29日，中共中央转发劳动部党组《对于当前工业企业补充劳动力问题向中央的请示报告》。决定今后劳动力的招收、调剂等项工作，由各省、市、自治区党委负责管理。当前的招工计划，经省、市、自治区党委确定后即可执行，不必经过中央批准。劳动部党组报告提出的力求从城市中招工，一般不从农村招工，中央认为必须这样办。解放妇女劳动力是挖掘城市中劳动力的一个重点。

6月29日，刘少奇到劳动部听取部党组的工作汇报，并对劳动工资工作作了重要指示。

7月8日，中央批转劳动部党组《关于技工学校下放问题的请示报告》。当时工学校144所，其中中央各产业部门办的125所，劳动部门办的［...］。这些学校可容纳10万余人，实际在校生6万余人。经劳动部［研究］，决定下放管理的有75所，仍由中央各部管理的69所。

［...］劳动部、财政部联合发出《关于劳动部门技工学校的财务［...］通知》。通知规定将劳动部门技工学校的财务工作下放有关［省、］直辖市管理。

［...］至8月6日，劳动部召开全国劳动工资计划工作会议，着重讨论［了］劳动制度问题以及招工调配等方面的问题。

［...］，劳动部召开全国劳动工资计划工作会议，着重讨论了实行两［种劳动制度］问题以及招工调配等方面问题。

[...]日，中共中央发布《关于动员青年前往边疆和少数民族地区参[加社会主]义建设的决定》，提出1958—1963年五年内，从内地动员570万名[青年到]边疆和少数民族地区去参加社会主义的开发和建设工作。

8月23日，中共中央批转劳动部党组《关于劳动工作分工管理向中央的请示报告》。报告提出，过去几年，劳动部对所管的劳动力调配、职工工资和劳动保护等项业务中的具体工作，管的多了一些，不利于劳动部集中精力考虑和研究劳动工作的重大问题。今后应该根据既定的方针政策统一安排全国劳动工作，根据国民经济建设计划，会同有关部门综合平衡和编制长期的、年度的劳动计划草案；管理省和省之间或经济协作区之间的劳动力平衡调剂工作；管理出国工人的组织招收和出国工人回国后的安置工作。

8月29日，北戴河政治局扩大会议通过了《中共中央关于在农村建立人民公社问题的决议》（简称《决议》），《决议》指出："在目前形势下，建立农林牧副渔全面发展、工农商学兵互相结合的人民公社，是指导农民加速社会主义建设，提前建成社会主义并逐步过渡到共产主义所必须采取的基本方针。"《决议》还宣布"共产主义在我国的实现，已经不是什么遥远将来的事情了，我们应该积极地运用人民公社的形式，摸索出一条过渡到共产主义的具体途径"。

9月1日《红旗》杂志1958年第7期发表的《迎接人民公社化高潮》社论和《嵖岈山卫星人民公社试行简章（草稿）》。

9月5—17日，劳动部在天津召开第三次全国劳动保护会议主要研究了关于劳动保护工作的政策思想、工作路线、两年的主要工作，以及锅炉检验的方针任务等问题。

9月24日，中共中央、国务院发布《关于改进计划管理体制》，提出国家计划必须统一，各地方各部门的经济文化的建设都应当纳入统一计划之内，由中央计划机关负责进行。在全国统一计划中，中央管资总额，职工总数，全国范围内的科学技术力量、劳动力的调配。

10月13日，劳动部、内务部发出《关于制止从农村私招人员的通知》。

11月9日，劳动部在四川召开推行新劳动制度的现场会议，马文瑞部长在总结发言中肯定了四川省推行新劳动制度的经验。

12月10日，中共八届六中全会通过了《关于人民公社若干问题的决议》。该决议指出：在今后一个历史时期内，人民公社仍应保留按劳分配制度，人民公社的商品生产和商品交换，必须有一个很大的发展。

12月18日，中共中央转发劳动部党组《关于私招农民和挖用在职工人情况的报告》，并批示招工中这种混乱现象必须立即加以制止。

1959 年

1月2日，中共中央、国务院发出《关于发给职工一九五八年跃进奖金的通知》。

1月5日，中共中央发出《关于立即停止招收新职工和雇用临时工的通知》。通知提出，各省、市、自治区的1959年劳动力计划必须报告中央批准。已经超过原计划的招工，还须报告中央批准。

2月4日，中共中央发布《关于制止农村劳动力流动的指示》，提出农民盲目流动的现象相当严重，妨碍农业和工业生产，也不利于巩固人民公社，必须立即采取有效措施予以制止。

2月7日，中共中央批转内务部党组《关于农村人口外流问题的报告》，指出对于流动到边疆去的人口，一般不要动员他们还乡，应该由有关的省区协作，把流动去的人口的来历、政治情况弄清，以便合理地分别安置使用。

3月2—12日，国家计委和劳动部在北京共同召开全国劳动工资计划会议，会议认为，随着1958年国民经济的全面大跃进和农村人民公社化的实现，中国劳动力的状况起了根本的变化：彻底消灭了失业现象；劳动力由多余变为不足；广大妇女和其他有劳动能力的人基本上都参加了社会劳动；许多地方推行了亦工亦农、能进能出的劳动制度。所有这些都有力地促进了生产建设的大跃进。会议肯定了1958年的重大成绩的同时，还指出了劳动力管理方面的缺点，如增加职工过多，劳动力使用上浪费。会议讨论了1959年的劳动工资计划安排问题。

3月11日，中共中央、国务院发出《关于制止农村劳动力盲目外流的紧急通知》。通知指出当时劳动力盲目流动的现象并未停止、某些地区甚至又有新的发展。要求各单位广泛宣传党和政府制止农村劳动力外流的方针。

3月28日，劳动部转发了辽宁省劳动厅的《辽宁省关于1959年度建筑工程统一施工劳动定额编制工作总结报告》。

4月6—15日，全国技工学校工作会议在上海召开。

4月21日，国务院发出《关于复员、退伍军人工资待遇问题的通知》。

4月23日，劳动部制定"国务院关于国营、公私合营、合作社营、个体经营的企业和事业单位的学徒的学习期限和生活补贴的暂行规定实施细则中若干问题的意见"，提出学徒制度的实行范围，学习期限的计算，休学和解除合同，生活补贴，奖励、津贴和劳保福利待遇等问题的意见。

4月27日，中共中央批转劳动部党组《关于安徽省淮南市整顿劳动组织情况的报告》，认为淮南市通过群众路线，改善劳动组织、改良工具，革新技术的办法，是减少职工的一个好经验。

4月30日，陈云写信给中央财经小组，提出为了缓和市场紧张状态，对1958年多招收的1000多万工人应该认真精减下来，以便压缩一部分现有的购买力。

5月27日，中共中央在批转国家计委党组、劳动部党组《关于1958年劳动工资的基本情况和1959年劳动工资的安排意见》中提出，1959年全国职工年末人数应该比1958年减少800万人，减人主要的应该减来自农村的临时工、合同工，使他们回乡参加农业生产。

6月1日，中共中央发布大力紧缩社会购买力的紧急指示。决定控制企业职工人数和工资总额。年内减少县以上企业职工人数 800 万—1000 万人，从而减少工资支出 15 亿—18 亿元。

6 月 2 日，中共中央批准国家计委《关于高等学校毕业生分配办法的报告》。中共中央批准从 1959 年起试行《关于高等学校毕业生分配暂行办法（草案）》。

6 月 30 日，中共中央批转全国妇联党组和全国总工会党组关于裁减新女职工问题的报告，提出对必须精减的一部分城市女职工的工作和生活要加以适当安排，绝不能采取推出门了事的办法。

7 月下旬，劳动部在天津召开全国整顿劳动组织经验交流会。会后，劳动部党组向中共中央报送了"关于精简人员工作近况的简报"。9 月 2 日，中共中央转发该简报，并批示完成 1959 年缩减 800 万—1000 万名新工人的任务。

10 月 1—15 日，全国新技术工人培训展览会在北京劳动人民文化宫开幕并展出。李先念副总理参加展览会开幕式并剪彩。

10 月，国家计划委员会、劳动部、国家统计局发布《关于劳动计划、统计中若干范围、分类与计算方法的暂行规定（草案）》。劳动部召开工资工作会议，会议确定了工资政策的五项原则。

11 月 4 日，国家财贸办公室、国家计划委员会、国家基本建设委员会批复劳动部、建筑工程部《关于改变建筑工程劳动定额管理体制的意见的报告》。

11 月 6 日，中共中央批转劳动部党组《关于对各行业各单位劳动力的使用和安排意见的报告》。

11 月 6 日，内务部、解放军总政治部发出《关于执行〈国务院关于现役军官退休处理的暂行规定〉的通知》。

11 月 15 日，劳动部召开第三次全国劳动工资计划会议。马文瑞部长在总结报告中提到几年来劳动力管理工作取得了较大成绩：彻底解决了失业问题；基本上保证了生产需要的劳动力；多次整顿劳动组织，在今年四五个月内，就减了几百万人。但工作中也存在缺点和毛病，主要是 1956 年和 1958 年的生产跃进中招工过多。

11 月 25 日，劳动部出台《关于建立和改进综合性奖励制度的意见》。

12月5日，劳动部发出《关于试行"关于劳动力招收和调配的若干规定"（草案）的通知》。规定提出劳动力的分配和使用必须贯彻执行统筹兼顾、全面安排，合理地节约地使用劳动力，不断地提高劳动生产率的原则。要求各单位根据批准的劳动计划，编制年度和季度的劳动力招收、调配计划。规定企业事业单位不得私自招收和诱挖在职职工，不得拒绝调出多余职工。

12月11日，国家计划委员会、劳动部、财政部、中国人民银行总行印发《关于工资基金管理试行办法的通知》。

12月15日，国家计划委员会、劳动部发出《关于劳动计划工作若干问题的规定（草案）试行的通知》，规定了劳动计划的管理指标、范围、编制程序、检查方法等问题。

1960 年

1月6—16日，劳动部在青岛市召开全国企业编制定员工作会议，研究了编制定员工作的基本原则和管理制度。会后劳动部发出《关于加强企业编制定员工作的几项规定（草案）的通知》，要求各地和各部门试行。

1月16日，中共中央、国务院决定成立全国职工业余教育委员会，任命林枫为主任。国家计委、财政部、劳动部发出《关于技工学校的财务、基建和生产计划管理工作的联合通知》。

2月11日，劳动部发布《关于加强企业编制定员工作的几项规定（草案）》，对编制定员工作的管理体制，企业、企业主管部门和劳动行政部门的主要职责，制定与贯彻编制定员标准的原则，先进的编制定员标准的标志，新建企业的编制定员工作以及编制定员与劳动计划的关系等问题，都作了原则规定。

3月10日，劳动部发出《关于中央各部直属企业事业单位招用临时工问题的通知》。

4月10日，第二届全国人民代表大会通过并正式公布了《1956年到1967年全国农业发展纲要》，《纲要》第30条规定："城市的中、小学毕业的青年，除能够在城市升学、就业的以外，应当积极响应国家的号召，下乡上山去参加农业生产，参加社会主义农业建设的伟大事业。"

4月10—20日，劳动部和全国总工会在长沙市联合召开了第四次全国劳动保护工作会议，决定在全国开展"十防一灭"运动。

4月19日，劳动部发出《关于修订工人技术等级标准的意见的通知》。

4月28日，中共中央发布《关于资产阶级分子高薪、病假期间工资和退休等问题的指示》。

5月11日，国家计委党组、劳动部党组在《关于当前劳动力安排和职工工资问题的报告》中提出了当时在劳动力安排使用方面存在的主要缺点。9月26日，中共中央转发了这一《报告》。

5月14日，中共中央转发《劳动部党组关于农村劳动力外流问题的报告》。

7月6日，中华全国总工会制定了《关于享受长期劳动保险待遇的移地支付试行办法》，并于1963年1月23日重新发布。

7月26日，劳动部、商业部发出《关于改革商业、饮食业、服务业工资制度的联合通知》。

7月27日，中共中央转发全总党组《关于国营企业中劳动力外流情况的报告》，并批示：国营企业和地方行政部门派人外出乱拉工人，破坏国家的统一调配劳动力的政策是不允许的，严重者应当给予处分。

8月27日，中共中央批转劳动部党组《关于推广重庆市节约和调剂劳动力的经验的报告》。重庆市原计划增加4.8万人，由于开展技术革新、技术革命运动和调剂工作，不仅没有增加职工，而且在五个月内节约出11.6万多人。

9月26日，中共中央转发国家计委党组、劳动部党组《关于当前劳动力安排和职工工资问题的报告》并批示：必须下定决心，在三五年内不从农村招收工人。当前钢、铁、煤、运和以后需要的劳动力，应从技术革命、原有企事业精简的人员和城市新成长的劳动力中调剂解决。

9月，中共中央提出了"调整、巩固、充实、提高"的八字方针，决定对整个国民经济进行调整。

10月26日，劳动部发出《关于结合节约劳动力的群众运动大力开展编制定员工作的通知》，提出：坚决压缩非生产人员，按照中共中央要求，企业单位的非生产人员一般应减到 13% 以下；提高生产定额水平，制定先进的编制定员标准。

11 月 3 月，中共中央发出《关于农村人民公社当前政策问题的紧急指示信》，简称《十二条》。

11 月 19 日，国务院批转编委《关于中央一级机关工勤人员和食堂、托儿所工作人员编制定员的工作报告》。

12 月 5 日，国家计委、劳动部出台《关于改进劳动工资管理体制的意见》，进一步强调劳动计划的审批权限必须集中，做好劳动力的管理工作。

12 月 17—23 日，劳动部召开全国劳动厅（局）长会议，研究讨论了劳动计划、技工培训、劳动保护、工资等问题。马文瑞在会议总结报告中指出，"大跃进"以来，在劳动力安排和使用方面是有成绩的：从根本上消灭了失业现象；解放了 5000 多万妇女劳动力；社会上可以利用的劳动力基本上利用起来了；培养了一大批技术工人；社会劳动生产率有不少提高。但也确实存在问题：农业生产第一线的劳动力过少又弱；全民企业、事业机关用人过多，有严重浪费。

12 月 21 日，中共中央发出《关于在城市坚持八小时工作制的通知》。

12 月 22 日，劳动部召开了全国劳动厅（局）长会议，对"大跃进"以来劳动力管理方面出现的问题进行了总结，并且提出了三条积极措施：一是收回劳动力管理权，招工审批权控制在中央、中央局和省委三级，省、市、自治区党委必须加强劳动计划工作的管理，省、市、自治区的劳动力计划，必须报经中央批准，而后按计划招工。二是加强工资基金、粮食、户口管理。超过劳动计划增加的人员，银行不拨工资基金、粮食部门不发粮票。三是对一切私招乱雇职工者，除了将私招的人员退回原单位外，对责任者进行严肃处理。

1961 年

1 月 14—18 日，中共中央在北京举行八届九中全会，会议决定对国民经济实行"调整、巩固、充实、提高"的方针。

1 月 20 日，中共中央作出《关于调整管理体制的若干暂行规定》，强调集中统一，以利克服困难。1958年以来，各省、市、自治区和中央各部下放给专、县、公社和企业的人权、财权、商权和工权，放得不当的，一律收回。国家规定的劳动计划，各部门、各地方都不许突破。计划外增加人必须报经中央批准。

2月5日，国家计委、劳动部发出《关于劳动计划工作若干问题的规定（草案）》。指出：劳动计划工作必须执行"全国一盘棋、上下一本账"的方针，不得层层加码；各地区、各部门的劳动计划工作，在中央和中央局统一领导下，按工业交通、农林水气、基本建设、财贸、文教卫生、科学研究、机关团体等分口管理，由各级劳动部门和计划委员会综合管理；中央各部门所属单位和地方所属单位劳动计划的管理，实行"条条"与"块块"相结合而又各有侧重的双轨制；从中央各部门、省到各基层单位，特别是县、人民公社和企业，都应该有一定的机构或专人管理劳动计划工作。

2月19日，劳动部发出《关于暂时停止把合同工转为正式工人的通知》，规定在当前节约劳动力运动中，凡是精减职工任务没有完成的地区，现有的合同工、临时工一律暂时停止转为正式工人（煤矿井下工人除外）。

2月28日，劳动部颁发《关于改变技工学校性质和抽调在校学生的审批手续的通知》，强调不能随意改变技工学校性质和抽调在校学生从事其他工作。

3月29日，中共中央正式向全国下发了《农村人民公社工作条例（草案）》，即第一个"农业六十条"。

4月9日，中共中央转发《关于调整农村劳动力和精简下放职工问题的报告》。

4月28日，劳动部发出《关于在矿山工作的合同工、临时工转正问题的通知》。

5月15日，劳动部颁发《技工学校通则》《关于技工学校学生学习、劳动、休息时间的暂行规定》和《技工学校人员编制（草案）》三个文件。

5月18日，中共中央批转劳动部党组《关于企业整风中建立和健全定员定额制度的建议》，指出定员定额问题与改善企业的经营管理，改进企业的领导作风关系甚大，把定员定额问题作为这次企业整风的一项内容，在整风运动中加以解决。

5月下旬，中共中央在北京召开工作会议决定，实行精简政策。陈云指出：精简职工和减少城镇人口是"一件关系全局的大事"，只有这样，"才能稳定全局，并且保证农业上去"。会议规定，在1960年年底12900万名城镇人口的基数上，三年内减少城镇人口2000万名以上，1961年要减少1000万人。还规定，全国城镇只许减人，不许加人，特殊需要加人的必须得到中共中央和中央局的批准。

6月15日，中央公布《农村人民公社工作条例（修正草案）》，即第二个"农业六十条"。

6月16日，中共中央发布《关于减少城镇人口压缩城镇粮食销量的九条办法》。

6月28日，中共中央发布《关于精简职工工作若干问题的决定》。精减的主要对象是1958年1月以来参加工作的来自农村的新职工包括临时工、合同工、学徒和正式工。1957年年底以前参加工作来自农村的职工，自愿要求，也可离职回乡。

8月8日，劳动部印发《关于改进企业奖励制度意见的报告》。

9月16日，中共中央发布《国营工业企业工作条例（草案）》（即"工业七十条"），要求各地区、各部门组织试行。

10月21日，国务院发出《关于职工升级、转正和定级的通知》，统一安排了对矿山和林区职工的工资调整。这次职工调资升级仅限于矿山和林区的工人及矿山井下和林区采伐现场的基层干部。

11月11日，劳动部工资局制定了《关于国营工业企业工人、职员试行工龄津贴办法的初步意见（草稿）》。

11月15日，劳动部在《关于当前工资工作中应注意掌握的几个问题的通知》中指出，实行计件工资制必须做好劳动定额工作和健全各种有关的管理制度，避免产生不正常的超额过多，增加工资过快的缺点。

1962 年

2月1日，中央精简干部和安排劳动力五人小组发出《某些地区和单位私招乱雇职工的通报》，要求凡在1961年6月减人开始以后未经中央和中央局批准私自招收的新职工，属于来自农村和其他单位精减下来的，必须一律限期退回，一个不留。今后某些部门和单位根据计划确实需要增加的人员，应该首先从现有职工中调剂解决。

2月14日，中共中央发布《关于1962年上半年继续减少城镇人口700万人的决定》，决定指出职工应占500万人以上，这次精减的主要对象仍然是1958年以来来自农村的新工人。决定提出任何单位1961年以来私招的职工，未经上级批准，都必须一律减掉。

4月10日，国务院发布《关于企业职工福利补助费开支办法的规定》。

4月27日，中共中央批转《周恩来关于改进高等学校毕业生分配办法的意见的报告》，决定成立以习仲勋为首的高等学校毕业生分配委员会，成立以聂荣臻为首的小组。

5月27日，中共中央、国务院发布《关于进一步精减职工和减少城镇人口的决定》，提出减人的对象必须适当。应当减、能够减的要坚决地减下去，应当保留和不宜减的，要注意保留。精减下来的老、弱、残职工，应当采取退休、退职、救济、列为编外人员等办法妥善安置。

6月1日，国务院全体会议通过《关于精减职工安置办法的若干规定》，提出对一切精减下来的职工，都应当以负责到底的精神，采取多种办法，积极妥善地予以安置，使他们各得其所。

6月12日，劳动部发出《关于跨省调动职工中几个问题的处理意见的通知》，提出各部门跨省调动的人员除了一次调动工人11人以上的由劳动部审批外，10人以下的零星调动，劳动部不再进行审批。

6月20日，中共中央就压缩农村吃商品粮人口问题批示各地，要求对农村不合理的吃商品粮的人口进行压缩，动员这些人参加农业生产。

7月16日，国务院发布《关于处理资产阶级工商业者退休问题的补充规定》。

8月9日，中央精简小组发出《关于国家分配的高等学校和中等专业学校毕业生一般不要作为精减对象的通知》。

8月10日，中共中央、国务院发布《关于在精简工作中处理高等学校毕业生问题的若干规定》。

8月23日，劳动部、建筑工程部发出《关于颁发试行一九六二年编制的建筑安装工程统一劳动定额的通知》。

9月20日，劳动部发出《关于高等学校、中等学校、技工学校转正定级等问题的通知》。

9月22日，劳动部发布《关于企业工人职员法定节日加班工资待遇的规定》。

9月25日，财政部、劳动部发出《关于改进技工学校经费管理工作的通知》，规定1963年起经劳动部审查批准继续开办的技工学校经费全部纳入国家预算，统一预算科目、统一分配安排预算指标。

9月29日，中共八届十中全会正式通过《农村人民公社工作条例修正草案》，即后来十几年内对农村人民公社和整个农村工作起指导作用的第三个"农业六十条"。

10月4日，国务院同意并批转了中央工商行政管理局《关于国营商业、公私合营商业、供销合作社、合作商店和合作小组的小商小贩下放农村参加农业生产的意见的报告》，指出对于小商小贩下放农村参加农业生产，应分别不同对象，区别对待。

10月6日，中共中央、国务院发布《关于当前城市工作若干问题的指示》提出，年老退休的职工，家庭生活困难的，允许子女顶替。同时提醒各地方、各部门注意，在完成减人任务后，从社会上招收新职工包括招收临时工计划，都必须经过国家计委或劳动部批准，今后若干年内，一般不准再从农村中招收职工，不准把临时工改为固定工。

10月11日，国家计委、劳动部发出《关于将技工学校的生产计划纳入国家计划的联合通知》。

10月14日，国务院发布《关于国营企业使用临时职工的暂行规定》，规定国营企业需要临时职工时，应先从多余职工中调剂解决、不足时从城镇有正式户口的居民中招用。企业使用从事生产性劳动的家庭工的人数，纳入年度劳动计划；从事服务性劳动的家庭工，可不纳入年度劳动计划。

10月14日，国务院批转劳动部《关于临时性跨省调动职工审批手续问题的报告》。《报告》提出中央各部所属单位属于临时性跨省调动的职工，均报请中央主管部批准，其户口关系可不迁移，办理临时户口手续。

10月19日，财政部发出《关于职工探亲车船费开支标准的通知》。

10月26日，劳动部、财政部联合发出《关于做好当前职工生活困难补助工作的通知》。

10月27日，财政部、劳动部、全国总工会发出《关于企业职工食堂炊事人员工资支付问题的通知》。

11月8日，财政部税务总局发出《关于技工学校附属工场生产收入从1963年起停征所得税的通知》。

11月17日，劳动部、建筑工程部发出《关于颁发建筑安装工程统一劳动定额有关问题暂行规定的通知》。

12月9日，国务院发出《关于国营工业、交通运输、基本建设企业工人试行节约奖励制度的通知》。

12月12日，中共中央同意并批转劳动部党组《关于加强城市闲散劳动力的安置和管理工作的报告》。

12月14日，劳动部发出《关于划分工业企业直接生产人员与非直接生产人员范围的通知》，规定企业的人员分为三部分：一是直接生产人员，包括工人、学徒、直接从事生产操作的工程技术人员；二是非直接生产人员，包括各种行政管理人员、业务技术管理人员、党群工作人员和服务于职工生活或间接服务于生产的人员；三是其他人员，包括农副业生产人员、长期学习人员、长期病伤假人员、列为编外的年老体弱人员、支援农村公社人员和出国援外人员。

12月30日，中共中央发出《关于严禁私自招工的通知》，要求除了经过中央、国务院或者国家计委审查批准的以外，要一律停止增人。经批准必须增加的人员，也要尽可能地从现有职工中调剂解决。

1963 年

1月7日，全国总工会发布《关于改进劳动保险和疗养事业管理的暂行规定》。

1月20日，从上年12月17日开始的由中央精简小组、国家计委、劳动部共同召开的全国劳动计划会议结束。李先念、杨尚昆到会作了报告。劳动部部长马文瑞作总结报告，肯定了过去两年来精简工作的成绩，并提出

1963年劳动力管理工作任务：实行中央集中统一领导下的分级分工管理制度；积极做好职工调剂工作；严格控制招工；各单位编制和定员尽可能地合理先进。

1月23日，中共中央下达1963年国民经济计划。计划要求在上年已经减少职工850万人的基础上，1963年再减少职工600万人左右，到年底，全国全民所有制职工要控制在3100万人左右；城镇人口控制在11500万人左右。

2月9日，劳动部、中央工商行政管理局发布《关于资产阶级工商业者退休或请长假后可否由子女顶替工作的意见》，提出可仿照职工办法，允许其子女顶替。

2月10日，国务院同意由劳动部委托培训3万名学徒。学习期满后，根据各部门各地区生产、建设需要，由劳动部统一分配。

3月3日，中共中央、国务院发布《关于全部完成和力争超额完成精简任务的决定》，提出国家计划规定的职工人数指标，必须严格遵守，任何地方、部门和单位都不得超过。增加职工必须加强中央集中管理，强调制度，强调纪律。破坏计划，违犯制度的单位和人员，应受到一定的处分。

3月4日，劳动部召开劳动力调配工作座谈会，交流1958年以来劳动力招收、调配工作的经验，研究如何改进企业用工制度、处理精减职工中有关地区与部门间调剂职工等问题。

3月20日，国务院批转劳动部《关于一九六二年全国劳动工资工作基本情况和一九六三年的工作安排》。

3月21日，中共中央发布《关于国家机关和企业、事业单位精简干部的安置处理办法的补充规定》。

3月30日，国务院发出《关于企业、事业单位职工调剂问题的若干规定》，提出各单位工种之间多余或不足的平衡调剂，由主管部门在系统内调剂解决。解决不了时，商请地方劳动部门就地调剂。也可采取借调办法，双方单位签订借调合同，劳动部门负责进行监督执行。

3月30日，国务院发布《关于加强企业生产中安全工作的几项规定》。国务院第129次会议决定，建立国家编制委员会，作为国务院的直属机构，同年5月25日，全国人大常委会批准。

4月1日，国务院批转劳动部、内务部、全国总工会《关于安置和处理暂列编外的老、弱、残职工的意见》，提出原来久居城市的老、弱、残职工，如果退休、退职后家庭生活有困难的，原单位可以在编制定员人数之内，吸收合乎条件的、居住城市的子女参加工作（矿山井下工人、森林采伐工人的子女，不论居住在城市或者农村在定员以内都可以吸收），同时动员本人退休、退职。

4月13日，劳动部发出《关于1963年度技工学校招生工作的通知》，规定技工学校应招收年满16—20周岁、具有初中毕业文化程度的青年，不得招收农村青年。各地区、各部门调整招生指标应经国家计委批准。

4月15日，财政部、劳动部联合发布《关于修订技工学校经费预算及开支标准的通知》《关于技工学校生产实习收益的计算、留成、上缴的暂行办法》。

4月15—28日，劳动部在天津召开全国劳动保护工作会议，讨论了1962年劳动保护工作总结和1963年工作安排以及劳动保护监督问题。

4月22日至6月1日，劳动部召开全国工资会议，研究和部署调整工资工作。

4月30日，国务院发出《关于全国大中城市建立劳动力介绍所的通知》，提出没有建立劳动力介绍所的大中城市，应迅速恢复或者建立起来。已经建立起来的，今后在执行调配劳动力任务时，一律不再征收手续费。

5月13—18日，教育部、劳动部在北京联合召开城市职业教育座谈会，初步总结了中华人民共和国成立以来办职业教育的经验，交流了当前各城市职业学校工作的经验，对进一步贯彻普通教育与职业教育并举的方针交换了意见。

5月23日，劳动部、全国总工会发出《关于贯彻执行国务院〈关于加强企业生产中安全工作的几项规定〉的联合通知》。

6月19日，劳动部、教育部、全国总工会发布《关于企业职工业余学校专职工作人员配备的暂行规定》的联合通知，规定提出专职工作人员，应该在企业职工总数的3‰内配备。大专学校，按学员30名左右配备1名。

6月29日至7月10日，中央安置城市知识青年下乡领导小组召开6个大区城市精减职工和青年学生安置工作领导小组会议。会议认为，在以后的

15年内，每年大约有100万名的青年需要有计划地安置下乡，参加农、林、牧、渔、副业生产。会议确定，安置下乡的学生，主要是不能升学、不能在城市就业的，年龄可以由18岁放宽到16岁，条件是能够独立生活。安置的主要方向是插入人民公社生产队，其次是插入国营农、林、牧、渔场，再次才是建立新的国营农、林、牧、渔场。8月19日，中共中央、国务院同意并批转了会议报告。

7月12日，国务院发出《关于从事经常性工作的临时工转为长期工问题的通知》。

7月15日，劳动部、卫生部、全国总工会联合修订公布《矽尘作业工人医疗预防措施实施办法》。

7月21日，中共中央、国务院批转《劳动部关于一九六三年工资工作安排意见的报告》，在国民经济开始全面好转的情况下，决定拿出11亿元，为40%的职工调整工资。

7月31日，中共中央同意中央精简小组《关于精减任务完成情况和结束精减工作意见的报告》，宣布基本结束精减职工工作。

8月3日，劳动部发出《关于一九六三年职工升级若干具体问题的通知》。

8月10日，中共中央组织部发出通知，规定第二次革命战争期间和在这以前参加工作的干部，在病假期间原工资照发。1964年以后，这一办法扩大到企业工作的同类人员。

8月14日，国务院发出《关于调整工资区类别和生活补贴的通知》。

8月30日，教育部、内务部、国家计委发出《关于印发〈高等学校毕业生调配派遣暂行办法〉的通知》。

9月14日，劳动部发出《关于贯彻执行各产业部修订的各工种工资等级线和技术等级标准问题的通知》。

9月20日，教育部、劳动部、财政部联合发布《关于职业学校经费、编制暂行规定》。

9月23日，劳动部、农垦部发出《关于国营农场安置农场职工的子女问题的通知》，提出家住农场或家住城市的农场职工子女，国营农场可自行安置在农场工作并纳入劳动计划，但不要把居住农村的农场职工子女安置到农场工作。

9月25日，国务院发出《关于从社会上招用职工的审批手续的通知》，提出各企业、事业单位在劳动计划内，可以吸收家居城市退休退职的老、弱、残职工的子女顶替和优先录用死亡职工家居城市的子女。矿山井下、森林采伐工人、盐业工人中的老弱残退休退职或死亡之后，其子女不论家居城市或农村都可以顶替或优先录用。

10月23日，经中共中央、国务院批准下发的《第二次城市工作会议纪要》中指出："安置城市需要就业的劳动力，主要方向是下乡上山，下乡上山的主要办法是到农村人民公社插队。对于城市中不能下乡上山的人员，应当尽可能地组织他们参加工业生产、城市建设和商业服务等方面的工作。"

11月2日，劳动部发布《关于城市需要就业的劳动力的安置意见》，提出：今后安置城市需要就业的劳动力的方针，应当是统筹安排，城乡并举，而以下乡上山为主；企业、事业单位从社会上招收人员、补充劳动力的时候，要适当扩大女职工的比例，进一步发挥妇女劳动力的潜力；城市需要的青壮工一般地应在城市中设法解决，不要到农村中去招收；加强职业技术教育工作。

11月25日至12月26日，劳动部在无锡市召开工资问题座谈会，初步总结了10多年来工资工作的经验，并对改进工资制度进行了理论探讨。

12月4日，中央精简小组发出《关于厂矿企业吸收家居城市的职工子女顶替自愿回乡职工的通知》，提出凡已经完成精简任务的厂矿企业，人员有缺额，可以吸收家居城市的职工子女或城市青年顶替。

12月7日，劳动部发出通知，规定不再招收"自费学徒"。

12月8日，劳动部发出《关于停止试行工龄津贴的通知》。

12月14日，全国手工业合作总社、劳动部发出《关于集体所有制手工业劳动力管理工作中几个问题的通知》。

12月30日，劳动部发出《关于某些事业单位职工实行经常性奖励制度的通知》。

1964 年

1月16日，中共中央、国务院发布《关于动员和组织城市知识青年参加农村社会主义建设的决定（草案）》，再次肯定插队为主的下乡安置方向。

1月29日，财政部、劳动部、国家统计局、全国总工会发出《关于国营企业提取工资附加费的补充通知》。

2月17日，国务院批复农垦部《关于国营农场使用临时职工审批手续问题的报告》，提出国营农场的男女老幼都是农场的劳动力，不应再分临时职工和固定职工，不发生招收临时职工的问题，也不应采用国营工业那一套劳动管理办法。

2月24日，内务部、国防部、劳动部联合发出通知，指出对于家居城市在职参军的退伍、复员军人，仍应按照国务院《关于处理义务兵退伍的暂行规定》所确定的"从哪里来回哪里去"的原则处理。对于已经回到原籍城市尚未得到安置的，即由原籍城市负责安置。

3月4日，劳动部发出《关于1964年进行企业定员和劳动定额工作的意见》。

3月14日，劳动部发出《关于录用退休、退职和死亡职工的子女顶替问题给地质部的复函》，提出野外地质勘探队中的老弱残职工退职、退休或死亡以后，不论其子女家居城市或农村，都可以顶替或优先录用。

3月25日，劳动部颁发《企业食堂、托儿所和幼儿园工作人员定员标准》的通知。

3月29日，中共中央、国务院批转劳动部、内务部、财政部、全国总工会《关于老、弱、残职工暂列编外以及安置处理工作的报告》，提出可以适当放宽老弱残职工退休、退职以后子女顶替工作的条件。

4月2日，国务院发出《关于技工学校综合管理工作由劳动部划归教育部的通知》。

4月6日，劳动部发布《企业计时奖励工资暂行条例（草案）》《企业计件工资暂行条例（草案）》。

4月20日，国务院批转国家计划委员会、劳动部、国家统计局《关于城市使用零散工的规定（草案）》，规定企业单位在生产（业务）方面临时使用一天以内的人员，生活福利方面临时使用一个月以内的人员，机关团体和科学研究等事业单位临时使用一个月以上的人员，均作为零散工，不计入职工人数，超过以上规定期限连续使用的人员，不应作为零散工，应计入职工人数。

4月24日，中共中央批转共青团中央书记处《关于组织城市知识青年参加农村社会主义建设的报告》。

5月2日，中共中央、国务院转发内务部《关于进一步对使用不当的高等学校毕业生的干部进行调整工作的报告》。

5月3日，国务院批转卫生部、财政部《关于享受公费医疗的国家工作人员到外地就医路费的报告》。

5月15日，国务院发布《关于地质勘探职工野外工作津贴暂行规定》。

5月19日，劳动部发出《关于加强劳动部所属技工学校的领导工作的通知》。

5—6月，中共中央在北京召开工作会议，提出了一、二、三线的战略布局和建设大三线的方针。会议肯定了刘少奇提出的关于两种劳动制度、两种教育制度的意见，即固定工制度和临时工、合同工制度并存，全日制学校和半工半读学校两种教育制度。

6月20日至7月9日，劳动部召开全国城市需要就业的劳动力安置、管理工作会议，会议研究了增加职工问题、临时工的使用管理问题，发展城市街道生产、服务组织问题，劳动定员、定额工作问题，被精减老职工的困难救济等问题。

8月28日，国务院同意并批转了劳动部《关于处理工矿企业多余职工意见的请示报告》。报告提出，多余职工是指具有劳动能力，可以坚持正常工作的人员，按年度生产计划和劳动定额来平衡多余出来的，并且在较长时期内不需要的人员。这些人调离原工作岗位后分别做如下处理：由企业主管部门在本系统内部各单位之间进行调解；挑选一部分年轻、有培养前途的，采取半工半读等适当方式加以训练提高；家在农村、有条件回乡的三级以下工人，可以在自愿的原则下，让他们回乡参加农业生产，并按照规定发给退职费。

9月18日，劳动部在《劳动部对实行亦工亦农劳动制度的一些意见》中提出："在我国今后的社会主义建设中，各行业必须新增的劳动力，应该大部分实行能进能出的合同工制度。"

11月7日，劳动部向中共中央、国务院上报了《关于工龄津贴制度试点情况和今后意见的报告》。

1965 年

1月28日，国务院批转《冶金工业部从现有生产企业中减二十万人的简报》指出：管理机构重叠庞大，劳动组织不合理，非生产人员多，劳动生产率低，是目前工业交通系统普遍存在的一个突出问题，请各部门对冶金工业部的简报，认真加以研究，提出意见。

2月8—20日，各大区和重点省、市、自治区安置工作会议在京召开。会议交流了经验，讨论了1965年安置计划。周恩来总理到会讲话，指出：动员城市知识青年和闲散劳动力下乡上山，是城乡劳动力安排上的一个方面，必须纳入城乡劳动力整体规划之中。目前在城乡劳动力安排上存在着分散现象，需要加强统一管理。4月22日，中共中央、国务院转发了中央安置领导小组关于安置工作会议的报告。

3月10日，国务院发布《关于改进对临时工的使用和管理的暂行规定》的通知，提出今后国家劳动计划只控制固定工的年末人数和固定工、临时工的全部工资总额。临时工的平均人数和期末人数只进行统计，不作为计划控制指标。

3月12日，劳动部党组拟定了《关于改革现行职工工资标准的初步方案及进行试点的意见》（即通常说的"一条龙"方案）。

3月24日，国务院发布《关于企业、事业单位的干部和工人调动问题的若干规定》，提出：国务院各部门及其所属管理局、总公司等管理机构可以决定在所属企业事业系统之间跨地区调动工人，其中一次跨地区调动干部10人以上、工人50人以上的，应抄送调出调入单位所在地的市、县人民委员会；部门间、地区间及部门与地区间一次跨地区调动工人100人以上的，向劳动部备案；往北京、上海两市调入的工人，应事先商得北京、上海市人民委员会同意。

6月1日，劳动部、公安部、粮食部联合发出《关于简化委托代训学徒审批手续问题的联合通知》。通知对企业、事业单位需要委托外省市自治区代培学徒的审批手续、招收和调动、户口迁移和粮食供应等问题作了规定。

8月25日，内务部下达《关于国家机关和事业单位工作人员福利费掌管使用问题的通知》。

9月21日，中共中央在批转卫生部党委《关于把卫生工作的重点放到农村的报告》的批示中指出："公费医疗制度应做适当的改革，劳保医疗制度的执行也应当适当整顿。"

9月22日，劳动部召开试行亦工亦农劳动制度经验座谈会。会上介绍和交流了经验，并研究了有关政策和规章制度。

10月17日，劳动部就全民所有制企业与集体所有制企业之间劳动力调动问题复函青海省劳动局，提出集体所有制单位向全民所有制单位调动工人时，调入单位必须办理增加国家职工的审批手续，经批准后才能调动。

10月27日，国务院发出《关于军队转业干部工资待遇问题的通知》。

12月14日，劳动部发出《关于调配委托代培学徒有关问题的通知》，提出：我部委托各地区、各部门代培的学徒，是为一些重点企业单位在必要情况下补充合格的技术工人而准备的；中央部属单位、各地方单位需要调配我部委托培训的学徒，应由中央主管部或省、自治区、直辖市劳动厅局，汇总调配计划报我部同意后，指定代培地区的劳动部门负责按计划分配到委托代培的企业单位抽调；代培学徒自办理调转手续之日起，即作为调入单位的职工，一律不再退换。

1966 年

1月3日，内务部、劳动部发出《关于调整军队转业干部工资待遇问题的函》。

1月8日，国务院批转《劳动部关于搬迁企业单位职工工资和劳保福利待遇问题暂行处理办法》。

2月1日，中共中央、国务院批转《五省精减安置巩固工作座谈会纪要》。明确指出：被精减职工要求复工复职的，一般不再收回；本应精减而作除名处理的，按规定给予应有的待遇；被精减职工及其家属的户口，应当一并加以解决；精减安置巩固工作的各种遗留问题，安置地区应当负责。回乡下乡职工中属于精减政策方面的问题，应主动与原精减单位联系解决。除名不当，少发各种补助费，退休退职等问题，由原精减单位负责。

3月23日—4月7日，中央安置城市下乡青年领导小组召开安置工作座谈会。4月29日，国务院批转座谈会纪要。国务院在批示中提出，安置部门的任务，主要是动员不能就业的城市知识青年下乡上山，把他们很好地安置在农业战线上。同时，把业余教育抓起来，以便加强对在乡、下乡知识青年的政治思想和生产技术教育，尽快地把他们培养成为建设社会主义新农村的新生力量。

4月10日，中共中央批转湖北省委书记王任重《关于奖励问题的报告》。批示指出：我们调动广大人民群众的积极性不是靠工资、工分以外的物质奖励，是靠人们的政治觉悟的不断提高。此后，企业的奖金陆续改成附加工资。

4月15日，劳动部、全国总工会发出《关于改进企业职工劳保医疗制度几个问题的通知》。

1967 年

1月2日，"全国红色劳动者造反总团"、中华人民共和国劳动部、中华全国总工会发出"联合通告"，规定：合同工、临时工、外包工，一律不得解雇。1966年6月1日以来被解雇的合同工、临时工、外包工等，必须立即召回本单位，参加生产，补发解雇期间的工资。

1月11日，中共中央发出了《关于反对经济主义的通知》，要求各地各部门立即制止经济主义之风，并责成各级银行对所有不符合国家规定的支出，一律拒绝支付。

2月17日，中共中央、国务院发出通告，宣布"全国红色劳动者造反总团"、劳动部、中华全国总工会1967年1月2日联合通告是非法的，应予取消。各省、市劳动局根据"三团体"的联合通告所决定的一切文件，一律作废。临时工、合同工、轮换工、外包工等制度，有些是合理的，有些是不合理的、错误的。中央正在研究，在中央未作出新的决定以前，仍按原来办法进行。

2月17日，中共中央、国务院发出《关于处理下乡上山知识青年外出串联、请愿、上访的通知》。通知要求凡尚在外地进行串联、请愿、上访的下乡上山知识青年、支边青年、农场职工，所有人员应立即返回本单位，参加"文化大革命"，并搞好生产。所设联络站，一律撤销。安置工作中的问题，应由各级党委负责逐步加以解决。精减下放人员问题，也按此精神处理。

2月17日，中共中央、国务院发出《关于支援内地和边疆建设的职工应就地参加文化大革命的紧急通知》，提出所有迁入、调入或借调支援内地、边疆建设的职工，都应当坚决地贯彻执行《中央关于抓革命、促生产的十条规定（草案）》，坚守岗位，积极工作，就地抓革命，促生产。凡是目前已经回到原调出地区的职工，应该迅速返回内地和边疆，任何单位不许留用。

6月4日，中共中央发布《关于大专应届毕业生分配问题的决定》。

10月8日，中共中央、国务院发出《关于下乡上山的知识青年必须坚持在农村抓革命促生产的紧急通告》。要求仍然逗留城镇的下乡上山青年和其他人员，包括支边人员、农场职工、退伍战士、精减下放人员、社来社去人员；以及"文化大革命"期间动员下乡落户人员，都应当迅速返回农村去，就地闹革命，积极投入"三秋"战斗。下乡上山的知识青年和其他人员建立的各种组织和联络站，要立即撤销。

12月28日，国务院下达《关于职工转正定级问题的通知》。

1968 年

1月18日，中共中央发布《关于进一步打击反革命经济主义和投机倒把活动的通知》。通知提出：临时工、合同工、轮换工、外包工等，在中央未作出新决定以前，一律不得转为固定工。集体所有制的职工，不得强行要求转为全民所有制职工。原来由生产队供应口粮的人员，一律不许改由国家供应。上山下乡支边的青年，不要回城要求落户。

1月23日，劳动部给山西省计委劳资办公室《关于从社会上招收原精减人员的复函》，提出在国家计划指标之内，从社会上招收学徒时，可以招收符合条件的被精减回城镇现仍未安置好的职工。

4月13日，中共中央、国务院、中央军委、中央文化革命小组发出《关于安置 1968 年退伍军人的通知》指出，1968 年的退伍军人的安置工作，要继续贯彻国务院规定的"从哪里（省）来，回哪里（省）去"的精神，特别要动员他们到农村中去参加农业劳动和农村的各项工作，主要是农村教育工作。

4 月，中共中央、国务院在对黑龙江省革命委员会《关于大专院校毕业生分配工作报告》的批示中提出："毕业生分配是个普遍问题，不仅有大学，且有中小学。"要求各地方、各部门、各单位、各大中小学领导机关和负责人，按照"面向农村，面向边疆，面向工矿，面向基层，对大、中、小学一切学龄已到毕业期限的学生，一律作出适当安排，做好分配工作"。

6 月 15 日，中共中央、国务院发出《关于 1967 年大专院校毕业生分配工作问题的通知》。规定毕业生的分配，必须坚持面向农村，面向边疆，面向工矿，面向基层，与工农群众相结合的方针。1966 年、1967 年大专院校毕业生（包括研究生），一般都必须先当普通农民，普通工人，虚心向工农群众学习，使"知识分子劳动化"。通知还规定：技工学校、半工半读学校 1967 年应届毕业生，一律于 1968 年 7 月毕业，并开始分配工作。这些毕业生，按各办学部门原来规定的办法进行分配和安排，待遇也按原规定执行。

7 月 21 日，毛泽东主席对《从上海机床厂看培养工程技术人员的道路》的调查报告批示：要从有实践经验的工人农民中选拔学生，到学校学几年以后，又回到生产实践中去。

10 月 3 日，国务院批转国家计委、国务院科教组《关于中等专业学校、技工学校办学几个问题的意见》。其中提出：对技工学校要抓紧调整、规划、布局等工作，根据需要与可能适当发展。并规定：技工学校招收相当于初中文化程度的经过一两年劳动锻炼的知识青年或应届初中毕业生，学制暂按两年试行。

11 月 15 日，中共中央、国务院通知各地和有关部门，中等专业学校、技工学校、半工（农）半读学校 1968 年的毕业生，于 11 月开始分配。分配方向是走与工农兵相结合的道路，到农村去，到边疆去，到工矿去，到基层去，当普通农民、普通工人。

12 月 22 日，《人民日报》在发表甘肃省会宁县部分城镇居民到农村安家落户的报道中加编者按，引述了毛泽东主席的指示："知识青年到农村去，接受贫下中农的再教育,很有必要。要说服城里干部和其他人,把自己初中、高中、大学毕业的子女,送到乡下去,来一个动员。各地农村的同志,应当欢迎他们去。"

1969 年

1月28日,国务院转发北京市革命委员会《关于知识青年和城镇居民上山下乡工作中几个问题的通知》,要求国务院各部门参照执行。《通知》规定:干部下放劳动,无论去"五七"干校,或去农村、农场、边疆地区,都允许他们携带家属子女一起去。

2月10日,财政部发布《关于国营企业财务工作中几项制度的改革意见(草案)》,规定"国营企业一律停止提取劳动保险金","企业的退休职工、长期病号工资和其他劳保开支,改在营业外列支"。

2月,中央安置城市知识青年下乡办公室召开了跨省区安置下乡青年协作会。

3月22日,中共中央、国务院、中央军委发出《关于做好军队复员干部安置工作的通知》,规定对退出现役的干部进行复员安置。

11月18日,财政部发出《关于做好一九六九年决算编审工作的通知》,规定中央国营企业奖励基金、福利费、医疗卫生补助费,改为企业职工福利基金,按工资总额的11%提取,直接计入成本。

1970 年

3月,国务院召开全国计划工作会议,要求"集中力量建设大三线战略后方"。

5月12日,中共中央转发国家计委军代表《关于进一步做好知识青年下乡工作的报告》,要求各地对报告提出的几个问题认真研究执行,并检查一下知识青年下乡情况,报告中央。

6月22日,中共中央决定撤销劳动部,劳动部业务并入国家计委。

1971 年

2月19日，全国计划会议结束。1971年计划招收固定工的来源是：退伍军人；根据"四个面向"，从家居城镇的应届初、高中毕业生中招收一部分；经过劳动锻炼两年以上的上山下乡知识青年，由贫下中农推荐招收一部分；矿山、森林工业、地质勘测单位符合条件的职工子女，本系统可招收；从农村招工要严格控制，必须从农村招一部分工人时，要经省、市、自治区革委会审批。

7月14日，国务院、中央军委批转《国家计委、国家建委关于内迁工作中几个问题的报告》，提出内迁家属的安置，对居住城镇吃商品粮的家属，应准予随职工内迁，在所在地落户口，家属户口在农村的，根据企业安置工作的条件，也可落城镇户口。内迁职工家属的工作要进行妥善安排。

11月16日，国际劳工局理事会第184次会议根据联大第396（Ⅴ）号决议，通过恢复中国在国际劳工组织中的合法权利的决议。劳工局根据这一决议致函中国政府，邀请中国恢复参加活动。

11月30日，国务院发出《关于调整部分工人和工作人员工资的通知》。

11月30日，国务院发出《关于改革临时工、轮换工制度的通知》，规定常年性的生产、工作岗位，应该使用固定工，不得再招用临时工。已在这种岗位上使用的临时工，可以改为固定工。在国家劳动计划指标外、县办企业在常年性生产岗位上使用的临时工、亦工亦农轮换工，改为固定工，要慎重，从严掌握。

1972 年

1月21日，国务院副总理李先念在劳动计划的几个材料上批示：现在劳动指标的管理计划太松了；有计划等于无计划，对计划太没有严肃性。天天在那里反无政府主义，而自己就犯了无政府主义的嫌疑。脱产人员这么大的比例使人简直不可理解。长此以往，这个企业很难先进或持久。这不是增产节约建设社会主义，而是在那里不劳动或少劳动而吃社会主义。应注意。

2月5日，国务院总理周恩来听取国家计委汇报全国计划会议情况时指示：现在企业乱，要整顿，目前有些自流现象。在经济发展中出现的最突出问题是基本建设战线规模过大，导致了去年"三个突破"：职工人数突破5000万，工资总额突破300亿元，粮食销售突破800亿斤。原来的人不用，插队去了，又要招新的，职工增加太多，非犯错误不可。"三个突破"给国民经济各方面带来一系列问题，应注意解决。

4月7日，国家计委发出《关于严格控制增加职工，充分挖掘现有劳动潜力的通知》，要求严格控制增加职工。轮换工和县办企业（包括县以下全民所有制企业）常年生产工作岗位使用的临时工，也要纳入国家计划。

6月9日，国务院发出《关于加强工资基金管理的通知》。

10月15—31日，国家计委劳动局召开全国劳动力节约挖潜工作经验交流会，交流了县以上企业压缩非生产人员、改善劳动组织、开展技术革新方面的经验和做法；会议提出坚持劳动计划的集中统一管理，把好增人关，劳动计划大权集中在中央，任何地区、任何部门、任何单位和个人，都无权在国家劳动计划之外，任意增加职工。

11月5日，国务院批转国家计委、国家建委的报告，决定继续压缩基本建设中使用的民工。

1973 年

2月21日，李先念副总理在全国计划会议领导小组扩大会议上讲话：第一条，1973年基本不招工，除特别批准的之外，一个劳动指标也不给。1974年也基本不招，甚至1975年也基本不招。需要安排的大专毕业生和家住城市的复员退伍军人，从减少的人数中安排；新开工企业需要的职工从现有职工中调剂解决。第二条，能减的坚决减下来。基本建设上使用的300万常年民工要下来，上半年先减200万。第三条，基本建设队伍要统一调度。现在施工队伍360万，属于中央的"野战军"是100多万，有的省市不让调，成千人没活干也调不动。从现在开始要调。

2月28日，国务院批转国家计委等《关于高等院校历届遗留毕业生处理问题的请示报告》。

3月12日，李先念副总理在全国计划会议劳动力问题座谈会上讲话：人是不是可以减呢？可以减。减人，要做充分的工作。同志们把菩萨请来了，又要送走，可不容易。1973年职工净减140万人，我看少了。基建常年民工，可以不要，上半年先减210万。

4月27日，周恩来主持召开政治局会议专题研究统筹解决知识青年上山下乡的问题。周恩来指示：把毛泽东主席的复信印发全党，筹备召开全国知青工作会议；安置经费要提高，插队补助费可以提高到600元，财政部要研究作出决预算；口粮不够吃的给予解决；奸污迫害下乡女青年的要严惩；要派干部下乡带领知识青年；国家计委抓知青下乡工作不力，国务院要成立知识青年下乡领导小组，下设办公室，放在农林部；狠抓计划生育，减轻人口压力。

5月15日，财政部发布《国营工业交通企业若干费用开支办法》，规定退休职工的退休金和医药费、六个月以上的病假工资、职工退休金、职工丧葬费均在营业外开支。

6月10日，中共中央把毛泽东主席给李庆霖的复信印发全党。福建省莆田县城郊公社小学教员李庆霖1972年12月20日上书毛主席，反映他的孩子上山下乡后的生活困难。毛泽东主席于1973年4月25日复信给李庆霖说："寄上300元，聊补无米之炊。全国此类事甚多，容当统筹解决。"

6月22日至8月8日，国务院召开全国知青上山下乡工作会议，讨论统筹解决知青上山下乡工作中的问题，并制定具体实施办法。8月4日，中共中央同意并转发了《关于全国知识青年上山下乡工作会议的报告》，同时印发《关于知识青年上山下乡若干问题的试行规定草案》，明确规定城镇中学毕业生的分配，以上山下乡为主。

7月3日，国务院批转国家计委、国务院科教组《关于中等专业学校、技工学校办学几个问题的意见》，决定全国中等专业学校、技工学校开始招生。招生对象是有一定实践经验的、具有初中文化程度的、20岁以内的青年职工、退伍军人、民办教师、赤脚医生、上山下乡青年以及应届初中毕业生。对有较丰富经验的优秀工人、农民、干部入学，年龄和文化程度限制可以放宽。中专学制按二至三年试行，技校学制暂按二年试行。

10月，国务院成立知识青年上山下乡领导小组，由陈永贵任组长，沙风、顾秀莲任副组长。1975年又提拔了下乡知识青年侯隽任专职副组长。知青办设在农林部。

11月28日至12月18日,国家计委劳动局在北京召开全国劳动工作座谈会,主要内容是:汇报1973年劳动计划执行情况;交流1973年精减职工情况和经验;研究1974年劳动计划安排和开展职工余缺调剂工作。

1974 年

4月22日,中共中央批转国家计委《关于1974年国民经济计划(草案)的报告》。

7月29日,国家计委发出《关于盐业生产工人子女顶替问题给轻工业部的复函》。

1975 年

2月15日,国家计委劳动局召开全国安全生产会议。

3月5日,中共中央发布《关于加强铁路工作的决定》,提出铁路职工由铁道部统一调配。4月22日,国家计委发出通知,提出铁路职工调入京、津、沪三大城市,应当与当地劳动部门协商。

8月13日,国务院、中央军委发布《关于军队干部退出现役暂行办法》,恢复军队干部作转业安置的制度。

8月18日,国务院副总理邓小平在国务院讨论《关于加快工业发展的若干问题》时提出,要坚持按劳分配原则。

9月30日,国务院发出《关于调整国务院直属机构的通知》,决定将国家计委劳动局改为国家劳动总局,作为国务院的直属机构,由国家计划革命委员会代管。10月,任命康永和为国家劳动总局局长。

10月11日,国家计委同意并批发了京、津两市去外地招工的意见。主要招收两市去外地下乡知识青年。

12月,国务院向各地区、各部门发出《关于整顿计划外用工和压缩民工的通知》。

1976 年

2月12日，毛泽东主席在一份反映知识青年下乡工作中一些问题的材料上批示："印发政治局，知识青年问题，似宜专题研究，先作准备，然后开一次会，给以解决。"5月6日，国务院和知青领导小组召开了领导小组全体成员会议，决定从中央有关部门抽调干部分赴各地调查了解知青下乡工作的情况。

9月7日，国家劳动总局、中国人民解放军总参谋部、中国人民解放军总政治部发出《关于军队转业干部爱人系军队编内职工办理调动手续问题的通知》。规定军队转业干部爱人系军队编内职工，调动工作必须报经军级以上司令部、政治部审查核实，由地方有关部门予以分配工作。调入单位相应增加的职工人数，由各省、市、自治区劳动局于年底报国家劳动总局备案。

1977 年

5月4日，余秋里副总理在全国工业学大庆会议上提出，企业的非生产人员一般不得超过职工总人数的18%，超过部分，要逐步减下来。

7月10日，国务院召开全国工资会议，会议揭批"四人帮"否定按劳分配原则、破坏调资工作的罪行，讨论了1977年调整工资方案。国务院发出《关于调整部分职工工资的通知》。

8月，国家劳动总局在《关于加强劳动管理，严格控制增加职工，大力提高劳动生产率的意见（草稿）》中提出，要做好职工的余缺平衡调剂工作。

9月8日，国家劳动总局发出《关于贯彻执行国务院关于调整部分职工工资的通知中若干具体政策问题的处理意见》。

10月18日，卫生部、财政部、国家劳动总局发布《享受公费医疗、劳保医疗人员自费药品范围的规定》。

10月26日，国家劳动总局发布《关于调整工资中若干问题的处理意见》。

11月8日，国务院批转公安部《关于处理户口迁移的规定的通知》。通知规定，上山下乡知识青年，因病残或家庭有特殊困难，符合国家规定，需要返回市、镇家中的，经市、县知识青年上山下乡办公室审查同意，准予落户。

12月5日，国务院批转教育部《关于社来社去毕业生分配问题的请示报告》。

12月6日，国家劳动总局、冶金工业部发出《关于对钢铁冶炼企业从事高温繁重劳动的工人实行临时补贴问题的通知》。

12月14日，轻工业部、财政部、国家劳动总局发出《关于手工业合作工厂劳动保险福利待遇标准和劳保费用列支问题的通知》。

1978 年

2月5日，财政部、国家劳动总局发出《关于建立职工上下班交通补贴制度的通知》。

2月11日，教育部、国家劳动总局发出《关于全国技工学校综合管理工作由教育部划归国家劳动总局的通知》。

2月20日，财政部、国家劳动总局《关于改进职工宿舍冬季取暖补贴的问题的意见》。

3月28日，中共中央副主席邓小平在同胡乔木、邓力群谈话时指出：要研究如何使城镇容纳更多劳动力的问题。现在是搞上山下乡，这种办法不是长期办法，农民不欢迎。

4月3日，国家劳动总局转发国务院副总理李先念在新华社记者写的《上海市劳动部门积极解决职工居住与工作地点相距过远的困难》一文中批示："上海能办，别的城市一定能办。"

4月13日，中共中央批准《关于调整国务院知识青年上山下乡领导小组成员和办公室管理体制》的报告。为了便于统一协调各方面的工作，决定调整领导小组成员，并将国务院知青办由农林部代管改为劳动总局党组领导。4月21日，中组部任命许世平为国务院知青办主任，以后又兼劳动总局副局长、党组副书记。8月5日，经中共中央批准，调整了知青领导小组成员。陈永贵任知青领导小组组长，康永和任第一副组长。

4月20日，中共中央发布《关于加快工业发展若干问题的决定（草案)》，提出各级领导要发扬党的关心群众生活的优良传统，生产、生活同时抓。要有步骤地解决职工夫妻长期两地分居的问题，三线地区，要积极创造条件，在几年内解决这个问题。对违反纪律的人，要进行严肃的批评教育，情节严重，屡教不改的，要给予处分，包括记过、撤职、降级、降薪、留厂察看，直至除名。

4月22日，中共中央副主席邓小平在全国教育工作会议上讲话指出：今后不仅大中学校招生要德智体全面考核，择优录取，而且各部门招工用人也要逐步实行德智体全面考核的办法，择优尽先录用。

5月6—22日，国家劳动总局召开劳动局长座谈会。

5月7日，国务院发出《关于实行奖励制度和计件工资的通知》，正式恢复了已停止实行十多年之久的奖励制度和计件工资制度，并通过试点逐步扩大。随后，国务院及其所属综合部门重新发布或修订了发明奖励条例、技术改进奖励条例、国家优质产品奖励条例。奖励和计件工资制的恢复、实行，拉开了中国分配制度改革的序幕。

6月2日，国务院公布实施《关于安置老弱病残干部的暂行办法》。

6月2日，国务院发布《关于工人退休、退职的暂行办法》，提出工人退休、退职后，家庭生活确实有困难的，或多子女上山下乡、子女就业少的，原则上可以招收其一名符合招工条件的子女参加工作。

7月3日，胡耀邦在同许世平谈话时指出，上山下乡这条路走不通了，要逐步减少，以至做到不下乡，这是一个正确的方针，是可能的。安置去向，主要着眼于城市，先抓京、津、沪三大城市。

8月7日，财政部、国家劳动总局发出《关于行政、事业单位职工因公负伤住院治疗期间伙食费报销三分之二的通知》。

8月19日，交通部、财政部、国家劳动总局发出《关于集体所有制企业劳动保险金和福利金提取、列支问题的通知》。

9月9日，国务院副总理李先念同志在国务院务虚会上提出，要成立劳动服务公司，负责介绍、组织待业人员就业。劳动服务公司适应形势的需要，1978年年末开始陆续在各地创办。

10月31日—12月10日，国务院在京召开全国知识青年上山下乡工作会议，总结了上山下乡工作的历史经验和教训，决定调整上山下乡方针，不再搞插队，但可举办集体所有制的知青农场或工厂。同时，城市广开门路，为扩大留城面、缩小下乡面创造条件。在向政治局汇报时，李先念副总理赞成集体所有制企业、事业单位，用于招收留城和下乡知识青年的劳动指标，由省、市、自治区自行决定，从严掌握的办法。

11月21日，国家劳动总局召开全国劳动工作会议，贯彻邓小平在全国教育工作会议上讲话关于招工工作的指示，并研究了企业劳动力方面的问题和统筹安排城镇新增长的劳动力问题。

11月24日，国家劳动总局发出《关于三线地区军工企业职工子女就业问题的通知》，提出三线地区远离城市的军工企业的职工子女，属于按政策留城或上山下乡知识青年的，如本单位有招工指标时，可以由当地劳动部门统一进行德智体全面考核，优先录用。

12月12日，中共中央批转《全国知识青年上山下乡工作会议纪要》和《国务院关于知青上山下乡若干问题的试行规定》，决定调整上山下乡工作的方针，要求城市积极开辟新的领域，新的行业，大力发展集体所有制企事业，举办大学分校、中等专业学校、技工学校等，为更多的城镇中学毕业生创造就业和升学条件。同时提出，要妥善安置好回城的上山下乡青年。

12月12—24日，国家劳动总局在北京召开全国技工培训工作会议，会议在总结经验和交流情况的基础上，提出了整顿充实提高现有技工学校，有计划地发展新的技工学校，加强学徒培训，开展在职工人技术培训，以及加强师资、教材建设等各项任务，推动了职工教育培训工作的进一步开展。

12月16日，财政部、国家劳动总局颁发《关于技工学校经费管理和开支标准的暂行规定的联合通知》。

12月18—22日，中国共产党第十一届中央委员会第三次全体会议在北京举行。全会的中心议题是讨论把全党的工作重点转移到社会主义现代化建设上来。全会作出了实行改革开放的新决策，启动了农村改革的新进程。全会提出了"克服平均主义"，会后，以农村为突破口，推行了家庭联产承包责任制，"缴够国家的，留够集体的，剩下都是自己的"，这是分配制度的重大改革。

12月18日，财政部发出《关于计提职工福利基金所依据的工资总额的范围的通知》。

12月25日，国务院批转国家科委、外交部《关于加强引进人才工作的请示报告》，指出为加强四化建设，发展科学技术，要大量从国外引进人才。

国家哲学社会科学成果文库

NATIONAL ACHIEVEMENTS LIBRARY
OF PHILOSOPHY AND SOCIAL SCIENCES

中国劳动经济史
（1949—2012）（下卷）

宋士云　等著

中国社会科学出版社

下卷目录

第三篇　向市场经济转轨初期的劳动经济(1979—1991)

第十一章　劳动就业制度的初步改革 ……………………………………(473)
　一　劳动就业制度改革启动的背景与动因 …………………………(473)
　　（一）传统的统包统配就业制度的弊端日益显现 …………………(473)
　　（二）城镇就业形势日趋严峻 …………………………………………(474)
　　（三）劳动就业工作指导思想发生重大转变 ………………………(475)
　二　劳动就业制度改革的初步进展 ……………………………………(477)
　　（一）实行"三结合"就业方针,广开就业门路 ……………………(477)
　　（二）推行劳动合同制,搞活固定工制度 ……………………………(479)
　　（三）创办劳动服务公司,建立和培育劳务市场 …………………(483)
　　（四）农村劳动力开始向非农产业和城镇流动 ……………………(486)
　三　劳动就业制度初步改革的经验与特征 …………………………(488)
　　（一）劳动就业制度初步改革的经验 ………………………………(488)
　　（二）劳动就业制度初步改革的特征 ………………………………(491)

第十二章　职业技术培训的恢复和发展 ………………………………(494)
　一　职业技术教育发展与技工学校改革 ………………………………(495)
　　（一）职业技术教育的改革与发展 …………………………………(495)
　　（二）技工学校的改革与发展 …………………………………………(496)

二　学徒培训制度改革与就业训练蓬勃兴起 …………………………（500）
　　（一）学徒培训制度改革 ……………………………………………（500）
　　（二）城镇待业青年就业训练蓬勃兴起 ……………………………（502）
三　在职工人技术培训广泛开展 ………………………………………（505）
　　（一）职工教育培训在"双补"中正式起步 ………………………（506）
　　（二）及时开展中级技术培训和班组长培训 ………………………（507）
　　（三）结合培训普遍开展技术比赛活动 ……………………………（508）
　　（四）修订和制定有关工人技术培训的标准、办法和制度 ………（508）
四　企业管理干部培训开始启动 ………………………………………（509）

第十三章　工资制度的初步改革及工资水平变化 …………………（513）

一　工资制度改革启动的背景 …………………………………………（513）
　　（一）理论上重新认识按劳分配 ……………………………………（514）
　　（二）实践中开始调整职工工资 ……………………………………（516）
二　工资制度改革的初步进展 …………………………………………（519）
　　（一）1979—1984年工资制度改革的探索 …………………………（519）
　　（二）1985—1991年工资制度改革的正式起步 ……………………（522）
　　（三）非国有部门的工资制度 ………………………………………（526）
三　1979—1991年工资水平的低速增长 ………………………………（530）
　　（一）薪酬水平与经济增长 …………………………………………（532）
　　（二）工资增长与社会劳动生产率 …………………………………（533）
　　（三）实际平均工资低速增长的效果分析 …………………………（533）
　　（四）实际平均工资低速增长的原因分析 …………………………（534）

第十四章　社会保险制度的初步改革 …………………………………（536）

一　社会保险制度改革的背景 …………………………………………（536）
　　（一）传统社会保险制度的弊端日益显现 …………………………（536）
　　（二）社会保险制度改革是经济体制改革的重要环节 ……………（537）
　　（三）加快社会保险制度改革是应对人口老龄化的
　　　　　一项战略性决策 ………………………………………………（538）

二　社会保险制度改革的初步进展 …………………………………（539）
　　　　（一）实行退休费用社会统筹改革 ……………………………（539）
　　　　（二）建立并逐步完善国有企业职工待业保险制度 …………（543）
　　　　（三）个人负担部分医疗费用和医疗费用社会统筹试点 ……（545）
　　　　（四）工伤保险制度改革的探索 ………………………………（547）
　　　　（五）生育保险制度改革的起步 ………………………………（549）
　　　　（六）进行农村社会养老保险制度的试点 ……………………（550）
　　三　社会保险制度改革的成就与不足 ……………………………（552）
　　　　（一）社会保险制度改革取得的初步成就 ……………………（552）
　　　　（二）社会保险制度改革存在的问题与改革取向 ……………（554）

第十五章　劳动关系转型的起步 …………………………………（557）
　　一　国营企业传统的行政性劳动关系开始松动 …………………（557）
　　　　（一）国营企业由行政机构的附属物转变为相对独立的
　　　　　　　经济主体与法人 …………………………………………（557）
　　　　（二）国营企业开始对新招职工建立契约化的劳动关系 ……（561）
　　　　（三）搞活固定工制度改革冲击着原有的劳动关系 …………（562）
　　二　非国营企业市场化劳动关系的孕育 …………………………（565）
　　　　（一）乡镇企业蓬勃发展并自发产生了市场化的劳动关系 …（565）
　　　　（二）外商投资企业出现了受管制的市场化劳动关系 ………（569）
　　三　劳动关系转型起步时期的特点 ………………………………（571）
　　　　（一）行政力量在劳动关系运行和调节中仍起着较强的
　　　　　　　主导作用 …………………………………………………（572）
　　　　（二）建立职代会制度，但它并未发挥相应职能 ……………（574）
　　　　（三）重建了企业劳动争议协调机制 …………………………（575）
　　　　（四）非国营企业市场化劳动关系的运行亟待规范 …………（577）

第十六章　农村劳动经济关系的变化 ……………………………（581）
　　一　家庭承包责任制下的农村劳动经济关系 ……………………（581）
　　　　（一）农村经济制度环境的变化对劳动经济关系的影响 ……（581）

（二）农村劳动经济关系的主体与运行方式 …………………… (583)
（三）农村劳动经济关系中的矛盾及处理措施 ………………… (585)
（四）农村劳动经济关系变化的特点 …………………………… (587)
二 农村居民收入的变动情况 ……………………………………… (588)

第四篇 建立市场经济体制时期的劳动经济(1992—2001)

第十七章 劳动就业体制的根本性变革 ………………………… (601)
一 深化劳动计划体制改革的提出 ………………………………… (601)
二 建立现代企业制度，推行全员劳动合同制 …………………… (603)
（一）国有企业转换经营机制，建立现代企业制度 …………… (603)
（二）劳动合同制与固定工制度之间的矛盾 …………………… (607)
（三）企业全面推行全员劳动合同制度 ………………………… (609)
三 实施再就业工程，建立再就业服务中心 ……………………… (611)
（一）企业富余人员和职工下岗 ………………………………… (611)
（二）再就业工程的提出与实施 ………………………………… (614)
（三）再就业服务中心的建立和运作 …………………………… (618)
四 培育和发展劳动力市场，为就业市场化创造条件 …………… (621)
（一）培育和发展劳动力市场思路的提出 ……………………… (621)
（二）培育和发展劳动力市场的政策措施 ……………………… (624)
（三）培育和发展劳动力市场绩效评估 ………………………… (631)
五 建立市场导向就业机制的提出与初步进展 …………………… (634)
（一）建立市场导向就业机制的提出 …………………………… (634)
（二）市场导向就业机制的内涵与特点 ………………………… (636)
（三）建立市场导向就业机制的制约因素 ……………………… (637)
（四）建立市场导向就业机制的初步进展 ……………………… (639)
六 农村劳动力开发就业与流动有序化工程 ……………………… (641)
（一）"民工潮"的起因与影响 …………………………………… (641)

（二）开展农村劳动力开发就业试点 …………………………（645）
　　　（三）实施农村劳动力跨地区流动有序化工程 …………………（650）
　七　劳动就业体制改革探索取得的成就与特点 ……………………（655）
　　　（一）劳动就业体制改革探索取得的成就 ……………………（655）
　　　（二）劳动就业体制改革的特点 ………………………………（658）

第十八章　职工教育培训转型：从"职业培训"到"职业技能开发" …………………………………………………（663）
　一　逐步建立市场化的职业培训制度 ………………………………（663）
　　　（一）修订工人技术等级标准与制定职业技能标准 …………（663）
　　　（二）完善职业技能鉴定制度和建立职业资格证书制度 ……（664）
　　　（三）加强职业技能开发规划与制度建设 ……………………（666）
　二　职业培训机构的改革与发展 ……………………………………（668）
　　　（一）技工学校改革与发展 ……………………………………（668）
　　　（二）其他职业培训机构的发展 ………………………………（671）
　三　劳动预备制度的试点和推广 ……………………………………（673）
　四　积极推动企业职工和企业管理人员培训 ………………………（676）

第十九章　加快推进工资收入分配的市场化改革 …………………（680）
　一　国家工资管理体制由直接计划控制向间接调控转变 …………（680）
　　　（一）明确工资制度改革的目标和任务及其步骤 ……………（681）
　　　（二）加强和改善工资宏观管理的主要政策措施 ……………（684）
　二　企业工资收入分配制度改革 ……………………………………（692）
　　　（一）国有企业实行岗位技能工资制 …………………………（693）
　　　（二）对国有企业经营者试行年薪制 …………………………（696）
　　　（三）开展企业工资集体协商试点 ……………………………（700）
　　　（四）探索建立现代企业工资收入分配制度 …………………（701）
　　　（五）企业工资收入分配改革存在的问题 ……………………（703）
　三　1993年机关、事业单位工资制度改革 ………………………（704）
　　　（一）1993年机关工资改革的主要内容 ……………………（705）

（二）1993年事业单位工资改革的主要内容 …………………（706）
　　　（三）机关、事业单位工资制度改革绩效分析 …………………（710）
　　四　1992—2001年工资收入水平与结构变化 ……………………（714）
　　　（一）1992—2001年工资水平及其增长 …………………………（714）
　　　（二）1992—2001年工资增长与劳动生产率变化 ………………（716）
　　　（三）1992—2001年工资收入分配结构变化 ……………………（717）

第二十章　社会保险制度的改革与转型 …………………………（722）
　　一　社会保险制度改革的时代背景与现实需求 ……………………（722）
　　　（一）建立健全社会保险制度是建立社会主义市场经济
　　　　　　体制的根本保障 ………………………………………（723）
　　　（二）建立健全社会保障制度是收入分配公平、收入差距
　　　　　　缩小的制度基础 ………………………………………（723）
　　　（三）建立健全社会保险制度是建立现代企业制度的
　　　　　　必由之路 …………………………………………………（724）
　　　（四）建立健全社会保险制度是应对人口老龄化危机的
　　　　　　基本要求 …………………………………………………（725）
　　　（五）建立健全社会保险体系是社会保险制度改革的
　　　　　　内在要求 …………………………………………………（726）
　　二　统一的企业职工养老保险制度基本形成 ………………………（726）
　　三　职工医疗保险制度改革全面推进 ………………………………（731）
　　四　失业保险制度改革取得积极进展 ………………………………（735）
　　五　工伤、生育保险制度改革逐步展开 ……………………………（739）
　　六　社会保险制度转型的任务基本完成 ……………………………（741）
　　　（一）从观念革新到制度变革，社会保险制度整体转型
　　　　　　已经完成了最基本、最艰难的任务 ……………………（741）
　　　（二）现代社会保险制度体系的基本框架已经确立 ……………（742）
　　　（三）社会保险管理体制改革取得重大进展 ……………………（743）

第二十一章　加快推进市场化劳动关系的建立 …………………（745）

一　劳动关系市场化转型取得重大进展 …………………………（745）
　　（一）产权改革使国有企业成为独立的经济主体和
　　　　　企业法人 ……………………………………………（745）
　　（二）国有企业全面建立起契约化的劳动关系 …………（749）
　　（三）非公有制经济的迅速发展进一步促进了劳动关系
　　　　　市场化转型 …………………………………………（751）
二　市场化劳动关系运行的法制体系基本建立 ………………（754）
　　（一）《劳动法》等劳动法律法规相继颁布与实施 ………（754）
　　（二）《工会法》的颁布与修订 ……………………………（757）
　　（三）建立劳动监察制度，切实开展劳动监察 …………（760）
三　劳动关系市场化转型中存在的问题 ………………………（762）
　　（一）劳动合同的"虚无化""形式化"和"短期化" ………（762）
　　（二）国有企业改制激化了劳资关系矛盾和摩擦 ………（763）
　　（三）工会和职工代表大会地位尴尬、职能错位和弱化 …（767）
　　（四）劳动争议案件和工人集体行动数量剧增 …………（769）
　　（五）农民工进城务工面临诸多制度性歧视 ……………（771）

第五篇　完善市场经济体制时期的劳动经济（2002—2012）

第二十二章　积极就业政策的实施与演变 ………………（777）
一　实施积极就业政策的背景 …………………………………（777）
　　（一）中国就业问题的艰巨性和复杂性 …………………（777）
　　（二）全面建设小康社会和科学发展观的提出 …………（778）
　　（三）下岗失业人员的基本生活保障已基本解决 ………（780）
　　（四）中国具备实施积极就业政策的相应条件 …………（781）
二　积极就业政策的形成与发展 ………………………………（782）
　　（一）积极就业政策框架的初步确立 ……………………（782）
　　（二）积极就业政策的调整与完善 ………………………（784）

（三）积极就业政策上升为法律规范 …………………………（785）
（四）实施更加积极的就业政策 ……………………………（787）
三 实施积极就业政策的成效与反思 ……………………………（791）
（一）实施积极就业政策取得的巨大成绩 …………………（791）
（二）实施积极就业政策取得的基本经验 …………………（792）
（三）积极就业政策的局限性 ………………………………（793）
（四）就业工作面临的挑战与展望 …………………………（794）

第二十三章　就业面临"三碰头"局面 …………………………（796）
一 国有单位转轨就业与"二元"用工问题 ……………………（796）
（一）国有企业职工转轨就业问题 …………………………（796）
（二）国有单位"二元"用工问题 …………………………（800）
二 大学毕业生就业 ………………………………………………（805）
（一）1949—2001年大学毕业生就业政策的演变 …………（805）
（二）大学毕业生就业难问题的出现及其成因 ……………（810）
（三）2002—2012年促进大学毕业生就业政策分析 ………（815）
三 农民工就业 ……………………………………………………（820）
（一）农民工的数量、流动与就业结构 ……………………（820）
（二）农民工就业面临的主要问题 …………………………（825）
（三）强调公平的农民工就业政策 …………………………（829）

第二十四章　劳动力市场的发展与转型 ………………………（836）
一 劳动力市场从二元分割到逐渐趋于统一 ……………………（837）
（一）随着城乡二元分割体制的逐步瓦解，问题的焦点
　　　已逐步集中到城市内部的二元分割上 ………………（838）
（二）统一的劳动力市场正在逐步形成 ……………………（839）
二 市场机制的基础性地位进一步巩固和提升 …………………（840）
（一）多元化的市场用人主体形成 …………………………（841）
（二）劳动者自主择业和自由流动 …………………………（842）
三 劳动力市场服务体系建设步伐加快 …………………………（844）

（一）建立和完善公共就业服务制度 …………………………（844）
　　（二）劳动力市场服务体系迅速发展 …………………………（845）
　四　劳动力市场法制化建设进一步推进和规范 ……………………（847）
　　（一）劳动力市场法制化建设进一步推进 ……………………（848）
　　（二）劳动力市场运行与管理进一步规范 ……………………（848）

第二十五章　"民工荒"与刘易斯转折点 ………………………………（850）
　一　"民工荒"现象及其产生的原因 …………………………………（850）
　　（一）2004年的"民工荒" ………………………………………（850）
　　（二）2010年的"民工荒" ………………………………………（853）
　二　刘易斯转折点已经到来 …………………………………………（859）
　三　人口红利开始式微 ………………………………………………（866）

第二十六章　以职业能力建设为核心推动职业培训发展 ……………（875）
　一　实施人才强国战略，加强高技能人才队伍建设 ………………（875）
　二　开展职业培训，促进就业和再就业 ……………………………（879）
　　（一）继续做好再就业培训和创业培训 ………………………（879）
　　（二）启动和实施特别职业培训计划 …………………………（881）
　　（三）建立健全面向全体劳动者的职业培训制度 ……………（882）
　三　加强和改进企业经营管理人员教育培训 ………………………（883）
　四　技工院校和各类技能人才培养机构改革与发展 ………………（884）
　五　完善技能人才评价体系，推进职业资格证书制度建设 ………（889）

第二十七章　深化工资收入分配制度改革 ……………………………（893）
　一　深化企业内部工资收入分配制度改革 …………………………（894）
　　（一）实行岗位绩效工资制 ……………………………………（894）
　　（二）年薪制的再次尝试 ………………………………………（897）
　　（三）积极推进企业工资集体协商 ……………………………（902）
　二　完善政府对企业工资收入分配的宏观调控 ……………………（903）
　　（一）继续完善企业工资收入分配宏观调控体系建设 ………（903）

（二）加强对国有垄断行业收入分配监管，调控高收入
　　　　企业工资分配 ………………………………………………（907）
　　（三）完善最低工资保障制度，调整最低工资标准 …………（908）
　　（四）解决企业工资拖欠问题，保障劳动者合法权益 ………（911）
三　2006年机关、事业单位工资收入分配制度改革 ……………（913）
　　（一）2006年公务员工资制度改革 ……………………………（913）
　　（二）2006年事业单位工资制度改革 …………………………（916）
四　2002—2012年工资收入水平与结构变化 ……………………（919）
　　（一）2002—2012年工资水平及其增长 ………………………（919）
　　（二）2002—2012年工资收入分配结构变化 …………………（922）

第二十八章　社会保障制度的改革与发展 ……………………（928）
　一　社会保障制度改革的突破性进展 ……………………………（928）
　　（一）公平的价值取向和共享的建制理念更加凸显 …………（930）
　　（二）覆盖城乡居民的社会保障制度体系框架基本形成 ……（931）
　　（三）覆盖城乡居民的社会保障制度建设成效显著 …………（936）
　二　社会保障制度的公平性与效率性分析 ………………………（938）
　　（一）现行中国社会保障制度的公平性 ………………………（938）
　　（二）现行中国社会保障制度的效率性 ………………………（939）
　三　继续深化社会保障制度改革的展望 …………………………（941）
　　（一）加快扩大各项社会保障制度的覆盖面，进一步增强
　　　　社会保障制度的公平性 …………………………………（942）
　　（二）适应劳动力流动性需要，进一步做好社会保障相关
　　　　制度的整合和衔接 ………………………………………（943）
　　（三）不断增强社会保障基金的支撑能力，保证社会保障
　　　　制度的可持续性 …………………………………………（944）
　　（四）加强社会保障管理与监督，提升管理服务水平 ………（945）

第二十九章　建立与发展和谐稳定的劳动关系 ………………（947）
　一　积极稳妥处理国有企业改革中的劳动关系问题 ……………（947）

  （一）国有企业下岗职工劳动关系的处理 …………………… (948)
  （二）国有企业改制中分流安置富余人员劳动关系的处理 …… (949)
二　《劳动合同法》的出台及相关制度规定的完善 ……………… (951)
  （一）《劳动合同法》的出台 …………………………………… (952)
  （二）集体协商、集体合同制度的完善 ………………………… (954)
三　建立和完善劳动关系三方协商机制 …………………………… (957)
四　重视并积极维护农民工劳动权益 ……………………………… (961)
五　切实开展劳动保障监察和劳动争议处理工作 ………………… (963)
  （一）切实开展劳动保障监察工作 ……………………………… (963)
  （二）积极推进劳动争议处理工作 ……………………………… (963)
六　劳动关系运行中仍存在的突出问题 …………………………… (965)
  （一）部分用人单位没有严格遵守《劳动合同法》规定 ………… (966)
  （二）部分用人单位利用劳务派遣规避法律 …………………… (967)
  （三）劳动者基本权益受损现象仍较突出 ……………………… (968)
  （四）劳动争议案件居高不下，集体停工和群体性
     事件时有发生 ……………………………………………… (969)
  （五）劳动关系的协调机制有待进一步完善 …………………… (970)

第三十章　结束语 ………………………………………………… (972)
一　正确认识改革开放前后两个历史时期 ………………………… (972)
  （一）改革开放前30年在重大挫折中取得了重大成绩 ……… (973)
  （二）改革开放后取得的成就举世瞩目，但问题
     也引人注目 ………………………………………………… (977)
  （三）改革开放前后两个时期是探索、铺垫与继承、
     发展的关系 ………………………………………………… (979)
  （四）中国劳动经济从"生存"到"生活"的蜕变 ……………… (980)
二　关于历史断限与各阶段主题的解释 …………………………… (983)
三　经济新常态下劳动经济发展展望 ……………………………… (991)
  （一）中国经济发展进入新常态 ………………………………… (991)
  （二）经济新常态下劳动经济发展展望 ………………………… (995)

中国劳动经济史大事记（1979—2012）……………………………（1004）

主要参考文献 ……………………………………………………（1085）

索　引 ……………………………………………………………（1115）

后　记 ……………………………………………………………（1125）

Contents(Vol Ⅱ)

Part Ⅲ The labor economy in the initial stage of market economy transition(1979—1991)

Chapter 11 The preliminary reform of labor employment system ⋯ (473)
  11.1　The background and motivation in the starting of the labor employment system reform ⋯ (473)
    11.1.1　The traditional unified distribution of employment system became increasingly obvious shortcomings ⋯ (473)
    11.1.2　The urban employment situation was becoming more and more serious ⋯ (474)
    11.1.3　The great changes had taken place in the guiding ideology of labor employment ⋯ (475)
  11.2　The preliminary progress in the reform of labor employment system ⋯ (477)
    11.2.1　The implementation of the "three combination" employment policy, to open up new avenues of employment ⋯ (477)
    11.2.2　Implementing the labor contract system and enlivening the fixed worker system ⋯ (479)
    11.2.3　Establishing labor service company and establishing and cultivating labor market ⋯ (483)
    11.2.4　The rural labors began to flow to non-agricultural

industries and cities .... (486)
11.3　The experiences and characteristics of the preliminary reform of labor employment system .... (488)
　　11.3.1　The experiences of the preliminary reform of labor employment system .... (488)
　　11.3.2　The characteristics of the preliminary reform of labor employment system .... (491)

Chapter 12　The recovery and development of vocational and technical training .... (494)

12.1　The development of vocational and technical education and the reform of technical schools .... (495)
　　12.1.1　The reform and development of vocational and technical education .... (495)
　　12.1.2　The reform and development of technical schools ...... (496)
12.2　The reform of apprenticeship training system and the boom of employment training .... (500)
　　12.2.1　The reform of apprenticeship training system .... (500)
　　12.2.2　The urban unemployed youth employment training was booming .... (502)
12.3　Extensive technical training of the on–the–job workers .... (505)
　　12.3.1　Staff education and training in the "double supplement" officially started .... (506)
　　12.3.2　Timely development of intermediate technical training and team leader training .... (507)
　　12.3.3　General technical competition activities in conjunction with training .... (508)
　　12.3.4　Revision and development of standards, methods and systems for technical training of workers .... (508)

Contents(Vol Ⅱ)　Ⅲ

　　12. 4　The enterprise management cadres training started　…　(509)

Chapter 13　The preliminary reform of wage system and the change of wage level ……………………………………………… (513)
　　13. 1　The background in the starting of the wage system reform …………………………………………………… (513)
　　　　13. 1. 1　In theory, re – understanding the principle of distribution according to work ……………………………… (514)
　　　　13. 1. 2　In practice, beginning to adjust the workers' wages ………………………………………………… (516)
　　13. 2　The preliminary progress in the reform of wage system ………………………………………………………… (519)
　　　　13. 2. 1　The exploration on the reform of wage system from 1979 to 1984 ………………………………………… (519)
　　　　13. 2. 2　The official start of wage system reform from 1985 to 1991 ………………………………………………… (522)
　　　　13. 2. 3　The wage system of non – state sector ……………… (526)
　　13. 3　The low growth of wage level from 1979 to 1991 ……… (530)
　　　　13. 3. 1　Salary level and economic growth …………………… (532)
　　　　13. 3. 2　Wage growth and social labor productivity ………… (533)
　　　　13. 3. 3　Analysis of the effect of real average wage low speed growth …………………………………………… (533)
　　　　13. 3. 4　Analysis of the reasons for the low growth of real average wage ……………………………………………… (534)

Chapter 14　The preliminary reform of social security system …… (536)
　　14. 1　The background of the reform of social security system ………………………………………………………… (536)
　　　　14. 1. 1　The traditional social security system became increasingly obvious shortcomings ……………………………… (536)

14. 1. 2　The reform of social insurance system was an important part of economic system reform ……………………… (537)
　　　14. 1. 3　Speeding up the reform of social insurance system was a strategic decision to deal with the aging of population ……………………………………………… (538)
　14. 2　The preliminary progress in the reform of social insurance system ……………………………………………………… (539)
　　　14. 2. 1　Pension insurance implementation of the social reform of retirement costs ……………………………………… (539)
　　　14. 2. 2　Establishing and perfecting the unemployment insurance system for workers in state owned enterprises ………… (543)
　　　14. 2. 3　Part of the personal burden of medical expenses and the social co-ordination pilot of medical expenses ………… (545)
　　　14. 2. 4　An exploration on the reform of industrial injury insurance system ……………………………………………… (547)
　　　14. 2. 5　The beginning of maternity insurance system reform ……………………………………………………… (549)
　　　14. 2. 6　Trying to establish the rural social endowment insurance system ……………………………………………… (550)
　14. 3　The achievements and deficiencies of the social insurance system reform ……………………………………………… (552)
　　　14. 3. 1　The achievements of the preliminary reform of social insurance system …………………………………… (552)
　　　14. 3. 2　The problems and reform orientation of the social insurance system reform ……………………………………… (554)

Chapter 15　The beginning of the transformation of labor relations ……………………………………………………… (557)
　15. 1　The traditional administrative labor relations of state-owned enterprises began to loosen ……………………… (557)

15.1.1 State owned enterprises were transformed into the relatively independent economic entities and legal persons …… (557)

15.1.2 The state – owned enterprises began to establish the contract labor relations for new workers …………………… (561)

15.1.3 Enlivening the fixed worker system had impacted the traditional labor relations …………………… (562)

15.2 The market – oriented labor relations began to gestate and form in the non – state owned enterprises ……………… (565)

15.2.1 The rapid development of township enterprises brought about the market – oriented labor relations ………… (565)

15.2.2 The market – oriented labor relations appeared in the foreign – invested enterprises …………………… (569)

15.3 The characteristics of the initial stage of labor relation transformation …………………………………… (571)

15.3.1 The administrative power still played a leading role in the operation and adjustment of labor relations ………… (572)

15.3.2 The workers' congress system had been established, but it did not play the corresponding functions …………… (574)

15.3.3 The enterprise labor dispute coordination mechanism had been re – established …………………… (575)

15.3.4 It was urgent to regulate the operation of market – oriented labor relations in the non – state owned enterprises … (577)

Chapter 16 The change of rural labor economic relations ………… (581)

16.1 The rural labor economic relations under the household contract responsibility system ………………… (581)

16.1.1 The influence of the rural economic system environment change on labor economy …………………… (581)

16.1.2 The main body and operation mode of rural labor economic relations …………………………………… (583)

16.1.3　The contradictions in rural labor economic relations and its countermeasures ……………………………… (585)
16.1.4　The characteristics of the change of rural labor economic relations ………………………………………………… (587)
16.2　The changes in income of rural residents ……………… (588)

Part Ⅳ　The labor economy in the period of establishing market economic system (1992—2001)

Chapter 17　The fundamental changes of labor employment system ……………………………………………………… (601)

17.1　Deepening the reform of the labor planning system was proposed ………………………………………………… (601)

17.2　The establishment of modern enterprise system and the implementation of full labor contract system …………… (603)

17.2.1　The transformation of state – owned enterprises operating mechanism and the establishment of modern enterprise system ……………………………………………………… (603)

17.2.2　The contradiction between the labor contract system and the fixed worker system ……………………………… (607)

17.2.3　The full implementation of the labor contract system in the enterprises ……………………………………… (609)

17.3　The implementation of re – employment projects and the establishment of re – employment service center …… (611)

17.3.1　Enterprise surplus personnel and laid – off workers …… (611)

17.3.2　The proposal and implementation of re – employment project …………………………………………………… (614)

17.3.3　The establishment and operation of re – employment service center ……………………………………………… (618)

17. 4　Cultivating and developing the labor market in order to create the conditions for market – oriented employment ……………………………………………… (621)

　17. 4. 1　The thought of cultivating and developing labor market was proposed ……………………………………… (621)

　17. 4. 2　Policies and measures for cultivating and developing labor market ………………………………………………… (624)

　17. 4. 3　Performance evaluation of cultivating and developing labor market ………………………………………………… (631)

17. 5　Establishing market – oriented employment mechanism was proposed and its preliminary development ………… (634)

　17. 5. 1　Establishing market – oriented employment mechanism was proposed ……………………………………………… (634)

　17. 5. 2　The connotation and characteristics of market – oriented employment mechanism ……………………………… (636)

　17. 5. 3　The restrictive factors of establishing market – oriented employment mechanism ……………………………… (637)

　17. 5. 4　The preliminary development of establishing market – oriented employment mechanism …………………… (639)

17. 6　The development and employment of rural labors and the flow of rural labor orderly project …………………… (641)

　17. 6. 1　The cause and influence of "Peasant Worker Tide" ………………………………………………………… (641)

　17. 6. 2　The rural labor development and employment pilot …… (645)

　17. 6. 3　The implementation of cross regional flow of rural labor orderly project …………………………………………… (650)

17. 7　The achievements and characteristics of the reform of labor employment system ……………………………………… (655)

　17. 7. 1　The achievements of labor employment system reform …………………………………………………… (655)

17.7.2 The characteristics of labor employment system reform ……………………………………………… (658)

Chapter 18 The transformation of staff education and training was from vocational training to vocational skills development ……………………………………… (663)

18.1 Gradually establishing the market – oriented vocational training system …………………………………… (663)

18.1.1 Revision of workers' technical standards and professional skills standards ……………………………… (663)

18.1.2 Improving the professional skill appraisal system and establishing vocational qualification certificate system …………………………………………… (664)

18.1.3 To strengthen the professional skills development planning and system construction ……………… (666)

18.2 Reform and development of vocational training institutions …………………………………………… (668)

18.2.1 Reform and development of technical schools ……… (668)

18.2.2 Development of other vocational training institutions …………………………………………… (671)

18.3 The pilot and promotion of labor preparatory system …… (673)

18.4 Actively promote the training of employees and managers ………………………………………………… (676)

Chapter 19 Accelerating the market – oriented reform of wage income distribution ……………………………… (680)

19.1 The state wage management system was from direct plan control to indirect regulation ……………………… (680)

19.1.1 Defining the goals, tasks and steps of the reform of wage system ……………………………………… (681)

Contents(Vol Ⅱ) Ⅸ

  19.1.2 The main policy measures to strengthen and improve macro management of wages ⋯⋯⋯⋯⋯⋯⋯⋯ (684)
19.2 The reform of enterprise wage income distribution system ⋯⋯⋯⋯⋯⋯⋯⋯⋯⋯⋯⋯⋯⋯⋯⋯⋯⋯⋯⋯⋯⋯⋯⋯⋯ (692)
  19.2.1 The state – owned enterprises implemented the post skill wage system ⋯⋯⋯⋯⋯⋯⋯⋯⋯⋯⋯⋯⋯⋯⋯⋯⋯⋯⋯ (693)
  19.2.2 The state – owned enterprises implemented the annual salary system for its operators ⋯⋯⋯⋯⋯⋯⋯⋯⋯⋯⋯ (696)
  19.2.3 The enterprises carried out the collective wage negotiations pilot ⋯⋯⋯⋯⋯⋯⋯⋯⋯⋯⋯⋯⋯⋯⋯⋯⋯⋯⋯⋯⋯⋯⋯⋯ (700)
  19.2.4 The exploration on the establishment of modern enterprise wage income distribution system ⋯⋯⋯⋯⋯⋯⋯⋯⋯⋯ (701)
  19.2.5 The problems in the reform of wage income distribution ⋯⋯⋯⋯⋯⋯⋯⋯⋯⋯⋯⋯⋯⋯⋯⋯⋯⋯⋯⋯⋯ (703)
19.3 The wage system reform of state organs and institutions in 1993 ⋯⋯⋯⋯⋯⋯⋯⋯⋯⋯⋯⋯⋯⋯⋯⋯⋯⋯⋯⋯⋯⋯⋯⋯⋯⋯⋯ (704)
  19.3.1 The main content of wage reform of state organs in 1993 ⋯⋯⋯⋯⋯⋯⋯⋯⋯⋯⋯⋯⋯⋯⋯⋯⋯⋯⋯⋯⋯⋯⋯⋯⋯ (705)
  19.3.2 The main content of wage reform of institutions in 1993 ⋯⋯⋯⋯⋯⋯⋯⋯⋯⋯⋯⋯⋯⋯⋯⋯⋯⋯⋯⋯⋯⋯⋯⋯⋯ (706)
  19.3.3 Performance analysis of the wage system reform of state organs and institutions ⋯⋯⋯⋯⋯⋯⋯⋯⋯⋯⋯ (710)
19.4 The changes of wage income level and structural from 1992 to 2001 ⋯⋯⋯⋯⋯⋯⋯⋯⋯⋯⋯⋯⋯⋯⋯⋯⋯⋯⋯⋯⋯⋯ (714)
  19.4.1 The wage level and its growth from 1992 to 2001 ⋯⋯ (714)
  19.4.2 The wage growth and the labor productivity change from 1992 to 2001 ⋯⋯⋯⋯⋯⋯⋯⋯⋯⋯⋯⋯⋯⋯⋯⋯⋯⋯⋯⋯ (716)
  19.4.3 The changes in the structure of wage income distribution from 1992 to 2001 ⋯⋯⋯⋯⋯⋯⋯⋯⋯⋯⋯⋯⋯⋯⋯⋯⋯ (717)

Chapter 20　The reform and transformation of social insurance system ……………………………………………………… (722)

20.1　The background and realistic demand of social insurance system reform …………………………………………… (722)

20.1.1　Establishing and perfecting the social insurance system is the fundamental guarantee to establish the socialist market economy system …………………………… (723)

20.1.2　Establishing and perfecting the social security system is the institutional basis for the equitable distribution of income and the narrowing of the income gap ………… (723)

20.1.3　Establishing and perfecting social insurance system is the only way to establish modern enterprise system ……… (724)

20.1.4　Establishing and perfecting social insurance system is the basic requirement to deal with the crisis of population aging ……………………………………………… (725)

20.1.5　Establishing and perfecting social insurance system is the inherent requirement of social insurance system reform ………………………………………………… (726)

20.2　A unified enterprise employee endowment insurance system had been basically established ………………… (726)

20.3　The medical insurance system reform for workers had been comprehensively promoted ………………………… (731)

20.4　The positive progress had been made in the reform of the unemployment insurance system ………………………… (735)

20.5　The industrial injury and maternity insurance system reform was carried out gradually ………………………… (739)

20.6　The transformation of social insurance system had been basically completed ……………………………………… (741)

20.6.1　From concept innovation to system reform, the whole transformation of social insurance system has completed

Contents(Vol Ⅱ)　Ⅺ

　　　　　　the most basic and difficult task ……………… (741)
　　20.6.2　The basic framework of the modern social insurance system has been established ……………………………… (742)
　　20.6.3　Significant progress has been made in the reform of the social insurance management system ………………… (743)

Chapter 21　Accelerating the establishment of market – oriented labor relations ……………………………………………… (745)
　21.1　The significant progress had been made in the market – oriented transformation of labor relations ……………… (745)
　　21.1.1　The property right reform made the state – owned enterprise become an independent economic entity and an enterprise legal person ……………………………………… (745)
　　21.1.2　The state – owned enterprises had comprehensively established the contractual labor relations …………… (749)
　　21.1.3　The rapid development of non – public ownership economy had further promoted the market – oriented transformation of labor relations ……………………………………… (751)
　21.2　The legal system of market – oriented labor relations had been basically established ………………………………… (754)
　　21.2.1　The Labor Law and other labor laws and regulations had been promulgated and implemented ………………… (754)
　　21.2.2　The Trade Union Law had been promulgated and amended ……………………………………………… (757)
　　21.2.3　Establishing the labor supervision system and effectively carrying out the labor supervision ………………… (760)
　21.3　The Problems in the market – oriented transformation of labor relations ……………………………………………… (762)
　　21.3.1　"Nihility", "formalization" and "short term" of the labor contracts ……………………………………………… (762)

21.3.2 The reform of state-owned enterprises had intensified the contradiction and friction of labor relations .... (763)
21.3.3 Trade union and workers' congress was in an awkward position, and its function was dislocation and weakening .... (767)
21.3.4 The rapid increase in the number of labor dispute cases and workers' collective actions .... (769)
21.3.5 Migrant workers facing many institutional discriminations .... (771)

Part V The labor economy in the period of improving market economic system (2002—2012)

Chapter 22 The implementation and evolution of active employment policy .... (777)
22.1 The background of implementing active employment policy .... (777)
22.1.1 The difficulty and complexity of China's employment problem .... (777)
22.1.2 Building a well-off society in an all-round way and proposing the Scientific Outlook on Development ...... (778)
22.1.3 The basic living security of laid-off workers and unemployed people had been basically solved .... (780)
22.1.4 China had the appropriate conditions for the implementation of active employment policy .... (781)
22.2 The formation and development of active employment policy .... (782)
22.2.1 The initial establishment of positive employment policy framework .... (782)

Contents(Vol II) XIII

  22.2.2 The adjustment and improvement of active employment policy ··· (784)
  22.2.3 The positive employment policy rose to legal norm ······ (785)
  22.2.4 The implementation of more active employment policy ··· (787)
 22.3 The effect and reflection of the implementation of active employment policy ··· (791)
  22.3.1 The great achievements of the implementation of active employment policy ···························· (791)
  22.3.2 The basic experience of implementing active employment policy ··· (792)
  22.3.3 The limitations of active employment policy ············ (793)
  22.3.4 The challenges and prospects of employment situation ··· (794)

Chapter 23 **The "Three Meet" of employment situation** ··············· (796)
 23.1 The transitional employment of state-owned enterprises and the dualistic employment ································ (796)
  23.1.1 The transitional employment of state-owned enterprises ··· (796)
  23.1.2 The dualistic employment of state-owned units ······ (800)
 23.2 The employment of university graduates ························ (805)
 23.2.1 The evolution of employment policy for university graduates from 1949 to 2001 ························ (805)
  23.2.2 The problems and causes of the employment difficulty of university graduates ································ (810)
  23.2.3 An analysis of promoting employment policy for university graduates from 2002 to 2012 ································ (815)
 23.3 The migrant workers employment ································ (820)
  23.3.1 The number, mobility and employment structure of

migrant workers ·· (820)

23.3.2 The main problems of migrant workers employment ·· (825)

23.3.3 Accenting on the fair employment policy of migrant workers ·· (829)

Chapter 24 The development and transformation of labor market ·· (836)

24.1 The labor market of dualistic segmentation was gradually tending to unity ·· (837)

24.1.1 With the gradual disintegration of urban – rural dual division system, the focus of the problem has gradually focused on the dual division within the city ············ (838)

24.1.2 A unified labor market is evolving ····················· (839)

24.2 The basic position of market mechanism was further consolidated and enhanced ·· (840)

24.2.1 The formation of diversified market employers ········· (841)

24.2.2 Self – employment and free movement of workers ······ (842)

24.3 Accelerating the construction of the labor market service system ·· (844)

24.3.1 Establishment and improvement of the public employment service system ·· (844)

24.3.2 Rapid development of labor market services ············ (845)

24.4 Further promoting the construction of the labor market legal system ·· (847)

24.4.1 Further Promotion of Legalization of Labor Market ·· (848)

24.4.2 Further regulation of labor market operation and management ·· (848)

Chapter 25 "Shortage of migrant workers"and Lewis turning
point ··· (850)
25. 1 "Shortage of migrant workers "phenomenon and its
causes ··· (850)
25. 1. 1 The"shortage of migrant workers"in 2004 ··············· (850)
25. 1. 2 The"shortage of migrant workers"in 2010 ··············· (853)
25. 2 Lewis turning point had arrived ··································· (859)
25. 3 Demographic dividend began to decline ···················· (866)

**Chapter 26 Promoting the development of vocational training based
on the construction of vocational ability** ·················· (875)
26. 1 Implementing the strategy of talent powerful nation
and strengthening the construction of high skilled
talents ··· (875)
26. 2 Carrying out the vocational training to promote employment
and reemployment ··· (879)
26. 2. 1 Continuing to do re‑employment training and
entrepreneurship training ·· (879)
26. 2. 2 Initiating and implementing the special vocational
training programs ·· (881)
26. 2. 3 Establishing and improving the vocational training
system for all workers ·· (882)
26. 3 Strengthening and improving the education and
training of enterprise management personnel ············ (883)
26. 4 The reform and development of the technical colleges
and all kinds of skilled personnel training institutions ··· (884)
26. 5 Improving the evaluation system of skilled personnel and
promoting the construction of vocational qualification
certificate system ·· (889)

Chapter 27 Deepening the reform of wage income distribution system ……………………………………………………… (893)

27. 1 Deepening the reform of wage income distribution system in the enterprise ……………………………………………… (894)

    27. 1. 1 The post performance salary system was implemented ………………………………………………… (894)

    27. 1. 2 The annual salary system was tried again …………… (897)

    27. 1. 3 Actively promoting enterprise collective wage negotiations ………………………………………………… (902)

27. 2 Improving the government's macro – regulation to enterprise wage income distribution ……………………… (903)

    27. 2. 1 Continuing to improve the construction of the government's macro – control to enterprise wage distribution ………………………………………………… (903)

    27. 2. 2 Strengthening the supervision of the income distribution of state monopoly industries and regulating the wage distribution in high – income Enterprises ……………… (907)

    27. 2. 3 Improving the minimum wage guarantee system and regulating the minimum wage standard ………………… (908)

    27. 2. 4 Solving the problem of wage arrears and safeguarding workers' legitimate rights and interests ………………… (911)

27. 3 The wage income system reform of state organs and institutions in 2006 ……………………………………………… (913)

    27. 3. 1 The reform of civil service wage system in 2006 …… (913)

    27. 3. 2 The reform of institution wage system in 2006 ……… (916)

27. 4 The changes of wage level and wage structure from 2002 to 2012 ……………………………………………………………… (919)

    27. 4. 1 The wage level and wage growth from 2002 to 2012 ……………………………………………………… (919)

    27. 4. 2 The changes in the structure of wage income distribution

Contents(Vol Ⅱ) XVII

　　　　from 2002 to 2012 ……………………………………… (922)

Chapter 28　The reform and development of social security system ……………………………………………………… (928)

　28.1　The breakthrough in the reform of social security system ………………………………………………………… (928)

　　28.1.1　The fair value orientation and the sharing of the concept of organization was more prominent ………………… (930)

　　28.1.2　The framework of social security system covering urban and rural residents had basically been established …… (931)

　　28.1.3　The social security system covering urban and rural residents achieved remarkable results ………………… (936)

　28.2　Analysis on the fairness and efficiency of social security system ………………………………………………………… (938)

　　28.2.1　The fairness of the current social security system in China ……………………………………………………… (938)

　　28.2.2　The efficiency of the current social security system in China ……………………………………………………… (939)

　28.3　The prospect of deepening the social security system reform ………………………………………………………… (941)

　　28.3.1　In order to further enhance the fairness, accelerating the coverage expansion of the social security system …… (942)

　　28.3.2　In order to adapt to labor mobility, further improving the social security related system integration and convergence ……………………………………………… (943)

　　28.3.3　In order to ensure the sustainability, continuously enhancing the supporting capacity of social security fund ……………………………………………………… (944)

　　28.3.4　Strengthening the supervision of social security and improving management service level ………………… (945)

Chapter 29　Establishing and developing the harmonious and stable labor relations (947)

29.1　Actively and steadily dealing with the labor relations in the reform of state-owned enterprises (947)

29.1.1　The treatment of the labor relations of the laid-off workers in state-owned enterprises (948)

29.1.2　The treatment of the labor relations of the surplus workers in the state-owned enterprise reform (949)

29.2　The promulgation of the Labor Contract Law and the perfection of relevant regulations (951)

29.2.1　The promulgation and implementation of the Labor Contract Law (952)

29.2.2　The perfection of collective bargaining and collective contract system (954)

29.3　Establishing and improving the coordination of labor relations three party mechanism (957)

29.4　Actively safeguarding the labor rights of migrant workers (961)

29.5　Effectively carrying out the labor security supervision and labor dispute settlement (963)

29.5.1　Effectively carrying out the labor security supervision (963)

29.5.2　Actively promoting the labor dispute settlement (963)

29.6　The outstanding problems in the operation of labor relations (965)

29.6.1　Some employers did not strictly comply with the Labor Contract Law (966)

29.6.2　Some employers used labor dispatch to circumvent the law (967)

29.6.3　It was still more prominent that damaged the basic

rights and interests of workers ……………………… (968)
29.6.4 Labor dispute cases was high, collective downtime and mass incidents happened now and then ……………… (969)
29.6.5 The coordination mechanism of labor relations needed to be further improved ………………………………… (970)

Chapter 30 The final words ……………………………………… (972)
30.1 Correctly understanding the two historical periods before and after the reform and opening up ……………………… (972)
30.1.1 The great achievements had been made in the first 30 years, but there were also significant setbacks ……… (973)
30.1.2 The remarkable achievements had been made in the past 30 years, but the problems were also striking …… (977)
30.1.3 The two 30 years are the relationship between foreshadowing and development ……………………… (979)
30.1.4 The history of China's labor economy is a transformation from "existence" to "life" ……………………………… (980)
30.2 The historical stage division and the interpretation of the theme of each stage ………………………………………… (983)
30.3 Prospects for the development of labor economy under the new normal economy ………………………………………… (991)
30.3.1 China's economic development has entered the new normal …………………………………………………………… (991)
30.3.2 Prospects for the development of labor economy under the new normal economy ……………………………………… (995)

Memorabilia of the history of labor economy in China (1979—2012) ……………………………………………………… (1004)
Main references ……………………………………………………… (1085)
Indexes ………………………………………………………………… (1115)
Postscript ……………………………………………………………… (1125)

第三篇

向市场经济转轨初期的劳动经济（1979—1991）

    1978年12月，中共十一届三中全会做出的将党和国家的工作重点转移到经济建设上来，标志着经济建设指导思想历史性转折的开始。1979—1991年，伴随着经济建设指导思想的转变，经济结构调整与经济体制改革相继启动，中国经济发展进入了一个新的历史时期。一方面，传统计划经济体制开始解体，但计划体制因素在资源配置中依然居于支配地位；另一方面，市场因素开始复苏和成长，并在资源配置中具有越来越重要的作用。这种二元经济体制的内在矛盾决定了两者之间的摩擦，摩擦与转轨的互动，决定着中国经济体制改革的历史走向。正是在这样的背景下，中国开始了改革传统劳动经济体制弊端，建设具有中国特色的劳动经济制度的艰苦探索和实践。

    在城市，以增强国营企业活力为中心，相应地开展了劳动合同用工制度、工资制度和社会保险制度等方面的配套改革。主要表现在：一是改革传统的统包统配就业制度，实行"三结合"就业方针、广开就业门路，推行劳动合同制、搞活固定工制度，建立和培育劳务市场、促进劳动力的社会调节；二是职业技术培训事业迅速恢复并有新的发展，从培养新技术工人的后备培训制度逐步转向多形式、多层次、全方位的职业技术培训网络；三是改革单一的等级工资制度，国营企业推行工资总额同经济效益挂钩的工资制度，国家机关、事业单位建立起以职务工资为主要内容的结构工资制，非国有部门市场化工资决定机制开始显现，工资水平相比计划经济时期有所提高；四是社会保险制度改革逐步"去单位化"，国家、企业和个人三方共同参与，实行保险基金社会统筹，实现了由企业自我保险向社会互济的过渡；五是国营企业在劳动关系确立和管理中的权限不断增大，原来行政性的劳动关系出现松动，企业和劳动者的利益诉求开始分化，具有市场经济属性的劳动关系双方利益主体逐渐形成。

在农村，随着家庭联产承包制的推行，集体生产劳动形式转变为以家庭为单位的劳动形式，农民的农业收入分配转变为"交够国家的，留足集体的，剩下都是自己的"；农村剩余劳动力开始向非农产业和城镇流动，城乡劳动力二元分割的局面被打破。

第十一章
劳动就业制度的初步改革[*]

1979—1991年是中国启动经济体制改革和市场化进程的一个特殊重要时期。伴随着经济建设指导思想的转变,经济结构调整与经济体制改革相继启动。经济结构调整促使原有经济体系中的经济增长潜力开始释放出来,经济体制改革则优化和提高了资源配置效率,由此带来了国民经济的高速增长。中国劳动就业制度的初步改革,遵循经济体制改革的整体步骤与逻辑,紧紧围绕经济工作的中心任务——增强国营企业活力来进行,有一个由增量改革到存量改革的渐进深化过程。

一 劳动就业制度改革启动的背景与动因

(一)传统的统包统配就业制度的弊端日益显现

新中国成立以后,长期实行高度集中的计划经济体制。在计划经济体制下,中国城乡经济发展极不平衡,二元社会经济结构特征明显。为适应重工业优先发展战略的需要,国家将劳动就业的重心置于城镇,把农村作为调节城镇劳动力供求的"蓄水池"。城镇劳动力就业由国家"统包统配",即对城镇劳动力统一由国家包揽就业,用行政手段实行统一计划、统一招收、统一调配。在这种制度下,城镇劳动者就业由政府包揽,劳动力配置靠行政调配,企业无用工自主权只能执行国家招工计划,工资、福利、保障与就业制

---

[*] 参见宋士云《中国劳动就业制度改革启动的历史考察》,《聊城大学学报》(社会科学版)2015年第5期。

度相适应全部由国家承担,企业既不能辞退职工又不允许职工流动[1],用工制度以国家固定工为主体,而农村劳动力则被限制在农村集体组织,从事农业生产活动,以致形成了城乡劳动力分割与就业结构滞后于产业结构调整的局面。这种统包统配的劳动就业制度,既是计划经济体制的内在要求,也是当时国内、国际环境下的必然选择。它在当时特定的历史背景下,对促进大规模的经济建设、加快工业化进程、解决城市就业问题、保障社会安定曾经发挥过巨大的推动作用。但是,随着社会经济的不断发展,其弊端也日益显现出来:一是强化了不合理的所有制和产业结构,人为地堵塞了多种就业渠道和门路,使政府独自承担起创造就业机会与岗位的责任;二是使劳动力配置结构不合理、劳动力资源严重浪费,不仅劳动者没有选择职业的自由,而且企业也无法根据生产经营需要选择合适的劳动力,严重影响了企业和劳动者的积极性、主动性和创造性;三是使整个国民经济长期处于一种低效率的动态均衡,助长了不正常的劳动就业观念,也使国家财政背上了越来越沉重的包袱。

(二) 城镇就业形势日趋严峻

到20世纪70年代末,中国城镇的就业形势日趋严峻。由于城镇本身人口增长过快以及"文化大革命"期间已经招收的1000多万农民工仍留在城市,加之从1977年开始下乡知青开始大批返回城镇,使城镇待业人员骤增,出现了前所未有的待业压力。1978年城镇登记失业率已达5.3%[2],1979年高峰时期,城镇待业人员总数多达1500万人。[3] 由于国家一时难以安排如此多的人就业,以致21个省(直辖市、自治区)相继出现了"上山下乡"知识青年、城镇待业青年集会、游行、请愿和哄闹政府机关的事情,当时人们把此称为"爆炸性的问题"。[4] 城镇待业人口增长的原因是多方面的。首先,长期以来人口增长严重失控,导致劳动力的供给数量大大超过需求。新中国成立以来,人口高速增长有两个高峰期。一是1950—1958年,9年出生

---

[1] 刘社建:《就业制度改革三十年的回顾与反思》,《社会科学》2008年第3期。
[2] 《中国劳动年鉴(1992—1994)》,中国劳动出版社1996年版,第676页。
[3] 张小建主编:《中国就业的改革发展》,中国劳动社会保障出版社2008年版,第2页。
[4] 何光主编:《当代中国的劳动力管理》,中国社会科学出版社1990年版,第60页。

1.87亿人;二是1962—1975年,14年出生3.55亿人。[①] 前一个高峰期出生的人口从20世纪60年代末开始进入劳动年龄,由于"文化大革命"而没有得到妥善解决;后一个高峰期出生的人口从20世纪70年代末开始进入劳动年龄。两个阶段适龄人口的就业要在同一时期解决,自然就使就业问题特别突出。[②] 其次,中国劳动力就业的产业结构和所有制结构不合理。在产业结构方面,由于国家实施优先发展重工业的战略,轻工业、商业、饮食业、服务业以及其他第三产业发展缓慢或者萎缩,导致重工业就业比重过大,轻工业和服务业就业比重过小,严重影响了就业规模的扩大,也限制了国民经济发展。在所有制结构方面,受"左"的思想影响,盲目追求一"大"、二"公"、三"纯"和"穷过渡",强调个体向集体转化,集体向全民过渡,限制集体经济,打击个体经济,片面追求单一的公有制,致使就业渠道越来越窄。1978年以前,城镇职工绝大部分集中在国有和集体经济单位。最后,国民经济发展严重受挫从根本上破坏了扩大就业的基础。"文化大革命"期间,生产建设事业陷入停产半停产的状态,勉强开工的企业,生产效率很低,人员相对过剩。此后的两年,经济建设又犯了急于求成的毛病,在经过短期扩张之后,国民经济不得不进行调整,吸收新劳动力、增加就业机会的能力大大削弱,由此使劳动就业形势愈加严峻。

(三) 劳动就业工作指导思想发生重大转变

1978年12月,中共十一届三中全会提出把工作重点转移到国民经济建设上来,决定实行改革开放的政策。随后,党和政府相应地制定了一系列方针政策,进而推动了劳动就业工作在指导思想上的重大转变。主要表现在:一是把发展生产力作为中心任务。1981年6月,中共十一届六中全会重申在社会主义改造基本完成以后,中国所要解决的主要矛盾,是人民群众日益增长的物质文化需要同落后的社会生产之间的矛盾,因此,必须以经济建设为中心,大力发展社会生产力。1987年10月,中共十三大明确提出:"我国社会主义还处在初级阶段,为了摆脱贫穷和落后,尤其要把发展生产力作为全部工作的中心。是否有利于发展生产力,应当成为我们考虑一切问题的

---

① 何光主编:《当代中国的劳动力管理》,中国社会科学出版社1990年版,第60—61页。
② 赵入坤:《城镇劳动就业与中国改革的发轫》,《当代中国史研究》2009年第2期。

出发点和检验一切工作的根本标准。"因此,劳动就业工作必须围绕发展生产力这一中心任务开展。二是从中国国情出发,量力而行。人口多、底子薄是中国实现社会主义现代化的两个重要难点,中国现代化必须从这两个难点出发。人口多,要提高生活水平不容易;搞现代化用人少,就业难。劳动就业工作在很大程度上受到人口多、底子薄这一基本国情的制约,只能在兼顾效率与安定的原则下去找出路。三是积极探索计划调控和市场调节相结合的就业机制。1979年4月,中共中央召开工作会议,提出调整、改革、整顿、提高的方针和经济体制改革原则性意见。其中包括:以计划经济为主,同时充分重视市场调节的辅助作用;扩大企业自主权,把企业经营好坏同职工物质利益挂起钩来;精简行政机构,更好地运用经济手段管理经济,等等。[①] 1984年10月,中共十二届三中全会通过了《中共中央关于经济体制改革的决定》,指出:社会主义经济是公有制基础上的有计划的商品经济,商品经济的充分发展是社会经济发展的不可逾越的阶段,必须自觉依据和运用价值规律。同时提出:"增强企业活力是经济体制改革的中心环节","围绕这个中心环节,主要应该解决好两个方面的关系问题,即确立国家和全民所有制企业之间的正确关系,扩大企业自主权;确立职工和企业之间的正确关系,保证劳动者在企业中的主人翁地位。""要使企业真正成为相对独立的经济实体,成为自主经营、自负盈亏的社会主义商品生产者和经营者,具有自我改造和自我发展的能力,成为具有一定权利和义务的法人"。随着经济体制改革,经济运行机制开始由计划机制向"计划经济为主,市场调节为辅"转变。1987年10月,中共十三大报告进一步提出"社会主义有计划商品经济的体制,应该是计划与市场内在统一的体制","要善于运用计划调节和市场调节这两种形式和手段","计划和市场的作用范围都是覆盖全社会的。新的经济运行机制,总体上来说应当是'国家调节市场,市场引导企业'的机制",要"按照所有权经营权分离的原则,搞活全民所有制企业"。可以说,中国劳动就业制度改革就是按照新的经济体制的要求,逐步地进行和展开的。

---

① 赵德馨主编:《中华人民共和国经济史(1967—1984)》,河南人民出版社1989年版,第577页。

二 劳动就业制度改革的初步进展

随着经济体制改革的推进，中国开始了改革传统劳动体制的弊端，建设和完善具有中国特色的劳动就业制度的艰苦探索和实践。

（一）实行"三结合"就业方针，广开就业门路

1980年8月2—7日，中共中央在北京召开了全国劳动就业工作会议。会议在分析造成就业矛盾尖锐的经济、政治、思想、文化教育以及就业制度本身的原因基础上，结合所有制结构与产业结构调整，明确提出了"三结合"的就业方针，即"在国家统筹规划和指导下，实行劳动部门介绍就业、自愿组织起来就业和自谋职业相结合"。劳动部门介绍就业，不同于政府统一分配，它是通过劳动行政部门下设的劳动介绍所或授权劳动服务公司为劳动力供求双方提供信息，牵线搭桥，促成就业，即只当"红娘"而不包办分配就业。组织起来就业与介绍就业的不同之处，在于事先并无现成的工作岗位，而是在自愿的基础上，先把劳动者组织起来，筹集少量资金，举办集体经济，开发社会所需要的生产和服务事业。自谋职业就是求职者自己联系工作单位就业，或从事个体经营。会议指出，解决今后几年的劳动就业问题，要大力发展集体所有制经济，兴办各种类型的自筹资金、自负盈亏的合作社和合作小组；鼓励和扶持个体经济适当发展，一切守法的个体劳动者应当受到社会的尊重；建立劳动服务公司，担负介绍就业、组织生产和服务、进行教育培训等项任务，并使其逐步成为调节劳动力的一种组织形式。1981年10月17日，中共中央、国务院发布《关于广开门路，搞活经济，解决城镇就业问题的若干决定》，重申"三结合"就业方针，指出广开就业门路，要结合进一步调整产业结构和所有制结构，在发展经济和各项建设事业的基础上，有计划、有步骤地解决就业问题；要坚决地迅速地改变那些歧视、限制、打击、吞并集体经济和个体经济的政策措施，代之以引导、鼓励、促进、扶持的政策措施，敞开全民、集体和个体"三扇门"，积极开辟多种就业渠道。1981年和1983年，国务院先后发出了《关于城镇非农业个体经济若干政策性规定》及其《补充规定》《关于城镇集体所有制经济若干政策问

题的暂行规定》《关于城镇劳动者合作经营的若干规定》。这一系列的政策措施，为解决多年积累的城镇待业问题奠定了坚实的政策基础。

"三结合"就业方针及有关政策的提出和实施，一方面是迫于当时知青返城和新增劳动力就业的双重就业压力与日趋严峻的就业形势；另一方面是和当时刚刚起步的经济体制改革相呼应的，是"以生产资料公有制为主体，多种经济成分并存"的经济政策在就业政策上的体现。其历史性意义在于，它突破了中国传统的统包统配的劳动就业制度，表明开始从长期依靠国家包揽就业的单一轨道转向同时鼓励城镇居民"自愿组织起来就业和自谋职业"的多元化轨道上来。从促进劳动就业制度改革的角度看，"三结合"就业方针在以下两个方面发挥了重要作用：

一是打破了传统的就业观念，城镇待业人员由消极待业转向了积极创业，越来越多的人组织起来就业或者从事个体经营，改变了过去那种由国家统包统配主要依靠国营企业、事业单位安排就业的情况。除了高等院校、中等专业学校、技工学校的毕业生以及家居城镇的复员退伍军人由国家统一分配就业外，各级政府、部门也根据中央的精神，大力发展各种经济形式，并为广开就业门路落实了大量优惠政策和提供资金、物质支持。许多国营企业举办了厂办集体经济，为安置本企业职工子女，缓解社会就业压力做出了巨大贡献；广大待业青年和其他待业人员在组织就业和自谋职业方面发挥自己的聪明才智和勇气，在开辟创业式的就业道路、不仰仗国家的安置方面为社会做出了榜样。城镇集体所有制单位职工人数从1978年的2048万人增加到1990年的3456万人，增长68.8%；城镇个体劳动者人数从1978年的15万人增加到1990年的671万人，增长44倍，这种状况大大改变了城镇待业人员安排去向的格局。1978年，城镇新就业人员中去集体、个体的只占28%，而"六五"期间，除去统配人员外，其余2200多万待业人员的安排去向正好与上述比例相反，通过全民所有制单位招工就业的只占28%。[①]

二是适应了产业结构的调整，也相应调整了就业结构，使扩大就业取得较好的社会经济效益。20世纪80年代以前，中国社会劳动力资源配置不合理，在新增加的就业人员中，50%以上集中于工业部门，而在工业部门中，

---

① 令狐安、孙桢主编：《中国改革全书（1978—1991）·劳动工资体制改革卷》，大连出版社1992年版，第4页。

70%又集中在重工业部门，第三产业和消费品生产人员不足。针对这种情况，各地开始重视发展日用消费品工业、商业、饮食业、服务业等行业，使这些行业的就业人数有较快增长。据统计，1979—1987年，全国城镇工业职工增加1716万人，其中轻工业增加955.9万人，占增加人数的55.7%；重工业增加760.1万人，占增加人数的44.3%。轻、重工业职工人数的比例，1978年为36.5∶63.5，1987年改变为41∶59。到1987年年底，第三产业人员达到5792万人，比1978年增加2266.8万人，增长64%，占城镇在业增长总人数的53%。城镇从事第三产业就业人数的比重，由1978年的37%上升到1987年的42%。第一产业的从业人员比重由9.4%下降到6.2%，第二产业的从业人员比重由53.6%下降到51.8%。[1] 因此可以说，"三结合"的就业方针打开了集体经济、个体经济的就业渠道，也拓展了轻工业、服务业的就业门路。反过来，就业面的扩大又促进了国民经济的发展和社会的安定。

（二）推行劳动合同制，搞活固定工制度

1980年8月，中共中央在《关于转发全国劳动就业会议文件的通知》中指出，要从根本上扭转"进了国营单位就等于有了'铁饭碗'的状况"，必须对经济体制包括劳动体制进行改革，"要逐步推行公开招工，择优录用的办法；要使企业有可能根据生产的需要增加或减少劳动力，劳动者也有可能把国家需要和个人的专长、志向结合起来，选择工作岗位"。[2] 1981年10月，中共中央、国务院《关于广开门路，搞活经济，解决城镇就业问题的若干决定》指出："目前国营企业的一大弊端就是'大锅饭''铁饭碗'"，必须"逐步改革国营企业的经济体制和劳动制度"，"招工用人要坚持实行全面考核，择优录用。要实行合同工、临时工、固定工等多种形式的用工制度，逐步做到人员能进能出"。这一时期，随着国民经济结构调整和国营企业改革的推进，企业的招工和用工制度方面的改革也同步进行。

---

[1] 何光主编：《当代中国的劳动力管理》，中国社会科学出版社1990年版，第68—69页。
[2] 令狐安、孙桢主编：《中国改革全书（1978—1991）·劳动工资体制改革卷》，大连出版社1992年版，第135—136页。

1. 劳动合同制的试行与推开

根据中共中央的改革精神，从 1980 年起，各地区和部门开始在新招职工中实行劳动合同制的试点。深圳是全国率先实行劳动合同制试点的城市。到 1982 年，已经在广东、广西、湖北、江苏、安徽、江西、上海、北京 8 个省（自治区、直辖市）的部分城镇 16 万人中试行了劳动合同制。为了进一步推动用工制度改革，1983 年 2 月 22 日，劳动人事部发出《关于积极试行劳动合同制的通知》，要求各省（自治区、直辖市）都要积极进行试点。"劳动合同制的适用范围，既包括全民所有制单位，也包括区、县以上集体所有制单位；既包括普通工种，也包括技术工种"，"招用合同制工人，必须签订劳动合同"。这是中央政府关于实行劳动合同制的第一个专项文件。1984 年，国务院批转了矿山、建筑、搬运装卸行业从农村招用合同制工人的规定，并指出用工制度改革的方向是逐步降低固定工的比例，大大提高临时工、季节工的比重，积极推行劳动合同制。到 1985 年，合同制工人达到 300 多万人，其中江苏、广东、河北、山东、辽宁等省的合同制工人超过了 20 万人。[①] 并且有十多个省、（直辖市、自治区）明确规定，从社会上招收的新工人，原则上都招收合同制工人，一般不再招收固定工。此外，一些地区在试行劳动合同制的同时，还对工资、保险福利等方面提出了具体配套改革措施。

在各地试行劳动合同制的基础上，1986 年 7 月 12 日，国务院发布了以改革用工制度为中心的四项改革办法，即《国营企业实行劳动合同制暂行规定》《国营企业招用工人暂行规定》《国营企业辞退违纪职工暂行规定》和《国营企业职工待业保险暂行规定》。上述政策文件的核心内容，就是要在全国范围内对新招职工普遍推行劳动合同制。根据国务院的规定，从 1986 年 10 月 1 日起，国家机关、事业单位、国营企业在国家劳动工资计划指标内招用常年性工作岗位上的工人，除国家另有特别规定者（指统一分配的技工学校毕业生和由国家安置的城镇退伍兵）外，统一实行劳动合同制。用工形式，由企业根据生产、工作的特点和需要确定，既可以招用 5 年以上的长期工、1—5 年的短期工和定期轮换工，也可以招用 1 年以内的临时工、季

[①] 张小建主编：《中国就业的改革发展》，中国劳动社会保障出版社 2008 年版，第 78 页。

节工。不论采取哪一种用工形式，都应按规定签订劳动合同，以书面形式明确规定双方的责任、义务和权利。劳动合同的内容应当包括：在生产上应当达到的数量指标、质量指标，或应当完成的任务；试用期限（政策规定为3—6个月，由企业根据不同工种具体确定）、合同期限；生产、工作条件；劳动报酬和保险、福利待遇；劳动纪律；违反劳动合同者应当承担的责任；双方认为需要规定的其他事项。劳动合同制工人的工资和保险福利待遇，应当与本企业同工种、同岗位原固定工人保持同等水平，其保险福利待遇低于原固定工人的部分，用工资性补贴予以补偿。同时，还实施了一些与劳动合同制相配套的改革措施。诸如废除了国营企业的子女顶替、内招办法，规定企业招用工人，必须在国家劳动工资计划指标之内，贯彻执行先培训后就业的原则，面向社会，公开招收，德智体全面考核，择优录用；为加强国营企业劳动纪律，提高职工队伍素质，增强企业活力，赋予了企业辞退违纪职工的权利；为了适应劳动制度改革的需要，促进劳动力合理流动，保障国营企业职工在待业期间的基本生活需要，建立起了国营企业职工待业保险制度，等等。

从1986年国务院发布劳动制度改革规定以来，各地、各部门始终坚持改革的方向，从实际出发，在新招工人中坚持实行劳动合同制，并逐步扩大劳动合同制的实行范围，取得了显著成效。到1987年年底，全国全民所有制单位从社会上招收的工人已全部实行劳动合同制，劳动合同制工人总数已达726万人，比1986年年底增加了208万人，占1987年新增职工总数的65.8%。[1] 1991年，全国全民所有制单位的劳动合同制工人达到1406万人，劳动合同制工人占全民所有制单位职工人数的比重已上升到14%；全国集体所有制企业的劳动合同制工人已近300万人，约占集体所有制企业职工人数的10%；原来统包统配的技工学校毕业生从1988年起也纳入了劳动合同制的实行范围。[2] 在坚持对新招工人实行劳动合同制的同时，各地在调查研究的基础上还进行了巩固和完善劳动合同制的工作。诸如进一步充实了劳动合同的内容、简化了招工手续、完善了劳动合同管理和有关政策措施，等

---

[1] 《改革企业劳动制度，推行劳动合同制》，《经济研究参考》1994年第31期。
[2] 李沛瑶：《坚定方向　巩固成果　进一步深化劳动制度改革——李沛瑶副部长在全国劳动制度改革工作会议上的讲话》，《中国劳动科学》1991年第12期。

等。实践证明,实行劳动合同制,有利于克服固定工制度能进不能出的弊端,实现劳动者和用人单位的双向选择,做到企业职工队伍的相对稳定和合理流动,并使劳动力能够在全社会范围内灵活调节,较好地适应社会化大生产和经济体制改革的需要。

2. 探索搞活固定工制度

推行劳动合同制只是在国营企业新招工人中实行,原有的工人仍实行固定工制度。为了深化劳动制度改革,自 1982 年以来,一些地区的企业在试行劳动合同制的同时,结合贯彻落实厂长负责制和经济责任制,采取劳动组合、集体承包的办法,积极探索搞活固定工制度的问题。1984 年 11 月,劳动人事部在河南郑州市召开的全国试行劳动合同制经验交流会上明确提出:要在推行劳动合同制的同时,采取积极措施搞活固定工制度。会后,一些地方和企业根据本地区、本企业情况,在班组工人中推行劳动组合集体承包办法。1987 年 9 月,劳动人事部在青岛市召开全国搞活固定工制度试点工作会议,会议总结交流了搞活固定工制度的经验,探讨了有关政策和理论问题,研究部署了在全国范围内全面开展搞活固定工制度试点工作。会后,全国普遍开展了优化劳动组合和合同化管理的改革试点工作,全国有 5 万多户企业,1500 多万职工参加。北京、辽宁、河南、黑龙江、湖南等省市即使在外部环境很困难的条件下,优化劳动组合始终没有停步,并且与全员劳动合同制相衔接,使优化劳动组合得到巩固。[①]

1988 年,中国进入以深化国营企业改革为中心的综合配套改革阶段,改革的关键是根据企业所有权与经营权分离的原则,实行多种形式的承包责任制。随着以承包经营责任制为主要内容的企业经营机制改革不断推向前进,各地各企业在搞活固定工制度所采取的形式上,主要有三种:一是通过劳动组合,择优上岗,合同化管理。把生产上不需要的富余人员撤离出来,由企业内部消化安置。上岗职工和下岗职工,在经济待遇上有所区别。实行这种形式的占试点企业的 80%—90%。二是把劳动制度改革与工资、保险福利以及人事制度改革结合起来,实行综合配套改革。具体的做法是,劳动制度改革重点在企业内部实行劳动组合、择优上岗、合同化管理等;工资制

---

① 李沛瑶:《坚定方向 巩固成果 进一步深化劳动制度改革——李沛瑶副部长在全国劳动制度改革工作会议上的讲话》,《中国劳动科学》1991 年第 12 期。

度改革重点是实行工资总额与经济效益挂钩办法；人事制度改革是实行干部聘任制；保险福利制度改革重点是解决保险社会化问题。三是在劳动组合的基础上，在企业全体职工中全面实行劳动合同制，允许企业辞退生产不需要的富余人员，也允许富余人员辞职。

实践表明，通过优化劳动组合、岗位合同化管理等措施，搞活固定工制度，把竞争机制引入职工内部管理，对缓解固定工与合同制工人两种用工制度的矛盾，调动职工的积极性，落实承包经营责任制，增强企业活力，促进企业经营机制转换，具有积极的促进作用。但是，由于这项工作触及传统体制的核心问题，政策性极强，加之在实行过程中存在着侧重"剥离"多余人员，而社会又无力进行安置，只能推给企业自我消化，因而出现了一些反复。针对这一情况，劳动部于1990年2月8日发布了《关于继续做好优化劳动组合试点工作的意见》（以下简称《意见》），进一步端正了搞活和改革固定工制度的基本思路和指导思想，并针对这一工作中存在的问题提出了改进的措施和办法。《意见》提出：国营企业在试点时，要"加强组织领导和民主监督"，"搞好定员定额工作"，"坚持'公开、平等、择优'的原则"，对富余人员要采取"先挖渠、后放水"的办法，主要在企业内部消化，不能推向社会。

（三）创办劳动服务公司，建立和培育劳务市场

1978年9月，李先念副总理在国务院务虚会上提出，"要成立劳动服务公司，负责介绍、组织待业人员就业"。[①] 1980年8月，中共中央转发了全国劳动就业会议文件，文件中规定"劳动服务公司担负介绍就业，输送临时工，组织生产服务，进行职业培训等项任务"，同时提出"将来劳动服务公司要逐步发展成为社会上调节劳动力的一种组织形式，起吞吐劳动力的作用"。1981年10月，中共中央、国务院《关于广开门路、搞活经济，解决城镇就业问题的若干决定》进一步强调，要"建立健全劳动服务公司的机构，充实人员，更好地发挥它的作用"，并对劳动服务公司的性质任务、职能作用等作了更加详细的规定，要求有关部门"从产供销渠道、银行贷款、

---

① 夏积智、张小建主编：《中国劳动力市场实务全书》，红旗出版社1994年版，第585页。

经营场地、财政税收政策、开办经费等方面给予必要的支持和帮助"。"厂矿企业和机关、团体等事业单位,也可以根据需要举办劳动服务公司"。为了进一步办好劳动服务公司,1982年9月15日,劳动人事部发出了《关于劳动服务公司若干问题的意见》的通知,对劳动服务公司的性质、任务提出了具体意见。此后,劳动服务公司迅速发展,到1987年年底,全国各级各类劳动服务公司[1]已有56060所,由它兴办的集体所有制企业有23.29万个,从业人员达到730.19万人。[2]

1986年7月,为了适应国务院改革劳动制度的四个暂行规定对劳动服务公司提出的新要求,各地劳动服务公司设立了专门机构或配备专职管理人员,列为事业编制,负责管理待业期间的劳动合同制工人,管理待业职工和待业保险基金。具体包括:待业职工的登记、建档、建卡、组织管理工作;待业保险基金的管理和发放工作;待业职工的就业指导、就业介绍工作;组织待业职工的转业训练;扶持、指导生产自救和自谋职业。

根据1989年8月17日中共中央、国务院《关于进一步清理整顿公司的决定》精神,原县以上各级劳动部门设置的劳动服务公司转变为就业服务机构,成为管理社会劳动力的行政机构或事业性机构,不再称劳动服务公司,主要承担职业介绍、就业训练、待业保险、组织生产自救等就业服务工作。根据国务院1990年11月22日发布的《劳动就业服务企业管理规定》,劳动服务公司的性质被定为承担安置城镇待业人员任务、由国家和社会扶持、进行生产经营自救的集体所有制经济组织。劳动就业服务公司的发展,为解决中国就业问题和推动劳动就业制度改革发挥了积极作用。一是开辟了一条创业式的就业道路。它不是先铺摊子、后招工,而是先把待业人员组织起来,根据社会需要和待业人员的具体条件,能干什么,就开辟什么就业门路。其特点是在创业中就业,充分发挥劳动者找业、创业的主动性和创造性。二是促进了集体经济的壮大,拓展了非国营经济的就业渠道。从1981—1990年,劳动就业服务企业的生产、经营和劳务总收入从18.2亿元上升到907亿元,

---

[1] 劳动服务公司按其隶属关系划分,大体分为三类:第一类是各级劳动部门办的县、区以上劳动服务公司;第二类是大、中城市的街道和县属区、镇、乡办的劳动服务公司;第三类是厂矿、学校、机关、团体和部队等企事业单位办的劳动服务公司。

[2] 何光主编:《当代中国的劳动力管理》,中国社会科学出版社1990年版,第23页。

在此期间，累计向国家纳税 200 亿元左右，无论是企业个数、收入总额还是安置人员人数，都在城镇集体经济中占据举足轻重的位置。① 三是促进了劳动力的社会调节，平抑了失业率。它将待业青年组织起来进行生产劳动，避免了向国营企业塞人的现象；而当国营企业需要人时，又把那些经过业务技术培训和生产锻练的劳动者输送出去。同时，还有一些劳动就业服务企业承担起安置国营企业富余职工的任务。

随着经济体制改革的展开，一些地区的劳动、人事部门还积极探索改变单纯依靠行政调配的办法管理职业介绍和劳动力流动，以及开展调整用非所学专业技术人员、人才余缺调剂。1983 年，沈阳市人才服务公司成立。1984 年，劳动人事部成立了全国人才交流咨询中心，之后各地纷纷建立类似的人力资源服务机构。1984 年 8 月，西安市建立"技术工人开发交流服务中心"，率先在技术工人交流方面引进市场机制的作用。中央领导同志肯定了西安的做法，并指出，各地应积极开办有领导的劳务市场，并使之制度化、法制化。1985 年 9 月，《中共中央关于制定国民经济和社会发展第七个五年计划的建议》明确提出："适应商品市场发展的要求，逐步开辟和发展资金市场、技术市场，同时促进劳动力的合理流动"，这意味着中共中央对发展劳务市场的肯定。② 此后，全国绝大部分省市都建立起了不同形式的劳务市场，其工作内容主要包括：技术工人交流、引导农村富余劳动力转移、组织家庭劳动服务、开展人员调剂等。1990 年 1 月 16 日，劳动部颁发《职业介绍暂行规定》，把组织劳务市场的专门服务机构正式命名为"职业介绍所"，进一步明确了它的性质、任务和管理方法，使其担负起开展就业指导与咨询，进行职业介绍的任务，进一步推进了劳务市场法制化的建设。到 1991 年年底，全国已建立职业介绍机构 7800 多所，通过信息咨询、职业介绍、就业指导、劳务交流等，每年为 700 多万劳动者实现就业和转换职业提供服务。为完善人才招聘管理政策，保证人才招聘工作的健康发展，1991 年 3 月 28 日，人事部发布了《关于加强人才招聘管理工作的通知》。实践证明，建立、培育劳务市场、人才市场，开展职业介绍和人才招聘，不仅为劳

---

① 令狐安、孙桢主编：《中国改革全书（1978—1991）·劳动工资体制改革卷》，大连出版社 1992 年版，第 5 页。

② 胡鞍钢、程永宏：《中国就业制度演变》，《经济研究参考》2003 年第 51 期。

动者自主择业提供了便利，而且也为企业恢复用工自主权提供了条件，更为中国劳动就业计划管理体制引入市场调节机制奠定了基础，促进了劳动就业制度改革的不断深化。

此外，随着部分城市试行劳动合同制，国营企业在用工上有了一定的自主权，不仅在计划指标内开始根据生产需要自行招工，灵活调剂使用劳动力，而且形成了日益扩大的国营企业"计划外用工"市场，招用城乡劳动者作为"临时工"。城镇新办集体企业、外资企业和私营企业的用工，基本是通过市场进行调节，城镇个体经济的零工市场也逐步兴起。甚至一些正式单位的职工在从事本职业之外，又以市场为媒介，利用业余时间从事其他职业，获得额外收入，形成了"第二职业市场"。

（四）农村劳动力开始向非农产业和城镇流动

促进农村就业，改变城乡劳动力分割的局面，实现城乡就业统筹规划与指导，也是中国劳动就业制度改革的重要内容。改革开放以前，城乡劳动力分割，农村劳动力被严格限制在农村集体组织，从事农业生产活动。从1978年开始，农村改革和紧随其后的其他经济改革，为农村劳动力就业的新变化提供了良好的条件：一方面，以家庭联产承包责任制为基础的一系列改革使农业劳动生产率得到了实质性提高，从而使农村劳动力隐性失业显化为劳动力剩余，形成有效的劳动供给；另一方面，经济增长、结构调整以及乡镇企业的发展也产生了大量的劳动力需求。[①] 这一时期，农村劳动力就业的新变化主要表现在：一是各种专业户、个体户以及集体经济和私营经济的发展，使农村就业出现了形式多元化的局面，突破了过去广大农民单一从事集体劳动的就业模式。二是多种经营、乡镇企业和第三产业的发展，呈现多业并举的格局，拓宽了农村劳动力的就业渠道，改变了农民只从事农业生产的就业格局，特别是迅速发展的乡镇企业成为农村剩余劳动力转移的重要渠道。据统计，乡镇企业从业人员从1978年的2872万人增加到1991年的9609万人，占农村就业人数的比重从9.23%提升到20.01%。其中1984年、

[①] 赖德胜、李长安、张琪主编：《中国就业60年（1949—2009）》，中国劳动社会保障出版社2010年版，第116页。

1985年乡镇企业每年新增近2000万人就业。① 三是几千万农村劳动力进城务工经商以及跨地区、跨城乡的流动,改变了千百年来农民足不出户、固守乡土的就业观念,城乡劳动力分割的局面开始被打破。到20世纪80年代末,农村劳动力外出总量达到3000多万人,农民工迁移大潮初现端倪。② 四是广大农民以前所未有的创业精神自主创业、自谋职业,改变了长期以来依赖农村社队集体统包的就业机制。

1984年以前,由于户籍管理制度的约束,农村剩余劳动力主要以流向乡镇企业为主,很少有进城务工的。随着乡镇企业的蓬勃发展和城市经济体制改革的展开,农村剩余劳动力流动得到正式许可,即政府限制农村人口流动的就业管理制度开始松动。1984年10月13日,国务院《关于农民进入集镇落户问题的通知》规定,凡在集镇务工、经商、办服务业的农民和家属,在集镇有固定住所,有经营能力,或在乡镇企事业单位长期务工,准落常住户口,口粮自理。这一户籍管理制度方面的初步变革使农村劳动力跨地区流动成为可能。1985年1月1日,中共中央、国务院《关于进一步活跃农村经济的十项政策》提出,鼓励扩大城乡经济交往,允许农民进城开店设坊,兴办服务业,提供各种劳务,支持和鼓励农民兴办交通运输业。1986年7月12日,国务院发布《国营企业招用工人暂行规定》,允许城市国营企业招收农村工人。为了帮助贫困地区脱贫致富,1987年8月15日,劳动部、国务院贫困地区经济开发领导小组发布了《关于加强贫困地区劳动力资源开发工作的通知》,通过加强地区间协作,组织劳动力跨地区流动,为中西部贫困地区农村劳动力流动创造条件。但是,从总体上来看,农村劳动力就业在发展中仍面临着诸多的体制性障碍。正是基于这一考虑,加之,1989年春节前后出现了农村劳动力大规模跨区域流动的"民工潮"引起全社会关注,1991年1月,劳动部、农业部和国务院发展研究中心决定,联合建立中国农村劳动力开发就业试点项目,探讨规范农村劳动力有序流动的措施与路径。

---

① 《中国统计年鉴(1997)》,中国统计出版社1997年版。
② 蔡昉主编:《中国劳动与社会保障体制改革30年研究》,经济管理出版社2008年版,第158页。

三 劳动就业制度初步改革的经验与特征

1979—1991年，随着经济体制改革的推进，中国劳动就业制度改革与发展取得了巨大成绩。一方面，不仅缓解了改革开放初期城镇严重的待业问题，城镇登记失业率从1979年的5.4%下降到1991年的2.3%，而且城乡就业人口从1978年的40152万人增长到1991年的58360万人，增加了18208万人，年均增长率为2.92%。[①] 另一方面，通过实行"三结合"的就业方针，推行劳动合同制，搞活固定工制度，走出了一条符合中国国情的劳动就业与用工的新路子，即"国家宏观调控，企业自主用工，多种形式并存，全员劳动合同"。[②]

（一）劳动就业制度初步改革的经验

1. 积极探索计划调控和市场调节相结合的就业机制

中国是人口大国，劳动力资源丰富。如此大规模的劳动力就业，仅仅靠政府统包统配是不可能解决好的，必须大力培育和发展劳动力市场，充分发挥市场机制在劳动力资源配置中的基础性作用。限于当时对计划和市场两种资源配置手段的认识不到位，劳动就业制度改革也有反复，但是，改革传统劳动体制的弊端，启动市场机制，积极探索计划调控和市场调节相结合的就业制度改革理念和方向没有变，政府促进就业的责任没放松。自1980年以来，以改革统包统配的就业制度为突破口，以实行"三结合"就业方针为标志，市场机制开始引入到劳动力资源的配置中来，劳动者就业的市场主体地位逐步显现。"三结合"就业方针虽然是为缓解当时严峻的城镇就业形势而采取的应急措施，但它也推动了组织起来就业和自谋职业的发展，使越来越多的劳动者告别了统包统配的就业制度，开辟了市场就业的先河，双轨就业体制模式逐渐形成。从那时起，改革的市场化探索就再也没有停止，从长期以来依赖全民所有制单位安置就业的单一渠道到发展城镇集体经济、个体

[①]《中国统计年鉴（1997）》，中国统计出版社1997年版。
[②] 阮崇武：《认真宣传推广企业改革的先进经验积极稳妥地推进劳动用工、工资分配和社会保险制度改革》，《中国劳动科学》1992年第1期。

经济、私营经济等多种经济形式，积极推动多种就业渠道的开辟；从国营企业在新招职工中实行劳动合同制试点，到搞活固定工制度，实行合同工、临时工、固定工等多种形式的用工制度，再到一些国营企业通过优化劳动组合进行全员劳动合同制试点；从创办劳动服务公司到建立和培育劳务市场，实行劳动力的社会调节等。通过改革，一方面在非国有部门，劳动力市场开始自发地产生，客观上提高了对劳动力资源的配置效率，即就业岗位迅速增加、农民进城就业、城镇失业率稳步下降；另一方面，非国有部门就业的市场化带动了国有部门就业观念的更新和平等竞争、自主择业、自主用人机制的形成，国有部门也有了向市场机制转轨的突破口。正是这样一步一步地推进，最终基本形成市场导向的劳动就业机制，企业用人的市场主体地位逐步形成，为建立新型的劳动就业制度提供了有益经验和重要的实践依据。

2. 合理调整产业结构与所有制结构，坚持发展经济与扩大就业的良性互动

发展是硬道理。通过发展经济来扩大就业，是解决就业问题的根本途径。解决好经济发展、结构调整和扩大就业、减少失业的关系，是政府促进就业的首要责任。早在1981年，中共中央、国务院《关于广开门路、搞活经济，解决城镇就业问题的若干决定》就提出"广开就业门路，应该结合调整产业结构和所有制结构，在发展经济和各项建设事业的基础上来进行"。之后，随着所有制结构和产业结构的调整，国家加大了对消费品工业和商业、服务型行业发展的支持力度，城镇集体经济和个体经济以及乡镇企业快速发展，并逐渐成为创造就业岗位的主力军。据统计，从1978—1991年，国民生产总值由3588.1亿元增加到21661.8亿元，按不变价格计算，增加了194.2%；全国非农业从业人员达到23493万人，新增11714万人，增长了1倍，城镇失业率由5.3%下降到2.3%。[1] 其中，在城镇国有经济单位就业的人员由7451万人增加到10664万人，在城镇集体经济单位的就业人员由2048万人增加到3628万人，在城镇个体经济就业人员由15万人增加到692万人；在乡镇企业就业的人员由2827万人增加到9609万人。[2] 就业岗位增加有赖于经济发展，反过来，扩大就业也会促进经济发展，并促使经济结

---

[1] 《中国劳动年鉴（1992—1994）》，中国劳动出版社1996年版，第670—676页。
[2] 《中国统计年鉴（1997）》，中国统计出版社1997年版。

构与产业结构优化。从 1978—1991 年，第一、第二、第三产业的产值比重由 28.4%、48.6%、23.0% 变为 24.5%、42.1%、33.4%；从业人员构成由 70.7%、17.6%、11.7% 变为 59.8%、21.4%、18.8%。[1] 把经济发展与结构调整的过程变成对就业拉动能力不断提高的过程，这是中国解决劳动就业问题的一项重要历史经验。

3. 积极探索城乡劳动力统筹就业的新路子

改革开放以前，城乡劳动力分割，农村劳动力在城乡之间和地区之间的流动受到严格限制。改革开放以后，在促进城乡经济协调发展中，开始注意将城乡劳动力就业统筹考虑，一手抓城镇就业工作，一手抓农村劳动力向非农产业和城市转移就业，进而打破二元经济结构，实现城乡劳动力资源的统筹规划和合理配置。伴随着农村家庭联产承包责任制的实行及其效果的显现，农村剩余劳动力的转移和就业政策，经历了一个从严格限制到允许流动，从控制盲目流动到引导有序流动的演变过程。为了防止过多的农村人口涌入城市，1981 年 12 月 30 日，国务院曾发布《关于严格控制农村劳动力进城做工和农业人口转为非农业人口的通知》，要求农村剩余劳动力主要通过发展多种经营和兴办社队企业，就地适当安置。然而，这种"离土不离乡、进厂不进城"的就地转移政策，却为日后乡镇企业的大发展提供了丰富的劳动力资源，也使中国农村工业化走上了一条有别于其他发展中国家的独特道路。在城乡一系列改革措施的推动下，到 1983 年，政府开始允许农民自理口粮进城务工经商，并给予农民异地经营以合法性，农村劳动力流动进入了一个较快增长的时期，以致 1989 年出现百万民工下广东的"民工潮"。在这种大规模的农村劳动力跨区流动的形势下，依靠"堵"的政策措施显然是不能解决问题的。借助劳动力市场，采取疏导的办法才是解决"民工潮"压力的唯一有效措施。于是，1991 年年初，在劳动部和农业部等部门的推动下，开始建立并实施农村劳动力开发就业试点的项目，积极探索引导农村劳动力的有序流动。当前，中国正处于城镇化加速发展的阶段，我们要抓住这一历史机遇，坚持统筹城乡就业制度改革，加快农业劳动力向非农产业和城镇转移的速度。

---

[1] 《中国劳动年鉴（1992—1994）》，中国劳动出版社 1996 年版，第 670—672 页。

(二) 劳动就业制度初步改革的特征

1. 劳动就业制度改革遵循经济体制改革的整体步骤与逻辑

经济体制改革作为社会经济资源配置方式的改革与转变过程，必然包括劳动力资源配置方式的改革。遵循经济体制改革的整体逻辑与步骤，中国劳动就业制度改革伴随着农村家庭联产承包责任制的实行，以农村劳动力这种生产要素的配置方式变革为标志而起步，并逐渐推进到城市。20世纪70年代末，中国农村开始实行家庭联产承包责任制。这一改革对农业生产产生了巨大激励效果，大幅度提高了生产效率，农业劳动时间大大节约，形成了公开的劳动力剩余。加之，农户具有安排劳动时间、决定劳动方式和劳动内容的自主权。于是，便开始了劳动力资源重新配置的过程。[①] 之后，随着劳动力流动政策环境的逐步改善和障碍拆除，农村劳动力流动的规模和范围都大幅度提高，形成了大规模的流动劳动力群体。农村劳动力的流动以及向非农产业和城镇转移，不仅助力农村剩余劳动力找到就业出路，而且还促进了农村工业化和城镇经济的发展。反过来，城市建设迅速发展，城市辐射功能增强，又强化了城市对农村剩余劳动力的吸引力。

在城市，劳动就业制度改革始终与经济体制改革相联系，特别是与国营企业改革存在着密不可分的关系。因为在计划经济体制下，劳动就业始终是国营企业的一项重要社会职能，国营企业作为政府的附属物，理所当然地承担着政府的一部分职能。当以国营企业为中心的经济体制改革开始后，不突破传统的统包统配就业制度，国营企业改革就很难进一步深化；同时，国营企业改革的发展也为就业制度的改革创造了条件，从根本上动摇了传统就业制度的基础。[②] 20世纪70年代末开始的国营企业放权让利式改革的每一步深入，其实都意味着企业在使用劳动力方面自主权的扩大。也就是说，随着国家逐步扩大国营企业的包括劳动用工权在内的各项经营自主权，企业管理者开始具有筛选、解雇职工的合法权，也有权根据企业效益和职工的表现决定和调整工资水平。而真正突破传统就业制度的改革，首先是从招工用工领域开始的，其中最有影响的就是劳动合同制的试点和推行。

---

① 蔡昉：《中国就业制度改革的回顾与思考》，《理论前沿》2008年第11期。
② 胡鞍钢、程永红：《中国就业制度演变》，《经济研究参考》2003年第51期。

2. 劳动就业制度改革紧紧围绕经济工作的中心任务——增强企业活力来进行

劳动就业制度改革的根本目的是调动职工积极性，增强企业活力，这也是衡量改革成功与否以及成效高低的主要标志。劳动就业制度改革把着眼点放在搞活企业上面，改革不是单纯地为了"裁人"，单纯考虑"撤离"多少富余人员，而是着重于企业经营机制的完善，有效地合理利用劳动力资源。几年来，围绕搞活企业，各地区、各部门不断推进招工、用工制度的改革，促进劳动力的合理配置，根据生产、工作需要和职工的业务技术素质，合理安排劳动力。对考核不合格的下岗职工，通过开辟新的生产、生活服务门路，发挥他们的专长，或者组织培训，提高他们的业务素质，逐步实现劳动力与生产资料的合理配置，做到人尽其才，人事相宜，调动企业和职工的积极性。[1] 特别是在改革过程中，把优化劳动组合、全员劳动合同制与经营承包的工作结合起来，不但推动了改革，而且为企业发展生产、提高经济效益创造了条件，使改革工作焕发了生机。

3. 劳动就业制度改革是一个由增量到存量的渐进深化过程

劳动就业制度的改革是从增量上开始的。在城市，1980年政府推行的"三结合"就业方针，第一次突破了城市劳动力配置的完全计划化，形成了一个边际意义上的政策调整。同时，它与对产业结构调整和所有制多元化的最初认同是相互补充的政策。[2] "三结合"方针的实施与推行，打破了政府统包统配单一渠道安置劳动力的就业制度，开辟了国有、集体和个体多条就业渠道，逐步形成了多元化的就业新景象。为打破固定工制度，劳动合同制的试点与推行也有一个从增量到存量的渐进过程。1980年，首先在经济特区的三资企业中恢复。之后，各省、市、自治区开始试点，1986年，把它全面推行到全民所有制的新增职工范围。接着，从1987年的劳动优化组合，搞活固定工制度，到20世纪90年代初大范围地推动企业的固定工制度改革，合同化管理范围由新增职工扩大到包括原有职工在内的全体就业人员。劳动就业制度改革又向前跨了一级大台阶，即进入存量改革阶段，标志着城

---

[1] 李沛瑶：《坚定方向 巩固成果 进一步深化劳动制度改革——李沛瑶副部长在全国劳动制度改革工作会议上的讲话》，《中国劳动科学》1991年第12期。

[2] 蔡昉：《中国就业制度改革的回顾与思考》，《理论前沿》2008年第11期。

市以国有企业为重点的劳动就业制度改革的全面开展。在农村，家庭联产承包责任制释放出的农村剩余劳动力，起初是"离土不离乡、进厂不进城"的就地转移，接着，催生了农村乡镇企业的快速发展和向城镇的自发流动，不仅开辟了乡村工业化的道路，而且促进了城镇产业结构的调整和经济体制的改革，这也是一个从量变到质变的渐进过程。

当然，1979—1991 年中国劳动就业制度改革是初步的，劳动力市场尚处于发育状态，当时被称为"劳务市场""人才市场"，"劳动力是商品"还没有达成共识，"失业"被称为"待业"，与经济市场化相适应的劳动就业体制尚未形成。在成熟的劳动力市场中，用人单位具有充分的招工自主权和工资决定自主权，工资或收入对劳动者去向具有直接影响，劳动者具有充分的就业自主权，劳动力流动率高。这一时期，国营企业的经营机制才刚刚开始转换，效率机制在国营企业用人机制上尚处于尝试阶段，各项改革措施也不配套。从用人单位招工自主性来看，非国有制企业自主用工权基本上能得到保障，国营企业在劳动用工上的自主权没有得到落实，企业在招工数量、条件、方式和区域等方面还面临诸多的行政干预。据统计，国营企业每年还需要接纳约占年度就业量 30% 的统包统配人员，尤其是国营企业基本不能行使对职工的辞退权力，企业内部缺少释放多余劳动力的机制，大量的富余人员妨碍企业的有效用工。从劳动者就业自主权来看，新增就业人员的大部分已经能够行使就业自主权，但是，已经就业的劳动者因辞职、调动方面的困难而难以行使这种权力。从劳动力流动性方面来看，由于地区分割、城乡分割、身份壁垒和固定工资制度等限制，市场对劳动力配置的调节作用有限。[①] 此外，劳动力市场的发育还存在不同企业之间、不同地区之间的不均衡性，劳动力市场中介组织不发达，劳动力市场运行不规范等问题。比如，国营企业招用城乡劳动者作为"临时工"，结果形成了一个有中国特色的"计划外用工"市场。所有这些问题，都需要通过进一步的劳动体制改革和劳动力市场的发育予以解决。

---

① 赵凌云：《中国经济通史》（第十卷·下），湖南人民出版社 2002 年版，第 498—499 页。

第十二章
职业技术培训的恢复和发展

改革开放以来,中国进入了现代化建设的新历史时期。社会主义现代化建设需要一支大量的有社会主义觉悟、有科学文化知识、有专业技术和经营管理经验的职工队伍,但由于受"文化大革命"的影响,国家经济发展滞后、教育断层、人才匮乏,而当时的职工队伍素质和水平同现代化建设的要求远远不相适应。"在政治思想方面,有一部分职工对社会主义缺乏认识,思想不够健康,缺乏主人翁态度,劳动纪律性差。在文化方面,80%的职工没有达到初中程度,缺乏现代科学技术的基础知识。在业务技术方面,工人实际操作的技术水平低;多数管理人员业务水平低,更缺乏经营管理现代化企业的知识。工业部门的技术人员只占职工总数的2.8%,其中相当多的人未受过高等教育。……如果不改变这种状况,就很难掌握先进的技术和装备,就不能管好现代化的企业,就不能消除人力、物力、财力的巨大浪费,也就难以大幅度提高劳动生产率。"[①] 为了适应新形势、新任务的需要,在中共中央、国务院的关怀下,中国职业技术培训事业迅速恢复并有了新的发展,开始从过去那种单纯为全民所有制经济部门培养新技术工人的后备培训制度,逐步转向全面实行职业技术培训,多形式、多层次的职业技术培训网络正在形成。

[①] 《中共中央、国务院关于加强职工教育工作的决定》,《中华人民共和国国务院公报》1981年第10期。

一　职业技术教育发展与技工学校改革

（一）职业技术教育的改革与发展

中国职业技术教育由中等职业技术教育和高等职业技术教育构成。其中，中等职业技术教育又包括职业高中、中等技术学校和技工学校三种类型，这些学校主要招收初中毕业生，修业年限一般为3—4年。

改革开放初期，中国中等教育结构单一化，职业教育与国民经济发展的需要严重脱节。1979年，高中阶段教育的毕业生中，有普通高中毕业生726.5万人，而职业教育仅有中专毕业生18.1万人、技工学校毕业生12万人，约占当年高中阶段毕业生总数的4%；高等学校招生规模较小，高中毕业生升学率仅有3.8%。绝大多数青少年高中毕业后，既不能升学，又没有就业所需的技能；技能型人才数量奇缺、素质不高，导致技术人员比例从1965年的4.1%下降为2.9%，职工素质下降。[①] 加上人口膨胀，每年有数百万无一技之长的普通高中毕业生涌向企业，严重影响了企业劳动生产率的提高。1980年10月7日，国务院批转教育部、国家劳动总局的《关于中等教育结构改革的报告》提出"应当实行普通教育与职业、技术教育并举……在城乡要提倡各行各业广泛办职业（技术）学校"，即调整中等教育结构，把部分普通高中改办为职业中学、农业中学，提倡各行各业广泛举办职业技术学校，促使各类职业技术学校的发展。于是，新出现的职业高中以不包分配、联合办学、服务地方、灵活多样的办学思路受到欢迎，发展速度超过中专和技校。几乎在一夜之间，许多地方一批薄弱的高中学校，通过简单的"换牌"就变成职业学校了。由此，中国职业技术教育进入了前所未有的迅速发展阶段，中等教育结构不合理的状况开始有所扭转。

长期以来，中国职业教育以中等职业教育为主体，中等职业教育主要承担一部分初、中级专门人才的培养任务。而新的历史时期需要培养大量的高素质、技能型专门人才。为适应这一客观要求，传统的高等教育办学模式显

[①] 《30年中国特色职业教育的发展》，《职业技术教育》2008年第10期。

然力不从心，势必要求形成多种形式、多种层次、多种规格办学的路子，即必须走大力发展高等职业教育的道路。1980年后，一种新型的地方大学——职业大学在一些地区出现。成立最早的是金陵职业大学、合肥联合大学、江汉大学、西安大学、成都大学、常州工业技术学院、杭州工专、洛阳大学等13所。这些学校采取收费走读、强调提高动手能力、毕业不包分配及择优推荐等举措，引起了社会各界的关注。

1985年5月27日，中共中央颁布了《关于教育体制改革的决定》（以下简称《决定》），明确指出"调整中等教育结构，大力发展职业技术教育"，并提出"发展职业技术教育要以中等职业技术教育为重点，同时积极发展高等职业技术院校"，"逐步建立起一个从初级到高级、行业配套、结构合理又能与普通教育相互沟通的职业技术教育体系"。《决定》还要求改革劳动人事制度，并正式提出"先培训、后就业"的用工制度。《决定》的出台，标志着中国大力开展职业培训政策的出台，使职业培训在20世纪80年代后半期迎来了一个蓬勃发展的时期。[①] 到1990年年底，各类职业技术学校已发展到1.6万多所，在校生超过600万人；高中阶段各类职业技术学校和普通高中的招生数之比已接近1∶1，中等教育结构单一的状况有了较大改观。[②] 1991年10月17日，国务院颁布了《关于大力发展职业技术教育的决定》，明确了职业技术教育发展的总体目标和主要任务，提出了发展职业技术教育的政策措施；特别要求有步骤地推行"先培训、后就业"的原则，要求在实行技术等级考核的工种里逐步实行"双证书"（即毕业证书和技术等级或岗位合格证书）制度。该《决定》对20世纪90年代中国职业技术教育的发展产生了积极影响。

（二）技工学校的改革与发展

技工学校是一种中等职业技术学校，它的改革是整个培训制度改革的一个十分重要的方面。1978年2月，国务院批准全国技工学校的综合管理工作由教育部划归国家劳动总局，各级劳动部门开始恢复和建立培训管理机构，加强调查研究，加强综合领导管理工作。同年12月，全国技工培训工

[①] 《改革开放三十年职业培训三十件大事》，《中国培训》2008年第12期。
[②] 《30年中国特色职业教育的发展》，《职业技术教育》2008年第10期。

作会议召开，会议在总结经验和交流情况的基础上，提出了整顿充实提高现有技工学校、有计划地发展新的技工学校，加强学徒培训，开展在职工人技术培训，以及加强师资、教材建设等各项任务，推动了培训工作的进一步开展。① 1979 年 2 月 20 日，国家劳动总局颁发了《技工学校工作条例（试行）》，成为新时期技工学校培训工作的重要法规依据。同年 9 月 28 日，国家经委、国家劳动总局联合下发了《关于进一步搞好技工培训工作的通知》（以下简称《通知》），就如何落实当时中共中央提出的国民经济调整、改革、整顿、提高的战略方针，进一步搞好技工培训工作作出了全面规划和部署。《通知》着眼于逐步恢复正常的教学和培训秩序、健全专业设置、扩大规模和增加人数，为技工学校和在职工人技术培训工作的积极调整、稳步发展指明了方向，起到了重要的指导作用。通过调整和整顿，技工学校的定点布局、办学规模、工种专业设置等更加合理，学校的领导班子、师资力量也有了加强，教学设备、实习场地设施都得到充实，为提高教学质量和进一步办好技工学校创造了条件。这一时期，技工学校的改革主要包括以下几个方面：

第一，改革招生和毕业生分配制度。在毕业生分配方面，1983 年 4 月 26 日，劳动人事部颁发了《关于改革技工学校毕业生分配制度等问题的意见》，指出："技工学校现行的招生和毕业生分配制度，是一种统包统配的制度，不利于调动学生学习和单位办学的积极性，必须改革。改革的原则和方向，是把无条件的统包统配改为有条件的统筹安排，按照国民经济的需要和'三结合'就业方针，择优分配"，"不合格的不分配"。毕业学生的分配，既可以分给全民所有制企事业单位，也可以分配给集体所有制的部门和单位，或从事个体经营与自谋职业。1988 年 1 月 29 日，劳动人事部发出了《关于技工学校毕业生当工人后实行劳动合同制的通知》，要求从 1988 年起，技工学校按照国家劳动计划招收新生时，在招生简章中明确规定学生毕业后当工人的实行劳动合同制。根据以上规定和要求，当年即有 17 个省（直辖市、自治区）全面实行，有 9 个省（自治区）进行试点，1989 年全国基本上实行。② 在招生工作方面，1985 年 8 月 5 日，劳动人事部颁发的《关于技

---

① 何光主编：《当代中国的劳动力管理》，中国社会科学出版社 1990 年版，第 224—225 页。
② 《中国劳动年鉴（1988—1989）》，中国劳动出版社 1991 年版，第 96 页。

工学校改革的几点意见》,指出:各技工学校除了按照国家批准下达的年度招生计划指标,实行计划招收、培养后备中级技术工人外,地方或部门还可根据实际需要,适当安排一部分计划外招收的任务。1988 年有湖南、河北、黑龙江等 11 个省(直辖市、自治区)实行了差额招生淘汰制,即允许技工学校按照国家下达的招生计划,超 1%—5% 的数字实行超额招生,允许有一定人数的学生毕业时由于各科成绩差,不予毕业。这样既能做到适当扩大招生任务,满足当地的需要,又有利于自然淘汰,保证培训质量。为突出技工学校培养技术工人的特点,1991 年劳动部委托河北省在技工学校招生考试中进行了加试"职业能力测试"的试验工作。在完成国家计划任务外承担的各种短期培训任务,由各校根据各自的培训能力自行安排,可以不受国家计划的限制。此外,实行毕业证书和技术等级证书双证制度。1989 年 5 月 10 日,劳动部颁发的《关于技工学校深化改革的意见》提出,对技工学校毕业生除毕业考试及格、颁发毕业证书外,还要进行技术等级考核,确定其技术等级,并由劳动行政部门颁发技术等级合格证书,作为毕业分配和确定工资待遇的主要依据。

第二,实行多形式、多层次和承担多种培训任务的办学。1985 年 8 月,劳动人事部颁发《关于技工学校改革的几点意见》,对技工学校的性质和任务、工种(专业)设置、学制、招生计划和毕业生分配、学生待遇、师资、教学改革、扩大学校自主权等都做出明确规定。这次改革,使技工学校发生了质的变化,开始向多形式、多层次、灵活的方式转变,并同经济体制、劳动制度改革相配套,为技工学校以后面向市场创造了条件,提供了练兵的机会。1986 年 11 月 11 日,劳动人事部和国家教委颁发新的《技工学校工作条例》,指出:技工学校在完成培养中级技术工人任务的前提下,可以根据需要和可能,积极承担多种培训任务,包括在职工人(含班组长)的提高培训、转业培训,待业青年的就业培训,学徒的技术培训等。"培训工种专业过去最多时未超过 200 种,而且多数是机械制造、修理方面的。现在全国技工学校设置的工种专业有 440 多种,而且许多稀缺工种也都能通过技工学校培养。"[①] 这些培训,均可根据不同的目标要求,制定不同的学制或学习期

---

① 劳动人事部培训就业局:《我国职业技术培训取得可喜成绩》,《中国劳动》1984 年第 19 期。

限，采取灵活多样的形式组织教学工作。这样做，既符合客观形势和实际的需要，又能使技工学校充分挖掘潜力，发挥作用，有利于学校规模的稳定与巩固提高。据统计，全国技工学校从1983—1989年轮训在职工人与代培人数即达160万人，平均每年轮训20万余人。①

第三，开展教学改革，加强生产实习教学和管理。一是推动技工学校教学改革。随着技工学校承担多种培训任务，实行多层次的办学，开始按照不同任务与不同层次的目标要求，根据新工艺、新技术的发展情况，建立健全教学研究组织，制订和编写不同的教学计划、教学大纲和教材，改进教学方法，改善教学的物质条件，充实教学设备，增添现代化教学设施。对培养中级技术工人的教学工作，主要本着搞好操作技能培训、不忽视必要的文化技术理论学习的原则，突出操作技能的训练，搞好生产实习教学。比如，建立实习工场、充实生产实习设备、搞好厂校挂钩和组织好学生的下厂实习等。特别是一些条件较好的技工学校，开始试验承担高级技工的培训任务，试办高级技工班和高级技工学校。高级技工班和高级技工学校招收具有一定实践经验和中级技术水平的青壮年工人，也可招收少数技校或职校的优秀毕业生，学制两年，毕业后达到高级工技术水平。技工学校高级技工班和高级技工学校的试办，为高级技术工人的迅速成长开辟新的渠道。二是进一步加强生产实习教学和管理，使提高教学质量和增加学校的生产经济收益相结合，建立技工学校基金制度。1984年7月，劳动人事部培训就业局曾在烟台召开部分技工学校的座谈会，专题研究讨论并总结交流了有关这方面的经验。1985年7月12日，劳动人事部和财政部发出了《关于在技工学校建立学校基金制度的联合通知》，规定技工学校可以通过生产实习，生产有价值的产品，创造经济收益，实行有偿培训等积累的学校基金，大部分用于发展和改善办学条件（如兴建校舍、添置教学设备等），也可适当用于改善职工的集体福利等方面。这对于鼓励和促进技工学校搞好生产、增加收益、提高培训质量起到了积极的作用。据统计，1985—1987年，全国技工学校共创生产利润达9880多万元，而且是逐年增长的趋势。其中，地方劳动部门技工学

---

① 何光主编：《当代中国的劳动力管理》，中国社会科学出版社1990年版，第226页；《中国劳动年鉴（1988—1989）》，中国劳动出版社1991年版，第97页。

校利润为 4870 多万元，占全国技工学校生产利润总数的 49%。[1]

第四，扩大技工学校自主权，实行学校行政领导体制和有关制度的改革。实行党政分开、逐步推行校长负责制；加强民主管理，建立健全校务会议制度和全校教职工代表大会制度；改革原有的教师职称、实行新的教师职务聘任制度；加强校际、厂校之间的横向联系；在某些后勤工作中实行承包责任制度；建立技工学校的评估、检查制度，开展"创一流技工学校"的活动，等等。

通过上述各方面的改革，技工学校的职前培训事业有了很大的发展和提高。至 1991 年年底，全国技工学校数已经发展到 4269 所，在校学生 142.21 万人，教职工 32.51 万人，分别比 1978 年增长了 1.12 倍、2.72 倍和 3.88 倍。[2]

二 学徒培训制度改革与就业训练蓬勃兴起

学徒培训和就业训练，都担负着把社会待业青年培养成为合格的劳动者的任务，是就业前的培训。这一时期，两种培训形式都加强了制度管理，提高了培训质量。

（一）学徒培训制度改革

20 世纪 70 年代末 80 年代初，学徒培训基本上是出于企业自招自培形式。与其他培训形式比较，学徒培训独具特色，主要表现在：培训的工种多，覆盖面广；因地制宜，因人施教，与生产紧密结合；干中学，学用一致。但是，学徒培训也存在一些问题：一是师傅的技术水平和道德作风往往会限制和影响徒弟的发展；二是缺乏相应的规章制度保护学徒的权利，许多企业以生产急需用人为理由，把学徒当作廉价劳动力使用，培训时间无法保证；三是没有严格的考核制度，学徒培训的质量无法保证。因此，改革学徒培训制度被提上日程。

---

[1] 何光主编：《当代中国的劳动力管理》，中国社会科学出版社 1990 年版，第 227—228 页。
[2] 《中国劳动年鉴（1990—1991）》，中国劳动出版社 1993 年版，第 540 页；《中国劳动人事年鉴（1949.10—1987）》，劳动人事出版社 1989 年版，第 150 页。

第一，加强对学徒的领导管理工作。1981年5月21日，国家劳动总局颁发了《关于加强和改进学徒培训工作的意见》（以下简称《意见》），要求各级主管部门和劳动部门也要设置专门机构或配备专门人员，各企业、事业单位配备专职干部或指定专人管理学徒培训工作，并做好学徒的思想教育和技术培训工作。《意见》提出："招收学徒，要坚持德智体全面考核，择优录用"；录用后，"企业、事业单位与学徒要签订培训合同"，"合同应规定双方的权利和义务"，同时还要签订师徒合同，实行包教包学包会。在整个学徒年限内，在搞好操作训练的同时，要有不少于1/3的时间用于学习技术理论知识，按照不同工种的要求开设必要的技术理论课程及相应的文化课程。[①] 以及要严格实行考核制度，对学徒进行考核，考核合格者才能转正，等等。这些规定，有的企业执行较好，保证了学徒培训的质量，但也有企业由于生产任务紧张，急于要求学徒顶班生产，忽视了培训，特别是对于必须有1/3的时间组织文化技术理论学习难以保障。

第二，调整学徒的学习期限和范围。这一时期，主要是组织各产业主管部门，根据产业结构的变化、工种专业的增加以及报考学徒的青年在文化程度上普遍有所提高的特点，对原有学徒的学习期限、范围等进行了调整。有的将原有分工过细的工种专业作了适当的调整合并，有的增添了新的行业和新的工种专业。学习期限上，主要是根据城镇有大批高中毕业生不能升学、迫切需要就业的特点，对原有一部分工种专业学徒期限一般为三年的规定，有的调整为两年，但仍维持最低不少于两年的制度。根据调整修订后的范围和期限，由各部重新制定培养目标，制定学徒转正定级考核所必须达到的应知、应会的标准。

第三，进一步改革学徒培训制度。学徒培训制度的进一步改革，主要是针对过去那种学徒从进厂第一天起，就等于成了固定工，端上了"铁饭碗"，不利于学徒刻苦钻研学习的弊端，朝着有利于加强培训、保证培训质量，实行半工半读的方向发展。1981年，中央提出先培训、后就业的原则和要求，一些地区开始在学徒培训中试行改招工为招生，实行生产现场培训同在就业训练中心或技工学校、学徒学校中培训相结合的办法。比如，苏

---

① 《中国劳动人事年鉴（1949.10—1987）》，劳动人事出版社1989年版，第155页。

州、四平等一些地区，试行改招工为招生，两次择优录取，即第一次择优录取当培训生，经过培训考核合格后第二次择优录取当学徒，并采取学校（或培训班）培训同现场培训相结合的办法，收到了较好效果。[①]

劳动合同制普遍推行后，有些企业招工用人产生了某种"短期行为"，不认真按照学徒期限和有关规定招收学徒、组织培训，而是一律采取招收合同制工人的办法，经过短期试用期后，即转为正式工人。还有的认为学徒培训形式落后，已经过时，主张所有技术岗位新工人均采用技术学校形式进行培训，不赞成再用学徒形式来组织培训。这些都不利于学徒培训工作的开展。1988年12月，劳动部在调查研究的基础上，召开有各省、市、自治区劳动厅（局）和有关部门、少数厂矿企业负责同志参加的关于改革学徒制度的座谈会。会上交流了情况和经验，就有关的问题展开了讨论，并达成以下几点共识：一是根据当前实际情况，特别是有些部门、行业和某些工种、专业，还必须发挥利用学徒形式的优势，培养新的技术工人，为保证学徒培训质量，学徒期限为三年、二年的规定必须坚持，不得改变；二是对于技术岗位需要采用学徒形式培养新工人的，要继续试行改招工为招生，采用学校或训练班组织必要的技术理论学习，到生产现场组织操作技能训练，做到学校培训与现场培训相结合；三是招收学徒后，要认真签订并执行有关的合同，特别要订好师徒合同，认真组织培训，严格考核制度，按照有关规定，做好转正定级的考工考试，保证培训质量。[②]

（二）城镇待业青年就业训练蓬勃兴起

就业训练是为城镇待业青年创造就业条件的一种职业技术培训，主要由各级各类劳动服务公司举办就业训练中心及采取其他多种形式和办法来进行。早在1980年前后，西安市劳动服务公司即举办就业训练中心，将待业青年组织起来，实行专业技术培训，使待业青年获得一技之长后再介绍就业或组织集体企业与自谋职业，收到了很好的效果。

1981年6月，国家劳动总局在西安召开劳动服务公司工作座谈会，组织外省、市有关人员参观了西安市劳动服务公司举办的就业训练中心，总结

[①] 何光主编：《当代中国的劳动力管理》，中国社会科学出版社1990年版，第230—232页。
[②] 《中国劳动年鉴（1988—1989）》，中国劳动出版社1991年版，第97页。

了西安市实行就业训练的成效和经验。同年 10 月 17 日，中共中央、国务院在《关于广开门路，搞活经济，解决城镇就业问题的若干决定》中进一步提出，要普遍开展对城镇待业青年就业前的培训，逐步做到使一切需要进行培训的人员，先经过培训以后再就业。此后，许多城市相继举办起就业训练中心，开展待业青年就业前的培训。到 1987 年全国就业训练中心已发展到 1606 所。① 这些就业训练中心，多数是由地方各级劳动部门所属劳动服务公司及厂矿等企事业单位所属劳动服务公司举办的。它们的特点：多数都是前店后校或前班后厂，培训与生产经营服务相结合；培训的工种专业，一般根据当地实际需要，定向培训，适应性强；就业训练中心的培训期限，初级技术业务工种（专业）一般为 1 年，熟练工种一般为 3 个月至半年；② 培训内容，主要是操作技术、职业道德，以及必要的文化技术理论知识；培训期间，学员交一定的培训费用，培训结业考核合格后发给结业证书，按"三结合"就业方针就业；教师主要聘请有关人员兼任，专兼结合，有的还将兼任教师组成"讲师团"，组织教师开展教学研究和教学业务学习。这些就业训练中心，在解决城镇待业青年就业、实行"先培训、后就业"方面发挥了重要作用，仅 1987 年就培训 227.7 万人，培训人数占城镇待业青年总数的 40%。③ 经过培训的人员结业后，90% 以上都能及时地获得就业，而且一般技术业务和职业道德素质较好，深受招工用人部门的欢迎。特别是采取定向培训的办法，既能及时满足用人单位的迫切需要，又有利于待业青年及时就业，更有利于解决一部分青年妇女就业难的问题。许多就业训练中心，在培训待业青年的同时，还承担了企业富余人员、劳动合同制工人等的转业训练。1987 年，各级劳动部门劳动服务公司举办的就业训练中心承担企业富余职工培训、合同制工人转业训练的就有 22 万余人。

为了促进就业训练中心的健康发展，1985 年 9 月 14 日，劳动人事部颁发了《关于就业训练若干问题的暂行办法》，对就业训练中的一些主要问题

---

① 劳动部职业技术培训司：《十年职业技术培训的回顾（1978—1987）》，《中国劳动科学》1988 年第 11 期。
② 《改革就业和培训制度，促进充分就业》，《经济研究参考》1994 年第 31 期。
③ 劳动部职业技术培训司：《十年职业技术培训的回顾（1978—1987）》，《中国劳动科学》1988 年第 11 期。

做了原则规定。同年年底，组织和布置了就业训练中心短期培训所需成套教材的编写工作。1988年4月7日，劳动部颁发了《关于加强就业训练中心工作的意见》，进一步明确了就业训练中心的性质、任务、培训对象、审批条件和手续、编制经费，以及工种专业设置、教学工作等，并要求各地切实把就业训练中心办成实体，加强师资、教材等基础性的建设工作。1989年3—4月，劳动部先后召开全国职业培训工作会议和全国劳动就业工作会议，均对全国劳动就业形势作了分析，对就业训练提出了新的要求。要求各地切实整顿、巩固、提高就业训练中心，进一步做好就业训练工作。许多地区的培训中心，通过调整、整顿，充实了培训设施和教学设备，加强了思想教育和职业道德教育，促进了就业训练工作的发展。截至1990年年底，全国统计在册的就业训练中心有2140所，是1982年年初建时的8.9倍，其中有实习场地的就业训练中心达1151所，占总数的53.7%；全国有就业训练的专职教师4485人，聘任兼职教师5万余人，分别比上年增长了51.2%和3.2倍，其中专职教师中大学、大专和中专学历的教师人数分别比上年增长了82%、20.2%和5.6%；已由劳动部统一组织编写、出版了30个工程（专业）的117种教材和10个工种（专业）的教学计划、大纲；就业训练结业人数达255.5万人，比上年增长6.2%，其中劳动部门组织的就业训练人数比上年增长32.1%。1990年，全国共安置431.4万待业人员就业，经过培训后就业的198.9万人，占46%。[①] 从总体上看，就业训练事业正在从创业、普及阶段向提高完善方向发展，成为中国职业技术教育的重要组成部分。

1991年11月，劳动部培训司在北京召开了全国就业训练工作会议，总结、交流了就业训练工作经验，探讨了如何做好新形势下的就业训练工作，统一了思想，明确了今后工作的方向和任务。[②] 会议提出"八五"期间就业训练工作的指导思想和方向，明确了就业训练要以初级技术等级标准和岗位规范要求为培养目标；在做好待业青年培训基础上，加强农村富余劳动力的培训。会议并指出，企业富余职工和待业职工的转业训练将成为就业训练的长期任务。

---

① 《中国劳动年鉴（1990—1991）》，中国劳动出版社1993年版，第262页。
② 同上书，第262—263页。

三 在职工人技术培训广泛开展

在职工人技术培训，既是企业实行全员培训和岗位职务培训以及职工教育的重要组成部分，也是开发智力、培养人才、提高劳动者素质的一个重要方面。改革开放以后，如何使企业职工队伍的文化教育程度和技术水平适应现代化生产发展和技术进步的需要成为重要的议题之一。1979年9月，国家经济委员会、国家劳动总局下发了《关于进一步搞好技工培训工作的通知》，要求各地方政府采取多种形式和办法，迅速提高在职工人的科学、文化、技术水平；既要重视在生产中边干边学、岗位练兵、业余学习等办法，也必须有计划地进行抽调脱产轮训，特别是对一些技术复杂或关键岗位的青年工人，更应该定期组织脱产轮训，使他们迅速提高技术水平。[①] 1981年2月20日，中共中央、国务院颁发了《关于加强职工教育工作的决定》（以下简称《决定》）。《决定》阐明了职工教育在国民经济和国民教育中的地位和作用，并对当时的职工教育工作作出了具体部署，明确要求：在文化科学知识方面，对青壮年职工，要争取在两三年内扫除文盲，并在1985年以前，使现有文化程度不到初中毕业水平的职工60%—80%达到初中毕业水平；使现有初中毕业文化程度的职工1/3达到相当于高中或中专毕业的水平；使现有高中或中专程度的职工有相当一部分达到大专水平。在生产技能方面，要组织广大工人学习技术理论、工艺规程、操作技术，确实达到本等级应知应会的要求；5年内，力争使青壮年工人的实际操作技术水平普遍提高一级到二级，使高、中级技术工人的比重有较大增加。特别是《决定》在新中国历史上首次提出企业按工资总额1.5%的比例提取职工教育经费，提出在国务院建立专门的全国职工教育管理委员会，对全国的职工教育工作进行管理和指导，并要求企事业单位建立自己的职工教育机构。因此，该决定被誉为具有里程碑意义的文件，掀开了中国职工教育培训事业发展新的一页，也为中国职工教育培训的未来发展奠定了坚实的物质与组织基础。此后，在全国范围内大规模、全方位的职工教育培训广泛开展，并成为支撑改革开放初

---

① 李为民、韩书锋、张善勇：《中国企业与教育三十年（上）——暨杂志创刊三十年回顾与展望》，《现代企业教育》2014年第11期。

期经济迅速恢复和发展的重要基石之一。

(一) 职工教育培训在"双补"中正式起步

1982 年 1 月 21 日,全国职工教育管理委员会①、教育部、国家劳动总局、中华全国总工会、共青团中央联合发出了《关于切实搞好青壮年职工文化、技术补课工作的联合通知》,要求对由于"文化大革命"耽误了学习和培训的几百万青壮年职工,逐步开展初中文化和初级技术的补课工作。② 1984 年 4 月 27 日,国务院办公厅转发全国职工教育管理委员会、国家经委《关于加强职工培训、提高职工队伍素质的意见》的通知,提出:继续抓紧青壮年职工的文化、技术补课,要在努力提高补课质量的前提下加快进度。同时,要抓好"双补"合格后的巩固提高,及时开展包括中技、中专和高中在内的职工中等教育。通过加强就业前培训和大力开展工人中级技术业务培训,到 1990 年,使工人中实际水平符合中级技术等级标准的比例,逐步提高到 50% 左右,高级工比例也要有较多增加。

一般来说,文化补课主要由教育部门统筹规划安排,技术补课则是由各级劳动部门配合职工教育部门统一规划,制定培养目标要求,制定考核办法,组织经验交流。青年工人的文化、技术补课,主要是由企事业单位按照国家的规定,自行组织力量进行。他们采取了多种形式和办法组织学习和培训,如举办培训中心,开办各种短期训练班,组织委托有关学校或其他办学团体代培代训,实行业余学习,脱产轮训,或采取脱产、半脱产相结合的办法,等等。从 1981 年起到 1984 年 8 月底,全国为 1584 万人补上了初中文化课,累计补课合格率 56.5%;为 1189 万人补上初级技术课,累计补课合格率 54.2%。其中 1984 年,就有 2525 万职工参加了学习;有 1151.6 万职工接受了 100 学时以上的专业技术培训;接受 100 学时以上各级各类培训的干部有 1608.7 万人,接受短期专业技术培训的干部有 164.1 万人。③ 大规模地开展文化、技术补课,有效地提高了青壮年工人的文化、技术业务素质。

---

① 1981 年 4 月,中共中央决定成立全国职工教育管理委员会,隶属于国务院领导,办公室设在国家经委经济干部教育局。1988 年经国务院批准撤销后,原有关任务和机构划归劳动部。
② 《中国劳动人事年鉴(1949.10—1987)》,劳动人事出版社 1989 年版,第 158 页。
③ 李荣生:《改革开放三十年我国职工教育发展回顾》,《中国培训》2008 年第 4 期。

（二）及时开展中级技术培训和班组长培训

在初步完成补课任务的基础上，及时组织开展了技术工种工人的中级技术培训和班组长培训。1984年2月10日，劳动人事部和全国职工教育管理委员会联合下发的《关于开展工人中级技术（业务）培训的意见》指出："中级技术（业务）培训的目标，是使工人在技术理论知识和实际操作技能方面达到国务院各主管部门颁发的《工人技术等级标准》四至六级的应知应会要求，并使之具有一定的企业管理知识和技术革新的能力。"为适应新技术革命挑战的需要，根据各企业（部门）生产或工作的现实竞争和未来发展的实际，有必要对工人（职工）进行新技术、新工艺、新设备熟练掌握和"原始"技术和工艺批判继承的定向培训，也即有机地将引进技术与中级技术培训、企业自身的改造与培训结合起来，使工人在培训后所掌握的较高档次的技术与现代化的生产技术结合起来。[1] 因此，从初级技术工人中选拔条件较好的青年工人，使他们经过培训迅速达到中级技术水平，这对改善企业工人队伍的技术结构，加强骨干技术工人力量，具有十分重要的意义。

有组织、有计划地开展企业班组长培训，始于1986年。当时，现代化的新技术、新设备、新的管理方法和理念开始进入企业，对企业提出了"抓管理、上等级、全面提高素质"的要求，提高班组长的素质成为企业一项迫切任务。[2] 1986年11月12日，国家经济委员会、劳动人事部、中华全国总工会、全国职工教育管理委员会联合出台了《关于加强企业班组长培训工作的意见》，要求企业特别是大中型骨干企业按照"缺什么，补什么"的原则，对班组长有计划地进行政治理论、现代化管理、民主管理、班组管理知识、文化基础知识和专业技术等方面的培训；要把培养提高班组长的实际管理能力作为一项主要任务，培训内容要有针对性、实用性。同时，结合企业班组长岗位培训试点，逐步建立班组长培训考核制度。据统计，全国共有企业班组长700多万人，自1986—1988年年底，已累计培训了300多万人。培

---

[1] 陈宝臻：《职工中级技术（业务）培训之我见》，《北京成人教育》1986年第5期。
[2] 王存善：《坚持不懈地搞好企业班组长培训——写于〈关于加强企业班组长培训工作的意见〉颁布二十周年》，《中国培训》2006年第6期。

训形式灵活多样，有的由企业或主管部门自办培训班，有的送外单位委托代培代训。① 经过培训，对加强企业管理，建设"四有"职工队伍和提高企业经济效益等，均起到了十分重要的作用。

（三）结合培训普遍开展技术比赛活动

"据工会系统对7个省、自治区、直辖市和12个城市的统计，近几年来，参加技术培训、岗位练兵和技术比赛的工人达800多万人次，涉及的工种、专业近1000个。通过比赛，评出技术（业务）能手57万多人，其中有5400多优秀技术工人还被晋升一级工资。"② 1991年7月，劳动部、中华全国总工会和共青团中央联合下发了《关于开展工人技术比赛的意见的通知》，使这项促进工人提高技术业务素质的活动走向制度化、规范化，进一步推动了这项工作深入持久的开展。

（四）修订和制定有关工人技术培训的标准、办法和制度

其中主要有：一是修订技术标准。新中国工人技术等级标准，是新中国成立初期参照苏联的模式制定的，1963年和1979年曾两次进行修订。1979年前后，国务院有关各产业部再次修订了《工人技术等级标准》。1989年4月和11月，劳动部先后颁发了《关于开展工人岗位培训工作的意见》和《关于修订工人技术等级标准工作的意见》。二是制定考核办法。1983年4月25日，劳动人事部制定并颁发了《工人技术考核暂行条例（试行）》，规定国营企事业单位的技术工人，都要有计划、有步骤地进行培训，实行技术考核制度，标志着中断了多年的考工晋级制度的全面恢复。1990年7月12日，经国务院批准，劳动部颁布了《工人考核条例》。该条例首次提出"国家实行工人考核制度"，明确了"对工人的考核应当与使用相结合，并按照国家有关规定确定其工资待遇"的基本方针，这对提高广大工人参加培训的积极性，促进职工教育培训的制度化具有重要的指导意义。三是制定技师聘任制度。工人技师聘任制度是劳动和培训制度改革的产物。1987年6月20日，劳动人事部颁发了《关于实行技师聘任制的暂行规定》，并开始在200

---

① 《中国劳动年鉴（1988—1989）》，中国劳动出版社1991年版，第98页。
② 同上书，第97页。

个大中型企业组织试点。为了进一步完善技师聘任制度,从 1989 年起,又开始了评聘高级技师的试点工作。1991 年 10 月,劳动部印发了《关于加强技师管理工作的通知》,对技师、高级技师的工作职责,新技术、新设备、新工艺、新材料推广应用方面的提高培训,以及业绩考核和合理安排、使用等,都提出了原则的要求,以保障他们的聪明才智和劳动创造性的充分发挥。四是改革和发展成人教育。1987 年 6 月 23 日,国务院批转了国家教委《关于改革和发展成人教育的决定》的通知,强调把从业人员岗位培训作为成人教育改革的重点,积极开展专业培训、实践培训。以上几项规章制度的颁发和实施,对职工教育和在职工人技术培训工作起到了促进和推动作用,为进一步开展这方面的工作奠定了良好的基础。

总之,这一时期工人技术培训事业有了较快发展,取得了可喜成绩。据 1991 年对全国 25 个省(自治区、直辖市)9741 万职工的统计,参加各类文化、技术业务学习的共 3242 万人,占统计职工总数的 32.2%。企业办学面达 70% 以上,每年参加各类文化技术业务学习 50 学时以上的人占职工总数的 27%。基本办学条件有所改善,全国共有各类职工学校、培训中心 22113 所,专职教师 25.7 万人,专职管理干部 22 万人,专用校舍面积达到 3700 多万平方米。[①]

四 企业管理干部培训开始启动

改革开放之初,对企业的管理干部来说,不仅很多人的文化水平远未达到他们所从事岗位所需要的学历要求,而且相当部分的企业中层以上领导从未接受过任何企业管理专业培训,更缺乏现代管理知识和理念。1979 年 10 月,国家经委在北京举办首期企业管理研究班,参加的对象为各省市和主要工业城市的经委主任和国务院工交部门主管职工教育工作的负责人。国家经委副主任袁宝华在题为"培训干部是当务之急"的开班仪式讲话中指出,"文化大革命"整整耽误了一代人的培养,"目前我国企业管理队伍中已经出现严重青黄不接的现象,我们必须下大力气培养人才,大力抓好职工教育

---

① 《中国劳动年鉴(1990—1991)》,中国劳动出版社 1993 年版,第 263 页。

工作","不仅新提拔的年轻干部要学习,老干部也要学习,要研究当前形势下企业管理出现的新情况、新问题,掌握和运用先进的技术和管理手段来指挥和管理,才有可能管好现代化的企业。要做到这一点,决定因素是人才。每一个企业不仅要搞好职工培训,更要搞好管理干部的培训,当前当务之急是抓好各级领导班子的培训"。也就是在这次研究班上,他第一次提出"不抓干部培训的领导不是好领导,不抓职工教育的厂长不是合格的厂长"的著名论点。[①] 这个企业管理研究班开启了改革开放新时期企业管理培训的先河。之后,地方政府也纷纷仿效中央的做法,在本地区举办类似研讨班,企业职工教育和管理干部培训工作在各地逐渐开展。

1981年2月,中共中央、国务院颁布的《关于加强职工教育的决定》明确规定,"企业事业单位和管理部门的主要领导干部,要在1985年前普遍轮训一次,学习企业经营管理知识和有关的专业技术知识,逐步成为领导经济工作的内行。"1982年12月,全国人大五届五次会议审议通过的"六五"计划,首次将干部教育、管理人员培训、职工教育纳入国家总体发展战略规划,提出"分期分批地组织干部轮训,并逐步形成经常化、正规化的干部轮训制度","对企业管理人员,组织他们学习经营管理和专业技术知识,使之逐步成为经济工作的内行。大中型工厂的厂长,要基本达到《国营工厂厂长暂行条例》规定的标准,即具有中等以上文化科学知识,熟悉本行业生产经营业务,懂得有关经济法规,善于经营管理。"[②]

1983年5月10日,教育部与国家经委联合向国务院打报告,请示中央批准成立一批由经济或工业主管部门投资、独立于高校和企业的经济管理干部学院。5月18日,国务院转发教育部、国家经委《关于成立经济管理干部学院问题的请示报告》。此后,国务院各行业主管部门大都成立了本行业、本系统的经济管理干部学院,各省、直辖市、自治区也建立起一批省、市一级的经济管理干部学院。在国家经委的统一部署下,全国陆续建立了94所经济管理干部学院、36个企业管理培训中心、2.8万所职工学校,专职教师

---

① 李为民、韩书锋:《企业改革与发展的强大智力支持(上)——改革开放以来我国企业职工教育培训工作的回顾与展望》,《现代企业教育》2006年第12期。
② 《中华人民共和国国民经济和社会发展第六个五年计划》,《中华人民共和国国务院公报》1983年第9期。

达20多万人，初步形成了经济管理、企业管理培训体系，在发挥培训、研究、咨询、信息服务等功能方面起到了良好的作用，成为专门从事职工教育和管理干部培训的重要基地。

1983年7月26日，国家经委决定对全国工交、财贸、商业、建筑等行业的国有企业厂长（经理）进行首次全国统一考试。举行统考的目的是促进企业职工和领导干部努力学习文化知识和技术，提高他们的文化科技、政治理论及企业管理水平，从而提高企业经济效益。企业领导参加考试前一般要接受3个月左右的脱产培训，比较系统地学习企业管理的基础理论和知识，以及国内外企业改革、企业管理经验总结、企业管理模式发展趋势的研究成果等内容，之后参加全国统考。按政策规定，只有考试合格者才有资格参加企业经营承包。全国厂长（经理）统考历时5年，组织了8批考试，涵盖8.9万多个企业的20.4万名厂长经理。通过培训考试，使厂长经理获得了企业领导干部必备的知识，开阔了思路，提高了能力，进一步树立了政策观念、商品经济观念、市场竞争观念和企业人才观念。[1]

1986年8月，全国大中型企业领导干部培训工作会议在兰州召开，会议讨论了《"七五"期间全国大中型企业领导干部岗位专业培训规划》，适时地将大中型企业领导干部的培训从普及性轮训转到岗位专业培训上来，并要求在四年多的时间里完成5万人的系统的岗位专业培训。这是改革开放以来企业管理干部培训史上的第一个长期规划。[2]

这一时期，也开始探索如何借鉴吸收国外先进经验培训企业管理干部。1981年，国家经委与美国合作在大连工学院（后改名为大连理工大学）举办中国工业科技管理大连培训中心MBA班开创了对外合作培训企业经营管理人员的先河。1985—1993年，中国企联与欧共体合作举办了6届工商管理硕士研究生班。在引进MBA教育，实现与国际接轨方面，中国企联1985年与欧共体合作举办的工商管理硕士研究班，培养了中国大陆第一批38名

---

[1] 陈光复：《继往开来　创新发展　开创我国企业培训工作新局面——在纪念中国企业管理培训30年暨第十七次全国企业培训工作会议上的报告》，中企联合网，http://www.cec-ceda.org.cn/view_news.php?id=59。

[2] 王效昭、杨建华：《我国经济干部教育工作进入新阶段——记全国大中型企业领导干部培训工作会议》，《经济工作通讯》1986年第21期。

MBA 学员；1990 年中国人民大学首招 MBA 学员，同年 10 月，国务院决定从 1991 年起授权中国人民大学等 9 所高校试办 MBA 专业教育。[①] 通过广泛引进、学习、研究和借鉴世界各国经济和企业管理的先进经验，以及与外国企业和大学（商学院）合作办班，为探讨、摸索和建立具有中国特色的企业管理模式奠定了基础。

综上所述，全国范围内所开展的大规模、全方位的职业技术培训工作，已经成为支撑改革开放初期中国经济迅速恢复和发展的重要基石之一，成绩斐然。但是，随着经济体制改革向纵深发展，职业技术培训工作也存在不少问题，主要表现在以下几个方面：一是法律制度不健全，缺乏一个比较统一、具有最高权威的指导性文件或法规，培训工作管理还主要依靠行政手段来推动。对职业培训工作的管理，除运用经济的和必要的行政手段外，更重要的是要运用法律的手段。二是职业培训不能适应市场化改革的需求。从事职业培训管理工作的人员对本地区经济建设和企业发展需求，以及新形势下职业培训发展规律的研究不够深入，制定的职业培训工作宏观规划和微观培训方案（理念、内容、方式）缺乏科学性、针对性，而企业又难以根据新技术发展与本单位的实际情况，对职工进行有效的自主培训，职业培训质量有待提升。三是政府协调、管理和服务不到位。企业和处于最基层的培训院校（中心）缺乏具有全国性、较高水平的信息、教师、教材等方面的服务，各类职业培训实体运作不规范、从业人员素质普遍不高，客观评价劳动者技能水平的社会评价机制尚未建立，等等。

[①] 陈光复：《继往开来 创新发展 开创我国企业培训工作新局面——在纪念中国企业管理培训 30 年暨第十七次全国企业培训工作会议上的报告》，中企联合网，http：//www.cec-ceda.org.cn/view_news.php？id=59。

第十三章
工资制度的初步改革及工资水平变化

1979—1991年构成中国社会经济发展史上一个相对完整的新阶段。中国开始由传统的计划经济体制向市场经济体制转轨,资源配置方式由计划转向市场,所有制结构也由单一公有制向多元化转变。到1991年,计划与市场两种经济体制因素基本处于势均力敌的状态,中国的经济体制呈现典型的二元经济格局。[①] 与经济体制改革相适应,工资制度改革以计划经济时代形成的等级工资制度为起点,循着国营企业改革、机关事业单位改革和非国有部门日渐壮大等方面陆续展开。国营企业和机关事业单位,是国家通过不断放松"计划轨"对工资收入分配的控制,采取边际改革的方式向市场机制靠拢;非国有部门工资的决定则主要源于劳动力市场的供求力量,形成了工资制度改革过程中的"市场轨"[②],而且两者相互作用、相互影响。在工资水平方面,由于物价、体制改革等多种因素影响,工资水平相比计划经济时期有所提高,但实际平均工资水平仍低于国民经济增长和劳动生产率的增长,总体上呈现低速增长的态势。

一 工资制度改革启动的背景

中国传统计划经济体制的特点与弊端,表现在个人收入分配上,就是平均主义的分配制度和单一的分配方式。前者表现为劳动者的收入水平与其劳

[①] 赵凌云:《转轨与摩擦:1979—1991年中国二元经济体制格局的历史分析》,《中国经济史研究》2006年第3期。

[②] 蔡昉主编:《中国劳动与社会保障体制改革30年研究》,经济管理出版社2008年版,第221页。

动贡献相脱离,具体来说,即企业吃国家的"大锅饭",职工吃企业的"大锅饭";后者表现为职工个人获得收入的方式和来源仅有工资这一种形式。这种个人收入分配体制与传统计划经济体制是相适应的。因此,工资制度改革,是 1979 年以来中国经济体制改革的一个重要组成部分。

(一) 理论上重新认识按劳分配

"文化大革命"结束后,针对过去长期"左"的路线在工资分配上的影响,即把按劳分配看成是"资本主义因素",是"产生资本主义和资产阶级的经济基础和条件",进而否定按劳分配原则的谬论和行为,经济理论界为正本清源,自 1977 年 4 月到 1978 年 10 月连续召开了四次全国规模的按劳分配讨论会,内容涉及按劳分配与物质刺激的界限、按劳分配与资产阶级法权、按劳分配与奖励和计件工资制等多个方面。[①] 经过讨论,对许多问题有了一致的看法。比如,按劳分配原则的属性是社会主义,是社会主义社会的一个根本标志和特有规律,既不具有资本主义性质,也不是资本主义和资产阶级的产生基础。相反,多劳多得,少劳少得,不劳动者不得食,正是资产阶级剥削、不劳而获的对立物。再如,在社会主义条件下,按劳分配是实现个人物质利益的重要手段。物质鼓励和物质刺激只是用语不同,在经济学上没有本质的区别,等等。

1978 年 3 月 5 日,五届人大一次会议通过的《中华人民共和国宪法》重申:"国家实行'不劳动者不得食'、'各尽所能、按劳分配'的社会主义原则。" 3 月 28 日,邓小平同志在同国务院政治研究室负责人谈话中明确指出:"按劳分配的性质是社会主义的,不是资本主义的。""我们一定要坚持按劳分配的社会主义原则。按劳分配就是按劳动的数量和质量进行分配。根据这个原则,评定职工工资级别时,主要是看他的劳动好坏、技术高低、贡献大小。……处理分配问题如果主要不是看劳动,而是看政治,那就不是按劳分配,而是按政分配了。"他还指出:"颁发奖牌、奖状是精神鼓励,是一种政治上的荣誉。这是必要的。但物质鼓励也不能缺少。在这方面,我们过去行之有效的各种措施都要恢复。奖金制度也要恢复。对发明创造者要给

[①] 袁伦渠主编:《中国劳动经济史》,北京经济学院出版社 1990 年版,第 348—340 页。

奖金，对有特殊贡献的也要给奖金。搞科学研究出了重大成果的人，除了对他的发明创造给予奖励外，还可以提高他的工资级别。"① 1978 年 5 月 5 日，《人民日报》发表题为"贯彻执行按劳分配的社会主义原则"的特约评论员文章，阐明了按劳分配的性质和作用，指出按劳分配不仅不会产生资本主义，而且是最终消灭一切形式的资本主义和资产阶级的重要条件；按劳分配不是"生产力发展的障碍"，而是促进社会主义阶段生产力发展的重要力量。文章还指出，我们的最高理想是实现各尽所能、按需分配的共产主义，但中国现在还是一个发展中的社会主义国家，生产力水平还不高，经济落后，因此，当前不是按劳分配实行得"过头"了，而是还没有得到应有的充分实现。对于劳动报酬的形式，文章认为，计时工资、计件工资和奖金在本质上是相同的，都是根据劳动者给予社会的劳动量，即劳动的数量和质量支付的。实践经验充分证明，在中国现阶段实行计时工资为主、计件工资为辅，是符合社会主义经济发展的客观要求的。奖金的特点是能够比较及时地、准确地反映劳动者给予社会的劳动量变化的实际情况，运用起来比较灵活，所以它可以弥补计时工资的不足。

此后，坚持按劳分配的指导思想不断深化。1978 年 12 月 13 日，邓小平同志在中共中央工作会议闭幕会上的讲话，把允许一部分地区、一部分人先富起来作为解放思想、激发人民群众生产积极性的一个大政策提出来。他说："在经济政策上，我认为要允许一部分地区、一部分企业、一部分工人农民，由于辛勤努力成绩大而收入先多一些，生活先好起来。一部分人生活先好起来，就必然产生极大的示范力量，影响左邻右舍，带动其他地区、其他单位的人们向他们学习。这样，就会使整个国民经济不断地波浪式地向前发展，使全国各族人民都能比较快地富裕起来。"② 1980 年 1 月 16 日，他进一步指出："我们提倡按劳分配，对有特别贡献的个人和单位给予精神奖励和物质奖励；也提倡一部分人和一部分地方由于多劳多得，先富裕起来。这是坚定不移的。"③

1983 年在纪念马克思逝世 100 周年活动中，全国第五次按劳分配理论讨

---

① 《邓小平文选》（第二卷），人民出版社 1994 年版，第 101—102 页。
② 同上书，第 152 页。
③ 同上书，第 258 页。

论会讨论了社会主义商品经济条件下的按劳分配问题，对共产主义低级阶段实行按劳分配又有了新的认识。比如，社会主义商品经济条件下，进行按劳分配仅有社会平均劳动时间这一尺度是不够的，还需要社会必要劳动这一尺度相配合。因为这里的"劳"，既是生产过程中耗费的劳动量，又是通过商品交换已经实现的劳动量。除"劳动本身"绝对地表现这些劳动量外，还要伴之以价值尺度即社会必要劳动尺度来计量，也就是通过商品交换实现了的劳动量来检验、校正和补充。再如，要处理好国家与企业、企业与职工的物质利益关系，就必须改变高度集中的管理体制，实行国家、地方、企业分级管理体制和与之相适应的工资分配制度，给予企业相对独立的分配权，搞活企业的分配，以增强企业的活力。[①]

1984年10月，中共十二届三中全会通过的《中共中央关于经济体制改革的决定》进一步确立了在城市经济体制改革中要贯彻执行按劳分配原则和克服平均主义的指导思想。该决定指出，平均主义是贯彻按劳分配原则的一个严重障碍，平均主义的泛滥必然破坏社会生产力。企业中长期以来存在"企业吃国家的大锅饭，职工吃企业的大锅饭"的问题，要建立各种形式的经济责任制，坚决克服平均主义。在企业改革中，要扩大工资差距，拉开工资档次，以充分体现奖勤罚懒，奖优罚劣，充分体现各种劳动差别。

上述对按劳分配原则理论上的正本清源和新认识，以及鼓励一部分人通过辛勤劳动先富起来并带动共同富裕，解放了人们的思想，为中国工资制度改革奠定了坚实的理论基础，指明了正确的方向。

（二）实践中开始调整职工工资

为了有计划、有步骤地解决多年积累下来的工资问题，在国民经济正在进行调整、财政还有较大困难的情况下，国家采取了积极措施，开始分期分批地调整职工工资，恢复、改进计件和奖励工资制，使长期处于冻结状态的职工工资开始活了起来。

1977—1983年，国家几乎每年都安排一部分职工升级。这期间，除新参加工作的职工和少数工资比较高的干部（行政十级及十级以上干部）没

[①] 严忠勤主编：《当代中国的职工工资福利和社会保险》，中国社会科学出版社1987年版，第110—111页。

有升级外，职工一般每人都升了一级至两级，一部分中年知识分子升了三级，极少数工资偏低的升了四级。比如，1977年调整工资的范围主要是，1971年年底以前参加工作的一级工，1966年年底以前参加工作的二级工，以及工作年限相同、工资等级相似的职工，表现好的和比较好的职工。这次调整工资后增加工资的职工有3100多万人，占当时全民所有制单位职工总数的50.8%，平均每人每月增加工资5.56元。1978年对一般单位不超过总人数2%、文艺单位不超过6%的在工作中做出优异成绩而工资偏低的职工，提升了工资等级。1979年9月24日，中共中央、国务院批转的《全国物价、工资会议纪要》的通知中规定，从当年11月起，给一部分职工升级。10月25日，国务院发出了《关于职工升级的几项具体规定》，对职工升级做出了具体安排。这次调整工资，全国又有40%的职工升了工资等级，科研、设计、高等院校和医疗卫生等知识分子比较集中的单位升级面还大一些，分别达到了50%—60%或60%—70%。这次职工升级，强调按照劳动态度、技术高低、贡献大小进行考核，并以贡献大小作为主要考核依据；要求"真正体现'各尽所能、按劳分配'的原则，反对平均主义"，从而促进了职工学习技术和业务的积极性，也促进了企业管理水平的提高。像这样连续三年安排职工升级，并使大部分职工增加了一个等级的工资，这在新中国历史上是罕见的。

1981年、1982年调整事业单位和国家机关职工的工资。其中，1981年调整的人员是：中小学教职工、医疗单位护士等中级卫生技术人员、体育系统优秀运动员、专职教练员及部分从事体育事业的人员。1982年调整工资的范围是：国家机关、党派、团体职工，科研机构、高等院校和文化艺术、农业、林业、水利、气象等事业单位，以及教育、卫生、保育系统未列入1981年调整工资范围的人员。这两次调整工资的目的，是解决工资水平偏低的问题。因此，凡列入调整工资范围的职工，一般都升一级。中年知识分子中起骨干作用或工资偏低的，一般都升两级；成绩显著、贡献较大的职工也升两级。

1983年企业职工的工资调整，与事业单位、国家机关的工资调整不同，它采取了调整与改革相结合和"两挂钩""一浮动"的方针。"两挂钩"，即调整工资与企业的经济效益挂钩，与职工个人的劳动成果挂钩。"一浮动"，即升级后连续考核两三年，合格者才予以固定，否则把级别降下来。企业调整工资仍然是给部分工资偏低、起骨干作用的中年知识分子多增加一些工资。这次工资调整，进一步要求把职工工资的调整与企业的经营成果和职工本人的劳动成果挂起钩来，促进了企业经济效益的提高，促进了职工技术业务水平的提高。特别是规定了经营性亏损企业要在扭亏以后才能调整工资，对亏损企业压力极大，促使他们努力改善经营管理，扭转亏损局面。

随着职工工资的调整和升级，企业恢复了中止多年的奖金制度和计件工资制度。1978年5月7日，国务院发出了《关于实行奖励和计件工资制度的通知》，要求有条件地实行计件、奖励工资制。试点单位一般试行奖励制度；少数笨重体力劳动和手工操作的工种，试行有限制的计件工资。实行奖励制度的企业，奖金总额（包括现行的附加工资在内）的提取比例一般不超过实行奖励制度的职工标准工资总额的10%，少数先进企业最高不得超过12%。实行计件工资制度的企业和实行提成工资制的服务行业，计件超额工资和提成工资的部分控制在这些工人的标准工资总额的20%。奖金和计件超额工资（包括提成工资），一律从工资基金项下开支。到1978年年底，全国有9000多个企业试点；1979年基本上全面推开。在国务院发出《关于实行奖励和计件工资制度的通知》以后，一些部门结合本部门的实际情况，还推出了一些具体的奖励制度。如基本建设企业实行全优综合超额奖、理发业基本工资加超额奖、统配煤矿的"吨煤奖"以及各行业普遍适用的技术改进奖、产品质量奖、特定燃料和原材料节约奖等。1980年4月1日，国家计委、国家经委、国家劳动总局联合发出试行《国营企业计件工资暂行办法（草案）》以后，计件工资制在全国得到了广泛推行。1980年，全国全民所有制单位中实行计件工资制的职工占职工总数的3.7%，1981年上升到6.7%，1982年为8.9%，1983年上升到了16%。[1] 奖励、计件工资制度的恢复，以及上述这些规定的贯彻执行，使企业初步有了决定部分工资收入的权利，激发了职工的责任感和积极性，推动了企业改进经营管理和提高劳动生产率，对促进国民经济发展发挥了积极作用。但是，在恢复实行奖励制度的过程中也出现了一些问题，主要是奖金与企业经济效益和个人劳动成

---

[1] 袁伦渠主编：《中国劳动经济史》，北京经济学院出版社1990年版，第356页。

果联系不密切，有平均主义"大锅饭"的现象，也有奖金多发、滥发的弊病。

总之，为贯彻按劳分配原则，恢复实行奖励、计件工资制度以及其他工资形式，不断提高工资水平等措施，拉开了工资分配制度改革序幕，使长期处于冻结状态的职工工资开始活了起来。但按人头、年头确定调整和增加工资，按标准工资总额提取和支付奖金，特别是高度集中统一的工资管理和分配体制，仍然严重束缚着企业和职工的手脚，不利于企业精简机构，不利于调动企业经营管理和职工个人劳动的积极性，不利于企业的生产转到以提高经济效益为中心的轨道上来。

二 工资制度改革的初步进展

（一）1979—1984年工资制度改革的探索

在中共十一届三中全会解放思想、实事求是的思想路线指引下，在农村改革的影响下，为了促使企业的生产转到以提高经济效益为中心的轨道上来，随着国家对国营企业的"放权让利"，中国工资制度改革的探索，首先是从改革奖励分配制度开始的。

1979年7月13日，国务院颁发了《关于国营企业实行利润留成的规定》《关于扩大国营工业企业经营管理自主权的若干规定》等文件，扩大了企业管理的权限，将企业基金改为核定比例的利润留成[①]，以把企业经营的好坏同职工的物质利益挂起钩来。1980年6月，在扩权试点的6000多个企业中，改变了按工资总额提取奖励基金的办法，实行职工奖励基金从利润留成中提取。实行这种办法，企业经济效益高，留成利润多，奖励基金也就多。这样，奖金便与企业经济效益挂钩浮动，职工的收入也与企业经营管理的好坏直接联系起来了。1981年1月16日，国务院《关于正确实行奖励制度、坚决制止滥发奖金的几项规定》要求，所有企业必须在完成和超额完成国家计划规定的产量、质量、利润、供货合同等主要经济技术指标的条件

---

① 利润留成相应地划分为生产发展基金、职工福利基金和职工奖励基金三项，其中用于职工福利设施和职工奖金的部分不得超过利润留成资金的40%。

下，才能提取和发放奖金。一个企业全年发放的各种奖金的最高额，一般不得超过本企业职工2个月标准工资总额。同年10月，国务院批转的《关于实行工业生产经济责任制若干问题的意见》指出，要"把企业、职工的经济责任、经济效果同经济利益联系起来"。"实行经济责任制要抓好两个环节。一个环节是国家对企业实行的经济责任制，处理好国家和企业之间的关系，解决企业经营好坏一个样的问题；另一个环节是建立企业内部的经济责任制，处理好企业内部的关系，解决好职工干好干坏一个样的问题"。这为以后的工资分配制度改革指明了方向。

从1982年起，国务院决定对各省、市、自治区和国务院各个部门下达奖金控制总额，逐步实行奖金的计划管理。各个地区、各个部门不经过劳动人事部和国家计委同意，不得超过下达的奖金总额控制数。不过，这种严格控制奖金总额的管理办法不久就开始松动。1983年，国营企业实行第一步"利改税"。实行利改税的企业，奖励基金改由税后留用的利润中提取，并核定了职工奖励基金所占的比例，从而把企业和国家的利益分配关系用法律形式固定下来，企业留利增多了，提留的奖励基金也增多了，这就为加快企业内部工资制度的改革创造了条件。全国各地区、各部门、各行业结合经济责任制的贯彻和企业整顿，选择若干企业开展了多种形式的改革工资制度的探索和试点。由于进行这种改革而新增加的工资，是从企业留成的奖励基金中开支的，不计入成本，或经批准部分进入成本，所以，这种改革又称为"自费"工资改革。"自费"工资改革的形式很多，包括建立津贴和奖励工资，实行计件工资，试行分成制、浮动工资制、结构工资制、除本分成制等。在改革试点中也有些行业、企业经过批准，突破了"自费"工资改革的限制，如百元产值工资含量包干、吨煤工资含量包干以及工资总额与企业经济效益挂钩浮动。[1] 这种"自费"工资改革探索和试点，较好地把职工工资与他们的劳动贡献直接挂钩，搞活了企业内部分配；把企业工资总额与企业经济效益挂钩浮动，有利于搞好企业与国家利益的分配。但是，由于这些探索和试点主要限于奖励基金的范围，而且奖金的发放和使用是受限制的，也就是"封顶"，即奖金数量不准超过2个月的平均标准工资。这样，随着

---

[1] 严忠勤主编：《当代中国的职工工资福利和社会保险》，中国社会科学出版社1987年版，第113页。

企业经济效益的提高，在大多数企业的奖金达到"封顶"线的情况下，如果奖金继续"封顶"，不准突破，就会束缚职工的积极性，影响企业生产的发展，也会影响"自费"工资改革的进一步发展。

1984年4—5月，国务院发出《关于国营企业发放奖金有关问题的通知》和《关于进一步扩大国营企业自主权的暂行规定》两个文件，进一步扩大了企业自主权，取消了平均每人每年奖金不得超过2个月标准工资的"封顶"限制，实行奖金同企业经济效益挂钩，"上不封顶、征收奖金税"的办法，即凡是完成国家计划，税利比上年增长的企业，奖金可以适当增加；反之，奖金适当减少或停发。发放奖金超过一定限额的，企业要缴纳奖金税。[①] 发放的奖金和应缴纳的奖金税，均从提取的职工奖励基金中开支。在奖金的使用上企业有自主权，可以采取记分发奖、浮动工资、计件超额工资等形式；也可以少发奖金，而用少发的奖金给一部分职工浮动升级，或搞自费工资改革。由于取消奖金"封顶"和奖金使用由企业自行决定，进一步使奖励基金的使用方向扩大到改革工资分配制度的各方面，因而奖金同经济效益挂钩浮动所造成的结果和产生的影响，已远远超出奖金制度改革的范围，对基本工资制度改革的起步和发展具有不可估量的积极推动作用。

一般来说，奖金在职工的全部劳动报酬中只占一小部分。仅把奖金同企业经济效益挂钩，而工资的主要部分仍然吃"大锅饭"，对职工的鼓励作用还是有限的，因此，不少企业在拥有一定的分配自主权的条件下，对历来认为是神圣不可侵犯的标准工资开始了试探性的触动搞活，即把职工标准工资的一部分或大部分同奖金合并在一起，随企业经济效益变化上下浮动，这就是在改革中创造的浮动工资制。之后，有些企业又开始进行包括奖金、标准工资、津贴补贴在内的全部工资总额同经济效益挂钩浮动的新尝试，也即"工资总额包干浮动试点"，不仅使工资构成中活的部分比重进一步增大，而且工资奖励形式更加多样化。这种改革试验，受到企业和广大职工的普遍欢迎，取得了前所未有的积极成果，它体现了改革的方向，是把企业工资改

[①] 1984年6月28日，国务院发布了《国营企业奖金税暂行规定》，通过奖金税的形式控制企业的奖金总额。奖金额在两个半月工资额以内的免税，在4个月工资额以内征收30%的税，6个月工资额以内的征收100%，半年以上的情形征收300%的奖金税。

革引向系统、完善阶段的良好方式。① 1984年10月，中共十二届三中全会通过的《中共中央关于经济体制改革的决定》明确指出："随着利改税的普遍推行和企业多种形式经济责任制的普遍建立，按劳分配的社会主义原则将得到进一步贯彻落实。这方面已采取的一个重大步骤，就是企业职工奖金由企业根据经营状况自行决定，国家将只对企业适当征收超限额奖金税。今后还将采取必要的措施，使企业职工的工资和奖金同企业经济效益的提高更好地挂起钩来。"

综上所述，这几年是中国工资史上最活跃的时期，各企业单位和职工群众结合奖励分配制度改革所创造的多种多样的工资形式，为以后的工资改革提供了宝贵经验。

（二）1985—1991年工资制度改革的正式起步

1. 国营企业的工资改革

1985年1月5日，国务院发布了《关于国营企业工资改革问题的通知》；同年7月，劳动人事部、财政部、国家计委等联合印发了《国营企业工资改革试行办法》，全面启动了国营企业工资制度改革。这次工资改革的主要内容包括：一是国营大中型企业逐步实行企业职工工资总额同经济效益按比例浮动的办法，简称"工效挂钩"。即将企业职工工资总额的增长与企业经济效益的提高挂起钩来，按政府核定的比例浮动，企业当年实际发放的工资总额超过上年工资总额基数的7%以上的部分，要缴纳工资调节税，不再征收奖金税。② 还规定"企业与国家机关、事业单位的工资改革和工资调整脱钩"，"国家不再统一安排企业职工的工资改革和工资调整"。也就是说，企业职工工资的增长取决于本企业经济效益的提高，经济效益提高了，工资就可以增长；经济效益下降了，工资就相应减少。具有相同学历、资历和工资等级的人，因其所在企业的经济效益和个人贡献大小不同，工资收入允许有所不同。二是企业内部工资改革中，要认真贯彻按劳分配原则，体现奖勤罚懒、奖优罚劣，体现多劳多得、少劳少得，体现脑力劳动和体力劳

---

① 令狐安、孙桢等主编：《中国改革全书（1978—1991）·劳动工资体制改革卷》，大连出版社1992年版，第13页。
② 《从调整工资到全面推行工资改革》，《经济研究参考》1994年第31期。

动、复杂劳动和简单劳动、熟练劳动和非熟练劳动、繁重劳动和非繁重劳动之间的合理差别。"至于具体工资分配形式,是实行计件工资还是计时工资,工资制度是实行等级制,还是实行岗位(职务)工资制、结构工资制,是否建立津贴、补贴制度,以及浮动工资、浮动升级等,均由企业根据实际情况,自行研究确定。"三是国家对企业的工资,实行分级管理的体制。国家负责核定省、自治区、直辖市(包括计划单列城市)和国务院有关部门所属企业的全部工资总额,及其随同经济效益浮动的比例。每个企业的工资总额和浮动比例,由省、自治区、直辖市和国务院有关部门在国家核定给本地区、本部门所属企业的工资总额和浮动比例的范围内逐级核定。国家通过制定政策和控制企业工资总额以及浮动比例,对企业工资基金的增长实行宏观调节;企业增加的工资总额超过国家规定幅度的,征收累进工资调节税或超额奖金税。[①]"工效挂钩"标志着国家对工资个量调控向工资总量调控的转变,使企业的工资制度与市场相联系,有利于在微观上搞活企业的内部分配。

为了适应企业工资制度改革的需要,1985年7月23日,劳动人事部印发了《国营大中型企业工人工资标准表》和《国营大中型企业干部工资标准表》及其说明,供企业实行新拟工资标准时参考。各地区、各部门的国营企业按照新拟的参考工资标准进行了工资套改,简化归并了工资标准,同时还安排了大部分职工升级,使职工工资有了较多的增加。但在改革中让企业增加工资从效益工资和奖励基金中解决,对经济责任制的实行产生了一些冲击。针对这一问题,国家从1986年起允许将1985年增加工资的一部分资金进入成本或进入工资总额基数。[②]

根据国务院的部署,国营企业的工资改革从1985年起陆续展开。1986年12月,国务院在《关于深化企业改革增强企业活力的若干规定》中规定:"在国家规定的工资总额(包括增资指标)和政策范围内,对于企业内部职工工资、奖金分配的具体形式和办法,以及调资升级的时间、对象等,由企

[①] 这一工资改革模式,在当时又有"三自一税"模式的说法,即"企业自主经营、自负盈亏、自主分配,国家征税"。参见邱小平主编《工资收入分配》(第二版),中国劳动社会保障出版社2004年版,第238页。

[②] 《从调整工资到全面推行工资改革》,《经济研究参考》1994年第31期。

业自主决定，国家一般不再作统一规定。"截至1990年年底，全国有5.7万户国营企业（约占国营企业总户数的35%）、4000多万职工（约占国营企业职工总数的55%）实行各种形式的工效挂钩的办法（主要有一般工交企业工资总额根据上缴税利或实现税利多少上下浮动、煤矿根据采煤量多少浮动、建筑业根据产值多少上下浮动三种形式）；其他未实行"工效挂钩"办法的企业，一般都实行了标准工资总额包干、奖励基金随同企业留利浮动的办法。为了配合企业"工效挂钩"的实施，这个期间还试验并推行了地区或部门企业工资总额同本地区或本行业经济效益总挂钩浮动的办法。[①] 企业的工资总额浮动比例一般在1:0.3—1:0.7的幅度之内。由于实行"工效挂钩"，企业拥有了比较多的分配自主权，从而推动了企业工资形态的多元化，因此，企业内部分配制度的改革有了更为广泛的开展。不少企业不再坚持"八级工资制"（包括在八级制基础上演变的十五级工资制），纷纷改行适合本单位需要的岗位工资制、结构工资制、岗位技能工资制或其他制度形式。一些改革实践表明，岗位技能工资制是一种能够较好体现按劳分配原则、适用面比较广的分配制度。

2. 国家机关和事业单位的工资改革

1985年6月4日，中共中央、国务院发出了《关于国家机关和事业单位工作人员工资制度改革问题》的通知并附《改革方案》，标志着国家机关和事业单位的工资改革正式启动。《改革方案》提出，这次工资制度的改革，主要是建立新的工资制度，初步理顺工资关系，为今后逐步完善工资制度打下基础。改革的原则是：贯彻按劳分配原则，体现多劳多得、少劳少得，体现劳动复杂程度和熟练程度的合理差别；把工作人员的工资同本人的工作职务、责任和劳绩联系起来；建立正常的晋级增资制度，使国家机关、事业单位工作人员的实际工资水平随着国民经济的发展而不断提高。

机关和事业单位工资改革的内容主要包括：一是国家机关行政人员、专业技术人员均改行以职务工资为主要内容的结构工资制，即把原有的标准工资、副食品价格补贴、行政经费节支奖金，与这次改革增加的工资合并在一起，按照工资不同职能，分为基础工资、职务工资、工龄津贴、奖励工资四

[①] 令狐安、孙桢等主编：《中国改革全书（1978—1991）·劳动工资体制改革卷》，大连出版社1992年版，第14—15页。

个组成部分。基础工资以大体维持工作人员本人的基本生活费计算,所有工作人员一律享受同样的基础工资。职务(含技术职务)工资按照工作人员的职务高低、责任大小、工作繁简和业务技术水平确定。每一职务设几个等级的工资标准,上下职务之间的工资适当交叉。工作人员按担任的实际职务确定相应的职务工资,并随职务的变动而变动。工龄津贴属于年功工资,按照工作人员的工作年限逐年增长,每工作一年每月发给 0.5 元。奖励工资,用于奖励在工作中做出显著成绩的工作人员,有较大贡献的可以多奖,不得平均发放。所需奖金,仍从行政经费节支中开支。二是事业单位行政人员和专业技术人员的工资制度,允许根据各行各业的特点因行业制宜。既可以实行以职务工资为主要内容的结构工资制,也可以实行以职务工资为主要内容的其他工资制。实行结构工资制的,可以有不同的结构因素。三是机关、事业单位的工人,既可以实行以岗位(技术)工资为主要内容的结构工资制,也可以实行其他工资制。实行结构工资制的,分为基础工资、岗位(技术)工资、工龄津贴和奖励工资四个部分,其中工人的基础工资、工龄津贴与干部相同。此外,国家机关与事业单位改变集中统一的工资管理体制。中央只管理省(自治区、直辖市)级以上机关和重点事业单位,其他各级机关和事业单位由省(自治区、直辖市)级管理。《通知》要求,普通中、小学校和幼儿园从 1985 年 1 月 1 日起执行新的工资制度,国家机关和其他事业单位从 1985 年 7 月 1 日起执行新的工资制度。

  这次机关和事业单位的工资改革,废止了实行近 30 年的等级工资制,改为以职务工资为主要内容的结构工资制,简化了工资标准,突出了职务的因素——国家机关和事业单位的工作人员主要根据职务的高低确定工资的多少,重点解决了长期存在的职薪不符、劳酬脱节的问题,使国家机关、事业单位的工作人员的工资纳入了新的工资制度的轨道,为逐步理顺工资关系创造了有利条件。同时,通过改革,机关、事业单位各类人员都不同程度地增加了工资,月平均工资由 1985 年改革前的 68.1 元提高为 1986 年的 91.1 元,增长 33.8%[①],生活也有了明显改善。

  20 世纪 80 年代后期,国家对这项改革又进行了完善,如在 1986 年和

[①] 《从调整工资到全面推行工资改革》,《经济研究参考》1994 年第 31 期。

1987年建立专业技术人员职务序列，实行聘任制，解决了专业技术人员的职务工资问题等；1989年国务院决定给机关和事业单位工作人员普调一级工资，并在此基础上重点解决专业技术人员工资中的一些突出矛盾。但是，不同的机关事业单位，其工作特点具有明显差异，工资模式理应从工作特点出发，在不同部门、不同行业实行不同的工资制度。这就为以后的事业单位工资制度同国家机关工资制度脱钩埋下伏笔。

值得一提的是，1990年12月30日，《中共中央关于制定国民经济和社会发展十年规划和"八五"计划的建议》提出了未来十年工资制度改革"重点要解决的五个问题：一是建立健全工资总量调控机制和工资的正常增长机制，使工资在国民经济持续、稳定、协调发展的基础上，有计划按比例增长。二是根据按劳分配原则，建立起全面反映职工劳动质量和数量的工资制度。在企业，继续完善工资总额与经济效益挂钩的办法，逐步实行以岗位技能工资制为主要形式的内部分配制度。党政机关、事业单位，逐步建立符合各自特点的工资制度。三是调整工资收入结构，限制和减少实物分配，结合价格、住房和医疗保险制度的改革，把一部分福利性补贴逐步纳入工资。四是改变奖金、津贴发放和工资外收入的混乱现象，加强工资管理，逐步实行国家宏观调控、分级分类管理、企业自主分配的体制。五是通过推行个人收入申报制度，严格征收个人收入调节税等措施，缓解社会分配不公。"[①]

（三）非国有部门的工资制度

在市场化改革过程中，非国有部门经历了一个从无到有、从小到大的发展过程。非国有部门的工资形成是由劳动力市场供求双方的力量大小决定的，与国有企业和公共部门的工资形成制度有本质上的区别。在非国有部门不断壮大过程中，市场机制在工资形成过程中发挥着主导作用。然而，市场经济有高级和低级阶段之分，这一阶段，在非国有部门中劳动力市场大多是低级形式，企业在消除计划经济影响和规避行政干预的同时，也试图规避合理的市场规则，甚至利用传统体制中的一些因素，形成不正常的劳动力市场

[①] 《中共中央关于制定国民经济和社会发展十年规划和"八五"计划的建议》，《中华人民共和国国务院公报》1991年第2期。

行为。①

1. 城镇集体企业的工资制度

1978年12月，中共十一届三中全会重新确立了以全民所有制为主体的多种经济成分并存的格局以后，在相对宽松的环境下，城镇集体所有制企业得到了快速发展。到1991年年底，全国城镇集体企业从业人数已达3628万人，工资总额658.6亿元，平均工资1866元，但仍低于全民所有制职工平均工资25%的水平。②

集体企业为了适应自身发展的需要，增强扩大再生产的能力，在继续实行计件工资、提成工资、奖励工资和劳动分红等工资形式的同时，建立了具有集体所有制特色的工资分配形式，主要有多种形式的经营承包责任制和较为广泛推行的浮动工资和除本分成制。③ 例如，除本分成制是从企业每月的实际销售收入中，扣除在职职工工资以外的一切成本支出以后，剩余部分按主管部门批准的分成比例留用。其中一部分为企业分成额，另一部分为职工工资总额。职工工资总额随企业纯收入上下浮动。在核定分成比例不变的条件下，企业纯收入高，职工工资总额就高；纯收入少，工资总额就低。在企业内部，职工的工资根据个人劳动贡献的大小浮动。劳动贡献大，工资就多些；劳动贡献小，工资就少些。四川、湖北、江苏、河南、河北等省的一些集体企业推行除本分成制后，都收到了较好的效果。

2. 乡镇企业的工资制度

乡镇企业是农民和县以下非农业人口集资办起来的合作企业和个体企业，是农民脱离农业生产后开辟的第二、第三产业。1984年以后，乡镇企业迅速发展。到1991年年底，中国有乡镇企业1908.88万个，职工人数9609.11万人，总产值达11621.69亿元，国家税金333.8亿元，工资总额706.5亿元④，已成为国民经济的一支重要的力量，农村经济的重要支柱。

根据"按劳分配、多劳多得"原则，乡镇企业的工资分配办法也在不

---

① 蔡昉主编：《中国劳动与社会保障体制改革30年研究》，经济管理出版社2008年版，第221页。
② 《中国统计年鉴（1992）》，中国统计出版社1992年版，第108、126、130页。
③ 严忠勤主编：《当代中国的职工工资福利和社会保险》，中国社会科学出版社1987年版，第144页。
④ 《中国统计年鉴（1992）》，中国统计出版社1992年版，第389—391页。

断改革。1979年7月，国务院颁发《关于发展社队企业若干问题的规定（试行草案）》指出："社队企业的劳动报酬，应贯彻执行按劳分配的原则。一般实行'厂评等级，队记工分，厂队结算，回队分配'的办法，也可以实行其他办法。有条件的，可以实行工资制。"执行的结果是，大多数企业改行了工资制，有的实行计件工资制，有的实行等级工资制。但是，这种工资制，为了照顾农业劳动分配水平低的现实情况，一般实行略高于农业分配的低水平工资制，平均每人月工资40—50元。

为了提高企业经济效益，调动职工的劳动积极性，1982年以来，各地乡镇企业普遍实行了经营承包责任制，在职工分配上实行浮动工资制。有的实行基本工资加奖励；有的实行承包利润上交和提留后，利润分成；有的实行计件工资制；有的实行定额基本工资加奖励。一些集资入股企业，还进行了股份分红。乡镇企业中的个体企业，一般都实行基本工资加奖励；奖金的多少，由企业根据个人劳动技能高低、劳动成果大小、劳动态度好坏来确定。

3. 私营企业的工资制度

1987年10月，中共十三大及其报告第一次以正式文体形式作出，私营经济是社会主义公有制经济必要的和有益的补充的论断后，个体、私营经济迅速恢复和发展起来。到1991年年底，全国已登记注册的私营企业达10.78万户，从业人数183.9万人，其中雇工人数159.8万人，注册资金总额123.17亿元。[1]

1989年9月21日，劳动部颁布的《私营企业劳动管理暂行规定》明确指出"私营企业用工必须按照平等自愿、协调一致的原则，以书面形式签订劳动合同"，并在劳动合同中约定劳动报酬，保险和福利待遇；"私营企业有权依照国家法律和有关政策确定企业的工资制度和工资形式"；"私营企业的工资标准由企业与职工代表或工会组织协商制定，并经当地劳动行政部门同意后实行"；"私营企业应当根据企业的生产发展，逐步提高职工的工资水平"。私营企业的工资在商品经济条件下属于市场调节的范围，但中国劳动力市场才刚刚发育，劳资双方力量不平衡，加之劳动力供过于求，因

---

[1] 李欣欣：《我国私营经济的发展现状》，《党校科研信息》1992年第12期。

此，私营企业平均工资偏低。

4."三资"企业的工资制度

根据国民经济对外开放、对内搞活的方针，为了扩大国际经济合作和技术交流，1979年7月，五届人大二次会议通过了《中华人民共和国中外合资经营企业法》。此后，中国大陆的中外合资经营的企业以及外资企业有了很大的发展。到1991年年底，中外合资、中外合作和外资企业（含华侨或港澳）从业人数达117.8万人，职工工资总额为40.6亿元[①]，平均工资3447元，高于国有单位和集体单位。

根据1980年7月国务院颁布的《中外合资经营企业劳动管理规定》，合营企业职工的工资标准、工资形式、奖励、津贴等制度，由董事会讨论决定。职工离开合营企业到其他单位工作时，实行所到单位的工资、奖励、津贴制度。由于合营企业都有一定的合营期限，期满后仍然成为国营企业职工，因此，到1985年止，除深圳特区的中外合资企业外，其他地区的合资企业一般仍执行国家规定的工资制度，只是对高出所在地同行业国营企业职工实得工资的20%—50%部分，在分配方法上有一些改进，实行浮动的奖励、津贴制度。随着经济体制改革的不断深入，不少合营企业也在着手改革它们的工资制度。

深圳特区合营企业工资制度的改革，是从1982年4月《广东省经济特区企业劳动工资管理暂行规定》公布以后开始的。在这之前，深圳特区企业一般执行的是当时国营企业的一套工资制度。改革后的新工资制度大体上有五种具体形式，即友谊餐厅等企业实行的基本工资、职务工资、浮动工资制；竹园宾馆实行的职务工资、浮动工资制；饮乐汽水厂等实行的基本工资（包括边防、副食、粮价补贴）、岗位工资、浮动工资制；宝华电子厂等实行的基本工资、考勤奖、岗位津贴、浮动工资制；家乐家俬厂实行的定额工资、超额计件工资制。它们的共同特点是：职工实际所得中的一部分是固定或相对固定的，以保证职工的基本生活；另一部分是同企业的经济效益和个人的表现、贡献直接挂钩的，兼顾了国家、企业和个人三者的利益。[②]

[①] 《中国劳动年鉴（1990—1991）》，中国劳动出版社1993年版，第550页。

[②] 严忠勤主编：《当代中国的职工工资福利和社会保险》，中国社会科学出版社1987年版，第148页。

可以说，这一阶段的工资改革适应并配合了当时经济体制改革形势的发展，与企业或单位的人事、劳动和分配等制度改革紧密相连，在一定程度上消除了工资分配中"大锅饭"的弊端，调动和激发了企业、劳动者的积极性，取得了阶段性的成果。这一阶段的工资改革起始于职工工资的普遍调整升级和企业奖励、计件工资制度的恢复，历经改革奖金制度以使其同企业经济效益挂钩浮动，进而推动基本工资制度改革，到1985年工资制度改革正式起步，在全国范围内改变了原来集中过多、管得过死的工资管理体制，工资的经济杠杆作用增强了。这不仅基本解决了职工工资与其劳动能力、责任、强度、条件不符以及长期不加工资等问题，职工工资同所在企业的经济效益和个人的劳动贡献挂起钩来，初步体现了按劳分配原则，而且实现了国营企业工资制度与机关、事业单位工资制度的脱钩，国营企业开始摆脱计划经济体制下的僵化分配模式，随同经济效益提高而新增的工资基金由企业自主决定使用去向和分配形式，国家不再直接干预。同时，城市非国有经济中劳动者收入的形成和分配，已经基本上由市场调节，其工资制度呈多元化发展，并与国有部门的工资制度改革相互作用、影响，国有企业的收入分配机制也已具有相当程度的市场调节因素。职工依靠自己勤奋劳动和企业改善经营管理提高效益来增加工资收入、改善生活的观念开始形成，并正在转化为动力机制。但是，这一阶段的工资体制仍带有比较浓厚的计划经济色彩，主要表现在：一是工资管理仍然高度集中统一；二是没有体现分类管理的原则；三是未能建立起正常的工资增长机制；四是机关事业单位的工资标准低于企业，一度造成人才外流。[①] 此外，工资改革的进展也不尽如人意。诸如，企业工资改革的主要形式"工效挂钩"办法还没有普及，工资增长的依据缺乏科学分析计算，如何排除价格等客观因素对"工效挂钩"的影响尚未找到妥善办法，"挂钩"负盈不负亏的问题时有发生，居民收入高低悬殊的问题已经显现，等等。

三 1979—1991年工资水平的低速增长

工资水平是指在一定时期内劳动者平均工资的高低程度。在计划经济时

---

① 刘学民主编：《中国薪酬发展报告（2010年）》，中国劳动出版社2011年版，第5页。

期，所有制结构单一，工资主要受国家直接控制，实际工资水平基本保持稳定，1952—1978 年平均递增仅 0.38%[①]，人民生活改善甚微。1979—1991 年市场化改革初期，由于物价、体制改革等多种因素，名义平均工资年均增长 10.8%，但实际平均工资水平总体呈低速增长态势，年均增幅为 3.8%（相比 1998 年以后每年工资增长均在 10% 以上），不仅低于 GDP 年均 7.4% 的增幅和社会劳动生产率年均 5.8% 的增幅，而且波动幅度较大。其中，由于 1985 年开始的"工效挂钩"的工资改革是以 1984 年的工资总额为基数，导致 1984 年各单位突击涨工资，1984 年的实际工资增速达 14.8%，远超其他年份；而在 1988 年和 1989 年价格改革时，由于物价高速增长，致使实际工资水平又出现了负增长。分所有制来看，不同所有制单位的实际工资在总体上保持着与平均工资增长相同态势，但增长幅度有所不同，其中，以国有单位的实际工资增长最快。然而，由于不同国营企业的经营好坏、产出水平和效益的差异，不同企业职工的工资差距开始拉开。

表 13—1　　　　　　　　1978—1991 年的中国工资水平变化

年份	薪酬总量（亿元）	工资总额（亿元）	职工福利（亿元）	工资总额比例（%）	职工福利比例（%）	薪酬总水平	人均薪酬水平	货币平均工资（元）	城镇居民消费价格指数	实际平均工资指数	GDP指数	社会劳动生产率指数
1978	629.7	568.9	60.8	90.3	9.7	0.174	1.578	615	100.0	100.0	100.0	100.0
1979	721.5	646.7	74.8	89.6	10.4	0.179	1.749	668	101.9	106.6	107.6	105.4
1980	858.4	772.4	86.0	90.0	10.0	0.190	1.796	762	107.5	106.1	107.8	104.9
1981	912.6	820.0	92.6	89.9	10.1	0.188	1.717	772	102.5	98.9	105.2	101.3
1982	989.4	882.0	107.4	89.1	10.9	0.187	1.684	798	102.0	101.3	109.1	105.1
1983	1059.8	934.6	125.2	88.2	11.8	0.179	1.598	826	102.0	101.2	110.9	108.1
1984	1285.0	1133.4	151.6	88.2	11.8	0.179	1.573	974	102.7	114.8	115.2	110.1
1985	1564.8	1383.0	181.8	88.4	11.6	0.175	1.495	1148	111.9	105.2	113.5	108.8
1986	1904.1	1659.7	244.4	87.2	12.8	0.187	1.566	1329	107.0	108.2	108.8	105.0
1987	2178.5	1881.1	297.4	86.3	13.7	0.182	1.506	1459	108.8	100.2	111.6	107.9

---

① 阮崇武：《深化劳动、工资、社会保险制度改革促进企业经营机制转变》，《管理世界》1992 年第 3 期。

续表

年份	薪酬总量（亿元）	工资总额（亿元）	职工福利（亿元）	工资总额比例（%）	职工福利比例（%）	薪酬总水平	人均薪酬水平	货币平均工资（元）	城镇居民消费价格指数	实际平均工资指数	GDP指数	社会劳动生产率指数
1988	2701.5	2316.2	385.3	85.7	14.3	0.181	1.476	1747	120.7	99.2	111.3	107.6
1989	3073.3	2618.5	454.8	85.2	14.8	0.182	1.491	1935	116.3	95.2	104.1	101.5
1990	3500.4	2951.1	549.3	84.3	15.7	0.189	1.535	2140	101.3	109.2	103.8	104.9
1991	3960.1	3323.9	636.2	83.9	16.1	0.183	1.462	2340	105.1	104.1	109.2	104.2

注：后四列的指数以上一年为100。

资料来源：根据《中国统计年鉴》和《中国劳动统计年鉴》资料整理。

（一）薪酬水平与经济增长

计划经济体制建立以来，在优先发展重工业战略的指导下，中国一直实行"低工资、多就业、高福利"的政策，相当一部分职工的基本生活需要通过企业提供的福利得到满足。所以，单纯的工资并不能准确反映劳动者的劳动所得，职工工资加上职工福利就构成了职工的薪酬。职工福利在薪酬总量中所占比例由1979年的10.4%上升到1991年的16.1%，职工福利不仅是对工资的补充，而且与职工工资分配具有同等重要的地位。[1] 由于中国目前的统计中没有相应的薪酬统计数据，我们只能使用目前统计中的工资总额与职工保险福利费用之和来近似地替代薪酬总量。

经济发展为薪酬水平的提高提供了物质基础，薪酬总水平是薪酬总量与经济发展总量之比，通常用薪酬总量占国内生产总值之比来表示。从静态上看，它反映劳动者的劳动所得占该社会当年新创造价值的比重；从动态上看，它反映在经济发展和经济波动中劳动要素所占份额的变化及其趋势。薪酬总水平（薪酬总量/GDP）在1979—1991年维持在18%左右，基本保持稳定，这也与用调整后的劳动报酬来计算其占GDP的份额保持在43%左右，相对稳定的结论一致。[2] 而工资总额占GDP的比重从1981年开始呈下降趋

---

[1] 宋士云：《中国社会福利制度的改革与转型》，《河南大学学报》（社会科学版）2010年第3期。

[2] 张车伟、张士斌：《中国初次收入分配格局的变动与问题——以劳动报酬占GDP份额为视角》，《中国人口科学》2010年第5期。

势,由1980年的17.1%下降到1991年的15.4%。这说明,在1979—1991年,职工福利对于职工生活水平有一定影响。薪酬总量由于受到职工人数的影响,因而不能真实反映劳动者的个人劳动所得。人均薪酬水平(人均薪酬/人均GDP)能更好地表明薪酬增长与经济增长的关系,中国人均薪酬水平从1979年的1.749下降到1991年的1.462,并且人均薪酬增速在1984年以后落后于人均GDP增速。这也说明职工薪酬增长速度低于经济增长速度。

(二)工资增长与社会劳动生产率

劳动生产率的提高是工资增长的基础与源泉,工资与劳动生产率同步提高,才能促进消费,刺激企业生产。在1979—1991年,中国实际工资年平均增长率为3.8%,低于社会劳动生产率年均5.8%的增长速度,1986年以前实际平均工资增长率与社会劳动生产率基本保持一致:1979年和1980年分别高于社会劳动生产率1个和3个百分点,1981—1986年略低于社会劳动生产率。但是,两者之间的差距在1986年以后呈扩大趋势,到1991年累计相差44个百分点。工资作为劳动者的劳动报酬,需要与个人劳动贡献保持一致,工资和劳动生产率的增长应保持同步。如果工资增长率大幅低于劳动生产率,消费需求的增长就不充分。同时,较低的工资水平无法形成可靠的收入预期,为了应对未来的不确定性因素,居民不敢大胆消费,导致低收入水平下的高储蓄率,进一步制约了消费量的扩大和消费水平的提高,不利于经济增长。[①]

(三)实际平均工资低速增长的效果分析

实际平均工资低速增长适应由重工业优先发展战略向农轻重比例协调发展转变。低速增长的实际平均工资,增强了劳动密集型产业吸纳农村剩余劳动力的能力,同时也加强了出口加工型企业的竞争能力,促进了城市化的发展和产业结构的调整。中国农村劳动力非农就业人数由1978年的2827万人,上升到1991年的11341万人,年均增长11.3%,城市化率也由1978年的17.92%上升到1991年的26.37%。[②] 同时,低速增长的实际平均工资也

[①] 于东阳:《工资决定理论评析及其对我国工资制度改革的启示》,《商业时代》2013年第29期。
[②] 根据《中国统计年鉴(2011)》计算。

与改革开放初期经济比例关系严重失调、生活资料供给不足相适应。较低的工资水平有效地抑制了居民需求的过度膨胀，减缓了通货膨胀的程度。此外，虽然实际平均工资低速增长，但也提前实现了"三步走"发展战略的第一步，解决人民群众的温饱问题，使生活水平得到初步改善，城镇和农村居民家庭恩格尔系数分别由1978年的57.5%和67.7%，下降到1991年的53.8%和57.6%。[①] 但是，工资低速增长具有一定的惯性，在经济保持高速增长，供需关系发生逆转之后，继续保持工资的低速增长势必会引起全社会的消费需求不足，经济发展过分依赖出口，这些问题在1997年以后开始凸显，影响了整个社会经济稳定发展。长期的劳动力低成本也使低素质劳动密集型行业过度发展，抑制了产业升级和技术进步，阻碍了劳动生产率和收入水平提高的步伐，也导致第三产业发展缓慢，形成全社会低工资的状况。[②]

（四）实际平均工资低速增长的原因分析

非国有部门劳动力市场初步发育，供需矛盾抑制工资上涨。随着经济体制的改革、多种所有制和经营方式的出现，以实行"三结合"就业方针为标志，市场机制开始引入到劳动力资源配置当中，在非国有部门工资水平开始受市场调节。然而，1979—1991年，由于多种原因，劳动力供给大大超过对劳动力的需求，抑制了工资上涨。中国不仅面临着城镇人口过快增长和"文化大革命"期间上山下乡的知识青年在落实政策后大量返城的双重压力，而且还面临着农村剩余劳动力转移和国营企业富余职工分流的双重压力。农村家庭联产承包责任制的实施提高了农业劳动生产率，形成了大量农村剩余劳动力。在深化企业改革和政府机构改革的过程中，也出现了大量的富余职工。虽然经济体制改革与经济发展也为扩大就业开辟了新的途径，就业规模迅速扩大，但在相当长的时间内劳动力供过于求的局面难以转变，工资上涨受到抑制。

国营企业效益下滑，工资增长有限。国营企业的工资总额受企业效益影响，但仍受国家调控。1979—1991年，由于经济体制转换中的各种摩擦与冲突，国有独立核算工业企业主要经济效益指标都呈明显的持续下降态势，

[①] 《中国统计年鉴（2011）》，中国统计出版社2011年版，第12页。
[②] 孙秋鹏：《我国劳动者持续低工资形成机制分析》，《中南财经政法大学学报》2009年第3期。

工资增长有限。与 1978 年相比，1991 年每百元固定资产原值实现的利税由 24.8 元下降到 12.3 元，资金利润率由 15.5% 下降到 2.7%，资金利税率由 24.2% 下降到 11.8%，产值利税率由 24.9% 下降到 11.6%，亏损企业亏损总额由 42.06 亿元增加到 367 亿元。总之，从国营工业企业主要财务指标来看，在 1979—1991 年，企业经济效益呈下降趋势。[1]

综上所述，改革开放以来中国工资制度开始由计划经济时期单一的等级工资制度向多元化的工资制度转变。工资决定机制开始出现分化，市场化的工资决定机制初现端倪，并对实现职工之间工资分配的公平性产生了积极作用。国家机关、事业单位的工资分配仍然因袭原来行政决定的集权化模式，国营大中型企业开展了"工效挂钩"的工资改革，企业自主决定分配形式和分配制度，拥有了一定的分配自主权，但是这种工资制度与工资自主分配尚有较大差距，工资尚不能成为体现劳动力需求与供给均衡的调节机制，这属于准市场化模式。私营和"三资"企业拥有了分配自主权，市场机制开始发挥作用，特别是三资企业的工资水平快速增长。但是，由于劳动力市场才刚刚发育，加之劳动人事制度改革和其他要素市场改革滞后，国家对收入分配的控制力度较大，工资价格信号的调节作用还很有限，工资制度仍保留着计划经济时期"低工资"的特征，实际平均工资增长低于经济增长和劳动生产率的增长，工资制度改革的任务尚未完成。

工资制度改革的方向是逐步消除体制和政策等因素对工资形成的影响，让工资形成还原于劳动力市场的供求力量，建立市场化的工资形成与增长机制，这就要求企业能够成为真正的用工主体，企业与职工之间能够实现双向自主选择，平等协商确定工资。虽然在国营企业实行了劳动合同制，但职工的身份还是"国家职工"不是"企业职工"，企业仍然缺乏足够的用工自主权；在私营企业，工会组织不健全，职工处于弱势地位，难以与企业展开平等的工资协商谈判。因此，随着经济体制改革的深化，劳动力市场的发育和发展，工资制度改革还有待于进一步发展。

---

[1] 赵凌云：《中国经济通史》（第十卷·下），湖南人民出版社 2002 年版，第 220 页。

第十四章
社会保险制度的初步改革

社会保险是宪法赋予劳动者的一项基本权利,是指劳动者由于年老、疾病、工伤、失业、生育等原因丧失劳动能力或暂时不能劳动时,由国家和社会提供物质帮助。它是劳动经济的重要组成部分,在国家的政治、经济和社会生活中具有重要地位。1979—1991年,作为经济体制改革的重要条件和配套工程,社会保险制度改革取得了初步进展,主要表现在:一方面建立起新制度,如建立了失业保险、劳动合同制工人退休养老保险等;另一方面,是完善和发展原有制度,提高其社会化程度,如医疗费用管理改革和保险费用社会统筹等。这些改革对保障广大职工生活、促进国民经济发展和保持社会稳定都发挥了积极作用,同时,也为进一步深化社会保险制度改革积累了宝贵经验。

一 社会保险制度改革的背景

社会保险是社会化大生产的产物。劳动者在其一生中,必然会遇到年老、疾病、工伤、死亡等种种风险,因此,如何给他们提供基本生活保障,成为现代社会面临的重大社会问题之一。这个问题若不妥善解决,势必会影响社会的安定和经济的持续发展。

(一)传统社会保险制度的弊端日益显现

在中国,社会保险又被称为劳动保险。20世纪50年代初,新中国就已开始着手建立劳动保险制度,《中华人民共和国劳动保险条例》是颁布最早的劳动法规之一，其内容比较齐全，包括养老、疾病、工伤、生育、死亡等保险项目。这一《条例》主要在国营企业实行，城镇"大集体"企业参照执行。国家机关、事业单位的社会保险制度，则由国家颁布的各项单行法规确定，其内容与《劳动保险条例》的规定大致相同。社会保险制度的建立和实施，得到了广大职工群众的拥护，对生产和国民经济的恢复与发展起到了积极作用。在之后的若干年中，虽然这套社会保险制度的部分内容有所变化，但其"单位保险"（或者说"企业保险"）的基本特征没有变，即各项费用全部由单位（企业）负担。但是，由于制度实行的时间较长，客观情况发生了很大的变化，加上"文化大革命"动乱的破坏，以及国家—单位保障制度模式本身规定不尽合理，传统的社会保险制度的弊端日益显现。主要表现在：一是传统社会保险制度实施的范围较窄，仅限于国营单位职工，集体企业参照执行，其他私营企业、乡镇企业、个体劳动者、农民等尚未实行社会保险，国营企业固定工以外的临时工等其他用工形式的人员也不在保险范围以内。[1] 二是在"文化大革命"动乱中劳动保险基金被取消，职工遇到生老病死伤残的问题，完全由本企业自己解决，沦为"企业保险"，导致社会保险统筹和互济功能丧失，造成部分职工的基本生活难以得到切实的保障，出现了有的企业因经济困难而减发或停发退休金、医疗费的问题，也使不同企业之间负担畸轻畸重，无法开展公平竞争。也就是说，传统社会保险制度的不公平性由受保对象个人权益的不公平已扩展到保障供给者负担的不公平。三是传统社会保险制度本身办法单一、经费来源单一，国家负担很重，其非社会化管理的方式，使社会缺乏统筹规划以应付大规模劳动风险的能力，某些待遇规定和管理体制上的问题也亟待调整。因此，即使不进行市场化改革，传统社会保险制度也存在改革的必要性。

（二）社会保险制度改革是经济体制改革的重要环节

改革开放以来，中国社会政治经济生活都发生了巨大的变化。第一，社会主义初级阶段，多种所有制经济形式将会长期并存，因此，劳动力应当能够在不同所有制单位中合理配置和流动。而劳动者流动和自主择业的必要条

---

[1] 令狐安、孙桢主编：《中国改革全书（1978—1991）·劳动工资体制改革卷》，大连出版社1992年版，第20页。

件之一,就是必须对全民所有制以外的其他劳动者建立健全社会保险制度。第二,随着企业改革的推进和经济结构的调整,企业不再作为国家大工厂的一个车间,而且是作为独立的经济实体参与竞争,一些企业会被兼并或破产。只有在全国建立独立于企业之外,由政府组织的社会保险制度,才能够切实保障劳动者的基本生活,使企业改革及经济结构调整顺利开展。第三,在经济体制改革中,企业自主经营、自负盈亏的法人地位将逐渐得到强化,在市场竞争中要求具有平等的权利和地位,这要求社会保险费用均衡负担,以改变原来企业退休费用负担苦乐不均的状况。第四,在新旧经济体制交替、转轨的时期,可能有一部分人的利益暂时受到影响,通过改革建立起较为完备的社会保险制度,可以起到安全网和减震器的作用。[1] 此外,随着沿海一带外资企业的增多,外商要求按国际惯例参加政府强制实行的社会化管理的社会保险,特别是工伤保险等,不愿意由本企业自己承担劳动风险。因此,只有对传统的国家—单位保险制度模式进行社会化改革,才能解决上述问题。

(三) 加快社会保险制度改革是应对人口老龄化的一项战略性决策

1978—1990年,全国离退休退职人员从314万人增至2301万人,增加了6.3倍,年平均增长166万人,增长速度为19.9%;离退休退职人数与在职职工人数之比从1:30.3上升到1:6.1;离退休、退职费用从17.3亿元增至388.6亿元,增加了21.5倍,年平均增加30.9亿元,增长速度为32.7%。[2] 根据1990年7月1日第四次人口普查10%抽样汇总资料,中国60岁及以上的人口有972.49万,占全国人口总数的8.59%。[3] 按照国际上的统一标准,当一个国家或地区60岁以上老年人口占人口总数的10%,或65岁以上老年人口占人口总数的7%,即意味着这个国家或地区的人口处于老龄化社会。1990年,中国已有上海、北京、天津、江苏、浙江5个省市进入老龄化社会,还有一些省市也将相继步入老龄化时期,预计2000年将成为老龄化国家。人口老龄化在世界各国都引起了一系列难以解决的社会、经

---

[1] 阮崇武:《积极推进我国社会保险制度改革》,《中国劳动科学》1991年第5期。
[2] 《中国劳动统计年鉴(1991)》,中国劳动出版社1991年版,第481、494页。
[3] 《中国统计年鉴(1991)》,中国统计出版社1991年版,第91页。

济问题，特别是社会养老费用支出大幅度增长问题。因此，加快社会保险制度改革，使社会对这一问题及早进行通盘规划，储集适量的保险基金，做好应付人口老龄化的思想及物质准备，便是一项务实性的重要战略决策。

此外，20世纪70年代以来，社会保险制度改革作为一种世界性潮流在西方工业化国家和许多发展中国家兴起。各国的行动表明，社会保险制度模式不可能是一成不变的，需要适应社会经济的发展变化而及时作出调整。

在这样的时代背景下，要继续维持传统的国家—单位保险制度模式已不现实，因为各种单位的所有制性质和经营方式已多元化，社会成员也分化成不同的阶层，其对社会保险的需求也并非一致。因此，探索和建立适应社会主义有计划商品经济的现代社会保险制度，就成了这个时期一项十分重要和紧迫的任务。

二 社会保险制度改革的初步进展

1979—1991年，在经济体制改革的带动下，中国对传统社会保险制度改革，一开始就突破了"企业保险"的旧框架，从养老保险由社会统一征集、管理、调剂退休费用资金入手，逐步扩展到在全国建立待业保险基金，在部分地方建立工伤保险基金，积极探索医疗保险和生育保险改革，以及社会保险制度管理的社会化，取得了初步进展。不过，由于改革的指导思想局限在计划经济与市场调节相结合的框架内，社会保险制度改革主要是作为国营企业改革的配套措施而存在和进行的。

（一）实行退休费用社会统筹改革

1978—1984年，在城市经济体制改革方面主要是进行了扩大地方和企业自主权的试验和探索。随着国营企业改革的不断推进，为平衡企业退休费用负担，从1984年起，广东省江门市、东莞市，四川省自贡市，江苏省泰州市、无锡市以及辽宁省黑山县率先开始了退休费用在市、县一级或行业内部实行社会统筹的改革试点。职工退休费用社会统筹是一种由社会专门机构统一征集、统一管理、统一调剂退休费用资金的制度，即由社会保险机构按照工资总额的一定比例向企业统一征收退休费用资金，并统一支付离退休人员的养老金。到 1985 年，广东省已有 73 个县实现了退休费用的社会统筹，四川自贡实现了全市社会统筹，并扩大到集体所有制企业，福建省公交企业实行了全省统筹。正是上述地区的这些自发性试验，拉开了养老保险制度改革的序幕。

1984 年 10 月，中国经济体制改革的重心由农村转向城市，国营企业改革成为整个经济体制改革的中心环节，对社会保险制度改革提出了新的要求。1986 年 4 月 12 日，六届全国人大四次会议通过的《中华人民共和国国民经济和社会发展第七个五年计划》明确提出，要"逐步建立健全社会保险制度"，"全民所有制单位要逐步推行职工退休费用社会统筹的办法，根据以支定收、略有结余的原则，统一提取退休基金，调剂使用"，"改革社会保障管理体制，坚持社会化管理与单位管理相结合，以社会化管理为主"。7 月 12 日，国务院发布了《国营企业实行劳动合同制暂行规定》，要求劳动合同制工人养老保险费用实行社会统筹，资金来源由企业和劳动合同制工人双方缴纳。企业缴纳的退休养老基金数额为工人工资总额的 15% 左右，工人缴纳的退休养老基金数额为不超过本人标准工资的 3%，资金不敷使用时国家给予适当补助，退休以后根据缴费年限长短、金额多少和本人一定工作期间平均工资收入的不同比例确定退休费，按月发给，直至死亡。同时，各地普遍建立了由劳动部门领导的"社会保险事业局"，具体负责合同制工人养老保险费用的征缴和管理。据不完全统计，到 1987 年年底，全国已有 1500 多个市、县试行了退休费用社会统筹，其中，北京、上海、天津、广东、河北、辽宁等省市已经全部或大部分市县实行了统筹。[1] 养老保险费用实行社会统筹是对传统养老保险制度的重大改革，尽管这一改革只是国营企业劳动制度改革的诸多内容之一，并未成为一项单独的社会保险制度，但是，它所包含的内容却表明了国家对单位保险模式下的传统养老保险制度的摒弃和对建立在责任分担基础之上的社会化养老保险制度的追求，标志着养老保险制度由企业保险向社会保险的转型，并由此进入了"去单位化"时代。

养老保险费用社会统筹是一个复杂的社会工作，涉及社会经济的许多方

---

[1] 《中国劳动人事年鉴（1949.10—1987）》，劳动人事出版社 1989 年版，第 607 页。

面，统筹本身也不断出现新的情况和问题。主要表现在：一是中央一些部门和系统不愿参加属地的社会统筹。这些部门的退休职工养老保险待遇比较高，而且养老资金充沛，认为参加属地统筹吃亏，所以强烈要求在自己部门和系统实行统筹。由于当时养老保险社会统筹还属于试点阶段，不管何种方式的统筹都被视为是个进步，1986—1988 年国务院批准了铁路、邮电、水利、电力、建筑 5 个部门实行养老保险行业统筹。[1] 行业统筹从当时来看具有一定的积极意义，但后来产生了一些后遗症。[2] 二是适逢企业实行"承包责任制"，很多企业在承包者短期利益的驱动下采取了缓缴、拖延的办法，尽量少缴费，挤占统筹资金。不仅亏损企业逃费，甚至一些盈利企业也逃费。三是社会统筹并没有根本改变养老保险的财务模式，仍旧实行现收现付，难以应对中国人口结构老龄化的压力。

1986 年进行劳动制度改革时，决定合同制工人每月按其工资收入的 3% 缴纳退休养老保险费，而固定职工不缴费，这样，两者之间产生了矛盾。1987 年 1 月，云南省昭通市实行国营企业、集体企业退休费用社会统筹时，在全国率先进行固定职工缴纳退休养老保险费试点，规定固定职工按本人工资额（基本工资加平均奖金）的 2% 按月缴纳退休养老保险费。[3] 后来，福建、湖南、江西、河南、广东、吉林、山西等地也开展了企业固定职工个人缴纳养老保险费试点。固定职工个人缴纳的养老保险费，基本上与当地劳动合同制工人的缴费标准持平。如江西、山西、吉林省为职工本人标准工资的 1%—3%，广东省为职工工资收入的 2%。[4]

在总结部分省市和行业实行养老保险费用社会统筹经验的基础上，1991 年 6 月 26 日，国务院颁布了《关于城镇企业职工养老保险制度改革的决定》（以下简称《决定》）。《决定》对养老保险制度的多层次体系、费用筹集、

---

[1] 1993 年 10 月 15 日，国务院发出了《关于企业职工养老保险统筹问题的批复》，同意交通、煤炭、银行、民航、石油、有色金属 6 个部门"对其直属企业职工（包括劳动合同制工人和企业所属事业单位职工）的养老保险基金直接组织统筹，直属企业中已参加地方统筹的改由主管部门和单位统筹"，致使养老保险行业统筹的部门达到 11 个。

[2] 董克用主编：《中国经济改革 30 年：社会保障卷（1978—2008）》，重庆大学出版社 2008 年版，第 23—24 页。

[3] 《中国劳动年鉴（1988—1989）》，中国劳动出版社 1991 年版，第 111 页。

[4] 《中国劳动年鉴（1990—1991）》，中国劳动出版社 1993 年版，第 275 页。

基金管理以及部门分工等作出政策性规定：一是逐步建立起基本养老保险、企业补充养老保险和职工个人储蓄性养老保险相结合的制度；二是改变养老保险完全由国家、企业包下来的办法，实行国家、企业和个人三方共同负担，职工个人也要缴纳一定的费用；三是基本养老保险基金按以支定收、略有结余、留有部分积累的原则统一筹集；四是要积极创造条件，由目前的市县统筹逐步过渡到省级统筹，实行省级统筹后，原有固定职工和劳动合同制职工的养老保险基金逐步按统一比例提取、合并调剂使用；五是劳动部门所属的社会保险管理机构经办基本养老保险和企业补充养老保险的具体业务，并受养老保险基金委员会委托管理养老保险基金，现已由中国人民保险公司经办的养老保险业务，可以维持现状不做变动；六是劳动部和地方各级劳动部门负责管理城镇企业职工的养老保险工作，机关、事业单位和农村的养老保险制度，分别由人事部、民政部负责。《决定》的颁布标志着养老保险制度改革由自发的试点过渡到有组织的改革设计阶段。[1]

在《决定》的指导和推动下，以社会统筹为目标、多方分担责任为原则的养老保险制度改革在全国迅速展开。到1991年年底，全国基本上实行了国营企业职工退休费用市县统筹，其中福建、江西、吉林、山西、北京、天津、上海等地实现了省级统筹。参加统筹的在职职工6000多万，约占国营企业职工总数的82%；离退休职工1200多万，约占国营企业离退休职工的95%。全年收缴养老保险基金200多亿元，支付离退休费用170多亿元，累计结余100多亿元。集体企业职工退休费用社会统筹已在1300多个市县实行，占全国市县总数的55%。此外，各省、自治区、直辖市的劳动部门还为外商投资企业中方职工建立了养老保险基金制度。为保证退休费用社会统筹工作的顺利开展，全国共建立了劳动部门所属的省、市、县三级社会保险管理机构2900多个，配备了专职社会保险干部25000多人。同时，为减轻企业负担，方便离退休职工，提高统筹工作的社会化程度，各省、自治区、直辖市在800多个市县开展了由银行储蓄部门或社会保险管理机构发放离退休费的试点，一套自下而上的社会保险管理网络已经初步形成。[2] 养老保险费用社会统筹对于均衡企业负担，防范养老金支付风险发挥了积极

---

[1] 曾培炎主编：《新中国经济50年（1949—1999）》，中国计划出版社1999年版，第667页。
[2] 《中国劳动年鉴（1990—1991）》，中国劳动出版社1993年版，第274页。

作用。

从各地实行职工退休费用社会保险统筹的情况看，统筹的项目一般包括退休费、离休费、退职生活费等。多数地区还将因工致残人员护理费、供养直系亲属抚恤费和救济费、丧葬补助费，以及离退休人员的各种补贴也纳入了统筹项目。各市县所建立的积累金一般占全部退休基金的5%左右。①

此外，为建立起多层次的养老保险制度，保障职工退休后的实际生活水平不因退休而下降过多，福建、四川、江西、河南、湖南、湖北、浙江等省选择了一批经济效益较好的企业，试行了企业补充养老保险制度，并为在职职工建立企业补充养老保险账户，人均补充金额一般为企业人均1—1.5个月的工资。山西省祁县、江西省安义县、福建省三明和南平市还试行了个人储蓄性养老保险制度。② 上述试点，增强了企业的凝聚力，提高了退休人员的生活水平，也为逐步建立多层次的养老保险制度提供了经验。

（二）建立并逐步完善国有企业职工待业保险制度

在20世纪80年代以前，职工失业保险制度还是一个空白。其主要原因是，在理论上认为社会主义社会不会存在失业，在实践中否认国营企业会产生职工失业问题。20世纪80年代中期以后，国家决定在实行劳动合同制的同时，建立国营企业职工待业保险制度。③ 1986年7月12日，国务院颁布了《国营企业实行劳动合同制暂行规定》《国营企业招用工人暂行规定》《国营企业辞退违纪职工暂行规定》《国营企业职工待业保险暂行规定》等一批法规，对解除和终止劳动合同的职工、违纪被辞退职工、破产及整顿企业职工不再实行无条件"包下来"的政策。1986年12月2日，《中华人民共和国有企业业破产法（试行）》公布。这样，建立待业（失业）保险制度就成为劳动制度改革不可或缺的一项配套措施。

---

① 《从企业保险到社会保险》，《经济研究参考》1994年第31期。
② 《中国劳动年鉴（1990—1991）》，中国劳动出版社1993年版，第275页。
③ 《国营企业职工待业保险暂行规定》中没有使用"失业"概念，而用"待业"来表示，这是出于意识形态方面的考虑。当时在理论上仍然否认社会主义的中国存在失业，只认为存在"待业"问题。至于"待业"一词，原意是特指没有正式职业、等待政府安排就业的青年。关于"待业"与"失业"的争论一直持续到20世纪90年代。直到1993年11月中共十四届三中全会通过《中共中央关于建立社会主义市场经济体制若干问题的决定》，"待业保险"才正式改为"失业保险"。

《国营企业职工待业保险暂行规定》指出，建立待业保险的主要目的是适应劳动制度改革需要，促进劳动力合理流动，保障国营企业职工待业期间的基本生活。其主要内容有：一是确定了保险的覆盖范围。包括宣告破产企业的职工，濒临破产企业法定整顿期间被精减的职工，企业终止、解除劳动合同的工人，企业辞退的职工。二是确定了资金的筹集和管理模式。确定以基金制方式筹集保险费，保险基金来源于企业按职工标准工资总额的1%交费、基金利息和地方财政补贴。领取待业保险的期限，工龄5年以上的最多为24个月，工龄不足5年的最多为12个月。发放标准，待业第1月到第12个月的，每月为本人标准工资的60%—75%，第13月到第24个月的，为本人标准工资的50%。待业保险基金开支项目包括宣告破产企业职工和濒临破产的企业法定整顿期间被精减职工待业期间的待业救济金、医疗费、死亡丧葬补助费、供养直系亲属的抚恤费、救济费，宣告破产企业的离退休职工和濒临破产的企业法定整顿期间被精减而又符合离退休条件职工的离退休金，企业辞退的职工和终止、解除劳动合同的工人在待业期间的待业救济金、医疗补助费，待业职工的转业培训费、扶持待业职工的生产自救费以及待业职工和待业保险基金的管理费。三是建构了失业保险制度本身及失业保险基金的组织管理模式，并对管理机构及其职责作了原则规范。规定各级劳动部门承担失业保险的管理工作，采取政府集中制定政策、具体业务分散管理的方式，当时的劳动人事部负责在全国的贯彻实施。以此为标志，中国失业保险制度开始正式建立。它的建立填补了中国社会保险体系的一项空白，为深化劳动制度改革，转换企业经营机制，调整生产结构，促进劳动力的合理配置和流动创造了一定的条件。

实际上，1986年建立的待业保险制度，是一种范围很小（仅限于国营企业中的四种人），层次很低的失业保障制度。从筹款方式、待遇资格获得、待遇水平等方面看，它实质上并非失业保险，而是一种失业救济制度，失业者个人也不必缴纳失业保险费用，体现不出职工个人的责任和自我保障意识；发放的待业救济金只是为了解决失业者最基本的生活困难。从保险对象方面看，则存在保险与风险不对应的问题，形成了失业保险对象的结构性缺陷，这使一方面很多失业者得不到保障，另一方面失业救济金又发放不出去，产生"有险无保"和"有保无险"并存的怪现象。

1990年7月,劳动部将上海市、大连市、杭州市和广州市列为扩大范围的试点城市。在原有基础上,将待业保险实施范围扩大到全民和县以上集体企业从城镇招用的临时工,全民企业优化劳动组合后被辞退人员,被企业除名人员,经双方同意解除劳动合同的合同制工人,县以下集体企业、私营企业、乡镇企业从城镇招用人员,"三资"企业富余的中方人员,城镇个体工商户。截至1991年年底,参加待业保险的单位共有43万个,包括国营企业、机关团体、事业单位、部分集体所有制企业和三资企业;职工7123万人。5年中,累计为30万待业职工发放了待业救济金和医疗费,并帮助20万名待业职工重新就业。①

(三) 个人负担部分医疗费用和医疗费用社会统筹试点

改革开放以后,传统的公费、劳保医疗体制存在的问题凸显出来:一是医疗费用持续攀升。这主要源于传统的医疗体制基本没有个人分担付费的机制,激励了医疗机构和患者过度的医疗服务和需求。例如,一些享受人员不管病情是否需要,一味要求多开药、开好药,做不必要的检查和治疗;有的医务人员没有很好地掌握"因病施治、合理用药"的原则,开"大处方""人情方";有的一人享受公费医疗,全家吃公费医疗的药;有的单位随意扩大享受公费医疗范围和报销范围,进而导致医疗费用增长过快。据统计,1978年全国享受公费医疗和劳保医疗的职工人数已达8400万,全国城镇职工医疗费用为27亿元;1982年全国平均每人公费医疗开支近50元,个别地区高达百元以上,全国超支3.7亿元。② 二是医疗经费日趋捉襟见肘。这源于经济体制改革的推进和国营企业预算软约束的逐渐硬化,进而使企业逐步转化为相对独立的经济实体,通过财政获取医疗经费托底日渐式微。为了解决医疗保险体制日益突出的问题,1984年4月28日,卫生部、财政部发出的《关于进一步加强公费医疗管理的通知》(以下简称《通知》)指出,公职费医疗制度的改革势在必行,在保证看好病、不浪费的前提下,各种改革办法都可以进行试验,在具体管理办法上,可以考虑与享受单位、医疗单位或个人适当挂钩。《通知》下达后,一些省市在部分医疗单位试行了公费医

---

① 《中国劳动年鉴(1990—1991)》,中国劳动出版社1993年版,第276—277页。
② 郑功成等:《中国社会保障制度变迁与评估》,中国人民大学出版社2002年版,第127—118页。

疗经费与享受者个人适当挂钩的办法。不少企业也效仿这种办法，自发地改进原有的由单位包办一切的劳保医疗制度，试行劳保医疗费用与个人挂钩。① 有些国营企业实行医疗费用定额包干管理（俗称"死包干"），将医疗费用定额发给职工本人，剩余归己，超支自理。虽然这种方式后来遭到中央政府的否决，但按比例报销和将医疗经费拨付企业医院承包使用等办法，得到了劳动人事部的肯定，并作为成功经验加以广泛推行。

1989年8月，卫生部、财政部颁发了《关于公费医疗管理办法的通知》。在公费医疗改革方面，主要是对公费医疗经费管理上进行了改进：一是普遍实行公费医疗费用与个人适当挂钩。总的方向是多渠道筹集医疗经费，国家、单位和个人三方面分担医疗费用，以国家财政为主。二是采用多种方式加强公费医疗管理，实行责任、权力与利益相结合，经费分配、管理、使用相联系的费用控制机制。例如，上海、重庆等城市，进一步补充完善了《公费医疗药品报销范围》等有关规定；大连市根据疗养病人多的特点，制定了疗养管理规定。一些地区还对不属于享受公费医疗人员进行了清理，减少了经费开支。

针对企业职工医疗费超支严重，企业特别是中小企业难以承受的问题，劳保医疗制度改革试点主要从以下三个方面展开：一是试行职工看病，个人少量负担医疗费。如山东省青岛市开展试点的企业有1503户，职工46.9万人，分别占全市市属企业户数和职工总数的70.3%和71.1%。职工门诊看病的药费和住院费一般由个人负担10%，企业如有特殊情况，可酌情上下浮动5%。原则上全年个人负担部分不超过30元。试行职工看病个人少量负担医疗费用的办法，增强了职工的社会保险参与意识，减轻了国家和企业负担，对于抑制医疗费用不合理增长有较好的效果。到1991年，全国80%以上的国营企业都进行了这一试点。② 二是试行职工大病医疗费用社会统筹。为保障职工基本医疗，解决企业之间负担不均、畸轻畸重问题，特别是中小企业医疗费用严重超支问题，1987年5月北京市东城区蔬菜公司首创大病医疗统筹办法。不久以后，天津、河北、辽宁、河南、四川等省、市的一些

---

① 宋晓梧、张中俊、郑定铨：《中国社会保障制度建设20年》，中州古籍出版社1998年版，第104页。

② 《中国劳动年鉴（1990—1991）》，中国劳动出版社1993年版，第276页。

地区相继试行。大病医疗费用统筹是根据医学上划分大病的种类，结合企业经济承受能力，选择某些医疗费用开支较大的大病病种，由企业主管部门在一定范围内筹措"大病统筹医疗基金"，以对大额费用的疾病或住院医疗费用给予补助。大病医疗费统筹基金一般由企业税后留利的福利基金中按职工人数每人每月提取2—3元，上交所属公司或主管单位统一管理。参加统筹的企业职工一次看病医疗费超过一定数额（一般为300元以上），超过部分由统筹基金按比例拨付给患病职工单位。① 其统筹的方式，或按行业实行统筹；或以市县为单位统筹。到1991年，四川、河北、天津、山东、江西等地已有3262户国营企业开展了职工大病医疗费用社会统筹，参加统筹的职工达50多万人。② 三是部分省市开展了离退休职工医疗费社会统筹试点。各地在开展退休费用社会统筹时，退休职工的医疗费因开支大难以控制，一般暂时没有列入统筹项目，仍由原单位直接开支。1985年11月，河北省石家庄率先在6个县、市开展离退休职工医疗费用社会统筹试点。社会保险机构在向企业提取退休职工医疗保险基金后，或是社会保险机构自办门诊部为退休职工看病；或是退休职工看病时，个人负担少量的药费，大部分药费由社会保险机构报销。③ 到1991年，这一试点已在河北、河南、湖北、福建、四川、内蒙古、天津、北京等14个省、自治区、直辖市的3983户国营企业和637户集体企业中实行，参加统筹的离退休职工达20多万人。④ 从各地试点的情况来看，劳保医疗制度改革不仅较好地保证了职工的基本医疗需求，增强了职工的社会保险参与意识，而且减轻了企业的负担，医疗费用较前有了较大幅度的下降。特别是大病医疗费用统筹，将单个企业承担的风险转由参加统筹的所有企业共同分担，不仅较好地解决了企业之间的负担畸轻畸重的问题，而且也使企业劳保医疗向医疗保险社会化大大迈进了一步。

（四）工伤保险制度改革的探索

1986年7月，国务院发布的《国营企业实行劳动合同制暂行规定》规

---

① 《中国劳动年鉴（1988—1989）》，中国劳动出版社1991年版，第112页。
② 《中国劳动年鉴（1990—1991）》，中国劳动出版社1993年版，第276页。
③ 《中国劳动年鉴（1988—1989）》，中国劳动出版社1991年版，第111—112页。
④ 《中国劳动年鉴（1990—1991）》，中国劳动出版社1993年版，第276页。

定，劳动合同制工人因职业病或因工负伤，应当与所在企业同工种的原固定工同等对待。1987年11月，卫生部、劳动人事部、财政部、中华全国总工会联合颁发《职业病范围和职业病患者处理办法的规定》，对职业病的定义、范围、诊断、待遇等问题作出规定，并给出了职业病的名单。1989年8月，财政部、民政部发布了《关于全民所有制事业单位工作人员因公负伤致残抚恤问题的通知》，规定各地区、各部门的全民所有制事业单位工作人员因公负伤致残，应给予积极治疗；伤残保健金由所在单位按批准的伤残等级和规定的伤残保健金标准于每年1月、7月两次发给，每次发给全年保健金的一半；发放的伤残保健金在各单位事业费的"其他费用"项目中列支。

1989年1月，海南省海口市率先开始了工伤保险改革的探索。之后，辽宁省、广东省、福建省等的一些市、县也制定了改革办法，加入了工伤保险改革试点行列。各地改革的基本做法：一是扩大保险范围，把全民、集体、外商投资企业纳入统一的保险制度中，适用于固定工、合同工和临时工。还有的包括个体工商户、乡镇企业职工。二是调整待遇标准。丧葬费普遍做了适当调整；对因工死亡遗属一般按当地居民生活水平发生活补助费；普遍建立了因工死亡一次性抚恤待遇，各地标准不一，有参照机关标准发给20个月工资，也有发绝对额的，从2000—10000元不等；对伤残职工按照残废等级并区别不同情况确定待遇，其中被评为1—4级属于完全丧失劳动能力，一般是按月发给残废金，被评为5—10级的属于部分致残，除由企业安排适当工作外，还一次性发给或按月、按季发给补助金。三是实行差别费率，建立工伤保险基金。对于企业长期支付的工伤待遇项目，实行费用统筹，一般按工资总额的一定比例提取，平均为1%左右。为了体现部门行业工伤危险程度的区别，保险基金征收采取差别费率办法，少的定2个，多的定6个。四是实行企业管理和社会管理相结合，逐步走向社会化管理。社会保险机构统筹的项目一次性抚恤费、定期残废金、遗属抚恤费、护理费、丧葬费等，而医疗费、治疗期间工资、丧事处理和生活福利等一般仍由企业管理。

1991年3月1日，国务院发布《企业职工伤亡事故报告和处理规定》，对伤亡事故的报告、调查、处理作出规定，其中第八条规定"发生死亡、重大死亡事故的企业应当保护事故现场，并迅速采取必要措施抢救人员和财产，防止事故扩大。"11月4日，《职工工伤与职业病致残程度鉴定标准》

通过了部级专家评审，该《标准》不仅填补了中国工伤保险领域的一项空白，而且为伤残和职业病的评定提供了科学依据。

到 1991 年，全国已有 2000 多个市、县建立和健全了劳动鉴定机构，全国已有 30 个市、县建立了工伤保险基金，由劳动部门统一管理，受益人数约为 300 万人。工伤保险制度改革增进了社会应付工伤风险的功能，提高了企业抵御工伤风险的能力，使企业不因特大事故而影响生产以致倒闭，保障了职工的合法权益，也使企业摆脱直接处理工伤问题的繁杂事务性工作，有利企业生产和获得更好的投资环境。

（五）生育保险制度改革的起步

为适应新形势下保护女职工生育权利的需要，国家制定了一系列保护妇女生育权益的政策法规。1986 年 5 月 30 日，卫生部、劳动人事部、全国总工会、全国妇联联合印发了《女职工保健工作暂行规定（试行草案）》，对女职工孕前、孕期、产后、哺乳期如何开展保健工作等都作了明确规定。7 月 12 日，国务院发布的《国营企业实行合同制暂行规定》指出，女职工在孕期、产假和哺乳期间，企业不得解除劳动合同。1988 年 7 月 21 日，国务院颁发了《女职工劳动保护规定》，这是中华人民共和国成立以来保护女职工的劳动权益，减少和解决她们在劳动中因生理机能造成的特殊困难，保护其安全和健康的第一部比较完整的、综合性的女职工劳动保护法规。主要包括以下几方面内容：一是保障女职工的劳动权利。凡适合妇女从事劳动的单位，不得拒绝招收女职工。不得在女职工怀孕期、产期、哺乳期降低其基本工资或者解除劳动合同。二是充分考虑女职工的生理特征，合理安排女职工的工作，禁止安排女职工从事矿山井下、国家规定的第四级体力劳动强度的劳动和其他女职工禁忌从事的劳动。三是保护女职工的母性机能，加强经期、孕期、产前产后期及哺乳期的特殊保护。四是女职工产假待遇进一步提高。女职工产假为 90 天，其中产前假 15 天，难产的增加产假 15 天。多胞胎生育的，每多生育一个婴儿，增加产假 15 天。五是妥善照顾女职工在生理卫生、哺乳、照料婴儿方面的困难。女职工比较多的单位，应当按照国家有关规定，以自办或者联办的形式逐步建立女职工卫生室、孕妇休息室、哺乳室、托儿所、幼儿园等设施。1990 年 1 月 18 日，劳动部发布了《女职工禁忌劳动范围的规定》，对女职工怀孕、生育、哺乳期间禁止从事的高污染、高强度、高放射性的劳动范围做出详细规定。

为了解决女职工生育费用的企业负担畸轻畸重问题，一些地方政府开始着手对传统女职工生育保险进行改革探索。例如，1988年9月1日，江苏省南通市率先试行《南通市全民、大集体企业女职工生养基金统筹暂行办法》，企业按男女全部职工人数每年一次性向社会统筹机构上缴一定数额的资金，建立女职工生养基金。统筹企业中有女职工生育，其生育医疗费和生育津贴由社会统筹机构负责支付。同年，湖南省株洲市也试行了生育保险基金社会统筹，即企业按工资总额的一定比例上缴生育保险费，通过银行划归劳动部门统筹，生育女职工凭企业证明按月从当地劳动部门领取生育津贴。此后，福建省龙海县、河北省威县、安徽省铜陵市、江西省井冈山市、山西省河津县、河南省开封市、广东省等省、市、县人民政府纷纷颁布地方性法规，实施女职工生育基金的社会统筹。到1992年末，全国已有90多个市县建立了女职工生育保险基金。

（六）进行农村社会养老保险制度的试点[1]

改革开放以后，随着农村集体保障制度和家庭保障功能的日趋减弱以及老龄化程度的不断加深，农村的养老问题日益突出。顺应农村的实际需要，中共中央、国务院提出了逐步建立农村社会保障制度的要求。1986年4月，《中华人民共和国国民经济和社会发展第七个五年计划》提出，"抓紧研究建立农村社会保险制度，并根据各地经济发展情况，进行试点，逐步实行。"根据国务院的指示，民政部从1986年开始在全国进行了农村基层社会保障的探索和试点工作，其中养老保险是农村富裕地区试点的一个重要项目。到1989年，全国已有19个省（自治区、直辖市）的190多个县（市、区、旗）进行了农村养老保险试点，有800多个乡镇建立乡（镇）本位或村本位的养老保险制度[2]，参加人数达90多万人，筹集资金4095万元，已有

---

[1] 参见宋士云《中国农村社会保障制度结构与变迁透视（1979—1992）》，《中国特色社会主义研究》2006年第1期。

[2] 劳动部课题组：《中国社会保障体系的建立与完善》，中国经济出版社1994年版，第139页。

21.6万农民开始领取养老金。① 这些试点，增强了农民的保险意识，促进了计划生育政策的贯彻落实，促进了农村社会经济的发展。但这种小社区型养老保险的范围小、层次低，无法制保障，资金管理风险大。因此，建立农村社会养老保险制度尚需进一步探索。

1991年1月，国务院批准民政部选择一批有条件的地区开展建立县级农村社会养老保险制度试点。6月，民政部制订了《县级农村社会养老保险基本方案（试行）》（1992年1月3日颁布施行）。该《方案》确定了农村社会养老保险制度的一些基本原则：一是从农村生产力水平较低的实际出发，以保障老年人基本生活为目的，实行低标准起步；二是坚持资金个人缴纳为主，集体补助为辅，国家予以政策扶持；三是坚持自助为主，互济为辅；四是坚持社会养老保险与家庭养老相结合；五是坚持农村务农、务工、经商等各类人员社会养老保险制度一体化的方向；六是坚持由点到面、逐步发展。该《方案》还提出了农村养老保险实行个人账户储备积累制，农民个人缴费和集体补助全部记在个人名下；基金以县级机构为基本核算单位，按国家政策规定运营；保险对象达到规定领取年龄时，根据其个人账户基金积累总额计发养老金。《县级农村社会养老保险基本方案》（以下简称《方案》）是中国历史上第一个针对农民的正式的社会保险法规，它颁行之后，中国农村不仅正式开始了建立现代社会养老保险制度的探索，而且建立农村社会保障体系的问题也被提到议事日程。

按照《方案》确定的原则，民政部在山东组织了较大规模的试点。1991年8月，山东省牟平、招远、龙口、荣成和乳山5个县市的农村社会养老保险开始启动，到9月底，共计有30个乡镇、281个村、38个乡镇企业，有7.9万人参加养老保险，投保率达92%，共收取保险费485万元。② 10月，民政部在山东牟平县召开了"全国农村社会养老保险试点工作会议"，会议对为什么要搞农村社会养老保险及选择什么样的农村社会养老模式进行了讨论，总结推广了山东建立县级农村社会养老保险制度的经验，进一步明确了农村社会养老保险是政府行为而不是金融保险的商业行为。③ 此后，各

---

① 《中国劳动年鉴（1990—1991）》，中国劳动出版社1993年版，第277页。
② 王以才、张朴主编：《农村社会养老保险》，中国社会出版社1996年版，第22页。
③ 劳动部课题组：《中国社会保障体系的建立与完善》，中国经济出版社1994年版，第261页。

地纷纷扩大试点,农村社会养老保险蓬勃发展。据不完全统计,到 1991 年年底,全国已有 500 多个县市开展农村社会养老保险,占全国县市总数的 23%,覆盖农村人口约 2 亿人。[①]

三 社会保险制度改革的成就与不足

(一) 社会保险制度改革取得的初步成就

1979—1991 年,中国社会保险制度的初步改革取得了重大进展,不仅社会保险项目趋于完善和健全,如建立了失业保险制度,而且社会保险覆盖面也逐步扩大,扩大到国营企业以外其他所有制企业职工,农民也开始被纳入社会保险的覆盖范围。其中,最为突出的成就主要表现在以下两个方面:

1. 社会保险制度模式正在从单位化向社会化转型

13 年来,通过对社会保险制度改革,引入保险业分散风险的"大数法则",初步实现了国家、单位(企业)、个人三方面共同参与的格局,建立起各项社会保险基金,初步实现了"去单位化",社会保险制度模式正在从单位化向社会化转型。

第一,社会保险机构按照规定的基数和比例收缴各项社会保险费用资金,集中管理和运用社会保险基金。集中资金、分散负担,既是社会保险的基本形式,也是社会保险改革最值得肯定的一条成功经验。只有建立起由社会专门机构统一征集、统一管理、统一调剂的社会保险基金,才能够实现对劳动者遇到劳动风险时的基本生活保障。建立社会保险基金,使企业在一定程度上实现均衡负担社会保险费用,为企业创造了平等的竞争环境,对增强企业活力,促进生产发展,均起到重要作用,并减少了劳动力流动的障碍。改革前后的实践对比,也充分证明了这一点。

第二,对确立低积累的部分基金方式进行了有益的尝试。社会保险基金方式,分为完全基金式、部分基金式和现收现付式。完全基金式是指近期内征集的基金不作当前支付社会保险待遇之用,基金全部为积累金。部分基金

---

① 《中国劳动年鉴(1990—1991)》,中国劳动出版社 1993 年版,第 277 页。

式是指近期内集中的基金一部分满足当前支付社会保险待遇需用，一部分用作积累金。现收现付式是指近期收取的社会保险费用资金全部用于给付待遇。改革以后，职工退休费用社会统筹一般是按照"以支定收、略有积累"或"以支定收、略有结余"原则进行的，实际上为低积累的部分基金式，待业保险基金亦属于部分基金式，劳动合同制工人退休养老保险则属于完全基金式。这样，便形成一定积累。社会保险基金不仅应当在空间上进行调剂，即在企业之间、地区之间进行调剂，而且应当在时间上进行调剂，即在当年和以后若干年之间进行调剂。有了一定的积累，就能使制度在长时期内处于良性运行，不致因人口老龄化高峰期来临，社会保险费用开支剧增而影响国民经济发展的后劲。对此，不仅应当有思想上的准备，而且要有物质上的充分准备。[①]

第三，社会保险管理机构初具规模，并培养了一批从事社会保险事业性管理的专职干部。建立健全社会保险管理机构和充实专业人员队伍，实现保险职能和监管的社会化，使各种社会保险责任从企业中分离出来，是社会保险改革的一项基础工作。

2. 社会保险制度改革的新理念和价值取向开始确立

在社会保险制度改革中，社会保险费用完全由国家和企业包下来的旧思想被动摇，养老保险、疾病保险、失业保险应当由国家、用人单位和劳动者个人三方负担的新理念逐渐为人们所接受，新制度、新办法也在试点和逐步推行之中。劳动合同制工人退休养老保险已经在全国实行个人缴费办法，已经有5个省的部分地区及市县开展了国营企业固定职工养老保险个人缴费工作，个别地方的集体企业也开始试行个人缴费。一些地区推行的医疗保险改革制度也包括由个人少量负担医药费的内容。社会保险费用由三方负担，既有利于增强劳动者的社会保险参与意识，使个人劳动与享受社会保险待遇之间有更紧密的联系，也有利于增加经费来源和减少不合理支出的因素，避免在立法和执行制度上的人治现象，在一定程度上减轻企业和国家的负担。

同时，"效率优先，兼顾公平"的价值取向开始确立。传统的社会保险制度强调的是"大锅饭""平均主义"。随着经济转轨，理论界和政府部门

---

① 令狐安、孙桢主编：《中国改革全书（1978—1991）·劳动工资体制改革卷》，大连出版社1992年版，第24—25页。

逐步认识到把社会保险制度理解为不考虑效率原则的公平性制度是片面的。只有打破社会保险中的平均主义倾向，才能更有效地激发广大职工的劳动积极性和创造性，解放和发展社会生产力，推进现代化建设事业的发展。通过制度创新，在养老保险和医疗保险中确立社会统筹与个人账户相结合的原则，既有利于建立起调动职工个人缴费积极性和促进职工勤奋工作的内在激励机制，也有利于企业经营机制转换和劳动力的合理流动。[①]

（二）社会保险制度改革存在的问题与改革取向

虽然 13 年来中国社会保险制度改革取得了很大成就，但是，改革是在各种社会利益关系没有理顺、法制法规不健全、缺乏综合性的统一规划的情况下进行的，改革的诱因并不是来源于社会保险制度本身，而是来源于整个经济体制改革，尤其是国营企业改革对社会保险制度提出的配套改革的要求。加之，社会保险制度的实际改革进程是分项目、分地区进行的，在改革的力度和时间排序上是按照经济体制改革对社会保险制度改革的压力大小来部署的。同其他方面的改革相比，社会保险制度改革因其复杂性和艰巨性而使改革的广度和深度不够，也明显滞后于经济体制改革的进程。因此，社会保险制度改革的进一步推进，应重点解决以下几个方面的问题：

1. 进一步扩大社会保险制度的实施范围

社会保险是社会保障制度的核心部分，它的实施对象是劳动者，依据社会保险的"普遍性"原则，应当对所有企业职工，不论其所有制形式和用工形式如何，均应包括在保险范围之内。13 年来，虽然社会保险的实施范围有所扩大，但覆盖面仍然狭小，县、区以下的集体企业、私营企业、城镇个体劳动者基本上还没有实行社会保险制度。特别是随着乡镇企业的异军突起，中国已形成了"三分天下有其一"的工业新格局，有近 1 亿的农村剩余劳动力告别了"黄土地"转向工业和服务业，越来越多的乡镇企业职工以及其他企业中农民工的劳动风险损失，必然要通过社会保险加以补偿。因此，尽快建立起包括各种所有制形式和用工形式（固定工、合同工、临时工）的城乡企业职工在内的社会保险体系，使所有企业职工都能享受到社

---

① 王东进主编：《中国社会保障制度的改革与发展》，法律出版社 2001 年版，第 52 页。

保险待遇，是今后社会保险制度改革的重要内容之一。

2. 进一步建立社会保险基金统筹制度

社会保险基金是由政府职能部门的社会保险管理机构向企业及其职工个人强制征缴保险费而建立起来的，用以对遭遇劳动风险的职工提供物质帮助的专用经费，是社会保险制度得以运行的物质基础。就全国而言，除养老保险和失业保险已初步建立了社会统筹基金制度外，其他保险项目，如医疗保险、工伤保险、生育保险等的保险费用主要是由企业自行开支，企业负担畸轻畸重问题依然存在。保险费用负担重的企业，尤其是小企业往往因不堪重负而陷入困境，不得不挤占职工福利基金、奖励基金，乃至生产发展基金，从而压抑了企业发展的活力，削弱甚至丧失了市场竞争力。因此，基于中国经济发展水平比较低的现实情况，按照"部分积累"模式和"以支定收、略有结余"原则，尽快全面建立起社会统筹基金制度，是保证社会保险制度得以正常运行、提高社会化程度，从而增强社会承受劳动风险能力的关键所在。①

3. 建立统一协调的社会化管理体制

社会保险是一个复杂而庞大的体系，社会保险制度的管理涉及劳动、人事、卫生、民政、财政、银行、司法、教育、工会、妇联、商业保险以及党的组织部门等众多部门，多头管理有利于渐进式的改革探索，但是，政出多门也延缓了改革的进程，这由于各有关部门认识不一致以及权力与利益的驱动，难以综合规划和统一协调。比如，养老保险的多头经办和多头管理造成了制度的条块分割。《关于城镇企业职工养老保险制度改革的决定》肯定了劳动部、人事部、财政部、民政部等部门多头负责的格局，而11个部门单独办养老保险，地方统筹与行业统筹并存，致使统筹养老保险过程中形成了制度的碎片化。再者，养老保险尚未形成统一的缴费和待遇标准。由于国家授权各地根据具体情况自定政策、确定收费标准，导致各地区、各部门之间待遇和缴费差别较大。尤其是在资金管理上，各部门各守各的条块壁垒，资金过于分散，不能通融调剂，资金整体使用效益差。这表明，多头管理体制已经到了非改不可的时候了。

---

① 冯建威：《社会保险制度改革的回顾与思考》，《工会理论与实践》1993年第1期。

4. 加强社会保险的立法建设

中国社会保险立法长期处于薄弱状态，进展缓慢。在社会保险制度改革实践中，各地创造出许多好经验、好办法，但迟迟不能形成法规，未能以法律形式加以确认和推广。加之，社会保险的基本法尚未制定，已经制定的单行法规很不健全，零星分散，不成体系。这导致了一部分社会保险工作无法可依，管理者难以依法管理，享受者难以依法维护自己的正当权益，由此引起的劳动争议和民事矛盾很多，影响了到社会的安定，也不利于改革成果的巩固。因此，加快社会保险的立法建设，使社会保险管理法制化，也是今后社会保险制度改革的重要内容之一。

第十五章
劳动关系转型的起步

1979—1991年是中国劳动关系转型的起步时期。虽然国家尚未明确市场化改革的导向，但一系列的改革措施却显露出市场化的理念和趋势，表现在劳动关系转型方面则是：国营企业在劳动关系确立和管理中的权限不断增大，传统的行政性劳动关系出现松动；企业和劳动者的利益诉求开始分化，具有市场经济属性的劳动关系双方利益主体逐渐形成，特别是非国营企业市场化劳动关系的孕育和发展，给国营企业劳动制度改革提供了动力和参照。劳动关系的缔结和管理日趋复杂化，并具有二元化和过渡性的特点，劳动关系法制化建设亟待加强。

一 国营企业传统的行政性劳动关系开始松动

1979—1991年，随着中国对传统计划经济体制的改革，政府在对经济的管理中开始引入市场调节手段，国营企业逐渐被改造成为相对独立的经济主体与具有一定权利和义务的法人。在劳动关系方面，国营企业劳动关系的确立和管理不再完全依赖政治和行政指令，企业在劳动关系确立和管理中的权限不断增大，即传统的僵化的行政性劳动关系开始松动，企业和劳动者的利益诉求出现分化，市场化劳动关系逐渐孕育。

（一）国营企业由行政机构的附属物转变为相对独立的经济主体与法人

改革开放以前，国家是国营企业唯一的产权主体，国营企业是行政机构的附属物，不是真正意义上的企业。国营企业不仅是一个生产经营单位，还是一个承担大量社会职能的综合体，企业自身没有独立的经济利益。

中国政企关系的变革是以给企业放权让利为突破口的。从1978年10月开始，在四川省选择了6家国营企业进行扩大企业自主权的试点，到1979年年底试点企业扩大到4200个，1980年6月又扩大到6600个，约占全国预算内工业企业数的16%，产值的60%，利润的70%。[1] 1984年5月10日，国务院颁发了《关于进一步扩大国营工业企业自主权的暂行规定》(《扩权十条》)，提出进一步扩大企业的生产经营计划权、资金使用权、机构设置权、人事劳动管理权、工资奖金分配权、联合经营权等十项自主权。在人事劳动管理方面，《暂行规定》提出："厂长（经理）、党委书记分别由上级主管部门任命；厂级行政副职由厂长提名，报主管部门批准；厂内中层行政干部由厂长任免。企业可根据需要从外单位、外地区招聘技术、管理人员，并自行确定报酬。企业可根据需要从工人中选拔干部，在任职期间享受同级干部待遇；不担任干部时仍当工人，不保留干部待遇。厂长（经理）有权对职工进行奖惩，包括给予晋级奖励和开除处分。企业有权根据生产需要和行业特点，在劳动部门指导下公开招工，经过考试，择优录用。有权抵制任何部门和个人违反国家规定向企业硬性安插人员。"在工资奖金方面，《暂行规定》提出："企业在执行国家统一规定的工资标准、工资地区类别和一些必须全国统一的津贴制度的前提下，可以根据自己的特点自选工资形式。厂长有权给有特殊贡献的职工晋级，每年的晋级面，可以从目前实行的1%增加到3%。这部分工资开支计入成本。企业对提取的奖励基金有权自主分配。"[2] 这一时期的配套改革主要有：一是在投资体制上，开始试行"拨改贷"，即将国家对企业的预算拨款改为银行贷款，以提高企业的生产效率和资金利用率；二是在税收体制上，进行了"利改税"改革[3]，把国家与企业的分配关系通过税收的形式固定下来，税后利润全部归企业支配。虽然以放权让利为主线的改革将经济责任、经营效果同经济利益挂钩，在某种程度上改变了国有企业被动地完成指令性计划的生产单位的状况，使它们普遍具有

---

[1] 吴敬琏：《现代公司与企业改革》，天津人民出版社1994年版，第141—143页。
[2] 《国务院关于进一步扩大国营工业企业自主权的暂行规定》，《中华人民共和国国务院公报》1984年第4期。
[3] 罗国亮：《改革与启示：改革开放30年来政企关系演化研究》，《理论与改革》2008年第4期。

超额完成计划和增产增收的积极性，发展意识和盈利意识大大增强，但是，由于其本身的局限性和其他方面的改革配合不足，并不能使企业具有充分的活力，改革过程变成了"放—收—放"的循环，政企职责不分，条块分割，国家对企业统得过多过死，分配中平均主义严重等问题依然存在。[①] 因此，理顺国家和企业、企业和职工两方面的关系，也就成为以城市为重点的整个经济体制改革的本质内容和基本要求。

1984年10月，中共十二届三中全会通过了《中共中央关于经济体制改革的决定》，指出：增强企业活力是经济体制改革的中心环节，要围绕这个中心环节解决好两个方面的关系问题，即确立国家和全民所有制企业之间的正确关系；确立职工和企业之间的正确关系。要实行政企职责分开，正确发挥政府机构管理经济的职能，使企业真正成为相对独立的经济实体，成为自主经营、自负盈亏的社会主义商品生产者和经营者，具有自我改造和自我发展的能力，成为具有一定权利和义务的法人。在企业内部，要明确对每个岗位、每个职工的工作要求，建立以承包为主的多种形式的经济责任制。这种责任制的基本原则是：责、权、利相结合，国家、集体、个人利益相统一，职工劳动所得同劳动成果相联系。[②] 1986年9月15日，中共中央、国务院印发了《全民所有制工业企业厂长工作条例》《中国共产党全民所有制工业企业基层组织工作条例》和《全民所有制工业企业职工代表大会条例》三个条例，将厂长负责制作为国有企业的一项基本制度，厂长（经理）是企业的一厂之长，是企业法定代表，处于中心地位，起中心作用，对企业负有全面责任；企业中党的组织要发挥政治思想领导的核心作用，积极支持厂长行使统一指挥生产经营活动的职权；确立了职工代表大会是国有企业实行民主管理的基本形式，是职工行使民主管理权力的机构，是协助厂长对企业经营中的重大问题进行决策的机构。自此，国营企业内部自主管理的组织架构开始重塑。这一时期的配套改革主要有：一是自1985年起，国有企业实行工效挂钩制度，即将职工工资的多少同企业的效益联系起来；二是自1986年10月起，国有企业开始实行劳动合同制，新进职工必须同企业签订劳动合同。

---

① 吴敬琏：《现代公司与企业改革》，天津人民出版社1994年版，第143—146页。
② 赵德馨：《中国近现代经济史（1949—1991）》，河南人民出版社2003年版，第385—386页。

随着国营企业内部组织架构的重塑,企业经营机制也开始发生了改变。主要表现在,承包经营责任制在全国国营企业中逐步推开,并成为主要的经营方式。承包经营责任制以承包合同的方式将国家与企业的分配关系基本固定下来,在包死基数、保住国家财政收入的同时,企业获得大部分日常经营管理权,促进了企业行为的市场取向,也使全民所有制企业从国家所有、国家经营开始向国家所有、企业经营转变。1988年2月27日,国务院发布了《全民所有制工业企业承包经营责任制暂行条例》,对发展和完善承包制、规范国家和企业的责权利关系起到了积极作用。1988年4月13日,七届人大一次会议通过了《中华人民共和国全民所有制工业企业法》,明确指出:"全民所有制工业企业是依法自主经营、自负盈亏、独立核算的社会主义商品生产和经营单位。企业的财产属于全民所有,国家依照所有权和经营权分离的原则授予企业经营管理。企业对国家授予其经营管理的财产享有占有、使用和依法处分的权利。企业依法取得法人资格,以国家授予其经营管理的财产承担民事责任。"这一系列法律法规和政策的颁布和实施,不仅使两权分离的企业改革获得了法律依据,为以后转换企业经营机制和建立现代企业制度奠定了基础,而且使国有企业和政府的关系发生了实质性的变化,即企业开始成为相对独立、自主经营、自负盈亏的经济实体,传统劳动关系中国家的"家长"身份不断弱化,企业经营管理者在企业劳动关系中的权力和地位逐步确立。

在社会主义初级阶段有计划商品经济的认知背景下,虽然上述改革举措在实施过程中还存在,诸如政府仍然经常地干预企业的经营决策行为、企业行为的短期化、承包指标不合理、企业内部的"三心之争"等问题,但是,这一时期与改革开放以前相比,政府、企业和劳动者三者间的关系发生了如下变化:第一,国家对企业统得过多过死和企业吃国家"大锅饭"的局面开始改变,国家和企业的关系、企业和职工的关系和企业领导管理体制被进一步理顺和规范,国有企业依据所有权与经营权相分离的改革原则,实行以承包经营为主的多种形式的经济责任制,逐步成为相对独立的生产经营单位和具有一定权利和义务的法人。第二,传统的由企业和劳动者构成的利益共同体开始分化,职工吃企业"大锅饭"的局面逐渐改变,特别是改革赋予企业在人事安排和职工奖惩等方面的权力,动摇了计划经济下国有企业职工岗位"铁饭碗"(虽然短时期内国有企业职工的铁饭碗并没有被真正破除)的稳定性。随着企业经营管理者权力和地位的逐步确立,普通职工越发处于被管理的地位,两者在利益诉求上由原来的一体化开始出现分化。第三,职工重新拥有企业内的利益代言机构。在国有企业寻求变革的形势下,为保障职工利益免受不恰当行为的损害,《国营工业企业职工代表大会暂行条例》《全民所有制工业企业职工代表大会条例》和《全民所有制工业企业法》先后颁布实施。职工代表大会制度的建立,不仅是社会主义国家人民当家做主的标志,更是在国有企业改革——企业经营管理者和普通劳动者利益日趋分化且企业经营管理者话语权逐步强大的过程中,为普通劳动者提供的话语权保障机制,一定程度上也是国有企业激烈改革中缓解劳动关系紧张程度的解压阀。总之,经济体制改革在使国有企业原来行政性的劳动关系开始松动的同时,也孕育了企业和劳动者两大经济利益主体,进而使国有企业中市场化的劳动关系逐渐萌生。

(二)国营企业开始对新招职工建立契约化的劳动关系

为了推进国营企业内部改革,进一步落实企业用工自主权,1986年7月12日,国务院公布了关于劳动制度改革的四项暂行规定。其中,《国营企业招用工人暂行规定》提出:"企业招用工人,必须在国家劳动工资计划指标之内,贯彻执行先培训后就业的原则,面向社会,公开招收,全面考核,择优录用";"企业招用工人,必须实行劳动合同制";"企业不得以任何形式进行内部招工,不再实行退休工人'子女顶替'的办法"。这些规定的出台使国有企业初步摆脱了只能接收国家安排职工的被动局面,得以在全社会范围内优选企业急需、适用的人才,开始形成企业和劳动者之间的双向选择关系,有利于企业优化人员结构,提高劳动效率。

劳动制度改革,特别是劳动合同制的实施,带来了国营企业劳动关系的如下变化:第一,劳动者与国家间的劳动隶属关系转变为劳动者与企业间的劳动契约关系。《国营企业实行劳动合同制暂行规定》提出新招工人应与企业签订劳动合同,明确了企业与职工是劳动关系的双方,确立了企业与职工的劳动契约关系。国有企业在对职工进行劳动管理时将不再受制于"国家职工"身份的约束,而劳动关系的契约化则是市场化劳动关系的重要特征之一。同时,《国营企业辞退违纪职工暂行规定》扩大了国有企业行使职工辞退权的适用情形,有助于国有企业劳动管理工作的自主开展。第二,国有企业经营管理者与劳动者之间的利益关系由利益统一体转变为既对立又统一的关系。就国有企业内部来讲,企业经营管理者不再是仅对职工实施生产管理职责,而是具有对职工录用、奖惩直至辞退的相对完整的用工权,企业经营管理者与普通劳动者在劳动关系方面演化为既合作又对立的两大劳动关系主体:其合作性表现为用工方和劳动者须共同发展国营企业,并从中获取生产和生活资料;其对立性表现为劳动者需服从于用工方的指令,并可能产生冲突,职工从捧上"铁饭碗"变为会面临失业的风险。第三,构建了企业内劳动关系双方的制衡机制。职工代表大会制度的建立以及赋予普通劳动者民主参与企业管理的权利。国有企业改革率先建立了职工代表大会制度,并在历次改革制度方案中均强调了职工代表大会制度的作用和重要性,如1982年1月2日中共中央、国务院颁布的《国营工厂厂长工作暂行条例》强调厂长向职工代表大会负责,在企业管理权向经营管理者倾斜的同时保障了劳动者在经营管理中的参与权和话语权,客观上为可能出现的劳动争议平息在企业内部做了制度准备。

国营企业劳动合同制的实施,从制度上冲击了国有企业工作岗位的铁饭碗性质,国有企业劳动关系从缔结到解除都有了质的变化,即劳动关系从行政隶属型转为合同契约制,从国家行政计划变为职工和企业间的民事行为,而相关制度从功能上相互配合促进了劳动关系的转型。但应当看到,劳动合同制只是在新招收的职工中实施,这种契约化的劳动关系仅限于增量用工方面,而且劳动合同制工人与原有的固定工制度并存,增加了国有企业劳动管理上的困难。此外,国家对用工数量的计划性限制还约束着国有企业应对市场变化的灵活性。

(三) 搞活固定工制度改革冲击着原有的劳动关系

国营企业实行劳动合同制,建立新的契约化劳动关系,仅限于增量用工方面。在存量用工方面,则是搞活固定工制度改革对原有劳动关系管理方式形成了冲击和改革压力。

虽然劳动合同制从根本上改变了国营企业与新招收职工在劳动关系上的

缔结和管理方式，但并未触及已经存在的固定工制度，国有企业内形成了合同工和固定工两种并行的用工制度。《国营企业实行劳动合同制暂行规定》提出"劳动合同制工人与所在企业原固定工人享有同等的劳动、工作、学习、参加企业的民主管理、获得政治荣誉和物质鼓励等权利"，然而，在企业中固定工因其工作的稳定性和福利保障具有较强的心理优越感，他们不如合同工更有危机感和积极性。为激发固定工的积极性和创造力，1987年9月23日，劳动人事部下发了《全国搞活固定工制度试点工作会议纪要》，提出在当前企业实施经济责任制、新进职工实施合同管理的情况下，固定工制度由于其管理的僵化而不适应企业的发展需要，国有企业应将目前以固定工为主体的用工制度改为多种用工形式并存的劳动合同制度。不过，对于如何搞活固定工，全国并没有统一的标准方案，各个企业大多根据自身的情况实施了优化劳动组合、择优上岗、合同管理等不同形式的改革试点，其中的主流形式为优化劳动组合和合同化管理，尤以前者对行政性劳动关系的冲击最大。

优化劳动组合是指企业在合理化劳动定编、定员、定额的基础上，通过竞争选择适当的人员组成企业内的劳动单元（作业组、工段或科室），使劳动者与生产资料随时保持最佳配比，以达到提高劳动效率，提升经济效益的目的。一般来说，优化劳动组合主要有三种方式：一是"兵选将"，各班组成员民主选举班组长，允许打破班组界限，允许职工"跳槽"；二是"将点兵"，车间领导自行选聘班组长，班组长自行选定工人；三是"兵将互选"，由班组全体成员选举班组长，然后由班组长挑选工人，自由组合。[①] 相较于扩大企业经营自主权和在新进职工中实施劳动合同制，优化劳动组合冲击了国有企业工人的"铁饭碗"，并对劳动关系的转型产生了重大影响。这主要表现在：第一，优化劳动组合打破了行政性的劳动关系岗位指定，促进了企业内不同岗位间的劳动力流动，进而优化了劳动力资源的配置，同时也存在有的职工被安排到了自己并不愿意从事的工作岗位上；第二，在国有企业人浮于事的情形下，优化劳动组合几乎等同于竞聘上岗，科学的劳动定额、定员会产生富余劳动力，而富余劳动力的产生和安置则是一个充满矛盾、极富

---

① 袁志刚、方颖：《中国就业制度的变迁》，山西经济出版社1998年版，第170—173页。

争议的过程。

尽管优化劳动组合产生了富余人员，这些人员面临转岗、培训或待业，但是，富余人员并没有带来剧烈的社会冲击，也没有带来劳动关系的急剧恶化，其原因在于优化劳动组合采取了人性化的处理方式，即对富余人员采取了有力的安置措施。安置措施主要有两种：一是精简过程较为人性化。企业一般都采取了"治懒不治老，治滑不治病，优先照顾女性"的优化原则。以沈阳轧钢厂为例，该厂首先将十几个劳动强度较低的岗位先行定为女职工岗位，只有女职工不能胜任的岗位才能由男职工竞聘。此外，对本企业因病、因伤致残的职工，工作年限达到一定时限后允许其提前退休，并享受和正常退休同等待遇。[①] 二是对富余人员采取了温和的扶助性安置政策。在优化劳动组合实施之初，国家就提出对被精简和组合下来的企业富余人员，应坚持"以企业消化为主，社会调剂为辅"的原则予以安置。企业一般采取如下几种措施对富余人员进行安置：在企业内通过发展生产多种经营创造就业岗位，通过和社会上其他部门或机构进行人员余缺调剂，对职工进行培训以促使其尽快适应岗位要求（见表15—1）。尽管有多种扶助措施，仍然有部分人员无法就业，对这部分人员则以企业内待岗处理，并继续按在岗工资的一定比例发放生活费用。

表15—1　　1988—1991年全民所有制企业优化劳动组合后富余人员情况　单位：人

年份	当年优化劳动组合的企业数（个）	当年优化劳动组合后富余人员	当年已安置富余人员			当年未安置富余人员		
			发展生产多种经营	余缺调剂	其他	培训	厂内待业	其他
1988	36573	847813		278762	135016	254018	26985	86882	66150
1989	43825	948379	761585	334526	160900	186794	25923	96967
1990	11508	172526	136450	68005	35068	36076	7601	
1991	8049	105052	75795	34016	21834	29257	6744	

资料来源：《中国劳动工资统计年鉴》（1989、1990）、《中国劳动统计年鉴》（1991）和《中国劳动年鉴》（1990—1991）。

---

① 陈巨昌等编著：《企业优化劳动组合指导》，白山出版社1989年版，第177—183页。

二 非国营企业市场化劳动关系的孕育

改革开放以前,中国的所有制结构是与计划经济相适应、以排斥其他所有制形式的"单一"的公有制为特征的,个体私营经济几乎处于被消灭的状态。改革开放以后,随着多种经济形式和多种经营方式的发展,个体工商户和私营企业先后取得受宪法保护的合法地位,并与外商投资企业一起不断发展壮大。1987年10月,中共十三大报告明确提出:"社会主义初级阶段的所有制结构应以公有制为主体。目前全民所有制以外的其他经济成分,不是发展得太多了,而是还很不够。对于城乡合作经济、个体经济和私营经济,都要继续鼓励它们发展。"根据国家工商行政管理局的统计,到1991年,全国个体工商户已有1417万户,从业人员2258万人,注册资金488亿元,实现产值782亿元;私营企业达到了10.78万户,从业人员184万人,注册资金123亿元,实现产值147亿元;外商投资企业增长到3.72万户,注册资金446.58亿美元,从业人员165万人。[①] 个体工商户为自雇者,不具备典型的劳动关系。私营企业自产生之日起,就存在雇主和劳动者两大市场化劳动关系的主体,尽管当时的劳动关系还不规范。这里重点介绍乡镇企业和外商投资企业的劳动关系。

(一) 乡镇企业蓬勃发展并自发产生了市场化的劳动关系

乡镇企业的前身为农村人民公社和生产大队两级集体经济组织举办的社队企业。1978年12月22日,中共十一届三中全会通过的《关于加快农业发展若干问题的决定(草案)》做出了农村"社队企业要有一个大发展"的重要指示。紧接着,国家相继颁布了多项包括减免社队企业的税费、给予资金和技术支持的政策文件。1984年3月1日,中共中央、国务院转发了农牧渔业部《关于开创社队企业新局面的报告》(著名的中央四号文件),同意报告提出的将"社队企业"名称改为"乡镇企业"的建议,并指出"乡镇企业已成为国民经济的一支重要力量,是国营企业的重要补充。"此后,乡镇

[①] 张厚义、明立志、梁传运主编:《中国私营企业发展报告(2001)》,社会科学文献出版社2002年版,第6—12、32、43页。

企业蓬勃发展，1984年全国乡镇企业仅有606.5万个，1985年为1222.5万个，1992年达到2091.6万个，其中个体企业数量增长最快。在当时农民进城受到政策限制的情况下，乡镇企业成为吸纳农村剩余劳动力就业的主渠道。1984年，乡镇企业吸纳农村劳动力就业5208.11万人，占当期农村劳动力比重的14.5%；1990年，吸纳农村劳动力就业9264.8万人，占同期农村劳动力比重的22.1%，1992年，吸纳农村劳动力就业10624.59万人，占同期农村劳动力比重的24.26%。[①] 乡镇企业的发展还拓宽了农民增收的渠道，1992年全国农民人均纯收入784元，其中从乡镇企业职工工资收入中获得193元，占全部人均收入的比重由上年的20.5%上升到24.6%，在农民净增的75.5元收入中，来自乡镇企业的部分为48元。[②]

1979—1991年乡镇企业劳动关系历经了两种不同的形态：1984年以前，劳动关系的确立以行政指令为主；1984年以后则是以雇佣劳动关系为主。[③]

1. 1984年以前乡镇企业行政指令性劳动关系主体及运行方式

1984年以前，乡镇企业被称为社队企业，它主要是由人民公社和生产大队开设经营的集体所有制企业。1979年7月3日，国务院下发的《关于发展社队企业若干问题的规定（试行草案）》指出："社队企业实行亦工亦农的劳动制度。企业所需劳动力，在保证农业生产第一线有足够劳动力的前提下，本着统筹兼顾的原则，由公社、大队同基本核算单位协商抽调"，"企业不得私招乱雇，不许安插私人。"这表明劳动者个人无权自行与社队企业缔结劳动关系，劳动关系的主体是社队企业及其所归属的集体经济组织。社队企业所得收入的分配方式是：劳动者个人收入一般实行"厂评等级，队记工分，厂队结算，回队分配"的办法，有条件的亦可实行工资制；国家征收20%企业所得税；向所属乡（或村）集体经济组织缴纳约10%的费用；企业留存不少于60%的利润。可以说，该时期社队企业用工以及收入分配制度是人民公社体制下行政指令性劳动力资源配置方式在社队企业经

[①] 国家统计局农村社会经济调查总队编：《新中国五十年农业统计资料》，中国统计出版社2000年版，第19页。

[②] 《中国乡镇企业年鉴（1993）》，农业出版社1993年版，第4页。

[③] 参见吴连霞《1979—1992年我国农村劳动关系的变化与运行机制》，《安庆师范学院学报》（社会科学版）2015年第2期。

营中的延伸。

此外，在行政指令配置劳动力资源以外，还有些社队企业自发实施了由一人或几人合伙承包的办法，实行雇工经营。如陕西省蒲城县1983年就有86%的社队企业有雇工行为。[1] 但从全国来看，实行雇工经营的社队企业还比较少。

表15—2　　　　1978—1992年乡镇企业单位数及职工人数　　单位：万个/万人

年份	合计 企业数	合计 就业人数	乡办 企业数	乡办 就业人数	村办 企业数	村办 就业人数	联办 企业数	联办 就业人数	个体 企业数	个体 就业人数
1978	152.42	2826.56	31.97	1257.62	120.45	1568.94	—	—	—	—
1979	148.04	2909.34	32.05	1314.44	115.99	1594.90	—	—	—	—
1980	142.46	2999.67	33.74	1393.81	108.72	1605.86	—	—	—	—
1981	133.75	2969.56	33.53	1417.55	100.22	1552.01	—	—	—	—
1982	136.17	3112.91	33.78	1495.00	102.39	1617.91	—	—	—	—
1983	134.64	3234.64	33.81	1566.95	100.83	1667.69	—	—	—	—
1984	606.52	5208.11	40.15	1879.16	146.15	2103.00	90.63	523.91	329.59	702.04
1985	1222.46	6979.03	41.95	2111.36	143.04	2215.69	112.12	771.42	925.35	1880.56
1986	1515.31	7937.14	42.55	2274.88	130.22	2266.40	109.34	834.10	1233.20	2561.76
1987	1750.10	8805.18	42.01	2397.45	116.27	2320.78	118.75	923.62	1473.07	3163.33
1988	1888.16	9545.46	42.35	2490.42	116.65	2403.52	119.99	976.59	1609.17	3674.93
1989	1868.63	9366.78	40.57	2383.57	113.00	2336.57	106.94	883.75	1608.12	3762.89
1990	1850.44	9264.75	38.78	2333.24	106.61	2259.27	97.88	814.34	1607.17	3857.96
1991	1907.88	9609.11	38.16	2431.01	106.01	2336.02	84.86	726.32	1678.85	4115.76
1992	2091.62	10624.59	39.65	2628.90	113.07	2546.88	90.18	771.04	1848.72	4677.77

注："—"代表当时没有相关数据。

资料来源：根据《中国乡镇企业年鉴（1993）》第145—146页相关数据整理而成，其中1979年数据参见《中国统计年鉴（1992）》第389页。

2.1984年以后乡镇企业雇佣制劳动关系主体及运行方式

1984年以后，乡镇企业的劳动关系逐渐从行政指令型转向雇佣制。主

---

[1] 杜润生：《中国农村制度变迁》，四川人民出版社2003年版，第42页。

要原因有两个：一是人民公社的解体打破了原有行政配置劳动力资源的机制；二是经济政策变革落实了企业的用工自主权。1983年1月2日，中共中央印发了《当前农村经济政策的若干问题》，即改革开放以来第二个涉农的中央一号文件。此后，社队企业开始实行各种形式的经济责任制，其中以承包制为最基本形式，承包人在授权范围全权处理企业业务，拥有一定的甚至全部的用工权，一般选择雇佣制的用工形式。1984年3月，中央四号文件允许农民个体兴办企业，也允许农民联营办企业，这两类企业也都建立了雇佣制劳动关系。雇佣制是市场化劳动关系的重要表现形式，在雇佣制劳动关系中，劳动关系的主体有三方，即劳动者及其联盟（即工会）、劳动力使用者（企业）和政府。

劳动者（主要是亦工亦农的农民）通过劳动合同约定或对企业内部劳动规章制度的遵守，与乡镇企业结成实质上的劳动关系，并以工资形式获取收入。为维护劳动者的权益，1984年年底全国总工会在乡镇企业中开展了组建工会的试点工作，工会在维护农民工利益、促进企业民主管理、协调劳资关系等方面做了一些文本性的规范工作。

乡镇企业根据国家相关法律制定企业内部劳动规章制度，与1984年以前相比，企业在招录和使用工人方面拥有更多的自主权，对劳动过程实施管理，按照国家规定缴纳税金、进行利润分配。一般来说，乡镇企业经营所得分配比例大致如下：按照国家规定缴纳所得税；① 税后提取1%的扶助乡镇企业基金；非联营企业税后投资分利（指投资方的利润要求）；承包人按承包合同约定分利；按利润总额提取10%上交乡（镇）、村，用于补助社会性开支的费用；企业留存不少于60%的纯利润，用于发展生产，扩大企业再生产能力。

政府主要以两种方式介入对雇佣制劳动关系的协调。一是制定相关的劳动法律。主要包括劳动标准、劳动合同的订立和解除方式、劳动争议调节、

---

① 1984年以前一直按照国务院1963年颁布的《关于调整工商所得税负担和改进征收办法的试行规定》执行，实行20%的比例税率；从1984年起，国家将原来按工业、商业、城镇、农村制定的不同税率，改为统一按7%—55%的8级超额累进税率征收；1985年4月，国务院发布了《中华人民共和国集体企业所得税暂行条例》，实行10%—55%的8级超额累进税率；1988年6月，国务院发布了《中华人民共和国私营企业所得税暂行条例》，税率为35%。

劳动保护和社会保险等方面，并以国家强制力保障其实施。在劳动合同规范方面，1987年8月5日，国务院颁布了《城乡个体工商户管理暂行条例》，要求"个体工商户按规定请帮手、带学徒应当签订书面合同，约定双方的权利和义务，规定劳动报酬、劳动保护、福利待遇、合同期限等事项。所签合同受国家法律保护，不得随意违反"。1988年6月25日，国务院颁发了《中华人民共和国私营企业暂行条例》，要求私营企业"招用职工必须按照平等自愿、协商一致的原则以书面形式签订劳动合同，确定双方的权利、义务"。1990年6月3日，国务院颁发了《中华人民共和国乡村集体所有制企业条例》，要求"企业招用职工应当依法签订劳动合同，实行灵活的用工形式和办法"。在安全生产、劳动卫生和保护方面，1987年农牧渔业部发布了《关于加强乡镇企业安全工作的通知》，卫生部和农牧渔业部联合颁发了《乡镇企业劳动卫生管理办法》，劳动人事部和农牧渔业部联合颁发了《关于加强乡镇企业劳动保护工作的规定》，对乡镇企业安全生产、劳动卫生和劳动保护做了具体的要求。1988年和1990年国务院先后颁布的《私营企业暂行条例》和《乡村集体所有制企业条例》，进一步要求乡镇企业应当建立必要的规章制度，提供劳动安全、卫生设施，保障职工的安全和健康，为从事危险工种的职工投保，鼓励企业照国家有关规定实行职工社会保险。二是以积极的劳动监察对雇主的生产和劳动力使用行为进行监督。1983年5月18日，国务院批转了劳动人事部、国家经委、全国总工会《关于加强安全生产和劳动安全监察工作的报告》，要求"劳动部门尽快建立健全劳动安全监察制度，加强安全监察机构，充实安全监察干部，监督检查生产部门和企业对各项安全法规的执行情况"。此后，劳动保护和安全生产的监察部门相继建立，仅1984年全国就增加了8000多名劳动安全生产管理人员。①

（二）外商投资企业出现了受管制的市场化劳动关系

这一时期，与乡镇企业同时发展起来的还有外商投资企业。② 1979年7

---

① 《劳动人事部、国家经委关于增加各地经委安全生产管理人员编制的通知》，《中国劳动》1984年第S3期。
② 外商投资企业是指在中国境内设立的中外合资经营企业、中外合作经营企业和外商独资经营企业三类企业，简称"三资"企业。

月15日，中共中央、国务院批转了广东省委、福建省委关于对外经济活动实行特殊政策和灵活措施的两个报告[①]，原则同意试行在中央统一领导下大包干的经济管理办法，两省在计划、物资供应、物价政策等方面也实行新的经济体制和灵活政策。并决定，在深圳、珠海两市划出部分地区试办出口特区。1980年5月，"出口特区"改名为"经济特区"。1980年8月26日，全国五届人大常务委员会第十五次会议批准通过了《中华人民共和国广东省经济特区条例》，条例在劳动管理方面规定："各特区设立劳动服务公司，特区企业雇用中国职员和工人，或者由当地劳动服务公司介绍，或者经广东省经济特区管理委员会同意由客商自行招聘，都由企业考核录用，同职工签订劳动合同。特区企业雇用的职工，由该企业按其经营的要求进行管理，必要时可以解雇，其手续按照劳动合同的规定办理。特区企业职工可按照劳动合同规定，向企业提请辞职。"可见，对作为经济改革试验田的特区，国家赋予了完全不同的企业经营机制和用工方式，在其他各种优惠措施的配合下，特区很快成为吸引内资和外资的重要场所，特区经济获得了快速发展。

外商投资企业的劳动关系从其发生之日起，就具有主体明确、利益分化、雇主主导等典型的市场经济特征。不过，它们是一种受管制的市场化劳动关系。这是因为，第一，外商投资企业只能在国家指定区域内设立厂区、开展经营，即主要在经济特区内。第二，合资企业招募员工受到行政力量调节。1980年7月26日，国务院出台了《中外合资经营企业劳动管理规定》，提出：合营企业职工，或者由企业所在地的企业主管部门、劳动管理部门推荐，或者经劳动管理部门同意后由合营企业自行招收，都需由合营企业进行考试，择优录用。企业辞退员工必须报请企业主管部门和劳动管理部门批准。而对于被合资企业辞退的员工，法律仍规定由企业主管部门或劳动管理部门另行安排工作。第三，合资企业中员工工资幅度受国家政策调整。《中外合资经营企业劳动管理规定》提出：合资经营企业职工的工资水平，按照所在地区同行业的国营企业职工实得工资的120%—150%确定。虽然外商投资企业发展初期在劳动用工方面受到诸多限制，但同样的人员和生产条

[①] 即1979年6月6日中共广东省委向中央提交的《关于发挥广东优越条件，扩大对外贸易，加快经济发展的报告》和6月9日中共福建省委、省革委会向中央提交的《关于利用侨资、外资，发展对外贸易，加速福建社会主义建设的请示报告》。

件，外企的管理方式仍然显示了极大的优越性，工人劳动生产率显著提升。以外商投资企业密集的深圳为例，从1979—1983年，工业产值增长了10.7倍，财政收入增长了10.9倍，地方外汇收入增长了2倍，4年累计的国民经济各项指标超过了中华人民共和国成立后30年的总和。[①]

随着经济体制改革的不断深入，对外商投资企业劳动管理的行政约束也在不断放松。1986年11月10日，劳动人事部出台了《关于外商投资企业用人自主权和职工工资、保险福利费用的规定》，提出：保障外商投资企业的用人自主权，并给出了更优越的促成条件，如外资录用的在职职工，要求原单位"应积极支持，允许流动"，对职工工资水平仅原则要求不低于所在地区同行业条件相近的国营企业平均工资的120%，且允许根据企业经济效益好坏逐步加以调整，经济效益差的，可以少增或不增。对外商投资企业行政约束的减少，进一步促使其劳动关系不断向市场化发展。

总之，乡镇企业和外商投资企业的迅猛发展，不仅向国营企业展示了市场经济的活力，而且也在劳动关系管理方面给国营企业劳动制度改革提供了动力和参照，推动了国有企业的进一步市场化改革。

三 劳动关系转型起步时期的特点

1979—1991年，中国公有制企业，特别是国营企业仍然在经济结构中占据主体地位，大多数城镇新增劳动力仍主要通过劳动部门采取行政手段安置到国营企业。据统计，1978—1991年全民所有制单位职工占全国各经济类型职工的比例下降了4.9个百分点，但仍占有73.5%的比重[②]，因此，国营企业的传统劳动关系仍是全部劳动关系的重点，行政性的僵化劳动关系仍在形式上占据主导地位。不过，随着国营企业管理体制的改革，国营企业劳动关系已呈现出向市场化转型的趋势。这主要表现在：一是企业和职工间的劳动关系管理正在从原来的行政隶属式向以签订劳动合同为主的契约式转变；二是企业逐渐获得对职工的录用、奖惩直至辞退等相对完整的用工权，企业经营管理者和普通职工因权利和地位的不同已分化为既合作又对立的两

---

① 千家驹、卢祖法主编：《特区经济理论问题论文集》，人民出版社1984年版，前言部分第1页。
② 《中国劳动统计年鉴（1993）》，中国劳动出版社1993年版，第18页。

大劳动关系利益主体;三是企业内逐步建立了劳动关系制衡机制,企业外建立了劳动争议的调处机制。从整体上看,这一时期劳动关系的运行主要有以下特点:

(一) 行政力量在劳动关系运行和调节中仍起着较强的主导作用

这一时期,企业特别是国营企业仍然承担着应由政府承担的大量社会公共职能,劳动者主要由政府安排就业。劳动者与其说是与企业缔结了劳动关系,不如说是与国家缔结了劳动关系。虽然经济体制改革使企业经营自主权进一步扩大,但企业尚缺乏对职工进行有效管理的手段和制度环境,而且对职工的劳动管理经常陷入政府逆市场化干预的尴尬境地。

首先,在全民所有制单位中固定工仍占绝对性的主体地位。直到1991年年底,全国全民所有制单位中合同制职工仅有1588.6万人,占全民所有制单位职工总数的14.9%。[1]

其次,优化劳动组合中出现了一些无法突破的体制性矛盾。在优化劳动组合中,虽然企业力求通过各种措施尽量减少可能出现的矛盾,但仍有一些体制性矛盾无法回避。一是优化劳动组合本身带有诸多限制。在优化劳动组合试点过程中,政府要求企业对于未被组合的富余职工,必须妥善安置。这就是说,国有企业仍然承担着政府赋予的安置就业、维护社会和政治安定的义务。如北京市从1987年开始进行固定工制度改革试点,不仅要求辞退职工的比例不得超过本企业职工总数的1%,而且还规定了许多种类型的职工不得辞退。北京市煤炭总公司二厂从1987年开始进行优化劳动组合试点,全厂658名固定工中,只有31人未被组合。结果是其中8人被安排培训、23人作为试工对待。[2] 二是国有企业精简职工和国家劳动力统配之间的矛盾。当时国家对城镇复转军人和大中专院校毕业生还在实行统包统配,企业还需按指标接收相关人员,这与企业减员增效的改革存在矛盾。三是富余人员的处置与劳动合同制之间的矛盾。在1987年普遍实施优化劳动组合的企业中,有些1986年10月后进厂的合同制职工也成为富余人员,但依据劳动合同未到期且不违纪的规定,并不能被调岗或辞退,成为优化劳动组合中的

---

[1] 《中国劳动统计年鉴(1993)》,中国劳动出版社1993年版,第417—418页。
[2] 蔡昉:《中国城市限制外地民工就业的政治经济学分析》,《中国人口科学》2000年第4期。

难题。四是企业大量岗位冗员和艰苦岗位缺员并存的矛盾。优化劳动组合之时,企业一般性岗位中存在相当比例的冗员,但某些劳动条件差的艰苦岗位长期缺员,而富余人员即便少拿工资也不愿去艰苦岗位任职,形成劳动力的结构性富余。[①] 五是企业辞退职工与社会保险制度不健全之间的矛盾。优化劳动组合之时,企业在制度上具备了辞退富余人员的权限,但在养老保险、失业保险、最低生活保障制度等社会保障制度不健全的情况下,在企业办社会的体制下,企业很难且也不能将富余职工向社会一推了之。

最后,国家对试行破产企业职工的安置仍遵循了行政包揽的做法。虽然优化劳动组合并未实质性解除职工与企业的劳动关系,但企业经营的极端情况——破产,则无论如何都无法避免劳动关系的解除。皮之不存,毛将焉附。1986年8月3日,沈阳防爆器材厂宣告破产倒闭,成为中国改革开放以来宣告破产的第一家国营企业。1988年11月1日,《中华人民共和国有企业业破产法》开始生效。1989—1991年,全国各级法院受理的企业破产案合计247件,结案124件。[②] 为了保障破产企业职工在待业期间的基本生活需要,1986年国务院出台的《国营企业职工待业保险暂行规定》提出,对"宣告破产的企业职工"按其工龄和工资的一定比例发放一定时限的待业救济金。待业救济金的发放一定程度上解决了破产企业职工的生活,而"待业"也给了破产企业职工等待国家安排、重新上岗的安慰。"待业"这一词汇的使用,也说明了原来工作依靠国家分配、"一旦进了国有企业门,终身都是国家人"等思维模式在变革中对原有体制的维护和依恋。实际上,1991年之前,破产企业职工的数量并不太大,但其对劳动关系运行态势的昭示作用远大于其对社会的实际冲击,这在以后的改革实践中不断得到验证。

总之,由于国营企业改革是在新旧两种经济体制处于摩擦与转轨的过程中进行的,企业的市场化改革和国家的计划管理时常存在矛盾和冲突,政企不分的局面尚未得到有效改观。一方面,改革强调赋予企业招工和用工的自主权;另一方面,企业又不能摆脱国家的劳动计划约束,也不能拒绝国家的劳动力安置计划。一方面,国有企业精简高效改革不断涌现富余人员;另一

[①] 国家体改委企业体制司:《当前企业优化劳动组合中的矛盾及解决办法》,《经济管理》1989年第3期。

[②] 吕政、黄速建主编:《中国国有企业改革30年研究》,经济管理出版社2008年版,第100页。

方面，企业并不能将富余人员解聘，将其推向社会，甚至企业都不能停发富余人员的工资。政府在给予企业下放一些权限的同时又让它继续承担着一些社会责任的做法，显示了政府改革的谨慎，也显示了改革的艰难。但值得肯定的是，劳动合同制、优化劳动组合、允许国有企业破产等改革措施的实施，已从观念上动摇了国有企业"铁饭碗"的可信度，增强了国有企业职工的危机感，这在一定程度上提高了国有企业职工对社会变革的承受力，为劳动关系市场化的转型奠定了基础。

（二）建立职代会制度，但它并未发挥相应职能

职工代表大会（或职工大会）是企业实行民主管理的基本形式，是职工群众参加决策和管理、监督干部的权力机构。国有企业改革一个重要的特点就是不断强化企业的盈利意识和经营自主权，企业行政领导在经营管理中的话语权逐步增强。政府在对企业放权的同时，也为职工落实了相应的权力。1981年7月13日，中共中央、国务院转发的《国营工业企业职工代表大会暂行条例》规定：职工代表大会具有参与讨论干部任免、职工工资、福利、奖惩职工，提出合理化建议等职能，同时规定厂长要定期向职工代表大会报告工作，并接受职工代表大会的检查和监督。1986年9月15日，国务院发布的《全民所有制工业企业职工代表大会条例》也重申了上述基本的主张。

国有企业改革中，职工代表大会制度的建立一定程度上是社会主义国家人民当家做主的意识形态的标志，随着企业行政领导和职工的利益关注点日益分化，此种情形下职代会制度的建立可视为在企业内部及时地嵌入了职工话语权的保障机制。从劳动关系角度看，更重要的是在企业内部塑造了与企业扩大用工自主权相对应的制衡机制。职代会制度对劳动关系的影响体现在两个方面：一是为职工提供参与企业民主管理的机会，调动职工群众的主人翁积极性，推动企业改革和发展。1985年，全国建立职代会的企业单位达到221092个，占总数的77.5%，比1980年增长了62.7个百分点。到1990年，全国有37.4万个基层企事业单位建立了职代会制度，占应建职代会单位总数的85%。[①] 二是在企业内部构建与企业管理者相抗衡的牵制机制，以

[①] 中华全国总工会基层工作部编：《1981—1991企业民主管理十年发展（征文选编）》，经济管理出版社1991年版，第2—3页。

避免劳动者利益受损。但是，在实践中，职代会制度并没有实现其保护劳动者利益的政策预期，主要表现在以下几个方面：一是很多企业并未按照规定召开职工代表大会。从全国来看，虽然建立职代会的企业单位数量不少，但贯彻实施《企业职工代表大会条例》的阻力也是不小的，相当一部分单位的职代会流于形式。特别是受淡化党的领导、淡化工人阶级的错误思潮的影响，1988年、1989年两年有6万多家已建职代会的单位，不召开职代会，没有民主管理活动。① 二是职代会行使职能的被动性。由于职代会的召开是由企业管理层发起，如果企业中有这个机构，但管理层无意去发起它，则其职能形同虚设。此外，即便管理层如期召开会议，而提请审议的仅仅是无关职工核心利益的问题，会议召开也无助于职工利益的争取。三是职工代表大会的代表推选并未能遴选出为职工利益代言的代表。很多企业的职工代表大会代表名额由相当的管理层人员占据，即便是推出了能为职工利益代言的代表，但职工代表也很难跳脱出下属的地位劣势和自身的利益局限，而向上级直言不讳。1986年，全国总工会曾在519个企业发起一项对职代会制度认知和功能的调查，有一个问题是"您认为本企业职工代表大会在审议企业重大决策事项、监督评议干部等方面作用如何？"据对64万份职工征询问卷汇总的统计数字分析，认为"很有作用"的仅占6.25%，"有作用"的占23.01%，"有时有、有时无"的占23.89%，"走形式的工具"占45.19%。可见，职工在评价企业职代会实际作用时，持否定性意见的比例，超过了持肯定意见两个层次比例的总和。② 因此，改革中职工参与权不断弱化和企业经营者权限不断扩大的此消彼长效应无时不在地冲击着"社会主义国家劳动人民当家做主"的已有认知，如何在稳定大局的情况下不断深化改革需政府拿出更大的改革勇气和智慧。

（三）重建了企业劳动争议协调机制

劳动争议是指职工与所在单位的行政之间因劳动问题而发生的纠纷，它既涉及职工的切身利益，也涉及职工所在单位的利益，以致整个社会的利

---

① 中华全国总工会基层工作部编：《1981—1991企业民主管理十年发展（征文选编）》，经济管理出版社1991年版，第2—3页。
② 于庆和主编：《中国职工队伍状况调查（1986）》，中国工人出版社1987年版，第152页。

益。中华人民共和国成立初期,劳动部曾经颁布过《关于劳动争议解决程序的规定》等处理劳动争议的规范性文件。但在1956年以后,处理劳动争议的专门机构相继撤销,人民法院也不再受理劳动争议案件,劳动争议基本上依靠国家机关接待和处理人民群众来信来访的方式解决。随着企业经营自主权的逐步扩大,为适应改革发展的需要,及时处理劳动关系双方因实现权利和义务而发生的争议,以利于生产的发展,1986年4月18日,中共中央、国务院在《关于认真执行改革劳动制度几个规定的通知》中指出:"劳动制度的改革,涉及到广大群众的切身利益,牵涉面广,政策性强,工作难度大。""在实施几项暂行规定的过程中,要十分注意做好人民来信来访和劳动争议问题的处理工作。"同年7月12日,国务院在《关于发布改革劳动制度四个规定的通知》中进一步提出,要加强劳动人事部门的组织建设,相应地建立劳动争议仲裁机构。[①] 这标志着企业劳动争议调处机制在时隔30多年之后得以重建。1987年7月31日,国务院发布了《国营企业劳动争议处理暂行规定》,对处理劳动争议的范围、机构、程序和工作原则等都做了明确规定。主要内容包括:一是适用范围,适用于国营企业中因履行劳动合同和因开除、除名、辞退违纪职工发生的企业行政与职工之间的争议。二是处理劳动争议的机构,包括调解委员会、仲裁委员会和人民法院。企业由职工代表、行政代表和工会代表组成劳动争议调解委员会(或调解小组),负责调解本企业因履行劳动合同发生的争议;县、市、市辖区由劳动行政机关、总工会和企业主管部门的代表组成劳动争议仲裁委员会,负责处理本地区各企业发生的劳动争议。三是处理劳动争议的程序。在争议双方自愿的情况下,由企业调解委员会进行调解;对于不愿调解或者调解不成的,可以向当地仲裁委员会申请仲裁,仲裁委员会实行先调解后仲裁的原则,调解书和仲裁书都具有法律效力;对于仲裁不服的,可以向当地人民法院起诉。

自1986年以来,各地区根据党中央、国务院关于建立劳动争议处理机构、做好劳动争议处理工作的指示,积极组建机构,配备人员,培训干部,为处理劳动争议做了大量准备工作。据23个省(自治区、直辖市)1987年年底的统计,省(自治区、直辖市)、市(专署)、市属区和县(市)共建

[①] 《中国劳动人事年鉴(1949.10—1987)》,劳动人事出版社1989年版,第269页。

立劳动争议仲裁委员会 1906 个，为各级仲裁机构确定编制 4996 人，已配备 3421 人；企业已建立调解委员会 57160 个，占应建立调解委员会数的 38.7%。[1] 各级劳动仲裁机构相继建立，并妥善处理了大批劳动争议案件，有效地维护了企业行政和职工双方的合法权益。截至 1989 年 6 月的统计，全国 29 个省（自治区、直辖市）仲裁委员会共受理劳动争议 19051 件，已处理结案的 17780 件，占受理数的 93.3%。分析已处理的这些争议案件，主要有以下几个特点：一是固定工与单位行政的争议案件居多，但合同工与单位行政发生的争议较之固定工的争议增长幅度大。二是调解方式解决劳动争议占主要地位，但以仲裁方式解决的争议上升速度快。三是争议的客体也有所侧重。涉及固定工的争议中，因除名引起的争议 2718 件，占 30%；因辞退引起的争议 1470 件，占 16.3%；因开除引起的争议 1328 件，占 14.7%。其他因劳动报酬、保险福利等引起的争议所占比重较小。涉及劳动合同制工人的争议中，因解除劳动合同的争议最多，共 3004 件，占 35.2%。因履行劳动合同条款的争议 2948 件，占 37.5%；因终止劳动合同的争议 1258 件，占 16%；因续订劳动合同的争议 651 件，占 8.3%。[2]

由于 1989 年下半年开始普及劳动合同鉴证工作，以及此后的劳动政策、法规的宣传工作有了明显进展，自 1990 年起劳动争议案件受理量开始下降：1989 年受理案件为 10326 起，是几年来受理案件的峰值，1990 年为 9619 起，1991 年继续下降为 7633 起，这说明预防劳动争议的工作已发挥了较好的作用。[3]

（四）非国营企业市场化劳动关系的运行亟待规范

这一时期，市场化的劳动关系主要是在乡镇企业和外商投资企业中孕育和发展，然而，由于劳动者处于弱势地位，加之对劳动者利益保护制度的欠缺和不到位，这些企业中的劳动关系不规范，甚至还存在过度市场化的问题，急需政府出面干预和规范劳动关系的运行。

乡镇企业中的劳动关系不规范主要表现在：劳动合同签订不规范，劳动

---

[1] 何光主编：《当代中国的劳动力管理》，中国社会科学出版社 1990 年版，第 335—336 页。
[2] 陈岚：《劳动争议处理情况简析》，《中国劳动科学》1990 年第 3 期。
[3] 《中国劳动年鉴（1990—1991）》，中国劳动出版社 1993 年版，第 258 页。

条件较差,劳动保护不到位。① 劳动合同是认定存在劳动关系的重要依据,也是处理劳动纠纷的重要依据。在计划经济体制下发展起来的乡镇集体企业,在最初的用工制度上受制于行政指令的安排,无须劳动合同。1984年以后,组办、联户办、个体创办的乡镇企业多是招用亲属、亲戚、熟人,其用工制度带有农村典型的熟人社会的特征,所雇人员也多从事亦工亦农的劳动者,农闲时节到厂里做工,农忙时则请假或辞职务农。加之,乡镇企业发展初期生产技术性不强,多为小作坊式生产,用工规模及用工稳定性不高。这就使乡镇企业中的劳动关系非常灵活而松散,签订劳动合同比例较低。需要说明的是,乡镇企业劳动关系虽未建立在契约关系和制度管理基础之上,但碍于"熟人社会"的道德和情面,劳动关系在遭遇矛盾时,往往会通过独立于雇佣关系之外的其他沟通途径加以解决,具有较强的自我修复和调节功能。为规范劳动合同的签订,国家先后通过出台《城乡个体工商户管理暂行规定》(1987年9月5日)、《中华人民共和国私营企业暂行条例》(1988年6月25日)和《中华人民共和国乡村集体所有制企业管理条例》(1990年6月3日)三部法令,一再重申签订劳动合同的必要性,但直到1993年某地调查数据仍显示:乡镇企业没有与劳动者签订劳动合同的占60%以上,即使在已签合同中,不具备法律效力或不符合劳动法规的占80%以上。② 总之,在1994年《劳动法》出台前,乡镇企业劳动合同签订率一直较低。

乡镇企业由于管理不到位、员工素质较低、资金短缺等致使生产设备简陋,安全生产意识较差。1985年,农牧渔业部、卫生部曾对山西、内蒙古、天津、江苏、上海、北京、广东、湖北、山东9省(自治区、直辖市)的1.2万多个乡镇工业企业职业病危害状况作了调查,调查结果表明,约51%的乡镇工业企业存在不同程度的职业病危害,有15.8%的职工接触过危害因素。③ 恶劣的劳动条件导致乡镇企业安全事故频发,许多工人致伤、致残、罹患职业病,由此产生了大量劳动纠纷。根据《中华人民共和国私营企

---

① 参见吴连霞《1979—1992年我国农村劳动关系的变化与运行机制》,《安庆师范学院学报》(社会科学版)2015年第2期。

② 常凯主编:《劳动关系·劳动者·劳权——当代中国的劳动问题》,中国劳动出版社1995年版,第151页。

③ 于驰前、黄海光主编:《当代中国的乡镇企业》,当代中国出版社1991年版,第508页。

业暂行条例》和《中华人民共和国乡村集体所有制企业管理条例》的规定，乡镇企业发生的劳动争议，可参照《国营企业劳动争议处理暂行规定》处理。由于乡镇企业中不签订劳动合同的较多，即便是发生劳动争议往往无据可查。因此，乡镇企业中，劳动关系双方"私了"是劳动争议的主要解决方式。即使在组建了工会的乡镇企业中，工会在劳动争议中也未能充分体现其功能和价值。1993年在乡镇企业组建的1958个劳动争议调解机构中，乡镇企业中工会参与处理劳动争议的企业为586个，仅占25%多一点①，乡镇企业中劳动者权益受损现象较为突出。

此外，外商投资企业的劳动关系也不容乐观，这主要表现在：一是一些外资企业违反劳动法规，非法私招乱雇工人，使职工的合法权益得不到应有保证。如沈阳市某外资企业打着优厚待遇的幌子，在招工时非法收取每位职工2000多元抵押金，职工被录取后，非但没有得到招工广告中许诺的种种待遇，连微薄的工资也难如期领取；有些企业签订了劳动合同，但很不规范，有的合同内容不全面，只写义务，不写权益，这种合同实质上是强加给职工的"家法"。二是随意延长劳动时间。一些外资企业随意加班、延长劳动时间，有的甚至连轴转，严重超出法定劳动时间的问题相当普遍。三是一些外资企业为追求高额利润，短期行为严重，在劳动条件上不愿做出必要的投入，企业劳动环境恶劣，严重影响了员工的身体健康。四是一些外资企业干扰和阻止员工依法成立工会组织，有的企业虽然成立了工会组织，但外方老板拒不拨交工会经费，每当工会组织员工活动，临时由工会找老板批款，工会活动经费的多少，全凭老板的"恩赐"。②

综上所述，这一时期劳动关系的转型是在计划和市场两种资源配置机制摩擦与转轨的互动中进行的，劳动关系的运行也就难免具有二元化和过渡性的问题。一方面，公有制企业可面向社会通过签订劳动合同招工，但因"新人新办法，老人老办法"，终身制的固定工与合同工并存，且依然是用工的主流形式，劳动力市场还没有完全建立起来。另一方面，在非公有制企业

---

① 常凯主编：《劳动关系·劳动者·劳权——当代中国的劳动问题》，中国劳动出版社1995年版，第151页。
② 杨俊杰：《创造有利于"三资"企业发展的和谐氛围——沈阳市"三资"企业劳动关系状况调查》，《理论与实践》1995年第3期。

里，由于当时没有劳动合同法、没有最低工资规定、没有社会保险制度等法律法规，用工几乎不签劳动合同，工资完全由资方确定，每天工作十几个小时非常普遍，既无劳保也无社保等，与公有制企业的相对规范管理比较，非公有制企业没有法制化的劳动关系，出现了大量侵害劳动者权益的现象。同时，受经济体制改革的影响，企业劳动关系运行机制的市场化变革趋势已经显现，特别是一系列涉及劳动关系运行的法律法规和政策的出台和实施，表明了行政指令在劳动关系规制领域的弱化，彰显了法制化在企业劳动关系转型中的保障作用和实践信心。

第十六章
农村劳动经济关系的变化

1979—1991年，有关农村劳动力流动和乡镇企业发展的问题，分别在第十一章和第十五章已有论述。本章重点谈一谈家庭承包责任制下农村劳动经济关系的变化以及农村居民的收入分配问题。

一 家庭承包责任制下的农村劳动经济关系[①]

(一) 农村经济制度环境的变化对劳动经济关系的影响

1978年以来的改革开放使农村的经济制度环境发生了重大变化，1983年人民公社开始退出历史舞台，农村出现了新的劳动组织形式和劳动经济关系。

1. 联产承包责任制的实施使家庭成为农村的基本生产和核算单位

人民公社体制下农民入不敷出的境遇，不仅迫使农民产生求变欲望，而且降低了农民求变的机会成本[②]，农村成为改革的急先锋。1978年11月，安徽省凤阳县小岗村率先实施包干到户，拉开了农村经济体制改革的序幕，各地陆续出现了包产到户、到组，包干到户、到组等多种生产组织形式。1980年9月，中共中央下发了《关于进一步加强和完善农业生产责任制的几个问题》，指明落后地区可以实行包产到户。1982年中央一号文件《全国

[①] 参见吴连霞《1979—1992年我国农村劳动关系的变化与运行机制》，《安庆师范学院学报》（社会科学版）2015年第2期。

[②] 胡俊波：《农民首创与政府引导：农村土地制度改革30年思考》，《财经科学》2009年第2期。

农村工作会议纪要》高度评价了中共十一届三中全会以来农业生产责任制的发展，明确指出："目前实行的各种责任制，包括小段包工定额计酬，专业承包联产计酬，联产到劳，包产到户、到组，包干到户、到组，等等，都是社会主义集体经济的生产责任制。"到1983年中央一号文件发表时，全国实行家庭联产承包责任制的生产队已达97.9%。[①]

家庭联产承包责任制是指农民以家庭为单位向集体组织（生产队）承包土地等生产资料和生产任务的农业生产责任制形式，其显著特点是生产资料"集体所有、分户经营"，剥离了土地的所有权与经营权。相较于人民公社体制，家庭联产承包责任制的劳动组织形式发生了根本性的变化，家庭成为基本生产和核算单位，这一变化极大地提升了农民的劳动积极性，显著提高了农业生产效率。一是家庭作为生产经营单位，可以自行决定对土地的投入，包括劳动投入和肥料等，在农业机械化水平不高的生产条件下，有助于农民个体种植经验的发挥，消除了人民公社体制下被动受制于瞎指挥所造成的无效劳动，客观上提升了农业生产效率；二是家庭作为基本核算单位，纠正了人民公社时期生产资料二级、三级所有制造成的产权模糊问题，消除了"平调""均分""共产风"出现的可能性；三是家庭作为基本核算单位确保了家庭投入与收益边界的一致性。所实行的"交够国家的，留足集体的，剩下都是自己的"的收益分配方式，保障了家庭对土地额外投入形成的收益留存在家庭内部，而家庭是劳动者个体利他精神的有效可及范围，因此，也就有效地克服了人民公社体制下因劳动投入和收入分配的"搭便车"行为对农民生产积极性的抑制，提升了农民对土地投入的热情。

2. 农产品流通体制改革扩大了农民的生产经营自主权，促进了农村劳动力的流动

改革开放之初，中国多数主要农产品还在实行统购统销制度，农民种植作物的种类、面积、农产品销售价格和渠道等受国家计划控制。随着农村改革的深入，国家不断减少对农村家庭经营的干预，进一步理顺了农村经济运行的制度框架。一是国家逐步减少统购统销和派购限售的数量和种类，扩大了农民生产自主权。1985年1月，中共中央、国务院发出了《关于进一步

[①] 王耕今、张宣三主编：《我国农业现代化与积累问题研究》，山西经济出版社1993年版，第114页。

活跃农村经济的十项政策》(1985年中央一号文件),取消了30年来的农副产品统购派购制度,仅对粮、棉等少数重要产品采取国家计划合同收购的新政策,并严禁任何单位向农民下达生产性指令。这预示着农民获取了土地生产的自主权,农民可以根据土壤性质、地理区位、市场行情等自行决定种植的作物种类及数量。二是农产品流通渠道的多元化和价格逐步放开,进一步落实了农民的经营自主权。1979年,国家鼓励恢复城乡集市贸易。1984年中央一号文件《关于一九八四年农村工作的通知》,提出要大力发展农村水陆交通运输,鼓励大中城市有计划地建立农副产品批发市场,并允许集体和个体从事运输业。1985年中央一号文件决定逐步放开农产品价格,对粮棉等重要农产品采取了部分合同定购,部分议价收购的策略。这进一步激发了农民的市场意识,农民逐渐成长为独立的市场经济主体。三是农产品流通体制改革还间接促进了农村劳动力的流动和迁移。农产品价格的放开和多样化流通渠道的建立,扩大了农产品的商品化比重,冲击了计划经济体制下以口粮供应管理方式不同设置的城乡户籍管理制度[1],农民可以自理口粮进城务工,也可自理口粮落户到长期务工的集镇。

3. 乡镇企业的蓬勃发展为农村剩余劳动力提供了就业出路

如第十五章所述,这一时期乡镇企业获得了快速发展,不仅是吸纳农村剩余劳动力就业的主渠道,而且已成为农民增收的重要来源。

(二)农村劳动经济关系的主体与运行方式

1979—1991年,中国农村劳动经济关系主要有三种形式:一是由家庭联产承包责任制形成的承包制劳动关系,它是农村的主体形式;二是伴随乡镇企业发展形成的雇佣制劳动关系,它属于现代劳动关系的研究范畴;三是随着国家对农村劳动力流动政策的调整,农村劳动力进城务工形成的雇佣制劳动关系,这种劳动关系由于在地域上看发生在城镇,故将其视作城镇劳动

---

[1] 1984年之前,国家户籍管理政策把居民分为"农业户口"和"非农业户口"两类,非农业户口居民口粮由国家依据计划供应平价口粮,农业户口居民口粮由所在集体经济组织统一分配。1984年10月,国务院批转公安部《关于农民进入城镇落户问题的通知》规定:对于有经营能力、有固定住所或在乡镇企业单位长期务工的,公安机关应准予落常住户口,户口性质定为"自理口粮",人口统计时统计为非农业人口,吃议价粮,办理《自理口粮户口簿》和《加价粮油供应证》。

关系的组成部分。这里重点论述家庭联产承包责任制下的劳动经济关系。

家庭联产承包责任制的实质是农民承包归村集体所有的土地,并依据承包合同或国家政策规定向国家和村集体缴纳税费,其劳动关系主体有三方:农民、村集体、国家。农民承包村集体土地,自主经营,自负盈亏,在"交足国家的,留够集体的,剩下的都是自己的"的收入分配方式下获取收益。

村集体的职能有两项:一是负责发包土地,并不定期地对土地承包情况予以调整。1984年中央一号文件指出,土地承包期一般应在15年以上。这意味着土地一轮发包过后,再调整的时间跨度很长,村集体并不经常有机会实施发包权。但实践中恰好相反,土地经常按照每家每户婚丧嫁娶及生育造成的人口变动而不定期地进行调整。其原因在于土地为集体所共有,在每一个村集体成员都对土地拥有平等权利的情形下,每人从集体土地中获得一块均分的土地将是落实其平等权利的最佳实现形式,土地承包必将遵从土地按人头平均分配的形式。在每户人口变动后,集体内土地在农户间的权利配比发生了变化,客观上要求土地的调整适应每家每户具体的人口变动。二是作为村庄的公共管理者,收取公积金、公益金和管理费,俗称"三提"。公积金用于农田水利基本建设、植树造林、购置生产性固定资产和兴办集体事业;公益金用于"五保户"供养、特别困难户补助、合作医疗保健以及其他集体福利事业;管理费用于村干部报酬和管理开支。村集体的"三提",从其制度渊源来看,是对人民公社体制下村集体收取费用制度的继承[1],一般为土地产出的5%—10%。

国家作为最高级的公共管理者征收农业税。农业税的适用税率自1958年首部《中华人民共和国农业税条例》颁布以来,全国平均法定税率便稳定在15.5%的水平上,1979年以后至2005年废除农业税之前,由于国家常年实行农业轻赋的政策,历年征收的农业税都低于15.5%的法定税率。[2] 乡

---

[1] 1961年出台的《农村人民公社工作条例(草案)》第二十四条规定:生产大队扣留的公积金和公益金,合计起来,一般控制在大队可分配收入的5%左右。但在家庭联产承包责任制后,继续征收的"三提"并未对其适用费率作出明确调整和具体规定。

[2] 武力:《试论建国以来农业剩余及其分配制度的变化》,《福建师范大学学报》(哲学社会科学版)2004年第3期。

镇政府为实现对农村的公共管理和服务职能，又以征收"五统"① 的方式，补充其所支配的财源。

相较于人民公社时期实施的倒定额地租②的收入分配模式，家庭联产承包责任制下农民拥有一定的剩余索取权，对农民的生产积极性产生了显著的激励效应，一定时期内释放了巨大的生产力，提高了农业生产效率，提升了农民的收入水平。但必须注意到，实施家庭联产承包责任制后较长的一段时期内，农民所承担的以"三提""五统"为核心的其他费用，由于没有明确的征收标准，由此衍生出的各种针对农民的乱收费、乱集资和乱摊派，导致了农民实际所得低于制度文本规定的水平，影响了农村经济发展和社会稳定。

（三）农村劳动经济关系中的矛盾及处理措施

家庭联产承包责任制下劳动经济关系中的矛盾主要体现在两个方面：一是土地承包合同的签订造成的矛盾；二是税费的缴纳造成的矛盾。

家庭联产承包责任制实施之初，国家就号召村集体要与农民签订土地承包合同，廓清双方的责权利范围。由于承包合同并未有全国统一范本，致使合同形式和内容各地各异，加之合同双方法律意识淡薄，不签合同、口头协议、合同不规范等占据相当比重，承包合同双方因合同内容不完整、单方毁约和收、交承包费等发生的纠纷不时涌现。据统计，实施承包制后，全国农村每年发生合同纠纷2000万起以上，每年不兑现或不完全兑现的合同约7000万份，欠承包合同款25亿余元。③ 1984年以前，由土地承包引起的合同纠纷一般先由村集体与农民协商解决，进行自行调解；调解不成可向政府部门进行申诉。1984年，全国第一次经济审判工作会议确定，各地人民法院（主要是农村地区的基层人民法院）对经过有关主管部门或农村基层组

---

① 即教育费附加、计划生育费、民兵训练费、乡村道路建设费和优抚费，俗称"五统"。1991年国家颁布《农民负担费用和劳务管理条例》之前，对其适用费率并无明确规定。

② 倒定额地租是针对人民公社体制下农地产出分配方式所提出的一个概念。人民公社时期实行扣除农民人均口粮（一定时期内为固定值）后剩余粮食全部上缴或售卖给国家的形式，与旧中国地主出租土地时规定佃户按租种土地面积每年缴纳一定数量的定额地租，剩余归佃户自行支配的农村产出分配方式恰好相反，故称其为倒定额地租。

③ 赵德馨主编：《中华人民共和国经济史（1985—1991）》，河南人民出版社1999年版，第267页。

织调处未成或直接向人民法院起诉的农村承包合同纠纷，应予受理。为使家庭联产承包为主的责任制长期稳定并不断完善，国家逐步加强了对农村土地承包行为的专项管理，强调通过承包合同的管理将对农村承包行为的管理纳入法制轨道。1990年，全国农村承包合同完备率达到77.1%。1992年，全国有24个省（区、市）发布了农业（村）承包合同管理条例或办法，要求在县、乡（镇）两级设立农村承包合同纠纷仲裁委员会。农业承包合同纠纷处理日趋法制化、规范化和专业化。

农业税费缴纳是农民基于土地承包合同产生的缴费义务。家庭联产承包责任制实施"交足国家的，留够集体的，剩下的都是自己的"的分配方式。就农民缴纳给国家的农业税来看，短期相对稳定，长期则是逐年走低的。[①]而就农民缴纳的村提留和乡统筹等费用来看，则是负担日益沉重，成为影响农村社会稳定的重要因素。这是因为不规范的税费征收方式为向农民乱收费、乱摊派埋下了隐患。据估计，1983年全国农民农业税外负担约210亿元，相当于当年农业税47.4亿元的4.4倍，占当年农民人均纯收入的8.07%。[②]"七五"时期，包括乡镇企业提供的租金在内，农民向国家提供的各项税金总额为1520亿元，人均175元左右，占农民年人均纯收入533元[③]的1/3左右。过高的负担导致全国发生多起恶性事件，引起了中共中央和国务院的高度关注。1985年10月，中共中央、国务院发布了《关于制止向农民乱摊派、乱收费的通知》，强调"乡和村兴办教育、修建公路、实施计划生育、优待烈军属、供养五保户等事业的费用，原则上应当以税收或其他法定的收费办法来解决，在这一制度建立之前，应按照中共中央1984年中央一号文件的规定，实行收取公共事业统筹费的办法"。1990年2月，国务院发布《关于切实减轻农民负担的通知》，明确规定，农民合理负担的项目（村提留、乡统筹费、义务工和积累工）及其使用范围，村提留和乡统筹费"一般应控制在上一年人均纯收入的5%以内"。1991年11月，国务院

[①] 武力：《试论建国以来农业剩余及其分配制度的变化》，《福建师范大学学报》（哲学社会科学版）2004年第3期。

[②] 中华人民共和国财政部、中国农民负担史编辑委员会编：《中国农民负担史》（第四卷），中国财政经济出版社1994年版，第405页。

[③] 资料来源：以1986—1990年《国民经济和社会发展统计公报》公布的农民年人均纯收入数据为依据，取其平均数。

颁发的《农民承担费用和劳务管理条例》，明确了农民负担监督管理的基本政策，包括农民所应承担的费用和劳务的形式、数量等。

（四）农村劳动经济关系变化的特点

纵观 1979—1992 年中国农村劳动经济关系变化，可以发现有以下几个特点：

1. *农村劳动经济关系的变革是由农民自发进行的自下而上的经济变革所推动的*

人民公社体制从根本上违背了农业劳动生产和分配的客观要求，实施的结果必然是不断削弱组织的内在活力，当生产效率降低到不能满足农民的生存需求时，自下而上的变革压力便逼近原有制度溃败的阈值，此时，原有制度要么继续高压维持直至制度溃散；要么在已有框架内允许一些自发行为的冲击，以卸掉一部分压力；要么顺势而动，呼应自下而上的变革，将自发制度吸纳到正式制度变革中来。家庭联产承包责任制得以实施无疑是最后一种结果：劳动者迫于生存压力进行的自发变革，凭借显著的变革成效上升为正式制度，由此孕育了新的劳动经济关系。家庭联产承包责任制的外溢表现为农村实施了社队企业承包制，这为在限制农民进城的情形下实现农村经济的发展提供了新思路：鼓励农民就地发展组办、联户办、个体创办乡镇企业。乡镇企业的大发展又带来了农村雇佣制劳动关系的出现，充分表明农村劳动关系的变革从根本上看是由农民所实施的自下而上的经济变革所推动的。

2. *农村劳动经济关系实现了由行政指令性向基于契约的个体自主劳动关系的转变*

人民公社解体后农村劳动经济关系的两种缔结形态——土地承包和乡镇企业就业都是建立在契约之上的：土地承包有承包合同，乡镇企业就业有劳动合同。契约精神的实质是平等和自由，强调个体自主意识和独立意识，凸显个体理性和意志的决策自由。两种合同的确立都是农民个体决策的结果，从根本上摆脱了人民公社体制下接受劳动指令的被动劳动状态，农民凭借劳动和生产的自主权成为劳动经济关系的独立一方。劳动者个人的积极性和创新精神被空前地释放出来，农村经济成为中国经济最活跃的组成部分，而这又进一步推动了中国整个经济体制改革的市场化进程。同时，农村劳动经济关系的变化也推动了农村工业化的进程，特别是乡镇企业的发展日益成为农村剩余劳动力就业的重要渠道。在当时农村劳动力向城镇流动受政策限制的情况下，农村劳动力劳动自主权的获取和乡镇企业中亦工亦农劳动形态的出现，使乡镇企业发展和农民收入增加相得益彰成为可能。

3. 对农村劳动经济关系的调节和处理逐步趋于法制化，但又有显著的滞后性

改革开放以来，对农村劳动经济关系的调节和对劳动争议的处理逐步趋于法制化，但无论是对土地承包形成的劳动争议的法制调节进程，还是对乡镇企业的雇佣劳动争议进行调解的法制化进程都具有明显的滞后性。具体来讲，对土地承包合同争议的调节制度直至1992年才渐趋完备，滞后于家庭联产承包责任制大范围实施的1983年9年之久；对乡镇企业劳动争议调解制度一直没有专项法律规范，仅仅要求参照国营企业的争议解决办法，更为严重的问题是有关劳动合同的签订、劳动条件、劳动保护的规范往往流于制度文本的颁布，缺乏对政策落实的监督，使劳动者权益受到了侵害。这一方面说明了公共政策在解决社会问题上普遍的滞后性，另一方面也说明中国经济改革初期对经济效率的过分追逐，而忽略了体现公平理念的劳动关系争议制度的建设。

二 农村居民收入的变动情况

人民公社体制下农村居民的个人收入分配主要采取的是"工分制"形式。它有两个突出的特点：一是与社员的实际劳动贡献脱钩，是一种平均主义的分配方式；二是现金分配比重小，是一种实物分配方式。这种分配形式严重制约了社员劳动积极性的充分发挥，制约了农业生产的发展和农民生活水平的提高。1978年以后，随着各种形式的联产承包责任制的实施，农村居民的个人收入分配方式发生了重大变革，即由原来的集体统一按照"工分制"进行分配逐渐演变为按"大包干"的分配方式。相对于"工分制"来说，"大包干"分配方式的特点与优越性在于：一是克服了"工分制"平均主义的弊端。家庭联产承包责任制将农户的责、权、利结合起来，产品和产值成为衡量农户劳动数量、质量和收入的基本尺度和统一标准，农户收入与

劳动的数量与质量直接联系起来。二是克服了"工分制"实物分配的缺陷。伴随农副产品统购统销制度的改革和农副产品市场的发育，农户产品大量进入市场，农民劳动收入的货币化程度提高。三是减少了分配环节，降低了分配成本。在"大包干"体制下，农户"交足国家的，留够集体的，剩下的都是自己的"。那种生产队工分分配的烦琐程序减少了，记工评分中的争吵没有了。[1] 实践证明，分配方式层面的改革是联产承包责任制之所以能够调动农户生产积极性的主要原因所在。

1979—1991年，伴随着经济发展以及个人收入分配制度改革的推进、经济市场化程度的提高和乡镇企业的发展，农民的个人收入水平迅速提高。根据农民家庭收支抽样调查资料，1957—1978年，农民家庭人均全年纯收入由72.95元增长到133.57元，21年仅增长83%，年均增长率仅为2.9%。[2] 1991年，农民家庭人均全年纯收入增长到708.55元，13年增长430%，年均递增13.9%。人均全年总收入由1978年的151.79元增长到1991年的1046.1元，增长589%，年均递增17.5%。[3] 与此同时，农民的收入结构也开始发生重大变化。据统计，农民家庭纯收入中来自所在农村集体经济组织的比重，1957年为59.49%，1978年为66.28%，这部分是农民的集体劳动收入；农民家庭副业收入以及其他非借贷性收入占农民纯收入的比重，1957年分别为29.42%和11.09%，1978年分别为26.79%和6.93%。[4] 收入来源和途径的单一化是导致1979年以前农民收入水平低、增长慢的重要原因。1979年以后，农民的收入来源渠道出现了多元化趋势，主要包括农民家庭经营收入、乡镇企业收入和其他收入。

第一，农民家庭经营的收入迅速增加。农民家庭经营收入主要取决于农产品产量和农产品价格水平。1979—1991年，农产品产量几经波折，有了较大幅度的增长。其中，粮食产量由33212万吨增长到43529万吨，增长31%；棉花由220.7万吨增长到567.5万吨，增长1.57倍；油料由643.5万吨增长到1638.3万吨，增长1.55倍。农产品的收购量也有更大幅度的增

---

[1] 赵凌云：《中国经济通史》（第十卷·下），湖南人民出版社2002年版，第665—666页。
[2] 《中国统计年鉴（1983）》，中国统计出版社1983年版，第499页。
[3] 《中国统计年鉴（1992）》，中国统计出版社1992年版，第307页。
[4] 《中国统计年鉴（1983）》，中国统计出版社1983年版，第499页。

长。粮食收购量由6009.5万吨增长到13635.5万吨，增长1.27倍，棉花收购量由208.1万吨增长到529万吨，增长1.54倍。[①] 农产品产量和农产品收购量的增长以及这一时期农副产品收购价格大幅度提升成为农民收入提高的重要因素。当然，1979—1991年，也存在一些使农民减收增支的因素。在减收因素方面，农业生产资料价格上升引起农业生产经营成本的提高，以1950年为100，1978年农业生产资料零售物价指数为100.1，1991年增加到200.9，增长1倍；在增支因素方面，农村工业消费品价格上涨带来了农民消费支出的增长。以1950年为100，1978年农村工业消费品零售物价指数为137.4，1991年为276.1，增长1倍。[②] 可见，农业生产资料和农村工业消费品物价上涨部分抵消了农产品收购价格上涨给农民带来的收益。但是，由于农业生产资料和农村工业消费品物价上涨幅度低于农副产品收购价格上涨幅度，因此，农民的净收入仍然是迅速增长的，农民从农副产品收购价格提高中获得的好处是很大的。再者，由于农村工商业的发展，已经有越来越多的农业生产资料和农村工业消费品是由乡镇企业和农村个体私营企业生产的，因此，农业生产资料和日用工业品价格上涨的好处一部分保留在了农村和农民手中。

　　运用国民收入平减指数方法也可以大体估计农产品价格上涨导致农民收入提高的程度。根据历年现价国民收入和按不变价格计算的国民收入算出历年国民收入平减指数，然后再按不变价格计算的农业净产值（即农业部门国民收入）与国民收入平减指数相乘，得到按国民收入平减指数计算的农业净产值，该数值与现价农业净产值之差，即为农副产品涨价幅度超过工业、农业、建筑业、运输业和商业五个部门平均涨价幅度而给农业部门带来的转移收入。表16—1表明，以1978年价格为不变价格，1979年农业部门因农副产品提价而增加的国民收入为135亿元，1991年增加到1608亿元，增加了近11倍，1979—1991年12年间总计增加8762亿元。其中，有相当一部分转化为农民的个人收入。可见，农产品价格提高的确是农民收入提高的重要因素。

---

① 《中国统计年鉴（1992）》，中国统计出版社1992年版，第358、359、601页。
② 同上书，第249页。

表 16—1　　　　1978—1991 年价格因素引起的农业部门转移收入

年份	现价国民收入 (1)	不变价格国民收入 (2)	国民收入平减指数 (3)	现价农业部门国民收入 (4)	不变价格农业部门国民收入 (5)	按国民收入平减指数计算的农业部门国民收入 (6)	(4)−(6) (7)
1978	3010	3010	100	986	986	986	0
1979	3350	3221	104	1226	1049	1091	135
1980	3688	3427	108	1326	1030	1109	217
1981	3941	3595	110	1509	1103	1210	299
1982	4258	3889	109	1723	1233	1349	374
1983	4736	4279	111	1921	1337	1480	441
1984	5652	4860	116	2251	1511	1757	494
1985	7020	5517	127	2492	1552	1971	521
1986	7859	5941	132	2720	1598	2109	611
1987	9313	6547	142	3154	1670	2371	783
1988	11738	7270	161	3818	1707	2748	1070
1989	13176	7539	175	4209	1762	3084	1125
1990	14384	7923	182	5000	1894	3447	1553
1991	16117	8526	189	5269	1937	3661	1608

资料来源：根据《中国统计年鉴（1992）》第 32、34 页数据计算。

第二，乡镇企业的发展也是农民收入水平提高的重要来源。1979 年以来，乡镇企业迅速发展。1979—1991 年，乡镇企业单位数由 148.04 万家增加到 1908.88 万家，增长 12 倍多；乡镇企业职工从 2909.34 万人增加到 9609.11 万人，增长 2.3 倍；乡镇企业总产值由 548.41 亿元增加到 11621.69 亿元，增长 20 倍；乡镇企业纯利润由 104.5 亿元增加到 284.7 亿元，增长 1.7 倍；乡镇企业工资总额由 103.8 亿元增加到 706.5 亿元，增长 5.8 倍。①

总体上看，如表 16—2 所示，1978—1991 年农民收入来源结构变化的基本趋势是，从集体经营中得到的收入在总收入中的比重下降了，由 1978 年

---

① 《中国统计年鉴（1992）》，中国统计出版社 1992 年版，第 389、390、391 页。

的66.3%下降到1991年的9.3%;家庭经营纯收入所占比重上升,由1978年的26.8%上升到1991年的83.1%。从收入的性质上看,农业生产性收入的比重下降了,而非农业性收入和非生产性收入的比重上升。

表16—2　　　　1978—1991年农民家庭人均纯收入来源结构变化

项目		1978年		1991年	
		数量(元)	比重(%)	数量(元)	比重(%)
人均年纯收入		133.57	100	708.55	100
按收入来源分	从集体统一经营中得到的收入	88.53	66.3	66.09	9.3
	从经济联合体中得到的收入	0	0	1.97	0.3
	家庭经营纯收入	35.79	26.8	588.52	83.1
	其他非生产性收入	9.25	6.9	51.97	7.3
按收入性质分	农业生产性收入	113.47	85	460.55	65
	非农业生产性收入	9.39	7	178.34	25
	非生产性收入	10.71	8	69.66	10

资料来源:根据《中国统计年鉴(1992)》第307页数据计算。

1979—1991年,在农村居民个人收入水平普遍有所提高的同时,还出现了收入差距逐渐扩大的趋势,这主要表现在:

第一,农村居民收入差距的变化。1979—1991年,由于地区经济发展水平不平衡等诸多因素的影响,农村居民省(市)际间收入水平差距不断拉大。1978年,农民家庭平均每人纯收入最高为290元(上海市),最低为91.5元(河北省),最高水平与最低水平之比为1∶3.2,绝对差距为198.5元。到1991年,农民家庭人均纯收入最高为2003.38元(上海市),最低为446.05元(安徽省),两者之比为1∶4.5,绝对差距为1557.33元。[①]

农村居民收入水平地区差距拉大。从按地理位置划分的东部、中部、西部三大地带农村居民收入水平差距分析,东部沿海地区省(市)农民收入高于中西部地区农村居民收入。1991年人均纯收入超过1000元的省(市)都在东部沿海地区,即北京(1422.37元)、天津(1168.53元)、上海

[①] 《中国统计年鉴(1992)》,中国统计出版社1992年版,第308页。

（2003.38元）、浙江（1210.77元）、广东（1143.06元）。全国农村居民收入最低的省份都在西部地区，中部地区农村居民收入介于东部、西部之间，平均人均纯收入在600元以上。1991年，全国仅有3个省份人均纯收入在500元以下，2个在西部地区（贵州和甘肃），1个在中部地区，即安徽省。1991年，西部地区全部省区的农民家庭人均纯收入都在全国平均水平708.55以下。[①]

表16—3　　　　农村居民收入分配的基尼系数和20%
人口高低收入组收入倍差情况

年份	人纯收入	基尼系数	高低倍数
1978	133.57	0.2124	2.88
1980	191.33	0.2366	3.16
1985	397.60	0.2635	3.65
1987	462.55	0.2916	4.16
1988	544.94	0.3014	4.68
1990	629.79	0.3099	4.50
1991	708.55	0.3072	5.00

资料来源：唐平：《我国农村居民收入水平及差异研析》，《管理世界》1995年第4期。

运用基尼系数[②]可以进一步揭示1979—1991年农村居民收入差距的变化情况。表16—3表明，农村收入分配的基尼系数是逐渐扩大的，20%人口高低收入组高低倍差也是逐渐扩大的。1978年以后，随着家庭联产承包责任制的普遍推行，农村居民收入迅速提高，农村居民内部的收入差异逐渐扩大。但直到1987年仍处在"相对平均"阶段，收入分配的基尼系数在0.2—0.3，高低收入倍数在2.88—4.16。从1988年开始，随着全国范围内经济体制改革的进一步发展，农村居民收入分配的基尼系数第一次超过

[①] 《中国统计年鉴（1992）》，中国统计出版社1992年版，第308页。
[②] 根据国际上的一般看法，基尼系数在0.2以下，为收入分配高度平均；基尼系数在0.2—0.3为收入分配相对平均；基尼系数在0.3—0.4为收入分配比较合理；基尼系数在0.4以上为收入分配差距偏大。

0.3，进入了"比较合理"阶段。[①] 至1991年，农村居民收入分配差异在一定程度上进一步拉开，收入分配的基尼系数达到0.3072。

从农村收入分配差距变化的区域特征来看，东部、西部地带农村居民内部收入分配差异扩大，中部内部差异程度化甚小。根据农村住户调查资料，1980—1990年，东部、西部农村居民内部收入分配的差异程度都有所扩大，其中，东部地带由1978年的0.28扩大为1990年的0.32；西部地带由1978年的0.24扩大为1990年的0.28。但中部地带农村居民内部收入分配的差异程度则变化甚小，由1978年的0.25变化为1990年的0.27。[②]

表16—4　　　　　　　　1978—1991年城乡居民纯收入差距变化

年份	农村居民家庭人均纯收入		城镇居民家庭人均纯收入		城乡居民收入差距
	绝对数（元）	指数%	绝对数（元）	指数%	
1978	133.6	100	316.0	100	2.37∶1
1980	191.3	138.1	439.4	127	2.29∶1
1985	397.6	261.2	685.3	161.6	1.72∶1
1986	423.8	267.9	827.9	182.5	1.95∶1
1987	462.6	278.4	916.0	185.6	1.98∶1
1988	544.9	289.6	1119.4	187.9	2.05∶1
1989	601.5	285.8	1260.7	181.7	2.10∶1
1990	686.3	300.7	1387.3	197.8	2.02∶1
1991	708.6	317.8	1544.3	209.5	2.18∶1

资料来源：根据《中国统计年鉴》历年有关数据计算。

第二，城乡居民收入差距的变化。1979—1991年，城乡收入差距的变化可分为两个阶段。1979—1985年，伴随着农业生产责任制的推广和农副产品收购价格的提高，农民收入迅速提高，城乡收入差距缩小。1985—1991年，随着城市经济体制改革的全面推进，城镇居民收入增长加快，城乡收入差距又开始拉大。表16—4表明，城乡居民纯收入差距由1978年的2.37∶1

[①] 唐平：《我国农村居民收入水平及差异研析》，《管理世界》1995年第4期。

[②] 同上。

降低到 1985 年的 1.72：1。1985 年以后，这一差距又逐渐扩大，到 1991 年，这一差距扩大到 2.18：1。需要说明的是，这种差距尚不包括城镇居民享受的大量隐性收入，如住房补贴、医疗补贴和劳保福利等。表 16—5 表明，城乡居民可支配收入的差距变化也呈现出先缩小后扩大的轨迹。

表 16—5　　　　　　1980—1991 年城乡居民可支配收入差距比较

年份	城镇居民人均可支配收入	扣除物价因素后城镇居民可支配收入	农村居民人均可支配收入	扣除物价因素后农村居民人均可支配收入	城乡居民收入比例（农村居民收入为1）
1980	620.2	576.92	191.33	186.66	1：3.09
1981	681.7	665.08	223.44	219.92	1：3.02
1982	721.5	707.39	270.11	257.98	1：2.74
1983	770.4	755.25	309.77	309.15	1：2.44
1984	870.3	847.43	355.33	353.91	1：2.39
1985	967.2	864.34	397.60	383.05	1：2.26
1986	1143.5	1068.69	423.76	410.32	1：2.60
1987	1268.7	1174.68	462.55	445.79	1：2.64
1988	1477.7	1224.27	544.94	491.69	1：2.49
1989	1704.7	1465.76	601.51	536.22	1：2.73
1990	1922.0	1897.29	686.31	667.62	1：2.84
1991	2148.5	2044.26	708.55	700.04	1：2.92

资料来源：根据《中国统计年鉴》历年有关数据计算。

第四篇

建立市场经济体制时期的劳动经济(1992—2001)

　　1992—2001年是中国经济发展史上一个相对完整的新阶段。这个阶段中国经济体制改革和发展的特征可以概括为"定向"两个字,即中国正式确立了走市场经济之路,确立了市场机制在资源配置中发挥基础性作用的地位,各经济主体必须面向市场展开其经营活动。1992年是这个阶段的起点,其标志是中共十四大报告明确提出了"经济体制改革的目标是建立社会主义市场经济体制",之前的1979—1991年是"摩擦中改革"的阶段;2001年则是这个阶段的终点,其标志是中国加入了世界贸易组织。从此,中国市场经济国际化之门大开,开始走上了市场化与国际化相互交融并接受国际市场检验之路。

　　1992年以后,随着国有企业改革进入产权改革阶段和国有经济战略性调整,在计划经济体制下形成的国有企业内部的大量隐性失业人员公开化并被推向社会,安置富余人员与做好下岗职工基本生活保障和再就业,就成为这一阶段劳动就业体制改革的首要任务。因此，推行全员劳动合同制、实施再就业工程，培育和发展劳动力市场、建立市场导向的就业机制，积极推动双轨制就业体制向市场就业体制演变，就成为这一阶段劳动就业体制改革的主旋律。与此同时，随着"民工潮"的兴起和发展，党和政府开始把农村劳动力就业考虑进来，开展农村劳动力开发就业试点，实施劳动力跨地区流动有序化工程，提出了走城乡统筹就业之路，尝试建立城乡平等的就业体制，则构成了劳动就业体制改革的另一条主线。

职工教育培训已成为企业自身发展的一项重要战略举措。职工教育培训工作以市场需求为导向，形成了政府为主导、企业为主体、各类职业培训实体积极参与的格局。职工教育培训工作范围不断拓展，从单纯为城市服务、为国有经济服务，转变为以全社会劳动力为服务对象，以开发和提高劳动者的职业技能为宗旨，培训与就业紧密结合，包括职业技能需求预测、职业分类和职业技能标准制定、职业技能培训、职业资格证书和技能鉴定、职业技能竞赛、职业指导与咨询等为核心内容的职业技能开发体系。在职业教育培训投入上，贯彻"谁受益，谁投资"的原则，改变了过去由政府（或企业）统包统揽的做法，从根本上解决了职业教育培训经费投入不足的问题。

工资收入分配的市场化改革加速推进。中央明确提出要坚持按劳分配为主体、多种分配方式并存，以及效率优先、兼顾公平的原则，允许和鼓励资本、技术等生产要素参与收益分配，探索建立与现代企业制度相适应的工资分配制度。国家对工资的管理，从实施弹性劳动工资计划到完善分级调控、分类管理体制，从建立最低工资保障和工资支付制度到对部分行业、企业实行工资控制线办法，从建立工资指导线、劳动力市场工资指导价位和人工成本预测预警等制度到加大运用法律和经济等手段调节收入分配的力度，国家不再统一制定国有企业内部工资分配的具体办法，实现了从直接计划控制到间接调控的转变。同时，继续深化企业内部分配制度改革，工资的激励作用明显增强。企业推行岗位技能工资制，探索按生产要素分配办法，经营者工资逐步从职工工资中分离出来；改革工资总量管理方式，改进完善工资总额与经济效益挂钩办法，部分企业开展了工资集体协商的试点。工资的市场决定方式成为20世纪90年代工资改革的趋势，到2001年年底初步建立起一个由"市场机制调节、企业自主分配、职工民主参与、政府监控指导"的现代企业工资收入分配制度。此外，进一步改革国家机关和事业单位工资制度，国家机关实行职务级别工资制，事业单位根据不同行业等情况分别实行了符合各自特点的工资制度。

社会保险制度改革在维系经济体制改革和国民经济持续增长、保证整个社会基本稳定的同时，基本完成了从传统的"国家—单位保障制度模式"向现代的"社会保障制度模式"的转型。统一的城镇企业职工养老保险制度框架基本形成，职工医疗保险制度改革全面推进，失业保险制度改革取得积极进展，工伤保险、生育保险制度改革逐步展开，社会保险管理体制日臻完善，一个独立于企事业单位之外、资金来源多元化、保障制度规范化、管理服务社会化的社会保险体系基本建立起来。但是，建立和健全适应社会主义市场经济体制要求的社会保险制度还面临着十分艰巨的任务。

劳动关系市场化转型的任务基本完成，国有企业成为独立的经济主体和企业法人，企业与劳动者通过签订劳动合同普遍建立起契约化的劳动关系，《劳动法》等法律法规的颁布与实施为市场化劳动关系的运行基本构建起了一个法制体系框架，劳动关系的法制化建设也取得了重大进展。但是，在这一过程中，国有企业下岗职工和失业人员的再就业以及如何进行安置和补偿成为劳动关系领域的核心和棘手问题，而在非国有经济领域由于"强资本，弱劳动"局面已经形成，劳动者权益常常遭受到侵犯，诸如劳动合同虚无化和形式化、劳动安全卫生标准滞后、超时劳动等。同时，客观存在的就业歧视、国企下岗失业人员生活困顿、企业民主管理意识淡化、收入差距扩大、劳动争议案件多发、劳动执法力度不足和执法不严等问题也使改革的公平性和正义性遭受各方考问。

第十七章
劳动就业体制的根本性变革

中国劳动就业体制改革始终是与宏观经济形势变化与经济体制改革相联系的，特别是与国有企业①改革存在密不可分的关系。1992—2001 年，中国正处于由计划经济体制向市场经济体制转轨的关键时期，与社会经济发展密切相关的劳动就业体制也随着经济结构、所有制结构、产业结构的调整而进行了根本性的变革。随着国有企业改革进入产权改革阶段和国有经济战略性调整，在计划经济体制下形成的国有企业内部的大量隐性失业人员公开化并被推向社会，安置富余人员与做好下岗职工基本生活保障和再就业，就成为这一阶段劳动体制改革的首要任务。因此，推行全员劳动合同制、实施再就业工程，培育和发展劳动力市场、建立市场导向的就业机制，积极推动双轨制就业体制向市场就业体制演变，就成为这一阶段劳动就业体制改革的主旋律。与此同时，随着"民工潮"的兴起和发展，党和政府开始把农村劳动力就业考虑进来，开展农村劳动力开发就业试点，实施劳动力跨地区流动有序化工程，提出了走城乡统筹就业之路，尝试建立城乡平等的就业体制，则构成了劳动就业体制改革的另一条主线。

一 深化劳动计划体制改革的提出

1992 年春，邓小平南方谈话关于计划与市场都是经济手段的精辟论断，从根本上解除了把计划经济和市场经济看作属于社会基本制度范畴的思想束缚。此后，中共十四大明确提出了建立社会主义市场经济体制的改革目标和

---

① 中国在 1994 年以前使用的概念是"国营企业"，1994 年以后使用"国有企业"的概念。

中共十四届三中全会通过的《关于建立社会主义市场经济体制若干问题的决定》，为劳动计划体制改革和加强改善宏观管理指明了方向，增强了对传统劳动计划体制改革的意识和紧迫感。这既是人们思想的解放，也是发展理念的转变。

1992年5月，全国劳动计划工作会议召开。会议明确提出，建立计划与市场两种调节手段有机结合的运行机制，是深化劳动计划体制改革的方向。会议还提出，要正确把握改革方向应当遵循以下原则：坚持发挥计划与市场两者的优势和长处；坚持宏观调控和微观搞活的有机结合；坚持必要的集中和适度的分散，统一性与灵活性相结合。劳动计划体制改革的目标是，"逐步建立起国家宏观调控，分级分类管理，企业自主用人和自主分配"的运行机制和管理体制，有效地实现对全社会劳动力资源的最优配置和劳动成果的合理分配。这个目标体现了宏观、中观和微观三个层次改革的有机结合，既强调了市场的作用，也强调了国家宏观调控、国家计划指导的必要性，当然，计划的内容、形式、手段也必须进行改革。为了逐步达到上述目标，会议提出劳动计划体制改革的主要任务是实现四个方面的转换：一是逐步实现由比较单一的指令性劳动计划，向以指导性计划为主体，充分发挥市场调节作用的机制转换；二是逐步实现由国家集中过多的劳动计划决策和管理体制，向分级决策、分类管理的体制转换；三是逐步实现对企业的用工与分配由行政手段为主的直接管理，向以经济、法律手段为主的间接调控机制转换；四是计划工作的重点由侧重对全民所有制单位年度计划指标的管理，转到对全社会劳动力、收入分配以及其他各项劳动事业的发展进行宏观预测、规划指导、协调服务、监督检查等方面来。在坚持宏观调控的同时，支持改革开放，服务于改革开放。①

深化劳动计划体制改革采取的主要政策措施：一是改革劳动计划的内容和指标体系，把以指令性计划为主的计划体制，改为以预测性、政策性、指导性为基本特征的计划体系。从1993年起，劳动部对各省、自治区、直辖市及计划单列市不再下达指令性的年度职工人数、工资总额和技工学校计划，将这些指标均改为指导线性计划。二是改革劳动计划的方法和形式，改

---

① 《中国劳动年鉴》(1992—1994)，中国劳动出版社1996年版，第199—200页。

变过去通常采用的基数法、水平法、经验法,大力采用现代化的预测分析方法和手段,增强计划的科学性和有效性,以适应市场经济发展的要求。1992年劳动部在全国15个地区试行了弹性劳动工资计划,把劳动工资计划的绝对量控制变为相对量的调控,把静态控制变为动态调控,把指令性的指标分解的计划,变为有弹性的、可随经济效益状况按一定比例自行调节的计划。三是切实转变劳动计划职能,强化经济调控手段,加快劳动法制建设,进一步加强和改善劳动就业和工资的宏观调控。[①]

1993年12月21日,劳动部《关于建立社会主义市场经济体制时期劳动体制改革总体设想》提出了劳动体制改革的主要任务,即"以培育和发展劳动力市场为中心,全面深化劳动、培训、工资、社会保险各项改革,争取到本世纪末初步建立起与社会主义市场经济体制相适应的新型劳动体制"。

二 建立现代企业制度,推行全员劳动合同制

随着中国经济三年治理整顿的结束,到1992年,经济环境逐步宽松起来,国有企业改革进入了一个新的发展阶段,即改革的重点从放权让利转变到转换企业经营机制、建立现代企业制度的轨道上来。与此同时,劳动就业体制改革探索也进一步深化。

(一)国有企业转换经营机制,建立现代企业制度

1992年7月23日,国务院颁布了《全民所有制工业企业转换经营机制条例》,指出"企业转换经营机制的目标是:使企业适应市场的要求,成为依法自主经营、自负盈亏、自我发展、自我约束的商品生产和经营单位,成为独立享有民事权利和承担民事义务的企业法人",明确了企业14项经营自主权。这标志着国有企业改革由过去的委托经营转变为出资关系,开始触及国有产权制度、劳动用工制度、政企分开和政资分开等深层次问题。其中,关于劳动就业制度,进一步明确了"企业享有劳动用工权"。《条例》规定:"企业按照面向社会、公开招收、全面考核、择优录用的原则,自主决定招

[①] 《中国劳动年鉴》(1992—1994),中国劳动出版社1996年版,第200—201页。

工的时间、条件、方式、数量。……企业从所在城镇人口中招工，不受城镇内行政区划的限制。""企业有权决定用工形式。企业可以实行合同化管理或者全员劳动合同制。企业可以与职工签订有固定期限、无固定期限或者以完成特定生产工作任务为期限的劳动合同。企业和职工按照劳动合同规定，享有权利和承担义务。""企业有权在做好定员、定额的基础上，通过公开考评，择优上岗，实行合理劳动组合。对富余人员，企业可以采取发展第三产业、厂内转岗培训、提前退出岗位休养以及其他方式安置；政府有关部门可以通过厂际交流、职业介绍机构调剂等方式，帮助转换工作单位。富余人员也可以自谋职业。""企业有权依照法律、法规和企业规章，解除劳动合同、辞退、开除职工。"[①] 与《条例》相配合，在继续推行优化劳动组合的同时，中国开展了"破三铁"[②]和全员劳动合同制，开始大范围地推动固定工制度改革，企业与职工通过签订劳动合同的形式确定劳动关系。然而，由于国有企业的计划体制没有从根本上改变，《条例》赋予企业的14项经营自主权无法全面落实，通过劳动合同调节劳动关系的机制也无法从根本上实现，不仅原固定工劳动合同很大程度上还只是形式，而且新招劳动合同制职工也已经开始固定工化，不能实现人员能进能出的目标。[③]

1992年10月，中共十四大明确提出建立社会主义市场经济体制的改革目标，而实现这一目标，必须抓好转换国有企业特别是大中型企业的经营机制这个中心环节，"通过理顺产权关系，实行政企分开，落实企业自主权，使企业真正成为自主经营、自负盈亏、自我发展、自我约束的法人实体和市场竞争的主体，并承担国有资产保值增值的责任"。1993年11月14日，中共十四届三中全会通过了《中共中央关于建立社会主义市场经济体制若干问题的决定》，这标志着新一轮更全面、更深刻的经济体制改革开始了，国有

[①]《全民所有制工业企业转换经营机制条例》，《中华人民共和国国务院公报》1992年第22期。

[②] 1992年年初，以徐州国营企业改革为发端，国营企业掀起了一股以"破三铁"（"铁饭碗""铁工资"和"铁交椅"）为中心的企业劳动、工资和人事制度的改革热潮。所谓"三铁"，是对传统计划经济体制下的国营企业劳动、工资和人事制度特点的形象概括：劳动用工制度的计划化和固定化，形成了"铁饭碗"；工资分配制度的统一化和刚性化，形成了"铁工资"；企业人事制度的资历化和终身化，形成了"铁交椅"。"三铁"的弊病集中表现为不能调动企业全体人员的积极性，不能使企业充满生机活力。

[③] 劳动和社会保障部劳动科学研究所课题组：《建立市场导向就业机制研究》，《经济研究参考》2001年第32期。

企业改革进入产权改革的新阶段。《决定》提出"建立社会主义市场经济体制,就是要使市场在国家宏观调控下对资源配置起基础性作用。为实现这个目标,必须坚持以公有制为主体、多种经济成分共同发展的方针,进一步转换国有企业经营机制,建立适应市场经济要求,产权清晰、权责明确、政企分开、管理科学的现代企业制度。"《决定》颁布后,国有企业改革的中心任务就转向了建立现代企业制度,而建立现代企业制度的重要形式就是对企业进行公司制改造。同年12月,新中国第一部《公司法》颁布,《公司法》规定了两种形态的公司,即有限责任公司和股份有限公司。1994年11月,国家选定了100家国有大中型企业开始建立现代企业制度的试点工作。当时,实行公司制改造是试点企业的主要任务。到1997年,100家试点企业中有96家企业改制为公司制企业,其中69家为国有独资公司,17家为多元股东的公司制,10家为控股型国有独资公司制。[①]

建立现代企业制度实际上是国家与企业在权利分配关系上的调整,它是通过出资者所有权与法人财产权的明确界定,使政府和企业真正分开。以公司制为标志的现代企业制度的基本要求是产权清晰、责权明确、政企分开、管理科学,其中,前三个方面的要求都是有关政府与企业之间在责、权、利等方面的合理界定问题。随着建立现代企业制度试点,一些配套改革也相继展开,诸如分离企业办社会职能、优化资本结构、劳动体制改革等。在分离企业办社会职能方面,1995年5月2日,国家经贸委、国家教委、劳动部、财政部、卫生部联合发布了《关于若干城市分离企业办社会职能分离富余人员的意见》,要求具备条件的企业分离自办中小学校、医院、后勤服务等单位,不具备条件的企业先在内部分离,独立核算,待条件具备后再逐步推向社会交由政府管理。在优化资本结构方面,1994年11月,以调整产业结构、行业结构、企业组织结构为目的的城市优化资本结构试点工作开始实施。上海、天津等18个城市是第一批试点城市。1996年试点城市增加到50个,1997年试点城市再次增加到111个。试点工作主要围绕"增资、改造、分流、破产"四个方面进行。在劳动体制改革方面:一是劳动用工制度改革,即实行彻底的全员劳动合同制;二是工资制度的改革,即赋予企业根据劳动

[①] 吕政、黄速建主编:《中国国有企业改革30年研究》,企业管理出版社2008年版,第109页。

力市场的供求情况自由决定工资水平的权利；三是失业和社会保障制度的改革。在现代企业制度中，企业的目标是提高劳动生产率，追求利润最大化。因此，计划体制下形成的国有企业隐性失业势必转化为显性失业，而建立和完善社会保障制度就是使失业人员获得必要的社会保障和妥善安置，以保持社会稳定。[①]

但是，建立现代企业制度并不能解决国有企业原有体制与市场经济不相适应的问题[②]，国有企业仍然面临着严峻的经济环境和巨大的困难。从国际看，1997年亚洲爆发了严重的金融危机，对中国出口贸易和经济增长带来了负面影响。从国内看，从20世纪90年代中期起，国有企业开始面临买方市场的约束，经济效益大幅度下滑，国有工业企业大面积亏损；国有企业历史沉淀下来的企业冗员、企业债务、社会保障等问题，也使企业在日益加剧的竞争局面中深陷困境。鉴于国有企业的困难和其在国民经济中的地位，1997年9月，中共十五大进一步明确了国有企业改革的新思路，即在坚持国有制为主体、国有经济起主导作用的前提下，缩小国有企业的范围，建立现代企业制度，以提高其控制力。这一思路的创新之处在于，开始跳出单纯的体制与制度改革的范畴，开始强调国有经济本身规模、布局与结构的调整。中共十五届一中全会提出了"三年两大目标"，即用三年左右的时间，通过改革、改组、改造和加强管理，使大多数国有大中型企业摆脱困境，力争到20世纪末国有大中型企业、骨干企业初步建立现代企业制度。

1999年9月22日，中共十五届四中全会通过的《中共中央关于国有企业改革和发展若干重大问题的决定》，进一步提出了国有企业改革和发展的基本方向、主要目标和指导方针。该《决定》指出：国有企业的改革和发展，要适应经济体制与经济增长方式两个根本性转变和扩大对外开放的要求，从战略上调整国有经济布局，推进国有企业战略性改组，建立和完善现代企业制度，实现产权清晰、权责明确、政企分开、管理科学，健全决策、执行和监督体系，使企业成为自主经营、自负盈亏的法人实体和市场主体。该《决定》是改革开放以来中共中央全面、系统、集中就国有企业改革和

---

① 胡鞍钢、程永宏：《中国就业制度演变》，《经济研究参考》2003年第51期。
② 赵凌云：《1978—1998年间中国国有企业改革发生与推进过程的历史分析》，《当代中国史研究》1999年第5—6期。

发展问题作出重大决定的第一个文件，它无论在中国国有企业发展史上，还是中国经济发展史上，都是一个重要的里程碑。此后，国有企业改革与发展进入了一个转型和结构性调整的关键时期。中国国有企业改革同改组、改造、加强管理相结合，构建公司法人治理结构，建立现代企业制度，国有企业的运行机制发生了深刻变化，基本形成了优胜劣汰的竞争机制。同时，国有企业经营者与劳动者逐步分化为相对独立的利益主体，国有企业市场主体地位越来越明确。

随着国有企业产权改革和国有经济战略性调整，国有企业陆续实行减员增效、下岗分流、兼并破产和实施再就业工程等政策，国有企业职工有的以下岗和失业等方式被分离出原有体制，进入了市场化就业的领域；有的随着大批国有企业的民营化，原来国有企业的职工转为民营企业职工；有的仍保留在国有企业中，随着法人治理结构的建立和完善，由计划经济下的"国家职工""主人翁"转变为市场经济下的"企业职工""劳动者"。于是，在劳动制度方面，市场机制的观念逐渐被引入国有企业劳动就业，普遍实行了全员劳动合同制；在人事制度方面，国有企业已基本取消了企业领导人员和管理人员的行政级别，实行企业经营管理人员竞聘上岗；在收入分配方面，企业根据经济效益和当地社会平均工资水平决定管理人员和职工的分配方式与分配水平，实行了以岗定薪、岗变薪变、工资能升能降的分配方式。企业经营管理人员能上能下、职工能进能出、收入能高能低的新机制初步形成。"大锅饭""铁交椅"先后被彻底打破，国有企业劳动、人事、分配制度发生了根本性的变化，标志着国有企业存量劳动力所处的就业体制从根本上被市场化了。①

（二）劳动合同制与固定工制度之间的矛盾

自1986年颁布劳动制度改革的四个暂行规定以来，国有企业在新招工人中普遍推行劳动合同制，招收人员数量不断上升，招收范围逐渐扩大。到1992年，合同制职工达2542万人，占城镇全部职工的16.3%。全国实行用工制度改革的企业总数已达85442户，职工3376万人，其中开展全员劳动

---

① 倪端明：《我国国有企业劳动关系30年改革与实践》，《中国经济时报》2009年3月19日。

合同制试点的企业有 14729 户，职工 881.7 万人。① 但是，由于对企业老职工仍继续实行传统计划经济体制下的固定工制度，于是，就出现了"新人新制度，老人老办法"的"一厂两制"。两种不同的用工制度的并存，在实际运行中引发了一些突出的矛盾和摩擦。

1. 两种不同的用工制度同时并存于企业内部，形成新老职工之间的攀比

这种攀比不仅体现在工资福利水平上，还体现在政治待遇等许多方面。例如，固定工对合同制工人享受 15% 的工资性补贴有意见，认为同工不同酬，而合同制工人则要求实行固定工的医疗方面的某些待遇。合同制工人，虽然与固定工在同一工厂、车间、班组内劳动，但在入党、提干、技术培训、文化补习等方面却不被领导重视，甚至被视为临时工，在工作分配、奖惩、分房和享受集体福利等方面更不能与固定工享有均等机会。职工地位不平等，致使企业出现"合同工干，固定工看"的现象。"一厂两制"，既使固定工滋长高人一等的"优越感"，又使合同工产生低人一等的"自卑感"，结果，企业全体职工的生产积极性都受到严重影响。

2. 两种不同的用工制度形成企业内管理的矛盾

对新招工人签订劳动合同，对固定工不签订劳动合同；新招工人有解除或终止合同，乃至失业的可能，固定工一般情况下不会被解除劳动关系；新招工人生病规定医疗期，固定工没有医疗期；新招工人家属不享受医疗待遇，固定工的家属享受一定的医疗待遇；新招工人缴纳养老保险费，依据缴费数额和缴费年限享受养老保险待遇，固定工不缴纳养老保险费，依工资水平和工作年限享受退休待遇。这些不同制度的运行，不仅增加了管理难度，而且助长了固定工占岗不工作的现象，使企业劳动用工问题更为突出。许多企业进入了一个"怪圈"：一方面企业固定工大量过剩，冗员增加；另一方面，企业仍感劳动力短缺，大量招聘合同工，劳动力需求持续扩张。特别是一些生产第一线条件艰苦、待遇差的岗位，由于固定工无法实现合理流动，企业只能大量聘用合同工，使职工人数骤然增加。

3. 固定工制度使企业存在大量富余人员

由于近 8000 万职工仍然实行以"铁饭碗"为主要特征的固定工制度，

---

① 《关于1992年劳动事业发展的公报》，《中国劳动科学》1993 年第 7 期。

不仅成为企业冗员众多、纪律松弛、素质低下、效益上不去的直接原因，而且造成了劳动力总量严重过剩。特别是随着企业承包责任制的推行，原来处于潜在和隐性状态的富余人员逐步显形化，成为现实的厂内待业人员或"在职失业"大军，成为企业无法承受的沉重包袱。这不仅造成人力资源的闲置和浪费，而且也使企业工资成本上升，从而在很大程度上抵消了中国劳动力成本低的优势，在经济上给国家造成巨大的损失。据测算，如果企业减少15%的过剩劳动力，则平均可以使劳动生产率提高17.6%。

4. 新老制度并存使改革的推进步履艰难

当初在推行劳动合同制时，曾设想实行"新人新制度、老人老办法"，随着时间的推移，老工人的自然减员，"一厂两制"会自然消失，从而全部实行劳动合同制度。但由于原有固定工数量过于庞大，而每年新招合同制工人仅以百万计，这使仅靠以新招合同制工人的自然增长来冲销固定工队伍变得不太可能，更不能指望以固定工队伍自然减员而消亡。因为即使将1986年9月30日作为批准固定工的最后期限，以16周岁参加工作，按正常退休年龄计算，则需要到2030年才能实现固定工制度的消亡。同时，由于制度问题，每年的大中专毕业生、城镇复转军人和部分技校学生又不断加入固定职工行列，部分地区固定职工增长速度甚至还高于合同制工人增长速度，从而使固定工制度的自然消亡过程变得更为漫长。[①]

因此，不对原有的固定工制度进行根本改革，企业承包责任制就难以推行，在新招工人中实行劳动合同制也难以巩固，企业的人事、分配制度改革也会遇到障碍，整个经济、政治体制改革就难以深化。适应建立市场经济体制的需要，从根本上改革原有的固定工制度，就成为当时劳动制度改革的主攻方向。

（三）企业全面推行全员劳动合同制度

20世纪90年代初，全员劳动合同制仍处于试点阶段。而国有企业要建立现代企业制度，在劳动用工方面，就必须全面实行全员劳动合同制，实行劳动就业的市场化。为了贯彻落实中共十四届三中全会精神，劳动部于

---

① 张小建主编：《中国就业的改革发展》，中国劳动社会保障出版社2008年版，第88—90页。

1993年12月发布了《关于建立社会主义市场经济体制时期劳动体制改革总体设想》，明确提出了推行全员劳动合同制的任务和时间表，即"八五"期间在2/3以上地区的各类企业和职工中全面实行劳动合同制，在非国有制企业，特别是外资企业、私营企业，有条件地试行集体谈判制度；"九五"期间在全国各类企业全部职工中实行劳动合同制，在非国有制企业全面建立规范化的集体谈判制度，并进行行业、地区集体谈判的试点工作；有步骤地在一些国有企业中实行集体谈判或集体协商制度。[①]

随着劳动就业体制改革的不断深化，劳动关系日趋复杂，原有的劳动法规已经不能适应新形势的变化，加强劳动立法被提上议事日程。1994年7月5日，《中华人民共和国劳动法》（从1995年1月1日起实施）正式颁布，这是新中国成立以来第一部全面调整劳动关系、规范劳动力市场行为的基本法律，明确了劳动关系主体的法律地位，用国家强制力保证企业自主用工、劳动者自主择业的权利。《劳动法》涉及范围很广，包括促进就业、劳动用工、工资、职业培训、社会保险、劳动争议和监督检查等各方面，其中对劳动合同制的有关规定是其核心内容。《劳动法》设专章规定了劳动合同订立的原则、主要内容和违法责任。

为了贯彻实施好《劳动法》，加快推进劳动合同制度，1994年8月24日，劳动部颁布了《关于全面实行劳动合同制的通知》，明确指出：《劳动法》关于"建立劳动关系应当订立劳动合同"的规定，是劳动制度改革的一项重大举措，是建立适应社会主义市场经济劳动制度的必然要求。要求具有较好改革环境和基本具备实施条件的地区，应在1995年全面实行劳动合同制度；其他地区最晚到1996年年底，除个别地区和少数特殊情况的企业外，应基本在全国范围内全面实行劳动合同制度。同年12月5日，劳动部制定了《集体合同规定》，并发出《关于进行集体协商签订集体合同试点工作的意见》，确定在全国3省5市进行集体协商和集体合同试点工作。1995年10月4日，劳动部、国家经贸委和全国总工会联合发出《关于加快建立劳动合同制度的通知》，要求各地加强建立劳动合同制度的实施工作，既要保证工作进度，又要注意工作质量；要通过劳动合同制度的建立，明确企业

[①] 《中国劳动年鉴》（1992—1994），中国劳动出版社1996年版，第610—613页。

的用工自主权和劳动者的择业自主权，促进用人机制的转换。1997 年 4 月，劳动部发出《关于加强劳动合同管理完善劳动合同制度的通知》，要求各级劳动行政部门、行业主管部门和用人单位加强组织领导，促进劳动合同的履行，加快与劳动合同制度配套的规章制度建设。

按照《劳动法》和劳动部有关推行劳动合同制的规定与要求，各地、各有关部门不断加大贯彻实施力度，积极研究制定与《劳动法》相配套的法规政策，普遍推行劳动合同制度，大力推行平等协商、集体合同制度，取得突破性进展。到 1995 年年底，全国实行劳动合同制度的企业职工占国有企业职工总数的 85%。① 到 1997 年年底，全国城镇企业实行劳动合同制度的职工达 10787.8 万人，占同口径职工总数的 98.1%；乡村集体企业实行劳动合同制度的从业人员达 1944.5 万人，私营企业和个体工商户实行劳动合同制度的从业人员达 790.6 万人。在劳动部门备案的集体合同为 13.1 万份，涉及职工 4498 万人。② 劳动合同制的全面实施，基本消除了职工的身份差别，使职工和企业都能根据各自的需要灵活确定合同期限，从而解决了计划经济体制下职工能进不能出的问题，促进了劳动力的流动和新的用工制度的形成，为市场化就业体制的进一步完善奠定了基础。③

三　实施再就业工程，建立再就业服务中心

（一）企业富余人员和职工下岗

一般来说，人们对企业富余人员的理解有两种观点：一种是指超出企业定员标准，生产、工作不需要的人员；另一种是指企业经过优化劳动组合，超出编制定员，不适应正常生产需要的人员，或是经优化劳动组合后未被组合上岗签订合同的一切多余人员。④ 富余人员实质上是处于隐性失业或在职

---

① 《1995 年劳动事业发展年度公报（摘要）》，《中国劳动科学》1996 年第 8 期。
② 《1997 年度劳动事业发展统计公报》，《中国劳动》1998 年第 7 期。
③ 胡鞍钢、程永宏：《中国就业制度演变》，《经济研究参考》2003 年第 51 期。
④ 劳动部曾对富余人员有三种定义：一是超过企业最大生产能力所需要的工人人数；二是超过企业达到最大利润所需的工人人数；三是超过企业达到最高劳动生产率所需的工人人数。

失业状态的人员。20世纪90年代中期，全国公有制企业富余职工人数在2000万—3000万。企业富余人员与社会公开失业人员的不同之处在于：前者发生在单位内部，企业要为之支付人工成本，可能占据工作岗位，但不直接对社会构成压力；后者则发生在社会上，是劳动力供过于求的直观、外在表现，会对社会构成直接的压力。富余人员是下岗职工的前身，后者是由前者演变而成的。下岗职工是指在原企业已没有工作岗位，但还没有与原企业解除劳动关系，有就业要求但尚未再就业的人员。[①] 下岗职工与失业人员的主要区别是：下岗职工虽然无业，但在进入再就业服务中心后一段时间内仍与原企业保持劳动关系，并由中心支付其基本生活费和社会保险费用，档案关系仍在原企业。而失业人员已与企业解除劳动关系，档案已转入户口所在地街道、镇劳动保障部门。

20世纪90年代初，随着优化劳动组合和对职工岗位合同化管理等劳动制度改革的广泛推行，企业出现了大批富余人员需要分流，形成了庞大的下岗职工队伍。据统计，1996年全国停工半停工人员数量达到700多万人，下岗职工892万人。[②] 企业下岗职工，从地域分布上看，主要集中在老工业基地和经济欠发达地区，东北三省占25%左右，东南沿海省份相对较少。从行业分布上看，主要集中在煤炭、纺织、机械、军工等困难行业，以及部分轻工业、国有商业等，而在新兴的行业如高新技术产业、房地产业一般来说数量很少。比如，上海市纺织系统职工达55万人，在产业结构调整中压缩出60%。[③] 从年龄结构上看，中老年比例较大。其原因主要有：一是国有企业本身的职工中，中老年职工比例较大；二是青年人已经习惯市场经济就业体制，竞争就业能力与职业流动性较强，失去工作岗位后会迅速转换单位，而中老年人则受行业、企业不景气的影响较大，再就业难度大，转化为下岗职工。从性别上看，女职工下岗比例较大。女性下岗待业人员的比例一般在60%左右，而且女职工下岗后待业的时间比男性要长。

[①] 下岗职工问题最早出现于20世纪90年代初期，当时还不叫下岗，有的地方叫"停薪留职"，有的地方叫"厂内待业"，有的叫"放长假"，等等。起初，"下岗"被作为国有企业职工离开工作岗位的特殊用语。后来，因为隶属于国有企业的集体企业更易于破产、重组或关闭，故"下岗"也成为集体企业合同制职工未满合同年限而不得不离开工作岗位的代名词。
[②] 姚裕群：《论企业富余人员、下岗与再就业工程》，《经济理论与经济管理》1997年第6期。
[③] 同上。

这一阶段，企业富余人员和下岗职工问题凸显，是中国经济发展多年积累的深层次矛盾的综合反映，具体分析主要有以下几个方面的原因：

1. 传统计划经济体制下劳动就业政策问题的累积

在计划经济体制之下，国家实行劳动力"统包统配"的就业政策，企业没有用工自主权，企业招收职工不是按生产经营的需要，而是按上级下达的计划指标进行的，结果是不需要的人被招进，不想要的人也无法辞退。作为人口大国，新成长的劳动力不断增加，使企业所吸纳的职工逐渐超过生产经营的需要，客观上造成了企业人员的存量过剩，人浮于事。实行市场化改革以后，企业要提高劳动生产率，要按照市场的原则进行劳动力的合理配置，实行效率原则和竞争上岗，从而使富余人员被裁减下来，成为下岗职工。①

2. 国有企业在市场竞争中面临严峻的困境

长期以来，国民经济发展片面地追求增长规模和速度，忽视经济效益，形成了以数量扩张为主的粗放型增长方式。这种粗放型增长，从宏观上看，是各地区盲目上项目、重复建设，产业结构趋同，缺乏合理分工，相互过度竞争，致使每个企业的市场份额下降，一般是投产后又停产，或者大大削减产量，造成资源的严重浪费；从微观上看，表现为相当多的国有、大集体企业经营管理水平较差，缺乏市场经营意识和经验，资产负债过高、经济效益低下、亏损严重等。据1995年清产核资数据，在6.8万户国有企业中负债率在100%以上的就有1.3万户，空壳企业1.8万户，两者占企业总量的45%；国有核算工业企业固定资产净值利润率，由1980年的23%下降到1995年的4%。② 再如，1985年国有企业的亏损额仅为32亿元，亏损比重为9.6%；1990年亏损额上升到349亿元，亏损比重上升到27.6%；1996年亏损额进一步达到690亿元，亏损比重达到37.5%。③ 此外，"企业办社会"的负担依然很重。在国有企业经营困难和亏损严重的情况下，厂办学校、厂办医院、托儿所等难以维持，大量专业技术人员、服务性人员在企业内部难以安置，又难以进入社会参加劳动力的再配置。

---

① 胡春：《关于再就业工程的思考》，《经济学动态》1997年第8期。
② 张小建主编：《中国就业的改革发展》，中国劳动社会保障出版社2008年版，第100页。
③ 蔡昉主编：《中国劳动与社会保障体制改革30年研究》，经济管理出版社2008年版，第40页。

3. 企业担负着一定的社会安定功能，且裁员成本较高

在社会化保障制度缺失和不健全的背景下，国有企业承担着保障劳动者"饭碗"和维持社会安定之责。加之，国家制定了"企业经济性裁员"的限制性规章制度和"先挖渠后放水"的裁减人员等方针，企业排出富余人员要以保持社会安定为约束条件。① 即使企业在获得了一定的辞退职工权限，甚至是在职工的劳动合同到期的情况下，企业和企业负责人也不敢贸然排出富余人员。特别是当辞退职工产生纠纷后果的"成本"大于企业从辞退职工中所得到的"收益"时，企业更不愿意"没事找事"，其结果就是富余人员成为下岗职工。

4. 企业职工不适应市场经济的要求

长期在国有、大集体企业工作的职工，就业观念落后，劳动技能低、素质差，不愿或者不能到劳动力市场寻找职业和自谋职业。一些职工择业观不符合实际，面对就业机会"高不成低不就"，甚至在下岗以后依然存在消极、埋怨、等待的心理②，不能与时俱进。

5. 技术进步和产业结构调整的影响

随着生产力的发展和科技进步，一个国家或地区的产业结构升级换代，即淘汰旧的产业、发展新的产业是必然趋势。而淘汰旧产业，必然使旧产业中的从业人员转换就业岗位。而这种因技术进步创造的新就业机会，要求劳动者具有较高的素质，往往普通的劳动者难以胜任。加之，高新产业往往是资本密集型和技术密集型的企业，对新增劳动力的吸纳能力较低。这就使被淘汰产业的劳动者因一时找不到就业岗位而下岗。③ 从这个意义上说，下岗职工增多，也意味着产业结构的调整和技术进步速度的加快。

（二）再就业工程的提出与实施

对于如何妥善安置国有企业富余职工，1993年4月20日，国务院出台了《国有企业富余职工安置规定》。其原则是，"应当遵循企业自行安置为

---

① 如国务院于1993年4月20日颁发的《国有企业富余职工安置规定》，提出安置国有企业富余职工的原则是企业自行安置为主、社会帮助安置为辅。
② 姚裕群：《论企业富余人员、下岗与再就业工程》，《经济理论与经济管理》1997年第6期。
③ 胡春：《关于再就业工程的思考》，《经济学动态》1997年第8期。

主、社会帮助安置为辅,保障富余职工基本生活"。主要措施是,采取拓展多种经营、组织劳务活动,发展第三产业,综合利用资源,并在所得税、资金、场地、原材料、设备等方面给予扶持。"各级劳动行政主管部门和企业行政主管部门应当做好富余职工的社会安置和调剂工作,鼓励和帮助富余职工组织起来就业和自谋职业。企业之间调剂职工,可以正式调动,也可以临时借调"。职工距退休年龄不到五年的,可以退出工作岗位休养。职工也可以申请辞职。企业因生产经营发生重大变化,必须裁减职工的,可以提前解除劳动合同。①

随着劳动合同制的推行和固定工制度的改革,国有企业富余职工分流安置和失业职工再就业问题越来越突出,不仅直接制约着企业经营机制的转换,而且造成了劳动力资源的巨大浪费,影响着社会的稳定。针对这一问题,1993年11月3日,劳动部推出了"再就业工程",旨在充分发挥政府、企业、劳动者和社会各方面的积极性,综合运用政策扶持和就业服务手段,实行企业安置、个人自谋职业和社会帮助安置相结合,重点帮助失业6个月以上的职工和生活困难的企业富余职工尽快实现再就业。② 1994年,劳动部组织上海、沈阳、青岛、成都、杭州等30个城市进行了再就业工程的试点工作。1995年4月16日,国务院办公厅转发了劳动部《关于实施再就业工程的报告》,提出了实施再就业工程的目标与步骤,即从1995年开始,在5年内组织800万失业职工和企业富余职工参加再就业工程。③ 此后,再就业工程在全国范围内推开。

再就业工程最初是为解决长期失业问题而启动的,但随着以国有经济战略性调整为主要方向的新一轮国有企业改革的推行,下岗问题越来越严重,各地把下岗职工也纳入了再就业工程。1997年9月,中共十五大报告提出"鼓励兼并、减员增效、下岗分流、规范破产和实施再就业工程"的方针,标志着再就业工程已经上升为一项全党全国重要的工作。再就业工程不仅是为解决失业职工再就业和企业下岗职工分流安置问题而推出的一项社会工程,而且也是探索市场经济条件下建立现代企业制度和就业新机制,推进经

---

① 《国有企业富余职工安置规定》,《中国劳动科学》1993年第7期。
② 《中国劳动年鉴》(1995—1996),中国劳动出版社1996年版,第167页。
③ 《国务院办公厅转发劳动部关于实施再就业工程报告的通知》,《山东劳动》1995年第7期。

济改革和发展，保持社会稳定的一项重要创举。全国各地对实施再就业工程的重要意义有了更高的认识，各省、市、自治区都成立了再就业工程领导小组，采取了一系列重要措施，如建立再就业服务中心，保障下岗职工基本生活；开发就业岗位，促进下岗职工再就业；转变下岗职工就业观念；提供再就业指导和服务。这些措施取得了积极成果：1997年全国国有企业分流及下岗职工1274万人，其中分流职工640万人，已实现再就业的有433万人；在634万下岗职工中，有434.8万人得到妥善安置，或进入再就业中心，或领取了基本生活费。[①]

在实施再就业工程的过程中，下岗职工的生活困难是一个突出问题。1998年5月14—16日，中共中央、国务院召开了国有企业下岗职工基本生活保障和再就业工作会议。会议指出，下岗职工的基本生活保障和再就业工作，事关改革、发展和稳定的大局，是深化国有企业改革的基本前提和重要任务。各级党委政府要高度重视，认真负责，切实将下岗职工的基本生活保障和再就业工作摆在更加突出的位置。同年6月9日，中共中央、国务院下发《关于切实做好国有企业下岗职工基本生活保障和再就业工作的通知》进一步强调，妥善解决下岗职工的基本生活保障和再就业问题，不仅是重大的经济问题，也是重大的政治问题；不仅是现实的紧迫问题，也是关系长远的战略问题。《通知》明确要求，"当前和今后一个时期，主要解决国有企业下岗职工的基本生活保障和再就业问题，把保障他们的基本生活作为首要任务，并力争每年实现再就业的人数大于当年新增下岗职工人数，1998年使已下岗职工和当年新增下岗职工的50%以上实现再就业"。《通知》还就建立再就业服务中心、拓宽分流安置和再就业渠道、完善社会保障体系、强化再就业培训等项措施提出了具体要求。[②]《通知》的下发，标志着国有企业解困与下岗职工基本生活保障制度的正式建立，基本生活保障与再就业工程的结合。

1999年1月22日，国务院发布了《失业保险条例》，旨在"保障失业人员失业期间的基本生活，促进其就业"，并对失业保险金的构成、失业保

[①] 胡鞍钢、程永宏：《中国就业制度演变》，《经济研究参考》2003年第51期。
[②] 《中共中央国务院关于切实做好国有企业下岗职工基本生活保障和再就业工作的通知》，《中国劳动》1998年第7期。

险待遇、失业保险工作管理等都作出了详细规定。4月29日，劳动保障部、民政部、财政部颁布了《关于做好国有企业下岗职工基本生活保障、失业保险和城市居民最低生活保障制度衔接工作的通知》，对做好"三条保障线"①的衔接工作作出规定：国有企业下岗职工在再就业服务中心期满未实现再就业的，与企业解除劳动合同；失业保险经办机构对符合条件的失业人员，要按时足额发放失业保险金；失业人员享受失业保险待遇期满仍未实现再就业，需要申请城市居民最低生活保障金的，由民政部门对符合条件者及时给予救济。9月28日，国务院发布了《城市居民最低生活保障条例》，对最低生活保障制度的适用对象、所需资金的来源、最低社会保障标准、申请办法等一系列问题作出了具体规定。"三条保障线"对解决下岗职工的生活问题提供了有力的保证，是再就业工程的重要组成部分。

为帮助下岗职工转变就业观念，提高职业技能，尽快实现再就业，从1998年起，劳动部在全国范围内开始实施"三年千万"再就业培训计划，即"1998—2000年的三年中，为1000万下岗职工提供职业指导和职业培训服务"。各地充分动员社会各方面的力量，实行在政府指导和扶持下，个人自学、企业组织和社会帮助相结合，大力开展多种形式培训，提高劳动者素质；更好地运用就业政策和就业服务手段，促进培训与就业相结合，为下岗职工再就业创造条件。三年间，累计培训下岗职工1358万人，其中883万人实现了再就业。② 2000年12月13日，劳动保障部又启动了《第二期"三年千万"再就业培训计划》，即2001—2003年组织1000万以上下岗失业人员开展再就业培训，其中，培训下岗职工400万人左右，培训失业人员600万人以上。以期通过技能培训和创业能力培训，提高下岗失业人员的技能素质和创业素质，增强适应职业变化的能力；通过职业指导和相关教育，促使下岗失业人员进一步树立新的就业观念，在国家政策指导下，通过劳动力市场实现就业或走自谋职业、自主创业之路。

---

① 国有企业下岗职工基本生活费、失业保险金、城镇居民最低社会保障线被称为"三条保障线"，这"三条保障线"是相互衔接、相互补充的，即"下岗，进再就业中心（发放基本生活费）→出再就业中心未就业，纳入失业保险体系（领取失业保险金）→领取失业保险金期满仍未就业，纳入城镇最低生活保障体系"。

② 《中国劳动和社会保障年鉴（2001）》，中国劳动社会保障出版社2001年版，第264页。

表17—1　　　　1998—2001年国有企业下岗职工和再就业人数　　单位：万人、%

年份	年底全部企业下岗职工人数	期末国有企业下岗职工人数	国有企业当年新增	国有企业当年减少	再就业人数	再就业率
1998初结余		691.8				
1998	876.9	594.8	562.2	659.3	609.9	50.0
1999	937.2	652.5	618.6	557.7	490.5	42.0
2000	911.3	657.2	445.5	440.8	360.5	35.4
2001	741.7	515.4	234.3	376.2	226.8	30.6
合计			1860.6	2034	1687.7	

注：4年国有企业下岗职工总量为2552.4万人，即1998年年初结余数加上各年新增下岗职工数之和；再就业率见《劳动和社会保障事业发展统计公报》（1998年、1999年、2000年、2001年）。

下岗职工是指实行劳动合同制以前参加工作的正式职工（不含从农村招收的临时工）以及实行劳动合同制以后参加工作且合同期未满的职工，由于企业生产和经营状况等原因，已经离开本人的生产和工作岗位，并已不在本企业从事其他工作，但尚未与企业解除劳动关系、没有在社会上找到其他工作的人员。

资料来源：《中国劳动和社会保障年鉴（2002）》，中国劳动社会保障出版社2002年版，第552、553页。

（三）再就业服务中心的建立和运作

再就业服务中心最早产生于上海。为配合国有经济战略性调整和深化国有企业改革，解决下岗职工分流安置问题，1996年7月26日，上海市在下岗职工相对集中的纺织和仪电两个控股（集团）公司率先挂牌创立了再就业服务中心，其职能是接受控股（集团）公司的委托，对进入中心的下岗职工进行职业培训、职业介绍、生产自救、劳务输出、发放生活费、代缴养老和医疗保险费等管理服务，帮助其实现再就业。这样，就使下岗职工既可从需要实施破产兼并的企业中分离出来，又不直接进入社会，实现了下岗分流的平稳进行，促进了企业兼并破产工作的实施。在总结上海经验的基础上，1997年3月，国务院在《关于在若干城市试行国有企业兼并破产和职工再就业有关问题的补充通知》中，明确要求各优化资本结构试点城市都要"积极推广上海市实施再就业工程的经验，结合劳动就业、社会保障制度的改革和当地的具体情况，从上到下建立再就业服务中心，积极开拓就业门路，关心破产企业职工生活，妥善安置破产企业职工，保持社会稳定"。同年 8 月 20 日，劳动部、国家经贸委、财政部共同颁布了《关于在企业"优化资本结构"试点城市建立再就业服务中心的通知》，对再就业服务中心的组建原则，再就业服务中心的任务，托管合同与托管期限，再就业服务中心资金的来源、使用与管理等相关具体问题都作出了规定。① 经过大力推动，各地在企业中陆续建立起再就业服务中心，再就业工程进入了新的发展阶段。

1998 年 6 月，中共中央、国务院下发的《关于切实做好国有企业下岗职工基本生活保障和再就业工作的通知》指出："建立再就业服务中心是保障国有企业下岗职工基本生活和促进再就业的有效措施，是当前一项具有中国特色的社会保障制度。……再就业服务中心（包括类似机构或代管科室）负责为本企业下岗职工发放基本生活费和代下岗职工缴纳养老、医疗、失业等社会保险费用，组织下岗职工参加职业指导和再就业培训，引导和帮助他们实现再就业。"下岗职工在再就业服务中心的期限一般不超过三年；三年期满仍未再就业的，应与企业解除劳动关系，按规定享受失业救济或社会救济。下岗职工在再就业服务中心期间的基本生活费，原则上可按略高于失业救济的标准安排并按适当比例逐年递减，但最低不得低于失业救济水平。再就业服务中心用于保障下岗职工基本生活和缴纳社会保险费用的资金来源，原则上采取"三三制"的办法解决，即财政预算安排 1/3、企业负担 1/3、社会筹集（包括从失业保险基金中调剂）1/3，具体比例各地可根据情况确定。财政承担的部分，中央企业由中央财政解决，地方企业由地方财政解决。对保障下岗职工基本生活的资金，一定要加强管理和监督，保证专款专用，不得挪用于任何其他任何方面开支。②

为进一步加快再就业服务中心建设工作的进度，1998 年 7 月，经国务院批准，劳动保障部召开了全国养老保险和再就业服务中心建设工作会议，明确提出 9 月底要使全部国有企业下岗职工都进入再就业服务中心，并得到基本生活保障的工作目标。③ 同年 8 月 3 日，劳动保障部、国家经贸委、财

---

① 《在企业"优化资本结构"试点城市建立再就业服务中心》，《中国劳动科学》1997 年第 12 期。
② 《中共中央国务院关于切实做好国有企业下岗职工基本生活保障和再就业工作的通知》，《中国劳动》1998 年第 7 期。
③ 裴宪：《再就业服务中心的运作与完善》，《劳动保障通讯》1999 年第 7 期。

政部、教育部、国家统计局、中华全国总工会联合发出了《关于加强国有企业下岗职工管理和再就业服务中心建设有关问题的通知》，对国有企业职工下岗程序、下岗职工的管理作出具体规定，"对符合条件的下岗职工，由当地劳动保障部门通过企业再就业服务中心发放'下岗职工证明'，下岗职工凭'下岗职工证明'领取基本生活费，享受有关政策规定的服务和待遇"。"企业再就业服务中心应与拟安排下岗的职工签订基本生活保障和再就业协议，明确双方的责任、权利和义务，并借此变更劳动合同，替代劳动合同中的相关内容"。"对与企业存有欠工资、医疗费、集资款等债权债务关系的下岗职工，应在协议中明确，债权债务关系不因职工下岗或劳动关系变更而改变。"此外，《通知》还对企业再就业服务中心的建立和运作、再就业服务中心费用来源进行了界定。[①] 到1998年年底，全国国有企业（含国有联营企业、国有独资公司）下岗职工610万人，进入再就业服务中心的有603.9万人，其中有80.5%的人签订了基本生活保障和再就业协议，有93.2%的人领到生活费。全年共有609.9万国有企业下岗职工实现了再就业，再就业率达到50%。[②] 1998—2001年全国国有企业下岗职工及进入再就业服务中心情况，见表17—2。

表17—2　　　　1998—2001年全国国有企业下岗职工进中心情况　单位：万人、%

年份	下岗职工人数	下岗职工进中心人数	下岗职工进中心的比例	签订基本生活保障和再就业协议的比例	领到生活费的比例
1998	610	603.9	98.0	80.5	93.2
1999	652	619.4	95.0	94.4	90.0
2000	657	614.3	93.5	97.0	97.3
2001	515		90以上		90以上

资料来源：《劳动和社会保障事业发展统计公报》（1998年、1999年、2000年、2001年）。

按国际通行的做法，企业裁减冗员应当通过市场走向社会，并由失业保

---

① 《关于加强国有企业下岗职工管理和再就业服务中心建设有关问题的通知》，《中国劳动》1998年第9期。
② 《1998劳动和社会保障事业发展年度统计公报》，《劳动保障通讯》1999年第7期。

险和最低生活保障制度进行保障。但在向市场经济转轨过程中,中国当时所面对的情况是,失业和下岗职工数量大,社会保障体系尚不完善,加之下岗职工尚未形成市场化就业意识,因此,依托企业建立再就业服务中心是一种必要的缓冲措施和过渡性的保障制度安排。再就业服务中心将下岗职工组织起来,管理下岗职工的社会保险、劳动关系等事务,组织对下岗职工的培训和再就业服务等活动。对企业来说,它是企业内部管理下岗职工的机构;对公共就业服务和社会保险管理机构来说,它又是这些机构在企业层面上的延伸,是由政府指导企业经办的就业服务机构和社会保险机构。一方面,它坚持"稳进快出"的原则,根据自身的承受能力确定下岗职工进入中心的规模和速度,采取各种办法加强分流安置工作,减少下岗职工在企业内部的沉淀。另一方面,它与公共就业服务和外部的劳动力市场连接,依靠全社会的力量开展再就业工作。表面上看,它是企业内部的一种管理机构,实际上它采取了企业内部运转与外部运转相衔接的形式。同时,再就业服务中心又是一种过渡性组织。自其建立之日起,就确定了其消失的期限。它要完成的任务是有限的,仅在三年之内对下岗职工进行管理和相关的服务,待条件成熟之后,它便让位于社会保障体系和市场就业的机制。实践证明,再就业服务中心的建立与运作,不仅较好地保障了下岗职工的权益,促进了其再就业,而且也对国有企业顺利实现减员增效,完成国有经济布局的战略性调整发挥了重要作用。

总之,20世纪90年代以后,随着国有企业改革的深入,国有企业富余人员不断增加并显性化,中国出现了大规模的职工下岗失业问题,以促进再就业为主线的"再就业工程"、国有企业下岗职工基本生活保障和再就业的制度与政策体系应运而生。从再就业工程实施的效果来看,它在保障下岗失业人员的基本生活方面确实起到了重大作用,但是,这种被动型的就业政策在创造就业岗位、缓解就业压力方面明显不足。

四 培育和发展劳动力市场,为就业市场化创造条件

(一)培育和发展劳动力市场思路的提出

改革开放以来,随着国有企业的改革和乡镇企业、个体私营经济的发

展，市场机制在劳动就业领域已经悄然地发挥着作用。但是，由于当时对"劳动力能否作为商品进行市场交易"这一问题存在争论，"劳动力市场"这个概念长期被人们有意回避，直到1993年《中共中央关于建立社会主义市场经济体制若干问题的决定》提出"改革劳动制度，逐步形成劳动力市场"，才开始被正式使用。同时，《决定》提出："发挥市场机制在资源配置中的基础性作用，必须培育和发展市场体系。当前要着重发展生产要素市场，规范市场行为，打破地区、部门的分割和封锁，反对不正当竞争，创造平等竞争的环境，形成统一、开放、竞争、有序的大市场。"[1] 这是中共中央第一次以《决定》的形式旗帜鲜明地提出了中国搞市场经济要有劳动力市场，并且要把培育劳动力市场作为培育市场体系的重点之一。此后，加快培育统一、开放、竞争、有序的劳动力市场被正式确定为劳动体制改革的中心任务。

20世纪90年代初期，中国劳动力市场尚处于发育的起步阶段，虽然具有符合市场规律和现代市场发展趋势的一些特点，但它具有不均衡性，且存在分割性和制度规则的不统一性，劳动力的配置、流动和调节障碍还比较多。主要表现在：

第一，在劳动力市场主体方面，虽然国有企业的用人自主权在逐步扩大，但还未具备充分的市场主体资格，特别是自主用人率和辞退率较低；职工的身份界限未打破，还不能平等地竞争就业岗位。非公有制企业及其职工的主体地位基本形成，但其行为欠规范，侵犯职工权益的行为时有发生。通过劳动合同建立劳动关系已有基础，但还未全面推开，劳动合同制的推行范围仅占国有企业职工人数的30%左右，非国有企业处于起步和探索阶段。[2]

第二，在劳动力市场运行机制方面，市场机制开始发挥作用，企业之间、劳动者之间的竞争初步开展，劳动力的流动成为趋势。在一定范围内，工资调节供求、供求决定工资的格局开始形成。但是，市场运行机制还存在明显的分割和扭曲。国有企业的工资决定权仍主要掌握在政府手中，工资作为调节劳动力市场运行的经济杠杆作用难以充分发挥，甚至出现价格信号偏

---

[1] 《中共中央关于建立社会主义市场经济体制若干问题的决定》，《中华人民共和国国务院公报》1993年第28期。

[2] 课题组：《我国劳动力市场的培育与发展研究》，《管理世界》1994年第3期。

差，影响了劳动力的竞争与流动。加之，保障福利的封闭化、分散化，也使劳动力的竞争与流动还局限在很小范围。1992年国有企业的流动率仅为2.7%，相当一部分劳动者处在想流动而流不动，或不敢流动的尴尬境地。

第三，在劳动力市场的秩序规则方面，市场秩序已着手建立，但存在许多空白和难点，市场规则不健全，市场秩序的维护与调控缺乏有效手段。国家法规尚未完整配套，地方法规存在不完备和保护主义色彩，影响了市场运行的统一性。城乡法规不衔接，行业、部门、所有制之间法规不协调，影响了市场运行的整体性。[①] 比如，国营企业在计划指标外招用城乡劳动者作为"临时工"，结果形成了一个具有中国特色的"计划外用工"市场。

第四，在劳动力市场的宏观调控方面，虽然探索了一些体制转轨时期的管理方法，废除了与市场体制不适应的调控内容与手段，但还没有形成符合劳动力市场要求的宏观调控体系。比如，社会保障制度的社会化程度很低，在很大程度上还只是企业保障或部门保障，导致劳动力资源不能自由流动。

第五，在社会服务体系的建设方面，已初步建立了一套社会服务体系，并发挥了重要作用，但其局限性还很大。就业服务体系存在多方面的不足，主要表现为职业介绍和职业指导工作不规范、职业介绍范围窄、信息不灵敏、服务手段跟不上、就业登记制度不完善等。

1993年12月，根据中共十四届三中全会精神，劳动部制定了《关于建立社会主义市场经济体制时期劳动体制改革总体设想》，提出："劳动体制改革的主要任务是，以培育和发展劳动力市场为中心，全面深化劳动、培训、工资、社会保险各项改革，争取到本世纪末初步建立起与社会主义市场经济体制相适应的新型劳动体制"；"培育和发展劳动力市场的目标模式，是建立竞争公平、运行有序、调控有力、服务完善的现代劳动力市场"。而建立"竞争公平"的劳动力市场，必然要求打破统包统配的就业政策，消除劳动力在不同所有制之间、不同地区之间以及城乡之间的流动障碍，实现劳动者自主择业、自由流动，企业自主用人，劳动力供求双方通过公平竞争、双向选择确立劳动关系。建立"运行有序"的劳动力市场，就要求制定一整套相关的法规体系，规范劳动力市场运行秩序，通过劳动合同法律形

---

① 夏积智、张小建主编：《中国劳动力市场实务全书》，红旗出版社1994年版，第60—62页。

式建立、调整、终止劳动关系。所谓"调控有力",是指相关部门要制定劳动力资源开发利用规划,引导劳动力市场运行方向,通过经济的、法律的和必要的行政手段调控劳动力供求总量和供求结构。所谓"服务完善",则是要建立完整的劳动力市场服务和保障体系,主要包括社会保险体系、就业服务体系、职业技能开发体系、统计信息服务体系、劳动法律咨询服务体系、劳动安全监察体系、宏观调控体系等,为各类企业和全社会劳动者提供优质高效服务和社会保障。《总体设想》还提出了培育和发展劳动力市场的步骤:"八五"后期,实施重点突破,消除劳动力市场发育的主要障碍,培育市场主体,积极建立就业服务保障体系,推动公平竞争,初步建立市场秩序;"九五"时期,根据经济体制改革进度和宏观经济形势,继续培育市场主体,基本取消统包统配,进一步放开劳动力流动的城乡界限,取消职工身份界限,规范劳动力市场运行秩序。[①]

培育和发展劳动力市场,改革传统的劳动力资源配置方式,实现劳动力资源配置从计划为主到市场为主的转变,这是建立社会主义市场经济体制时期劳动体制改革的中心任务。上述思路的提出,标志着中国劳动力市场的发展,正从不自觉的摸索转向在明确理论指导下的自觉实践。此后,伴随着国有企业改革推动劳动力存量进入市场,中国劳动力市场的培育和发展进入了快车道。

(二) 培育和发展劳动力市场的政策措施

劳动力市场是生产要素市场的重要组成部分。它涉及劳动者从求职、就业、失业和转业,直至退休的全过程;涉及对劳动者的职业训练、报酬给付、社会保险、劳动保护等环节;涉及劳动关系的确立、调整和终止,以及劳动力市场中介服务、信息引导、法律规范和宏观调控等诸方面。[②] 这一阶段,培育和发展劳动力市场的政策措施主要体现在以下方面:

1. 确立市场主体,建立市场运行规则

培育和发展劳动力市场,要求企业有真正的用人自主权,劳动者有充分

[①] 《中国劳动年鉴》(1992—1994),中国劳动出版社1996年版,第611—612页。
[②] 劳动部《我国劳动力市场培育与发展》课题组:《论我国劳动力市场的培育与发展》,《中国劳动科学》1994年第1期。

的择业自主权，形成劳动力供求主体。为了建立现代企业制度，1993年12月，《中华人民共和国公司法》以法律的形式确立了企业在社会主义市场经济活动中的法人地位，赋予了企业经营自主权。为了保护劳动者的合法权益，调整劳动关系，1994年7月，《中华人民共和国劳动法》以法律的形式明确了劳动者和用人单位享有的权利和承担的义务，使劳动力市场的培育和发展获得了法律保障，也使国有企业职工身份由"国家职工"转为"企业职工"。同年8月，劳动部发出《关于全面实行劳动合同制的通知》，就贯彻《劳动法》中关于实施劳动合同制的要求，提出要加快推进，建立和完善劳动合同管理制度，并要在实施中充分考虑固定工制度和劳动合同制度间存在的差异，保证由固定工制度向劳动合同制度平稳过渡。之后，劳动部又陆续出台了一系列关于劳动力市场管理方面的规章制度和政策性文件，主要包括：《劳动就业服务企业实行股份合作制规定》（1994年10月7日）、《职业指导办法》（1994年10月27日）、《集体合同规定》（1994年12月5日）、《就业登记规定》（1995年9月12日）、《职业介绍规定》（1995年11月9日）、《就业和失业统计管理暂行办法》（1995年11月28日）、《劳动监察程序规定》（1995年12月20日）等。[①]

1997年9月，中共十五大明确提出了"加快推进国有企业改革"的任务，国有企业改革与发展进入"转换机制、收缩战线"的攻坚阶段。如果说1986年的劳动合同制改革只是将新招职工推向市场，后来推行全员劳动合同制也是形式重于内容，对广大国有企业职工并未带来实质性改变，那么，此时国有企业新一轮的改革则直接触及了劳动力存量的结构调整问题。因此，彻底改革国有企业的用人制度，引导国有企业老职工进入市场，就成为就业体制改革的堡垒战。也就是在这个时候，劳动力市场分割、市场主体不健全、市场运行机制不规范和服务保障体系不完善等问题更加充分暴露出来。从当时的情况看，一是职工难以接受市场就业观念。虽然劳动合同制改革已实行10多年，职工也签订了合同，但即便下岗、原企业已恢复无望，大部分国有企业职工却仍然无法接受解除劳动合同、进入市场重新求职的现实，组织下岗职工"进中心"，以及随后的"出中心，再就业"成为各级政

---

① 《中国劳动年鉴》（1995—1996），中国劳动出版社1996年版，第155—167页。

府面临的最大难题。二是市场运行不规范，用人单位侵害劳动者权益，非法职业中介机构欺骗求职者的现象屡有发生，这更使下岗失业人员增加了对市场就业的恐惧感。三是公共就业服务体系还不完善。尽管就业服务机构已经普遍建立，但基本是靠收费维持，服务设施简陋，信息不畅，服务功能无法满足大量下岗失业人员的需要，特别是基层窗口较少，难以贴近服务。四是社会保障体系不健全，各项社会保险覆盖范围小，服务跟不上，社会化程度较低。[1] 面对上述这些问题，1998年6月，中共中央、国务院颁发了《关于切实做好国有企业下岗职工基本生活保障和再就业工作的通知》，一方面要求妥善解决下岗职工的基本生活保障和再就业问题；另一方面要求"要按照科学化、规范化、现代化的要求，大力加强劳动力市场建设"。从这时起，加强劳动力市场建设，成为促进就业的一项关键性措施和重要任务。

1999年1月20日，劳动保障部发出《关于开展劳动力市场"三化"建设试点工作的通知》，决定在全国选择100个下岗职工和失业人员再就业任务较重、就业服务和失业保险工作具有一定基础的城市，组织开展劳动力市场"三化"（指科学化、规范化和现代化）建设试点工作。其目的是要将劳动力市场的各项工作推上一个新台阶，提高到新水平，为建立完善的市场就业机制创造条件，奠定基础。[2] 各地按照试点工作要求，结合实际情况，制定了劳动力市场建设发展规划和方案，多渠道筹措和落实建设资金，颁布劳动力市场管理办法。到1999年年底，全国有19个省（市）人大颁布了劳动力市场管理法律法规，100个试点城市中，有50个城市已通过市人大或市政府颁布实施劳动力市场管理条例和管理办法。[3]

2000年12月8日，劳动保障部颁发了《劳动力市场管理规定》。这是新中国第一部对劳动力市场管理进行全面规范的部门规章，其基本宗旨是保护劳动者和用人单位的合法权益，规范市场中介行为，促进就业。其内容涉及对劳动者求职与就业、用人单位招用人员、各类职业介绍机构从事职业介

---

[1] 张小建主编：《中国就业的改革发展》，中国劳动社会保障出版社2008年版，第187页。
[2] 《林用三同志在劳动力市场建设座谈会上的讲话》，《劳动保障通讯》1999年第7期。
[3] 《中国劳动和社会保障年鉴（2000）》，中国劳动社会保障出版社2001年版，第232—233页。

绍活动的管理，并明确了各级政府劳动保障部门提供公共就业服务的职责。①

此外，1994年8月30日，中共中央组织部、人事部印发了《加快培育和发展我国人才市场的意见》，提出了培育和发展人才市场的总体目标，要求加快人才市场法规体系、社会化服务体系和社会保障体系建设，促进人才的合理流动、合理配置、合理使用；打破人才流动中不同所有制身份、干部身份限制，并通过户籍管理和住房制度改革的深化，消除人才在不同地区、部门、行业、岗位间流动的障碍②，等等。为了加强对人才市场的管理和监督，规范人才市场行为，维护人才市场秩序，促进人才市场的健康发展，1996年1月29日，人事部印发了《人才市场管理暂行规定》。

2. 发展公共就业服务体系，规范职业介绍工作

公共就业服务是指由各级劳动保障部门提供的公益性就业服务。1993年6月，劳动部发出《关于开展有关劳动事务工作"一条龙"综合服务的意见的通知》，对开展职业介绍、职业培训、职业技能鉴定、招聘手续、社会保险、农村（外埠）劳动力管理、工资、劳动法律服务和其他服务等实行"一条龙"综合服务提出要求。为加强对民办职业介绍机构的管理，规范劳务中介行为，7月14日，劳动部发出《关于民办职业介绍机构管理问题的通知》，对非政府部门的事业单位及企业单位、社会团体、个人开办的从事职业介绍活动的服务机构开办、审批和管理等问题作出明确规定，建立了许可证书制度，明确了业务范围和收费标准。③ 1994年8月8日，劳动部印发《促进劳动力市场发展，完善就业服务体系建设的实施计划》，明确了就业服务体系建设的工作目标和具体措施，并指出"就业服务体系是劳动力市场的主要依托和运行的主要载体，是实行市场就业的重要手段。必须在短时间内建立起完善的就业服务体系，为劳动力市场的尽快形成和市场机制的运作提供坚实的基础和必要的条件"。④ 此后，各级部门和地方政府更加重

---

① 劳动和社会保障部培训就业司、中国就业培训技术指导中心编：《中国劳动力市场发展对策与实践》（第一卷），石油大学出版社2001年版，第36页。
② 《中共中央组织部、人事部关于印发〈加快培育和发展我国人才市场的意见〉的通知》，《中国人事》1994年第10期。
③ 《关于民办职业介绍机构管理问题的通知》，《中国劳动科学》1993年第11期。
④ 戚成：《劳动部推出完善就业服务体系建设实施计划》，《山东劳动》1994年第12期。

视劳动力市场建设，多种类型的劳动力市场中介组织雨后春笋般涌现出来。截至1994年年底，全国共有职业介绍机构2.5万所，其中劳动部门举办的有2万所，仅1994年就有1329万人次通过职业介绍机构实现了就业和再就业；就业训练中心有2600多所，1994年培训结业人员323.7万人。①

为了规范职业介绍工作，劳动部于1995年11月颁发了《职业介绍规定》，对职业介绍机构的性质、职责、开办条件和经费来源等作出具体规定。1998年1月6日，劳动部颁布了《关于印发〈职业介绍服务规程（试行）〉的通知》，提出了职业介绍服务的标准和服务范围，明晰了职业介绍服务的程序，以促进职业介绍服务的规范化发展。为了做好对下岗职工的就业服务，9月11日，劳动保障部发出《关于进一步加强就业服务，大力促进下岗职工再就业的通知》，提出把促进下岗职工再就业作为当前就业服务机构的重要任务，积极主动地开展工作，要求在下岗职工进入企业再就业服务中心的半年内，为他们至少提供一次职业指导、三次就业信息或职业介绍、一次免费的培训机会。② 此后，伴随着劳动力市场"三化"建设试点工作的启动，各地积极拓宽服务领域和功能。到1999年年底，在全国100个试点城市中，有82个城市制定了全市统一的劳动力市场管理和就业服务流程，72个城市实施了就业准入制度，49个城市实施了劳动力市场工资价位调查制度。在开展的就业服务项目中，除开展职业介绍、职业指导外，87个城市开展了劳动保障事务代理，90个城市统一了职业介绍收费标准；94个城市对下岗职工实行了免费服务，73个城市对失业人员实行免费服务；90个城市为下岗职工和失业人员提供减免费培训，78个城市在服务区内设立了职业指导区。③ 在试点城市的带动下，各地越来越重视劳动力市场的管理和服务工作，公共就业服务机构大大加强，民办职业中介机构也有较快发展，形成了以公共职业介绍机构为主体，非公共职业介绍机构为补充的劳动力市场服务体系。

为了妥善解决下岗职工出再就业服务中心后面临的实际困难，2001年5月29日，劳动保障部下发了《关于开展再就业援助行动的通知》，要求各地

---

① 《中国劳动年鉴》（1992—1994），中国劳动出版社1996年版，第209页。
② 《中国劳动和社会保障年鉴（1999）》，中国劳动社会保障出版社2000年版，第156—157页。
③ 《中国劳动和社会保障年鉴（2000）》，中国劳动社会保障出版社2001年版，第233页。

以协议即将到期和已出中心但再就业困难的下岗职工和失业人员为对象，通过开展专项援助行动，帮助他们实现再就业和转移接续社会保险、保障基本生活，落实政府在下岗职工基本生活保障和再就业方面的有关政策。[1]

表 17—3　　　　1998—2001 年全国职业介绍工作情况　　　　单位：万人

年份	年末职业介绍机构个数(个)	职业介绍机构人数	本年登记招聘人数	本年登记求职人数	本年职业指导人数	本年职业介绍成功人数
1998	35449	28717	8.9	5.9	934.2		1184.3				798.8	
1999	30242	21685	8.5	5.9	1124.2		1593.0		794.9		884.4	
2000	29024		8.7		1509.4	986.9	1991.6	1441.2	1004.8		975.1	707.3
2001	26793	18739	8.4	5.8	1876.8	1256.4	2439.5	1668.7	1157.6	940.8	1229.1	845.1

注：每栏中的前一列数据为全国总计，后一列数据为劳动保障部门办的。
资料来源：《中国劳动和社会保障年鉴》（1999 年、2000 年、2001 年、2002 年）。

此外，针对一些职业中介服务机构乘劳动力市场中下岗职工、失业人员、进城务工农村劳动力较多，求职心切之机，违法违规经营，1998 年 12 月 24 日，劳动保障部办公厅发出《关于加强职业中介管理整顿劳动力市场秩序的通知》，并在春节前后配合下岗职工再就业及做好民工有序流动工作，集中力量对全国劳动力市场的职业中介机构进行清理整顿。[2] 从 1999—2001 年，劳动保障部共清理了 9000 多个非法机构，取缔了 2000 多家严重违规的机构。经过整顿，绝大部分试点城市投诉率逐年递减，市场秩序明显好转。[3]

3. 加强劳动力市场信息网络建设

劳动力市场信息网络，又称"就业服务和失业保险信息网"，由国家、省、市三级组成，是用于劳动力市场管理和服务的大型、分布式的全国计算机信息系统。

1989 年以来，劳动部就开始在 60 个城市进行劳动力市场信息微机管理试点，推广城市职业介绍信息微机联网，组织开发职业介绍应用软件系统，

---

[1] 《关于开展再就业援助行动的通知》，《劳动保障通讯》2001 年第 7 期。
[2] 《关于加强职业中介管理整顿劳动力市场秩序的通知》，《劳动保障通讯》1999 年第 1 期。
[3] 《中国劳动和社会保障年鉴（2002）》，中国劳动社会保障出版社 2002 年版，第 246 页。

并推荐各地使用。1995年以来，结合组织农民工有序流动工作，指导22个省、自治区、直辖市建立区域信息网；结合再就业工程的实施，积极推进城市网的建设和使用。据1998年对近200个地级以上城市的调查，前台服务开始使用计算机的约占70%；中心职业介绍所建立了局域网的约占40%，其中，市区内初步实现联网的约占15%。虽然历经十年，但总体上讲，劳动力市场信息网络建设还处于初创阶段，存在的重要问题是：缺乏长远规划、低水平重复建设、基础工作薄弱、人员素质偏低等。[①] 针对这些问题，1998年9月25日，劳动保障部制定并发布了《劳动力市场信息网建设实施纲要》（1998—2000年），提出信息网建设总的指导方针，即"统一规划、统一标准、城市建网、网络互联、分级使用、分步实施"。主要步骤是自上而下统一规划，自下而上分步建设。同时提出，到2000年年底要在全国大中城市实行就业服务和失业保险信息的计算机管理和市内联网，在全国统一标准和初步建成城市网基础上，初步建立劳动力市场信息发布系统和宏观决策支持系统，形成全国劳动力市场信息网框架。《实施纲要》是建立规范、有效、统一的劳动力市场信息网络的总体规划和实施指导。

1999年以来，随着劳动力市场"三化"建设试点工作在全国100个大中城市全面展开，劳动力市场信息网络建设取得了较快进展，并在提高就业服务水平上取得实效。到2000年年底，100个试点城市中，有97个城市在市级职业介绍机构前台服务使用计算机，93个城市在市职介中心建立局域网，76个城市开始进行职业介绍信息市内联网，88个城市开展了职业供求信息季度分析。[②] 到2001年年底，全国自下而上的劳动力市场信息网络初步形成。17个省级劳动保障部门建立了省级劳动力市场信息网监测中心，劳动保障部建立了全国劳动力市场信息网监测中心。试点城市普遍建立了专兼职信息人员队伍，有87个试点城市有效空岗信息量逐年递增幅度达30%以上。[③]

在抓好网络建设的同时，各地还在网络的开发应用上下功夫，抓好信息的收集和发布，使网络发挥好作用，真正活起来、用起来，及时将各种职业

[①] 《中国劳动和社会保障年鉴（1999）》，中国劳动社会保障出版社2000年版，第157页。
[②] 《中国劳动和社会保障年鉴（2001）》，中国劳动社会保障出版社2001年版，第262页。
[③] 《中国劳动和社会保障年鉴（2002）》，中国劳动社会保障出版社2002年版，第246页。

需求信息送到每一位下岗职工、失业人员面前，供其选择利用。

（三）培育和发展劳动力市场绩效评估

在中国，劳动力市场发育是一个十分复杂的现象，既不能简单地将其归结为规制的解除过程，也不能用加强规制来表述其特征。只有在深刻认识一般劳动力市场发育规律和中国所处的特殊经济发展阶段的前提下，才能准确地把握劳动力市场发育和制度建设的内涵。

1992—2001 年，随着国有企业全面推行合同制和建立现代企业制度以及各种限制农村劳动力流动的政策调整，中国劳动力市场从无到有、从混乱到相对有序地逐渐发育起来。这主要表现在：农村劳动力拥有很大的经营自主权，或成为自我雇佣的农业劳动力，或就地流入乡镇企业，或异地流入城市，成为城乡劳动力市场的供给主体；国有企业经过改革攻坚，其用人自主权基本确立，而非公有经济部门本身就是按照市场化原则建立和运行的；劳动者的自由流动和自主择业空间进一步扩大；工资的市场形成机制正在建立，对劳动力就业竞争与流动发挥着越来越大的影响；《劳动法》的颁布以及一系列有关调整劳动关系的法规、规章的制定，为劳动力市场的规范运行提供了法律保障；劳动力市场中介机构的发展，促进了劳动力市场服务体系的初步形成，等等。所有这些都决定了劳动力市场在配置劳动力资源的过程中正发挥着越来越大的作用。

与此同时，随着经济体制改革的深入，中国整个经济的部门结构发生了重大变化，在 1996 年全国城市市区的工业总产值中，国有经济的比重已经下降为 30.9%，其余的份额则为各种非国有经济部门所创造。[1] 国有部门比重的下降和非国有部门的迅速发展，"此消彼长"，使劳动力需求和供给模式发生了新的变化，也使传统的就业体制已经不能满足劳动力配置新的需要，其中，以非国有部门就业和工资机制为特征的劳动力市场代表着劳动力市场发育和发展的方向。在城市，因应市场化经济改革的逻辑进程而产生，以非国有部门为代表的完全竞争的劳动力市场，不仅为原来国有企业劳动力实现就业体制转换提供了平台，而且还吸纳了大量的农村转移劳动力。而以

---

[1] 蔡昉：《二元劳动力市场条件下的就业体制转换》，《中国社会科学》1998 年第 2 期。

国有部门为代表的不完全竞争的劳动力市场，不仅原来国有企业劳动力只进不出的特征正在逐渐改变，富余人员或下岗或失业，而且国有企业的员工薪酬也在参照由供求决定的劳动力价格进行调整。那些具有较高劳动技能且在原有企业得不到理想报酬的职工开始"跳槽"。

然而，应该看到的是，中国劳动力市场的转型并没有完成，劳动力市场功能的发挥仍然具有很大的局限性，劳动力市场的发育和建设仍然面临着许多挑战。

第一，劳动力市场不统一，依然存在二元化的格局。这主要体现在：一是城乡劳动力市场的二元化。尽管农村剩余劳动力向城市流动的限制逐渐减少、渠道日趋拓宽，但在一些大中型城市，户籍制度仍然是农村劳动力进城的一个重要障碍，城市对农村劳动力的歧视依然存在。北京市对外来务工人员的用工歧视就很有代表性。1995 年以来，北京市制定了一系列的法规和政策，把外来务工人员可以从事的行业限制在 13 个、工种限制在 206 种，它们多为本地人不愿从事的苦、脏、累、险、毒等工种；劳动部门对属于限制性的行业、工种，责令用人单位清退外地务工人员，否则按有关规定给予最高额度的罚款。[①] 二是城市劳动力市场的二元化。在城市，以国有部门为代表的不完全竞争的劳动力市场和以非国有部门为代表的完全竞争的劳动力市场，出现了由体制性（或称为所有制）分割向行业分割演化的趋势。一些开放行业如纺织、制造、建筑、商业等中的国有企业职工在收入、就业、福利方面的原有优势正在消失，他们已成为劳动力市场上与"体制外"的劳动者平等竞争的市场主体。一些垄断行业如电力、油气、铁路、通信、金融等行业中的国有单位没有或者很少受到来自非国有单位的竞争压力，享受着来自行政性垄断的超额利润，维持着旧的劳动用工制度，单位内部的正式职工收入不菲。在这类国有单位中构成了对外部劳动者的排斥，形成一个既得利益的内部劳动力市场，这些垄断行业成为阻碍城市劳动力市场重新整合的领地，从而形成劳动力市场的行业分割。[②] 三是劳动力市场管理体制存在

---

① 李建建：《统筹城乡发展，建立城乡统一的劳动力市场》，《福建师范大学学报》（哲学社会科学版）2004 年第 4 期。

② 晋利珍：《改革开放以来中国劳动力市场分割的制度变迁研究》，《经济与管理研究》2008 年第 8 期。

人为的市场分割。这一阶段,有劳动部门搞的"劳动力市场",有人事部门搞的"人力资源市场"或"人才市场",还有组织部门搞的"高级人才市场",各部门的政策和规则不统一,导致对劳动力市场缺乏统一的监督和管理。

第二,劳动力市场的信息传递不顺畅。提供及时、真实、准确的劳动力供求与流动状况以及市场价格信息,帮助劳动力供需双方进行理性决策,是劳动力市场的一项重要功能。这一阶段,尽管各级劳动保障机构积极开展劳动力市场"三化"建设和劳动力市场信息网络建设,并取得了一定的进展,但是,劳动力市场的信息传递并不顺畅。一方面是由于劳动力市场的分割所导致,另一方面则是因为对劳动力市场信息进行收集以及发布的专业机构太少,而发布的数据往往缺乏权威性和可靠性。在发达的市场经济国家,除了有政府专门建立的劳动力市场信息收集与发布机构定期发布劳动力市场的各种信息外,还有各种咨询机构、大学以及专业的调查公司等,它们以收费的方式帮助企业进行市场调查。[1] 加之,劳动力市场的宏观调控还缺乏有效的手段,甚或是逆向调节,因而无法或很难成为各企业和劳动者决策的重要依据。

第三,劳动法律法规不健全,执法力度不够,劳动者的权益屡屡受到侵害。1995年《劳动法》才正式实施,难免会存在一些漏洞和不足。各级政府的职能转变滞后于市场经济的发展,对劳动者合法权益的保护还未上升到政府工作的一个重要内容。劳动执法部门对劳动力市场运行中所存在的无序、混乱、争议和纠纷等问题,缺乏相应的手段来约束和纠正。比如,一些用人单位向求职者以各种名义收取费用、抵押金等非法活动屡禁不止;一些不良雇主恶意拖欠工资、无限延长工作时间、任由工人承受工伤和职业病、提供恶劣的工作条件等违法现象时常发生;在一些地区,地方政府将发展地方经济、引进外资等工作视为自己的头等大事,只要能够吸引投资,增加地方财政收入,对于企业是否遵守劳动法规采取"睁一只眼闭一只眼"的态度,甚至对劳动者提出的劳动争议和劳动诉讼敷衍,这就进一步助长了一些企业主对劳动者权益的侵害。[2]

---

[1] 刘昕:《对转轨时期中国劳动力市场秩序建设问题的思考》,《财贸经济》2004年第1期。
[2] 同上。

五　建立市场导向就业机制的提出与初步进展

20世纪90年代中后期，在经济结构调整和国有企业攻坚改革过程中，中国出现了成千上万的国有企业职工下岗、失业。为了维护社会稳定，保证国有企业改革顺利进行，中共中央、国务院决定在企业建立再就业服务中心，实施国有企业下岗职工基本生活保障制度，这是在社会保障体系不完善、劳动力市场发育不充分的情况下不得已而为之的一种过渡措施。而劳动就业体制改革的最终目标是要建立市场就业机制。这中间需要有一个过渡，即首先要形成市场导向的就业机制。

（一）建立市场导向就业机制的提出

20世纪90年代后期，中国面临劳动力供大于求的严峻形势。从劳动力供给看，一是新成长劳动力，城镇每年新增800万—1000万人；二是城镇登记失业人员，每年有570万—590万人；三是企业下岗职工，每年在再就业服务中心的国有企业下岗职工有600多万；四是农村还有1亿—1.3亿的剩余劳动力，他们共同构成了对城镇就业的巨大压力和冲击。从劳动力的需求看，作为就业主渠道的国有企业和集体企业，就业需求明显不足，不仅不能扩大就业容量，相反其自身还需要向社会释放富余人员；非公有制企业和中小企业在吸纳就业中的作用越来越重要，但毕竟起步晚、基础弱；随着科技进步加快和知识经济的发展，就业弹性下降，经济增长对就业的带动呈减少趋势。

应对如此严峻的就业形势，出路在于发展，即就业问题的解决要以经济发展为基础，靠经济增长来带动；出路在于改革，即深化劳动制度改革和社会保障制度改革；出路也在于市场，即激活和规范劳动力市场，建立市场就业机制。1998年6月，中共中央、国务院颁布了《关于切实做好国有企业下岗职工基本生活保障和再就业工作的通知》，提出"加强劳动力市场建设，强化再就业培训要建立和完善市场就业机制，实行在国家政策指导下，劳动者自主择业、市场调节就业和政府促进就业的方针"。[①] 即在劳动力市

[①] 《中共中央国务院关于切实做好国有企业下岗职工基本生活保障和再就业工作的通知》，《中国劳动》1998年第7期。

场上，劳动者是就业的主体，有就业的权利和择业的自由；企业等用人主体和劳动者的行为以及劳动力的供求匹配受市场机制调节和市场规则规范；政府则承担促进就业之责。实际上，下岗职工再就业问题也为加快建立市场就业机制提供了一个难得的契机，即通过解决下岗职工问题，实现企业用人机制和劳动者就业机制的转换。

为落实中共中央、国务院的要求，加快建立和完善市场就业机制，劳动保障部于1999年6月在贵阳召开全国劳动力市场建设座谈会，提出了通过"双轨""转轨"和"并轨"三个阶段实现市场就业机制的"三步走"战略。"第一阶段是当前所处的阶段（或者叫作'双轨'阶段），下岗职工进入再就业服务中心，失业人员进入劳动力市场。"其主要任务是按国有企业改革和脱困的三年目标，进一步做好国有企业下岗职工基本生活保障和再就业工作，继续贯彻鼓励兼并、规范破产、减员增效和实施再就业工程的方针，基本解决计划经济体制遗留的国有企业富余人员问题。"经过连续几年的减员增效过程，国有企业职工总数有望得到大幅度精减，从而为国有企业轻装前进创造一个好的条件。"在计划经济体制遗留的国有企业富余人员问题得到基本解决之后，转入第二阶段（或者叫作"转轨"阶段）。"在这一阶段，企业新的裁员和精减一般应通过终止、解除劳动合同的方式直接走向劳动力市场，运用市场机制实现再就业，暂时不能就业或在就业选择期间进入失业状态，符合条件的享受失业保险待遇。对在此之前已经进入再就业服务中心尚未实现再就业的下岗职工，仍维持原政策不变，继续由再就业服务中心保障其基本生活，直到其协议期满全部出中心。"在最后一批下岗职工协议期满全部出中心后，"就进入第三阶段（或者叫作'并轨'阶段），即完全转入通过市场机制进行劳动力结构调整的阶段。在这一阶段，所有失业人员，包括企业新的裁员和协议期满出中心的下岗职工，都全部进入劳动力市场。"[1] 企业裁员从下岗、失业两种形态变为失业一种形态，再就业服务中心、失业保险和城市居民最低生活保障的三条保障线变为两条保障线，市场就业机制也就真正形成了，企业也就真正能够做到人员能进能出。

1999年9月，中共十五届四中全会通过的《中共中央关于国有企业改

---

[1] 《张左己同志在全国劳动力市场建设座谈会上的讲话（节录）》，《劳动保障通讯》1999年第12期。

革和发展若干重大问题的决定》，提出了国有企业改革和发展的基本方向、主要目标和指导方针，指出了国有企业下岗职工基本生活保障和再就业工作的任务，明确要求，"要积极发展和规范劳动力市场，形成市场导向的就业机制"。[①] 这里使用"市场导向的就业机制"提法，而没有使用"市场就业机制"，不仅强调了当前做好下岗职工基本生活保障和再就业工作的重要性，突出了中国劳动力市场发展的阶段性，而且也明确了建立市场就业机制的基础和前提，即通过发展和规范劳动力市场，首先要形成市场导向的就业机制。因此说，建立市场导向就业机制是中共十五届四中全会提出的重大任务。

建立市场导向的就业机制，首先是由大量下岗职工面临着出中心、进市场提出的问题。1998年以来，国有企业有上千万下岗职工进了再就业服务中心，按照政策的要求，下岗职工在中心最长不能超过三年，有些地方规定为两年。协议到期后，下岗职工出不出中心？如何顺利出中心、进市场？同时，国有企业改革与发展已进入"转换机制、收缩战线"的攻坚阶段，职工队伍存量的结构调整成为决定国有企业改革成败的一个重要因素。因此，建立市场导向的就业机制，不仅要解决下岗职工和失业人员的问题，而且还要解决国有企业改革和发展中职工队伍存量的结构调整问题。

（二）市场导向就业机制的内涵与特点

市场导向就业机制，既不同于传统的计划安置就业，通过行政、调配的手段实现就业，也有别于市场经济的市场就业，通过市场自发地对劳动力配置实现就业，它是由计划安置就业向市场就业过渡的一种机制，是中国渐进式市场化改革的产物。建立市场导向就业机制的过程，就是将仍处于传统体制下的劳动者，特别是国有企业、机关事业单位劳动力存量引入市场的过程，是变就业的双轨制为单轨制的过程。也就是说，按照建立统一的劳动力市场的目标要求，在经济体制转轨的阶段内，逐步引导传统体制下的很大一部分劳动力存量进入市场，并在这些用人单位建立和实行新的用人机制。

市场导向就业机制体现出来的更多是过程，而不是静态的目标。这个过

---

① 《中共中央关于国有企业改革和发展若干重大问题的决定》，《求是》1999年第20期。

程体现了转轨阶段的一些特点：一是时间的过渡性。建立市场导向就业机制就是要在旧体制下形成的巨大的就业存量与新体制形成的劳动力市场之间构筑一架桥梁。因此，它是由计划安置与市场就业并存的双轨制向市场就业的单轨制过渡的一种机制。随着下岗职工出中心、进市场，以及对旧体制下其他劳动力存量实行新的用人机制，市场导向就业机制将逐渐让位于市场就业机制，最终培育出以用人单位与劳动者为主体的、通过劳动力市场配置劳动力资源的市场就业机制。二是内容的特定性。建立市场导向就业机制特指将国有企业改革和国有经济战略性调整过程中涉及的劳动力存量引入市场（包括未与原企业解除劳动关系的下岗职工），引导他们通过市场机制实现就业，而不是泛指整体建立市场就业机制。三是政策的特殊性。这种过渡性政策既不等于市场就业机制成熟条件下的政策，又要以之为目标并与之有机衔接。这种特定性的政策将以过渡时期劳动关系的调整和职工身份的转变为主要内容并紧密结合国有企业改革政策。市场导向就业机制建立的根本标志是，与国有经济的战略性调整和国有企业的改革相伴随的人员调整基本完成，企业作为用人主体、劳动者作为择业主体的地位基本确立，并在此过程中初步建立社会保障体系，劳动力存量的调整直接通过市场而不再通过再就业服务中心或类似的机制实现。此后，政府将不再承担劳动力大规模调整的成本，向市场经济体制的转型渡过了最为困难的时期，市场就业机制建立的步伐将会进一步加快，劳动力市场将进一步发育成熟。[1]

（三）建立市场导向就业机制的制约因素

建立市场导向就业机制是一项社会系统工程，需要诸多的条件。主要有：一是下岗职工解除劳动关系顺利出中心，并妥善解决经济补偿及历史欠账问题；二是完善失业保险制度，通过扩大覆盖面，增强基金承受能力，保证进入市场的下岗失业人员的基本生活；三是制定一整套政策措施，促进下岗失业人员进市场实现再就业；四是完善就业服务，把困难职工纳入就业援助中。而就当时的情况来看，存在许多不利条件和制度因素，如就业压力大、社保体系不完善、劳动力市场分割、劳动就业服务不到位，等等。

---

[1] 劳动和社会保障部劳动科学研究所课题组：《建立市场导向就业机制研究》，《经济研究参考》2001 年第 32 期。

第一，如何应对大批下岗职工集中出中心的问题。三年期满时间集中，人数集中，矛盾集中，长期以来国有企业积累下来的各种矛盾和问题都在出中心这一环节上暴露出来。需要处理劳动关系的不在岗职工分为两部分：一是在中心的下岗职工，截至2000年6月底为670多万人；二是没有进中心或已经出了中心但没有与原企业解除劳动关系的职工，截至2000年6月底，国有单位有1362万不在岗职工。[①] 下岗职工出中心难、断关系难的主要原因，是很大一部分企业难以支付经济补偿金，难以偿还所欠下岗职工的工资、养老及医疗保险费以及集资款等各种债务。再者，下岗职工的社会保险关系难以接续，而一些用人单位招用下岗职工不与其签订劳动合同、不缴纳社会保险费。

第二，如何应对空前加大的就业压力的问题。如前所述，20世纪90年代后期，中国就业压力很大，就业形势严峻。随着下岗职工陆续出中心，相当一部分出中心的下岗职工将进入公开失业的行列。与此同时，国有企业特别是优势企业在经济结构调整中大量裁员，这些劳动力将直接进入劳动力市场，必将导致失业率显著攀升。下岗职工是劳动力市场中缺乏竞争力的特殊就业困难群体，而改革的推进又不得不将他们引入市场。因此，必须制定和实施有利于促进就业的宏观经济和社会政策，在鼓励竞争的同时，也要保护弱者。

第三，如何应对下岗失业人员管理服务社会化的问题。随着下岗职工出中心，"并轨"的实现，失业人数增长迅速，几百万下岗职工将由"单位人"转为"社会人"，他们的管理和服务工作将全部社会化，这对就业服务机构来说是一个很大的挑战。

第四，如何应对支付失业保险和低保带来压力的问题。随着出中心工作的推进，第一条保障线的作用逐渐减弱，后两条保障线承受越来越大的压力，失业保险首当其冲。2000年12月领取失业保险金的人数为190万人，2001年12月已达313万人，失业保险基金面临巨大的支付压力。因此，加强"三条保障线"的衔接迫在眉睫。[②]

[①] 劳动和社会保障部劳动科学研究所课题组：《建立市场导向就业机制研究》，《经济研究参考》2001年第32期。

[②] 张小建主编：《中国就业的改革发展》，中国劳动社会保障出版社2008年版，第117—118页。

（四）建立市场导向就业机制的初步进展

为了妥善处理下岗职工出中心问题，稳步推进就业并轨，在加强劳动力市场建设和社会保障体系建设的同时，各地积极开展建立市场导向就业机制的试点工作。

上海市在并轨工作中，走在了全国前列，并轨工作完成较好。截至 1999 年年底，上海市有下岗职工的国有、集体企业全部建立了再就业服务中心，共建中心 308 个，涉及企业 8000 余户，累计已有 83.3 万下岗职工进入再就业服务中心，68.6 万下岗职工出中心。[①] 再就业服务中心在保障下岗职工基本生活的同时，按照"下岗与失业并轨，促进就业市场化"的要求，组织培训并分流安置企业下岗待工人员，促进下岗职工实现市场就业。上海市将下岗职工划分为三大组，根据不同年龄段分别实行不同的政策：对男 55 岁以上、女 45 岁以上的，实行内退，其生活费和社会保险费由企业负责，由企业养起来；对男 40 岁以下、女 35 岁以下的，给予经济补偿，解除劳动合同，直接推向市场；对男 40 岁以上 55 岁以下、女 35 岁以上 45 岁以下的，可通过签订保留社会保险关系协议，自行进入劳动力市场，社会保险费的缴纳和医疗费用的承担，由企业和职工协商解决，简称"协保"。同时，通过完善社会保险制度，强化失业保险功能，加强政府对就业困难群体的扶持力度等措施，促进再就业服务中心实施转轨，促进下岗职工实现再就业，并建立与失业保险和城镇居民最低生活保障的联动。到 2001 年年底，上海市再就业服务中心与劳动力市场全面实行并轨，滞留在再就业服务中心的 7.1 万下岗职工已基本分流完毕。[②]

1999 年，江苏省共有企业下岗职工 66.84 万人（其中国有企业 39.49 万人），出中心 36.76 万人（其中国有企业 20.84 万人），其中实现再就业 32.14 万人（其中国有企业 18.76 万人）。到年底，下岗职工为 28.76 万人（其中国有企业 17.6 万人），99.26% 足额领到了基本生活费。全年共筹集下岗职工基本生活保障资金 15.79 亿元，其中财政承担占 25.52%，社会筹集占 32.55%（其中失业保险基金调剂占 52%），企业自筹占 41.93%，"三三

---

① 《中国劳动和社会保障年鉴（2000）》，中国劳动社会保障出版社 2001 年版，第 318 页。
② 同上书，第 334 页。

制"筹资原则得到较好落实。① 2000年和2001年，江苏省积极推动下岗职工基本生活保障向失业保险和市场就业转变。全省基本按分类规定时间停止下岗登记，新增企业裁员不再进中心，直接终止、解除劳动合同。2001年，全省共有13.18万下岗职工出中心，其中11.19万人与企业解除劳动关系，占出中心人数的84.9%。领取失业保险金人数已达39.49万人，比上年末增加了70%，失业保险已成为主要保障形式，并轨工作取得了突破性进度，市场就业机制初步形成。②

2000年12月25日，国务院下发了《关于完善城镇社会保障体系的试点方案》。试点的主要内容：一是调整和完善城镇企业职工基本养老保险制度，实行个人账户实账运营；二是推动国有企业下岗职工基本生活保障向失业保险并轨。要求"从2001年起，国有企业原则上不再建立新的再就业服务中心，企业新的裁员原则上不再进入再就业服务中心，由企业依法与其解除劳动关系，凡所在单位参加了失业保险并依法足额缴费的，按规定享受失业保险待遇。各地区要区分不同企业情况，实行分类指导，用三年左右时间有步骤地完成向失业保险并轨"。③ 截至2001年年底，辽宁省并轨工作取得突破性进展，实施并轨人数达到51.5万人，完成并轨工作年度计划的157%；国有企业下岗职工再就业37.16万人，完成目标的123.9%；享受失业保险待遇的人数为17.8万人；有40余万名企业退休人员和登记失业人员纳入了社会化管理。④

2001年，黑龙江省人民政府制定下发了《关于妥善处理国有企业下岗职工出中心工作有关问题的意见》，对全省国有企业下岗职工出中心与企业接触劳动关系工作做出重要部署，并稳妥有效推进。到2001年年底，全省出中心国有企业下岗职工共有34.15万人，其中有16.7万人与企业解除了劳动关系。⑤

到2001年年底，全国"双轨"阶段的任务在大多数地区已经基本完成，

---

① 《中国劳动和社会保障年鉴（2000）》，中国劳动社会保障出版社2001年版，第322页。
② 《中国劳动和社会保障年鉴（2002）》，中国劳动社会保障出版社2002年版，第340页。
③ 《中国劳动和社会保障年鉴（2001）》，中国劳动社会保障出版社2001年版，第210页。
④ 《中国劳动和社会保障年鉴（2002）》，中国劳动社会保障出版社2002年版，第318—319页。
⑤ 同上，第331页。

国有企业下岗职工基本生活保障和再就业工作从整体上讲已进入了以"转轨"为主要任务,以"并轨"为改革目标的新阶段。当然,这也与非国有企业迅速发展并在一定程度上吸收和接纳大量下岗职工和失业人员再就业,是分不开的。

六 农村劳动力开发就业与流动有序化工程

20 世纪 90 年代,伴随着"民工潮"的兴起和发展,农村劳动力就业问题引起社会各界广泛关注。党和政府开始把农村劳动力就业考虑进来,开展农村劳动力开发就业试点,实施劳动力跨地区流动有序化工程,提出走城乡统筹就业之路,尝试建立城乡平等的就业体制,这构成了为中国劳动就业体制改革的另一条主线。

(一)"民工潮"的起因与影响

从 20 世纪 80 年代末开始,越来越多的农村劳动力相继涌入各大中城市和沿海经济发达地区谋求职业,形成大规模的农村劳动力跨区域流动。特别是在春节前后,数量庞大的农民工集中返乡和外出,引发全国铁路干线列车严重超员、大中城市车站旅客暴满,汇成了浩浩荡荡的"民工潮"。对此,1989 年 3 月国务院办公厅曾发出《关于严格控制民工盲目外出的紧急通知》。然而,"民工潮"势头有增无减,成为当代中国的一大社会景观。1992 年邓小平同志南方谈话以后,中国出现了 4600 万农民工进城务工的波澜壮阔的局面。之后几年,基本上是每年增加 1000 万左右农民工。1993 年农民工人数达到 6200 万人,比 1989 年增长了 1 倍多。据公安部门统计,1994 年全国离开户籍所在地一年以上的流动人口数为 1.3 亿,其中 70% 为农村人口。据有关部门估计,全国常年流动着的农民工有 5000 万—6000 万人,他们主要来自人多地少、经济欠发达的中西部地区,[①] 其中四川、江西、湖南、湖北、河南、安徽 6 省就有 2400 万人。这些进入城市工作,但户籍仍在农村的劳动者被称为"农民工"。"民工潮"的特点是规模大、增

---

① 本刊评论员:《"民工潮":一个跨世纪的难题》,《中国农村经济》1994 年第 4 期。

长快；流动时间相对集中；输出方式开始以自发为主，逐步向有组织方向发展；输入地域广，就业门路由单一的服务型向工、商、建、运、服多产业发展；外出人员多以文化素质相对较高的青壮年为主。[①] 同时，农民工跨区域流动就业中存在混乱无序状态，特别是每年春节前后劳动力大量、集中流动的"民工潮"问题引发了社会各界对农村劳动力就业问题的普遍关注。因此，连续十余年，几乎每年春节前后，国务院办公厅都要发出通知，要求各地区、各有关部门积极采取措施，切实做好春节前后组织农民工有序流动的工作，以缓解"民工潮"对社会经济的强烈冲击。

1."民工潮"的起因

"民工潮"的兴起和发展是中国社会经济发展和变革产物，是劳动力资源市场的一种特殊配置形式。从劳动力的供给方面来看，实行家庭联产承包责任制后，劳动效率提高，农村出现大量富余劳动力，并从隐性转为显性。20世纪90年代，中国农村总人口为8.5亿人左右，[②] 按照农村现有的耕作与经济发展水平，农业所需劳动力占总劳动力的40%左右，那么，农村剩余劳动力即有2.7亿人。[③] 90年代以前，农村剩余劳动力的转移基本上遵循着政府制定的战略途径，主要以"离土不离乡"的方式流向了乡镇企业。90年代以后，乡镇企业技术进步加快，资本密集程度迅速提高，吸纳农业劳动力的能力明显下降。据统计，1993—1995年乡镇企业吸收劳动力的规模大约为1.2亿人。[④] 那么，还有1.5亿农业剩余劳动力需要找出路。这是一个规模巨大的劳动力资源，仅靠就地转移难以全部吸纳，一部分农村劳动力外出打工谋职势在必然。

从劳动力的需求方面来看，沿海地区经济的高速发展需要大量的从事强体力劳动的劳动者。从20世纪80年代中后期起，广东地区尤其是深圳、珠海、汕头等经济特区和沿海其他城市，以及90年代的上海浦东新区等，都先后进行规模空前的基本建设，包括修公路、铁路、地铁，造港口、码头、机场、大桥，挖隧道、建高架，还有大量的工业、商业、民用建筑工程项目

---

① 张小建主编：《中国就业的改革发展》，中国劳动社会保障出版社2008年版，第133页。
② 《中国统计年鉴（2002）》，中国统计出版社2002年版，第93页。
③ 宋林飞：《"民工潮"的形成、趋势与对策》，《中国社会科学》1995年第4期。
④ 《中国劳动统计年鉴（2002）》，中国统计出版社2002年版，第457页。

和旧城区的改造等,都无不需要数量巨大的强体力劳动者。同时,随着这些地区投资环境的改善,境外投资者开始大量涌入并创办大批"三资企业",带动了个体企业、私营企业、乡镇企业的蓬勃发展和商业、金融、服务等第三产业的繁荣,这也对劳动力产生新的巨大需求。这使城市劳动力供求失衡,特别对强体力劳动者的需求出现巨大缺口。此外,随着粮食供应、招工、就业、住房等严格控制农村人口进城的制度改革,有关部门开始放松对农民进城务工经商的限制,允许农民自带口粮进城务工经商。随后,各城市又进一步改革了招工制度、粮食供应制度,取消了粮票,允许一些行业(环卫、纺织、化工等)根据实际需要招收农民工,所有这些都为大批农民工进城就业,创造了有利条件,打开了通道。[①]

"民工潮"形成的经济原因,主要在于农业生产经营比较利益低,以及城乡之间和地区之间收入差距明显拉开,农民受经济利益的驱动。一方面,从1989年开始,由于农用生产资料价格持续上涨,致使原已缩小的"剪刀差"迅速扩大,加之农民负担加重,农业出现"增产减收"现象,农民人均收入年增长率下降,甚至出现了负增长,从根本上动摇了农民耕种土地经营农业的积极性。另一方面,改革开放以来,城乡之间和地区之间的收入差距开始明显拉开。据统计,1985—1991年东部和中部地区农民人均产值差距从452元增加到1858元,至于东部与西部的人均产值差距就更大。[②] 从农民收入来看,京、津、沪、粤、浙等省市的人均收入已超过1000元,其中北京已达1764元,而位于西部的贵州省农村人均收入仅有396元。在中西部比较困难的地方,有的仅仅解决了温饱问题。[③] 城乡之间和地区之间在经济收益上的巨大反差,决定了中国"民工潮"的基本流向:从农村流向城市,从中西部地区流向东部沿海地区。

"民工潮"的产生还有其更深层次的原因,即相对于工业化,中国城市化严重滞后。一般来说,伴随着国家工业化的推进,其城市化水平也将不断提高,这是产业结构变迁引起就业结构变迁的结果,也是市场机制在资源配置过程中的必然逻辑。世界上所有发达国家在实现工业化的同时,无一例外

---

① 姜国祥:《"民工潮"形成的深层原因及其对策》,《浙江社会科学》1996年第6期。
② 宋林飞:《"民工潮"的形成、趋势与对策》,《中国社会科学》1995年第4期。
③ 张复安:《"民工潮"的成因、影响与对策探讨》,《河南财经学院学报》1993年第3期。

地都推进了城市化进程。据统计，1994 年，中国城乡人口为 28.62% 和 71.38%，第一、第二、第三产业产值比为 20.97%、47.24% 和 31.79%，[①] 这不难得出工业化超前而城市化水平严重滞后的结论。其最主要的原因是，中国在相当长的一段历史时期工业化是在城乡隔离的环境下独立于城市化进行的。实际上，现代化首先是工业化、城市化和社会结构的合理化，而这一切的实现都取决于城市化水平的提高。农民不接受城市化的洗礼，中国就不可能真正迈入现代发达国家的行列。因此，可以说，"民工潮"也是中国城市化滞后所带来的社会结构变革的产物。

2. "民工潮"的影响

"民工潮"对经济和社会的冲击及影响是深刻的、多方面的。

从积极的方面看，一是解决了发达地区和城市发展中劳动力结构性短缺问题。农村劳动力外出务工经商，填补了流入地区劳动力不足的缺口，支援了流入地区的经济建设。一大批农民工活跃在城市建筑业、纺织业、运输业、商业、饮食业以及家庭服务业等领域，城市的有效运转已离不开他们的劳动。在深圳经济特区，农民工至少占到了总人口的 50%。广东省经济的腾飞，除得益于开放政策外，还得益于几百万外省农民工的流入。[②] 农民工所从事的工作大多是一些苦、脏、累的工种，既满足了这些行业对劳动力的需求，促进了流入地区相关产业的发展，又给当地居民生活带来了便利。二是反哺了劳动力输出地区的经济发展。农民工外出推动了输出地区农民就业和增收两大难题的解决，既使农村剩余劳动力由原来的包袱变为现在的财富，增加了农民收入，又达到了"借地育才"的目的。据《1993—1994 年中国农村发展年度报告（经济绿皮书）》提供的数字，1993 年农村劳动力在城镇打工的有 3865.5 万人，年货币收入 1410.6 亿元，人均年收入 3649 元。而当年农民人均收入只有 921 元。所谓"送出一人，全家脱贫"，是符合实际的。[③] 许多农民工在城市和沿海发达地区打工开阔了眼界，增长了才干。他们在掌握了技术和积累了资金后，回到家乡创办乡镇企业，带动本地农民共同致富。安徽省蒙城县 2.1 万家乡镇企业中，由外出农民工回乡领办创办

---

① 《中国劳动统计年鉴（1995）》，中国统计出版社 1996 年版，第 4—5 页。
② 本刊评论员：《"民工潮"：一个跨世纪的难题》，《中国农村经济》1994 年第 4 期。
③ 易之：《全面看待"民工潮"》，《中国党政干部论坛》1995 年第 1 期。

的就有 1.2 万个。① 三是对中国传统体制带来巨大的冲击。对农村来说,有力地促进了自然经济的瓦解;对于城市来说,是对"铁饭碗""铁交椅"用工制度的冲击,是对城市户口管理制度的冲击,倒逼着中国城市化的进程,并为建立全国统一的劳动力市场创造了条件。

从消极的方面看,一是大量农民工外出造成了农业劳动力的高龄化、女性化和素质弱化,一些地区出现农田撂荒和粗放经营问题,影响了农业生产的发展。二是加剧了交通运输和城市基础生活服务设施的紧张。据铁道部统计,1993 年 1 月下旬至 2 月上旬,全国铁路日均发送旅客 320 多万人,比春节前 15 天日均增加 30 多万人,其中农民工占总客流量的 74%。② 三是农民工的流动带有较大的盲目性,不仅影响城市的社会治安,而且也给计划生育政策的落实造成很大的压力。

"民工潮"是一种不可逆转的潮流。党和政府从这一现象中看到了亿万农民的就业需求,以及巨大的创造力和主动精神,对农民的选择采取了尊重的态度,因势利导。从 20 世纪 90 年代起,政府部门和研究机构开始把农村劳动力就业考虑进来,提出实行城乡统筹就业的指导思想,通过开展农村劳动力开发就业试点和实施农村劳动力跨地区流动有序化工程,控制农村劳动力转移的速度,以减轻城市就业压力;通过建立城乡一体的劳动力市场,逐渐打破城乡分割的就业体制,从而推进解决农民就业和增收两大难题。

(二) 开展农村劳动力开发就业试点

农村劳动力就业问题,在 20 世纪 90 年代初还是一个崭新的课题,在国家正式的文件中甚至没有使用过这个概念。此前,主管劳动就业工作的劳动部主要负责城镇就业,几乎不关注农村劳动力问题,甚至有"劳动部是只管城市全民所有制工业的劳动部"的说法。③ 面对农村剩余劳动力就业以及"民工潮"问题,劳动部、农业部和国务院发展研究中心于 1991 年 1 月共同发起,选择一些具有代表性的省、市、县,建立和实施了"中国农村劳动

---

① 本刊评论员:《"民工潮":一个跨世纪的难题》,《中国农村经济》1994 年第 4 期。
② 朱泽:《"民工潮"问题的现状、成因和对策》,《中国农村经济》1993 年第 12 期。
③ 时任劳动部副部长的何光同志认为,加强对中国农村劳动力资源开发问题的研究有十分重要的意义,劳动部不能成为只管城市全民所有制工业的劳动部。

开发就业试点"项目，历经十余年、分三个阶段试点，使各地指导与推动开发就业的成功经验和有效办法得到总结推广，在制度创新和政策建树方面取得了丰硕的成果，也使全国农村劳动力的开发就业和农民工有序流动工作取得了重要进展。

1. 农村劳动力就业道路的探索——50个地区试点的起步

1991年1月26日，劳动部、农业部和国务院发展研究中心发出了《关于建立并实施中国农村劳动力开发就业试点项目的通知》，要求各省、自治区、直辖市选择1—2个农村就业工作有基础、已创造出一定经验的县作为项目联系点，并按规定程序申报，经审批后确定为试验点。要以促进农村劳动力资源开发利用，帮助亿万农村劳动者实现就业为基本出发点，通过选点试验，完成以下任务：一是探索不同自然、经济和社会条件下农村劳动力开发就业的具体途径、实现方式和相应的政策措施；二是建立同各种就业方式相配套的社会化服务体系和组织管理形式；三是研究政府统筹管理城乡就业的政策法规和宏观调控办法。各试验点应根据项目任务和目标要求，进行农村就业方面的综合性试验，同时可结合本地区实际情况有重点地选择以下试验内容：平原、丘陵、山区、沿海地区，发达和不发达地区农村劳动力在传统农业、新型农业和非农产业中的开发就业；在不同所有制形式下组织农村劳动力自主就业；组织农村劳动力在农村不同区域之间、城乡之间合理流动以及对外劳务输出；开展多种形式的培训，提高农村劳动者的素质；运用劳务市场机制，对城乡劳动力就业实行计划与市场调节相结合的统筹管理；建立农村劳动力就业的社会化服务体系；以建设小城镇为依托吸纳农村剩余劳动力等。[①]

1991年5月，劳动部、农业部、国务院发展研究中心和中国农村劳动力资源开发研究会在北京通县召开中国农村劳动力开发就业试点项目第一次工作会议，标志着试点项目的正式启动。此后，在中国农村劳动力开发就业试点项目指导小组的领导下，立足于农村基层，以县、市一级为重点，先后在四川、广东、湖北、安徽、山东、浙江等省建立了10个试验点、40个联系点，探索不同类型地区农村劳动力开发就业的途径和规律。1991年11月，

---

① 张小建、毛健、陈治中主编：《中国农村劳动力开发就业启示录》，中国劳动出版社1997年版，第55—58页。

中共十三届八中全会通过的《中共中央关于进一步加强农业和农村工作的决定》明确提出："妥善安排农村富余劳动力是保持社会稳定的重大问题。要通过精耕细作，植树种果，发展畜牧业和水产业等多种途径，向农业的广度和深度开发，争取在农业第一产业内部多吸纳一些劳动力。有计划地开拓和发展第二三产业，加强农村工业小区和集镇建设，开辟农业劳动力转移的门路。"① 该《决定》对农村劳动力开发就业试点项目的开展具有重要的指导意义。

1993年2月，"两部一中心"对农村劳动力开发就业试点项目第一阶段的工作进行了总结，肯定了项目实施两年来取得的初步成果：一是创造并总结了一批成功的经验。试点地区注意将农村劳动力开发就业与本地经济发展统筹规划，在调整农村经济结构，发展第二、第三产业，促进农村经济发展的同时，较好地解决了农村富余劳动力的就业问题。如河南扶沟县发展集约农业，不仅消化了本地10余万富余劳动力，还吸引了大量外地劳动力；浙江苍南县龙港镇依靠农民集资建城、发展劳动密集型加工产业，把一个偏僻落后渔村建设成一座7万人的小城市，吸纳了数万农民工就业；安徽金寨县从组织劳务输出起步，积累资金，锻炼一批"能人"，建立起本地龙头产业，走出了一条靠开发就业致富之路。二是制定实施了一些行之有效的政策。试点地区结合本地经济发展特点和劳动力资源状况，实行积极促进劳动力开发就业的政策措施，鼓励和扶持农村劳动者通过扩大生产、搞活经济实现就业。例如，湖北京山县制定优惠政策，鼓励农民开发荒山、荒坡；广东惠东县制定鼓励外商投资的政策，发展外向型乡镇企业。北京通县、广东佛山市、山东胶州市等试点地区还制订了农村职业技术培训、乡镇企业劳动管理等方面的政策。这些切合实际的鼓励和扶持政策，对调动广大农村劳动者的积极性、促进开发就业具有重要作用，也为研究制定全国性的农村劳动力开发就业政策提供了基础和依据。三是试点地区成立了政府牵头、有关部门参加的领导小组，统筹指导城乡就业工作，劳动、农业等各有关部门在统一的方针政策指导下，形成了协调配合的新体制。例如，组织农、经、科、教、劳等部门协调联动，共同推动农村培训体系的建立；建立省际劳务协调

---

① 《中共中央关于进一步加强农业和农村工作的决定》，《党的建设》1992年第2期。

制度，发展有组织的劳务输出等。一些试点地区还逐步实现了城乡劳动力开发就业的统筹规划和管理。这些做法和措施，对于改革城乡分割的就业管理体制，建立统一协调的劳动力市场和促进政府部门职能转换具有重要的意义。[1]

2. 农村劳动力就业政策和制度的创新——8个省级试点的实践

1993年6月18日，劳动部、农业部和国务院发展研究中心印发了《中国农村劳动力开发就业试点项目指导小组〈关于在省一级开展农村劳动力开发就业试点工作的意见〉的通知》，决定从1993年6月起扩大试点范围，选择农村劳动力较多、有工作基础、在全国各类地区中具有一定代表性的部分省、自治区、直辖市，开展农村劳动力开发就业试点工作。省级试点的任务和目标是：建立按市场机制运行、城乡协调的劳动力管理体制；制定并实施有利于促进经济和就业协调发展的政策；形成农村经济部门、劳动管理部门及其他有关部门各司其职、协调配合、共同促进农村就业的工作关系；建立有助于农村劳动者自主择业和劳动力有序流动的就业服务和社会保障体系；在本省、区取得提高农村劳动者素质和就业水平的实效。此后，农村劳动力开发就业试点项目的工作进入了第二阶段。

根据"两部一中心"文件的要求，确定四川、广东、甘肃、山东、江苏、湖北、安徽、河北8个省作为省级试点地区，试点县增加到100多个。这些省份都是劳动力输出和输入的大省，农村劳动力的问题也已被提上政府的议事日程。试点过程中，各省都建立了有关部门相互协调的工作机制，共同进行农村劳动力调查，研究相关政策，农业部门和劳动部门都开始重视农村劳动力的就业工作，并将其纳入部门工作的大盘子。其中劳动部门将就业服务机构的服务活动延伸到乡镇，不少地区在乡镇建立服务机构，在发展有组织的劳务输出和开展外来农村劳动力管理，以及开展农村劳动力的职业培训方面发挥了重要作用。

1996年10月，"两部一中心"在北京联合召开了全国农村劳动力开发就业工作经验交流会，会议认为五年来两期试点工作成效显著：一是扩大了农村就业门路，增加了就业岗位。各地在试点中，注重因地制宜，利用本地

---

[1] 张小建、毛健、陈治中主编：《中国农村劳动力开发就业启示录》，中国劳动出版社1997年版，第234—235页。

自然资源、地理条件和经济优势，充分调动农民自主就业的积极性，开辟了多种就业途径。不少地区将农村就业与经济发展紧密结合，进行整体规划，制定配套政策，以实施"项目""工程"等方式打总体战，使农村劳动力开发就业取得规模效益。二是提高了农村劳动者的素质和能力。各地在试点工作中，将开展职业技术培训作为促进农村就业的重要措施。通过开展农业实用技术培训、非农职业培训和劳务输出培训，并与就业紧密结合，提高劳动者就业能力。不少劳务输出地区"借地育才"，鼓励外出打工者学技术、学管理后回来建设家乡。很多地区注重发挥"能人"在创业和传播技术中的带头作用，为他们施展才能创造条件，带动了农村劳动者整体素质的提高。各试点省还对培训进行整体规划，建立县、乡、村三级培训网络推动农村培训，提高了培训质量和效果。三是促进了劳动力合理有序流动。江苏、广东、山东等沿海省把建立统一的劳动力市场、促进省内城乡劳动力的合理流动作为试点内容，制定相应政策，鼓励本省贫困地区向发达地区定向输送劳动力。通过开展有组织的劳务交流，引导农村劳动力合理、有序流动，带动贫困地区经济发展。四是为城乡就业工作提供了新经验。农村劳动力开发就业，是城乡劳动就业工作的重要组成部分。试点工作的成功经验，对全国城乡就业具有重要意义。其中一些改革创新的做法，对就业体制改革提供了有益的启示。试点中逐步形成的促进农村劳动力开发就业的指导思想和主要对策，已列入"九五"规划和2010年远景目标纲要，在国家相关政策中也有所体现，为完善国家立法和制定宏观政策提供了重要依据。[①] 此外，试点地区劳动力市场和城乡就业服务网络的发展，为劳动就业的社会化服务和规范化管理创造了条件。

3. 农村劳动力就业重点领域政策与机制的试验

在"两部一中心"前两期试点的基础上，2000年7月20日，劳动保障部、国家计委、农业部、科技部、建设部、水利部和国务院发展研究中心联合下发了《关于进一步开展农村劳动力开发就业试点工作的通知》，提出在一些有条件的地区深入开展农村劳动力开发就业试点工作。与前两期试点方式不同，这次试点有针对性地设定了四项任务：一是试行城乡统筹就业；二

---

① 林用三：《总结经验积极开拓搞好农村劳动力资源开发利用》，《中国劳动科学》1997年第1期。

是大力组织转移培训;三是推进西部开发就业;四是鼓励扶持返乡创业。上述任务的试点时间为2000—2003年。[①] 到2000年年底,七部门批准了96个市(县)作为试点地区,其中开展城乡统筹就业试点的地区有16个,组织转移培训试点的地区有47个,推进西部开发就业的试点地区有15个,扶持返乡创业试点的地区有18个。[②]

在国家项目指导小组的指导下,农村劳动力开发就业试点工作取得了阶段性成果。大部分城乡统筹就业的试点地区出台了打破城乡分割、实行城乡统筹就业的政策规定和相关的配套措施。例如,浙江省长兴县已经开始对在本县境内就业的县内外各类城乡劳动力实行统一的管理制度,取消了过去长期实行的以户籍划分劳动力类别及管理的政策,并狠抓社会保险扩面,实现了养老保险城乡全覆盖。扶持返乡创业的试点地区大多出台了促进返乡创业的优惠政策,这些政策涉及返乡创业的户籍、子女教育、经营用地、资金筹措、税费减免、审批简化等多个方面。据不完全统计,12个试点地区返乡创业人员达到1.9万多人,通过返乡创业吸纳近14万人就业。[③] 组织转移培训的试点地区则根据本地的劳动力资源状况和结构调整制订了培训规划,初步形成制度化的培训体系。绝大部分试点地区开展了劳动力资源调查等调研活动,试点的基础进一步巩固。农村劳动力流动就业重点监控工作进一步规范,决策作用开始显现。各重点监控地区普遍完善了重点监控工作制度,稳定了重点监控的信息员队伍,建立了农村劳动力流动就业重点监控数据库,对及时掌握农村劳动力的流量、流向和结构起到一定的作用。

(三) 实施农村劳动力跨地区流动有序化工程

1992年以后,随着农村劳动力跨地区流动的规模不断扩大,异地就业已成为解决农村剩余劳动力就业问题的重要渠道,以乡镇企业吸纳为主的农民工就业模式快速向以外出异地就业为主的模式转换。与此同时,城市国有企业职工大量下岗,城市就业形势空前严峻。国家对农村劳动力流动、转移的政策发生了变化,即由控制盲目流动逐渐转变到鼓励、引导和实行宏观调

[①] 《关于进一步开展农村劳动力开发就业试点工作的通知》,《劳动保障通讯》2000年第8期。
[②] 《中国劳动和社会保障年鉴(2001)》,中国劳动社会保障出版社2001年版,第263页。
[③] 《中国劳动和社会保障年鉴(2002)》,中国劳动社会保障出版社2002年版,第247页。

控下的有序流动①，显示出限制与规范并行的特点。

为消除"民工潮"的消极影响，劳动部于1993年11月3日印发《农村劳动力跨地区流动有序化——"城乡协调就业计划"第一期工程》，指出：今后一个时期，随着农业剩余劳动力转移和城市化速度加快，农村劳动力跨地区流动的规模还有进一步扩大的趋势，因此，在坚持就地转移的同时，完善劳动力市场机制，健全市场规则和秩序以及调控手段，使劳动力跨地区流动有序化，为农村劳动力异地就业开拓正常渠道，已成为当前面临的紧迫任务。有序化工程的目标是"在全国形成与市场经济相适应的劳动力跨地区流动的基本制度、市场信息系统和业务网络，使农村劳动力流动规模较大的主要输入、输出地区实现农村劳动力流动有序化"，即"输出有组织""输入有管理""流动有服务""调控有手段"和"应急有措施"。有序化工程提出了四项任务：一是建立基本制度。在全国范围内建立起农村劳动力跨地区流动的基本制度，包括大中城市各类企业用工管理和监察制度，劳动力市场规范，劳动力输入、输出的管理和服务制度，异地就业劳动者的权益保障制度等。二是发展服务组织。在主要输入、输出地区，鼓励发展为农村劳动力跨地区流动和异地就业的服务组织，包括城市职业介绍所、乡镇劳动服务站、民办中介服务实体、区域性劳务合作组织、省际和区域性劳务协调组织、各类培训组织等。三是完善基础手段。在全国各级劳动力市场信息系统逐步建立的基础上，重点完善农村劳动力跨地区流动的信息传播、监测系统。四是强化协调服务。加强区域间的协调配合，及时沟通情况，交流经验，分析研究新情况和新问题，密切与有关部门的联系，加强合作，共同做好各项服务工作。②同年11月14日，中共十四届三中全会通过的《中共中央关于建立社会主义市场经济体制若干问题的决定》进一步提出：要"鼓励和引导农村剩余劳动力逐步向非农产业转移和地区间的有序流动"。这与前几年要求各地政府采取有效措施，严格控制民工外出的提法已经有了很大的转变，不仅肯定了农村劳动力转移和在地区间流动的合理性，而且也提出

---

① 宋洪远、黄华波、刘光明：《关于农村劳动力流动的政策问题分析》，《管理世界》2002年第5期。
② 《农村劳动力跨地区流动有序化——"城乡协调就业计划"第一期工程（摘要）》，《农村工作通讯》1994年第4期。

了引导有序流动的要求。

为了加强农村劳动力跨地区流动就业的管理，引导农村劳动力跨地区有序流动，1994年11月17日，劳动部颁布了《农村劳动力跨省流动就业管理暂行规定》。规定将各城市自行推出的临时工管理证、外来人员务工证、务工许可证等统一为"流动就业证"，由输出地发放就业卡，输入地发放就业证，证、卡合一生效。尽管这个规定是一个临时应急性的条例，还带有某些过去的行政和计划色彩[1]，在很大程度上增加了农村劳动力外出务工的间接成本，抬升了他们在城市就业的门槛，但这是国家关于农村劳动力跨地区流动就业的第一个规范化文件，对于规范各地自行其是的管理规定和劳动就业服务行为起到了积极的作用。

此后，国家有关部门下发了一系列文件，从户籍改革、劳动力市场建设、国民经济和社会发展计划等方面，对农村剩余劳动力进城务工的管理和服务作了进一步规定。这些文件的关键词是"规范""有序""组织"。[2] 例如，1995年9月19日，中共中央办公厅、国务院办公厅转发了《关于加强流动人口管理工作的意见》，决定实行统一的流动人口就业证和暂住证制度，提高流动的组织化、有序化程度。1997年6月10日，国务院批转了公安部《小城镇户籍管理制度改革试点方案》，允许已经在小城镇就业、居住并符合一定条件的农村人口在小城镇办理城镇常住户口，以促进农村劳动力就近、有序地向小城镇转移。对在小城镇落户的人员，各地方、各部门均不得收取城镇增容费或类似的费用。[3] 1997年11月25日，国务院办公厅转发劳动部等部门《关于进一步做好组织民工有序流动工作的意见》指出：要加强劳动力市场建设，把民工流动的管理服务工作纳入经常化、制度化轨道。输入地区要根据城市发展建设规划、基础设施状况、劳动力需求情况，制订劳动力输入计划和管理制度；指导用人单位与民工签订劳动合同，依法处理劳动纠纷，维护双方的合法权益；积极开展面向民工的职业技能培训和职业道德教育，提高民工素质和职业能力。输出地区要根据输入地劳动力需求和

---

[1] 王西玉等：《中国二元结构下的农村劳动力流动及其政策选择》，《管理世界》2000年第5期。
[2] 马雪松：《从"盲流"到产业工人——农民工的三十年》，《企业经济》2008年第5期。
[3] 宋洪远、黄华波、刘光明：《关于农村劳动力流动的政策问题分析》，《管理世界》2002年第5期。

本地农村劳动力资源状况、农业生产需要，制订劳动力输出计划；充分发挥各级劳动部门的作用，为外出民工提供准确的信息和服务；支持劳务输出机构与用工单位建立相对稳定的合作关系，发展有组织的劳务输出；加强民工输出前的职业技能培训和法制教育。① 1998 年 10 月 14 日，中共十五届三中全会通过了《中共中央关于农业和农村工作若干重大问题的决定》，要求"适应城镇和发达地区的客观需要，引导农村劳动力合理有序流动"。2000 年 1 月 17 日，劳动保障部办公厅《关于做好农村富余劳动力流动就业工作意见》指出："要按照形成市场导向就业机制的要求，坚持城乡统筹，进一步做好农村富余劳动力流动就业工作。"从 2000 年下半年开始，国家关于农村劳动力流动就业的政策发生了一些积极的变化，即逐步取消对农民进城就业的各种不合理限制，积极推进涉及农村劳动力流动的就业、保障、户籍、教育、住房、小城镇建设等多方面的配套改革，促使城乡劳动力市场一体化建设迈出实质性步伐，农村劳动力的转移和流动进入一个新的发展时期。②

2001 年 3 月，《中华人民共和国国民经济和社会发展第十个五年计划纲要》提出：要"打破城乡分割体制，逐步建立市场经济体制下的新型城乡关系。改革城镇户籍制度，形成城乡人口有序流动的机制。取消对农村劳动力进入城镇就业的不合理限制，引导农村富余劳动力在城乡、地区间的有序流动。"3 月 30 日，国务院批转公安部《关于推进小城镇户籍管理制度改革意见》指出：凡在小城镇"有合法固定的住所、稳定的职业或生活来源的人员及与其共同居住生活的直系亲属，均可根据本人意愿办理城镇常住户口。"10 月 30 日，国家计委、财政部《关于全面清理整顿外出或外来务工人员收费的通知》提出：对农民工的"城市增容费、劳动力调节费、外地务工经商人员管理服务费、外地（外省）建筑（施工）企业管理费等行政事业性收费一律取消"。

总的来看，在国务院和各主要劳动力输入、输出省份的高度重视和努力

---

① 《国务院办公厅转发〈劳动部等部门关于进一步做好组织民工有序流动工作的意见〉的通知》，《中华人民共和国国务院公报》1997 年第 36 期。
② 《人口素质全面提高，就业人员成倍增加——改革开放 30 年我国经济社会发展成就系列报告之六》，《中国信息报》2008 年 11 月 4 日。

下，农村劳动力流动，特别是春运期间农民工流动的无序状况得到了很大的改善。在交通运力增加、城市基础设施建设改善和劳动力市场服务加强后，国务院陆续取消了春节后一个月不招工等政策，农民工的流动就业逐渐走入正轨。据中国社会科学院社会学研究所的测算，1995 年，外出务工的农村劳动力在 6500 万—7500 万人。1995 年 10 月底，仅跨省（区）的流动民工数量就达 3000 万人，比 1994 年增加了 20%。据统计，2001 年全国农村 18.6% 的劳动力外出打工，达到 8961 万人，大部分进入城市务工经商。① 这一阶段，尽管中国城乡就业态势趋紧，农民工较大规模流动就业持续进行，但从 1995 年开始，农民工流动呈现出两大特点：一是流动就业由增势趋缓到平稳进行。据农业部百县调查推测，1994 年增幅在 12% 左右，1995 年增幅为 8%，1996 年以来基本持平。二是呈现全方位流动，由农村向城市、由中西部不发达地区向东部发达地区基本流向不变，但向西北、东北地区的流动增加。②

需要指出的是，这一阶段由于城市职工下岗失业增加，实施再就业工程成为各级政府的重要任务之一。在此背景下，虽然国家仍继续强调要根据城市和发达地区的需要，合理引导农村劳动力进城务工，但对农民工流动、就业仍然存在许多不合理的限制，甚至是歧视。比如，1995 年以来北京市对外来务工经商人员从事的行业和工种进行严格限制，通过所谓的"腾笼换鸟"，把正在岗位上的外来劳动力清退，换上本地的下岗、失业人员。③ 再比如，农民工的合法权益得不到有效的保护，克扣和拖欠工资、乱收费现象严重。有许多地方对农民工"只收费，不服务"，如暂住证制度就已显露出很多缺点。实际上，相当一部分流动人口已经在暂住地扎根下来，成为事实上的常住居民，但仍不能享受本地居民的权利。④

---

① 李文安、李亚宁：《中国现代化视野下的农村劳动力流动》，《当代世界与社会主义》2010 年第 3 期。
② 王西玉等：《中国二元结构下的农村劳动力流动及其政策选择》，《管理世界》2000 年第 5 期。
③ 宋洪远、黄华波、刘光明：《关于农村劳动力流动的政策问题分析》，《管理世界》2002 年第 5 期。
④ 张玉玲：《公平对待农民工》，《光明日报》2003 年 1 月 20 日。

七　劳动就业体制改革探索取得的成就与特点

（一）劳动就业体制改革探索取得的成就

1992—2001 年，随着社会主义市场经济体制的建立，中国劳动就业体制改革与发展取得了巨大成就，主要表现在以下几个方面：

1. 就业总量继续增长，就业结构显著改善

这一阶段，尽管国有企业改革使下岗和失业人数激增，加之农村剩余劳动力大规模向大城市转移，就业压力加大，"九五"期间成为改革开放二十多年来就业人数增长最慢的时期，但是，据国家统计局的权威数据显示，到 2001 年年底，全国城乡就业人员达 72797 万人，比 1992 年年初增加了 7306 万人。中国保持就业总量继续增长，是与经济体制改革和经济总量的快速增长分不开的，2001 年的国内生产总值比 1992 年增长了 81130.9 亿元，达到 108068.2 亿元。1992 年城镇登记失业人数 363.9 万人，城镇登记失业率为 2.3%，是本期最低年份；2001 年城镇登记失业人数 681.0 万人，城镇登记失业率为 3.6%，是本期最高年份。与此同时，就业结构进一步优化。第一，随着产业结构的调整，从业人员的就业结构发生了相应变化。1994 年，第三产业就业人数超过了第二产业；1997 年，第二、第三产业就业人数之和首次超过第一产业。劳动力在第一、第二、第三产业的就业结构由 1992 年的 58.5%、21.7%、19.8%优化为 2001 年的 50.0%、22.3%和 27.7%。[①]第二，多种经济成分共同发展，非公有制单位成为就业增加的主体。1992 年城镇从人员为 15629.9 万人，其中，职工 14848.8 万人。在全部城镇职工中，国有经济单位职工 10888.9 万人，占城镇从业人员的比例为 69.67%；城镇集体经济单位职工 3621.2 万人，占城镇从业人员的比例为 23.17%；其他各种经济单位职工 281.8 万人。此外，城镇私营和个体从业人员为 837.9 万人。[②]到 2001 年年底，城镇从业人员为 23940 万人，其中，职工 12892.3 万。在全部城镇职工中，国有单位职工 8709.7 万人，占城镇从业人员的比

[①] 参见《中国统计年鉴（2013）》，中国统计出版社 2013 年版，第 44、122—123 页。
[②]《中国劳动统计年鉴（1993）》，中国劳动出版社 1993 年版，第 9 页。

例为 36.38%；城镇集体单位职工 1753.0 万人，占城镇从业人员的比例为 7.32%；其他单位 2429.6 万人。城镇私营和个体从业人员为 3658.0 万人。[①] 同时，这也反映出另外一个问题，即就业规模的扩大主要依赖于非正规就业形式，就业质量不高，表现为用工制度不规范、工资待遇低、就业人员的基本权益难以保障等。第三，从业人员素质也普遍提高，高素质人才比重加大，1992—2001 年普通高等学校毕业生累计达到 794.9 万人。[②] 企业对高新技术人才的需求日益高涨，劳动者也更加注重自身素质的提高。

2. 劳动力市场建设取得重大进展，市场导向就业机制正在形成

建立完善的劳动力市场从而实现就业市场化，是劳动就业体制改革的目标，是解决就业问题的必要条件，也是建立社会主义市场经济体制的主要内容和基本要求。自 1993 年中共十四届三中全会第一次明确提出"培育和发展劳动力市场"以来，劳动力市场建设取得了重大进展：一是市场机制逐渐成为配置劳动力资源的主要力量和手段。过去人们主要是依靠政府安置实现就业，但随着劳动合同制的全面推开和固定工制度退出历史舞台，不仅是新成长的劳动力主要通过市场实现就业，就是国家仍负责安置的退伍军人也越来越多地通过市场找到了适合于自己的就业岗位。政府在"安排工作"方面的作用日益减弱，而代之以制定政策和提供服务。二是双向选择的竞争就业机制在劳动力配置方面的作用日益增强，劳动力的流动范围明显加大。一方面，企业为增强自身的市场竞争能力越来越注意择优录用和节约使用劳动力；另一方面，劳动者为获得就业岗位或更高收入而进行的流动，不再局限在一个地区、一个行业的小范围，而是突破了城乡、地区、所有制界限，劳动力跨城乡、跨地区、跨行业、跨职业的流动越来越普遍。三是职业介绍机构发展迅速，并在配置社会劳动力方面发挥着重要作用。职业介绍机构是劳动力市场体系的重要组成部分。各级各类职业介绍机构数量众多，分布广泛，为用人单位选择所需的劳动者以及劳动者选择适合于自己的就业岗位创造了条件。[③] 不过，劳动力市场只是为劳动力供求双方提供交易手段和实现

[①] 《中国劳动和社会保障年鉴（2002）》，中国劳动社会保障出版社 2002 年版，第 501 页。
[②] 《中国统计年鉴（2002）》，中国统计出版社 2002 年版，第 674 页。
[③] 《就业规模不断扩大结构逐步优化——新中国 50 年系列分析报告之十八》，http://www.stats.gov.cn/ztjc/ztfx/xzg50nxlfxbg/200206/t20020605_ 35976. html。

机制，它本身并不能保证充分就业的实现，也不具备实现充分就业的职能。政府的劳动力市场政策主要功能在于：一是促进劳动力市场发育，诸如维护市场秩序、制定交易规则、促进公平竞争等；二是弥补市场机制缺陷，为促进资源优化配置而对交易过程实施干预，排除不能实现公平交易的障碍，等等。[①]

3. 两大就业难题得到逐步缓解

这一阶段，中国劳动就业体制改革面临两大难题：一是职工下岗、失业问题。20世纪90年代中期以来，随着国有经济战略性调整和国有企业产权改革，职工下岗、失业问题突出。为此，从1998年5月起，中共中央、国务院把下岗职工基本生活保障和再就业工作列为"一把手"工程。通过加强宏观调控，对国有企业职工下岗分流制定一些基本程序和制度规范，同时实行劳动预备制度，保证下岗失业问题不会超过社会所能承受的能力；通过建立再就业服务中心，完善社会保障体系，积极稳妥地保障下岗职工的基本生活，维护社会稳定；通过千方百计创造就业岗位，积极推进劳动力市场建设，开展职业培训和就业服务，促进下岗职工和失业人员尽快实现再就业。到2001年，国有企业职工下岗失业问题的解决已取得重大进展。二是民工潮问题。90年代初，随着市场化改革和国民经济的快速发展，大量农村剩余劳动力流入沿海发达地区和大中城市，形成民工潮，从而引发了交通运输、城市社会治安、劳动力市场管理等诸多问题。为此，先后推出了"中国农村劳动力开发就业试点项目"和"农村劳动力流动有序化工程"，积极探索统筹城乡就业，促进农村劳动力开发就业，发挥乡镇企业吸纳劳动力的主渠道作用，规范和引导农村劳动力有序流动，并对小城镇的户籍管理制度进行了改革。到90年代后期，农村劳动力大规模盲目流动的情况日趋减少。同时，随着城镇就业人数迅速上升，城乡就业结构也发生了很大变化。在全国就业人员中，1992年的城乡就业人员比例为27∶73，1998年城镇就业人员占全国就业人员的比例已达到了30%，到2001年城乡就业人员比例优化为33∶67。[②]

当然，1992—2001年中国劳动就业体制改革还有许多任务没有完成。

[①] 胡鞍钢、程永宏：《中国就业制度演变》，《经济研究参考》2003年第51期。
[②] 参见《中国统计年鉴（2013）》，中国统计出版社2013年版，第121—122页。

诸如下岗职工出中心后的就业并轨问题、劳动力市场多重分割（城乡分割、体制内外分割、行业分割等）问题、城乡劳动力平等就业问题、提高劳动者就业质量问题等。

（二）劳动就业体制改革的特点

1992—2001 年，中国劳动就业体制改革与发展的中心任务是：培育和发展劳动力市场，建立市场导向的就业机制。紧紧围绕这一中心任务，劳动就业体制改革有以下几个特点：

1. 劳动就业体制改革紧紧围绕中心任务来进行

1992 年 10 月，中共十四大作出关于建立社会主义市场经济体制的决定。1993 年 11 月，中共十四届三中全会提出"培育和发展劳动力市场"的目标，并把它作为发展生产要素市场的一个重点。根据培育统一、开放、竞争、有序的劳动力市场的要求，劳动部确定进一步深化劳动就业体制改革的目标模式为：以充分开发利用劳动力资源为出发点，以实现充分就业和劳动力合理配置为目标，建立起国家宏观调控、城乡协调发展、企业自主用人、劳动者自主择业、市场调节供求、社会提供服务的新格局，实现充分就业和劳动力的合理配置，即实行国家政策指导下的市场就业。[①] 按照这一目标，就业体制也相应地进行了改革。首先是确立市场主体，完善市场机制。这主要包括：1992 年的《全民所有制工业企业转换经营机制条例》，1994 年的《中华人民共和国劳动法》和《关于全面实行劳动合同制的通知》，1998 年中共中央提出"实行在国家政策指导下，劳动者自主择业、市场调节就业和政府促进就业的方针"，等等，都是旨在恢复劳动力供求双方的主体地位，通过建立双向选择、合理流动的机制，实现劳动者自主择业，企业自主用人；在就业中引入竞争机制，通过竞争使劳动者树立就业凭竞争、上岗凭能力的意识，增强就业能力，使企业合理使用劳动力，不断提高企业效益和凝聚力，吸引优秀人才。其次是培育和发展劳动力市场，建立市场规则。这主要体现在三个方面：一是关于培育和发展劳动力市场的政策性文件出台。如 1993 年劳动部《关于建立社会主义市场经济体制时期劳动体制改革总体设

[①] 《中国劳动年鉴》（1995—1996），中国劳动出版社 1996 年版，第 166 页。

想》提出了培育和发展劳动力市场的标准模式、步骤和政策措施；2000年劳动保障部颁发了《劳动力市场管理规定》等。二是关于开展劳动力市场"三化"建设的试点。1999年在全国选择了100个城市，组织开展劳动力市场科学化、规范化和现代化建设试点工作。三是各级劳动保障部门积极开展包括职业介绍、职业指导、就业训练等公益性就业服务，发展公共就业服务体系。最后，加快社会保障制度改革，为进一步规范和发展劳动力市场提供保障。这是鉴于在"减员增效"过程中出现的下岗人员以及城镇失业人员普遍存在基本生活、养老、医疗等方面缺乏保障的问题而提出来的。实践证明，随着社会保障制度改革的不断完善，劳动力对"单位"的依赖性会逐渐消除，劳动力的流动范围会更广阔，市场最终会成为配置劳动力资源的基础力量。

2. 劳动就业体制改革与建立市场经济体制和国有企业改革同步

20世纪90年代，随着社会主义市场经济体制的建立和国有企业改革的深入，中国体制内的劳动就业制度改革也一步一步、由浅入深地进行，从"优化劳动组合"到"全面实行劳动合同制"，从"富余职工安置"到"实施再就业工程"，再到"建立市场导向的就业机制"。可以说，"优化劳动组合"与"富余职工安置"更多的是企业内部劳动力市场及人员调整的问题，其中，"优化劳动组合"是试验性质的、局部的东西，"富余职工安置"则在政策体系上上升到政府及全局的高度。这两种改革均有成效，但它们都没能彻底推行下去。[①] 紧接着，国有企业建立现代企业制度，《劳动法》实施以后，劳动合同制得到全面推开。从劳动力市场供求主体看，劳动者竞争就业、通过市场就业逐渐成为主导方式。而就业渠道的拓展和就业方式的多样化，也为劳动者的自主择业和对自身劳动力的自由支配创造了宽松的环境和条件。劳动者逐步改变了对国有单位的"依附"，在劳动力市场中的主体地位初步确立。与此同时，随着产权改革日益深入和明晰化，企业从政府的高度束缚下解放出来，企业能够根据生产经营的需要调配和使用劳动力，企业获得的自主权逐步扩大，在劳动力市场上的主体地位得以确立。特别是《劳动法》的颁布与实施，放宽了企业裁员的权利：原先的一些政策法规只规定

---

① 卢爱红：《再就业服务中心的建设与发展》，《中国劳动》1998年第12期。

企业有权辞退违反劳动纪律的工人，而这部法律则允许企业在生产经营发生严重困难时按照法定程序裁减人员，从而以法律形式赋予企业录用职工和解聘职工的权利。到90年代中后期，随着国有经济的战略性调整，国有企业减员增效和下岗分流，下岗职工生活保障和再就业问题日渐突出。于是，下岗职工再就业问题被提上议事日程。"实施再就业工程"仍延续了传统体制下的许多"安置"政策措施，不过，此时"市场"已经开始浮出水面，或者已经找到了一条通往"市场"的桥梁，找到了企业"安置"向行业劳动力市场和最终的市场就业机制进行过渡的办法。而此后的"建立市场导向的就业机制"，发挥市场机制在劳动力资源配置中的基础性作用，使劳动力资源得到更充分的开发利用，则是市场经济体制的内在要求，更是中国改革发展逻辑的必然。而这一切，又都是与劳动力市场的发育发展和社会保障制度的改革相伴并相互促进的。

3. "双轨"就业制度并存，就业制度变迁具有转轨时期的过渡性

这一阶段，中国经济体制正在实现由传统的计划经济向市场经济的根本转变，是市场就业制度（目标模式）对计划就业制度（起点模式）替代的关键时期。传统的计划就业制度正在逐渐失去主导地位，但仍然发挥作用；市场就业制度不断发展，市场机制已在劳动力资源配置中发挥基础性作用，但还没有取代计划就业制度。于是，出现了计划就业制度和市场就业制度同时并存并在各自领域发挥作用的"双轨"就业制度。在"双轨"就业制度背景下，部分国有企业下岗职工在就业方面"双隐"并存，即隐性失业与隐性就业同时存在。也就是说，下岗职工在体制内"在职失业"，他已经在原企业失去了工作岗位，但仍然是原企业的职工，职工身份没有变；而在体制外"隐性就业"，他在新的企业找到了一份工作（或许是临时性的），而新的企业或许还没有与他建立正式的劳动关系，但他实际上已经实现了再就业（或许他对新的工作还不很满意）。在这种过渡性的就业制度下，职工（特别是下岗职工）的选择是：一方面保留国有企业职工的身份，维持同原企业的劳动关系，按时领取生活费，并享受计划就业制度下的种种待遇；另一方面在正式的劳动力市场体外循环，从事隐性就业。"双轨"就业制度的"转轨"和"并轨"，以及"双隐"的显性化，都要求职工自由流动。而实际情况是，大量的劳动者依然执着滞留在国有经济中成为"富余人员"或

"下岗职工"而不流动,这表面上是体制转轨中的"体制摩擦",而实际上是体制摩擦背后的"利益摩擦"。利益摩擦又主要表现为大部分劳动者预期的流动收益低于流动成本。① 其实,就业制度改革是一种"非帕累托改进",特别是下岗职工也深感自己是就业制度改革中利益的受损者。因此,在社会保障制度体系还没有健全的背景下,他们不愿意解除与原企业的劳动关系,要求保留国有企业职工的身份,以维护自己继续享用企业提供福利和国家给予相应补偿的权利,出现了所谓"离岗容易离厂难"。为了保证改革的顺利进行,政府就必须给予受损者相应的补偿,以减少改革的阻力,包括妥善解决解除劳动关系后下岗职工的经济补偿和债务清偿问题、社会保险关系的接续问题、最低生活保障问题等。与此同时,还要通过增加市场就业的制度供给,使人们的经济福利越来越多地来自新的制度,以逐渐减少对旧制度的依赖。因此,下岗职工进中心,经过"双轨""转轨"和"并轨"三步走,便成为一种必要的缓冲和过渡性的措施;而加强劳动力市场建设和建立健全社会保障制度体系,建立市场导向的就业机制,才是就业体制改革的根本性制度安排。

4. 二元劳动力市场框架下的统筹城乡就业

改革开放以前,中国劳动力资源的配置表现为一种二元结构,即通过以户籍制度为主的一系列制度安排把劳动力市场分割成城市和农村两大块。从1979—1991年,市场趋向的经济体制改革,使城乡分割的劳动力市场进一步发生演化,在此基础之上,中国劳动力市场分割为城市不完全竞争劳动力市场(或体制内劳动力市场,以国家机关和国有企事业单位为主)、城市完全竞争劳动力市场(或体制外劳动力市场,包括以个体、私营、"三资"企业为需求主体所形成的劳动力市场,国有企事业单位雇用农民工所形成的劳动力市场)和农村完全竞争劳动力市场(或体制外劳动力市场,主要是乡镇企业和私营企业)。② 20世纪90年代,党和政府开始把农村劳动力就业考虑进来,走城乡统筹就业之路,就是在这种"双二元"劳动力市场框架下展开的。加之,国有企业改革中下岗失业人员、城镇新生就业人员和进城打

---

① 杨克明、董冲:《双轨就业体系的制度分析》,《福建论坛》(经济社会版)1998年第6期。
② 晋利珍:《改革开放以来中国劳动力市场分割的制度变迁研究》,《经济与管理研究》2008年第8期。

工的农村富余劳动力三股力量汇聚在一起,城镇就业形势更加严峻。因此,这一阶段解决农村劳动力转移的基本思路主要有两方面:一方面继续鼓励和支持农村多种经营、乡镇企业发展和小城镇建设,促进农村劳动力就地转移;另一方面,对跨区域的劳动力转移加强疏导和管理,强调克服农村劳动力流动的盲目性、无序性。① 这一阶段,尽管以就业证卡管理为中心的农村劳动力跨地区流动的就业体制,还带有某些过去的行政和计划色彩;尽管在国有企业出现大量职工下岗和失业之时,部分省市出台了一些限制农村劳动力进城及外来劳动力务工的规定和政策;尽管中国的劳动力市场还是一个"双二元"的劳动力市场,但是,实行城乡统筹就业,把农村劳动力就业问题纳入国家就业规划,鼓励农村劳动力跨区域向城市、向经济发达地区流动,既是解决农村剩余劳动力转移就业和提高农民收入的主要出路,也是中国劳动就业体制改革,建立全国统一、开放、竞争、有序的劳动力市场的必然要求和选择。

---

① 李占才、运迪:《改革以来我国农村劳动力转移政策的演化及其经验》,《当代中国史研究》2009年第6期。

第十八章

职工教育培训转型：从"职业培训"到"职业技能开发"

1992年以来，随着社会主义市场经济体制的建立，企业逐渐成为自主经营、自我发展、自我约束、自负盈亏的独立竞争主体，企业大量采用新技术、新工艺和新设备，企业制度创新和技术创新对劳动者素质提出了新的要求。职工教育培训已成为企业自身发展的一项重要战略举措。这一阶段，职工教育培训工作以市场需求为导向，形成了政府为主导、企业为主体、各类职业培训实体积极参与的格局。同时，培训工作范围不断拓展，由单纯为城市服务、为国有经济服务，转变为以全社会劳动力为服务对象，以开发和提高劳动者的职业技能为宗旨，培训与就业紧密结合，包括职业技能需求预测、职业分类和职业技能标准制定、职业技能培训、职业资格证书和技能鉴定、职业技能竞赛、职业指导与咨询等为核心内容的职业技能开发体系。

一 逐步建立市场化的职业培训制度

1992年以来，为适应市场化改革与企业技术进步的需要，国家相继制定和出台了一系列关于职工教育培训的法律法规等制度性文件，使职工教育培训工作走上了法制化、制度化和规范化的轨道。

（一）修订工人技术等级标准与制定职业技能标准

职业（工种）分类和职业技能标准是职业培训、技能鉴定工作的基础。为了加强劳动力科学化管理，全面提高劳动者素质，建立培训、考核和使用、待遇相结合的制度，1992年劳动部颁布并出版了第一部《中华人民共和国工种分类目录》，将当时近万个工种归并为分属46个大类的4700多个工种。该《目录》是国家修订工人技术等级标准、企业制定工人岗位规范的基础，是各类职业学校专业设置的依据。它适用于：劳动力需求预测和人力资源开发规划，就业人员的结构、层次及其发展趋势的调查研究，职业教育和培训规划的制定，职业指导和就业咨询，企业劳动组织管理和劳动力合理配置等诸多方面。到1994年，通过国务院各行业主管部门的共同努力，历时6年的全国第三次修订工人技术等级标准的工作基本结束。总的来看，全国第三次"修标"工作取得了以下几个方面的成绩：一是改变了技术等级标准与工资标准紧密联结的关系，形成了工人技术等级标准的独立体系；二是简化等级结构，建立了初、中、高三级制，完善了工人技术等级标准体系；三是打破了部门界限，强化了工人技术等级标准体系社会化。

为了进一步完善职业技能标准体系，劳动部选择部分社会需求大、通用性强、覆盖面广的工种，在工人技术等级标准的基础上，于1994年4月下发了关于制定《国家职业技能鉴定规范》。国家职业技能鉴定规范是针对某一工种的特点和性质，根据职业技能鉴定工作的要求，在工人技术等级标准的基础上进一步细化和量化的考核纲要。首批制定《国家职业技能鉴定规范》的50个工种涉及国内贸易、电子、机械、交通、农业、兵器、技术监督等行业。到1996年，已累计确定3270个职业的技能标准和63个职业的技能鉴定规范，还制定出18个新职业的技能标准。[①]

（二）完善职业技能鉴定制度和建立职业资格证书制度

1993年6月，劳动部职业技能鉴定中心建立。为进一步完善职业技能鉴定制度，更好地为劳动者择业和单位用人提供社会化服务，劳动部在贯彻《工人考核条例》的基础上，于1993年7月9日颁布了《职业技能鉴定规定》，对职业技能鉴定的管理体制、职业技能鉴定机构的职责和设立、职业技能鉴定工作的组织和实施等都做了具体规定。《规定》指出，"职业技能鉴定是指对劳动者进行技术等级的考核和技师、高级技师资格的考评"，它

---

① 《中国劳动年鉴（1997）》，中国劳动出版社1998年版，第192页。

由政府劳动部门按照国家法律、法规进行综合管理，通过中介机构——职业技能鉴定指导中心组织实施，职业技能鉴定站（所）具体承担职业技能鉴定任务。该《规定》的颁布和实施，标志着在计划经济体制下运行了近 40 年的工人技术等级考核制度，开始向市场经济体制要求的国家职业技能鉴定制度转轨。此后，劳动者职业技能评价工作正式打破了"工人"和"干部"的界限，不再沿用"工人考核"的提法，而改用"职业技能鉴定"。到 1994 年年底，全国已有 27 个省、自治区、直辖市制定和颁布了《职业技能鉴定实施办法》及配套文件，5 个行业主管部门制定了《行业特有工种职业技能鉴定实施办法》；13 个省、自治区、直辖市和 70 个地级市的劳动行政部门组建了职业技能鉴定指导中心；全国共审批建立职业技能鉴定站（所）722 个，其中国家职业技能鉴定所 578 个。[①]

1993 年 11 月，中共十四届三中通过的《中共中央关于建立社会主义市场经济体制若干问题的决定》提出，"要制订各种职业的资格标准和录用标准，实行学历文凭和职业资格两种证书制度，逐步实行公开招聘，平等竞争，促进人才合理流动"。这就从体制建设和政策导向上扭转了长期以来企业职工培训事业存在的单纯追求学历、追求文凭的偏向。1994 年 2 月 22 日，劳动部和人事部联合颁布了《职业资格证书规定》，指出"职业资格是对从事某一职业所必备的学识、技术和能力的基本要求。职业资格包括从业资格和执业资格。从业资格是指从事某一专业（工种）学识、技术和能力的起点标准。执业资格是指政府对某些责任较大，社会通用性强，关系公共利益的专业（工种）实行准入控制，是依法独立开业或从事某一特定专业（工种）学识、技术和能力的必备标准"。另外，它还明确了劳动部负责以技能为主的职业资格鉴定和证书的核发与管理。这是新中国成立以来正式颁布的第一个关于建立职业资格证书制度的文件。

1995 年 2 月，劳动部、国家统计局和国家技术监督局联合中央各部委共同成立了国家职业分类大典和职业资格工作委员会，组织社会各界上千名专家，经过四年的艰苦努力，于 1998 年 12 月编制完成了《中华人民共和国职业分类大典》，并于 1999 年 5 月正式颁布实施。这是新中国第一部有关职

---

① 《中国劳动年鉴》（1992—1994），中国劳动出版社 1996 年版，第 220 页。

业分类的权威性文献，具有国家标准性质的职业分类大全。《国家职业分类大典》将职业分为 8 个大类、66 个种类、413 个小类、1838 个细类（职业），比较全面地反映了中国社会职业结构现状。《国家职业分类大典》的颁布，填补了中国职业分类的空白，为开展劳动力需求预测和规划、进行就业人口结构及其发展趋势分析提供了重要依据，为建立和完善国家职业资格证书制度奠定了坚实的基础。

（三）加强职业技能开发规划与制度建设

1994 年 7 月，《中华人民共和国劳动法》正式颁布，要求"用人单位建立职业培训制度，按照国家规定提取和使用职业培训经费，根据本单位实际，有计划地对劳动者进行职业培训。从事技术工种的劳动者，上岗前必须经过培训"。1996 年 5 月 21 日，劳动部印发《劳动事业发展"九五"计划和 2010 年远景目标纲要》，确定了"九五"时期职业技能开发事业的发展方向、指导思想和基本措施，提出，"到 2000 年，基本形成覆盖城乡的职业技能培训网络；城镇新就业人员接受职业技能培训的比例提高到 80%；转岗、转业人员上岗前都能得到相应的职业技能培训；全国 7000 多万技术工人中，中级工比例由 35% 提高到 50% 左右，高级工比例由 3.5% 提高到 6% 左右，其中技师、高级技师占高级工比例由 20% 提高到 30% 左右。"[①]

1996 年 5 月 15 日，《中华人民共和国职业教育法》（自 1996 年 9 月 1 日起施行）颁布，从法律上确立了职工教育培训的地位和政府、企业、社会在举办职工教育培训中的责任；要求建立、健全职业学校教育与职业培训并举，并与其他教育相互沟通、协调发展的职业教育体系；规定了职业培训机构的设立条件和程序，以及职业培训的实施和保障条件；明确了职业培训的范围，包括从业前培训、转业培训、学徒培训、在岗培训、转岗培训及其他职业性培训，也可以根据实际情况分为初级、中级、高级职业培训；要求企业有计划地对本单位的职工和准备录用的人员实施职业教育培训。《职业教育法》是中国历史上第一部职业教育法律法规，它的颁布实施标志着中国职业教育和职业培训事业走上了有法可依、依法治教的轨道。上述这两部法律

---

① 《劳动事业发展"九五"计划和 2010 年远景目标纲要》，《劳动内参》1996 年第 8 期。

作为基本法,为企业开展职工教育培训提供了更高层级的法律依据。

为进一步规范企业职工培训工作,提高职工队伍素质,增强职工的工作能力,1996年10月30日,劳动部与国家经贸委联合颁布了《企业职工培训规定》。这是自1981年中共中央、国务院发布《关于加强职工教育工作的决定》以后,专门针对职工教育培训工作的又一个重要文件。《企业职工培训规定》的主要内容有:一是明确了职工培训的内容和原则。"职工培训是指企业按照工作需要对职工进行的思想政治、职业道德、管理知识、技术业务、操作技能等方面的教育和训练活动","企业职工培训应贯彻按需施教、学用结合、定向培训的原则"。二是确定了企业职工培训的行政管理体制、管理机构及其职责。"各级政府劳动行政部门负责本地区企业职工培训工作,各级政府经济综合部门负责本地区企业管理人员培训工作","行业主管部门负责指导协调本行业职工培训工作,依法制定本行业职工培训规划、组织编写职工培训计划、大纲、教材和培训师资","社会团体、群众组织、公共培训机构,可根据企业需要自愿承担职工培训任务"。三是明确了企业和职工的各自责任,保障了职工接受培训的权利。"企业应建立健全职工培训的规章制度,根据本单位的实际对职工进行在岗、转岗、晋升、转业培训,对学徒及其他新录用人员进行上岗前的培训","国有大中型企业高层管理人员应按照国家有关规定参加职业资格培训,并在规定的期限内取得职业资格证书。从事技术工种的职工必须经过技术等级培训,参加职业技能鉴定,取得职业资格证书(技术等级证书)方能上岗。从事特种作业的职工,必须按照国家规定经过培训考核,并取得特种作业资格证书方能上岗。四是确定了职工培训经费标准和来源、管理和使用。"职工培训经费按照职工工资总额的1.5%计取,企业自有资金可有适当部分用于职工培训","职工培训经费应根据企业需要,安排合理比例用于职工技能培训","企业用于引进项目、技术改造项目的技术培训费用可以在项目中列支"。[①]《企业职工培训规定》出台后,成为企业开展职工教育培训工作的重要政策和法律依据,对中国职工教育培训正式走上法制化、制度化和规范化的轨道发挥了重要作用。

---

① 《企业职工培训规定》,《中国培训》1997年第2期。

二 职业培训机构的改革与发展

职业培训机构是指为劳动者从事各种职业提供劳动技术业务知识服务的重要机构，是整个国民教育的一个重要组成部分。1993 年 2 月 13 日，中共中央、国务院印发《中国教育改革和发展纲要》，强调了职业技术教育的重要意义，要求形成全社会兴办多种形式、多层次职业技术教育的局面，并明确提出实行"先培训、后就业"的制度。1994 年 12 月 14 日，劳动部颁发了《职业培训实体管理规定》，就各类职业培训实体的培训对象、开办应具备的条件、审批程序及招生、师资、教材等方面的工作都做了明确的规定，规范了各类职业培训机构的管理工作，进一步促进了职业培训事业的发展。

（一）技工学校改革与发展

技工学校是以培养技术工人为主，同时开展各类长短期职业培训的基地。为适应计划经济向市场经济的转变，进一步增强技工学校的办学活力，从 1992 年起，技工学校主要是改革招生就业制度，国家对招生计划从指令性改为指导性，学校自主招生，加强人与职业的双向选择，学生自主择业。一些城镇生源紧张的工种（专业）招生对象扩大到农村青年。为了贯彻《中国教育改革和发展纲要》，使技工学校尽快适应改革需要，1993 年 9 月 29 日，劳动部下发了《关于深化技工学校教育改革的决定》，对技工学校的发展方向、办学形式、学校自主权以及招生、教学改革、学校内部管理等方面提出了要求，成为今后一个时期技工学校工作的指导性文件。在改革目标方面，"技工学校要按照劳动力市场的需求，拓展培训领域，服务于全社会。在以培训中级技术工人为目标的基础上，有条件的也可培养高级技术工人、企业富余人员或社会急需的其他各类人员"。在落实学校自主权方面，主管部门要放权给所属学校，使其成为独立自主的办学实体。除国家统一规定的专业外，学校有权根据劳动力市场的需求和《工人技术等级标准》的要求，自行确定专业设置、培养目标（操作人员和管理人员）、学制、招生人数、教学计划、大纲、专业教材、毕（结）业证书（注明修业期限）的发放以及推荐毕业生就业。在深化教学改革方面，要以《国家职业技能标准》或

《工人技术等级标准》为基本依据，加强教师队伍建设，积极进行课程设置、教学内容、教学方法的改革，促进教学质量的提高。到1994年年底，全国技工学校共4430所，在校生达187万人；全国共评出356所省（部）级重点技校、130所国家级重点技校。[1]

为了推行国家职业资格证书制度，保证后备劳动力的就业能力和工作能力，1995年5月2日，劳动部发出了《关于技工学校、职业（技术）学校和就业训练中心毕（结）业生实行职业技能鉴定的通知》，加强了对各类职业培训实体毕（结）业生实行职业技能考核鉴定的力度。随着技工学校改革不断深化，培训为就业服务的指导思想进一步明确，培训与就业相结合有了突破性进展。1996年6月3日，劳动部发出了《关于进行综合性职业培训基地建设有关事项的通知》，并转发了北京市西城区和大连市劳动服务公司进行职业技能开发集团化工作的经验，批准在10个城市及50多个技工学校和就业训练中心进行职业培训集团化和综合性职业培训基地国家级试点工作。同年11月25日，劳动部印发了《技工学校"九五"时期改革与发展实施计划》，进一步理清了技工学校发展的基本思路，保证技工学校改革工作稳步进行。许多地方和行业紧密结合区域经济的发展，调整了技工学校的结构，发展联合办学，并加大了培训企业职工的力度。技工学校在完成正常教学任务的同时，根据劳动力市场需要，组织多种形式的培训。据统计，1996年，技工学校承担企业职工和再就业人员培训113万多人，超过了当年学制内的招生总人数。[2]

随着劳动力市场对高级技术人才需求的增加，高级技工学校开始出现。到1994年年底，经劳动部批办的高级技工学校有11所，在校生达1200多人。为了加强高级技工学校建设，1995年7月17日，劳动部、国家计委联合下发了《关于申办高级技工学校若干问题的通知》，从性质、任务、办学条件及规模等方面对高级技工学校作出了界定。此外，劳动部门还组织制定了《技工学校专业工种目录》和高级技工学校教学计划大纲，促进了高级技工学校的规范化发展。1997年12月10日，劳动部印发了《高级技工学校设置标准（试行）》，在总体发展方向及规模上为高级技工学校的发展进行

---

[1] 《中国劳动年鉴》（1992—1994），中国劳动出版社1996年版，第220—221页。

[2] 《中国劳动年鉴（1997）》，中国劳动出版社1998年版，第192页。

了总体规划，"在校生规模达到1200人以上，其中高级工培养规模不少于400人"，进一步完善了高级技工学校规范化办学。到1997年，全国高级技工学校达到30所，每年培养近万名高级技工，为经济增长方式的转变奠定了一定的人力基础。[1]

1999年以后，国家开始实施高等教育大众化战略，技工学校数、招生人数和在校生人数均出现了不同程度的下降。为此，2000年5月12日，劳动保障部下发了《关于加快技工学校改革工作的通知》，提出各地应按照职业培训社会化、市场化的方向和调整布局、提高层次、突出特色、服务就业的方针，加快技工学校等职业培训机构调整与改革工作，并提出了技工学校发展的几种新思路、新模式，如联合改组升级为高级技工学校等，推动了一批骨干示范技校不断成长，实现持续发展。截至2001年年底，全国共有技工学校3470所，在校生达135万人，培训社会人员151万人次，社会培训量超过了学制内在校生的数量。其中，国家级重点技工学校379所，高级技工学校229所，年培养高级工9万余人。[2]

表18—1　　　　　1992—2001年技工学校综合情况　　　　单位：万人

年份	1992	1993	1994	1995	1996	1997	1998	1999	2000	2001
技工学校学校数（个）	4392	4477	4430	4521	4467	4395	4362	4098	3792	3470
招生人数	60.2	66.4	71.4	74.6	72.7	73.4	59.5	51.5	50.4	55.1
毕业生人数	45.7	49.7	55.7	68.5	68.1	69.9	69.5	66.2	64.6	47.7
在职教职工人数	33.6	33.5	34.0	33.7	33.5	32.8	30.6	26.9	24.0	22.0
经费来源总计（亿元）	28.0	33.5	45.3	53.7	59.6	68.4	64.9	59.7	56.9	68.1
培训社会人员人次数	61.5	61.3	84.2	89.9	113.4	137.5	165.1	149.1	158.5	151.7
培训社会人员结业人数	49.5	54.2	68.7	71.3	93.0	110.7	129.0	144.6	156.7	163.9

资料来源：《中国劳动和社会保障年鉴（2002）》，中国劳动社会保障出版社2002年版，第577—578页。

---

[1] 魏朋：《技工学校改革发展60年历程的回顾与反思》，《河北科技师范学院学报》（社会科学版）2011年第1期。
[2] 《中国劳动和社会保障年鉴（2002）》，中国劳动社会保障出版社2002年版，第248页。

(二) 其他职业培训机构的发展

这一阶段，其他职业培训机构，诸如就业训练中心、社会力量办学、企业职工培训中心、综合培训基地及培训集团等也都获得了迅速发展。

就业训练中心是在各级劳动行政部门的领导下，由劳动就业服务机构管理和指导的就业训练实体，它是在20世纪80年代贯彻执行"三结合"就业方针的过程中形成的。为了规范和推动就业训练工作，提高劳动者的职业技能，促进就业，1994年12月9日，劳动部印发了《就业训练规定》。其主要内容包括：一是就业训练的内容和范围。为城乡初次求职的劳动者提供就业前训练，为失业职工和需要转换职业的企业富余职工提供转业训练，为向非农产业转移及在城镇就业的农村劳动者提供转业训练，为妇女、残疾人、少数民族人员及复转军人等特殊群体人员提供专门的就业训练。二是组织与管理。就业训练应根据劳动力市场需求及用人单位的要求设置专业和确定培训标准，按照培训标准和接受培训人员的素质状况确定培训期限。就业训练应采取多层次、多形式、多渠道的培训方式，以实际操作技能为主，同时进行必要的专业知识和职业指导及其他内容的培训。就业训练单位应与学员签订培训合同。三是考核与发证。就业训练考核分为结业考核和职业资格鉴定。结业考核标准按照培训标准确定，就业训练结业证书由省、自治区、直辖市劳动就业服务机构统一印制，县级以上劳动就业服务机构颁发；职业资格鉴定标准按照国家颁布的标准执行，职业资格证书由劳动部统一印制，县级以上劳动就业服务机构在劳动行政部门的监督指导下按有关规定颁发。[1] 到1997年年底，全国就业训练中心发展到2881个，有工作人员35704人，其中拥有实习场地的有2217个，当年就业训练总人数292万人，获得结业证书的有205万人，获得技术等级证书的有39万人。[2] 20世纪90年代后期，就业训练中心在失业培训和转业培训以及促进再就业工程的实施方面发挥了重要作用，其自身建设也进一步增强。据统计，2001年全国各地区就业训练中心共有3571个，其中国家级就业训练中心171个，就业训练总人数476.05万人，结业人数463.32人。按训练对象分，有下岗职工123.50万

---

[1] 《劳动部关于印发〈就业训练规定〉的通知》，《山东劳动》1995年第12期。
[2] 《中国劳动年鉴（1998年）》，中国劳动出版社1999年版，第427—428页。

人，失业人员 144.90 万人，劳动预备制学员 42.72 万人；按训练期限分，6 个月以下的有 418.04 万人，6 个月至 1 年的有 28.79 万人，1 年以上的有 16.49 万人；按获取证书分，获取初级职业资格的 162.82 万人，中级职业资格的 37.93 万人，高级职业资格的 6.63 万人；就业总人数达 280.96 万人。[1]

20 世纪 90 年代中期，中国开始进行职业培训集团化和综合性职业培训基地国家级试点工作。为了更好地贯彻《职业教育法》，促进培训与就业紧密结合，促使就业工作和职业技能开发工作协调运作，共同发展，1996 年 6 月，劳动部发出《关于进行综合性职业培训基地建设有关事项的通知》，并批准在 10 个城市及 50 多个技工学校和就业训练中心进行试点。为进一步深化职业培训机构改革，建立灵活的办学机制，增强服务就业的能力，1998 年劳动保障部再次确定了太原市技工学校等 70 个单位列入综合性职业培训基地和集团试点范围，将职业培训综合基地和集团化试点单位扩大到 145 个。试点的培训机构通过深化办学体制改革，扩大培训规模等措施，逐步形成兼有职业需求调查、职业培训、职业技能鉴定、职业指导并与职业介绍紧密联系的多功能的综合基地，为学员提供培训、鉴定、就业一体化服务。以建设综合基地和集团为契机，技工学校、就业训练中心结合劳动力市场需求，积极进行改革和调整，涌现出一批机制灵活，质量较高，受到用人单位和社会欢迎的职业培训综合基地和集团，在当地发挥了示范和辐射作用。[2] 实践证明，建设职业培训综合基地和集团是职业培训机构深化改革，建立适应市场经济体制需要与就业紧密结合的新型办学机制的有效模式。

社会培训机构迅速发展，为企业和职工参加培训提供了多样化的选择。1993 年 1 月 7 日，国务院办公厅转发《国家教委〈关于进一步改革和发展成人高等教育意见〉的通知》，《意见》提出了此后一个时期成人高等教育改革和发展的总体目标和政策措施，强调以行业为主进行高等层次岗位培训和考核，提出要逐步建立起职业资格培训证书与学历文凭并存、并用的制度，鼓励和支持社会力量办学。《意见》的出台，为形成多形式、多层次、多规格的成人高等教育体系，为促进民办培训事业发展，发挥了积极作用。到 1995 年年底，各种社会团体及私人举办的职业技能培训实体已发展到

---

[1] 《中国劳动和社会保障年鉴（2002）》，中国劳动社会保障出版社 2002 年版，第 578—590 页。
[2] 《中国劳动和社会保障年鉴（1999）》，中国劳动社会保障出版社 2000 年版，第 160 页。

2000多个。① 1997年7月31日，国务院发布了《社会力量办学条例》。同年8月12日，劳动部制定下发了《关于贯彻落实〈社会力量办学条例〉的通知》，成立了"社会培训机构管理办公室"，对各地社会培训机构进行指导、评估检查和统计工作，同时加强社会培训机构管理基础工作。截至2000年年底，全国社会力量办职业培训机构达到1.5万所，年培训329万人次。②

企业自主培训成为基本力量。1992年以来，有条件的大中型企业相继建立了自己的培训基地，涌现了宝钢、太钢、中铁、中石油、中石化等为代表的大型国有企业和联想、华为、新希望、东方、万科、中兴、吉利、正泰等为代表的民营企业等自主培训先进典型。企业培训投入已占职工工资总额的比例达到10%，成为企业培训的基本力量。③

三 劳动预备制度的试点和推广

长期以来，由于对新成长劳动力就业前的职业教育培训尚未形成完善的制度，大量的初、高中毕业生未经过必要的职业培训和职业教育就进入劳动力市场直接就业，这既加大了就业压力，也影响了企业劳动生产率和经济效益的提高。

20世纪90年代中期，中国的劳动力素质和就业形势如何呢？虽然中国是世界上劳动力资源最丰富的国家，但从整体上看，劳动力素质比较低。在城镇企业1.4亿职工中，技术工人只占一半，在7000万技术工人中，中级技工只占35%。在向非农产业转移和进城务工的农村劳动力中，有70%以上仅有初中以下的文化程度，其中有半数仅有小学文化水平，还有10%左右的文盲。同时，劳动力供大于求的矛盾非常突出，每年800多万的城镇新成长劳动力，再加上570多万失业人员和近千万企业下岗职工，构成了巨大的就业压力，而社会就业的岗位需求则相对不足。劳动者素质状况与用人单

---

① 《劳动事业发展"九五"计划和2010年远景目标纲要》，《劳动内参》1996年第8期。
② 《中国劳动和社会保障年鉴（2001）》，中国劳动社会保障出版社2001年版，第264页。
③ 陈光复：《继往开来，创新发展，开创我国企业培训工作新局面——在纪念中国企业管理培训30年暨第十七次全国企业培训工作会议上的报告》，中企联合网，http://www.cec-ceda.org.cn/view_news.php?id=59。

位需求之间存在明显的不适应,大量的求职人员不具备适合市场需要的职业技能,就业观念也不能很好地适应新形势的要求。① 正是在这种社会经济背景下,《劳动法》规定"从事技术工种的劳动者,上岗前必须经过培训";《职业教育法》提出"国家实行劳动者在就业前和上岗前接受必要的职业教育的制度"。因此,建立和实施劳动预备制度,组织青年劳动者在就业和上岗前进行必要的培训,并通过实行就业资格准入的办法和相应的就业服务来保证这一制度的实行,就是落实上述要求的具体体现②,而且也是适应"两个根本性转变"③,深化劳动制度改革和完善劳动力市场建设的重要内容,是促进就业和培训工作相结合的一项重要举措。

1996年12月31日,劳动部印发了《关于进行劳动预备制度试点工作的通知》。《通知》指出:为缓解就业压力,调节劳动力供给,提高青年劳动者全面素质和就业能力,依据《劳动法》和《职业教育法》有关规定,决定"从1997年起,在全国范围内有计划、有步骤地实施劳动预备制度试点,即对新生劳动力就业前追加1至3年职业培训和相关教育,使其掌握一定的职业技能后再进入就业岗位"。《通知》还确定了在全国就业任务较重、培训基础较好的35个城市(地区)先行试点。试点工作分三个阶段:第一阶段确定试点单位,拟订试点方案(1996年12月至1997年2月);第二阶段具体实施试点工作(1997年3月至1998年3月);第三阶段总结经验,完善制度,全面推开(1998年4月开始)。

1997年8月8日,劳动部制定下发了《关于进行劳动预备制度试点工作的补充通知》,进一步明确了试点工作的指导思想,并对试点工作作出具体部署和安排。《通知》指出,"要将实施劳动预备制度同加强劳动力资源的管理和对培训实体的指导、完善职业资格证书和就业准入制度、健全职业技能鉴定和对单位用工的监察工作结合起来,统筹安排;要坚持培训与就业

---

① 《新时期我国培训就业制度的一项重大改革:全面推进劳动预备制度》,《中国劳动》1999年第9期。
② 张小建:《提高劳动者素质延缓就业压力的有效措施:建立和实施劳动预备制度》,《中国劳动科学》1997年第5期。
③ 1995年9月,中共十四届五中全会通过的《中共中央关于制定国民经济和社会发展"九五"计划和2010年远景目标的建议》提出了"两个根本性转变",即经济体制从传统的计划经济体制向社会主义市场经济体制转变;经济增长方式从粗放型向集约型转变。

相结合,培训为就业服务的原则,根据劳动力市场的需求,组织开展培训工作;要动员政府主管部门、企事业单位以及社会力量(社团组织、民主党派等)办的教育培训机构,共同实施劳动预备制度教育培训工作","要通过多种渠道了解和掌握本地区列入劳动预备制范围的人员的情况,重点是城镇(或城乡)应届初、高中毕业后,未升入更高一级学校的人员情况,包括人员数量、文化水平、求职意向以及生活困难者情况等。要根据初、高中生毕业的时间,做好接收学员的各项准备工作。"劳动预备制度定点培训单位要抓紧制定教学管理办法,特别要针对学员的特点,建立相应的组织管理和培训保障制度。据不完全统计,到1997年年底,全国参加劳动预备制度试点工作的城市有63个,参加培训的学员达11万人。[①] 1998年6月9日,中共中央、国务院下发《关于切实做好国有企业下岗职工基本生活保障和再就业工作的通知》,明确提出"要普遍实行劳动预备制度,对城镇未能继续升学的初、高中毕业生,进行1—3年的职业技术培训"。同年8月12日,劳动保障部下发了《关于进一步做好劳动预备制度试点工作的通知》,进一步扩大了试点范围,使实施劳动预备制度的试点城市达到200个。试点地区共组织了10多万人进入定点培训单位参加培训,在提高广大青年劳动者的职业素质,减缓就业压力,推动再就业工程的顺利实施方面开始显现作用,也为今后在全国普遍实施劳动预备制度积累了经验。[②]

1999年6月27日,国务院办公厅转发了劳动保障部等部门《关于积极推进劳动预备制度加快提高劳动者素质意见》,要求从1999年起,在全国城镇普遍建立和实行劳动预备制度,新生劳动力和其他求职人员就业前必须接受1—3年的职业培训和职业教育;"严格实行就业准入控制","劳动预备制人员培训或学习期满,取得相应证书后,方可就业","对未经过劳动预备制培训学习,或虽经劳动预备制培训学习,但未取得相应证书的人员,职业介绍机构不得介绍就业,用人单位不得招收录用"。据对全国27个省、自治区、直辖市的统计,1999年有93万城镇未能继续升学的初、高中毕业生,参加了劳动保障部门认定的定点培训机构组织的劳动预备制培训,加上全国当年被各类职业学校招收的学生,总数达到480万人,约占当年城乡应届

---

① 《中国劳动年鉴(1998)》,中国劳动出版社1999年版,第138页。
② 《中国劳动和社会保障年鉴(1999)》,中国劳动社会保障出版社2000年版,第160页。

初、高中毕业生总数的1/3。[①] 2000年，劳动预备制度普遍推广，有71.7万城镇未能继续升学的初、高中毕业生参加了劳动预备制培训。

四 积极推动企业职工和企业管理人员培训

20世纪90年代，随着社会经济发展和科技进步，企业大量采用新技术、新工艺和新设备，对工人的素质不断提出新的更高的要求。1992年2月26日，劳动部颁布了《关于加强工人培训工作的决定》，提出"大力发展职业培训事业，切实加强工人培训工作，全面提高工人队伍素质，是实现本世纪战略目标和下个世纪经济振兴的紧迫任务"，对技术工人的培训，应根据企业生产发展和技术进步的需要，以工人技术等级标准为基本内容，紧密结合生产岗位的实际要求，开展技术等级的达标培训；对非技术工种（普通工、工序工）等的工人，要按岗位规范的要求进行岗位培训；对技师、高级技师的培训，应以开展技术讲座，经验交流，丰富科技知识为主，提高其对新技术、新工艺、新设备、新材料应用的"四新"适应能力。《决定》要求建立和完善技术工人的初、中、高三级技术等级考工晋级制度和技师、高级技师工人技术职务聘任制度，以及培训、考核与使用、待遇相结合的制度；要在有条件的地区、部门和企业逐步实行"先培训后就业，先培训后上岗"的制度。这一文件是对工人培训作出全面规定的一个重要文件，特别是第一次把培训与技术等级、就业和上岗结合起来，对规范职工教育培训工作产生了重要的历史作用。[②] 此后，企业采取多种形式与途径，加强职工培训、职业技能竞赛和富余人员的转岗转业训练等活动，积极培养熟练劳动者和专业人才。据对全国26个省、自治区、直辖市1.114亿职工的统计，1992—1994年每年参加各类培训的职工达到4000多万人，占职工总数的35%—38%。其中，参加岗位培训的3500多万人，占职工总数的31.9%，参加高等教育学习的198.28万人，参加中等教育学习的160万人。[③] 1995年，企业职工培训工作和职业技能竞赛活动蓬勃开展，在"全国技能月"活动中，

[①] 《中国劳动和社会保障年鉴（2000）》，中国劳动社会保障出版社2001年版，第234页。
[②] 李荣生：《改革开放三十年我国职工教育发展回顾》，《中国培训》2008年第4期。
[③] 《中国劳动年鉴》（1992—1994），中国劳动出版社1996年版，第222页。

共有 3000 多万职工参加了岗位培训；在"百万职工大练兵"活动中，共有 1000 多万技术工人参加了全国 300 多个工种的技术比赛。①

在总结在职职工培训工作经验的基础上，1996 年 10 月，劳动部与国家经贸委联合颁发了《企业职工培训规定》，明确了职工培训的目的、原则和管理分工，以及企业和职工在培训方面的责任、培训的保障条件和处罚条款，对规范和指导企业职工培训工作，鼓励和推动职工参加职业培训起到了重要的作用。但是，就全国企业职工培训整体状况来看，很不乐观，主要表现在：一是企业职工培训尚未普及。只有 14.6% 的企业建立了技能培训制度，11.1% 的企业按照国家规定提取和使用了职业培训经费，16.7% 的职工参加了岗位培训班的学习，绝大多数企业和职工无缘职业培训的机会。二是企业职工培训在不同产业间、经济类型企业间、地区之间发展也不平衡，存在显著差异。在制度建立以及提取和使用培训经费方面，第二产业比第三产业更加重视培训；企业培训的主要受益者为外商投资企业、股份制企业以及国有企业的部分职工，其他类型企业的职工只能得到极其有限的培训，甚至根本没有培训的机会；东部地区的企业职工培训状况明显好于中、西部地区，不过，东部地区内部各城市间的发展差异要高于中、西部地区。②

1997 年以后，随着国有企业改革进入攻坚阶段，下岗职工与失业人员逐渐增多，就业的主阵地由第二产业向第三产业转移、由国有大中型企业向中小企业转移，职业培训工作的重心开始转向再就业培训和创业培训。一是下岗职工再就业培训普遍开展。围绕国有企业下岗职工基本生活保障和再就业这一中心任务，为帮助下岗职工转变就业观念、提高职业技能和尽快实现再就业，从 1998 年起，劳动部在全国范围内开始实施"三年千万"再就业培训计划。在计划实施过程中，各地坚持职业培训社会化、市场化方向，积极探索实行政府经费补贴与培训就业实效挂钩、企业和培训机构联合开展再就业培训等多种行之有效的培训组织形式，创造出一批再就业培训的典型经验，提高了培训的针对性、实用性和有效性，促进了培训和就业的有机结合。到 2000 年，圆满完成了"三年千万"再就业培训计划的任务，全国累计培训下岗职工 1358 万人，其中有 883 万人实现了再就业，占培训人员总

---

① 《1995 年劳动事业发展年度公报（摘要）》，《中国劳动科学》1996 年第 8 期。
② 刘湘丽：《我国有企业职工培训现状分析》，《中国工业经济》2000 年第 7 期。

数的 65%。① 二是创业培训开始起步。劳动保障部先后在 30 个城市开展了创业培训试点，有针对性地加强创业能力培训和创业知识教育，并辅之以必要的创业技能培训、有效的政策扶持和个性化的后续辅导，帮助下岗失业人员成功创办企业或自谋职业，走出了一条以培训促进创业，以创业带动就业，把培训、就业和小企业发展有机结合的路子。到 2001 年年底，全国共有 24 万人参加了创业培训，培训后有 10.5 万人实现了创业或自谋职业，占参加培训人员总数的 43.8%，新创造就业岗位 26 万个。② 特别是通过创业培训，造就了一批中小企业带头人，吸纳了更多下岗职工和失业人员再就业，对扩大就业和促进个体、私营经济的发展起到了积极作用。

同时，积极推动企业管理人员工商管理培训。1992 年 4 月 24 日，国务院批转《关于对国营企业领导干部进行岗位任职资格培训的意见》，提出从 1992 年起对全国预算内国营企业的领导干部进行一次岗位任职资格培训，对后备人员要提前培训，逐步做到先培训后任职。1993 年 1 月 10 日，中组部、国务院经贸办、人事部联合发出通知，要求各地切实做好选送国有大中型企业优秀中青年干部参加岗位任职资格培训工作。"八五"期间，大中型企业优秀中青年干部参加岗位培训的近 10 万人次。③ 1996 年 6 月 6 日，国家经贸委下发《"九五"期间全国企业管理人员培训纲要》，提出"九五"期间对企业管理人员要普遍进行一次工商管理培训。1999 年 4 月 1 日，国家经贸委下发《关于加强中小企业管理人员培训的意见》，提出中小企业管理人员培训要打破所有制界限，不仅要积极面向国有中小企业，还要面向其他经济成分的中小企业。中小企业管理人员培训应以系统的工商管理培训为主，重点学习产品开发、市场营销、财务管理、经济法规等工商管理方面的知识，要在学以致用、务求实效上下功夫。"九五"期间，全国企业经营管理人员中，近 55 万人参加了工商管理培训。其中国有大中型企业管理人员 25.4 万人，中小型企业 26.6 万人，非国有企业管理人员 3 万人。1.8 万人参加了在职攻读工商管理硕士学位的学习，约 650 万人次参加了各种适应性

---

① 《中国劳动和社会保障年鉴（2001）》，中国劳动社会保障出版社 2001 年版，第 264 页。
② 《中国劳动和社会保障年鉴（2002）》，中国劳动社会保障出版社 2002 年版，第 248 页。
③ 陈清泰：《大力发展职业教育，全面提高企业员工素质，积极推进两个根本性转变》，《中国职业技术教育》1996 年第 7 期。

短期培训。①

  综上所述，1992—2001年职工教育培训适应市场化改革和企业技术进步的需要，国家制定和出台了一系列关于职工教育培训工作的法律法规，职工教育培训正式迈上了法制化、制度化和规范化的道路，政府对职业培训的宏观调控与综合管理得到一步加强。职工教育培训体制改革以市场需求为导向，积极发挥市场在资源配置中的基础性作用，形成了政府为主导、企业为主体、各类职业培训实体积极参与的职工教育培训格局，职工教育培训已成为企业自身发展的一项重要战略举措。职业教育培训从单纯为城市服务、为国有经济服务，转变为以全社会劳动力为对象，覆盖城乡、覆盖各种不同所有制经济的全方位职业教育培训体系。职业教育培训以开发和提高劳动者的职业技能为宗旨，坚持培训与就业紧密结合，培训内容涵盖职业技能需求预测、职业分类与职业技能标准制定、职业技能培训、职业资格证书和技能鉴定、职业技能竞赛、职业指导与咨询等职业技能开发的方方面面。职业教育培训引入利益激励和约束机制，各类职业培训实体积极投身到劳动力培训市场竞争之中，以职业技能标准和社会选择作为对其工作质量评判的重要依据，涌现出了一批名牌培训机构。在职业教育培训投入上，贯彻"谁受益，谁投资"的原则，改变了过去由政府（或企业）统包统揽的做法，从根本上解决了职业教育培训经费投入不足的问题。同时，也要看到，职工教育培训制度的改革还存在不少困难和问题，一些改革措施也有待进一步深化。诸如，如何对政府、培训实体、企业和劳动者等各方在职业培训市场中的角色科学定位，如何正确处理技术技能培训与思想教育法纪教育在职工教育培训中的地位关系以及提升培训质量，如何进一步加强对中小企业职工教育培训的政策引导和培训力度，等等。

---

① 国家经贸委培训司：《全国企业培训工作会议在福州召开》，《中国人力资源开发》2001年第4期。

第十九章
加快推进工资收入分配的市场化改革

工资收入分配市场化改革是整个经济体制改革的重要组成部分。1992年10月，中共十四大确立了建立社会主义市场经济体制的目标，要使市场在国家宏观调控下对资源配置起基础性作用，经济体制开始全面转轨。1993年11月，中共十四届三中全会通过的《中共中央关于建立社会主义市场经济体制若干问题的决定》指出："个人收入分配要坚持以按劳分配为主体、多种分配方式并存的制度，体现效率优先、兼顾公平的原则。劳动者的个人劳动报酬要引入竞争机制，打破平均主义，实行多劳多得，合理拉开差距。坚持鼓励一部分地区一部分人通过诚实劳动和合法经营先富起来的政策，提倡先富带动和帮助后富，逐步实现共同富裕。"此后，随着社会主义市场经济体制的建立，明确了工资改革目标，培育了新的分配机制，工资收入分配市场化改革进入加速推进阶段。

一 国家工资管理体制由直接计划控制向间接调控转变

为贯彻落实中共十四大和十四届三中全会精神，1993年12月，劳动部提出了《关于建立社会主义市场经济体制时期劳动体制改革总体设想》，明确了劳动体制改革的主要任务，即"以培育和发展劳动力市场为中心，全面深化劳动、培训、工资、社会保险各项改革，争取到本世纪末初步建立起与社会主义市场经济体制相适应的新型劳动体制"。同时指出，"社会收入分配要坚持以按劳分配为主体、多种分配方式并存的制度，体现效率优先、兼顾公平的原则"。《劳动体制改革总体设想》为下一步劳动体制改革和改善工资宏观管理指明了方向。后来，虽然工资分配宏观管理出现了一些反复，但其总的趋势是走向市场经济体制。

（一）明确工资制度改革的目标和任务及其步骤

劳动工资管理体制改革，是一项复杂的系统工程，既要符合建立社会主义市场经济体制的总体要求，又要结合劳动计划与工资工作的现实情况；既要循序渐进，又要逐步突破。因此，制订切实可行的改革方案，并对改革的基本思路达成共识，是十分重要的。

1993 年，劳动部《劳动体制改革总体设想》指出，"随着企业改革的深化和劳动力市场的发育，企业工资制度改革将进一步深化。企业工资制度改革的目标是，建立市场机制决定、企业自主分配、政府监督调控的新模式。其内涵是，市场机制在工资决定中起基础性作用，通过劳动力供求双方的公平竞争，形成均衡工资率；工资水平的增长依据劳动生产率增长、劳动力供求变化和职工生活费用价格指数等因素，通过行业或企业的集体协商谈判确定；企业作为独立的法人，享有完整意义上的分配自主权；政府主要运用法律、经济手段（必要时采用行政手段），控制工资总水平，调节收入分配关系，维护社会公平。企业工资制度改革对其他改革特别是企业改革具有较强的依赖性，必须根据企业改革进度和劳动力市场发育程度，有计划、有步骤地进行"。为此，《劳动体制改革总体设想》提出，"八五"后期和"九五"前期，要与企业改革相配套，积极探索企业自主分配方式，进一步改进和完善工效挂钩办法，"要加强对产业部门之间职工工资水平关系的宏观调控，对工资水平过高或过低的分别予以适当限制或保护。对部门、计划单列企业集团实行的总挂钩办法，也要逐步改进，如逐步改为人均工资与劳动生产率挂钩的办法，同时适当考虑价格指数等因素"。另外，"改进和加强工资的宏观调控。一是继续完善弹性工资计划，提高科学性、可行性，通过弹挂一体实现宏观与微观的衔接，发挥其宏观调控作用。二是运用多种措施调整行业、企业之间的工资水平，限制过高的收入。三是抓紧研究制定最低工资法。各地根据最低工资法确定最低工资标准，保障劳动者的基本收入。四是强化税收特别是个人所得税调节社会分配的职能，维护社会公平。""'九五'后期，与现代企业制度的建立相适应，国有企业全面实行企业自主决定工资水平，非国有企业以集体协商、谈判作为确定行业、企业工资水平的主导方式。政府根据国民生产总值、就业、物价和投资等指标，制定全国工资指导线，作为各地区、各行业和各类企业确定工资增长幅度的依据，并通过货币、财政政策和税收、利率、价格等经济手段以及法律和必要的行政手段调控工资水平的增长。"[1]

1997年9月，中共十五大报告在"完善分配结构和分配方式"一节中提出："坚持按劳分配为主体、多种分配方式并存的制度。把按劳分配和按生产要素分配结合起来，坚持效率优先、兼顾公平，有利于优化资源配置，促进经济发展，保持社会稳定。依法保护合法收入，允许和鼓励一部分人通过诚实劳动和合法经营先富起来，允许和鼓励资本、技术等生产要素参与收益分配。"这是中共中央在"按劳分配"基本原则以外，第一次提出"按生产要素分配"的原则，即职工在领取工资的同时，还可以通过其他生产要素参与分配。尽管当时还没有明确生产要素的具体构成内容，但是，这一新分配原则的提出，为企业根据生产要素在生产中的作用对工资收入分配制度改革展开新一轮的探索，具有非常重要的指导意义。它标志着中国的工资管理逐渐开始从劳务管理模式向人力资源管理模式的转换。[2] 此后，政府不再直接参与企业内部的工资管理过程，而主要是通过制定相关法律、制度对企业进行指导性管理，并发挥监督作用；在企业工资管理方面，强调市场的基础性调节作用，稳步推进企业工资决定机制创新。

按照中共十五大精神和国务院提出的五年工作目标，在对新形势下工资分配状况和分配制度改革进行深入调研的基础上，劳动保障部于1999年3月印发了《劳动和社会保障事业发展总体规划（1998—2002年）》，明确提出了1998—2002年工资制度改革的目标任务，即"初步建立起'市场机制调节、企业自主分配、职工民主参与、政府监控指导'的企业工资制度，在以按劳分配为主体的前提下，实现按劳分配与按生产要素分配的有机结合。基本建立劳动力市场指导价位制度，并逐步使之成为职工与用人单位协商确定工资水平的重要参考依据。进一步落实企业工资分配自主权，初步建立职工民主参与为基础的工资民主协商制度。初步建立以经济手段和法律手段为

---

[1] 《中国劳动年鉴》（1992—1994），中国劳动出版社1996年版，第615—616页。
[2] 徐萍：《国有企业工资制度演化内在逻辑》，经济科学出版社2012年版，第127页。

主、以必要的行政手段为辅的工资收入宏观调控体系,建立健全分级分类管理体制。"[1] 同时,《总体规划》还提出了工资改革的政策措施和实施步骤:一是积极建立覆盖全社会各类企业的新型工资收入宏观指导体系。加大推行工资指导线的力度,争取用2—3年时间在全国大部分地区实行工资指导线制度,在有条件的地区探索实行行业工资指导线。指导推动全国大中城市逐步建立劳动力市场价位制度和企业人工成本预测预警体系。继续完善最低工资保障制度,制定企业工资支付规范。二是探索建立以工资集体协商为重要形式的企业工资决定机制。继续深化企业内部分配制度改革,指导企业根据劳动力供求状况和本企业的生产经营特点,逐步建立劳动者与企业共享利益、共担风险的分配机制。继续调整职工工资收入结构,将各种劳动收入逐步纳入工资总额范围,实现工资化、货币化。三是逐步完善国有企业工资收入管理办法。改进和完善工效挂钩等总量调控办法,根据企业参与市场竞争程度、产权明晰程度和国有资本所占份额,分别探索根据工资指导线、社会平均工资水平、劳动力市场价格等对平均工资水平进行调控的办法。继续调控垄断行业和特殊行业工资收入增长,理顺工资收入关系。进一步建立健全企业工资内外收入监督检查制度,规范分配秩序,提高分配透明度,处理好按劳分配与按资本等生产要素分配的关系。四是推行国有企业经营者年薪制。指导企业以经营者的劳动力市场价位为基础,建立和实施以企业经济效益和国有资产保值增值等为主要评价指标,科学合理地考核经营者经营能力和实际业绩的考核机制,合理确定经营者的工资收入。《总体规划》对指导中国工资分配制度改革,推动国家工资管理体制向间接调控转变发挥了重要作用。

2000年4月5日,劳动保障部在北京召开全国企业工资工作会议。会议总结和交流了近年来企业工资改革的经验和情况,部署了贯彻落实中共十五届四中全会精神和进一步深化企业工资制度改革的具体任务,提出了今后一个时期工资改革工作的基本目标、思路和要求,即坚持以按劳分配为主体、多种分配方式并存和效率优先、兼顾公平的原则,实行"市场机制调节、企业自主分配、职工民主参与、国家监控指导",逐步建立现代企业工资收入

---

[1] 《1998—2002年劳动和社会保障事业发展总体思路》,《中国人力资源开发》1999年第7期。

分配制度。会议明确了 2000 年的工作任务，即按照工资改革的基本思路进行改革试点，逐步形成"市场机制调节"的有效运行方式，强化"企业自主分配"中的激励和约束机制，明确"职工民主参与"的程序和制度，建立"国家监控指导"的宏观调控体系。这次会议，正式提出了企业工资制度改革的基本目标和思路，为企业工资制度改革指明了方向。①

（二）加强和改善工资宏观管理的主要政策措施

这一时期，国家已不再统一制定国有企业内部工资分配的具体办法，国家从"落实到企""落实到人"的微观直接控制中超脱出来，逐渐转变到抓宏观调控建设和指导企业搞好内部的分配。②

1. 实施弹性劳动工资计划

1992 年，劳动部对全国 15 个地区（指省、自治区、直辖市和计划单列市）试行了弹性劳动工资计划，即把劳动工资计划的绝对量控制变为相对量的调控，把静态控制变为动态调控，把指令性的指标分解的计划变为有弹性的、可随经济效益状况按一定比例自行调节的计划。③ 它是国家依据各地区、各部门国民经济投入产出效益的相关经济指标的增减，确定劳动工资计划增减的相关系数，调控地区、部门（包括计划单列的企业集团）的企业工资总量，并用企业工资总量间接调控职工人数。

实施弹性劳动工资计划，是原有的计划体制向新的宏观调控机制转变的一个重要步骤，是劳动计划决策、内容和方法上的重大变革，是建立市场经济体制初期国家实行宏观调控的基本方法。④ 从 1993 年起，劳动部对各省、自治区、直辖市及计划单列市不再下达指令性的年度职工人数和工资总额等计划指标，将这些指标改为指导性计划，即把原来以指令性计划为主的计划体制改为以预测性、政策性、指导性为基本特征的计划体系。与此同时，加强中长期发展规划的研究制定⑤，在中长期发展规划中，主要是确定劳动事

---

① 《中国劳动和社会保障年鉴（2001）》，中国劳动社会保障出版社 2001 年版，第 268 页。
② 马小丽：《我国国有企业工资改革的经验与问题》，《劳动保障通讯》2002 年第 9 期。
③ 《中国劳动年鉴》（1992—1994），中国劳动出版社 1996 年版，第 200—201 页。
④ 李富生：《浅议实施弹性劳动工资计划》，《中国劳动科学》1993 年第 5 期。
⑤ 1996 年 5 月 21 日，劳动部印发了《劳动事业发展"九五"计划和 2010 年远景目标纲要》，对劳动事业各主要领域的目标和任务进行了全面的规划，以指导各地区、各部门开展劳动计划的制订工作。

业发展的战略目标和方针政策，包括人力资源的开发利用、社会收入分配、职业技能培训、社会保险、劳动法制建设等。在年度计划内容和方法的改革方面，劳动部从1994年起，试行劳动事业年度发展报告制度。年度发展报告，在综合分析国民经济发展形势和预测市场变化的基础上，合理确定年度劳动事业发展的宏观调控指标，提出各项劳动工作的年度任务和相应的政策措施，以发挥劳动计划的科学预测性和指导性作用。国家通过逐步推行动态调控的全民所有制企业弹性劳动工资计划，初步建立企业工资总量调控下自主用工与分配的机制。到1994年年底，全国30个地区、8个国家计划单列的中央部门实行弹性劳动工资计划办法。[1]

实施弹性劳动工资计划的关键，是处理好宏观、中观的调控与微观相衔接、相结合的问题，以及在企业充分享有用工与分配自主权后，在宏观上如何保持劳动力资源配置、收入分配与国民经济发展之间的总量平衡。"八五"期间，在企业工资增长较快的背景下，实施弹性劳动工资计划最重要的是处理好弹性劳动工资计划与工效挂钩的关系。一方面，弹性劳动工资计划与工效挂钩的关系是宏观、中观调控与微观分配的关系。弹性劳动工资计划是运用相关的经济效益指标，调控地区、部门的劳动工资总量，体现的是地区、行业的综合经济效益和投入产出关系，通过实施弹性劳动工资计划，确保劳动工资总量与地区国民经济发展的综合平衡。因此，弹性劳动工资计划是一个"大笼子"，而工效挂钩是建立在对单个企业纵向比较的经济效益进行评价基础上的，工资随效益增长的分配机制，是一种微观的分配机制，它不能代替宏观和中观的调控职能。另一方面，弹性劳动工资计划与工效挂钩必须相互结合，即"弹挂一体"，真正实现宏观和中观的有效调控和微观的自主分配。地区和部门实行弹性劳动工资计划后，企业提取和使用的工资增量必须控制在弹性劳动工资计划的工资增量之内。如果突破，则必须相应改进和完善工效挂钩、包干办法，并从下年的基数中扣回；如有结余，地区和行业主管部门有权根据所辖范围内的实际情况自主决定使用办法，如用来制定产业、行业、工种之间的分配倾斜政策，调整某些企业工效挂钩、包干的基数和比例，也可用来提高地区、部分行业职工的整体工资水平。[2] 因此，

---

[1] 《中国劳动年鉴》（1992—1994），中国劳动出版社1996年版，第201页。
[2] 李富生：《浅议实施弹性劳动工资计划》，《中国劳动科学》1993年第5期。

弹性劳动工资计划不是传统意义上的"计划指标",而是通过提高综合经济效益得到可以使用的劳动工资总量,并在宏观调控下不断完善工效挂钩办法,以使地区、部门所属企业工资总额同经济效益真正联系起来。

为加强和改善企业工资总额管理和宏观调控,1993年6月22日,劳动部会同国家经贸委、国家体改委发布了《全民所有制企业工资总额管理暂行规定》,规范了企业工资总额的确定和使用及其他行为,明确了加强企业工资总额宏观调控、检查监督的政策措施,并指出"企业工资总额管理,实行国家宏观调控、分级分类管理、企业自主分配的体制","实行动态调控的弹性工资总额计划的部门,其所属企业实行工资总额同经济效益基数、浮动比例,由企业主管部门按有关规定审核后,报劳动部和财政部审批;暂时不能实行工资总额同经济效益挂钩的企业,要实行工资总额包干办法,其包干数由主管部门在弹性工资总额计划内合理核定"。7月9日,报经国务院同意并授权,劳动部会同有关部门发布了《国有企业工资总额同经济效益挂钩规定》,规范了企业工效挂钩办法,强化了工效挂钩的管理。10月,国务院办公厅转发劳动部《关于加强企业工资总额宏观调控意见的通知》和劳动部《关于加强企业工资总额宏观调控的实施意见》,对于加强企业工资宏观调控,确保企业工资总额增长与国民经济发展保持合理、协调的比例关系;控制消费基金的过快增长起到了重要的作用,同时也有利于促进劳动工资宏观调控体系的建立。

1995年3月3日,劳动部发出了《关于改进完善弹性劳动工资计划办法的通知》。改进的措施主要有:一是扩大地区弹性劳动工资计划的调控范围。调控范围为各种经济类型企业,包括地方和中央在该地区的国有企业、城镇集体企业和其他各种经济类型企业(含乡镇企业)。二是调整弹性劳动工资计划主要相关经济指标。为了与新的国民经济核算体系相衔接,将原弹性劳动工资计划中的非农国民收入工资含量指标改为非农国内生产总值工资含量指标。非农国民生产总值为国内生产总值减去第一产业增加值。劳动生产率按照地区城镇从业人员和乡办、村办第二、第三产业企业职工人均创造非农国内生产总值计算。三是明确弹性劳动工资计划的核定原则和办法。继续坚持"两低于"的原则,即工资总额的增长低于国内生产总值的增长,平均工资的增长低于劳动生产率的增长,使工资总额和水平的增长与经济增长保持合理的比例关系。地区弹性劳动工资计划工资增量含量每年进行核定，核定时以上年非农国内生产总值工资总量含量为基础，根据计划年度非农国内生产总值计划增长率确定相应的工资含量调节系数，并综合考虑地区综合经济效益、就业状况、居民消费价格指数以及地区之间的工资关系、人工成本水平、国内外贸易状况。此外，还规定了弹性劳动工资计划方案的报审程序、结算和检查考核办法等。

2. 完善分级调控、分类管理体制，加大工资宏观调控力度

1985年1月，国务院《关于国营企业工资改革问题的通知》明确了国家对企业的工资实行分级管理的体制。1993年2月2日，《劳动部关于实施〈全民所有制工业企业转换经营机制条例〉的意见》提出："在工资分配制度方面，实行国家宏观调控，分级分类管理，企业自主分配。"从工资改革实践上看，分级调控主要分为三个层次：第一个层次是中央管理层次，中央政府通过经济、立法等手段对工资分配进行以间接调控为主的管理模式，同时直接管理中央国有企业工资总额。第二个层次是地方管理层次，地方政府或部门管理机构对其管辖企业的工资分配进行直接或间接的调控与管理。第三个层次是企业管理层次，企业管理层对内部员工工资分配实行具体操作上的管理。分级管理体制打破了国家对企业工资的集中管理模式，在充分发挥地方和企业积极性方面迈出了一大步。分类管理主要分为三类：第一类，尚未进行产权制度改革的国有独资企业，由国家按照经济效益高低直接调控工资总额，主要采取两种形式：一是工资总额同经济效益挂钩办法；二是工资总额包干办法。第二类，已经改制的股份制公司，实行"两低于"下自主确定工资总额的办法，国家对其实行间接调控。第三类，对非国有企业依法进行监督和管理。在工资管理体制上采取分级分类管理办法，其优势在于：符合中国区域发展不平衡、企业情况千差万别的特点，有利于工资管理体制改革循序渐进地稳步进行，可以有效避免"一刀切"的不利做法。[①]

第一，按照分级调控、分类管理的原则，进一步理顺工资管理体制，整顿和规范分配秩序。一是对垄断性强的中央产业部门的工资收入，加强直接管理，工资总量继续由国家实行双重控制，即用工效挂钩等办法控制应提效

---

① 马小丽：《我国企业工资改革的经验与问题》，《劳动保障通讯》2002年第9期。

益工资，用工资控制线等办法控制实发工资水平；二是对包括各类特殊行业在内的所有企业单位的工资收入实行归口管理，实行统一的企业工资宏观调控政策。[①] 工效挂钩是20世纪80年代工资改革最成功的范例，也是企业迈向市场的第一步。企业职工工资和效益挂钩，不仅使企业和职工逐渐树立了"危机感"和"紧迫感"，更重要的是为工资的宏观管理奠定了坚实的微观基础。到1999年年底，全国已有近10万户国有企业、4000多万职工实行了工效挂钩制度。[②]

1998年国有企业改革进入攻坚阶段以后，结合国有企业改制，政府对国有企业工资管理改革也在积极探索。基本思路是，对股份公司、上市公司等改制企业全部放开工效挂钩，实行自主决定工资水平的办法；对尚未完成公司制改造的竞争性企业，继续实行并逐步完善工效挂钩办法；对垄断性企业，继续由国家进行直接调控。例如，上海市在完善工效挂钩办法方面做了有益的探索和尝试，改总量挂钩为水平挂钩办法（即人均工资水平与人均效益挂钩），为实现工资总量调控向工资水平调控转变探索了有益的经验。这标志着国家对企业工资总量实施分类调控又迈出了实质性的一步，为市场经济条件下全面落实企业内部分配自主权奠定了基础。

第二，加大工资宏观调控力度，调节工资分配关系。一是针对部分垄断行业、特殊行业企业工资水平过高、增长过快的问题，1996年6月7日，劳动部、国家计委制定下发了《关于对部分行业、企业实行工资控制线办法》的通知，对13个部门、总公司和中央直属企业实行了工资控制线办法，并对12个工资较高的部门从紧调整了年度工资总额使用计划。"工资控制线办法，是国家对职工工资水平偏高、增长过快的行业、企业采取的一种阶段性从紧调控工资总额增长的具体措施。它的主要内容是：控制职工工资水平偏高、增长过快的行业的工资发放；对部分行业、企业工资总额发放增长速度实行上限控制；调节行业、企业职工工资水平，逐步协调工资分配关系，缓解分配不公。"[③] 工资控制线办法的实施对象暂定为上年职工平均工资水平达到全国职工平均工资水平180%以上的国务院各部门（含国务院直属总公

---

① 《中国劳动年鉴（1997）》，中国劳动出版社1998年版，第181页。
② 宋关达：《中国工资改革50年》，《中国劳动》1999年第12期。
③ 《部分行业、企业实行工资控制线办法》，《中国劳动科学》1996年第10期。

司)、国家计划单列企业集团。工资控制线办法的实施,在一定程度上抑制了企业工资总额和工资水平增长过快的势头,对缩小行业分配差距,缓解社会分配不公起到了积极作用。二是改进完善高收入行业的工效挂钩办法,主要是调整工效挂钩指标的比重和把企业固定资产保值增值指标作为挂钩企业提取新增效益工资的否定指标。三是对高收入行业的企业经营者的工资收入加强管理,严格执行对经营者工资收入的审批制度,把经营者工资收入相当于职工平均工资的倍数控制在国家规定的倍数以内。①

3. 建立最低工资保障和工资支付制度

随着改革的深入,企业拥有自主分配的权力越来越大,沿海地区不断发生外商投资企业故意压低职工工资、侵害职工报酬权益的现象。为切实保障广大职工的最低报酬权益,借鉴国际通行做法,1993 年 11 月 24 日,劳动部印发了《企业最低工资规定》,对最低工资的内涵、确定调整办法、管理体制等做了详细规定。最低工资是指劳动者在法定工作时间内提供了正常劳动的前提下,其所在企业应支付的最低劳动报酬。最低工资率是指单位劳动时间的最低工资数额,它应参考政府统计部门提供的当地就业者及其赡养人口的最低生活费用、职工的平均工资、劳动生产率、城镇就业状况和经济发展水平等因素确定,高于当地的社会救济金、失业保险金标准,低于平均工资。这是新中国最低工资保障制度方面的第一个规章。1994 年 7 月,《劳动法》出台,为国家宏观管理工资提供了法律依据。《劳动法》规定:"国家实行最低工资保障制度","用人单位支付劳动者的工资不得低于当地最低工资标准。"同年 10 月 8 日,劳动部下发了《关于实施最低工资保障制度的通知》,对全国各省、自治区、直辖市建立最低工资保障制度提出了具体意见和要求,并对《企业最低工资规定》的有关内容做了修正和补充。为了确保职工获得基本劳动报酬的权益,各地区劳动部门抓紧测算、制定本地区的最低工资标准,到 1994 年年底,全国已有 18 个省、自治区、直辖市发布和实施了本地区的最低工资标准。② 到 1999 年年底,全国有 30 个省、自治区、直辖市建立并完善了最低工资保障制度,发布了最低工资标准。③ 2000

---

① 《中国劳动年鉴(1997)》,中国劳动出版社 1998 年版,第 181 页。
② 《中国劳动年鉴》(1992—1994),中国劳动出版社 1996 年版,第 204 页。
③ 《1999 年度劳动和社会保障事业发展统计公报》,《中国劳动》2000 年第 7 期。

年，有 15 个省、自治区、直辖市根据当地经济发展水平、物价变化等情况，及时调整了当地的最低工资标准，从制度上保障了提供正常劳动职工的最低生活水平。

工资支付就是工资的具体发放办法。1994 年 12 月 6 日，劳动部下发了《工资支付暂行规定》，内容包括工资支付的时间、项目、形式、对象以及特殊情况下的工资支付等。这是为实施《劳动法》制定的单项行政法规。1995 年 5 月 12 日，劳动部又印发了《对〈工资支付暂行规定〉有关问题的补充规定》，对加班加点的工资支付，企业克扣或无故拖欠职工工资问题，以及大中专毕业生、新就业军人、受处分劳动者的工资支付问题做了补充规定，进一步细化、完善了企业工资支付制度的内容。

4. 加快企业工资收入宏观调控体系建设

第一，试行工资指导线制度。工资指导线是指在市场经济体制下，政府宏观调控工资总量，调节工资分配关系，规划工资水平增长，指导企业工资分配所采用的一种制度。其目的在于引导企业在发展生产、提高效益的基础上适度增加工资，为企业集体确定工资水平提供依据；使企业的工资微观决策与政府的宏观调控政策保持协调统一。工资指导线由工资增长预警线、工资增长基准线和工资增长下线组成。该制度的主要内容包括经济形势分析、工资指导线意见或工资指导原则、对企业的要求等。[1] 在部分地区试行工资指导线制度，是企业工资宏观调控办法改革的一项重要举措。

1996 年，劳动部在深圳、成都、北京进行了工资指导线试点，并初步建立起以工资指导线为中心，与企业国有资产约束、人工成本约束以及工资总额同经济效益挂钩相结合的企业工资宏观管理机制和工资决定机制。[2] 1997 年 1 月 30 日，劳动部印发《试点地区工资指导线制度试行办法》，规定试点国有企业在地区工资指导线的范围内与经济效益挂钩的基础上可以自由调整工资总额。这样，随着工资总额改革的不断推进，工资分配的主体开始从政府转向企业。到 2001 年年底，全国有 26 个省、市、自治区开展了工资指导线试点。[3] 工资指导线的发布以及与其他工资管理办法的相互衔接，

---

[1] 《中国劳动年鉴（1998）》，中国劳动出版社 1999 年版，第 126 页。
[2] 《中国劳动年鉴（1997）》，中国劳动出版社 1998 年版，第 181 页。
[3] 《2001 年度劳动和社会保障事业发展统计公报》，《中国人力资源社会保障》2002 年第 7 期。

对指导试点地区企业工资合理增长、保持地区工资增长与经济发展相适应等方面发挥了积极作用。

第二，开展劳动力市场工资指导价位制度的试点。根据企业工资制度改革和劳动力市场建设的需要，从1998年起，劳动保障部在上海、北京、江苏、山西等地开展了建立劳动力市场工资指导价位制度的探索。劳动力市场工资指导价位制度，是指劳动保障行政部门按照国家统一的规范和制度要求，定期对各类企业中的不同职业（工种）的工资水平进行调查、分析、汇总、加工，形成各类职业（工种）的工资价位，向社会发布，用以指导企业合理确定职工工资水平和工资关系，调节劳动力市场价格。1999年10月25日，劳动保障部发布了《关于建立劳动力市场工资指导价位制度的通知》，明确了指导思想和工作目标，并在全国35个大中城市开展试点。其总的目标是，建立以中心城市为依托，广泛覆盖各类职业（工种），国家、省（自治区）、市多层次汇总发布的劳动力市场工资指导价位制度，使之成为科学化、规范化、现代化的劳动力市场的有机组成部分。具体目标是：建立规范化的信息采集制度，保证统计调查资料的及时性、准确性；建立科学化的工资指导价位制定方法，保证工资指导价位能真实反映劳动力价格，并体现政府宏观指导意图；建立现代化的信息发布手段，使工资指导价位直接、及时、便捷地服务于企业和劳动者。到2001年，全国已有88个大中城市开展了劳动力市场工资指导价位制度试点。[1]

第三，建立人工成本预测预警制度。1996年，北京等地在试行工资指导线时，就开始考虑建立人工成本预测预警制度。经过几年的努力，逐渐摸索出了一套企业人工成本信息发布及预警、预报的办法，初步建立了人工成本预测预警体系，有力地促进了企业加强人工成本管理，合理进行工资分配。如北京市调查分析了全市3000多户企业的情况，向企业发布了有关信息，对人工成本偏高的国有企业提出预警；中国石化集团公司对所属企业的人工成本作了全面分析，初步建立了人工成本控制制度。[2] 劳动保障部门建立企业人工成本监测指标体系，定期向社会发布企业人工成本信息，对于企业加强人工成本管理、提高市场竞争力具有重要的积极意义。

---

[1] 《2001年度劳动和社会保障事业发展统计公报》，《中国人力资源社会保障》2002年第7期。
[2] 《中国劳动和社会保障年鉴（2000）》，中国劳动社会保障出版社2001年版，第240页。

第四，加大企业工资内外收入监督检查力度。1992—1994年企业工资增长较快，特别是预算外国有企业工资成本上升较快，工资外收入大大快于工资增长，加剧了企业分配秩序的混乱，企业工资分配差距拉大过快，结构性矛盾逐渐显露，存在分配不公现象。为了加强对国有企业工资内外收入的宏观调控与管理，建立企业工资分配的自我约束机制，既保护劳动者的合法权益，又维护国有资产所有者的权益，1995年4月21日，劳动部、财政部、审计署联合颁布了《关于国有企业工资内外收入监督检查实施办法》，以加强并规范企业工资收入管理，加大对企业工资内外收入的监督检查力度。到1996年，全国已有21个省市、11个部门成立了工资内外收入监督检查机构，建立健全了制度，制定了实施办法，并对少数违反国家政策的企业进行了严肃处理，在社会上引起了很大反响。[1] 此后，劳动保障部进一步提出了监督检查工作的指导思想，确定了检查重点以及检查方式，纠正和查处了一些企业工资分配中的违法违规行为。如2000年，劳动保障部会同财政部、审计署对江苏华能淮阴发电厂等8户企业的工资分配违规行为进行核实，依法进行了处理，维护了工资分配秩序，保护了国有资产安全。[2]

此外，国家还通过完善税收制度和建立社会保障体系等再分配手段，对收入分配关系进行调节。如1993年10月颁布了修订后的《个人所得税法》。

综上所述，这一时期在对工资分配的管理上，为使企业成为企业内部分配的真正主体，政府更多地承担起制定市场规则、加强指导和监管、维护社会经济运行的任务，一个具有市场化特征的工资宏观调控体系初步形成。

二　企业工资收入分配制度改革

20世纪90年代以后，随着实行政企分开，落实企业自主权，企业成为自主经营、自负盈亏、自我发展、自我约束的法人实体和市场竞争的主体，国有企业工资分配制度改革进一步引入市场机制，并加快向市场化转轨。

1992年7月，国务院发布《全民所有制工业企业转换经营机制条例》，明确了企业享有包括工资、奖金分配权在内的14项权利，"企业的工资总额

---

[1] 《中国劳动年鉴（1997）》，中国劳动出版社1998年版，第181页。
[2] 《中国劳动和社会保障年鉴（2001）》，中国劳动社会保障出版社2001年版，第270页。

依照政府规定的工资总额与经济效益挂钩办法确定,企业在相应提取的工资总额内,有权自主使用、自主分配工资和奖金。企业有权根据职工的劳动技能、劳动强度、劳动责任、劳动条件和实际贡献,决定工资、奖金的分配档次。企业可以实行岗位技能工资制或者其他适合本企业特点的工资制度,选择适合本企业的具体分配形式。企业有权制定职工晋级增薪、降级减薪的办法,自主决定晋级增薪、降级减薪的条件和时间。"[1] 也就是说,企业可以根据自身生产经营特点和提高经济效益情况,自主制定、选择内部工资分配制度,采取灵活多样的分配方式。此后,在国家的宏观监控指导下,市场机制对工资分配的基础调节作用不断增强,企业内部的工资管理发生了重大变化:一是国有企业从过去实行的等级工资制转变为推行岗位技能工资制;二是认识到经营者在企业发展中的作用,开始试行年薪制,构建独立的经营者激励机制;三是开展企业工资集体协商试点。到2001年年底,初步建立起一个由"市场机制决定、企业自主分配、职工民主参与、政府监控指导"的现代企业工资收入分配制度。

(一)国有企业实行岗位技能工资制

为了贯彻落实《国民经济和社会发展十年规划和第八个五年计划纲要》关于在全民所有制企业"逐步实行以岗位技能工资制为主要形式的内部分配制度"的精神,1992年以后,岗位技能工资制在全国的国有企业中得到普及,并成为企业内部分配制度的主体和基础。1992年1月7日,劳动部下发了《关于进行岗位技能工资制试点工作的通知》,确定并下达了第一批共100户试行岗位技能工资制重点联系企业名单。此后,各地区、各部门结合自己的实际情况,积极稳妥地开展了试点工作。[2] 到1992年年底,各省、自治区、直辖市试点企业有2300多家,职工约1000万人。[3] 岗位技能工资是一个系统工程,它包括劳动评价体系、基本工资单元和工资标准的确定、辅助工资单元的设置等方面,还涉及运行机制的建立以及加强宏观调控和配套改革措施。为了加强对试点企业的指导,同年5月20日,劳动部提出了

---

[1] 《全民所有制工业企业转换经营机制条例》,《中华人民共和国国务院公报》1992年第22期。
[2] 《中国劳动年鉴》(1992—1994),中国劳动出版社1996年版,第202页。
[3] 《关于1992年劳动事业发展的公报》,《中国劳动科学》1993年第7期。

《关于搞好岗位技能工资制试点工作有关问题的意见》，内容包括岗位（职位）劳动评价、职工考核、加强工资总量调控和合理安排各类人员基本工资关系、岗位技能工资制的过渡、岗位技能工资制运行和岗位技能工资制试点工作的组织实施等。到90年代末，全国已有4万多个企业、3000多万职工实行岗位技能工资制。[①]

岗位技能工资制是以按劳分配为原则，以加强工资宏观调控为前提，以劳动技能、劳动责任、劳动强度和劳动条件为基本劳动要素评价为基础，以岗位工资、技能工资为核心，以工龄工资（年功工资）、特种工资（津贴补贴）、效益工资为辅助，以职工实际劳动贡献来确定劳动报酬的企业基本工资制度。从本质上说，岗位技能工资制也是结构工资制的一种具体形式。不过，它与20世纪80年代中期出现的结构工资制不同，它取消了发挥基础生活保障作用的基础工资，将津贴和年功工资合并到基本工资之外的辅助工资单元中。岗位技能工资主要由岗位（职务）工资、技能工资两个单元构成，这是国家确认的职工基本工资。岗位（职务）工资是根据职工所在岗位或所任职务、所在职位的劳动责任轻重、劳动强度大小和劳动条件好差，并兼顾劳动技能要求高低确定的工资，它体现了职种间的工资差异，有益于改善换岗不变工资的问题，扩大了高技术技能和高劳动强度及高责任职种与普通职种间的工资差距。技能工资是根据不同岗位、职位、职务对劳动技能的要求，同时兼顾职工所具备的劳动技能水平而确定的工资，它的设立体现了职工能力的提高直接与工资挂钩，能激发职工对自身工作能力的提升。岗位工资、技能工资单元的比重分行业区别合理确定。除基本工资外，企业根据需要和可能，可以设置符合自己特点的辅助工资单元。与此同时，企业还可以根据生产经营特点对岗位技能工资制辅以灵活多样的具体分配形式，如计件工资、定额工资、浮动工资、提成工资、奖金、津贴等。这种把基本工资制度与具体分配形式有机结合，根据对职工劳动质量和数量的考核，浮动计发职工实际工资的办法，既反映了职工潜在的技能差别和静态的岗位差别，又反映了职工实际劳动贡献和劳动成果的差别，推进了企业工资制度改革的市场化走向。

[①] 邱小平主编：《工资收入分配》（第二版），中国劳动社会保障出版社2004年版，第42页。

实践证明，企业实行岗位技能工资制以后，对加强企业的基础管理工作，激励职工学习技术，合理拉开工资差距，提高企业的经济效益起到了积极作用。岗位技能工资制的优越性主要表现在：第一，它与过去的等级工资制相比更能体现社会主义的按劳分配原则。虽然等级工资制度在实行初期发挥了积极的作用，但由于不能很好地体现劳动和职工个人的差异性，加之在实施中的平均主义倾向，导致了劳动和工资的脱节，造成了工资水平与技术等级的背离。而岗位技能工资制则在很大程度上弥补了上述缺陷，它以岗位测评和职工劳效评价为基础，通过奖评机制确定职工的劳动报酬，克服了分配上的平均主义，更好地贯彻了按劳分配原则。第二，岗位技能工资制通过设置技能工资单元，对职工的业务执行能力和技术水平进行严格的考核和评价，可以激励职工提高技术水平。依据岗位技能工资制，考核不合格的职工就会被调换岗位，不能按照原来的工资标准获得岗位工资和技能工资，因此，职工无论是为了涨工资还是为了避免因调岗造成的工资减少，都会努力提高自身的技术水平，而这也是企业提高生产率的重要条件之一。第三，实施岗位技能工资制，有利于整顿企业内部各类人员的工资秩序。以岗位测评为基础的工资计算方式扩大了企业内部各工种、各类别间的工资差距，克服了以往无论工作条件和工作内容如何都支付相同工资的不公平现象。[①] 同时，企业内部分配中技术等级与工资等级脱节、劳动报酬与劳动贡献脱节以及平均主义等问题也得到了一定程度的缓解。

尽管如此，由于企业工资管理工作并没有得到明显的简化，工资结构依然十分庞杂，加之，管理上已经形成的操作惯例及相关制度不完善，新工资制度的激励作用仍不够明显。第一，职工的技术等级与实际技能不符。在实际操作中，由于缺乏合理的考核指标和健全的评价体系以及技能鉴定工作的滞后，对职工技能水平的评价往往参考过去的等级工资制标准，或依据上司的主观判断，导致考核流于形式，造成了多数企业职工的技能工资与实际技能水平有一些差距。第二，岗位工资按年限划档。在实施岗位工资的过程中，虽然多数企业依据岗位进行了划分，但仍然与工作年限挂钩，这就使在同一岗位上工作的职工，因工作年限的不同享受不同的岗位工资待遇，形成

[①] 邱小平主编：《工资收入分配》（第二版），中国劳动社会保障出版社2004年版，第113—114页。

了一岗多薪的不合理状态，背离了岗位工资的真正内涵。第三，在依据岗位技能工资制构建的工资体系中，活的部分所占比重太小。多数企业工资总额中活的部分只有奖金，占15%左右，其余全是固定部分。① 上述这些情况，事实上都背离了以技能考核和岗位测评为标准进行工资管理的制度设计初衷。

1998年以后，随着收入分配方式的变化，即由按劳分配转变为按劳分配为主、多种分配方式并存的多元分配方式，企业内部分配制度改革不断深化。在企业内部分配制度改革方面，各地认真总结以岗位技能工资制为主的内部分配制度改革经验，根据企业的不同生产经营特点，指导企业建立科学合理的基本工资制度，提倡实行岗位工资制、岗位薪点工资制等，同时加强对职工劳动贡献的考核，把考核结果作为拉开收入分配差距的依据。中央直属企业也积极进行内部分配制度改革，实行岗位工资制，并取得初步成效。此外，各地区按照中共十五大和十五届四中全会的要求，继续探索按劳分配和按其他生产要素分配相结合的办法，在资本、技术等生产要素参与分配方面进行了有益的尝试。例如，北京、浙江、深圳等地出台了关于职工持股的办法，试行职工投资入股、技术入股、劳动分红等新的收入分配制度，取得了明显效果。

（二）对国有企业经营者试行年薪制

在计划经济时期，国有企业经营者的收入分配与一般职工基本没有什么区别，存在严重的平均主义倾向，不利于调动企业经营者的积极性。改革开放以来，为适应城市经济体制改革的需要，推行企业经营承包责任制，充分发挥企业经营者在生产经营过程中的作用，根据责权利相一致的原则，1986年12月5日，国务院《关于深化企业改革增强企业活力的若干规定》，对经营者收入问题作出原则性规定，即"凡全面完成任期内年度责任目标的，经营者的个人收入可以高于职工平均工资的一至三倍"。这个文件，通常被看作专门就国有企业厂长（经理）的工资待遇所作的第一个规定。1992年8月27日，劳动部和国务院经济贸易办公室联合下发《关于改进完善全民所

---

① 孙新玲：《完善基本工资制度的几点意见》，《山东劳动》1998年第10期。

有制企业经营者收入分配办法的意见》，明确指出："企业经营者的劳动报酬应该建立在工作实绩考核的基础上，主要与其所在企业的经营成果相联系，把承包经营责任制与经营者的工资、奖金等分配结合起来。采取其他经营形式的全民所有制企业，其经营者收入可以参照确定承包经营者收入水平的原则合理规定，并按有关规定兑现其收入。"① 上述政策的实施，对调动企业经营者的积极性，促进企业发展，发挥了重要作用。随着改革的深入，特别是中共十四届三中全会关于建立社会主义市场经济体制和建立现代企业制度决定的提出，对企业改革提出了新的要求，同时对企业经营者赋予了新的职责，也提出了更高的要求。而当时对经营者收入的管理办法已不能适应改革新形势的需要，主要存在以下问题：一是在基本报酬的形式上延续了月薪制，并纳入企业统一的工资标准，既没有充分考虑经营者的劳动特点，也没在工资分配上突出经营者的重要作用；二是经营者收入与职工收入紧密捆在一起，无法在企业内部形成利益制衡机制，不利于现代企业制度的发育和完善；三是原办法不规范，可操作性差，在实践中产生了不少问题。②

为此，部分国有企业在推行岗位技能工资制的同时，开始着手进行经营者年薪制的试点工作。1992 年 6 月，上海市轻工业局选定所属的上海英雄金笔厂等 3 家国有企业在全国率先试行年薪制。1994 年 3 月 30 日，劳动部、国家经贸委、财政部联合向国务院报送了"关于请审定《国有企业经营者年薪制试行办法》（送审稿）的报告"。虽然《国有企业经营者年薪制试行办法》最终未能出台，但它却成为各地区、各部门试点方案的蓝本。1994 年 9 月，深圳市出台了《企业董事长、总经理年薪制试点办法》，随后，四川、江苏、北京、河南、辽宁等省市也开始了年薪制试点。1997 年 9 月，中共十五大提出"允许和鼓励资本、技术等生产要素参与收益分配"，为包括企业家才能在内的技术等生产要素参与收益分配打开了绿灯。到 1998 年年底，全国已有 27 个省、市、自治区开展了年薪制试点工作，试点范围扩大到 6700 户企业。③ 经营者年薪制是以年度为单位确定经营者的基本收入，并视其经营成果分档浮动发放效益收入的一种工资制度。实行年薪制后，经营

---

① 刘元生：《国有企业实行经营者年薪制面面观》，《中国劳动科学》1995 年第 7 期。
② 《中国劳动年鉴》（1992—1994），中国劳动出版社 1996 年版，第 203 页。
③ 《中国劳动和社会保障年鉴（1999）》，中国劳动社会保障出版社 2000 年版，第 166 页。

者的实际收入主要根据其经营业绩以年度为单位考核浮动发放，不再享受企业内部的任何工资性收入。从各地实施年薪制的情况来看，各具特色，互有相异之处：

（1）深圳模式。国有企业经营者年薪由以下三部分构成：一是基本年薪，即无论企业经营如何，经营者都能拿到手的年收入，它分 6 万元、4.8 万元和 3.6 万元三个档次；二是增值年薪，它根据企业当年净利润增长率和净资产增长率计算，最多不得超过基本年薪的 3 倍；三是增值年薪，它根据盈利情况和经济指标完成情况决定，导致亏损的要受到处罚，减亏或扭亏的也给予一定奖励。前两部分计入企业经营成本，按月或按年以现金支付。最后一部分从企业税后利润中提取，可以现金、股份、可转换债券等方式支付。年薪制实行后，经营者不再享受企业内部任何工资性收入，离职时要经过审计。

（2）北京模式。经营者年薪由以下两部分构成：一是基薪，它主要根据企业经济效益水平和经营规模来确定，最高不超过北京市及本企业职工综合平均工资的 3 倍；二是风险收入，它依照企业超额完成的生产经营指标（资产保值增值、经济效益和技术进步等）的情况来确定，最高不超过基薪的 1 倍、最低为零。对于经济效益下降或国有资产减值的，扣减经营者的基薪，最少不低于 20%。年薪收入在成本费用中列支，并在企业提取的工资总额外单列。党委书记也采用年薪制的办法。[①]

（3）武汉模式。武汉市规定的经营者年薪是由基薪和风险收入两部分组成，五个档次。基薪是年度经营的报酬，根据企业规模确定，达到规定标准的最高可拿 4.2 万元，最低为 2 万元；风险收入是年度经营效益的具体体现和年度经营业绩的积累，根据资产经营责任书中经营业绩考核指标完成情况确定，当综合考核评价结果为 100% 时，风险收入最高可拿到 6.2 万元，最低为 3 万元。评价结果不满 100% 的，风险收入为零。

（4）四川模式。四川省的年薪制主要有三种形式：业绩计提、目标定酬和准公务员报酬。业绩计提年薪制是指经营者的年薪由基薪和业绩计提两部分构成。基薪的确定主要依据企业的经营规模与本地区和本企业职工的平

---

① 计长鹏：《经营者年薪制的现状与完善》，《南京社会科学》1998 年第 7 期。

均工资收入水平；业绩计提的确定则依据实现利润、净资产增长、上缴利税等情况。目标定酬年薪制，是指在实现经营目标后，经营者就可得到事先约定好的固定数量的年薪，报酬结构单一，但其考核指标很具体，如减亏额、实现利润、净资产增长率、资产利润率、上缴利税等。准公务员报酬的年薪制，报酬结构由工资、津贴、奖金等构成，主要适宜于非竞争性国有企业。①

毋庸置疑，年薪制能较好地体现企业经营者的工作特点，可以使经营者收入与其经营业绩更紧密地联系起来，突出了经营者的重要地位，增强了经营者经营业绩与所负责任的统一性，同时也使其承担一定的经营风险，有利于高素质企业家队伍的培养。此外，它还有利于克服经营者收入与本企业职工收入互相拉动的缺陷，有利于促进企业产权明晰化和现代企业制度的建立。年薪制在试点过程中产生了积极的影响，收到了很好的效果。比如，深圳最初采用年薪制的 6 家企业在 1995 年的利润达到了 8.95 亿元，相比 1994 年的 7.5 亿元增加了 19.3%，净资产达到 44.65 亿元，相比 1994 年的 37.41 亿元增加了 19.4%，并在 1996 年取得了 10.98 亿元的利润，净资产达到 54.02 亿元。②但是，年薪制的实施也遇到了许多问题，并且这些问题还不是在短时间内就可以解决的。一是思想观念保守，未能与时俱进。不少企业的经营者对年薪制改革认识不够，对年薪收入透明化、公开化心存顾虑。大多数职工不支持年薪制，甚至有些职工认为年薪制"拉大了领导与工人之间的距离"。社会甚至企业主管部门领导对经营者的特殊地位、作用、贡献以及应得到的报酬尚未达成共识，还没有把企业家真正作为一种特殊的生产要素来看待。③二是传统的干部人事制度制约。在经济转轨时期，许多企业尚未建立现代企业制度，国有企业经营者仍主要由上级任命，不是通过市场机制选拔。而国有企业领导体制中包括党委书记、工会主席、三总师等，各地在界定经营者范围时标准不一，有的甚至把企业的团委书记、副厂级调研员等人员也一并纳入，年薪制变成了事实上的领导班子集体"涨工资"。三是年薪总体水平采用倍数法弊多利少。当时设计的年薪制，经营者的年薪不仅要与本企业的员工收入联系，一般在 3—5 倍的水平，而且要与当地平均工

---

① 国家统计局企业调查总队课题组：《年薪制扎根中国路漫漫》，《中国信息报》2001 年 2 月 1 日。
② 李善民：《国有企业经营者年薪制试行中的问题及其解决》，《学术研究》1998 年第 12 期。
③ 国家统计局企业调查总队课题组：《年薪制扎根中国路漫漫》，《中国信息报》2001 年 2 月 1 日。

资挂钩，与当地公务员的工资作类比，在操作上封顶、"盖帽"，这种确定经营者年收入的方法较难体现经营者人力资本的市场价值。① 四是考核办法与兑现形式有待进一步完善。比如，考核指标的设计，有些指标是难以确切量化的。如何评估企业生产经营的实际情况；如何监管企业经营者的行为，并把经营者的利益与企业长期发展结合起来。② 因此，随着实施年薪制企业的增多，新的制度与现存的管理体制之间的冲突与摩擦也越来越明显，受到的阻力也逐渐增大。

1998 年，劳动部暂停了对年薪制实施的促进方案。③ 此后，不少地区在总结经验的基础上，进一步规范了试点办法，包括实施对象、基本年薪和效益年薪的确定办法以及效益年薪考核兑现办法等，把试点着重点放在建立工资收入分配激励与约束机制上，将经营者年薪收入与企业经营业绩紧密联系，规范经营者收入渠道，提高收入透明度，并结合企业改革和改制，探索管理要素参与收益分配的有效途径。④ 到 2000 年年底，全国已有 28 个省、市、自治区正式发布了年薪制试点办法，试点企业已增至 7400 多家。⑤

(三) 开展企业工资集体协商试点

工资集体协商是指职工代表与企业依法就企业工资分配制度、工资分配形式、工资收入水平及其增长等事项平等协商，并在协商一致的基础上签订工资协议的行为。它是市场经济国家在确定企业工资水平及协调劳资关系中通行的做法之一。随着市场经济体制的建立和企业经营机制的转变，工资集体协商办法亦逐渐为企业所接受，并成为 90 年代中国工资决定方式创新的一大亮点和趋势。

工资集体协商，就是工资由市场来决定。为指导企业开展工资集体协商工作，1997 年 2 月 14 日，劳动部印发了《外商投资企业工资集体协商的几点意见》，对外商投资企业开展工资集体协商工作进行了初步规范。到 1997

---

① 赵达：《年薪制"两次喊停"告诉我们什么?》，《上海国资》2004 年第 5 期。
② 国家统计局企业调查总队课题组：《年薪制扎根中国路漫漫》，《中国信息报》2001 年 2 月 1 日。
③ 徐萍：《国有企业工资制度演化内在逻辑》，经济科学出版社 2012 年版，第 127 页。
④ 《中国劳动和社会保障年鉴 (1999)》，中国劳动社会保障出版社 2000 年版，第 166 页；《中国劳动和社会保障年鉴 (2000)》，中国劳动社会保障出版社 2001 年版，第 240 页。
⑤ 《中国劳动和社会保障年鉴 (2001)》，中国劳动社会保障出版社 2001 年版，第 269 页。

年年底，全国有1000多家企业开展了工资集体协商试点。①

在国有企业，除了发挥工会、职代会应有的作用，也进行了工资集体协商制度的试点，并取得了积极成效，主要表现在：一是工资集体协商制度的建立，使职工民主参与工资决策的权利有了制度保障，有利于避免由企业经营者单方面决定工资分配。如大连不断完善集体协商制度，取得了良好效果，维护了职工的合法报酬权益和稳定的劳动关系。二是有利于将政府对企业工资分配的宏观政策要求和企业微观分配有机结合。实行工资集体协商的企业，将政府颁布的工资指导线作为工资集体协商的重要依据，与企业实际情况相结合，协商确定工资增长幅度。开展集体协商制度试点企业的职工，非常关心政府颁布的工资指导线水平，结合实际，合理提出协商的增资要求。三是工资集体协商制度的建立，形成了企业行政（或资方）与职工双方间正常的对话、沟通机制，有利于及时解决或缓解劳动关系双方的矛盾，对企业稳定发挥了作用。②

2000年11月8日，劳动保障部发布了《工资集体协商试行办法》，确立起了工资集体协商制度的基本框架，对企业依法开展工资集体协商试点起到了规范和积极的推动作用。《工资集体协商试行办法》下发后，各地区积极贯彻落实，浙江、四川等省将工资集体协商试点列为企业工资工作的重点，在非国有企业大力推行，并积极提出了贯彻落实的实施意见；甘肃省将工资集体协商与经营者年薪制试点联系起来，要求年薪制试点企业应同时进行集体协商试点；山西省要求每个地区选择1户国有企业进行试点。据不完全统计，到2001年年底，全国已有1万多户企业开展了工资集体协商试点工作。③

（四）探索建立现代企业工资收入分配制度

所谓现代企业工资收入分配制度，是指符合现代企业制度要求，遵循市场经济规则，在国家法律规范和职工民主参与下，企业向劳动者和投入生产要素的个人自主分配报酬的一整套科学的规程、标准和办法。它涉及由谁分

---

① 《1997年度劳动事业发展统计公报》，《中国劳动》1998年第7期。
② 《中国劳动和社会保障年鉴（2001）》，中国劳动社会保障出版社2001年版，第269页。
③ 《中国劳动和社会保障年鉴（2002）》，中国劳动社会保障出版社2002年版，第254页。

配（企业是分配主体）、分配什么（分配内容，包括劳动报酬和其他生产要素报酬）、分配给谁（为企业收益的创造和形成作出各种贡献的各类人员，包括董事会、经理层成员，企业其他管理人员、科技人员、生产人员和以自然人身份投入其他生产要素者）和怎么分配（分配手段和机制）四个方面的内容。在现代企业工资收入分配制度中，分配手段一般由工资分配、剩余收益分配和职工福利三个部分组成，它们是现代企业工资收入分配制度的外在表现形式，其实质内容体现在激励、约束、民主协商和工资保障四个机制上。分配手段的组成形式可以多种多样，没有统一模式，是多变的；而四项机制是恒定不变的。三项制度和四项机制是形式与内容的关系，内容决定形式，形式为内容服务。牢牢抓住四项机制就把握住了现代企业工资收入分配制度的核心和实质。[1]

1999年9月，中共十五届四中全会通过的《中共中央关于国有企业改革和发展若干重大问题的决定》提出："建立与现代企业制度相适应的收入分配制度"，"实行以按劳分配为主体的多种分配方式，形成有效的激励和约束机制"。"在国家政策指导下，实行董事会、经理层等成员按照各自职责和贡献取得报酬的办法；企业职工工资水平，由企业根据当地社会平均工资和本企业经济效益决定；企业内部实行按劳分配原则，适当拉开差距，允许和鼓励资本、技术等生产要素参与收益分配。"[2] 为建立与现代企业制度相适应的工资收入分配制度，2000年11月6日，劳动保障部提出了《进一步深化企业内部分配制度改革的指导意见》。其主要内容包括：一是建立健全企业内部工资收入分配激励机制。积极探索建立以岗位工资为主的基本工资制度，提倡推行岗位绩效工资制、岗位薪点工资制、岗位等级工资制等各种形式的岗位工资制，做到以岗定薪、岗变薪变。以岗位测评为依据，参照劳动力市场工资指导价位合理确定岗位工资标准和工资差距。岗位工资标准要与企业经济效益相联系，随之上下浮动。职工个人工资根据其劳动贡献大小能增能减。企业可以根据生产经营特点采取灵活多样的工资支付形式，如计件工资、浮动工资以及营销人员的销售收入提成等办法。无论哪一种形

---

[1] 邱小平主编：《工资收入分配》（第二版），中国劳动社会保障出版社2004年版，第244—248页。

[2] 《中共中央关于国有企业改革和发展若干重大问题的决定》，《求是》1999年第20期。

式，都应与职工的岗位职责、工作业绩和实际贡献挂钩，真正形成重实绩、重贡献的分配激励机制。结合基本工资制度改革调整工资收入结构，使职工收入工资化、货币化、透明化。清理并取缔企业违规违纪发放的工资外收入，净化收入渠道。实行董事会、经理层成员按职责和贡献取得报酬的办法。在具备条件的企业积极试行董事长、总经理年薪制。董事会和经理层其他成员的工资分配，执行企业内部工资分配制度，按照其承担的岗位职责和作出的贡献确定工资收入，并实行严格的考核和管理办法，拉开工资收入差距。对科技人员实行按岗位、按任务、按业绩确定报酬的工资收入分配制度，合理拉开科技人员与普通职工、作出重大贡献的科技人员与一般科技人员的工资收入差距。企业可以根据生产经营需要并参照劳动力市场工资指导价位，同科技人员分别签订工资协议。实行按科技成果奖励办法，如项目成果奖、科技产品销售收入或利润提成等，对做出突出贡献的科技人员给予重奖。二是积极稳妥开展按生产要素分配的试点工作。按照建立现代企业制度的要求，实行股份制改造或产权管理清晰的竞争性企业，可以探索进行企业内部职工持股试点。具备条件的企业可以试行科技成果和技术专利作价折股，由科技发明者和贡献者持有，探索技术要素参与收益分配办法。具备条件的小企业可以探索试行劳动分红办法。正确处理按劳分配与按生产要素分配的关系，按资本、技术等生产要素分配要遵循国家有关法律法规和政策规定。三是加强基础管理，建立健全企业内部工资分配约束机制。加强企业内部分配基础管理工作，建立企业以人工成本管理为主要内容的约束机制，探索建立和推行具有中国特色的工资集体协商制度。[①]

（五）企业工资收入分配改革存在的问题

经过十多年的改革，到 2001 年年底，中国已初步建立起一个由"市场机制调节、企业自主分配、职工民主参与、政府监控指导"的现代企业工资收入分配制度。国家不再统一制定国有企业内部工资分配的具体办法，转变到抓宏观管理建设和指导企业搞好内部分配。企业在工资改革中，结合实践不断探索适合本企业生产经营特点和劳动特点的内部分配制度，企业和工会

---

① 《进一步深化企业内部分配制度改革的指导意见》，《中国劳动》2001 年第 1 期。

可以协商确定本企业的工资增长水平。企业内部分配制度的多样化，大大加强了工资的激励作用，使工资充分发挥了其经济杠杆的功能。

虽然企业工资收入分配制度改革取得了一些成绩，但也存在一些问题：

第一，国有企业分配主体地位尚未根本确立。由于形成一个好的体制和机制需要时日，劳动力等要素市场处于发育和发展阶段，建立现代企业制度的任务尚未完成。在国有经济战略性调整和国有企业产权改革的攻坚阶段，政府部门认为，如果彻底放权，国有资产就会大量流失。因此，大多数国有企业的工资总额决定权仍由政府部门掌握，政府通过行政手段对企业实行工资控制，使企业在很大程度上仍然不能自主分配。

第二，国有企业与非国有企业的工资收入管理体制如何划分还没有一个清晰的思路。国家进行工资的宏观管理一般仅限于国有企业，对非国有企业的工资往往采取放任的态度。这种做法，其实对国有企业是弊大于利。最严重的问题是，国有企业的人才因工资管理过死而"跳槽"，或另寻出路，造成人才大量流失。同时，非国有企业普通职工工资收入偏低，且时常被拖欠等问题，也日益突出。

第三，企业经营者年薪制是继续试行，还是喊停，国有企业在建立现代企业制度的过程中，已经试行经营者年薪制多年，但是，国家对国有企业经营者的工资收入究竟如何管理还没有得出一个准确的定论。其根本原因是职业经理市场没有形成，竞争性国有企业还没有完全改制到位，加之，国有企业的经营者仍然由政府任命，国家还不可能像发达市场经济国家那样：对非竞争性国有企业经营者的工资收入实行直接管理，而让市场来决定竞争性国有企业经营者的工资收入。[①]

第四，随着企业内部分配制度的多样化，如何优化各生产要素参与收益分配的问题，如何处理工资收入与社会保险、职工福利的关系问题，如何建立健全普通职工工资正常增长机制，等等，还有待于进一步探讨和研究。

三　1993年机关、事业单位工资制度改革

根据1992年中共十四大提出的"加快工资制度改革，逐步建立起符合

---

① 马小丽：《我国企业工资改革的经验与问题》，《劳动保障通讯》2002年第9期。

企业、事业单位和机关各自特点的工资制度与正常的工资增长机制"的要求，1993年11月15日，国务院发布了《关于机关和事业单位工作人员工资制度改革问题的通知》，以及《机关工作人员工资制度改革方案》和《事业单位工作人员工资制度改革方案》，决定从1993年10月1日起，对机关、事业单位工资制度进行新中国成立以来的第三次重大改革。同年12月4日，国务院办公厅印发了《机关工作人员工资制度改革实施办法》《事业单位工作人员工资制度改革实施办法》和《机关、事业单位艰苦边远地区津贴实施办法》，要求各地区、各部门严格执行国家统一制定的工资政策、工资制度和工资标准，积极稳妥地组织实施。这次工资改革的基本思路是：进一步贯彻按劳分配原则，建立体现机关和各类事业单位特点的基本工资制度；确立工资增长与国民经济增长之间的关系，建立正常的晋级增资制度；根据平衡比较原则，适当考虑国家财力和物价变动情况，确定工资水平；改革现行的工资管理体制，使国家机关、事业单位的工资制度与管理体制适应建立社会主义市场经济体制的需要。[①]

（一）1993年机关工资改革的主要内容

新中国成立以来，国家机关、事业单位工资制度曾在1956年和1985年进行过两次大的改革。这两次改革，在当时都起到了积极的作用。但是，由于未能建立起正常的晋级增资机制，加之工资制度本身也存在一些问题，使工资的分配、保障、激励和调节等功能难以充分发挥。1993年，经中共中央、国务院批准，结合机构改革和推行公务员制度[②]，决定对机关工资制度进行改革，以建立符合其自身特点的"职务级别工资制度"（简称"职级工资制"）。这是一次动作比较大、解决问题比较多的工资制度改革。

第一，机关工作人员（除工勤人员外）实行职级工资制。其工资按不同职能，分为职务工资、级别工资、基础工资和工龄工资四个组成部分。其中，职务工资和级别工资是职级工资构成的主体。职务工资，按工作人员的职务高低、责任轻重和工作难易程度确定，是职级工资制中体现按劳分配的

[①] 郑言：《建立适应社会主义市场经济体制的机关、事业单位工资制度》，《经济研究参考》1993年第175期。

[②] 1993年8月14日，国务院发布了《国家公务员暂行条例》，该条例自1993年10月1日起施行。

主要内容，约占40%。在职务工资标准中，每一职务层次设3—8档。工作人员按担任的职务确定相应的职务工资，并随职务及任职年限的变化而变动。级别工资，按工作人员的资历和能力确定，也是体现按劳分配的主要内容，约占35%。在工资构成中增设级别工资，是新工资制度的一个重要特点。机关工作人员共分为15级，一个级别设置一个工资标准。基础工资，按大体维持工作人员本人基本生活费用确定，约占20%。工龄工资，按工作人员的工作年限确定。工作年限每增加一年，工龄工资增加1元，一直到离退休当年止。

第二，建立正常增资制度。正常增加工资的途径有三种：一是结合对工作人员的考核结果，每两年晋升一个工资档次；二是随着职务、级别的晋升和工龄的延长相应增加工资；三是根据国民经济发展和企业相当人员的工资水平和物价指数变动情况，适时调整工资标准。

第三，实行地区津贴制度和整顿津贴。根据不同地区的自然环境、物价水平及经济发展等因素，结合对现行地区生活费补贴的调整，建立地区津贴制度。它不同于工资区类别，独立于工资标准之外，单独体现地区间的差异。地区津贴分为艰苦边远地区津贴和地区附加津贴两种。在建立新工资制度的同时，对现行津贴进行整顿，合理的项目予以保留，不合理的项目予以取消。在特殊岗位上工作的人员，仍实行岗位津贴。工作人员调离该岗位后，津贴即行取消。

第四，改革奖金制度。改革现行的奖金制度，在严格考核的基础上，对部分优秀和称职的工作人员，年终发放一次性奖金。

第五，改革机关工人工资制度。根据机关工人的劳动特点，机关工人分为技术工人和普通工人两大类，技术工人实行岗位技术等级工资制，其工资由岗位工资、技术等级工资和奖金三部分构成；普通工人实行岗位工资制，其工资由岗位工资和奖金两部分构成。①

(二) 1993年事业单位工资改革的主要内容

1985年工资制度改革以来，事业单位工作人员（除运动员外）实行了

---

① 《机关工作人员工资制度改革方案》，《中华人民共和国国务院公报》1993年第27期。

以职务工资为主的结构工资制。这一制度在当时起到了积极的作用，但由于是比照国家机关制定的，没有体现事业单位自身的特点，因此，也需要进行改革。

1. 事业单位分类管理

根据事业单位特点和经费来源的不同，对全额拨款、差额拨款、自收自支三种不同类型的事业单位，区别对待，实行不同的管理办法。全额拨款单位，执行国家统一的工资制度和工资标准。在工资构成中，固定部分为70%，活的部分为30%。这些单位在核定编制的基础上，可实行工资总额包干，增人不增工资总额，减人不减工资总额，节余的工资，单位可自主安排使用。差额拨款单位，按照国家制定的工资制度和工资标准执行。在工资构成中，固定部分为60%，活的部分为40%。差额拨款单位根据经费自立程度，按照国家有关规定，实行工资总额包干或其他符合自身特点的管理办法，促使其逐步减少国家财政拨款，向经费自收自支过渡。自收自支单位，活的部分比例还可再高一些，有条件的可实行企业化管理或企业工资制度，做到自主经营、自负盈亏。

2. 五类基本工资制度

由于事业单位行业多，工作特点又不相同，既不宜实行一种工资制度，也不宜一个行业一种制度。为便于管理和更好地贯彻按劳分配原则，根据事业单位的不同特点，将专业技术人员的工资制度分为五类：

一是教育、科研、卫生等事业单位，工作性质接近，根据专业技术人员比较集中，他们的水平、能力、责任和贡献主要通过专业技术职务来体现的特点，实行专业技术职务等级工资制。专业技术职务等级工资制在工资构成上，主要分为专业技术职务工资和津贴两部分：前者是工资构成中的固定部分和体现按劳分配的主要内容，其标准按照专业技术职务序列设置，每一职务分别设立若干工资档次；后者是工资构成中活的部分，与实际工作数量和质量挂钩，多劳多得，少劳少得，不劳不得。国家对津贴按规定比例进行总额控制，各单位根据本单位的实际情况，在国家规定的津贴总额内，享有分配自主权，具体确定津贴项目、津贴档次及如何进行内部分配，合理拉开差距等。

二是地质、测绘和交通、海洋、水产等事业单位，由于从事野外或水上作业，具有条件艰苦、流动性大和岗位责任明确的特点，实行专业技术职务岗位工资制。专业技术职务岗位工资制在工资构成上，主要分为专业技术职务工资和岗位津贴两部分：前者是工资构成中的固定部分，主要体现专业技术人员的水平高低、责任大小和贡献多少，工资标准依据专业技术职务序列确定；后者是工资构成中活的部分，根据不同岗位的工作条件、劳动强度和操作难易程度确定。地质、测绘事业单位的岗位津贴，按岗位类别设置；交通、海洋、水产事业单位船员的岗位津贴，按船舶等级和实际操作岗位划分。

三是文化艺术表演团体，根据艺术表演人员成才早、舞台青春期短、新陈代谢快的特点，实行艺术结构工资制。艺术结构工资制在工资构成上，主要分为艺术专业职务工资、表演档次津贴、演出场次津贴三部分：艺术专业职务工资，主要体现艺术表演人员的综合艺术水平高低，是工资构成中的固定部分，工资标准按照艺术专业职务序列设置；表演档次津贴，根据表演人员的表演水平确定；演出场次津贴，根据表演人员演出场次的多少计发。后两者是工资构成中活的部分。艺术表演团体中的舞蹈、杂技、戏曲武功等表演人员现行的工种补贴，仍继续执行。

四是各级优秀体育运动队的运动员，根据竞争性强、淘汰快、在队时间短、退役后要重新分配工作的特点，实行体育津贴、奖金制。它在构成上，主要分为体育基础津贴、运动员成绩津贴和奖金三部分：体育基础津贴，按照运动员的不同水平设置，是运动员基础水平的综合体现；运动员成绩津贴，根据运动员在国内外重大体育比赛中获得的比赛成绩发放；奖金，对在各类国内外重大体育比赛中获得优秀运动成绩的运动员，给予不同程度的重奖。对在平时训练中成绩优秀、表现突出的运动员，也可给予适当奖励。

五是金融保险系统实行行员等级工资制。行员等级工资制在工资构成上，主要分为行员等级工资和责任目标津贴两部分：前者按照行员职务序列确定，是工资构成中的固定部分；后者是在实行行员目标责任制的基础上，按照行员所负责任大小和完成目标任务情况确定的，是工资构成中活的部分。

此外，事业单位的管理人员，根据自身特点，在建立职员职务序列的基础上，实行职员职务等级工资制。职员职务等级工资制在工资构成上，主要分为职员职务工资和岗位目标管理津贴两部分：前者主要体现管理人员的工作能力高低和所负责任大小，是工资构成中的固定部分，工资标准按照职员职务序列设置；后者主要体现管理人员的工作责任大小和岗位目标任务完成情况，是工资构成中活的部分。

3. 改革奖励制度

根据事业单位的实际情况，对作出突出贡献和取得成绩的人员，分别给予不同的奖励。一是对有突出贡献的专家、学者和科技人员，继续实行政府特殊津贴。二是对作出重大贡献的专业技术人员，给予不同程度的一次性重奖。凡其成果用于生产活动带来重大经济效益的，奖励金额从所获利润中提取。其他人员，如从事教学、基础研究、尖端技术和高技术研究的人员等，奖励金额从国家专项基金中提取。三是结合年度考核，对优秀、合格的工作人员，年终发给一次性奖金。

4. 建立正常增资机制

事业单位正常增加工资，主要采取以下四种途径：一是正常升级。全额拨款和差额拨款的单位，在严格考核的基础上，实行正常升级。凡考核合格的，每两年晋升一个工资档次。对少数考核优秀并作出突出贡献的专业技术人员，可提前晋升或越级晋升。自收自支单位，参照企业的办法，在国家政策规定的范围内，根据其经济效益增长情况，自主安排升级。二是晋升职务、技术等级增加工资。专业技术人员和管理人员晋升职务时，按晋升的职务相应增加工资。三是定期调整工资标准。为保证事业单位工作人员的实际工资水平不下降并逐步增长，根据经济发展情况、企业相当人员工资水平状况和物价指数变动情况，定期调整事业单位工作人员的工资标准。四是提高津贴水平。随着工资标准的调整，相应提高津贴水平，使工资构成保持合理的关系。

5. 建立地区津贴制度

根据不同地区的自然环境、物价水平及经济发展等因素，结合对现行地区工资补贴的调整，建立地区津贴制度。地区津贴分为艰苦边远地区津贴和地区附加津贴。[①]

[①] 《事业单位工作人员工资制度改革方案》，《中华人民共和国国务院公报》1993年第27期。

(三) 机关、事业单位工资制度改革绩效分析

1993年机关、事业单位工资制度改革与前两次有显著的不同。这次工资改革，是在建立社会主义市场经济体制、劳动力市场逐步发育和发展的背景下进行的，较好地体现了按劳分配原则、克服了平均主义的思想，调动了广大工作人员的积极性，促进了社会经济的发展。其改革成效主要体现在以下几个方面：

第一，国家机关与事业单位工资制度分离，建立起符合各自特点的工资制度。这次工资改革，在国家机关，建立了以职务和等级为主的公务员职级工资制，按照机关工作人员的职务、级别及其任职年限和工作年限确定工资标准；在事业单位，专业技术人员分别实行了五种不同类型的工资制度，管理人员实行职员职务等级工资制，工人实行等级工资制。这主要是鉴于机关与事业单位在职能、工作性质、工作任务和工作特点等方面均存在很大差别。而事业单位如此分类，主要是考虑各类的情况相近，且便于管理。因此，事业单位在工资制度、工资结构和工资管理办法上与国家机关脱钩，体现了政事分开的原则，为事业单位更好地实施科学分类管理，进一步深化改革奠定了基础。

第二，工资分配中引入了竞争激励机制，更好地贯彻了按劳分配的原则。一是机关、事业单位都将考核结果作为晋级增资的重要依据，只有考核成绩为称职以上的人员，才能晋级增资。据统计，1995年，全国行政机关有近万人因年终考核不称职而未能晋升工资档次。二是在事业单位工资构成中设置了津贴制度，并占一定的比重，津贴是工资中活的部分，与工作人员的实际贡献紧密结合，更好地体现了按劳分配原则。据了解，31个省区市都制定下发了津贴分配指导意见，各事业单位积极实施，探索出许多行之有效的津贴分配办法。[①] 津贴的设立与实施，发挥活工资的激励作用，有利于奖勤罚懒，克服平均主义。再如，在晋升职务工资档次上，对个别优秀并作出突出贡献的专业技术人员，可提前晋升或越级晋升；对从事基础研究、尖端技术和高技术研究的人员，可另建岗位津贴，等等。

[①] 《机关事业单位工资制度改革现状与发展——人事部机关、事业单位工资改革专题调研报告》，《中国人才》1998年第3期。

第三，建立了工资正常的增资机制，拓宽了增资渠道。1993年工资制度改革，明确提出了建立正常增资的原则，并作出具体规定，这是一项重大突破。实践证明，如果没有正常的增加工资的机制，再好的工资制度在社会大变革的时代也难以长久正常运行，将会带来各种矛盾的积累和加剧。1995年正常晋升工资档次的实施，标志着正常增资机制开始运转，工作人员的工资逐步由过去不定期调整转为随着国民经济发展有计划地增长。1997—2001年，国家根据经济发展、财力增长和物价变动等情况，先后四次调整了机关、事业单位工作人员的工资标准。同时，也拓宽了增资渠道，使晋升职务不再是工资增加的唯一途径，大大缓解了基层工作人员因机构规格的限制而无法晋升职务带来的工资偏低的现象，有利于克服以往工资制度中过分强调职务，诱发机构升格、滥提职务、官本位等单轨因素。

第四，建立了适应社会主义市场经济体制的工资管理机制。在加强国家宏观调控的前提下，赋予了地方和单位一定的工资分配自主权。一是清理各种津贴补贴，确定实行地区津贴制度，激励工作人员为国家和本地区经济和社会发展多做贡献。1985年工资改革后，虽然全国统一政策、统一标准、统一制度，但国家之大，自然环境、生活条件、经济发展状况差异悬殊，各地竞相在津贴补贴上，特别是在物价补贴、福利补贴上巧立名目，互相攀比，使工资面目皆非。1993年工资改革，国家对各地这种混乱现象采取措施，统一归合各类物价、福利性补贴，统一确定64元数额进行冲销，冲销后的部分以地方津贴保留。[1] 地区津贴制度不同于工资区类别，它独立于工资标准之外，单独体现地区间的差异，工作人员调动或交流离开所在地区后，其地区津贴即行取消，到新单位后，按当地地区津贴执行。这既有利于全国工资标准统一，也有利于工资管理和人员交流。[2] 二是根据事业单位经费来源的不同，实行分类管理，促进了事业单位的发展，减轻了国家财政负担。据统计，原全额拨款单位、差额拨款单位、自收自支单位占事业单位的总数由1993年工资改革前的63%、21%、16%，变为1996年的59.5%、

---

[1] 张宏业：《关于深化国家机关事业单位工资制度改革的几点思考》，《山西师范大学学报》（社会科学版）1999年第1期。

[2] 郑言：《建立适应社会主义市场经济体制的机关、事业单位工资制度》，《经济研究参考》1993年第175期。

22.2%、17.9%，减少了财政拨款单位的数量。① 三是赋予了事业单位活工资分配自主权，有利于深化事业单位内部管理体制的改革。事业单位可充分利用国家赋予的权力，发挥工资的杠杆作用，搞活内部分配办法，调动职工积极性。

但是，由于机关、事业单位工资制度过去积累的矛盾和问题较多，完全理顺需要一段时间，加之，社会主义市场经济体制的建立和劳动力市场的发育发展也有一个过程，因此，这次工资制度改革在实施过程中，也暴露出一些矛盾和问题：

第一，工资改革时确定的一些政策未及时到位。如地区津贴制度、年终一次性奖金等，未能如期组织实施，这在一定程度上影响了工资制度改革的成效和机关、事业单位工作人员的收入水平。

第二，地区间、行业间工资收入差距过大。2000年，全国公务员年平均工资为9895元，公务员年平均工资最高的上海为15179元，最低的贵州为4867元，两者之比为3.12∶1。而1994年最高与最低之比为1.9∶1。从国有行业比较看，1999年公务员平均工资水平，在16个国有行业中仅列第9位，与平均工资较高的金融保险（12249元）、交通运输仓储和邮电通信（11345元）和房地产（10475元）等行业职工相比，其收入水平与承担责任和劳动强度不相一致。② 这种过大的差距，与工资的调节和激励职能相违背。

第三，单位内部分配中的平均主义问题。这次工资改革，由于实行套改办法，难免把原有工资制度中存在的问题带入新制度。以事业单位为例，任职4年以下的讲师，工作年限在17年以下的均执行同一档次工资；任职4年以下的副教授，工作年限在27年以下的套入同一档次；任职5年以下的副厅级干部，工作年限在37年以下的也套入同一档次。在同一工作年限档次内，任职年限9年以上的，均套入同一档次。从工作年限看，17年以下为一档，以后每档又以10年为一档划线，显然划线过粗。另外，不同职务人员之间工资收入差距过小，形成实际上的平均主义。事业单位内部最高工资与最低工资之比，1956年、1985年、1993年分别为6.2∶1、5.1∶1、

---

① 《机关事业单位工资制度改革现状与发展——人事部机关、事业单位工资改革专题调研报告》，《中国人才》1998年第3期。

② 龚平：《深化公务员工资制度改革的政策建议》，《中国财政》2001年第11期。

4.1∶1。再者，事业单位工资中的津贴制度没有充分发挥活工资的激励作用。由于对津贴制度缺乏正确的认识和理解，大多数人认为津贴是自己职务工资所带来的，理所应当如数地归自己，加之事业单位嫌津贴分配麻烦和没有必要的配套措施，津贴基本上是按个人核定的比例平均发放，致使活津贴变成了死工资。

第四，工资管理机制不够健全。这次工资改革使工资调整从按年限划杠、论资排辈，转向了按业绩、贡献考核，工资正常晋升要在严格的考核基础上进行。但由于年度考核在具体操作过程中，缺乏系统的科学考核指标体系，考核凭印象、靠感情，除已明确受到党纪政纪处分的人员外，全都合格，甚至有些不在岗的人员考核也为合格，致使年度考核流于形式，缺乏应有的严肃性，正常的增资机制变成了普调工资。再者，除基本工资部分能得到较好控制外，对工资外收入缺乏有效的调控手段。

第五，关于机关、事业单位工资增长的问题。一是正常的工资增长因素与经济增长不挂钩。工资制度中规定的正常工资增长三项因素是：每两年晋升一个职务工资档次，每五年晋升一个级别工资档次，每一年增加1元工龄工资。这三项工资增长因素遵循的仅仅是工资制度所设定的时间要求，而与这期间经济增长情况基本没有关系，即不管经济增长快或慢，是否景气，都将按工资制度所设定的条件去给每个职工增加工资。二是机关、事业单位工资增长的参照系模糊。根据规定，机关、事业单位工作人员工资水平应与国有企业相当人员工资水平大体持平。但由于尚未建立公务员与国有企业相当人员工资水平比较的调查制度，国有企业相当人员工资水平的数据难以获得，这就使参照系变得模糊起来，偏离到以机关、事业单位工资水平与整个企业工资水平进行平衡比较。这是很不合理的，因为机关、事业单位工作人员的文化层次和职务（职称）等级与企业一般职工存在很大的差别，所得报酬理应要有差别。[①] 三是机关、事业单位人员达到本职务最高级别后难以晋升级别工资。

此外，机关、事业单位社会保险与福利制度改革滞后。机关、事业单位工作人员的社会保险与福利是其薪酬制度的重要组成部分，由于其改革滞

[①] 左春文：《深化机关事业单位工资制度改革》，《红旗文稿》2006年第22期。

后,在一定程度上延缓了机关、事业单位工作人员工资制度的合理化进程。

四 1992—2001年工资收入水平与结构变化

(一) 1992—2001年工资水平及其增长

改革开放以来,中国工资增长在不同时期是不平衡的。1979—1991年市场化改革初期,无论是货币工资,还是实际工资,都保持着相对较慢增长的态势。1992—2001年建立社会主义市场经济体制时期,中国工资变化开始进入高速增长阶段。职工平均货币工资从2711元上升到10870元,年平均增长率为15.96%;扣除物价上涨因素,职工平均实际工资增长率为7.71%,比1979—1991年年均增幅3.8%,高出1倍多。从各年的增长速度来看,如表19—1和图19—1所示,1997年是一个分界点,无论是货币工资还是实际工资增长率都为最低,分别为4.2%和1.1%。此前,货币工资增长率均在11%以上,1994年达到最高点,为34.6%,这与20世纪90年代初期中国经历了严重的通货膨胀有关。同时,经济增长速度高于实际平均工资增速。从1998年起,受东南亚经济危机影响,GDP增速下滑,加之国有企业改革进入攻坚阶段,实际工资增长开始回升,并一路上扬,1999年为13.1%,2001年达到15.2%。

表19—1　　　　1992—2001年全国职工平均工资及指数

年份		1992	1993	1994	1995	1996	1997	1998	1999	2000	2001
平均货币工资(元)	合计	2711	3371	4538	5500	6210	6470	7479	8346	9371	10870
	国有单位	2878	3532	4797	5625	6280	6747	7668	8543	9552	11178
	集体单位	2109	2592	3245	3931	4302	4512	5331	5774	6262	6867
	其他单位	3966	4966	6302	7463	8261	8789	8972	9829	10984	12140
平均货币工资指数(以上年为100)	合计	115.9	124.3	134.6	121.2	112.9	104.2	106.6	111.6	112.3	116.0
	国有单位	116.2	122.7	135.8	117.3	111.6	107.4	106.1	111.4	111.8	117.0
	集体单位	113.0	122.9	125.2	121.1	109.4	104.5	102.5	108.3	108.5	109.7
	其他单位	114.4	125.2	126.9	118.4	110.7	106.4	102.1	109.6	111.8	110.5

续表

年份		1992	1993	1994	1995	1996	1997	1998	1999	2000	2001
平均实际工资指数（以上年为100）	合计	106.7	107.1	107.7	103.8	103.8	101.1	107.2	113.1	111.4	115.2
	国有单位	107.0	105.7	108.7	100.4	102.6	104.2	106.7	112.9	110.9	116.2
	集体单位	104.1	105.9	100.2	103.7	100.6	101.7	103.1	109.7	107.6	108.9
	其他单位	105.3	107.9	101.5	101.4	101.7	103.2	98.3	111.0	110.9	109.7
国内生产总值指数（以上年为100）		114.2	113.5	112.6	110.5	109.6	108.8	107.8	107.1	108.0	107.3
城镇居民消费价格指数（以上年为100）		108.6	116.1	125.0	116.8	108.8	103.1	99.4	98.7	100.8	100.7

注：其他单位包括股份合作单位、联营单位、有限责任公司、股份有限公司、港澳台商投资单位以及外商投资单位等其他登记注册类型单位。

资料来源：《中国劳动统计年鉴（2002）》，中国统计出版社2002年版，第6、33—45页。

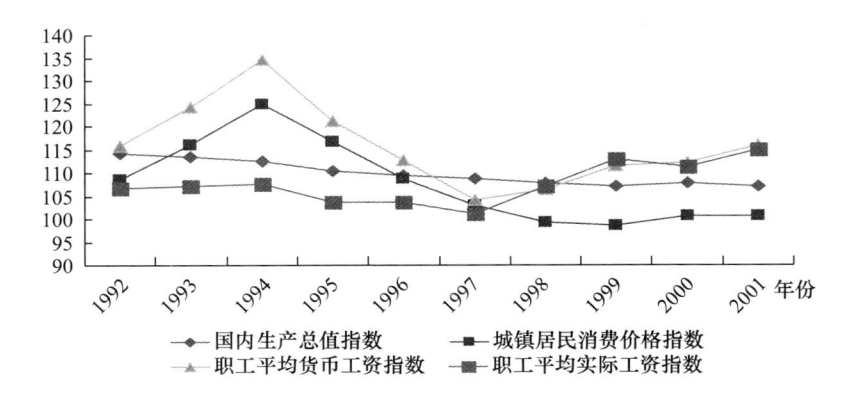

图 19—1 职工平均工资指数（以上年为100）

分所有制来看，不同所有制单位的实际工资增长在总体上保持着与平均工资增长相同趋势，但在增长幅度上有所不同。1992—2001年，三个部门的平均货币工资从2878元、2109元和3966元，增长到11178元、6867元和12140元，分别增长了3.88倍、3.26倍和3.06倍；三个部门的年平均实际工资增长分别为7.53%、4.55%和5.09%。1998年，其他单位工资还出现了负增长。这其中的原因主要是中国商品市场结构转向了买方市场和受东南亚金融危机的影响。另外，中国在90年代后期加快了国有企业改革，这种改革主要是通过劳动力数量调整，而不是工资调整来提高国有企业效率。通过将富余人员分流出来，以及将国有企业的不良资产和优良资产进行剥离、重组，经过改制后的国有企业资本有机构成大幅度提高，结果带来该部门工资的大幅度提高。而城镇下岗失业人员主要通过在非国有部门寻找就业机会，则在一定程度上缓解了这些部门平均工资的快速增长。[①]

分行业来看，所有行业大体上也保持着与平均工资相同的变化趋势，但增长幅度在不同行业之间有较大的差异。与平均货币工资水平增长3.01倍相比较，采掘业、建筑业、农业、地质勘察水利管理业、制造业、批发零售贸易餐饮业的工资水平增长较慢，分别增长了1.99倍、2.09倍、2.14倍、2.40倍、2.71倍和2.72倍；金融保险业、科学研究和综合技术服务业、卫生体育和社会福利业、交通运输仓储及邮电通信业、房地产业的工资水平增长较快，分别增长了4.75倍、4.28倍、3.60倍、3.55倍和3.53倍。[②]

（二）1992—2001年工资增长与劳动生产率变化

劳动生产率增长率与经济增长速度密切相关，劳动生产率高增长引致经济高增长，经济增长又带来工资增加。1992—2001年，中国实际工资水平快速增长是劳动生产率提高的结果，实际工资增长年平均增长率为7.71%，略低于8.26%的劳动生产率平均增长速度，见表19—2。[③] 1998年，实际工资增长与经济增长基本持平。此后，实际工资增长不仅超过了经济增长速度，而且也超过了劳动生产率平均增长速度。从产业劳动生产率的增长趋势来看，第二产业劳动生产率呈现出加速增长，而且与第一、第三产业劳动生产率有逐渐拉大的趋势。第二产业总产值占国内生产总值的比重，1992年

[①] 王德文：《人口低生育率阶段的劳动力供求变化与中国经济增长》，《中国人口科学》2007年第1期。

[②] 《中国劳动统计年鉴（2002）》，中国统计出版社2002年版，第34页。

[③] 关于中国劳动生产率的变化，没有现成的数据。本书对1979—2001年中国劳动生产率增长的测度，首先是确定考察期内的基本变化趋势，分1979—1991年和1992—2001年两个时段。其次，考虑到产业劳动生产率差异对整体劳动生产率的影响以及GDP中包含价格因素，因此，不采用GDP总量除以就业人数的简单平均法，而是采用GDP指数除以就业人数、三次产业GDP指数除以三次产业就业人数，按照可比价格（1978年价格=100）计算劳动生产率的增长率。

是43.92%，到2001年增长到51.15%，增加了8.23个百分点。1994年，第三产业就业人员首次超过第二产业；1997年，第二产业、第三产业就业人员首次超过第一产业。

表19—2　　　　　1979—2001年中国劳动生产率增长情况　　　　单位：%

年份	劳动生产率增长率	第一产业劳动生产率增长率	第二产业劳动生产率增长率	第三产业劳动生产率增长率	经济增长（GDP）
1979—1991	4.97	2.52	4.25	3.62	9.08
1992—2001	8.26	4.43	10.57	3.46	9.94

资料来源：根据《中国统计年鉴（2002）》，第53页；《中国劳动统计年鉴（2002）》，第7页计算。

中国劳动生产率迅速提高是多种因素综合作用的结果。一是经济高速增长提高了人均资本拥有量；二是就业结构转换提高了劳动力的配置效率；三是教育发展和健康水平的提高，提升了人力资本存量和个人劳动生产率；四是对外贸易和外商直接投资带来的技术、管理经验等，通过技术进步提高了总体的劳动生产率水平。这些因素的相互作用，促进了劳动生产率迅速提高，而工资作为个人的劳动报酬，需要与个人的劳动贡献保持一致，因此，工资和劳动力生产率的同步增长，表明在经济增长过程中人均收入水平有了显著提高，而且这种提高是以效率改进为前提的。[①]

（三）1992—2001年工资收入分配结构变化

尽管1992—2001年中国工资水平开始进入高速增长阶段，但工资收入分配结构出现了两个方面的变化：一是在国民收入分配格局中工资收入和劳动报酬出现下降的趋势；二是收入分配差距不断拉大，这在行业之间和地区之间都不同程度地反映出来。

1. *工资收入分配格局的变化*

1992—2001年，中国职工工资总额增长迅速（见表19—3），由3939.2亿元增长到11830.9亿元，增长了3倍，但是，其波动幅度较大。其中，

[①] 蔡昉主编：《中国劳动与社会保障体制改革30年研究》，经济管理出版社2008年版，第225—226页。

1992—1996年增长较快，甚至超过了国内生产总值的增长速度，1994年职工工资总额增长率达到35.4%；1997—2000年，职工工资总额增长均低于国内生产总值的增长速度，1998年职工工资总额几乎是零增长；2001年职工工资总额增长了11%，比国内生产总值高出3.7个百分点。1994年工资总额大幅增长的主要原因是1993年的工资制度改革，改革第二年工资水平普遍得到提高。1998年工资总额出现零增长主要原因是失业人员大幅度增加，而下岗职工工资收入水平偏低。1997年国有企业实施减员增效和下岗分流改革，国有单位职工人数从1997年的10766万人下降到1998年的8809万人，减少1957万人。同时，城镇集体单位职工人数从2817万人减少到1900万人，而其他单位职工人数仅增加了542.1万人。①

表19—3　　1992—2001年国内生产总值和职工工资总额及指数

年份	1992	1993	1994	1995	1996	1997	1998	1999	2000	2001
国内生产总值（亿元）	26638.1	34634.4	46759.4	58478.1	67884.6	74462.6	78345.2	82067.5	89442.2	95933.3
国内生产总值指数（以上年为100）	114.2	113.5	112.6	110.5	109.6	108.8	107.8	107.1	108.0	107.3
职工工资总额（亿元）	3939.2	4916.2	6656.4	8100.0	9080.0	9405.3	9296.5	9875.5	10656.2	11830.9
职工工资总额指数（以上年为100）	118.5	124.8	135.4	121.7	112.1	103.6	100.2	106.2	107.9	111.0
职工工资总额占国内生产总值比重（%）	14.79	14.19	14.24	13.85	13.38	12.63	11.87	12.03	11.91	12.33

资料来源：《中国劳动统计年鉴（2002）》，中国统计出版社2002年版，第5—6、28页。

1992—2001年，职工工资总额增长迅速得益于国有企业和公共部门的多次改革，以及非国有部门扩大和劳动生产率提高。随着市场化改革的不断

---

① 《中国统计年鉴（2002）》，中国统计出版社2002年版，第128、130、132页。

深入，国有单位和集体单位以外的其他单位在国民经济中的比重逐渐增加。它们从一开始就采取了市场化的现代企业组织方式，不仅成为劳动力市场一体化进程的主要推动者，而且其工资决定也体现了劳动力市场的供求关系。在整个社会工资水平长期受到低工资制度压制的情况下，由于通过劳动力市场决定工资水平，它们在其创立之初，就有一个相对较高的工资水平。[①] 1992 年，其他单位的平均工资是城镇集体单位的 1.88 倍，是国有单位的 1.38 倍，而且此后与集体单位的工资差距有一个缓慢拉大的过程。2001 年，其他单位的平均工资是 12140 元，比城镇集体单位高出 5273 元，比国有单位高出 962 元。这主要是由于城镇集体单位从业人员中的 75% 都集中在制造业、批发和零售贸易、餐饮业和建筑业等传统产业，处于经济结构和产业结构调整的前列，且无论企业管理水平、从业人员素质及产品技术含量等均无法与国有或其他单位在市场中竞争，导致从业人员劳动报酬难以提高。同时，非国有部门的扩大以及就业人数的增加，也使工资总额的结构发生了显著变化。国有单位的工资总额比例从 1992 年的 78.45% 下降到 2001 年的 70.63%，集体单位的工资总额比例从 18.87% 下降到 7.31%，其他单位的工资总额比例从 2.68% 上升到 22.07%。[②] 此外，职工工资总额占国内生产总值的比重从 1992 年的 14.79% 下降到 2001 年的 12.33%，下降了 2.46 个百分点。职工工资总额占国内生产总值的比重下降是由多方面因素相互作用的结果，有统计上的因素，有体制和政策方面的因素，还有市场不完善的因素等。在经济转型过程中，非国有部门中形成了很高比例的非正规部门，主要是农民工就业市场，再加上城市自由职业数量上升，以及城镇很多单位有一部分以各种其他方式支付给劳动者的报酬不能准确反映到统计数据当中。因此，考虑到这些因素影响，工薪收入占 GDP 比重的下降幅度应该比表 19—3 中的数据小一些。

1992 年以后，随着国民经济的持续增长和市场化改革的推进，城乡居民不仅收入水平有了极大的提高，而且收入来源渠道更趋多元化。虽然工资收入或者说劳动者从其工作单位所获得的收入仍然是城镇居民收入的主要来源，不过，其比重已有显著下降，从 1992 年的 78.04% 下降到 2001 年的

[①] 蔡昉、都阳、王美艳：《中国劳动力市场转型与发育》，商务印书馆 2005 年版，第 220 页。
[②] 《中国劳动统计年鉴（2002）》，中国统计出版社 2002 年版，第 28 页。

63.09%，而个体经营劳动者收入、其他劳动者的劳动收入、财产性收入、转移性收入及其所占比重相应提高。其中，个体经营劳动者收入所占比重从1.4%提高到5.8%；转移性收入所占比重从11.69%提高到19.72%。这意味着传统计划经济体制下的收入分配模式已被打破，城镇居民收入性质发生了根本性变化。个体经营劳动者收入增加，是劳动者自主择业、自主创业增多和城镇个体经济迅速发展的产物。城镇居民转移性收入比重较大提高的主要因素，在于市场经济体制下城镇社会保障制度的确立、完善和推广。同时在农民家庭人均纯收入中，现金收入和工资性收入占比逐步提高，从1992年的66.95%和15.96%上升到2001年的76.65%和23.34%。这说明1992年以后中国农村经济的商品货币化程度进一步提升，而且非国有部门的扩展也为数量庞大的农村剩余劳动力进城务工创造了积极条件，非农部门工资收入已经成为农民家庭收入的重要来源。[①] 因此，农民工非农就业扩大实际上成为推动农民收入增长的重要源泉，对缩小城乡居民收入差距起到了重要作用。

2. 行业间的工资差距

1992—2001年，各行业间的工资水平差距较大。一些新兴产业，特别是高新技术产业从业人员劳动报酬水平提高较快。随着全球经济一体化发展，网络技术日新月异，给信息技术、电子传媒、电信等产业带来了无限的机会，这些高新技术产业中不仅从业人员规模不断迅速扩张，其劳动报酬水平也在迅猛增长。在金融和电力等一些仍具有垄断特点的行业中，从业人员劳动报酬仍处于较高水平。而传统产业中的采掘、制造、建筑等行业的从业人员平均劳动报酬则较低。根据历年行业的细分类，1993年全国所有行业间工资差异的基尼系数为0.166，1996年为0.185，1999年提高到0.200，到了2002年该指标上升到0.218。[②] 这很直观地显示出随着时间的推移，行业间工资差异不断扩大的事实。而且从其他中间年份的情况看，行业间的工资差异在总体上表现出稳定增长的态势。

根据《中国劳动统计年鉴（2002）》的数据，1992年工资最高的五个行业是电力煤气及水的生产和供应业、地质勘察水利管理业、采掘业、科学研究和综合技术服务业、建筑业，平均货币工资分别为3392元、3222元、

[①] 宋士云：《1992—2001年中国居民收入的实证分析》，《中国经济史研究》2007年第1期。
[②] 蔡昉主编：《中国劳动与社会保障体制改革30年研究》，经济管理出版社2008年版，第229页。

3209 元、3115 元和 3066 元；工资最低的五个行业是农业、批发零售贸易餐饮业、制造业、教育文化艺术和广播电影电视业、国家机关和社会团体，平均货币工资分别为 1828 元、2204 元、2635 元、2715 元和 2768 元。2001 年工资最高的五个行业是科学研究和综合技术服务业、金融保险业、电力煤气及水的生产和供应业、交通运输仓储及邮电通信业、房地产业，平均货币工资分别为 16437 元、16277 元、14590 元、14167 元和 14096 元；工资最低的五个行业是农业、批发零售贸易餐饮业、建筑业、采掘业、制造业，平均货币工资分别为 5741 元、8192 元、9484 元、9586 元和 9774 元。①

3. 地区之间工资收入差距

经过 1985 年和 1993 年两次大的工资改革，中国工资体制经历了很大的变动，地区工资类别制度的作用逐渐萎缩，市场机制的作用逐步加强，从而影响地区工资水平的因素也逐渐从政策因素转向经济因素。② 由于中国经济发展的不平衡以及各地区经济结构和就业结构上的差异，东部沿海地区经济快速崛起，工资增长较快，使地区之间职工平均工资和劳动报酬水平差距拉大。1992 年在 30 个省（市、自治区）中，职工平均工资最高的是上海（4273 元），接下来是广东（4027 元）、西藏（3448 元）、北京（3402 元）、天津（3118 元）；职工平均工资最低的是江西（2154 元），接下来是安徽（2264 元）、河南（2269 元）、黑龙江（2295 元）、吉林（2308 元）；平均工资最高省份是最低省份的 1.98 倍。③ 高工资地区主要集中在东部地区，低工资地区主要集中在中部和东北部地区。从 2001 年的情况来看，全国 5 个就业人员平均劳动报酬超 1.5 万元的省、自治区、直辖市中有 4 个位于东部，分别为上海（20876 元）、北京（19187 元）、浙江（16270 元）和广东（15728 元）；就业人员平均劳动报酬最低的是安徽（7823 元），接下来是河南（7868 元）、江西（7945 元）、山西（8039 元）、内蒙古（9213 元）；平均劳动报酬最高省份是最低省份的 2.67 倍。④ 可见，一些中部省份劳动报酬增长较缓，特别是安徽、江西、河南、山西等省劳动报酬长期偏低。

---

① 《中国劳动统计年鉴（2002）》，中国统计出版社 2002 年版，第 34 页。
② 张建红：《中国地区工资水平差异的影响因素分析》，《经济研究》2006 年第 10 期。
③ 《中国劳动统计年鉴（1993）》，中国劳动出版社 1993 年版，第 88 页。
④ 《中国劳动统计年鉴（2002）》，中国统计出版社 2002 年版，第 159 页。

第二十章
社会保险制度的改革与转型

1993年11月14日，中共十四届三中全会通过的《中共中央关于建立社会主义市场经济体制若干问题的决定》，确定了社会保障制度是市场经济体制框架的五大支柱之一。之后，随着市场经济体制的建立，社会保险制度改革取得了突破性进展，即在继续深化养老、医疗、失业、工伤、生育保险制度改革的同时，改革社会保险行政管理体制，探索社会保险基金征收管理和属地化管理办法，建立起一个独立于企事业单位之外，资金来源多元化、保障制度规范化、管理服务社会化的社会保险体系，基本完成了从传统的"国家—单位保障制度模式"向现代的"社会保障制度模式"的转型。

一 社会保险制度改革的时代背景与现实需求

1992年以后，中国开始步入建立社会主义市场经济体制的时期。这一时期，随着经济体制改革的深化、经济结构调整力度的加大、市场竞争的加剧，经济运行中的一些深层次矛盾逐渐显现出来，特别是如何保障国有企业下岗职工的基本生活和企业离退休职工养老保险金按时足额发放等问题，日益成为社会普遍关注的热点。与此同时，社会保险制度面临三大挑战：从长期看，要解决人口老龄化引起的一系列社会经济问题；从中期看，要尽量缓解由计划经济体制向市场经济体制转轨所带来的社会不稳定因素；从近期看，则要考虑如何根据客观经济形势的波动适时调整各有关项目的收支水平，以保障经济的持续、稳定增长。这三个问题相互交织在一起，如何妥善安排其中的轻重缓急，既解决好当前的紧迫问题，又要完善制度和机制，以利于长远发展，是决策的难点与关键。因此，建立社会主义市场经济体制，必须对转型期的社会保险制度加以变革，使之真正步入市场经济的轨道上来。

（一）建立健全社会保险制度是建立社会主义市场经济体制的根本保障

中国经济体制改革的目标是建立社会主义市场经济体制，这不仅需要有自负盈亏、自主经营的市场主体，统一开放的市场体系，以间接手段为主的宏观调控机制，相对完备的法律体系，同时也需要有一个健全和完善的社会保障体系作为支撑。这一时期，中国正处在由农业社会向工业社会转变、由二元经济结构向一元经济结构过渡的过程之中，经济体制的变革，产业结构的转换、升级，城市化的加快，大量的农村流动人口涌入城市，外资企业的进入，市场竞争的加剧，导致了社会经济结构发生改变。市场不确定因素增多，劳动风险逐步增大，下岗、失业成为常态，城市贫困人数不断增加。社会经济结构发生了变化，社会保险制度也需要随之进行相应的调整。

只有建立健全社会保障体系，市场经济体制才能获得有效支撑，才能有效地预防和克服市场失灵带来的各种消极现象，才能避免社会经济秩序的紊乱。从宏观上看，完善的社会保险制度能够有力地支撑经济发展，并会对经济发展发挥宏观调控的重要作用；从微观上看，完善的社会保险制度，可以规范和均衡企业的社会负担，有助于市场经济微观基础的形成和运行，促进经济稳定增长。从这个意义上说，健全的社会保险制度是市场经济必不可少的维护和动力机制，是市场经济体制的基本内容和重要支柱。

（二）建立健全社会保障制度是收入分配公平、收入差距缩小的制度基础

从收入差距来看，随着市场化改革的加快，市场经济的效率原则，加之体制上的原因，致使居民之间的收入差距不断扩大。据统计，1985年中国城乡居民收入差距为1.86∶1，城乡居民基尼系数分别为0.19和0.23。1992—2001年中国城乡居民收入差距从2.58∶1扩大到2.90∶1；城镇居民基尼系数从0.24扩大到0.32；农村居民基尼系数从0.31扩大到0.36。[1] 由于

---

[1] 张东生主编：《中国居民收入分配年度报告（2011）》，经济科学出版社2012年版，第225、228页。

城市和部分群体还有一些隐性福利，有学者认为城乡居民的实际收入差距还会更大。收入差距过大、贫富悬殊，往往会导致经济和社会发展失序，是社会不稳定的根源。

社会保障是运用经济手段解决社会问题，它依赖于经济增长，但经济增长并不能解决一切社会问题。在社会贫富悬殊、收入差距过大的情况下，一部分人过着富足体面的生活，享受现代工业文明，养老、医疗、工伤、失业等都受到社会保险制度的保护，而另一部分人缺衣少食被排斥在社会保障范围之外。如果不从根本上改革这种传统的保"富"不保"贫"的二元社会保障制度，为广大弱势群体提供社会保险，传统的社会保险制度不仅不能维持社会的稳定，反而会激化社会矛盾。因此，作为社会公共利益代表的政府，应该充分发挥收入再分配的功能，通过建立完善的社会保障体系，调节过大的贫富差距，提高整个社会的福利，使城乡居民共享经济繁荣，保证社会公平、公正。缓解贫富悬殊，调节收入差距，不仅对穷人有利，对富人也是有益的。一个安定的社会，更有利于富人财富的安全。经济转型时期，社会稳定是压倒一切的，社会公正也同样是发展的"硬道理"。一个公正的社会，必将带来国家的长治久安。能否建立起一个公正的、覆盖所有城乡劳动者的社会保障制度，不仅是一个伦理问题，而且是关系到社会的稳定、关系到政府的政治合法性问题。

（三）建立健全社会保险制度是建立现代企业制度的必由之路

在中国经济体制改革的全局中，国有企业改革一直是最重要的中心环节，也是关系到整个改革成败的关键。1998年，中央政府确立了国有企业改革"两个三年"的改革目标，即用三年时间使大多数国有大中型骨干企业基本走出困境，再用三年左右的时间使大多数国有大中型企业基本建立起现代企业制度。加之，国有企业改革已经在实践中总结出了一套切实可行的改革思路和方针，即"鼓励兼并、规范破产、下岗分流、减员增效、实施再就业工程"。按照这一思路和方针，国有企业要对大量的富余人员进行分流，企业下岗职工将不断增加。如果不对传统的社会保险制度进行变革，已经积累起来的社会保险资金也将难以支撑下去，这会从根本上阻碍国有企业建立现代企业制度。因此，加快社会保险制度改革，不断完善社会保险制度，越来越成为国有企业转换经营机制和建立现代企业制度的紧迫任务。国有企业转换经营机制所遇到的诸多矛盾和困难，如在企业的破产、兼并、资本重组、劳动力的合理流动、企业的竞争力提高、技术进步和经济结构调整等过程中遇到的种种问题，很大程度上都与社会保险制度不健全有关。有了完善的社会保险体系，企业改革的步伐就可以大大加快。这样，"鼓励兼并、规范破产、下岗分流、减员增效、实施再就业工程"的企业改革方针就易于落实了。因此，需要加快建立健全多层次的社会保险体系，把养老、医疗、失业、工伤、生育等保险职能逐步从企业中分离出去，使企业能够"轻装上阵"，真正成为市场竞争的主体，在同一条起跑线上平等地参与竞争，成为充满生机和活力的社会主义市场经济的微观基础。[①]

（四）建立健全社会保险制度是应对人口老龄化危机的基本要求

自1999年起，中国就已步入老龄化社会，人口老龄化对养老保险制度造成的压力已经有了比较充分显现。正因为如此，中国养老保险制度改革才决定从现收现付模式转向社会统筹和个人账户相结合的部分积累模式。人口老龄化给社会保险制度带来的压力是全面的，并不仅限于养老保险方面，医疗保险也直接受到人口老龄化的影响。国内外的相关资料显示，人均医疗费用和年龄密切相关。一般情况下，60岁以上年龄组的医疗费用是60岁以下年龄组医疗费用的3—5倍。美国、日本以及欧洲一些国家医疗费用大幅度增长的原因，除了医疗技术发展造成的费用增加，主要是人口老龄化。[②]有学者测算，人口老龄化带来的医疗需求量到2025年将达到6万亿元以上，占当年GDP的12%左右。另外，人口老龄化还直接带来劳动力市场供求关系的变化，从而影响到失业保险。中国经济发展处在产业和技术结构调整的重要时期，要求劳动力的产业和技术结构进行相应调整，而老年职工在这样的调整过程中处于相对不利地位。大量中老年职工过早退出就业和老龄化所要求的推迟退休年龄形成了尖锐的矛盾，不论政策导向偏重于哪一方，最终

---

① 王东进主编：《中国社会保障制度的改革与发展》，法律出版社2001年版，第6—7页。
② 邓大松、杨红燕：《人口老龄化与农村老年医疗保障制度》，《公共管理学报》2005年第2期。

都会对整个社会保险制度造成压力。[1]

(五) 建立健全社会保险体系是社会保险制度改革的内在要求

改革开放后,特别是1984—1992年通过采取一系列的改革措施,中国的养老、医疗、失业、工伤和生育等保险制度改革都取得了初步进展。然而,当时的一系列改革还只是为缓解社会矛盾、适应经济转型时期的社会经济体制而作出的小变动。社会保险制度本身仍然存在很多的缺陷,如社会保险覆盖面太窄、保险资金征缴机制不完善、行政管理体制不统一,等等。在中国社会经济体制转型的条件下,社会保险制度也必须相应变革,克服自身存在的制度缺陷,才能真正在市场经济条件下发挥"减震器"和"稳定器"的作用。

总之,社会保险制度是中国特色社会主义事业不可分割的重要组成部分,其改革和完善是当务之急,关系到改革、发展、稳定的大局,关系到国家的长治久安。要把改革不断推向前进,必须相应推进社会保险制度改革,探索建立一整套适应社会主义初级阶段基本国情的、符合社会主义市场经济体制要求的社会保险制度。

二 统一的企业职工养老保险制度基本形成

1993年11月,《中共中央关于建立社会主义市场经济体制若干问题的决定》确定了"城镇职工养老和医疗保险金由单位和个人共同负担,实行社会统筹和个人账户相结合"的改革方向。1995年3月1日,国务院颁布了《关于深化企业职工养老保险制度改革的通知》(以下简称《通知》),明确提出了城镇企业职工养老保险制度改革的目标和原则,要求"到21世纪末,基本建立起适应社会主义市场经济体制要求,适用城镇各类企业职工和个体劳动者,资金来源多渠道、保障方式多层次、社会统筹与个人账户相结合、权利与义务相对应、管理服务社会化的养老保险体系"。[2] 同时,作为《通知》附件发布的还有两个"统账结合"的实施办法,允许各地结合本地

---

[1] 宋晓梧主笔:《中国社会保障体制改革与发展报告》,中国人民大学出版社2001年版,第14—15页。

[2] 《国务院关于深化企业职工养老保险制度改革的通知》,《山东劳动》1995年第5期。

实际在两个实施方案中选择和加以改造。该《通知》及两个实施办法的颁布，标志着中国养老保险从"单位保险"经社会统筹，发展到"统账结合"的模式，亦即确定了"社会统筹与个人账户相结合"的实施方案。在这种制度模式下，企业与职工均按照一定的比例承担缴纳养老保险费用的义务，其缴费被分解成两个部分，分别记入社会保险经办机构的统筹基金账户和归职工所有的个人账户，职工的退休待遇则来源于社会统筹部分的养老金与个人账户上的积累额。社会统筹部分基本上是现收现付型，而个人账户部分因其完全属于职工个人所有，从法理上是完全积累型。因此，所谓社会统筹与个人账户相结合模式并非国际上流行的部分积累模式，亦非实践中因以往缺乏应有的积累而在某些地区事实上演变成了的现收现付制，而是部分现收现付和部分完全积累的组合模式。同一职工的同一社会保险项目的记账与待遇，均由两个性质差异的财务机制构成，这显然不能与国际上通行的养老保险运行机制相混同。[①] 在这里，值得注意的是，两个实施办法都回避了对老职工养老金权益的明确偿还问题，在没有对老职工养老金来源做特殊处理的情况下，要想实行养老保险制度的市场化转轨是根本不可能的，除非挪用已经进入在职职工个人账户中的养老金，致使在职职工的个人账户变成空账户。

截至1996年6月底，在各地区出台的改革方案中，有7个省市实行了办法一，5个省市选择了办法二，16个省、自治区及5个行业部门制定了办法三。虽然总体上是三类办法并存，但同一类办法在具体政策、个人账户比例、账户结构和利率等方面都不尽相同，可以说是一个地区一个办法。这种状况使各地区、各部门在实际操作过程中感到困难重重。由于一些政策缺乏统一性和权威性，不仅难以向群众开展宣传解释工作，也造成地区部门之间待遇水平相互攀比，居高不下，难以控制，广大职工和离退休人员意见很大。与此同时，企业负担重，统筹层次低，管理制度也不健全。上述这些问题的存在，制约了改革的进程，建立统一的养老保险制度成为下一步改革的关键。因此，1996年以来，大部分地区和各系统统筹部门强烈要求国家在试点的基础上，尽快统一全国基本养老保险制度。[②]

1997年7月16日，国务院颁布了《关于建立统一的企业职工基本养老

[①] 郑功成等：《中国社会保障制度变迁与评估》，中国人民大学出版社2002年版，第90页。
[②] 康士勇主编：《社会保障管理实务》，中国劳动社会保障出版社1999年版，第156—157页。

保险制度的决定》(以下简称《决定》),提出了全国统一的改革方案,并要求各地贯彻落实。《决定》是多年来改革实践经验的归纳和总结,勾画出了未来企业养老保险制度的基本框架,标志着养老保险制度改革从此进入了一个新的发展阶段。《决定》按照社会统筹与个人账户相结合的原则,从以下三个方面统一了企业职工基本养老保险制度:一是统一企业和职工个人缴纳基本养老保险费的比例。规定企业缴费比例一般不得超过企业工资总额的20%,具体比例由各省、自治区、直辖市人民政府确定;个人缴费比例1997年不低于本人缴费工资的4%,以后每两年提高个1百分点,最终达到8%。二是统一个人账户的规模。规定按本人缴费工资的11%为每个职工建立基本养老保险个人账户,个人缴费全部记入个人账户,其余部分从企业缴费中划入。随着个人缴费比例的提高,企业划入的部分应降至3%。三是统一基本养老保险金的计发办法。该《决定》实施后参加工作的职工,个人缴费年限累计满15年的,退休后按月发给基本养老金。基本养老金由基础养老金和个人账户养老金组成,基础养老金月标准为省、自治区、直辖市或地(市)上年度职工月平均工资的20%,个人账户养老金月标准为本人账户储存额除以120。个人缴费年限累计不满15年的,退休后不享受基础养老金待遇,其个人账户储存额一次支付给本人。《决定》实施前已经离退休的人员,仍按国家原来的规定发给养老金,同时执行养老金调整办法。《决定》实施前参加工作、实施后退休且个人缴费和视同缴费年限累计满15年的人员,按照新老办法平稳衔接、待遇水平基本平衡等原则,在发给基础养老金和个人账户养老金的基础上再确定过渡性养老金,过渡性养老金从养老保险基金中解决。[①] 自此,各地不同的社会统筹与个人账户相结合的方式开始走向统一,养老保险制度改革的步伐进一步加快。

1998年3月,结合中央政府机构改革,劳动和社会保障部成立。全国社会保险管理体制在经历了一个分割管理的较为混乱局面后,实现了行政管理的统一化,这为养老保险制度改革的推进奠定了必要的组织基础。同年8月6日,国务院发出《关于实行企业职工基本养老保险省级统筹和行业统筹移交地方管理有关问题的通知》,提出"为了深化企业职工养老保险制度改

[①]《国务院关于建立统一的企业职工基本养老保险制度的决定》,《中国社会保险》1997年第9期。

革，加强基本养老保险基金管理和调剂力度，确保企业离退休人员基本养老金的按时足额发放，国务院决定，加快实行企业职工基本养老保险省级统筹，并将铁道部、交通部、信息产业部（原邮电部部分）、水利部、民航总局、煤炭局（原煤炭部）、有色金属局（原中国有色金属工业总公司）、国家电力公司（原电力部）、中国石油天然气集团公司和中国石油化工集团公司（原石油天然气总公司部分）、银行系统（工商银行、农业银行、中国银行、建设银行、交通银行、中保集团）、中国建筑工程总公司组织的基本养老保险行业统筹移交地方管理"。[①] 具体要求是，在1998年8月31日以前，原实行基本养老保险行业统筹企业的基本养老保险工作，按照先移交后调整的原则，全部移交省、区、市管理；从1998年9月1日起，由省、区、市社会保险经办机构负责收缴行业统筹企业基本养老保险费和发放离退休人员基本养老金，即实行职工养老保险制度全国并轨。

1999年1月22日，国务院颁布《社会保险费征缴暂行条例》，强化了养老社会保险费的征缴工作。但是，由于过去没有基金积累，历史欠账较多，在养老保险基金平衡上不得不采取统筹账户基金与个人账户基金混账管理，合并使用。因此，个人账户基金大量被用于支付当期退休人员的养老金，导致个人账户出现"空账"。2000年12月25日，国务院印发了《关于完善城镇社会保障体系试点的方案》，在总结评估以往各项社会保障制度改革的基础上，确定了调整和完善城镇企业职工基本养老保险制度的基本政策。与1997年的《关于建立统一的企业职工基本养老保险制度的决定》相比，改进的内容主要表现在：企业缴纳的基本养老保险费"不再划入个人账户，全部纳入社会统筹基金"；"个人账户规模由本人缴费工资的11%调整为8%。个人账户储存额的多少，取决于个人缴费额和个人账户基金收益"；"社会统筹基金与个人账户基金实行分别管理。社会统筹基金不能占用个人账户基金。个人账户基金由省级社会保险经办机构统一管理，按国家规定存入银行，全部用于购买国债，以实现保值增值，运营收益率要高于银行同期存款利率"；"职工达到法定退休年龄且个人缴费满15年的，基础养老金月标准为省（自治区、直辖市）或市（地）上年度职工月平均工资的20%，

[①] 《关于实行企业职工基本养老保险省级统筹和行业统筹移交地方管理有关问题的通知》，《中国劳动》1998年第10期。

以后缴费每满一年增加一定比例的基础养老金,总体水平控制在30%左右"。① 同时,国务院决定,以辽宁省试点为起点,个人账户做实逐步展开。2000年新方案,着眼于解决养老保险制度改革中的转轨成本问题,试图同时解决养老保险中的新人、中人和老人问题,并形成多支柱式的养老保险体系。重点是缩小个人账户规模,由空账变为实账。② 上述措施表明了国家推进基本养老保险制度改革的决心和新的政策取向,从而可以看成是国家对统账结合模式的修订。

在建立和完善企业职工基本养老保险制度的同时,还建立起企业年金和个人储蓄性养老保险制度。1991年6月,国务院《关于企业职工养老保险制度改革的决定》提出:"国家提倡、鼓励企业实行补充养老保险和职工参加个人储蓄性养老保险","补充养老保险由企业根据自身经济能力,为本企业职工建立,所需费用从企业自有资金中的奖励、福利基金内提取"。1995年3月,国务院《关于深化企业职工养老保险制度改革的通知》明确提出,国家"鼓励建立企业补充养老保险和个人储蓄性养老保险。企业按规定缴纳基本养老保险费后,可以在国家政策指导下,根据本单位经济效益情况,为职工建立补充养老保险。企业补充养老保险和个人储蓄性养老保险,由企业和个人自主选择经办机构。"③ 截至2000年年底,全国已有23个省、市、自治区和原养老保险行业统筹部门或单位开展了企业年金工作。2000年12月,国务院《关于完善城镇社会保障体系的试点方案》提出:"有条件的企业可为职工建立企业年金,并实行市场化运营和管理。企业年金实行基金完全积累,采用个人账户方式进行管理,费用由企业和职工个人缴纳,企业缴费在工资总额4%以内的部分,可从成本中列支。"④

到2001年年底,全国有10802万名职工和3381万名离退休人员参加了基本养老保险。其中,企业参保职工为9198万人,离退休人员为3165万人。绝大多数离退休人员按时足额领到基本养老金,全年补发历年拖欠的养老金14亿元。基本养老保险费基本实现全额缴拨,全年基金征缴率达90%

---

① 《关于印发完善城镇社会保障体系试点方案的通知》,《劳动理论与实践》2001年第5期。
② 蔡昉主编:《中国劳动与社会保障体制改革30年研究》,经济管理出版社2008年版,第281页。
③ 《国务院关于深化企业职工养老保险制度改革的通知》,《山东劳动》1995年第5期。
④ 《关于印发完善城镇社会保障体系试点方案的通知》,《劳动理论与实践》2001年第5期。

以上。全国各省、自治区、直辖市（除西藏外）均实行了养老保险省级统筹或建立了省级调剂金制度。由银行、邮局等机构发放企业（含企业化管理的事业单位）离退休人员养老金的人数达到 3122 万人，社会化发放率为 97.8%。全国参加企业年金制的从业人员为 193 万人，全国企业年金基金滚存结余 49 亿元。①

三 职工医疗保险制度改革全面推进

医疗保险制度改革是社会保险制度改革中最为复杂的一项。为了加强对医疗保险制度改革工作的领导，1992 年 5 月，国务院成立了医疗体制改革小组。1993 年 11 月，中共十四届三中全会提出了医疗保险制度改革的思路，即城镇职工医疗保险金由单位和个人共同负担，实行社会统筹和个人账户相结合，这标志着医疗保险制度改革进入了建立统账结合的新阶段。

1994 年 4 月 14 日，国家体改委、财政部、劳动部、卫生部联合制定了《关于职工医疗制度改革的试点意见》，经国务院批准，在江苏省镇江市、江西省九江市进行试点。② 这两个城市的改革并不是推翻原来的大病统筹重新开始，而是在原先大病统筹的基础上进行改革和完善。从对这两个市的考察、测算乃至最后形成方案来看，大病统筹确实为城镇职工医疗保险制度改革打下了一个良好的基础。③"两江"（镇江、九江）试点结合本地实际，初步建立了职工医疗社会保险"统账结合"的模式和稳定有效的医疗保险基金筹措机制以及医患双方的制约机制。其主要内容是：用人单位和个人共同缴纳保险费，按规定比例分别建立社会统筹医疗基金和个人医疗账户。发生医疗费用后，支付的顺序是根据医疗需求，依次由个人账户支付；个人账户用完后自付本人工资的 5%；超过部分由统筹基金按 80%—90% 的不同比例给付。制定社会医疗保险基金最高给付限额，超过部分主要由统筹基金和用人单位负担。这种三段（个人账户段—自费段—社会统筹段）通道分档按率支付办法，增强了职工的节约意识，医疗费用高速增长势头得到了遏制，

---

① 《2001 年度劳动和社会保障事业发展统计公报》，《中国劳动保障报》2002 年 6 月 13 日。
② 张左己主编：《领导干部社会保障知识读本》，中国劳动社会保障出版社 2002 年版，第 144 页。
③ 郑功成：《中国社会保障制度变迁与评估》，中国人民大学出版社 2002 年版，第 139 页。

形成了独特的"两江模式"。同时，这种模式也是中央政府主导推行的医疗保险改革方案。在"两江"试点的基础上，1996年4月，国务院又将医疗保险制度改革试点扩大到全国各地的57个城市。在扩大医改试点中，多数城市采取了这种办法。"两江模式"对统筹基金和个人账户的管理水平要求很高，在实践中容易出现统筹基金大幅度赤字和个人账户"空账"问题。

作为新的医疗保险改革中的一个基本原则，国务院批准的试点指导意见中并未明确社会统筹与个人账户如何结合，因此，在"两江模式"试点全力推进的同时，制度创新的试验也在许多地区进行着各具特色的有益尝试，形成了比较有代表性的海南"双轨并行模式"、深圳"混合型模式"等。烟台、平顶山、阳泉、鞍山、青岛等地在设计方案时，除统筹基金和个人账户之外，还增加了由单位管理使用的调剂金，以保证改革试点顺利起步和平稳过渡。而上海市则实施了医疗费用"总量控制，结构调整"的改革措施。

在"两江"和各地的试点中，建立医患双方制约机制对需方的制约作用比较明显，对供方尚缺乏有效的制约手段。因为即使在统账结合条件下，对职工个体医疗行为和医疗费用的约束也需要通过医疗方的监督来实现。统账结合的一个重要目标，是以较低水平的社会统筹来控制政府或社会的责任，同时确保个人账户上的钱真正用于职工的医疗保险。因此，应加强配套改革，逐步提高医疗服务技术价格和完善医院补偿机制，在推行"总量控制、结构调整"的同时，实行"医疗服务与药品销售分别管理、分开核算"，切实保证劳务技术价格提高的同时降低药品价格，以免加重财政和企业负担。此外，现代企业制度的建立，要求逐步分离企业办社会的职能。职工医疗保险制度改革后，职工医疗由"企业保险"转为"社会保险"，企业医疗机构的生存将面临困境，从而亦需要逐步实现企业医疗机构的社会化。

1998年11月，全国城镇职工医疗保险制度改革工作会议召开。会议提出，要加强对医院和药品价格的控制，要强化监管控制费用过快增长，实行"一分、二定、三目录"：医药分开核算、分别管理；基本医疗保险实行定点医疗机构和定点药店管理，职工到指定医院和指定药店就医、购药；明确指定基本医疗保险的药品目录、诊疗目录和医疗服务收费标准及其相应管理办法。同年12月14日，国务院下发了《关于建立城镇职工基本医疗保险制度的决定》，明确了医疗保险制度改革的主要任务、原则和政策框架，要求这项工作从1999年年初开始启动,到1999年年底基本完成。城镇职工基本医疗保险制度的主要内容包括:一是制度建立原则。基本医疗保险的水平要与社会主义初级阶段生产力发展水平相适应;城镇所有用人单位及其职工都要参加基本医疗保险,实行属地管理;基本医疗保险费由用人单位和职工双方共同负担;基本医疗保险基金实行社会统筹和个人账户相结合。二是覆盖范围和缴费办法。城镇所有用人单位及其职工都要参加基本医疗保险。基本医疗保险原则上以地级以上行政区为统筹单位,北京、天津、上海3个直辖市原则上在全市范围内实行统筹。用人单位缴费率控制在职工工资总额的6%左右,职工缴费率一般为本人工资收入的2%。三是建立基本医疗保险统筹基金和个人账户。基本医疗保险基金由统筹基金和个人账户构成,职工个人缴纳的基本医疗保险费,全部计入个人账户。用人单位缴纳的基本医疗保险费,一部分用于建立统筹基金,一部分划入个人账户,其中划入个人账户的比例一般为用人单位缴费的30%左右。统筹基金和个人账户要划定各自的支付范围,分别核算,不得互相挤占。确定统筹基金的起付标准和最高支付限额,起付标准原则上控制在当地职工年均工资的10%左右,最高支付限额原则上控制在当地职工年平均工资的4倍左右。起付标准以下的医疗费用,从个人账户中支付或由个人自付。起付标准以上、最高支付限额以下的医疗费用,主要从统筹基金中支付,个人也要负担一定比例。四是健全基本医疗保险基金的管理和监督机制。基本医疗保险基金纳入财政专户管理,专款专用,不得挤占挪用。社会保险经办机构负责基本医疗保险基金的筹集、管理和支付,其事业经费由各级财政预算解决。各级劳动保障和财政部门,要加强对基本医疗保险基金的监督管理。五是加强医疗服务管理。制定基本医疗保险服务范围、标准和医疗费用结算办法,包括基本医疗保险药品目录、诊疗项目和医疗服务设施标准。对提供基本医疗保险服务的医疗机构和药店实行定点管理。对医疗机构进行经济运行分析和成本核算,实行医药分开核算、分别管理。六是新旧制度衔接。离休人员、老红军的原有医疗待遇不变,医疗费用由原资金渠道解决;退休人员参加基本医疗保险,个人不缴纳基本医疗保险费;公务员在参加基本医疗保险的基础上,享受医疗补助政策。[①]

[①] 《国务院关于建立城镇职工基本医疗保险制度的决定》,《山东劳动》1999年第1期。

这次医疗保险制度改革,覆盖城镇所有用人单位,打破了以往公费、劳保医疗制度仅覆盖国有企事业单位的局限,实现了基本医疗保险基金的统一筹集、管理和使用,符合社会保险的"大数法则"。它主要有以下几个特点:一是实现了三个转变,即从福利型保障变为社会保险;财政和企业从大包大揽变为承担有限责任,相应增加了个人责任;从单位自我保障和自我管理变为社会互济和社会化管理。二是确立了基本医疗保险的观念,即在财政和企业的经济承受能力范围内,利用现有的医疗技术和医疗资源,为职工提供合理的医疗服务。其特征是公正性、有效性和可承受性。公正性就是使最大多数的人得到医疗保障;有效性就是使现有的有限的医疗资源被有效地运用于那些最需要得到保障的人;可承受性就是财政和企业要量力而行,承担有限责任。三是机关事业单位和企业同步改革,变过去公费、劳保"双轨"医疗制度为"单轨"的基本医疗保险制度。四是基本医疗保险选择了社会统筹和个人账户相结合的制度模式,引入了效率和激励机制,克服了平均主义的弊端。[①]

此后,城镇职工基本医疗保险制度改革基本上遵循了上述制度建设思路,进一步完善制度体系,扩大制度覆盖面。2000年7月25日,国务院召开上海会议,第一次提出"三改并举,同步推进"的改革思路,要求同步推进城镇职工基本医疗保险制度、医疗卫生体制和药品流通体制三项改革。到2001年年底,全国349个地级以上统筹地区中,有339个统筹地区组织实施了基本医疗保险制度改革,登记参保人数达7630万人,缴费人数7286万人,其中,在职职工5471万人、退休人员1815万人。全年基本医疗保险基金收入384亿元,支出244亿元。到2001年年底,全国基本医疗保险基金滚存结余253亿元。[②]

当然,由于医疗保险制度改革的任务并未全部完成,新制度在实践中仍然存在不足。例如,多层次的医疗保险体系未能确立,从而使医疗保险作为城镇职工医疗保险体系的单一层次孤军突进难度加大,并直接制约着医疗保险改革的深化;医疗保险制度改革只针对城镇职工,回避了绝大多数社会成

---

① 张左己主编:《领导干部社会保障知识读本》,中国劳动社会保障出版社2002年版,第150—151页。
② 《2001年度劳动和社会保障事业发展统计公报》,《中国劳动保障报》2002年6月13日。

员缺乏基本医疗保险这一根本性矛盾，不能有效解决公平问题。此外，配套的医疗卫生体制改革严重滞后，特别是改革试点虽曾试图控制医院行为，但仍未能触及医疗服务机构角色矛盾这一核心问题。医疗卫生单位不规范、不合理的医疗行为，导致了医疗资源严重浪费。

当今世界，绝大多数国家的医疗保险政策均把人人享有医疗保险、医疗机会均等以及逐步提高医疗保险水平作为最终目标，在追求公平的同时，尽可能使相对有限的医疗投入获得更大效益则是医疗卫生政策的重点，中国医疗保险制度的改革和发展也要遵循这一基本的目标原则和规律。同时，还需要注重其他发展趋势，如强调控制政府责任、增强个人责任的"个人积累与自我保障"趋势；强调社会保险水平与经济发展相适应的"水平节制"趋势等。如何寻找到一个公认的统账结合的最佳组合方式，建立起既注重个人责任，又注重社会共济；既考虑了效率，又考虑了公平；既立足当前，又顾及长远的医疗保险制度是今后较长时期内的重要改革任务。

四 失业保险制度改革取得积极进展

为了配合国有企业转换经营机制改革的实施，1993年4月12日，国务院颁布了《国有企业职工待业保险规定》，对原有的失业保险制度作了部分调整。一是扩大了失业保险覆盖范围，将保障对象从原来的宣告破产企业的职工，濒临破产企业法定整顿期间被精减的职工，企业终止、解除劳动合同的工人和企业辞退的职工四种人员扩大到撤销和解散企业的职工，停产整顿企业被精减的职工，企业辞退、除名或者开除的职工，宣告破产企业的职工等七类九种人员，并规定企业化管理的事业单位也依照执行。二是将基金省级统筹调整为市、县统筹，并在省和自治区建立调剂金。三是明确失业保险应当与就业服务工作紧密结合[①]，同时授权省级人民政府，可以批准从失业

[①] 1993年4月，国务院颁布了《国有企业富余职工安置规定》，确立了以"企业自行安置为主，社会帮助安置为辅，保障富余职工基本生活"的分流安置原则。这一配合国有企业改革实施的再就业工程（包括失业保险、职业介绍、职业培训、劳服企业四方面）是这一时期失业保险制度改革的突出方面。但是，这一规定中尚没有明确的工作对象和统一的标准。到1995年，经国务院批准，再就业工程在全国范围内启动和实施，其目标是为失业6个月以上的长期失业者以及生活困难的企业下岗职工提供重点服务和帮助。此后，再就业工程作为失业保险制度框架中的一项重要内容逐渐在全国展开。

保险基金中支出为解决失业人员生活困难和促进再就业确需支付的其他费用。四是将缴费基数由企业标准工资总额改为工资总额，并对费率规定了一个幅度（0.6%—1%），改变了失业保险待遇的计发办法，由原来的按照待业职工本人原标准工资的 60%—75% 改为相当于当地民政部门规定的社会救济金的 120%—150%。同年 5 月，劳动部下发了《关于实施〈国有企业职工待业保险规定〉的意见的通知》，要求各地在扩大国有企业职工失业保险范围的同时，进一步完善失业保险制度，把建立非国有企业职工失业保险制度提上议事日程。根据这一精神，一些省市逐步将失业保险的覆盖范围扩大到了城镇集体企业、私营企业、三资企业以及国家机关、事业单位和社会团体的职工。新《规定》虽然在上述方面对原有制度进行了完善，但在实践过程中，失业保险适用范围窄、保险水平低、基金承受能力弱、基金的管理使用缺乏有效的监督机制、保险费征缴率低等缺陷依然存在，从而使失业保险的实际效力依然有限。

1993 年 11 月，《中共中央关于建立社会主义市场经济体制若干问题的决定》不仅提出了"失业""失业保险"概念，使用多年的"待业保险"被替代，而且指明了失业保险制度改革的方向，即"进一步健全失业保险制度，保险费由企业按职工工资总额一定比例统一筹缴"，"重点完善企业养老和失业保险制度，强化社会服务功能以减轻企业负担，促进企业组织结构调整，提高企业经济效益和竞争能力"。1996 年 3 月 17 日，八届人大四次会议通过了《中华人民共和国国民经济和社会发展"九五"计划和 2010 年远景目标纲要》，在第七部分第六条"加快社会保障制度改革"中，明确提出要"加快养老、失业、医疗保险制度改革"，"逐步建立覆盖城镇全部职工的失业救济与再就业相结合的失业保险制度"。各地失业保险工作稳步开展，到 1997 年年底，全国参加失业保险的职工人数为 7961.4 万人。全年共有 319 万人享受了失业救济。[①]

1998 年 6 月，中共中央、国务院《关于切实做好国有企业下岗职工基本生活保障和再就业工作的通知》指出："从 1998 年开始将失业保险基金的缴费比例由企业工资总额的 1% 提高到 3%，由企业单方负担改为企业和职

[①]《1997 年度劳动事业发展统计公报》，《中国劳动》1998 年第 7 期。

工个人共同负担,其中个人缴纳1%,企业缴纳2%。"同时,对建立再就业服务中心,保障企业下岗职工基本生活和确保企业离退休人员养老金按时足额发放的若干问题也作出规定。这不仅增强了失业保险基金的承受能力,更重要的是在于实现了个人缴费,真正体现出失业保险国家、集体和个人三方负担的原则,是失业保险制度的一个重大突破。

为进一步改革和完善失业保险制度,1999年1月22日,国务院颁布了《失业保险条例》(以下简称《条例》)。《条例》明确规定保障失业人员基本生活、促进其再就业是失业保险的根本目的。其制度调整主要体现在以下几个方面:一是覆盖范围。《条例》将失业保险的覆盖范围从国有企业及其职工、企业化管理的事业单位及其职工扩大到城镇所有企业、事业单位及其职工。二是筹资机制。失业保险制度建立以来,主要采取单位和财政负担失业保险资金的办法。《条例》调整为失业保险基金主要由单位、职工缴纳的失业保险费和财政补贴构成。城镇企业、事业单位按照本单位工资总额的2%缴纳失业保险费,职工个人按照本人工资的1%缴纳失业保险费。在失业保险基金入不敷出时为保证失业基金正常支出,财政将给予必要补贴。三是统筹层次。《条例》规定,失业保险基金在直辖市和设区的市实行全市统筹;其他地区的统筹层次由省、自治区人民政府规定,原则上实行地市级的统筹。省、自治区可以按一定比例从统筹地区应征收的失业保险费中筹集,建立失业保险调剂金。四是支出范围。包括:失业保险金;失业保险金期间的医疗补助金;失业保险金期间死亡的失业人员的丧葬补助金和其供养的配偶、直系亲属的抚恤金;失业保险金期间接受职业培训、职业介绍的补贴;国务院规定或者批准的与失业保险有关的其他费用。五是待遇标准。失业保险金的标准按照高于当地城市居民最低生活保障标准,低于当地最低工资标准的原则,由省级人民政府确定。失业人员领取失业保险金的期限,根据失业人员失业前所在单位和本人累计缴费时间长短计算:累计缴费时间满1年不足5年的,领取失业保险金的期限最长为12个月;满5年不足10年的,最长为18个月;满10年以上的,最长为24个月。六是享受条件。参加失业保险的城镇企业、事业单位职工失业后领取失业保险金,必须符合一定的条件:按照规定参加失业保险,所在单位和本人已按规定履行缴费义务满1年;非因本人意愿中断就业;已办理失业登记,并有求职要求。七是基金管理。为保证失业保险基金的安全与完整，防止挤占、挪用和贪污、浪费失业保险基金现象，《条例》规定失业保险基金必须存入财政部门在国有商业银行开设的社会保险基金财政专户，实行收支两条线管理；失业保险基金要专款专用，不得挤占、挪作他用，不得用于平衡财政收支。《条例》还规定了劳动保障、财政、审计等部门各自的相应职责，以及对管理部门、经办机构、其他单位和个人挪用失业保险基金的处罚措施。[①] 总之，《条例》的颁布和实施，标志着失业保险制度进入一个新的发展阶段。

1999年1月14日，国务院颁发了《社会保险费征缴暂行条例》，它以行政法规形式明确规定了失业保险的覆盖范围和缴费义务人，建立了失业保险登记制度和缴费申报制度，规范了失业保险费的征收程序，明确了失业保险基金的监管机制，为做好失业保险基金征缴工作提供了法律依据。

《失业保险条例》颁布后，各地各部门立足于改革和稳定大局，配合国有企业改革，认真贯彻实施《条例》，取得了明显成效。截至2001年年底，全国参加失业保险的人数为10355万人。全年失业保险基金收入187亿元，支出157亿元。其中，用于保障失业人员基本生活费支出88亿元，为保障下岗职工基本生活向国有企业再就业服务中心调剂资金45亿元。到2001年年底，全国失业保险基金滚存结余226亿元。全年共有469万名失业人员享受到不同期限的失业保险待遇。[②]

完善失业保险制度的同时，国家还建立了国有企业下岗职工基本生活保障制度。它是针对1998年开始实施"国有企业三年脱困"引起的下岗人员大量增加而采取的特殊失业保障，带有明显的过渡性质。主要内容有：凡有下岗职工的国有企业必须建立再就业服务中心或类似机构，将规定的基本生活费按时足额发放到下岗职工手中；帮助下岗职工参加职业培训；下岗职工再就业服务中心的最长期限为三年。2000年12月，国务院在《关于印发完善城镇社会保障体系试点方案的通知》中，明确提出"推动国有企业下岗职工基本生活保障向失业保险并轨"，要求从2001年起用三年左右时间有步骤地完成。

总之，1993年以后，政府对失业保险的政策调整和资金投入不断加大，

---

① 《失业保险条例》，《中国劳动》1999年第3期。
② 《2001年度劳动和社会保障事业发展统计公报》，《中国劳动保障报》2002年6月13日。

失业保险制度改革取得了突破性进展，实现了从制度象征到有效制度的转变，失业和下岗职工的基本生活亦得到了基本保障，还基本实现了对企业改革的支持和为社会稳定服务的目标。同时，也要看到，失业保险制度还存在覆盖面有待进一步扩大、社会统筹面窄、失业保险费征缴难、基金保障能力脆弱、管理手段落后等不容忽视的问题。因此，下一步失业保险制度改革与发展的目标就是要不断提高其科学性和有效性。

五　工伤、生育保险制度改革逐步展开

工伤保险制度改革的目标是要建立与社会主义市场经济体制相适应的，覆盖所有企业各类职工的，将工伤保险和职业病预防相结合的保险制度。1993年11月，《中共中央关于建立社会主义市场经济体制若干问题的决定》提出，要"普遍建立企业工伤保险制度"。1996年8月12日，劳动部颁布了《企业职工工伤保险试行办法》（1996年10月1日起试行），这是新中国第一部关于工伤保险的专门立法，标志着各地工伤保险改革试点由自发探索转向了由中央政府主管部门有组织、有计划地推进。《试行办法》明确规定，"中华人民共和国境内的企业及其职工必须遵照本办法的规定执行"，"工伤保险实行社会统筹，设立工伤保险基金、对工伤职工提供经济补偿和实行社会化管理服务"，"企业必须按照国家和当地人民政府的规定参加工伤保险、按时足额缴纳工伤保险费，按照本办法和当地人民政府规定的标准保障职工的工伤保险待遇"，并提出"工伤保险要与事故预防、职业病防治相结合。企业和职工必须贯彻'安全第一，预防为主'的方针"。《试行办法》还对工伤保险的范围及其认定、劳动鉴定和工伤评残、工伤保险待遇、工伤保险基金的管理等也作出明确的规定。诸如："职工因工负伤治疗，享受工伤医疗待遇"，"工伤保险费由企业按照职工工资总额的一定比例缴纳，职工个人不缴纳工伤保险费"，"工伤保险费根据各行业的伤亡事故风险和职业危害程度的类别实行差别费率。行业工伤风险分类和差别费率标准，由当地劳动行政部门根据伤亡事故和职业病的统计及统筹费用进行测算，征求企业主管部门的意见后提出办法，经同级人民政府批准执行"，"工伤保险实行属地管理，以中心城市或者地级市为主实行工伤保险费用社会统筹"，

等等。1996年10月1日,《职工工伤与职业病致残程度鉴定》(国家标准GB/T 16180—1996)开始实施。它与《企业职工工伤保险试行办法》都是改革开放以后全国性的工伤保险规范性政策文件,有力地推动了工伤保险制度改革向法制化、规范化迈进。

《企业职工工伤保险试行办法》实施以来,工伤保险制度改革取得了明显成效:一是统一了制度和标准,逐步规范了各地的改革办法。工伤保险的资格条件、待遇标准、管理程序等方面已有章可循。二是切实维护了企业和职工的合法权益。工伤保险政策使许多中小企业从中受益,同时在一定程度上解决了伤残待遇和死亡待遇偏低的问题,进一步保障了职工的合法权益。三是通过建立工伤保险基金,初步形成了稳定的资金筹措机制,发挥了工伤保险"互助互济、共担风险"的作用。工伤保险基金实行社会统筹,均衡了企业之间的经济负担,分散了职业风险,为企业平等竞争创造了有利条件。四是实现了伤残职工劳动能力鉴定标准化、制度化。《职工工伤与职业病致残程度鉴定》,亦称"工伤劳动能力鉴定标准",简称"国家评残标准",具有权威性、科学性和可操作性,对工伤保险发挥了技术保障和推动作用。

为配合《劳动法》的贯彻实施,维护企业女职工的合法权益,保障她们在生育期间得到必要的经济补偿和医疗保健,均衡企业生育费用负担,在总结各地改革经验的基础上,1994年12月14日,劳动部颁布了《企业职工生育保险试行办法》,对生育保险的内容、标准、形式等予以规范,推动了各地生育保险制度改革。它的颁布标志着全国开始有了统一的生育保险基金统筹办法。根据该《试行办法》的规定,生育保险制度改革的主要内容包括:一是实施范围,城镇各类企业及其职工。二是统筹层次,实行市(地)或县级范围统筹,生育保险按照属地原则进行管理。三是基金筹集原则及提取比例,根据"以支定收,收支基本平衡"的原则筹集资金,由企业按照其工资总额的一定比例向社会保险经办机构缴纳生育保险费,建立生育保险基金。生育保险费的提取比例由当地人民政府根据计划内生育人数和生育津贴、生育医疗费等项费用确定,并可根据费用支出情况适时调整,但最高不得超过工资总额的1%。四是待遇项目及支付标准,女职工生育按照法律、法规的规定享受产假,产假期间的生育津贴按照本企业上年度职工月平均工资计发，由生育保险基金支付。在测算生育津贴标准时，主要以《女职工劳动保护规定》中规定的3个月产假期限为依据。生育医疗待遇涵盖妊娠、分娩全过程。女职工生育期间的检查费、接生费、手术费、住院费和药费由生育保险基金支付，女职工流产按照规定享受有关生育保险待遇。女职工生育出院后，因生育引起疾病的医疗费也由生育保险基金支付。五是监督机构与法律责任，市（县）社会保险监督机构要定期监督生育保险基金管理工作。各地在实际操作中，生育保险费率一般按照《办法》的规定在1%以下，大部分地区的基金提取比例控制在0.6%—0.8%。医疗服务费用的支付方式主要有两种，大部分采取定额支付办法，也有少数采取实报实销。一些地方还根据当地经济发展水平和基金承受能力，适当增加了待遇项目，如一次性营养补贴、男职工供养配偶生育补助等。[①]

据统计，到2001年年底，全国参加工伤保险的职工有4345万人，全国参加生育保险职工为3455万人。全年工伤保险基金收入28亿元，支出16亿元，年末工伤保险基金滚存结余69亿元；全年生育保险基金收入14亿元，支出10亿元，年末生育保险基金滚存结余21亿元。[②]

六 社会保险制度转型的任务基本完成

1992年以来，中国社会保险制度改革在维系经济体制改革和国民经济持续增长、保证整个社会基本稳定的同时，基本完成了由"单位保险"向"社会保险"制度模式的整体转型。具体来说，主要体现在以下几个方面：

（一）从观念革新到制度变革，社会保险制度整体转型已经完成了最基本、最艰难的任务

从传统的国家—单位保障制度模式转向现代的社会保障制度模式，是中国社会保险制度改革的路径选择。经过改革开放以来的努力，尤其是1998年以来，在国家的主导下，建设现代社会保险制度的社会化、多层次化、低水平广覆盖、与国情国力相适应等原则已经得到确立，并在实践中日益明显

---

① 《企业职工生育保险试行办法》，《中国劳动科学》1995年第3期。
② 《2001年度劳动和社会保障事业发展统计公报》，《中国劳动保障报》2002年6月13日。

地得到了体现。在价值取向上已经由没有效率的公平至上观念转向了效率优先兼顾公平；建立独立于企事业单位之外的社会保险体系的建制理念已经明确并在实践中得以贯彻；政府、企业、社会及劳动者个人已经事实上不同程度地分担着社会保险责任；制度变革基本实现了从配套措施到系统工程转化、由单项改革到全面推进转化，现代社会保险制度的覆盖范围持续快速扩展。概括而言，就是国家主导、责任共担、社会化、多层次化的现代社会保险制度正在成为整个社会保障制度的主体，并走向全面替代原有的国家负责、单位包办、板块分割、封闭运行、全面保障、缺乏激励的国家—单位保障制度模式时期。因此，制度整体转型中最基本、最艰难的任务已经完成，这是社会保险制度改革取得的最大成就，也是未来社会保险制度改革和发展的基础。

（二）现代社会保险制度体系的基本框架已经确立

在新的社会保障制度安排的架构方面，国家以城镇社会保险、社会救济为重点，强有力地推进了养老、医疗、失业、工伤、生育保险制度的改革，经过20多年来的努力，一个以基本养老保险、基本医疗保险、失业保险、工伤与生育保险等为内容的现代社会保险体系基本框架已经得到确立，各项保险项目的制度规范建设也取得显著进步。例如，基本养老保险制度从单位自保经过社会统筹试点，发展到社会统筹与个人账户相结合，实现了从原来的统账混合管理到统账分离管理；失业保险制度自1986年国务院颁发《国营企业职工待业保险暂行规定》，经1993年的《国有企业职工待业保险规定》，再到1999年的《失业保险条例》，制度的规范化建设已经基本完成；医疗保险经过近二十年的改革，已经从公费医疗与劳保医疗的分离发展为统一的基本医疗保险，并进入医疗保险改革与医疗体制改革、医药体制改革"三改并举，同步推进"的新阶段，制度的规范化建设也取得了重要进展；社会保险基金管理方面，颁布了《社会保险费征缴暂行条例》和一批财务会计、基金运用等方面的法规性文件；社会保险经办机构的规章制度建设在规范化、程序化、公开化等方面也有了重大进展。因此，尽管社会保险制度的规范化建设还存在多方面的问题，但确实取得了显著的进步，中国社会保险制度已经从混乱的状态中走了出来，进入了规范化建设阶段。

(三) 社会保险管理体制改革取得重大进展

在 1998 年以前，社会保险管理完全属于政府职责，但在政府内部则处于分散、混乱状态。政出多门，缺乏宏观协调，有时部门之间互相扯皮、推诿；政事不分，政策制定与经办执行相混淆。针对社会保险项目内不同部门分别管理造成的弊端，20 世纪 90 年代中期，一些城市本着积极探索的精神进行改革，如上海市成立了社会保险局，把机关事业单位职工和企业职工的养老保险统一管理起来；广州、深圳、珠海等城市建立了统一的社会保险管理机构；吉林省、黑龙江省、云南省和鞍山市、武汉市、宁波市等也在统一社会保险管理机构方面积极进行探索。各地在社会保险管理机构方面的探索取得了宝贵经验，这对 1998 年国务院机构改革方案中成立劳动和社会保障部起到了推动作用。新设立的劳动和社会保障部把原由卫生部管理的适用于机关事业单位职工的公费医疗、由人事部管理的机关事业单位职工的养老保险、原劳动部管理的城镇企业职工养老、医疗、失业、工伤、生育保险以及原由民政部管理的农村社会养老保险都统一管理起来。[①] 其中，把企业和机关事业单位的医疗、养老保险统一管理，基本上解决了长期以来在这两个主要社会保险项目上的政出多门问题，为建立统一的城镇职工基本养老和医疗保险制度铺平了道路。从管理的项目上看，劳动保障部统一了对社会保险项目的行政管理，这是社会保险行政管理体制改革的重大进展。尽管社会保险管理体制还存在一些问题，但已经不再是影响全局的大问题。因此，社会保险管理体制改革的成果值得充分肯定。

总之，改革开放以来，中国社会保险制度在边改革、边探索、边实践的基础上，在许多深层次的问题上取得了突破性进展，积累了大量的宝贵经验。但是，建立和健全社会保险制度还面临着十分艰巨的任务。尤其要重点抓好促进国有企业下岗职工再就业、深化城镇和农村养老保险制度改革、推动医疗保险制度改革全面启动、确保国有企业下岗职工基本生活和确保离退休人员养老金的发放、对社会保险实行统筹管理。为了更好地服从和服务于改革、发展、稳定的大局，加大推进社会保险制度改革的力度，有必要进一

[①] 宋晓梧：《关于社会保障制度改革的几个综合性问题》，《经济经纬》1999 年第 3 期。

步统一各方面的认识,从社会主义初级阶段的基本国情出发,正确把握建立健全具有中国特色社会保险制度的目标任务、基本思路、基本原则、工作重点和步骤,以便把这项关乎国运、惠及子孙的社会系统工程健康有序、扎实有效地不断向前推进。

第二十一章
加快推进市场化劳动关系的建立

1992年以来,随着社会主义市场经济体制的建立,产权改革成为剥离政府和国有企业之间掌控和依附关系、促使国有企业成为独立竞争主体的主要举措;培育和发展劳动力市场,实现劳动力资源配置从计划为主到市场为主的转变,成为劳动体制改革的中心任务;企业和劳动者双向选择和建立劳动关系时,经济利益的多少与得失成为重要的考量依据。这一切,都使原来计划经济条件下由国家通过企业行政与职工所构成的以国家利益至上为出发点的劳动关系,加速向市场经济条件下以劳动力供求双方的利益关系为基础的劳动关系转型。

一 劳动关系市场化转型取得重大进展

1992—2001年,随着国有企业改革进入产权改革阶段和国有经济进行战略性调整,中国企业的劳动关系从国家化、行政化向企业化、契约化加速推进,基本实现了市场化和法制化。这一变化是巨大的、广泛的,影响深远。它改变了劳动者的就业观念,改变了企业的管理方式,改变了国家的调控手段,劳动力资源配置进一步优化。

(一)产权改革使国有企业成为独立的经济主体和企业法人

1992年以前,在政企关系的处理上,国有企业扩大企业自主权、利改税、推行承包制等改革基本上走的是扩权让利、以利益刺激为主的路子,这虽然对落实企业的经营自主权、增强企业活力起到了一定作用,使企业经营机制有所改善，但仍未撼动传统的企业经营体制，无法做到真正的政企分开，并使企业成为自主经营、自负盈亏的市场主体。问题是调整利益关系必须以机制的转换为前提，离开机制的转换单纯调整利益关系，就给企业留下了"利益谈判"的空间。[①] 基于此，在20世纪80年代中期就已经开始试点的股份制替代了承包制成为一种改革国有企业更好的组织形式。1992年5月15日，国家体改委、财政部等五部门联合下发了《股份制企业试点办法》，明确指出：国有企业股份制改革试点的目的就是"转换企业经营机制，促进政企职责分开，实现企业的自主经营、自负盈亏、自我发展和自我约束"。与此相配套，《股份有限公司规范意见》《有限责任公司规范意见》《股份制试点企业宏观管理暂行规定》等一系列文件相继出台，进一步促进了股份制企业的组建和试点的顺利进行。同年7月23日，国务院颁布的《全民所有制工业企业转换经营机制条例》明确提出，"企业转换经营机制的目标是：使企业适应市场的要求，成为依法自主经营、自负盈亏、自我发展、自我约束的商品生产和经营单位，成为独立享有民事权利和承担民事义务的企业法人"。《条例》明确了企业的14项经营自主权和自负盈亏的责任，并对行使企业所有权的职责、政府职能转变等提出了要求，作出了原则性规定。但是，《条例》的许多条款仍保留了政府批准的权力，而这是政企职责不分的表现；《条例》没有解决企业的产权问题，而这是企业改革的根本问题。

1992年10月，中共十四大明确提出："转换国有企业特别是大中型企业的经营机制，把企业推向市场，增强它们的活力，提高它们的素质。这是建立社会主义市场经济体制的中心环节"，要"通过理顺产权关系，实行政企分开，落实企业自主权，使企业真正成为自主经营、自负盈亏、自我发展、自我约束的法人实体和市场竞争的主体"。"股份制有利于促进政企分开、转换企业经营机制和积聚社会资金，要积极试点，总结经验，抓紧制定和落实有关法规，使之有秩序地健康发展"。这标志着国有企业改革开始从"放权让利"为主转向机制转换、制度创新为主的新阶段。1993年11月，《中共中央关于建立社会主义市场经济体制若干问题的决定》明确提出：

---

① 吕政、黄速建主编：《中国国有企业改革30年研究》，企业管理出版社2008年版，第101页。

"进一步转换国有企业经营机制,建立适应市场经济要求,产权清晰、权责明确、政企分开、管理科学的现代企业制度",建立现代企业制度,是中国国有企业改革的方向。《决定》还提出了建立现代企业的实现途径,它主要包括两个方面:一方面,对大型和特大型国营企业,特别是对那些关系到国家经济命脉、经济发展基础和发展战略的企业,在保留国有制的基础上,进行现代企业改造,主要形式是公司制改造(组建国有独资公司);另一方面,对一般中型工业企业则进行非国有化的公司制改造,小企业可以进行承包经营、租赁经营、股份合作制、出售等多种形式的产权改革。[①] 1993年12月,新中国第一部《公司法》颁布,规定"公司股东作为出资者按投入公司的资本额享有所有者的资产受益、重大决策和选择管理者等权利。公司享有由股东投资形成的全部法人财产权,依法享有民事权利,承担民事责任。公司中的国有资产所有权属于国家";"公司以其全部法人财产,依法自主经营,自负盈亏"。这是以法律形式界定了国家和企业(含国有投资的公司)对国有资产的所有形式和处置权利,为未来国有企业公司制改革和产权运作提供了法律依据。

为了推进以转换机制、制度创新为主要内容的国有企业改革,1994年11月,国家经贸委、体改委会同有关部门,选择100家不同类的国有大中型企业,进行建立现代企业制度的试点。试点的内容主要包括:完善企业的法人制度,使企业享有法人财产权;确定试点企业国有资产投资主体;确定企业改建为公司的组织形式;建立科学、规范的公司内部组织管理机构;改革企业劳动人事工资制度;健全企业财务会计制度;发挥党组织的政治核心作用;完善工会工作和职工民主管理。到1996年年底,100家试点企业分别按以下四种形式进行了公司制改造:由工厂制直接改制为多元股东持股的公司制有17家,其中,股份有限公司11家、有限责任公司6家;由工厂制改为国有独资公司的有69家,其中,先改制为国有独资公司,再由国有独资公司作为投资主体将生产主体部分改制为股份有限公司或有限责任公司的有29家;由原行业主管厅局"转体"改制为纯粹控股型国有独资公司的有10家;按照先改组后改制的原则进行结构调整实行资产重组改组的有2家。在

[①] 吕政、黄速建主编:《中国国有企业改革30年研究》,企业管理出版社2008年版,第109页。

100家试点企业中,有84家成立了董事会,有72家成立了监事会。① 除中央直接抓的100家企业试点外,各省、市、自治区又选择了2343家企业参与现代企业制度试点。到1996年年底,已经有540家改造成股份有限公司,占23%;改造成有限责任公司的540家,也占23%;改造成国有独资公司的909户,占38.8%;尚未完成改造的307家,占13.2%。② 通过建立现代企业制度的试点,一批国有企业改制为公司,经营机制发生了很大变化,逐步建立了国有资产出资人制度,建立了现代企业领导体制和组织制度框架,初步形成了企业法人治理结构。企业摆脱了对政府的附属与依赖,开始成为自主经营、自负盈亏的法人实体和市场竞争主体。企业按照《公司法》建立起股东会、董事会、监事会和经理层,制定了公司章程。在法人治理结构中,以董事长、总经理为首的企业家队伍负有决策义务,并率领企业在市场竞争中拼搏,同时自主决定的分配制度也向他们提供了充分的激励和约束;资产所有者(包括国有资产的代表)对经营者的干预,被以股东会的形式规定了出来,股东可以并且也只能通过股东会凭借所持股份的大小来不同程度地参与企业的经营决策。这种法人治理结构,既体现了所有者的权利,也给经营者提供了相对稳定的工作环境。

建立现代企业制度实际上也是国家与企业在权利分配关系上的调整,它是通过出资者所有权与法人财产权的明确界定,使政府和企业真正分开。1997年中共十五大以来,中央多次提出:到20世纪末,力争大多数国有大中型骨干企业初步建立现代企业制度。据国家统计局企业调查总队对全国4371家重点企业进行的建立现代企业制度情况跟踪调查,截至2001年年底,已有3322家企业实行了公司制改造,改制面达到76%。在3322家改制企业中,已有3118家企业在完成清产核资、界定产权的基础上建立了企业出资人制度,改制企业出资人到位率达到93.9%;1987家企业成立了股东会,3196家企业成立了董事会,2786家企业成立了监事会,分别占改制企业总

---

① 汪海波:《中国国有企业改革的实践进程(1979—2003年)》,《中国经济史研究》2005年第3期。

② 周叔莲:《二十年来中国国有企业改革的回顾与展望》,《中国社会科学》1998年第6期。

数的 80.9%（按《公司法》规定，国有独资公司不设股东）、96.2% 和 83.9%。①

（二）国有企业全面建立起契约化的劳动关系

改革开放以来，劳动合同制首先是在国有企业新招收的工人中实施，其标志是 1986 年 7 月国务院出台《国营企业实行劳动合同制暂行规定》。到 1991 年年底，全国全民所有制单位中合同制职工有 1589 万人，占全民所有制单位职工总数的 14.9%。② 1992 年 1 月 25 日，劳动部、国务院生产办公室、国家体改委、人事部、全国总工会发布《关于深化企业劳动人事、工资分配、社会保险制度改革的意见》，要求改革企业人事制度，企业原有固定干部身份的人员和统配人员都要实行聘任制，签订聘任合同，通过引入竞争机制逐步打破干部和工人的身份界限；要坚持劳动合同制的方向，建立新型的社会主义劳动关系，保障企业和职工双方合法权益；要逐步推行全员劳动合同制，进一步打破新招合同制职工与原有固定职工、统配人员与非统配人员的身份界限。同年 2 月 15 日，劳动部发布《关于扩大试行全员劳动合同制的通知》，要求各省、自治区、直辖市以及计划单列市应选择一两个市县试行全员劳动合同制，国务院各产业部门也应选择若干个直属国营大中型企业试行。试行全员劳动合同制，重点是在国营大中型企业和新建国营企业，其他有条件的企业也要积极试行。在企业内部，试行全员劳动合同制的范围包括企业干部、固定工人、劳动合同制工人及其他工人。试点企业中新进的职工，包括按国家规定统一分配的大、中专毕业生，城镇复员退伍军人，军队转业干部以及外单位流动进入企业的原固定职工等均试行全员劳动合同制。1992 年 7 月，国务院颁布《全民所有制工业企业转换经营机制条例》，对企业用工、人事和收入分配权都进行了较大幅度的下放。《条例》规定企业享有劳动用工权，企业自主决定招工的时间、条件、方式、数量，企业有权决定用工形式，可以实行合同化管理或者全员劳动合同制。

1993 年 12 月，劳动部发布了《关于建立社会主义市场经济体制时期劳

---

① 汪海波：《中国国有企业改革的实践进程（1979—2003 年）》，《中国经济史研究》2005 年第 3 期。

② 《中国统计年鉴（1992）》，中国统计出版社 1992 年版，第 i17 页。

动体制改革总体设想》，明确提出了推行全员劳动合同制的任务，并制定了全面推行劳动合同制的时间表。1994年7月5日，《中华人民共和国劳动法》正式颁布，标志着中国劳动法制建设进入了一个新的发展阶段。《劳动法》规定，"在中华人民共和国境内的企业、个体经济组织和与之形成劳动关系的劳动者，适用本法"。"劳动合同是劳动者与用人单位确立劳动关系、明确双方权利和义务的协议。建立劳动关系应当订立劳动合同。""订立和变更劳动合同，应当遵循平等自愿、协商一致的原则，不得违反法律、行政法规的规定。劳动合同依法订立即具有法律约束力，当事人必须履行劳动合同规定的义务。"劳动合同应当以书面形式订立，并具备以下条款：劳动合同期限、工作内容、劳动保护和劳动条件、劳动报酬、劳动纪律、劳动合同终止的条件、违反劳动合同的责任。[1]《劳动法》的颁布与实施，明确了用人单位与劳动者在劳动关系中的主体身份，为市场化劳动关系的建立和运行提供了法律保障，也意味着传统的行政性劳动关系从制度层面正式退出了历史舞台。劳动者和用人单位双方各自的权利和义务通过合同的方式加以确认，劳动关系的契约化特征不断增强。

为了配合《劳动法》的贯彻实施，劳动部于1994年12月、1995年5月和8月分别发布了《违反和解除劳动合同的经济补偿办法》《集体合同规定》《违反〈劳动法〉有关劳动合同规定的赔偿办法》《关于贯彻执行〈中华人民共和国劳动法〉若干问题的意见》等规章制度，对有关劳动合同具体操作上的问题做出了法律解释。到1995年年底，全国实行劳动合同制度的企业职工人数已达9155.2万人，占企业职工总数的85%，在全国范围内初步建立了劳动合同制度。[2] 到1996年年底，全国城镇企业职工签订劳动合同的人数达10600万人，占城镇企业职工总数的96.4%，全国报送劳动行政部门登记审核的集体合同共6.9万份，城镇企业实现了全面建立劳动合同制度的目标。[3]

---

[1] 《中华人民共和国劳动法》，《中华人民共和国国务院公报》1994年第16期。
[2] 《中国劳动年鉴》（1995—1996），中国劳动出版社1996年版，第169页。
[3] 《1996年度劳动事业发展统计公报（摘要）》，《中国劳动科学》1997年第7期。

（三）非公有制经济的迅速发展进一步促进了劳动关系市场化转型

所谓非公有制经济，主要是指由城乡个体工商户、私营企业和非国家控股的股份制企业以及外商在华投资企业组成的国民经济活动的总和，这里面还包括一部分乡镇企业。改革开放以来，通过国有企业改革和非国有经济快速发展，历史地创造出了国有、集体、个体私营和外资为基本组织形态的市场经济主体结构，为中国市场经济发展奠定了必要而坚实的微观基础。[①] 1992 年中共十四大确立了公有制为主体、多种经济成分共同发展的基本经济制度，特别是 1997 年以后，伴随着国有企业"抓大放小"改革战略的实施，国有经济战线收缩，非公有制经济增长势头强劲，非公有制企业进入了一个高速发展的时期。

建立现代企业制度、进行公司制改造是国有大中型企业改革的主要形式，国有小型企业改革不在此列。1995 年 9 月 13 日，国家体改委发布了《关于积极推进国有小型企业改革的意见》，提出推进国有小型企业改革要着眼于从总体上搞活国有经济，搞活国有企业，放活国有企业；强调以经济效益为优先，具体改革形式要因地制宜、灵活多样，如组建或加入企业集团、改为股份合作企业、改组为有限责任公司或股份有限公司、租赁、委托经营、出售等。1996 年 6 月 20 日，国家体改委发布了《关于加快国有小企业改革的若干意见》，提出进一步放开放活国有小企业是深化国有企业改革的重要内容，是实施国有企业战略性改组的重要措施，对于从整体上搞活国有经济具有重要意义。同年 7 月 24 日，国家经贸委发布了《关于放开搞活国有小型企业的意见》，提出了"抓大放小"的指导方针。"抓大放小"是指国家集中精力抓好关键的少数大企业，放开搞活数以万计的中小企业。在抓好大企业方面，国家主要抓了 1000 家国有大企业的资金落实和企业集团试点工作。在放开搞活小企业方面，各地区则是根据不同的产业结构和企业特点，采取多种形式放开搞活，如改组、联合、兼并、股份合作制、租赁、承包经营和出售等。对于长期亏损、扭亏无望、不能清偿到期债务的企业，依法实施破产处理。1997 年，东南亚爆发金融危机，对中国和世界许多国

---

① 刘迎秋、刘霞辉：《中国非国有经济改革与发展三十年：成就、经验与展望》，《社会科学战线》2008 年第 11 期。

家造成严重冲击。国有企业开始面临买方市场约束，竞争环境日益严峻。据统计，1997年年底，全国乡及乡以上独立核算国有工业企业亏损面为39.2%，亏损企业亏损额为743亿元，比上年增长8.2%[1]；全国国有企业共有360678家，比上年减少了14898家；国有企业从业人员为7237.9万人，比上年减少了265.7万人。[2] 1998年，国有企业的亏损面、亏损额均超过了1997年，成为历史上国有企业亏损最高的年份。加之，国有企业多年历史积累的深层次矛盾和问题进一步暴露出来，国有企业改革进入了攻坚阶段。随着国有企业改革力度加大、国有经济战略性调整的加速和兼并破产步伐的加快，一方面，一大批企业因亏损严重难以为继，下岗职工、失业人员数量增多；另一方面，国有企业从业人员急剧减少，到2001年，国有企业从业人员仅有3953.8万人，比1997年减少了3284.1万人，将近一半（见表21—1）。

表21—1   1992—2001年分经济类型各类企业和个体从业人员   单位：万人

年份	国有企业	城镇集体企业	其他企业	城镇私营和个体从业人员	乡镇企业	个体从业人数
1992	7643.0	3486.0	280.1	837.9	10624.6	2467.7
1993	7642.0	3258.9	535.7	1115.7	12345.3	2939.3
1994	7653.4	3149.4	757.9	1557.4	12017.5	3775.9
1995	7642.9	3006.9	892.4	2045.0	12862.1	4613.6
1996	7503.6	2884.0	959.7	2328.8	13508.3	5017.1
1997	7237.9	2723.6	1107.3	2669.0	9158.3	5441.9
1998	5327.7	1817.1	1672.4	3231.9	12536.6	6114.4
1999	4855.2	1569.8	1844.3	3466.9	12704.1	6240.9
2000	4394.9	1357.2	2007.7	3404.0	12819.6	5070.0
2001	3953.8	1150.8	2230.0	3658.0	13085.6	4760.3

注："其他企业"包括联营经济、股份制经济、外商投资经济、港澳台投资经济等其他企业；"城镇私营和个体从业人员"是指个人参加生产劳动，生产资料和产品（或收入）归个人所有，经工商行政管理部门批准并领取"个体营业执照"的城镇劳动者，包括私营企业从业人员。

资料来源：城镇私营和个体从业人数来自《中国劳动和社会保障年鉴（2002）》；个体从业人数来自《中国统计年鉴》（1993—2002）；其他就业人数来自《中国劳动统计年鉴》（1993—2002）。

---

[1] 吕政、黄速建主编：《中国国有企业改革30年研究》，企业管理出版社2008年版，第134页。
[2] 参见《中国劳动统计年鉴（1997）》和《中国劳动统计年鉴（1998）》。

在国有经济收缩战线的同时，非公有经济迅速崛起并持续发展。一是个体私营经济迅速发展，并成为中国非国有经济的主体。全国个体工商户从1992年的1534万户增加到2001年的2433万户，从业人员从2468万人增长到4760万人，总产值从926.2亿元增长到了7320亿元，分别增长了1.59倍、1.93倍和7.9倍。全国私营企业户数、从业人员数、总产值分别从1992年的13.96万户、231.8万人和205.1亿元增加到了2001年的2435.3万户、2713.9万人和12316.9亿元，年均增长率分别高达34.63%、31.43%和57.63%。二是外商对华投资额不断扩大，外商在华投资企业出现新的发展态势。此间，多数年份的外商对华投资协议额持续超过500亿美元，实际投资额也大都在400亿美元以上。外商投资的重点仍然是第二产业，并且仍以劳动密集型和一般加工组装企业为主，高新技术型投资所占比重较小。1992—2001年，累计外商投资额中第二产业所占比重为68.63%，2001年更是高达74.61%。①

随着非公有制经济比重的上升，非国有经济部门成为就业的主体。在城镇国有企业和集体企业已基本实行劳动合同制度的基础上，1996年5月和6月，劳动部下发了《关于私营企业和个体工商户全面实行劳动合同制度的通知》和《关于乡镇企业实行劳动合同制度的通知》，对有关政策问题进行了规定，有力地推动了这类非国有用人单位实行劳动合同制度的进程。到1997年年底，在城镇职工人数中，国有经济单位和城镇集体经济单位分别为10765.9万人和2817万人，其他各种经济类型单位职工人数为1085.5万人。全国城镇企业实行劳动合同制度的职工达10787.8万人，占同口径职工总数的98.1%；乡村集体企业实行劳动合同制度的从业人员达1944.5万人，私营企业和个体工商户实行劳动合同制度的从业人员达790.6万人。1997年，全国城镇新增就业人员710万人，其中到国有经济单位的有226万人，到城镇集体经济单位的有128万人，到其他各种经济类型单位的有192万人，从事个体劳动的有164万人。② 1997年是城镇就业结构的历史转折点（见表21—1），1997年之前，国有经济部门的就业比重高于非国有部门，就

---

① 刘迎秋主编：《中国非国有经济改革与发展30年研究》，经济管理出版社2008年版，第12—13页。
② 《1997年度劳动事业发展统计公报》，《中国劳动》1998年第7期。

业总量保持相对稳定。1997年之后，国有经济部门的就业比重不断下降，非国有部门的就业比重不断上升，并超过了国有部门。特别是国有企业改革进入攻坚阶段以后，国有企业不断向社会释放下岗失业人员，非国有部门便成为下岗失业人员再就业的主战场。到2001年年底，全国城镇单位就业人员11166万人。其中，国有单位7640万人，城镇集体单位1291万人，其他单位2235万人。城镇私营和个体从业人员3658万，比上年增加254万人。①

由于私营企业和乡镇企业以及非国有部门中的联营经济、股份制经济、外商投资经济、港澳台投资经济等其他企业基本上实行市场化劳动关系的管理模式，这样就大大地提升了中国市场化劳动关系的比重。

二 市场化劳动关系运行的法制体系基本建立

相较于行政型劳动关系，市场化劳动关系必须遵循市场规律建立相应的市场规则，其有效的方式就是国家通过立法、执法和司法加以干预。

（一）《劳动法》等劳动法律法规相继颁布与实施

1994年7月5日，八届人大常务委员会第八次会议通过了《中华人民共和国劳动法》，它是新中国成立以来第一部全面调整劳动关系、确定劳动标准的"基本法"。它打破了企业的所有制界限，改变了国家化、行政化的管理模式，劳动者以市场的方式就业，签订劳动合同建立劳动关系，集体协商调整劳动关系，所有企业执行统一的劳动规则和标准，劳动关系呈现鲜明的企业化、契约化特色。②《劳动法》的颁布为市场化劳动关系的建立、维护和解除提供了法律依据，标志着中国劳动关系法制化建设的初步完成。

1.《劳动法》的基本宗旨是保护劳动者的合法权益

它规定了劳动者的八项权利和四项义务，即"劳动者享有平等就业和选择职业的权利、取得劳动报酬的权利、休息休假的权利、获得劳动安全卫生保护的权利、接受职业技能培训的权利、享受社会保险和福利的权利、提请

---

① 《2001年度劳动和社会保障事业发展统计公报》，《劳动世界》2002年第8期。
② 郭军：《改革开放以来劳动关系的发展变化——论市场化与法制化对构建和谐劳动关系的影响及辩证关系》，《思想政治工作研究》2011年第9期。

劳动争议处理的权利以及法律规定的其他劳动权利","劳动者应当完成劳动任务,提高职业技能,执行劳动安全卫生规程,遵守劳动纪律和职业道德。"①《劳动法》除了对劳动者保护的一般规定外,还增加了新的法律条款。如"劳动者在同一用人单位连续工作满10年以上,当事人双方同意续延劳动合同的,如果劳动者提出订立无固定期限的劳动合同,应当订立无固定期限的劳动合同"。这一规定可以避免用人单位用完职工"黄金年龄段"即行辞退的不合理用人行为,有利于保护老职工职业稳定。再如,关于"工作时间和休息休假"的规定,延长工作时间每日一般不超过1小时,每月不得超过36小时,这有利于保护劳动者身心健康,等等。这样,对违反劳动法律、侵害劳动者合法权益的行为和人员,就可以依法予以纠正和处罚。

2.《劳动法》的核心是调整劳动关系

这主要体现在作为实体法的第三章"劳动合同和集体合同"和作为程序法的第十章"劳动争议"。"劳动合同和集体合同"中最具突破性的主要有四条:一是"建立劳动关系应当订立劳动合同",这是以法律形式确立了劳动者和企业在劳动力市场中的主体地位,为市场经济下的新型劳动关系的确立奠定法律基础。二是"用人单位濒临破产进行法定整顿期间或者生产经营状况发生严重困难,确需裁减人员的",通过一定的法定程序可以裁减人员。在中国,允许用人单位可以进行"经济性辞退",是从未有过的法律规定。三是关于劳动者与用人单位解除合同的条件。在一般情况下,"劳动者解除劳动合同,应当提前30日以书面形式通知用人单位",但有下列情形之一的,劳动者可以随时通知用人单位解除劳动合同:在试用期内的;用人单位以暴力、威胁或者非法限制人身自由的手段强迫劳动的;用人单位未按劳动合同约定支付劳动报酬或者提供劳动条件的。这就赋予了劳动者以辞职权,以法律形式保证了劳动者的择业自主权。四是"企业职工一方与企业可以就劳动报酬、工作时间、休息休假、劳动安全卫生、保险福利等事项,签订集体合同"。这是借鉴国际通行做法,总结部分企业试点经验,把集体合同作为调整劳动关系的重要机制和签订个人劳动合同的依据而规定的,也是在《工会法》有关规定的基础上的一个新的突破。第十章"劳动争议",是

---

① 《中华人民共和国劳动法》,《中华人民共和国国务院公报》1994年第16期。

对国务院 1993 年颁布的《企业劳动争议处理条例》的提炼和浓缩，除第 82 条申请时效，由 6 个月改为 60 天外，其他没有变化。作这样的改动，主要是考虑到过去规定的申请时效过长，不利于劳动者合法权益保护；这样也有利于仲裁部门提高工作效率，及时解决劳动争议。

3. 《劳动法》的重点是确定劳动标准

这主要体现在第四章"工作时间和休息休假"、第五章"工资"、第六章"劳动安全卫生"、第七章"女职工和未成年工特殊保护"和第八章"职业培训"。其中，具有特殊意义的是工时和休假制度。《劳动法》首次以法律形式分别确定了"五天半"工作制和带薪年休假制度。劳动者在元旦、春节、国际劳动节和国庆节等节日可以休假。这虽已成惯例，但作为法律规定还是首次，至此这些节日才成为名副其实的"法定节假日"。同时，第 48 条规定，"国家实行最低工资保障制度，最低工资的具体标准由省、自治区、直辖市人民政府规定，报国务院备案。用人单位支付劳动者的工资不得低于当地最低工资标准"。《劳动法》还规定实行职业技能标准制度，第 69 条规定，"国家确定职业分类，对规定的职业制定职业技能标准，实行职业资格证书制度，由经过政府批准的考核鉴定机构负责对劳动者实施职业技能考核鉴定"。此外，在劳动安全卫生以及女职工和未成年工特殊保护中也都确定了相应的劳动标准。

4. 《劳动法》还规定了工会和劳动行政部门的职责与工作规范

关于工会和职工代表大会，《劳动法》规定，"劳动者有权依法参加和组织工会。工会代表和维护劳动者的合法权益，依法独立自主地开展活动。""劳动者依照法律规定，通过职工大会、职工代表大会或者其他形式，参与民主管理或者就保护劳动者合法权益与用人单位进行平等协商。""集体合同由工会代表职工与企业签订"，"集体合同草案应当提交职工代表大会或者全体职工讨论通过"。"用人单位解除劳动合同，工会认为不适当的，有权提出意见。如果用人单位违反法律、法规或者劳动合同，工会有权要求重新处理；劳动者申请仲裁或者提起诉讼的，工会应当依法给予支持和帮助"，等等。关于劳动行政部门的职责和劳动工作规范，《劳动法》规定，"国务院劳动行政部门主管全国劳动工作"，"县级以上地方人民政府劳动行政部门主管本行政区域内的劳动工作。"劳动行政部门负责劳动争议仲裁委员会的工作，执行劳动争议仲裁职责。《劳动法》还规定，"县级以上各级人民政府劳动行政部门依法对用人单位遵守劳动法律、法规的情况进行监督检查，对违反劳动法律、法规的行为有权制止，并责令改正"。这就明确地赋予了劳动行政部门执法监察权。

为了规范市场化劳动关系的运行，一些配套的劳动法律法规及规范性文件也相继颁布。如1994年2月，国务院发布了《关于职工工作时间的规定》；1995年3月，又对此作做出了修改①；1994年11月、12月，劳动部颁布了《企业经济性裁减人员规定》《违反和解除劳动合同的经济补偿办法》《集体合同规定》《违反〈中华人民共和国劳动法〉行政处罚办法》；1995年5月，劳动部颁布了《违反〈劳动法〉有关劳动合同规定的赔偿办法》，等等。

（二）《工会法》的颁布与修订

1992年4月3日，七届人大五次会议通过了新的《中华人民共和国工会法》。②《工会法》的颁布施行，对于工会依法开展工作，履行各项社会职能以及促进自身的改革和建设，都发挥了重要作用。但是，随着社会主义市场经济的发展，特别是20世纪90年代后期经济结构的战略性调整，公有制实现形式的多样化和非公有制经济的发展，劳动关系发生了深刻变化，劳动关系进一步企业化、市场化、契约化，劳资主体双方矛盾增多，劳动争议大量增加。这就要求工会更好地代表和维护职工的合法权益，在协调劳动关系、稳定大局中发挥更大的作用。然而，由于1992年颁布的《工会法》缺乏对混合所有制和非公有制企业工会工作的规定，使该类企业工会工作缺乏法律依据；没有关于法律责任的规定，使违反《工会法》的行为不能依法

---

① 长期以来，除法律另有规定的以外，中国实行职工每周工作6天、48小时工作周制度。根据1994年《中华人民共和国劳动法》和《国务院关于职工工作时间的规定》，自1995年1月1日至1995年4月30日，实行职工平均每周工作5天半、不超过44小时的工作周制度。根据1995年3月25日《国务院关于修改〈国务院关于职工工作时间的规定〉的决定》规定，自1995年5月1日起实行职工每周工作5天、40小时工作周制度。1995年5月1日施行有困难的企业、事业单位，可以适当延期。但是，企业单位最迟应当自1997年5月1日起施行。

② 《中华人民共和国工会法》，《中华人民共和国国务院公报》1992年第11期。

纠正，等等。① 为此，从1999年起开始着手修改《工会法》。2001年10月27日，九届人大常务委员会第二十四次会议通过了《工会法》的修正案。② 修订后的《工会法》主要在以下几个方面取得了重要进展：

1. 凸显了工会维护职工权益的基本职能

1992年《工会法》对工会职能定位的表述是："工会在维护全国人民总体利益的同时，维护职工的合法权益。"2001年修改为："维护职工合法权益是工会的基本职责。工会在维护全国人民总体利益的同时，代表和维护职工的合法权益。"对比后不难发现，修改后的工会在职能定位上发生重大变化：维护职工合法权益由"维护全国人民总体利益"辅助和分支职能变为工会的基本和主要职能，工会考虑问题的立场是"代表职工"，其使命是"维护职工的合法权益"。应该说，修订后的《工会法》将原先模糊的职责明确化、具体化，更有利于工会开展工作，也更符合成立工会的初衷。

2. 将工会由企业的辅助机构，转变为具有独立职能的维护职工权益的机构

在1992年《工会法》中，将工会作为企业的辅助机构的表述比比皆是，如原第18条："工会帮助、指导职工与企业、事业单位行政方面签订劳动合同。工会可以代表职工与企业、事业单位行政方面签订集体合同。集体合同草案应当提交职工代表大会或者全体职工讨论通过。"原第19条："企业辞退、处分职工，工会认为不适当的，有权提出意见。全民所有制和集体所有制企业在作出开除、除名职工的决定时，应当事先将理由通知工会，如果企业行政方面违反法律、法规和有关合同，工会有权要求重新研究处理。当事人对企业行政方面作出的辞退、开除、除名的处理不服的，可以要求依照国家有关处理劳动争议的规定办理。"原第20条："工会参加企业的劳动争议调解工作。地方劳动争议仲裁组织应当有同级工会代表参加。"原第21条："企业侵犯职工劳动权益的，工会可以提出意见调解处理；职工向人民法院起诉的，工会应当给予支持和帮助。"上述这些条款赋予工会的仅仅是涉及劳动争议和处理时的建议和应邀参与权，而对工会权能表述时所用的"可

---

① 刘珩：《推进工会法制化建设，依法维权，依法治会——谈〈工会法〉的修改》，《中国工运》1999年第3期。
② 《中华人民共和国工会法》，《中华人民共和国国务院公报》2011年第34期。

以""应当"等模棱两可的词汇也给企业行政方留有较大的权衡空间,不利于工会权力的落实。而2001年修订后的《工会法》对上述条款一律去除模棱两可的词汇,重新表述如下:第20条:"工会帮助、指导职工与企业以及实行企业化管理的事业单位签订劳动合同。工会代表职工与企业以及实行企业化管理的事业单位进行平等协商,签订集体合同。集体合同草案应当提交职工代表大会或者全体职工讨论通过。工会签订集体合同,上级工会应当给予支持和帮助。企业违反集体合同,侵犯职工劳动权益的,工会可以依法要求企业承担责任;因履行集体合同发生争议,经协商解决不成的,工会可以向劳动争议仲裁机构提请仲裁,仲裁机构不予受理或者对仲裁裁决不服的,可以向人民法院提起诉讼。"第21条:"企业、事业单位处分职工,工会认为不适当的,有权提出意见。企业单方面解除职工劳动合同时,应当事先将理由通知工会,工会认为企业违反法律、法规和有关合同,要求重新研究处理时,企业应当研究工会的意见,并将处理结果书面通知工会。职工认为企业侵犯其劳动权益而申请劳动争议仲裁或者向人民法院提起诉讼的,工会应当给予支持和帮助。"不难发现,修改后的《工会法》加强了工会的应然权力,将工会由原来定位为企业生产服务转变为职工权益服务,有利于平衡市场化劳动关系中"资强劳弱"的格局,同时,修订后的《工会法》加强了企业对工会责令的回应义务,从法制上构建了企业内工会维护职工权益的有效路径。

3. 工会职能及职能形式随着劳动关系的发展有所扩充

修订后的《工会法》赋予职工更多职能,表现在以下三个方面:一是将工会对劳动争议的干预权扩大至所有企业。1992年《工会法》第十九条规定:"全民所有制和集体所有制企业在作出开除、除名职工的决定时,应当事先将理由通知工会,如果企业行政方面违反法律、法规和有关合同,工会有权要求重新研究处理。"修订后的《工会法》第二十一条规定:"企业、事业单位处分职工,工会认为不适当的,有权提出意见。企业单方面解除职工劳动合同时,应当事先将理由通知工会,工会认为企业违反法律、法规和有关合同,要求重新研究处理时,企业应当研究工会的意见,并将处理结果书面通知工会。"两相对比可发现,前者仅将工会的劳动争议参与权局限在全民所有制企业和集体所有制企业,而后者则突破了所有制形式的限制,将工会的该项权力拓展至所有的企业类型，同时包括了实行企业化管理的事业单位。二是组织职工参与企业民主管理。1992年《工会法》并没有对工会在职工参与企业民主管理方面作出规定，修订后的《工会法》第6条明确规定："工会依照法律规定通过职工代表大会或者其他形式，组织职工参与本单位的民主决策、民主管理和民主监督。"三是工会具有独立的调查权。修订后的《工会法》第二十五条规定："工会有权对企业、事业单位侵犯职工合法权益的问题进行调查。"此外，修订后的《工会法》赋予工会更多形式来维护职工权益。修订后的《工会法》在原有基础上增加了提请诉讼权，提出"工会代表职工与企业以及实行企业化管理的事业单位进行平等协商，签订集体合同"，但在面临集体合同争议时，1992年《工会法》并无规定工会的主体地位，修订后的《工会法》第二十条规定："企业违反集体合同，侵犯职工劳动权益的，工会可以依法要求企业承担责任；因履行集体合同发生争议，经协商解决不成的，工会可以向劳动争议仲裁机构提请仲裁，仲裁机构不予受理或者对仲裁裁决不服的，可以向人民法院提起诉讼。"上述条款给予工会在集体合同争议时具有主体地位，可提请诉讼。

4. 工会的整体运作考虑到与其他制度相适应的问题

相较于1992年该法初立时期，2001年《工会法》修订之时，企业组织形式已经发生了较大变化，公司制成为企业组织形式的主流。公司制企业有着不同于先前以所有制相区分的企业管理架构和规制。《工会法》的修订注意到这一情况，第三十九条规定："公司的董事会、监事会中职工代表的产生，依照公司法有关规定执行。"《工会法》的修订体现了与其他制度的衔接，提高了工会制度适用的范围和灵活性，有利于工会力量在公司制企业的生长。

可以说，修订后的《工会法》更注重工会发挥维护工人权益的基本职能，加强了工会对集体合同签订、劳动争议处理等问题的干预权，赋予了工会更多且独立的权限，使之更能代表工人利益。

（三）建立劳动监察制度，切实开展劳动监察

加强劳动监察工作，保障劳动法律、法规的有效实施，也是劳动法制体系建设的一项重要任务。

为了在全国范围内规范开展劳动监察工作,1993年8月4日,劳动部制定下发了《劳动监察规定》,对劳动监察工作的原则、目的、内容、范围及程序等做出了规定,奠定了中国劳动监察工作的基础。《劳动法》颁布实施后,劳动监察工作步入了大发展阶段:一是建立健全劳动监察体制。1995年8月2日,劳动部发出了《关于进一步健全劳动监察体制的意见的通知》,从机构建设、劳动监察人员的配备、执法和有关制度建立落实方面提出了要求,为劳动监察体制建设提出了新的目标。到1995年,省级劳动监察机构已发展到29个;建立市县级劳动监察机构达2800个,占应建机构的86.6%;全国已拥有18200多名劳动监察员。[1] 二是组织开展劳动监察执法活动。通过对执法情况的检查,督促用人单位和劳动者遵守法律、法规,及时纠正违法行为,减少劳纠纷,维护正常的劳动和经济秩序。三是劳动争议处理制度的组织建设得到加强,劳动争议结案率有较大提高。到1995年年底,全国已建立各级仲裁委员会3003个、仲裁办2969个,分别占应建数的98%和97%;全国专、兼职仲裁员人数达11292人。1995年全国各级劳动争议仲裁委员会共受理了劳动争议案件33030起,比上年增加了13932起;涉及职工122512人,比上年增长57.5%。其中集体争议案件2588起,涉及人数达77340人。到年底,共结案31415起,结案率为95.1%。[2] 1995—2001年的劳动监察执法和劳动争议案件受理的情况,见表21—2。

表21—2　1995—2001年劳动监察执法和劳动争议案件受理情况

年份	1995	1996	1997	1998	1999	2000	2001
劳动保障监察机构(个)	2829	2998	3301	3330	3091	3152	3174
劳动保障监察员(万人)	1.8	2.4	3.2	3.4	4.0	4.1	4.0
检查用人单位(万户)	48.8	55.8	81.7	78.1	88.5	179	95.5
劳动监察涉及劳动者(万人)	4259	—	6268	6649	—	—	—
查处劳动违法案件(万件)	—	19.7	14.6	14.3	20.8	19.8	19.6
补签劳动合同的劳动者(万)	—	—	—	508.2	431.6	600.0	705.7
退还向劳动者非法收取的风险抵押金(亿元)	—	—	—	1.4	1.0	1.2	1.6

---

[1] 《1995年劳动事业发展年度公报(摘要)》,《中国劳动科学》1996年第8期。
[2] 同上。

续表

年份	1995	1996	1997	1998	1999	2000	2001
为劳动者补发（追回拖欠、克扣）工资（亿元）	—	—	—	6.7	10.6	9.2	9.2
取缔非法职业中介机构（户）	—	—	—	3325	4821	5000	6513
劳动争议仲裁委员会受理劳动争议案件（万件）	3.3	4.8	7.2	9.4	12.0	13.5	15.5
劳动争议案件涉及劳动者（万人）	12.3	18.9	22.1	35.9	47.4	42.3	46.7
劳动争议案件结案率（%）	95.1	97.1	98.9	98.5	97.7	92.3	92.0

注：2000年和2001年的"检查用人单位"为万户次。

资料来源：《劳动事业发展统计公报》（1995年、1996年、1997年）、《劳动和社会保障事业发展统计公报》（1998年、1999年、2000年、2001年）、《劳动和社会保障事业发展统计公报》相关数据。

三 劳动关系市场化转型中存在的问题

应该说，《劳动法》等法律法规的颁布与实施，开创了市场经济条件下劳动关系的法治时代，加速推进了市场化劳动关系的建立。《劳动法》以劳动领域母法的地位，首次对市场化的劳动关系进行了确认，并且为劳动合同和集体合同制度、工时工资和劳动保护等标准、社会保险、劳动争议处理及劳动监察等提供了最基本的法律规范；《工会法》的修订，也凸显了工会维护职工权益的基本职能。但是，由于《劳动法》的一些规定较为粗略，对劳动关系中出现的具体问题缺乏可操作性，加之，对这一阶段改革的艰巨性、复杂性和"强资本，弱劳工"局势等问题认识不到位，以及1992年版《工会法》滞后于经济体制改革，因此，中国劳动关系市场化转型中还存在着一些亟待解决的问题。

（一）劳动合同的"虚无化""形式化"和"短期化"

签订劳动合同是建立和处理市场化劳动关系的主要依据。1995年《劳动法》实施以后，各级劳动保障部门把全面加强劳动合同管理作为一项重要的基础工作，采取有力措施，加大工作力度，使劳动合同签订率继续提高，劳动合同管理进一步制度化、规范化。截至 1999 年年底，全国城镇国有及国有控股企业、集体企业、外商投资企业签订劳动合同的职工人数为 10088 万人，占同口径职工总数的 95%；城镇私营企业签订劳动合同的从业人员为 612 万人，个体工商户所雇从业人员中签订劳动合同人数达 474.7 万人，乡村集体企业实行劳动合同制度的从业人员为 2326 万人。各地报送劳动保障部门审核通过的集体合同为 19.4 万份，涉及职工 5980 万人。其中，非国有企业签订集体合同 4.9 万份，占 22%。[①] 虽然劳动合同制度的推行和实施取得了很大成绩，但问题也不少，主要表现在：一是劳动合同的"虚无化"，即用人单位使用劳动者但不与其签订劳动合同，劳动关系呈现"有劳动的没关系，有关系的没劳动"现象。这既有用人单位的原因，用人单位不愿用劳动合同约束自己；也有劳动者法律意识淡漠的原因，签订劳动合同的主观意愿不强。1995 年至 2001 年，每年经由劳动监察机构查处的需补签劳动合同的劳动者均达百万人以上，其中，1998 年补签劳动合同的有 508.2 万人，2001 年 705.7 万人（见表21-2）。二是劳动合同的"形式化"。有的是草签、代签劳动合同；有的是劳动合同内容不具体，或照抄照搬法定最低劳动标准；有的劳动合同内容甚至还有损害劳动者的利益、违反法律的条款。三是劳动合同的"短期化"。大量签订短期劳动合同，用新不用旧，使用劳动者的黄金年龄段，劳动者没有职业安全感，劳动关系高度不稳定。

劳动合同出现上述问题，也与《劳动法》比较粗略和缺乏可操作性有很大关系。如对签订劳动合同，仅规定"应当订立"，而对企业不与劳动者签订劳动合同的情形并未作出相应的惩处措施；对劳动合同的具体内容，仅说明应当具备哪些条款，而对不合理情形出现时如何处理也没有相应规定。当法律仅规定"应然"条款，而无惩处条款时，实际上就使违法成本为零，降低了法律的震慑力。因此，《劳动法》在这一阶段未能充分发挥出应有作用，也使其完善和细化成为必要。

（二）国有企业改制激化了劳资关系矛盾和摩擦

1992—2001 年是新中国成立以来劳动关系矛盾最为激烈的时期。特别

---

① 《中国劳动和社会保障年鉴（2000）》，中国劳动社会保障出版社 2001 年版，第 236—237 页。

是 1997 年以后在买方市场背景下国有企业改制导致了大量职工下岗、失业，其中，有职工对下岗、失业的困惑与不解，有职工下岗、失业后再就业困难，有国有企业改制中职工下岗安置和失业补偿政策落实不到位、部分职工基本生活难以保障，也有国有企业改制中部分措施实施程序不完善或监督不力，损害了职工权益，等等。据统计，1998—2001 年 4 年国有企业下岗职工总量为 2552.4 万人（见表 17—1）。1992—2001 年失业率也一直处于攀升状态（见表 21—3）。

表 21—3　　　　　　　　1992—2001 年中国的失业率

年份	1992	1993	1994	1995	1996	1997	1998	1999	2000	2001
城镇登记失业率(%)	2.3	2.6	2.8	2.9	3.0	3.1	3.1	3.1	3.1	3.6
城镇真实失业率(%)	3.45	4.97	5.78	6.85	7.74	8.31	8.00	8.17	8.27	8.60

资料来源："城镇登记失业率"的数据来自《中国统计年鉴（2002）》；"城镇真实失业率"的数据来自丁仁船、王大犇《1990 年以来我国城镇真实失业率有多高？》，《市场与人口分析》2007 年第 6 期。

1. 职工对下岗失业困惑不解，不愿与原有企业解除劳动合同

当职工面对突如其来的下岗、失业现实，本能的反应是"我们是社会主义国家，怎么也会让工人下岗失业呢？"很多人难以理解、难以接受，有人震惊，有人叹息，但更多的是困惑。例如，青岛市某国有企业 23 岁的青年工人小黄，1992 年高中毕业后便参加了工作。虽说没什么特长，可在参加工作的 4 年里，他从没有违反企业的任何规章制度。1996 年 10 月，厂子停了产，他成了下岗职工。令他难以理解的是，过去从书本上看到，企业破产倒闭，只在资本主义国家才有，怎么社会主义的企业也会倒闭呢？他还说：过去只看到不务正业、调皮捣蛋的人被企业开除，从未想过老老实实干活的人也会下岗、失业。据石家庄、济南、郑州、武汉等城市的社会调查机构提供的情况，在下岗、失业人员中，像小黄这样没想到自己也会下岗的青年工人，占下岗失业人员的六七成。与下岗的青年工人相比，参加工作 20 年以上、年龄 40 岁以上的老工人更感到突然："真没想到，当了几十年的国家职工，最后竟落个下岗失业的结局。"[①] 为帮助下岗职工再就业，1995 年上海

---

① 唐云岐主编：《转轨中的震撼：中国下岗问题追踪与探索》，中国劳动出版社 1998 年版，第 2 页。

市率先建立了以行业为依托的"再就业服务中心",1998 年中共中央、国务院要求全国凡有下岗职工的国有企业普遍建立再就业服务中心,同时要求下岗职工在再就业服务中心的期限一般不超过 3 年,3 年期满仍未再就业的,应与企业解除劳动关系,按规定享受失业救济或社会救济。但是,因为再就业形势的困难,下岗职工不愿与原企业解除劳动关系。据统计,下岗职工再就业率逐年降低,从 1998 年的 50%一路降低到 2001 年的 30.6%(见表 17—1)。1999—2001 年国家统计局的数据显示,90%以上的下岗职工进了中心,下岗职工出中心且解除劳动合同的比率均在 35%以上。但是,据劳动保障部课题组对全国 33 家企业的典型调查,截至 1999 年 6 月底,下岗职工实现再就业并与原企业解除劳动关系的仅占全部下岗职工的 5%。另据该课题组对 72 家企业的调查,下岗职工与原企业解除劳动关系的仅占下岗职工总数的 6%;出中心解除劳动关系的仅占中心下岗职工总数的 3%。[①] 下岗职工不愿解除劳动合同,一方面是对未来的担心,不知还能否就业;另一方面是对国有企业职工身份存有很大的感情依赖。

2. 国有企业改制中职工下岗安置、失业补偿政策落实不到位,部分职工基本生活难以保障

在国有企业改制过程中,依照国家有关规定,企业在与职工解除或终止劳动合同时,应清偿拖欠职工的工资、生活费、医疗费以及补交养老保险金等,并给予职工一定的经济补偿金。然而,一些企业以种种理由拒不支付职工的补偿金;或采用"打欠条"的方法,但又不注明还款期限,使职工在解除、终止劳动合同时,事实上根本拿不到应有的经济补偿。有的企业连同欠发工资、生活费、养老保险金等都成了一笔死账、呆账。[②] 特别是随着破产企业数量日渐增多,地方政府、企业和社会无力负担各自需支付的 1/3 的费用,各地普遍出现了基本生活保障资金筹集困难、资金缺口增大的情况,致使职工下岗安置、失业补偿政策落实难以到位,一部分下岗职工和失业人员的基本生活得不到有效保障。李实曾对城镇职工收入函数做过估算,认为有下岗、失业经历的人员的平均工资收入,比城镇在岗职工的平均工资收入

---

① 劳动和社会保障部劳动科学研究所课题组:《国有企业下岗职工劳动关系处理问题研究》,《管理世界》2001 年第 1 期。

② 徐瑶君:《职工经济补偿金"打欠条"现象应引起重视》,《中国工运》2001 年第 12 期。

低 37.9%；亏损企业职工的收入比盈利企业职工低 21.3%。由于收入的急剧下降，使部分下岗职工家庭的生活陷入贫困状态。根据 1999 年的抽样调查数据分析，城镇下岗职工家庭陷入贫困的概率要比一般家庭高出 7—8 倍。[①] 下岗失业、收入骤降、基本生活难以保障等，这些问题极易导致企业内部矛盾和社会矛盾的激化。

3. 国有企业改制中部分措施实施程序不完善或监督不力，损害了职工权益

国有经济战略性重组引入破产机制，其本意在于利用市场的退出机制促进国有企业改革。但是，在产权不清、资产所有者缺位时，破产却成为"内部人"侵犯所有者权利的大好机会，主要有三种方式：一是部分企业领导腐败蛀空企业，申请破产。在国家试点推动国有企业破产时，不少企业积极申请破产，这种不正常现象的背后是部分国有企业领导贪污腐败，由于破产程序尚不完善和对违法行为的追究不力，使部分领导者在破产时免予被追责过失。如西北某电厂，1996 年宣告破产，据查是厂长蛀空了企业：厂领导挪用生产资金 193 万元，为自己购买、装修商品房；挪用公款 19.5 万元购买股票；为他人或企业担保 2000 多万元；给中国香港一家企业贷款 330 万美元，连本带息达 4000 多万元没有追回，但这样的厂长仅受到免职处分。[②] 二是在企业经营陷入困境之时，企业内部部分有"门路"的人纷纷争当亏损企业的领导，为在破产中趁乱分一杯羹。三是一些地方政府主导违规秘密破产。国有企业经营不善，地方政府要向亏损企业补贴巨额资金以维持其经营或职工基本工资的发放，因此，地方政府有动力去推动破产，以消解自身承担的财务压力。为避免破产引发大规模的工人集体抗议，地方政府往往秘密地有策略地推进破产行动，甚至采取先将大厂分解为几个小厂，职工也随之分流，然后逐一破产，降低每一企业职工规模，避免大规模抗议上访事件的出现。在整个 20 世纪 90 年代，上述做法，并不是在某地发生的偶然事件，而是很普遍的事情。在这种情形下，受到侵害不仅是国有资产，更是这些破产企业的职工。职工要么是在不知情中被迫下岗，要么在下岗后面对资不抵

---

① 李实：《中国个人收入分配研究回顾与展望》，《经济学》（季刊）2003 年第 1 期。
② 常凯主编：《中国劳动关系报告——当代中国劳动关系的特点和趋向》，中国劳动社会保障出版社 2009 年版，第 481 页。

债的企业，无法得到一分钱的补偿。

此外，国有企业改制后部分企业收入剧增，企业内收入差距拉大。收入差距拉大表现在两个方面：一是企业内管理层和一线员工收入差距逐渐拉开；二是国有企业改制导致垄断行业和其他竞争性行业间收入差距拉大。

（三）工会和职工代表大会地位尴尬、职能错位和弱化

1992年《工会法》规定，"工会是职工自愿结合的工人阶级的群众组织"，"全民所有制企业职工代表大会是企业实行民主管理的基本形式，是职工行使民主管理权力的机构"，"全民所有制企业的工会委员会是职工代表大会的工作机构，负责职工代表大会的日常工作，检查、督促职工代表大会决议的执行"。上述规定在关于工会、工会会员代表大会和职工代表大会间的关系上一定程度混淆了工会的职能，因为企业的职工并不一定是该企业工会的会员，职代会是代表整个企业的职工，而工会仅代表其会员，职工代表大会并不等于工会会员代表大会，在法理上难以将工会作为职工代表大会的工作机构。在实践中，工会常常被当作企业的一个行政部门，主要用来辅助企业管理方做好技能培训、生活保障等工作，工会及工会主席都不能独立于企业，工会很多的本职权限被忽略，有些权限如罢工权甚至从正式制度层面被抹去。加之，受多种因素制约，致使工会和职工代表大会地位尴尬、职能错位和弱化。

特别是当国有企业改革使劳资冲突重现，为了推动改革的顺利进行，政府并未及时赋予工会相应的权利。此举导致工会在国有企业改革中的作用被边缘化，在国有企业改革中很多本应由工会积极参与的问题，都没有工会的影子，相应的政府承担了很多本应由工会来完成的工作，比如组建下岗再就业服务中心，积极出台相关的社会保障政策制度等。虽然政府积极完成了很多本应由工会完成的工作，但劳动者代表机构在政策制定和改革中的缺位产生了很多劳动关系方面的隐患：一方面，劳动者缺位使劳动政策和改革过分向资方或企业经营管理层倾斜；另一方面，劳动者代表机构的缺位还使企业对职工惩处甚至辞退权的无人监管，造成辞退职工的功利化、随意化。

由于工会职能的错位，当国有企业改革导致国有企业数量和国有企业职工数量大幅减少时，工会组织和会员数也随之急速下降。到1998年，工会

组织降到1978年以来的最低点，只有50.35万个，会员人数不足9000万。而当时的产业工人已超过了两亿，也就是说，大多数的职工没有加入工会组织。公有制企业在改组、改制过程中因为劳动者权益受到侵犯而引发大量的群体性劳动争议，非公有制经济组织中大量侵害劳动者合法权益的恶性案件频频发生。于是，1998年10月召开的中国工会第十三次全国代表大会提出了"哪里有职工，哪里就必须建立工会组织"，"最大限度地把职工组织到工会中来"的要求。此后，全国便形成了一个自上而下的大规模的工会组建活动。当工会的组建并不是出自工人的自发需求，工会主席也并非工人所选的信任之人时，运动式的组建之后，陆续暴露出"数字工会""招牌工会""老板工会"等一系列的问题。[1]

随着市场化改革的深入，在公有制企业中建立现代企业制度成为改革目标之一，公有制企业逐渐改组为公司制企业。1993年出台的《公司法》规定，国有独资公司应设立董事会，董事会成员中应当有公司职工代表，职工代表由公司职工代表大会选举产生。公司制中出现的股东会、董事会、监事会在职能架构、权限分配上和老三会（指国有企业和集体企业中的党委会、职工代表大会和工会）有较大差异，前者的出现使职工代表大会存在的合理性受到质疑，并面临重新定位的问题。《公司法》与《企业法》（1988年）相比较，两者在关于职工代表大会性质、地位、职权等方面的规定不统一、不协调[2]，甚至存在冲突。比如，《公司法》只规定在国有独资公司和有限责任公司中设立职代会，而在股份有限公司中则未做规定，这意味着股份有限公司可以不设职代会，即使该公司的股东全部都是国有企业。这样，公有制企业只要改组为股份制公司，则职代会这一民主管理形式将不复存在，或成为被架空的组织机构。如此情形下，职代会到底是以什么身份参与企业重大决策的审议成为法律规定中模糊的问题。再比如，《企业法》规定职代会对厂长经理有选举聘用权，而《公司法》则规定无论先前由何种所有制形式改组而来，董事会均有聘任经理、副经理等高级管理人员的权力。《企业法》规定职代会对企业有重大决策审议通过权，与《公司法》规定的股东

---

[1] 陶文忠：《在经济社会发展中实现劳动者权益——中国劳动关系发展30年回顾》，《现代交际》2009年第2期。

[2] 郑显华：《对职工（代表）大会的法律思考》，《现代法学》1997年第2期。

大会有重大决策权相冲突。也就是说,《公司法》的规定已经剥夺了《企业法》关于职工代表大会的审议决策权。《企业法》与《公司法》存在的冲突,源于通过计划经济的按所有制分门别类的立法思想,与适应市场经济需要的按企业组织形式和责任形式的立法思想的冲突。上述情况表明,随着中国经济多元化和企业组织形式的现代化,职代会的规制已到了走出按所有制性质进行立法的时候,其立法框架应立足于现代企业制度管理规范和要求。因此,职工代表大会理应突破所有制形式和企业组织形式的局限,在所有企业中均法定设立。如果职工代表大会的法律规定仅存在于国有企业,而大量的非国有企业没有关于职代会的规定,甚至连职工的民主管理也很少提及,那么,非国有制企业职工的合法权益就难以得到保障。

工会和职工代表大会角色的尴尬、职能弱化,使劳动者没有自己的利益代表和维权组织,而奥尔森集体行动的逻辑告诉我们,没有组织的劳动者在有组织的企业中,其地位和权利都岌岌可危。

(四)劳动争议案件和工人集体行动数量剧增

1992—2001年劳动争议案件数量呈连年递增态势(见表21—4)。分析其原因主要有以下几个方面:一是劳动争议处理机制日益完善。1993年7月6日,国务院发布了《企业劳动争议处理条例》,它与1987年的《国营企业劳动争议处理暂行规定》相比,扩大了受案范围,完善了处理程序,确立了仲裁员、仲裁庭办案制度,明确了处理争议的一般原则。《企业劳动争议处理条例》的发布,标志着劳动争议处理制度得到了进一步完善,对维护劳动关系双方的合法权益具有重要意义。《劳动法》颁布后,劳动关系双方运用法律保护各自权益的意识进一步增强,劳动仲裁部门也提高了工作效率。二是国有企业改制带来大量劳动纠纷。如1997年,北京市劳动争议仲裁委员会受理的集体劳动争议中,几乎有一半(49.15%)发生在国有企业中。[①]三是部分企业违规违法用工常态化。由于市场经济体制不健全,执法力度不够,企业违法成本较低,加之劳动力市场整体处于供过于求状态,一些企业存在着常态化的违法用工行为。这也使劳动者越来越不信任企业内劳动争议

[①] 李琪:《改革与修复:当代中国国有企业的劳动关系研究》,中国劳动社会保障出版社2003年版,第73—74页。

调解委员会，劳动争议处理交由其先行调解的比例越来越少，交给法院进行诉讼的比例越来越高。有资料显示，1997 年有 46.3% 的劳动争议案件是通过调解解决的，到 2002 年则只有 28.5% 案件是通过调解来解决的，[1] 这说明劳动者和用人单位的矛盾越来越激化，调解的余地越来越小了。此外，在劳动争议处理结果中劳方胜诉的比例越来越高，企业方胜诉的比例越来越低，这说明劳动者合法权益被侵害的概率增加，劳动关系日趋恶化。

表 21—4　　　　　1992—2001 年劳动仲裁委员会处理案件情况　　　　单位：件

年份	1992	1993	1994	1995	1996	1997	1998	1999	2000	2001
当年处理案件数量	7861	11403	17962	31415	46543	70792	92288	120191	135206	154621
劳动者胜诉案件数量	2114	4426	8585	16272	23696	40063	48650	63030	70544	71739
用人单位胜诉案件数量	2394	2676	3592	6189	9452	11488	11937	15674	13699	31544
双方部分胜诉	2275	4301	5785	8954	13395	19241	27365	37459	37247	46996
劳方胜诉/单位胜诉(%)	0.88	1.65	2.39	2.62	2.50	3.49	4.08	4.02	5.15	2.27

资料来源：《中国劳动统计年鉴》（1993—2002）。

工人集体行动是比较受关注的劳动争议形式。该阶段一个显著特点是集体劳动争议案件数量增长慢，但工人集体行动数量剧增。尽管来自官方的统计资料很少，但从一些零星的资料中可以发现，工人自发的集体行动正在加剧，全国各地的罢工频率逐渐增加。根据全国总工会的报告，1992 年各地发生 115 起罢工和集体上访事件。根据劳动部的不完全统计，1994 年 1—7 月，全国发生职工集体上访和罢工事件 1104 起，而集体上访的数字到 9 月已经上升到 1528 起。1996 年，全国共发生企业职工集体上访和罢工事件 5710 件，涉及职工 30 余万人；1997 年 1—6 月，全国共发生企业职工集体上访和罢工事件 2003 件（其中集体上访 1782 起，罢工事件 221 起），涉及职工 105947 人。[2] 一般来讲，在中国，当工人的利益受到损害时，他们往往先通过体制内的正常渠道寻求帮助，当正常渠道并不能帮助其解决问题时，

---

[1] 常凯主编：《中国劳动关系报告——当代中国劳动关系的特点和趋向》，中国劳动社会保障出版社 2009 年版，第 468 页。

[2] 郑尚元：《建立中国特色的罢工法律制度》，《战略与管理》2003 年第 3 期。

才会转而以自发的集体行动来争取自己的利益,换句话说,集体行动是工人无奈的选择。劳动者不再信任正常渠道能维护自己的利益,空置了已有劳动争议处理程序,增加了劳动关系运行成本,更显示了政府公信力和社会公平价值判断准则的丧失,应当引起相关部门的警惕。

(五) 农民工进城务工面临诸多制度性歧视

1993 年,中共十四届三中全会指出:鼓励和引导农村剩余劳动力逐步向非农产业转移和地区内的自由流动。公安、劳动等部门也放宽了户籍管理、流动人口管理和劳动就业的一些规定。此后,进城务工农民工数量快速增长,1998 年已达到 1 亿人左右。但在各地实践中,仍存有一些对农民工进城务工的制度性歧视。如 1995 年 2 月 13 日,上海市劳动局发布了《上海市单位使用和聘用外地劳动力分类管理办法》,将行业工种分为三类:A 类为可以使用外地劳动力的行业工种;B 类为可以调剂使用外地劳动力的行业工种;C 类为不准使用外地劳动力的行业工种。限制的行业和工种包括金融和保险行业,各类管理业务员、调度员、商场营业员等。[①] 其他地区也存在相应的对以农民工为主体的外来务工人员就业岗位和从业条件的限制,农民工群体面对的是制度性分割的岗位分布,这也从另一方面助长了用人单位对农民工的歧视,致使农民工近乎沦为城镇中的二等公民。

综上所述,1992—2001 年随着社会主义市场经济体制的建立,中国劳动关系市场化转型的任务基本完成,国有企业成为独立的市场竞争主体和企业法人,企业与劳动者通过签订劳动合同普遍建立起契约化的劳动关系,《劳动法》等法律法规的颁布与实施为市场化劳动关系的运行基本构建起了一个法制体系框架,劳动关系的法制化建设也取得了重大进展。但是,在这一过程中,国有企业下岗职工和失业人员的再就业以及如何进行安置和补偿成为劳动关系领域的核心和棘手问题,而在非国有经济领域由于"强资本,弱劳动"局面已经形成,劳动者权益常常遭受到侵犯,诸如劳动合同虚无化和形式化、劳动安全卫生标准滞后、超时劳动,等等。同时,客观存在的就业歧视、国有企业下岗失业人员生活困顿、企业民主管理意识淡化、收入差

---

① 张慧:《农民工就业歧视问题分析》,《上海经济研究》2005 年第 10 期。

距扩大、劳动争议案件多发、劳动执法力度不足和执法不严等问题也使改革的公平和正义性遭受各方考问。因此，如何根据中国国情，构建一个既需要法制化使其合法规范公平有序，也需要市场化使其合理灵活高效有利的和谐劳动关系，保护好劳动者的权益，就成为政府下一步改革中需要解决的问题。

第五篇

完善市场经济体制时期的劳动经济（2002—2012）

　　2002年11月，中共十六大提出了全面建设小康社会的奋斗目标。2003年10月，中共十六届三中全会通过的《中共中央关于完善社会主义市场经济体制若干问题的决定》（以下简称《决定》）提出了科学发展观，并详细阐明了"五个统筹"的含义。关于劳动经济制度改革问题，《决定》提出，要深化劳动就业体制改革，推进收入分配制度改革，加快建设与经济发展水平相适应的社会保障体系。就业是民生之本，收入分配是民生之源，社会保障是民生之安全网，这三项都是民生的基本问题，关乎经济发展、社会稳定和政权兴亡。中国劳动力资源配置、劳动力市场发展、社会保障制度改革等进入了统筹城乡、全面发展的新时期。

　　进入21世纪，中国的就业问题不同于发达国家，它们主要面临青年劳动力的就业问题；也不同于其他转轨国家，它们主要面临转轨带来的结构性失业和再就业问题；还不同于其他发展中国家，它们主要面临农村劳动力的转移就业问题。① 这个阶段，中国劳动力就业同时出现转轨就业（下岗失业人员再就业）、青年就业（特别是大学生就业）和农村劳动力转移就业（主要是农民工就业）相互交织的"三碰头"局面。扩大就业，实现比较充分的社会就业是构建和谐社会的重要目标任务之一，是全面提高人民群众收入和生活水平的根本保证。2002年以来，中国就业政策的最大变化就是从过去的被动型就业政策转而实施了积极的就业政策。随着经济社会发展战略的转变和就业形势的变化，积极的就业政策经过不断调整、完善，最终上升为法律规范，形成了有中国特色的积极的就业政策体系。

2002年以来，中国劳动力市场的制度变革和发展，既有在二元经济发展过程中，劳动力市场从低级到高级、从分割到统一、从不太规范到有序运行的发展任务，也有在完善市场经济体制过程中，劳动力资源配置进一步发挥市场机制基础性作用的转型任务。为适应扩大就业的需要，伴随着积极就业政策的实施，中国劳动力市场建设和就业服务体系进入发展最快的时期。以"民工荒"从东南沿海向内地蔓延为标志，中国劳动力市场供求开始从"无限供给"转入"有限剩余"的新阶段。"民工荒"现象的出现，意味着中国"刘易斯转折点"的到来和人口红利的结束。

进入21世纪后，随着科技进步和产业升级日益加快，人力资源特别是高素质人才在综合国力竞争中已成为最重要的战略性资源。人的因素在企业经营管理中越来越重要，企业的竞争突出表现为人才的竞争。在这样的背景下，中国职工教育培训事业围绕实施人才强国战略和扩大就业发展战略，以职业能力建设为核心，以加强高技能人才队伍建设和职业培训工作为重点，积极推进技工院校和各类技能人才培养机构改革发展，完善技能人才评价体系和职业资格证书制度建设，进入了一个大发展时期。

在"效率与公平并重、更加强调公平"的改革理念指导下，中国工资收入分配制度改革取得了重大进展。在企业工资分配方面，按照建立与现代企业制度相适应的收入分配制度的目标，以建立激励与约束相结合的收入分配机制为中心，突出推进国有企业经营者收入分配制度改革和改善对垄断行业工资收入分配调控两个重点，抓好企业内部分配制度改革、宏观调控体系

---

① 莫荣：《完善我国促进就业的法律制度》，《中国劳动》2007年第4期。

建设、完善政策法规三个环节，职工工资水平进一步提高。在机关、事业单位工资分配方面，进一步深化公务员工资制度改革，实行国家统一的职务与级别相结合的工资制；改革事业单位分配制度，建立和实行岗位绩效工资制。

2002年以来，中国提出了全面建设小康社会和构建社会主义和谐社会的奋斗目标，社会保障从作为经济体制改革的配套措施转变为一项基本的社会制度安排，并进入全面建设时期。中国政府坚持以科学发展观为指导，强调以人为本，统筹城乡社会保障制度建设，基本建立起覆盖城乡居民的社会保障制度框架。各项社会保障制度覆盖范围从国有企业扩展到各类企业和用人单位，从单位职工扩展到灵活就业人员和城乡居民，越来越多的人享有基本社会保障。同时，社会保障水平较大幅度提高，多层次社会保障体系得到进一步发展。

2002年以来，中国政府以建立与发展和谐劳动关系为宗旨，出台了一系列规范市场化劳动关系运行的法律制度，使劳动关系制度建设进入专业化、精细化的新阶段。政府逐渐用市场化劳动关系的专业思维，进行劳动关系问题的处理和调整，不再把调整劳动关系作为改革的辅助措施，而是作为整个社会经济发展中的有机组成部分予以规制。《劳动合同法》和《劳动争议调解仲裁法》等劳动关系领域的专项法规出台，相关规定越来越细，具有较强的可操作性，消除了法规适用的模糊地带，给劳动者和用人单位提供了更为准确的法律预期。因此，进一步推进市场化劳动关系的法制化建设，对于中国的改革开放和经济社会发展具有重要意义和作用。

第二十二章
积极就业政策的实施与演变

就业是民生之本,促进就业是安国之策。扩大就业,实现比较充分的社会就业是全面建设小康社会和构建和谐社会的重要目标任务之一,是全面提高人民群众收入和生活水平的根本保证。2002年以来,中国就业政策的最大变化就是从过去的被动型就业政策转而实施了积极的就业政策。随着经济社会发展战略的转变和就业形势的变化,积极的就业政策经过不断调整、完善,最终上升为法律规范,形成了有中国特色的积极的就业政策体系。中国积极的就业政策实施以来,就业再就业工作进入了改革开放后最好的时期,为深化体制改革、促进经济发展、维护社会稳定作出了重大贡献。

一 实施积极就业政策的背景

进入21世纪以来,伴随政治、经济和社会形势的发展,党和政府的执政理念和发展战略都发生了重大变化,中国就业政策也从过去被动的保障基本生活转到了积极促进就业再就业的轨道上来。

(一) 中国就业问题的艰巨性和复杂性

就业问题是一个世界性难题。中国是世界上人口最多的国家,劳动者充分就业的需求和劳动力总量过大、素质不相适应的矛盾长期存在,这一时期就业形势仍然十分严峻。一方面,就业再就业总量压力持续加大。表现在:一是城镇劳动力供求缺口仍然较大。城镇每年需要就业的人数保持在2000万—2400万人,而新增岗位和补充自然减员只有900万—1200万人,也就是说，劳动力供求缺口至少在1000万人以上，特别是高校毕业生逐年增加，2007年达到了479万人。二是再就业服务中心逐步淡出，体制转轨遗留就业问题，即下岗失业人员再就业问题尚未全部解决，部分困难地区、困难行业和困难群体的就业问题仍然存在，失业与社会保障制度初具规模但有待进一步健全完善，在这种情况下出台促进下岗失业人员再就业的政策也是历史必然。三是农村劳动力转移就业任务依然十分繁重，尚有1亿农村剩余劳动力需要向非农领域转移。按照"十一五"的规划目标要求，每年实现转移就业的农村劳动力至少在900万人以上。[①] 中国就业问题，既有发达国家主要面临青年劳动力的就业问题，也有转轨国家主要面临转轨带来的结构性失业和再就业问题，还有发展中国家面临农村劳动力的转移就业问题，可谓就业问题"三碰头"。[②] 因此，中国就业工作的任务长期、艰巨而繁重是任何国家都无法比拟的。另一方面，就业的结构性矛盾更加复杂。劳动力供给和市场需求在结构上不相匹配、劳动者技能和岗位需求不相适应的问题更加突出，"招工难"和"就业难"并存，招工难有从沿海向内地蔓延和常态化的趋势，技能人才和普工双短缺问题日益凸显，长期失业人员特别是"4050"人员实现就业和稳定就业的难度较大。[③] 与此同时，经济发展的不确定性对就业影响因素增多。2001年中国加入世界贸易组织以后，国际上贸易保护主义抬头，特别是受美国次贷危机的影响，全球市场需求低迷，外贸企业以及相关产业吸纳就业能力的减弱；中国产业结构升级与经济增长方式转变，就业弹性系数下降，也会影响到经济增长对就业的拉动能力。此外，从就业工作自身看，公共就业和人才服务体系尚不完善，街道、乡镇等城乡基层就业服务机构建设比较滞后，劳动力市场秩序还有待进一步规范，等等。

（二）全面建设小康社会和科学发展观的提出

2002年11月，中共十六大提出了全面建设小康社会的奋斗目标，即"在21世纪头二十年，集中力量，全面建设惠及十几亿人口的更高水平的小康社会，使经济更加发展、民主更加健全、科教更加进步、文化更加繁荣、

---

① 《如何正确认识我国当前的就业形势?》，《光明日报》2007年9月7日。
② 莫荣：《完善我国促进就业的法律制度》，《中国劳动》2007年第4期。
③ 信长星：《坚持就业优先 巩固民生之本》，《经济日报》2012年5月25日。

社会更加和谐、人民生活更加殷实。"其中，十六大报告明确把"社会就业比较充分"作为全面建设小康社会的一个重要目标，提出"就业是民生之本。扩大就业是我国当前和今后长时期重大而艰巨的任务。国家实行促进就业的长期战略和政策。""要把促进经济增长，增加就业，稳定物价，保持国际收支平衡作为宏观调控的主要目标"。2003 年，新增就业岗位第一次纳入国民经济和社会发展宏观调控目标。[①] 同年 10 月，中共十六届三中全会通过了《中共中央关于完善社会主义市场经济体制若干问题的决定》，提出了科学发展观，并把它的基本内涵概括为"坚持以人为本，树立全面、协调、可持续的发展观，促进经济社会和人的全面发展"；详细阐明了"五个统筹"的含义，即统筹城乡发展、统筹区域发展、统筹经济社会发展、统筹人与自然和谐发展、统筹国内发展和对外开放。关于劳动就业体制改革问题，《决定》提出，要"把扩大就业放在经济社会发展更加突出的位置，实施积极的就业政策，努力改善创业和就业环境。坚持劳动者自主择业、市场调节就业和政府促进就业的方针。"[②] 2003 年 11 月，中央经济工作会议进一步提出，"就业是民生之本，也是安国之策"。[③] 这标志着党和政府的现代就业理念已经形成。

2006 年 10 月，中共十六届六中全会通过的《中共中央关于构建社会主义和谐社会若干重大问题的决定》，把"社会就业比较充分"作为构建社会主义和谐社会的主要目标任务之一，并就实施积极的就业政策、发展和谐劳动关系作出重大部署。2007 年 10 月，中共十七大明确了科学发展观的基本内容，即"第一要义是发展，核心是以人为本，基本要求是全面协调可持续，根本方法是统筹兼顾"；确立了科学发展观的历史地位，并将其确立为国家经济社会发展的重要指导方针，以及发展中国特色社会主义必须坚持和贯彻的重大战略思想。十七大报告关于"实现全面建设小康社会奋斗目标""社会就业更加充分""实施扩大就业的发展战略"等一些新的提法和主张，是坚持以人为本，落实科学发展观，实现社会经济全面协调可持续发展、保持社会和谐稳定的具体体现，也为进一步做好就业工作指明了方向。实施扩

---

① 《中国劳动和社会保障年鉴（2004）》，中国劳动社会保障出版社 2005 年版，第 7 页。
② 《中共中央关于完善社会主义市场经济体制若干问题的决定》，《人民日报》2003 年 10 月 22 日。
③ 《中国劳动和社会保障年鉴（2004）》，中国劳动社会保障出版社 2005 年版，第 207 页。

大就业的发展战略,就是要把就业工作摆在经济社会发展更加突出的位置,并作为经济社会发展和调整经济结构的重要目标。

(三) 下岗失业人员的基本生活保障已基本解决

20世纪90年代中后期,随着以国有经济战略性调整和国有企业进入产权改革的攻坚阶段,中国出现了大规模的职工下岗、失业问题。为了解决当时突出的国有企业下岗职工问题,1998年5月,中共中央、国务院召开国有企业下岗职工基本生活保障和再就业工作会议,指出:下岗职工的基本生活保障和再就业工作,事关改革、发展和稳定的大局,是深化国有企业改革的基本前提和重要任务。同年6月,中共中央、国务院下发了《关于切实做好国有企业下岗职工基本生活保障和再就业工作的通知》,决定加强国有企业下岗职工基本生活保障和再就业工作,通过在企业普遍建立再就业服务中心和"三三制"(政府财政+失业保险基金+企业资金)筹集下岗职工基本生活保障资金,为进入中心的国有企业下岗职工发放基本生活费和代下岗职工缴纳相关社会保险费用,组织下岗职工参加职业指导和再就业培训,引导和帮助他们实现再就业。[1] 此后,以促进再就业为主线的"再就业工程"、国有企业下岗职工基本生活保障和再就业的制度与政策体系应运而生。1998—2001年,全国国有企业下岗职工累计2550万人,绝大多数先后进入再就业服务中心,按时领到了基本生活费。在2550万下岗职工中,先后有1680多万人实现了再就业。[2] 1999年1月和9月,国务院先后颁布了《失业保险条例》和《城市居民最低生活保障条例》。通过失业保险制度和城市居民最低生活保障制度等政策措施,失业人员的基本生活保障也基本得到解决。但是,仍然有大量下岗失业人员没有实现再就业,特别是其中的"4050"人员,市场就业能力弱,仅靠一般性的再就业培训和就业服务无法帮助他们。因此,在就业形势依然严峻的情况下,被动的基本生活保障和一般性的促进再就业措施已不能满足下岗失业人员的需要,必须加大促进再就业的政策扶持力度,制定并实施含金量高的积极就业政策,广开就业门路。

---

[1] 《中共中央国务院关于切实做好国有企业下岗职工基本生活保障和再就业工作的通知》,《中国劳动》1998年第7期。

[2] 《中国劳动和社会保障年鉴(2003)》,中国劳动社会保障出版社2003年版,第25页。

2002年，国务院副总理吴邦国同志经过大量调查，明确提出必须将工作重点从保障基本生活转到促进再就业上来。① 这标志着过去被动型的就业政策告一段落。

（四）中国具备实施积极就业政策的相应条件

在看到中国就业形势严峻的同时，还要充分认识到做好就业工作的有利条件。21世纪的头一二十年，是中国大有作为的战略机遇期，是中国经济高速成长的阶段。2002—2012年中国经济保持平稳较快发展，综合国力进一步提升。国内生产总值由2002年的12万亿元增长到2012年的52万亿元，扣除价格因素，增长了1.7倍，年均实际增长10.4%。② 中国经济总量居世界位次稳步提升，2008年超过德国，居世界第三位；2010年超过日本，居世界第二位，成为仅次于美国的世界第二大经济体。中国人均国内生产总值由2002年的1135美元上升至2012年的6094美元，稳居中等收入国家行列。③ 经济持续快速健康发展，有利于扩大就业的产业结构、行业布局及经济组织形式的调整和完善，为解决中国就业问题提供了广阔的空间，也提供了从财政、税收、金融等方面支持就业的物质条件。中国的就业问题是经济发展和结构调整中的问题，是前进中的问题，发展中的问题，这与一些国家经济衰退中出现的严重失业问题又有本质的不同。

同时，在实施"再就业工程"和国有企业下岗职工基本生活保障的实践中，各地区、各有关部门在促进下岗失业人员再就业方面进行了积极探索。比如，通过所得税减免等措施，发展服务业特别是社区服务业扩大就业；通过税收优惠、行政性收费减免、小额信贷等措施，鼓励下岗失业人员自谋职业和自主创业；通过对"4050"人员从事公益性岗位，给予一定的工资补贴等措施，帮扶就业困难人员再就业等。在加强就业服务和再就业培训方面也创造了一些成功的经验和切实有效的做法，使积极的就业政策具备了一个比较好的实践基础。

---

① 张小建主编：《中国就业的改革发展》，中国劳动社会保障出版社2008年版，第240页。
② 《中国统计年鉴（2013）》，中国统计出版社2013年版。
③ 陈须隆：《中国国际影响力提升忧患意识不可无》，《大公报》2014年2月6日。

二 积极就业政策的形成与发展

中国积极的就业政策是相对于过去被动型、以强调保障基本生活为主的就业政策而言的一种就业政策，它是在建立市场导向就业机制和着力解决下岗失业人员再就业工作的实践中逐步形成的。此后，经过不断调整和完善，积极的就业政策从解决"再就业"问题发展到解决整个社会的就业问题，特别是明确提出了改善农村劳动者进城就业环境，积极推进城乡统筹就业。这就是说，积极就业政策的实施对象从下岗失业人员扩大到了社会新增劳动力、高校毕业生和进城务工的农村劳动力。

（一）积极就业政策框架的初步确立

2002年9月12—13日，中共中央、国务院召开了全国再就业工作会议，江泽民同志发表了"就业是民生之本"的重要讲话。9月30日，中共中央、国务院下发了《关于进一步做好下岗失业人员再就业工作的通知》（中发〔2002〕12号），在全面总结就业和再就业工作经验的基础上，针对新时期就业的新形势和新特点，围绕解决下岗失业人员再就业问题，制定了一整套促进就业和再就业的政策与措施，确立了积极就业政策的基本框架。此后，中共中央和国务院的有关部门又制定和颁发了一系列的配套政策文件。当时积极就业政策的主要内容包括：一是努力开辟就业门路、积极创造就业岗位的宏观经济政策。主要是坚持扩大内需的方针，保持国民经济必要增长速度，积极调整经济结构，积极发展具有比较优势的劳动密集型产业和企业，大力发展第三产业和多种所有制经济形式，千方百计扩大就业或灵活就业。二是完善和落实促进下岗失业人员再就业的扶持政策。鼓励下岗失业人员自谋职业和自主创业，如对下岗失业人员自谋职业，从事个体经营的，三年内免征有关税费；对下岗失业人员自谋职业和自主创业提供小额担保贷款，由政府建立担保基金，由财政贴息，等等。鼓励服务型企业吸纳下岗失业人员，对服务型企业新增岗位当年新招用下岗失业人员达到职工总数30%以上，在给予有关社会保险补贴的同时，三年内减免一定比例的企业所得税和相关费用。三是改进就业服务、强化再就业培训的劳动力市场政策。主要是通过建立公共就业服务制度和再就业援助制度，加快就业服务信息化建设，根据劳动力市场变化和产业结构调整的需要，大力加强职业教育和再就业培训，帮助劳动者了解需求信息，提高其就业能力。四是坚持统筹兼顾，搞好就业的宏观调控。通过严格规范企业裁员、建立失业预警制度、普遍实行劳动预备制度等措施，减轻社会失业压力。五是完善社会保障体系，积极稳妥地做好下岗职工出中心向失业保险并轨工作。上述五个方面的内容相互匹配、相互支撑、相互促进，构成了一个比较完整的体系。《通知》的下发标志着第一轮积极的就业政策自此付诸实施。

以中发〔2002〕12号文件为龙头的积极就业政策，是中国积极就业政策的开篇之作，具有以下几个特点：一是开创了新中国就业史上内容涉及最广、扶持力度最大、政策项目最全的一套政策。从内容上讲，它包括鼓励劳动者自谋职业，鼓励企业吸纳就业，鼓励困难对象再就业，鼓励大中型企业主辅分离分流安置富余人员；从扶持力度上讲，它包括多项税种减免、多项资金补贴；从政策项目上讲，它包括税费减免、小额担保贷款、社保补贴、就业援助、就业服务、规范裁员和社区平台建设等。二是开创了在市场经济中政府积极促进就业的政策导向。就业是积极的生活保障，积极就业政策的制定实施，使就业再就业工作由过去被动地保生活转向了积极地促就业；就业主要靠市场调节，但政府在强化政策导向和培育规范市场方面也具有重要责任。通过政策鼓励支持下岗失业人员自谋职业、自主创业，既跳出了计划体制下政府安置就业的老路，又体现了对市场就业的积极引导和规范。三是开创了政府有效促进就业的体制和机制。就业作为民生之本的重要任务受到高度重视，被列入各级党委、政府的重要议事日程。从国务院到地方各级政府，普遍建立了再就业工作联席会议制度。许多地方把就业工作纳入政府考核指标，层层落实目标责任，加强督促检查。[①]

第一轮积极的就业政策，从某种意义上可以称为"积极的再就业政策"，实施期限为三年，即2003—2005年。在这个阶段，积极的再就业政策取得了比较好的效果。一方面，进一步巩固了下岗职工基本生活保障的成果，推进了国有企业下岗职工基本生活保障向失业保险制度的并轨，到

---

① 张小建主编：《中国就业的改革发展》，中国劳动社会保障出版社2010年版，第244页。

2005年年底，全国已基本实现并轨。另一方面，随着各项就业再就业扶持政策得到较好落实，就业总量有较大增加，一大批下岗失业人员实现了再就业。三年来，全国城镇累计新增就业人员2800余万人，下岗失业人员再就业1460万人，其中帮助"4050"人员再就业390万人（见表22—1）。但是，再就业扶持政策在贯彻落实过程中也出现了一些问题。如一些政策操作程序比较复杂，准入条件或"门槛"较高；个别政策因涉及部门较多，手续比较复杂，审批周期较长，影响政策落实；个别政策的设计存在漏洞或者缺陷，等等。[1]

（二）积极就业政策的调整与完善

由于第一轮积极的就业政策原定执行到2005年年底，为保持政策的连续性，解决好转轨时期历史遗留的再就业问题，并为建立市场导向就业机制奠定基础，国务院在深入调查研究和对再就业政策实施效果评估的基础上，于2005年11月4日下发了《关于进一步加强就业再就业工作的通知》，确立了新一轮积极的就业政策体系。与以往政策相比，其特点主要体现在以下四个方面：一是"延续"。主要是对中发〔2002〕12号文件确定的税费减免、小额担保贷款、社保补贴、职业介绍和职业培训补贴、主辅分离等政策，把政策审批截止期延续到2008年年底。二是"扩展"。主要是把再就业政策的扶持对象扩展到厂办大集体企业下岗职工，以及享受城市居民最低生活保障的长期失业人员，对小额担保贷款、免费职业介绍和职业培训补贴的扶持对象，以及有关社保补贴项目的扩展分别作出相应规定。三是"调整"。主要是对下岗失业人员从事个体经营的税收优惠政策，从原来的没有限额改为在限额内减免；对企业吸纳下岗失业人员的税收优惠方式由按比例减免调整为按实际招用人数定额依次减免。四是"充实"。主要是增加了稳定灵活就业的社保补贴和促进培训的技能鉴定补贴，并就对象范围和享受条件作出明确规定。[2]该《通知》是一个承前启后的具有里程碑意义的重要文件，标志着中国积极的就业政策渐成体系，进入了可以真正称为"积极的就业政策"的阶段，也标志着第二轮积极就业政策的实施。

---

[1] 杨河清主编：《劳动经济学》（第三版），中国人民大学出版社2010年版，第274页。
[2] 《中国劳动和社会保障年鉴（2006）》，中国劳动社会保障出版社2007年版，第260页。

在这个阶段，中国积极就业政策的工作目标群体扩大，政策体系更趋完善，政策资源更加丰富，政策工作机制更加健全。主要表现在：一是特别强调促进经济增长和扩大就业的良性互动，进一步完善落实就业与再就业政策扶持，促进城乡统筹就业、改进就业服务和强化职业培训，开展失业调控、加强就业管理。这表明新一轮政策在立足解决当前突出问题的同时，注重了前瞻性，为探索建立长效就业机制打下基础。二是明确规定政策实施对象从下岗失业人员扩大到社会新增劳动力、高校毕业生与农民工。这说明积极的就业政策已经作出了一个方向的调整，即从解决"再就业"问题转向解决整个社会的就业问题。三是明确提出改善农村劳动者进城就业环境，积极推进城乡统筹就业。这表明构建全社会范围内公正公平的就业环境，对有效扩大就业、确保社会公平、维护社会稳定具有积极作用。四是明确提出建立社会保障与促进就业的联动机制，表明国家对这一问题的重视程度已经逐步加深。此外，在 2006 年、2007 年和 2008 年，中央财政预算安排就业再就业资金分别为 251 亿元、254 亿元和 260 亿元，对实施积极的就业政策给予有力支持。[①] 但是，考虑到财税承受能力以及重点解决历史遗留问题的需要，这个阶段就业政策的对象范围仍主要局限于国有企业下岗失业人员，政策期限仍然限定为三年，政策的普惠性和长效性问题还没有直接涉及。

（三）积极就业政策上升为法律规范

2002 年以来，随着积极就业政策的实施和不断完善，就业工作取得了一定进展。但是，政策的短期性和局限性仍然是一个难点。2007 年 8 月 30 日，十届全国人大常委会第二十九次会议通过了《中华人民共和国就业促进法》（自 2008 年 1 月 1 日起施行）。《就业促进法》第一次以法律形式确立了国家推动经济发展同扩大就业相协调，把扩大就业放在经济社会发展的突出位置，强化了政府促进就业的责任，并注重针对性和可操作性，把行之有效的促进就业再就业的政策措施予以固定和强化，上升为法律规范，确立了促进就业再就业的政策体系、制度保障和长效机制，为解决就业问题提供了

---

① 《中国劳动和社会保障年鉴（2007）》，中国劳动社会保障出版社 2008 年版，第 273 页；《中国劳动和社会保障年鉴（2008）》，中国劳动社会保障出版社 2009 年版，第 363 页；《中国人力资源和社会保障年鉴（2009）》，中国劳动社会保障出版社、中国人事出版社 2009 年版，第 772 页。

强有力的法律保障。① 可以说，《就业促进法》的出台，进一步丰富和完善了中国的劳动保障法律体系。

《就业促进法》涉及面广，内容丰富，涵盖了政府责任、工作方针和机制、政策支持、公平就业、就业服务和管理、职业教育和培训、就业援助、监督检查、法律责任等方面。它在框架结构和内容上，强调处理好促进就业与经济发展的关系、政府与市场的关系、中央和地方的关系。具体来说，《就业促进法》强调要"坚持劳动者自主择业、市场调节就业、政府促进就业的方针，多渠道扩大就业"。这一方针十年前曾在中央文件中提出，现在则是在法律中予以明确。《就业促进法》高举"公平就业"的旗帜，反对就业歧视，强调创造公平的就业环境。它进一步将《劳动法》防止就业歧视的有关规定具体化。《就业促进法》明确了政府在促进就业中的"六大责任"，即"发展经济和调整产业结构""规范人力资源市场""完善就业服务""加强职业教育和培训""提供就业援助""制定实施积极的就业政策"。《就业促进法》提出了加强对就业工作组织领导的政府责任制度、对劳动者帮扶的公共就业服务和就业援助制度、对市场行为规范的人力资源市场管理制度、对人力资源素质提升的职业能力开发制度、失业保险和失业调控制度五个方面的建设，旨在通过法律形式将就业工作制度化，使就业工作纳入法制化轨道。《就业促进法》将有利于促进就业的产业发展、财政保证、税收优惠、金融支持政策，城乡统筹、区域统筹、群体统筹的就业政策，有利于灵活就业的劳动和社会保险政策，援助困难群体的就业政策，实行失业保险促进就业等十个方面的就业政策上升为法律规范。概括起来，就是"一个方针""一面旗帜""六大责任""五项制度"和"十大政策"。②

2008年2月3日，国务院下发了《关于做好促进就业工作的通知》，提出了促进就业工作的新要求，并将工作重点从着力解决下岗失业人员的再就业问题拓展到统筹做好城乡各类群体的就业工作。包括加大政策扶持，鼓励自谋职业和自主创业；强化就业援助，帮助困难对象实现再就业；改进和强化公共就业服务，免费就业服务实现普惠化；注重就业能力提升，建立健全

---

① 《中国劳动和社会保障年鉴（2008）》，中国劳动社会保障出版社2009年版，第366页。
② 张小建主编：《中国就业的改革发展》，中国劳动社会保障出版社2010年版，第291—295页。

面向全体劳动者的职业技能培训制度；等等。① 随后，围绕贯彻《通知》精神，人社部、发展改革委、财政部、人民银行等部门加强协调配合，开展调查研究，在促进以创业带动就业、小额担保贷款、行政性收费减免和就业专项资金等方面出台了新的配套政策。

（四）实施更加积极的就业政策

2008年5月12日，汶川等地发生特大地震。国务院及时将稳定扩大就业纳入抗震救灾恢复重建总体安排，实施了对口就业援助、以工代赈等特殊扶持政策。紧接着，是由美国次贷危机引发的全球金融危机对就业的严重冲击。面对国际金融危机对就业的严重冲击，中共中央、国务院审时度势、积极应对，在"保增长、保民生、保稳定"的战略部署中，把就业摆在更加突出的位置，密集出台了一系列促进就业和稳定就业的文件，启动了更加积极的就业政策。其中，最具代表性的政策文件是2009年2月国务院颁发的《关于做好当前经济形势下就业工作的通知》，打出了发展经济拉动就业、帮扶企业稳定就业、政策扶持鼓励创业、重点人群统筹就业、特别培训提高技能、加强服务促进就业的"组合拳"。② 可以说，从实施更加积极的就业政策，到2011年"十二五"规划提出"实施就业优先战略"，一系列重大决策和部署，不断丰富着积极就业政策的内涵，形成了更加积极的就业政策体系。

1. 发展经济拉动就业

自2008年下半年起，国家陆续出台了一系列扩大内需、刺激经济发展的政策措施，在力保经济增长的同时，努力创造新的就业增长点，拉动就业岗位的增加。2008年11月5日，国务院提出实行积极的财政政策和适度宽松的货币政策，确定了进一步扩大内需、促进经济平稳较快增长的十项具体措施③，亦称"十大工程建设"。初步匡算，实施上述工程建设，到2010年年底约需投资4万亿元。2012年1月24日，国务院批转了人社部等七部门根据《中华人民共和国国民经济和社会发展第十二个五年规划纲要》和

---

① 白天亮：《统筹做好城乡各类群体就业工作》，《人民日报》2008年4月14日。
② 《国务院关于做好当前经济形势下就业工作的通知》，《中国劳动》2009年第3期。
③ 《国务院出台扩大内需促进增长十项措施》，《决策导刊》2008年第11期。

《中华人民共和国就业促进法》制定的《促进就业规划（2011—2015年）》，进一步强调了坚持更加积极的就业政策，明确了就业在政府政策中的优先位置。

2. 帮扶企业稳定就业

针对不少企业出现经营困难，甚至破产倒闭，由此导致部分劳动者失去就业岗位的情况，2008年12月20日，人社部、财政部、税务总局共同下发了《关于采取积极措施减轻企业负担稳定就业局势有关问题的通知》，允许困难企业在一定期限内缓缴养老、失业、医疗、工伤、生育保险五项社会保险费；阶段性降低城镇职工基本医疗保险、失业保险、工伤保险、生育保险四项社会保险费率；使用失业保险基金向困难企业支付社会保险补贴或岗位补贴，使用就业专项资金支持困难企业开展职工在岗培训，简称"五缓四减三补贴"援企稳岗政策。2009年12月16日，又下发了《关于进一步做好减轻企业负担稳定就业局势有关工作的通知》，将"五缓四减三补贴"等援企稳岗政策的执行期限延长至2010年年底。此外，财政部、税务总局、人社部、教育部还调整完善了支持和促进就业税收优惠政策，鼓励企业吸纳就业和扩大创业扶持政策对象范围。

3. 政策扶持鼓励创业

2008年10月，国务院办公厅批转了人社部等部门联合发出的《关于促进以创业带动就业工作的指导意见》，提出"以创业带动就业工作是实施扩大就业发展战略的重要内容，是新时期实施积极就业政策的重要任务"。劳动者创业，不仅实现了自身就业，还吸纳带动了更多劳动者就业，促进了社会就业的增加。要求各地完善扶持政策，改善创业环境，强化创业培训，提高创业能力，健全服务体系，提供优质服务。

4. 重点人群统筹就业

国家还专门出台了一些针对性政策，重点解决大学生和农民工以及就业困难人员的就业问题。2008年12月20日，国务院办公厅印发了《关于切实做好当前农民工工作的通知》，要求采取多种措施促进农民工就业，加强农民工技能培训和职业教育，大力支持农民工返乡创业和投身新农村建设，做好农民工劳动保障和公共服务。2009年1月19日，国务院办公厅印发了《关于加强普通高等学校毕业生就业工作的通知》，提出要把高校毕业生就业

表 22—1　　　　　　　　2002—2012 年就业与再就业情况　　　　　　单位：万人

年份	全国城乡从业人员	第一产业 数量	第一产业 占比(%)	第二产业 数量	第二产业 占比(%)	第三产业 数量	第三产业 占比(%)	年末城镇就业人员	单位就业人员	私营、个体就业人员
2002	73740	36870	50.0	15780	21.4	21090	28.6	24780	10985	4267
2003	73740	36546	49.6	16077	21.8	21809	29.6	25639	10970	4422
2004	75200	35269	46.9	16920	22.5	23011	30.6	26476	11099	5515
2005	75825	33918	44.7	18092	23.9	23815	31.4	27331	11404	6236
2006	76400	32561	42.6	19225	25.2	24614	32.2	28310	11713	6966
2007	76990	31444	40.8	20629	26.8	24917	32.4	29350	12024	7891
2008	77480	30654	39.6	21109	27.2	25717	33.2	30210	12193	8733
2009	77995	29708	38.1	21648	27.8	26603	34.1	31120	12573	9789
2010	76105	27931	36.7	21842	28.7	26332	34.6	34687	13052	10538
2011	76420	26594	34.8	22544	29.5	27282	35.7	35914	14413	12139
2012	76704	25773	33.6	23241	30.3	27690	36.1	37102	15236	13200

年份	全国城镇新增就业人员 数量	完成全年目标任务的百分比(%)	下岗失业人员再就业 数量	完成全年目标任务的百分比(%)	"4050"人员等就业困难人员再就业 数量	完成全年目标任务的百分比(%)	年末城镇登记失业 人数	失业率百分比(%)
2002	840	—	120	—	—	—	770	4.0
2003	859	—	440	—	120	—	800	4.3
2004	980	109	510	102	140	140	827	4.2
2005	970	108	510	102	130	130	839	4.2
2006	1184	132	595	101	147	147	847	4.1
2007	1204	134	515	103	153	153	830	4.0
2008	1113	111	500	100	143	143	886	4.2
2009	1102	111	514	100	164	164	921	4.3
2010	1168	130	547	109	165	165	908	4.1
2011	1221	136	553	111	180	180	922	4.1
2012	1266	141	552	110	182	182	917	4.1

注：2004 年年初，中共中央和国务院确定了就业和再就业工作的"95147"目标任务。2005 年年初以后则改为"95146"目标任务，即城镇新增就业 900 万人，下岗失业人员再就业 500 万人，其中，"4050"人员等就业困难人员实现再就业 100 万人，城镇登记失业率控制在 4.6% 以内。

资料来源：《中国劳动和社会保障年鉴》(2007、2008)，《中国人力资源和社会保障年鉴》(2009—2013)。

摆在当前就业工作的首位,鼓励和引导高校毕业生到城乡基层就业、到中小企业和非公有制企业就业,鼓励和支持高校毕业生自主创业,强化高校毕业生就业服务和就业指导。为切实做好就业困难人员和零就业家庭就业工作,实现就业援助工作精细化、长效化,2010 年 4 月 29 日,人社部下发了《关于加强就业援助工作的指导意见》。

5. 加强服务促进就业

2008 年 12 月 19 日,人社部、教育部、全国总工会、共青团中央、全国妇联和中国残联共同下发了《关于开展 2009 年就业服务系列活动的通知》,决定在全国组织开展"高校毕业生就业服务系列活动""就业援助系列活动""春风行动系列活动"等公共就业服务专项活动,动员社会各方面力量,为高校毕业生、城镇失业人员和农民工等群体提供及时有效的就业服务,促进各类群体实现就业再就业。在此后的几年,上述活动也不断开展。2012 年 12 月 26 日,人社部、财政部下发了《关于进一步完善公共就业服务体系有关问题的通知》,要求各级政府加强公共就业服务体系建设,完善公共就业服务机构管理体制,面向社会提供更好的公共就业服务。

同时,加大中央财政就业专项资金支持力度,切实加强资金监管。2009—2012 年,中央财政预算共安排就业专项资金 1860 多亿元,为实施更加积极的就业政策奠定了基础。为进一步加强就业专项资金监督管理,提高资金使用效果,2009 年 7 月,人社部下发了《关于强化就业专项资金监督管理进一步推动落实就业政策的通知》;2011 年 5 月,财政部、人社会部下发了《关于进一步加强就业专项资金管理有关问题的通知》;2012 年 4 月,财政部、人社部下发了《关于开展就业专项资金绩效评价试点工作有关问题的通知》。

2011 年 3 月,《国民经济和社会发展第十二个五年规划纲要》进一步提出"实施就业优先战略",强调坚持更加积极的就业政策是促进充分就业的坚实政策保障。[1]

总之,在更加积极就业政策的推动下,中国快速扭转了 2008 年下半年城镇新增就业下滑的局面。在此后的几年,城镇新增就业人数屡创新高,城

---

[1] 蔡昉:《更积极的就业政策取得成效》,《光明日报》2012 年 11 月 5 日。

镇登记失业率始终保持在 4.1%（见表 22—1），既成功化解了国际金融危机对就业的巨大冲击，又通过"保就业"实现了"保增长、保民生、保稳定"的目标。国际劳工组织高度评价中国积极的就业政策，认为其囊括了世界各国就业政策的三个最重要的要素：即治理失业中更注重再就业、大力开发岗位的同时注重开发技能、在促进就业各种途径中注重鼓励创业，是现代就业理念、世界各国经验与中国实际的最好结合。[1]

三 实施积极就业政策的成效与反思

（一）实施积极就业政策取得的巨大成绩

2002 年以来，中国实施积极的就业政策，不仅有效地化解了当时的就业压力，而且随着就业规模的扩大，就业结构也进一步优化。一是基本解决了体制改革遗留的下岗职工问题。随着积极就业政策的实施，到 2005 年年底，国有企业下岗职工还剩 60.6 万人。[2] 绝大多数下岗职工通过实现再就业、退休等多种渠道得到分流，国有企业下岗职工基本生活保障制度实现了向失业保险制度的并轨。二是成功化解了新一轮青年就业高峰的压力。这一阶段，中国正处于新一轮就业高峰期，高校毕业生和其他新成长劳动力就业压力空前。正是由于有经济持续快速增长的强力拉动和积极就业政策的有力支撑，就业规模不断扩大，才有效地缓解了就业高峰的压力。2002—2005年，全国城镇新增就业 3600 多万人。"十一五"期间全国城镇新增就业5700 多万人，2670 多万下岗失业人员实现了再就业，其中包括 770 多万"4050"等就业困难人员（见表 22—1），农村劳动力向非农产业转移就业4500 万人，2600 万高校毕业生就业保持稳定。2012 年年底，全国城镇就业人员达到 3.71 亿人，比 2002 年年底增加了 1.33 亿人，增长了 53.72%。三是成功应对了国际金融危机对就业的巨大冲击。在更加积极就业政策的推动下，2009 年下半年，中国就业状况已基本恢复到金融危机之前的水平。2010 年，城镇新增就业达到 1168 万人；高校毕业生初次就业率维持在 70%

---

[1] 白天亮：《10 年积极就业政策体系初建成》，《人民日报》2012 年 7 月 17 日。
[2] 《中国劳动和社会保障年鉴（2006）》，中国劳动社会保障出版社 2008 年版，第 554 页。

以上；农民工就业基本稳定，全国农村外出劳动力达到1.53亿，比2008年增加1300万人。① 相对于许多国家无就业的复苏，失业率居高不下，以及由此引发的种种社会矛盾和政治动荡，应该说，中国就业能取得如此大的成就，确实是来之不易的，为保增长、保民生、保稳定作出了重要贡献。② 四是促进了就业格局的显著改善。随着产业结构的调整，在统筹城乡就业政策的支持下，大批农业劳动力转向了非农产业就业，"十五"有4000万人、"十一五"有4500万人转移就业，2012年农民工总量达到26261万人，其中外出农民工16336万人，中国城镇化和二元经济转换取得实质性进展。2002年城乡就业人员之比为34.33∶65.67，2012年为48.37∶51.63；2002年三次产业就业人员比重为50.0%、21.4%、28.6%，2012年为33.6%、30.3%、36.1%，第三产业成为吸纳就业的绝对主力。③ 五是积极的就业政策促进了就业的灵活性。在传统正规部门吸纳劳动力减少的情况下，灵活就业实现了促进就业的效果。这些年来，新增加的就业岗位主要集中在：正规部门中的劳务派遣就业或外聘临时工、政府出资雇用的公益性就业岗位、非正规就业、小型的创业性就业、自雇型就业、自由就业和兼职就业等方面。

（二）实施积极就业政策取得的基本经验

在全面建设小康社会的新阶段，以科学发展观为指导，党和政府的执政理念和发展战略都发生了重大转变。一是提出了"就业是民生之本，促进就业是安国之策"的现代就业理念，这是指导中国就业改革与发展的最重要的思想根基。就业工作关系到亿万人民群众的切身利益，就劳动者来讲，他们依靠就业取得收入和维持生存，进而实现人生价值，因此，就业问题是人民群众最为关心的民生重大问题。就国家来讲，社会是由亿万劳动者及其家庭组成，就业问题是否得到解决，对整个经济社会都会产生重大影响，关系到社会能否稳定，经济能否健康发展，国家政权能否稳固。④ 二是坚持科学发

---

① 本刊编辑部：《2012年全国农民工监测调查报告》，《财经界》2013年第7期。
② 莫荣：《实施更加积极的就业政策，努力实现社会就业更加充分——学习总书记在中央政治局集体学习时讲话的体会》，《中国劳动》2012年第4期。
③ 参见《中国统计年鉴（2013）》，中国统计出版社2013年版，第123页。
④ 张小建：《中国积极的就业政策及其实践成果》，《中国就业》2013年第9期。

展,促进经济增长与扩大就业良性互动,这是解决中国就业问题的根本保证。在科学发展观的指导下,中共中央、国务院从国家发展战略的高度研究扩大就业问题,始终把促进就业作为保障和改善民生的头等大事来抓。从2002年提出"社会就业比较充分"目标和"国家实行促进就业的长期战略",把扩大就业放在经济社会发展更加突出的位置,到2007年提出"社会就业更加充分"目标和"实施扩大就业的发展战略",再到2011年提出"实施就业优先战略",将建立经济增长与扩大就业的良性互动机制纳入积极就业政策的重要内涵,努力把经济持续健康发展的过程变成促进就业持续扩大的过程,把经济结构调整的过程变成对就业拉动能力不断提高的过程,把城乡二元经济转换的过程变成统筹城乡就业的过程。根据蔡昉的研究,2002—2011年,城镇就业增长了44.9%,进城就业农民工人数增长了51.5%。同一时期,国内生产总值实现了10.7%的年均增长率,意味着每1个百分点的经济增长率可以带动0.39个百分点的城镇就业增长和0.44个百分点的进城农民工增长,这都是很高的就业弹性。[①] 三是贯彻劳动者自主择业、市场调节就业和政府促进就业的方针,这是解决中国就业问题的根本举措。一方面,我们积极致力于更好地发挥市场机制的基础性作用,逐步建立市场导向的就业机制,注重发挥劳动者在就业中的主体作用,鼓励劳动者通过市场自主就业、自主创业;另外,又通过立法强化政府促进就业的责任,注重发挥政府通过制定就业扶持政策、提供公共就业服务促进就业的作用,积极弥补市场缺陷。

中国就业工作取得的巨大进展有目共睹,不仅有效化解了所谓的"三碰头"就业问题,就业结构得到优化,就业质量显著提升,而且平等就业的工作机制进一步完善,全国统一、开放、竞争、有序的劳动力市场正在形成。

(三) 积极就业政策的局限性

应当说,积极的就业政策为扩大就业、维护社会稳定发挥了重要作用,但受到经济发展阶段与总体就业形势等诸多因素的影响,积极就业政策本身以及在执行中还存在着一些问题,比如,在实施过程中存在一些影响劳动力

[①] 蔡昉:《更积极的就业政策取得成效》,《光明日报》2012年11月5日。

市场发挥作用的不利效应，缺乏对政策实施效果的评估，等等。中国积极的就业政策是在劳动力市场体系尚未健全的背景下实施的，重点是发挥政府促进就业的作用，从经济发展、产业政策、财税金融政策、职业培训、提供公共岗位、促进创业与灵活就业、改善创业和就业环境等方面有效扩大就业。与国外较为成熟的市场经济国家所实施的积极的劳动力市场政策旨在修复劳动力市场的缺陷不同，虽然积极就业政策也强调发挥劳动力市场的作用，但其本身不应也不能替代市场配置劳动力资源的基础性作用的发挥，而恰恰积极就业政策在一定程度上是对劳动力市场的干预，既影响到市场配置劳动力资源的基础性作用，也不利于确立劳动者在劳动力市场上的主体地位，更不利于政府调控资源之手的适度退出。积极就业政策作为扩大就业促进社会公正的重要政策，如何充分评估其负面效应？如何充分发挥劳动力市场的作用？是制定和实施积极就业政策必须予以解决的重大问题。[1] 另外，虽然积极就业政策强调实现经济发展与扩大就业良性互动，以及通过培训体系提升劳动者人力资本水平，但是，它并没有切实的措施来保证经济发展发挥创造就业岗位的应有作用，特别是一些打着提升劳动者就业能力幌子的职业培训常常缩水或流于形式，反而为寻租与腐败提供了温床。此外，积极就业政策强调了和谐劳动关系的作用，有必要将和谐劳动关系纳入积极就业政策的统一框架之内，通过和谐劳动关系来促进积极就业。再者，也有必要不断提升执行政策人员的专业素质、工作能力、政策水平与职业操守，真正把积极就业政策执行到位。

（四）就业工作面临的挑战与展望

中国社会经济发展既适逢难得的历史机遇，又面临诸多风险挑战。中国就业形势依然严峻，长期矛盾与短期问题叠加，总量压力与结构性矛盾交织，就业难与招工难并存。特别是在经济增速回落的背景下，劳动力供大于求的总量压力更为突出，结构性矛盾更加复杂，就业工作任务依然十分艰巨。因此，坚持把促进就业放在经济社会发展的优先位置，健全劳动者自主择业、市场调节就业、政府促进就业相结合的机制，努力实现充分就业，提

---

[1] 刘社建：《积极就业政策的演变、局限与发展》，《上海经济研究》2008 年第 1 期。

高就业质量，既是历史经验的总结，也是解决现实问题的必然选择。劳动权是人权的基础和根本，直接关系亿万人民的切身利益和生存尊严；就业问题是发展的核心问题，直接影响到经济平稳增长与社会和谐稳定。无论是减少贫困、提高收入还是扩大内需，充分的社会就业产生的经济社会效益，是实现科学发展、促进社会和谐的保证。为此，更加积极就业政策的内涵应该进一步深化：一是通过户籍制度改革和基本公共服务均等化，创造平等就业机会，进一步完善城乡统筹的就业和社会保障体系，优化和提高政府促进就业的方式和效率，推动高校毕业生、农村转移劳动力、城镇就业困难人员就业，提高劳动力供给的稳定性和劳动参与率。二是按照转变经济发展方式的要求，在积极推进产业结构优化升级的同时，也要发展劳动密集型产业、服务业和小微型企业，千方百计扩大就业创业规模。三是积极发展教育和培训事业，不断提升劳动者人力资本水平，衔接劳动力市场需求与供给，为实现人岗匹配搭建桥梁，进而提升劳动者的就业质量。四是更加积极地构建劳动力市场制度，更加严格执行各类劳动法规，有效发挥市场配置劳动力资源的决定性作用，扩展劳动合同覆盖面，推进工资集体协商制度，促使劳动关系和谐和社会稳定。

第二十三章
就业面临"三碰头"局面

中国的就业问题不同于发达国家,它们主要面临青年劳动力的就业问题;也不同于其他转轨国家,它们主要面临转轨带来的结构性失业和再就业问题;还不同于其他发展中国家,它们主要面临农村劳动力的转移就业问题。[①] 这一阶段,中国劳动力就业同时面临转轨就业(下岗失业人员再就业)、青年就业(特别是大学生就业)和农村劳动力转移就业(主要是农民工就业)问题,即"三碰头"局面。随着国有企业兼并重组力度的加大,国有企业重组改制和关闭破产过程中职工分流安置和再就业的任务依然繁重。大学生和农民工是这一阶段就业的难点和重点,但两者又有所不同,前者本质上是一种结构性失业问题;而后者更多的是就业不公平的问题。

一 国有单位转轨就业与"二元"用工问题

随着积极就业政策的实施,国有企业转轨就业问题基本解决,实现了计划就业到市场就业的转变,特别是实现了下岗失业人员再就业的市场化。但是,由于改革的不彻底,国有企业普遍存在的"二元"用工问题日益凸显,并对社会经济的公平与效率产生了不利影响。

(一)国有企业职工转轨就业问题

1999年9月,《中共中央关于国有企业改革和发展若干重大问题的决定》明确指出,国有经济需要控制的行业和领域主要是三类行业与两类企

---

① 莫荣:《完善我国促进就业的法律制度》,《中国劳动》2007年第4期。

业，即涉及国家安全的行业、自然垄断的行业、提供重要公共产品和服务的行业，支柱产业中的重要骨干企业和高新技术产业中的重要骨干企业。这实际上意味着，在其他的行业和领域，国有经济可以逐步收缩或退出。此后，对国有企业的全面改革主要在两个层面进行：一是通过出售、转让等多种方式把大批国有中小型企业改造为私营企业或者股份制企业，不少企业关闭破产；二是对国有大中型企业实行股份制改造，在这些企业建立起现代企业制度，包括建立公司法人治理结构、加强企业发展战略研究和建设高素质的经营管理者队伍，等等。

进入 21 世纪后，在国有经济"抓大放小"和"有进有退、有所为有所不为"的基本原则下，国有企业结构调整和关闭破产力度进一步加大，国有企业改革与发展从过去注重数量上的优势转变为更加重视质量上的优势，职工队伍存量的结构调整成为决定国有企业改革和发展成败的一个重要因素。尤其是 2003 年 3 月国资委成立之后，国家把国有企业主要布局在能源、金融、电力电信等上游产业领域，绝大多数的下游产业（比如作为消费品的制造业和竞争性较强的服务业）的国有企业退出。这些改革措施直接导致国有企业的数量和在岗工人数量大幅降低。根据国家统计局的统计，1998 年，全国国有工商企业共有 23.8 万家，而到 2006 年，国有工商企业减少至 11.9 万户，正好减少了一半。2001 年，由中央管理的国有重要骨干企业有 180 家，有职工近 900 万人。仅在 2008 年一年中，就有 8 组 17 家中央企业进行了联合重组，企业户数从 2007 年年底的 151 家调整到了 143 家。[①] 2001 年，国有单位职工人数、国有企业职工人数尚有 8710 万人、5017 万人，到 2011 年，就已经下降到 6704 万人、2466 万人，分别减少了 2006 万人和 2551 万人（见表 23—1）。国有企业改革力度的不断加大，在带来下岗职工和失业人员增加的同时，也为推进市场导向就业机制的建立提供了有利条件。如企业资产转换，可为企业提供用于解除出中心职工劳动关系需支付的费用，包括经济补偿金，拖欠的工资、医疗费、集资款等债务，补缴拖欠的社会保障费等。最为重要的是，随着下游产业国有企业的退出，民营企业成为接纳和吸收被国有企业释放出来的劳动力的主渠道。也正是民营企业充分利用比较

[①] 赖德胜、李长安、张琪主编：《中国就业 60 年（1949—2009）》，中国劳动社会保障出版社 2010 年版，第 230—231 页。

充足而廉价的劳动力,并利用加入世界贸易组织的机会,在结构转型、工业化发展和贸易全球化的过程中不断壮大,并带动了整个经济的快速增长。

表 23—1　　2001—2011 年国有单位职工人数以及国有企业职工人数　单位:万人

年份	2001	2002	2003	2004	2005	2006	2007	2008	2009	2010	2011
国有单位职工人数	8710	8103	6875	7383	6895	6829	6718	6592	6471	6488	6704
国有企业职工人数	5017	4446	3067	3660	3209	2996	2846	2693	2545	2482	2466

资料来源:《中国人力资源和社会保障年鉴(2012)》,中国劳动社会保障出版社、中国人事出版社 2012 年版,第 1056—1057 页。

在建立市场导向的就业机制方面,2001 年以前是"双轨"就业阶段,即国有企业大量下岗职工进中心,也有少部分失业人员进入劳动力市场、领取失业保险金,两种方式同时并存。但是,2002 年以后,随着再就业工程逐步淡出、失业与社会保障制度初具规模、全国"双轨"阶段的任务在大多数地区基本完成,国有企业下岗职工基本生活保障和再就业工作从整体上讲开始进入了以"转轨"为主要任务、以"并轨"为改革目标的新阶段,即妥善解决国有企业下岗职工出中心、进市场问题的阶段。

如第二十二章所述,2002 年 9 月,中共中央、国务院下发了《关于进一步做好下岗失业人员再就业工作的通知》,针对新时期就业的新形势和新特点,围绕解决下岗失业人员再就业问题,提出了一整套促进就业和再就业的政策措施。为切实做好国有企业下岗职工出中心再就业工作,2003 年 9 月 25 日,劳动保障部和财政部联合下发了《关于妥善处理国有企业下岗职工出中心再就业有关问题的通知》,明确规定:"国有企业原则上不再建立新的再就业服务中心,企业新的减员原则上不再进入再就业服务中心",对"仍在中心和协议期满的下岗职工,在保障基本生活的前提下,要通过政策引导扶持、加强就业服务和培训,帮助他们尽快实现再就业,并妥善解决好与原企业解除劳动关系的问题。"[①] 这就是所谓的"关前门"政策措施。

到 2005 年,大多数在再就业服务中心的下岗职工协议期已满。2005 年

---

① 《关于妥善处理国有企业下岗职工出中心再就业有关问题的通知》,《中国社会保障》2003 年第 11 期。

2月24日，劳动保障部和财政部联合下发了《关于切实做好国有企业下岗职工基本生活保障制度向失业保险制度并轨有关工作的通知》，明确规定："2005年年底，原则上停止执行国有企业下岗职工基本生活保障制度，企业按规定关闭再就业服务中心。并轨人员和企业新裁减人员通过劳动力市场实现再就业，没有实现再就业的，按规定享受失业保险或城市居民最低生活保障待遇。尚未完成并轨工作的地区，要以目前在再就业服务中心的下岗职工为重点，采取切实有效的措施确保2005年年底基本完成并轨工作。"① 这就是所谓"关后门"的政策措施。

表23—2　　　　1998—2005年国有企业下岗职工人数　　　　单位：万人

	期末下岗职工人数	当年新增	当年减少	再就业人数
1998年年初结余	691.8	—	—	—
1998年	594.8	562.2	659.3	610
1999年	652.5	618.6	557.7	491
2000年	657.2	445.5	440.8	361
2001年	515.4	234.3	376.2	227
2002年	409.9	162.1	267.6	120
2003年	260.2	103.0	249.0	85
2004年	153.0	34.3	141.5	47
2005年	60.6	14.8	107.2	34
合计	—	2174.8	2301.6	1974

注：国有企业包括国有联营企业和国有独资公司；合计数不等于各分项之和。原资料如此。
资料来源：《中国劳动和社会保障年鉴（2006）》，中国劳动社会保障出版社2008年版，第554页。

到2005年年底，国有企业先后有2300多万下岗职工顺利出中心，通过实现再就业、退休等多种渠道得到分流，其中再就业人数为1970多万人，下岗职工还剩60.6万人。② 这不仅标志着全国国有企业下岗职工基本生活保障向失业保险制度并轨的工作已基本完成，而且也意味着全国已基本解决了

---

① 《关于切实做好国有企业下岗职工基本生活保障制度向失业保险制度并轨有关工作的通知》，《中国社会保障》2005年第4期。
② 《中国劳动和社会保障年鉴（2006）》，中国劳动社会保障出版社2008年版，第554页。

国有企业下岗职工和国有企业存量劳动力进入市场的问题，即国有企业裁员从下岗、失业两种形态转变为失业一种形态，实现了职工下岗与失业的并轨，完成了计划就业到市场就业的转变，市场导向的就业机制基本建立。在这个转轨过程中，民营企业的发展为解决下岗职工和失业人员再就业问题以及维护社会稳定发挥了非常重要的作用，功不可没。

（二）国有单位"二元"用工问题

在建立和完善社会主义市场经济体制的过程中，国有企业基本完成了从计划就业到市场就业、从固定工制到劳动合同制的转变，国有企业获得了用工自主权、劳动者拥有了择业自主权，用工制度变得相对灵活和多元化，这是国有企业劳动用工制度改革的成果。然而，由于改革的不彻底，特别是劳动合同制实施与落实不到位，国有企业普遍存在的"二元"用工问题日益凸显，表现为"体制内"和"体制外"劳动者同工不同酬，"体制外"劳动者应当拥有的劳动平等权遭受到不同程度的侵犯和损害。这种具有体制性歧视、等级化和身份制的"二元"用工制度，不仅在国有企业广泛存在，而且在机关事业单位也是普遍现象。

"二元"用工，也可称之为"一企两制或多制"用工，是指在企业内部形成的正式工、合同工、临时工、劳务派遣工等多样化的用工形式，它是根据是否有正式编制身份来划分的。所谓的编制就是用人指标，也就是计划内用人。在一个国有单位内部，具有正式编制身份的劳动者是体制内的劳动者，被称为"正式工"，他们与单位的劳动关系稳定、规范。1986年中国开始用工制度改革，即实行劳动合同制以后，国有企业在国家劳动工资计划指标内招用常年性工作岗位上的各类工人，一般都是"合同工"，既可以签订长期合同，也可以签订短期合同；与之相对应，劳动合同制实施以前招用的工人则被称为"固定工"，他们长期任用，没有规定具体的使用期限。1994年全面实行劳动合同制以后，国有企业中的"固定工"也要签订劳动合同，即转化成为"合同工"。因此，在国有企业里，正式工即为合同工。此外，在一些国有企业里还有大量的劳务派遣工和"临时工"。在机关事业单位里，职工身份大致有三种：第一种是编制内人员，即有编制的正式工，可以在本单位存放档案。第二种是正式手续在单位，却没有编制的人员。他们的身份比较复杂，大多为"人事代理"，他们与有编制的同事在工资待遇、养老金发放等方面几乎没有任何差别，不过，其档案不能调入单位，一般是托管在人才中心[①]；还有一部分是签订劳动合同的合同工。第三种是劳务派遣和聘用人员以及"临时工"，如锅炉工、水电维修工、食堂司务人员、门卫、保洁员等。

此外，一些国有企业也招用"临时工"，他们是临时性或季节性工作任务，经劳动部门批准招收而临时任用、规定有使用期限的职工。[②] 临时工没有正式编制身份，属于体制外的劳动者，劳动关系极不稳定，待遇明显低于正式工，也低于合同工，基本上没有福利和社会保险。临时工的用工双方可以只订立口头协议，并可以终止用工而不需要支付任何经济补偿，基本上是"召之即来、挥之即去"。其实，"临时工"早在计划经济体制下就已经出现了，并在向市场经济转轨中开始增多，成为合同工之外普遍的重要用工形式。

进入21世纪以后，正式工主要是指机关事业单位中具有正式编制身份的人员，国有企业中改制前的老员工在改制时直接置换的人员、管理层和主要的核心技术人员；合同工成为国有企业改制后最常见的用工形式，机关事业单位的合同工主要是实行人事代理的人员。临时工主要是在金融、邮政、电信、电力、石油等国有垄断企业中负责营销、维护等末梢业务和由此相关营业中心的一些柜台人员、设备维修工人，以及机关事业单位中一些辅助岗位上的工人。国有单位中究竟有多少非正式员工？目前没有现成的统计数据，只能根据相关的数据做出大致的估计。根据国家统计局的统计口径，国有单位的就业人员包括在岗职工和其他就业人员，而在岗职工又分为长期职工和短期职工。长期职工指的是用工期限在一年以上（含一年）的职工，包括原固定职工、合同制职工、长期临时工以及其他在一年以上的原计划外用工。临时职工指的是用工期限不超过一年的职工，包括签订一年以内的劳动合同或使用期限不超过一年的临时性、季节性用工。其他就业人员指的是

---

① 合同工的档案存放在人才中心，人才中心会相应地按月收取一定的托管费用，这笔费用在求职时是可以与单位协商，要求单位代缴或报销档案托管费。

② 陈剩勇、曾秋荷：《国有企业"双轨制"用工制度改革：目标与策略》，《学术界》2012年第1期。

劳动统计制度规定不作职工统计，但实际参加各单位生产或工作并取得劳动报酬的人员，它不包括在各单位中工作并领取劳动报酬的在校学生。根据其他就业人员和临时职工的数据，可以估算出2002—2007年国有单位非正式员工有250万—400万人，其中国企业有200万人左右，如表23—3和表23—4所示。从变化态势来看，当总就业人数不断向下降时，"其他从业人员"出现明显增长态势，而"临时职工"数量下降并不明显且比重还有所上升。这表明，国有单位非正式就业人员的相对数量不断上升，劳动关系的不稳定趋势不断强化。

表23—3　　2002—2010年国有单位就业人数以及国有企业就业人数　单位：万人

年份	2002	2003	2004	2005	2006	2007	2008	2009	2010
国有单位就业人员	7162.9	6875.6	6709.9	6488.2	6430.5	6423.5	6447.0	6420.2	6516.4
国有单位在岗职工人数	6923.8	66213	6438.2	6232.0	6170.5	6147.6	6126.1	6077.9	6145.1
国有单位其他就业人员	239.1	254.3	271.7	256.2	260.0	275.9	137.9	342.3	371.3
国有企业就业人员	3531.0	3225.4	3008.2	2730.1	2615.7	2553.2	2501.1	2413.3	—
国有企业在岗职工人数	3381.9	3066.7	2841.4	2569.6	2456.0	2382.1	2318.0	2232.3	—
国有企业其他就业人员	149.1	158.7	167.8	160.5	159.7	171.1	183.0	181.0	—
国有企业不在岗职工人数	1064.2	931.6	818.2	639.4	540.4	463.6	375.0	312.5	—

注：单位就业人员，是指在各级国家机关、政党机关、社会团体及企业、事业单位中工作，取得工资或其他形式劳动报酬的全部人员，不包括离开本单位仍保留劳动关系的职工。在岗职工，是指在本单位工作并由单位支付工资的人员，以及有工作岗位，但由于学习、病伤产假等原因暂未工作仍由单位支付工资的人员。离开本单位仍保留劳动关系的职工（不在岗职工），是指由于各种原因，已经离开本人的生产或工作岗位，并已不在本单位从事其他工作，但仍与用人单位保留劳动关系的职工。

资料来源：《中国劳动统计年鉴》（2003—2011年）。

表23—4　　　　2002—2007年国有单位在岗职工用工情况　　　单位：万人

年份	合计 长期职工	合计 临时职工	企业 长期职工	企业 临时职工	企业中地方 长期职工	企业中地方 临时职工	事业 长期职工	事业 临时职工
2002	6502.48	421.32	3145.47	236.48	2083.84	172.59	2371.35	137.18
2003	6186.33	435.14	2835.15	231.56	1847.68	170.06	2354.85	153.34
2004	5964.76	473.45	2586.56	254.86	1659.48	177.20	2373.17	160.46

续表

年份	合计 长期职工	合计 临时职工	企业 长期职工	企业 临时职工	企业中地方 长期职工	企业中地方 临时职工	事业 长期职工	事业 临时职工
2005	5897.63	334.34	2384.75	184.80	1472.77	135.92	2474.95	116.47
2006	5824.61	345.86	2270.65	185.40	1384.88	132.94	2502.56	126.27
2007	5818.49	329.13	2206.63	175.44	1352.56	130.62	2541.52	120.63
2002	2221.45	121.63	985.66	47.67	933.06	43.57	—	—
2003	2213.98	136.31	996.13	50.24	944.41	46.74	—	—
2004	2234.86	144.40	1005.03	58.14	953.03	55.83	—	—
2005	2295.51	96.18	1037.93	33.07	969.40	29.86	—	—
2006	2316.18	105.25	1051.40	34.19	981.92	30.63	—	—
2007	2408.06	105.34	1070.34	30.05	1017.59	30.07	—	—

注：2008年以后，国家统计局不再有"长期职工"和"临期职工"的分类。
资料来源：《中国劳动统计年鉴》（2003—2008年）。

2007年6月29日，十届全国人民代表大会常务委员会第二十八次会议通过了《劳动合同法》（自2008年1月1日起施行）。《劳动合同法》出台后，劳务派遣作为一种灵活的、补充性的用工形式被正式合法化，越来越多的国有企业和机关事业单位为规避相关的法律责任而使用劳务派遣工，劳务派遣又成为一种新的普遍用工形式，且异常的繁荣。劳务派遣，是指劳动者作为劳务派遣单位（用人单位）的员工，与劳务派遣单位签订劳动合同，再被派遣到其他用工单位，从事生产经营活动。劳务派遣单位与用工单位订立劳务派遣协议，并不得克扣用工单位按照劳务派遣协议支付给被派遣劳动者的劳动报酬。这种用工形式形成了用工单位、劳务派遣单位和劳动者三者之间复杂的关系。劳动者与劳务派遣单位之间存在劳动关系，却在用人单位里没有实质性的工作岗位；劳动者在用工单位中有相应的工作岗位，却不与用工单位形成劳动关系，即所谓的"有关系，无劳动；有劳动，无关系"。[1]虽然《劳动合同法》规定，"劳务派遣一般在临时性、辅助性或者替代性的

---

[1] 黄河涛、赵健杰主编：《经济全球化与中国劳动关系重建》，社会科学文献出版社2007年版，第168页。

工作岗位上实施",但在实际用工上,劳务派遣已经突破了行业、用工时间、岗位等限制,甚至在大量长期性、重要的岗位上大量使用劳务派遣工。中国究竟有多少劳务派遣工?"2700万,这是媒体报道最多的人力资源和社会保障部曾公布的数字"。"国资委的数据显示,截至2009年年底,89%的央企使用劳务工,劳务工占央企职工总数的16%。其中,央企劳务工主要分布在石油石化、通信、电力、建筑施工和军工企业,仅石油石化和通信两大行业的劳务工就占央企全部劳务工的53%。"① 据全国总工会向全国人大法工委提交的一份"国内劳务派遣调研报告","2010年全国劳务派遣人员总数已经高达6000多万,占国内职工总人数的20%。而大部分发达国家派遣劳动者占全体就业人员的比例不超过3%。""劳务派遣工主要集中在国有企业和政府机关、事业单位,部分央企甚至有超过2/3的员工都属于劳务派遣。另外,全国人大常委会近年的劳动合同法执法检查中发现劳务派遣用工还存在劳务派遣单位过多过滥、经营不规范、被派遣劳动者同工不同酬等问题。"②

无论是临时工,还是劳务派遣工,他们都是非正式用工,或者说均属于"体制外"劳动者,主要由返聘的退休人员、下岗再就业人员、复员退伍的军人、进城农民工和大中专院校毕业的学生构成。他们之所以广受青睐,一方面是因为他们具有丰富的工作经验或者是年轻、有体力,且面临较大的生活压力;另一方面是因为这种用工形式灵活、便捷,并可节省大量用工成本。一般来说,与正式工、合同工相比,劳务派遣工和临时工的工资低、福利低,社会保险费用少,更容易使唤;出现意外事故,可以把问题推给劳务派遣机构和临时工,逃避法律责任;用工单位可以轻易地裁员,却基本不作任何经济补偿。这种具有明显身份歧视的"二元"用工形式,不仅造成了国有单位内部收入分配的严重不公,企业与职工、职工与职工之间的矛盾和摩擦不断加剧,而且也使"体制外"劳动者的政治、经济和社会等方面权利受到侵害,③ 更是与相关劳动法律法规与市场公平原则相悖的。此外,这

---

① "新华视点"记者:《数千万劳务工,好用就滥用?》,《中国青年报》2011年12月1日。
② 刘行星:《关于〈劳动合同法〉的修改与企业应对》,《经济界》2013年第4期。
③ 陈剩勇、曾秋荷:《国有企业"双轨制"用工制度改革:目标与策略》,《学术界》2012年第1期。

种"二元"用工制度也扭曲了激励机制。体制内的国有企业职工流动性差、惰性大，积极性与创造性被抑制，也容易产生优越感，不利于他们摆正位置，做好本职工作。对于临时工和劳务派遣工而言，由于难以形成长期稳定的劳动关系，企业对这部分职工的培训和职业规划不会太重视，也使这些职工没有足够的安全感和对企业的归属感，很难全心全意为企业发展而安心工作，更多的是想尽快进入体制内，改变自己的身份或者跳槽。

用工制度市场化改革本质上是一种良性的制度变迁，因为市场机制是最有效率的资源配置方式，在这个变迁过程中出现多样化的用工形式也是必然的。上述"二元"用工问题的形成与发展，既是由于中国经济体制、政治体制改革的不到位和国有单位发展过程中的政策偏差，也在于中国社会转型期政治、经济、社会和法律问题的高度复杂性以及劳动力市场的自身缺陷。因此，加快推进用工制度改革，消除体制内外的用工差别与基于体制的不平等，建立符合市场竞争原则和现代企业伦理的新型劳动关系以及相应的用工制度，就成为中国政府和国有企业监管部门下一步改革的内容和方向。

二　大学毕业生就业

大学毕业生是国家宝贵的人力资源，他们的就业是整个就业工作的重要组成部分。在计划经济时期，乃至到世纪之交，中国大学毕业生的就业一直处于十分稳定的、相当容易就业的局面。20 世纪 90 年代中后期，在经济体制改革和劳动人事制度改革的推动下，大学生就业制度基本上实现了由"统包统分"到"双向选择、自主择业"的过渡。由于大学毕业生就业政策和机制发生了根本性变化，加之高校扩招和专业教育的滞后性等多方面因素的影响，自进入 21 世纪以来，大学毕业生就业难问题日益突出，并成为社会热议的话题之一。

（一）1949—2001 年大学毕业生就业政策的演变

从新中国成立到 2001 年，中国大学毕业生的就业政策走过了一个从"统包统分"模式逐步向市场化就业转变的过程。它大体可以分为三个阶段：

第一阶段,从新中国成立初期到 1985 年,是计划经济体制下"统包统分"模式的就业政策。1950 年 6 月,政务院发布了《为有计划地合理地分配全国公私立高等学校今年暑期毕业生工作的通令》,决定从 1950 年暑期起,全国高等学校毕业生大多数由政府统一分配工作。1951 年 10 月,政务院发布了《关于改革学制的决定》,正式确立了"高等学校毕业生的工作由政府分配"的制度。1952 年 7 月,政务院《关于 1952 年暑假全国高等学校毕业生统筹分配工作的指示》进一步指出:"高等学校毕业生的工作由政府分配,这是完全符合我们国家实际情况的发展和需要的",高等学校毕业生统一分配工作的基本方针是"集中使用,重点配备"。1956 年,国务院对高等学校毕业生统筹分配的基本方针做了补充,即"根据国家需要,集中使用,重点配备和一般照顾",分配计划优先照顾科学研究、高校师资、工业部门的需要,对其他部门,在迫切需要的情况下,给予适当照顾;对各省、自治区、直辖市的需要也给予适当照顾。至此,国家对高等学校毕业生的就业,形成了由国家负责、按计划分配的制度。在计划经济体制下,高等教育是一种高度集中的计划管理模式,学校按计划招生,毕业生按计划分配,用人单位按计划接收,不存在大学生就业难的问题。这种"统包统分"模式就业政策的特点是大学生的培养全部由国家承担,毕业后全部由国家负责分配到全民所有制单位当国家干部。这种分配制度,后来也做过某些局部的调整,但其基本内容并未发生过根本性改变。这种分配制度与当时的计划经济体制相适应,在很长一段历史时期内保证了国家建设对人才的需要,也有利于国家宏观调控人才的流向。

第二阶段,计划经济指导下以"供需见面"为主,"双向选择"为目标的就业政策,从 20 世纪 80 年代中期到 90 年代初。随着经济体制改革的不断深入和劳动人事制度的改革,"统包统分"大学生就业分配制度的弊端逐渐显现,其中,最主要的是不利于人才的合理配置。1983 年 7 月,国务院转发了国家计委、国家教委、劳动人事部《关于 1983 年全国毕业研究生和高等学校毕业生分配的报告》,决定实行学校与用人单位直接见面的就业办法,即"供需见面",目的是使培养、分配与使用更好地结合起来。清华大学等高校率先组织开展了毕业生和用人单位的供需见面活动。1985 年 5 月 27 日,中共中央下发了《关于教育体制改革的决定》,明确指出:对于国家招生计划内的学生,其"毕业分配,实行在国家计划指导下,由本人选报志愿、学校推荐、用人单位择优录用的制度"。这份纲领性文件的出台是中国教育发展上的一次重大突破,为毕业生就业制度的改革,实现由国家计划分配逐步过渡到毕业生自主择业奠定了基础。1989 年 3 月,国务院批准了国家教委提出的《高等学校毕业生分配制度改革方案》,提出了高等学校毕业生分配制度改革的目标,即在国家就业方针政策指导下,逐步实行毕业生自主择业,用人单位择优录用的"双向选择"制度。"双向选择"毕业生就业政策的实施,顺应了社会经济发展和教育体制改革的需要,有利于实现人才资源的合理配置;扩大了用人单位选才的自主权,有利于用人单位择优选才;扩大了高等学校的办学自主权,促进了学校的教育教学改革;扩大了高等学校毕业生择业的自主权,增强了他们的竞争意识;保证了企事业单位的人才需要,增大了毕业生到基层的比例。[1] 总的来说,这一阶段,高等教育招生和毕业生数量增长幅度不大,且继续实行国家分配工作的制度,因此,大学毕业生的就业一直处于十分稳定的、相当容易就业的局面。

第三阶段,建立社会主义市场经济体制下"双向选择""自主择业"的就业政策。1993 年 2 月 13 日,中共中央、国务院颁布了《中国教育改革和发展纲要》,明确提出:要"改革高等学校毕业生'统包统分'和'包当干部'的就业制度,实行少数毕业生由国家安排就业,多数由学生'自主择业'的就业制度。""大部分毕业生实行在国家方针政策指导下,通过人才劳务市场,采取'自主择业'的就业办法。与此相配套,建立人才需求信息、就业咨询指导、职业介绍等社会中介组织,为毕业生就业提供服务。"[2] 1997 年 3 月 24 日,国家教育委员会颁布了《普通高等学校毕业生就业工作暂行规定》,明确指出:"毕业生是国家按计划培养的专门人才,各级主管毕业生就业部门、高等学校和用人单位应共同做好毕业生就业工作。""毕业生就业工作要贯彻统筹安排、合理使用、加强重点、兼顾一般和面向基层,充实生产、科研、教学第一线的方针。在保证国家需要的前提下,贯彻学以致用、人尽其才的原则。"这是一个关于毕业生就业的法规性文件,涉及高等学校毕业生就业工作方针、政策和原则,毕业生就业工作程序,毕业

---

[1] 吴庆:《演变、定位和类型——中国大学生就业政策分析》,《当代青年研究》2005 年第 2 期。
[2] 《中国教育改革和发展纲要》,《中国高等教育》1993 年第 4 期。

生权利与义务以及毕业生就业工作的各个环节。1998年8月29日,《中华人民共和国高等教育法》正式颁布,《高等教育法》进一步指出,要"加大招生和毕业生就业制度改革力度","要创造条件,积极鼓励和支持高等学校的毕业生到国家迫切需要人才的边远地区和艰苦行业工作,建立并完善在国家宏观调控下学校和各地政府推荐、学生和用人单位双向选择的毕业生就业制度。"1999年1月13日,经国务院批准,教育部颁布了《面向21世纪教育振兴行动计划》,提出"到2000年左右,建立起比较完善的由学校和有关部门推荐、学生和用人单位在国家政策指导下双向选择、自主择业的毕业生就业制度。"同年年底,教育部决定从2000年起停止使用"全国普通高等学校毕业生就业派遣报到证"和"全国毕业研究生就业派遣报到证",正式启用"全国普通高等学校本专科毕业生就业报到证"和"全国毕业研究生就业报到证"。[①] 停止使用沿用了几十年的"派遣报到证",启用"就业报到证",对改变国家统一派遣高校毕业生的分配方式,建立"不包分配、竞争上岗、择优录用"的用人机制有重要意义。它标志着中国大学生就业制度结束了"计划、分配、派遣"的历史,确立了以市场为导向的高校毕业生"自主择业"的就业政策。[②] 应该看到,尽管国家已经提出了"自主择业"的就业政策,但"双向选择"的就业政策仍然是这个阶段大学生就业的基本政策和主要模式,这是因为"自主择业"的大学生就业政策还需要一个完善的过程,同时大学毕业生就业市场的培育和建立还要有个时间过程。这包括高等教育大众化教育政策的实施、毕业生就业观念的转变,以及与就业

---

① 魏亚萍:《教育部取消高校毕业生派遣证》,《北京晚报》1999年12月21日。
② "派遣证"是计划体制下干部身份的标志。高校毕业生被分配到用人单位,毕业时持"派遣证"到用人单位报到,并以它作为工龄计算、档案接收、户籍关系和粮食关系的落报、转正晋级等手续的凭证。档案中有没有"派遣证",是"干部"和"工人"身份的天然分水岭。在当时的就业制度中,"国家计划内"招收的"统分生""定向生""委培生"有派遣证,"计划内自费生"在向政府调配部门交纳一定的费用后也可获得派遣证,而计划外招收的各类学生(如自学考试的学生、夜大、函授等所谓"五大生")则没有派遣证。后来,随着招生并轨制改革的推行,"统分生"的概念逐渐淡出,大学生就业也越来越成为市场主导下的双向选择过程,"派遣证"不再具有指令性计划的特征。从2000年起,国家启用高校毕业生"就业报到证",取消了"派遣证",新中国成立以来使用了几十年的"派遣证"从此退出历史舞台。小小证件的变化,标志着高校毕业生由计划分配就业到以"双向选择"为主要就业方式的转变,成为高校毕业生就业步入市场化轨道的新标志。"派遣"二字的取消,淡化了它的干部身份和计划体制的标志性功能,但原有的工龄计算、档案接收、户籍关系和粮食关系的落报、转正晋级等手续的凭证等功能仍然存在。

制度相配套的制度不断完善,等等。

从改革开放到世纪之交,中国大学毕业生就业处于岗位充裕、容易就业的有利格局。一方面,得益于国民经济的迅速发展,国内生产总值实现了"翻两番",引致了对大学毕业生需求的旺盛;另一方面,在于大学招生和毕业生数量增长幅度不大(见表23—5),处于稳定发展的局面,以及主要实行"大学毕业国家分配工作"的制度。[①] 此外,还可以从全国高校毕业生总就业率得出上述结论。自1996年国家开始进行就业率统计以来,这个数字还没有低于过75%。1996—2001年大学毕业生就业率分别为93.7%、97.1%、76.8%、79.3%、82.0%和90.0%。[②] 据此计算1996—2001年大学毕业生的失业人数分别是5.3万人、2.4万人、19.3万人、17.6万人、17.1万人和10.4万人。

表23—5　　　1978—2001年GDP与大学毕业生人数变化情况　　　单位:万人

年份	GDP（亿元）	GDP增长率（%）	普通高校毕业生人数	研究生毕业生人数
1978	3624.1	11.7	16.5	0.0009
1979	4038.2	7.6	8.5	0.0140
1980	4517.8	7.8	14.7	0.0476
1981	4862.4	5.2	14.0	1.1669
1982	5294.7	9.3	45.7	0.4058
1983	5934.5	11.1	33.5	0.4497
1984	7171.0	15.3	28.7	0.2756
1985	8964.4	11.2	31.6	1.7004
1986	10202.2	8.5	39.3	1.6950
1987	19962.5	11.5	53.2	2.7603
1988	14928.3	11.3	55.3	4.0838
1989	16909.2	4.2	57.6	3.7232
1990	18547.9	4.2	61.4	4.5440
1991	21617.8	9.1	61.4	3.2537

---

① 姚裕群:《我国大学生就业难问题演变与近期发展趋势》,《人口学刊》2008年第1期。
② 孙展、吴佩霜:《毕业,失业?》,《中国新闻周刊》2003年第25期。

续表

年份	GDP（亿元）	GDP增长率（%）	普通高校毕业生人数	研究生毕业生人数
1992	26638.1	14.2	60.4	2.5692
1993	34634.4	13.5	57.1	2.8214
1994	46759.4	12.6	63.7	2.8047
1995	58478.1	10.5	80.5	3.1877
1996	67884.6	9.6	83.9	3.9652
1997	74462.6	8.8	82.9	4.6539
1998	78345.2	7.8	83.0	4.7077
1999	82067.5	7.1	84.8	5.4670
2000	89442.2	8.0	95.0	5.8767
2001	95933.3	7.3	103.6	6.7809

注：GDP是按当年价格计算的；GDP增长率是按可比价格计算的比上年增长的情况。
资料来源：《中国统计年鉴》（2002年）。

（二）大学毕业生就业难问题的出现及其成因

关于大学毕业生就业难，一个颇为流行的观点认为，这是高校扩招导致的。从1999年起，国家出于保证经济发展的人才供给、增加消费拉动内需、满足适龄青年上大学意愿等原因，实施了高等学校大规模扩招。1998年，全国普通高校的招生人数为108.4万，1999年猛增到154.86万人，增幅高达43%，其后三年分别以42%、22%、19%的速度增长。到了2005年，普通高校招生人数已达到504.46万人，高等教育毛入学率达到21%。在短短五六年中，中国高等教育发生了历史性变化，"大众化教育"取代了"精英教育"。[①] 2008年，全国普通高校的招生人数更进一步突破了600万人，达到607.66万人。高校大规模扩招后，其毕业生必然在三四年内大量增加。2002年，全国普通高校毕业生总数为133.73万人，比2001年净增30万人，增幅达到29%。2003年，大规模扩招的第一届本科生进入毕业季，全国普通高校毕业生人数急剧增加到187.70万人，比2002年增加了54万人，增

---

① 2002年，中国高等教育毛入学率达到15%，开始进入国际公认的大众化发展阶段。

幅达到了 40%。在人数大量增加的同时，社会对大学毕业生的需求却未能相应地增加，这必然导致供求矛盾突出，就业压力猛增，部分大学毕业生找不到工作。按照教育部发布的数据，截至 9 月初，全国高校毕业生总就业率达到了 70%，其中本科生约为 83%、高职高专生约为 55%。[①] 如此算来，2003 年未就业的大学毕业生就有 56 万人之多。

表 23—6　　　　　1998—2012 年中国大学生招生和毕业数量　　　　单位：万人

年份	普通高等学校招生数	研究生招生数	普通高等学校毕业生数	研究生毕业生数
1998	108.40	7.25	83.00	4.71
1999	154.86	9.22	84.76	5.47
2000	220.61	12.85	94.98	5.88
2001	268.28	16.52	103.63	6.78
2002	320.50	20.26	133.73	8.08
2003	382.20	26.89	187.70	11.11
2004	447.30	32.63	239.12	15.08
2005	504.46	36.48	306.80	18.97
2006	546.05	39.79	377.50	25.59
2007	565.92	41.86	447.79	31.18
2008	607.66	44.64	511.95	34.48
2009	639.49	51.10	531.10	37.13
2010	661.76	53.82	575.42	38.36
2011	681.50	56.02	608.16	43.00
2012	688.83	58.97	624.73	48.65

注：普通高等学校指通过国家普通高等教育招生考试，招收高中毕业生为主要培养对象，实施高等学历教育的全日制大学、独立设置的学院、独立学院和高等专科学校、高等职业学校及其他机构。研究生指接受的最高一级教育为硕士、博士研究生。

资料来源：《中国统计年鉴》（2013 年）。

随着高等学校的扩招，大学毕业生的数量迅速增长，2005 年突破 300 万人，2007 年突破 400 万人，2008 年突破 500 万人，2011 年突破 600 万人，

[①] 王瑜琨：《2003 年高校毕业生总就业率达 70%》，《中国教育报》2003 年 11 月 12 日。

大学毕业生就业难的局面持续发展。根据教育部门的统计，2003年以来，中国大学生在毕业离校时的就业率一直在70%左右徘徊，但是，失业人数的绝对量却在不断增长。根据2004年9月1日的统计，全国普通高校毕业生平均就业率为73%，① 也就是说，当期有64.6万大学毕业生失业。2006年9月，全国高校毕业生就业率为62%②，即当期有143万大学毕业生失业。到2009年，根据7月1日的统计，全国普通高校毕业生就业率为68%③，这就是说，迈出校门尚未找到工作的大学毕业生已接近170万人。不过，如果按照毕业半年后的就业率统计，则大学生失业率和失业人数将大大降低。以2009年为例，大学生毕业半年后的就业率达到了86.6%，比刚毕业时的就业率上升了18.6个百分点，也就是说，毕业半年后的大学生失业人数比刚出校门时大幅下降了近100万人。④ 2009年以后，大学毕业生就业率普遍回升，失业率呈现下降趋势。2010年7月1日，全国普通高校毕业生就业率为72.2%，同比去年增长了4.2个百分点，⑤ 当期失业大学毕业生160万人。截至2011年9月，全国高校毕业生初次就业率77.8%，同比提高1.2个百分点，当期失业大学毕业生135万人。高等教育发展迅速是件好事，但短期内高速增长，会对劳动力市场的供给产生过大影响，市场本身有个自然生态，具有高等学历的劳动力突然大增，市场的供需双方都反应不过来。于是，大学生就业难问题出现，并成为社会广泛关注的一大焦点。

但是，把大学毕业生就业难的责任都推给高校扩招，进而对高校扩招大加指责和非议，甚至否定整个教育改革，于情于理都不足取。其一是于情。1999年，当政府决策并倾力推进全国高校扩招时，是基于以下情况。一是当时中国大学生数量远低于同等发展水平的国家。直到1997年，中国高等教育毛入学率才5%左右，这种规模与社会经济发展的速度是不相适应的。根据联合国统计数据，扩招前中国18—22岁的适龄青年上大学的比例为4%，而当时人均GDP不到中国一半的印度适龄青年上大学的比例为8%。

---

① 《教育部公布今年全国高校毕业生就业率为73%》，《中国青年报》2004年9月29日。
② 杨宜勇、池振合：《2009年中国就业形势及对策建议》，《经济研究参考》2009年第1期。
③ 王垚：《高校就业率数据统计难坏大学毕业生》，《人民日报》2010年8月10日。
④ 根据麦可思研究院发布的"中国大学生就业报告"，2009年大学生毕业半年后的失业率为13.4%，2010年为10.4%，2011年为9.8%，2012年为9.1%。
⑤ 王垚：《高校就业率数据统计难坏大学毕业生》，《人民日报》2010年8月10日。

当时人均 GDP 和中国不相上下的菲律宾是 20%，人均 GDP 略高于中国的泰国是 31%—37%。① 二是 1998 年国有企业改革进入攻坚阶段，大量失业下岗工人需要重新就业，如果再有大量青年进入就业市场、参与竞争，就业形势将会更加严峻。三是东南亚金融危机过后，为保持经济高速增长，急需增加消费拉动内需，而教育被认为是老百姓需求最大的。国际经验表明，当人均 GDP 达到 800—1000 美元时，消费结构性变化的标志是食品消费份额明显下降，教育、卫生保健、通信消费份额上升，并成为消费热点。到 1999 年，中国的人均 GDP 已经超过了 700 美元，一些发达地区甚至超过了 1000 美元。② 四是通过挖潜与增加投资，高校有能力承担扩招的任务。扩招前中国大学教师与学生比是 1∶7，包括行政管理人员是 1∶3 左右。平均每一个老师教授 7 个学生。而美国比例是 1∶15，在一些发展中国家为 1∶30—1∶50。当时中国大学的教育资源没有得到充分有效的利用。③ 最后也是最重要的，高等教育的普及事关中华民族的整体振兴。其二是于理。从 1999 年以来，中国高等教育经过十年的发展和扩招，终于改变了大学教育的精英性质，步入国际公认的大众化阶段，这也符合世界潮流。自 2006 年起，中国高等教育在学总人数已跃居世界第一。它不仅为当时扩大内需拉动经济增长发挥了积极作用，而且每年为数以百万计、十年以千万计的城乡青年学子，提供了可能改变个人乃至家庭命运的梦圆大学的机会。④ 众所周知，扩招在带来高等教育跨越式发展的同时，也使中国的人口素质悄然发生变化，为人口大国向人力资源强国转变迈出了关键性的一步。据统计，2003—2012 年，中国劳动年龄人口增加了 9400 万，具有高等教育学历的人口增加了 6800 多万⑤，这说明新增劳动力大部分是高学历者。这对保证经济持续健康快速的发展，对加快全面小康社会和创新型国家建设，具有重大战略意义。当然，与高校

---

① 夏斐：《理性客观看待大学扩招》，《光明日报》2008 年 12 月 10 日。
② 赖德胜、李长安、张琪主编：《中国就业 60 年（1949—2009）》，中国劳动社会保障出版社 2010 年版，第 232 页。
③ 夏斐：《理性客观看待大学扩招》，《光明日报》2008 年 12 月 10 日。
④ 浩歌：《大学扩招：历史的功绩与非议》，《中国高等教育》2007 年第 8 期。
⑤ 2003 年中国 15—64 岁人口为 90976 万人，2012 年为 100403 万人。2003—2012 年普通高等学校毕业生总量为 4410.27 万人，2004—2012 年成人本专科毕业生总量为 1561.23 万人；网络本专科生毕业生总量为 851.74 万人。参见《中国统计年鉴》（2004—2013 年）。

扩招相伴的一些问题，如经费投入增加跟不上规模扩张、粗放式培养造成教育质量下降、大学教育专业设置针对性不强等，也是不容忽视的。

其实，高校扩招仅是导致大学毕业生就业难的一个必要条件，而非充分条件。赖德胜教授曾以23—25岁的个体为对象，考察了大学毕业生与高中毕业生就业状况的差异。调研结果表明，对于一个大学毕业生来说，如果不上大学，其失业率会更高，劳动参与率会更低。也就是说，高校扩招并没有使个体就业状况变得更糟糕；相反，它改善了青年就业的状况。[①] 那么，21世纪以来，造成大学毕业生就业难的原因是什么？还有哪些制约因素？一是国内宏观经济背景和经济发展方式的影响。十多年来，尽管中国经济持续高速增长，但恰逢转轨就业、青年就业和农村转移就业"三碰头"，就业问题相当复杂，每年的劳动力供求缺口较大，就业形势不佳。加入世界贸易组织以后，发展大工业和高新科技产业导致了高投资、高增长与低劳动力使用，致使中国经济的就业弹性系数降低到了0.1左右，比同等水平发展中国家低了一半。[②] 同时，一些行业如能源、钢铁、建材等，由于投资过快增长、结构不合理，引发产能过剩；一些外向型企业如纺织、服装、制鞋、玩具、家电等，因为国际金融危机和人民币升值，影响产品出口；一些高耗能、高污染企业受到遏制，上述这些因素都直接或间接地影响了这些行业及其关联企业对大学毕业生的需求。二是劳动力市场的制度性分割。众所周知，与大学毕业生就业难并存的情况是很多企业却存在招工难的现象。[③] 究其原因，在于劳动力市场的二元化。中国劳动力市场被户籍等制度分割成两部分：一部分为体制内劳动力市场，以国家机关和国有企事业单位为主，其职工有城镇户口、工作环境好、工资福利待遇较好、工作的稳定性强；另一部分为体制外劳动力市场，以个体、私营企业为主。很多大学生毕业时在体制外劳动力市场找一个一般性的工作应当说并非难事，但这肯定不是首选，对此往往会抱慎重态度，有的宁可"漂"在大城市或者"啃老"也要考研、考公务员。体制内劳动力市场的工作岗位毕竟有限，如果体制外劳动力市场不去，就业难就不可避免，此种失业属于自愿性失业。所以说，大学生就业难并不是数

---

① 赖德胜：《大学生就业难在何处》，《求是》2013年第20期。
② 杨宜勇、朱小玉：《大学生就业问题成因及其对策》，《中国高等教育》2007年第23期。
③ 李玉兰：《大学生就业"难"在"满意度"》，《光明日报》2012年2月8日。

量上的，而是结构性的，是大学生毕业生追求高质量就业的结果。三是高校教育教学模式改革滞后。大学生是高等教育培养的成果，其培养和发展需要一定年限，高等教育相对于剧烈变化的社会人才需求具有一定的滞后性。由于种种原因，很多高校的办学理念、课程设置、教学方法等与社会上用人单位的需求有很大出入，当这些大学生在走向社会时遇到困难也就在所难免。同时，扩招也直接影响了高教学校教育质量的提高，加之，对学生的职业规划指导工作不到位，导致了大学毕业生就业能力的下降。四是大学毕业生就业能力和就业观念问题。大学毕业生就业能力跟大学的教育有关，同时也跟个人的主观努力程度有密切关系。研究表明，高校毕业生就业能力与用人单位实际需要相比存在很大差距。比如，企业认为责任心、敬业精神、团队合作、沟通技能、解决问题能力最重要，而外语能力、计算机能力、创新能力、监督管理能力与领导能力的重要性最低。但在校大学生则认为，知识、外语能力、计划协调能力、学习能力、计算机能力等最重要。"由于大学生就业能力缺口所导致的结构性失业是长期困扰我国高校毕业生就业的核心问题，也是现实中较难解决的深层次问题，如果不能有效解决，将长期影响我国高校毕业生就业。"[1] 就业观念是个更为复杂的问题。很多人认为，大学生就业难最根本的原因是就业观念落后，说大学毕业生不能只盯着机关事业单位和大国有企业、盯着大城市。其实，这本无可厚非，因为在当前背景下它们能为人们带来更多的机会和利益。而最值得关注的是家庭因素导致的就业观念问题。特别是大学生中的独生子女，家长给了他们良好的物质条件，他们找工作掺杂过多的家长意愿，比较挑剔。这种社会现象需要引导，应鼓励大学毕业生根据自身条件选择工作岗位。[2]

（三）2002—2012年促进大学毕业生就业政策分析

2002年以来，大学毕业生就业政策全面进入以市场为导向的自主择业阶段。为有效缓解大学毕业生就业难的状况，国家连续出台了一系列政策措施，强力推进大学毕业生顺畅就业和高质量就业，基本形成了一整套高校毕业生就业工作管理和政策体系。

---

[1] 丰捷：《大学生就业难在哪里》，《光明日报》2010年6月20日。
[2] 赖德胜：《大学生就业难在何处》，《求是》2013年第20期。

1. 关于构建大学毕业生就业工作的体制与机制

2002年3月2日，国务院办公厅转发了教育部等部门《关于进一步深化普通高等学校毕业生就业制度改革有关问题的意见》，指出要"采取积极有效的措施，进一步转变高校毕业生就业观念，建立市场导向、政府调控、学校推荐、学生与用人单位双向选择的就业机制"。这表明在实现了大学毕业生就业制度由"统包统分"向"自主择业"的变革后，国家在坚持发挥市场基础性作用的同时，强化了政府促进就业的职能，以使大学毕业生就业制度进一步适应市场经济体制和高等教育大众化的需要。2004年4月17日，国务院办公厅下发《关于进一步做好2004年普通高等学校毕业生就业工作的通知》，提出实行中央和地方两级管理，以地方管理为主的工作体制，培育和建设更加完善的毕业生就业市场。同年，经国务院批准，由教育部牵头建立了高校毕业生就业工作部际联席会议制度，负责完善大学毕业生就业工作管理体制和工作机制，完善政策和服务体系。2007年4月22日，国务院办公厅下发《关于切实做好2007年普通高等学校毕业生就业工作的通知》进一步规定，各级政府要把高校毕业生就业工作作为就业工作的重要内容，纳入就业工作联席会议制度，健全省、市、县三级毕业生就业工作领导机构和协调机制。2009年，国务院对教育部与人社部在高校毕业生就业工作上的职能进行了调整，教育部成立了高校毕业生就业工作领导小组，综合统筹协调就业工作。各省级教育行政部门和高校进一步落实了高校毕业生就业"一把手"工程，出台配套政策，千方百计开拓就业市场，确保高校毕业生就业工作机构、人员、经费"三到位"，[①] 努力推进大学毕业生实现充分就业。

2. 有关调整就业流向与结构的政策

2002年3月，国务院办公厅转发的《意见》提出，"引导高校毕业生到基层、到中小企业就业是解决高校毕业生就业问题的主要途径。各级人民政府要抓住西部大开发、小城镇建设和城市社区建设的有利时机，积极创造条件、拓宽渠道，引导并吸纳高校毕业生到基层和中小企业就业"。这表明大学生就业政策改变了过去主要往发达大城市集中、往国有重点企业和建设项

[①] 全国高等学校学生信息咨询与就业指导中心、北京大学教育学院编著：《全国高校毕业生就业状况（2009—2010）》，北京大学出版社2011年版，第4页。

目集中的传统做法，开始注重向西部、中小城市和非公有制企业扩散。此后，中央有关部门出台了一系列文件及配套措施，全力抓好政策落实。主要有：团中央、教育部、财政部、人事部《关于实施大学生志愿服务西部计划的通知》（2003年6月6日），国家发改委《关于鼓励中小企业聘用高校毕业生搞好就业工作的通知》（2003年9月15日），中共中央办公厅、国务院办公厅《关于引导和鼓励高校毕业生面向基层就业的意见》（2005年6月25日），中组部、人事部、教育部等部门《关于组织开展高校毕业生到农村基层从事支教、支农、支医和扶贫工作的通知》（2006年2月25日），教育部、财政部等部门《关于继续组织实施"农村义务教育阶段学校教师特设岗位计划"的通知》（2009年2月23日），科技部、教育部、财政部、人社部等《关于鼓励科研项目单位吸纳和稳定高校毕业生就业的若干意见》（2009年2月27日），中组部、中宣部、教育部等部门《关于建立选聘高校毕业生到村任职工作长效机制的意见》（2009年4月7日），财政部、教育部和总参谋部《关于印发〈应征入伍服义务兵役高等学校毕业生学费补偿和国家助学贷款代偿暂行办法〉的通知》（2009年4月20日），等等。鼓励面向基层和特定行业就业政策的出台，大大拓展了大学毕业生的就业空间，也为基层和特定行业的人力资源合理调配与事业发展提供了政策保障。

3. 有关鼓励大学毕业生自主创业的政策

2002年3月，国务院办公厅转发的《意见》首次明确提出："鼓励和支持高校毕业生自主创业，工商和税收部门要简化审批手续，积极给予支持。"2003年6月26日，财政部、国家发改委发布了《关于切实落实2003年普通高等学校毕业生从事个体经营有关收费优惠政策的通知》。2004年4月9日，团中央、劳动保障部出台了《关于深入实施"中国青年创业行动"促进青年就业工作的意见》，要求提供创业服务，优化创业环境。2009年1月19日，国务院办公厅在《关于加强普通高等学校毕业生就业工作的通知》中，再次提出财政专项资金、政府融资担保政策、税费减免政策和其他公共服务四项积极创业政策，鼓励毕业生自主创业。2010年5月4日，教育部发布了《关于大力推进高等学校创新创业教育和大学生自主创业工作的意见》，人社部发布了《关于实施大学生创业引领计划的通知》，目标是2010—2012年引领45万名大学生创业。截至2010年，各级政府和高校设立的大学生创业资金累计已达 16 亿元，其中省级大学生创业资金 10.85 亿元；各高校共建立 2000 多个创业实习或孵化基地，总面积达 330 万平方米。① 鼓励创业政策的出台，充分满足了大学毕业生就业的个性发展需求，也为大学毕业生发挥自身特长服务社会经济建设搭建了平台。

4. 有关提升大学毕业生就业能力的政策

提高高校人才培养质量和提升毕业生就业能力，是解决大学生劳动力市场结构性失业问题的一个重大措施。2002 年 3 月，国务院办公厅转发的《意见》明确规定："加快调整高校学科专业结构和人才培养结构，提高教学质量，使高校培养的人才更好地适应实际需要。" 2003 年 4 月 25 日，教育部《关于进一步深化教育改革，促进高校毕业生就业工作的若干意见》指出，"高等职业学校必须明确以就业和社会实际需求为导向，调整专业结构，改革培养模式，加强实践环节教育教学，保持同经济和社会的直接、密切的沟通与联系。要特别对可能面临就业困难的毕业生有针对性地强化短期职业技能训练。" 2009 年 2 月 5 日，教育部发布了《关于加快高等职业教育改革促进高等职业院校毕业生就业的通知》，对高职教育改革提出了具体要求。

5. 关于加强就业指导和就业服务的政策

2002 年 12 月 30 日，教育部发布了《关于进一步加强普通高等学校毕业生就业指导服务机构及队伍建设的几点意见》。2004 年 4 月，国务院办公厅《关于进一步做好 2004 年普通高等学校毕业生就业工作的通知》提出："高等学校要将毕业生就业指导和服务体系建设作为建立现代大学制度和教育教学改革的一项重要内容，建立完善的毕业生就业工作体系。" 2007 年 4 月 29 日，劳动保障部《关于做好 2007 年高校毕业生就业有关工作的通知》提出，公共就业服务机构要充分发挥高校毕业生专门服务窗口的作用，向毕业生提供免费职业介绍服务，提供必要的劳动保障事务代理等。2007 年 11 月 16 日，教育部、人事部和劳动保障部《关于积极做好 2008 年普通高等学校毕业生就业工作的通知》明确要求，进一步加强对高校毕业生的公共就业服务，指出"高校要对家庭经济困难并就业困难的毕业生提供'一对一'的就业指导、就业服务和重点推荐，并尽量给予适当求职经济补贴。"人社部

---

① 杜玉波：《努力开创高校创新创业教育和大学生自主创业工作的新局面》，《创新与创业教育》2011 年第 3 期。

门、教育部门和高校提供免费就业服务，高校落实指导人员、场地和经费，不仅满足了大学毕业生的个性化服务要求，也促进了大学毕业生的就业。

十多年来，尽管全国总体就业形势十分严峻，但绝大多数大学毕业生能在当年实现就业，大学毕业生就业率一直保持在70%左右，这与上述这些大学生就业政策的实施是分不开的。同时，也应该看到，上述积极的就业政策还存在一些局限：一是大多数政策侧重大学生就业的数量层面，对就业质量层面关注不够。事实上，大学生就业问题，不单单是能否实现就业的问题，关键是能否找到一个更满意的就业单位。近年来，大学生的工资与农民工趋同现象，也反映出就业质量的重要性。[1] 在前文所述的大学生就业政策的总体框架中，第二、三、五方面都是为了促进大学生找到工作，去西部地区未必是最优选择，但可以实现就业；扶持大学生创业，但创业成功的典范案例屈指可数。只有第四方面，即通过提高高校人才培养质量和提升毕业生就业能力，是有助于提高就业的质量。同时，教育部把"一次性就业率"作为评价高等院校就业状况的指标，也迫使高校更多地关注大学生就业数量的增加。事实上，"一次性就业率"这个指标往往只是简单地反映出大学生就业工作"量"的成果，无法体现"质"的高低。[2] 在某种程度上，只追求就业数量上的扩张，短期内看就业问题似乎得到了一定程度的缓解，可是从长期来看，大学生就业质量低是对大学生权益的侵害，不仅会降低用人单位的凝聚力，造成人才流失，还会摧毁人们对高等教育的信心，影响社会经济持续健康的发展。二是有些就业政策更多关注短期效应，对长期效应的关注不够。比如，大学毕业生做一名西部志愿者或"村官"是一个不错的选择，但这毕竟是一个过渡性的工作岗位，期满后他需要重新选择去哪里就业？如果他希望回到东部地区再就业，户籍和档案迁移、社会保障异地接转、人际关系缺失、就业信息不灵等一系列问题就会接踵而至。实际上，他并不惧怕去西部工作，而是担心一旦去了，几年后很难再回来。因此，很多大学生宁可做"北漂""上漂"，也不去西部就业。大学生就业政策若不能在这些方面有所突破的话，从长期看，就无法很好地调整大学生就业结构。三是有些就业政策的规定不明确、可操作性不强。比如，关于高校开设创业教育必修

---

[1] 黄敬宝：《我国大学生就业政策的演变及评价》，《中国劳动》2013年第3期。
[2] 杨宜勇、朱小玉：《大学生就业问题成因及其对策》，《中国高等教育》2007年第23期。

课,并没有明确如何保障师资力量、教学设施、教学内容、资金投入等措施,很多高校不具备面向全体大学生开设创业必修课的基本条件,开课的老师多是就业指导中心的辅导员,致使这项政策很难落实到位。[①] 四是就业政策的配套措施不完善。比如,高校教育制度、专业课程设计、教育教学方法滞后,培养出来的学生难以满足现实社会多样化的需要。许多毕业生在应聘过程中,常常会因为档案、户籍等原因被用人单位拒之门外。在"强资本、弱劳动"的背景下,用人单位不与大学生签订劳动合同,不给提供社会保险待遇的现象也时有发生。

三 农民工就业

农业劳动力向城镇和非农产业转移,是世界各国工业化、城镇化的普遍趋势,也是农业现代化的必然要求。进入 21 世纪以后,在统筹城乡就业[②]的大背景下,随着工业化、城镇化的快速推进,农民工总量继续增加,流动广度和跨度日益扩大,农民工已经成为中国产业大军的重要组成部分。但同时,农民工在城市的就业待遇不公、难以真正融入城市生活等问题也日益严重。因此,保障农民工就业的合法权益,为其进城务工创造公平的就业环境,推动和促进农民工稳定就业,提高其就业水平和就业质量,成为这一阶段农民工就业政策的着力点。

(一) 农民工的数量、流动与就业结构

2008 年以前,由于没有成熟的农民工统计制度,也很难获取农民工数量的精确时间序列数据。对于中国农民工的数量,不少部门都进行过调查和估计,尽管他们的调查和估算结果有一些差异,但大体上能反映农民工数量较快增长的态势。根据国家统计局农村社会经济调查总队对全国 31 个省(区、市) 6.8 万个农村住户和 7100 个行政村的抽样调查,2003 年农村外出

---

① 黄敬宝:《我国大学生就业政策的演变及评价》,《中国劳动》2013 年第 3 期。
② 2000 年 7 月 20 日,劳动保障部等七部门下发的《关于进一步开展农村劳动力开发就业试点工作的通知》中就提出:"按照城乡统筹就业的原则,逐步建立统一、开放、竞争、有序、城乡一体化的劳动力市场,大力推进城市化进程。"

务工的劳动力11390万人，比上年增加920万人。外出务工劳动力占农村劳动力的比重为23.2%，比上年提高1.5个百分点。其中，农村常住户外出务工的劳动力8960万人，比上年增加840万人；举家在外务工的劳动力2430万人，比上年增加了80万人。① 此后几年外出农民工数量稳定增长，到2006年农村外出务工劳动力达到13212万人，其中，农村常住户中外出务工的劳动力10568万人；举家外出务工的劳动力2644万人。② 根据农业部的数据，2007年农村外出就业劳动力达1.26亿人，乡镇企业从业人员为1.5亿，扣除重复计算部分，2007年农民工达到2.26亿人。③

2008年年底，国家统计局建立了农民工统计监测调查制度。根据国家统计局发布的《2012年全国农民工监测调查报告》，2012年全国农民工总量达到26261万人，比2008年增加了3719万人。其中，外出农民工16336万人，增加2295万人。住户中外出农民工12961万人，比2008年增加1779万人；举家外出农民工3375万人，增加516万人。2012年本地农民工9925万人，比2008年增加1424万人。④ 外出务工仍然是农民就业和增收的主要途径，在中国农村70%的农民家庭都存在"以代际分工为基础的半工半耕结构"，即年轻子女进城务工，年龄比较大的父母留村务农，一个农民家庭因此同时有务工和务农的两笔收入。

第一，从驱动因素来看，农村适龄劳动力外出务工主要是为了提高收入。据上海财经大学"千村调查"课题组实地调研的数据分析，农村适龄劳动力中选择外出务工或经商的比例为35.1%，留在家中只从事自营农业活动的比例为33.49%。外出务工或经商的劳动力年均收入为36837元，留在家中只从事自营农业的年均收入为5625元。可见，外出务工可以显著提高农村劳动力的收入水平。有88.41%的农民工表示，经济因素是他们外出务工的主要动因，而子女教育、向往城市生活等原因所占的比例较低。但

---

① 农调总队：《2003年农村外出务工劳动力1.1亿人》，http://www.sannong.gov.cn/v1/fxyc/ld-lzy/200405270846.htm。
② 国家统计局农村社会经济调查司：《2006年全国农村外出务工劳动力继续增加》，《调研世界》2007年第4期。
③ 周英峰、王飞：《2007年我国农民工达到2.26亿人》，http://www.china.com.cn/news/txt/2008-08/28/content_16352640.htm。
④ 本刊编辑部：《2012年全国农民工监测调查报告》，《财经界》2013年第3期。

是，近年来外出劳动力所面临的非经济类困难已日益凸显，照顾家人，尤其是照顾老人和孩子已成为农村转移劳动力的主要后顾之忧。[①]

表23—7　　　　　2002—2012年农民工及外出农民工数量　　　　单位：万人

年份	2002	2003	2004	2005	2006	2007	2008	2009	2010	2011	2012
农民工总量				20000			22542	22987	24223	25278	26261
外出农民工	10470	11390	11823	12578	13212	13650	14041	14533	15335	15863	16336
1. 住户中外出农民工	8120	8960	9353	10038	10568	—	11182	11567	12264	12584	12961
2. 举家外出农民工	2350	2430	2470	2540	2644	—	2859	2966	3071	3279	3375
本地农民工	—	—	—	—	—	—	8501	8445	8888	9415	9925

注：2002—2006年的数据来源于国家统计局农村社会经济调查总队，外出农民工指本年度内在本乡以外的地域就业1个月以上的农村劳动力；2007年的数据来源于国家统计局《农村住户调查年鉴》；2008—2012年的数据来源于国家统计局《2012年全国农民工监测调查报告》，外出农民工指调查年度内在本乡镇地域以外从业6个月及以上的农村劳动力。

第二，从性别、年龄和教育培训情况来看，农民工以男性为主，大约占2/3；农民工以青壮年为主，但40岁以下农民工所占比重在下降，由2008年的70%下降到2012年的59.3%，农民工平均年龄也由34岁上升到37.3岁。农民工以初中文化程度为主，大约占60%，但青年农民工和外出农民工文化程度相对较高，特别是30岁以下年轻农民工中高中及以上文化程度的比重在提高。大约有70%的农民工没有参加过任何技能培训，青年农民工接受非农职业技能培训的比例要高于年长的农民工，但在接受农业技术培训方面，则是相反。这说明年青一代的农民工与农业脱离得越来越远。

第三，从流向及就业地域分布来看，根据国家统计局近年来的农民工监测调查报告分析，农民工务工仍以东部沿海地区和城市为主，较为集中地流向了广东、浙江、江苏、山东等沿海省份，但在中西部地区务工的比重在提

[①] 上海财经大学"千村调查"课题组：《如何让农民工真正"进城"》，《光明日报》2014年6月17日。

高；在长三角和珠三角地区务工的农民工总量增加，但其比重却在下降；在省内务工的外出农民工数量增加较多，但跨省外出的农民工比重下降；六成以上外出劳动力在地级以上大中城市务工；农民工回乡创业步伐明显加快，农村劳动力双向流动与双向就业的新局面正在形成。此外，外出农民工还呈现出流动性较高的特点，有近2/3的农民工曾转换过工作的城市，他们平均在每个城市留驻时间为2—3年。

第四，从就业行业分布来看，农民工从业仍以制造业和建筑业为主，集中分布于低技能劳动密集型行业。据国家统计局农村社会经济调查总队的抽样调查，2005年外出农民工所从事的行业，首先是以工厂生产为主的制造业所占比重最大，为34.8%；最后是以工地施工为主的建筑业，占20.2%；社会服务业劳动力占10.6%、住宿餐饮业占6%、批发零售业占4.7%。根据《2012年全国农民工监测调查报告》，2012年农民工从事制造业的比重最大，占35.7%；其次是建筑业占18.4%，居民服务和其他服务业占12.2%，批发零售业占9.8%，交通运输、仓储和邮政业占6.6%，住宿餐饮业占5.2%（见表23—8）。总的来看，随着产业结构的升级、城市化的发展、农民工教育培训的加强和新生代农民工文化素质的提高，农民工的就业结构、就业方式都将继续发生变化，住宿餐饮、娱乐、新型服务业等第三产业正在成为更多农民工就业的重要选择。

表23—8　　　　2008—2012年农民工从事的主要行业分布　　　　单位：%

年份	2008	2009	2010	2011	2012
制造业	37.2	36.1	36.7	36.0	35.7
建筑业	13.8	15.2	16.1	17.7	18.4
交通运输、仓储和邮政业	6.4	6.8	6.9	6.6	6.6
批发零售业	9.0	10.0	10.0	10.1	9.8
住宿餐饮业	5.5	6.0	6.0	5.3	5.2
居民服务和其他服务业	12.2	12.7	12.7	12.2	12.2

资料来源：国家统计局：《2012年全国农民工监测调查报告》。

第五，从外出农民工的流动方式来看，已经由改革开放之初的"离土不离乡"转变为"离土又离乡"，长期稳定的外出和家庭化的外出明显增加。

突出表现在：一是长期在外务工的农民工增多，2003年外出务工时间在6个月以上的劳动力为6950万人[1]，2008年，增加到14041万人，2012年为16336万人。二是举家外出的农民工增多。随着外出农民工在流入地就业稳定性的提高，他们在获取更多经济收入的同时，开始注重家庭成员的团聚、子女的教育。农民工群体正在发生结构性变化，即从以前男劳动力外出"独闯"逐渐演变成夫妻二人同时外出务工以及携子女外出流动[2]，举家外出、完全脱离农业生产和农村生活环境的农民工越来越多。表23—7显示，2002年举家在外务工的劳动力为2350万人，到2012年，增加到3375万人，增加了1025万人。三是外出农民工在城市的沉淀和居住趋于长期化。

特别需要关注的是，20世纪六七十年代出生的外出农民工已步入中老年，并逐步退出城市，他们的子女开始成为农民工的主要构成，即新生代农民工[3]。根据国家统计局发布的《2013年全国农民工监测调查报告》，1980年及以后出生的新生代农民工12528万人，占农民工总量的46.6%，占同时期出生的农村从业劳动力的比重为65.5%。与老一代农民工相比，新生代农民工的主要特点是：一是新生代农民工受教育程度普遍较高。新生代农民工中，初中以下文化程度仅占6.1%，初中占60.6%，高中占20.5%，大专及以上文化程度占12.8%。在老一代农民工中，初中以下文化程度占24.7%，初中占61.2%，高中占12.3%，大专及以上文化程度占1.8%。二是新生代农民工跨省外出的比例更高，主要集中在东部地区及大中城市务工，在外务工更倾向就地消费。三是新生代农民工从业主要集中在制造业，从事建筑业的比重大幅下降，不及老一代农民工的一半。[4] 四是新生代农民工基本不懂农业生产，"亦工亦农"兼业的比例很低。尽管他们在户籍上仍然归属于农民，但大多数人实际上从离开学校后就直接进城务工了，基本上

---

[1] 农调总队：《2003年农村外出务工劳动力1.1亿人》，http：//www.sannong.gov.cn/v1/fxyc/ld-lzy/200405270846.htm。
[2] 中国农民工战略问题研究课题组：《中国农民工问题调查》，《中国经济报告》2009年第2期。
[3] 2010年中央一号文件《关于加大统筹城乡发展力度进一步夯实农业农村发展基础的若干意见》中，首次使用了"新生代农民工"的提法，并要求采取有针对性的措施，着力解决新生代农民工问题，让新生代农民工市民化。
[4] 《2013年全国农民工监测调查报告》，http：//www.stats.gov.cn/tjsj/zxfb/201405/t20140512_551585.html。

没有农业生产的技能和经验。可以说，新生代农民工代表着农民工的主流，正发生由"亦工亦农"向"全职非农"转变，由"城乡双向流动"向"融入城市"转变，由"寻求谋生"向"追求平等"转变。

（二）农民工就业面临的主要问题

与城镇职工相比，农民工就业面临的主要问题包括：

1. 就业市场准入排斥

在统筹城乡就业政策的大背景下，国家已基本取消了对进城农民工就业的行政性限制和排斥性收费，但在某些大中城市仍然存在对农民工就业市场准入排斥的现象。究其原因，在于中国城乡分割的就业管理体制和城市劳动力市场的二元化：一是体制内劳动力市场（或不完全竞争劳动力市场）；二是体制外劳动力市场（或完全竞争劳动力市场），也可称"次属劳动力市场"。农民工就业一般通过后一类劳动力市场实现，绝大多数在民营和私营企业中就业，或成为前一类市场（国家机关、事业单位和国有企业）的劳动派遣工。农民工从事的行业集中在劳动密集型行业，如制造业、建筑业等，一些技术和资金密集型、收入相对较高的行业，如金融业、计算机服务与软件业等行业，农民工所占比例相当少。由于进城农民工数量巨大，体制外劳动力市场劳动力长期处于供过于求的状态。因此，农民工更多地处于就业的弱势和不稳定状态，随时面临被解雇的风险。

2. 劳动时间偏长

《劳动法》规定："国家实行劳动者每日工作时间不超过 8 小时、平均每周工作时间不超过 44 小时的工时制度。"据相关调查结果显示，2008 年青年农民工每周平均劳动时间为 57.16 小时，高于城市青年近 9 个小时（48.17 小时）。城市青年每周工作时间在 44 小时以下的比例远高于青年农民工，而每周工作时间在 71 小时以上的青年农民工高于城市青年 10 个百分点（见表 23—9）。国家统计局《2011 年我国农民工调查监测报告》显示，2011 年外出农民工平均在外从业时间是 9.8 个月，平均每个月工作 25.4 天，每天工作 8.8 小时。每周工作超过 5 天的占 83.5%，每天工作超过 8 小时的占 42.4%，每天工作 10 小时以上的占 32.2%，与 2010 年相比，尽管外出农民工劳动时间偏长的情况略有改善，但是每周工作时间超过劳动法规定的

44 小时的农民工仍高达 84.5%。[①]

表 23—9　　　　　青年农民工与青年城市工工作时间比较　　　　　单位:%

工作时间	青年农民工 2006 年	青年农民工 2008 年	青年城市工 2006 年	青年城市工 2008 年
少于 44 小时	23.3	22.3	52.3	49.2
45—56 小时	34.7	36.3	32.3	34.3
57—70 小时	28.4	26.4	10.5	11.7
71 小时以上	13.6	15.0	4.9	4.8
平均数	56.20	57.16	47.3	48.17

资料来源：唐美玲：《青年农民工的就业质量：与城市青年的比较》，《中州学刊》2013 年第 1 期。

3. 工资水平低，还经常被拖欠

农民工就业平均收入水平偏低且城乡劳动力收入差距明显。据国家统计局调查，2004 年农民工月平均务工收入为 539 元，而城镇单位在岗职工月平均工资为 1335 元，两者相差高达 796 元。[②] 2008 年，外出农民工月平均收入为 1340 元，而城镇单位就业人员月平均工资为 2060 元，高出农民工的平均收入水平 720 元。2012 年，外出农民工的月平均收入仅为 2290 元，而城镇单位就业人员月平均工资为 3897 元，高出农民工的平均收入水平 1607 元（见表 23—10）。农民工的工资收入水平除了可以观测到的原因，如在低端劳动力市场就业、素质较低、城镇工作时间较短、技能不高等因素外，最主要的是存在对农民工的歧视性因素。

表 23—10　　　2008—2012 年农民工收入与城镇单位就业人员工资比较

单位：元/人、%

年份	2008	2009	2010	2011	2012
①农民工人均月收入	1340	1417	1690	2049	2290
②城镇单位就业人员月平均工资	2060	2687	3045	3483	3897
②－①	720	1270	1355	1434	1607
①/②	65.0	52.7	55.5	58.9	58.8

资料来源：国家统计局《2012 年全国农民工监测调查报告》；《中国统计年鉴（2013）》。

---

① 《2011 年我国农民工调查监测报告》，《中国信息报》2012 年 4 月 30 日。
② 岳经纶：《农民工的社会保护：劳动政策的视角》，《中国人民大学学报》2006 年第 6 期。

农民工工资经常被拖欠。2003年年末相关统计数据显示，当时全国进城务工人员被拖欠的工资高达1000亿元，其中建筑企业拖欠工资的比例高达72.2%。全国1.5亿进城务工者中，只有6%的人能按月领取工资。[1] 解决工资拖欠问题是农民工最为迫切的诉求。2003年10月24日，"总理为农妇讨薪"事件轰动全国。之后，尽管国家采取了追讨工资专项行动，取得了一定的成效，但拖欠工资问题仍未得到根本解决，前清后欠现象仍较普遍。到2006年，拖欠比例仍达17.13%。从拖欠工资的金额来看，基本上集中在年收入30%以下的小金额方面；从拖欠工资的期限来看，以拖欠3个月以下为主。国家统计局2008年对因金融危机而返乡的农民工进行的调查显示，被拖欠工资的返乡农民工占返乡农民工总数的5.8%。其中，保留工作只是回家过年的农民工中有4.4%被雇主拖欠了工资，而需要重新找工作的返乡农民工中有8%被原雇主拖欠了工资。[2] 据国家统计局《2012年全国农民工监测调查报告》，2008年以后，被雇主或单位拖欠工资的农民工比例开始逐年下降（见图23—1）。

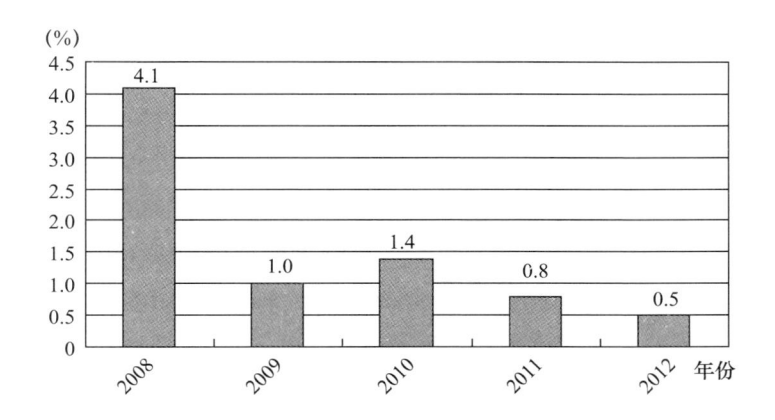

图23—1 外出农民工被拖欠工资的比重

---

[1] 《回望"总理帮农妇讨薪"事件》，http://www.cq.xinhuanet.com/2008 - 10/13/content_14630248_1.htm。

[2] 赖德胜、李长安、张琪主编：《中国就业60年（1949—2009）》，中国劳动社会保障出版社2010年版，第245—247页。

4. 劳动合同签订率低，缺乏稳定合法的劳动关系

据调查，2006年，与雇主或单位签订劳动合同的青年有42.2%，其中，青年农民工签订劳动合同的比例为26.2%，城市青年为52.5%。2008年，这一比例有了很大提高，但青年农民工签订劳动合同的比例仍比城市青年低25%，城市青年签订劳动合同比例为68.0%，而青年农民工只有43.3%。[①] 另据国家统计局《全国农民工监测调查报告》，2012年外出受雇农民工与雇主或单位签订劳动合同的占43.9%，与2009年相比仅下降了1.1个百分点。从调查数据看，外出农民工与雇主或单位签订劳动合同的比例变化不大。2012年未与农民工签订劳动合同的比例，建筑业为75.1%，比2009年上升了1.1个百分点；制造业为48.8%，同比下降了0.5个百分点；服务业为60.8%，同比下降了3.1个百分点；住宿餐饮业为62.4%，同比下降了2.8个百分点；批发零售业为59.9%，同比基本持平。签订劳动合同的期限在一年以下的农民工占71%，两年以上的仅占10%。在没有签订劳动合同的前提下，农民工在劳资关系中本身就处于弱势，双方协商解决问题从根本上就是不平等的。如果农民工自身的维权意识得不到提高，那么这种不对等的劳动关系将会大大降低农民工群体的就业质量。此外，农民工与用人单位签订劳动合同还存在着短期化的问题，基本上是一年一签，签订长期合同的较少。

5. 社会保障有限

从法律上来看，现行城镇职工基本社会保险制度在制度层面上并不排斥正规就业的农民工，这部分人员参加各个险种的通道是敞开的。但因多方面的原因，大多数农民工并未参保。自2008年以来，外出农民工参加社会保险的比例有所提高，但总体仍然较低。2012年，雇主或单位为农民工缴纳养老保险、工伤保险、医疗保险、失业保险和生育保险的比例分别为14.3%、24.0%、16.9%、8.4%和6.1%，分别比2008年提高4.5个、-0.1个、3.8个、4.7个和4.1个百分点（见表23—11）。从外出农民工从事的主要行业看，制造业、交通运输仓储邮政业、批发零售业和服务业的参保情况相对较好，而建筑业、住宿餐饮业的农民工，雇主或单位为其缴纳各项保险

[①] 唐美玲：《青年农民工的就业质量：与城市青年的比较》，《中州学刊》2013年第1期。

的比例明显低于其他行业。① 同时，农民工的社会福利也不乐观，最突出的表现在住房和子女的教育福利方面。在社会救助方面，现行城镇社会救助只覆盖城镇户籍人口，诸如最低生活保障的社会救助等社会保障权益，农民工几乎享受不到，尽管对他们当地的经济发展作出过贡献。

表23—11 　　　 2008—2012年外出农民工参加社会保险的比例 　　　单位:%

年份	2008	2009	2010	2011	2012
养老保险	9.8	7.6	9.5	13.9	14.3
工伤保险	24.1	21.8	24.1	23.6	24.0
医疗保险	13.1	12.2	14.3	16.7	16.9
失业保险	3.7	3.9	4.9	8.0	8.4
生育保险	2.0	2.4	2.9	5.6	6.1

资料来源：国家统计局《2012年全国农民工监测调查报告》。

（三）强调公平的农民工就业政策

改革开放以来，国家对农村劳动力流动、转移的政策有一个从控制流动到允许流动，从控制盲目流动到鼓励、引导和实行宏观调控下的有序流动的演变过程。进入21世纪以来，农民工就业政策发生了根本性变化，即它是在统筹城乡发展、以人为本、公平对待的政策理念下，把农民工视为产业工人的重要组成部分，通过减少或取消对农民工的制度性歧视和提供公共服务，保障农民工的合法权益，为其进城务工创造公平的就业环境和条件。②

2002年1月，中共中央、国务院《关于做好2002年农业和农村工作的意见》指出："农村劳动力跨地区流动和进城务工，不仅有利于农民增加收入，而且可以方便城市居民生活，增强城市经济的活力和竞争力，促进城乡协调发展。对农民进城务工要公平对待，合理引导，完善管理，搞好服务。各地区要认真清理对农民进城务工的不合理限制和乱收费，纠正简单粗暴清

---

① 本刊编辑部：《2012年全国农民工监测调查报告》，《财经界》2013年第3期。
② 崔传义：《论中国农民工政策范式的转变》，载《中国公共政策评论》（第1卷），上海人民出版社2007年版，第133—156页。

退农民工的做法。要积极发展各种劳务中介组织，逐步形成城乡统一的劳动力市场。健全进城务工农民的劳动合同管理，维护他们的合法权益。"① 其中，"公平对待，合理引导，完善管理，搞好服务"，是中共中央、国务院第一次提出解决农民进城务工问题的 16 字方针。为了更好地规范和公平对待进城农民工的各项权益，2003 年 1 月 5 日，国务院办公厅发出《关于做好农民进城务工就业管理和服务工作的通知》，要求：进一步提高认识，取消对农民进城务工就业的不合理限制；切实解决拖欠和克扣农民工工资问题；改善农民工的生产生活条件；做好农民工培训和服务工作，等等。② 这是改革开放以来有关农民工权益保障问题内容最为全面的一个政策文件，标志着农民工政策导向发生了根本性转变。政府不再是从保护城市人特权的角度来看待农民工，或者说是为了城市人的需要来管理农民工；不再是从某种既定秩序破坏者的角度来看待农民工，或者说是为了所谓社会秩序的需要来管理农民工，而是从农民权利的角度和农民发展的角度来看待农民工。4 月 27 日，国务院颁布了《工伤保险条例》，首次将农民工纳入保险范围。为了提高农民工素质和就业能力，进一步促进农村劳动力向非农产业和城镇转移，9 月 18 日，国务院办公厅转发农业部、劳动保障部等部门制定的《2003—2010 年全国农民工培训规划》，确定了农村劳动力转移培训和农民工岗位培训的目标、任务和相关政策措施，对农民工培训的经费投入、培训激励政策等方面作出明确规定，要求中央和地方各级政府安排专项经费加大对农民工培训。11 月 22 日，国务院办公厅印发了《关于切实解决建设领域拖欠工程款问题的通知》，要求各级政府及其建设、劳动保障等部门"自 2004 年起，用 3 年时间基本解决建设领域拖欠工程款以及拖欠农民工工资问题"。到 2007 年，全国各地偿还拖欠工程款 1834 亿元，其中清付农民工工资 330 亿元。③

2004 年，中央一号文件下发，文件第一次提出"进城就业的农民工已经成为产业工人的重要组成部分，为城市创造了财富、提供了税收"，要

---

① 《中共中央国务院关于做好 2002 年农业和农村工作的意见》，《山东政报》2002 年第 3 期。
② 《国务院办公厅关于做好农民进城务工就业管理和服务工作的通知》，《中华人民共和国国务院公报》2003 年第 5 期。
③ 田乾峰：《讨薪农妇熊德明》，《京华时报》2008 年 3 月 6 日。

"健全有关法律法规,依法保障进城就业农民的各项权益。推进大中城市户籍制度改革,放宽农民进城就业和定居的条件。"① 这标志着农民工的新社会阶层身份在政治上得到了正式承认。农民工的社会角色由过去影响城市稳定的"盲流"转变为"产业工人",处理农民工问题的政策工具由行政强制和排斥转变为制度性吸纳,政策目标由基于城乡分割的限制流动转变为统筹城乡发展、以人为本、公平对待,搞好服务。2004年7月16日,国家发改委等九部委联合发布《关于进一步清理和取消针对农民跨地区就业和进城务工歧视性规定和不合理收费的通知》,明确要求:全面清理针对农民跨地区就业和进城务工的各种歧视性规定,"除法律、行政法规规定外,各地设立的针对农民跨地区就业和进城务工的各种行政许可和非行政许可审批事项,一律取消。按法律、行政法规规定保留的涉及农民跨地区就业和进城务工的手续,要按照'规范程序、公开透明、方便办理'的原则进行简化";进一步清理针对农民跨地区就业和进城务工的行政事业性收费,"已明确取消行政许可和非行政许可审批事项的收费项目,一律取消;法律、行政法规没有规定的行政许可和非行政许可审批收费项目,一律取消;凡未经国务院和省、自治区、直辖市人民政府及所属财政、价格主管部门批准的其他针对农民跨地区就业和进城务工的行政事业性收费项目,一律取消;符合规定保留的收费,要按照尽量减轻农民负担的原则,重新核定收费标准。严禁利用办理农民进城务工等审批事项或手续时,搭车收费,变换手法收费";严格规范各种中介服务收费,"有关机构为农民跨地区就业和进城务工提供职业介绍等中介服务,必须坚持自愿原则,严禁强制服务,强行收费"。同年12月27日,国务院办公厅印发了《关于进一步做好改善农民进城就业环境工作的通知》,要求各地进一步做好促进农民进城就业的管理和服务工作,切实维护农民进城就业的合法权益,进一步健全完善劳动力市场。

2006年3月27日,新华社受权发布了国务院《关于解决农民工问题的若干意见》(以下简称《意见》)。《意见》明确了做好农民工工作的指导思想、基本原则和政策措施,并特别提出要着力做好以下几个方面的工作:一是"抓紧解决农民工工资偏低和拖欠问题"。严格规范用人单位工资支付行

---

① 《中共中央国务院关于促进农民增加收入若干政策的意见》,《人民日报》2004年2月9日。

为，确保农民工工资按时足额发放。建立工资支付监控制度和工资保证金制度，从根本上解决拖欠、克扣农民工工资问题。合理确定并适时调整最低工资标准，制定和推行小时最低工资标准。二是"依法规范农民工劳动管理"。严格执行劳动合同制度，加强对用人单位订立和履行劳动合同的指导和监督。依法保障农民工职业安全卫生权益。切实保护女工和未成年工权益，严格禁止使用童工。三是"搞好农民工就业服务和培训"。逐步实行城乡平等的就业制度，进一步清理和取消各种针对农民工进城就业的歧视性规定和不合理限制。进一步做好农民转移就业服务工作，加强农民工职业技能培训。四是"积极稳妥地解决农民工社会保障问题"。依法将农民工纳入工伤保险范围，抓紧解决农民工大病医疗保障，探索适合农民工特点的养老保险办法。五是"切实为农民工提供相关公共服务"。按照属地化管理的原则，逐步健全覆盖农民工的城市公共服务体系。保障农民工子女平等接受义务教育，搞好计划生育管理和服务，多渠道改善农民工居住条件。六是"健全维护农民工权益的保障机制"。保障农民工依法享有的民主政治权利，保护农民工土地承包权益。加大维护农民工权益的执法力度。七是"促进农村劳动力就地就近转移"。大力发展乡镇企业和县域经济，提高小城镇产业集聚和人口吸纳能力，扩大当地转移就业容量。[①] 这是中央政府关于农民工的第一份全面系统的政策文件，它的出台标志着国家已将解决农民工问题上升到国家战略的高度，是"落实科学发展观，统筹城乡发展、解决'三农'问题的又一重大举措，对于切实保障广大农民工的合法权益，进一步改善农民工的就业环境，引导农村富余劳动力合理有序转移，推动社会主义新农村建设和中国特色的工业化、城镇化、现代化健康发展，具有重大的意义。"[②] 根据国务院《关于解决农民工问题的若干意见》中逐步实行城乡平等就业制度的精神，劳动保障部、发展改革委、财政部、农业部等部门成立了城乡统筹就业试点工作指导小组，具体负责城乡统筹就业试点工作的组织、协调和指导。2006年7月26日，劳动保障部等部门联合下发了《关于印发统筹城乡就业试点工作指导意见的通知》，选取了36个城市开展统筹城乡就业试

---

① 《国务院关于解决农民工问题的若干意见》，《人民日报》2006年3月28日。
② 《全社会都要关心和保护农民工》，《人民日报》2006年3月28日。

点，探索建立城乡统一的劳动力市场和公平竞争的就业制度。[①] 各地先后取消了对农民进城务工就业的各种收费，废除了限制农民工进入领域和行业的规定，废除了针对外出就业农民工的"证卡"制度。各大中城市通过整顿劳动力市场，打击非法中介，向农民工提供免费就业服务。[②]

为了加强就业服务和就业管理，培育和完善统一开放、竞争有序的人力资源市场，为劳动者就业和用人单位招用人员提供服务，2007年7月15日，劳动保障部公布了《就业服务与就业管理规定》。《就业服务与就业管理规定》第五条规定：农村劳动者进城就业享有与城镇劳动者平等的就业权利，不得对农村劳动者进城就业设置歧视性限制。该法第六十三条规定：农村进城务工人员和其他非本地户籍人员在常住地稳定就业满6个月的，失业后可以在常住地登记。该法第六十四条规定：登记失业人员凭登记证享受公共就业服务和就业扶持政策；其中符合条件的，按规定申领失业保险金。这就是说，该规定已将农民工纳入失业登记范围，登记失业后的农民工可享受城镇登记失业人员的相关就业扶持政策。2007年8月30日，国家颁布了《就业促进法》。《就业促进法》第二十条规定：国家实行城乡统筹的就业政策，建立健全城乡劳动者平等就业制度，引导农业富余劳动力有序转移就业。该法第三十一条规定：农村劳动者进城就业享有与城镇劳动者平等的劳动权利，不得对农村劳动者进城就业设置歧视性限制。这标志着促进农村劳动力转移就业的政策制度和法律法规进一步健全，城乡平等的就业制度逐步实行。

2008年下半年，受国际金融危机的冲击，中国出现了约2000万农民工提前返乡，[③] 农民工的失业问题开始显现出来。为了减轻金融危机对中国劳动密集型产业的打击，稳定数以千万计的农民工就业，国家有针对性地出台了一系列政策。2008年10月12日，中共十七届三中全会通过的《中共中央关于推进农村改革发展若干重大问题的决定》指出："统筹城乡基础设施建

---

① 《劳动和社会保障部国家发展和改革委员会财政部农业部关于印发统筹城乡就业试点工作指导意见的通知》，《中国劳动》2006年第10期。
② 杨宜勇、杨河清、张琪主编：《回顾与展望：中国劳动人事社会保障30年》，中国劳动社会保障出版社2008年版，第49页。
③ 李中建：《我国农民工政策变迁：脉络、挑战与展望》，《经济学家》2011年第12期。

设和公共服务,全面提高财政保障农村公共事业水平,逐步建立城乡统一的公共服务制度。统筹城乡劳动就业,加快建立城乡统一的人力资源市场,引导农民有序外出就业,鼓励农民就近转移就业,扶持农民工返乡创业。加强农民工权益保护,逐步实现农民工劳动报酬、子女就学、公共卫生、住房租购等与城镇居民享有同等待遇,改善农民工劳动条件,保障生产安全,扩大农民工工伤、医疗、养老保险覆盖面,尽快制定和实施农民工养老保险关系转移接续办法。统筹城乡社会管理,推进户籍制度改革,放宽中小城市落户条件,使在城镇稳定就业和居住的农民有序转变为城镇居民。"[①] 此后,各地区、各部门采取更加积极的就业政策,广开农民工就业门路,加强农民工技能培训,支持农民工返乡创业,做好农民工劳动保障和公共服务工作。

为进一步提高农民工技能水平和就业能力,促进农村劳动力向非农产业和城镇转移,推进城乡经济社会发展一体化进程,2010年1月21日,国务院办公厅印发了《关于进一步做好农民工培训工作的指导意见》,明确了农民工培训的目标、重点任务和培训资金省级统筹、建立培训补贴基本标准等措施。2010年10月28日,国家颁布了《社会保险法》,明确规定进城务工的农村居民依照《社会保险法》相关规定参加社会保险,这为农民工参加社会保险提供了法律保障。加之,《城镇企业职工基本养老保险关系转移接续暂行办法》和《流动就业人员基本医疗保障关系转移接续暂行办法》相继出台,这又从制度上解决了农民工跨地区流动就业养老和医疗保险关系转移难的问题。

农民工问题是一个具有普遍性、全局性、长期性的问题,既需要解决农民工权益保障方面最直接、最现实的问题,更需要从根本上解决产生农民工问题的体制性和制度性根源,即建立城乡统一的劳动力市场和公平竞争的就业制度。2002年以来,农民工就业政策体现了突破中国城乡二元社会经济结构的制度建设方向,体现了工业化、城市化、现代化进程中以人为本的时代性。[②] 但是,由于是大规模的人口在较短的时间里集中向城市流动、转移就业,并且要实现向城市文明的转型,农民工就业政策在实施中难免会出现

[①] 《中共中央关于推进农村改革发展若干重大问题的决定》,《人民日报》2008年10月20日。
[②] 纪韶:《改革开放以来的中国农民工就业政策社会效应评估研究》,《经济与管理研究》2010年第10期。

一些问题。有些问题是执行中的政策问题，比如《2003—2010 年全国农民工培训规划》对经费的规定，"实行政府、用人单位和农民工个人共同分担的投入机制。中央和地方各级财政在财政支出中安排专项经费扶持农民工培训工作。"但对于各级政府之间如何分担投资，农民工流入地与流出地政府如何分担，企业如何参与农民工的人力资本投资等问题却没有明确规定。有些问题是政策执行中的问题，比如对农民工的就业限制政策已取消，但就业的公共服务歧视依然存在。一些城市的政府以管理之名行限制之实，依然规定企业要优先招收城镇劳动力，限定使用农民工的比例，并向企业收取使用农民工人数的管理费。收费标准各行其是，特别是各种证件的收费基本都高于规定标准。还有一些是体制性的问题，比如户籍制度附带的歧视政策已基本取消，但户籍的门槛依然很高。由于没有城市户口，进城农民工难以享受城镇职工和当地市民的待遇，他们向城市市民转化更是一种奢望。

第二十四章
劳动力市场的发展与转型

劳动力市场是市场体系中不可缺少的一个组成部分，也是生产要素市场中重要内容，它不仅涉及劳动力资源最优配置方面的效率问题，还涉及就业与收入分配等方面的社会公平问题。劳动力市场体系既需要建立统一的劳动力市场运行平台和机制，同时也需要人力资源开发、社会保障、政府调控等体系来提供支持。其中，人力资本产权明晰化、劳动力流动市场化、劳动就业契约化、就业机会均等化、就业服务体系化等是劳动力市场制度的核心要素。2002年以来，中国劳动力市场的制度变革和发展，既有在二元经济发展过程中，劳动力市场从低级到高级、从分割到统一、从不太规范到有序运行的发展任务，也有在完善市场经济体制过程中，劳动力资源配置进一步发挥市场机制基础性作用的转型任务。

为加快建立和完善市场导向的就业机制，促进就业，根据国家"十五"计划《纲要》的有关要求，2002年3月21日，劳动保障部下发了《关于进一步加强劳动力市场建设完善就业服务体系的意见》。其主要内容包括：一是"适应扩大就业的需要，全面推进劳动力市场建设"。各级劳动保障部门要适应扩大就业的需要，将劳动力市场建设作为劳动保障事业发展的重要基础工程，并协调政府有关部门，将其纳入当地国民经济和社会发展总体规划。"十五"期间劳动力市场建设，要以充分开发和合理配置劳动力资源为出发点，进一步提高劳动力市场科学化、规范化、现代化水平；加快就业制度改革，逐步打破城乡、地域分割，促进劳动力合理流动，为形成市场导向的就业机制，实现城乡统筹就业奠定基础。二是"建立公共就业服务制度，完善就业服务体系"。"十五"期间，要形成以劳动保障部门所属劳动就业服务机构为主导，其他部门和社会办就业服务组织共同发展，集职业介绍、指导、培训、创业指导、劳动保障事务代理、就业服务技术支持等多项功能为一体的就业服务体系。建立健全公共就业服务制度，加强城市公共就业服务的统筹管理，巩固发展公共职业介绍机构，加强公共就业服务与失业保险、职业培训工作的衔接，加快就业服务工作人员队伍和业服务体系建设。三是"加强信息化建设，为劳动者和用人单位提供优质高效的就业服务"。"十五"期间，要力争使城市公共职业介绍机构和失业保险经办机构前台服务全部使用计算机，地级以上城市劳动力市场综合服务场所建成局域网，并实现与辖区内主要区、县公共职业介绍机构和失业保险经办机构、培训机构信息联网。有条件的城市要逐步将信息网络连接到街道和社区就业服务组织。积极发展互联网就业信息服务。四是"健全管理制度，规范劳动力市场秩序"。要根据《劳动力市场管理规定》（2000年），逐步建立就业登记与社会保险登记、社会保险关系接续及社会保险缴费工作结合的机制，形成规范的就业管理制度。规范用人单位的招聘用工行为，保障劳动者的合法权益，加大监管力度，切实维护劳动者的合法权益。加强对职业中介机构的管理，每年定期集中力量对职业中介机构进行清理整顿。坚持城乡统筹就业的改革方向，建立和完善统一的劳动保障制度，消除不合理的市场分割和行政限制，逐步建立城乡一体化的劳动力市场新格局。[①] 此后，为适应扩大就业的需要，伴随着积极就业政策的实施，中国劳动力市场建设和就业服务体系进入发展最快的时期。

一 劳动力市场从二元分割到逐渐趋于统一

改革开放以来，中国劳动力市场一直存在双重二元分割的问题。不过，在不同的时期，它又有着不同的内涵。1979—1991年，中国劳动力市场的双重二元分割主要是由所有制因素所致，表现为体制内劳动力市场（不完全竞争市场）和体制外劳动力市场（完全竞争市场），前者以国有企事业单位为主，后者是以非公有制企业为需求主体所形成的劳动力市场，包括农村体

---

① 《关于进一步加强劳动力市场建设完善就业服务体系的意见》，《劳动保障通讯》2002年第5期。

制外劳动力市场和城市体制外劳动力市场。在这个时期,城乡劳动力市场二元分割是主流,城市内部劳动力市场的分割还只是支流。不过,随着农村剩余劳动力开始脱离土地流向城市,城乡劳动力市场二元分割的格局开始松动。1992—2001年,中国劳动力市场的双重二元分割十分复杂。就城乡劳动力市场二元分割来说,既不能因农村劳动力加速向城市流动,甚至在每年春节前后出现"民工潮",而简单地将其归结为城乡二元分割格局"松动";也不能因各地政府为保证城镇劳动力的就业,采取各种限制性措施"腾笼换鸟",将部分农民工遣散回农村,而用城乡二元分割格局"固化"来表征。可以说,这个时期,城乡劳动力市场二元分割有松动也有反弹,是松动与反弹并存、交织在一起。就城市内部劳动力市场的二元分割来说,更多的则是因部门、行业等因素所致,表现为以国有部门为代表的体制内劳动力市场的进一步分化,截至2001年年底,至少有2500万国有企业职工下岗、失业,进入城市体制外劳动力竞争性市场。城市体制内劳动力市场指的是国有垄断(包括部分垄断)行业中的劳动力市场,主要包括以电力、煤气及水的生产供应业、地质勘察和水利管理业、铁路邮电通信业、金融保险业、卫生体育和社会福利业、教育、文化艺术及广播电影电视业、科学研究和综合技术服务业以及国家机关、政党机关与社会团体行业为需求主体所形成的劳动力市场;城市体制外劳动力市场指的是以非国有部门为代表的开放、竞争性行业中的劳动力市场,主要包括以采掘业、制造业、建筑业、批发零售贸易和餐饮业以及社会服务业为需求主体所形成的劳动力市场,以及国有企事业单位雇佣农民工、下岗失业人员所形成的劳动力市场。劳动力市场存在双重二元分割,严重束缚了劳动力资源的配置效率。

2002年以来,中国城乡劳动力市场的变革与发展则表现为:

(一)随着城乡二元分割体制的逐步瓦解,问题的焦点已逐步集中到城市内部的二元分割上

在全面建设小康社会的背景下,中国经济增长进入了高位平滑化发展的时期,特别是随着加入世界贸易组织效应的喷发,制造业得以快速发展,带动了农村剩余劳动力的大规模转移。与工业化相伴,城镇化也在加速推进,中央和各地政府陆续制定了促进农村劳动力转移的政策,多年来束缚农村劳动力的户籍制度进一步松动,特别是小城市(镇)放宽了户籍准入。政府大张旗鼓地鼓励农村劳动力转移,并辅以大胆的户籍制度改革,这在改革开放的历史上还是第一次。附着于城镇户籍上的各种福利开始消退,尽管与城市劳动力相比,农村劳动力还不能完全享受与之相同的住房、医疗、子女入学、社会保障及其他公共服务,但与过去相比,毕竟还是前进了一大步,城乡之间的樊篱出现了很大的松动。与此同时,城市内部的二元分割却出现了强化趋势。政府机关、事业单位、国有企业等体制内部门在经历了短暂的"冷落"之后,其工作岗位再次抢手。与过去相比,其优越性有过之而无不及,特别是具有垄断性质的大型国有企业,在经历减负后轻装上阵,在国进民退的大背景下,工作岗位成了"香饽饽",进入体制内部门就业几乎成了很多人的一种梦想。与之相反,体制外部门,特别是民营企业、私营小企业,在市场风浪的冲击下,工作岗位稳定性差,工资和福利待遇不高,进入这些部门成为一种次优的选择,甚至是不得已的选择。于是,体制内外部门劳动力市场之间的落差被迅速放大。① 由于体制内部门已成为既得利益者维护超额工资租的重要堡垒,统一城市劳动力市场已不再是帕累托改进的过程,较之于之前打破城乡二元分割的改革而言,它将会遭遇更大的阻力,因此,也需要更大的改革勇气和制度设计上的智慧。不过,以国有部门为代表的体制内劳动力市场,不仅其占整个劳动力市场的份额进一步缩小(见表22—和表23—1),而且其新进员工公开招考、招聘的比例也在进一步扩大,甚至还可以依法辞退或开除员工。

(二)统一的劳动力市场正在逐步形成

2003年10月,《中共中央关于完善社会主义市场经济体制若干问题的决定》指出,要"逐步统一城乡劳动力市场,加强引导和管理,形成城乡劳动者平等就业的制度。深化户籍制度改革,完善流动人口管理,引导农村富余劳动力平稳有序转移。"2006年3月14日,十届全国人大四次会议批准的《中华人民共和国国民经济和社会发展第十一个五年规划纲要》明确提出,要"推进市场配置人才资源,消除人才市场发展的体制性障碍,规范

---

① 丁守海、许珊:《中国劳动力市场的变革趋势与方向》,《教学与研究》2014年第6期。

人才市场管理,营造人才辈出、人尽其才的社会环境","进一步打破行政性垄断和地区封锁,完善商品市场,健全资本、土地、技术和劳动力等要素市场","逐步建立城乡统一的劳动力市场"。2007年8月,《就业促进法》出台,首次在国家法律层面明确提出"人力资源市场"的概念。同年10月,中共十七大报告从加快推进经济社会建设的高度,明确要求"建立统一规范的人力资源市场,形成城乡劳动者平等就业的制度"。但是,当时的中国劳动力市场在管理体制上还存在人为的市场分割问题,既有劳动部门搞的"劳动力市场",有人事部门搞的"人力资源市场"或"人才市场",还有组织部门搞的"高级人才市场",各部门的政策和规则不统一。2008年国务院机构改革,新组建的人力资源和社会保障部负责统筹整合人才市场与劳动力市场、建立统一规范的人力资源市场工作。2009年人社部研究审定了《人力资源市场建设研究报告》,提出了管理体制统一、运行机制健全、公共服务完善、经营性服务健康发展、政府职能根本转变的市场建设目标,明确了统一规范的人力资源市场的基本内涵、形势要求、方向任务和工作路径。[①] 此后,统一规范的人力资源市场建设有序推进,不仅促进了人力资源的流动,优化了人力资源分布,更重要的是逐步打破和消除各类人员的身份界限,引导了社会观念的变革,促进了尊重劳动、尊重知识、尊重人才、尊重创造的社会氛围的形成。2011年6月2日,人社部印发的《人力资源和社会保障事业发展"十二五"规划纲要》进一步提出:"健全统一规范灵活的人力资源市场",要"充分发挥市场机制在促进就业和配置人力资源中的基础性作用。完成劳动力市场与人才市场的统一和改革,健全人力资源市场运行机制和监管体系。整合人力资源市场管理职能,统一市场管理法规和政策制度,消除人力资源市场城乡分割、身份分割和地区分割。整合公共职业介绍和人才交流服务机构,完善覆盖城乡的公共就业和人才服务体系。"

二 市场机制的基础性地位进一步巩固和提升

2002年以来,随着社会主义市场经济体制的逐步完善,用人找市场、

[①] 人力资源和社会保障部人力资源市场司:《迈向统一规范灵活的人力资源市场——"十一五"人力资源市场发展综述》,《中国人才》2011年第1期。

求职找市场的观念已在广大用人单位和劳动者中确立,并成为共识,市场机制在人力资源配置中的基础性地位进一步巩固和提升。

(一) 多元化的市场用人主体形成

从城镇就业人员的构成来看,随着国有企业改革的深化和产业结构调整的加快,原有的计划性较强或者说体制内单位的就业比例不断降低,市场化程度较高的私营、外资企业以及非正规就业的比例不断上升。据统计,2002—2012年,国有单位就业人员从7163万人下降到6839万人,占城镇就业人员总数的比例从28.47%下降到18.43%;有限责任公司和股份有限公司就业人员从1621万人上升到5030万人,占城镇就业人员总数的比例从6.44%上升到13.56%;港澳台商和外商投资单位城镇就业人员从758万人上升到2215万人,占城镇就业人员总数的比例从3.01%上升到5.97%;私营企业和个体经济就业人员从4268万人上升到13200万人,占城镇就业人员总数的比例从16.96%提高到35.58%。[1] 非公有制企业从其成立之日起就通过市场机制选人用人,而国有企业则通过订立劳动合同把其与劳动者之间的权利、义务用法律形式确定下来。2008年先后实施的《劳动合同法》及其《实施条例》,进一步完善了劳动合同制度,明确了用人单位和劳动者的权利和义务,促进了企业与劳动者依法签订并履行劳动合同。同时,针对劳动用工形式多样化,还对劳务派遣和非全日制用工等进行了专门规范。到2012年,全国企业劳动合同签订率已达到88.4%。[2]

从事业单位来看,2002年7月3日,人事部《关于在事业单位试行人员聘用制度的意见》提出:"通过实行人员聘用制度,转换事业单位用人机制,实现事业单位人事管理由身份管理向岗位管理转变,由行政任用关系向平等协商的聘用关系转变"。[3] 自此,事业单位人员聘用制开始试行。2005年11月16日,人事部发布《事业单位公开招聘人员暂行规定》,决定自2006年1月1日起,除政策性安置和涉密岗位的人员外,新进人员都要面向

---

[1] 根据《中国统计年鉴(2013)》数据计算。
[2] 《2012年度人力资源和社会保障事业发展统计公报》,《中国组织人事报》2013年5月29日。
[3] 《关于在事业单位试行人员聘用制度的意见》,《中国劳动》2002年第12期。

社会实行公开招聘。① 随着事业单位聘用制和公开招聘人员制度的实施,人力资源配置计划体制的一个最大的堡垒被攻破,人力资源市场用人主体基本到位。② 根据2010年《中国的人力资源状况》白皮书的数据,"截至2009年年底,全国事业单位签订聘用合同的人员达到80%。2009年,22个省(区、市)事业单位新进人员中,采用公开招聘方式的占总数80%以上。"③ 到2010年,全国事业单位签订聘用合同人员的比例已达到90%。④

从机关单位来看,1993年8月14日,国务院颁布《国家公务员暂行条例》,建立了公务员制度。1994年6月,开始实行对国家机关工作人员面向社会的公开考试录用制度。到2003年,全国31个省(区、市)均实行了公务员录用的公开招考,引进了竞争机制。2005年4月27日,《中华人民共和国公务员法》出台,进一步规范了考试录用的程序,还规定对专业性较强和辅助性职位实行聘任制。根据2010年《中国的人力资源状况》白皮书的数据,"2006年至2009年,全国通过考试共录用公务员52.8万余人。2003年至2009年,全国共公开选拔党政领导干部4万人,各级党政机关通过竞争上岗走上领导岗位的干部共33.9万人。"⑤

(二) 劳动者自主择业和自由流动

劳动者自主择业和自由流动是人力资源优化配置的前提条件。如前所述,早在1998年中共中央就提出了"劳动者自主择业、市场调节就业、政府促进就业"的就业方针,旨在建立市场导向的就业机制。随着城镇户籍管理制度和劳动人事制度的改革,劳动力的流动和择业自主权进一步扩大。2002年2月,教育部等部门《关于进一步深化普通高等学校毕业生就业制度改革有关问题的意见》提出,深化高校毕业生就业制度和社会用人制度等

---

① 《事业单位公开招聘人员暂行规定》,《中国人事报》2006年2月10日。
② 吴江、田小宝主编:《中国人力资源发展报告(2011—2012)》,社会科学文献出版社2012年版,第78页。
③ 中华人民共和国国务院新闻办公室:《中国的人力资源状况》,《中国劳动保障报》2010年9月11日。
④ 《2010年度人力资源和社会保障事业发展统计公报》,《中国组织人事报》2011年5月25日。
⑤ 中华人民共和国国务院新闻办公室:《中国的人力资源状况》,《中国劳动保障报》2010年9月11日。

方面的改革,建立市场导向、政府调控、学校推荐、学生与用人单位双向选择的就业机制。自此,大学毕业生就业进入了以市场为导向的自主择业阶段。根据麦可思研究院的《2011年中国大学生就业报告》,2010年应届大学毕业生通过市场自主就业的比例达到85%。其中,83.5%的人毕业半年后受雇全职或半职工作,1.5%的人自主创业。① 除了复员军人等特殊群体仍然由国家统一安置外,其他城镇新增劳动力均实行自谋职业的政策。即使复员军人,国家同样鼓励其自谋职业,统一安置只是国家采取的保护措施,并不是剥夺复员军人的择业自主权。

在劳动力流动方面,劳动者跨地区、跨部门、跨行业流动日趋活跃。2005年11月,国务院《关于进一步加强就业再就业工作的通知》提出:"改善农民进城就业环境,取消农村劳动力进城和跨地区就业的限制,完善农村劳动者进城务工和跨地区就业合法权益保障的政策措施。"根据2010年《中国的人力资源状况》白皮书的数据,2009年,在各类人力资源服务机构登记求职的劳动者达到9700万人次,成功实现就业和转换工作的达3600万人次,分别比2000年增加7700万人次和2600万人次;全国外出就业和本地非农从业6个月以上的农村劳动力总数达到22978万人,其中外出农民工14533万人,就近到第二、三产业实现就业的本地农民工8445万人。"②

此外,劳动者自由流动的社会环境也逐步完善。一方面,通过深化户籍制度改革,加快落实放宽中小城市、县城和中心镇落户条件的政策,逐步消除户籍制度对劳动者跨地区流动的限制。另一方面,不断推进社会保障制度、住房制度和就学制度等配套制度的改革。据近年来的人口普查数据,2000年,全国流动人口达到1.4亿人;2010年,全国流动人口达到2.6亿人,比10年前增长了81.03%。③

---

① 吴江、田小宝主编:《中国人力资源发展报告(2011—2012)》,社会科学文献出版社2012年版,第80页。
② 中华人民共和国国务院新闻办公室:《中国的人力资源状况》,《中国劳动保障报》2010年9月11日。
③ 吴江、田小宝主编:《中国人力资源发展报告(2011—2012)》,社会科学文献出版社2012年版,第80页。

三 劳动力市场服务体系建设步伐加快

劳动力市场服务主要是指各类公共就业服务和职业中介机构,为帮助劳动力市场供求主体实现对接,以及提高劳动力素质和用人单位人力资源管理水平等,所提供的社会化、专业化服务。

(一)建立和完善公共就业服务制度

随着积极就业政策的实施,公共就业服务制度逐步建立起来。2002年9月,中共中央、国务院《关于进一步做好下岗失业人员再就业工作的通知》明确要求:"各级政府要建立公共就业服务制度,对城镇登记失业人员和国有企业下岗职工,提供免费职业介绍,对城镇就业转失业人员和国有企业下岗职工提供免费再就业培训","在各级公共职业介绍机构中,要实行求职登记、职业指导、职业介绍、培训申请、鉴定申报、档案管理、社会保险关系接续一站式就业服务。要加快就业服务信息化建设,健全劳动力市场信息网及其公开发布系统,提供及时、便捷的就业信息服务。""要充分发挥社区在就业和社会保障方面的服务功能,街道劳动保障工作机构要在社区聘用专门的服务人员,并提供工作经费,建立统一的社会保障和劳动就业工作体系。"

2004年6月3日,劳动保障部《关于加强就业服务制度化、专业化和社会化工作的通知》,要求各地把推进就业服务制度化、专业化和社会化(以下简称"新三化")作为强化就业服务的重要措施,充分发挥现有服务体系及设施的效能,大力开展人本服务,使就业服务水平再上新台阶。"新三化"中,制度化就是要建立公共就业服务制度并形成长效机制;专业化就是围绕服务对象的各种需求,加强公共就业服务机构,特别是工作队伍专业化建设;社会化就是推动就业服务工作在全社会普及提高,建设统一、开放、公平、诚信的劳动力市场。[①]

2005年11月,国务院《关于进一步加强就业再就业工作的通知》提

[①] 《劳动和社会保障部关于加强就业服务制度化专业化和社会化工作的通知》,《劳动保障通讯》2004年第7期。

出，要建立覆盖城乡的就业管理服务组织体系，统筹管理城乡劳动力资源和就业工作，完善公共就业服务制度，要按照"新三化"的要求，全面推进"以人为本"的就业服务，提高公共就业服务的质量和效率。发展和规范各种专业性职业中介机构和劳务派遣、职业咨询指导、就业信息服务等社会化服务组织，鼓励社会各类职业中介机构为城乡劳动者提供诚信、有效的就业服务。加强劳动力市场信息系统建设，实现各级公共就业服务机构的信息联网，为求职者和用人单位提供方便快捷的信息服务，提高劳动力市场供求匹配效率。至此，向包括外地农民工在内的求职者免费提供职业介绍的政策得到明确，职业培训补贴范围也从就业转失业人员扩大到全部登记失业人员和农民工，标志着政府提供公共就业服务的制度正式确立。

2007 年 11 月 5 日，劳动保障部颁布《就业服务与就业管理规定》，进一步对劳动者求职就业、用人单位招用人员，以及公共就业服务机构和职业中介机构从事就业服务活动作出规定。其中明确规定：县级以上劳动保障行政部门统筹管理本行政区域内的公共就业服务工作；公共就业服务机构组织实施就业服务项目，为劳动者和用人单位提供就业服务，开展人力资源市场调查分析，并受劳动保障行政部门委托经办促进就业的相关事务，公共就业服务机构使用全国统一标识；职业中介机构是由法人、其他组织和公民个人举办，为用人单位招用人员和劳动者求职提供中介服务以及其他相关服务的经营性组织。

（二）劳动力市场服务体系迅速发展

适应劳动力资源配置市场化改革的需要，在各级政府的培育与带动下，各类劳动保障服务中介机构快速发展。2002—2007 年，全国各类职业介绍机构从 26158 所增加到 37897 所，增长了 44.88%，职业介绍机构人员从 8.5 万人增加到 12.9 万人，增长了 51.76%（见表 24—1）。2003—2007 年，全国各类人才服务机构从 4652 家增加到 6833 家，增长了 46.9%。[1] 2007 年 3 月 19 日，《国务院关于加快发展服务业的若干意见》，首次将人才服务业作为服务业中的一个重要门类，强调要"发展人才服务业，完善人才资源配置

---

[1] 吴江、田小宝主编：《中国人力资源发展报告（2011—2012）》，社会科学文献出版社 2012 年版，第 81 页。

体系","扶持一批具有国际竞争力的人才服务机构"。①

表24—1　　　　　2002—2008年全国职业介绍工作情况　　　　单位：万人

年份	年末职业介绍机构个数（个）		年末职业介绍机构人数		本年登记招聘人数		本年登记求职人数		本年职业指导人数		本年职业介绍成功人数	
2002	26158	18010	8.5	5.8	2250.2	—	2684.2	1903	1340.2	—	1354.3	978.0
2003	31109	21515	9.7	6.5	3832.0	2909.2	3060.2	2169.5	1611.0	1294.1	1586.0	1155.5
2004	33890	23347	10.7	7.1	3565.2	2376.8	3582.8	2527.9	1882.0	1462.2	1837.7	1335.5
2005	35747	24167	11.1	7.2	4038.9	2837.9	4128.9	2857.8	2271.7	1797.9	2165.3	1537.7
2006	37450	24777	12.3	7.8	4951.2	3462.7	4735.9	3428.1	2582.4	2028.8	2493.0	1844.9
2007	37897	24806	12.9	8.1	5440.6	3614.5	4938.6	3494.3	2716.4	2156.5	2648.6	1980.9
2008	37208	24410	12.7	8.0	5507.0	3719.0	5532.0	3904.5	3019.9	2249.4	2764.3	2019.6

注：每栏中的前一列数据为全国总计，后一列数据为劳动保障部门的。
资料来源：《中国劳动和社会保障年鉴》（2003—2008）、《中国人力资源和社会保障年鉴》（2009）。

2008年以后，随着劳动力市场和人才市场整合为人力资源市场，人力资源服务机构进一步发展。到2012年年底，全国共设立各类人力资源服务机构28356万家②，从业人员33.6万人。从服务机构类别上看，公共就业服务机构6914家，占人力资源服务机构总量的24.4%（下同）；人才公共服务机构2393家，占10.4%。国有性质人力资源服务企业1204家，占4.2%；民营性质人力资源服务企业17087家，占60.3%；港澳台及外资性质的服务企业212家，占0.7%。全国各类人力资源服务机构共设立固定招聘（交流）场所2.1万个，建立各类人力资源市场网站920个，人力资源市场服务网络覆盖范围进一步扩大。2012年，全国各类人力资源服务机构共接待流动人员42978万人次，登记要求流动人员24532万人次，为1888万家次用人单位提高了各类人力资源服务。③ 在业务发展方面，各类人力资源服务机构不断扩大规模、完善服务手段，扩展服务领域和内容，从开始的职业介

---

① 《国务院关于加快发展服务业的若干意见》，《中华人民共和国国务院公报》2007年第14期。
② 人力资源服务机构是指县级以上政府部门举办的公共就业、人才交流服务机构以及各类人力资源服务企业，不包括乡镇、社区劳动保障公共服务平台。
③ 《中国人力资源和社会保障年鉴（2013）》。

绍、职业培训、流动人员档案管理等业务，逐渐拓展为包括招聘、人力资源培训、人员测评、人力资源信息网站、高级人才寻访、人力资源服务外包、人力资源管理咨询等内容的服务体系，基本涵盖了人力资源开发和管理的各个环节。可以说，一个人力资源开发与优化配置并行、公共服务与经营性服务并重、有形市场和无形市场相结合的多层次、多元化的人力资源市场服务体系基本形成，人力资源服务日益成为专业化、规模化和产业化的新型服务行业。

四 劳动力市场法制化建设进一步推进和规范

劳动力市场作为劳动力资源配置的机制和手段，其核心包括市场和政府两个方面。建立和完善市场经济体制，首先要肯定和承认市场在资源配置中的作用，劳动力在市场机制调节下，实现供需平衡。但市场调节具有盲目性，失业等问题在所难免，因此，政府在劳动力市场中的作用也必须得到重视。劳动力市场的运行和管理，基本上是在市场和政府两只手之间寻求一种均衡，以实现劳动力市场灵活性和安全性的统一。所谓灵活性，是指对外部冲击或劳动力市场条件变化的调整速度，也可把它视为恢复劳动力市场自身调节功能、消除市场刚性的手段或成果，使劳动力市场能够在经济的高速发展下，根据经济条件变化做出迅速的调整，解决失业、劳动生产率低下等问题。安全性是指面对市场灵活性的变化，劳动者在就业时能够得到合理的保障，包括体面的工资、良好的工作环境、免受不公平待遇和歧视等，以及在其失业后能够尽快返回到劳动力市场当中去的各种保障措施的总和。[1] 从各国的劳动力市场政策看，都在追求灵活性和安全性的平衡，总体趋势是要在企业调整的灵活性和劳动者就业及收入的安全感之间建立一种新的、合理的平衡，使之能为双方接受。

在市场机制发挥基础性作用的同时，政府这只有形的手在劳动力市场规范化运行和宏观调控方面发挥了不可替代的作用。

---

[1] 孙乐：《中国劳动力市场灵活性与安全性平衡探讨》，《人口与经济》2010年第3期。

（一）劳动力市场法制化建设进一步推进

2002年10月，国务院颁布《禁止使用童工规定》，强化了对用人单位招聘行为的监督管理。2004年11月1日，国务院颁布《劳动保障监察条例》，规范了劳动者维权的制度和办法。2007年6月和8月，《劳动合同法》和《就业促进法》先后颁布，并于2008年1月1日起施行，使劳动力市场管理有了法律依据。特别是《就业促进法》中明确规定了公共就业服务和职业中介机构的性质区别和不同的管理制度，规定了政府建立公共就业服务机构，为劳动者提供公益性服务的职责，并提出了"培育和完善统一开放、竞争有序的人力资源市场"的要求。作为配套规章，2007年11月，劳动保障部颁布了《就业服务与就业管理规定》，对公共就业服务机构和职业介绍机构的设立和服务内容等进行了规范。2011年2月22日，人社部下发了《关于加强统一管理切实维护人力资源市场良好秩序的通知》。2012年8月29日，人社部下发了《关于加强人力资源服务机构诚信体系建设的通知》，在全国人力资源服务机构中启动了以"诚信服务树品牌，规范管理促发展"为主题的诚信体系建设活动，推动服务机构依法经营、诚信服务，进一步形成统一开放、公平诚信、竞争有序的市场环境。可以说，全国劳动力市场的有关法律法规已经形成了一个法律形式多样、层级清晰的体系。

（二）劳动力市场运行与管理进一步规范

一方面，加强劳动保障监察机构与执法队伍建设。据统计，2002年年末，全国共有劳动保障监察机构3196个，各地劳动保障部门配备专职劳动保障监察员1.7万人。[1] 到2012年年末，全国劳动保障监察机构增加到3291个，专职劳动保障监察员增加到2.5万人。[2]

另一方面，各地劳动保障监察机构加大监管范围内的执法力度，在全国范围内重点组织开展了农民工权益保护、女职工权益保护、农民工工资支付、清理整顿人力资源市场秩序、整治非法用工打击违法犯罪、用人单位遵守劳动用工和社会保险法律法规等专项检查活动。通过多次开展大规模的打

---

[1]《2002年度劳动和社会保障事业发展统计公报》，《劳动保障通讯》2003年第5期。
[2]《2012年度人力资源和社会保障事业发展统计公报》，《中国组织人事报》2013年5月29日。

击非法中介和整顿劳动力市场秩序的专项活动,整治非法用工,打击违法犯罪行动,有力地维护了劳动者的权益。比如,2012 年,在全国范围内开展了清理整顿人力资源市场秩序专项行动,共检查职介机构和用人单位近 15 万户次,查处违法案件近 1 万件,其中取缔非法职业中介活动 2815 起,吊销许可证 113 件、吊销营业执照 1126 件。劳动保障监察机构依法取缔非法职业中介机构 4133 户。[①]

---

① 《2012 年度人力资源和社会保障事业发展统计公报》,《中国组织人事报》2013 年 5 月 29 日。

第二十五章

"民工荒"与刘易斯转折点

"民工荒"是指民工短缺现象，反映的是农村适龄外出务工人员供不应求的问题。早在2004年春，东南沿海地区的一些主要城市就爆发了改革开放以来的首次"民工荒"，往年春节后的"民工潮"荡然无存。此后，随着沿海企业纷纷向中部地区搬迁，江西、安徽、湖南等省份的"民工荒"现象也陆续出现。2010年春节以后，随着中国经济从金融危机冲击中逐渐复苏，"民工荒"现象更为普遍，发展成为包括劳动力输出地在内的全国性劳动力短缺。以"民工荒"从东南沿海向内地蔓延为标志，中国劳动力市场供求开始从"无限供给"转入"有限剩余"的新阶段。"民工荒"现象是否意味着中国"刘易斯转折点"的到来和人口红利的结束呢？

一 "民工荒"现象及其产生的原因

（一）2004年的"民工荒"

2004年春，广东、福建、浙江等沿海发达地区相继出现了"民工荒"现象，特别是珠三角地区民工短缺形势相当严峻。于是，劳动和社会保障部课题组就对珠江三角洲、长江三角洲、闽东南、浙东南等主要的劳动力输入地区和湖南、四川、江西、安徽等几个劳动力输出大省的民工短缺情况展开了重点调查。他们的调查结果显示：珠江三角洲是缺工最为严重的地区，有近200万人的缺口，缺工比率为10%左右。其中深圳有民工420万人，缺口约40万人；东莞17%的企业有用工短缺，缺口近27万人。闽东南、浙东南等用工较多的城市也存在不同程度的招工难问题。从行业领域看，缺工严重的主要是从事"三来一补"的劳动密集型企业，比如制鞋、玩具制造、电子装配、纺织服装加工、塑料制品加工等行业，其中部分台资企业和中小型私营企业缺工更为严重。从调查的企业情况看，民工短缺与工资待遇直接关系，月平均工资在700元（含加班费）以下的企业普遍招工较难；700—1000元的企业，招技工较难，但用工基本可保证；1000元以上的企业招工没有问题。这就是说，"民工荒"现象主要是市场调节的结果，而不是政策性因素造成的。从短缺对象看，企业需求量大、严重短缺的主要是18—25岁的年轻女工和有一定技能的熟练工。调查发现，一些企业为了自身生存开始不择手段地到其他企业或周边地区"挖工"，从而使缺工问题由个别企业扩散开来，造成局部地区缺工矛盾激化。①

2004年的"民工荒"是在就业形势严峻，即就业面临"三碰头"情况下发生的。据统计，2004年城镇登记失业人数为827万，比2003年增长3.4%，城镇失业人数上升的趋势没有得到抑制。与下岗失业人员再就业难相伴随，青年初次就业率低，成为社会的"新失业群体"，并且这一群体数量呈现上升趋势。在"新失业群体"中，大学生就业问题已经引起了社会各界的广泛关注。"'民工荒'与就业难并存，构成了我国劳动力供需形势发展的一个悖论"。②

导致2004年"民工荒"爆发的原因是什么呢？对此，学术界多有研究。蔡昉认为，劳动力总供给相对不足是导致"民工荒"的关键所在。从2004年开始，中国新增劳动年龄人口数将持续低于劳动力需求量，而且两者差距越来越大，供求关系出现拐点。劳动力供求发生了根本性的变化，从劳动力无限供给转变为有限供给，有两个原因：一个是经济发展越来越快，对劳动力需求也越来越大；另一个是人口结构的变化影响了劳动力的总供给。③2004年，中国农村外出劳动力数量增长率为五年来最低，增长率较上年减少74%。中国劳动年龄人口（15—59岁）供给增长率也在2004年首次出现

---

① 劳动和社会保障部课题组：《关于民工短缺的调查报告》，《中国劳动保障报》2004年9月11日。
② 曾湘泉、刘彩凤：《我国劳动力供需形势分析及展望》，《中国劳动》2006年第1期。
③ 《劳动力总供给相对不足导致民工荒》，《南方周末》2006年8月20日。

下降，预计到2011年左右，劳动年龄人口开始不再上升，2021年开始绝对减少。此外，计划生育政策在农村的实施也是一个重要原因。① 劳动和社会保障部课题组认为，"民工荒"的出现主要有三个方面的原因：一是工资待遇长期在低位徘徊、劳工权益缺乏保障，这是普通工人短缺的主要原因。十多年来，珠三角地区月工资只提高了68元，但是消费物价总体水平已明显上升，一些企业常常以最低工资作为员工的底薪。此外，还有用工不规范、管理比较苛刻，劳工权益受到侵害。或每天劳动时间长，至少10—12小时；或欠薪，或不签劳动合同、不缴社会保险，或劳动环境恶劣等。二是企业需求迅猛扩张引发用工短缺。广东等地许多劳动密集型企业扩张迅猛，用工需求大幅增长。同时，由于全国各地区经济发展较快，外出农民工选择余地加大，流向分散，很多在珠三角的务工者转而流向了长三角地区。三是东南沿海多年来的经济增长模式面临转变。长期以来，部分沿海地区主要依靠技术含量低的劳动密集型产业实现经济高速增长，企业靠压低工资、减少改善劳动条件的必要投入实现低成本，即靠"人工钱"赚取利润，而现在低工资则面临严重缺工，难以为继。②

张丽宾认为，"民工荒"现象除了因大量需求适龄农村劳动力行业的快速增长原因外，还存在诸如政府提高粮价、取消农业税等惠农政策导致的"推力"不足，以及由于流入地对外出就业农村劳动力的歧视性政策导致的"拉力"不足问题，但根本性因素还是结构性的有效供给总量不足，既真正能够满足流入地企业需求，又能外出就业的人数有限。③

简新华、张建伟认为，"民工荒"是在中央政府实行宏观调控、优惠政策向农村倾斜、力求社会均衡发展的情况下，通过劳动力供需机制、市场调节的作用而产生的现象，暴露出农村剩余劳动力转移的制度性障碍。其中，就业、工资、劳动保护、职工培训制度上的缺陷是引起"民工荒"的主要因素。在农村剩余劳动力数量庞大的情况下，如果打工收入增加、待遇合理，即使粮价上涨、农业生产补贴增加、种田比较收入提高，也不会出现

---

① 参见黄小伟《剖析民工荒》，《南方周末》2006年8月20日。
② 劳动和社会保障部课题组：《关于民工短缺的调查报告》，《中国劳动保障报》2004年9月11日。
③ 张丽宾：《"民工荒"：揭示出经济运行中的深层次问题》，《中国劳动》2004年第11期。

"民工荒"。①

章铮认为,"民工荒"主要发生在劳动密集型制造业,要理解其产生的原因,就需要对民工的年龄结构进行分析。从年龄结构看,三资或民营企业更倾向于年轻化的员工结构,但2004年25岁以下民工比上年减少了20万,与上年530万的增长量相比,相差550万。25岁以下民工数量从2003年的剧增(比2002年增长了10.9%)到2004年的略减,是导致2004年"民工荒"集中显现的主要原因。②

徐庆的研究则分析了上海民工流动的情况,认为从珠三角蔓延的"民工荒"对上海的影响并不很大,上海地区的外来劳动力稳步上升,达到了400万左右,这主要和上海的外来劳动力管理部门加强规范用工、保障外来劳动力的合法权益,加强外来劳动力综合保险的实施范围和力度有关。③

上述专家学者对"民工荒"现象产生的原因和机理分析,虽然在观察视角和侧重点上有些差异,但其结论和观点都是很到位的。

总之,2004年的"民工荒"主要是由于外出务工农民供给跟不上劳动力需求快速增长导致的,同时,也和农民工的权利意识增强、选择性增大有关。在2004年的"民工荒"中外出务工农民的绝对量和增量都是增加的,从总体上并没有减少。"民工荒"预示着中国经济发展正趋于面临劳动力资源瓶颈的问题。

(二) 2010年的"民工荒"

"民工荒"这个词汇,曾经因为2008年国际金融危机爆发而一度淡出人们的视野。由于国际金融危机的影响,沿海地区企业普遍裁员,大量的外出农民工被迫失业,"民工荒"演化为"民工慌"。④ 然而,随着中国经济的逐渐回暖,自2009年8月以来,各类新闻媒体上有关"民工荒"的消息又接踵而至。据报道,在珠三角、长三角等地很多中小企业招不到工人。来自广

---

① 简新华、张建伟:《从"民工潮"到"民工荒"——农村剩余劳动力有效转移的制度分析》,《人口研究》2005年第2期。
② 章铮:《民工荒与民工中年失业》,《中华工商时报》2006年9月1日。
③ 王进:《"民工荒"的警示——劳动供求关系的新走向》,《中国劳动》2005年第8期。
④ "民工慌"是指由于经济危机导致企业不振,农民工被裁减而恐慌的现象。

州、深圳、东莞、佛山等珠三角城市劳动力市场的信息显示,这个接纳全国近1/3农民工的地区,劳动力市场求人倍率在1∶1.14—1∶1.51,即每个求职的人有1个以上岗位虚位以待;在温州,2009年8月,用工缺口占比已超过了73%,两个月就上升了21个百分点。[1] 2010年2月,人社部发布的"企业春季用工需求调查"和"农村外出务工人员就业情况调查"结果显示:春节后企业用工需求比去年正常用工量净增15%,在被调查企业中有70%的企业预期招工"有困难"或"有一定困难",比往年相比上升了5个百分点。就农民工供给情况来看,明确表示继续外出务工的人数较往年略有下降,有62%的返乡务工人员明确表示春节后要继续外出务工,与2008年同期调查相比降低了6个百分点;有8%的返乡务工人员表示不再外出务工。同时,中西部地区比东部地区的用工需求更显旺盛,比2008年同期调查高出了16个百分点,准备外出务工人员中打算去中西部的比往年增加了7个百分点。企业招工岗位中近1/3都要求具备一定的职业资格。其中,要求具备初级工水平的岗位占25%,要求达到中级工及以上水平的占7%。企业招工要求初中文化程度的占49%,要求高中及以上文化程度的占25%。[2] 这两项调查覆盖了全国13个省的26个大中城市和27个省的90个县,共涉及3239家企业和9081名农村外出务工的返乡人员。可见,2010年新一轮的"民工荒",不再主要是"技工荒",而且也是"普工荒";不只是"节后荒",成为"全年荒";不仅是集中在沿海发达地区的"局部荒",而且发展成为包括劳动力输出地在内的"全国荒"。

2010年以来新一轮的"民工荒",与2004年开始出现的首轮"民工荒"相对比,既有一些共同的原因,又存在不同的作用机理。

第一,劳动年龄人口增速减缓,农村劳动力从无限剩余转向有限供给。劳动力供给的基础是劳动年龄人口,而劳动年龄人口的增减与生育政策以及生育率密切相关。随着计划生育国策的实施,中国人口转变早已进入到低生育阶段,并在20世纪90年代后期总和生育率就下降到替代水平之下。进入

---

[1] 徐友龙等:《"民工荒","荒"的是什么?》,《观察与思考》2010年第4期。
[2] 夏宜:《人社部发布企业用工需求和农村外出务工人员就业调查结果》,《劳动保障世界》2010年第4期。

21世纪以来，劳动年龄人口的增长率已开始迅速减缓，每年平均只有1%略强。[①] 根据国家统计局公布的数据，2012年15—59岁劳动年龄人口在相当长时期里第一次出现了绝对下降，比上年减少345万人。[②] 同时，城市经济增长所需要的劳动力供给几乎有一半来自农村。由于农村劳动年龄人口的增长也在减缓，农业剩余劳动力已经接近于吸纳殆尽的情况，即农村劳动力已从无限剩余转向了有限供给。从表23—7也可以看出，尽管2008年以来农民工总量仍呈现上涨趋势，但涨幅已趋向缓和，外出农民工总量的变动态势也基本相同。不过，从2010年开始后者的收缩幅度更大，更多的转移农民工选择在本地打工。因此，2010年随着世界经济企稳和中国经济的强劲回升，沿海地区和内地企业纷纷出现"招工难"，再次爆发新一轮的"民工荒"，其深层背景和原因是中国人口和劳动力供给格局发生了转变，即外出农民工总量增长减缓。这与2004年"珠三角"等局部地区的"民工荒"，表现为有效用人需求和供给发生错位，即外出农民工主要流向发生变化（如流向"长三角"），存在较大差异。

表25—1　　　　　　2002—2013年中国劳动适龄人口增长情况

年份	人口自然增长率(‰)	15—64岁人口(万人)	15—64岁人口比上年增长	15—64岁人口增长率(‰)	总抚养比(%)
2002	6.45	90302	453	5.04	42.2
2003	6.01	90976	674	7.46	42.0
2004	5.87	92184	1208	13.28	41.0
2005	5.89	94197	2013	21.84	38.8
2006	5.28	95068	889	9.44	38.3
2007	5.17	95833	765	8.05	37.9
2008	5.08	96680	847	8.84	37.4
2009	4.87	97484	804	8.32	36.9
2010	4.79	99938	2454	25.17	34.2

---

① 蔡昉：《"民工荒"现象：成因及政策涵义分析》，《开放导报》2010年第2期。
② 中华人民共和国国家统计局：《中华人民共和国2012年国民经济和社会发展统计公报》，《人民日报》2013年2月23日。

续表

年份	人口自然增长率（‰）	15—64岁人口（万人）	15—64岁人口比上年增长	15—64岁人口增长率（‰）	总抚养比（%）
2011	4.79	100283	345	3.45	34.4
2012	4.95	100403	120	1.20	34.9
2013	4.92	100557	154	1.53	35.3

资料来源：《中国统计年鉴（2014）》。

第二，东部沿海地区就业"拉力"与中西部地区"推力"的减弱。众所周知，收入提高是驱动农村劳动力外出务工的重要因素之一。改革开放以来，沿海地区利用其区位优势，通过对外开放引进外资，使用大量廉价的外出农民工从事劳动密集型产业，实现了多年的经济高速增长，成为"世界工厂"。但是，随着工业化进入中后期发展阶段，沿海地区各类生产要素成本的上升，使企业利润减少、竞争力下降。尤其是受金融危机的影响，沿海地区低附加值的外向型企业大量倒闭破产，大约2000万农民工失业返乡。这说明，在生产要素成本日益上升的情况下，原有的低工资、低成本、低附加值的粗放型发展模式已不再具有竞争优势和可持续发展能力。同时，随着制造业中心从"珠三角"向"长三角"、环渤海湾地区乃至全国扩展，劳动力的需求由一中心变成了多中心并存，尤其是国家陆续实施西部大开发、振兴东北与中部崛起战略，以及国际金融危机前后沿海地区劳动密集型产业向中西部转移和国家实施"一揽子"刺激性投资，导致劳动力输出省也对劳动力的需求猛增，甚至出现中西部大城市出台各种政策截留返乡农民工的"抢人"现象。[①]

根据国家统计局2009—2012年农民工调查监测报告，2008—2012年，外出农民工在不同地区务工的月收入水平均有较大幅度的提升，但是中部和西部地区比东部地区增长更快（见表25—2）。东部地区的农民工占比由2009年的43.6%，下降为2012年的42.6%，其中外出农民工和本地农民工占比分别下降了0.4个和2.9个百分点；中部地区的农民工占比由2009年

---

① 刘立祥：《三次"民工荒"比较——新时期农村劳动力转移问题的反思》，《中国青年研究》2014年第6期。

的 31.1% 上升为 2012 年的 31.4%，其中外出农民工和本地农民工占比分别上升了 0.2 个和 1 个百分点；西部地区的农民工占比由 2009 年的 25.3%，上升为 2012 年的 26.0%，其中外出农民工和本地农民工占比分别上升了 0.2 个和 1.9 个百分点（见表 25—3）。也就是说，当地区间的比较优势趋于缩小时，再加上"交易费用"（因为交通、照顾家庭、通信、熟悉环境发生的费用等）和"机会成本"（回乡后的劳动收入、惠农政策带来的收益等）的考量，来自中西部地区的农民工更倾向于回乡就业，进而外出流动和就业的动力不足。

表 25—2　　外出农民工在不同地区务工的月收入水平及其增长率

单位：元/人、%

年份	2008	2009		2010		2011		2012	
全国	1340	1417	5.7	1690	19.3	2049	21.2	2290	11.8
东部地区	1352	1422	5.2	1696	19.2	2053	21.0	2286	11.4
中部地区	1275	1350	5.9	1632	20.9	2006	22.9	2257	12.5
西部地区	1273	1378	8.3	1643	19.2	1990	21.1	2226	11.8

注：农民工的就业地区除东部、中部和西部地区外，另有 0.3% 的外出农民工在港澳台地区及国外从业，境外就业的农民工月收入水平为 5550 元。

资料来源：国家统计局 2009—2012 年农民工调查监测报告。

表 25—3　　　　　　　按输出地分的农民工地区构成　　　　　单位:%

年份	2009			2010			2011			2012		
地区	东部	中部	西部	东部	中部	西部	东部	中部	西部	东部	中部	西部
农民工	43.6	31.1	25.3	43.2	31.5	25.3	42.7	31.4	25.9	42.6	31.4	26.0
外出农民工	31.9	36.5	31.6	31.8	36.6	31.6	31.6	36.6	31.8	31.5	36.7	31.8
本地农民工	63.7	21.9	14.4	62.9	22.5	14.6	61.4	22.7	15.9	60.8	22.9	16.3

资料来源：国家统计局 2009—2012 年农民工调查监测报告。

第三，农民工权益和就业保障意识进一步增强。农民工工作时间长、待遇低，平等择业和职位晋升备受歧视，劳动保护和社会保障机制不健全，子女上学难，甚至还被迫缴纳各种不合理费用，这些通常被视为"民工荒"

的罪魁祸首。"民工荒"实际上又是制度荒和权益荒,是农民工对城市"新二元社会结构"[①]不公正政策待遇的有力反抗。2004年,"珠三角"地区爆发"民工荒"。而上海地区劳动力管理部门因注重保障外来劳动力的合法权益,其外来劳动力则稳步上升,也吸引了原来在"珠三角"就业的农民工流向"长三角"。此后,国家在保护农民工权益方面出台了一系列法律法规,如2006年国务院《关于解决农民工问题的若干意见》,将解决农民工问题上升到国家战略;2007年《劳动合同法》《就业促进法》和《劳动争议调解仲裁法》陆续颁布。但是,2008年国际金融危机后的"民工慌"彻底击碎了农民工融入城市、扎根城市的幻想,使农民工不仅认清了东部地区低端制造业的事实,而且更深刻地认识到他们是经济危机时期首先被抛弃的对象,他们在城市里的就业缺乏保障和安全感。因此,2010年后随着经济的回暖,即使很多沿海企业开出了非常诱人的工资,但也难以招到农民工了。时过境迁,农民工外出流动就业变得更加理性,不再单一或主要关注收入的提高,他们更加关注劳动就业的尊严和安全性以及职业发展。加之,农民工逐渐学会了拿起法律武器,捍卫自己的劳动权益以及政治和社会权益,这进一步加剧了城市里招不到、招不满农民工的现象。

第四,新生代农民工已成为农民工的主体,"代际差异"决定了廉价劳动力时代的结束。新生代农民工一般是指20世纪80年代以后出生、成年后开始外出打工的农民工,即"80后""90后"农民工。与此相对应,"60后""70后"农民工属于老一代农民工。老一代农民工,随着年龄的增大和赡养老人的需要以及企业对年龄的限制,纷纷还乡回流。于是,取而代之的是新生代农民工。新生代农民工与他们的父辈,由于成长的环境和社会背景不同,他们的价值观念有了许多明显的变化。他们外出打工的目的与他们的父辈不同,他们的经济压力较小,挣钱并不是唯一目的,更加注重追求生活质量;他们在社会地位、合法权益、人格尊严、子女入学等方面的诉求日益

[①] 城市内部存在的"新的二元社会结构"主要表现为已经进城就业的农民工(乡下人)与"城里人"存在明显的差别性,农民工在初次分配(工资)和再分配(社会保障)等各方面遭受了不公平的待遇,成了城市中最缺乏保障的弱势群体和介于城乡的"边缘人"。至于那些在正规部门没能找到工作的另一部分农民工,所从事的是非正规部门的劳动,职业不稳定,收入更低,没有任何社会保障,进而成了城市中的"流民阶层"。

凸显，渴望获得尊重与自我实现。新生代农民工是"拉着拉杆箱"农民工，跟当初他们的父辈"扛着编织袋"进城不一样。这是社会的进步使然，也是国民素质提高的体现。但是，他们也有消极、个性化的表现，吃苦耐劳精神缺乏，老一代农民工总是老老实实待在最脏、最累、最"没出息"的工作岗位上，新生代农民工即使从事此类工作也常常会因为工作时间太长、劳动强度太大和工作生活环境不好而频繁跳槽。[1] 所以，如果企业仍寄望将新生代农民工当作老一代农民工来使用以期实现低成本优势，而不在工资待遇、工作环境、管理方式、合法权益等方面做出改善，劳资矛盾就会进一步激化，进而必然会导致农民工"用脚投票"。可以说，2010 年新一轮的"民工荒"在很大程度上是新生代农民工对不平等劳动关系的抗议。

当然，"民工荒"的爆发和蔓延，还与中国劳动力市场的不完善有关。毋容置疑，2002 年以来中国劳动力市场服务体系建设日益加快，但是，统一规范的劳动力市场尚未形成，全国性或者区域性的劳动力市场供求信息网络尚待完善。由于劳动力市场供求信息不能顺畅传递，用工单位与农民工难以对接、实现匹配，从而导致招工难与就业难并存。此外，企业对未来劳动力资源的预测能力和储备能力相当缺乏。比如，企业需要熟练的技工但却没有完整的民工培训和开发体系。两轮"民工荒"也都揭示了企业建立现代人力资源管理制度的紧迫性和必要性。

二 刘易斯转折点已经到来

2004 年以来，随着"民工荒"的蔓延与愈演愈烈，中国经济发展的"刘易斯转折点"问题引起了学术界的广泛关注和热烈讨论。2007 年前后，蔡昉率先提出"随着人口转变新阶段的到来，中国经济迎来其发展的刘易斯转折点，即劳动力无限供给的特征逐渐消失。"[2] 不少学者对此持肯定的态度，认为"民工荒"从局部到全国的全面蔓延、农民工工资上涨、农业边际劳动生产率变化等，都预示着中国进入了刘易斯转折点。但也有一些学者对此持否定态度，认为中国作为一个人口众多、劳动力资源充沛的大国，特

---

[1] 李波平、田艳平：《两轮"民工荒"的比较分析与启示》，《农业经济问题》2011 年第 1 期。
[2] 蔡昉：《中国经济面临的转折及其对发展和改革的挑战》，《中国社会科学》2007 年第 3 期。

别是农村仍然存在大量剩余劳动力,在目前收入阶段上谈所谓的刘易斯转折点为时尚早。① 那么,刘易斯转折点是否已经到来了?对刘易斯模型的理解偏差或许是造成上述争论的主要原因之一。

1954年,发展经济学的代表人物、诺贝尔经济学奖获得者阿瑟·刘易斯(W. Arthur Lewis)发表了题为《劳动无限供给条件下的经济发展》的论文。在这篇开创性的经典论文中,刘易斯利用劳动力市场的二元性,解释了发展中国家的经济发展及其过程。这种二元性主要表现为劳动生产率在传统部门和现代部门②之间的不对称性,即现代部门劳动的边际生产率高,能够产生经济剩余,而传统部门存在相对于资本和土地来说严重过剩的劳动力,因而劳动的边际生产率低甚至是零或负数,从中转移出部分劳动力,不仅不会减少总产量反而会提高人均产出水平。现代部门通过把剩余再投资形成资本,使其不断扩张。随着现代部门的扩张,在工资水平没有实质性增长的情况下,传统部门的剩余劳动力逐渐转移到现代部门就业,形成一个二元经济发展过程。这一扩张过程,将一直持续到现代部门的发展把传统部门中的剩余劳动力吸收殆尽,直至出现一个城乡一体化的劳动力市场时为止,这时传统部门与现代部门之间劳动生产率差异消失,二元经济增长被合成为一体化的和均衡的现代经济增长。此时,劳动力市场上的工资便是按新古典学派的方法确定的均衡工资。按照这个模型假设,刘易斯转折点就是从劳动力剩余的二元经济走向成熟的一体化经济的分界点,当经济发展越过该点之后,传统部门中就不再存在剩余劳动力。对中国刘易斯转折点的批评意见,多是从这个模型出发,指出中国农业部门就业数量依然庞大,城镇面临着新增劳动力供给压力和失业问题,"民工荒"只是一个假象,从而推断中国没有出现刘易斯转折点。③ 从理论角度看,上述的批评存在概念不明或方法未究的问题,以致造成了在认识上较大的差异。

---

① 郭金兴、王庆芳:《中国经济刘易斯转折的悖论、争议与共识》,《政治经济学评论》2013年第3期。

② 刘易斯使用的划分是"维持生计的部门"(主要指传统农业)和"资本主义部门"(主要指现代工业)。但是,他也指出,前者并不仅限于农业经济,也包括其他具有分享收入特征的传统部门,而后者的核心不在于经济制度本身,而在于工资决定依据于劳动力的边际生产力。

③ 王德文:《刘易斯转折点与中国经验》,载蔡昉主编《中国人口与劳动问题报告》,社会科学文献出版社2008年版,第90页。

在刘易斯模型的基础上，拉尼斯和费景汉（Ranis and Fei，1961）引入农业部门的发展，提出除廉价劳动力外，农业部门还向现代部门提供农业剩余，拓展成了含有转折区间的二元经济发展模型。在拓展的刘易斯模型中，经济发展过程分为三个阶段：第一个阶段农业劳动的边际生产率为零或很低，劳动力对现代部门具有无限供给的弹性，即传统部门不减少农业产出，现代部门也不增加工资水平。随着现代部门扩张和大量农村劳动力转入现代部门，经济发展进入第二阶段，农业劳动的边际生产率上升，减少农业劳动力供给诱发粮食产量下降，带来粮食价格和工资的上涨现象。通过对农业部门引入现代要素进行改造，农业专业化和规模化生产，提高了劳动生产率，农业产出增长能够有效地满足现代部门的需要，部门之间的均衡发展把经济发展带入第三阶段，即经济一体化阶段。[1] 上述过程有两个关键性的转折点：一是刘易斯第一个转折点，它是从第一个阶段向第二个阶段的转换，也就是说劳动力供给从无限剩余转向有限剩余的阶段，拉尼斯把它称作"短缺点"。到第一个转折点，边际产出为零的剩余劳动力已经转移完了，但还存在边际产出低于平均产出的过剩劳动力。在第二阶段，传统部门还存在着非充分就业，但随着劳动者的不断流出，其劳动边际生产率会上升。现代部门不能再以不变的工资水平获得无限的劳动供给，劳动供求的总量结构出现了根本性的变化，非熟练工人的工资水平开始上涨。此时，农业部门的工资尚未由劳动边际生产率决定，农业与现代部门的劳动边际生产率仍然存在差异。二是刘易斯第二转折点，它是从第二个阶段向第三个阶段的转换，也就是有限剩余的劳动力被完全吸收殆尽，拉尼斯把它称作"商业化点"。此时，农业部门和现代经济部门的工资都已经由劳动的边际生产率决定，两部门劳动边际生产率相等阶段到来，二元经济终结了。近年来，关于中国进入刘易斯转折点的讨论，主要集中在中国是否已越过了刘易斯第一个转折点。在这个阶段上，并非意味着中国不存在农村剩余劳动力。如果把刘易斯转折点的讨论理解为第二个转折点，那么，就不可避免地会出现认识上的分歧和偏差。按照二元经济模型，刘易斯转折点变化有两个重要标志：一是农业剩余劳动力数量大幅度下降，二是农业工资率大幅度上升。[2] 以下的经验性数

---

[1] 王德文：《中国刘易斯转折点：标志与含义》，《人口研究》2009 年第 2 期。
[2] 同上。

据充分表明,中国已进入了刘易斯转折点。

第一,农村劳动力剩余数量呈现下降趋势。20世纪90年代初,农村剩余劳动力出现大规模流动,形成"民工潮"。从1992年起,中国农业就业绝对数量出现了下降,从1991年的3.91亿人下降到1997年的3.48亿人。1998年之后,由于国有企业改革进入攻坚阶段和受东南亚金融危机的影响,农业就业数量有所反弹,但2002年以来在绝对数量上又开始进一步下降,从2002年的3.66亿人下降到2012年的2.58亿人。农业就业数量的下降加速了农业就业比重的降低,从1992—2012年农业就业比重下降到33.6%,下降了24.9个百分点。[①] 随着农业劳动力向城市和第三产业转移,农业部门剩余劳动力的数量迅速减少。农业部的数据显示,1995—2007年外出农民工的数量从5066万人上升到12609万人,占乡村劳动力总量的比例从10.3%上升到26.5%。蔡昉等利用人口普查资料,从人口年龄结构角度对农业剩余劳动力做了新的测算和分解。研究结果显示,2005年可供转移的农业劳动力总量约为4357万人,剩余规模和比例远不像人们想象得那么多。在农业劳动力资源总量中,40岁以上的劳动力占了近53%。[②] 同时,考虑到女性劳动力的比例偏高,迁移的概率较低,农业中可供转移的数量会更低。国家统计局发布的全国农民工监测调查报告显示,虽然外出农民工的数量从2008年的14041万人增长到2012年的16336万人,但其增速在减缓。不过,中国农村剩余劳动力的大量转移和外流,农业劳动投入下降,并没有带来农业产出的下降和粮食等农业品的短缺。1992年以来,中国农业产出保持了快速增长,其主要原因在于农业劳动生产率的提高以及惠农政策的实施,利用资本投入来替代劳动投入量的减少。1992—2012年,中国农业总产值由5588.00亿元,增加到2002年的14931.54亿元,再到2012年的46940.46亿元。按不变价格计算的话,以1992年为100,那么,2002年为158,2012年为233。同期,现代生产要素,如农业机械总动力指数、农用化肥施用量、农药施用量等成倍增长,替代了传统的土地和劳动等生产要素,促进了农业增长和部门之间的平衡。以1992年为100,那么,2002年的农业机械总动力指数、农用化肥施用量和农药施用量为191、148和164,2012年增长为

[①] 《中国统计年鉴(2013)》,中国统计出版社2013年版,第123页。
[②] 蔡昉主编:《中国人口与劳动问题报告》,社会科学文献出版社2008年版,第93、172—177页。

338、199 和 226。① 当然，技术进步还会进一步释放出农业剩余劳动力。

第二，人口结构变化带来新增劳动力供给无法满足新增劳动力需求。改革开放以来，中国经历了一场急剧的人口转变，即总和生育率显著下降，1992 年以后降到 2.0，之后一直处在替代水平之下。2010 年，联合国发表《世界生育率模式（2009）》把中国列入总和生育率在 1.5 以下的低生育率国家行列。人口转变过程中的生育率下降，同时表现为人口年龄结构的变化，即劳动年龄人口的增长率迅速减缓，如在 2004—2011 年，劳动年龄人口的增量以每年 13.6% 的速度减少。根据联合国的预测，中国劳动年龄人口比例在 2010 年以前不断上升，2010 年达到 71.9%；此后，劳动年龄人口比例则呈下降态势，2030 年下降到 67.2%。从绝对数量看，劳动年龄人口在 2015 年左右达到峰值，为 9.98 亿；此后会逐步下降，2030 年约为 9.83 亿。② 国家统计局公布的数据显示，2012 年中国 15—59 岁劳动年龄人口在相当长时期里第一次出现了绝对下降，比 2011 年的 94072 万人减少了 345 万人。③ 这一变化导致的结果是劳动力供给趋紧。

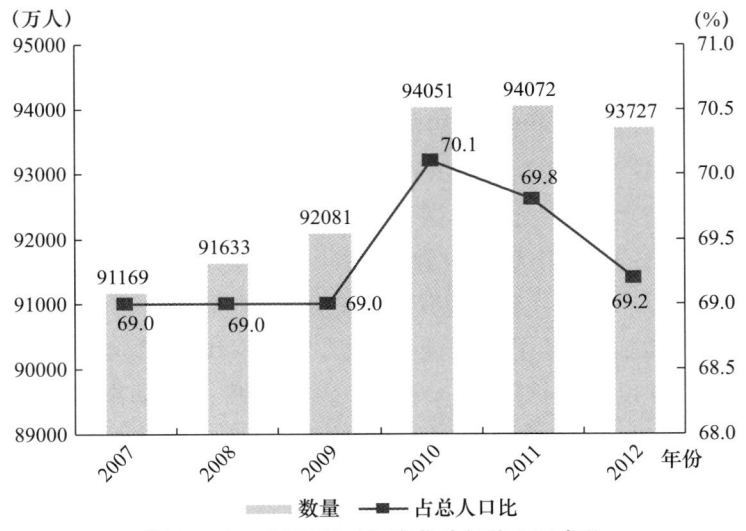

图 25—1 中国 15—59 岁劳动年龄人口变化

---

① 《中国统计年鉴（2013）》，中国统计出版社 2013 年版，第 441—442 页。
② 蔡昉主编：《中国人口与劳动问题报告》，社会科学文献出版社 2011 年版，第 36、57—58、93 页。
③ 田俊荣：《人口红利拐点已现》，《人民日报》2013 年 1 月 28 日。

从劳动力需求来看，伴随着中国经济的高位平滑化增长，城乡劳动力需求不断扩大。2002—2009年，城镇就业总量增加速度快于全国劳动年龄人口增长，表明农村剩余劳动力与城镇失业人员正在迅速减少。"十一五""十二五"期间，中国劳动力需求的增长速度已超过了劳动力供给的增长速度。

第三，农业工资和农民工工资呈现上涨趋势。根据刘易斯的理论，在二元经济中，如果有大量的劳动力剩余，那么，在现行的工资水平下，劳动力供给弹性非常大，对工资水平不会产生影响。如果随着劳动力剩余数量不断减少，那么，劳动力供给弹性将下降，对工资形成上涨的压力，预示着劳动力市场新的变化。所以，观察工资变化是判断刘易斯转折点最直接的证据。对此，可以观察农业工资的变化，也可以观察农村转移劳动力工资的变化。王德文利用农业部农村经济研究中心的农户数据，计算并得出了1986—2007年农业长期雇工的日平均工资变化趋势：90年代之前日平均工资在15元左右，90年代保持在22元左右，从2005年开始迅速上升，2007年为31元，比90年代平均水平上涨了41%。农业工资大幅度上涨的两个时段与农村劳动力流动的两个时间契合：一是20世纪90年代初期的"民工潮"，二是2003年以来的"民工荒"。可以说，农业工资的上涨，是在劳动力需求急剧扩大的情况下实现的。① 卢锋对1979—2010年中国农民工工资水平及其演变轨迹进行了定量估测，认为改革开放以来农民工现价名义工资（月度工资）总体呈增长趋势，大体可分为"两慢两快"四个阶段：一是80年代增长较慢，从80年代初的不到100元上升到80年代末的200元左右；二是90年代前期增长较快，从90年代初的200元左右增长到90年代中期的接近500元；三是90年代后期到21世纪初增速较慢，2001年和2002年两年均值约600元；四是2002年以来增长较快，2010年达到1690元。如果扣除物价变动因素，那么，经居民消费物价指数调整的农民工实际工资及其变动趋势可分为三个阶段：一是80年代，实际工资有明显增长，到80年代后期上升约六成；二是90年代，整体来讲，似乎没有增长；三是2001—2010年，农民工实际工资增长较快，年均增长率约为10%。② 另外，根据国家统计局农调队

---

① 王德文：《中国刘易斯转折点：标志与含义》，《人口研究》2009年第2期。
② 卢锋：《中国农民工工资走势：1979—2010》，《中国社会科学》2012年第7期。

的数据，20世纪90年代中期，农民工现价月收入平均数大约500元，随后的七八年中增长较慢，2001—2003年增长到640—690元。此后工资较快增长，2007年超过1000元，2010年达到1690元，2012年为2290元，即十年增长了1600元左右。

第四，工资收敛和收入分配的改善。在刘易斯转折点到来的情况下，随着劳动力市场由分割趋向统一，劳动力供求关系对工资差距的影响作用相对上升，非熟练工人与熟练工人之间、不同行业之间和不同地区之间的收入差距会缩小，工资收入在国民收入中比重也会提高，进而带来收入分配状况的改善。蔡昉、都阳根据《全国农产品成本收益资料汇编》《中国劳动统计年鉴》和《中国农村住户调查年鉴》的数据计算得出，自2003年以来，不仅在普通劳动者比重较高的产业中工资有了大幅度的提高，而且农民工工资也显著提高，农业中雇工工资更是快速的上涨。在包括农民工在内的城市劳动力市场上，农民工和城市职工之间的总体工资差异，呈逐渐缩小的趋势，基尼系数由2001年的0.37下降到2010年的0.33。而区域因素对工资差距的解释，从2001年的56%下降到2010年的51%。[1] 李稻葵、刘霖林、王红领研究发现，在世界各国的经济发展过程中，在初次分配中劳动份额的变化趋势呈现U形规律，即劳动份额先下降后上升，转折点约为人均GDP 6000美元（2000年的购买力平价）。中国还处在劳动份额的下降期，但未来两年劳动份额在初次分配中的比重会进入上升通道，收入分配有望得到改善。[2] 李稻葵还认为，未来三五年内劳动收入份额下降的状况会得到逆转，因为农村的剩余劳动力已经基本上转移干净了。[3] 居民收入差距问题也一直是当今备受关注的社会问题之一，2010年农村居民人均纯收入实际增长首次跑赢GDP，并连续领超3年；2012年城镇居民人均可支配收入实际增长也跑赢了GDP（见表25—4）。2010年以来，中国总体居民收入差距的缩小，主要是由于城镇、农村和城乡居民收入差距同时缩小所引起的。[4]

---

[1] 蔡昉、都阳：《工资增长、工资趋同与刘易斯转折点》，《经济学动态》2011年第9期。
[2] 李稻葵、刘霖林、王红领：《GDP中劳动份额演变的U型规律》，《经济研究》2009年第1期。
[3] 李稻葵：《理性看待劳动收入占比下降》，《上海经济》2010年第7期。
[4] 杨宜勇、池振合：《中国居民收入分配现状及其未来发展趋势》，《经济研究参考》2014年第6期。

表 25—4　　2008—2012 年中国国内生产总值和城乡居民收入增长情况　　单位:%

年份	2008	2009	2010	2011	2012
国内生产总值增长率	9.6	9.2	10.4	9.3	7.8
农村居民人均纯收入实际增长率	8.0	8.5	10.9	11.4	10.7
城镇居民人均可支配收入实际增长率	8.4	9.8	7.8	8.4	9.6

资料来源：国家统计局：《中华人民共和国 2012 年国民经济和社会发展统计公报》，《人民日报》2013 年 2 月 23 日。

总之，农村劳动力供给从无限剩余转向有限剩余，劳动力需求增长超过供给增长速度和工资上涨并存的现象，有力地验证了中国经济发展的刘易斯转折点的到来。对此，虽然学界还有争论，但对刘易斯转折点的认识却在不断深化，并取得了若干共识。一是刘易斯转折是发展中国家经济发展必须要经历的重要阶段。发展中国家在越过刘易斯第一转折点之后，其所面临的生产要素市场（特别是劳动力市场）条件将会发生根本性改变。相应的，经济增长方式就需要及时进行调整，那些低技术水平、粗放型、劳动密集型产业行业将会萎缩，经济增长的源泉要更加依靠全要素生产率的提高。二是劳动人口及剩余劳动力的数量和结构已经发生了明显的变化。当前中国形成充裕劳动力来源的人口基础已不复存在，劳动力的稀缺性正在增强。因此，必须通过加强对劳动者的教育和培训，全面提高劳动力素质，以及提高劳动力市场资源配置效率等措施，挖掘劳动力资源潜力，才能促进经济持续发展。同时，这也意味着劳动收入在国民收入分配中的比重将上升，收入分配状况也会改善。三是劳动力市场由分割趋向统一和整合。鉴于市场机制在生产要素和资源的配置过程中将发挥更大的作用，劳动力市场正在发生根本性的变化，因此，进一步完善户籍、就业、教育与社保等相关配套制度的建设，消除一切限制劳动力流动和转移就业的政策制度障碍，建构和谐劳动关系，就显得尤为迫切。一句话，刘易斯转折点的到来，对于中国经济发展既是机遇也是挑战。

三　人口红利开始式微

"论证人口红利的消失与证明刘易斯转折点的到来，实际上是同一项学术工作。"① "刘易斯转折点"与"人口红利"之间有一种正相关的关系，前者的显现往往是后者逐渐消失的一个前兆。之所以还要讨论人口红利，是因为人口红利的存在与否会影响劳动力价格。人口红利拐点的出现会抬高劳动力供给价格，而工资的上涨又将直接影响劳动力的供给，进而又间接地影响刘易斯转折点的出现。更为重要的是，人口红利被认为是过去30多年中国出现"经济增长奇迹"的重要源泉。②

"人口红利"一词，最早是由布鲁姆（Bloom）和威廉姆森（Williamson）等在对1965—1990年东亚经济增长奇迹进行研究时提出的。他们发现，人口转变过程中由于生育率下降滞后于死亡率下降，导致劳动年龄人口增速超过总人口增速，从而形成促进经济增长的良好的人口年龄结构条件，并将其称为人口红利（Demographic Gift）。③ 人口红利只是潜在的经济增长优势，梅森（Mason）认为，正是东亚各国良好的政策和制度，如有效的劳动力市场、高储蓄和良好的投资环境等，才把潜在的人口红利转变为现实的经济增长源泉。布鲁姆、坎宁（Canning）和塞维利亚（Sevilla）论述了人口红利实现的机制和制度保障，通过增加劳动年龄人口、储蓄和人力资本三个途径来提高经济产出，并且人口红利的实现需要健康、教育、劳动力市场和金融市场等方面的制度保障。④ 后来，梅森和罗纳德·李（Ronald Lee）将人口红利扩展为第一人口红利和第二人口红利。他们认为，劳动力迅速增长，抚养比降低，即人口结构"中间大、两头小"，资源将更多地用于经济发展和家庭福利，从而导致人均收入快速增长的状况，这是"第一人口红利"。⑤ 随着出生率降低，老年人增加，"第一人口红利"将变成负债。但是，在人口老龄化过程中，未成年人较少和人口寿命更长会提高每名劳动者的资本及其他生产资料占有量，而个人也会有较强地积攒资产以备养老的动机，这将导致人均收入在一定时期内增加。这种由人口老龄化对经济增长带

---

① 蔡昉：《人口转变、人口红利与刘易斯转折点》，《经济研究》2010年第4期。
② 蒋伏心、谈巧巧：《民工荒、刘易斯拐点和人口红利拐点》，《江苏社会科学》2014年第2期。
③ D. E. Bloom, J. G. Williamson, Demographic Transitions and Economic Miracles in Emerging Asia. *World Bank Economic Review*, 1998, 12（3）.
④ 原新、刘厚莲：《中国人口红利真的结束了吗?》，《人口与经济》2014年第6期。
⑤ 廖海亚：《人口红利：理论辨析、现实困境与理性选择》，《经济学动态》2012年第1期。

来的有利影响被称为"第二人口红利"。①

人口红利是指一个国家的劳动年龄人口占总人口比重较大,抚养率比较低,为经济发展创造了有利的人口条件,整个国家的经济呈高储蓄、高投资和高增长的"三高"局面。这就是通常意义上的人口红利,中国学者对人口红利的讨论大多集中于此。为什么一个国家的劳动年龄人口比重会上升?这与一个国家或地区的人口转变相关。人口转变理论把人口再生产类型区分为三个主要阶段:"高出生、高死亡、低增长"阶段、"高出生、低死亡、高增长"阶段和"低出生、低死亡、低增长"阶段。第二次世界大战之后,大多数发达国家和许多新兴工业化国家及地区相继完成了人口阶段的转变。随着很多国家的医疗水平显著改善,婴儿死亡率下降,且死亡率明显低于出生率,人口整体寿命延长。在医疗水平改善十几年后,随着教育的普及和整体教育水平的提高,出生率下降也显现出来,从而导致人口迅速膨胀。在死亡率下降与出生率下降之间的时滞期间,人口的自然增长率处于上升阶段,需要抚养的少儿人口比重相应提高。再经过一个时间差,当婴儿潮一代逐渐长大成人,劳动年龄人口的比重依次上升。当人口年龄结构处在最富有生产性的阶段时,充足的劳动力供给和高储蓄率为经济增长提供了一个额外的源泉。在具备良好的政策和制度条件下,一个国家的经济增长就会进入人口红利阶段(见图25—2和图25—3②)。相应地,一旦人口转变超过这个阶段,随着生育率下降,人口增长率趋于降低,人口开始逐渐老龄化,人口转变进入了第三阶段。当人口年龄结构因老龄化而在总体上不再富有生产性时,通常意义上的人口红利便会丧失。虽然第一人口红利是短暂的,但由于人均资产和人均收入已经处在较高的水平以及个人养老储蓄动机的增强和金融市场的完善,那么,在第一人口红利趋于消失的同时,第二人口红利的潜力有可能会不断壮大。

新中国成立后,随着经济发展和人民生活改善,人口转变过程即已开始。人口转变的初期表现为死亡率的大幅度下降。1950年中国的死亡率高达18‰,出生率更高,为37‰,因而人口自然增长率也处于较高水平,达到

---

① 高建昆:《中国人口转变与人口红利分析》,《当代经济研究》2012年第4期。
② 图25—2和图25—3均来自《人口红利结束,养老金够用?》,《图解搜狐财经》第191期,http://business.sohu.com/s2014/picture-talk-191/index.shtml。

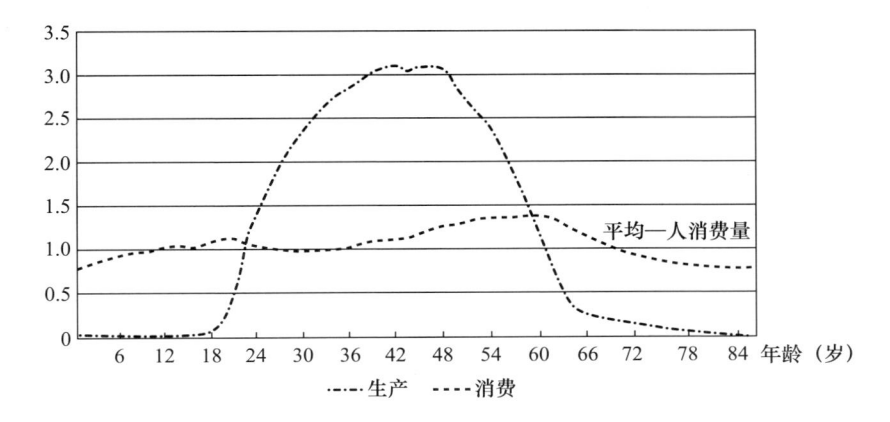

图 25—2 劳动年龄人口生产能力 VS 消费能力

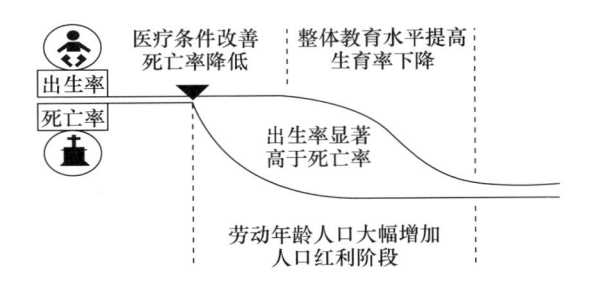

图 25—3 人口红利产生的原因与所处阶段

19‰。此后，除 50 年代末 60 年代初的非正常波动外，主要表现为死亡率大幅度降低、出生率继续保持在高位，人口自然增长率大幅度上升，并在 60 年代达到最高点。70 年代之前，中国总和生育率通常处在 6 的高水平上。总和生育率大幅度降低发生在 1970—1980 年，从 5.8 下降到 2.3。80 年代以后，计划生育政策全面严格执行，进一步大幅度地降低了人口出生率，以致 1998 年以后自然增长率降低到 1‰以下。同时，人口的年龄结构也相应发生变化，首先是少儿年龄人口比重逐渐下降，劳动年龄人口比重上升，并且在很长时期里，老年化程度的提高并不严重。例如，从 1953 年第一次人口普查到 2000 年第五次人口普查期间，少儿年龄占人口（0—14 岁）比例从 36.3% 降低到 22.9%，劳动年龄人口（15—64 岁）比重从 59.3% 提高到

70.2%，而老年人口（65岁及以上）比重从4.4%上升到7.0%。[①] 虽然中国的人口抚养比[②]早在60年代中期就开始下降，但劳动年龄人口总量迅速增长并且比重大幅度提高，从而人口抚养比显著下降，则开始于70年代中期。人口结构的这种变化，提高了人口结构的生产性。这种有利的人口年龄结构变化，在改革开放后转化为推动经济高速增长的人口红利。蔡昉和王德文曾以人口抚养比为指标，估算了人口红利对1982—2000年中国人均GDP增长率的贡献为26.8%。[③]

2000年以来，中国的人口红利情况又是如何呢？中国人口红利究竟是在2013年左右结束，还是在2030年之后才会结束？在中国学术界和政策界，对此争论可谓众说纷纭、莫衷一是。一种观点是以蔡昉为代表，认为"人口红利的实质在于充足的劳动力供给可以防止资本报酬递减现象出现，因而可以依靠资本和劳动的投入保持高速经济增长。因此，考察人口红利延续期，必须把人口抚养比与资本积累水平结合起来进行观察。由此得出的结论是，中国人口红利的最大化时期是抚养比2013年降到最低点之前达到的，并且于2013年之后迅速消失。""人口红利将要消失的判断，所依据的是人口抚养比的变动率。"[④] 另一种观点是，如周婷玉认为，人口红利可以在人口抚养比降到最低点之后再持续20年以上，其立论的基础则是更加注重人口抚养比的绝对水平，即在2013年之后抚养比上升的一段时期内，直到2030年前后，中国的抚养比比较低。[⑤] 因此，如果以人口抚养比的变化率为依据，中国所处的人口红利期已经为时不久了。然而，如果以抚养比40%或45%为较低水平，以人口抚养比的绝对水平为依据，则在2030年之前都可以继续收获人口红利。尽管人们给予人口红利以各种解释，不过有一点是肯定的，那就是，劳动年龄人口占比大并且持续扩大可以为经济增长提供一

[①] 蔡昉：《人口转变、人口红利与经济增长可持续性——兼论充分就业如何促进经济增长》，《人口研究》2004年第2期。
[②] 人口抚养比，即依赖型人口（14岁以下人口与65岁以上人口之和）与劳动年龄人口（15—64岁人口）之比。
[③] 蔡昉：《人口转变、人口红利与刘易斯转折点》，《经济研究》2010年第4期。
[④] 蔡昉：《中国的人口红利还能持续多久》，《经济学动态》2011年第6期。
[⑤] 周婷玉：《2013年我国人口抚养比将现"拐点"，仍有25年"人口红利"期》，http://news.xinhuanet.com/politics/2010-05/18/c_12115988.htm。

个额外源泉，这也是改革开放三十多年来中国经济高速增长的重要原因之一。因此，探讨人口红利问题，要把资本积累的情况与人口抚养比一同考虑，并作为阻止资本报酬递减现象发生的力量之一。

我们认为，中国 2013 年前后处在人口红利最为丰厚的时期，此后，人口红利将逐渐减少，在 2030 年前后将完全消失，即这时中国进入了人口盈亏平衡时期。不过，2013 年以后，中国收获更多的可能是第二人口红利。根据《中国统计年鉴》的数据（见表 25—5），中国 15—64 岁的劳动人口一直在上升，从 2002 年的 9.0 亿人上升到 2010 年的 9.99 亿人，劳动年龄人口的增长率高于总人口的增长率；人口抚养比从 2002 年的 42.2% 下降到 2010 年的 34.2%。可以得出，中国的人口红利依然存在，并且是经济增长和社会发展的主要源泉。但是，2010 年以后，15—64 岁的劳动人口增速明显减缓，劳动年龄人口的增长率低于总人口的增长率，且人口抚养比开始由下降转为提高，到 2012 年回升到 34.9%。与此同时，中国的老龄化水平也进一步提高，65 岁及以上人口所占比重从 2002 年的 7.3% 上升到 9.4%。由此可

表 25—5　　2002—2012 年中国人口年龄结构与抚养比　　单位：万人、%

年份	年末总人口	0—14 岁人口	15—64 岁人口	65 岁及以上人口	总抚养比	少儿抚养比	老年抚养比
2002	128453	28774	90302	9377	42.2	31.9	10.4
2003	129227	28559	90976	9692	42.0	31.4	10.7
2004	129988	27947	92184	9857	41.0	30.3	10.7
2005	130756	26504	94197	10055	38.8	28.1	10.7
2006	131448	25961	95068	10419	38.3	27.3	11.0
2007	132129	25660	95833	10636	37.9	26.8	11.1
2008	132802	25166	96680	10956	37.4	26.0	11.3
2009	133450	24659	97484	11307	36.9	25.3	11.6
2010	134091	22259	99938	11894	34.2	22.3	11.9
2011	134735	22164	100283	12288	34.4	22.1	12.3
2012	135404	22287	100403	12714	34.9	22.2	12.7

资料来源：《中国统计年鉴（2013）》。

以得出：中国的人口年龄结构不再朝着具有生产性的方向变化，传统意义上的人口红利出现了转折，即第一人口红利正进入由聚集开始趋向减少的阶段。而从劳动年龄人口的存量和增量的变化来看，中国仍然有人口红利的存续性。根据2013年世界人口预测报告（见图25—4），21世纪20年代中期以前，中国劳动年龄人口规模将继续保持在9亿以上，40年代中期以前一直保持在8亿以上，到2050年劳动年龄人口规模仍大于7亿。劳动年龄人口保持在9亿以上的情况至少还要持续13年，劳动力资源供给保持在8亿以上的情况还要维持30年。这就是说，"21世纪30年代前劳动年龄人口比重保持在60%以上，劳动年龄人口缓慢老化，劳动力资源的人力资本积累不断增加。由此判断，目前中国第一次人口红利正由聚集转向减少，并逐渐转入收获结构性人口红利阶段。"[①]

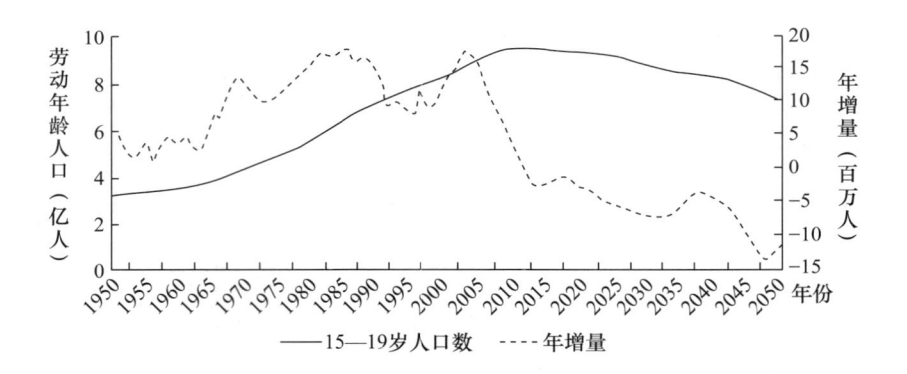

图 25—4　1950—2050 年中国劳动年龄人口（15—59 岁）变化

资料来源：United Nations, Department of Economic and Social Affairs. Population Division ［R］. World Population Prospects: The 2012 Revision, 2013。

参见原新、刘厚莲《中国人口红利真的结束了吗?》，《人口与经济》2014 年第 6 期。

依据第一人口红利与第二人口红利的内涵，考虑劳动年龄人口结构的变化，可以定性判断人口红利发展所处的阶段，当劳动年龄人口以青年为主，此时处于第一人口红利期；当劳动年龄人口快速转变为以中年为主，此时第一人口红利逐渐消失，第二人口红利潜力将不断壮大。图 25—5 显示了中国

---

① 原新、刘厚莲：《中国人口红利真的结束了吗?》，《人口与经济》2014 年第 6 期。

与日本、韩国的劳动年龄人口老化指数①的变化情况：1950—1990年中国劳动年龄人口结构呈轻微的年轻化，1990—2035年呈现不断的老化趋势，2015年劳动年龄人口老化指数约为0.8，最大为21世纪30年代，约为1.02，随后劳动力资源又呈轻微年轻化。不过，中国劳动力资源老化程度和速度弱于日本和韩国。② 同时，还应当看到这样一个事实：家庭储蓄会随着户主年龄增加而呈现倒"U"型变动趋势，即当户主年龄在40岁以下，家庭储蓄率缓慢增加；当户主年龄在40—60岁，家庭储蓄率迅速上升③，劳动年龄人口老化指数越大，其储蓄能力将越大。因此，相比处于1990—2012年的第一人口红利聚集期（劳动年龄人口老化指数达0.4—0.8）而言，中国未来劳动力资源相对老化，说明中年劳动人口的比重增加，将可能会形成为养老而进行准备的储蓄动机。此外，人口红利拐点的出现会抬高劳工成本，带来劳动力工资的上涨，进而导致其边际消费倾向递减和储蓄率提升。这就是说，伴随着第一人口红利规模的逐渐减少，第二人口红利的潜力将可能壮大。而第二人口红利由可能变为现实，就需要依靠技术进步阻止资本报酬递减现象的发生。进入21世纪以来，中国高等教育大规模的扩张和农民工培训的不断加强以及劳动力市场的进一步完善等，不仅为人力资本积累和技术进步提供了丰厚的基础，而且也为中国收获第二人口红利创造了重要条件。

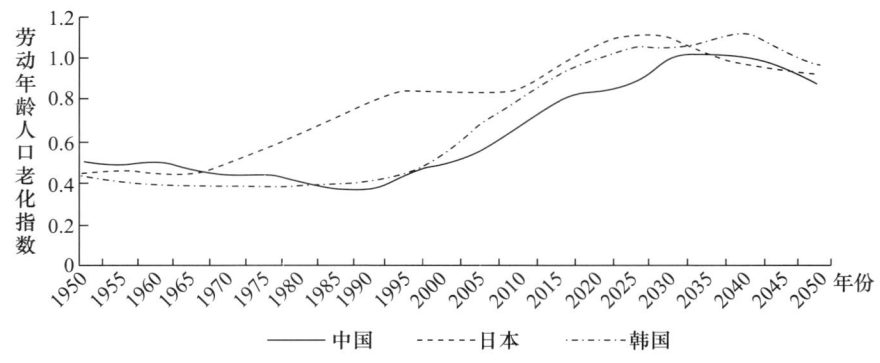

图25—5　1950—2050年中日韩劳动年龄人口（15—59岁）结构变化

资料来源：同图25—4。

---

① 劳动年龄人口老化指数，即大龄劳动人口（40—59岁）与低龄劳动人口（15—39岁）的比值。
② 原新、刘厚莲：《中国人口红利真的结束了吗？》，《人口与经济》2014年第6期。
③ 郝东阳、张世伟：《中国城镇居民储蓄率的年龄分布》，《消费经济》2011年第5期。

总之，随着人口转变进入到新的阶段，中国已经跨过最大化收获人口红利的时期，经济增长不再主要依靠传统意义上的人口红利。因此，在后刘易斯转折时期，中国经济增长的引擎，既不再是就业的增长，也不可能是资本劳动比（每个从业人员对应的固定资产净值）的提高，而是越来越依赖于全要素生产率的贡献份额。提高全要素生产率可以有诸多途径，包括加快技术进步和自主创新，推进产业结构的优化升级，通过提高劳动者素质和管理水平改善生产过程效率，进一步清除劳动力流动的制度障碍以获得资源重新配置效率，以及推进所有有助于提高投资效率和企业生产率的体制改革。[1] 做出人口红利式微的判断，更多的是对中国未来经济增长的可持续性提出警示，即当我们过分依赖廉价劳动力优势时，久而久之便会失去创新的能力，以致在"人口红利"枯竭时，处于不可持续发展的境地。从这个意义上说，"刘易斯转折点的到来"或者说"人口红利式微"不啻为一种"倒逼"，跨过这道坎，展现在我们面前的将是一番崭新的广阔天地。那些粗放而低技术含量的增长点，该萎缩的尽管让它萎缩；那些仅仅看重廉价劳动力的资本，该走的尽管让它走，丢掉这些并不可怕。只要我们能够实现产业升级，提高资源利用效率，提高产品附加价值，把传统制造业改造为先进制造业，提高核心竞争力[2]，中国经济增长必将凤凰涅槃，浴火重生。

---

[1] 蔡昉：《中国的人口红利还能持续多久》，《经济学动态》2011 年第 6 期。
[2] 胡正梁：《如何看待"刘易斯拐点"》，《山东经济战略研究》2010 年第 7 期。

第二十六章
以职业能力建设为核心推动职业培训发展

进入21世纪,随着科技进步和产业升级日益加快,人力资源特别是高素质人才已成为最重要的战略资源。人的因素在企业经营管理中越来越重要,企业的竞争突出表现为人才的竞争。加之,经济全球化不断深入,世界产业布局在全球范围不断调整和转移,尤其是全球制造业大幅度向中国转移,"中国制造"逐渐崛起。但是,中国人才的总量、结构和素质还不能适应经济社会发展的需要,特别是现代化建设急需的高层次、高技能和复合型人才短缺。在这样的背景下,伴随着高等院校的大规模扩招,中国职工教育培训事业围绕实施人才强国战略和扩大就业发展战略,以职业能力建设为核心,以加强高技能人才队伍建设和职业培训工作为重点,积极推进技工院校和各类技能人才培养机构改革发展,完善技能人才评价体系和职业资格证书制度建设,也进入了一个大发展时期。

一 实施人才强国战略,加强高技能人才队伍建设

2001年11月10日,中国正式加入世界贸易组织。加入世界贸易组织不但是对企业竞争力、综合经济实力的挑战,更是对人力资源素质状况、对人才培养培训能力的挑战。面对国际竞争日益激烈的新形势,2002年5月7日,中共中央、国务院制定下发了《2002—2005年全国人才队伍建设规划纲要》,首次提出"实施人才强国战略",并对新时期人才队伍建设进行了总体谋划,明确了人才队伍建设的指导方针、目标任务和主要政策措施。[①]

---

① 《2002—2005年全国人才队伍建设规划纲要》,《人民日报》2002年6月12日。

可以说，该《纲要》是对此前提出的国家人才战略的深化和系统展开。同年9月，劳动保障部开始实施国家高技能人才培训工程，在北京、天津等30个重点城市和中国机械工业联合会等11个行业企业集团启动机电高级技工培训项目，确立200个培训基地，开展高级技术工人培训工作。2003年，又启动了信息产业和电力高级技工培训项目。

2003年12月19—20日，中共中央、国务院首次召开全国人才工作会议，提出要把实施人才强国战略作为党和国家一项重大而紧迫的任务抓紧抓好，努力造就数以亿计的高素质劳动者、数以千万计的专门人才和一大批拔尖创新人才。26日，中共中央、国务院下发了《关于进一步加强人才工作的决定》（以下简称《决定》）。[①]《决定》指出，要树立人才资源是第一资源的理念，"紧紧抓住培养、吸引、用好人才三个环节，大力加强以党政人才、企业经营管理人才和专业技术人才为主体的人才队伍建设"，为全面建设小康社会提供人才保证和智力支持。要"在提高全民思想道德素质、科学文化素质和健康素质的基础上，以能力建设为核心，大力加强人才培养工作"，"重点培养人的学习能力、实践能力，着力提高人的创新能力"；坚持改革创新，"建立以能力和业绩为导向、科学的社会化的人才评价机制"，"建立以公开、平等、竞争、择优为导向，有利于优秀人才脱颖而出、充分施展才能的选人用人机制"。《决定》还指出，"工人队伍中的高技能人才，是推动技术创新和实现科技成果转化不可缺少的重要力量。要加强高技能人才队伍建设，实施国家高技能人才培训工程和技能振兴行动"。[②]《决定》的出台，为新时期人力资源建设工作注入了强大的动力，提供了有利的政策环境。

工人队伍中的高技能人才是技术创新的实践者和推动者，是现代化建设的主力军之一。随着中国经济的持续增长、产业结构调整和技术升级，特别是制造业的崛起，对技能人才尤其是高技能人才需求旺盛，高技能人才的短缺问题越来越显著，"中国制造"面临着谁来制造的问题。为贯彻落实中共中央、国务院《关于进一步加强人才工作的决定》精神，切实做好高技能

---

① 本刊编辑部：《这五年——党的十六大以来中国职业技术教育大事记》，《职业技术教育》2007年第30期。

② 《中共中央、国务院关于进一步加强人才工作的决定》，《人民日报》2004年1月1日。

人才队伍建设，2003年12月31日，劳动保障部制定了《三年五十万新技师培养计划》，决定在全面实施国家高技能人才培训工程的基础上，从2004年起三年内，"在制造业、服务业及有关行业技能含量较高的职业中，实施50万新技师培养计划，通过企业岗位培训、学校教育培养、个人岗位提高相结合的方式，加快培养企业急需的技术技能型、复合技能型人才，以及高新技术产业发展需要的知识技能型人才"，并"带动各类高、中、初级技能人员梯次发展"。[1] 三年来，实际培养新技师（包括技师、高级技师和其他高等级职业资格人才）55万人。

2006年4月18日，中共中央办公厅、国务院办公厅印发了《关于进一步加强高技能人才工作的意见》（以下简称《意见》），进一步确立了高技能人才在国家经济社会发展中的地位和作用，明确了高技能人才工作的指导思想和目标任务。《意见》指出，要"以职业能力建设为核心，紧紧抓住技能培养、考核评价、岗位使用、竞赛选拔、技术交流、表彰激励、合理流动、社会保障等环节"，"充分发挥市场机制对高技能人才资源开发和配置的基础作用，健全和完善企业培养、选拔、使用、激励高技能人才的工作体系"；"健全和完善以企业行业为主体、职业院校为基础、学校教育与企业培养紧密联系、政府推动与社会支持相互结合的高技能人才培养体系"；"以能力和业绩为导向，建立完善高技能人才考核评价、竞赛选拔和技术交流机制"，"建立高技能人才岗位使用和表彰激励机制，激发高技能人才的创新创造活力"，"完善高技能人才合理流动和社会保障机制，提高高技能人才配置和保障水平"。[2] 为贯彻落实好《意见》，同年4月28日，劳动保障部制定了《新技师培养带动计划》。计划在完成"三年五十万"新技师培养计划的基础上，力争"十一五"期间在全国培养新技师和高级技师190万名，培养高级技工700万名，使高级技能水平以上的高技能人才占技能劳动者比例由20%提高到25%以上，其中，技师、高级技师由4%提高到5%以上。[3]

---

[1] 《关于印发三年五十万新技师培养计划的通知》，《中华人民共和国国务院公报》2004年第28期。

[2] 《关于进一步加强高技能人才工作的意见》，《人民日报》2006年6月12日。

[3] 《关于印发新技师培养带动计划的通知》，《中国劳动保障》2006年第9期。

为指导各地做好技工院校培养高技能人才工作,劳动保障部制定了《关于进一步加强高技能人才评价工作的通知》《关于推动高级技工学校技师学院加快培养高技能人才有关问题的意见》《关于做好高技能人才相关基础工作的通知》《关于规范技师学院管理的通知》。① 随后,劳动保障部门启动了高技能人才师资培训工作,运用中央财政资金支持,对承担高技能人才培养任务的技工院校专业骨干教师,开展以新知识、新技能、新方法、新工艺为主要内容的示范性高端培训,在现代数控加工新技术等5个专业共培训520名教师;组织了百名骨干技工院校校长培训活动,提高技工院校校长的管理能力;开展了技工院校"一体化"教学课程研究、高技能人才培养教学案例库制作、技工学校专业目录研究、预备技师课程研究等基础性研究工作。2008年,在各省劳动保障部门和有关部委、行业协会、大型企业(集团)推荐的基础上,人社部组织专家评定了两批共287个技工院校和企业作为国家高技能人才培养示范基地。2008年3月18日,中组部、人事部、劳动保障部等部门联合印发了《关于高技能人才享受国务院颁发政府特殊津贴的意见》,确定了首批拟享受政府特殊津贴的400名高技能人才人选,技能人才选拔和激励机制进一步完善。截至2010年年底,全国高技能人才总量达到2879.5万人。高技能人才队伍建设进一步加强,为经济社会发展提供了有力的技能人才支撑。②

为贯彻《国家中长期人才发展规划纲要(2010—2020年)》,适应走新型工业化道路和产业结构优化升级的要求,培养造就一大批具有精湛技艺的高技能人才,2011年7月6日,中组部、人社部印发了《高技能人才队伍建设中长期规划(2010—2020年)》,明确了到2020年高技能人才工作的指导思想、目标任务和政策措施。2011年9月29日,人社部、财政部印发了《国家高技能人才振兴计划实施方案》,振兴计划包括技师培训、高技能人才培训基地建设、技能大师工作室建设三个重点工作项目。从2011年至2020年,中央财政将投入资金支持400个高技能人才培训基地和1000个技能大师工作室建设,并给予每年5万名高级技师培训补贴。2011年,人社部与财政部开展了首批20个高技能人才培训基地和50个技能大师工作室建设

---

① 《中国劳动和社会保障年鉴(2007)》,中国劳动社会保障出版社2008年版,第276页。
② 高亚男、王媛:《全面推进职业能力建设》,《中国劳动》2011年第12期。

工作。[①] 2012 年，又确定 140 个高技能人才培训基地和 150 个技能大师工作室建设项目，带动了地方、行业企业同步开展高技能人才工作项目，提升了高技能人才培养能力。

二 开展职业培训，促进就业和再就业

（一）继续做好再就业培训和创业培训

进入 21 世纪以来，许多企业特别是国有大中型企业纷纷开展创建学习型企业活动，号召企业职工人人学习、全员学习，以提高员工的素质和创新精神，提升企业的核心竞争力。2002 年 7 月 25 日，劳动保障部启动了《加强职业培训提高就业能力计划》，提出今后三年要广泛动员社会力量，以市场需求为导向，大力开展职业培训工作，提高下岗失业人员、青年劳动者、企业在职职工和农村富余劳动力的就业能力、工作能力和职业转换能力。要重点做好再就业培训和技工培训工作。强化再就业培训，力争使培训合格率达到 90%，培训后就业率达到 50% 以上；推行创业培训，力争使成功创业率达到 40%。[②] 该计划的实施，标志着中国职业培训工作进入了新阶段。

2002—2003 年是实施第二期"三年千万"再就业培训计划的第二年、第三年。在再就业培训方面，通过建立和完善再就业培训经费补贴与再就业效果直接挂钩的工作机制，增强了其针对性、实用性和有效性。在全面推广创业培训方面，依托 10 个城市建设国家创业示范基地，探索创业培训与小额贷款等优惠政策整体推动促进创业的工作模式，并向 100 个城市推广。2003 年，全国共组织 520 万下岗失业人员参加再就业培训，培训合格率达 93%，培训后有 322 万人实现了再就业，培训后再就业率达 62%；共组织 29 万人参加创业培训，培训合格率达 90%，培训后有近 16 万人实

[①]《中国人力资源和社会保障年鉴（2012）》，中国劳动社会保障出版社、中国人事出版社 2012 年版，第 744 页。

[②]《加强职业培训提高就业能力计划》，《中国培训》2002 年第 8 期。

现了创业或自谋职业，创业成功率达 55%。① 为了继续做好再就业培训和创业培训工作，2004 年 3 月，劳动保障部启动了《2004—2005 年再就业培训计划》，进一步加大了再就业培训和创业培训工作力度，完善培训经费补贴与再就业效果挂钩的工作机制，大力推广订单培训，发挥培训促进就业的效果。同时，引进并实施"创办和改善你的企业"（SIYB）中国项目，利用国际先进培训技术，提高创业培训的实施能力，提高创业成功率。

2005 年 11 月 24 日，劳动保障部制定下发了《关于进一步做好职业培训工作的意见》，提出"十一五"期间要重点实施五项计划和一项行动（以下简称"5+1"行动计划），即新技师培养带动计划、城镇技能再就业计划、能力促创业计划、农村劳动力技能就业计划、国家职业资格证书技能导航计划和技能岗位对接行动。其中，"城镇技能再就业计划"，即五年内对 2000 万名下岗失业人员开展职业技能培训，培训合格率达到 90%以上，培训后再就业率达到 60% 以上；"能力促创业计划"，即五年内对 200 万城乡劳动者开展创业培训，培训合格率达到 80% 以上；继续实施"技能岗位对接行动"，发挥各类职业介绍机构特别是公共职业介绍机构的作用，定期组织用人单位和职业教育培训机构开展多种形式的技能岗位对接专项行动。"5+1"行动计划的实施，进一步推动了职业培训与就业的结合，形成以技能促就业，以能力促发展，实现了提高劳动者素质与开发就业岗位以及经济社会可持续发展，取得了良好效果。据 2007 年的统计，全年全国共组织 643 万下岗失业人员参加再就业培训，608 万人培训合格，合格率为 94.6%；培训后有 420 万人实现了再就业，再就业率为 69%。全国共组织 64 万人参加创业培训，62.7 万人培训合格，合格率为 97.4%；培训后有 38.5 万人成功创办了企业或实现自谋职业，创业成功率达 61.4%，并为社会新创就业岗位 122.5 万个。全年还对 890 万进城务工的农村劳动者开展了职业技能培训，使其掌握职业技能后实现转移就业。②

---

① 《中国劳动和社会保障年鉴（2004）》，中国劳动社会保障出版社 2005 年版，第 210 页。
② 《中国劳动和社会保障年鉴（2008）》，中国劳动社会保障出版社 2009 年版，第 361 页。

表 26—1　　　　2002—2007 年全国再就业培训和创业培训情况　　单位：万人、%

年份	再就业培训					创业培训			
	参加人数	合格人数	合格率	再就业人数	就业率	参加人数	合格人数	成功人数	成功率
2002	518	467	90	294	63.1	31	28	18	64
2003	520	—	93	322	62	29	25	16	55
2004	530	—	—	350	71	40		23	60
2005	610	570	93	400	66	51	47	29	61.7
2006	645	551	85	425	66	63	55	34.7	63
2007	643	608	94.6	420	69	64	62.7	38.5	61.4

资料来源：《中国劳动和社会保障年鉴》（2003—2008）。

（二）启动和实施特别职业培训计划

2008 年，国际金融危机爆发，中国实体经济深受影响，经济增速减缓，失业人数增加。为发挥职业培训对于稳定就业局势的作用，人社部提出了实施特别职业培训计划，核心是运用就业专项资金和失业保险基金，做好对困难企业职工岗位培训、失业人员再就业培训、返乡农民工技能培训和新生劳动力预备制培训等项工作，不断提升他们的职业素质和技能水平，进而达到促进就业、稳定就业、减少失业的目的。[1]

2009 年 1 月 7 日，人社部与国家发改委、财政部联合印发了《关于实施特别职业培训计划的通知》，提出利用两年左右时间，集中对困难企业在职职工开展技能提升培训和转岗转业培训，帮助其实现稳定就业；对失去工作返乡的农民工开展职业技能培训或创业培训，促进其实现转移就业或返乡创业；对失业人员（包括参加失业登记的大学毕业生、留在城里的失业农民工）开展中短期技能培训，帮助其实现再就业；对新成长劳动力开展储备性技能培训，提高其就业能力。各地也纷纷制定配套文件和方案，从加大资金投入、拓展培训对象、加强培训管理、创新方法手段等方面，积极推动这项工作稳步开展。针对农村劳动者转移就业技能培训中存在的针对性不强、管

---

[1] 《中国人力资源和社会保障年鉴（2009）》，中国劳动社会保障出版社、中国人事出版社 2009 年版，第 732 页。

理不规范、监管措施不到位、个别地方骗取挪用补贴资金等突出问题，2009年5月5日，人社部、财政部联合印发了《关于进一步规范农村劳动者转移就业技能培训工作通知》，从加强定点机构认定和管理、规范资金使用管理、强化培训过程监督、完善相关保障措施等方面提出了明确要求。与此同时，人社部与共青团中央联合启动了青春建功新农村就业创业培训项目和进城青年农民工"订单式"技能培训项目，加大对农村青年的培训力度。2009年，全国共组织开展各类培训3000多万人次，其中，政府财政补贴的各类职业培训约2160万人次，包括困难企业职工培训260多万人次，农村劳动力转移就业培训1100万人次，城镇失业人员再就业培训450万人次，劳动预备制培训240万人次，创业培训110万人次。①

2010年2月10日，人社部、国家发改委、财政部印发了《关于进一步实施特别职业培训计划的通知》，指出实施特别职业培训计划，要以企业吸纳农民工培训、劳动预备制培训和创业培训为工作重点，大力开展在岗农民工和困难企业职工技能培训，提高培训质量和效果，努力实现"培训一人、就业一人"和"就业一人、培训一人"的目标。

（三）建立健全面向全体劳动者的职业培训制度

改革开放以来，中国职业培训工作取得了显著成效，职业培训体系初步建立，培训规模不断扩大，劳动者职业素质和就业能力得到了不断提高。但是，职业培训工作仍然与社会经济发展、产业结构调整和劳动者素质提高的需要不适应，因此，需要进一步健全职业培训的制度，进一步增强培训的针对性和有效性。2010年10月20日，国务院颁布了《关于加强职业培训促进就业的意见》（以下简称《意见》），明确了职业培训工作的指导思想和目标任务，指出：职业培训工作要"以服务就业和经济发展为宗旨，坚持城乡统筹、就业导向、技能为本、终身培训的原则，建立覆盖对象广泛、培训形式多样、管理运作规范、保障措施健全的职业培训工作新机制，健全面向全体劳动者的职业培训制度，加快培养数以亿计的高素质技能劳动者"。职业培训工作要适应扩大就业规模、提高就业质量和增强企业竞争力的需要，"大

---

① 《中国人力资源和社会保障年鉴（2010）》，中国劳动社会保障出版社、中国人事出版社2010年版，第690—691页。

规模开展就业技能培训、岗位技能提升培训和创业培训,切实提高职业培训的针对性和有效性,为促进就业和经济社会发展提供强有力的技能人才支持"。"十二五"期间"力争使新进入人力资源市场的劳动者都有机会接受相应的职业培训,使企业技能岗位的职工得到至少一次技能提升培训,使每个有培训愿望的创业者都参加一次创业培训,使高技能人才培训满足产业结构优化升级和企业发展需求。"《意见》还提出了进一步推进职业培训工作的政策措施,要大力开展各种形式的职业培训,推行就业导向的培训模式,加强职业技能考核评价和竞赛选拔,强化职业培训基础能力建设,完善政府购买培训成果机制,切实提高职业培训质量;要完善职业培训补贴政策,加大职业培训资金投入,落实企业职工教育经费,加强职业培训资金监管;等等。① 该《意见》的颁布,对于加强职业培训统筹,规范职业培训管理,推动职业培训事业的发展具有重要作用。

2011年2月22日,国务院召开了新中国成立以来首个全国职业培训工作电视电话会议,会议全面总结了职业培训工作经验,深刻分析了职业培训工作面临的新形势新任务,并就落实《关于加强职业培训促进就业的意见》作出部署。此后,各地区纷纷制定和完善相关政策,大规模地开展就业技能培训、岗位技能提升培训和创业培训,提高全体劳动者技能素质,努力开创职业培训事业新局面。

三 加强和改进企业经营管理人员教育培训

2003年,政府机构改革、国家经贸委撤销后,企业经营管理人员教育培训工作管理体制也进行了相应的调整,原国家经贸委培训司的职能和人员整体划转到中央组织部干部教育局。这样一来,随着全面贯彻中共中央提出的以人为本、党管人才的战略方针,党政干部、科技干部(知识分子)和企业管理人员的教育培训工作都集中在一个部门进行管理,也就是人们常说的实现"三支队伍一起抓"。于是,中国企业联合会主动承担起了协助政府组织、协调企业培训的任务。2004年9月2日,中组部印发了《关于加强

---

① 《国务院关于加强职业培训促进就业的意见》,《中国劳动保障报》2010年10月27日。

和改进企业经营管理人员教育培训工作的意见》（以下简称《意见》），提出了企业经营管理人员教育培训工作的指导思想、目标和原则，教育培训的主要任务、内容和方式。《意见》指出："通过教育培训，提高企业经营管理人员的思想政治和道德素质，完善知识结构，增强决策能力、创新能力、战略开拓能力和现代化经营管理能力。""重点抓好国有重要骨干企业领导班子成员的教育培训，从今年起到2007年底，中央组织部、各省区市党委组织部和政府有关部门要根据职责分工，对中央和省属国有重要骨干企业、金融机构领导人员普遍轮训一遍。""企业要围绕改革与发展的要求，认其开展自主培训。"此后，全国对企业经营管理人员教育培训，以提高战略开拓能力和现代经营管理水平为重点，培训内容逐步从传授工商管理知识为主转向以提高整体素质，特别是提高能力素质为主；培训方法从灌输式教学为主转向以启发式、互动式、体验式、案例式教学为主，得到了政府、社会和企业界的广泛认可，为加快培养一批具有职业素养、创新精神、市场意识和现代经营管理能力的人才队伍，作出了历史性贡献。

2006年3月和2007年1月，中共中央先后印发了《干部教育培训工作条例（试行）》和《2006—2010年全国干部教育培训规划》（以下简称《条例》），有力地促进了全国企业管理培训工作朝着科学化、制度化、规范化方向发展。《条例》对干部教育培训提出了"坚持和完善组织调训制度""干部教育培训机构准入制度""干部教育培训项目管理制度""干部教育培训考核和激励机制""干部教育培训机构评估制度"等方面的要求，《规划》对干部教育培训提出了"创新培训模式""开展培训质量评估""加强制度建设""深化理论研究"等方面的要求，这些都对加强和改进企业经营管理人员教育培训具有重要的指导作用。

四　技工院校和各类技能人才培养机构改革与发展

为了进一步贯彻落实《职业教育法》和《劳动法》，实施科教兴国战略，2002年8月24日，国务院颁发了《关于大力推进职业教育改革与发展的决定》（以下简称《决定》），对"十五"期间职业教育改革与发展的目标和任务、推进职业教育管理体制和办学体制改革、深化教育教学改革、加快农村和西部地区职业教育发展、严格实施就业准入制度、多种渠道增加职业教育经费投入等事关职业教育全局性问题提出了明确的工作任务和要求。《决定》指出，大力推进职业教育的改革与发展，要以中等职业教育为重点，扩大高等职业教育的规模，职业学校和职业培训机构要进一步适应经济结构调整、技术进步和劳动力市场变化，及时调整专业设置，改善办学条件，实行灵活的办学模式和学习制度；要深化职业教育办学体制改革，形成政府主导、依靠企业、充分发挥行业作用、社会力量积极参与的多元办学格局。《决定》强调，企业"要加强对职工特别是一线职工、转岗职工的教育和培训，形成职工在岗和轮岗培训的制度"；"企业要和职业学校加强合作，实行多种形式联合办学，开展'订单'培训，并积极为职业学校提供兼职教师、实习场所和设备，也可在职业学校建立研究开发机构和实验中心。有条件的大型企业可以单独举办或与高等学校联合举办职业技术学院"。[1] 此后，各地区、各部门认真贯彻《决定》精神，加强对职业教育工作的领导和支持，以就业为导向改革与发展职业教育逐步成为社会共识，技工学校和职业培训机构加快调整改革步伐，服务经济社会的能力明显增强。2003年技校招生总数达到91.6万人，创历史新高，比上年提高25个百分点，面向社会开展各类培训227万人次，比上年增长9%。到2003年年底，全国共有技工学校2970所，其中，国家重点技工学校432所，高级技校274所，在校生总数193万人；全国共有就业训练中心3307所，民办培训学校19139所；全国技工学校、就业训练中心、民办培训学校全年共培训1393万人次。[2]

2003年12月3日，教育部、劳动保障部等部门印发了《关于实施职业院校制造业和现代服务业技能型紧缺人才培养培训工程的通知》，确定在数控技术应用、计算机应用与软件技术、汽车运用与维修、护理四个专业领域，在全国选择确定500多所职业院校作为技能型紧缺人才示范性培养培训基地，与1400多个企事业单位合作，加快技能型人才培养。但是，从总体上看，职业教育仍然是中国教育事业的薄弱环节，办学机制以及人才培养的规模、结构、质量还不能适应经济社会发展的需要。加之，沿海经济发达地

---

[1] 《国务院关于大力推进职业教育改革与发展的决定》，《劳动保障通讯》2002年第10期。
[2] 《中国劳动和社会保障年鉴（2004）》，中国劳动社会保障出版社2005年版，第210页。

表 26—2　　　　　　2002—2012 年技工学校教育培训情况　　　　单位：万人

年份	技工学校数（个）	招生人数	毕业生人数	获得中级职业资格	获得高级职业资格	培训社会人员结业人数（其中按获取证书分组）	初级职业资格	中级职业资格	高级职业资格	技师和高级技师资格
2002	3075	73.3	45.4			196.9				
2003	2970	91.6	45.3	33.5	1.6	223.7	38.9	38.5	14.0	
2004	2884	109.7	53.5	41.2	2.0	257.5	49.2	46.0	14.1	
2005	2855	118.4	69.0	54.7	3.4	270.1	54.3	50.8	15.1	5.0
2006	2880	134.8	86.4	65.4	6.1	330.2	65.4	62.3	21.0	6.3
2007	2995	158.5	99.7	76.3	9.8	369.8	102.7	71.7	19.7	7.6
2008	3075	161.4	109.0	81.2	15.5	389.8	104.6	68.6	22.4	8.5
2009	3064	156.4	115.2	83.0	21.2	382.9	147.1	73.5	21.8	7.5
2010	2998	158.6	121.3	84.9	24.3	371.5	140.6	83.2	24.9	8.3
2011	2914	163.5	118.9	74.1	30.1	416.1	156.0	86.1	30.1	9.2
2012	2892	156.8	120.2	79.3	29.4	441.6	150.9	101.4	31.5	9.7

资料来源：《中国劳动统计年鉴》（2003—2013）。

区出现了"技工荒"，尤其是高技能人才严重短缺的现象。因此，2005 年 10 月 28 日，国务院颁布了《关于大力发展职业教育的决定》（以下简称《决定》）。《决定》进一步确立了职业教育在经济社会发展中的重要基础性地位，明确了职业教育改革发展的目标，即"进一步建立和完善适应社会主义市场经济体制，满足人民群众终身学习需要，与市场需求和劳动就业紧密结合，校企合作、工学结合，结构合理、形式多样，灵活开放、自主发展，有中国特色的现代职业教育体系"。《决定》提出，要"以服务社会主义现代化建设为宗旨，培养数以亿计的高素质劳动者和数以千万计的高技能专门人才"；"坚持以就业为导向，深化职业教育教学改革"；"依靠行业企业发展职工教育培训，推动职业院校与企业的密切结合"；"严格实行就业准入制度，完善职业资格证书制度"；"多渠道增加经费投入，建立职业教育学生资助制度"；"切实加强领导，动员全社会关心支持职业教育发展"。[①] 该

[①] 《国务院关于大力发展职业教育的决定》，《中国劳动保障》2005 年第 12 期。

《决定》是新时期中国职业教育培训事业发展的纲领性文件,既为职业教育的改革发展指明了方向,也有力地推动了职业教育和普通教育的协调发展,进一步打破了中国教育体系中普通教育一枝独秀的局面。到 2006 年年底,全国共有技工学校 2880 所,在校学生 320.8 万人。全年技工学校面向社会开展培训 337.7 万人次,比上年增长 23.6%。2006 年末,全国共有就业训练中心 3212 所,民办培训机构 21462 所,全年共开展培训 1856.6 万人次,比上年增长 14.2%。[①]

表 26—3　　2002—2012 年就业训练中心和民办职业培训机构综合情况 单位:万人

年份	就业训练中心					民办职业培训机构				
	就业训练中心个数	在职教工人数	就业训练人数	结业人数	就业人数	职业培训机构个数	在职教工人数	培训人数	结业人数	就业人数
2002	3465	3.8	533.3	503.4	318.2	—	—	—	—	—
2003	3307	3.7	599.0	579.7	376.9	19139	17.5	566.7	523.6	331.4
2004	3323	3.9	746.7	715.6	466.3	21425	21.5	710.0	681.7	431.1
2005	3289	3.9	804.4	797.2	557.8	20341	—	804.4	797.2	577.8
2006	3212	3.9	901.4	889.7	648.8	21462	25.0	955.2	893.2	746.4
2007	3173	4.2	985.1	918.4	716.6	21811	25.5	1038.0	967.4	718.4
2008	3019	4.5	949.0	863.0	704.5	20988	26.0	1104.8	1016.0	751.0
2009	3332	4.7	983.4	771.0	660.8	20854	26.9	1104.7	976.5	782.1
2010	3192	4.8	817.9	725.9	599.6	20144	26.0	1155.7	1005.3	729.1
2011	4083	6.0	832.8	744.2	594.3	19287	26.8	1253.8	1076.2	1052.3
2012	3913	5.8	850.5	755.4	692.6	18897	28.8	1353.9	1138.1	886.1

资料来源:《中国劳动统计年鉴》(2003—2013)。

随着社会经济发展对高技能人才需求的不断扩大,技工学校的办学层次不断提高。2006 年 8 月 14 日,劳动保障部颁布了《关于推动高级技工学校和技师学院加快培养高技能人才有关问题的意见》,对技师学院的总体规划、

[①]《中国劳动和社会保障年鉴(2007)》,中国劳动社会保障出版社 2008 年版,第 277 页。

培养目标、设立标准等方面作了规定，规定在校生规模不少于3000人，其中，高级技工和预备技师在校生占40%以上，开展企业在职职工高级工、技师和高级技师提高培训每年至少500人次。2007年7月5日，劳动保障部又制定了《高级技工学校设置标准》，对高级技工学校的总体规划、培养目标、设立标准等方面进行了规定，规定在校生规模达2000人以上，其中，高级工班在校生三年内达到800人以上；开展各类职业培训每年不少于1000人次，其中，企业在职职工高级工及以上培训规模每年不少于500人次。[①]上述这些规定，进一步规范了技师学院和高级技校的发展，极大地促进了高技能人才的培养。2008年11月，针对一些民办职业培训学校违规办学等问题，人社部印发了《关于进一步加强民办职业培训学校管理工作的通知》，对进一步规范民办培训学校管理工作提出明确要求。到2008年年底，全国共有技工院校3075所，在校生397.5万人，平均就业率达到96%以上。全年新认定并公布59所高级技工学校、38所国家重点技工学校，完成37所技师学院备案工作。[②]

为促进职业教育发展，加快技能人才培养，2010年4月1日，人社部、教育部下发了《关于做好2010年技工学校招生有关工作的通知》，首次明确提出将技校纳入中等职业招生统一计划、统一政策、统一招生代码，力争从制度上解决技校招生难问题。2010年6月17日，教育部、人社部、财政部印发了《关于实施国家中等职业教育改革发展示范学校建设计划的意见》，第一次将技工院校纳入国家中等职业教育示范校建设支持项目，计划从2010年起，分三批支持1000个左右的示范学校项目建设。2010年8月23日，人社部下发了《关于大力推进技工院校改革发展的意见》，指出："技工院校是培养技能人才的重要渠道，是落实健全面向全体劳动者的职业技能培训制度的重要载体。"技工院校改革与发展，要以促进就业为目的，以服务经济发展为宗旨，以综合职业能力培养为核心，坚持高端引领、多元办

---

① 魏朋：《技工学校改革发展60年历程的回顾与反思》，《河北科技师范学院学报》（社会科学版）2011年第1期。
② 《中国人力资源和社会保障年鉴（2009）》，中国劳动社会保障出版社、中国人事出版社2009年版，第731页。

学、内涵发展，加快培养一流技能人才和高素质的劳动者。①《意见》出台以后，各技工院校在加强制度建设和规范管理的同时，积极开展和推进教育教学改革试点，强化校企合作，技能人才的培养能力得到较大提升。

到 2010 年底，全国有技工院校 2998 所，其中技师学院 200 多所，高级技工学校 530 所。技工院校在校生达到 421 万人，全年开展各类培训 468 万人次，分别比 2005 年增长 53% 和 71%，为技能人才培养和职业培训提供了重要平台。相应地，师资、教材、标准、题库等基础工作也逐步夯实，为职业能力建设事业的持续发展奠定了基础。②

五 完善技能人才评价体系，推进职业资格证书制度建设

"职业分类→职业标准→技能鉴定→资格证书→职业准入"，这是职业资格证书制度建设过程密不可分的不同环节。为了切实加强职业教育与劳动就业的联系，全面提高职业学校毕业生的综合素质和就业能力，2002 年 11 月 29 日，劳动保障部、教育部、人事部颁发了《关于进一步推动职业学校实施职业资格证书制度的意见》，开始在各级职业技术学校实施职业资格证书试点。

2004 年 4 月 30 日，劳动部下发了《关于健全技能人才评价体系推进职业技能鉴定工作和职业资格证书制度建设的意见》（以下简称《意见》），其主要内容包括：一是关于健全技能人才评价体系。《意见》指出，要"加快企业在职职工和职业院校毕业生技能人才评价方式的改革，逐步健全以职业能力为导向，以工作业绩为重点，注重职业道德和职业知识水平的技能人才评价体系。对技术技能型人才的评价，在现有考核模式上，突出实际操作能力和解决关键生产难题的考核要求，并增加新技术和新知识的要求；对知识技能型人才的评价，应根据高新技术产业发展需要，突出新技术、新知识掌握和运用能力的要求；对复合技能型人才的评价，应根据产业结构调整和技术进步的需要，强化综合性考核和多项技能的考核"。二是关于推进职业技能鉴定工作。《意见》指出，要逐步完善以城市为中心的鉴定实施体系，着

---

① 《关于大力推进技工院校改革发展的意见》，《中国人力资源社会保障》2010 年第 10 期。
② 高亚男、王媛：《全面推进职业能力建设》，《中国劳动》2011 年第 12 期。

力做好企业需求量大的高新技术应用领域技能人才评价；积极推进院校职业资格认证工作，做好职业资格认证与专业设置的对接服务；加强技师和高级技师的考评工作，强化职业技能鉴定的质量管理，健全鉴定工作的违规退出和惩处机制。三是关于职业资格证书制度建设。《意见》指出，要建立职业资格证书制度与技能竞赛的沟通机制；认真贯彻实施就业准入制度，进一步将职业资格证书制度与就业制度紧密结合；充分发挥职业资格证书在企业职工培训、考核和工资分配中的杠杆作用，加强职业资格证书制度与企业劳动工资制度的衔接。①《意见》的出台，有力地推动了职业资格证书制度建设和职业技能鉴定工作的发展。2004年，全国共有879.6万人参加了职业技能鉴定，比上年增长28%；有736.1万人取得职业资格证书，比上年增长26%；全国各地共培养新技师14.1万人；全国共有职业技能鉴定机构9458个，职业技能鉴定考评人员19.8万人（见表26—4）。

表26—4　　2002—2012年全国职业技能鉴定和取得职业资格证书情况　单位：万人

年份	职业技能鉴定			取得职业资格证书		
	参加鉴定人数	鉴定机构（个）	鉴定考评人员	取得资格证书人数	技师	高级技师
2002	661.9	8517	17.5	556.2	4.9	0.3
2003	687.5	7252	15.6	583.9	7.0	0.6
2004	879.6	9458	19.8	736.1	14.1	3.6
2005	951.8	7654	16.4	780.8	18.9	3.8
2006	1182.1	7957	16.2	925.2	26.1	3.5
2007	1223.1	7794	15.8	995.6	27.4	4.7
2008	1337.5	9933	20.4	1137.2	31.8	6.3
2009	1492.1	9538	23.2	1232.0	33.7	8.1
2010	1657.5	9803	21.0	1392.9	31.7	7.2
2011	1745.9	10677	19.8	1482.1	28.7	7.2
2012	1830.5	10963	21.3	1548.8	33.6	13.1

资料来源：《中国劳动统计年鉴》（2003—2013）。

---

① 《关于健全技能人才评价体系推进职业技能鉴定工作和职业资格证书制度建设的意见》，《中华人民共和国国务院公报》2005年第4期。

职业分类和职业标准已成为职业培训和鉴定活动的重要依据。为适应经济社会发展的需要，作为国家职业分类大典的补充，从 2004 年 8 月开始，劳动保障部建立了新职业信息发布制度，对职业分类和职业标准开发实行动态管理，定期颁布《中华人民共和国职业分类大典》（增补本）。① 2005 年 5 月，劳动保障部印发了《关于进一步加强职业技能鉴定质量管理有关工作的通知》，坚持实行职业技能鉴定质量通报制度，开展全国职业技能鉴定质量检查，加强对职业技能鉴定机构的管理。2006 年 1 月，劳动保障部印发《国家职业资格全国统一鉴定工作规程（试行）》，进一步规范全国统一鉴定工作，并组织推动新职业试验性鉴定工作。2007 年 5 月 19—20 日、11 月 17—18 日，劳动保障部职业技能鉴定中心组织了秘书、物业管理员、电子商务师、企业信息管理师、营销师、心理咨询师、企业人力资源管理师、项目管理师、物流师、理财规划师、网络编辑员、广告设计师和职业指导人员等 15 个职业的全国统一鉴定，31 个省份的 6 万多人参加了全国统一鉴定。职业技能资格体系逐步完善，为广大劳动者技能成才畅通了渠道。

为充分发挥企业在高技能人才培养评价工作中的作用，2008 年 7 月，人社部下发了《关于印发推进企业技能人才评价工作指导意见的通知》，明确了这项工作的指导思想和具体要求，并选择了 60 家管理规范、技能人才密集且培养成效显著、鉴定工作基础好的国有大中型企业开展技能人才评价试点工作。

此外，还建立起企业培训师职业资格制度。2002 年 9 月，《企业培训师国家职业标准（试行）》颁布实施。2003 年 9 月，劳动保障部提出在部分地区和行业组织开展企业培训师职业资格鉴定试点工作，企业培训师工作正式拉开了帷幕。此后，国家以项目化管理、制度化推进、标准化认证、职业化发展的模式，在各行业、各企业以及社会各领域建立起了企业培训师制度，全面推进企业培训师职业发展。② 企业培训师职业资格制度的推行，不仅适应了企业培训工作者个人职业生涯发展的需要，有利于形成一支专业化、专家型、规模化的企业培训师队伍，而且有利于职工教育培训工作的科学化和规范化，进而提高企业培训的效率和效果。

---

① 冯政、孙坚：《我国职业培训发展》，《中国就业》2009 年第 10 期。
② 邵玉洁：《对企业培训师职业发展的几点思考》，《中国培训》2008 年第 8 期。

综上所述，2002—2012 年，中国职业技术教育培训事业取得了巨大成绩，培训制度逐步完善，培训规模不断壮大，由技工院校、行业企业举办的培训机构、各类社会培训机构构成的多元化的职业技术教育培训体系基本形成；培训内涵不断拓展，从传统的较为单一的入职培训、安全教育转向了更加注重技术技能提升和职工职业发展的培训；培训与企业发展战略、职工职业生涯规划结合得越来越紧密，逐渐体现出终身教育和学习的趋势。企业职工技术教育培训在创造企业人才红利和服务企业提质增效升级等方面做出了重要贡献。据教育部全国职工教育培训调查统计数据显示，中国企业职工教育培训的全员培训率逐年提高，由 2005 年的 43.27% 提高到了 2012 年的 56.6%，2012 年全国参加职工教育培训的企业职工已达 2.3 亿人。[①] 但是，面对新时期、新形势、新要求，中国企业职工教育培训事业还有诸多不适应。一是企业职工教育培训的管理体制缺少统筹，存在权责不清的情况；二是教育培训的法规制度有待完善，科学、合理的教育培训评价机制缺失；三是企业对于职工教育培训方式单一，经费投入不足，且使用不够合理；四是企业中从事职工教育培训工作的队伍不健全，培训质量和水平有待提高。这些问题的存在，使企业职工教育培训还不能很好地满足职工终身学习和企业改革创新的需要，直接影响了企业人才红利的创造。

[①] 王姗姗：《认真贯彻落实〈决定〉精神，推进企业职工教育培训改革创新》，《中国职业技术教育》2014 年第 21 期。

第二十七章
深化工资收入分配制度改革

2002年11月,中共十六大报告提出了全面建设小康社会的奋斗目标和完善社会主义市场经济体制的主要任务,要求深化收入分配制度改革,指出:"理顺分配关系,事关广大群众的切身利益和积极性的发挥。调整和规范国家、企业和个人的分配关系。确立劳动、资本、技术和管理等生产要素按贡献参与分配的原则,完善按劳分配为主体、多种分配方式并存的分配制度。坚持效率优先、兼顾公平,既要提倡奉献精神,又要落实分配政策,既要反对平均主义,又要防止收入悬殊。初次分配注重效率,发挥市场的作用,鼓励一部分人通过诚实劳动、合法经营先富起来。再分配注重公平,加强政府对收入分配的调节职能,调节差距过大的收入。规范分配秩序,合理调节少数垄断性行业的过高收入,取缔非法收入。以共同富裕为目标,扩大中等收入者比重,提高低收入者收入水平。"2007年10月,中共十七大报告进一步提出要"深化收入分配制度改革,增加城乡居民收入",并指出:"合理的收入分配制度是社会公平的重要体现。……初次分配和再分配都要处理好效率和公平的关系,再分配更加注重公平。逐步提高居民收入在国民收入分配中的比重,提高劳动报酬在初次分配中的比重。着力提高低收入者收入,逐步提高扶贫标准和最低工资标准,建立企业职工工资正常增长机制和支付保障机制。创造条件让更多群众拥有财产性收入。保护合法收入,调节过高收入,取缔非法收入。扩大转移支付,强化税收调节,打破经营垄断,创造机会公平,整顿分配秩序,逐步扭转收入分配差距扩大趋势。"由此可见,进入21世纪以后,个人收入分配制度改革在理念上已经实现了从建立市场经济体制时期的"效率优先、兼顾公平"到完善市场经济体制时期的"效率与公平并重、更加强调公平"的重要转变。

2002—2012年,在新的改革理念指引下,中国工资收入分配制度改革取得了重大进展。在企业工资分配方面,按照建立与现代企业制度相适应的收入分配制度的目标,以建立激励与约束相结合的收入分配机制为中心,突出推进国有企业经营者收入分配制度改革和改善对垄断行业工资收入分配调控两个重点,加大了对经营管理人员的激励力度,在许多企业实行经营者年薪制,部分企业试行了股权激励办法;建立健全科技人员工资分配激励机制,实行按岗位、按任务、按业绩定酬的办法;深化企业内部分配制度改革,建立以岗位工资为主的基本工资制度;探索按生产要素贡献分配,部分企业开展了企业内部职工持股、技术要素入股和劳动分红等试点。同时,继续完善企业工资收入分配宏观调控体系建设,进一步扩大了工资指导线制度和劳动力市场工资指导价位制度的实施范围,建立行业人工成本信息指导制度,全面建立最低工资制度,完善企业工资分配法规,保护职工合法权益。在机关、事业单位工资分配方面,进一步深化公务员工资制度改革,实行职务与级别相结合的工资制;改革事业单位分配制度改革,实行岗位绩效工资制。

一 深化企业内部工资收入分配制度改革

进入21世纪,随着国有企业的自主分配权逐渐全面落实,许多企业深化内部工资收入分配制度改革,部分公司制企业建立起现代企业的薪酬制度。许多非公有制企业推行工资集体协商,探索建立工资决定和正常增长机制,最低工资标准逐年提高。企业经营者普遍实行了年薪制,一些企业还试行了技术、资本等生产要素按贡献参与分配的办法。[1]

(一)实行岗位绩效工资制

为了建立与现代企业制度相适应的工资薪酬体系,劳动保障部于2000年11月6日印发了《进一步深化企业内部分配制度改革的指导意见》,"提

---

[1] 苏海南:《正确认识、稳妥推进公务员工资改革》,《中国党政干部论坛》2014年第8期。

倡推行各种形式的岗位工资制,如岗位绩效工资制、岗位薪点工资制、岗位等级工资制等"。在劳动保障部和国家经贸委的推动下,岗位绩效工资制在许多国有企业中实行。当然,在制度的更替过程中,也有不少企业选择了继续使用岗位技能工资制。

岗位绩效工资制是以职工竞争或被聘上岗的工作岗位为主,根据岗位技术含量、责任大小、劳动强度和环境优劣确定岗级,以企业经济效益和劳动力价位确定工资总量,以职工的劳动成果为依据支付劳动报酬,是劳动制度、人事制度与工资制度密切结合的工资制度。它在工资单元的设置上,取消了技能工资单元,进一步强调了岗位工资,扩大了业绩工资的比重,设置为独立的绩效工资单元。其中,岗位工资是体现岗位责任、岗位技能、岗位强度、岗位环境等劳动差别的工资单元,其工资标准依照岗位工资基数和岗位系数计算。它先按工作性质的不同分为行政管理岗位、专门技术岗位和生产辅助岗位三类,在岗位测评的基础上厘清岗位序列,并对各个岗位设置几个等级,依照企业的规定确定各自的基数和系数,作为计算职工岗位工资的凭据。绩效工资是根据企业的效益和职工的业绩而确定的工资单元,它以对职工的业绩考核为基础,采用两种方式支付:一是依据对工作量的考核结果以奖金形式(月度奖金、超额奖金、效益奖金等)一次性支付给职工;二是对于通过考核工作效率的,以定期或不定期的形式支付。[①] 除岗位工资和绩效工资之外,企业对其他工资单元的设置也不尽相同,各企业根据自身情况,对基础工资(企业依据地方物价水平及最低工资标准来确定,主要体现工资的保障功能)、年功工资(依据职工为企业累积贡献年限来核定)、津贴补贴(包括国家规定的津贴,以及在特殊作业环境、劳动条件、劳动强度下职工生活、生理和心理受到损害的工资性补偿)等做出选择。岗位绩效工资制是根据市场变化和工作需要,按照精简高效的原则来定编、定岗和设置岗位的,通过明确每一个岗位的责任和上岗条件,加强岗位绩效工资的动态管理,实行定期考核,竞争上岗,以岗定薪,岗变薪变。

岗位绩效工资制以岗位管理为中心,以工作绩效为导向,与以往工资制度的最大区别在于工资单元构成中岗位工资和绩效工资所占比重大幅度上

[①] 徐萍:《国有企业工资制度演化内在逻辑》,经济科学出版社2012年版,第138页。

升,并占有绝对优势。这就克服了岗位技能工资制度中各单元比例差距较小,工资单元的功能发挥受限制的问题。例如,兖矿集团科澳铝业公司从2003年11月起,打破原岗位技能工资制度,从总经理、部(厂)长到基层技能岗位操作工2150人确定工作岗位,套改执行岗位绩效工资。为加大工资与经济效益的挂钩分配力度,确定不低于岗位工资的40%作为浮动工资与效益工资合并考核,浮动分配。降低固定工资,提高浮动工资比例,进一步增强职工收入与企业效益、个人业绩的关联认同感。2004年,岗位工资(固定部分)38.0%,浮动效益工资占36.79%,工龄工资占2.67%,各项津补贴占15.25%,加班工资及其他占7.29%,工资弹性大大增强。[①] 总之,通过实行岗位绩效工资制,企业管理模式发生了重大转变,即从以往强调以人的能力为中心向以工作岗位为中心、工作绩效为导向的转变。

  岗位绩效工资制度的实施为国有企业经营管理模式向市场机制转变和建立现代企业制度发挥了重要作用,其先进性和科学性主要体现在:

  第一,岗位绩效工资制从制度上解决了技能工资的潜能性,以各岗位直观的业绩体现了工资的"按劳分配"原则。它通过对各岗位任职条件、职责范围、技术操作规程的明确规定,解决了过去技能工资评定标准模糊不清的问题,通过客观的、可计量的标准,避免了领导主观意志的介入,测评和考核的作用在实际工资管理过程中被进一步强调。这一制度的实施,既保证职工通过考试(考核)达到岗位要求时,才能竞争上岗,也保证了职工的工资根据业绩来确定,从工作能力和业绩两个方面兼顾了效益和公平的原则,突出了岗位劳动和技术要素在工资分配中的地位,从而有利于激发职工不断钻研工作业务和提高业务水平。

  第二,岗位绩效工资制简化了工资单元,减少了平均分配的项目,优化了工资结构。它将原技能工资和各种津贴补贴并入了岗位工资,既解决了岗位工资所占比重少,对岗位流动导向不力的矛盾,又解决了日益突出的岗位与技能分离的问题,强化了工资的激励和调节职能,加强了工资管理,从而使岗位劳动收入逐步向市场劳动力价位靠拢。

  第三,岗位绩效工资制引入了市场竞争机制,调整了工资关系,强化了

---

① 王鸿玲、刘春林:《探索岗位绩效工资制度改革创新之路》,《煤矿现代化》2005年第6期。

工资杠杆的调节作用。通过调整岗位分析各子因素的分值，使工资分配向技术含量高、脑力劳动强度大、责任重、贡献大的岗位倾斜，向苦、脏、累、险等生产一线岗位倾斜，从而拉开了轻便劳动与繁重劳动、简单劳动与复杂劳动之间的工资差距，充分发挥了工资杠杆的调节作用，促进了劳动力资源的优化配置。

第四，岗位绩效工资制把职工工资与企业效益捆绑在一起，使职工和企业形成了利益共同体。岗位工资突出一个"变"字，由企业支付能力和市场劳动力价格两个变量决定；在运行中，强调岗变薪变。绩效工资突出一个"挂"字，由企业超额利润提成形成，按职工超额劳动进行分配，与企业效益和职工业绩双挂钩。真正实现了同岗不同技不同酬、同职不同岗不同酬、同岗不同绩不同酬，彻底解决了过去职工不关心企业的运营和发展的问题，确保了职工的出勤率。[1]

第五，岗位绩效工资制还通过对技术人员实行收入激励政策，留住了关键人才，保证了技术人员队伍的稳定性，从而为企业增添发展活力提供有力保证。

虽然岗位绩效工资制符合了工资管理的发展趋势，但这一制度在实施过程中也出现一些问题，诸如考核标准的设置、工资各单元及权重的设置、绩效工资的计算方法，等等。

(二) 年薪制的再次尝试

2002 年以来，随着国有经济战略性调整的推进，国有资产管理体制改革不断深化，企业经营机制明显转变，经营者对于企业经营与发展的重要性日趋凸显，国有企业的收入分配制度和激励问题成为讨论的焦点之一。而在众多的激励模式和激励方法中，年薪制因其体现了经营业绩和经营者人力资本的差别而成为广受欢迎的一种薪酬和激励制度。[2] 2003 年，中国企业家调查系统对全国近 3600 家企业（其中，近三成为国有企业）的经营者调查统计后发现，关于"对企业经营者最起作用的激励因素"一项，75.8% 的受访国有企业经营者选择"与业绩挂钩的高收入"，排在第一位，高出第二位

---

[1] 徐萍：《国有企业工资制度演化内在逻辑》，经济科学出版社 2012 年版，第 141 页。
[2] 齐平、李洪英：《国有企业负责人年薪制的思考》，《税务与经济》2006 年第 6 期。

"较高的社会地位"45个百分点，更高出股票期权57个百分点。关于"收入形式"，包括非国有企业在内的受访经营者中，满足于"月薪+奖金"的仅有12%，期望"期权"的有17%，期望"股息+红利"的有近两成，而期望"年薪"的超过了一半。45%的国有企业经营者认为"自己所负责任与风险基本未得到回报"，完全是在靠"觉悟"或者"薪酬外收入"来支撑自己履行职责。另外，在不合理的薪酬体制下，国有企业经营者的"桌面收入"偏低。到2001年，81.1%的国有企业经营者年收入仍在6万元以下（非国有企业则只有59.4%）；此外，不足20万元的18%（非国有企业则28.3%）；年收入在20万元以上的，只有区区0.9%（非国有企业则有12.3%）。比如，一汽集团在1999年实现利税33亿元，而9名企业领导人的年收入总和才32万元。而该系统在2000年进行的一次经营者调查中，也证实："激励不足"是制约经营者发挥作用的最主要因素。[1] 加之，由于国有企业经营者收入与其他所有制企业经营者收入之间的巨大差距，以及由此造成的经营动力不足，于是，相关政府部门将年薪制的实施重新提上了日程。

1. 《中央企业负责人经营业绩考核暂行办法》出台和修订

2003年11月25日，国务院国有资产监督管理委员会[2]正式颁布了《中央企业负责人经营业绩考核暂行办法》（以下简称《暂行办法》），决定从2004年1月1日起对国资委下属的189家中央企业经营者实施年薪制激励考核。截至2005年3月，依据《暂行办法》，国资委共与170家中央企业签订了《经营业绩责任书》。该《暂行办法》主要呈现以下特点：

第一，明确划定了实施对象的范围。《暂行办法》规定的考核与奖惩人员包括：中央企业的董事长、副董事长、董事、总经理（总裁）、副总经理（副总裁）、总会计师，中央企业的党委（党组）书记、副书记、常委（党组成员）、纪委书记（纪检组长）。这就整顿了90年代年薪制实施初期由于适用人员范围不清所造成混乱局面。

---

[1] 杨光：《千呼万唤"年薪"来》，《中外管理》2004年第2期。
[2] 国务院国有资产监督管理委员会简称国资委，成立于2003年3月16日。按照国务院有关规定，原由劳动保障部行使的企业工资分配方面的部分管理职能划归国资委，主要包括推进国有企业经营者收入分配制度改革工作、推动企业内部分配制度改革工作以及审核管理国有企业工资总额工作。

第二,确立了把经营业绩作为奖惩的标准。《暂行办法》确立了"年度考核与任期考核相结合、结果考核与过程评价相统一、考核结果与奖惩相挂钩"的考核思路和"依法考核、分类考核、约束与激励机制相结合"的考核原则,使企业负责人的经营业绩和薪酬结合得更加紧密,充分调动了企业负责人的积极性。

第三,科学设置考核指标及权重,考核避免短期行为。《暂行办法》减少了考核指标,在指标的设定上分为基本指标和分类指标。任期考核基本指标包括国有资产保值增值率和三年主营业务收入平均增长率;年度考核基本指标为年度利润总额和净资产收益率;任期和年度分类指标根据企业所处的行业和特点另行设定。这就使企业负责人经营业绩考核的实际操作更为简便,考核的重点更加突出。《暂行办法》把企业负责人任期考核基本指标的权重设为60%,分类指标的权重设为20%,任期三年的年度经营业绩考核结果指标占20%,并依据任期经营业绩的考核结果,对企业负责人实行奖惩和任免。对任期经营业绩突出的企业负责人给予中长期激励,可以提高企业负责人的积极性,减少短期行为。[①]

第四,统一了年度监管企业薪酬计算方式。《暂行办法》规定,企业负责人的年度薪酬分为基薪和绩效年薪两部分。基薪的确定主要考虑企业经营规模、企业经营管理难度、社会平均工资水平、人才市场价位等因素。绩效年薪与年度考核结果挂钩,考核结果分A、B、C、D、E五级,当考核结果为E级时,绩效年薪为零。绩效年薪的60%在年度考核结束后当期兑现;其余40%根据任期考核结果等因素延期到连任或离任的下一年兑现。

《暂行办法》公布以后,各地方政府也开始在地方国有企业中推行年薪制。到2006年年初,在3430家已改制的重点企业中,有一半以上的企业实行了年薪制。与20世纪90年代年薪制的试行相比,此次年薪制实施对考核标准和赏罚的处理都做出了明确规定,为年薪制在企业中的具体实施提供了可行性依据。特别是对适用对象和考核标准的详细规定,不仅避免了企业管理层之间的相互攀比,而且有效杜绝了此前在标准制定方面的随意性,还有助于防止由标准模糊带来的腐败行为,使制度的执行更加透明。另外,与过

---

① 包毅:《〈中央企业负责人经营业绩考核暂行办法〉解读》,《当代贵州》2004年第14期。

去相比经营者的薪酬水平也大幅地提高了。

为了进一步完善经营业绩考核办法,促进中央企业落实国有资产保值增值责任,《暂行办法》颁布之后,经过 2006 年 12 月和 2009 年 12 月两次修订,在考核指标的设置、目标值的确定、激励约束机制等方面都做出一些重要改进。一是新办法在年度经营业绩考核基本指标中引入经济增加值[①],取代了原有的净资产收益率,成为业绩考核的核心指标,占到 40% 的考核权重。从 2010 年起全面推进 EVA 考核,这意味着国资委对中央企业考核"指挥棒"的导向从重利润到重价值的变化开始,即引导中央企业注重资本使用效率、提高价值创造能力,实现中央企业业绩考核工作从战略管理向价值管理阶段的转变。[②] 二是合理确定业绩考核目标建议值。新办法强调目标值的确定要与企业发展规划相结合,在企业纵向比较的同时,引入了行业对标、横向比较的考核理念。三是完善激励约束机制。新办法进一步强化了"业绩上、薪酬上,业绩下、薪酬下,并作为职务任免的重要依据"的理念,对在自主创新、资源节约、扭亏增效、管理创新等方面成绩突出的企业负责人,给予单项特别奖。对任期经营业绩考核结果为 A、B、C 级的企业负责人,除按期兑现全部延期绩效薪金外,还可根据考核结果和中长期激励条件给予相应的激励;对考核结果为 D、E 级的企业负责人,除根据考核分数扣减延期绩效年薪外,还将进行谈话诫勉、岗位调整、降职使用或免职、解聘等。[③]

2. 年薪制在国有企业中实施面临的挑战

根据委托代理理论,年薪制能否有效地实施取决于以下三个条件的满足情况,即科学的经营者选拔机制、有效的监督机制和合理的成果评价机制。鉴于中国的行政管理体制和国有企业管理模式,不可否认,年薪制在国有企业中实施会面临许多挑战。

第一,在企业经营者的选拔任用方面。年薪制的实行,是在企业经营者的任用上引入市场机制,优胜劣汰。然而,中国国有企业经营者基本上仍由

---

① 经济增加值(Economic Value Added,EVA),是指经核定的企业税后净营业利润减去资本成本后的余额。
② 刘晓嫱:《〈中央企业负责人经营业绩考核暂行办法〉解读》,《财务与会计》(理财版)2010 年第 4 期。
③ 王淑芳:《〈中央企业负责人经营业绩考核暂行办法〉评析》,《财务与会计》2007 年第 10 期。

上级主管部门任命。由于缺乏客观的选拔依据，无法保证经营者的能力和管理水平，年薪的激励作用也无从谈起。这也是大部分职工对经营者的高额工资不满的原因之一。不改变这种做法，经营者只对上级负责不对企业负责的状况就难以改变，国有企业经营者的层次就难以提高。改革国有企业经营者任用制度，变政府行为为市场行为，完善选拔任用机制，必须摒弃官本位思想，摘掉行政级别的帽子，扩大选拔范围，竞争上岗，实现能者上、庸者下。对不称职的经营者要坚决予以"下课"，不能再"易地做官"。只有这样，才能使年薪制成为吸引优秀经营管理人才向国有企业流动的有效途径。

第二，在监督机制方面。由于国有企业的产权不明晰，在企业内部管理中还有政府和相关部门的参与，经营者也未能摆脱原有的行政身份，这使国家对企业经营者的监管力度大幅度减弱。加之，国有企业经营者的收入水平较低，通过职务消费或非正常收入的方式提高收入水平的现象时有发生。在这种情况下推行年薪制，特别是当年薪水平与原来收入差距不大时，会因为经营者的漠视而导致年薪激励的失效。因此，要使所有者的利益得到切实保护，必须对经营者进行必要的且公正的监督和约束。对于国有企业，一方面国家必须设立独立的监督机构，对企业的经营状况、业绩、行为公正监督，发挥其监督机制的作用，并力避监管者被企业经营者俘获；另一方面，要严格控制企业交际费用的范围，并力避企业个人交际费用的掺杂。实践表明，能否有效控制相关费用支出是防止腐败的重要环节。

第三，从成果评价方面来看，没有客观科学的成果评价体系也是年薪制未能顺利推行的原因之一。政府和国有企业的理事会对经营者进行双重管理，造成成果评价、赏罚决定的主体不明，甚至有重复考核的情况。尽管也有将考核委托给第三方中介机构的做法，但由于中介评价机构不规范、评价方法和评价步骤中人为因素过多等问题，最终的评价结果经常与实际情况相差较大。[①]

尽管国有企业实施年薪制的条件和环境有待改善，但可以肯定的是，年薪制的再次尝试有助于推动国有企业现代企业制度的建立，有利于企业工资收入分配制度的完善。有学者指出，这次年薪制的重要突破是："以制度的

---

① 徐萍：《国有企业工资制度演化内在逻辑》，经济科学出版社2012年版，第159页。

方式承认了国有企业领导人的人力资本价值。把国有企业领导人的身份从政府工作人员转变为企业家身份,强调了对那些为国有资产保值和升值起关键作用的企业家的回报。这不仅是理念的进步,同样也是实践的进步。"①

(三) 积极推进企业工资集体协商

工资集体协商是市场经济条件下,建立企业工资分配共决机制、正常工资增长机制和工资支付保障机制的重要内容和措施。建立工资集体协商制度,使职工民主参与工资分配决策的权利有了制度保障,推动了市场化企业工资决定机制的形成,保证了职工工资的合理增长,促进了劳动关系的和谐稳定。

2002年以来,各级劳动保障部门、工会和企业组织按照国家有关要求,协调配合,推进企业改革工资决定机制。一是将工资集体协商作为推行集体合同制度的重要内容来抓,促进平等协商机制和集体合同制度的建立;二是通过培育集体协商主体,建立集体协商指导员队伍,开展"工资协商要约行动",引导和推动企业开展工资集体协商工作;三是在非公有制企业集中的地区,推进区域性、行业性集体协商,促使建立工资正常增长机制企业的范围逐步扩大。统计资料显示(对此制度的统计是从2002年开始),2003年全国签订工资集体协商的企业有29.3万家,2006年有52.6万家,增幅为79.5%;工资集体协议覆盖的职工人数由2002年的2740.4万人,增加到2006年的3714.6万人,增幅达35.5%。在签订工资集体协议的企业中,独立签订工资集体协议的企业有24.5万家,独立签订率为46.6%。②

2007年以来,各地以《劳动合同法》的实施为契机,大力推进集体协商和集体合同制度建设。河北省颁布了《工资集体协商条例》,以地方法规的形式强力推进工资集体协商制度建设;江苏省连续三年开展春季工资协商要约行动,新签、续签集体合同44331份;上海市编印了工资集体协商指导手册,在全市建立工资集体协议网上审查平台。浙江温岭市新河镇在羊毛衫行业开展区域性行业工资集体协商,就不同工种和工序工价进行平等协商,

---

① 桑梓、邓波:《九问年薪制——专访著名经济学家魏杰、著名管理学家吴春波》,《中外管理》2004年第2期。
② 关明鑫:《中国企业工资集体协商制度研究》,《天津市工会管理干部学院学报》2008年第3期。

通过协商，主要工序工价每年都有 5%—10% 的增幅，促进了普通职工工资水平的提高。截至 2007 年年底，全国签订工资专项协议 34.3 万份，涉及企业 62.6 万户，覆盖职工 3968.6 万人，分别比 2006 年增长 12.6%、18.3% 和 6.8%。① 2009 年 7 月 9 日，中华全国总工会公布了《关于积极开展行业性工资集体协商工作的指导意见》，要求各级工会大力进一步开展行业性工资集体协商工作，加强维权机制建设，推动建立和谐稳定的劳动关系，根据行业和企业实际，从职工工资分配方面迫切需要解决的突出问题入手，重点协商行业最低工资标准、工资调整幅度、劳动定额和工资支付办法等。②

自 2000 年劳动保障部发布《工资集体协商试行办法》以来，历经十多年，中国工资集体协商制度的建制率、覆盖面大幅提高，初步形成了区域、产业和企业多元化工资集体协商格局，在提高劳动者工资、缓和劳资矛盾方面发挥了一定的积极作用。但也暴露出一些问题，诸如集体协商模式选择不清、政府角色定位不准、工会的独立性和代表性备受质疑等，制约了工资集体协商制度的发展。

二 完善政府对企业工资收入分配的宏观调控

2002 年以来，政府在完善企业工资收入宏观调控方面取得了重大进展。

（一）继续完善企业工资收入分配宏观调控体系建设

1. 工资指导线制度建设取得新突破

工资指导线制度是市场经济体制下，国家对企业工资分配进行宏观调控的一种制度。工资指导线一般由工资增长预警线、工资增长基准线和工资增长下限组成。其实施方式为，各地区在结合当年国家总体调控目标，并综合考虑本地区当年经济增长、物价水平和劳动力市场状况等因素的基础上，提出本地区当年企业工资增长指导意见，企业根据此指导意见并在生产发展、经济效益提高的基础上，合理确定本企业当年的工资增长率。截至 2004 年

---

① 《中国劳动和社会保障年鉴（2008）》，中国劳动社会保障出版社 2009 年版，第 375 页。
② 《中华全国总工会关于积极开展行业性工资集体协商工作的指导意见》，《中国工运》2009 年第 8 期。

年底,全国除西藏自治区之外的30个省份都建立了工资指导线制度。根据1997年劳动部颁布的《试点地区工资指导线制度试行办法》,地方政府应当在每年3月底以前发布工资指导线,执行时间为一个日历年度(1月1日至12月31日)。2006年,全国27个省份发布了当地工资指导线,基准线一般在11%左右,预警线一般为17%左右。① 2010年27个省份工资指导线情况(见表27—1)。实践证明,工资指导线的制定和发布,对于引导企业工资合理增长和工资集体协商发挥了重要作用。

但是,工资指导线制度在实施中也存在一些问题:一是随着社会经济的发展,该制度创建时所坚持的"两低于"原则与中共十七大提出的"两个提高"② 原则相矛盾,也与中共十七届五中全会提出的"两个同步"③ 原则相悖。1997年以来,劳动部多次发文强调工资指导线制度应遵循"两低于"原则,即"职工工资总额增长低于经济效益增长幅度,职工平均工资增长幅度低于劳动生产率增长幅度"。二是国家要求每年3月公布工资指导线,而实际情况是绝大多数地区是在下半年才公布。工资指导线公布过迟,就会对新一年企业工资集体协商的及时开展造成一些不利影响。因此,为了实现中共十七大提出的"两个提高"和中共十七届五中全会提出的"两个同步",必须改革工资指导线制度,使职工工资收入随经济发展和劳动生产率提高而逐步增加。同时,各地区还要按照人保部的要求在3月公布,最迟也应该在6月底前公布工资指导线。

表27—1　　　　　2010年27个省份工资指导线情况　　　　单位:%

省份	北京	天津	上海	江苏	浙江	山东	辽宁	吉林	河北
预警线	16	22	16	不设定	不设定	23	19	18	25
基准线	11	15	11	10—12	12	15	12	13	16
下限	3	6	4	4—6	4	6.6	5	8	8

---

① 《中国劳动和社会保障年鉴(2007)》,中国劳动社会保障出版社2008年版,第283页。
② "两个提高",即逐步提高居民收入在国民收入分配中的比重,提高劳动报酬在初次分配中的比重。
③ "两个同步",即努力实现居民收入增长和经济发展同步、劳动报酬增长和劳动生产率提高同步。它最早出现在2010年10月18日中共十七届五中全会通过的《中共中央关于制定国民经济和社会发展第十二个五年规划的建议》中。

续表

省份	山西	陕西	青海	江西	云南	湖南	湖北	广西	广东
预警线	25	20	17	17	19	20	21	22	17
基准线	15	15	10	12	12	13	13	12	12
下限	3	5	0	4	3	5	6	0	4

省份	河南	安徽	甘肃	贵州	四川	内蒙古	宁夏	新疆	福建
预警线	20	18	18	19	21	20	17	20	13
基准线	15	12	14	14	14	15	12	15	9
下限	3	3	5	0 或负	5	3	0	5	0

注："0 或负"中的负代表负增长。

资料来源：吴源、张长生：《关于改革工资指导线制度的对策思考》，《探求》2011 年第 6 期。

2. 劳动力市场工资指导价位制度建设取得新进展

劳动力市场工资指导价位制度，也是市场经济条件下，国家对企业工资分配进行指导和间接调控的一种制度安排。它是劳动保障部门按照国家统一的要求，定期向社会发布各类职业（工种）的工资价位，旨在指导企业合理确定工资水平和工资关系，调节劳动力市场交易价格。截至 2003 年，全国共有 124 个城市建立了工资指导价位制度[1]，为企业合理确定职工工资水平提供参考依据。

此后，随着劳动力市场"三化"建设试点城市范围的扩大，国家继续加大了劳动力市场工资指导价位制度建设工作。各地发布职位的数量不断扩大，行业覆盖范围不断增加。部分城市还根据市场需求的变化，将收集的数据按性别、职称、行业、所有制类别重新进行分类整理，提高了发布信息的质量和针对性。比如，广西柳州市人社局从 1999 年起每年发布一次劳动力市场工资指导价位。2010 年发布的劳动力市场部分职业（工种）工资指导价位共有 165 个。与 2009 年相比，大部分职业（工种）的工资指导价位有所增长，其中高薪岗位年薪在 10 万元以上的职业（工种）有 12 个，主要分布在金融、地产、电力及三大工业支柱产业之中。柳州市还按技术等级对 45 个技术型生产人员职业（工种）的工资价位进行了公布，以"初级工、

---

[1] 《中国劳动和社会保障年鉴（2004）》，中国劳动社会保障出版社 2005 年版，第 216 页。

中级工、高级工"3个等级分组,并分别以"低位数、中位数、高位数"3种形式发布,拥有高技术等级人员的工资价位明显高于低技术等级人员的工资价位。此外,还发布了勤杂工、家政服务人员、家庭教师、送水工、出租车司机等15个非全日制就业人员职业(工种)的劳动力市场工资指导价位。①

3. 推动行业人工成本信息指导制度的建立

行业人工成本信息指导制度是指劳动保障部门或由其委托的社会组织调查、收集、整理、分析和预测行业人工成本水平,并定期向社会公开发布相关信息,以指导企业加强人工成本管理、合理确定人工成本水平的一种制度安排,也是政府加强对企业工资宏观调控的一项重要内容。实际上,早在2002年以前,劳动保障部已经在全国主要的中心城市开展了企业人工成本预测预警体系建设的试点,有18个城市发布了当地主要行业的人工成本信息。② 不过,当时这项工作是与发布劳动力市场工资指导价位共同进行的。当时,开展人工成本统计调查工作的目的在于:一是准确计算人工成本总量,以反映人工成本构成及变动情况;二是开展人工成本的分析与预测,对人工成本异常情况及时做出提示和预警;三是开展人工成本的国际比较,为中国企业进行竞争力的国际比较提供可靠依据。③

2004年12月6日,劳动保障部发布《关于建立行业人工成本信息指导制度的通知》以及附件《行业人工成本信息指导制度实施办法》,该文件的发布,标志着中国人工成本制度的正式建立,人工成本和工资分配的宏观管理迈上了一个新台阶。该文件明确规定,计划到2005年在全国35个大中城市建立行业人工成本信息指导制度,力争3—5年内,在全国各中心城市全面建立行业人工成本信息指导制度,形成国家、省、市多层次、广覆盖的人工成本信息网络。2009年12月21日,人社部下发《关于开展完善企业在岗职工工资和人工成本调查探索企业薪酬调查方法试点的通知》,结合企业薪酬调查,提出人工成本调查的方法。2012年下半年,根据国家工资收入分配宏观调控总体要求,人社部开始就构建企业人工成本宏观监测系统进行专

---

① 《柳州市公布2010年劳动力市场工资指导价位》,《人事天地》2010年第21期。
② 《中国劳动和社会保障年鉴(2003)》,中国劳动社会保障出版社2003年版,第279页。
③ 马小丽:《我国人工成本宏观管理发展历程》,《人事天地》2015年第2期。

门部署和深入研究。① 北京、上海等中心城市及时发布当地主要行业人工成本信息,有效指导了企业合理确定人工成本水平,增强了市场竞争力。

此外,党和政府坚持问题导向,着力解决人民群众关心的突出问题。比如,针对收入分配差距拉大、贫富悬殊问题,2011 年 6 月修订了《个人所得税法》,将工资、薪金所得的个税起征点调整为 3500 元,降低了低收入者或者中低收入者的税收负担,提高了他们的实际可支配收入。②

(二) 加强对国有垄断行业收入分配监管,调控高收入企业工资分配

继续坚持国家对垄断行业收入分配的管理,并加大调控力度,从工资总量和工资水平两方面严格控制垄断行业的工资增长幅度。比如,2003 年 11 月,劳动保障部下发了《关于进一步做好企业工资总额同经济效益挂钩工作的通知》,明确规定"实行工资总额与经济效益总挂钩的部门,挂钩总浮动比例控制在 1:0.75 以内"。2005 年,劳动保障部下发了《关于下达部分中央企业 2005 年工资总额调控目标的通知》,审核批复了金融企业的绩效工资方案;国资委下发了《关于做好 2005 年度中央企业工资总额同经济效益挂钩工作的通知》。2006 年 11 月,根据中共十六届六中全会关于"完善并严格实行工资总额控制制度"的要求,劳动保障部下发了《关于做好 2006 年企业工资总额同经济效益挂钩工作的通知》,对全国企业工效挂钩工作进行了布置安排,明确提出对工资增长过快、工资水平过高的企业,从严审核其挂钩经济效益基数、工资总额基数,下调其浮动比例,并严格执行新增效益工资分档计提办法。2009 年,人社部继续指导各地严格执行国有企业工资总额与经济效益挂钩政策,下发了《关于报送 2009 年企业工资总额的通知》和《关于做好 2009 年企业工资总额与经济效益挂钩工作的通知》,要求各级主管部门从严审核工资收入偏高企业的工资,严格审核批复了 31 户中央企业的工资总额。上述这些政策,对控制垄断企业工资收入过快增长起到了一定的作用。

同时,劳动保障部与财政部、国家审计署等部门协调配合,对部分国有企业工资内外收入进行监督检查,对企业工资分配中的违法违纪行为进行查

---

① 马小丽:《我国人工成本宏观管理发展历程》,《人事天地》2015 年第 2 期。
② 刘军胜:《收入分配制度改革在艰难中行进》,《中国人力资源社会保障》2016 年第 1 期。

处，规范企业工资分配行为，维护国有资产所有者权益。比如，2004年，以电力、电信、金融、交通运输等行业为重点，进行监督检查。2005年，委托中介机构对海洋石油总公司、国电集团公司、中国东方资产管理公司、中国移动通信集团公司、中国海运集团公司5家企业开展工资内外收入重点检查活动。河北检查了2870家国有企业，北京重点检查了40家国有企业，安徽省重点检查了10家收入水平较高的企业。[①] 2006年，将金融、电力、电信、烟草、煤炭、石油石化等行业作为重点检查对象，并要求列为重点检查对象的中央企业向企业工资内外收入监督检查领导小组办公室报送自查报告。各地认真开展了对当地国有企业工资收入的监督检查，加大了监督检查工作力度。

（三）完善最低工资保障制度，调整最低工资标准

最低工资是国际上普遍采用的劳动力市场规制制度之一，它是对支付给劳动者的最低劳动报酬所做的强制性规定。1993年11月，劳动部发布《企业最低工资规定》，标志着中国开始建立最低工资制度。2004年1月20日，劳动保障部发布《最低工资规定》，决定自2004年3月1日起施行，进一步推动了最低工资制度在中国的全面实施。

与1993年《企业最低工资规定》相比，2004年《最低工资规定》主要在以下几个方面做出了改进。一是进一步细分了最低工资标准的形式。根据《最低工资规定》，"最低工资标准一般采取月最低工资标准和小时最低工资标准的形式。月最低工资标准适用于全日制就业劳动者，小时最低工资标准适用于非全日制就业劳动者"。这是适应小时工等灵活就业者的需要，而制定的工资政策。据统计，到2003年年底，全国已有22个省市制定并颁布了当地小时最低工资标准。二是调整了确定最低工资标准的参考因素。根据《最低工资规定》，"确定和调整月最低工资标准，应参考当地就业者及其赡养人口的最低生活费用、城镇居民消费价格指数、职工个人缴纳的社会保险费和住房公积金、职工平均工资、经济发展水平、就业状况等因素"。也就是说，在确定和调整最低工资标准时，劳动生产率不再是考虑的因素，而城

---

① 《中国劳动和社会保障年鉴（2006）》，中国劳动社会保障出版社2007年版，第270页。

镇居民消费价格指数和职工个人缴纳的社会保险费和住房公积金等,成为新的应该考虑的因素。三是最低工资标准在同一区域内不再有行业差异,实行统一标准。根据《企业最低工资规定》,"最低工资率应考虑同一地区不同区域和行业的特点,对不同经济发展区域和行业可以确定不同的最低工资率"。而《最低工资规定》则指出,"省、自治区、直辖市范围内的不同行政区域可以有不同的最低工资标准"。四是规范了最低工资标准的调整频率,明确要求每两年至少调整一次。

由于各地区经济发展水平存在明显差异,全国没有实行统一的最低工资标准,而是采取了地方政府主导型的模式,即由各省级政府制定当地的最低工资规定,并负责确定和调整本地区的最低工资标准。而许多省份内部不同区域之间也同样存在经济发展水平的明显差异,因此,多数省份一般确定出多个档次的最低工资标准,以适用于省内不同的城市。[①] 根据《最低工资规定》,2004年全国共有16个省份调整了当地最低工资标准,22个省、自治区、直辖市以及5个城市(大连、青岛、宁波、深圳和成都)颁布了小时最低工资标准,西藏自治区首次颁布了当地的最低工资标准。截至2004年年底,全国31个省份全部建立了最低工资保障制度。[②] 鉴于一些地区最低工资标准的确定不够科学合理;一些企业采取延长劳动时间、随意提高劳动定额、降低计件单价等手段,变相违反最低工资规定,2007年6月12日,劳动保障部发布了《关于进一步健全最低工资制度的通知》。2007年,全国共有29个省份调整了最低工资标准,调整幅度在15%左右,确保了最低工资实际水平不因消费价格指数上升而降低。西藏在调整月最低工资标准的基础上,首次制定颁布了小时最低工资标准,标志着最低工资制度得到全面实施。截至2007年年底,全国月最低工资标准最高为860元(广东省广州市),小时最低工资标准最高为8.7元(北京市)。[③] 另外,各地还高度重视最低工资制度的贯彻落实,开展了声势浩大的宣传活动,强化了监督检查,纠正了违法行为。

最低工资标准的确定与调整是最低工资制度的核心内容。表27—2给出

[①] 谢勇、王丽艳:《中国的最低工资标准:发展、构成和水平》,《开发研究》2015年第6期。
[②] 《中国劳动和社会保障年鉴(2005)》,中国劳动社会保障出版社2005年版,第284页。
[③] 《中国劳动和社会保障年鉴(2008)》,中国劳动社会保障出版社2009年版,第374页。

了 2004—2012 年全国 31 个省份（台湾省除外）最低工资水平的变动情况。总的来看，中国最低工资标准呈现出明显的上升趋势，9 年间各省最低工资标准累计调整 190 次，平均每个省份调整 6.1 次。2004—2008 年最低工资标准调整相对较慢，平均每年有 22 个省份上调。受国际金融危机的冲击，2009 年各省暂停了最低工资标准的调整。但从 2010 年开始，各省提高最低工资标准的积极性明显上升，2010—2012 年平均每年有 26.7 个省份上调，年均增幅也较 2004—2008 年略有增加。2012 年，月最低工资标准最高的是深圳市，为 1500 元；小时最低工资标准最高的是北京市，为 14 元。

表 27—2　　2004—2012 年全国 31 个省份的最低工资水平的变动情况

年份	2004	2005	2006	2007	2008	2009	2010	2011	2012
调整地区数	21	11	29	29	20	0	30	25	25
平均增长率（%）	—	19	22.3	15	15	0	22.8	22	20.2

资料来源：2004—2006 年的数据来源于谢勇、王丽艳《中国的最低工资标准：发展、构成和水平》，《开发研究》2015 年第 6 期；2007—2012 年数据来源于《中国劳动与社会保障年鉴》和《中国人力资源和社会保障年鉴》。

国际上一般认为，最低工资标准与社会平均工资的比例保持在 40%—60% 比较合理。2004—2012 年，除个别省份之外，绝大多数省份的最低工资标准与当地职工平均工资的比例低于 40% 的国际下限值。2004 年，只有河北、山西、江苏、广西、湖北和海南 6 个省份的最低工资占比在 40% 以上，其余 25 个省市的最低工资占比均在 40% 以下[1]；2010—2011 年，以最低工资中最高档同当地城镇从业人员平均工资相比较，只有河北、吉林、福建和新疆 4 省区达到 40% 以上，另外 27 个省份不同幅度地低于 40%；2006—2010 年全国各省区平均工资和最低工资标准年均增长速度，除浙江、江西、四川和西藏 4 个省区之外，其余 27 个省区市城镇平均工资年均增长速度均高于最低工资标准增长速度。[2] 由此可见，上述情况与 2012 年国家《促进就业规划（2011—2015）》提出的目标[3]相比，还有很大的差距。因此，建立科学的最

---

[1] 谢勇、王丽艳：《中国的最低工资标准：发展、构成和水平》，《开发研究》2015 年第 6 期。
[2] 郑志国：《我国最低工资标准增长态势与测算方法分析》，《河北经贸大学学报》2013 年第 1 期。
[3] 即"最低工资标准年均增长 13% 以上，绝大多数地区最低工资标准达到当地城镇从业人员平均工资的 40% 以上"。

低工资制度，完善最低工资标准调整机制，是今后一个时期努力的方向。

（四）解决企业工资拖欠问题，保障劳动者合法权益

完善企业工资支付制度，解决拖欠职工工资问题，切实保障劳动者权益，这是20世纪90年代尚未完成的任务。进入21世纪以来，拖欠职工特别是农民工工资问题趋于严重。2003年1月5日，国务院办公厅发布《关于做好农民进城务工就业管理和服务工作的通知》，提出要"切实解决拖欠和克扣农民工工资问题"。同年10月，"总理帮农妇讨薪"事件更引发了全国范围内对拖欠农民工工资问题的前所未有的关注。因此，按照国务院的有关要求，抓好当前拖欠和历史拖欠的同时，注重建立解决拖欠工资问题的长效机制，也是加强企业工资分配宏观调控、规范工资分配秩序的主要内容之一。

加大专项检查和综合治理拖欠工资问题的工作力度，严厉打击拖欠工资行为。一是各级劳动保障部门将开展农民工工资支付情况专项检查工作，作为解决拖欠农民工工资问题的重要手段。劳动保障部与建设部、全国总工会多次在全国组织开展农民工工资支付情况专项检查；与公安部、国家工商行政管理总局及全国总工会在全国范围组织开展农民工合法权益保护专项检查活动，将用人单位支付农民工工资情况作为重点检查内容；与建设部和国家审计署组成全国清理拖欠工程款和农民工工资检查组，对各地区清理拖欠工程款和农民工工资进展情况进行检查；为保证农民工在元旦和春节两节前拿到工资，2004年以后每年的"两节"前都与建设部、全国总工会等部门在全国组织开展农民工工资支付情况专项检查活动。多次专项检查活动的开展，对督促用人单位依法支付工资，维护劳动者劳动报酬权益发挥了重要作用。二是为加大综合治理拖欠工资问题的工作力度，2005年建立了由劳动保障部牵头，建设部、公安部、监察部、司法部、工商行政管理总局、中国人民银行、全国总工会、银行业监督管理委员会等部门共同组成的解决拖欠农民工工资工作协调机制，组织召开相关部门解决拖欠农民工工资工作协调会议，沟通情况，交流信息；为保障"两节"期间农民工工资支付，还成立了"两节"期间保障进城务工人员工资支付专项工作小组。[1] 三是各地劳

---

[1] 《中国劳动和社会保障年鉴（2006）》，中国劳动社会保障出版社2007年版，第268页。

动保障监察机构普遍将建筑、餐饮服务、服装等劳动密集型行业,以及过去曾发生过欠薪行为的企业列为重点检查对象,开展欠薪执法检查工作,有力地维护了广大职工的劳动报酬权益。

完善工资支付保障制度,积极探索建立预防和解决拖欠工资的长效机制。一是针对比较突出的问题,制定颁布相关政策文件。针对建筑行业拖欠工资比较突出的问题,2004年9月10日,劳动保障部会同建设部颁布了《建设领域农民工工资支付管理暂行办法》,对建设领域农民工工资支付行为进行规范,要求企业按时支付农民工工资,明确了对拖欠或克扣农民工工资行为的处罚措施。从2005年开始,开始启动解决企业工资历史拖欠工作。为此,国务院成立了由劳动保障部牵头、11个部门和单位组成的解决企业工资拖欠问题部际联席会议制度,提请国务院办公厅下发了《关于推进企业解决工资拖欠问题的若干意见》,提出了解决企业工资拖欠问题的基本原则、目标任务和工作思路。针对受国际金融危机影响,部分企业生产经营困难,拖欠工资甚至欠薪逃匿问题突出,2009年1月30日,人社部会同有关部门发布了《关于进一步做好预防和解决企业工资拖欠工作的通知》,要求各地进一步健全工资支付保障制度,加强对企业工资支付监控,依法处理因拖欠工资引发的劳动争议,严厉打击欠薪逃匿行为,妥善处理因拖欠工资问题引发的群体性事件等。二是指导各地加快建立工资支付保障等制度。在制定下发的有关文件中,多次对建立预防和解决拖欠工资问题的长效机制提出要求。有关地区结合当地实际,积极推进工资支付监控制度和工资支付保障制度等长效机制的建立。截至2004年年底,全国共有15个省市建立了工资支付保障制度(欠薪保障制度),14个省市建立了工资支付监控制度(欠薪报告制度)。[1] 到2006年年底,全国建立工资保证金制度的省、自治区、直辖市由2005年的24个增加到27个;一些地区还在建设领域外的其他行业进行了探索,如湖北等省在交通领域建立了工资保证金制度。[2] 到2009年年底,全国31个省份都建立了工资保证金制度。三是推进工资支付法制建设。到2007年,全国出台地方性工资法规或规章的省份达到了12个。特别需要指出的是,2011年2月国家推出了《刑法修正案(八)》,设立"拒不支付

---

[1] 《中国劳动和社会保障年鉴(2005)》,中国劳动社会保障出版社2005年版,第283页。
[2] 《中国劳动和社会保障年鉴(2007)》,中国劳动社会保障出版社2008年版,第282页。

劳动报酬罪"，严惩恶意欠薪行为，给恶意欠薪者以强大震慑。

在各级党委、政府领导下，经过有关部门共同努力，解决拖欠工资工作取得了明显成效。截至 2004 年年底，全国已偿还建设领域农民工工资 331 亿元，偿付比例为上报拖欠总额 336 亿元的 98.5%。其中 2003 年当年拖欠的 164 亿元，已偿还 163.3 亿元，偿付比例为 99.6%。2003 年以前历史拖欠的 172.6 亿元，已偿还 167.7 亿元，偿付比例为 97.2%。[①] 企业工资历史拖欠是中国企业改革过程中长期积累下来的一个突出历史遗留问题。从 2005 年至 2008 年年底，各地和中央企业累计清偿企业历史拖欠工资 665.43 亿元，惠及职工 1670 余万人，解决企业工资历史拖欠工作历时三年多基本完成。[②] 2010—2012 年的"两节"期间，各级人社部门督促企业分别为 149.42 万名、129.16 万名和 129 万名农民工，追回被拖欠工资及赔偿金 29.67 亿元、29.42 亿元和 59.24 亿元，基本实现了"两节"期间农民工工资无拖欠，欠薪逃匿等恶意拖欠工资现象有所遏制。

三 2006 年机关、事业单位工资收入分配制度改革

机关、事业单位工资收入分配制度改革，是健全国家公务员制度和深化事业单位人事制度改革的重要组成部分，也是完善社会主义市场经济体制的重要内容和任务。

（一）2006 年公务员工资制度改革

进入 21 世纪以来，随着市场经济的深入发展，在居民收入快速增长的同时，也产生了收入差距不断扩大、部分国有部门分配秩序紊乱等问题。在收入分配方面，居民收入快速增长，但收入差距却不断扩大，部分国有部门的分配秩序出现了紊乱的态势。各地区、各部门在国家统一规定之外自行设立的津贴补贴，成为公务员的主要收入来源，有些地区和单位自行发放的津贴补贴甚至超过了基本工资。此外，公务员的名义工资与实际工资收入出入

---

① 《中国劳动和社会保障年鉴（2005）》，中国劳动社会保障出版社 2005 年版，第 283—284 页。
② 李兴文：《解决企业工资历史拖欠工作基本完成》，《经济日报》2009 年 4 月 29 日。

很大，或者说制度内的收入与制度外的收入差别很大，大部分公务员的收入，除明确地记录在工资单上的工资收入外，还有非工资货币收入和实物收入。[①] 也就是说，都是国家公务员，承担的职责也大体相同，但由于就职于不同部门和单位，工资水平却有较大差异，这不仅违反了薪酬管理的内部公平性原则，而且造成了不同政府部门之间的工资攀比，在社会上造成了很不好的影响，也损害了公务员队伍和政府的形象。[②] 2002 年 11 月，中共十六大报告在提出完善社会主义市场经济体制以及深化分配制度改革的同时，也对加快公务员工资制度改革提出了明确要求，即"完善干部职务与职级相结合的制度，建立干部激励和保障机制"。2003 年 10 月，《中共中央关于完善社会主义市场经济体制若干问题的决定》进一步指出："整顿和规范分配秩序，加大收入分配调节力度，重视解决部分社会成员收入差距过分扩大问题"，"完善和规范国家公务员工资制度，推进事业单位分配制度改革。规范职务消费，加快福利待遇货币化"。2006 年 1 月 1 日起实施的《中华人民共和国公务员法》规定："公务员实行国家统一的职务与级别相结合的工资制度。"为了贯彻落实《公务员法》，根据中共中央、国务院批准的《公务员工资制度改革方案》，人事部、财政部制定了《公务员工资制度改革实施办法》，从 2006 年 7 月 1 日起，开始对公务员实行新的工资制度。

此次公务员工资改革的主要内容是：

第一，简化基本工资结构。公务员实行国家统一的职务与级别相结合的工资制度。改革后，取消了基础工资和工龄工资，公务员工资结构分为四块，即职务工资、级别工资、津贴补贴、奖金。其中，前两项为基本工资，实行全国统一标准。职务工资主要体现公务员的工作职责大小，级别工资主要体现公务员的工作实绩和资历。

第二，清理规范各种津贴补贴。一方面，在清理津贴补贴、摸清底数的基础上，结合公务员职级工资制度改革，将一些地方和部门的部分津贴补贴纳入基本工资，适当提高基本工资占工资收入的比重，优化公务员工资结构。另一方面，对津补贴进行规范，合理确定水平，科学规范项目，分类分步调控，严格监督管理，为规范公务员工资收入分配秩序奠定基础。这不仅

[①] 张力、袁伦渠：《公务员工资制度改革需要新思路》，《中国国情国力》2007 年第 5 期。
[②] 刘昕：《对公务员工资制度改革的几点认识》，《中国人才》2006 年第 15 期。

是贯彻落实公务员法的要求,而且也是建立廉洁、透明、高效政府的需要。

第三,适当向基层倾斜。此次改革适当加大了不同职务对应级别的交叉幅度,将公务员对应的级别数由原来的15个增加到27个,特别是重点增加了县以下基层公务员所对应的级别数量,科员、办事员从原来的6个级别增加到对应9个级别,副科级从原来对应5个级别增加到对应8个级别,给低职务公务员提供了充分的晋升空间。同时,实行级别与工资等待遇挂钩,使公务员不晋升职务也能提高待遇,缓解了因职数限制而晋升职务困难的问题。

第四,健全工资正常增长机制,实现工资调整制度化、规范化。除职务和级别晋升外,按照《公务员法》规定,要建立工资调查制度,定期进行公务员和企业相当人员工资收入水平的调查比较,为调整公务员工资标准提供科学依据。[1]

对于此次公务员工资制度改革,很多人简单地理解为公务员涨工资,或者仅仅是为了通过刺激消费来促进经济增长。实际上,它是国家规范收入分配秩序、理顺工资关系、构建科学合理和公平公正的工资收入分配体系而采取的重要举措之一。[2] 在公务员工资制度改革的同时,国家还进行了事业单位工作人员工资制度改革,加大了对具有垄断性质的国有企业收入分配水平的监控,以及注意提高城市低保人员的生活水平等其他方面的问题。此次公务员工资制度改革,出现了"阳光工资""同城同待遇""限高、稳中、托低"等关键词,在规范了公务员的津贴补贴,确保了不同部门以及不同地区公务员之间的待遇公平的同时,公务员工资水平有了较大提高。2007年公务员实际平均工资增长17.6%,比2006年的9.9%提高了7.7个百分点。通过规范津贴补贴,省际间最高与最低平均工资之比也从最高的2005年的3.37下降到2007年的2.72,地区间的工资差距开始缩小。[3] 可以说,此次公务员工资制度改革成效显著,对稳定公务员队伍发挥了重要作用。

---

[1] 于东阳、苏少之:《中国公务员工资制度和工资水平的演变探析——基于1992—2012年的改革实践》,《中国人力资源开发》2014年第22期。

[2] 刘昕:《对公务员工资制度改革的几点认识》,《中国人才》2006年第15期。

[3] 于东阳、苏少之:《中国公务员工资制度和工资水平的演变探析——基于1992—2012年的改革实践》,《中国人力资源开发》2014年第22期。

但是，从后续的实践效果来看，此次工资改革还存在一些问题：一是工资改革后多年没有提高公务员基本工资标准。而此期间，城镇和农村居民人均收入增长近 2.5 倍，CPI 每年平均较上一年增长近 3.2%。经济快速发展和物价上涨给公务员生活带来了较大压力。在众多职业排名中，公务员工资水平处于中等偏下的位置。苏海南指出，从《中国人力资源和社会保障年鉴》数据上看，从 2012 年开始，公务员工资首次低于国有企业平均工资；虽高于全国有企业业平均工资，但差距比 5 年前明显缩小。① 二是如规范津补贴效果不够明显，反映地区性差异的工资标准体系尚未建立。据统计，全国公务员职务工资、级别工资之和（即基本工资）大约只占公务员全部工资的 30%，其余 70% 多为各种津补贴，这是极不合理的，违背了工资分配的一般规律。之所以出现这种状况，一方面是国家安排的基本工资标准偏低，又多年没有提高；另一方面是 2006 年清理整顿津补贴时因条件不成熟未把名目繁多的津补贴全部纳入整顿范围，不少地方还保留了所谓改革性津补贴，而在各地财政分灶吃饭条件下，一些地方违反国家政策又自行安排提高了这些津补贴标准，从而造成津补贴比重过大②，2010 年后地区间的工资差距又有所扩大。三是公务员工资水平调查制度尚未健全，公务员工资增长缺乏科学合理的依据。按照《公务员法》，公务员工资的确定要与企业进行比较，形成制度化的工资调查比较结果，作为调整公务员工资水平的依据。然而，上述规定仅仅停留在法律层面，并没有贯彻落实到实践中。公务员工资水平的确定缺乏操作化的机制流程，工资调查与比较缺乏可参照的标准，"企业相当人员"是指企业一般人员，还是指企业管理人员？模糊不清，制度化的工资调整机制也就难以建立。四是级别工资的激励功能没有发挥出来。由于没有找到科学的级别晋升的办法，在实际运行中，级别或是与职务联系紧密，或是与资历联系紧密，使级别工资始终在"官本位"和"熬年头"之间摇摆。

（二）2006 年事业单位工资制度改革

随着宏观管理体制和人事制度改革的推进，事业单位在工资决策领域上

---

① 孙德超、曹志立：《公务员工资制度面临的挑战与改革方向》，《理论探讨》2015 年第 4 期。
② 苏海南：《正确认识、稳妥推进公务员工资改革》，《中国党政干部论坛》2014 年第 8 期。

的自主权不断扩大，1993年工资制度缺陷日益显现，已不能与事业单位的改革和发展形势相适应。尽管工资政策的制定、工资标准的调整、工资晋升等决策权仍集中在政府主管部门，但国家统一规定的制度工资在员工收入中所占的比例逐步降低，由各单位创收收入来源所决定的津贴比重不断增大，全国统一工资制度的功能开始下降。同时，工资体制难以体现聘用制以岗定薪的精神，工资分配中的平均主义也抑制了激励性的发挥。正是在这种背景下，根据中共十六大和十六届三中全会关于推进事业单位收入分配制度改革的精神，2006年6月人事部、财政部制定了《事业单位工作人员收入分配制度改革方案》和《事业单位工作人员收入分配制度改革实施办法》等文件，决定自2006年7月1日起，对全国130万个事业单位工作人员的收入分配制度进行新一轮的改革。

此次事业单位工资改革的主要内容包括：一是事业单位建立和实行岗位绩效工资制度。岗位绩资工资由岗位工资、薪级工资、绩效工资和津贴补贴四部分组成，其中岗位工资和薪级工资为基本工资。岗位工资主要体现工作人员所聘岗位的职责和要求，薪级工资主要体现工作人员的工作表现和资历。绩效工资主要体现工作人员的实绩和贡献，国家对此分配进行总量调控和政策指导，这一部分是事业单位收入分配中活的部分，占收入的很大比重。津贴补贴分为艰苦边远地区津贴和特殊岗位津贴补贴，是一种政策倾斜。二是对事业单位实行工资分类管理。基本工资执行国家统一的政策和标准，绩效工资根据单位类型实行不同的管理办法。三是完善工资正常调整机制。包括正常增加薪级工资、岗位变动调整工资、调整基本工资标准和津贴补贴标准。四是完善高层次人才和单位主要领导的分配激励约束机制。五是健全收入分配宏观调控机制。[1]

此次事业单位工资制度改革，适应事业单位聘用制改革和岗位管理要求，兼顾了各类人员的资历、职责、贡献，在完善人才分配激励机制，体现按贡献参与分配上又前进了一步，有利于调动人才的积极性、主动性和创造性。主要贡献在于：一是初步建立了新的工资收入分配制度框架。建立了符合事业单位特点、体现岗位绩效和分级分类管理的岗位绩效工资收入分配制

---

[1] 《事业单位工作人员收入分配制度改革方案》，http：//www.shiyebian.net/html/3948.html。

度。二是不断理顺工资收入分配关系。此次工资制度改革，在整体提高"制度内"工资水平的基础上，将最高工资标准与最低工资标准的比例调整为8.6∶1。同时，适应事业单位用人制度由"身份管理"向"岗位管理"转变的要求，改变了传统的薪酬支付依据，变"身份工资"为"岗位绩效工资"，在一定程度上拉开了"制度内合理的收入差距"，充分调动了广大专业技术人员的工作积极性，强化了薪酬制度的激励作用。三是逐步完善工资收入分配管理体制。进一步明确了中央、地方和部门的管理权限，实行分级管理、分级调控，基本工资执行国家统一的政策和标准，绩效工资在国家核定的工资总额内，由各单位自主分配，国家进行有效的宏观调控，逐步将行业差距、部门差距控制在合理的范围内。[①]

收入分配制度改革是一项复杂的系统工程。事业单位收入分配制度改革与事业单位分类改革、人事制度改革等密切相关，此次工资制度改革是本着"同步考虑，分步实施，制度入轨，逐步到位"的思路进行的。在分步实施、逐步到位的背后，也存在一些亟待研究和解决的问题。一是不合理的工资收入差距仍然存在。事业单位收入分配领域存在的最突出的问题是"制度内工资平均主义"和"制度外收入差距过大"并存。虽然此次改革，收入分配制度和规范收入分配秩序同时并举，适度拉开了"制度内工资差距"，缓解了地区差距和行业差距不断加大的势头。但是，地区、行业和不同社会成员之间不合理的工资收入差距仍然存在。这次规范公务员津贴补贴时，事业单位没有同步进行规范。与机关相比，事业单位自行发放津贴补贴和奖金的现象更加严重，资金来源不规范，分配程序和分配结果不透明，收入分配分化现象严重。部分行业、单位和个人收入过高，行业间、单位间、个人间收入差距悬殊。同一行业内也存在收入差距过大的问题，同样是从事教育工作，高校教师和大中城市的中小学教师收入普遍较高，部分高校教师已成为高收入者，而广大农村中小学教师收入普遍偏低，有的甚至存在工资拖欠现象。二是缺乏科学合理的工资收入水平决定机制。确定事业单位工资收入水平的主要依据和程序，没有透明和可操作性的具体规定，在实际工作中往往是单纯取决于财政状况。工资收入水平的增长机制处于一种不规则的被动状

---

① 岳颖：《事业单位薪酬管理——内部收入分配的决定基础与模式选择》，中国劳动社会保障出版社 2009 年版，第 68 页。

态,调整工资标准的时间和幅度,都带有不确定性。工资调查制度还没有建立起来,缺乏对企业相当人员工资水平的调查比较,没有与劳动力市场机制衔接。对事业单位急需的紧缺专门人才,不能根据劳动力市场价位做出灵活反应,难以适应人才激烈竞争的需要。[①] 三是绩效的考核缺乏科学性与规范性。绩效工资的核心是业绩和贡献,如何做好不同岗位的绩效评价是一大难题。现实中,从事业单位绩效考核体系来看,在岗位分析、绩效方案设计、绩效指标确定等方面存在一些这样或那样的问题。有些单位绩效考核搞几乎100%的过关,流于形式;有些单位采取将绩效工资总额70%固定到人,30%再评比拉开;有的单位甚至把绩效工资直接平均地加入到基本工资中,致使绩效工资没有发挥它对提升绩效的作用,工资分配政策中有平均主义的趋势。

四 2002—2012 年工资收入水平与结构变化

2002—2012 年,在全面建设小康社会和完善社会主义市场经济体制的背景下,中国国民经济保持快速、平稳发展,同时,个人收入分配制度改革坚持"效率与公平并重、更加强调公平"的理念,基本建立起职工工资收入与劳动贡献挂钩的灵活多样的分配制度,职工工资水平也大幅度增长。但由于经济体制改革的任务尚未完成,一些深层次的矛盾没有得到根本解决,收入分配领域还存在一系列问题,比如行业之间、地区之间、就业人员个人之间工资收入差距拉大的问题。

(一) 2002—2012 年工资水平及其增长

2002—2012 年,中国工资水平进入高速增长阶段。全国城镇单位就业人员平均货币工资从 12373 元上升到 46769 元,增长了 2.78 倍,年平均增长率为 14.2%,而且波动幅度较小。其中,2007 年的平均货币工资比 2002 年几乎翻了一番。扣除价格因素,城镇单位就业人员平均实际工资增长率为 11.56%,比 1992—2001 年年均增幅 7.71%,高出了 3.85 个百分点。

[①] 岳颖:《事业单位薪酬管理——内部收入分配的决定基础与模式选择》,中国劳动社会保障出版社 2009 年版,第 69 页。

从各年的增长速度来看（见表27—3和图27—1），2009年以前，平均实际工资增长率都在10%以上，2010—2012年稍稍低于10%；除2007年、2010年和2011年外，其他各年的平均实际工资增长率都高于国内生产总值的增长率。这一时期，工资的高速增长主要是由于国民经济保持快速、平稳发展。2002年，全国国内生产总值为120332.7亿元，到2012年增长到518942.1亿元[①]，增长了3.31倍。若以1978年为100，国内生产总值指数从2002年的898.8，增长到2012年的2449.2，增长了1.72倍，也高于1992—2002年1.55倍的指数增长。同时，工资的高速增长也与国家改革工资制度，注重工资收入分配的调节密切相关。从2004年起，国家还推动了最低工资制度的全面实施。

表27—3　　2002—2012年全国城镇单位就业人员平均工资及增长情况

年份		2002	2003	2004	2005	2006	2007	2008	2009	2010	2011	2012
平均货币工资（元）	合计	12373	13969	15920	18200	20856	24721	28898	32244	36539	41799	46769
	国有单位	12701	14358	16445	18978	21706	26100	30287	34130	38359	43483	48357
	集体单位	7636	8627	9723	11176	12866	15444	18103	20607	24010	28791	33784
	其他单位	13486	14843	16519	18362	21004	24271	28552	31350	35801	41323	46360
指数（以上年为100）	合计	114.2	112.9	114.0	114.3	114.6	118.5	116.9	111.6	113.3	114.4	111.9
	国有单位	115.0	113.0	114.0	115.4	114.4	120.2	116.0	112.7	112.4	113.4	111.2
	集体单位	111.5	113.0	112.7	114.9	115.1	120.0	117.2	113.8	116.5	119.9	117.3
	其他单位	108.4	110.1	111.3	111.2	114.4	115.6	117.6	109.8	114.2	115.4	112.2
平均实际工资比上年增长（%）		15.4	11.9	10.4	12.5	12.9	13.4	10.7	12.6	9.8	8.6	9.0
国内生产总值比上年增长（%）		9.1	10.0	10.1	11.3	12.7	14.2	9.6	9.2	10.4	9.3	7.7
城镇居民消费价格指数（以上年为100）		99.0	100.9	103.3	101.6	101.5	104.5	105.6	99.1	103.2	105.3	102.7

注：其他单位包括股份合作单位、联营单位、有限责任公司、股份有限公司、港澳台商投资单位以及外商投资单位等其他登记注册类型单位。

资料来源：《中国劳动统计年鉴（2013）》，中国统计出版社2014年版，第6、35页。

---

① 《中国劳动统计年鉴（2013）》，中国统计出版社2014年版，第5页。

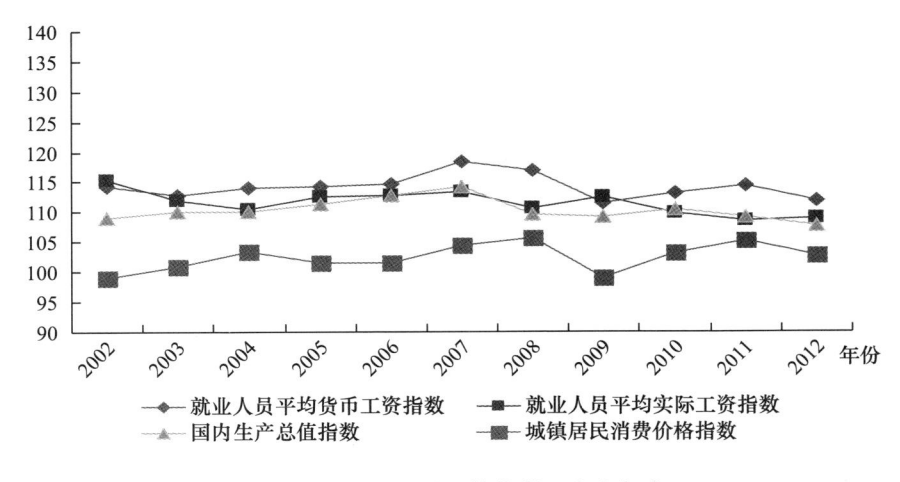

图 27—1　就业人员平均工资指数（以上年为100）

分所有制来看，不同所有制单位的实际工资增长在总体上保持着与平均工资增长相同趋势，但在增长幅度上有所不同。2002—2012 年，三个部门的平均货币工资从 12701 元、7636 元和 13486 元，增长到 48357 元、33784 元和 46360 元，分别增长了 3.81 倍、4.42 倍和 3.44 倍。2008 年以前，国有单位的平均工资增长速度几乎年年都高于集体单位和其他单位的增长。但从 2008 年开始，集体单位的平均工资增长速度超过了国有单位，并保持高增长态势。

表 27—4　　　城镇私营单位和非私营单位就业人员平均工资　　　单位：元

年份	城镇非私营单位 货币平均工资	工资增速（％）	城镇私营单位 货币平均工资	工资增速（％）	平均工资之比
2008	28898	—	17071	—	1.69
2009	32244	11.6	18199	6.6	1.77
2010	36539	13.3	20759	14.1	1.76
2011	41799	14.4	24556	18.3	1.70
2012	46769	11.9	28752	17.1	1.63

资料来源：《中国统计年鉴》（2010、2011、2012、2013）；统计局发布《私营单位 2008 年平均工资 17071 元》，http：//www.qh.xinhuanet.com/2009-10/28/content_18067333.htm。

在《中国劳动统计年鉴》的统计口径中,"职工"是不包括乡镇企业就业人员、私营企业就业人员和城镇个体劳动者的。1995年以后,中国城镇国有和集体单位就业人员逐渐减少,城镇私营企业和个体就业人员日益增多。2007年,后者首次超过了前者。到2012年城镇私营企业和个体就业人员已达13200.1万人,远远超过城镇国有和集体单位就业人员(7428.7万人)的数量。[①] 国家统计局从2009年开始公布城镇私营单位就业人员平均工资,从公布的数据来看,城镇私营单位平均工资明显低于城镇非私营单位,两者之间的绝对差距从2008年的11827元上升到2012年的18017元,但是,两者之间的相对差距逐步缩小。城镇私营单位由于受2008年国际金融危机影响更为严重,2009年工资增速明显低于城镇非私营单位外,其余年份城镇私营单位平均工资增速均高于城镇非私营单位,两者平均工资之比从2009年的1.77下降到2012年的1.63。

(二)2002—2012年工资收入分配结构变化

1. 工资收入分配格局的变化

工资总水平是工资总量与经济发展总量之比,通常用工资总额占国内生产总值之比来表示。从静态上看,它反映劳动者的劳动所得占当年创造价值的比重;从动态上看,它反映在经济发展中劳动要素所占份额的变化及趋势。2002—2012年,中国城镇单位就业人员[②]工资总额增长迅速(见表27—5),由13638.1亿元增长到70914.2亿元,增长了4.2倍,大大超过了国内生产总值的增长速度。其中,2007年和2011年增幅较大,分别比上年增加了21.5%和26.8%,高于国内生产总值增长率7.3个百分点和17.5个百分点。2002年,城镇单位就业人员工资总额占当年GDP的11.33%。2004年占比最低,为11.02%。2009年以后,恢复性增长。到2012年,城镇单位就业人员工资总额占当年GDP比重的13.67%。据此可以得出结论,即这一时期在经济发展过程中劳动报酬所占份额的总趋势是不断增加的。

---

① 《中国统计年鉴(2013)》,中国统计出版社2013年版,第124、129页。
② "城镇单位就业人员"不包括乡镇企业就业人员、城镇私营企业就业人员、城镇个体劳动者等。

表27—5　　　　2002—2012中国城镇单位就业人员工资总额及指数

年份	国内生产总值（亿元）	国内生产总值指数（以上年为100）	城镇单位就业人员工资总额（亿元）	城镇单位就业人员工资总额指数（以上年为100）	城镇单位就业人员工资总额占国内生产总值比重（％）
2002	120332.7	109.1	13638.1	111.7	11.33
2003	135822.8	110.0	15329.6	112.4	11.29
2004	159878.3	110.1	17615.0	114.9	11.02
2005	184937.4	111.3	20627.1	117.1	11.15
2006	216314.4	112.7	24262.3	117.6	11.22
2007	265810.3	114.2	29471.5	121.5	11.09
2008	314045.4	109.6	35289.5	119.7	11.24
2009	340902.8	109.2	40288.2	114.2	11.82
2010	401512.8	110.4	47269.9	117.3	11.77
2011	473104.0	109.3	59954.7	126.8	12.67
2012	518942.1	107.7	70914.2	118.3	13.67

资料来源：《中国劳动统计年鉴（2013）》，中国统计出版社2014年版，第5—6、28页。

2002年以来，随着国民经济的快速、平稳发展和市场化改革的进一步推进，城乡居民不仅收入水平有了极大的提高，而且收入来源渠道和分配方式更趋多元化。劳动、资本、技术、管理等生产要素按贡献参与分配，城乡居民所拥有的非劳动收入的份额越来越大。在城镇居民人均总收入中，尽管工资性收入仍然是城镇居民收入的主要来源，不过，其所占比重进一步下降，从2002年的70.19％下降到2012年的64.3％，而经营净收入和财产性收入所占比重分别从4.06％和1.25％提高到9.45％和2.62％。同时，工业化和城镇化的发展以及非国有部门扩展为数量庞大的农村劳动力进城务工创造了积极条件。农村居民人均工资性纯收入不仅成为农民家庭收入的重要来源，而且在其收入构成中所占比重不断提高，从2002年的33.94％上升到2012年的43.55％。可以说，农民工非农就业扩大实际上成为推动农民收入增长的重要源泉，对缩小城乡居民收入差距起到了重要作用。另外，农村居民人均转移性纯收入也显著增加，从2002年的3.97％提升到2012年的8.67％。这说明，在全面建设小康社会背景下，农村社会保障制度建设取得了积极进展。

表27—6　　　　　　　2002—2012年中国城乡居民人均收入构成　　　　　单位：元

年份	2002	2003	2004	2005	2006	2007	2008	2009	2010	2011	2012
城镇居民人均总收入	8177.4	9061.2	10128.5	11320.8	12719.2	14908.6	17067.8	18858.1	21033.4	23979.2	26959
城镇居民人均工资性收入	5740	6410.2	7152.8	7797.5	8767	10234.8	11299	12382.1	13707.7	15411.9	17335.6
城镇居民人均经营净收入	332.2	403.8	493.9	679.6	809.6	940.7	1453.6	1528.7	1713.5	2209.7	2548.3
城镇居民人均财产性收入	102.1	135	161.2	192.9	244	348.5	387	431.8	520.3	649	707
城镇居民人均转移性收入	2003.2	2112.2	2320.7	2650.7	2898.7	3384.6	3928.2	4515.5	5091.9	5708.6	6368.1
城镇居民人均可支配收入	7702.8	8472.2	9421.6	10493	11759.5	13785.8	15780.8	17174.7	19109.4	21809.8	24564.7
农村居民人均纯收入	2475.6	2622.2	2936.4	3254.9	3587.0	4140.4	4760.6	5153.2	5919.0	6977.3	7916.6
农村居民人均工资性纯收入	840.2	918.4	998.5	1174.5	1374.8	1596.2	1853.7	2061.3	2431.1	2963.4	3447.5
农村居民人均经营纯收入	1486.5	1541.3	1745.8	1844.5	1931.0	2193.7	2435.6	2526.8	2832.8	3222.0	3533.4
农村居民人均财产性纯收入	50.7	65.8	76.6	88.5	100.5	128.2	148.1	167.2	202.3	228.6	249.1
农村居民人均转移性纯收入	98.2	96.8	115.5	147.4	180.8	222.3	323.2	398.0	452.9	563.3	686.7

资料来源：《中国统计年鉴》（2005、2010、2013）。

2. 行业间的工资差距

随着市场化改革的深入和所有制结构的多元化，中国行业工资的市场化分配机制越来越明显。市场机制的优胜劣汰和不同行业间的内在差异性，使不同行业的工资增长速度存在较大差异。与2003—2012年城镇单位就业人员货币平均工资增长了2.35倍相比，信息传输、软件和信息技术服务业，房地产业，水利、环境和公共设施管理业，居民服务、修理和其他服务业，住宿和餐饮业的工资水平增长较慢，分别增长了1.61倍、1.74倍、1.75倍、1.77倍和1.79倍；金融业、批发和零售业、采矿业、科学研究和技术服务业、教育等行业的工资水平增长较快，分别增长了3.32倍、3.25倍、3.18倍、2.39倍和2.36倍。① 不过，信息传输、软件和信息技术服务业平均工资增长较慢是由于该行业一直就是高收入的行业；批发和零售业、采矿业平均工资增长较快是由于它们以前是低收入行业。科学研究和技术服务业、教育等行业的工资水平增长较快，超过了城镇单位就业人员平均工资增长水平，彰显了科教兴国战略实施的效果。

虽然各行业间的工资收入水平绝对差距拉大，但相对差距有缩小的趋势。金融业，信息传输、软件和信息技术服务业，电力、热力、燃气及水生产和供应业等行业属于高收入行业，引领了这一时期的工资水平增长。这些行业或是高新技术产业，或是具有垄断特点的行业。交通运输、仓储和邮政业也呈现出良好的发展势头。在传统产业中，农、林、牧、渔业，住宿和餐饮业，居民服务、修理和其他服务业，建筑业等行业属于低收入行业，长期低于城镇单位就业人员平均工资水平。2003年，工资最高的行业是信息传输、软件和信息技术服务业，平均工资30897元，是工资最低行业农、林、牧、渔业（6884元）的4.49倍，是制造业（12671元）的2.44倍；2007年，工资最高的行业仍然是信息传输、软件和信息技术服务业，平均工资47700元，是工资最低行业农、林、牧、渔业（10847元）的4.40倍，是制造业（21144元）的2.26倍；2012年，工资最高的行业是金融业，平均工资89743元，是工资最低行业农、林、牧、渔业（22687元）的3.96倍，是制造业（41650元）的2.15倍。

3. 地区之间工资收入差距

根据《中国劳动统计年鉴》的数据可以看出，2002—2012年分地区就业人员平均工资沿海地区高于中西部地区；若按六大板块来分，华北地区和华东地区工资水平较高，东北地区和华中地区（广东除外）较低。在31个省份中，2002年职工平均工资最高的是上海（22264元），接下来是北京（20786元）、广东（17138元）、西藏（16235元）、浙江（16413元）、天津（15899元）；职工平均工资最低的是海南（7954元），接下来是安徽（8325元）、江西（8459元）、内蒙古（8679元）、湖北（8833元）。2007年职工平均工资最高的是北京（45823元），接下来是上海（44976元）、西藏

---

① 根据《中国劳动统计年鉴（2013）》（中国统计出版社2014年版）第38—41页计算。

（42820元）、天津（33312元）、浙江（30818元）、广东（29658元）、西藏（16235元）、浙江（16413元）；职工平均工资最低的是江西（18144元），接下来是黑龙江（18481元）、海南（19220元）、湖北（19548元）、河北（19742元）。2012年职工平均工资最高的是北京（84742元），接下来是上海（78673元）、天津（61514元）、西藏（51705元）、江苏（50639元）、广东（50278元）；职工平均工资最低的是广西（36386元），接下来是黑龙江（36406元）、河南（37338元）、云南（37629元）、甘肃（37679元）。同时，最高与最低省份的工资收入水平差距在逐步缩小。2002年，最高省份工资水平是最低省份工资水平的2.80倍，2007年缩小为2.53倍，到2012年进一步缩小为2.33倍。① 这其中最主要的原因，在于西部大开发、东北振兴和中部崛起三大战略的实施，以及2008年金融危机之后中西部地区借力东部地区产业转移，促使区域经济均衡发展取得了一定的效果。

4. 高低收入群体收入差距

2002—2012年，高低收入群体收入差距呈现进一步拉大的趋势。根据《中国统计年鉴》的数据，城镇居民最高收入户（10%）人均总收入从27506.2元，增长到68977.3元，增长了1.51倍；城镇居民最低收入户（10%）人均总收入从3084.8元，增长到9209.5元，增长了1.7倍。这说明，城镇居民最高收入户和最低收入户的绝对差距在拉大，但相对差距在缩小。农村居民高收入户（20%）人均纯收入从5903.0元，增长到19008.9元，增长了2.22倍；农村居民低收入户（20%）人均纯收入从857.0元，增长到2316.2元，增长了1.7倍。这说明，农村高收入户与低收入户的绝对差距和相对差距都在扩大。再者，企业经营管理者阶层和工人阶层之间的收入分配悬殊越来越大。企业经营管理者除拥有比工人高出许多倍的工资外，还拥有职务消费收入、岗位津贴、股票期权收入以及一些灰色收入，而工人阶层只能获得基本工资收入。② 企业特别是劳动密集型企业一线生产职

---

① 《中国劳动统计年鉴（2003）》，中国统计出版社2003年版，第173页；《中国劳动统计年鉴（2008）》，中国统计出版社2008年版，第171页；《中国劳动统计年鉴（2013）》，中国统计出版社2013年版，第152页。

② 丁晓强、杨小勇：《中国当前劳动关系面临的问题及其思考》，《毛泽东邓小平理论研究》2010年第6期。

工、餐饮服务企业一线职工工资增长慢、水平低，低收入职工比例较大。[1]而在低工资职工中，农民工和劳务派遣工又占有很大的比例。

综上所述，2002—2012年中国工资收入分配制度改革取得了明显成效。概括起来，主要表现在：一是改革理念上的重要转变。坚持按劳分配与按生产要素分配相结合的分配原则，个人收入分配制度改革在理念上实现了从建立市场经济体制时期的"效率优先、兼顾公平"到完善市场经济体制下的"效率与公平并重、更加强调公平"的转变。这对于建立公平合理的工资分配制度，具有重要的指导作用。二是现代薪酬制度初步建立。随着现代企业制度建设的新进展，越来越多的企业开始建立现代企业薪酬制度，以重构适应社会主义市场经济的微观基础，发挥市场机制在工资分配领域中的基础性作用。三是工资收入分配的宏观调控体系基本形成。通过扩大工资指导线制度和劳动力市场工资指导价位制度的实施范围，推动人工成本信息指导制度的建设，全面建立最低工资制度，完善企业工资分配法规，进一步深化公务员和事业单位工作人员工资制度改革，一个适应市场经济体制的工资分配宏观调控体系基本建立起来。四是职工工资收入大幅度提高。工资收入分配制度改革有力地促进了经济增长和职工工资收入水平的提高。但是，由于经济体制改革的任务尚未完成，收入分配领域还存在着一系列问题。主要表现在：一是工资收入分配制度和机制尚不健全。企业工资分配共决机制还不完善，普通职工工资正常增长机制尚未形成。企业工资总量管理、机关事业单位工资水平与企业协调、行业工资差距调控等尚未建立制度或形成机制。最低工资制度也有待完善。由于工资监控和保障机制不健全，部分企业一定程度上还存在着拖欠、克扣工资等现象。二是工资收入分配宏观调控体系和手段还不能适应新形势发展的需要。工资分配法律法规不够完善，特别是关于企业工资分配的法律法规不够健全，执法尚不到位，有关工资分配的信息指导系统不够健全，工资指导线、劳动力市场工资价位、人工成本信息发布指导等制度尚未发挥其应有的指导作用。[2] 三是劳动者报酬占GDP的比重依然偏低，收入差距扩大的趋势尚未得到根本解决和扭转。

---

[1] 张昌华：《促进低收入职工工资增长的若干问题》，《中国工运》2011年第8期。
[2] 苏南海、刘秉泉：《工资分配篇》，《中国劳动》2008年第11期。

第二十八章
社会保障制度的改革与发展[①]

社会保障制度是工业化、市场化和现代化的产物，是国家面向全体国民、依法实施的具有经济福利性的各种保障措施的统称，是用经济手段解决社会问题进而实现特定政治目标的重大制度安排，是维护社会公平、促进人民福祉和实现国民共享发展成果的最重要的社会经济制度之一。中共十六大以来，中国提出了全面建设小康社会和构建社会主义和谐社会的奋斗目标，社会保障从作为经济体制改革的配套措施转变为一项基本的社会制度安排，并进入全面建设时期。中国政府坚持以科学发展观为指导，强调以人为本，统筹城乡社会保障制度建设，基本建立起覆盖城乡居民的社会保障制度框架。中国未来社会保障制度的改革与发展，必须继续坚持广覆盖、保基本、多层次、可持续的方针，以增强公平性、适应流动性、保证可持续性为重点，进一步促进社会保障从形式普惠走向实质公平。

一 社会保障制度改革的突破性进展

1979—2002年，随着计划经济体制逐步向市场经济体制转轨，中国整个社会经济结构与运行机制都发生了翻天覆地的变化，社会保障制度改革历经强调为国有企业改革配套服务，到作为市场经济体制基本框架的组成部分之一，再到作为一项基本的社会制度安排，基本实现了由国家—单位保障模式向国家—社会保障模式的制度转变。其中，1979—1992年社会保障制度

---

① 参见宋士云、焦艳芳《十六大以来中国社会保障制度的改革与发展》，《中共党史研究》2012年第11期。

作为国有企业改革的配套措施，改革主要在城镇展开，并集中在国有企业及其职工身上；1993—2002年社会保障制度作为社会主义市场经济体制框架的五大支柱之一，被确认为市场经济正常运行的维系机制，重点是城镇职工的养老保险和医疗保险制度改革和扩大制度覆盖面以及建立城镇居民最低生活保障制度。2002年《中国的劳动和社会保障状况》白皮书这样评价当时的社会保障制度："为促进经济发展和社会稳定，逐步提高广大人民群众的生活水平和社会保障待遇，中国政府致力于建设一个与社会主义市场经济体制相适应的健全的社会保障体系。经过多年的探索和实践，以社会保险、社会救济、社会福利、优抚安置和社会互助为主要内容，多渠道筹集保障资金、管理服务逐步社会化的社会保障体系已初步建立起来。"[1] 然而，由于以前过于强调社会保障作为"经济体制改革的配套工程"的经济目标和作为"社会的稳定器"的政治目标，致使"保障基本生活"的民生目标往往要让位于经济的和政治的考量，社会保障制度改革的目标出现偏移。主要表现在：一是社会保障制度尤其是社会保险制度的设计，往往不是面向全民或全体劳动者，而是为国有企业及其职工乃至所有的机关、事业单位考虑太多，为集体企业、"三资"企业、私营企业及其职工、个体工商户、农民、农民工考虑太少，制度建设缺乏公平性；二是政府对长远的制度建设所投入的成本远远不及对"花钱买稳定"的临时性应急措施的投入，制度建设效率受损。[2] 2002年11月，中共十六大召开，标志着中国进入了全面建设小康社会、加快推进现代化建设的新时期。中共十六大报告把社会保障作为全面建设小康社会的重要内容，明确要求建立健全同经济发展水平相适应的社会保障体系，并指出这是社会稳定和国家长治久安的重要保证。此后，以胡锦涛同志为总书记的新一届党中央领导集体在邓小平理论和"三个代表"重要思想指导下，提出了科学发展观，强调以人为本，统筹城乡发展、统筹区域发展、统筹经济社会发展，社会保障制度被提升到前所未有的战略高度，并作为一项基本的社会制度安排，社会保障制度改革也从"摸着石头过河"的实验性阶段开始进入定型、稳定、可持续发展的新阶段。

---

[1] 《中国的劳动和社会保障状况》，《人民日报》2002年4月30日。
[2] 唐钧：《中国的社会保障政策评析》，《东岳论丛》2008年第1期。

（一）公平的价值取向和共享的建制理念更加凸显

追求合理的分享和公平的普惠是现代社会保障制度的本质要求。[①] 中共十六大以来，党和政府对社会保障体系的定位和框架设计、社会保障制度改革的重点和任务的认识越来越清晰，即社会保障已不再仅仅被当作经济体制改革的配套措施，而是作为全面小康社会的关键目标和以改善民生为重点的社会建设的主要内容，社会保障制度建设的理念从效率优先兼顾公平转向更加注重公平和共享。

为贯彻落实中共十六大提出的战略部署，深化经济体制改革，促进经济社会全面发展，2003年10月，中共十六届三中全会通过了《中共中央关于完善社会主义市场经济体制若干问题的决定》。该决定为未来一段时期社会保障制度改革与发展指明了方向，明确提出了要统筹兼顾、协调好改革进程中的各种利益关系，要保障非公有经济职工和流动人口的合法权益，做好农村居民有关社会保障制度的建设规划等；明确提出统一相关社会保障制度的要求，如基本养老保险制度逐步实行省级统筹，并最终使基本养老金基础部分实现全国统筹的目标；确立了统筹推进社会保障制度建设的思路，如提出推进机关事业单位社会保障制度改革，探索建立农村最低生活保障、新型合作医疗保障、贫困农民医疗救助等；提出要重视社会保障基金的监督与管理，以及中央与地方政府社会保障权责的划分，等等。这些都体现了统筹城乡社会保障制度建设和共享社会保障制度改革成果的基本取向。

2006年10月，中共十六届六中全会通过的《中共中央关于构建社会主义和谐社会若干重大问题的决定》，标志着党中央对全面建设小康社会的重要内容更加清晰、对构建社会主义和谐社会重大战略思想的逐渐成熟。该决定提出了到2020年构建社会主义和谐社会的目标和主要任务，其中就有"覆盖城乡居民的社会保障体系基本建立"。2007年10月，中共十七大报告进一步提出："必须在经济发展的基础上，更加注重社会建设，着力保障和改善民生，推进社会体制改革，扩大公共服务，完善社会管理，促进社会公

[①] 郑功成：《中国社会保障30年》，人民出版社2008年版，第349页。

平正义，努力使全体人民学有所教、劳有所得、病有所医、老有所养、住有所居，推动建设和谐社会。""加快建立覆盖城乡居民的社会保障体系，保障人民基本生活"，"要以社会保险、社会救助、社会福利为基础，以基本养老、基本医疗、最低生活保障制度为重点，以慈善事业、商业保险为补充"。① 从以上可以看出，党中央在社会保障制度建设方面，追求公平的价值取向和共享的建制理念更加凸显。

为加快推进覆盖城乡居民的社会保障体系建设，2011 年 3 月，《中华人民共和国国民经济和社会发展第十二个五年规划纲要》明确提出要"坚持广覆盖、保基本、多层次、可持续方针"。纲要强调"可持续"意指探索建立长效机制，即把解决现实突出问题、历史遗留问题和解决长远体制机制问题有机结合起来，这表明困扰社会保障制度改革多年的"碎片化"问题有望彻底解决。纲要还提出未来五年社会保障发展的重点在农村，社会保障工作的重心和财政投入的重点都向农村倾斜，以求逐步缩小城乡社保在各方面的差距，新农合、新农保、低保、救助等各项支出都将有较大增长。② 2012 年 6 月，国务院又印发了《社会保障"十二五"规划纲要》，进一步提出要深入贯彻落实科学发展观，"以增强公平性、适应流动性、保证可持续性为重点，加快建立覆盖城乡居民的社会保障体系，使广大人民群众得到基本保障，共享经济社会发展的成果，促进社会主义和谐社会建设"。③

（二）覆盖城乡居民的社会保障制度体系框架基本形成

中共十六大以来社会保障制度的改革与发展，可以说是开启了一种从效率优先兼顾公平向更加注重公平和共享转变的社会保障制度安排。这主要表现在：

1. 在深化社会保障制度改革的同时，社会保障覆盖面从城镇向农村拓展、从正规就业群体向灵活就业人员延伸

从养老保险制度来看，2005 年 12 月 3 日，国务院发布了《关于完善企

---

① 胡锦涛：《高举中国特色社会主义伟大旗帜　为夺取全面建设小康社会新胜利而奋斗》，《人民日报》2007 年 10 月 25 日。
② 陈圣莉：《社保改革进入制度定型阶段》，《经济参考报》2011 年 4 月 1 日。
③ 《社会保障"十二五"规划纲要》，《中国劳动保障报》2012 年 6 月 29 日。

业职工基本养老保险制度的决定》，提出：继续把确保企业离退休人员基本养老金按时足额发放作为首要任务；以非公有制企业、城镇个体工商户和灵活就业人员参保工作为重点，扩大基本养老保险覆盖范围；逐步做实个人账户，完善社会统筹与个人账户相结合的基本制度①；改革基本养老金计发办法②，完善鼓励职工参保缴费的激励约束机制；建立基本养老金正常调整机制；发展企业年金，建立多层次养老保险体系；进一步做好退休人员社会化管理工作，提高服务水平。同时，要进一步加强省级基金预算管理，明确省、市、县各级人民政府的责任，建立健全省级基金调剂制度，加大基金调剂力度。在完善市级统筹的基础上，尽快提高统筹层次，实现省级统筹，为构建全国统一的劳动力市场和促进人员合理流动创造条件。③ 2007年1月18日，劳动保障部、财政部联合下发了《关于推进企业职工基本养老保险省级统筹有关问题的通知》；2017年2月15日，劳动保障部、财政部联合发布《关于进一步做好扩大做实企业职工基本养老保险个人账户试点工作有关问题的通知》。2009年12月28日，财政部、人社部下发了《城镇企业职工基本养老保险关系转移接续暂行办法》，标志着社会保险关系首次实现了跨省区的顺畅转续，适应了劳动者的流动性，也增进了制度的可持续性。

2006年1月31日，国务院出台《关于解决农民工问题的若干意见》，提出逐步解决农民工养老保障问题，探索适合农民工特点的养老保险办法。2008年2月，国务院通过了《事业单位工作人员养老保险制度改革试点方案》，决定在山西、上海、浙江、广东、重庆5个省市先期开展事业单位工作人员养老保险制度改革试点，与事业单位分类改革试点配套推进。2009年9月1日，国务院颁发《关于开展新型农村社会养老保险试点的指导意见》，提出按照"保基本、广覆盖、有弹性、可持续"的基本原则，探索建

---

① 为与做实个人账户相衔接，从2006年1月1日起，个人账户的规模统一由本人缴费工资的11%调整为8%，全部由个人缴费形成，单位缴费不再划入个人账户。

② 基本养老金由基础养老金和个人账户养老金组成。基础养老金月标准以当地上年度在岗职工月平均工资和本人指数化月平均缴费工资的平均值为基数，缴费每满1年发给1%。个人账户养老金月标准为个人账户储存额除以计发月数，计发月数根据职工退休时城镇人口平均预期寿命、本人退休年龄、利息等因素确定。

③ 《国务院关于完善企业职工基本养老保险制度的决定》，《中国劳动保障报》2005年12月15日。

立个人缴费、集体补助、政府补贴相结合的新农保制度。① 2011 年 6 月 7 日，国务院又决定开展城镇居民社会养老保险试点，并要求到 2012 年基本实现城镇居民养老保险制度全覆盖②，标志着中国从制度设计上实现了养老保险对城乡居民的全面覆盖。

从医疗保险制度来看，2003 年 4 月 7 日，劳动保障部下发了《关于进一步做好扩大城镇职工基本医疗保险覆盖范围工作的通知》，提出加快建设和完善城镇职工基本医疗保险制度，要求 2003 年尚未实施基本医疗保险制度改革的统筹地区必须启动，已经实施的统筹地区要进一步扩大覆盖范围。同年 5 月 26 日，劳动保障部办公厅发布了《关于城镇灵活就业人员参加基本医疗保险的指导意见》，要求各级劳动保障部门要重视灵活就业人员的医疗保障问题，积极将灵活就业人员纳入基本医疗保险制度范围。2004 年 5 月 28 日，劳动保障部办公厅发布《关于推进混合所有制企业和非公有制经济组织从业人员参加医疗保险的意见》，将医疗保险覆盖面扩大到混合所有制企业和非公有制经济组织从业人员。2006 年 10 月，中共十六届六中全会通过的《关于构建社会主义和谐社会若干重大问题的决定》指出，要"完善城镇职工基本医疗保险，建立以大病统筹为主的城镇居民医疗保险，发展社会医疗救助"。2007 年 7 月 10 日，国务院发布《关于开展城镇居民基本医疗保险试点的指导意见》，标志着建立城镇居民基本医疗保险制度的试点工作正式启动。

2003 年 1 月 16 日，国务院办公厅转发了《关于建立新型农村合作医疗制度的意见》，要求"从 2003 年起，各省、自治区、直辖市至少要选择 2—3 个县（市）先行试点，取得经验后逐步推开。到 2010 年，实现在全国建立基本覆盖农村居民的新型农村合作医疗制度的目标，减轻农民因疾病带来的经济负担，提高农民健康水平"。自此，以大病统筹为主的农民医疗互助共济制度开始建立。2006 年 5 月 16 日，劳动保障部办公厅发布《关于开展农民工参加医疗保险专项扩面行动的通知》，农民工参加医疗保险的专项扩

---

① 国务院决定，2009 年试点覆盖面为全国 10% 的县（市、区、旗），以后逐步扩大试点，在全国普遍实施，2020 年之前基本实现对农村适龄居民的全覆盖。参见《关于开展新型农村社会养老保险试点的指导意见》，《人民日报》2009 年 9 月 8 日。

② 《国务院关于开展城镇居民社会养老保险试点的指导意见》，《中国劳动保障报》2011 年 6 月 15 日。

面行动就此展开。2010年7月1日,人社部制定的《流动就业人员基本医疗保险关系转移接续暂行办法》正式实施,流动人员跨统筹地区就业时可以转移自己的医保关系,个人账户可以跟随转移划转。

从失业保险来看,2006年1月11日,劳动保障部、财政部联合发布了《关于适当扩大失业保险基金支出范围试点有关问题的通知》,试点地区的失业保险基金可用于职业培训补贴、职业介绍补贴、社会保险补贴、岗位补贴和小额担保贷款贴息支出,以实现失业保险与促进就业的良性互动。

从生育、工伤保险来看,2004年9月8日,劳动保障部发布了《关于进一步加强生育保险工作的指导意见》,要求各地充分利用医疗保险的工作基础,以生育津贴社会化发放和生育医疗费用实行社会统筹为目标,加快推进生育保险制度建设。2003年4月27日,国务院颁布了《工伤保险条例》(2004年1月1日起施行)。这是工伤保险的一次革命性突破,标志着中国工伤保险制度确立了基本法律框架。2004年6月1日,劳动保障部发出《关于农民工参加工伤保险有关问题的通知》,要求用人单位必须及时为建立劳动关系的农民工办理参加工伤保险的手续。2006年1月,国务院出台《关于解决农民工问题的若干意见》,明确提出要优先解决农民工的工伤保险和大病医疗保障问题,依法将农民工纳入工伤保险范围。

最值得一提的是,《中华人民共和国社会保险法》于2010年10月28日颁布,自2011年7月1日起施行。《社会保险法》是社会保障体系建设最重要的法律之一,它的颁布和实施对促使中国社会保险制度定型化至关重要。

此外,2002年10月,国家对建立和实施农村医疗救助制度进行安排,救助对象是农村"五保户"和贫困农民家庭。2006年1月,又把对农村五保对象的供养纳入以公共财政保障为主的范围。[①] 2007年7月11日,国务院发布《关于在全国建立农村最低生活保障制度的通知》,指出全国要建立兜底性的城乡最低生活保障制度,这标志着中国从制度设计上实现了最低生活保障对城乡居民的全面覆盖。2008年10月,中共十七届三中全会提出,要解决好被征地农民的就业、住房、社会保障问题,使被征地农民基本生活长期有保障。

---

① 参见《农村五保供养工作条例》,《人民日报》2006年1月27日。

2. 各级财政的"公共性"在社会保障领域得到切实体现,对农村社会保障制度建设投入明显增加

中共十六大以前,除保证行政事业单位的社会保障支出外,财政的社会保障支出主要是服务于国有企业改革,目的是解决大批国有企业经营困难甚至关闭破产后无力缴纳社会保险费和因大量人员提前退休造成的社会保险基金缺口,以及为国有企业下岗职工提供基本生活保障。应当说,政府在安排这些社会保障支出时,更多体现了其作为国有企业所有者代表的身份,较少体现公共行政管理者或公民代表的身份。2003年1月,《关于建立新型农村合作医疗制度的意见》规定,"地方财政每年对参加新型农村合作医疗农民的资助不低于人均10元","从2003年起,中央财政每年通过专项转移支付对中西部地区除市区以外的参加新型农村合作医疗的农民按人均10元安排补助资金"。这是中国政府历史上第一次为解决农民的基本医疗卫生问题进行大规模的投入。从2006年起,财政对参加新农合的农民补助标准提高到20元,当年全国共补偿参加新型农村合作医疗的农民2.72亿人次,补偿资金支出合计为155.81亿元。[1] 2006年,中共十六届六中全会将社会保障视为"完善公共财政制度,逐步实现基本公共服务均等化"的一个重要方面。[2] 2007年,中共十七大进一步把社会保障制度建设推进到以政府基本公共服务均等化为主线的全面覆盖、加快发展的新阶段。各级财政社会保障投入的公共性特征日益明显,比如用于支持新型农村合作医疗、城镇居民基本医疗保险、城乡医疗救助制度建设的资金规模不断扩大。2009—2011年,全国各级财政共安排医疗保障补助资金7326亿元,年均增长30.17%。城镇居民医保和新农合财政补助标准持续快速提高,又从2008的每人每年80元提高到2011年的200元。其中,中央财政共拨付新农合补助资金1475亿元,城镇居民医保补助资金257亿元。支持扩大城乡医疗救助范围和提高救助水平,2009—2011年中央财政共安排补助资金321亿元。[3] 新型农村社会养老保险制度建设从2009年开始启动,中央财政对中西部地区的基础养老

---

[1] 卫生部统计信息中心:《2006年中国卫生事业发展情况统计公报》。
[2] 参见《中共中央关于构建社会主义和谐社会若干重大问题的决定》,《人民日报》2006年10月19日。
[3] 李继学:《织就13亿人的全民医保网》,《中国财经报》2012年3月9日。

金（每人每月55元）给予全额补助，对东部地区给予50%的补助，地方财政对农民缴费实行补贴。

（三）覆盖城乡居民的社会保障制度建设成效显著

1. 社会保障覆盖面迅速扩大

中共十六大以来，各项社会保障制度覆盖范围从国有企业扩展到各类企业和用人单位，从单位职工扩展到灵活就业人员和城乡居民，越来越多的人享有基本社会保障。截至2012年年底，全国参加城镇基本养老保险、城镇职工基本医疗保险、失业保险、工伤保险、生育保险的人数分别达到30427万人、26486万人、15225万人、19010万人、15429万人，分别是2002年的2.06倍、2.82倍、1.50倍、4.31倍、4.42倍，呈高速增长态势。参加基本养老保险、医疗保险和工伤保险的农民工人数分别为4996万人、4543万人和7179万人，比2006年增长2.21倍、1.11倍和1.83倍。全国所有县级行政区全面开展国家城乡居民社会养老保险工作，参保人数已达48370万人，其中实际领取待遇的有13075万人；参加城镇居民基本医疗保险人数为27156万人。[1] 全国已有2566个县（市、区）开展了新型农村合作医疗，参合人口达8.05亿人，参合率为98.3%。[2]

2. 社会保障水平较大幅度提高

为保障企业退休人员生活，2005—2012年，国家已连续8年较大幅度调整企业退休人员基本养老金水平。2012年调整后企业退休人员月人均养老金达到1721元，与2005年调整前月人均700元的水平相比，8年累计月人均增加1021元。[3] 医疗保险报销的"封顶线"提高到职工平均工资的6倍。城镇居民基本医疗保险和新农合财政补贴标准增加到200元，政策范围内住院费用报销比例不断提高，城镇职工已达到75%，城镇居民和农村居民达到60%，超过80%的地区开展了门诊统筹。国家还多次提高了失业保险金、

---

[1] 资料来源于《2002年度劳动和社会保障事业发展统计公报》，《劳动保障通讯》2003年第5期；《2006年度劳动和社会保障事业发展统计公报》，《中国人力资源社会保障》2007年第7期；《2012年度人力资源和社会保障事业发展统计公报》，《中国劳动保障报》2013年5月28日。

[2] 《2012年我国卫生和计划生育事业发展统计公报》，《中国实用乡村医生杂志》2013年第21期。

[3] 《我国已连续8年大幅调整企业退休人员养老金》，http://finance.sina.com.cn/china/20130109/160414234320.shtml。

工伤保险金、生育保险待遇和城乡低保标准。保障水平的稳步提高,保障和改善了人民群众,特别是中低收入群体的生活。

3. 多层次社会保障体系得到进一步发展

2004年,劳动保障部先后颁布《企业年金试行办法》和《企业年金基金管理试行办法》,进一步推动了多层次养老保险体系的建立和发展。到2012年年底,全国已有5.47万户企业建立了企业年金,参加职工人数1847万人,企业年金基金累计结存4821亿元。① 商业保险的保障职能明显增强,2011年人寿保险的保费收入达到9721亿元,约为2002年的4.3倍②,一些商业保险公司开始介入新型农村合作医疗等社会保障业务的经办工作。同时,慈善事业迅速壮大,在社会保障体系中发挥着更大的补充作用。截至2012年年底,全国共建立经常性社会捐助工作站、点和慈善超市3.1万个。2012年各地直接接收社会捐赠款物578.8亿元,为2002年的44.5倍。全年有1293.3万人次在社会服务领域提供了3639.6万小时的志愿服务。③

4. 社会保障管理服务体系初步建立,人民群众办理社保越来越方便

到2012年,中国已经形成了以各级社会保险经办机构为主干、以银行及各类定点服务机构为依托、以社区劳动保障工作平台为基础的社会保障管理服务组织体系和服务网络,并逐步向乡镇、行政村延伸。"金保工程"一期建设任务顺利完成,建立了中央、省、市三级网络,并全部实现省、部联网。④

总之,中共十六大以来中国社会保障制度建设进入了一个思路最明晰、推进速度最快的时期,建设一个无漏洞的、覆盖城乡居民的社会保障体系已经成为自觉的目标。

---

① 《2012年度人力资源和社会保障事业发展统计公报》,《中国劳动保障报》2013年5月28日。
② 资料来源于中国保险监督管理委员会《2011年1—12月保险业经营情况表》,http://www.circ.gov.cn/web/site0/tab454/i191553.htm;《2002年1—12月保险业经营情况表》,http://www.circ.gov.cn/web/site0/tab454/i18283.htm。
③ 资料来源于民政部《2011年社会服务发展统计公报》,http://www.gov.cn/gzdt/2013-06/19/content_2428923.htm。
④ 《社会保障"十二五"规划纲要》,《中国劳动保障报》2012年6月29日。

二 社会保障制度的公平性与效率性分析

公平与效率是一对范畴。社会保障制度的公平与效率问题，是影响社会保障制度建设与变革的根本性问题。

（一）现行中国社会保障制度的公平性

公平是现代社会保障制度的核心价值诉求，是指平等地对待每一个国民并保障满足其基本生活需求，普遍性地增进国民的福利。社会保障对公平的追求和维护，都是通过共享机制来实现的，共享既是社会保障制度追求的基本目标，也是实现其他多重目标的基本手段。[①] 中共十六大以来，社会保障制度改革的每一步进展无不显示出党和政府在统筹城乡社会事业发展和推进城乡公平、共享公共服务方面所做的努力。这突出表现在：在实现人人享有社会保障目标过程中遵循分步实施的原则，坚持社会保障福利水平与经济发展水平和各方面的承受能力相适应，先解决制度从无到有的问题，再循序渐进地解决覆盖面从小到大、待遇水平从低到高的问题，既量力而行，又积极作为。当前，中国社会保障制度具有公平性的制度框架已经基本确立，正在从较低的公平度向较高公平的方向迈进。

不过，当前仍然存在一些阻碍社会保障制度公平性提高的因素，主要表现在：一是社会保障项目尚未全覆盖和制度的碎片化。这一阶段，尽管社会保障制度的覆盖面迅速扩大，但城乡发展不平衡，仍有相当一部分人处在没有保障的境地，尚未实现应保尽保。特别是社会保障制度的碎片化有失公平，比如同为城镇职工，机关事业单位与企业的制度不同；同为养老保险、医疗保险，但城乡不一。二是社会保障支出规模偏小，对农村社会保障投入尚需进一步加大。近年来，国家财政对社会保障的支持力度逐年加大，2008年财政社会保障支出占全国财政支出的比重已经提高到13.06%，全国社会保障总支出（包括财政投入和各类缴费筹资）占GDP的比重已经提高到

[①] 郑功成：《中国社会保障30年》，人民出版社2008年版，第349页。

5.97%。① 就目前来说,财政性社保支出占国家财政支出的比重也不到15%,社保全口径支出也不足 GDP 的 10%②,远低于西方国家财政性社保支出 30%—50% 的比例,即使是一些中等收入国家比例也在 20% 以上。对社会保障投入偏低,反映了政府责任的部分缺失。中国不仅存在财政社会保障支出规模偏小的问题,还存在财政资金分配结构失衡的问题,特别是社保支出的城乡结构失衡问题。社保财政支出的大部分用于城市,其中的大部分又用于城镇企业职工的社会保险,这对广大农民来说显然有失公平。三是在社会保险制度设计上,城乡间、不同群体间社会保障的负担不均衡、待遇差距仍然较大。比如,城镇职工医疗保险的封顶线大大高于新型农村合作医疗的封顶线,城市人和农村人得了大病以后需要负担的医疗费用基本是一样的,而两种制度设计的封顶线相差悬殊,这对农民来讲显然不公平。③ 再比如,企业退休人员养老金明显低于机关事业单位退休金,等等。总之,中国社会保障制度离应达到的公平度要求仍有很大差距,某些社会保障政策对社会公平发挥的作用甚至是"逆调节"。其中,未按公正合理的标准划分人群的类别并确定相应的待遇水平和资金投入,是造成不公平问题的直接原因。

(二)现行中国社会保障制度的效率性

目前,中国正处于工业化、城市化快速推进的阶段,社会主义市场经济体制正处于不断完善的过程之中。但是,经济社会中存在的结构性矛盾依然十分突出,诸如城乡二元结构尚未消除,城乡差距、地区差距、居民收入差距不断拉大,社会事业发展滞后,等等。同时,中国正日益深入地融入全球化的过程中,这使国内市场暴露于国际风险面前,劳动者的社会风险加大,加之中国已步入老龄化社会,在这样一个背景下,社会保障制度只有满足以下三个条件,才能有效促进经济社会的发展效率:一是社会保障与经济发展水平相适应;二是社会保障能有效地发挥维护社会稳定、缩小差距的功能;

---

① 胡晓义主编:《走向和谐:中国社会保障发展 60 年》,中国劳动社会保障出版社 2009 年版,第 44 页。
② 参见《我国社保缴费率并非全球最高》,《人民日报》2012 年 9 月 11 日。
③ 杜飞进、张怡恬:《中国社会保障制度的公平与效率问题研究》,《学习与探索》2008 年第 1 期。

三是社会保障政策有利于促进就业和劳动力的流动。①

从现行社会保障制度的宏观效率来看，中国社会保障制度在满足上述三个条件方面还存在一些问题。一是从社会保障与经济发展水平的适应性来看，中国社会保障总体水平滞后于经济发展。社会保障水平超前或滞后都不利于经济发展，水平超前会损害经济效率，水平滞后会造成一定社会问题。社会保障水平偏低会使居民未来预期支出增多，消费市场不旺，投资与消费比例失衡的问题得不到扭转。目前，社会保障水平滞后于经济发展水平的问题已经受到重视，并在逐步扭转。二是社会保障制度在维护社会稳定方面发挥了积极作用，但在缩小收入差距方面的作用甚微，甚至是逆向调节。这主要体现在：大量社会保障资源用于城市，加剧了城乡结构失衡，拉大了城乡居民生活差距；社会保险统筹层次低，统筹资金在不同地区之间不能调剂使用，不利于缩小地区差距；社会保险制度设计过分强调效率，不利于缩小收入差距。在社会保障制度比较健全的国家和地区，社会保障制度对缩小收入差距的作用是显著的。比如英国，在 1994—1995 年财政年度，初始收入分配中 20% 高收入家庭与 20% 低收入家庭的平均收入相差 19.8 倍，但经过收入和消费税以及社会保障等福利制度的调节之后，最终收入差距缩小到 3.7 倍。再如，芬兰，单看收入差距为 15 倍，但经过社会保障制度调节以后，享受养老金的差距仅为 1.7 倍。② 三是社会保障制度对就业的促进效果较小。比如，社会保障制度的碎片化和保障项目设计上的很多福利待遇与户口挂钩，就缺乏促进劳动力流动的考虑。以上分析表明，中国社会保障制度对社会经济运行的效率贡献不大，对社会经济发展的促进作用还需要加强。

从社会保障制度自身的效率来看，中国社会保障制度的各项功能尚未得到有效发挥。在中国，社会保险效率低下是一个公认的问题，甚至有学者据此而质疑其存在的合理性。中国社会保险制度效率低，其原因大致有四：一是资源配置失衡。比如，80% 的医疗资源集中于大城市，其中的 80% 又集中于大医院，医疗资源配置严重不合理。二是统筹层次太低，基金大量结余，使用效率低下。比如，从全国范围来看，养老保险统筹基金是有结余的，但由于不同统筹地区各自为政，资金不能调剂使用，中央财政每年要花

---

① 杜飞进、张怡恬：《中国社会保障制度的公平与效率问题研究》，《学习与探索》2008 年第 1 期。
② 景天魁：《社会保障：公平社会的基础》，《中国社会科学院研究生院学报》2006 年第 6 期。

大量的财政资金补贴入不敷出的地区。三是项目模式设计不尽合理。以城镇职工养老保险的平均替代率为例，2002年之前其制度初始设计水平为58.5%，但实际水平却高于这个比率。之后，退休金社会平均工资替代率呈直线下滑趋势，从2002年的63%下降到2008年的44%，而这个下降趋势却又是在中央政府连年上调待遇水平的情况下发生的。连年人为干预上调待遇水平虽然可以弥补制度参数存在的缺陷，但却不利于制度长期和健康的发展与建设，统账结合制度设计有蜕化之嫌。① 四是城乡社会保障相关制度的整合和衔接还不是很到位，制度的碎片化制约着劳动力的顺畅流动。资源配置的不平衡是与传统社会保障制度条块分割的老思路相联系的。统筹层次低是因为每一项社会保障项目都是沿着先在县市一级试点而后推广的路径来推行的。这种低层次的统筹模式，既是中央政府同地方政府博弈的结果，也是中央政府不敢承担太多社会保障责任的表现。制度设计中的上述种种问题，从根本上说都源于社会保障制度设计中对效率的过分突出与公平理念的缺失。此外，中国社会保障制度中存在的多头管理、各自为政、基金监管不到位的问题也增加了制度运行的成本。社会保障的社会化程度较低，社会组织发育不充分，社保基金的筹集、支付、运营都由政府部门经办，还谈不上按经济规律办事，影响了社会保障制度的效率。总之，中国现行社会保障制度的效率仍然比较低。但应指出，近年来随着社会保障制度的逐渐完善和公平度的提高，其效率不高的状况正在改变，并呈现出逐渐提高的趋势。比如，正在大力推行的以居家养老为重点的福利服务社会化改革，由于其充分利用了家庭和社区的资源，因而是一种符合中国老年人心理特点的成本低廉的养老方式。

综上所述，在社会保障制度体系建设中，公平与效率所呈现的是一种正相关关系。在发展中不断纠正自己的路径，在纠偏中趋向公平与效率的高度统一，是中国社会保障制度改革和发展取得的重要经验之一。

三 继续深化社会保障制度改革的展望

中共十六大以来，在党和政府的高度重视下，中国社会保障制度建设被

---

① 郑秉文：《中国社会保障制度60年：成就与教训》，《中国人口科学》2009年第5期。

提升到前所未有的战略高度，覆盖城乡居民的社会保障体系框架基本建成，为广大民众构筑起了一张保基本、惠民生的"安全网"。当前，我们应当按照中共十六届六中全会和中共十七大确定的发展方向和任务目标，以科学发展观为指导，以增强公平性、适应流动性、保证可持续性为重点，加快推进具有中国特色的社会保障体系建设，进一步促进社会保障从形式普惠走向实质公平，并提升制度的运行效率。

（一）加快扩大各项社会保障制度的覆盖面，进一步增强社会保障制度的公平性

公平正义是构建社会主义和谐社会的基本要求，而社会保障是实现社会公平正义的重要途径。政府把人人享有社会保障作为全面建设小康社会的一个重要目标，这是十分重要的承诺，也是从现实国情出发并没有超出国家财政承受能力的战略选择。[①] 截至 2012 年年底，除城乡三项基本医疗保险参保人数超过 13 亿，基本实现全覆盖外，其他社会保险项目都还有较大的扩展空间。比如养老保险，2012 年年末，全国就业人员 76704 万人，其中城镇就业人员 37102 万人；农民工总量为 26261 万人。而全国参加城镇基本养老保险的人数为 30427 万人；参加基本养老保险的农民工 4543 万人；参加新农保和城居保人数超过 48370 万人[②]，还有大量的目标人口没有参加基本养老保险。失业、工伤和生育保险制度的覆盖面尚需进一步扩大。可见，全面建成覆盖城乡居民社会保障体系的任务还很艰巨。当前，应当把增强公平性放在社会保障体系建设的首位，这里包括两个方面的工作：一是人人享有；二是基本保障。人人享有意味着全覆盖，即不分城乡、不分年龄、不分职业，应保尽保。目前，实现各类群体的全覆盖，要以农民工、非公有制经济组织从业人员、灵活就业人员、城市无业人员和城乡优抚对象、残疾人等群体为重点，积极推进他们参加各类社会保障项目。其中，特别是要注重"机会公平"，在做出适当普惠式制度安排的同时，加强社会保障的激励约束机制，明确政府、用人单位、个人和社会的责任，让人民群众更多地分享社会经济

---

① 王延中、单大圣：《加入 WTO 与中国社会保障制度的发展与完善》，《中国社会科学院研究生院学报》2012 年第 3 期。

② 《2012 年度人力资源和社会保障事业发展统计公报》，《中国劳动保障报》2013 年 5 月 28 日。

的发展成果。此外，机关事业单位养老保险制度改革要积极稳妥的推进；大学生要全部纳入城镇居民基本医疗保险制度；进一步完善被征地农民的社会保障政策，实行先保后征，切实保障他们的合法权益。

基本保障意味着保障水平必须与经济发展水平相适应，并随经济发展而逐步提高。十年来，国民经济一直保持平稳较快发展，2011 年国内生产总值达到 471564 亿元，公共财政收入达到 103740 亿元①，这为政府进一步增加对民生事业的投入提供了重要的财力基础。因此，随着经济发展与财政收入增长，要进一步调整财政支出结构，增加对社会保障的投入（特别是对农村和西部地区），逐步提高社会保障的总体水平，努力缩小地区差别和城乡差别，切实发挥社会保障调节社会分配的功能。然而，鉴于现阶段城乡、区域经济发展水平的巨大差异性，必须明确现阶段的统筹城乡社会保障发展并不是立即"统一"城乡社会保障制度，这是中国社会保障发展的一个长期性和整体性制度安排的目标。

（二）适应劳动力流动性需要，进一步做好社会保障相关制度的整合和衔接

由于历史原因，目前社会保障各项目之间的关系还很不协调，尤其是不同的社会保险制度之间的衔接关系设计尚不科学。如果不在制度层面理顺相互之间的关系，就很难在实践层面走出基本保障与其他保障相互补充、相互协调的发展之路。当前，中国正处在工业化、城镇化快速发展时期，劳动力流动明显加快，灵活就业人员的数量和比例不断上升，上亿的农民工在城乡间频繁流动。社会保障制度为适应劳动力流动性需要，应做好以下四个方面的工作：一是继续提高各项社会保险的统筹层次。包括全面落实企业职工基本养老保险省级统筹，实现基础养老金全国统筹，个人账户实现省级管理；积极推进新型农村和城镇居民养老保险基金省级管理；扩大社保基金调剂和使用范围，增强基金共济能力。二是完善社会保险制度衔接办法。特别是对于劳动力的跨省流动，要妥善解决流动过程中社会保险关系的转移接续问题，包括养老保险关系的转接和医疗保险异地就医费用结算以及城乡社会保险制度之间的转换等。三是积极推进城乡社会保障政策衔接。包括叠加实施

---

① 参见《中华人民共和国 2011 年国民经济和社会发展统计公报》，《人民日报》2012 年 2 月 23 日。

农村低保与新农保,以实现政策效应最大化;衔接新农保、城居保与职工基本养老保险,以利于在城市工作的农民工参保;衔接医疗救助与基本医疗保险,进一步减少因病致贫、返贫现象。四是推进城乡社会保障制度融合。在推进城乡居民养老保险制度融合的基础上,尽早融合城乡居民医疗保障制度,解决农民工、乡镇企业职工、在城镇就读的农村学生、被征地农民等人群的重复参保问题。① 总之,社会保障管理体制必须着力解决地域分割、分散管理、资金结存苦乐不均的矛盾,遵循大数法则,发挥大范围共济和防范风险的功能。

(三) 不断增强社会保障基金的支撑能力,保证社会保障制度的可持续性

推进中国社会保障体系建设,既需要着力解决现实突出问题和历史遗留问题,又需要着眼长远,实现社会保障制度长期、稳定运行。社会保障基金是社会保障制度运行的物质基础,社会保障基金的筹集、支付和增值保值情况以及监管如何,直接决定着社会保障制度的公平性和运行效率以及可持续性。因此,为保证社会保障事业的可持续发展,特别是应对老龄化高峰的挑战,必须不断增强社会保障基金的支撑能力。当前,可采取的措施主要有:一是继续坚持把社会保险缴费作为主要的筹资方式,进一步加强社会保险资金的筹集和管理,依法强化社会保险费征缴,规范和核实缴费基数,建立社会保险参保缴费的诚信制度,加大清理欠费力度,做到应收尽收。② 近来,有传言称"中国社保缴费全球最高"。人民日报"求证"栏目记者就此约请驻外记者调查了部分国家社保支出与国民享受社保待遇的情况,得出的结论是:中国社保缴费率不是最高,但的确处于较高的水平;五项社会保险法定缴费率之和相当于工资水平的40%,不过其实际缴费率较名义缴费率要低得多,这是因为一些地区、许多单位并非按参保者的实际收入而是以其基本工资或底薪作为缴费基数的;通过统一规范缴费基数、提升社保统筹层次、

---

① 据审计署公布的数据,截至2011年年底,112.42万人重复参加企业职工基本养老保险、新农保或城居保,1086.11万人重复参加新农合、城镇居民或城镇职工基本医疗保险。参见孙立朝《专家解读我国逾千万人重复参保现象》,《北京商报》2012年8月6日。

② 胡晓义:《中国社会保障制度析论》,《中国社会科学院研究生院学报》2009年第5期。

合理化解历史负担（如国有资产弥补）等，名义缴费率具有调低的空间。[①] 二是开辟社会保障基金投资渠道，确保社会保障基金保值增值。随着养老保险个人账户的做实以及各项社会保障基金的结余增加，基金安全和保障增值问题凸显。因此，应尽快制定相关投资运营办法，积极稳妥地开展社会保障基金投资运营，同时吸取美国次贷危机引发国际金融危机的教训，健全监管机制，严防违规运营。[②] 三是明确各级政府在社会保障方面的责任，建立政府对社会保障的正常投入机制和不同层级政府间的分担机制，稳步提高社会保障支出占财政支出的比重。

此外，确定合理的社会保障水平并保持制度的适当激励性，也是实现社会保障乃至整个经济社会可持续发展的重要路径之一。因此，推进社会保障事业的可持续发展，必须增强全社会的社会保障意识，既要积极而为，又要量力而行；既要不断满足群众的合理诉求，又要防止"泛福利化"倾向，做到统筹兼顾、综合平衡、协调发展。过度的福利和慷慨的保障如今已使欧洲福利国家不堪重负，应引以为戒。

（四）加强社会保障管理与监督，提升管理服务水平

目前，社会保障事务主要由人力资源和社会保障部、民政部、卫生部等部门分散管理，这种状况不利于统一规划和建立社会保障制度体系，也不利于各相关制度和政策之间的协调与衔接，导致制度碎片化现象严重。为此，应重点做好以下三方面的工作：一是加快社会保障法制化建设。社会保障是通过国家立法强制实施的一种制度，必须有完善的法律法规做保证。当前，中国社会保障体系建设中遇到的许多矛盾和问题，都与立法层次低、监察执法手段不足有关。《社会保险法》已经公布，但其实施细则还未出台。《社会救助法》和《社会福利法》也需要尽快制定实施。此外，还要加强社会保障法制宣传，提高各级政府依法行政水平，提高用人单位依法参保缴费的自觉性，提高劳动者依法维权的意识。二是建立和完善社会保障监督体制。行政监管是社会保障监管体制的核心，政府应当设置尽可能统一的社会保障监督管理机构，权责对等地集中监管全国主要的社会保障事务。同时，国家

---

① 参见《我国社保缴费率并非全球最高》，《人民日报》2012年9月11日。
② 何平：《加快推进我国社会保障体系建设》，《红旗文稿》2009年第12期。

要充分发挥司法监督作为最后监督的作用，以期对社会保障运行过程中的违法犯罪行为起到有效的震慑作用。此外，国家还应该落实工会、雇主组织等社会群体的监督权利，这不仅有利于进一步完善社会保障管理体制，也有利于工会等社会团体组织的发展与完善。[①] 三是进一步提高社会保障管理服务水平。目前，社会保障管理服务体系已在全国初步建立，随着社会保障制度覆盖人群的扩大和社保基金规模的增长，对服务高效、便捷和管理严密、精细的要求也越来越高。为此，要加快建立项目齐全、全国联网的社会保障信息管理系统，实现社会保险相关信息指标体系和编码体系全国统一，实现全国范围内信息资源的有效共享，以方便社会保险权益顺畅转移和地区衔接，适应人员流动之需要。同时，还要加强社会保险经办机构能力建设，整合现有基层经办资源，规范和优化社会保障管理服务流程，创新管理服务手段，提高管理效率和服务质量，以满足人民群众之需要。

---

① 宋士云、吕磊：《中国社会保障管理体制变迁研究（1949—2010）》，《贵州财经学院学报》2012年第2期。

第二十九章
建立与发展和谐稳定的劳动关系

劳动关系市场化和法制化带来的直接影响是全社会对劳动关系有了全新的认识和共识,即劳动关系不是无足轻重的,劳动关系是最基本、最普遍、最重要、最复杂的社会关系,是构建和谐社会的基础,不能以牺牲劳动者的合法权益和合理利益来发展经济。[①] 2002—2012年,党和政府把构建和谐劳动关系作为构建社会主义和谐社会的一项新课题加以重视,并采取有力措施予以推动。2006年10月,中共十六届六中全会通过了《中共中央关于构建社会主义和谐社会若干重大问题的决定》,首次提出了"发展和谐劳动关系"的主张。2011年3月,十一届全国人大四次会议通过的"十二五"规划纲要,专设"构建和谐劳动关系"一节,提出"建立规范有序、公正合理、互利共赢、和谐稳定的劳动关系",标志着构建和谐劳动关系已上升为国家意志。[②] 实践证明,建立与发展和谐的劳动关系,调动和激发了市场主体的主动性和创造性,促进了社会财富的不断增长,也为经济领域的改革乃至社会生活领域的变革注入了巨大的动力。

一 积极稳妥处理国有企业改革中的劳动关系问题

2002年以后,国有企业结构调整和关闭破产力度进一步加大,职工分

---

① 郭军:《改革开放以来劳动关系的发展变化——论市场化与法制化对构建和谐劳动关系的影响及辩证关系》,《思想政治工作研究》2011年第9期。
② 中国工运研究所课题组:《"十二五"时期我国劳动关系发展走势与应对之策》,《现代财经(天津财经大学学报)》2012年第10期。

流安置和再就业的任务依然繁重。大批国有小型企业，或通过出售、转让等多种方式改造为私营企业或者股份制企业，或关闭破产；国有大中型企业实行股份制改造，建立现代企业制度。2002年新增国有企业下岗职工162.1万人，除去已安置、再就业人员外，下岗职工还有409.9万人。2003年国有企业下岗职工有260.2万人，2004年国有企业下岗职工为153万人。2005年国有企业下岗职工为60.6万人，当年新增14.8万人（见表23—2）。此外，部分国有企业实行主辅分离辅业改制，也需分流安置富余人员。上述这些情况，都涉及原国有企业职工劳动关系的处理问题。

（一）国有企业下岗职工劳动关系的处理

20世纪90年代中后期以来，国有企业深化改革和国有经济战略性重组，一方面提升了国有企业的经营效率和市场竞争力，另一方面还带来了大量下岗职工和失业人员。1998年下岗后进入再就业中心的职工，到2001年已满三年，即到了出中心的约定时限。出于对未来就业出路的迷茫和对原有体制的依赖，仍有部分下岗职工不愿意与原企业解除劳动合同。2001年8月，劳动保障部在南京召开了全国国有企业下岗职工出中心工作座谈会，进一步明确了下岗职工出中心的工作思路。南京会议后，对协议期满的下岗职工，各地采取了分类处理的办法。主要是对部分接近退休年龄的老职工采取内部退养方式，继续由企业保障基本生活；对不符合办理内部退养条件、再就业困难且年龄偏大的下岗职工，采取与企业协商、签订缴纳社会保险费协议的办法，解除劳动关系后由企业代缴养老和医疗保险费；对上述两种方式均不符合的下岗职工解除劳动关系，支付经济补偿金。各地在解决下岗职工出中心所需资金问题方面积极探索，一方面，企业通过资产折抵、资产变现、资产租让、资产置换、协议托管、协议保险等多种形式，解决经济补偿金支付问题；另一方面，各级政府通过再就业资金补助、财政专项资金补助、收购企业土地资产等形式，多渠道筹集资金，帮助企业解决经济补偿金支付问题。[①] 通过上述措施的实施，下岗职工与原企业解除劳动关系进入劳动力市场的速度明显加快。

---

① 《中国劳动和社会保障年鉴（2002）》，中国劳动社会保障出版社2002年版，第250页。

2002年，妥善处理下岗职工劳动关系成为整个劳动关系协调工作的重点，也是关键性的一年。各级劳动保障部门坚持分类指导的原则，积极探索灵活多样的办法，努力促进下岗职工平稳出中心，推动下岗职工基本生活保障与失业保险并轨。为了规范企业对解除劳动合同的下岗职工经济补偿金的支付，2002年7月7日，财政部下发了《关于印发〈企业公司制改建有关国有资本管理与财务处理的暂行规定〉的通知》，明确规定："在公司制改建过程中，企业依照国家有关规定支付解除劳动合同的职工的经济补偿金，以及为移交社会保障机构管理的职工一次性缴付的社会保险费，可从改建企业净资产中扣除或者以改建企业剥离资产的出售收入优先支付"。截至2002年年底，全国出中心下岗职工191.4万人，解除劳动关系人数有90.2万人，占出中心人数的47.1%。北京、上海、浙江、福建等省市已经撤销再就业服务中心，天津、辽宁、广东、海南等省市基本实现并轨。[①] 此后，随着下岗职工基本生活保障与失业保险的并轨，妥善解除了下岗职工与原企业的劳动关系。

（二）国有企业改制中分流安置富余人员劳动关系的处理

研究制定和完善国有企业改制改组所涉及的劳动关系政策，理顺和规范分流安置富余人员的劳动关系，也是这一时期整个劳动关系协调工作的重要任务之一。2002年11月18日，国家经贸委、财政部、劳动保障部等部门联合印发了《关于国有大中型企业主辅分离辅业改制分流安置富余人员的实施办法》，对分流安置富余职工劳动关系的处理做出如下规定：对从原主体企业分流进入改制企业的富余人员，由原主体企业与其变更或解除劳动合同，并由改制企业与其变更或重新签订三年以上期限的劳动合同；对分流进入改制为非国有法人控股企业的富余人员，原主体企业要依法与其解除劳动合同，并支付经济补偿金，职工个人所得经济补偿金可在自愿的基础上转为改制企业的等价股权或债权；对分流进入改制为国有法人控股企业的富余人员，原主体企业和改制企业可按国家规定与其变更劳动合同，用工主体由原主体企业变更为改制企业；改制企业要及时为职工接续养老、失业、医疗等各项社会保险关系；改制企业可用国有净资产支付解除职工劳动关系的经济补偿金等，由此造成的账面

[①] 《中国劳动和社会保障年鉴（2003）》，中国劳动社会保障出版社2003年版，第276页。

国有资产减少，按规定程序报批后冲减国有资本。① 2003 年 7 月 31 日，劳动保障部、财政部、国资委印发《关于国有大中型企业主辅分离辅业改制分流安置富余人员的劳动关系处理办法》，进一步重申了上述规定和做法。相较于先前以下岗再就业中心过渡的方式，这种对改制企业采取分类处理劳动关系的办法，把企业改制与处理劳动关系紧密结合，有效地解决了改制企业职工劳动关系问题，特别是一并解决了下岗职工劳动关系处理的经济补偿和清偿历史欠债问题。2004 年 6 月 21 日，劳动保障部印发了《关于做好国有大中型企业主辅分离辅业改制分流安置富余人员有关工作的通知》，对国有企业改制过程中的劳动关系处理、社会保险接续、审核备案程序等相关问题做了规定。这一系列政策，在操作层面被演绎为国有企业可以通过"两个置换"来深化改革。所谓"两个置换"是指通过产权转让，置换企业的国有性质，解除企业对政府的依赖关系，让企业走向市场；通过一次性补偿，置换职工的全民所有制企业职工身份，解除职工对企业的依赖关系，让职工走向市场。这一改革思路的确立，对微观层面的企业改革产生了极大的影响。在随后的 3 年中，主辅分离辅业改制工作显著，全国 1000 多家国有大中型企业实施主辅分离辅业改制，涉及改制单位近万个，分流安置富余人员 200 万左右。②

为进一步完善国有大中型企业主辅分离、辅业改制中劳动关系处理政策，2005 年 9 月 20 日，劳动保障部、国资委、国土资源部共同印发了《关于进一步规范国有大中型企业主辅分离辅业改制的通知》，指导地方在做好中央企业辅业改制实施方案审核备案工作的基础上，加强对本地区国有企业改制事前指导、事中审核、事后督查工作的力度。同时，各级劳动保障部门进一步完善政策措施，改进和规范审核程序，加强指导，强化监控，基本实现了国有企业改制重组过程中劳动关系的和谐稳定。吉林省下发了国有企业改制劳动关系处理的政策意见，对改制企业劳动关系处理工作程序做了规范；北京市要求分流富余人员超过原企业在职职工总人数 30% 以上必须向劳动保障部门报告，加强了对改制企业裁员的监控。③ 山东省进一步明确方

---

① 《关于国有大中型企业主辅分离辅业改制分流安置富余人员的实施办法》，《工商行政管理》2002 年第 24 期。
② 吕政、黄速建主编：《中国国有企业改革 30 年研究》，企业管理出版社 2008 年版，第 168 页。
③ 《中国劳动和社会保障年鉴（2006）》，中国劳动社会保障出版社 2007 年版，第 265 页。

案报送程序、审核内容以及需提交的材料；黑龙江省指导企业做到改革政策、改制方案、安置政策、经济补偿金与职工"四见面"，防止"暗箱操作"。[1] 山西省深入企业做好政策指导和咨询工作，进一步加强对企业改制后劳动用工管理的指导，切实维护职工合法权益；广东等省出台了完善地方国有企业重组改制的劳动关系处理政策；重庆市在企业重组改制、环境污染搬迁以及股权转让过程中，积极参与并指导职工安置方案的制订，妥善调整劳动关系。截至2007年年底，劳动保障部与国资委、财政部联合审核批复了76家中央企业的主辅分离、辅业改制方案，涉及改制单位5200户，分流安置富余人员86.37万人。[2]

这一阶段，国家积极妥善处理国有企业改革中的劳动关系问题，有一个突出的特点，即加强了职工对各项改革活动的参与。如2002年11月，《关于国有大中型企业主辅分离辅业改制分流安置富余人员的实施办法》规定，企业的改制分流方案须经过改制企业职工代表大会讨论，充分听取职工意见。其中，涉及职工分流安置和用于安置职工的资产处置等有关事项，要经职工代表大会审议通过；未经审议通过，不得实施企业改制分流工作。再如，同年9月30日，中共中央、国务院《关于进一步做好下岗失业人员再就业工作的通知》，对国有企业裁员做出如下规定：实施政策性关闭破产的企业，职工安置方案必须经职工代表大会讨论通过，并报当地政府企业兼并破产和职工再就业工作协调小组审核批准；正常生产经营企业成规模裁减人员，人员裁减方案要经企业职工代表大会讨论。凡不能依法支付解除劳动合同的经济补偿金并妥善解决企业拖欠职工债务的，不得裁减人员。总之，让职工以职工代表大会的形式参与国有企业职工下岗方案或破产方案的制定，体现出国家对职工利益的尊重和保护，一定程度上减少了国有企业下岗和破产带来的劳动关系纠纷，维护了社会的稳定。

二 《劳动合同法》的出台及相关制度规定的完善

劳动合同是劳动者与用工单位之间建立劳动关系，明确双方权利和义务

---

[1] 《中国劳动和社会保障年鉴（2007）》，中国劳动社会保障出版社2008年版，第279页。
[2] 《中国劳动和社会保障年鉴（2008）》，中国劳动社会保障出版社2009年版，第371—372页。

的协议，也是处理劳动争议的重要依据。

（一）《劳动合同法》的出台

随着劳动合同制度的推行和普及，客观上要求劳动合同制度更加规范化和更具可操作性。1994年颁布的《劳动法》对劳动合同的订立、履行和变更、解除和终止等都曾做过规定，但比较笼统、可操作性不够。随着市场经济的发展，劳动用工呈现多样化，劳动关系日渐复杂化，出现了一些新型的劳动关系，如非全日制用工、劳务派遣工、家庭用工、个人用工。同时，在实行劳动合同制的过程中也出现了一些问题，如用人单位不签订劳动合同、劳动合同短期化、滥用试用期、用人单位随意解除劳动合同、将正常的劳动用工变为劳务派遣等，侵害了劳动者的合法权益，破坏了劳动关系的和谐稳定，也给整个社会的稳定带来隐患。因此，有必要根据现实存在的问题，进一步完善劳动合同制度。

为进一步加强劳动合同管理，从源头上规范劳动关系，2006年3月31日，劳动保障部、全国总工会、中国企业联合会共同下发了《关于印发全面推进劳动合同制度实施三年行动计划的通知》，提出从2006—2008年，用三年时间实现各类企业普遍与职工依法签订劳动合同，基本实现劳动合同管理的规范化、法制化。各地劳动保障部门及时全面启动这项工作，成立了工作机构，采取开展企业用工情况调查摸底、制定劳动合同示范文本、建立示范点联系制度、强化执法检查等一系列措施，积极推动劳动合同制度的全面贯彻执行。截至2006年年底，全国企业劳动合同签订率达到83.9%，"三年行动计划"取得良好开局。[1]

针对劳动合同实践中存在的问题，2007年6月29日，《中华人民共和国劳动合同法》颁布。该法的最大特征就是规范用人单位的用工行为，更好地保护劳动者的合法权益。主要体现在以下五个方面：

第一，对企业不签或拒签劳动合同行为进行处罚。《劳动合同法》规定：用人单位自用工之日起超过一个月不满一年未与劳动者订立书面劳动合同的，应当向劳动者每月支付2倍的工资。惩罚性条款的引入，加大了企业

---

[1] 《中国劳动和社会保障年鉴（2007）》，中国劳动社会保障出版社2008年版，第279页。

违规成本，促使企业与劳动者签订书面劳动合同，有利于劳动关系的稳定。

第二，鼓励企业与劳动者签订长期劳动合同。《劳动合同法》规定，劳动者在该用人单位连续工作满10年的；用人单位初次实行劳动合同制度或者国有企业改制重新订立劳动合同时，劳动者在该用人单位连续工作满10年且距法定退休年龄不足10年的；或连续订立二次固定期限劳动合同且无特殊情形的，如果劳动者提出或者同意续订、订立劳动合同的，除劳动者提出订立固定期限劳动合同外，应当订立无固定期限劳动合同。如用人单位违反本法规定不与劳动者订立无固定期限劳动合同的，自应当订立无固定期限劳动合同之日起向劳动者每月支付2倍的工资。

第三，劳动者择业流动成本降低，企业无故辞退员工有成本。《劳动合同法》规定，劳动者提前30日以书面形式通知用人单位，可以解除劳动合同；劳动者在试用期内提前3日通知用人单位，可以解除劳动合同；企业有违法用工行为时，可中止劳动合同，且无须支付违约金的三种情形。这一规定实质提高了劳动者择业的自主性，使劳动者的择业流动成本降低。但企业在辞退员工时，除员工有违法行为外，均需支付经济补偿金。

第四，赋予劳务派遣劳动者同工同酬和加入工会的权利。《劳动合同法》规定，劳务派遣单位派遣劳动者应当与接受以劳务派遣形式用工的单位订立劳务派遣协议，被派遣劳动者享有与用工单位的劳动者同工同酬的权利。被派遣劳动者有权在劳务派遣单位或者用工单位依法参加或者组织工会，维护自身的合法权益。

第五，防止用人单位滥用"试用期"。《劳动合同法》规定，试用期工资不得低于本单位同岗位最低档工资或者劳动合同约定工资的80%。为防止用人单位以试用为手段降低劳动者工资、降低用工成本，《劳动合同法》规定：劳动合同期限3个月以上不满1年的，试用期不得超过1个月；劳动合同期限1年以上不满3年的，试用期不得超过2个月；3年以上固定期限和无固定期限的劳动合同，试用期不得超过6个月，且同一用人单位与同一劳动者只能约定一次试用期，以完成一定工作任务为期限的劳动合同或者劳动合同期限不满3个月的，不得约定试用期。[①]《劳动合同法》是市场经济

---

① 《中华人民共和国劳动合同法》，《中国劳动》2007年第7期。

条件下全面调整劳动关系的一部重要法律，对于规范用人单位的用工行为，更好地保护劳动者合法权益，构建和发展和谐稳定的劳动关系，促进社会主义和谐社会建设，都具有十分重要的意义。

2008年9月18日，国务院颁布实施《劳动合同法实施条例》，进一步推进了劳动合同签订工作。截至2009年年底，全国规模以上企业劳动合同签订率达到96.5%，农民工劳动合同签订率达到60%。[1] 在巩固大中型企业劳动合同签订率的基础上，2010年4月，人社部、全国总工会、中国企业联合会联合下发了《关于印发全面推进小企业劳动合同制度实施专项行动计划的通知》，督促各类小企业与劳动者普遍依法签订劳动合同。各地采取切实有效措施，深入推动小企业劳动合同制度实施专项行动的开展。江苏省建立了定点联系企业制度，以职工人数多、争议纠纷多、举报投诉多的小企业为重点，组织开展现场辅导和重点帮扶活动，并对企业人力资源管理人员进行培训。陕西等地利用基层劳动保障工作平台，深入小企业相对集中的工业园区、街道、社区、楼宇和就业服务机构，发放用工指导手册、农民工劳动合同文本、建筑业劳动合同文本等宣传资料，增强了工作的针对性和有效性。2010年年底，全国规模以上企业劳动合同签订率达到97%，小企业劳动合同签订率也显著提高。

（二）集体协商、集体合同制度的完善

集体协商、集体合同制度是劳动关系协调机制的重要形式。关于"集体合同"的法律条款，其实，早在1994年颁布的《劳动法》中就有相关规定。诸如，"企业职工一方与用人单位通过平等协商，可以就劳动报酬、工作时间、休息休假、劳动安全卫生、保险福利等事项订立集体合同"。"集体合同由工会代表企业职工一方与用人单位订立；尚未建立工会的用人单位，由上级工会指导劳动者推举的代表与用人单位订立。"[2] 为指导和规范集体协商及签订集体合同，协调处理集体合同争议，加强集体合同管理，1994年12月5日，劳动部颁布了《集体合同规定》。起初，集体合同试点

---

[1] 《中国人力资源和社会保障年鉴（2010）》，中国劳动社会保障出版社、中国人事出版社2010年年版，第727页。

[2] 《中华人民共和国劳动法》，《中华人民共和国国务院公报》1994年第16期。

工作主要在非国有企业和进行现代企业制度试点的国有企业进行①，后来逐渐在全国各种经济类型企业中推行。截至 2002 年年底，全国已签订集体合同所覆盖的企业达到 63.5 万户，涉及职工 8000 万人；有 3 万多户企业开展了工资集体协商。为解决小企业工会组建率低、劳动关系难协调的问题，全国 28 个省（自治区、直辖市）开展了签订区域性、行业性集体合同试点工作。②

鉴于 1994 年颁布的《集体合同规定》对集体协商的具体程序、协商代表的权利义务、集体合同的变更和解除，尤其是集体协商的内容等规定比较原则，已不能完全适应集体协商形势发展的需要，2003 年 12 月，劳动保障部通过了新修订的《集体合同规定》，并于 2004 年 5 月 1 日起实施。③ 新修订的《集体合同规定》，在集体协商程序、协商代表产生和保护、协商内容完善等方面都做出了全面规定，为集体协商在企业一级切实发挥自主协调劳动关系的作用提供了依据，增强了集体合同的针对性和实效性，进一步推进了集体协商集体合同工作的制度化、规范化和科学化。此后，各级工会在继续推动企业建立集体协商机制的同时，大力推进区域性、行业性集体协商，并以工资集体协商作为推进集体合同工作的切入点，努力扩大集体合同制度覆盖面。2005 年 2 月 6 日，劳动保障部、全国总工会、中国企业联合会联合下发《关于进一步推进工资集体协商工作的通知》，要求各地区根据地区和企业的不同情况，把职工最关心、最现实、最直接的利益问题作为工资集体协商的重点，切实解决企业工资分配中的突出问题。2006 年 8 月 17 日，劳动保障部会同全国总工会、中国企业联合会下发了《关于开展区域性行业性集体协商的意见》，要求在小型企业或同行业企业比较集中的乡镇、街道、社区和工业园区开展区域性行业性集体协商和集体合同工作。各地按照要求大力推进区域性、行业性集体协商，将职工工资水平、工作时间以及与此直接相关的劳动定额、计件单价等劳动标准作为协商的重点，切实增强协商的针对性和实效性。截至 2007 年年底，经劳动保障部门审核备案的当期有效集体合同达 50.18 万份，覆盖职工 6457.35 万人，其中区域性行业性集体合

---

① 《中国劳动年鉴》（1992—1994），中国劳动出版社 1996 年版，第 218 页。
② 《中国劳动和社会保障年鉴（2003）》，中国劳动社会保障出版社 2003 年版，第 277 页。
③ 《中国劳动和社会保障年鉴（2004）》，中国劳动社会保障出版社 2005 年版，第 213 页。

同 6.09 万份,覆盖职工 1640.3 万人。①

2007 年的《劳动合同法》关于"集体合同"的规定,比 1994 年的《劳动法》更加明确、详细和具体。《劳动合同法》规定:"企业职工一方与用人单位可以订立劳动安全卫生、女职工权益保护、工资调整机制等专项集体合同";"在县级以下区域内,建筑业、采矿业、餐饮服务业等行业可以由工会与企业方面代表订立行业性集体合同,或者订立区域性集体合同";"行业性、区域性集体合同对当地本行业、本区域的用人单位和劳动者具有约束力";"用人单位违反集体合同,侵犯职工劳动权益的,工会可以依法要求用人单位承担责任"。② 从集体协商、订立集体合同的本质来看,其目的就是要通过工人联合的集体力量打破资方在劳动条件方面的垄断地位,特别是价格(工资)垄断,保护劳动者的合法权益。

几年来,集体协商和集体劳动合同制度的实施成效显著:一是劳动者的收入增长了。江苏省邳州市板材行业工资集体协商后,大幅提高了全行业最低工资标准。2010 年全行业最低工资标准由 2009 年的每月 800 元上调到了每月 1300 元。此标准,比江苏省一类地区每月高出 340 元,比广东省高出 270 元,比上海市高出 180 元。二是企业的效益提高了。辽宁省大石桥市虎庄镇服装企业产品合格率明显提高,次品率由 3% 下降到 3‰。三是职工队伍稳定了。辽宁省大石桥市虎庄镇职工的无序流动情况明显减少,由 2006 年的 35% 下降到 2009 年的 3%。四是劳资关系和谐了。江苏省邳州市板材行业"企业靠职工发展,职工靠企业致富"的共识日益广泛。职工的积极性、创造性大大激发,2009 年,板材行业职工提合理化建议 3296 条,被采纳的重大建议 238 条,创直接经济效益 1300 多万元。上述四个方面,基本概括了区域性行业性工资集体协商取得的成果。③

2010 年 5 月 5 日,人社部、全国总工会、中国企业联合会联合下发《关于深入推进集体合同制度实施"彩虹计划"的通知》,计划从 2010 年起用三年时间,基本在各类已建工会的企业实行集体合同制度,其中 2010 年

---

① 《中国劳动和社会保障年鉴(2008)》,中国劳动社会保障出版社 2009 年版,第 372 页。
② 《中华人民共和国劳动合同法》,《中国劳动》2007 年第 7 期。
③ 天佑:《深化劳资合作,促进职企双赢——对各地工会大力推进区域性行业性工资集体协商工作的综合报告》,《中国工运》2011 年第 1 期。

集体合同制度覆盖率达到 80% 以上；对未建工会的小企业，通过签订区域性、行业性集体合同努力提高覆盖比例。截至 2012 年年底，全国经人社部门审核备案的当期有效集体合同 131.1 万份，覆盖职工 1.45 亿人。[1]

三 建立和完善劳动关系三方协商机制

三方协商机制是指工人、雇主的代表组织与政府通过对话和协商，致力于劳动关系的协调和劳动标准的发展完善。中国三方协协商机制的形成，始于 20 世纪 90 年代。1990 年 9 月 7 日，第七届全国人民代表大会常务委员会第十五次会议批准了国际劳工组织（ILO）的《三方协商促进实施国际劳工标准公约》，1996 年以后，在山东、山西和辽宁等省市，开始建立协调劳动关系三方机制的尝试。2001 年 8 月 3 日，劳动保障部、全国总工会、中国企业联合会/中国企业家协会[2]联合召开协调劳动关系三方会议成立大会，建立了国家一级的协调劳动关系三方会议制度。2001 年 10 月《工会法》修正案的出台，为三方协商机制的建立提供了法律依据和框架。该法规定："各级人民政府劳动行政部门应当会同同级工会和企业方面代表，建立劳动关系三方协商机制，共同研究解决劳动关系方面的重大问题。"到 2002 年年底，全国 30 个省（自治区、直辖市）建立了省一级三方协调机制。北京、河北、山西、辽宁、吉林、上海、江苏、福建、河南、湖南、重庆等省（直辖市）已经或正在逐步将三方协商机制向市（地）、县（区）、乡镇、街道延伸。各级劳动保障部门积极探索建立协调劳动关系三方协商机制，标志着中国劳动关系协调工作进入了一个新的发展阶段，协调劳动关系的主要制度框架基本形成。一些地方从本地区实际出发，探索建立具有地方特色的三方协商机

---

[1] 《2012 年度人力资源和社会保障事业发展统计公报》，《中国组织人事报》2013 年 5 月 29 日。
[2] 中国企业联合会（原中国企业管理协会）、中国企业家协会是经中华人民共和国民政部核准注册的全国性社团法人组织（简称中国企联）。中国企业管理协会成立于 1979 年 3 月；中国企业家协会成立于 1984 年 3 月；1999 年 4 月 24 日中国企业管理协会更名为中国企业联合会。中国企联是以企业、企业家（企业经营管理者）为主体，有专家、学者、新闻工作者参加的，为推进企业改革和发展，提高企业经营管理水平，沟通企业与政府的联系，维护企业和企业家合法权益的全国性群众团体。中国企业家协会坚持面向企业，为企业和企业家服务的宗旨，为企业和经济管理部门提供培训、咨询、信息、研究成果等项智力服务，出版管理书籍、报刊，开展国际交流，以推进企业管理现代化和生产技术现代化，探索和建立有中国特色的社会主义企业管理体系为各项工作的总目标。

制。福建省成立了工资协商指导委员会;辽宁省在三方协商协调组织中分别设立了劳动关系、工资收入分配、社会保险等专门的工作小组,三方协商内容由过去研究推进集体合同和劳动合同工作逐步扩大到劳动关系其他领域;江苏省把如何做好下岗职工基本生活保障和再就业等列为三方协商议题;上海市把建立企业欠薪制度等列为协商议题。[①]

三方协商机制建立以来,开展了多次专项行动,在劳动立法、促进就业和化解劳动关系矛盾等方面发挥了积极作用。如前面述及的集体协商、集体合同制度的完善,特别是在规范和推进劳动合同(含集体劳动合同)签订方面,都有三方协商机制的身影。同时,一些地方三方还不断扩大协商议题的范围,协商范围逐步涉及整个劳动关系领域:劳动立法、经济与社会政策的制定、就业与劳动条件、工资增长水平、劳动标准、职业培训、社会保障、职业安全卫生、劳动争议处理以及对产业行为的规范与防治等,直至扩展到社会经济中涉及企业与职工利益的领域。在协商参与成员方面也逐步将涉及协商议题的有关单位吸纳进来,听取他们的意见和建议,完善三方自身的决策。到 2006 年,全国共建立各级三方组织 8030 个,地级以上城市普遍建立了协调劳动关系三方机制。[②] 国家协调劳动关系三方协商会议制度建设进一步健全,2006 年 6 月,国家三方协商会议办公室设立了常设办事机构,加强了国家三方协商之间的协调和对各地三方工作的指导。组建了国家三方协商会议的三个专业委员会,包括劳动关系法律政策研究委员会、企业工资分配研究委员会和集体协商研究委员会,作为三方协商会议的政策研究和咨询机构。

2007 年颁布的《劳动合同法》《劳动争议调解仲裁法》也有关于三协商方机制的规定。《劳动合同法》规定,"县级以上人民政府劳动行政部门会同工会和企业方面代表,建立健全协调劳动关系三方机制,共同研究解决有关劳动关系的重大问题。"《劳动争议调解仲裁法》规定,"县级以上人民政府劳动行政部门会同工会和企业方面代表建立协调劳动关系三方机制,共同研究解决劳动争议的重大问题。"这两部法律与《工会法》不同,在于将"劳动关系三方协商机制"改为"协调劳动关系三方机制",一字之差,说

---

① 《中国劳动和社会保障年鉴(2003)》,中国劳动社会保障出版社 2003 年版,第 277 页。
② 《中国劳动和社会保障年鉴(2007)》,中国劳动社会保障出版社 2008 年版,第 280 页。

明立法者认识到目前中国的三方协商机制尚达不到"协商"的性质和效用。自2007年以来，全国工商联一直推动地方工商联系统参与三方协商机制，以作为非公经济的雇主代表，这样，在地方就形成了"三方多家"的局面。如辽宁针对企联系统在县区以下非公经济影响较弱的现实，把代表非公经济雇主的工商联和代表外企雇主的外企协会吸收进来，形成了"三方五部门"的劳动关系协商机制。①

鉴于2008年以来受国际金融危机的影响，部分企业经营困难、停产关闭，劳动关系领域出现了一些新变化，2009年1月21日，人社部、全国总工会、中国企业联合会下发了《关于应对当前经济形势稳定劳动关系的指导意见》，对支持和鼓励劳动关系双方共同稳定就业局势，推动企业协商薪酬，加强对企业经济性裁员的指导和管理，预防和处理企业工资拖欠问题，建立健全解决劳动关系重大问题的沟通协调制度，提出了政策要求。各地三方结合本地实际，认真贯彻落实，加强协商合作，发挥了三方协商机制在保企业、保就业、保稳定中的独特作用。各级人社部门积极支持工会和企业开展"共同约定行动"，鼓励和引导劳动关系双方同舟共济、共克时艰，截至2009年年底，各省（自治区、直辖市）全部开展了"共同约定行动"，涉及企业53万户，覆盖职工7322.9万人。同时，协调劳动关系三方协商机制建设进一步加强，截至2009年年底，全国地级以上城市和26个省份的县（市）区普遍建立了协调劳动关系三方机制，全国各级三方组织共计1.2万多家。行业性三方协商机制建设也得到进一步推进，2009年12月，交通运输部、中国海员建设工会、中国船东协会组建了全国海上劳动关系三方协调机制。②

2010年4月和5月，由国家协调劳动关系三方共同发起的"全面推进小企业劳动合同制度实施专项行动计划"和"深入推进集体合同制度实施'彩虹计划'"也先后实施。经过各地协调劳动关系三方三年的努力，到2012年，基本实现了小企业与劳动者普遍依法签订劳动合同，已建工会企

---

① 乔健：《中国特色的三方协调机制：走向三方协商与社会对话的第一步》，《广东社会科学》2010年第2期。

② 《中国人力资源和社会保障年鉴（2010）》，中国劳动社会保障出版社、中国人事出版社2010年版，第728页。

业普遍建立集体合同制度的目标，两个专项行动取得了阶段性成果。截至2012年年底，全国各级地方及产业工会参与建立的劳动关系三方协调机制2.4万个。其中，省级32个，地级329个，县级2590个，县及县级以上地方共建立三方协调机制2951个[①]；国家层面的协调劳动关系三方会议已成功召开17次。

三方协商机制是一个舶来品，它强调主体独立、民主平等、合作对话，但它不可能脱离中国的制度环境而发挥作用。现阶段的国家协调劳动关系三方协商机制，可以说是一种来自国家权力体系内部的政府机构与准政府机构之间的功能性协调机制。它主要具有以下特点：

第一，政府在三方机制中发挥着主导作用。这与中国历史传统、现行政治制度和社会管理体制是紧密相关的。

第二，劳资双方对党和政府具有依附性，它们均非完全独立的利益代表组织。在政治上，劳资双方组织均在党的领导下并秉承社会主义市场经济条件下劳资根本利益一致的价值理念。雇主代表被要求保护劳资双方的利益，而非仅仅是雇主的利益；工会也要贯彻"促进企业发展，维护职工权益"的工作方针。

第三，中国一元化工会的特殊地位，使其在三方机制中的作用正在增强。工会的特殊性，首先，表现在它不仅是市场经济中代表劳动者参与协调劳动关系的一方，而且还是党和国家的桥梁、纽带、基础、支柱，承载着党联系广大职工群众的职责。其次，工会的组织方式和维权手段必须符合维护社会稳定和政治稳定的要求。最后，工会各部门参与三方机制的人员是最多和最为广泛的，健全的组织系统使它具备发起一项劳动议题所需要的调查、研究、统计、宣传的能力，且各级工会领导人与同级政府劳动行政部门领导人相比一般是高配的，这也在一定程度上保证工会在三方机制中作用的发挥。

第四，雇主组织的代表性不足，多元化发展趋势以及缺乏发起协调劳动关系的能力制约着其作用的发挥。[②] 此外，中国正处在一个工业化和经济转

[①] 《2012年工会组织和工会工作发展状况统计公报》，《中国工运》2013年第6期。

[②] 乔健：《中国特色的三方协调机制：走向三方协商与社会对话的第一步》，《广东社会科学》2010年第2期。

型发展的进程中，劳动关系问题和矛盾处于多发易发期。因此，与其他国家相比，现阶段中国特色的国家协调劳动关系三方协商机制尚处在初创阶段，更多地呈现出政府主导的特点，但是，这是它走向真正的三方协商和社会对话机制的第一步。

四 重视并积极维护农民工劳动权益

进入21世纪以后，农民工已经成为中国经济发展和城镇化建设中不可或缺的重要力量，是"一个正在崛起的新工人阶层"。[①] 但是，由于多方面的原因，农民工权益问题一直不能得到有效保障（参见第二十三章"农民工就业"部分有关内容）。2004年，沿海发达地区首次遭遇"民工荒"，引发全社会对农民工问题的关注。2004年12月27日，国务院办公厅印发了《关于进一步做好改善农民进城就业环境工作的通知》，要求进一步做好促进农民进城就业的管理和服务工作，切实维护农民进城就业的合法权益，进一步健全完善劳动力市场。为解决建筑领域农民工劳动合同签订率低的问题，2005年5月11日，劳动保障部会同建设部、全国总工会下发了《关于加强建设等行业农民工劳动合同管理的通知》。为解决用人单位招用劳动者不签订劳动合同的问题，5月25日，劳动保障部制定下发了《关于确立劳动关系有关事项的通知》，对劳动关系成立的要件和认定凭证、非法用工主体责任、确认劳动关系争议的机构等做了规定。同时，各地以非公有制企业和农民工为重点，采取有力措施促进劳动合同制度全面实施，劳动合同管理工作进一步加强，劳动合同签订率稳步提高。

2006年1月31日，国务院出台了《关于解决农民工问题的若干意见》，提出农民工"是推动我国经济社会发展的重要力量"，"维护农民工权益是需要解决的突出问题"。为准确反映全国农民工规模、流向、分布、就业、收支、生活和社会保障等情况，国家统计局从2008年开始建立农民工监测调查制度。

在对农民工工作和权益有了基本掌握的基础上，国家开展了一系列维护

---

① 王春光：《农民工：一个正在崛起的新工人阶层》，《学习与探索》2005年第1期。

农民工权益的活动。一是解决农民工工资被拖欠问题。从 2008 年开始，每年各级政府都会针对农民工工资被拖欠问题开展多次专项行动。2008 年，在全国范围内开展了农民工工资支付专项检查行动，为 93.5 万名农民工追回被拖欠工资 10.66 亿元。① 2009 年在元旦、春节期间，集中开展了全国农民工工资支付专项检查活动，为 159 万名农民工补发被拖欠工资及赔偿金 26 亿元。② 2010 年，人社部、公安部、住建部、国资委、全国总工会等部门开展了多次农民工工资支付情况专项检查，为 149.4 万名农民工追回被拖欠工资及赔偿金 29.7 亿元。③ 针对欠薪问题久治不愈及其对和谐社会建设构成的巨大威胁，2011 年 2 月推出《刑法修正案（八）》，设立"拒不支付劳动报酬罪"，严惩恶意欠薪行为，给恶意欠薪者以强大震慑。④ 2011 年，为 129 万农民工追讨被拖欠的工资及赔偿金 59.24 亿元，实现了农民工工资基本无拖欠。⑤ 二是大力推进农民工劳动合同签订工作。2008 年 4 月，人社部下发了《关于开展春暖行动提高农民工劳动合同签订率的通知》，并制定公布农民工劳动合同示范文本。此后，各级政府每年都会在春季，以农民工集中的建筑业、住宿和餐饮业、制造业、采矿业以及居民服务业为重点，开展以农民工签订劳动合同为重点的"春暖行动"，督促各类企业与农民工依法签订劳动合同，农民工签订劳动合同人数显著增加。到 2010 年，中小企业中农民工劳动合同签订率达到了 65%。⑥ 三是各级政府还针对农民工劳动争议处理、社会保险参保率低等问题进行了专门的制度建设和完善，有力地保护了农民工的劳动权益。

---

① 《中国人力资源和社会保障年鉴（2009）》，中国劳动社会保障出版社、中国人事出版社 2009 年版，第 773 页。

② 《中国人力资源和社会保障年鉴（2010）》，中国劳动社会保障出版社、中国人事出版社 2010 年版，第 737 页。

③ 《中国人力资源和社会保障年鉴（2011）》，中国劳动社会保障出版社、中国人事出版社 2011 年版，第 679 页。

④ 刘军胜：《收入分配制度改革在艰难中行进》，《中国人力资源社会保障》2016 年第 1 期。

⑤ 《中国人力资源和社会保障年鉴（2012）》，中国劳动社会保障出版社、中国人事出版社 2012 年版，第 792 页。

⑥ 《中国人力资源和社会保障年鉴（2011）》，中国劳动社会保障出版社、中国人事出版社 2011 年版，第 679 页。

五 切实开展劳动保障监察和劳动争议处理工作

(一) 切实开展劳动保障监察工作

劳动保障监察是促进劳动保障法律法规的实施、监控劳动力市场秩序、维护劳动关系双方合法权益的重要途径。早在1993年8月劳动部就颁发了《劳动监察规定》，对劳动监察对象、程序、违法行为处罚办法等都做出了规定。2004年11月1日，国务院颁布了《劳动保障监察条例》，主要在以下三个方面进行了调整：

第一，将监察对象由监察用人单位和劳动者改为只监察用人单位，这是由"强资本，弱劳动"劳动关系格局所决定的。

第二，将监察内容由仅监察用人单位是否违反劳动法及相关法规，增加监察用人单位为劳动者缴纳社会保险的情况，这是因为随着社会保障体系的完善，社会保险的参与和保费的及时缴纳成为劳动者重要权益，必须对其进行依法监察，以保护劳动者合法权益，由此，法规名称也由原来的《劳动监察规定》改为《劳动保障监察条例》。

第三，随着政府对企业经营干预的减少，企业工资水平和福利待遇不再成为监察内容。将由劳动部颁发的《劳动监察规定》上升为由国务院颁发的《劳动保障监察条例》，不仅体现了党和政府对劳动保障监察的重视，而且后者内容更符合当前劳动力市场运行的要求。

2002—2012年，各级劳动保障监察部门每年都进行多次不同层次、不同内容的监察活动。其中，劳动保障监察工作的成效如表29—1所示。持续的、常态化的劳动保障监察工作保障了劳动力市场的规范运行，以劳动合同签订为例，2002—2012年通过劳动保障监察共计为1.2亿劳动者补签了劳动合同，2012年年末全国企业劳动合同签订率达到88.4%。

(二) 积极推进劳动争议处理工作

劳动争议是市场化劳动关系运行中劳资双方矛盾的表现形式，及时有效地解决劳动争议，是维护劳资双方利益、维持劳动关系和谐运行的重要保障。一般来说，劳动争议处理有调解、仲裁和诉讼三种方式。其中，调解和仲裁是劳动争议处理中最经常使用的方式。

表29—1   2002—2012年劳动保障监察工作情况

年份	2002	2003	2004	2005	2006	2007	2008	2009	2010	2011	2012
责令企业与劳动者补签劳动合同（万份）	730.9	895.0	1102.9	1127.6	1243.4	1652.5	1561.7	1073.7	937.8	880.1	805.5
责令企业为劳动者补缴社会保险费（亿元）	35.6	37.2	40.9	43.5	55.7	51.9	49.0	46.4	48.2	52.8	52.2
为劳动者追讨工资（亿元）	14.2	27.2	62.1	58.1	57.5	61.9	83.3	89.2	99.5	155.1	200.8

资料来源：《中国劳动统计年鉴》（2003—2013）。

表29—2   2002—2012年劳动争议处理情况   单位：件

	年份	2002	2003	2004	2005	2006	2007	2008	2009	2010	2011	2012
	当期案件受理数	184116	226391	260471	313773	317162	350182	693465	684379	600865	589244	641202
	其中，集体劳动争议案件	11024	10823	19241	16217	13977	12784	21880	13779	9314	6592	7252
	劳动者当事人数（人）	608396	801042	764981	744195	679312	653472	1214328	1016922	815121	779490	882487
	其中，集体劳动争议人数	374956	514573	477992	409819	348714	271777	502713	299601	211755	174785	231894
争议原因	劳动报酬	59144	76774	85132	103183	103887	108953	225061	247330	209968	200550	225981
	社会保险	56558	76181	88119	97519	100342	97731	—	—	—	149941	159649
	变更劳动合同	3765	5494	4465	7567	3456	4695					
	解除、终止劳动合同	30940	40017	57021	68873	57868	80261	139702	43876	31915	118684	129108
	当期结案数	178744	223503	258678	306027	310780	340030	622719	689714	634041	592823	643292
处理方式	仲裁调解	50925	67765	83400	104308	104435	119436	221284	251463	250131	278873	302552
	仲裁裁决	77340	95774	110708	131745	141465	149013	274543	290971	266506	244942	268530
	其他方式	50479	59954	64550	69974	64880	71581	126892	147280	117404	69008	72210
	劳动者胜诉数量	84432	109556	123268	145352	146028	156955	276793	255119	229448	195680	213453
	用人单位胜诉数量	27017	34272	35679	39401	39251	49211	80462	95470	85028	74189	79187
	双方部分胜诉	67295	79475	94041	121274	125501	133864	265464	339125	319565	322954	350652
	案外调解案件数	77342	58451	70840	93561	130321	151902	237283	185598	163997	194338	212937

资料来源：《中国劳动统计年鉴（2013）》，中国统计出版社2014年版，第348页。

2007年以前，劳动争议调解和仲裁适用的法律依据是1993年颁布的《企业劳动争议处理条例》。为了更加规范劳动争议调解和仲裁行为，及时解决劳动争议，保护当事人合法权益，促进劳动关系和谐稳定，2007年12月29日，颁布了《劳动争议调解仲裁法》。相较于《企业劳动争议处理条例》，《劳动争议调解仲裁法》对调解和仲裁方式都做出了一些新的规定。

第一，增加了处理劳动争议适用的调解组织形式。在《条例》中，可进行调解的组织只有企业内设置的劳动争议调解委员会，《仲裁法》增设了"依法设立的基层人民调解组织"和"在乡镇、街道设立的具有劳动争议调解职能的组织"两种调解组织形式，拓宽了劳动争议调解处理途径，使劳动争议调解处理方式更加灵活，提升了以调解方式解决劳动争议的效率。

第二，细化了劳动争议仲裁组织和处理程序，使之更规范、具有可操作性。在《条例》中，对仲裁员资质、仲裁员行使权利的方式、申请仲裁双方的权利、仲裁的程序等均只作出了笼统性规定，《仲裁法》审定了仲裁员资质，明确了仲裁员可以对最终裁决持不同意见，明确了当事人在仲裁过程中有权进行质证和辩论等内容。

第三，《仲裁法》取消了仲裁的受理费用，明确劳动争议仲裁委员会的经费由财政予以保障。

第四，《仲裁法》对因追索劳动报酬、工伤医疗费、经济补偿或者赔偿金，不超过当地月最低工资标准十二个月金额引发的劳动争议；因执行国家的劳动标准在工作时间、休息休假、社会保险等方面发生劳动争议，适用仲裁裁决即为终局裁决的制度，裁决书自做出之日起发生法律效力，客观上减少了因劳动争议案件给法院判决增加的诉讼压力。

六　劳动关系运行中仍存在的突出问题

2002年以来，中国政府以建立与发展和谐劳动关系为宗旨，出台了一系列规范市场化劳动关系运行的法律制度，使劳动关系制度建设进入专业化、精细化的新阶段。政府逐渐用市场化劳动关系的专业思维，进行劳动关系问题的处理和调整（如处理国有企业改革中的劳动关系、建立三方协调机制等），不再把调整劳动关系作为改革的辅助措施，而是作为整个社会经济发展中的有机组成部分予以规制。《劳动合同法》和《劳动争议调解仲裁法》等劳动关系领域的专项法规出台，相关规定越来越细，具有较强的可操作性，消除了法规适用的模糊地带，给劳动者和用人单位提供了更为准确的法律预期。与此同时，劳动关系司法进一步加强，劳动法律法规重落实、重实效。积极推动劳动保障监察工作持续化、常态化，及时有效处理劳动争议问题，并注重保护劳动者的权益。但是，在"强资本，弱劳动"的背景下，通过市场机制调节劳动关系，会造成劳资双方利益分化乃至利益冲突，进而对整个社会领域带来诸多风险与挑战。这一阶段，劳动关系在运行中存在的突出问题主要有：

（一）部分用人单位没有严格遵守《劳动合同法》规定

《劳动合同法》颁布实施后，劳动合同签订率大幅提高，劳动合同短期化现象显著减少。但仍有部分用人单位采取各种手段规避法律、侵犯劳动者合法权益。一是有相当比例的劳动者未与用人单位签订劳动合同。2009年年底至2010年年初，中国社会科学院人口与劳动经济研究所在上海、武汉、沈阳、福州、西安和广州6个城市的劳动力调查数据显示，有大约75%的外来劳动者和35%的城市本地劳动者，未签订劳动合同。[①] 2011年，云南省对有关部门实施的农民工工资支付进行专项检查，发现65万农民工中仅有31.35万人签订了劳动合同，签订率不足50%。[②] 从企业规模看，小微企业劳动合同签订率不高；从企业所属行业看，建筑企业、服务业中规模较小的个人独资企业劳动合同签订率不高；从企业性质看，私人企业（工商户）劳动合同签订率不高。未签订劳动合同，意味着劳动者的合法权益难以得到保障，劳动者的工资和福利待遇等也会受到影响。[③] 二是有些劳动合同文本对薪酬、工作时间、劳动保护等事项未做明确约定。有些劳动合同对劳动者薪酬的规定，故意模糊，或仅格式化地标明不低于当地最低工资标准。2012年，一份针对浙江省杭州、宁波、台州、温州4市以中小企业为主的《劳动

[①] 王美艳：《〈劳动合同法〉的实施：问题和对策建议》，《贵州财经学院学报》2013年第1期。
[②] 刘驰：《关于发展和谐劳动关系问题研究》，《中国劳动关系学院学报》2012年第4期。
[③] 廖雯栅：《〈劳动合同法〉实施中存在的问题与路径选择——基于构建和谐劳动关系的视角》，《求实》2016年第6期。

合同法》实施情况的调查结果表明,对于劳动保护、劳动条件和职业危害防护有关条款,几乎都没有约定;在受访的劳动者中,平均每周加班3—4小时,虽然也支付了加班费,但少得可怜;82.9%的企业在劳动者入职前收取了一定保证金等,其中没得到处罚或者处罚很轻的占69.8%。[1] 三是有合同不履行,视合同为"摆设"。即使一些劳动者签订了中长期劳动合同,用人单位也会单方面毁约,对劳动者支付很少的经济补偿,甚至不给补偿,更谈不上赔偿金了。还有,一些用人单位在与劳动者签订合同后,把本应由劳动者持有的劳动合同收回单位管理,导致出现劳动纠纷时,劳动者缺乏证据、维权困难。

(二) 部分用人单位利用劳务派遣规避法律

《劳动合同法》实施以来,一些机关、事业单位和企业大量使用劳务派遣工,以劳务派遣方式规避相应的义务和责任。甚至有一些用工单位把自身主营业务岗位上的正式员工变身为劳务派遣工,劳务派遣工成为其用工的主要形式。2010年和2011年,中华全国总工会对全国劳务派遣用工的调研表明,全国企业劳务派遣用工呈增长态势,2006年前后,全国的劳务派遣工大概是2500万人,到2011年,全国企业劳务派遣工约3700万人,占企业职工总数的13.1%。在属于第三产业的金融业,水利、环境和公共设施管理业,信息传输、计算机服务和软件业,分别有高达68.3%、66.7%和60.0%的企业使用劳务派遣工,劳务派遣工占职工比例分别为11.1%、6.4%、17.9%。从行业来看,劳务派遣工占职工总数比例较高的行业是建筑业,信息传输、计算机服务和软件业,电力、燃气及水的生产和供应业等,分别为36.2%、17.9%和15.3%。从所有制性质来看,国有企业使用劳务派遣工的最多,占国有企业职工总数的16.2%。[2] 劳务派遣工主要在一线岗位工作,他们的合法权益很容易受到侵害。一是劳动就业歧视明显,劳务派遣工的劳动报酬偏低,同工不同酬问题十分突出;二是劳务派遣工的合理诉求得不到解决;三是劳动者一旦转为派遣工后,处于劳务派遣单位与用工单位"两管两不管"的尴尬境地。这种歧视性待遇,不仅会造成劳务派

---

[1] 俞晓晓、张妮:《浙江省〈劳动合同法〉实施效果的调研及反思》,《学理论》2014年第4期。
[2] 全总劳务派遣问题课题组:《当前我国劳务派遣用工现状调查》,《中国劳动》2015年第5期。

遣工心理上的不平衡，还会造成一系列矛盾和隐患，不利于构建和谐稳定的劳动关系，不利于用工单位的长远发展，也不利于社会稳定。①

（三）劳动者基本权益受损现象仍较突出

虽然《劳动法》和《劳动合同法》对劳动者的权益保障都有明确规定，也规定了用人单位的违法责任，但漠视法律、侵害劳动者合法权益的问题依然较为突出。主要表现在：一是劳动者的报酬权受到侵害。劳动者工资偏低，特别是一些民营企业的劳动者工资水平长期被严重压低，许多民营企业按国家规定的最低工资标准支付工资，有些企业甚至将劳动者的工资压到最低工资标准以下，或在支付劳动者加班工资时"缺斤短两"，甚至拒绝支付加班费。部分用人单位还存在打"白条"、拖欠工资的现象，拖欠工资时间长、数额大，甚至是恶意拖欠。二是劳动者的社会保险权受到侵害。用人单位不为劳动者购买社会保险、少买及不按比例购买的现象仍较为普遍，即便为劳动者缴纳"五险一金"，也往往会附加一些额外条件，直接侵害了劳动者的合法权益。表23—11显示，2008—2012年外出农民工参加社会保险的水平有所提高，但总体仍然较低；表29—3显示，2012年不同行业农民工的社会保障水平差异。三是职业安全权受到侵害。一些企业尤其是中小型企业还处于资本原始积累阶段，生产设备陈旧，作业环境差，劳动安全卫生保护措施不到位，劳动者直接接受粉尘、噪声、高温甚至有毒有害气体，职业病危害严重，工伤事故时常发生②，而工伤保险又没有到位。四是劳动者休息休假权受到侵害。在一些中小型制造企业，劳动者每天工作10多个小时的情况司空见惯，严重影响了劳动者的身心健康。五是有些企业不给工人提供技能、知识提升培训的机会。长期将工人安排在流水线作业中的某一固定岗位进行固定操作，使其工作能力单一化，进而使其更依附于该企业，工人也没有晋升的机会。③从2010年1—5月短短4个月的时间里，世界上最大的

---

① 廖雯柵：《〈劳动合同法〉实施中存在的问题与路径选择——基于构建和谐劳动关系的视角》，《求实》2016年第6期。
② 刘驰：《关于发展和谐劳动关系问题研究》，《中国劳动关系学院学报》2012年第4期。
③ 丁晓强、杨小勇：《中国当前劳动关系面临的问题及其思考》，《毛泽东邓小平理论研究》2010年第6期。

代工企业——富士康科技集团有限公司深圳园区连续发生了 12 起员工跳楼事件。应该说，事件的发生与富士康的管理制度密切相关，即没有给予员工应有的关爱和尊重，过分注重效率造成对人性的漠视。富士康的员工，特别是一线技工长期处在一种高度紧张、高强度的工作状态，人几乎已经变成了机器，还要忍受管理人员的辱骂、体罚。"富士康 12 连跳"引发社会普遍关注，表明在新生代工人逐渐占据工人阶层主体的情形下，他们对公平的追求、维权意识、对社会的判断和对生活的向往，将挑战此前被忽略甚至刻意压制的劳资领域的矛盾。

表 29—3　　　　2012 年不同行业农民工参加社会保障的比例　　　　单位：%

行业	养老保险	工伤保险	医疗保险	失业保险	生育保险
制造业	15.2	28.9	18.5	8.1	5.3
建筑业	3.8	14.0	6.0	2.2	1.5
交通运输、仓储和邮政业	24.1	30.6	26.7	15.6	11.3
批发和零售业	14.3	17.1	15.7	9.3	7.2
住宿和餐饮业	7.0	12.4	8.8	3.9	2.9
居民服务和其他服务业	12.1	16.9	13.3	6.9	5.2

资料来源：《2012 年全国农民工监测调查报告》，国家统计局发布，2013 年 5 月 27 日。

（四）劳动争议案件居高不下，集体停工和群体性事件时有发生

《劳动合同法》和《劳动争议仲裁调解法》颁布以来，各种类型的劳动争议案件居高不下，每年几乎都达 60 余万件。在劳动争议案件中，与劳动合同、工资待遇及社会保险有关的案件占比大概在 50% 以上；集体劳动争议案件和集体劳动争议人数都占相当大的比例（见表 29—2）。一方面，说明劳动者法律意识、维权意识逐年增强，敢于和善于拿起法律武器保卫自身合法权益；另一方面，也说明劳动争议具有发生频繁，涉及人数多，影响面广的特点。劳动关系的稳定是企业和谐发展的奠基石。劳动关系不稳定往往会导致劳资双方道德风险和机会主义行为产生，进而影响企业对重大事务的决策能力，既不利于劳动者技能积累和素质提升，也会使企业陷入不断招工，而工人又不断流失的窘境。

伴随着个体雇佣关系向集体劳动关系的发展，当合法诉求在正常的体制内所设立的诉求渠道中得不到回应时，工人为了维护自身利益，就会开始采取集体行动。工人的集体行动因为被视为严重的社会不稳定因素，很少见诸报端。但从一些分散的研究结论可以看出，工人的集体行动数量正在增加。"据中国社会科学院发布的《2009 年中国社会形势分析与预测》报告，全国各类群体性事件从 2006 年起开始上升，达到 6 万余起；2007 年上升到 8 万余起。有数据显示，2009 年达到了 9 万余起。根据上海交通大学舆情研究实验室、舆情网发布的《2010 中国危机管理年度报告》，2010 年平均每五天就有一起影响较大的危机舆情事件发生。"[1] 2009 年发生的"通钢事件"和"林钢事件"[2]，以及 2010 年 5 月发生的以"南海本田事件"为代表的罢工潮等集体行动事件，集中地体现了中国工人劳工意识的提升，即劳动者通过自发的团结和自发的集体行动来提出自己的诉求，争取自己的利益。[3]

2006 年之前，上访、静坐、罢工、占领工厂等是集体行动的主要形式；2006 年以后，集体旅游、集体散步、集体不作为等行动形式纷纷出现。对比集体行动策略可以看出，集体行动不再满足于向利益对抗方提出抗议，因为往往无法获得回应，它越来越多地通过引起公众舆论关注并向政府施加压力，最终逼迫政府正视他们的境遇和诉求。多样化的集体行动背后是工人们更深刻的无奈，这种悲哀不能不引起政府的思考。

（五）劳动关系的协调机制有待进一步完善

工会组织相对独立地开展活动，是协调劳动关系的基础。但现实中，部分企业没有建立工会，或工会组织不给力，甚或存在行政化倾向和职能错位，难以在利益协调、诉求表达、矛盾调处和权益保障等方面发挥有效作用。同时，职工代表大会、厂务公开制度等流于形式，职工的知情权、参与

---

[1] 《工人集体行动十一年：基于 553 个个案的分析》，《中国劳工通讯》2011 年 12 月。

[2] 2009 年 7 月 24 日，股权调整引发群体性事件，吉林省通钢集团老总被工人打死，"通钢事件"警示企业重组须让职工参与。同年 8 月 12 日，河南省濮阳林钢职工发生大规模聚集，因不满林州钢铁以约 6400 万卖给私人公司解雇大批工人赔偿每人每年 1090 元，将前来处置公司改制事宜的濮阳市国资委一名领导围堵在一间房子里约 90 小时。

[3] 常凯、邱婕：《中国劳动关系转型与劳动法治重点——从〈劳动合同法〉实施三周年谈起》，《探索与争鸣》2011 年第 10 期。

权、表达权和监督权难以落实到位，集体协商制度实效性不强。

政府、工会和雇主组织组成的协调劳动关系三方协商机制尚处在初创阶段，现行的法律法规对三方协商机制的规定还不全面、不具体，而且在实际操作过程中存在政府越位、雇主组织缺位、工会脱位与弱势的状况，导致三方协商机制操作效率低下、运行效果与设想差距较大。从工作内容上看，协商内容比较单一，有的仅就劳动合同和集体合同内容进行协商，一些地区对三方协商内容理解片面，认为主要是解决劳动争议问题，把协商内容局限在调解处置劳动争议领域。三方协商机制和集体合同制度的核心是"谈判"，而在现实中恰恰缺乏真正意义上的"协商谈判"过程。

政府在建设和谐劳动关系过程中，本应起到主导、监督、调节，以及制定、完善政策、法律法规的作用。而在现实中，一方面，有的地方政府为了追求政绩，过度追求经济效益，当发生企业侵犯员工合法权益事件时过于偏袒企业，"睁一只眼，闭一只眼"，破坏了劳动争议处理过程中公平公正的原则，致使部分企业劳动关系管理基本上处于一种"法外运行"的状态。另一方面，劳动监察和调解仲裁力量比较薄弱，案多人少的矛盾突出。2011年，全国人大常委会劳动合同法执法检查报告显示：中国劳动保障执法专职监察员约2万人，平均每人需面对1700多户用人单位、近2万名劳动者，机构设置不规范、专职劳动保障监察员严重不足、监察队伍素质有待加强等问题突出。[1] 此外，劳动监察等部门执法力度不够，也使劳动者权益维护困难重重。

---

[1] 胡磊：《我国劳动关系领域存在的问题、成因与对策》，《党政干部学刊》2012年第11期。

第三十章
结 束 语

知道了从哪里来，就会更清楚地知道到哪里去。俄国思想家赫尔岑说过："充分地理解过去，我们可以弄清楚现状；深刻认识过去的意义，我们可以揭示未来的意义；向后看，就是向前进。"历史和现实告诉我们，回头看一看走过的路，可以总结经验、坚定信念，也可以吸取教训、防微杜渐。只有看清楚曾经走过的路，想明白一路上的坎坷和曲折，才能知道哪条路能通向美好的未来。

一 正确认识改革开放前后两个历史时期

2013年1月5日，习近平总书记在新进中央委员会的委员、候补委员学习贯彻党的十八大精神研讨班上发表重要讲话，明确指出："我们党领导人民进行社会主义建设，有改革开放前和改革开放后两个历史时期，这是两个相互联系又有重大区别的时期，但本质上都是我们党领导人民进行社会主义建设的实践探索。中国特色社会主义是在改革开放历史新时期开创的，但也是在新中国已经建立起社会主义基本制度，并进行了20多年建设的基础上开创的。虽然这两个历史时期在进行社会主义建设的思想指导、方针政策、实际工作上有很大差别，但两者绝不是彼此割裂的，更不是根本对立的。不能用改革开放后的历史时期否定改革开放前的历史时期，也不能用改革开放前的历史时期否定改革开放后的历史时期。要坚持实事求是的思想路线，分清主流和支流，坚持真理，修正错误，发扬经验，吸取教训，在这个基础上把党和人民事业继续推向前进。"① 习近平总书记关于"两个不能否定"的重要论述，集中体现了中国共产党对于这一重大问题的根本立场和鲜明态度。它对于我们正确认识和把握改革开放前后两个历史时期具有重要的指导意义。

（一）改革开放前 30 年在重大挫折中取得了重大成绩

当前，不少人在贬低甚至彻底否定改革开放以前 30 年的历史。有的是全面否定前 30 年的历史，对中华人民共和国的缔造者毛泽东同志进行诋毁；有的是借肯定改革开放后 30 多年来否定前 30 年，否定社会主义革命与建设取得的伟大成就。② 对此，我们必须高度重视，清醒地认清这股错误思潮的极端危害性，通过摆事实、讲道理，坚决给予批驳，还历史一个公正的答案。

1949 年 10 月 1 日，中华人民共和国成立，开辟了中国历史的新纪元。新中国成立后，以毛泽东同志为核心的第一代中央领导集体带领全国人民，先是经历了三年的战后经济恢复，紧接着用四年的时间完成了三大改造，然后全国开始进入全面的大规模的社会主义建设。在社会主义建设的探索中，经历了"大跃进"、人民公社化运动，国民经济调整，后来又发生了"文化大革命"，前 30 年建设遭受重大挫折。但是，我们不能因为这些问题，就贬低甚至否定前 30 年所取得的巨大成就。改革开放前 30 年，新中国取得的重大成就有目共睹。其突出表现在，确立了社会主义初级阶段的基本经济制度，并初步建立起独立的比较完整的工业体系和国民经济体系，在一定程度上改变了旧中国工业集中于沿海地区的不合理布局，为进一步实现工业化和现代化奠定了重要的物质技术基础。

第一，国民经济的较快增长与规模的扩大。1949—1978 年，中国经济的增长取得了比较快的速度。1978 年与 1949 年相比较，社会总产值从 557 亿元增加到 6846 亿元，按可比价格计算，增长了 12.44 倍，年均增长 9.37%；工农业总产值从 466 亿元增加到 5634 亿元，按可比价格计算，增长了 12.84 倍，年均增长 9.48%，其中，工业总产值从 140 亿元增加到 4067

---

① 习近平：《习近平谈治国理政》，外文出版社 2014 年版，第 22—23 页。
② 梅宏：《如何正确看待新中国成立后的两个 30 年》，《中国井冈山干部学院学报》2012 年第 4 期。

亿元，增长了38.2倍，年均增长13.49%；国民收入从358亿元增加到3010亿元，按可比价格计算，增长了6.69倍，年均增长7.29%。考虑到1950—1952年的经济增长具有恢复的性质，如果以1952年为基数，那么，1978年与1952年相比，社会总产值增长了6.26倍，年均增长7.92%；工农业总产值增长6.79倍，年均增长8.22%，其中，工业总产值增长14.99倍，年均增长11.25%；国民收入增长了3.53倍，年均增长5.98%。[1] 1978年，中国国内生产总值，按当年汇率折算，为2297.89亿美元，在世界各国中排第8位，相当于美国的10.9%，日本的23.6%，印度的1.95倍。根据中国国家统计局公布的数字，1950—1978年的29年，中国国内生产总值的年均增长速度约为7.4%，国民收入的年均增长速度为7.3%。这一增长速度高于世界平均水平，但不属于经济增长速度最快的国家和地区。与同是社会主义国家的苏联相比，中国经济增长速度略低于苏联。苏联1951—1975年国民收入年均增长速度为8.1%，1951—1980年国民收入年均增长速度为7.4%。与日本和西方主要资本主义国家相比，中国国内生产总值的增长速度低于日本，日本1951—1975年为8.7%，1951—1980年为8.1%，但明显高于同时期的美国（3.3%，3.3%）和英国（2.5%，2.4%），略高于联邦德国（5.4%，5.5%）、法国（4.8%，4.5%）和意大利（5%，4.8%）。[2]

第二，初步建立起独立的比较完整的工业体系和国民经济体系。1953—1978年，中国政府通过五个"五年计划"的建设，利用计划经济体制集中调动资源的能力，以国家为主体，进行了大规模的固定资产投资。除个别特殊年份外，固定资产投资占国家总财力的40%—50%，最高年份达到60%以上。26年间，累计固定资产总投资7644.45亿元，占同期国家财力比重的45.34%，占民收入使用额的19.05%。[3] 1953—1980年，各工业部门基本建设累计总投资3939.93亿元。[4] 如此大规模的建设，这在中国历史上是不曾有过的。通过对工业部门的大规模投资，建立起一大批旧中国所没有的工业部门，彻底改变了旧中国工业门类残缺不全的面貌。改革开放前30年，

---

[1]《中国统计年鉴（1983）》，中国统计出版社1983年版，第13—23页。
[2] 苏少之：《中国经济通史》（第十卷·上），湖南人民出版社2002年版，第1153、1197—1198页。
[3]《中国固定资产投资统计资料（1950—1985）》，中国统计出版社1987年版，第9—11页。
[4]《中国统计年鉴（1983）》，中国统计出版社1983年版，第326—327页。

新建立的工业部门包括：石油和天然气开采业，生产大型金属切削机床的通用机械制造业，生产矿山、发电、冶金、纺织、轻工设备的专用制造业，生产汽车、船舶、机车车辆、飞机的交通运输设备制造业，以及仪器仪表制造业、石油加工业、化学纤维制造业、塑料制造业和生产手表、照相机、缝纫机等耐用消费品的轻工业，等等。此外，一些旧中国虽然已有，但加工水平低、技术非常落后的工业部门，通过设备更新、技术改造、改建扩建，彻底改变了面貌，产品品种和质量、工艺和技术装备水平都更加现代化。这样的部门包括：采矿业、冶金业、化学工业、造纸业、食品加工业、纺织业、印刷业、医药业，等等。[1] 工业的发展大大促进了整个国民经济的增长，成为带动经济增长的"火车头"。到1978年，钢、煤、石油、发电量、机床的年产量，分别比旧中国最高年产量增长34.4倍、10倍、325倍、42.8倍、33.9倍；粮食、棉花产量，分别比1949年增长1.7倍和3.9倍；铁路营运里程由2.18万公里增加到5.17万公里；高校毕业生累计295万人；全国专业技术人员达到559万人，是新中国初期同类人员总数的13.2倍。[2]

第三，经济结构和工业布局得到改善。旧中国是一个传统的农业大国，工业不发达，1949年，农业占工农业总产值的比重为70%，工业只占30%。新中国成立后，随着工业的迅速发展，工业占工农业总产值的比重不断提高。1952年首次超过40%，1956年超过50%，到1978年占72.2%。工业总产值占社会总产值的比重，从1952年的34.4%上升到1978年的59.4%，提高了25个百分点。[3] 1949年，工业内部结构以轻工业为主，当时轻工业产值占到工业总产值的73.6%，重工业产值只占26.4%。在轻工业当中，主要是从事纺织、缫丝、制盐、制糖、卷烟等初级加工的一般消费品生产；重工业则基本上以采煤、冶金、建材等能源、原材料的生产为主，机械等重加工工业的比重极低。之后，由于实行了重工业优先发展的战略，重工业迅速增长，从根本上扭转了轻、重工业之间的比例关系。到1978年，轻、重工业的比例关系变成42.7∶57.3。重工业的加速发展，带动了工业装备水平和技术水平的提高，工业产品种类也迅速增加。新中国成立的时候，中国工

---

[1] 曾培炎主编：《新中国经济50年（1949—1999）》，中国计划出版社1999年版，第271页。
[2] 朱佳木：《正确认识新中国两个30年的关系》，《前线》2010年第3期。
[3] 《中国统计年鉴（1983）》，中国统计出版社1983年版，第15、20页。

业生产主要集中于沿海少数省份和内地少数城市，在沿海省市中，工业又主要集中于上海、江苏和辽宁，1949年这三个省市的工业总产值占到全国的42.2%，其中上海市的工业总产值又占全国的24.7%。其间，国家通过对工业项目投资流向的决策和诱导，中、西部的工业基础大大加强，许多重加工业和能源、原材料基地在中部、西部地区蓬勃兴起，工业的地区分布趋向合理、均衡。1978年以前，在西南地区的四川省建设了天然气、化工、钢铁、机械工业基地；在云南省建设了有色金属和化工基地；在贵州省兴建了煤炭、有色金属、化工基地；在西北地区的陕西、甘肃、宁夏各省区建设了煤炭、化工、冶金、机械、电力工业基地；在地处中部的安徽省、河南省建设了煤炭、钢铁、有色金属、化工、机械基地。[1]

第四，国防科技事业发展取得多方面的重大突破。1964年10月16日，第一颗原子弹爆炸成功；1966年10月27日，成功地进行了第一次发射导弹核武器试验；1967年6月17日，第一颗氢弹空爆试验成功；1970年4月24日，第一颗人造卫星（东方红一号）发射成功；1970年12月26日，第一艘攻击型核潜艇建造完毕，1974年8月交付海军服役；1975年11月28日，发射的人造卫星正常运行后返回地面成功[2]，等等。国防尖端技术的发展，打破了超级大国对中国的武力威胁和核讹诈，对于建立巩固的国防发挥了重要作用。正如邓小平1988年所说："如果六十年代以来中国没有原子弹、氢弹，没有发射卫星，中国就不能叫有重要影响的大国，就没有现在这样的国际地位。这些东西反映一个民族的能力，也是一个民族、一个国家兴旺发达的标志。"[3]

更值得一提的是，改革开放以前30年的这些成绩是在几乎完全断绝了国外经济援助和技术来源的情况下，依靠自力更生实现的。以上事实表明，改革开放以前30年的探索成果和巨大成就不容否定。

当然，充分肯定改革开放以前所取得的成绩，并不是要否定在这30年探索中所犯过的错误。毋庸讳言，由于党领导社会主义建设事业没有现成的

---

[1] 曾培炎主编：《新中国经济50年（1949—1999）》，中国计划出版社1999年版，第272—274页。
[2] "两弹一星"最初是指原子弹、氢弹和人造卫星。后来，"两弹"中的原子弹和氢弹合称"核弹"；另一弹则是指"导弹"。
[3] 《邓小平文选》（第三卷），人民出版社1993年版，第279页。

经验可供借鉴，在指导思想上过于强调"政治挂帅"、过于强调主观力量，而忽视客观经济规律的作用，加之，党的领导对形势的分析和对国情的判断出现失误，把阶级斗争扩大化，在所有制问题上急于求纯，在经济建设上急于求成，造成了社会主义事业发展的"折腾"，诸如经济增长过程中波动频繁、经济结构不尽合理、经济发展质量不高、人民得到实惠不多，等等。后来，又发生了"文化大革命"这样全局性的、长时间的严重错误，使社会主义事业的探索遭受严重挫折，给党、国家和各族人民带来严重灾难。① 当前，关键是如何看待这些探索中的错误和失误？这些刻骨铭心的教训，也是不能忘却的，我们要勇于正视、善于反思、敢于纠正。正如邓小平所说："过去的成功是我们的财富，过去的错误也是我们的财富。我们根本否定'文化大革命'，但应该说'文化大革命'也有一'功'，它提供了反面教训。没有'文化大革命'的教训，就不可能制定十一届三中全会以来的思想、政治、组织路线和一系列政策。"② 所以，只有肯定改革开放以前30年的探索和成绩、正视前30年的错误并吸取教训，才是历史唯物主义者应有的态度。

（二）改革开放后取得的成就举世瞩目，但问题也引人注目

1978年中共十一届三中全会以来，党中央全面、深刻地总结和吸取了在社会主义革命和建设时期的经验和教训，顺应时代要求和人民期待，作出了改革开放的战略抉择，开辟了建设中国特色社会主义的新道路，并带领全国各族人民大踏步赶上了时代前进的潮流，谱写了社会主义现代化建设新的壮丽篇章。30多年来，中国经济增长迅速，社会生产力、综合国力大幅提升，科技实力、国防实力显著增强。国内生产总值由1978年的3645亿元增长到2012年的51.89万亿元，按不变价格计算，增长了23倍之多③，已经成为世界第二大经济体，人民生活实现了从温饱不足到总体小康的历史性跨越。社会主义市场经济体制基本建立并逐步完善，形成了以公有制为主体、

---

① 中共中央党史研究室：《正确看待改革开放前后两个历史时期——学习习近平总书记关于"两个不能否定"的重要论述》，《人民日报》2013年11月8日。
② 《邓小平文选》（第三卷），人民出版社1993年版，第272页。
③ 《中国统计年鉴（2013）》，中国统计出版社2013年版，第44、48页。

多种所有制经济共同发展的基本经济制度,市场机制在资源配置中发挥着重要作用,实施"走出去"战略,加入世界贸易组织和经济全球化进程。社会主义民主政治不断发展、依法治国基本方略扎实贯彻,社会活力显著增强。教育、文化、科技事业更加繁荣,人民群众精神文化需求日趋旺盛,人们思想活动的独立性、选择性、多变性、差异性明显增强。国家在外交、国防、军队建设等方面卓有成效,香港、澳门回归祖国,两岸和平发展呈现新的前景,等等。在如此短的时间内,以如此快的速度,呈现如此大的变化,这的确是了不起的成就。"改革开放所取得的巨大成就,没有人能否定得了。有的人企图用改革开放以前30年取得的成绩,来否定后30年的改革开放,显然是苍白无力的"。①

但是,我们充分肯定改革开放后30多年所取得的成就,并不是说这30多年没有问题。如果说只有成绩,没有问题,显然不符合马克思主义的唯物辩证法,也不符合改革开放后的真实情况,我们必须辩证地看待这一新的历史时期。这30多年,有成就,也有问题;有值得总结的经验,更有需要深入思考的课题。② 对于改革开放后社会主义建设中存在的问题,2007年10月,胡锦涛在中共十七大报告中概括为:"经济增长的资源环境代价过大;城乡、区域、经济社会发展仍然不平衡;农业稳定发展和农民持续增收难度加大;劳动就业、社会保障、收入分配、教育卫生、居民住房、安全生产、司法和社会治安等方面关系群众切身利益的问题仍然较多,部分低收入群众生活比较困难;思想道德建设有待加强;党的执政能力同新形势新任务不完全适应,对改革发展稳定一些重大实际问题的调查研究不够深入;一些基层党组织软弱涣散;少数党员干部作风不正,形式主义、官僚主义问题比较突出,奢侈浪费、消极腐败现象仍然比较严重。"③ 当然,在改革过程中还出现了诸如诚信水平下滑、行政效率不高等问题,对于上述这些人们普遍关注而亟待解决的问题,既不能因为改革开放30多年的成就忽略它,也不能过于夸大它,进而否定改革开放后30多年的历史。对此,要坚持辩证唯物主

---

① 梅宏:《如何正确看待新中国成立后的两个30年》,《中国井冈山干部学院学报》2012年第4期。
② 李君如:《深入研究改革开放三十年的历史是党史学者的光荣使命》,《中共党史研究》2009年第2期。
③ 胡锦涛:《高举中国特色社会主义伟大旗帜为夺取全面建设小康社会新胜利而奋斗——在中国共产党第十七次全国代表大会上的报告》,《求是》2007年第21期。

义和历史唯物主义的基本观点，要客观公正地看待，并在改革中逐步完善。

（三）改革开放前后两个时期是探索、铺垫与继承、发展的关系

如何正确认识和把握改革开放前后两个时期之间的关系，也是探索新中国 60 多年历史的重要内容。我们认为，虽然这两个时期有重大区别，各自呈现不同的特点，但又有本质联系，是内在的统一整体，它们两者之间是探索、铺垫与继承、发展的关系，既具有一脉相承的连续性，又具有"青出于蓝而胜于蓝"的超越性。[1]

改革开放后社会经济的发展，是在前 30 年建设的基础上进行的。改革开放后，国家体制没变，依然实行人民民主专政，依然走社会主义道路；国家的领导力量没变，还是中国共产党领导；指导思想没有变，还是坚持马列主义、毛泽东思想。[2] 没有前 30 年的探索、奋斗与成功，没有前 30 年的经济基础、政治基础和社会基础做铺垫，就不会有改革开放的成功。中国现代工业的基础离不开前 30 年大规模的工业建设。毛泽东时代的基础建设，有的到现在还在发挥重大作用。

改革开放后所取得的成就是对前 30 年的继承和发展，是对前 30 年的超越。改革开放后，我们党高举中国特色社会主义伟大旗帜，坚持"一个中心，两个基本点"，在前 30 年的基础上进行改革开放和社会主义现代化建设的实践探索。改革不是自我否定，而是社会主义的自我完善和发展。通过改革促使中国继续朝着更好的方向前进，通过开放利用世界人民所创造的共同文明成果，加快中国发展。我们党吸取了前 30 年的经验教训，摒弃了以阶级斗争为纲，把党的中心工作转移到经济建设上来，整个社会形成了聚精会神搞建设、一心一意谋发展的良好局面。改革开放后所取得的成就，无论是质还是量，都大大超越了前 30 年，实现了历史性的飞跃，也为世界社会主义的发展探索了一条成功的道路。

新中国 60 多年的历史，虽有失误、有挫折，但取得的成绩是辉煌的，呈现出阶梯式或螺旋式上升的发展趋势。前后两个时期都是新中国发展过程中的重要组成部分，它们是内在的统一整体，不是彼此割裂的。看不到两个

---

[1] 金延锋：《科学辩证地认识党执政后的两个历史时期》，《观察与思考》2013 年第 3 期。
[2] 梅宏：《如何正确看待新中国成立后的两个 30 年》，《中国井冈山干部学院学报》2012 年第 4 期。

历史时期之间的这种一致性、连续性，抹杀两者的相同之处，势必妨碍对选择社会主义道路的正确性、必要性的认识，难以懂得中国特色社会主义为什么是社会主义而不是别的什么"主义"。① 总结历史经验教训，是为了更好地前进，对两个时期的成就与问题进行总结与反思极为必要，但应该建立在理性、客观和公正的基础之上，任何厚此薄彼的观点都是错误的。

（四）中国劳动经济从"生存"到"生活"的蜕变

劳动经济是事关国民切身利益的基本民生问题，也是衡量民生福祉最为重要的指标。劳动就业是民生之本，解决了就业问题也就解决了国民稳定的收入来源问题。稳定的收入来源渠道加上社会保障的安全预期，是民生得到保障与改善的可靠基石。而构建和谐的劳动关系是加强和创新社会管理、保障和改善民生的重要内容，是建设社会主义和谐社会的重要基础，是经济持续健康发展的重要保证。总结和反思新中国 60 多年的劳动经济史，可以发现，它是一部从改革开放前的"生存"到改革开放后"生活"的蜕变演化史。

1. 改革开放前劳动经济的"生存"特征

鸦片战争以后 100 多年的中国近代史告诉我们，"落后就要挨打"。因此，近代以来许多仁人志士满怀强国富民的抱负。新中国成立后，毛泽东等第一代领导人选择了以优先发展重工业为目标的发展战略，以期快速而且直截了当地实现强国和民族自立。这种战略选择，一方面是当时国际、国内的政治、经济环境的结果，因为能否迅速恢复和发展经济、尽快自立于世界民族之林，是关系国家和政权生死存亡的头等大事；另一方面也十分直观地反映了领导人的经济理想。从当时的发展阶段和认识水平看，实现国家的工业化，几乎是发展经济、摆脱贫困和落后的同义语。由此可见，改革开放前 30 年，实施优先发展重工业的战略和建立高度集中的计划经济体制，以及实行压低产品和要素价格为内容的宏观政策，既具有客观必然性，也是理性选择的结果。为了适应重工业优先发展战略，降低重工业资本形成的门槛，于是一套以全面压低产品和要素价格为内容的宏观政策环境就形成了，相应

---

① 朱佳木：《正确认识新中国两个 30 年的关系》，《前线》2010 年第 3 期。

的制度安排则是对经济资源实行集中的计划配置和管理，并实行工商业国有化和农业人民公社化，以及一系列剥夺企业自主权的微观经营机制。[①]

然而，重工业作为资本密集型的产业具有的基本特征，与中国当时的经济状况相冲突，使重工业优先增长无法借助市场机制得以实现。基于此，劳动力资源的计划配置也是题中应有之义。为了工业化建设有一个稳定的发展环境，劳动就业以解决城市劳动力就业为重点，"三个人的活，五个人干"，严格限制农村劳动力流入城市，甚至进行城市知识青年上山下乡的逆城市化运动；为了工业化建设有尽可能多的资本积累，国家实行了统一的工资制度（等级工资制），对工资总额实施总量调节，防止出现工资分配对积累挤占和破坏计划目标。从1956年起，全国实行统一的国家机关、企事业工资标准。这种统一规定的工资水平是十分低下的，一直到1978年，大多数年份的职工年平均货币工资都在600元以下。低工资压低了工业发展的劳动成本，成为重工业优先发展战略的必要政策环境。[②] 在计划经济体制下，由于绝大多数商品都处于短缺状态，国家不得不对这些商品实行限量配给，人民生活中的票证制度应运而生。加之，改革开放以前经济增长几起几落，人民生活改善受到很大影响。但是，我们通过优先发展重工业，特别是"两弹一星"成功研制，新中国有了立国之本，并快速地自立于世界民族之林，摆脱了生存危机。可以说，在中国人民还在为解决温饱问题而奋斗的条件下，当时的广大职工和人民群众"勒紧裤腰带"搞建设，做出了巨大牺牲。对此，我们要时刻牢记，不能忘怀。

2. 改革开放后劳动经济的"生活"特征

生活建立在生存的基础之上。生存问题解决不了，难以谈生活。改革开放30多年来，中国经济飞速发展，综合国力明显增强，人民生活水平大幅度提高，为世界经济发展和人类文明进步做出了重大贡献。而这一切的起点，是新中国经过30年工业化建设和国民经济发展打下的坚实基础，是新中国经过30年艰苦奋斗建立起来的宏伟基业。正是在这样的基础上，伴随着改革开放，适应社会主义市场经济要求的劳动经济体制基本形成，市场机

[①] 林毅夫、蔡昉、李周：《中国的奇迹：发展战略与经济改革》（增订版），上海三联书店、上海人民出版社1999年版，第28—30页。

[②] 同上书，第41页。

制在劳动力资源配置中发挥着越来越重要的基础性作用。与此同时，随着工业化和城市化的加速推进以及经济的快速发展，中国劳动经济的"生活"特征日益凸显。

第一，城镇劳动就业的渠道明显拓宽、规模不断扩大、结构逐步优化，劳动力资源得到更加充分的开发和利用。1978年城镇就业人员有9514万人，占全国就业人员比重的23.7%，到2012年增加到37102万人，城乡就业结构比例从23.7%和76.3变为48.4%和51.6%；按三次产业分，第一、第二、第三产业就业比重由1978年的70.5%、17.3%和12.2%，提升到2012年的33.6%、30.3%和36.1%。就业优先、实现更加充分的就业，已成为基本国策。城乡统筹就业，就业渠道通畅，绝大部分劳动者可以顺利实现就业，就业的稳定性增强。劳动者素质大幅度提高，九年义务教育已经普及，基本实现了人人有知识、个个有技能，高等教育实现了从精英教育向大众化教育的转变。1978年普通高等学校毕业生数为16.5万人，到2012年，增加到624.7万人。面向全体劳动者的职业技能培训制度逐步完善，新进入劳动力市场的劳动者都要经过中等以上教育或职业资格培训。有劳动能力和就业愿望的劳动者基本都能享有平等的就业权利和机会，社会失业率和平均失业周期控制在社会能够承受的范围之内。

第二，劳动者自主择业、自由流动、自主创业的良好环境已经形成。以《劳动法》为核心，《劳动合同法》《就业促进法》《劳动争议调解仲裁法》《社会保险法》等为主干的劳动保障法律体系逐步完善，政府、用人单位、劳动者和社会中介组织的行为依法调整[1]，劳动用工管理制度日渐规范。随着城乡劳动力二元分割的逐步瓦解，统一开放、竞争有序的人力资源市场正在形成。工资（薪酬）作为重要的价格杠杆在人力资源市场上发挥基础性作用，调节劳动力的供求，引导劳动者合理流动和就业。在法律的保障下，劳动者自主择业和自主创业，就业质量不断提高。在各级财政的支持下，公共就业服务和职业培训基本能够满足劳动者实现就业和提高素质的需要。

第三，劳动者的劳动权益得到有效保障。在劳动合同的保障下，劳动者的劳动报酬、休息休假、接受职业技能培训、享受社会保险和福利等权利得

---

[1] 劳动保障部专项课题研究小组：《实施扩大就业的发展战略实现社会就业更加充分》，《中国劳动保障报》2008年3月1日。

到更好实现，劳动条件和工作环境进一步改善。劳动者对劳动就业的追求不再是简单的低层次的业有所就，而且要求规范、稳定、体面的就业与互利共赢的和谐劳动关系。劳动收入水平有了较大幅度的增长，劳有所得也不再是简单的付劳获酬，而且追求劳有所值、劳能共享，即能够参与分享企业或者组织单位的发展成果。最低工资制度能够保障劳动者的基本生活需要，并形成了正常增长机制。多层次的社会保障体系进一步发展，社会保障水平大幅度提高，劳动者失了业也有保障。规范有序、公正合理、互利共赢、和谐稳定的劳动关系正在形成，劳动争议能够通过有效途径得以解决。

二　关于历史断限与各阶段主题的解释

在研究经济史和历史的过程中，进行历史断限和分阶段研究，是一种常规性的做法。本书从经济史学的视角，以劳动力资源配置方式变革为主线，分五个时期，对新中国 70 年以来劳动经济发展的历史进行了考察和专题性研究。在此，有必要解释我们为什么分了五个历史阶段？其历史断限的依据是什么？各阶段劳动经济发展的主要特点？

关于新中国经济发展史的历史断限问题，众说纷纭。如前面谈到的二分法，分为改革开放前（1949—1978 年）和改革开放后（1979 年以后）两个大的历史时期。这种分期方法属于第一个层次，也是学术界主流的观点，争议不大。存在较多争鸣的是，对这两大历史时期若干阶段的划分，即第二个层次的分期问题。有的学者把改革开放前（1949—1978 年）划分为两个阶段，即 1949—1956 年和 1957—1978 年，或 1949—1957 年和 1958—1978 年；也有学者把改革开放前划分为三个阶段，即 1949—1956 年、1957—1965 年和 1966—1978 年，或 1949—1957 年、1957—1965 年和 1966—1976 年，等等。关于改革开放后的历史分期，有两阶段说，有三阶段说，也有四阶段说。两阶段，即 1979—1991 年和 1992 年以后，或 1979—2000 年和 2001 年以后，等等。三阶段，即 1979—1991 年、1992—2001 年和 2002 年以后，或 1979—1992 年、1993—2005 年和 2006 年以后，等等。四阶段，即 1979—1991 年、1992—2001 年、2002—2012 年和 2013 年以后，或 1979—1984 年、1985—1997 年、1998—2008 年和 2008 年—，等等。此外，还有第三个层次的分期问题，如把1949—1956年划分为1949—1952年和1953—1956年。之所以在历史断限和经济发展阶段划分上出现分歧，是因为不同学者使用的分期标准和依据存在差异，对此，不必大惊小怪。

我们认为，探讨中国劳动经济史的分期标准，或者说历史断限依据，首先要看劳动经济发展各个阶段的实质内容和特点。没有自身的实质内容和特点，就不能与上下阶段区别开来，就不能成为一个独立阶段。而且在每个历史阶段的诸多特点中，总有一个是主要的，而这个主要特点体现了本阶段内容的实质。我们在划分1949—2012年新中国劳动经济发展五个阶段的同时，也就自认为找到了它们的实质内容和主要特点，每个阶段的实质内容和主要特点也就成了本书相对应的每一篇的主题。①

第一篇写的是第一个阶段（1949—1956）新中国劳动经济的变化。它的主题是"转变中建立"，即在经历两次经济形态的转变中建立起社会主义的劳动经济制度。1949年是这个阶段的起点，其标志是中华人民共和国的成立。1956年是这个阶段的终点，其标志是到1956年年底随着"一化三改"任务的基本完成，新中国初步建立起一套新的劳动经济制度。这个阶段，新中国经历了从半殖民地半封建经济形态到新民主主义经济形态，从新民主主义经济形态到社会主义初级阶段经济形态的两次转变。这两次经济形态的转变都是凭借强大的政权力量与群众动员，对既存经济形态实行改造，并逐渐形成了高度集中统一的计划经济管理体制和优先发展重工业的战略，开展了大规模的经济建设。在这个过程中，中国共产党和人民政府高度重视人民群众生活的改善和提高，采取了一系列有力措施减少失业和扩大就业，建立起由政府统一介绍、招收与调配劳动力的制度，实行以固定工为主的用工制度，新的劳动关系形成；在适当提高工资水平的基础上，对全国职工工资制度进行逐步清理、调整，特别是历经两次大的工资改革，到1956年初步建立起体现按劳分配原则的社会主义工资制度。与此同时，初步建成了以国家为责任主体，覆盖国家机关、企事业单位职工的社会保险和福利制度。此外，随着劳动力市场调节的空间不断缩小，农村劳动力流动受到限制，城乡二元分割的劳动力管理体制开始形成。"转

---

① 这一部分的写作思路深得赵德馨教授的教诲和启发。参见赵德馨主编《中华人民共和国经济史（1985—1991）》，河南人民出版社1999年版，第651—654页。

变"是这个阶段的主要特征,而"建立"起社会主义的劳动经济制度是这个阶段的实质内容。

第二篇写的是第二个阶段(1957—1978)劳动经济的发展变化。它的主题是"曲折中探索",即劳动经济历经"大跃进"、国民经济调整和"文化大革命",在曲折中探索与发展。1978年是这个阶段的终点,其标志是1978年12月中共十一届三中全会的召开,结束了"以阶级斗争为纲",党和国家的工作重点转移到经济建设上来。在计划经济体制下,中国劳动经济制度总体上是一种城乡二元分割的劳动经济制度。因应优先发展重工业化战略的实施,城市实行劳动工资计划管理,统包统配、能进不能出的就业与固定用工制度进一步强化,新成长的劳动力就业基本上只有全民所有制单位一条途径,为了缓解城市的就业压力,甚至采取精减职工、知识青年上山下乡等逆城市化的措施和手段。按劳分配原则以及计件和奖励工资制屡遭冲击,尽管多次对工资进行调整和改革,但基本上实行的是一种带有平均主义色彩的等级工资制度,职工工资收入长期偏低且呈平均化态势。社会保险与职工福利制度基本上延续着建立时期国家—单位保障制的格局,但在"文化大革命"中由于社会保险的管理机构被撤销,面向城市劳动者的劳动保险制度从社会统筹模式转化成为由单位负责的、现收现付模式,劳动保险开始微观化为企业保险。而农村则在人民公社三级(人民公社、生产大队、生产队)所有的体制中,以生产队为基本核算单位,统一组织社员进行集体生产劳动和个人消费品分配,农村劳动力向城市流动的渠道基本被堵塞,中国城市化进程极其缓慢。受"左"的指导思想影响,过度强调职工(社员)利益服从集体利益、集体利益服从国家利益,职工对单位、社员对农村集体组织形成过度依赖,其结果是导致劳动激励不足,生产经营单位效率低下。总之,1957—1978年中国劳动经济管理工作深受各种社会的、政治的因素制约和国民经济曲折发展的影响,走过了一段曲折的探索之路。"曲折"是这个阶段的主要特征,而"探索"在社会主义条件下实行什么样的劳动经济制度是这个阶段的实质内容。

第三篇写的是第三个阶段(1979—1991)的劳动经济变化。它的主题是"摩擦中改革"。随着经济体制改革的起步和展开,一方面,传统计划经济体制开始解体,但计划体制因素在资源配置中依然居于支配地位;另一方面，市场因素开始复苏和成长，并在资源配置中具有越来越重要的作用。这种二元经济体制的内在矛盾决定了两者之间的摩擦，摩擦、较量与转轨的互动，提升了劳动力资源配置的效率，决定了中国劳动经济体制改革的历史走向。在城市，以增强国营企业活力为中心，相应地开展了劳动合同用工制度、工资制度和社会保险制度等方面的配套改革：一是改革传统的统包统配就业制度，实行"三结合"就业方针、广开就业门路，推行劳动合同制、搞活固定工制度，建立和培育劳务市场、促进劳动力的社会调节；二是职业技术培训事业迅速恢复并有新的发展，从培养新技术工人的后备培训制度逐步转向多形式、多层次、全方位的职业技术培训网络；三是改革单一的等级工资制度，国营企业推行工资总额同经济效益挂钩的工资制度，国家机关、事业单位建立起以职务工资为主要内容的结构工资制，非国有部门市场化工资决定机制开始显现，工资水平相比计划经济时期有所提高；四是社会保险制度改革逐步"去单位化"，国家、企业和个人三方共同参与，实行保险基金社会统筹，实现了由企业自我保险向社会互济的过渡；五是国营企业在劳动关系确立和管理中的权限不断增大，原来行政性的劳动关系出现松动，企业和劳动者的利益诉求开始分化，具有市场经济属性的劳动关系双方利益主体逐渐形成。在农村，随着家庭联产承包制的推行，集体生产劳动形式转变为以家庭为单位的劳动形式，农民的农业收入分配转变为"交够国家的，留足集体的，剩下都是自己的"；农村剩余劳动力开始向非农产业和城镇流动，城乡劳动力二元分割的局面被打破。两种体制的"摩擦"是这个阶段主要特征，而"改革"传统的计划化的劳动经济制度是这个阶段的实质内容。

第四篇写的是第四个阶段（1992—2001）劳动经济的发展与变化。它的主题是"定向中转轨"。1992—2001 年是中国由计划经济体制向市场经济体制转轨的关键时期，是中国经济发展史上一个相对完整的新阶段。这个阶段经济体制改革和发展的特征可以概括为"定向"两个字，即中国正式确立了走市场经济之路，确立了市场机制在资源配置中发挥基础性作用的地位，各经济主体必须面向市场展开其经营活动。1992 年是这个阶段的起点，其标志是中共十四大报告明确提出了"经济体制改革的目标是建立社会主义市场经济体制"，此后，两种体制仍存在摩擦，但再也不会出现 1979—1991 年这段时间里两种体制不仅并存，而且谁胜谁负的前途未定那种局面。2001年则是这个阶段的终点，其标志是中国加入了世界贸易组织。从此，中国市场经济国际化之门大开，开始走上了市场化与国际化相互交融并接受国际市场检验之路。

"转轨"，即传统的计划经济体制下的劳动经济制度向适应市场经济体制的新的劳动经济制度转轨，则是这个阶段的实质内容。在这个阶段，一是劳动就业体制进行了根本性变革。1992年以后，随着国有企业进入产权改革阶段和国有经济战略性调整，在计划经济体制下形成的国有企业内部的大量隐性失业人员公开化并被推向社会，安置富余人员与做好下岗职工基本生活保障和再就业，就成为这个阶段劳动体制改革的首要任务。因此，推行全员劳动合同制、实施再就业工程，培育和发展劳动力市场、建立市场导向的就业机制，积极推动双轨制就业体制向市场就业体制演变，就成为这个阶段劳动就业体制改革的主旋律。与此同时，随着"民工潮"的兴起和发展，党和政府开始把农村劳动力就业考虑进来，开展农村劳动力开发就业试点，实施劳动力跨地区流动有序化工程，提出了走城乡统筹就业之路，尝试建立城乡平等的就业体制，则构成了劳动就业体制改革的另一条主线。二是职工教育培训从"职业培训"到"职业技能开发"转型。职工教育培训以市场需求为导向，形成了以政府为主导、企业为主体、各类职业培训实体积极参与的格局。职工教育培训工作范围不断拓展，从单纯为城市服务、为国有经济服务，转变为以全社会劳动力为服务对象，以开发和提高劳动者的职业技能为宗旨，培训与就业紧密结合。在职业教育培训投入上，贯彻"谁受益，谁投资"的原则，改变了过去由政府（或企业）统包统揽的做法，从根本上解决了职业教育培训经费投入不足的问题。三是工资收入分配的市场化改革加速推进。中央明确提出要坚持按劳分配为主体、多种分配方式并存，以及效率优先、兼顾公平的原则，允许和鼓励资本、技术等生产要素参与收益分配，探索建立与现代企业制度相适应的工资分配制度。国家对工资的管理，从实施弹性劳动工资计划到完善分级调控、分类管理体制，从建立最低工资保障和工资支付制度到对部分行业、企业实行工资控制线办法，从建立工资指导线、劳动力市场工资指导价位和人工成本预测预警等制度到加大运用法律和经济等手段调节收入分配的力度，国家不再统一制定国有企业内部工资分配的具体办法,实现了从直接计划控制到间接调控的转变。同时,继续深化企业内部分配制度改革,工资的激励作用明显增强。企业推行岗位技能工资制,探索按生产要素分配办法,经营者工资逐步从职工工资中分离出来;改革工资总量管理方式,改进完善工资总额与经济效益挂钩办法,部分企业开展了工资集体协商的试点。工资的市场决定方式成为90年代工资改革的趋势,到2001年年底初步建立起一个由"市场机制调节、企业自主分配、职工民主参与、政府监控指导"的现代企业工资收入分配制度。四是社会保险制度的改革与转型。社会保险制度改革在维系经济体制改革和国民经济持续增长、保证整个社会基本稳定的同时,基本完成了从传统的"国家—单位保障制度模式"向现代的"社会保障制度模式"的转型。统一的城镇企业职工养老保险制度框架基本形成,职工医疗保险制度改革全面推进,失业保险制度改革取得积极进展,工伤保险、生育保险制度改革逐步展开,社会保险管理体制日臻完善,一个独立于企事业单位之外、资金来源多元化、保障制度规范化、管理服务社会化的社会保险体系基本建立起来。五是劳动关系市场化转型的任务基本完成。国有企业成为独立的经济主体和企业法人,企业与劳动者通过签订劳动合同普遍建立起契约化的劳动关系,《劳动法》等法律法规的颁布与实施为市场化劳动关系的运行基本构建起了一个法制体系框架,劳动关系的法制化建设也取得了重大进展。

  第五篇写的是第五个阶段(2002—2012年)劳动经济的发展与变化。它的主题是"统筹中完善"。2002年是这个阶段的起点,其标志是2002年11月中共十六大提出了全面建设小康社会的奋斗目标。2003年10月,中共十六届三中全会通过的《中共中央关于完善社会主义市场经济体制若干问题的决定》提出了科学发展观,并详细阐明了"五个统筹"的含义。关于劳动经济体制改革问题,《决定》提出,要深化劳动就业体制改革,推进收入分配制度改革,加快建设与经济发展水平相适应的社会保障体系。就业是民生之本,收入分配是民生之源,社会保障是民生之安全网,这三项都是民生的基本问题,关乎经济发展、社会稳定和政权兴亡。中国劳动力资源配置、劳动力市场发展、社会保障制度改革等进入了统筹城乡、全面发展的新时期。"统筹"可以作为这个阶段的主要特征,再者,"统筹发展"也有"全面发展"之意。2012年是这个阶段的终点,也是本书的研究下限。2013年11月,中共十八届三中全会通过的《中共中央关于全面深化改革若干重大问题的决定》,提出了"使市场在资源配置中起决定性作用和更好发挥政府作用"的论断,这标志着劳动力资源配置方式将会有新的变化。所以,2013年宜作为下一个阶段的起点。

"统筹中完善","完善"的是社会主义市场经济体制,"完善"的是劳动力资源配置机制,包括就业、工资收入分配、社会保障制度等,进而实现劳动关系的和谐,这些方面构成了这个阶段的实质内容。一是实施城乡统筹的积极就业政策。进入21世纪,中国就业问题,既有发达国家主要面临青年劳动力的就业问题,也有转轨国家主要面临转轨带来的结构性失业和再就业问题,还有发展中国家面临农村劳动力的转移就业问题,可谓就业问题"三碰头"。通过实施积极的就业政策,我们不仅有效地化解了当时的就业压力,而且随着就业规模的扩大,就业结构也进一步优化。二是劳动力市场发展与转型。2002年以来,中国劳动力市场的制度变革和发展,既有在二元经济发展过程中,劳动力市场从低级到高级、从分割到统一、从不太规范到有序运行的发展任务,也有在完善市场经济体制过程中,劳动力资源配置进一步发挥市场机制基础性作用的转型任务。随着城乡劳动力二元分割的逐步瓦解,问题的焦点已逐步集中到城市内部的二元分割上。2007年,中共十七大报告明确要求"建立统一规范的人力资源市场,形成城乡劳动者平等就业的制度"。以"民工荒"从东南沿海向内地蔓延为标志,中国劳动力市场供求开始从"无限供给"转入"有限剩余"的新阶段。三是工资收入分配制度改革取得重大进展。在"效率与公平并重、更加强调公平"的改革理念指导下,在企业工资分配方面,按照建立与现代企业制度相适应的收入分配制度的目标,以建立激励与约束相结合的收入分配机制为中心,突出推进国有企业经营者收入分配制度改革和改善对垄断行业工资收入分配调控两个重点,抓好企业内部分配制度改革、宏观调控体系建设、完善政策法规三个环节,职工工资水平进一步提高。在机关、事业单位工资分配方面,进一步深化公务员工资制度改革,实行国家统一的职务与级别相结合的工资制;改革事业单位分配制度,建立和实行岗位绩效工资制。四是社会保障从作为经济体制改革的配套措施转变为一项基本的社会制度安排。中国政府坚持以科学发展观为指导，强调以人为本，统筹城乡社会保障制度建设，基本建立起覆盖城乡居民的社会保障制度框架。各项社会保障制度覆盖范围从国有企业扩展到各类企业和用人单位，从单位职工扩展到灵活就业人员和城乡居民，越来越多的人享有基本社会保障。社会保障水平较大幅度提高，多层次社会保障体系得到进一步发展。五是劳动关系制度建设进入专业化、精细化的新阶段。政府逐渐用市场化劳动关系的专业思维，进行劳动关系问题的处理和调整，不再把调整劳动关系作为改革的辅助措施，而是作为整个社会经济发展中的有机组成部分予以规制。《劳动合同法》《劳动争议调解仲裁法》和《社会保险法》等劳动关系领域的专项法规出台，相关规定越来越细，具有较强的可操作性，消除了法规适用的模糊地带，给劳动者和用人单位提供了更为准确的法律预期。

回顾历史，我们充满自信；展望未来，祖国前程似锦。中共十八届三中全会为全面深化改革指明了方向，吹响了新的历史起点上的号角。从2013年起，中国劳动经济已经进入一个新的阶段，目前尚处在发展之中。"当某一经济事物尚处在发展之中，即目前的阶段尚未结束时，人们不可能根据实践的效果，对它作出历史性的结论与评价。这样的经济事物或其发展阶段，不属于经济史学的研究对象。"[1] 因此，2013年以来的劳动经济发展，也就不属于本书的研究范围了。这也是本书把研究下限断在2012年的主要的原因。

另外，研究经济历史的目的在于说明现实和预见未来。研究经济史的人应该研究现实经济。2013年以后，这个阶段的下限断在哪一年呢？目前下结论为时尚早。这仍然要看劳动经济发展在这个阶段的实质内容和主要特点。不过，根据党中央已经确定的"两个一百年"奋斗目标和近年来的劳动经济发展态势，我们能够推测，这个阶段的主题可能是"共享中发展"，即其特征是"共享"，实质内容是民生的"发展"与提升。2015年10月，中共十八届五中全会通过的《中共中央关于制定国民经济和社会发展第十三个五年规划的建议》首次提出了"共享是中国特色社会主义的本质要求"，要使全体人民在共建共享发展中有更多获得感，增强发展动力，增进人民团

---

[1] 赵德馨主编：《中华人民共和国经济史（1985—1991）》，河南人民出版社1999年版，第638—639页。

结，朝着共同富裕方向稳步前进。

三 经济新常态下劳动经济发展展望

(一) 中国经济发展进入新常态

经过新中国成立以来 60 多年的工业化进程，特别是改革开放 30 多年来的快速工业化进程，中国工业化建设取得了巨大的成就，经济发展水平得到了极大的提升，中国的基本经济国情已经从农业大国转变为工业大国，成长为经济总量世界第二的经济大国，人民群众的生活水平实现了质的飞跃。同时，还应清醒地认识到，中国还不是一个工业强国，现在正处于从工业大国向工业强国转变的阶段，发展模式还存在一系列问题。对此，以习近平同志为核心的党中央高瞻远瞩，指出中国经济发展已经进入新常态，并提出了适应、把握和引领新常态的要求。

什么是经济新常态？根据习近平总书记的系列论述，它至少包括以下三个方面：

第一，经济增速从高速增长向中高速增长换挡。改革开放以来，中国经济增长速度年均达到了 9.5%，纵观世界经济发展史，这是史无前例的高速度。但 2012 年以来，经济增长速度出现了下滑的趋势，2013 年为 7.7%，2014 年为 7.3%，2015 年为 6.9%。为什么？因为中国经济发展的国内外环境和条件已经或即将发生诸多重大变化，以往所具备的高增长条件不复存在。从国际环境来看，自 2008 年国际金融危机以来，世界主要发达国家经济复苏乏力，国际贸易摩擦不断，国际经济发展的复杂性、不确定性增加，使以前靠出口增长拉动经济发展的模式优势不再。从国内条件来看，资源"瓶颈"和生态环境压力不断增大，新增劳动年龄人口不断减少，人口红利趋于消失，经济的潜在增长率较以往降低。[1] 不过，经过 30 多年的高速增

---

[1] 赖德胜、李长安：《经济新常态背景下的和谐劳动关系构建》，《中国特色社会主义研究》2016 年第 1 期。

长，中国 GDP 总量 2014 年已超过了 10 万亿美元①，如此巨大的经济体量，即使增长 5%，其增量依然是相当可观的。

第二，经济结构从失衡到优化再平衡。以往粗放型经济增长模式的问题之一是不平衡性和不协调性加剧了，总需求低迷和产能过剩并存，房地产泡沫化，城乡之间、区域之间、行业之间等的差距明显，收入分配差距不断扩大，经济风险发生概率上升。因此，加快推进经济结构战略性调整，不断优化升级，是大势所趋，刻不容缓。经济新常态，就是从结构失衡到优化再平衡的过程。在产业结构方面，作为制造大国，中国要从低端制造向高端制造迈进，要让"中国制造"升级为"中国创造"。同时，第三产业逐步成为产业主体，并在经济增长中发挥更大的作用，实现从工业大国向服务业强国的转变。城乡区域结构方面，随着国家新型城镇化战略的实施，城镇化将迈上一个新的台阶，城乡统筹发展将会使城乡之间的差距逐步缩小，区域发展有更好的平衡性、协调性。收入分配结构方面，收入差距扩大的趋势得到有效控制，劳动收入占比上升，发展成果惠及更广大民众。需求结构方面，消费需求逐步成为需求主体，特别是中高收入阶层的扩大蕴含着巨大的消费需求，消费对经济增长的贡献率进一步提升。在质量结构方面，从"吹泡沫"到"挤水分"，从"减量提质"转为"量质双升"，实现有效益、有质量的增长。在这些结构变迁中，先进生产力不断产生、扩张，落后生产力不断萎缩、退出，既涌现一系列新的增长点，也会使一些行业付出产能过剩等沉重代价。

第三，经济增长从要素驱动、投资规模驱动转向创新驱动。随着劳动力、资源、土地生产要素等价格的上扬，过去靠低要素成本驱动的经济增长方式不可持续。适应新常态，引领新常态，关键在于形成新的经济增长动力，而这其中的关键又在于创新。创新既是结果，也是过程，涉及诸多方面，包括产品创新、工艺创新、生产组织方式创新、商业模式创新、科技创

---

① 2014 年，中国国内生产总值为 643974.0 亿元，以 2014 年 12 月 31 日人民币兑美元中间价 6.1190 计算，GDP 规模已经达到 10.52 万亿美元。2015 年，国内生产总值为 68.60 万亿元，以 2015 年 12 月 31 日人民币兑美元中间价 6.4936 计算，中国 GDP 总量相当于 10.56 万亿美元。

新、体制机制创新等。当然，创新终归还得靠人来实现。① 人是生产力中最活跃的因素，人的作用更为重要，特别是企业家和创新型人才。因此，既要更好地发挥企业家的创新精神因为他们是优化资源配置、提高供给体系适应能力的主导力量②，又要培育更多的创新型人才，因为他们也是当今和未来提高全要素生产率，实现创新驱动的关键。

上述三个方面，是一个具有内在统一逻辑的体系。当前的中国经济，无论是经济基本面，还是经济发展基本模式、产业业态以及经济增长动力已经今非昔比。中国经济基本面不仅发生了量的巨变，更是发生了质的飞跃，经济潜力足、韧性强、回旋余地大。用过去的眼光看待中国经济、用过去的思维思考中国经济既不准确，也不现实。③

新常态下中国经济面临新的机遇，也面对日趋严峻的国际经济形势和国内改革发展稳定的繁重任务。2014年5月，习近平同志在河南考察时首次提出"新常态"的时候，首先明确的是"中国仍然处在重要的战略机遇期"，新常态只是意味着中国经济进入到一个新的发展阶段，只是意味着速度要下一个台阶，而不是意味着中国发展的黄金时代已经结束。如果中国经济顺利完成增长驱动力的转换，增速虽然下滑，但经济增长的质量、经济总体的含金量都会高于过去30多年的高速增长期。11月9日，习近平同志在APEC工商领导人峰会开幕式主旨演讲中指出，中国能否抓住新的机遇，应对新常态下的各种挑战和风险，关键在于全面深化改革的力度。同时，习近平同志还肯定了深化改革在中国经济新常态下的关键作用，肯定了市场和企业家的重要价值，肯定了创新对于中国经济转型的重大意义。④ 2015年10月，习近平同志提出了创新、协调、绿色、开放、共享的新发展理念。其中，"创新"注重的是解决发展动力问题，"协调"注重的是解决发展不平衡问题，"绿色"注重的是解决人与自然和谐问题，"开放"注重的是解决发展内外联动问题，"共享"注重的是解决社会公平正义问题。新发展理念

---

① 赖德胜、李长安：《经济新常态背景下的和谐劳动关系构建》，《中国特色社会主义研究》2016年第1期。
② 龚雯、许志峰、吴秋余：《开局首季问大势——权威人士谈当前中国经济》，《人民日报》2016年5月9日。
③ 马光远：《全面准确理解中国经济新常态》，《经济参考报》2014年11月10日。
④ 同上。

的提出，符合中国国情，顺应时代要求，对破解发展难题、增强发展动力、厚植发展优势具有重大指导意义。

新常态的表面特征是经济增长速度放缓，本质是增长动力转换倒逼产业结构调整。当前及今后一个时期，最重要的是正确理解党中央提出的"在适度扩大总需求的同时，着力加强供给侧结构性改革"这句话，坚定不移地以推进供给侧结构性改革为主线，着眼于矫正供需结构错配和要素配置扭曲，全面落实"去产能、去库存、去杠杆、降成本、补'短板'"五大重点任务。[①] 同时，还要厘清目的和手段的关系，有效发挥市场在资源配置中的决定性作用和更好发挥政府作用。短期内，稳增长与调结构之间可能存在矛盾。但从长期看，稳增长与调结构是一致的，结构调整是经济可持续增长的重要动力和保障，解决和完成"五大重点任务"有助于结构优化和经济的长期健康发展。

2017年10月，中共十九大报告指出，"我国经济已由高速增长阶段转向高质量发展阶段。正处于转变发展方式、优化经济结构、转换增长动力的攻关期，建设现代化经济体系是跨越关口的迫切要求和我国发展的战略目标"。高质量发展已成为当今中国经济发展的明确方向和必然要求。推动高质量发展，必须深刻认识和理解高质量发展的内涵。第一，高质量发展应以富有效率为突出特征。因为从目标来看，提高效率本来就是经济发展的永恒追求。要通过技术进步、市场竞争、金融支持等多方力量共同推动，不断降低单位产品所消耗的成本。第二，高质量发展应当稳健有序、风险可控。在经济发展过程中，要平衡好效率与稳健的关系，特别要坚守住不发生系统性金融风险的底线，即经济波动在可接受的范围内、金融风险在可控制的水平下。因为一旦风险失控，不仅会酿成经济危机后果，而且还可能中断经济增长，丧失发展良机。第三，高质量发展具有包容共享的内在属性，更加强调发展机会的平等、平衡以及对经济发展成果的合理共享。因为从最终结果来看，只有着眼于全社会、全人类的获得感和幸福感，实现经济发展成果共享，促进社会公平、经济协调和可持续发展，才能有效保障高质量的经济发展。高质量发展立足于经济新常态，与新发展理念一脉相承，是供给侧结构

---

① 龚雯、许志峰、吴秋余：《开局首季问大势——权威人士谈当前中国经济》，《人民日报》2016年5月9日。

性改革在实践中的体现。

(二) 经济新常态下劳动经济发展展望

当前及今后一个时期,是中国全面建成小康社会的决胜阶段,也是完成党中央确定的"两个一百年"奋斗目标的第一个百年奋斗目标的关键性阶段。中国经济发展进入新常态,新型工业化、信息化、城镇化、农业现代化深入发展,人口老龄化加快,供给侧结构性改革不断推进,都对劳动经济发展带来了一系列新机遇、新挑战。那么,作为基本民生组成部分的劳动经济,又该如何积极适应新常态、引领新常态呢?

1. 努力实现更加充分、更高质量的就业

近年来,虽然中国已进入经济增长速度"换挡期"和经济结构调整"阵痛期",但是,新增就业持续增加,就业格局发生重大变化,就业形势总体平稳。"十二五"期间,城镇新增就业6431万人,城镇登记失业率保持在4.05%—4.09%,全国农民工总量由2010年的24223万人增加到2015年的27747万人,增加了3524万人,其中外出农民工增加1549万人。[①] 面对各种挑战和风险,中国之所以能够保持就业规模持续扩大、就业基本稳定,这得益于实施就业优先战略和更加积极的就业政策,得益于经济发展对就业的拉动,得益于深化改革激发了市场活力。同时,还应看到,随着结构调整和转型升级的推进,就业领域呈现出不同于以往的新特征,就业形势依然严峻。一方面,劳动力供求总量矛盾将长期存在。从供给来看,2013年中国劳动年龄人口9.2亿,今后几年需要在城镇就业的新成长劳动力仍将维持在年均1600万人的高位,还有大量农村剩余劳动力转移就业。[②] 从需求看,中国经济高速增长的基本条件已不复存在,同时调结构、去产能可能还带来局部地区的失业压力,面对转岗再就业的问题。另一方面,就业结构性矛盾更加突出。当前劳动力市场"招工难"和"就业难"并存,一线普通工人和技术工人的严重短缺,城镇就业困难人员就业难。高校毕业生要求高质量就

[①] 《2010年度人力资源和社会保障事业发展统计公报》,http://www.mohrss.gov.cn/SYrlzyhshbzb/zwgk/szrs/tjgb/201107/t20110720_69907.html;《2015年度人力资源和社会保障事业发展统计公报》,《中国人力资源社会保障》2016年第6期。

[②] 尹蔚民:《全力以赴做好就业这篇大文章》,《求是》2014年第10期。

业，又找不到满意的工作岗位。2014年高校毕业生首次突破700万人，达到727万人。高校毕业生的知识结构和能力、就业观念与市场需求脱节的结构性矛盾仍然突出。

就业是民生之本。经济新常态下，推动实现更加充分、更高质量就业，务必要做好以下四个方面的工作：

第一，深入实施就业优先战略。继续把促进充分就业作为经济社会发展的优先目标，放在更加突出的位置，实施更加积极的就业政策。坚持分类施策，提高劳动参与率，着力培养新的就业增长点，扩大城镇就业规模，推进经济发展与扩大就业的良性互动。要把稳增长、保就业作为经济运行合理区间的下限，既要助推转型升级，创造更多适合高素质劳动者的管理型、智力型、技术型就业岗位；也要推进产业区域间梯度转移，发挥"雁阵模型"作用，鼓励发展服务业、劳动密集型产业，创造更加充分的就业机会；加快以人为中心的新型城镇化建设步伐，有序推动农村劳动力转移就业。

第二，深入推进就业体制机制创新。要按照中共十八届三中全会提出的"使市场在资源配置中起决定性作用和更好发挥政府作用"的总要求，坚持"劳动者自主就业、市场调节就业、政府促进就业和鼓励创业"的方针，全面深化就业体制机制改革，鼓励以创业带就业，创造更多就业岗位，并有效应对失业风险。建设统一开放、竞争有序的人力资源市场，维护劳动者平等就业权利，促进基本公共服务均等化。增强劳动力市场灵活性，促进劳动力在地区、行业、企业之间自由流动，劳动力的流动会带来资源的重新配置、会提高生产率。尊重劳动者和用人单位市场主体地位，规范招人用人制度，造就更加公平的就业环境，进一步激发劳动者的积极性和创造性。围绕解决结构性就业矛盾、提高就业质量，进一步完善和落实好积极的就业政策，鼓励和扶持自主创业，加强对灵活就业、新就业形态的政策支持。加强全国就业信息监测平台和就业信息公共服务平台建设，改进公共就业服务和人才服务体系，就业创业服务体系更加健全；失业率得到有效控制，发挥好失业保险援企稳岗作用，促进劳动力供需双方的有效衔接。

第三，统筹做好各类重点群体就业。一是继续把高校毕业生就业摆在就业工作的首位，经济转型升级的关键是技术升级、人才引领，高校毕业生最具有创新创业活力，是新兴产业发展的骨干力量，是经济转型升级的生力军。要大力发展战略性新兴产业、现代服务业等科技含量高、最能发挥大学生知识技术专长的产业，使产业增长点与就业增长点有效融合。同时，也要推动高等教育改革，完善就业与招生计划、人才培养、专业设置等的联动机制，从源头上解决毕业生就业难题。① 二是统筹城乡就业，建立健全城乡劳动者平等就业制度，拓宽农村劳动力转移就业渠道，促进农村劳动力转移就业和外出务工人员返乡创业。推进户籍等相关制度改革，推动农民工及其随迁家属逐步平等享受义务教育、公共卫生服务等基本公共服务，有序推进农民工市民化。三是配合供给侧改革，实施再就业帮扶行动，加大再就业支持力度，做好化解过剩产能中的职工安置工作。四是加强对就业困难人员的就业援助，规范公益性岗位开发和管理，对就业困难人员实行实名制动态管理和分类帮扶，确保"零就业"家庭、最低生活保障家庭等困难家庭至少有一人就业。

第四，强化劳动者的职业培训。继续推行终身职业技能培训制度，构建覆盖城乡全体劳动者、贯穿劳动者学习工作终身、适应劳动者和市场需求的职业培训制度，完善市场配置资源、劳动者自主选择、政府购买服务和依法监管的职业培训工作机制，全方位提升人力资本质量和劳动者就业创业能力。加大培训资金投入，开展多种形式的就业技能培训、岗位技能提升培训和创业培训，特别是加强农民工职业技能培训，促进农民工实现社会融合。大力开展劳动者素质提升行动，发挥企业在职业培训中的主体作用，大力推行国家基本职业培训、校企合作、"互联网＋"职业培训等培训模式，激励劳动者干中学并有所创新。

2. 推动形成合理有序的工资收入分配格局

2012年11月，中共十八大明确提出："实现发展成果由人民共享，必须深化收入分配制度改革，努力实现居民收入增长和经济发展同步、劳动报酬增长和劳动生产率提高同步，提高居民收入在国民收入分配中的比重，提高劳动报酬在初次分配中的比重。初次分配和再分配都要兼顾效率和公平，再分配更加注重公平。完善劳动、资本、技术、管理等要素按贡献参与分配的初次分配机制，加快健全以税收、社会保障、转移支付为主要手段的再分

---

① 尹蔚民：《全力以赴做好就业这篇大文章》，《求是》2014年第10期。

配调节机制。深化企业和机关事业单位工资制度改革，推行企业工资集体协商制度，保护劳动所得。多渠道增加居民财产性收入。规范收入分配秩序，保护合法收入，增加低收入者收入，调节过高收入，取缔非法收入。"[1] 2013年2月，国务院批转印发了发展改革委、财政部和人社部《关于深化收入分配制度改革的若干意见》。作为收入分配制度改革的顶层设计方案，若干意见坚持问题导向，紧紧抓住人民群众关心的热点和突出问题，提出了"完善收入分配结构和制度，增加城乡居民收入，缩小收入分配差距，规范收入分配秩序"的整体要求和目标任务。近来年，工资收入分配制度改革基本按照中央有关大政方针和规划部署稳步推进，多数改革措施得到贯彻并取得了成效。针对国有企业经营者自定薪酬、企业内部薪酬差距拉大等问题，2014年8月出台了《中央管理企业主要负责人薪酬制度改革方案》，全面规范中央管理企业负责人薪酬构成和根据经营管理绩效、风险和责任确定薪酬的制度。针对事业单位分配机制僵化、分配与工作效率脱节等弊端，对事业单位按义务教育学校、公共卫生与基层医疗卫生事业单位以及其他事业单位分类分步推广实施绩效工资。针对基层公务员工作任务繁重而晋升通路狭窄等问题，2015年1月出台了《关于县以下机关建立公务员职务与职级并行制度的意见》，提出在职务之外开辟职级晋升通道，调动了基层公务员的积极性。[2]

但是，还要看到，也有一些改革措施贯彻执行不够有力，或没有实施，或实施不到位。到2015年，"对非国有金融企业和上市公司高管薪酬"监管还没有操作措施；绝大多数地区的最低工资标准没有"达到当地城镇从业人员平均工资40%以上"的水平；还没有"建立符合事业单位特点、体现岗位绩效和分级分类管理的事业单位收入分配制度"；"加大对高收入者的税收调节"力度不够、效果不明显，等等。同时，改革推进中也出现了某些新情况、新问题，比如供给侧改革、调结构，产能过剩、"三高"企业、"僵尸"企业面临关、停、并、转，这类产业企业的劳动者将面临收入下降和失业的风险，而新兴产业和高新技术企业及其劳动者则可能快速增加收入，由

---

[1] 胡锦涛：《坚定不移沿着中国特色社会主义道路前进　为全面建成小康社会而奋斗——在中国共产党第十八次全国代表大会上的报告》，《求是》2012年第22期。

[2] 刘军胜：《收入分配制度改革在艰难中行进》，《中国人力资源社会保障》2016年第1期。

此引发收入分配等方面不均衡将更为突出。① 此外，收入分配立法严重滞后，制度还很不完善，符合先进市场经济体制运行要求的收入分配格局尚未构建起来。因此，全面深化工资收入分配制度改革任重道远。

收入分配是民生之源。今后一段时期，全面深化工资收入分配制度改革，一方面，要努力贯彻落实目前尚未执行到位的收入分配政策；另一方面，要根据经济新常态下的新形势、新情况，补充完善相关政策措施，切实抓好、落实好。根据2016年7月6日人社部印发的《人力资源和社会保障事业发展"十三五"规划纲要》，提出以下三点建议：

第一，深化企业工资收入分配制度改革。继续推行和完善企业工资集体协商制度，健全科学的企业工资水平决定机制、正常增长机制和支付保障机制，提升劳动报酬在初次分配中的比重，使创造财富和知识的劳动者获得应有的回报，引导社会致力于财富的创造而不是财富的分配。重点是"提低"和"限高"，即提高普通劳动者收入，同时，要加大对垄断行业及企业高管人员等高收入者的宏观调控力度。一方面，鉴于目前中小企业在国民经济中占有十分重要的地位，而且大多数普通劳动者就业于微利行业和中小企业，建议发改委、财政、税务、人社、工信、商务等部门协同出台若干扶持中小企业生存发展、大企业带中小企业、减轻税费负担、员工素质提升的政策办法，建立和完善中小企业工资正常增长机制，使劳动者特别是一线劳动者的劳动报酬不断增加。同时，完善最低工资增长机制和工资指导线制度，建立企业薪酬调查和信息发布制度，定期发布职业薪酬信息和重点行业人工成本信息，提高劳动者工资议价能力。另一方面，结合中央管理企业负责人薪酬制度改革，构建符合国情特点的国有企业负责人、国有股权代表或政府任命派出高管薪酬管理制度，形成差异化的薪酬分配办法；健全国有企业工资内外收入监督检查制度，加强对国有企业薪酬分配的分类监管。同时，对上市公司高管薪酬建立一套适应市场要求的高管薪酬监管机制和办法，强化小股东的监督权，从而杜绝上市公司高管实际自定薪酬的现象，防止其高薪对国有企业高管薪酬改革形成冲击。②

第二，完善适应机关事业单位特点的工资制度。落实机关事业单位工作

---

① 苏海南：《收入分配制度改革现状与努力方向》，《中国经济时报》2015年6月9日。
② 同上。

人员基本工资标准正常调整机制，定期调整基本工资标准，逐步提高基本工资占工资收入的比重。探索建立工资调查比较制度，形成科学的公务员工资水平决定机制和正常增长机制，实行与公务员分类管理相适应的配套工资政策，完善公务员奖金制度。进一步推进事业单位实施绩效工资，完善公立医院薪酬制度，研究建立事业单位高层次人才收入分配激励机制。进一步调控地区工资差距，完善地区津贴制度，在规范津贴补贴的基础上实施地区附加津贴制度，落实艰苦边远地区津贴增长机制，逐步将地区工资差距调控在合理范围内。分类规范改革性补贴，进一步加强工资管理，积极稳妥推进工资公开，接受社会监督。

第三，加快收入分配立法。通过立法将收入分配改革成功经验不断固化使之成为全民遵循的共识，全面规范人们的收入分配行为，在全社会建立一整套规范的、定型的、成熟的符合社会主义市场经济运行要求的收入分配制度体系。[①] 通过各种有效手段和改革措施，规范收入分配秩序，促进低收入者提高收入水平，努力扩大中等收入者群体，形成全面提高居民收入水平和改善收入分配格局相互促进的局面，最终要在全社会形成橄榄形收入分配格局。同时，在全社会树立和宣扬劳动光荣的理念，形成尊重劳动、保护劳动的良好氛围和环境，让劳动者的收入与其付出相匹配，真正实现按劳分配，促进体面劳动的实现。只有这样，才能真正实现发展依靠人民、发展成果由人民共享，为全面建成小康社会奠定坚实的基础。

3. 建立更加公平、更可持续的社会保障制度

社会保障是民生之依。进入21世纪以来，中国社会保障制度建设开始进入成熟、定型、可持续发展的新时期。社会保障制度的快速发展，不仅对经济社会协调发展发挥了不可替代的作用，而且奠定了全民共享改革发展成果的重要制度基础。展望今后一段时期，我们应当坚持全民覆盖、保障适度、权责清晰、运行高效，稳步提高社会保障统筹层次和水平，以增强公平性、适应流动性、保证可持续性为重点，建立健全更加公平更可持续的社会保障制度（参见第二十八章第三节有关内容）。

4. 努力构建中国特色的和谐劳动关系

劳动关系是生产关系的重要组成部分，是最基本、最重要的社会关系之

---

① 刘军胜：《收入分配制度改革在艰难中行进》，《中国人力资源社会保障》2016年第1期。

一。当前,中国正处于经济社会转型时期,劳动关系的主体及其利益诉求越来越多元化,劳动关系矛盾已进入凸显期和多发期,劳动争议案件居高不下,有的地方拖欠农民工工资等损害职工利益的现象仍较突出,集体停工和群体性事件时有发生。[1] 但是,随着劳动年龄人口减少和经济进入新常态,也迎来了完善劳动关系协调体制机制的窗口期。2015年3月21日,中共中央、国务院发布了《关于构建和谐劳动关系的意见》,对和谐劳动关系建设作出了顶层设计和部署,明确提出"努力构建中国特色和谐劳动关系,是加强和创新社会管理、保障和改善民生的重要内容,是建设社会主义和谐社会的重要基础,是经济持续健康发展的重要保证,是增强党的执政基础、巩固党的执政地位的必然要求"。

和谐劳动关系是民生之基。今后一段时期,构建中国特色的和谐劳动关系,需要深刻认清新常态下劳动关系特点、趋势和治理"短板",更需要科学遵循劳动关系发展的一般规律和中国国情的特殊性[2],加强劳动关系形势分析,找准着力点,采取有力措施,抓实抓好。

第一,树立和宣扬劳动关系双方利益共同体和合作共赢的理念。在经济新常态下,由于利益关系更加敏感,确立利益共同体和合作共赢的理念比其他时候更加迫切。[3] 利益均衡和合作共享是中国特色和谐劳动关系的本质要求。从企业层面看,表现为劳动关系民主化,即劳资双方本着契约自由和互信互惠原则,形成平等合作、劳资两利、共建共享的劳动契约关系;从劳动者层面看,表现为劳动关系公平化和人性化,即劳资双方权利平等、管理文明、分配公正,形成劳动者基本权益得到有效保障、人的价值尊严与社会公平正义得到维护和实现的劳动价值关系;从政府层面看,表现为劳动关系法治化和人道化,即政府通过法治规范权利义务和建构协调机制,引导劳资双方达成利益均衡的共同体,进而增进劳动者幸福感和促进企业持续健康发展,形成公平、稳定、协调的劳动关系。[4] 因此,必须加强对职工的教育引导和对职工的人文关怀,教育引导企业经营者积极履行社会责任和提高他们

---

[1] 《中共中央国务院关于构建和谐劳动关系的意见》,《人民日报》2015年4月9日。
[2] 胡磊:《中国特色和谐劳动关系构建研究》,《中国劳动》2016年第7期。
[3] 郑东亮:《经济新常态下构建和谐劳动关系面临的挑战和对策》,《中国劳动》2015年第10期。
[4] 胡磊:《中国特色和谐劳动关系构建研究》,《中国劳动》2016年第7期。

的依法用工意识，同时，积极改进政府的管理服务，加强行政执法和法律监督力度，积极营造构建和谐劳动关系的良好环境。

第二，积极探索劳动关系协调体制机制建设。综观发达国家劳动关系治理经验，在劳动力供求格局变动和经济下行压力较大时期，加强劳动关系协调体制机制建设往往对缓和矛盾和刺激内需有明显成效。鉴于当前劳动关系法治化体系还不够成熟和定型，部分劳动标准与实际情况相脱钩，某些法律法规实施不够给力，劳动关系法治还不到位。因此，必须加强劳动关系法律制度和劳动标准体系建设，进一步提升劳动关系法治效能。一是完善劳动合同法、劳动争议调解仲裁法等相关配套法规和规章，加快推进集体协商、工资支付、劳动保障监察等方面的立法；二是完善并推动落实工作时间、节假日、带薪年休假、社会保险待遇等规定，规范企业特殊工时制度，不断改善劳动条件；三是加强劳动定额定员标准化工作，分类指导企业制定实施科学合理的劳动定额定员。

鉴于工会失灵和集体协商机制不成熟，劳动关系不平衡，即在企业工会存在制度性弱势、劳资博弈力量悬殊的当下，大量基层工会为劳动者维权和调处劳资矛盾的绩效欠佳，工会缺位和错位导致"工会失灵"的现象广泛存在；集体协商制度的生长和推进离不开政府在场，而劳动行政部门独大，工会和资方组织的代表性谈判力不够。因此，必须进一步优化协调劳动关系三方的职能和运作模式，提高劳资双方在集体协商中的参与度，推动集体协商实质化。

一是加快政府职能转变，从包揽型政府转向协调型政府。劳动部门作为政府的代表，应本着公平、公正、公开的原则，采取不偏袒任何一方的中立态度，忠实履行劳动关系协调者的职能，通过制定法律规则和政策措施，努力把劳资双方各自的利益诉求统一起来，并与国家利益保持一致，使劳资双方达成共识，以达到协调劳动关系、维护社会稳定的目的。

二是推动工会组织角色创新，从福利型工会转向功能型工会。尽快解决工会组织的代表性不足的问题，并使工会组织从过去简单的节假日发福利、送温暖等事务中解脱出来，真正成为劳动者的代言人，成为职工权益的维护者。当前应以推进集体劳动合同签约率、提高职工工会覆盖率等为工作"抓手"，不断提升工会组织吸引力和工人受益感，形成三方协商机制中维护职工权益最可靠、最坚实的力量。[1]

三是强化雇主组织社会责任,从利益型雇主转向责任型雇主。鉴于经济组织小型化、分散化的趋势,除了进一步发挥各行各业龙头企业作用,使其承担更多的社会责任外,重点是在中小企业集中的地方建立区域性、行业性职代会,推进厂务公开制度,加强职工董事、监事制度建设,畅通职工诉求表达渠道,在涉及企业发展重大问题时充分反映职工诉求和吸纳职工意见建议。[2]

四是加大对专业调解社会组织的扶持力度,规范其行为,并纳入三方协商机制之中,以充分发挥其在劳资纠纷调解领域中的积极作用。

综上所述,在经济新常态下,中国资本和劳动力的投入优势不再,要延续改革开放以来创造的经济奇迹,就要实现投入驱动向创新驱动的转型,从依靠人口红利转变为改革红利,通过改革和创新创造出更好的生产要素供给和生产率提高的制度条件,提高潜在生产率,达到进一步改善民生的目的。

---

[1] 赖德胜、李长安:《经济新常态背景下的和谐劳动关系构建》,《中国特色社会主义研究》2016年第1期。

[2] 中国工运研究所课题组:《"十二五"时期我国劳动关系发展走势与应对之策》,《现代财经(天津财经大学学报)》2012年第10期。

中国劳动经济史大事记(1979—2012)

1979 年

1月8日,财政部、民政部发出《关于调整军人、机关工作人员、参战民兵民工病故抚恤金标准的通知》。

1月13日,国务院领导同志批准国家计委、教育部《关于增设四所技工师范学院的请示报告》。报告提出,在吉林、山东、河南、天津成立四所为技工学校培养师资的师范学院。

2月14日,财政部、国家劳动总局联合发出《关于技工学校经费管理和开支标准的暂行规定的补充通知》。通知对举办技工学校的审批手续、学生助学金标准等作了补充规定。

2月16日,国家劳动总局、教育部联合向吉林、山东、河南、天津发出通知:在吉林等四省市建立技工师范学院。通知还对学院领导体制、专业设置、基建经费等作了规定。

2月17日,国务院发出通知,决定停办"五七"干校。停办后的"五七"干校由原主管部门根据本部门的需要,可以改办安置知识青年的基地或技工学校,有的也可以改为轮训干部场所或农副业生产基地等。如本部门不需要,应优先拨给农林部门举办农业学校、干训班、农业科研或其他企业事业单位使用。

2月20日,国家劳动总局颁发《技工学校工作条例(试行)》。

3月9日,国家劳动总局发出《关于招工实行全面考核的意见》的通知,提出全民所有制单位和区、县以上集体所有制单位招工,都要逐步实行德智体全面考核,择优尽先录用的办法。

3月15日，国家劳动总局发出《关于电力部、水利部、交通部、邮电部劳动计划管理体制有关问题的通知》，提出四部直属企业、事业单位之间与外部之间调动职工，由四部自行办理。跨省、市、自治区调动职工时，调入地区应准予落户。调入京、津、沪三市的，应事先征得市革命委员会同意。

3月30日，中共中央副主席邓小平在党的理论工作务虚会上讲话时指出：现代化的生产只需要较少的人就够了，而我们人口这样多，怎样两方面兼顾？不统筹兼顾，我们就会长期面对着一个就业不充分的社会问题。这里问题很多，需要全党做实际工作和理论工作的同志共同研究，我们也一定能找出适当的办法来妥善解决。

4月5日，国务院副总理李先念同志在中央工作会议上指出，坚持统筹兼顾的方针，广开就业门路，解决好劳动力安排的问题。

4月16日，国务院批转国家计划委员会《关于清理压缩计划外用工的办法》。提出：清理积压的重点，是全民所有制单位在国家劳动计划以外使用的农村劳动力；计划外使用的城镇劳动力也要区别情况进行清理。办法规定把来自农村劳动力清退回农村后，生产和工作确实需要的，经省、市、自治区劳动部门审查批准，可以补充城镇待业青年和上山下乡青年。

5月5日，国家计委、国家经委发出《关于做好企业编制定员和劳动定额工作的通知》。

6月4日，教育部、国家劳动总局联合发出《关于技工学校教学仪器供应问题的通知》。通知规定，今后技工学校需要的教学仪器，应列入当地教育部门的供应计划之内，并由当地教育部门安排供应。

6月4日，中共中央、国务院发出《关于处理当前部分人员要求复职复工回城就业等问题的通知》。要求各级党委加强对知青工作的领导，坚决贯彻执行中央〔1978〕74号文件，加强政治思想工作，搞好统筹安排。文件指出已经是国营农林牧渔场或企业单位职工的，要求重新安排工作是不对的，要教育他们安心工作。

7月1日，五届人大二次会议通过了《中华人民共和国中外合资经营企业法》。

7月3日，国务院颁发《关于发展社队企业若干问题的规定（试行草案)》。指出:"社队企业的劳动报酬,应贯彻执行按劳分配的原则。一般实行'厂评等级,队记工分,厂队结算,回队分配'的办法,也可以实行其它办法。有条件的,可以实行工资制。"

7月13日,国务院发布《关于扩大国营工业企业经营管理自主权的若干规定》,提出企业有权按国家劳动计划指标择优录用职工。企业根据自己的实际情况制定考工标准,经过考试招收职工。企业有权根据职工的表现进行奖惩。对那些严重违反劳动纪律,破坏规章制度,屡教不改,造成重大经济损失的,可给予开除处分。开除后,可以留厂劳动,发给生活费。

7月24日,中共中央、国务院转发北京市委、市革命委员会《关于安排城市青年就业问题的报告》,该报告为了解决待业青年就业问题,在政策上作出一些具体规定。如放宽招工的年龄限制,凡35岁以下的城镇待业人员均可参加全民和集体企业的招工考核;知识青年参加生产服务合作社的,可以从参加之日起计算工龄;上山下乡青年被招工后可以缩短学徒期等。

9月24日,中共中央、国务院批转《关于全国物价、工资会议纪要的通知》。

9月28日,国家经委、国家劳动总局联合发出《关于进一步搞好技工培训工作的通知》,通知强调必须有计划地举办新的技工学校;认真调整整顿现有技工学校;大力加强在职工人的技术培训。

10月4日,纺织工业部、国家劳动总局发布《关于纺织企业实行"四班三运转"的意见》,提出这是一项增产节约的好办法,是调整纺织工业现状的改革性措施。

10月4日,中共中央副主席邓小平在省、市、自治区党委书记座谈会上讲话时指出,处理就业问题,上山下乡青年回城市的问题,这些是政治问题,社会问题,但主要还是从经济角度解决。经济不发展,这些问题永远不能解决。所谓政策,也主要是经济方面的政策。比如,知识青年的问题,不从经济角度解决不行。下乡青年,过去一人由财政部一次给500元,是否可以把这笔钱用来扶助城市安排知青就业。用经济手段解决这样的问题,该花的钱还是要花。

10月17日,国务院发布《关于提高副食品销价后发给职工副食品价格补贴的几项具体规定》。财政部发出《关于改进国营企业提取企业基金办法的通知》。

10月24日，国家劳动总局发出《关于做好西藏内调工人工作安排的通知》，提出需要内调安置工作的汉族工人，身体条件应是能坚持正常工作的，原属全民所有制的安排到全民所有制，原属集体所有制的安排到相应的集体所有制单位。

10月25日，国务院发布《关于职工升级的几项具体规定》和《关于调整工资区类别的几项具体规定》。

11月20日，国家劳动总局发出《关于主要副食品提高销价后，有关职工劳保福利待遇若干问题的通知》。

11月21日，中共中央组织部发出《关于实行干部考核制度的意见的通知》。

1980 年

1月18—28日，国家劳动总局在北京召开1980年全国技工学校招生工作座谈会。

1月21日，中共中央组织部、民政部、公安部、国家劳动总局发出《关于逐步解决职工夫妻长期两地分居问题的通知》，提出要以认真负责的态度，按照统筹兼顾、适当安排的方针，区别不同情况和先后缓急，采取多种措施，有计划、有步骤地解决这个问题。

2月8日，国务院印发《关于全国安置下乡知识青年经验交流会的情况报告》，供各地参阅。

2月23日，国家计委、国家建委、公安部、粮食部、国家劳动总局召开解决三线地区内迁职工夫妻长期两地分居问题座谈会，就解决工人夫妻两地分居问题的范围、条件和办法等作了研究。

3月24日，国务院批转国家劳动总局《关于八省、市、自治区纠正冤、假、错案安排劳动指标座谈会的报告》，提出落实政策主要应以纠正"文化大革命"期间的冤、假、错案为重点。落实政策与劳动指标的关系，总的应当是劳动指标要服从落实政策的要求。

4月1日，国家科委、国家经委、国家劳动总局联合发布关于试行《国营企业计件工资暂行办法（草案）》的通知。

4月8日，国家劳动总局颁发《技工学校学生守则》和《关于技工学校学生学籍管理的暂行规定（试行）》。

4月12日，国家劳动总局、卫生部联合发出《技工学校招生体检标准及执行细则（试行）的通知》。

4月25日，财政部发出《对安置待业知青的城镇集体企业进一步减免税的通知》。

5月16日，中共中央、国务院批转《广东、福建两省会议纪要》，正式将"出口特区"改名为"经济特区"。

7月26日，国务院出台《中外合资经营企业劳动管理规定》。

7月31日，国家计委、财政部、国家劳动总局联合发出《关于加强技工学校基建计划和生产计划管理工作的通知》。通知规定，技工学校基建计划和生产计划按隶属关系，分别列入各地区、各部门计划之内。

8月2—7日，中共中央在北京召开全国劳动就业工作会议。会议提出，在解决劳动就业问题上，要打破劳动力全部由国家包下来的老框框，实行在国家统筹规划和指导下，劳动部门介绍就业、自愿组织起来就业和自谋职业相结合的方针。大力兴办各种类型的自筹资金，自负盈亏的合作社和合作小组，鼓励和扶持个体经济。发展职业技术教育，吸收待业青年参加各种职业技术学习。建立劳动服务公司，担负起介绍就业、输送临时工，组织生产、服务，进行职业教育等任务。

8月6日，中共中央、国务院批转西藏自治区党委和人民政府《关于大批调出进藏干部、工人的请示报告》的通知。批示指出：大批干部、工人调回内地，是一项艰巨细致的工作。中央责成中央组织部会同国家人事局、国家劳动总局召开专门会议进行研究，今年、明年、后年三年完成内调任务。

8月12日，胡耀邦在"尽快解决长期两地分居问题"的群众来信上批示：这确实是个大问题。是关系解决一个相当数量的国家干部、职工的正当要求，调动他们的工作积极性，杜绝不正之风的大问题。过去对这个问题我们没有可能加以解决，现在我们已经开始具备了一定的条件，越往后越有条件了。因此，要有计划地分期分批地加以解决。

8月17日，中共中央转发全国劳动就业会议议定的文件《进一步做好城镇劳动就业工作》。

10月7日，国务院发出《关于一九八一年调整部分职工工资的通知》。国务院公布《关于老干部离职休养的暂行规定的通知》。国务院批转教育部、国家劳动总局《关于中等教育结构改革的报告》，报告对改革中等教育结构的方针、内容、途径和有关政策、领导等问题作了规定。

11月9日，国家劳动总局在北京召开全国夫妻两地分居工人商调会。

12月25日，邓小平在中共中央工作会议上作了关于《贯彻调整方针，保证安定团结》的报告。指出，要"继续广开门路，主要通过集体经济和个体劳动的多种形式，尽可能多地安排待业人员。要切实保障集体劳动者和个体劳动者的合理利益，同时加强工商业管理工作，防止非法活动"。

1981 年

1月3日，国家劳动总局、粮食部发出《关于退休、退职工人回农村后口粮供应办法的通知》。

1月12日，国务院同意并批转民政部《关于全国军队退休干部和退伍军人安置工作会议的报告》。报告提出：对于城镇退伍军人实行按系统分配任务，包干安置的办法。同时，要教育退伍军人发扬解放军的光荣传统，顾全大局，服从组织分配。

1月16日，国务院发布《关于正确实行奖励制度、坚决制止滥发奖金的几项规定》。

1月22日，国务院发出《关于停缓建项目和关停企业职工安置的通知》，提出对停缓建项目和关停企业的职工，不要放长假回家、自谋生活；临时工、合同工、协议工、副业工、民工、亦工亦农人员原则上应当辞退，来自农村的要动员回乡参加农业生产。

2月13日，国务院批转了国家计委、国家教委、国家人事局《关于改进1981年普通高等学校毕业生分配工作的报告》，对毕业生的分配确定为"在国家统一计划下，实行'抽成调剂，分级安排'的办法"。

2月20日，中共中央、国务院发布《关于加强职工教育工作的决定》。

3月14日，国务院公布《关于职工探亲待遇的规定》。

3月26日，国家劳动总局发布《关于制定〈国务院关于职工探亲待遇的规定〉实施细则的若干问题的意见》。

4月3日，国家劳动总局召开的全国劳动计划会议开幕。

4月6日，国务院发出《关于国家机关工作人员病假期间生活待遇的规定的通知》。

4月8日，财政部发出《关于职工探亲路费的规定的通知》。

5月6日，国家劳动总局、国家城建总局、公安部、工商行政管理总局联合发出《关于解决发展城镇集体经济和个体经济所需场地问题的通知》。

5月21日，国家劳动总局颁发《关于加强和改进学徒培训工作的意见》。

6月3日，国家劳动总局在西安召开全国劳动服务公司工作座谈会。康永和总局长参加并主持会议。

6月22日，国家工商行政管理总局、商业部、粮食部、供销合作总社、国家物资总局、国家劳动总局联合发出《关于对城镇个体工商业户货源供应等问题的通知》。

7月7日，国务院发布《关于城镇非农业个体经济若干政策性规定》，明确指出个体经济是国营经济和集体经济的必要补充。

8月25日，国家劳动总局印发《关于各地劳动服务公司和民建会、工商联密切配合广开门路、搞活经济、扩大城镇就业的通知》。

9月7—14日，国家劳动总局在烟台市召开全国工资奖励经验交流会，介绍和研究了企业结合实行经济责任制，改进工资、奖励工作的经验。

9月10日，国务院批转国家计委等有关部门《关于一九八一年度毕业研究生和大专毕业生分配问题报告的通知》。

10月4日，教育部、国家人事局、国家计委印发《关于高等学校毕业生调配派遣办法》。

10月7日，国务院办公厅转发国家人事局《关于转达中央书记处〈关于停止干部子女顶替和整顿以工代干问题意见的报告〉的通知》。

10月17日，中共中央、国务院颁发《关于广开门路，搞活经济，解决城镇就业问题的若干决定》，重申了实行劳动部门介绍就业、自愿组织起来就业和自谋职业相结合的方针，即"三结合"就业方针。同时提出要广开就业门路，努力办好城镇集体所有制经济，发展城镇劳动者个体经济，改革国营企业的经济体制和劳动制度，建立健全劳动服务公司的机构，大力加强职业技术培训工作，严格控制农村劳动力流入城镇，大力加强对城镇劳动就业工作的领导等要求。

11月7日，国务院发出《关于严格执行工人退休、退职暂行办法的通知》。

11月15—30日，国家劳动总局派出中国职业技术培训考察团，赴瑞典进行为期半月的职业技术培训考察。

11月，经国家劳动总局党组决定，将国务院知青办、农副业办公室和劳动力司就业处合并，成立就业司。

12月26日，财政部、国家经委发布《关于国营工交企业实行利润留成和盈亏包干办法的若干规定》。

12月30日，国务院发出《关于严格控制农村劳动力进城做工和农业人口转为非农业人口的通知》。

1982 年

1月2日，中共中央、国务院发布《关于国营工业企业进行全面整顿的决定》。指出要整顿和加强劳动纪律，整顿劳动组织，按定员定额组织生产。为了逐步实行生产经营与生活服务的分工，有条件的企业，可以设生活服务公司。为了安排暂时的富余职工和待业青年就业，企业可以单独或联合举办劳动服务公司，从事社会所需要的生产和劳动服务，作为企业附属的集体企业，独立核算，自负盈亏。

1月21日，全国职工教育委员会、教育部、国家劳动总局、中华全国总工会、共青团中央联合发出《关于切实搞好青壮年职工文化、技术补课工作的联合通知》。通知指出了搞好青壮年职工文化、技术补课的重要意义，明确了补课形式、补课内容，并规定了有关政策。

2月20日，中共中央发布《关于建立老干部退休制度的决定》。

3月1日，国家经济委员会、国家劳动总局发出《关于加强技工学校生产实习教学工作的几点意见》的通知。

3月23日，国家经委、国家劳动总局、全国总工会、全国职工教育管理委员会联合向国务院报送《对"关于在城镇普遍建立劳动后备学校的建议"的意见》。意见提出在西安市及江苏省的一个中等城市试点。

3月27日，国家劳动总局发出《关于加强职工调剂工作的通知》，提出：生产需要增加劳动力，首先从多余职工中调剂解决；职工多余的单位，不再补充自然减员，不得继续使用临时工、计划外用工，已使用的应辞退。职工调剂工作，以地区为主，尽量就地就近进行。

4月1—28日，国家劳动总局举办第一期劳动服务公司经理学习班。

4月9日，国务院发出《关于严禁在招收、调配职工工作中搞不正之风的通知》。

4月10日，国务院发布《企业职工奖惩条例》，提出企业职工必须遵守国家的政策、法律、法令，遵守劳动纪律、遵守企业的各项规章制度，爱护公共财产，学习和掌握本职工作所需的文化技术业务知识和技能，团结协作，完成生产和工作任务。

4月19日，国务院发出《关于严禁在招收、调配职工工作中搞不正之风的通知》。

5月4日，第五届全国人民代表大会常务委员会第23次会议通过《关于国务院部委机构改革实施方案的决议》，将原国家劳动总局、国家人事局、国务院科学技术干部局、国家编制委员会合并成立劳动人事部。任命赵守一为劳动人事部部长，李云川、严忠勤、焦善民、何光为副部长。原劳动总局培训司、就业司合并成为劳动人事部培训就业局。

5月6日，劳动人事部成立，万里在成立大会上讲话，提出劳动人事部的任务，就是要搞好劳动制度、工资制度、人事制度"三大改革"，为"两个建设"服务，为实现"四化"服务。逐步改革不合理的劳动工资制度，改变"大锅饭""铁饭碗"的办法，改革"包"下来的办法。

5月14日，国务院发出关于公布《国家建设征用土地条例》的通知。提出因征地造成的农村剩余劳动力，经省、自治区、直辖市人民政府批准，在劳动计划范围内，符合条件的、可以安排到集体所有制单位就业；用地单位如有招工指标，经省、自治区、直辖市人民政府同意，也可以选招其中符合条件的当工人。

5月20日，国家经济委员会、劳动人事部发出《关于在企业整顿中加强定员定额工作的通知》，并印发《关于加强企业编制定员和劳动定额工作的试行办法》。

7月15日，劳动人事部发出《关于劳动服务公司若干问题的意见》的通知，就劳动服务公司的性质和任务作了规定。

8月7日，国家经委、中共中央组织部、劳动人事部、财政部、中国人民银行就贯彻执行《当前国营工业企业全面整顿若干问题的意见》，发出联合通知，指出企业定员定额后多余人员坚决抽出来，另行安置。

8月30日，城乡建设环境保护部、劳动人事部关于印发《国营建筑企业实行合同工制度的试行办法》的通知，提出国营建筑企业实行固定工与合同工相结合的用工制度，招用的合同工必须签订劳动合同，一般为一至三年。

9月15日，劳动人事部发出《关于劳动服务公司若干问题的意见》的通知。

9月16—25日，劳动人事部培训就业局在广东召开全国技工培训教研工作座谈会。会上交流了十一个单位开展教研活动的经验、研究讨论了关于进一步改进和加强职业技术培训研究工作的问题。

10月18日至12月3日，劳动人事部培训就业局在杭州举办培训工作研究班，重点研究了在新形势下开创职业技术培训新局面的问题。

11月2日，劳动人事部颁发《城镇待业人员登记管理的试行办法》，规定了城镇待业人员的登记范围和具体办法。

11月6日，劳动人事部在北京召开全国企事业单位安置待业青年经验交流会。何光副部长参加并主持会议。

12月3日，劳动人事部、全国职工教育管理委员会发布《关于进一步搞好青壮年工人技术补课工作的意见》。

12月10日，第五届全国人民代表大会常务委员会第五次会议通过《中华人民共和国国民经济和社会发展第六个五年计划》。计划规定，"六五"期间，解决城镇劳动就业要在国家规划和指导下，实行"劳动部门介绍就业、自愿组织起来就业和自谋职业相结合"的方针。其中指出，要积极安排城镇劳动就业，提高劳动生产率，逐步改革劳动制度，加强劳动保护，改善劳动条件。

12月20日，国家经济委员会、劳动人事部召开全国整顿企业劳动组织工作座谈会，交流经验，研究解决指导思想和有关政策问题。

1983 年

1月19日，劳动人事部召开部分省、市试行劳动合同制座谈会，交流试点的情况和经验，研究改革用工制度、实行劳动合同制的指导思想和有关政策。

2月3日，国务院、中央军委颁发《中国人民解放军志愿兵退出现役安置暂行办法》的通知，规定退出现役的志愿兵，原则上转业回原籍，由县（市）人民政府安置工作。安置在区、县以上集体所有制企业、事业单位的，保留全民所有制职工的身份。

2月22日，劳动人事部发出《关于积极试行劳动合同制的通知》。

2月25日，劳动人事部发布《关于招工考核择优录用的暂行规定》，要求全民所有制单位按计划招收新工人（包括自然减员补充）时，都要实行德、智、体全面考核，择优录用。应当从技工学校、职业学校毕业生和经过培训的城镇待业青年以及城镇其他待业人员中招收。确实需要从农村招收的，必须报经省、市、自治区人民政府批准。

3月27日至4月3日，劳动人事部在北京召开全国培训工作会议，研究讨论改革职业技术培训制度的设想意见。

4月3日，国务院颁布《国营工业企业暂行条例》。其中，规定企业有权根据国家有关政策确定本企业的工资形式和分配奖金、安排职工福利等；并要在发展生产的基础上，逐步改善职工的物质和文化生活，办好集体福利事业。

4月13日，国务院发布《关于城镇劳动者合作经营的若干规定》和《关于城镇非农业个体经济若干政策性规定》的补充规定，为城镇待业人员自谋职业进一步提供了立法上的依据。

4月14日，国务院颁发《关于城镇集体所有制经济若干政策问题的暂行规定》，指出城镇集体所有制经济是社会主义公有制经济的一个重要组成部分，是中国基本经济形式之一。它对于发展生产、扩大就业、广开门路、搞活经济、满足需要、增加出口、积累资金都有重大作用。

4月23日，国务院发出批转财政部《关于全国利改税工作会议的报告》和《关于国营企业利改税试行办法》的通知。

4月25日，劳动人事部颁发《工人技术考核暂行条例（试行）》。

4月26日，劳动人事部发布《关于改革技工学校毕业生分配制度等问题的意见》。

5月9日，教育部、劳动人事部、财政部、国家计委联合发布《关于改革城市中等教育结构、发展职业技术教育的意见》。

6月11日，劳动人事部、国家经济委员会发出《关于企业职工要求"停薪留职"问题的通知》，提出企业不需要的富余职工，允许"停薪留职"，时间一般不超过二年。

7月14日，国务院侨务办公室、劳动人事部联合发出通知，指出技工学校招生应适当照顾归侨学生和归侨子女，具体办法由各地自行规定。

8月13日，教育部、国家计委、财政部、劳动人事部联合发出《关于广播电视大学扩大招收待业知识青年学员的通知》。

8月17日，劳动人事部、全国总工会、财政部发布《关于在经济体制改革中要注意保障企业职工的劳动保险、福利待遇的意见》。

8月20日，劳动人事部、财政部联合发布《关于改革技工学校助学金使用办法的意见》，规定在现行助学金标准不变原则下，可改部分助学金为奖学金的办法。

8月23—29日，经国务院批准，劳动人事部、国家工商行政管理局、中国社会科学院、全国总工会、共青团中央、全国妇联在北京联合召开了全国发展集体和个体经济安置城镇青年就业先进表彰大会。党和国家领导人同出席大会的全体代表座谈，总书记胡耀邦同志在座谈会上作了题为《怎样划分光彩和不光彩》的重要讲话。大会表彰了发展城镇集体经济先进单位与扶持城镇集体和个体经济发展取得优异成绩的单位共380个；城镇集体企业中的先进职工、先进个体劳动者与支持子女从事城镇集体和个体经济就业的模范家长共229名。

9月3日，国务院发出《关于认真整顿招收退休、退职职工子女工作的通知》，提出因病提前退休的工人，或不具备退休条件而退职的工人，不再实行招收其子女参加工作的办法。各地自行规定的招收离休、退休、退职干部的子女参加工作的办法，应即停止执行。前几年招收进来的职工子女，凡不符合招工条件的，应当进行清退。

10月22日，劳动人事部批准"天津技工师范学院"改名为"天津职业技术师范学院"。

11月5—12日，中国劳动学会和劳动人事部保险福利局在郑州召开保险福利问题学术讨论会。

1984 年

1月19日，经国务院批准，劳动人事部发布《中外合资经营企业劳动管理规定实施办法》和《关于中外合资经营企业劳动管理供内部掌握的若干意见》两个文件及其说明。劳动人事部发出《关于安置军队转业干部的爱人工作问题的通知》，提出军队转业干部爱人原是劳动合同制工人，接收的地方已试行劳动合同制的，可以按合同制工人接收安置。尚未试行劳动合同制的，可暂按固定工接收安置，保留合同制工人身份。

2月10日，劳动人事部和全国职工教育管理委员会联合下发《关于开展工人中级技术（业务）培训的意见》。

2月28日至3月7日，劳动人事部在北京召开全国培训就业工作会议。

3月1日，中共中央、国务院转发农牧渔业部和部党组《关于开创社队企业新局面的报告》（即著名的中共中央〔1984〕4号文件）的通知，同意报告提出的将"社队企业"名称改为"乡镇企业"的建议，并指出"乡镇企业已成为国民经济的一支重要力量，是国营企业的重要补充"。

3月5日，国务院发布《国营企业成本管理条例》。

3月29日，劳动人事部颁发《城镇待业人员登记管理办法》。

4月2日，劳动人事部发出通知，重申并强调不得随意改变技工学校的性质。

4月16日，国务院发出《关于国营企业发放奖金有关问题的通知》。

4月26日，劳动人事部、中国人民保险公司联合发出《关于城市集体企业建立养老保险制度的原则和管理问题的函》。

4月27日，国务院办公厅转发全国职工教育管理委员会、国家经委《关于加强职工培训、提高职工队伍素质的意见》。

4月28日，卫生部、财政部发出《关于进一步加强公费医疗管理的通知》。

5月10日，国务院发布《进一步扩大国营工业企业自主权的暂行规定》，提出企业有权根据生产需要和行业特点，在劳动部门指导下公开招工，经过考试，择优录用。企业有权抵制任何部门和个人违反国家规定向企业硬性安插人员。

5月11日，劳动人事部、国家计委、国家统计局、商业部发出《关于改革供销合作社劳动工资计划体制和统计问题的通知》。

6月11日，国务院、中央军委批转国防科工委等部门《关于解决三线艰苦地区国防科技工业离休退休人员安置和职工夫妻长期两地分居问题的报告》。

6月24—28日，劳动人事部在北戴河召开中国职业技术培训学会筹备会议。

6月30日，国务院关于发布《矿山企业实行农民轮换工制度试行条例》的通知，提出全民所有制矿山企业所需的劳动力，除技术复杂的工种以外，应逐步实行农民轮换工制度。

7月1—6日，劳动人事部培训就业局在烟台召开各地劳动部门技工学校负责人座谈会，主要总结交流烟台市劳动局技工学校通过生产实习搞好生产，搞活经济方面的经验。

7月6日，国务院批转煤炭部等部门《关于煤矿井下职工家属落城镇户口试点工作总结和在全国煤矿推行落户工作意见的报告的通知》。

7月18日，劳动人事部、邮电部发出《关于乡邮投递员和驻段线务员从农民中招用合同制工人的通知》。

8月13日，商业部、国家工商行政管理局、城乡建设环境保护部、劳动人事部联合发出《关于放手发动、组织集体经济单位和个体户经营茶馆、茶摊的通知》。

8月31日，劳动人事部发出《关于妥善解决插队知青遗留问题的通知》。

8月，西安市首先挂出了"劳务市场"的牌子，组织技术工人交流，为企业提供咨询和技术服务。1979年以来，为了贯彻"三结合"就业方针，在少数城市出现了职业介绍、劳动承包等有组织的劳务市场活动。

9月18日，国务院发布《关于改革建筑业和基本建设管理体制若干问题的暂行规定》，提出国营建筑安装企业，原则上不再招收固定工，积极推行劳动合同制，增加合同工的比重。

10月13日，国务院发出《关于农民进入集镇落户问题的通知》，规定：凡在集镇务工、经商、办服务业的农民和家属，在集镇有固定住所，有经营能力，或在乡镇企事业单位长期务工，准落常住户口，口粮自理。

10月15日，劳动人事部、城乡建设环境保护部关于颁发《国营建筑企业招用农民合同制工人和使用农村建筑队暂行办法》的通知，提出国营建筑企业所需的劳动力，除少数必需的专业技术工种和技术骨干外，应当招用农民合同制工人，逐步降低固定工的比例。同时，企业也可以根据工程任务需要，使用农村建筑队参加施工。

10月20日，中共十二届三中全会通过了《关于经济体制改革的决定》。明确提出：增强企业活力是经济体制改革的中心环节，企业活力的源泉在于劳动者的积极性和创造力，而要提高职工的积极性和创造力，就要建立以承包为主的多种形式的经济责任制，认真贯彻按劳分配原则。提出要确立国家和全民所有制企业之间的正确关系，扩大企业自主权；确立职工和企业之间的正确关系，保证劳动者在企业中的主人翁地位。因此，在服从国家计划和管理的前提下，企业有权依照规定自行任免、聘用和选举本企业的工作人员，有权自行决定用工办法和工资奖励方式。十二届三中全会以后，改革国有企业工资管理体制，实行企业工资总额同经济效益挂钩的制度；改革了机关事业单位的工资制度，实行结构工资制；开征个人收入调节税。

11月23日，劳动人事部在郑州召开全国试行劳动合同制经验交流会。

12月7—16日，劳动人事部召开全国劳动人事厅（局）长会议，总结劳动、工资、人事制度改革的经验，研究加快"三大制度"改革的步伐。提出改革用工制度，搞活劳动管理，加强职业培训工作，在改革用工制度的同时，要搞好工资、保险、福利等方面的配套改革。

12月15日，经国务院同意，全国劳动服务公司指导中心在北京成立。办事机构设在劳动人事部。赵守一部长主持了成立大会。

12月17日，劳动人事部、国家计划委员会发出《关于经济特区劳动工资计划和劳动力管理试行办法的通知》。规定：①特区所属全民所有制单位职工人数、工资总额、劳动生产率和技工学校招生人数计划，由单位提出，经特区劳动局、计划部门综合平衡后报特区人民政府（管理委员会）和省劳动局、省计委，由省单列并汇总报劳动人事部、国家计委，纳入国家的劳动工资计划。国家对特区不下达劳动工资计划。②中外合资、合作企业和外商独资企业需要增加人员，首先从富余职工中选招或调剂解决，不足时，在劳动部门指导下，实行公开招收，择优录用。③企业新增工人，实行劳动合同制。

12月27日，劳动人事部关于发布《交通、铁路部门装卸搬运作业实行农民轮换工制度和使用承包工试行办法》的通知。

1985 年

1月1日，中共中央、国务院发出《关于进一步活跃农村经济的十项政策》。

1月5日，国务院发出《关于国营企业工资改革问题的通知》。

1月18日，国务院成立工资制度改革小组。

1月，国际劳工组织北京局成立，负责该组织与中国的联系。

2月25日，国务院同意国家经委、财政部、劳动人事部、纺织工业部、中国丝绸公司《关于改善纺织、丝绸工人工资待遇的请示》。

4月10—18日，劳动人事部培训就业局在九江举行国外职业技术培训研讨会。会上研究讨论介绍了日本、美国、瑞士、瑞典、捷克斯洛伐克、印度、澳大利亚、新加坡和香港等12个国家和地区的职业技术培训情况。

4月24—30日，劳动人事部赵守一部长在访问意大利期间，与意劳工部长德·米·凯利斯商定：在中国西安合作建立一所高级职业技术培训中心，在中意混合委员会正式签署文件后执行。

5月27日，中共中央发布《关于教育体制改革的决定》。

5月27日，劳动人事部计划劳动力局在大连召开华北、东北、华东区技术工人交流服务工作座谈会。

5月27日至6月8日，劳动人事部在京举办了就业问题讲学班。美国布兰戴斯大学黑勒学院劳动经济学教授豪斯曼和弗里德曼、麻省理工学院经济学教授皮沃尔应邀前来讲学。

6月4日，中共中央、国务院发出《关于国家机关和事业单位工作人员工资制度改革》的通知，并附《国家机关和事业单位工作人员工资制度改革方案》。

6月13日，国务院工资制度改革小组、劳动人事部印发《关于实施国家机关和事业单位工作人员工资制度改革方案若干问题的规定》的通知。国务院工资制度改革小组、劳动人事部印发《关于四类工资区提高到五类工资区和计发地区工资办法的具体规定》的通知。

6月28日，劳动人事部发出《关于解决原下乡知识青年插队期间工龄计算问题的通知》。

7月1—8日，劳动人事部在北京召开了全国职业技术培训工作会议。会议主要研究贯彻落实《中共中央关于教育体制改革的决定》，讨论进一步开展就业前训练和改革技工学校、学徒制度等问题。同时，中国职业技术培训学会举行成立大会。

7月12日，劳动人事部、财政部颁发《关于在技工学校建立学校基金制度的联合通知》。

7月13日，劳动人事部、财政部、国家计委、国家经委、中国人民银行发布《国营企业工资改革试行办法》。

7月23日，劳动人事部下发《关于印发国营大中型企业职工工资标准的通知》，并拟定了《国营大中型企业工人工资标准表》和《国营大中型企业干部工资标准表》及其说明。

8月5日，劳动人事部发布《关于技工学校改革的几点意见》，对技工学校性质和任务、工种（专业）设置、学制、招生计划和毕业生分配……各个方面都提出了改革的意见。

8月19日，劳动人事部、财政部发出《关于国家机关和事业单位工作人员工资制度改革后奖金、津贴、补贴和保险福利问题的通知》。

9月1—15日，劳动人事部、全国劳动服务公司指导中心在北京轻工展览馆举办全国劳动服务公司产品展销会。全国27个省、自治区、直辖市和中央铁道、航空等6个部所属的劳动服务公司，共展出十八类近万种产品。

9月6日，全国人大常委会任命赵东宛为劳动人事部部长，免去赵守一劳动人事部部长的职务。

9月14日，劳动人事部颁发了《关于就业训练若干问题的暂行办法》。

9月23日，中国共产党全国代表大会通过了《关于制定国民经济和社会发展第七个五年计划的建议》，其中提出，要统筹安排，开辟多种渠道，努力做好新成长劳动力的就业工作。

9月23日，国务院总理赵紫阳在新华社《国内动态清样》登载的"西安市开办劳务市场调剂调配技术工人"一文上批示：西安市开办有领导的劳务市场，值得各地重视。各地劳动部门应支持开办有领导的劳务市场，积累经验，不断完善健全制度、法律，使之制度化、法制化。

9月24日，国务院发布《工资基金暂行管理办法》。

10月5日，劳动人事部、中国民主建国会、中华全国工商联合会发出《关于进一步加强协作、大力开展职业技术培训的联合通知》。

10月26—31日，全国职工教育管理委员会办公室、劳动人事部培训就业局在湖北宜昌召开工人技术业务培训工作座谈会。会议主要总结交流近年来开展工人技术业务培训工作经验，并研究探讨了新形势下如何进一步搞好工人技术业务培训的问题。

11月5日，劳动人事部在西安召开西北、西南、中南区技术工人交流工作座谈会。

11月13日，中国政府与联合国计划开发署、国际劳工组织正式签署了建立天津、上海两个高级职业技术培训中心的合作项目文件。这一项目由联合国计划开发署和国际劳工局及阿拉伯海湾石油基金会资助，劳动人事部培训就业局为实施执行机构。

11月25日，商业部、劳动人事部联合发出《关于农民轮换工、农民合同制工人因工致残全部丧失劳动能力回乡后口粮供应办法的通知》。

12月4—13日，劳动人事部培训就业局派员随中国代表团赴印尼雅加达出席国际劳工组织第十届亚太地区会议，并在"农村和城市的职业培训专业会"上发言,介绍中国培训情况和经验。

12月16日,劳动人事部、财政部、全国总工会发出《关于国营企业职工因公死亡后遗属生活困难补助问题的通知》。

12月20日,全国职工教育管理委员会、劳动人事部联合转发《工人技术业务培训工作座谈会纪要》。

1986 年

4月2日,劳动人事部颁发《技工学校机构设置和人员编制标准的暂行规定》。

4月2日,中央职称改革领导小组批准并转发了劳动人事部制定的《技工学校教师职务试行条例》《关于技工学校教师职务试行条例的实施意见》及《关于技工学校教师职务聘任试点工作安排意见的报告》。

4月12日,劳动人事部培训就业局发出《关于天津职业技术师范学院举办高等函授教育的通知》,通知对函授的任务、规模、招生地区、组织领导、经费等事宜做了规定。

4月12日,第六届全国人民代表大会第四次会议通过了《中华人民共和国国民经济和社会发展第七个五年计划》。计划规定,要继续调整中等教育结构,努力发展职业技术教育,逐步形成具有中国特色的职业技术教育体系。相应改革劳动人事制度,切实做到先培训、后就业。

4月14日,劳动人事部、国家工商行政管理局联合发布《关于党政机关办劳动服务公司几个问题的规定》。明确党政机关为安置职工的待业子女就业而举办的劳动服务公司,不属于党政机关和党政干部经商办企业的范围,必须继续办好。

4月18日,中共中央、国务院发出《关于认真执行改革劳动制度几个规定的通知》。通知要求认真执行国务院常务会议审议通过的《国营企业实行劳动合同制暂行规定》《国营企业辞退违纪职工暂行规定》和《国营企业职工待业保险暂行规定》。并指出这几项暂行规定是中华人民共和国成立以来劳动制度的重大改革,各级党委和人民政府,要切实加强领导,认真研究落实有关的政策和措施,妥善部署和精心指导这项工作。

4月24日，劳动人事部发出《关于选派学员前往意大利都灵培训中心劳动统计培训班学习的通知》。10月3日，劳动人事部选派30名学员前往都灵学习中小企业经营管理和劳动统计专业，12月，学习结束回国。

4月，劳动人事部召开全国劳动人事厅局长会议。赵东宛部长在会上作了报告，指出这次会议的主要任务是，总结"六五"期间劳动、工资、人事制度改革经验，研究"七五"期间的改革设想，部署1986年的工作，讨论劳动人事部门的社会主义精神文明建设问题。

5月5日，国家经济委员会、国家计划委员会联合发出《关于做好企业编制定员和劳动定额工作的通知》。

5月30日，卫生部、劳动人事部、全国总工会、全国妇联联合印发《女职工保健工作暂行规定（试行草案）》。

6月27日，国家教育委员会、劳动人事部联合发出《关于职业高中毕业生使用的有关问题的通知》。通知规定职业中学的毕业生国家不包分配，由劳动部门（或劳动服务公司）推荐，经用人单位考核，按专业对口的原则，择优录用。

6月，国务院召开全国省长会议。田纪云在会上说："这次省长会议的主要议题之一是研究劳动制度的改革问题，讨论准备颁布实施的国营企业实行劳动合同制、改革招工制度、辞退违纪职工、职工待业保险等四项规定。"田纪云还讲了改革的迫切性、改革的内容和步骤。

7月2—6日，国家教委、计委、经委和劳动人事部在北京联合召开全国职业技术教育工作会议。

7月12日，国务院发布关于改革劳动制度的四个规定，即《国营企业实行劳动合同制暂行规定》《国营企业招用工人暂行规定》《国营企业辞退违纪职工暂行规定》和《国营企业职工待业保险暂行规定》。这四个文件经全国省长会议讨论修改并经国务院常务会议通过。国务院决定于1986年10月1日开始实施。

7月12日，联合国"残疾人十年"中国组织委员会召开第一次会议，国务院副总理乔石在会上讲话，强调国家、社会都要关心残疾人的劳动就业、生活、教育、医疗、康复、文化体育等活动，都要为残疾人参与社会生活创造条件。

8月12—16日，劳动人事部在北京召开全国劳动工资工作会议，赵东宛部长在会上讲话。指出这次会议主要有两个议题：一个是研究部署1986年国家机关、事业单位和企业的工资工作；另一个是座谈劳动制度改革准备工作进展情况和需要协调的有关问题。

8月15—19日，全国职教办和劳动人事部培训就业局在太原钢铁公司联合召开企业班组长培训工作座谈会。会后由国家经委、劳动人事部、全国职工教育管理委员会、中华全国总工会联合下发《关于加强企业班组长培训工作的意见》。

8月22日，劳动人事部、国家计委发出《关于严格控制计划外用工的通知》，提出1985年不少地区和部门大量增加了计划外用工，有的地区和部门上半年还继续增加，要求各地区和各部门加强劳动力管理，立即停止增加计划外用工。凡属生产、工作不需要的计划外用工要采取措施坚决清退。

8月27日，赵东宛部长在全国人大常委会第十七次会议上就劳动制度改革问题作了专题汇报。

9月8—12日，国际劳工局、国务院农村发展研究中心和劳动人事部联合召开农村就业和政策战略讨论会。

9月15日，中共中央、国务院印发《全民所有制工业企业厂长工作条例》《中国共产党全民所有制工业企业基层组织工作条例》《全民所有制工业企业职工代表大会条例》。

9月，劳动人事部在东北、西北、西南分片召开就业难点座谈会，研究分析了一些地方存在就业难的情况和原因，并就解决就业难点提出建议。

10月20—31日，劳动人事部派员参加了国际劳工组织在莫斯科举行的国际职业技术培训研讨会。

11月10日，劳动部发出《关于外商投资企业用人自主权和职工工资、保险福利费用的规定》的通知。

11月10—14日，中国职业技术培训学会在广东从化县举行了首届学术年会。

11月11日，国家教委、劳动人事部联合颁发《技工学校工作条例》和《关于技工学校毕业生学历问题的通知》，明确技工学校是初中分流以后培养技术工人的中等职业技术学校，是各类高中阶段的职业技术学校中的一类，属于高中阶段的职业技术教育。

11月12日，国家经济委员会、劳动人事部、中华全国总工会、全国职工教育管理委员会联合出台《关于加强企业班组长培训工作的意见》。

11月20日至12月10日，劳动人事部培训就业局在烟台举办全国技工学校研讨班，主要研究技工学校的改革和贯彻《技工学校工作条例》的问题。

12月1—5日，国家教委、国家计委、劳动人事部、中央组织部和全国职工教育管理委员会在烟台联合召开全国成人教育工作会议。

12月1—8日，劳动人事部派员参加了亚太地区技术发展委员会与日本政府联合在东京举行的高级职业技术培训研讨会。

12月2日，第六届全国人民代表大会常务委员会第十八次会议通过《中华人民共和国企业破产法（试行）》。其中规定，国家通过各种途径妥善安排破产企业职工重新就业，并保证他们重新就业前的基本生活需要。

12月5日，国务院颁发《关于深化企业改革增强企业活力的若干规定》，对经营者收入问题作出原则性规定，即"凡全面完成任期内年度责任目标的，经营者的个人收入可以高于职工平均工资的一至三倍"。

1987 年

2月26日，劳动人事部与财政部联合下发了《关于清理城镇青年就业经费中扶持生产资金的通知》，要求对1979年设立扶持生产资金以来借出的资金在1987年10月底以前进行一次全面清理。

3月3日，劳动人事部、国家经委、公安部、全国总工会联合发出《关于贯彻实施〈国营企业辞退违纪职工暂行规定〉有关问题的通知》，要求国营企业组织职工认真学习《辞退规定》，增强劳动纪律观念和执行规定的自觉性。

3月10—30日，劳动人事部在重庆举办职业技术训练指导员讲学班。

3月27日，邓小平同志在会见喀麦隆总统比亚时指出：八年前中国农村搞开放政策是成功的。农民积极性高，农产品大幅度增加，大量农业劳动力转移到新兴的城镇和新兴的中小企业。这恐怕就是农业劳动力转移的必由之路。

4月2—7日，劳动人事部在成都召开劳动服务公司研讨会，研究进一步发挥劳动服务公司作用的问题。

5月11日，经国务院批准，由劳动人事部颁发《全民所有制单位技术工人合理流动暂行规定》，就有关技术工人流动的审批手续、流向和工人个人的权限等作了规定。

6月6日，国务院批准《关于实行技师聘任制的暂行规定》，6月20日劳动人事部发布。

6月23日，国务院批转了国家教委《关于改革和发展成人教育的决定》的通知，强调把从业人员岗位培训作为成人教育改革的重点，积极开展专业培训、实践培训。

6月23日，劳动人事部发出《关于严格禁止招用童工的通知》，规定严格禁止任何组织或个人招用年龄未满16周岁的少年、儿童。劳动部门检查发现有招用童工的，要立即责令其清退；情节严重的，处以罚款，甚至提请工商部门吊销其营业执照。

6月23—30日，劳动人事部培训就业局在河北省张家口市召开了14个城市统筹管理社会劳动力工作座谈会。

6月27日，劳动人事部、公安部发出《关于全民所有制单位劳动合同制工人跨地区转移工作单位有关问题的通知》。

7月15日，劳动人事部下发了关于《贯彻〈关于实行技师聘任制的暂行规定〉的几点意见》。

7月31日，国务院发布《国营企业劳动争议处理暂行规定》，指出企业应设立调解委员会，县、市、市辖区应当设立仲裁委员会，并对处理劳动争议的程序作了规定。

8月5日，国务院颁布《城乡个体工商户管理暂行条例》，要求"个体工商户按规定请帮手、带学徒应当签订书面合同，约定双方的权利和义务，规定劳动报酬、劳动保护、福利待遇、合同期限等事项。所签合同受国家法律保护，不得随意违反"。

8月6—12日，劳动人事部在京举办全国技工学校、就业训练中心优秀教师夏令营活动。劳动人事部部长赵东宛、副部长张志坚及国家教委副主任王明达、全国教育工会主席范立祥等出席了开营式。

8月4日,经国务院外商投资工作领导小组讨论通过,劳动人事部颁发《关于中外合资经营企业内中方干部的管理办法》。

8月7日,劳动人事部部长赵东宛向国务院报送《关于我国劳务市场发展情况的报告》,反映全国已有27个省、自治区、直辖市建立了技术工人交流服务机构,先后开办了劳务市场。并提出应积极进行劳务市场的实践,不断总结经验,推动劳务市场的健康发展。8月21日,国务院批转了此报告。

8月15日,劳动人事部、国务院贫困地区经济开发领导小组发布《关于加强贫困地区劳动力资源开发工作的通知》。

9月7—12日,劳动人事部在北戴河召开了全国劳动争议仲裁干部学习研究班,主要研究贯彻国务院关于《国营企业劳动争议处理暂行规定》,交流工作经验,进行理论探讨。

9月12—23日,劳动人事部在青岛召开全国搞活固定工制度试点工作会议。总结交流搞活固定工制度的经验,研究了理论和政策并部署了全面试点工作,李伯勇副部长到会,作了题为"明确方向、注意政策、搞好配套,加快搞活固定工制度的步伐"的讲话。

10月5日,劳动人事部、公安部联合发布《关于未取得居留证件的外国人和来中国留学的外国人在中国就业的若干规定》。

10月11—18日,劳动人事部在河南省郑州市召开全国县镇就业工作座谈会,交流了解决县镇就业问题的经验,提出在今后工作中注意从宏观上控制农村劳动力向城镇的转移,发挥乡镇劳动服务公司的作用,争取有关部门在政策上给予扶持。

10月25日至11月1日,中国共产党第十三次全国代表大会在北京举行。大会报告第一次系统地阐述了社会主义初级阶段的理论,并指出中国目前正处在社会主义的初级阶段。根据这个理论,报告明确提出了党在社会主义初级阶段的"一个中心,两个基本点"的基本路线,即以经济建设为中心,坚持四项基本原则,坚持改革开改。十三大明确指出,社会主义初级阶段的分配方式不可能是单一的,必须实行以按劳分配为主体的多种分配方式和正确的分配政策。第一次在党的代表大会报告中提出了以按劳分配为主体、以其他分配方式为补充的原则,提出了允许合法的非劳动收入,要在促进效率的前提下体现社会公平等政策主张。

11月5日,卫生部、劳动人事部、财政部、中华全国总工会联合颁发《职业病范围和职业病患者处理办法的规定》。

11月18—23日,劳动人事部在株洲召开全国劳动制度改革情况汇报会。自国务院发布劳动制度改革四项规定以来,各地、各部门废止了"内招"和"子女顶替"办法,初步建立了职工待业保险制度和劳动合同制工人养老保险制度,贯彻实施了辞退违纪职工的规定。

11月2—15日,劳动人事部在湖北十堰市召开全国就业训练中心研讨会,对就业训练中心的性质、任务及加强生产实习教学等问题进行了深入的讨论。

11月17日,劳动人事部发出《关于继续做好劳动定员、定额管理工作的通知》,要求充分认识,加强定员、定额工作的必要性,切实加强领导,制定或修订定员、定额标准。

11月25日,劳动人事部向国家标准局报送了《关于成立全国劳动定额标准技术委员会的报告》,同年12月28日国家标准局正式复函同意成立。

12月12日,国务院发布《退伍义务兵安置条例》,条例规定,退伍义务兵安置工作必须贯彻从哪里来、回哪里去的原则。原是城镇户口的退伍义务兵,服役前没有参加工作的,由国家统一分配工作,实行按系统分配任务、包干安置的办法,各接收单位必须妥善安排。

12月17—21日,劳动人事部在江苏南通市召开了劳动部门兴办城市信用社问题座谈会,参加会议的有12个省、市的17个信用社的同志共40多人。

12月23—27日,劳动人事部全国劳动服务公司指导中心和中国合作经济学会在安庆市召开城镇新型集体经济研讨会,考察和交流了发展城镇新型集体经济的经验,研究讨论了劳动服务公司集体企业存在的问题和今后的发展方向。

12月27日,国家经委、劳动人事部印发《关于加强企业高级工培训工作的意见》。提出,培养高级工要有确定的目标、对象、培训原则和内容,要制定考核政策及有关措施,加强宏观指导与管理。

1988 年

1月12日，劳动人事部、国家教育委员会颁发《提高中小学教师工资标准的实施办法》。

1月14日，劳动人事部颁发《关于一九八七年解决部分中年专业技术人员工资问题的通知》。

1月29日，劳动人事部颁发《关于技工学校毕业生当工人后实行劳动合同制的通知》。

2月27日，国务院发布《全民所有制工业企业承包经营责任制暂行条例》。

4月7日，劳动部颁发《关于加强就业训练中心工作的意见》。

4月13日，七届全国人大一次会议通过《全民所有制工业企业法》，1988年8月1日起施行。

5月5日，国务院办公厅转发《关于进一步落实外商投资企业用人自主权的意见》。

5月24日，劳动部发出《关于做好外国人在中国就业管理工作几个问题的通知》。

6月25日，国务院颁发《中华人民共和国私营企业暂行条例》。

7月6—8日，中共中央办公厅、劳动部在北京联合召开部分企业劳动制度改革座谈会，会议围绕深化企业劳动制度改革的主题，探索了改革的基本思路、基本原则和基本政策及方法步骤，并进行了经验交流。会议由国务委员张劲夫主持，罗干部长、李伯勇副部长和有关部门的负责人及22个企业的厂长、经理参加了会议。

7月21日，国务院发布《女职工劳动保护规定》。

8月23日，劳动部发布《关于职工待业保险基金管理问题的通知》。

9月4日，劳动部发布《关于女职工生育待遇若干问题的通知》。

9月8日，国务院发布《关于提高部分专业技术人员工资的通知》。

11月5日，劳动部、国家工商行政管理局、国家教育委员会、农业部、中华全国总工会发布《关于严禁使用童工的通知》。

1989 年

1月25日，劳动部发布《关于劳动服务公司发展和建设中若干问题的意见》。

2月10日，从这一天开始，外省涌入广东的民工逐日增多，首次爆发百万民工下广东的"民工潮"。此后若干年，春节后的一个月时间左右，总要发生一次农村劳动力涌向城市寻找工作机会而导致的"民工潮"。

3月2日，国务院批准了国家教委提出的《高等学校毕业生分配制度改革方案》，提出了高等学校毕业生分配制度改革的目标，是在国家就业方针政策指导下，逐步实行毕业生自主择业，用人单位择优录用的"双向选择"制度。

3月2日，国务院办公厅发出《关于严格控制民工盲目外出的紧急通知》。

3月3—5日，劳动部在株洲召开全国劳动服务公司工作会议。会议提出劳动服务公司全面开展"就业服务"的基本任务。李伯勇副部长出席会议并讲话。

3月4日，劳动部、国家体改委发布《关于加强劳动定额标准工作的意见》。

3月6日，国务院批转劳动部、财政部、国家计委《关于进一步改进和完善企业工资总额同经济效益挂钩的意见》。

3月20日，国务院发布《关于进一步加强工资基金管理的通知》。

4月1日，劳动部、财政部、国家物价局印发《劳动合同鉴证和劳动争议仲裁收费及使用范围暂行办法》。

4月18日，劳动部印发《关于开展工人岗位培训工作的意见》。

4月21日，劳动部印发《国营企业职工待业保险基金管理办法》。

4月25—28日，劳动部在北京召开全国就业工作会议。会议认真总结了过去10年劳动就业工作的经验，提出了后几年的就业任务、工作安排和对策。

5月10日，劳动部印发《关于技工学校深化改革的意见》。

5月26日，劳动部发布《关于加强劳动仲裁工作的通知》。

7月15日，劳动部发出《关于制止非法劳务中介活动的通知》。

8月9日，财政部、民政部发出《关于全民所有制事业单位工作人员因公负伤致残抚恤问题的通知》。

9月21日，劳动部颁发《私营企业劳动管理暂行规定》。

10月5日，国务院发布《全民所有制企业临时工管理暂行规定》。

10月31日，国务院发布《关于严格控制"农转非"过快增长的通知》。

11月23月，劳动部、财政部、国家计委颁发《国营企业工资总额同经济效益挂钩实施办法》。

12月1日，根据中共中央、国务院《关于进一步清理整顿公司的决定》，经全国清理整顿公司领导小组批准同意，劳动部发出《关于劳动服务公司清理整顿工作有关问题的通知》。

12月2日，劳动部印发《关于劳动服务公司清理整顿工作的实施意见》。明确提出：县以上各级地方劳动部门原设置的劳动服务公司是承担政府行政职能的就业管理机构，其名称可改为就业服务局。街道、乡镇劳动服务公司可更名为劳动就业服务站。

12月19日，国务院批转劳动部、国家计委、财政部《关于一九八九年国营企业工资工作和离退休人员待遇问题的安排意见》。

1990 年

1月16日，劳动部颁发《职业介绍暂行规定》，把组织劳务市场的专门服务机构正式命名为"职业介绍所"。

1月18日，劳动部发布《女职工禁忌劳动范围的规定》。

2月7日，劳动部发出《关于调查企业职工工资奖金、津贴、补贴发放规定情况的通知》。

2月8日，劳动部发布《关于继续做好优化劳动组合试点工作的意见》。

3月6—8日，劳动部在太原召开全国就业服务工作会议。会议提出职业介绍、就业训练、待业保险和劳服企业四位一体的就业服务体系。

4月，劳动部在惠州召开全国劳动服务公司经济工作会议，研究发展劳动就业服务企业,扩大就业安置问题。

4月27日,国务院发出《关于做好劳动就业工作的通知》,提出了八点要求:广开就业门路、积极拓宽就业渠道;继续办好劳动服务公司,扩大就业安置;实行扶持政策,采取有效措施;扩大就业培训规模、提高待业人员素质;加强待业人员管理,搞好劳动就业服务;合理控制农村劳动力转移,减轻城镇就业压力;挖掘企业潜力,妥善安置富余人员;加强领导,动员社会各方力量共同做好劳动就业工作。

5月18日,劳动部在北京召开贯彻《国务院关于做好劳动就业工作的通知》电话会议。阮崇武部长出席会议并讲话。

6月2日,国家税务局发出《关于继续对安置待业青年的企业实行减免税政策的通知》。

6月3日,国务院颁发《中华人民共和国乡村集体所有制企业条例》。

7月12日,劳动部发布《工人考核条例》。原劳动人事部1983年发布的《工人技术考核暂行条例(试行)》同时废止。

9月23—25日,劳动部在呼和浩特召开全国工人调配工作会议。会议研究了新形势下劳动调配工作的任务和方法,明确了调配工作为经济建设服务、为国家的政治稳定服务、为职工生活服务的工作目标,并提出了今后一个时期调配工作的任务。

11月10日,劳动部印发《全民所有制公司职工管理规定》。

11月20日,劳动部发布《关于在国营企业新一轮承包中改进和完善工资总额同经济效益挂钩办法的意见》。

11月22日,国务院发布《劳动就业服务企业管理规定》,明确了劳服企业的性质、地位、作用、机构和工作内容等问题。

12月30日,中共十三届七中全会通过《关于制定国民经济和社会发展十年规划和"八五"计划的建议》。其中提出:要积极解决城乡劳动就业问题。努力开拓城乡就业门路,增加劳动岗位,充分发挥城镇集体经济和其他各种经济成分在安排就业方面的作用。大力开展职业培训,改革就业制度。积极引导农村剩余劳动力向生产的深度和广度进军,开展精耕细作,实行多种经营,努力植树造林,加强农业基本建设,发展乡镇企业。农村劳动力向城镇逐步转移的规模和速度,应当与经济发展和城镇的承受能力相适应。同时，还要建立健全养老保险和待业保险制度，逐步完善社会保障体系。

1991 年

1月26日，劳动部、农业部、国务院发展研究中心联合发出《关于建立并实施中国农村劳动力开发就业试点项目的通知》。

2月9日，劳动部印发《关于进一步搞好全民所有制企业内部工资分配的意见的通知》。

3月1日，国务院发布《企业职工伤亡事故报告和处理规定》，自1991年5月1日起施行。

3月3日，劳动部在西安召开全国就业服务工作会议，就贯彻落实劳动就业服务企业管理规定进行部署。

3月28日，人事部发布《关于加强人才招聘管理工作的通知》。

4月15日，国务院发布《禁止使用童工规定》。

4月19日，劳动部发出《关于做好关停并转全民所有制企业职工安置工作的通知》。

5月4日，劳动部发出《关于调整企业职工工资标准的通知》。

5月15日，劳动部发出《关于劳动定额定员行业标准实行统一归口管理的通知》。

5月18日，劳动部、中国人民银行联合发出《关于对劳动就业服务企业安排贷款问题的通知》。

5月，劳动部、农业部、国务院发展研究中心和中国农村劳动力资源开发研究会在北京通县召开中国农村劳动力开发就业试点项目第一次工作会议，标志着试点项目的正式启动。

6月26日，国务院发布《关于企业职工养老保险制度改革的决定》。

7月25日，国务院发布《全民所有制企业招用农民合同制工人的规定》。

9月9日，国务院发布《中华人民共和国城镇集体所有制企业条例》，自1992年1月1日起施行。

10月15日，劳动部、国家税务局发布《城镇集体所有制企业工资同经济效益挂钩办法》。

10月17日,国务院发布《关于大力发展职业技术教育的决定》,对职业技术教育的地位和作用,发展职业技术教育的方针、政策,加强职业技术教育的改革和基本建设及改善对职业技术教育工作的领导和管理等问题提出要求。

11月4日,《职工工伤与职业病致残程度鉴定标准》通过了部级专家评审,该《标准》不仅填补了中国工伤保险领域的一项空白,而且为伤残和职业病的评定提供了科学依据。

11月29日,中共十三届八中全会通过《中共中央关于进一步加强农业和农村工作的决定》。

1992 年

1月7日,劳动部下发《关于进行岗位技能工资制试点工作的通知》,确定并下达了第一批共100户试行岗位技能工资制重点联系企业名单。

1月25日,劳动部、国务院生产办、国家体改委、人事部、全国总工会联合下发了《关于深化企业劳动人事、工资分配、社会保险制度改革的意见》,要求改革企业人事制度,企业原有固定干部身份的人员和统配人员都要实行聘任制,签订聘任合同,通过引入竞争机制逐步打破干部和工人的身份界限;要坚持劳动合同制的方向,建立新型的社会主义劳动关系,保障企业和职工双方合法权益;要逐步推行全员劳动合同制,进一步打破新招合同制职工与原有固定职工、统配人员与非统配人员的身份界限。

2月15日,劳动部发布《关于扩大试行全员劳动合同制的通知》,要求各省、自治区、直辖市以及计划单列市应选择一两个市县试行全员劳动合同制,国务院各产业部门也应选择若干个直属国营大中型企业试行。

2月26日,劳动部颁布《关于加强工人培训工作的决定》。

3月23日,劳动部、国务院生产办、财政部联合下发了《关于清理整顿当前奖励晋级规定过多过乱,落实企业分配自主权问题的通知》。

4月3日,七届人大五次会议通过新的《中华人民共和国工会法》。

4月24日,国务院批转《关于对国营企业领导干部进行岗位任职资格培训的意见》。

5月15日，国家体改委、财政部等五部门联合下发了《股份制企业试点办法》，明确指出：国有企业股份制改革试点的目的就是"转换企业经营机制，促进政企职责分开，实现企业的自主经营、自负盈亏、自我发展和自我约束"。与此相配套，《股份有限公司规范意见》《有限责任公司规范意见》《股份制试点企业宏观管理暂行规定》等一系列文件相继出台，进一步促进了股份制企业的组建和试点的顺利进行。

5月，全国劳动计划工作会议召开。会议明确提出，按照发展社会主义市场经济的要求，建立计划与市场两种调节手段有机结合的运行机制，是深化劳动计划体制改革的方向。

6月1日，劳动部国家体改委联合发布《股份制试点企业劳动工资管理暂行规定》。

6月9日，劳动部、国务院经贸办、卫生部、国家工商局和中华全国总工会联合下发了《关于加强企业伤病长休职工管理工作的通知》。

6月16日，中共中央、国务院作出《关于加快发展第三产业的决定》。目标要求是：争取用十年左右或更长一些时间，逐步建立起适合中国国情的社会主义统一市场体系、城乡社会化综合服务体系和社会保障体系。

6月，上海市轻工业局选定所属的上海英雄金笔厂等三家国有企业在全国率先试行年薪制。

7月23日，国务院发布《全民所有制工业企业转换经营机制条例》，明确提出，"企业转换经营机制的目标是：使企业适应市场的要求，成为依法自主经营、自负盈亏、自我发展、自我约束的商品生产和经营单位，成为独立享有民事权利和承担民事义务的企业法人"。条例明确了企业的14项经营自主权和自负盈亏的责任，并对行使企业所有权的职责、政府职能转变等提出了要求，其中对企业的劳动用工权、人事管理权、工资分配权，以及政府在就业服务、社会保障等方面所应采取的措施做出详细规定。

8月27日，劳动部会同国务院经贸办发布了《关于改进完善全民所有制企业经营者收入分配办法的意见》，明确规定："企业经营者的劳动报酬应该建立在工作实绩考核的基础上，主要与其所在企业的经营成果相联系，把承包经营责任制与经营者的工资、奖金等分配结合起来。采取其他经营形式的全民所有制企业,其经营者收入可以参照确定承包经营者收入水平的原则合理规定,并按有关规定兑现其收入。"

9月7日,劳动部发出《关于颁布〈中华人民共和国工种分类目录〉的通知》、《关于试行职工大病医疗费用社会统筹的意见的通知》。

9月19—20日,劳动部、农业部、国务院农研中心在合肥联合召开中国农村劳动力资源开发就业试点项目经验交流会。令狐安副部长出席会议并讲话。

9月30日,劳动部向国务院分配制度改革委员会报送《关于企业岗位技能工资制试点情况的报告》。报告主要谈了试点的基本情况、效果及问题和建议。

10月4日,劳动部发出《关于1992年审核企业工资总额同经济效益挂钩方案有关问题的通知》。

10月10日,劳动部、国家计委、国家体改委、国务院经贸办联合发布《国家试点企业集团劳动工资管理的实施办法(试行)》。

10月12—18日,中国共产党第十四次全国代表大会在北京举行。中共十四大确立了邓小平同志关于建设有中国特色社会主义理论在全党的指导地位。这次大会和年初邓小平同志的南方谈话,成为中国社会主义改革开放和现代化建设进入新阶段的标志。党的十四大提出:"在分配制度上,以按劳分配为主体,其他分配方式为补充,兼顾效率与公平。运用包括市场在内的各种调节手段,既鼓励先进,促进效率,合理拉开收入差距,又防止两极分化,逐步实现共同富裕。"首次提出在分配制度上要兼顾效率与公平,还把深化分配制度改革作为加速改革开放、推动经济发展和社会全面进步必须努力实现的关系全局的主要任务之一,要求加快工资制度改革,逐步建立起符合企业、事业单位和机关特点的工资制度与正常的工资增长机制。

12月23日,劳动部发出《关于从1993年起普遍实行动态调控的弹性劳动工资计划的通知》。

1993 年

2月2日,劳动部发出《关于实施〈全民所有制工业企业转换经营机制条例〉的意见》。

2月13日，中共中央、国务院印发《中国教育改革和发展纲要》。

3月20日，劳动部发布《关于行业部门实行动态调控的弹性劳动工资计划的通知》。

4月12日，国务院发布《国有企业职工待业保险规定》，本规定自1993年5月1日起施行。

4月20日，国务院发布《国有企业富余职工安置规定》，本规定自发布之日起施行。

6月1日，劳动部发出《关于开展有关劳动事务工作"一条龙"综合服务的意见的通知》。

6月18日，劳动部、农业部、国务院发展研究中心联合印发中国农村劳动力开发就业试点项目指导小组《关于在省一级开展农村劳动力开发就业试点工作的意见》。

6月22日，劳动部发布《关于印发〈全民所有制企业工资总额管理暂行规定〉的通知》。

7月2日，劳动部发布《企业职工养老保险基金管理规定》。

7月6日，国务院颁布《企业劳动争议处理条例》，本条例自1993年8月1日起施行。1987年7月31日国务院发布的《国营企业劳动争议处理暂行规定》同时废止。

7月9日，劳动部、财政部、国家计委、国家体改委、国家经贸委发布《国有企业工资总额同经济效益挂钩规定》。

7月9日，劳动部颁发《职业技能鉴定规定》。

7月14日，劳动部发出《关于民办职业介绍机构管理问题的通知》。

8月4日，劳动部发布《劳动监察规定》。

8月14日，国务院颁布《国家公务员暂行条例》，实行公务员制度。

8月25日，劳动部、国家计委、国家经贸委、国家体改委、人事部、建设部、中国人民银行、国家税务总局、国家工商行政管理局、国家国有资产管理局联合发布《关于劳动就业服务企业进一步发展第三产业安置富余人员若干问题的通知》。

9月2日，劳动部发布《企业职工养老保险基金管理规定》。

9月3日，劳动部颁发《社会保险统计管理规定》《社会保险统计报表制度》。

9月29日，劳动部下发《关于深化技工学校教育改革的决定》。

10月2—4日，人事部举办"全国人才交流会"。这是中国首次举办的全国性人才交流洽谈会。

10月8日，国务院办公厅转发劳动部《关于加强企业工资总额宏观调控的意见》。

10月18日，劳动部颁发《劳动争议仲裁委员会办案规则》。

10月31日，八届人大常务委员会第四次会议通过修订后的《个人所得税法》。

11月3日，劳动部提出实施《再就业工程》和《农村劳动力跨地区流动有序化工程》。前者旨在运用失业保险制度的功能，综合利用职业介绍、转业训练、生产自救等手段，帮助失业者实现再就业。重点放在转变就业机制和解决长期失业者再就业上。后者是针对"民工潮"问题，在坚持农村剩余劳动力就地转移的同时，完善劳动力市场机制，健全市场规则、秩序和相应的管理、服务、调控手段，促使流动有序化，为农村劳动力异地就业开拓正常渠道。

11月11—14日，中共十四届三中全会在北京举行。全会通过了《中共中央关于建立社会主义市场经济体制若干问题的决定》，把党的十四大确定的经济体制改革的目标和基本原则加以系统化、具体化，是中国建立社会主义市场经济体制的总体规划。全会指出，社会主义市场经济体制是同社会主义基本制度结合在一起的。建立社会主义市场经济体制，就是要使市场在国家宏观调控下对资源配置起基础性作用。要进一步转换国有企业经营机制，建立适应市场经济要求，产权清晰、权责明确、政企分开、管理科学的现代企业制度。《决定》提出要改革劳动制度，逐步形成劳动力市场，要把开发利用和合理配置人力资源作为发展劳动力市场的出发点，正式使用了"劳动力市场"概念。广开就业门路，更多地吸纳城镇劳动力就业。鼓励和引导农村剩余劳动力逐步向非农产业转移和地区间的有序流动。发展多种就业形式，运用经济手段调节就业结构，形成用人单位和劳动者双向选择、合理流动的就业机制。十四届三中全会还对建立与社会主义市场经济体制相适应的个人收入分配制度作了详细阐述,提出了收入分配制度的十一项基本原则。如"个人收入分配要坚持以按劳分配为主体、多种分配方式并存的制度",将多种分配方式作为与按劳分配方式长期并存的制度确定了下来;个人收入分配要"体现效率优先、兼顾公平的原则",这是在党的文献中,首次提出了在处理公平与效率关系问题上应坚持的原则。

11月15日,国务院发布《关于机关和事业单位工作人员工资制度改革问题的通知》,以及《机关工作人员工资制度改革方案》和《事业单位工作人员工资制度改革方案》,决定从1993年10月1日起,对机关、事业单位工资制度进行新中国成立以来的第三次重大改革。

11月24日,劳动部印发《企业最低工资规定》及《最低工资率测算方法》,对最低工资的内涵、确定调整办法、管理体制等做了详细规定。

12月4日,国务院办公厅印发《机关工作人员工资制度改革实施办法》《事业单位工作人员工资制度改革实施办法》和《机关、事业单位艰苦边远地区津贴实施办法》,要求各地区、各部门严格执行国家统一制定的工资政策、工资制度和工资标准,积极稳妥地组织实施。

12月10—12日,劳动部在北京召开全国劳动工作会议。会议分析了劳动工作面临的新形势,研究了建立社会主义市场经济体制时期劳动体制改革的目标、任务、措施。李伯勇部长出席会议并作了题为"以培育和发展劳动力市场为中心,建立符合社会主义市场经济要求的新型劳动体制"的报告。

12月21日,劳动部印发《劳动部关于建立社会主义市场经济体制时期劳动体制改革总体设想》,提出了劳动体制改革的主要任务,即"以培育和发展劳动力市场为中心,全面深化劳动、培训、工资、社会保险各项改革,争取到本世纪末初步建立起与社会主义市场经济体制相适应的新型劳动体制。"

12月29日,八届全国人大常委会第五次会议通过《中华人民共和国公司法》,自1994年7月1日起施行。

1994年

1月14日,劳动部发出《关于贯彻落实国务院办公厅〈关于做好春节期间民工流动疏导工作的通知〉精神的通知》。

2月3日，国务院发布《关于职工工作时间的规定》，自1994年3月1日起实行职工每日工作8小时，平均每周工作44小时的工时制度。

2月8日，劳动部发出《关于深化企业工资改革适当解决部分企业工资问题的意见的通知》。

2月21日，劳动部颁发《台湾和香港、澳门居民在内地就业管理规定》。

2月22日，劳动部和人事部联合颁布《职业资格证书规定》。

4月14日，国家体改委、财政部、劳动部、卫生部联合制定了《关于职工医疗制度改革的试点意见》，经国务院批准，在江苏省镇江市、江西省九江市进行试点。

5月19日，劳动部发出《关于加强国有企业经营者工资收入和企业工资总额管理的通知》。

7月3日，国务院发布《关于〈中国教育改革和发展纲要〉的实施意见》。

7月5日，八届全国人大常委会第八次会议通过《中华人民共和国劳动法》，自1995年1月1日起施行。

7月13日，劳动部、财政部联合发出《关于一九九四年度审核企业工资总额同经济效益挂钩方案有关问题的通知》。

8月8日，劳动部印发《促进劳动力市场发展，完善就业服务体系建设的实施计划》。

8月24日，劳动部发出《关于全面实行劳动合同制的通知》。

8月30日，中共中央组织部、人事部印发了《加快培育和发展我国人才市场的意见》。

9月，深圳市出台了《企业董事长、总经理年薪制试点办法》。

10月8日，劳动部印发《关于实施最低工资保障制度的通知》，对全国各省、自治区、直辖市建立最低工资保障制度提出了具体意见和要求，并对《企业最低工资规定》的有关内容做了修正和补充。

10月19日，劳动部颁发《劳动就业服务企业实行股份合作制规定》。

10月25日，国务院发出《关于在若干城市试行国有企业破产有关问题的通知》。

10月27日，劳动部印发《职业指导办法》，本办法自1995年1月1日起施行。

11月14日，劳动部发布《企业经济性裁减人员规定》，自1995年1月1日起施行。

11月17日，劳动部颁发《农村劳动力跨省流动就业管理暂行规定》。

11月，国家经贸委、体改委会同有关部门，选择100家不同类的国有大中型企业，进行建立现代企业制度的试点。

12月1日，劳动部发布《企业职工患病或非因工负伤医疗期规定》，本规定自1995年1月1日起施行。

12月3日，劳动部发布《违反和解除劳动合同的经济补偿办法》，自1995年1月1日起施行。

12月3日，劳动部、国家体改委发布《股份有限公司劳动工资管理规定》，自1995年1月1日起施行。

12月5日，劳动部印发《集体合同规定》，本规定自1995年1月1日起施行。

12月6日，劳动部发布《工资支付暂行规定》，自1995年1月1日起施行。这是为实施《劳动法》制定的单项行政法规，其内容包括：工资支付的时间、工资支付项目、工资支付形式、工资支付对象以及特殊情况下的工资支付等。

12月9日，劳动部发布《未成年工特殊保护规定》《就业训练规定》，自1995年1月1日起施行。

12月14日，劳动部发布《职业培训实体管理规定》《关于企业实行不定时工作制和综合计算工时工作制的审批办法》《企业职工生育保险试行办法》，自1995年1月1日起施行。

1995 年

1月19日，劳动部发出《关于全面实施〈再就业工程〉的通知》。

2月28日，劳动部、国家经贸委发出《关于配合企业深化改革试点做好失业保险工作的通知》。

3月1日,国务院发出《关于深化企业职工养老保险制度改革的通知》,明确提出了城镇企业职工养老保险制度改革的目标和原则,要求"到本世纪末,基本建立起适应社会主义市场经济体制要求,适用城镇各类企业职工和个体劳动者,资金来源多渠道、保障方式多层次、社会统筹与个人账户相结合、权利与义务相对应、管理服务社会化的养老保险体系"。

3月3日,劳动部发出《关于改进完善弹性劳动工资计划办法的通知》。

3月25日,国务院发布《关于修改〈国务院关于职工工作时间的规定〉的决定》,自1995年5月1日起实行职工每日工作8小时,每周工作40小时的工作制度。

4月16日,国务院办公厅转发《劳动部关于实施再就业工程的报告》。

4月21日,劳动部、财政部、审计署颁布实施《国有企业工资内外收入监督检查实施办法》。

4月25日,劳动部在北京召开全国实施再就业工程工作座谈会,就贯彻国务院通知精神,在全国实施再就业工程进行部署。

4月26日,国务院组织召开1995年春运期间组织民工有序流动工作总结会议,国务委员、国务院秘书长罗干同志到会并讲话。

5月2日,国家经贸委、国家教委、劳动部、财政部、卫生部联合发布《关于若干城市分离企业办社会职能分离富余人员的意见》。

5月12日,劳动部印发《对〈工资支付暂行规定〉有关问题的补充规定》,对加班加点的工资支付,企业克扣或无故拖欠职工工资问题,以及大中专毕业生、新就业军人、受处分劳动者的工资支付问题做了补充规定,进一步细化、完善了企业工资支付制度的内容。

5月2日,劳动部发出《关于技工学校、职业(技术)学校和就业训练中心毕(结)业生实行职业技能鉴定的通知》。

5月10日,劳动部发布《违反〈劳动法〉有关劳动合同规定的赔偿办法》。

5月22日,劳动部发出《关于进一步做好破产企业、困难企业职工和离退休人员基本生活保障的通知》。

6月9日,劳动部、国家经贸委印发《现代企业制度试点企业劳动工资社会保险制度改革办法》。

6月11日，劳动部颁布《从事技术工种劳动者就业上岗前必须培训的规定》。

8月2日，劳动部发出《关于进一步健全劳动监察体制的意见的通知》，从机构建设、劳动监察人员的配备、执法和有关制度建立落实方面提出了要求，为劳动监察体制建设提出了新的目标。

8月4日，劳动部印发《关于贯彻执行〈中华人民共和国劳动法〉若干问题的意见》。

9月9日，国务院副总理吴邦国同志在困难企业职工生活保障和分流安置工作座谈会上的讲话中指出：劳动就业是重大的社会和经济问题，是一项长期的战略任务，关系到改革、发展和稳定的大局。必须把劳动就业工作列入经济与社会发展规划，把控制失业率作为宏观调控的重要目标。要深化劳动制度改革，逐步建立全国统一、开放、竞争、有序的劳动力市场。要全面实施再就业工程。要进一步抓好农村剩余劳动力有序流动，引导农村劳动力的适度转移。

9月12日，劳动部印发《就业登记规定》。本规定自颁布之日起施行。1984年3月20日发布的《关于城镇待业人员登记管理办法》同时废止。

9月13日，国家体改委发布《关于积极推进国有小型企业改革的意见》，提出推进国有小型企业改革要着眼于从总体上搞活国有经济，搞活国有企业，放活国有企业；强调以经济效益为优先，具体改革形式要因地制宜、灵活多样，如组建或加入企业集团、改为股份合作企业、改组为有限责任公司或股份有限公司、租赁、委托经营、出售等。

9月19日，中共中央办公厅、国务院办公厅转发了《关于加强流动人口管理工作的意见》，决定实行统一的流动人口就业证和暂住证制度，以提高流动的组织化、有序化程度。

9月28日，中共十四届五中全会通过《关于制定国民经济和社会发展"九五"计划和2010年远景目标的建议》。其中提出：积极拓宽就业渠道，合理调节社会分配关系，建立健全社会保障体系。

10月4日，劳动部、国家经贸委、全国总工会联合发出《关于加快建立劳动合同制度的通知》。

11月9日，劳动部颁布《职业介绍规定》。本规定自颁布之日起施行。1990年1月6日发布的《职业介绍暂行规定》同时废止。

11月23日，国务院组织召开电视电话会议，部署1996年春运期间组织民工有序流动工作。

12月29日，劳动部印发《关于建立企业补充养老保险制度的意见》。

1996年

1月10日，劳动部、国家计委、国家经贸委、民政部、财政部、建设部、中国人民银行、国家税务总局、国家工商行政管理局、国家土地管理局、国家国有资产管理局、全国总工会联合发出《关于做好困难企业职工生活保障、生产自救和分流安置工作的通知》。

1月10日，劳动部、铁道部联合发出《关于切实做好春运期间返乡返岗民工运输组织工作的通知》。

1月10日，劳动部、公安部联合发出《关于加强1996年春节前后流动就业民工管理工作的通知》。

1月22日，劳动部、公安部、外交部、对外贸易经济合作部联合颁发《外国人在中国就业管理规定》。本规定自1996年5月1日起施行。原劳动人事部和公安部1987年10月5日颁发的《关于未取得居留证件的外国人和来中国留学的外国人在中国就业的若干规定》同时废止。

1月29日，人事部印发了《人才市场管理暂行规定》。

3月18日，劳动部、全国总工会、国家经贸委发出《关于进一步完善劳动争议仲裁三方机制的通知》。

4月6—8日，劳动部在北京召开全国就业工作会议。会议总结了"八五"期间就业工作情况，部署安排了"九五"时期的就业工作任务，研讨了培训与就业工作相结合的思路。

4月25日，劳动部发出《关于全面实施再就业工程的通知》。

5月4日，劳动部、国家工商行政管理局、中国个体劳动者协会联合发出《关于私营企业和个体工商户全面实行劳动合同制度的通知》。

5月5日，国务院办公厅转发国家体改委、财政部、劳动部和卫生部

《关于职工医疗保障制度改革扩大试点的意见》。

5月15日,第八届全国人民代表大会常务委员会第十九次会议通过《中华人民共和国职业教育法》。本法自1996年9月1日起施行。

5月17日,劳动部、中国残疾人联合会联合发出《关于做好"九五"期间残疾人就业工作的通知》。

5月17日,劳动部、全国总工会、国家经贸委、中国企业家协会联合发出《关于逐步实行集体协商和集体合同制度的通知》。

5月21日,劳动部发出《关于印发〈劳动事业发展"九五"计划和2010年远景目标纲要〉的通知》。

6月3日,劳动部发出《关于进行综合性职业培训基地建设有关事项的通知》。

6月7日,劳动部、国家计委发出《关于对部分行业、企业实行工资控制线办法的通知》,对13个部门、总公司和中央直属企业实行了工资控制线办法,并对12个工资较高的部门从紧调整了年度工资总额使用计划。

6月20日,国家体改委发布《关于加快国有小企业改革的若干意见》,提出进一步放开放活国有小企业是深化国有企业改革的重要内容,是实施国有企业战略性改组的重要措施,对于从整体上搞活国有经济具有重要意义。

6月27日,农业部、劳动部联合下发《关于乡镇企业实行劳动合同制度的通知》。

7月24日,国家经贸委发布《关于放开搞活国有小型企业的意见》,提出了"抓大放小"的指导方针。

7月25日,劳动部、国家工商行政管理局联合发出《关于加强职业介绍机构管理的通知》。

7月26日,上海市在下岗职工相对集中的纺织和仪电两个控股(集团)公司率先挂牌创立了再就业服务中心。

8月12日,劳动部发布《企业职工工伤保险试行办法》,自1996年10月1日起试行。

10月1日,《职工工伤与职业病致残程度鉴定》(国家标准GB/T16180—1996)开始实施。

10月11—13日,劳动部、农业部、国务院发展研究中心在北京联合召开了全国农村劳动力开发就业工作经验交流会。会议对1991年以来先后在全国8个省和100多个市县开展的农村劳动力开发就业试点工作进行了总结，对今后一个阶段农村就业工作进行了部署。

10月16—17日，劳动部在济南召开实施再就业工程经验交流大会，交流了有关情况和经验，对进一步把这项工作推向深入做出部署。

10月30日，劳动部、国家经贸委印发《企业职工培训规定》。

10月31日，劳动部印发《关于实行劳动合同制度若干问题的通知》及《关于企业职工流动若干问题的通知》。

11月4日，劳动部印发《关于做好台港澳人员和外国人在中国内地就业管理工作有关问题的通知》。

11月25日，劳动部印发《技工学校"九五"时期改革与发展实施计划》。

12月4日，国务院召开电视电话会议，部署1997年春运期间组织民工有序流动工作。国务院副总理吴邦国作了重要讲话，国务委员兼国务院秘书长罗干主持会议。

12月13日，劳动部发出《关于进一步做好困难企业离退休人员基本生活保障工作的通知》。

12月31日，劳动部印发《关于进行劳动预备制度试点工作的通知》。

1997年

1月3日，劳动部、公安部联合发出《关于进一步规范境外就业服务工作有关问题的通知》。

1月7—9日，国务院在北京召开全国国有企业职工再就业会议，朱镕基副总理在会议的讲话中明确指出，要大力推行再就业工程，对国有企业富余职工实行减员增效、下岗分流，解决国有企业人员过多的问题，这方面要推广上海、青岛等地搞好再就业工作的经验。

1月30日，劳动部发布了《试点地区工资指导线制度试行办法》，决定在北京等10个省市开展工资指导线制度试点工作。

2月14日，劳动部颁发了《外商投资企业工资收入管理暂行规定》和

《外商投资企业工资集体协商的几点意见》，针对外商投资企业的特点，对其工资管理和工资协商工作做了明确规定。

3月2日，国务院发出《关于在若干城市试行国有企业兼并破产和职工再就业有关问题的补充通知》。其中，提出明确要求：结合劳动就业、社会保障制度改革和当地的具体情况，建立再就业服务中心，积极开拓就业门路，关心破产企业职工生活，妥善安置破产企业职工，保持社会稳定。

3月24日，国家教育委员会颁布《普通高等学校毕业生就业工作暂行规定》。

4月9日，劳动部发出《农村劳动力跨地区流动有序工作1997年实施计划》的通知，明确提出了4项工作目标和11项工作任务。

5月22日，劳动部、国家计委、国家经贸委、国家体改委、财政部、人事部、公安部、中国人民银行、国家税务总局、国家工商行政管理局、中共中央办公厅信访局、国务院办公厅信访局、全国总工会联合发出《关于进一步做好企业职工解困和再就业工作的通知》，提出了做好企业职工解困和再就业工作的十项政策措施。

5月27日，劳动部、国家计委、财政部、审计署、国家统计局联合下发了《关于开展国有企业工资外收入综合治理工作的意见的通知》。通知要求各地、各部门要重点针对国有企业支付给本单位职工的工资外收入，采取查清渠道、严肃纪律、总体规划、分项治理的办法，保留合理合法收入，重点治理和取缔不合理、不合法的收入，规范企业工资收入分配秩序，实现职工主要劳动收入工资化、工资货币化。

5月28日，全国企业职工解困暨再就业工作经验交流会在北京召开。吴邦国副总理出席会议并作重要讲话，要求各级党委和政府必须做到：充分认识解困和再就业工作的长期性、紧迫性和艰巨性；必须把解困和再就业工作紧密结合起来；从实际出发，认真总结推广解困和再就业工作的经验；加强组织领导，认真落实责任制。

5月29日，劳动部、国有资产管理局、国家税务总局联合颁布《劳动就业服务企业产权界定规定》，明确规定劳动就业服务企业产权规定的具体政策。

6月10日，国务院批转了公安部《小城镇户籍管理制度改革试点方案》，允许已经在小城镇就业、居住并符合一定条件的农村人口在小城镇办理城镇常住户口，以促进农村剩余劳动力就近、有序地向小城镇转移。

7月16日，国务院颁布《关于建立统一的企业职工基本养老保险制度的决定》，提出了全国统一的方案并要求各地贯彻落实。该决定是多年来改革实践经验的归纳和总结，勾画出了企业养老保险制度的基本轮廓，标志着养老保险制度改革进入到了一个新的阶段。

7月17日，劳动部发出《关于贯彻落实〈劳动就业服务企业产权界定〉的通知》。

8月8日，劳动部下发《关于进行劳动预备制度试点工作的补充通知》。

8月20日，劳动部、国家经贸委、财政部联合发出《关于在企业"优化资本结构"试点城市建立再就业服务中心的通知》，通知指出：建立再就业服务中心是在向市场经济过渡的过程中，社会保障体系尚不完善的情况下，做好国有企业失业人员和下岗职工再就业工作的有效途径，也是搞好企业兼并破产和职工再就业工作的重要环节，通知同时对再就业服务中心的组建原则、再就业服务中心的任务等事项提出了原则性意见。

9月2日，国务院发出《关于在全国建立城市居民最低生活保障制度的通知》。

9月5日，劳动部、国家计委联合发出《关于进一步做好1997年工资控制线工作的通知》，要求各有关部门结合本部门的实际情况，把贯彻实施工资控制线办法作为当前工资调控的一项重要工作抓紧抓好，严格统计制度，进一步规范工资控制线调控范围。

9月12—18日，中国共产党第十五次全国代表大会在北京召开。大会总结了中国改革和建设的新经验，把邓小平理论确定为党的指导思想，把依法治国确定为治国的基本方略，把坚持公有制为主体、多种所有制经济共同发展，坚持按劳分配为主体、多种分配方式并存，确定为中国在社会主义初级阶段的基本经济制度和分配制度。大会报告还对社会主义初级阶段和初级阶段怎样建设社会主义作了深刻的阐述。党的十五大在分配制度改革方面的最大突破，就是解决了生产要素能不能参与收入分配的问题，明确提出要把按劳分配和按生产要素分配结合起来，第一次把其他分配方式科学地概括为"按生产要素分配"。

9月23日，劳动部、财政部联合发出了《关于做好1997年企业工资总额同经济效益挂钩工作有关问题的通知》。通知要求各地、各部门继续做好工资总量宏观调控，改进和完善工资总额同经济效益挂钩办法，并提出了九项具体措施。

11月25日，国务院办公厅发出《关于转发劳动部等部门关于进一步做好组织民工有序流动工作意见的通知》。

12月4日，劳动部、国家经贸委、公安部、民政部、铁道部、交通部、农业部联合召开电视电话会议，部署组织民工有序流动工作。

12月8日，劳动部印发《关于申办高级技工学校有关事项的通知》。

12月10日，劳动部印发《高级技工学校设置标准（试行）》。

12月22日，劳动部办公厅印发《职工基本养老保险个人账户管理暂行办法》。

1998年

1月6日，劳动部印发《职业介绍服务规程（试行）》。

1月26日，中组部、国家经贸委下发《关于进一步加强领导，积极推动工商管理培训的通知》。

1月26日，劳动部发出《关于建立下岗职工基本生活保障制度的通知》。

3月10日，九届全国人大一次会议通过《关于国务院机构改革方案的决定》。其中不再保留劳动部，重新组建劳动和社会保障部。

3月24—26日，受江泽民总书记委托，朱镕基总理在长春主持召开辽、吉、黑、内蒙古党政主要负责人座谈会，听取他们对国有企业下岗职工基本生活保障和实施再就业工程以及深化粮食流通体制改革的意见和建议。

4月24日，江泽民总书记主持会议，中央政治局听取劳动保障部部长张左己同志关于国有企业下岗职工基本生活保障和再就业工作情况的汇报。

5月14—16日，中共中央、国务院在京召开国有企业下岗职工基本生活保障和再就业工作会议。中共中央总书记、国家主席江泽民出席开幕式并发表重要讲话。江泽民同志指出：全党动手，动员全社会力量，共同做好国有企业下岗职工基本生活保障和再就业工作,对贯彻落实中共十五大精神,深化国有企业改革,引导、保护和发挥好职工群众的积极性,促进国民经济持续快速健康发展,巩固和发展安定团结的政治局面,全面推进建设有中国特色社会主义事业,具有十分重大的意义。中共中央政治局常委、国务院总理朱镕基在大会闭幕时作了重要讲话。他指出:国有企业下岗职工基本生活保障和再就业工作是当前关系改革、发展、稳定全局的头等大事,各地方、各部门一定要按照江泽民总书记重要讲话的要求,以对党和人民极端负责的精神,高度重视,加强领导,齐心协力,满腔热忱地做好这项工作。

6月9日,中共中央、国务院发出《关于切实做好国有企业下岗职工基本生活保障和再就业工作的通知》,要求进一步采取强有力的措施,切实做好国有企业下岗职工基本生活保障和再就业工作。

7月24—25日,经国务院批准,劳动保障部召开全国养老保险和再就业服务中心建设工作会议。吴邦国副总理到会并讲话,强调要从全局的高度认识做好社会保障工作的重要性,齐心协力,完成任务。会议做出了从7月起确保养老金按时足额发放、8月完成行业统筹移交地方管理、9月下岗职工全部进入再就业服务中心并领到基本生活费的工作部署。按照中央的要求,各级财政加大对社会保障的投入,中央财政当年直接用于两个确保的资金近百亿元。经过努力,工作目标得到初步实现,取得显著成绩。

8月3日,劳动保障部、国家经贸委、财政部、教育部、国家统计局、全国总工会联合印发《关于加强国有企业下岗职工管理和再就业服务中心建设有关问题的通知》,对国有企业职工下岗程序、下岗职工的管理、企业再就业服务中心的建立和运作、再就业服务中心的费用、调整失业保险基金缴费比例等问题提出了明确要求。

8月6日,国务院发出《关于实行企业职工基本养老保险省级统筹和行业统筹移交地方管理有关问题的通知》。

8月12日,劳动保障部下发《关于进一步做好劳动预备制度试点工作的通知》。

8月29日,《中华人民共和国高等教育法》正式颁布。

9月11日,劳动保障部印发《关于进一步加强就业服务,大力促进下岗职工再就业的通知》。

9月25日，劳动和社会保障部制定并发布了《劳动力市场信息网建设实施纲要》（1998—2000年）。

10月14日，中共十五届三中全会通过《中共中央关于农业和农村工作若干重大问题的决定》。

10月20日，国务院办公厅转发劳动保障部、国家计委、水利部、农业部《关于做好灾区农村劳动力就地安置和组织民工有序流动工作意见的通知》。

11月，全国城镇职工医疗保险制度改革工作会议召开。会议提出，要加强对医院和药品价格的控制，要强化监管控制费用过快增长，实行"一分、二定、三目录"：医药分开核算、分别管理；基本医疗保险实行定点医疗机构和定点药店管理，职工到指定医院和指定药店就医、购药；明确指定基本医疗保险的药品目录、诊疗目录和医疗服务收费标准及其相应管理办法。

12月7日，劳动保障部发出《关于加强外国人在中国就业管理工作有关问题的通知》。

12月14日，国务院发布《关于建立城镇职工基本医疗保险制度的决定》，明确了医疗保险制度改革的目标任务、基本原则和政策框架，要求这项工作从1999年年初开始启动，到1999年年底基本完成。

12月24日，劳动保障部发出《关于加强职业中介管理整顿劳动力市场秩序的通知》。

12月29日，第九届全国人民代表大会常务委员会第六次会议表决批准了国务院提请审议批准的《准予就业最低年龄公约》。同时声明：在中华人民共和国领土内及中华人民共和国注册的运输工具上就业或者工作的最低年龄为16周岁。

12月，《中华人民共和国职业分类大典》编制完成，于1999年5月正式颁布实施。这是新中国第一部有关职业分类的权威性文献，具有国家标准性质的职业分类大全。

1999 年

1月13日，经国务院批准，教育部颁布了《面向21世纪教育振兴行动计划》，提出"到 2000 年左右，建立起比较完善的由学校和有关部门推荐、学生和用人单位在国家政策指导下双向选择、自主择业的毕业生就业制度"。

1月19日，中宣部、劳动保障部联合发出《关于印发〈国有企业下岗职工基本生活保障和再就业工作宣传提纲〉与〈确保企业离退休人员基本养老按时足额发放工作宣传提纲〉的通知》。

1月20日，劳动保障部印发《关于开展劳动力市场"三化"建设试点工作的通知》。

1月22日，国务院发布《失业保险条例》和《社会保险费征缴暂行条例》。

2月3日，国务院办公厅发出《关于进一步做好国有企业下岗职工基本生活保障和企业离退休人员养老金发放工作有关问题的通知》。

2月24日，劳动保障部发出《关于切实做好春运期间控制民工盲目外出的紧急通知》，要求北京、河北、上海等15个民工输出输入较多的省、自治区、直辖市的劳动和社会保障部门，进一步做好春运期间组织民工有序流动工作，控制农村劳动力大量盲目外流。

3月10日，劳动保障部印发《劳动和社会保障事业发展总体规划（1998—2002年）》。

3月15日，国家税务总局发出《关于下岗职工从事社区居民服务业享受有关税收优惠政策问题的通知》。

4月1日，国家经贸委下发《关于加强中小企业管理人员培训的意见》。

4月14—16日，劳动保障部在常州召开全国发展社区服务业和小企业推动再就业现场会。林用三副部长出席会议并讲话。

4月29日，劳动保障部、民政部、财政部联合发出《关于做好国有企业下岗职工基本生活保障失业保险和城市居民最低生活保障制度衔接工作的通知》。

5月28日，江泽民总书记在湖北省考察期间，视察了武汉市劳动力市场，了解了就业、再就业及劳动力市场建设情况，并与国有企业下岗职工进行座谈。

6月13日，中共中央、国务院发布《关于深化教育改革全面推进素质教育的决定》。

6月17日，江泽民总书记在西安召开的国有企业改革和发展座谈会上的讲话中指出：要把在深化国有企业改革过程中分离出来的人员安置好。一是要落实好资金，地方财政负责的1/3和兜底资金要通过调整财政支出结构予以落实。确保按时足额发放离退休人员的养老金。二是要大力推进再就业工程，广开就业门路，创造更多的就业机会，帮助下岗职工早日实现再就业。

6月22—23日，劳动保障部在贵阳召开全国劳动力市场建设座谈会。会议提出了社会保障体系和市场就业机制建设三阶段的设想，即"双轨""转轨""并轨"阶段，同时提出劳动力市场建设"三化"的目标，在全国选定100个大中城市开展劳动力市场科学化、规范化、现代化建设试点。张左己部长等出席会议并讲话。

6月27日，国务院办公厅转发劳动保障部、教育部、人事部、国家计委、国家经贸委、国家工商局《关于积极推进劳动预备制度加快提高劳动者素质意见的通知》。决定从1999年起，中国将实施劳动预备制度，城镇新生劳动力和其他求职人员在就业前将接受一至三年的职业培训和职业教育，取得相应的职业资格或掌握一定的职业技能后，在国家政策的指导和帮助下，通过劳动力市场实现就业，否则不能就业。

8月7日，国务院办公厅转发劳动保障部、民政部、财政部、国家计委、国家经贸委《关于做好提高三条社会保障线水平等有关工作的意见》。

9月14日，劳动保障部印发《关于建立劳动力市场职业供求状况分析制度的通知》。

9月22日，中共十五届四中全会审议并通过《关于国有企业改革和发展若干重大问题的决定》。全会认为，国有企业是国民经济的支柱，必须大力促进国有企业的体制改革、机制转换、结构调整和技术进步。要尽最大努力实现国有企业改革和脱困的三年目标。

9月28日，国务院发布《城市居民最低生活保障条例》，对最低生活保障制度的适用对象、所需资金的来源、最低社会保障标准、申请办法等一系列问题作出了具体规定。

9月30日，国务院办公厅转发劳动保障部、国家计委、民政部、财政部、人事部、国家税务总局、国家工商局及中国残联等部门《关于进一步做好残疾人劳动就业工作的若干意见的通知》,明确了促进残疾人劳动就业的政策措施。

10月25日,劳动保障部印发《关于建立劳动力市场工资指导价位制度的通知》,明确了指导思想和工作目标,并在全国35个大中城市开展试点。

11月5日,劳动保障部、国家经贸委、公安部、全国总工会印发《关于认真贯彻劳动法切实维护劳动者合法权益的通知》。

2000 年

1月17日,国务院办公厅发出《关于切实做好春运期间组织民工有序流动工作的通知》。

1月17日,劳动保障部办公厅发出《关于印发做好农村富余劳动力流动就业工作意见的通知》。

2月3日,国务院办公厅印发《关于继续做好确保国有企业下岗职工基本生活和企业离退休人员养老金发放工作的通知》。

2月24—25日,劳动保障部在北京召开全国培训就业工作会议,总结工作,交流经验,分析研究形势,部署工作任务。张左己部长等出席会议并讲话。

2月28—29日,劳动保障部在昆明召开全国失业保险工作座谈会,交流贯彻《失业保险条例》的进展情况,就加强失业保险工作进行部署。

3月17日,劳动保障部发出《关于职工全年月平均工作时间和工资折算问题的通知》,明确中国公民节日假期由7天改为10天后,职工全年月平均工作天数和工作时间分别调整为20.92天和167.4小时。同时规定,职工的日工资和小时工资按此进行折算。

4月5日,劳动保障部在北京召开全国企业工资工作会议。会议总结和交流了近年来企业工资改革的经验和情况,部署了贯彻落实中共十五届四中全会精神和进一步深化企业工资制度改革的具体任务,提出了今后一个时期工资改革工作的基本目标、思路和要求,即坚持以按劳分配为主体、多种分配方式并存和效率优先、兼顾公平的原则,实行"市场机制调节、企业自主分配、职工民主参与、国家监控指导",逐步建立现代企业工资收入分配制度。

4月18日，劳动保障部发出《关于加快实行养老金社会化发放的通知》。

5月12日，劳动保障部下发《关于加快技工学校改革工作的通知》。

5月26日，朱镕基总理在进一步完善社会保障体系座谈会上的讲话中指出：健全的社会保障体系是社会的"稳定器"、经济运行的"减震器"和实现社会公平的"调节器"。提出要加快完善社会保障体系，建立稳定、可靠的社会保障基金筹措机制。

5月28日，国务院发出《关于切实做好企业离退休人员基本养老金按时足额发放和国有企业下岗职工基本生活保障工作的通知》。

7月20日，劳动保障部、国家计委、农业部、科技部、建设部、水利部和国务院发展研究中心联合下发《关于进一步开展农村劳动力开发就业试点工作的通知》。

7月20—21日，劳动保障部在上海召开全国社区就业经验交流会。会议明确提出要举起社区就业的旗帜，以社区服务业作为再就业工作的主攻方向，并阐明开展社区就业工作的基本原则和措施。张左己部长等出席会议并讲话。

7月25日，国务院召开上海会议，第一次提出"三改并举，同步推进"的改革思路，要求同步推进城镇职工基本医疗保险制度、医疗卫生体制和药品流通体制三项改革。

8月4日，劳动保障部、财政部联合发出《关于切实做好事业单位参加失业保险工作有关问题的通知》。

10月26日，劳动保障部发布《失业保险金申领发放办法》，自2001年1月1日起施行。

11月8日，劳动保障部发布施行《工资集体协商试行办法》，确立起了工资集体协商制度的基本框架。

12月25日，国务院印发《关于完善城镇社会保障体系的试点方案》。

11月6日，劳动保障部印发《进一步深化企业内部分配制度改革的指导意见》，要求各地加强对企业内部分配制度改革的指导，加快建立与现代企业制度相适应的工资收入分配制度。

11月28日,江泽民总书记在中央经济工作会议上的讲话中指出:多渠道扩大就业是增加城乡居民收入的重要途径,完善的社会保障体系是社会主义市场经济体制的重要支柱。不断改善人民生活是我们党全心全意为人民服务的宗旨和"三个代表"要求的最终体现,要注意关心和解决好人民的生活问题。

12月8日,劳动保障部发布施行《劳动力市场管理规定》。

12月25日,国务院下发了《关于完善城镇社会保障体系的试点方案》,并决定2001年在辽宁省及其他省、自治区、直辖市确定的部分地区进行试点。

2001 年

3月13日,国家经贸委、人事部、劳动保障部联合制定下发《关于深化国有企业内部人事、劳动、分配制度改革的意见》。

3月30日,国务院批转的公安部《关于推进小城镇户籍管理制度改革意见》提出:凡在小城镇"有合法固定的住所、稳定的职业或生活来源的人员及与其共同居住生活的直系亲属,均可根据本人意愿办理城镇常住户口"。

4月24日,劳动保障部、国家计委、监察部、建设部、中国人民银行、国家税务总局、国家工商总局、全国总工会、全国妇联联合发出《关于开展落实下岗职工再就业优惠政策检查的通知》。

4月24日,劳动保障部印发《劳动和社会保障事业发展第十个五年计划纲要》指出:"进一步培育和发展劳动力市场,完善就业服务体系。"

4月27日,国务院印发《关于整顿和规范市场经济秩序的决定》。要求建立规范的社会主义市场经济秩序,并将"规范中介机构的行为,实行中介机构市场准入制度"列为"当前重点工作"。

5月8日,劳动保障部、国家计委、国家经贸委、财政部、民政部、建设部、中国人民银行、国家工商总局、国家税务总局联合发布《关于推动社区就业工作的若干意见》。

5月27日,劳动保障部发布《社会保险行政争议处理办法》。

5月29日，劳动保障部印发《关于开展再就业援助行动的通知》。

6月7日，全国开展再就业援助行动电视电话会议在北京召开，部署实施再就业援助行动。

7月25日，国家经贸委出台了《"十五"期间全国企业经营管理人员培训纲要》，在全国范围内重点推行《国有大中型企业建立现代企业制度和加强管理的基本规范》与世界贸易组织基本规则的培训，简称"双基培训"。

7月30—31日，劳动保障部在兰州召开全国失业保险工作座谈会。会议重点研究国有企业下岗职工出中心后做好失业保险工作的措施，对相关工作作出部署。林用三副部长出席会议并讲话。

8月3日，劳动保障部、全国总工会、中国企业联合会/中国企业家协会联合召开协调劳动关系三方会议成立大会，建立了国家一级的协调劳动关系三方会议制度。会议审议通过《关于建立国家协调劳动关系三方会议制度的意见》《关于进一步推行平等协商和集体合同制度的通知》《关于进一步加强劳动争议处理工作的通知》。

8月6日，劳动保障部发出《关于进一步做好社会保险费征缴和清欠工作的通知》。

9月20日，劳动保障部、财政部、人事部、中央机构编制委员会办公室发出《关于职工在机关事业单位与企业之间流动时社会保险关系处理意见的通知》。

10月9日，劳动保障部、国家工商行政管理总局联合发布《中外合资中外合作职业介绍机构设立管理暂行规定》。

10月27日，九届人大常务委员会第二十四次会议通过了《工会法》的修正案。

10月30日，国家计委、财政部发出《关于全面清理整顿外出或外来务工人员收费的通知》，指出：对农民工的"城市增容费、劳动力调节费、外地务工经商人员管理服务费、外地（外省）建筑（施工）企业管理费等行政事业性收费一律取消"。

11月12日，国务院办公厅印发《关于进一步加强城市居民最低生活保障工作的通知》。

11月14日，劳动保障部、国家经济贸易委员会、中华全国总工会、中国企业联合会/中国企业家协会发出《关于进一步加强劳动争议处理工作的通知》《关于进一步推行平等协商和集体合同制度的通知》。

11月27日,江泽民总书记在中央经济工作会议上的讲话中指出:积极扩大就业是改善人民生活的重要途径;调整分配格局,增加城乡居民收入是培育和扩大国内需求、改善人民生活的重要手段。要坚持实行按劳分配和按生产要素分配相结合的制度,贯彻效率优先、兼顾公平的原则。

12月20日,国务院办公厅转发国家计委《关于"十五"期间加快发展服务业若干政策措施意见的通知》。

12月22日,劳动保障部发出《关于完善城镇职工基本养老保险政策有关问题的通知》。

2001年年底,全国城乡共有从业人员73025万人。城镇从业人员为23940万人,其中,城镇单位从业人员11166万人。在城镇单位从业人员中,在岗职工10792万人(国有单位7640万人,城镇集体单位1291万人,其他单位2235万人)。其中,城镇私营和个体从业人员3658万。第一产业为36513万人,占50%;第二产业为16284万人,占22.3%;第三产业为20228万人,占27.7%。到年底,全国城镇登记失业率为3.6%。2001年,城镇在岗职工工资总额为11831亿元,比上年增长11.0%;全国城镇在岗职工平均工资为10870元,比上年增长16%,扣除价格因素,实际增长15.2%。

2002年

3月2日,国务院办公厅转发了教育部、公安部、人事部、劳动保障部《关于进一步深化普通高等学校毕业生就业制度改革有关问题的意见》,明确要求建立市场导向的就业机制。

3月21日,劳动保障部印发《关于进一步加强劳动力市场建设完善就业服务体系的意见》,要求各地劳动保障部门按照国家"十五"计划《纲要》的有关要求,做好相关工作。

4月1日,劳动保障部发出《关于开展民工权益保护专项检查活动的紧急通知》,决定于2002年4月8日至5月7日在全国范围内组织开展一次民工合法权益保护专项检查活动。

4月7日，中共中央办公厅发出《中共中央办公厅国务院办公厅关于切实做好企业和社会稳定工作的通知》。通知指出，推进国有企业改革要充分考虑各方面的承受能力，企业实施改制重组、关闭破产和分流安置富余人员，要按照党中央、国务院有关政策规定办理，确保本地区企业和社会的稳定。

4月12日，劳动保障部印发《关于建立失业保险个人缴费记录的通知》。

4月29日，《中国劳动和社会保障状况》白皮书对外发布。这是中国政府首次以白皮书的形式全面系统地向世界介绍中国的劳动和社会保障事业发展状况，包括就业形势总体保持稳定，新型劳动关系基本形成，社会保障体系初步建立和21世纪初期的发展等内容。

5月7日，中共中央、国务院制定下发《2002—2005年全国人才队伍建设规划纲要》，首次提出"实施人才强国战略"，并对新时期人才队伍建设进行了总体谋划，明确了人才队伍建设的指导方针、目标任务和主要政策措施。

5月14日，劳动保障部、公安部、国家工商总局发布《境外就业中介管理规定》，规范了从事境外就业中介活动的管理。

5月21日，财政部、劳动保障部发出《关于企业补充医疗保险有关问题的通知》。

6月5—6日，吴邦国副总理在石家庄主持召开部分省份和有关负责人参加的再就业工作座谈会，河北等8省市政府负责同志及国务院有关部门和全国总工会负责同志参加会议。

7月3日，人事部颁布了《关于在事业单位试行人员聘用制度的意见》，提出："通过实行人员聘用制度，转换事业单位用人机制，实现事业单位人事管理由身份管理向岗位管理转变，由行政任用关系向平等协商的聘用关系转变。"

7月22—24日，朱镕基总理在辽宁省进行社会保障体系试点和再就业工作考察。其间，先后在沈阳、抚顺等地考察了社区、职业技术培训中心等；主持召开了社会保障工作座谈会。

7月25日，劳动保障部印发《加强职业培训提高就业能力计划》。

8月3日，人事部办公厅下发《关于开展定期发布全国人才市场供求信息工作的通知》。

8月13日，劳动保障部、中华全国总工会、中国企业联合会/中国企业家协会发布《关于建立健全劳动关系三方协调机制的指导意见》。

8月24日，国务院发布《关于大力推进职业教育改革与发展的决定》。

9月，劳动保障部建立了"中国劳动力市场"网站。

9月5日，教育部、公安部、人事部、劳动保障部发出《关于切实做好普通高等学校毕业生就业工作的通知》。

9月12—13日，中共中央、国务院在北京召开全国再就业工作会议。中共中央总书记、国家主席江泽民出席会议并作重要讲话。江泽民提出：就业是民生之本。扩大就业，促进再就业，关系改革发展稳定的大局，关系人民生活水平的提高，关系国家的长治久安，不仅是重大的经济问题，也是重大的政治问题。

9月30日，中共中央、国务院发出《关于进一步做好下岗失业人员再就业工作的通知》，在建立公共就业服务制度、统一的社会保障和劳动就业工作体系、规范劳动力市场秩序等方面提出明确要求。

10月1日，国务院公布《禁止使用童工规定》，自2002年12月1日起施行。

10月17日，国务院办公厅发出《关于下岗失业人员从事个体经营有关收费优惠政策的通知》。

10月25日，财政部发出《关于贯彻落实下岗失业人员从事个体经营有关收费优惠政策的通知》。

11月8—14日，中国共产党第十六次全国代表大会在北京召开。江泽民总书记代表第十五届中央委员会向大会作了题为"全面建设小康社会开创中国特色社会主义事业新局面"的报告，报告多处对劳动和社会保障工作进行阐述。党的十六大确立了劳动、资本、技术和管理等生产要素按贡献参与分配的原则，解决了其他生产要素能不能和怎么样参与收入分配的问题，是中国分配制度改革的重大突破。党的十六大还提出，中国的分配制度改革要以共同富裕为目标，扩大中等收入者比重，提高低收入者收入水平。这指明了今后中国要努力形成的收入分配新格局，即中等收入者居人口的多数，并占有大部分收入和财富的格局。

11月18日，国家经贸委、财政部、劳动保障部、国土资源部、中国人民银行、国家税务总局、国家工商总局、全国总工会共同印发《关于国有大中型企业主辅分离辅业改制分流安置富余人员的实施办法》。

11月25日，劳动保障部、国家计委、国家经贸委、监察部、财政部、建设部、中国人民银行、国家税务总局、国家工商总局、中编办、全国总工会共同发出《关于贯彻落实中共中央国务院关于进一步做好下岗失业人员再就业工作的通知若干问题的意见》。

11月29日，劳动保障部、教育部、人事部发出《关于进一步推动职业学校实施职业资格证书制度的意见》。

12月3日，财政部、劳动保障部联合发出《关于促进下岗失业人员再就业资金管理有关问题的通知》。

12月3日，劳动保障部发出《关于进一步加快劳动保障信息系统建设的通知》。

12月13日，劳动保障部召开全国街道社区劳动保障工作座谈会，会议要求将街道和社区工作平台的建设作为劳动保障工作一项重要的基础工程，做到"六个到位""三个衔接"（机构到位、人员到位、经费到位、场地到位、制度到位和工作到位；搞好与区县劳动保障工作的衔接，与街道和社区其他便民利民业务的衔接，以及劳动保障各项工作的衔接）。张左己部长等出席会议并讲话。

12月24日，国家税务总局、劳动保障部联合发出《关于促进下岗失业人员再就业税收政策具体实施意见的通知》。

12月24日，中国人民银行、财政部、国家经贸委、劳动保障部联合印发《下岗失业人员小额担保贷款管理办法》。

12月27日，财政部、国家税务总局联合发出《关于下岗失业人员再就业有关税收政策问题的通知》。

12月28日，《中华人民共和国民办教育促进法》经九届全国人大常务委员会第三十一次会议通过，自2003年9月1日起施行。该法赋予了劳动保障部门负责民办职业培训工作的重要职责。

12月30日，教育部《关于进一步加强普通高等学校毕业生就业指导服务机构及队伍建设的几点意见》。

2003 年

1月2—5日，中共中央总书记胡锦涛到内蒙古考察工作。重点就切实解决好群众生产生活问题，不断完善社会保障体系，进一步做好"两个确保"和"三条保障线"工作进行调研。

1月2—4日，温家宝副总理到山西省看望贫困地区农民和城市困难职工，强调扩大就业和搞好社会保障是各级党委和政府的重要职责，要坚决落实中央关于鼓励就业和再就业的政策措施。

1月5日，国务院办公厅发出《关于做好农民进城务工就业管理和服务工作的通知》。

1月7日，国务院办公厅转发国家经贸委等部门《关于解决国有困难企业和关闭破产企业职工基本生活问题的若干意见》。

1月16日，国务院办公厅转发《关于建立新型农村合作医疗制度的意见》，要求"从2003年起，各省、自治区、直辖市至少要选择2—3个县（市）先行试点，取得经验后逐步推开。

2月27日，劳动保障部颁布《社会保险稽核办法》，自2003年4月1日起施行。

3月28日，中共中央政治局进行第三次集体学习，胡锦涛总书记主持。中国人民大学曾湘泉教授、中国社会科学院蔡昉研究员就"世界就业趋势和我国就业政策研究"进行讲解，并提出研究建议。

4月7日，劳动保障部下发《关于进一步做好扩大城镇职工基本医疗保险覆盖范围工作的通知》。

4月25日，教育部颁发《关于进一步深化教育改革，促进高校毕业生就业工作的若干意见》。

4月26日，根据国务院第六次常务会议议定的意见，国务院建立再就业工作部际联席会议制度和再就业工作定期通报制度。明确部际联席会议由劳动保障部为牵头单位，发展改革委等13个部门和单位组成，国务院办公厅参加。联席会议办公室设在劳动保障部。同时，明确了联席会议的主要职责。

4月27日，国务院公布《工伤保险条例》，自2004年1月1日起施行。

5月12日，国务院办公厅发出《关于加快推进再就业工作的通知》。

5月20日，劳动保障部发出《关于抓紧做好再就业有关工作的紧急通知》。

5月26日，劳动保障部办公厅发布《关于城镇灵活就业人员参加基本医疗保险的指导意见》。

5月29日，国务院办公厅发出《关于做好2003年普通高等学校毕业生就业工作的通知》。

5月30日，劳动保障部发布《关于非全日制用工若干问题的意见》。

6月6日，团中央、教育部、财政部、人事部发布《关于实施大学生志愿服务西部计划的通知》。

6月11日，财政部、中国人民银行、劳动保障部印发《下岗失业人员从事微利项目小额担保贷款财政贴息资金管理办法》。

6月13日，劳动保障部发出《关于进一步推动再就业培训和创业培训工作的通知》。

6月19日，中共中央办公厅、国务院办公厅转发劳动保障部等部门《关于积极推进企业退休人员社会化管理服务工作的意见》。

7月24—26日、7月31日至8月2日，黄菊副总理分别赴河南、山西考察就业和再就业工作。在山西期间，主持召开了国务院再就业工作部际联席会议成员单位小组会议。

7月31日，劳动保障部、财政部、国务院国有资产监督管理委员会印发《关于国有大中型企业主辅分离辅业改制分流安置富余人员的劳动关系处理办法》。

8月15—16日，中共中央、国务院在北京召开全国再就业工作座谈会。中共中央总书记、国家主席胡锦涛出席会议并发表重要讲话。他指出，就业是民生之本。做好就业和再就业工作，关系人民群众的切身利益，关系改革发展稳定的大局。促进就业和再就业是一件利国利民的大事，是安国之策。

8月28日，财政部、劳动保障部、国家税务总局发出《关于促进下岗失业人员再就业税收优惠及其他相关政策的补充通知》。

9月9日，国务院办公厅转发农业部等部门《2003—2010年全国农民工培训规划》。

9月14日，中共中央办公厅、国务院办公厅发出《关于对就业再就业工作情况督促检查的通知》。

9月15日，国家发改委发出《关于鼓励中小企业聘用高校毕业生搞好就业工作的通知》。

9月18日，国务院办公厅转发农业部、劳动保障部等部门共同制定的《2003—2010年全国农民工培训规划》。

9月23日，劳动保障部颁布《工伤认定办法》《因工死亡职工供养亲属范围规定》《非法用工单位伤亡人员一次性赔偿办法》，均自2004年1月1日起施行。

9月25日，劳动保障部、财政部联合发出《关于妥善处理国有企业下岗职工出中心再就业有关问题的通知》。

9月30日，劳动保障部、建设部发出《关于切实解决建筑业企业拖欠农民工工资问题的通知》。

10月14日，中共十六届三中全会通过《中共中央关于完善社会主义市场经济体制若干问题的决定》提出，要逐步统一城乡劳动力市场，要把扩大就业放在经济社会发展更加突出的位置，实施积极的就业政策，努力改善创业和就业环境，要推进收入分配制度改革，完善按劳分配为主体、多种分配方式并存的分配制度。要加快建设与经济发展水平相适应的社会保障体系，完善企业职工基本养老保险制度。健全失业保险制度，继续完善城镇职工基本医疗保险制度、医疗卫生和药品生产流通体制的同步改革。继续推行职工工伤和生育保险，完善城市居民最低生活保障制度。

10月24日，重庆市云阳县龙泉村农妇熊德明在自己家门口见到了来到三峡库区的国务院总理温家宝。当温总理问到村子里有多少人在外地打工，有没有欠钱的事时，熊德明说出了一句话：丈夫在外面打工时有2000多元的工钱被拖欠了一年，影响了娃儿们交学费……这句实话，引发了全国范围内对拖欠农民工工资问题的前所未有的关注，一场"讨薪风暴"展开了。

11月22日，国务院办公厅印发了《关于切实解决建设领域拖欠工程款问题的通知》。

11月24日，劳动保障部、财政部发出《关于进一步做好企业工资总额同经济效益挂钩工作的通知》。

11月25日，国务院国有资产监督管理委员会正式颁布《中央企业负责人经营业绩考核暂行办法》，决定从2004年1月1日起对国资委下属的189家中央企业经营者实施年薪制激励考核。

12月，中共中央、国务院在北京召开全国人才工作会议，并发布《关于加强人才工作的决定》，提出要建立机制健全、运行规范、服务周到、指导坚强有力的人才市场体系。

2004 年

1月6日，劳动保障部公布《企业年金试行办法》，自2004年5月1日起施行。

1月20日，劳动保障部公布《最低工资规定》，自2004年3月1日起施行。

1月20日，劳动保障部公布《集体合同规定》，自2004年5月1日起实施。原劳动部1994年12月5日颁布的《集体合同规定》同时废止。

2月16日，人事部印发《关于加快发展人才市场的意见》，提出了新时期人才市场建设的总体思路。

3月16日，中国人民银行、财政部、劳动保障部发出《关于进一步推进下岗失业人员小额担保贷款工作的通知》。

3月18—19日，劳动保障部在青岛召开全国失业保险工作座谈会。会议研究了进一步完善失业保险制度，在保障失业人员基本生活的同时，更好地发挥失业保险促进就业作用的有关问题。

4月9日，团中央、劳动保障部出台《关于深入实施"中国青年创业行动"促进青年就业工作的意见》。

4月15日，劳动保障部发布《关于进一步做好失业调控工作的意见》。

4月17日，国务院办公厅印发《关于进一步做好2004年普通高等学校毕业生就业工作的通知》，提出实行中央和地方两级管理，以地方管理为主的工作体制，培育和建设更加完善的毕业生就业市场。

4月26日，国务院新闻办公室发表《中国的就业状况和政策》白皮书。

4月28—30日，劳动保障部与国际劳工组织在北京共同举办"中国就业论坛"。温家宝总理在中南海会见了出席中国就业论坛的国际劳工组织总干事索马维亚和各国劳工部长及代表团团长。国务院黄菊副总理出席开幕式并致辞。论坛通过了《2004中国就业论坛共识》。

4月30日，劳动保障部下发了《关于健全技能人才评价体系推进职业技能鉴定工作和职业资格证书制度建设的意见》。

5月28日，劳动保障部办公厅发布《关于推进混合所有制企业和非公有制经济组织从业人员参加医疗保险的意见》，将医疗保险覆盖面扩大到混合所有制企业和非公有制经济组织从业人员。

6月1日，劳动保障部发出《关于农民工参加工伤保险有关问题的通知》。

6月3日，劳动保障部发出《关于加强就业服务制度化、专业化和社会化工作的通知》。

6月21日，劳动保障部发出《关于做好国有大中型企业主辅分离辅业改制分流安置富余人员有关工作的通知》。

6月25日，劳动保障部与国资委联合发出《关于开展高技能人才队伍建设试点工作的通知》。

6月30日至7月2日，劳动保障部在南昌召开全国就业服务"新三化"工作会议暨劳动就业服务专业委员会大会，会议就贯彻落实胡锦涛总书记提出的实现就业服务体系制度化、专业化和社会化的要求，在总结劳动力市场三化建设工作成果的基础上，提出以"人本服务"为新的起点，将就业服务提高到一个新水平。

7月16日，国家发改委等九部委联合发布《关于进一步清理和取消针对农民跨地区就业和进城务工歧视性规定和不合理收费的通知》。

9月2日，中组部印发《关于加强和改进企业经营管理人员教育培训工作的意见》，提出了企业经营管理人员教育培训工作的指导思想、目标和原则，教育培训的主要任务、内容和方式。

9月7日，国务院新闻办召开《中国的社会保障状况和政策》白皮书新闻发布会。

10月，人事部建立了人才市场公共信息网。

11月1日，国务院公布《劳动保障监察条例》，自2004年12月1日起施行。

11月30日，黄菊副总理主持召开国务院再就业工作部际联席会议第四次全体会议，听取联席会议成员单位联合进行的再就业工作调研情况汇报，对做好下一阶段工作提出要求。

12月6日，劳动保障部颁布了《关于建立行业人工成本信息指导制度的通知》以及附件《行业人工成本信息指导制度实施办法》，该文件的发布，标志着中国人工成本制度的正式建立，人工成本和工资分配的宏观管理迈上了一个新台阶。

12月16日，劳动保障部发出《关于开展春风行动完善农民工就业服务的通知》。

12月27日，国务院办公厅发出《关于进一步做好改善农民进城就业环境工作的通知》。

2005 年

1月23日，财政部、国家税务总局发出《关于下岗失业人员再就业有关税收政策问题的通知》。

2月6日，劳动保障部、中华全国总工会、中国企业联合会/中国企业家协会发出《关于进一步推进工资集体协商工作的通知》。

2月21日，劳动保障部、公安部、人事部、工商总局联合召开全国清理整顿劳动力市场秩序工作电视电话会议，就做好当前劳动力市场清理整顿工作做出部署。

2月24日，劳动保障部、财政部发出《关于切实做好国有企业下岗职工基本生活保障制度向失业保险制度并轨有关工作的通知》。

3月31日，中国就业促进会在北京人民大会堂召开成立大会。中国就业促进会是经国务院同意、民政部批准，由中国劳动就业服务企业协会更名后成立的。

4月27日,《中华人民共和国公务员法》出台,自2006年1月1日起实施。

5月11日,劳动保障部会同建设部、全国总工会下发《关于加强建设等行业农民工劳动合同管理的通知》。

5月25日,劳动保障部发出《关于确立劳动关系有关事项的通知》。

6月25日,中共中央办公厅、国务院办公厅印发《关于引导和鼓励高校毕业生面向基层就业的意见》。

7月3日,黄菊副总理在长春市主持召开吉林等7省区市就业再就业工作座谈会,总结就业再就业政策实施情况,听取各地意见建议,研究新形势下就业再就业工作任务和政策措施。

7月5日,劳动保障部发出《关于进一步做好在国有企业重组改制和关闭破产中维护职工合法权益工作有关问题的通知》。

7月20日,劳动保障部发出《关于贯彻落实中共中央办公厅国务院办公厅引导鼓励高校毕业生面向基层就业意见的通知》。

8月4日,劳动保障部、中华全国总工会、中国企业联合会/中国企业家协会发出《关于进一步加强劳动争议调解工作的通知》。

9月2日,劳动保障部等九部门发出《关于进一步解决拖欠农民工工资问题的通知》。

9月8日,黄菊副总理在长沙主持召开湖南等9省市就业再就业工作座谈会,听取各地对扩大就业、完善政策的意见和建议。

10月,中共十六届五中全会通过《中共中央关于制定"十一五"规划的建议》,提出"推进市场配置人才资源,规范人才市场管理","规范劳动力市场秩序"。

10月28日,国务院发布《关于大力发展职业教育的决定》,提出以就业为导向,通过大规模培养高素质劳动者和高技能人才,服务于现代化建设。

11月4日,国务院发出《关于进一步加强就业再就业工作的通知》。

11月15日,劳动保障部、财政部发出《关于扩大做实企业职工基本养老保险个人账户试点有关问题的通知》。

11月24日,劳动保障部发出《关于进一步做好职业培训工作的意见》,

提出"十一五"期间要重点实施五项计划和一项行动（简称"5+1"行动计划）。

12月3日，国务院发布《关于完善企业职工基本养老保险制度的决定》。

2006 年

1月1日，中共中央、国务院发布《关于推进社会主义新农村建设的若干意见》。意见提出：按照城乡统筹发展的需求，逐步加大公共财政对农村社会保障制度建设的投入；探索建立与农村经济发展水平相适应、与其他保障措施相配套的农村社会养老保险制度；健全对被征地农民的社会保障。

1月10日，财政部、劳动保障部联合发出《关于进一步加强就业再就业资金管理有关问题的通知》。

1月11日，劳动保障部、财政部联合发出《关于适当扩大失业保险基金支出范围试点有关问题的通知》。

1月20日，劳动保障部、发展改革委、教育部、监察部、民政部、财政部、建设部、农业部、商务部、人民银行、国资委、税务总局、工商总局、统计局、中央编办、全国总工会、共青团中央、全国妇联联合发出《关于贯彻落实国务院进一步加强就业再就业工作通知若干问题的意见》。

1月31日，国务院出台《关于解决农民工问题的若干意见》，对统筹城乡发展，保障农民工合法权益，改善农民工就业环境，引导农村富余劳动力合理有序转移，推动全面建设小康社会进程等方面提出具体意见。提出了"建立城乡统一的劳动力市场和公平竞争的就业制度，建立惠及农民工的城乡公共服务体制和制度"的目标。

2月25日，中组部、人事部、教育部等颁布《关于组织开展高校毕业生到农村基层从事支教、支农、支医和扶贫工作的通知》。

3月，《中华人民共和国国民经济和社会发展第十一个五年规划纲要》提出，"加强劳动力市场监管、劳动保护和劳动执法监察，规范用工行为，切实维护劳动者合法权益，加快推进劳动力市场一体化建设"。"推进市场配置人才资源，消除人才市场发展的体制下障碍，规范人才市场监管，营造人才辈出、人尽其才的社会环境"。

3月31日，劳动保障部、中华全国总工会、中国企业联合会/中国企业家协会印发《全面推进劳动合同制度实施三年行动计划》。

4月18日，中共中央办公厅、国务院办公厅印发《关于进一步加强高技能人才工作的意见》。

5月17日，劳动保障部发出《关于实施农民工"平安计划"加快推进农民工参加工伤保险工作的通知》。

6月14日，国务院公布了《公务员工资制度改革方案》，自2006年7月1日起实施。

6月15日，经国务院批准，人事部、财政部印发了《事业单位工作人员收入分配制度改革方案》，自2006年7月1日起实施。

6月21日，经国务院批准，人事部、财政部印发了《公务员工资制度改革实施办法》《事业单位工作人员收入分配制度改革实施办法》。

6月24—25日，劳动保障部、财政部、人民银行联合召开"落实就业政策，推动创业促就业"工作座谈会，国务委员兼国务院秘书长华建敏出席会议并发表重要讲话，明确了推动创业带动就业工作的重要思路。

7月21日，劳动保障部、全国总工会、中国企业联合会/中国企业家协会联合发出《关于开展创建劳动关系和谐企业与工业园区活动的通知》。

7月26日，劳动保障部、国家发改委、财政部、农业部印发《关于统筹城乡就业试点工作指导意见》。

8月14日，劳动保障部发出《关于实施就业新起点计划试点工作的通知》和《关于推动高级技工学校技师学院加快培养高技能人才有关问题的意见》。

8月17日，劳动保障部会同全国总工会、中国企业联合会下发《关于开展区域性行业性集体协商的意见》。

9月1日，劳动保障部发出《关于进一步加强社会保险基金管理监督工作的通知》。

9月14—15日，劳动保障部在宁波召开全国失业保险工作座谈会，总结交流失业保险和失业调控工作情况，分析研究面临的形势和任务，部署相关工作。

10月8—11日，中共十六届六中召开，全会审议并通过了《中共中央关于构建社会主义和谐社会若干重大问题的决定》。全会提出，到2020年，构建社会主义和谐社会的目标和主要任务是：社会主义民主法制更加完善，依法治国基本方略得到全面落实，人民的权益得到切实尊重和保障；城乡、区域发展差距扩大的趋势逐步扭转，合理有序的收入分配格局基本形成，家庭财产普遍增加，人民过上更加富足的生活；社会就业比较充分，覆盖城乡居民的社会保障体系基本建立；基本公共服务体系更加完备，政府管理和服务水平有较大提高；全民族的思想道德素质、科学文化素质和健康素质明显提高，良好道德风尚、和谐人际关系进一步形成；全社会创造活力显著增强，创新型国家基本建成；社会管理体系更加完善，社会秩序良好；资源利用效率显著提高，生态环境明显好转；实现全面建设惠及十几亿人口的更高水平的小康社会的目标，努力形成全体人民各尽其能、各得其所而又和谐相处的局面。十六届六中全会针对收入分配领域存在的主要问题，提出要坚持按劳分配为主体、多种分配方式并存的分配制度，加强收入分配宏观调节，在经济发展的基础上，更加注重社会公平，着力提高低收入者收入水平、逐步扩大中等收入者比重、有效调节过高收入，坚决取缔非法收入，促进共同富裕。中央经过反复研究，决定改革公务员工资制度，规范公务员收入分配秩序；同时，改革和完善事业单位工作人员收入分配制度，继续适当提高相关人员的待遇水平。

10月13日，国务院批转《劳动和社会保障事业发展"十一五"规划纲要（2006—2010年）》。

2007年

1月18日，劳动保障部、财政部联合下发《关于推进企业职工基本养老保险省级统筹有关问题的通知》。

2月15日，劳动保障部、财政部发出《关于进一步做好扩大做实企业职工基本养老保险个人账户试点工作有关问题的通知》。

2月25日，国务院公布《残疾人就业条例》，自2007年5月1日起施行。

2月28日，国务院就业工作部际联席会议召开第八次全体会议，听取联席会议对各地就业再就业政策落实情况联合检查的汇报。

3月19日，国务院发布《关于加快服务业发展的若干意见》，提出"要发展人才服务业，完善人才资源配置体系"；要"扶持一批有国际竞争力的人才服务机构"。

4月22日，国务院办公厅印发《关于切实做好2007年普通高等学校毕业生就业工作的通知》，提出各级政府要把高校毕业生就业工作作为就业工作的重要内容，纳入就业工作联席会议制度，健全省、市、县三级毕业生就业工作领导机构和协调机制。

5月25日，由劳动保障部、全国总工会、全国工商联主办的"2007民营企业招聘周"启动仪式在天津市举行。

6月12日，劳动保障部发出《关于进一步健全最低工资制度的通知》。

6月15日，财政部和税务总局发布《关于促进残疾人就业税收优惠政策的通知》，对安置残疾人单位、残疾人个人就业的税收优惠等问题作出了明确的规定。

6月15日，税务总局、民政部、中国残联发出《关于促进残疾人就业税收优惠政策征管办法的通知》。

6月28日，劳动保障部发出《关于全面推进零就业家庭就业援助工作的通知》。

6月29日，十届全国人大常委会第二十八次会议通过《劳动合同法》，自2008年1月1日起施行。

7月5日，劳动保障部制定《高级技工学校设置标准》。

7月10日，国务院发布《关于开展城镇居民基本医疗保险试点的指导意见》。

7月11日，国务院发出《关于在全国建立农村最低生活保障制度的通知》。

7月15日，劳动保障部公布了《就业服务与就业管理规定》。

8月6日，劳动保障部发出《关于进一步加强创业培训推进创业促就业工作的通知》。

8月13日，由国际劳工组织举办、中国政府承办的亚洲就业论坛在北京开幕，主题是"增长、就业和体面劳动"。亚洲就业论坛为期三天，来自亚洲22个国家和地区的政府、雇主和工人三方代表，国际劳工组织和其他有关国际机构的代表共300人出席了论坛。

8月30日，十届全国人大常委会第二十九次会议通过《就业促进法》，自2008年1月1日起施行。第一次以法律形式确立了就业工作在国家经济社会发展中的突出位置，强化了政府促进就业的责任，并注重针对性和可操作性，把行之有效的促进就业再就业的政策措施予以固定和强化，从法律上确立了促进就业再就业的政策体系、制度保障和长效机制，为解决就业问题提供了强有力的法律保障。

9月10日，国务院就业工作部际联席会议召开第九次全体会议，就学习、宣传和贯彻实施《就业促进法》进行了部署。

10月15—21日，中国共产党第十七次全国代表大会在北京举行。胡锦涛作《高举中国特色社会主义伟大旗帜，为夺取全面建设小康社会新胜利而奋斗》的报告。大会总结过去5年的工作和改革开放以来的宝贵经验；强调要坚定不移地高举中国特色社会主义伟大旗帜，坚持中国特色社会主义道路和中国特色社会主义理论体系；全面阐述科学发展观的科学内涵、精神实质和根本要求；提出实现全面建设小康社会奋斗目标的新要求。中共十七大报告提出，要"建立统一规范的人力资源市场"。十七大针对收入分配领域存在的突出问题强调，要逐步提高居民收入在国民收入分配中的比重，提高劳动报酬在初次分配中的比重；初次分配和再分配都要处理好效率和公平的关系，再分配更加注重公平。

11月5日，劳动保障部颁布《就业服务与就业管理规定》，自2008年1月1日起实施。

11月15日，国务院发出通知，决定以2008年12月31日为标准时点，开展第二次全国经济普查。2009年12月25日，普查主要数据公报发布。

12月3—5日，中央经济工作会议召开。会议强调，要紧紧围绕转变经济发展方式和完善社会主义市场经济体制，继续加强和改善宏观调控，积极推进改革开放和自主创新，着力优化经济结构和提高经济增长质量，切实加强节能减排和生态环境保护，更加重视改善民生和促进社会和谐，推动国民经济又好又快发展。

12月11日，劳动保障部在成都召开全国推进统筹城乡就业试点工作座谈会。会议要求试点城市围绕"开发就业、平等就业、素质就业、稳定就业"四个方面的目标创造性地开展工作。

12月14日，国务院公布修改后的《全国年节及纪念日放假办法》。清明节、端午节、中秋节等列入法定节假日。

12月14日，国务院公布《职工带薪年休假条例》，自2008年1月1日起施行。

12月29日，十届全国人大第三十一次会议通过《劳动争议调解仲裁法》，自2008年5月1日起施行。

2008 年

2月3日，国务院印发《关于做好促进就业工作的通知》。

2008年元旦和春节期间，继续在全国开展了以"实现就业，稳定就业，我们真情相助"为主题的就业援助月活动。各地结合开展就业援助月活动，积极贯彻落实《就业促进法》，为深入开展公共就业服务，完善就业援助制度打下了良好基础。

2008年春节前后至4月初，继续在全国组织开展以"进城务工，帮您解难"为主题的"春风行动"专项活动，帮助和引导进城务工农村劳动者实现就业，改善其就业和创业环境。

3月，《关于国务院机构改革方案的说明》明确指出，整合人才市场与劳动力市场，建立统一规范的人力资源市场。

3月11日，十一届全国人大一次会议听取了关于国务院机构改革方案的说明，决定新组建人力资源和社会保障部，不再保留人事部、劳动和社会保障部；组建国家公务员局，由人力资源和社会保障部管理。

3月28日，中共中央、国务院印发《关于促进残疾人事业发展的意见》。

5月12日，四川汶川发生8.0级特大地震灾害，给四川、陕西、甘肃等省就业工作带来巨大冲击。党中央、国务院高度重视，有关部门积极研究政策措施，受灾地区和其他地方迅速采取实际行动，灾区就业工作取得积极进展，保证了受灾地区和全国就业局势的基本稳定。

6月24日，财政部发出《关于积极发挥财政贴息资金支持作用，切实做好促进就业工作的通知》。

7月8日，财政部、发展改革委联合发出《关于对从事个体经营的有关人员实行收费优惠政策的通知》。

7月12日，国务院办公厅印发《人力资源和社会保障部主要职责内设机构和人员编制规定》，确定成立就业促进司、人力资源市场司、职业能力建设司、失业保险司等23个内设机构。

8月4日，中国人民银行、财政部、人社部联合发布《关于进一步改进小额担保贷款管理，积极推动创业促就业的通知》。

8月21日，发展改革委、旅游局、人社部、商务部、财政部和人民银行联合印发《关于大力发展旅游业促进就业的指导意见》。

9月18日，国务院颁布《中华人民共和国劳动合同法实施条例》；人社部发布《企业职工带薪年休假实施办法》。

9月26日，国务院办公厅转发了人社部、发展改革委、教育部、工信部、财政部、国土资源部、住房城乡建设部、商务部、人民银行、税务总局、工商总局《关于促进以创业带动就业工作的指导意见》。

10月12日，中共十七届三中全会通过了《中共中央关于推进农村改革发展若干重大问题的决定》。

10月17—21日，中国工会第十五次全国代表大会举行。

11月17日，人社部发出《关于应对当前经济形势做好人力资源和社会保障有关工作的通知》。

11月19日，财政部、人社部联合发出《关于就业专项资金使用管理及有关工作的通知》。

12月17日，国务院常务会议决定，从2009年1月1日起，在全国义务教育学校实施绩效工资，确保义务教育教师平均工资水平不低于当地公务员平均工资水平。2009年9月2日，国务院常务会议决定在公共卫生与基层医疗卫生事业单位和其他事业单位实施绩效工资。

12月20日，国务院办公厅发出《关于切实做好当前农民工工作的通知》。

12月20日，人社部、财政部、税务总局共同下发《关于采取积极措施减轻企业负担稳定就业局势有关问题的通知》。

12月23日，中共中央办公厅转发《中央人才工作协调小组关于实施海外高层次人才引进计划的意见》。

2009 年

1月1日，人社部发布《劳动人事争议仲裁办案规则》《关于进一步做好劳动人事争议调解仲裁工作的通知》。

1月4日，人社部印发《2009年人力资源和社会保障工作要点》。

1月7日，人社部、发展改革委、财政部发出《关于实施特别职业培训计划的通知》。

1月13日，人社部等十三部门发出《关于进一步做好预防和解决企业工资拖欠工作的通知》。

1月19日，国务院办公厅发出《关于加强普通高等学校毕业生就业工作的通知》。

1月21日，人社部、中华全国总工会、中国企业联合会/中国企业家协会发布《关于应对当前经济形势稳定劳动关系的指导意见》。

2月3日，国务院发出《关于做好当前经济形势下就业工作的通知》。

2月20日，教育部发出《关于加快高等职业教育改革促进高等职业院校毕业生就业的通知》。

2月23日，教育部、财政部等部门发布《关于继续组织实施"农村义务教育阶段学校教师特设岗位计划"的通知》。

2月27日，科技部、教育部、财政部、人社部等出台《关于鼓励科研项目单位吸纳和稳定高校毕业生就业的若干意见》。

3月17日，中共中央、国务院发布《关于深化医药卫生体制改革的意见》；人社部尹蔚民部长向中央政治局委员、国务院副总理张德江汇报事业单位实施绩效工资有关工作。

4月7日，中组部、中宣部、教育部等发布《关于建立选聘高校毕业生到村任职工作长效机制的意见》。

4月8日，人社部、财政部发出《关于全面开展城镇居民基本医疗保险工作的通知》。

4月18日，中共中央组织部、人社部、教育部、财政部、农业部、卫生部、国务院扶贫开发领导小组办公室、共青团中央发出《关于做好2009年高校毕业生三支一扶计划实施工作的通知》。

4月20日，财政部、教育部和总参谋部发出《关于印发〈应征入伍服义务兵役高等学校毕业生学费补偿和国家助学贷款代偿暂行办法〉的通知》。

4月22日，尹蔚民部长出席由人社部、全国总工会、中国企联与国际劳工组织北京局在京共同举办的"应对金融危机对就业的影响，促进体面劳动"国际劳工组织成立九十周年纪念座谈会并致辞。

5月5日，人社部、财政部发出《关于进一步规范农村劳动者转移就业技能培训工作的通知》。

5月6日，国家第一次向社会公布了享受国家补贴政策的大学生就业岗位目录，涉及"基层人力资源和社会保障管理、基层农业服务、基层医疗卫生、基层文化科技服务、基层法律服务、基层民政（托老托幼）助残服务、基层市政管理、基层公共环境与设施管理维护"等9类领域。

6月15日，人社部尹蔚民部长出席在日内瓦召开的国际劳工组织"应对金融危机就业峰会"，并介绍中国政府实施更加积极的就业政策，全方位促进就业的政策措施，呼吁加强国际合作、积极应对金融危机对全球就业的影响。

9月1日，国务院发布《关于开展新型农村社会养老保险试点的指导意见》。

10月9日，人社部、中央机构编制委员会办公室发布《关于进一步加强公共就业服务体系建设的指导意见》。

12月16日，人社部、财政部、国家税务总局发出《关于进一步做好减轻企业负担稳定就业局势有关工作的通知》。

12月21日，人社部下发了《关于开展完善企业在岗职工工资和人工成本调查探索企业薪酬调查方法试点的通知》，结合企业薪酬调查，提出人工成本调查的方法。

12月28日，国务院办公厅转发了人社部、财政部《城镇企业职工基本养老保险关系转移接续暂行办法》；人社部发出《关于积极主动做好"两节"期间预防和处理劳动纠纷工作的通知》。

12月29日，人社部发出《关于做好元旦、春节期间企业职工工资支付保障工作的通知》。

12月31日，人社部、卫生部、财政部印发《流动就业人员基本医疗保障关系转移接续暂行办法》。

2010年

1月21日，国务院办公厅发布《关于进一步做好农民工培训工作的指导意见》。

2月10日，人社部、发展改革委、财政部发布《关于进一步实施特别职业培训计划的通知》。

4月1日，中共中央、国务院印发《国家中长期人才发展规划纲要（2010—2020年）》。5月25—26日，全国人才工作会议举行。

4月7日，人社部、教育部、财政部、人民银行、税务总局、工商总局印发了《关于实施2010高校毕业生就业推进行动大力促进高校毕业生就业的通知》，提出实施"岗位拓展计划"，大力拓展高校毕业生就业渠道；实施"创业引领计划"，大力推进高校毕业生自主创业，稳定灵活就业；实施"就业服务与援助计划"，为高校毕业生提供免费公共就业服务。

4月29日，为切实做好就业困难人员和"零就业"家庭就业工作，实现就业援助工作精细化、长效化，人社部下发《关于加强就业援助工作的指导意见》。

4月30日，人社部、中华全国总工会、中国企业联合会/中国企业家协会发出《关于印发全面推进小企业劳动合同制度，实施专项行动计划的通知》。

5月4日，教育部发布《关于大力推进高等学校创新创业教育和大学生自主创业工作的意见》。

5月5日，人社部、中华全国总工会、中国企业联合会/中国企业家协会发出《关于深入推进集体合同制度实施彩虹计划的通知》。

7月1日，人社部制定的《流动就业人员基本医疗保险关系转移接续暂行办法》正式实施，流动人员跨统筹地区就业时可以转移自己的医保关系，个人账户可以跟随转移划转。

7月8日，中共中央、国务院印发《国家中长期教育改革和发展规划纲要（2010—2020年）》。

7月13—14日，全国教育工作会议召开。胡锦涛强调，必须坚持教育优先发展，确保到2020年中国基本实现教育现代化，基本形成学习型社会，进入人力资源强国行列。

8月23日，人社部下发《关于大力推进技工院校改革发展的意见》。

10月15—18日，中共十七届五中全会举行。全会审议通过《中共中央关于制定国民经济和社会发展第十二个五年规划的建议》。会议强调，"十二五"时期是全面建设小康社会的关键时期，是深化改革开放、加快转变经济发展方式的攻坚时期。制定"十二五"规划，要以科学发展为主题，以加快转变经济发展方式为主线，深化改革开放，保障和改善民生，巩固和扩大应对国际金融危机冲击成果，促进经济长期平稳较快发展和社会和谐稳定，为全面建成小康社会打下具有决定性意义的基础。胡锦涛代表中央政治局向全会报告工作并讲话，指出中国发展仍处于重要战略机遇期，要坚持科学发展，加快转变经济发展方式。

10月20日，国务院发布《关于加强职业培训促进就业的意见》。

10月28日，十一届全国人大常委会第十七次会议通过《中华人民共和国社会保险法》，自2011年7月1日起施行。

11月1日，第六次全国人口普查开始。2011年4月28日，国家统计局公布人口普查主要数据，截至2010年11月1日零时，全国总人口为1370536875人，其中普查登记的大陆31个省（自治区、直辖市）和现役军人的人口共1339724852人。

12月10—12日，中央经济工作会议召开。会议强调，要正确把握国内外形势新变化新特点，以科学发展为主题，以加快转变经济发展方式为主线，实施积极的财政政策和稳健的货币政策，增强宏观调控的针对性、灵活性、有效性，加快推进经济结构调整，大力加强自主创新，切实抓好节能减排，不断深化改革开放，着力保障和改善民生，巩固和扩大应对国际金融危机冲击成果，保持经济平稳较快发展，促进社会和谐稳定。

12月31日，人社部公布新修订的《工伤认定办法》，自2011年1月1日起施行。劳动保障部2003年9月23日颁布的《工伤认定办法》同时废止。

2011 年

1月28日，人社部办公厅发出《关于开展2011年农民工劳动合同签订春暖行动的通知》。

2月12日，人社部、银监会、证监会、保监会发布《企业年金基金管理办法》，该办法自2011年5月1日起施行。劳动保障部、银监会、证监会、保监会于2004年2月23日发布的《企业年金基金管理试行办法》（劳动保障部令第23号）同时废止。

2月22日，人社部办公厅发出《关于加强统一管理切实维护人力资源市场良好秩序的通知》。

2月22—23日，人社部在北京召开全国就业工作座谈会，学习贯彻中央关于就业工作的重要决策部署，总结交流2010年及"十一五"期间促进就业的经验做法，分析就业工作面临的形势任务，部署2011年就业工作。

2月24—25日，全国社会保险局长座谈会在杭州召开。会议学习贯彻全国人力资源和社会保障工作会议精神，总结"十一五"时期社会保险工作，研究分析"十二五"时期面临的形势和主要任务，部署2011年工作。

2月25日至4月15日，人社部、公安部、国家工商行政管理总局在全国范围内联合开展清理整顿人力资源市场秩序专项行动。

3月4日，人社部、教育部、卫生部发出《关于切实贯彻就业体检中乙肝项目检测规定的通知》，切实取消就业体检中乙肝项目检测。

3月5—14日，十一届全国人大四次会议举行，会议批准《中华人民共和国国民经济和社会发展第十二个五年规划纲要》。

3月23日，中共中央、国务院发布《关于分类推进事业单位改革的指导意见》。

4月18日，人社部、发展改革委、财政部、工信部、国务院国有资产监督管理委员会、国家能源局、中华全国总工会印发《关于做好淘汰落后产能和兼并重组企业职工安置工作的意见》。

4月18—20日，全国劳动关系工作座谈会在杭州召开。会议总结了2010年劳动关系工作取得的新进展，回顾"十一五"时期的工作，分析"十二五"时期的形势任务，部署当年的主要工作，并组织考察浙江传化集团，听取传化集团构建和谐劳动关系经验介绍。

4月20日，人社部印发《"中华人民共和国社会保障卡"管理办法》。

5月，财政部、人社部下发《关于进一步加强就业专项资金管理有关问题的通知》。

5月27日，中共中央、国务院印发《中国农村扶贫开发纲要（2011—2020年）》。

5月31日，国务院发出《关于进一步做好普通高等学校毕业生就业工作的通知》。

6月2日，人社部印发《人力资源和社会保障事业发展"十二五"规划纲要》。纲要主要阐明了"十二五"时期人力资源和社会保障事业发展的总体思路、发展目标、主要任务和重大政策措施，是未来五年人力资源和社会保障工作的重要指导性文件。

6月29日，人社部、财政部发布《关于领取失业保险金人员参加职工基本医疗保险有关问题的通知》；人社部发布《实施〈中华人民共和国社会保险法〉若干规定》《社会保险个人权益记录管理办法》《社会保险基金先行支付暂行办法》，自2011年7月1日起施行。

6月30日，十一届全国人大常委会第二十一次会议通过关于修改个人所得税法的决定，自本年9月1日起，将个人所得税减除费用标准由每月2000元提高到3500元。

7月1日，胡锦涛在庆祝建党90周年大会上发表讲话，指出"人才是第一资源，是国家发展的战略资源。全党同志和全社会都要坚持尊重劳动、尊重知识、尊重人才、尊重创造的重大方针，牢固树立人人皆可成才的观念，敢为事业用人才，让各类人才都拥有广阔的创业平台、发展空间，使每个人都成为对祖国、对人民、对民族的有用之才，特别是要抓紧培养造就青年英才，形成人才辈出、人尽其才、才尽其用的生动局面"。

7月1日，城镇居民社会养老保险试点在全国范围内启动，与新型农村社会养老保险试点同步推进。到2012年7月，基本实现社会养老保险制度全覆盖。

7月6日，人社部与中组部共同印发了《高技能人才队伍建设中长期规划（2010—2020年）》，明确了到2020年高技能人才工作的指导思想、目标任务和政策措施。

7月30日，国务院印发《中国妇女发展纲要（2011—2020年）》和《中国儿童发展纲要（2011—2020年）》。

9月29日，人社部、财政部印发《关于印发国家高技能人才振兴计划实施方案的通知》。振兴计划包括技师培训、高技能人才培训基地建设、技能大师工作室建设三个重点工作项目。

9月11日，人社部印发《人力资源和社会保障信息化建设"十二五"规划》。

9月17日，国务院印发《中国老龄事业发展"十二五"规划》。

9月25日，人社部、财政部发出《关于进一步落实就业政策加强就业专项资金管理工作的通知》。

11月7日，人社部发出《关于进一步做好失业动态监测工作有关问题的通知》。

11月29—30日，中央扶贫开发工作会议召开，会议决定将国家扶贫标准由2009年的1196元提高到2300元（2010年不变价）。

11月30日，人社部发布《企业劳动争议协商调解规定》，自2012年1月1日起施行。

12月30日，人社部发出《关于采取有效措施缓解当前部分地区就业中结构性短缺问题的通知》。

2012 年

1月1日，从即日起，为2011年12月31日前已经办理退休手续并按月领取基本养老金的企业退休人员再次提高基本养老金水平。按照2011年企业退休人员月人均基本养老金的10%左右确定调整水平。至此，企业退休人员基本养老金标准实现"八连增"。

1月17日，国家统计局发布数据，2011年年底，中国大陆城镇人口为69079万，农村人口为65656万。城镇人口占总人口比重达到51.27%，首次超过农村。

1月24日，国务院转发人社部、发展改革委、教育部、工信部、财政部、农业部、商务部制定的《促进就业规划（2011—2015年）》。

2月15日，张德江副总理主持召开国务院农民工工作联席会议第十次全体会议。会议总结了2011年农民工工作，听取了中国农民工发展研究工作情况和第五次农民工工作督察情况报告，部署了2012年农民工工作。

2月20日，中共中央政治局就实施更加积极的就业政策进行第32次集体学习。人社部劳动科学研究所莫荣同志、中国社会科学院人口与劳动经济研究所蔡昉同志就有关问题进行讲解。

2月24日，国家协调劳动关系三方会议第十七次全体会议召开，听取2011年工作总结汇报，审议国家三方会议及办公室组成人员调整建议和三方会议2012年工作要点，通报贯彻落实全国构建和谐劳动关系先进表彰暨经验交流会的情况。

3月14日，国务院印发《"十二五"期间深化医药卫生体制改革规划暨实施方案》。

3月23日，人社部发出《关于做好2012年高校毕业生就业服务工作的通知》。

3月26日，人社部、财政部发出《关于加强高校毕业生职业培训促进就业的通知》。

4月28日，国务院《女职工劳动保护特别规定》公布施行。

5月2日，国务院第201次常务会议讨论通过《社会保障"十二五"规划纲要》。

6月28日，人社部、财政部、中国残疾人联合会发出《关于加强残疾人职业培训促进就业工作的通知》。

8月，人社部下发《关于做好当前就业工作确保就业局势稳定的通知》。

8月28日，人社部、监察部公布《事业单位工作人员处分暂行规定》，自 2012 年 9 月 1 日起施行。

8 月 29 日，人社部下发《关于加强人力资源服务机构诚信体系建设的通知》。

10 月 29 日，人社部、财政部发出《关于进一步做好事业单位等参加工伤保险工作有关问题的通知》。

11—12 月，国务院农民工工作联席会议在全国范围内组织开展了第六次农民工工作督察，将农民工工资支付工作情况作为重要督察内容。

12 月 26 日，人社部、财政部下发《关于进一步完善公共就业服务体系有关问题的通知》。

2012 年年末，全国城乡从业人员 76704 万人。其中，第一产业 25773 万人，占 33.6%；第二产业 23241 万人，占 30.3%；第三产业 27690 万人，占 36.1%。年末城镇就业人员 37102 万人，其中，单位就业人员 15236 万人；城镇私营和个体就业人员 13200 万人。在城镇单位就业人员中，在岗职工 14403 万人。年末城镇登记失业率为 4.1%，与上年末持平。

主要参考文献

上卷（1949—1978）

逢先知、金冲及主编：《毛泽东传（1949—1976）》（下），中央文献出版社 2003 年版。

《建国以来毛泽东文稿》（第一卷），中央文献出版社 1987 年版。

《毛泽东选集》（第四卷），人民出版社 1991 年版。

《毛泽东选集》（第五卷），人民出版社 1977 年版。

《毛泽东文集》（第七卷），人民出版社 1999 年版。

中共中央文献研究室编：《刘少奇论新中国经济建设》，中央文献出版社 1993 年版。

刘崇文、陈绍畴主编：《刘少奇年谱》（下），中央文献出版社 1996 年版。

《刘少奇选集》（下），人民出版社 1985 年版。

《邓小平文选》（第二卷），人民出版社 1994 年版。

《邓小平文选》（第三卷），人民出版社 1993 年版。

《陈云文选（1926—1949）》，人民出版社 1984 年版。

《陈云文选（1949—1956）》，人民出版社 1984 年版。

薄一波：《若干重大决策与事件的回顾》（上卷），中共中央党校出版社 1991 年版。

薄一波：《若干重大决策与事件的回顾》（下卷），中共中央党校出版社 1993 年版。

马文端：《马文端回忆录》，陕西人民出版社 1998 年版。

习近平：《习近平谈治国理政》，外文出版社 2014 年版。

国家劳动总局政策研究室编：《中国劳动立法资料汇编》，中国工人出版社

1980年版。

中华人民共和国统计局编:《1954年我国农家收支调查报告》,统计出版社1957年版。

中国社会科学院、中央档案馆编:《1949—1952中华人民共和国经济档案资料选编·劳动工资和职工福利卷》,中国社会科学出版社1994年版。

中国社会科学院、中央档案馆编:《1953—1957中华人民共和国经济档案资料选编·劳动工资和职工保险福利卷》,中国物价出版社1998年版。

中国社会科学院、中央档案馆编:《1958—1965中华人民共和国经济档案资料选编·劳动就业和收入分配卷》,中国财政经济出版社2011年版。

《农业集体化重要文件汇编(1958—1981)》(下册),中共中央党校出版社1981年版。

《中国劳动人事百科全书》(上、下册),经济日报出版社1989年版。

国家统计局编:《中国统计年鉴(1983)》,中国统计出版社1983年版。

《中国劳动人事年鉴》编辑部:《中国劳动人事年鉴(1949.10—1987)》,劳动人事出版社1989年版。

国家统计局社会统计司编:《中国劳动工资统计资料(1949—1985)》,中国统计出版社1987年版。

国家统计局社会统计司编:《中国劳动工资统计资料(1978—1987)》,中国统计出版社1989年版。

《中国劳动年鉴》(1988—1989、1990—1991、1992—1994、1995—1996、1997、1998)。

《中国统计年鉴》(1984—2014)。

李家齐主编:《上海工运志》,上海社会科学院出版社1997年版。

沈智、李涛主编:《上海劳动志》,上海社会科学院出版社1998年版。

安徽省地方志编委会:《安徽省志·劳动志》,方志出版社1998年版。

山东省劳动局地方志办公室:《山东省劳动志稿(一)》,内部资料,1987年9月。

山东省劳动局地方志办公室:《山东省劳动志稿(二)》,内部资料,1988年11月。

山东省劳动局地方志办公室:《山东省劳动志稿(三)》,内部资料,1988年

3月。

北京市经委劳动工资处、北京市革制品厂编：《工资改革与结构工资制》，中国社会科学出版社1985年版。

薄越亮：《建立新型的劳动关系——劳动制度改革的实践与思考》，经济科学出版社1997年版。

蔡昉、白南生主编：《中国转轨时期劳动力流动》，社会科学文献出版社2006年版。

蔡昉、都阳、王美艳：《中国劳动力市场转型与发育》，商务印书馆2005年版。

常凯主编：《中国劳动关系报告——当代中国劳动关系的特点和趋向》，中国劳动社会保障出版社2009年版。

陈佳贵、罗斯纳等：《中国城市社会保障的改革》，《阿登纳基金会系列丛书》2002年第11辑。

程连升：《中国反失业政策研究（1950—2000）》，社会科学文献出版社2002年版。

戴园晨等：《中国劳动力市场培育与工资改革》，中国劳动出版社1994年版。

董志凯、武力主编：《中华人民共和国经济史（1953—1957）》（上、下册），社会科学文献出版社2011年版。

董志凯主编：《1949—1952年中国经济分析》，中国社会科学出版社1996年版。

杜润生：《中国农村制度变迁》，四川人民出版社2003年版。

冯兰瑞、赵履宽：《中国城镇的就业和工资》，人民出版社1982年版。

郭继强：《工资、就业与劳动供给》，商务印书馆2008年版。

郭树清等：《中国GDP的分配和使用》，中国人民大学出版社1991年版。

国家统计局编：《伟大的十年》，人民出版社1959年版。

国家统计局编：《新中国五十年（1949—1999）》，中国统计出版社1999年版。

何道峰、高筱苏等：《就业、增长、现代化——中国劳动力转移的历史与未来研究》，中国华侨出版公司1990年版。

何光主编：《当代中国的劳动保护》，当代中国出版社1992年版。

何光主编：《当代中国的劳动力管理》，中国社会科学出版社1990年版。

胡绳主编：《中国共产党的七十年》，中共党史出版社1991年版。

胡晓义主编：《走向和谐：中国社会保障发展60年》，中国劳动社会保障出版社2009年版。

黄定康、舒克勤主编：《中国的工资调整与改革（1949—1991）》，四川人民出版社1991年版。

黄河涛、赵健杰主编：《经济全球化与中国劳动关系重建》，社会科学文献出版社2007年版。

黄树则、林士笑主编：《当代中国的卫生事业（上）》，中国社会科学出版社1986年版。

季明明主编：《中国高等教育改革与发展》，高等教育出版社1994年版。

康士勇主编：《工资理论与工资管理》（第二版），中国劳动社会保障出版社2007年版。

孔泾源主编：《中国劳动力市场发展与政策研究》，中国计划出版社2006年版。

赖德胜、李长安、张琪主编：《中国就业60年（1949—2009）》，中国劳动社会保障出版社2010年版。

劳动部、国家统计局编：《中国劳动统计指标体系》，中国劳动出版社1998年版。

劳动部课题组：《中国社会保障体系的建立与完善》，中国经济出版社1994年版。

劳动人事部保险福利局编：《社会保险与职工福利讲稿》，劳动人事出版社1986年版。

李彩华：《中国新民主主义制度下的劳资政策与关系》，中国财政经济出版社2009年版。

李文安编：《当代中国农村劳动力流动》，陕西人民出版社2003年版。

林毅夫、蔡昉、李周：《中国的奇迹：发展战略与经济改革》（增订版），上海三联书店、上海人民出版社1999年版。

林新奇：《新中国人力资源管理变革的路径和走向》，东北财经大学出版社2012年版。

令狐安、孙桢主编：《中国改革全书（1978—1991）·劳动工资体制改革卷》，大连出版社1992年版。

刘贯学：《新中国劳动保障史话（1949—2003）》，中国劳动社会保障出版社2004年版。

刘国光主编：《中国十个五年计划研究报告》，人民出版社2006年版。

刘嘉林等编著：《中国劳动制度改革》，经济科学出版社1988年版。

刘迎秋主编：《中国非国有经济改革与发展30年研究》，经济管理出版社2008年版。

吕政、黄速建主编：《中国国有企业改革30年研究》，经济管理出版社2008年版。

马洪、刘国光、杨坚白主编：《当代中国经济》，中国社会科学出版社1987年版。

毛飞：《中国公务员工资制度改革研究》，中国社会科学出版社2008年版。

么树本编著：《三十五年职工工资发展概述》，劳动人事出版社1986年版。

宁可主编：《中国经济发展史》（第五册），中国经济出版社1999年版。

彭敏主编：《当代中国的基本建设》（上），中国社会科学出版社1989年版。

彭佩云主编：《中国计划生育全书》，中国人口出版社1997年版。

邱小平主编：《工资收入分配》（第二版），中国劳动社会保障出版社2004年版。

苏少之：《中国经济通史》（第十卷·上），湖南人民出版社2002年版。

苏树厚等：《新中国劳动制度发展与创新研究》，山东人民出版社2005年版。

苏星、杨秋宝编：《新中国经济史资料选编》，中共中央党校出版社2000年版。

王凤林：《新时期人民公社经济问题》，中国农业出版社1979年版。

温铁军：《中国农村基本经济制度研究》，中国经济出版社2000年版。

文魁、宋湛等：《走向和谐：市场型社会主义劳动关系新探》，经济科学出版社2012年版。

吴承明、董志凯主编：《中华人民共和国经济史（1949—1952）》（第一卷），中国财政经济出版社2001年版。

吴江主编：《劳动力资源配置的理论与实践》，暨南大学出版社2010年版。

吴敬琏：《现代公司与企业改革》，天津人民出版社1994年版。
武力主编：《中华人民共和国经济简史》，中国社会科学出版社2008年版。
夏积智、张小建主编：《中国劳动力市场实务全书》，红旗出版社1994年版。
辛逸：《农村人民公社分配制度研究》，中共党史出版社2005年版。
徐节文：《社会主义劳动工资问题探索》，中国社会科学出版社1987年版。
徐颂陶等：《中国工资制度改革》，中国财政经济出版社1989年版。
许涤新：《我国过渡时期国民经济的分析》，科学出版社1957年版。
许涤新主编：《当代中国的人口》，中国社会科学出版社1988年版。
严忠勤主编：《当代中国的职工工资福利和社会保险》，中国社会科学出版社1987年版。
杨河清主编：《劳动经济学》（第三版），中国人民大学出版社2010年版。
杨河清主编：《中国劳动经济蓝皮书（2009）》，中国劳动社会保障出版社2010年版。
于驰前、黄海光主编：《当代中国的乡镇企业》，当代中国出版社1991年版。
于庆和主编：《中国职工队伍状况调查（1986）》，中国工人出版社1987年版。
袁伦渠主编：《中国劳动经济史》，北京经济学院出版社1990年版。
袁志刚、方颖：《中国就业制度的变迁》，山西经济出版社1998年版。
曾培炎主编：《新中国经济50年（1949—1999）》，中国计划出版社1999年版。
张乐天：《告别理想——人民公社制度研究》，上海人民出版社2005年版。
张小建、毛健、陈治中主编：《中国农村劳动力开发就业启示录》，中国劳动出版社1997年版。
张志鸿等主编：《现代培训理论与实践》，中国人事出版社1997年版。
张志坚主编：《当代中国的人事管理》（上、下），当代中国出版社1994年版。
张左己主编：《中国劳动体制改革研究》，中国劳动出版社1994年版。
赵德馨主编：《中华人民共和国经济史（1967—1984）》，河南人民出版社1989年版。
赵德馨主编：《中华人民共和国经济史（1985—1991）》，河南人民出版社

1999年版。

赵德馨：《中国近现代经济史（1842—1949）》，河南人民出版社2003年版。

赵德馨：《中国近现代经济史（1949—1991）》，河南人民出版社2003年版。

郑功成等：《中国社会保障制度变迁与评估》，中国人民大学出版社2002年版。

中共中央党史研究室编：《中国共产党历史》（第二卷·上册），中共党史出版社2011年版。

中国劳动学会编：《中国社会主义劳动工资问题》，劳动人事出版社1989年版。

周太和主编：《当代中国的经济体制改革》，中国社会科学出版社1984年版。

朱镕基主编：《当代中国的经济管理》，中国社会科学出版社1985年版。

庄启东、袁伦渠、李建立：《新中国工资史稿》，中国财政经济出版社1986年版。

祝慈寿主编：《中国工业劳动史》，上海财经大学出版社1999年版。

本刊评论员：《"民工潮"：一个跨世纪的难题》，《中国农村经济》1994年第4期。

毕结礼、王琳：《我国学徒制的历史沿革与创新》，《中国培训》2012年第4期。

蔡昉、都阳：《工资增长、工资趋同与刘易斯转折点》，《经济学动态》2011年第9期。

蔡昉：《二元劳动力市场条件下的就业体制转换》，《中国社会科学》1998年第2期。

蔡昉：《人口转变、人口红利与刘易斯转折点》，《经济研究》2010年第4期。

蔡昉：《中国城市限制外地民工就业的政治经济学分析》，《中国人口科学》2000年第4期。

蔡昉：《中国经济面临的转折及其对发展和改革的挑战》，《中国社会科学》2007年第3期。

曹晔：《新中国初期半工半读教育的形成及其实现形式》，《职业技术教育》2013年第16期。

陈岚：《劳动争议处理情况简析》，《中国劳动科学》1990年第3期。
陈清泰：《大力发展职业教育，全面提高企业员工素质，积极推进两个根本性转变》，《中国职业技术教育》1996年第7期。
陈剩勇、曾秋荷：《国有企业"双轨制"用工制度改革：目标与策略》，《学术界》2012年第1期。
程连升、贾怀东：《建国初期就业政策的演变及其原因》，《天津商学院学报》2001年第3期。
程连升：《国民经济恢复时期的结构性失业及其治理》，《中国经济史研究》1999年第4期。
程连升：《新时期我国劳资关系演变的趋势和对策分析》，《教学与研究》2009年第4期。
程连升：《新中国第一次失业高峰的形成和治理》，《中国经济史研究》2002年第1期。
程连升：《中国第二次失业高峰的形成与治理》，《北京社会科学》2002年第4期。
崔铁刚：《新中国学徒制演变的制度分析》，《职教论坛》2012年第10期。
丁守海、许珊：《中国劳动力市场的变革趋势与方向》，《教学与研究》2014年第6期。
丁晓强、杨小勇：《中国当前劳动关系面临的问题及其思考》，《毛泽东邓小平理论研究》2010年第6期。
冯政、孙坚：《我国职业培训发展》，《中国就业》2009年第10期。
郭军：《改革开放以来劳动关系的发展变化——论市场化与法制化对构建和谐劳动关系的影响及辩证关系》，《思想政治工作研究》2011年第9期。
何平、汪泽英：《社会保障篇》，《中国劳动》2008年第11期。
洪泸敏、章辉美：《中国企业劳动关系的变迁》，《企业管理》2009年第3期。
胡鞍钢、程永宏：《中国就业制度演变》，《经济研究参考》2003年第51期。
胡俊波：《农民首创与政府引导：农村土地制度改革30年思考》，《财经科学》2009年第2期。
黄敬宝：《我国大学生就业政策的演变及评价》，《中国劳动》2013年第

3 期。

晋利珍：《改革开放以来中国劳动力市场分割的制度变迁研究》，《经济与管理研究》2008 年第 8 期。

劳动部《我国劳动力市场培育与发展》课题组：《论我国劳动力市场的培育与发展》，《中国劳动科学》1994 年第 1 期。

劳动部职业技术培训司：《十年职业技术培训的回顾（1978—1987）》，《中国劳动科学》1988 年第 11 期。

劳动人事部培训就业局：《我国职业技术培训取得可喜成绩》，《中国劳动》1984 年第 19 期。

李建建：《统筹城乡发展，建立城乡统一的劳动力市场》，《福建师范大学学报》（哲学社会科学版）2004 年第 4 期。

李静萍：《二十世纪六七十年代大寨劳动分配办法述略》，《中共党史研究》2009 年第 1 期。

李君如：《深入研究改革开放三十年的历史是党史学者的光荣使命》，《中共党史研究》2009 年第 2 期。

李庆刚：《刘少奇两种教育制度思想发展的内在逻辑》，《天津大学学报》（社会科学版）2012 年第 1 期。

李荣生：《改革开放三十年我国职工教育发展回顾》，《中国培训》2008 年第 4 期。

李为民、韩书锋：《企业改革与发展的强大智力支持（上）——改革开放以来我国企业职工教育培训工作的回顾与展望》，《现代企业教育》2006 年第 12 期。

李占才、运迪：《改革以来我国农村劳动力转移政策的演化及其经验》，《当代中国史研究》2009 年第 6 期。

李中建：《我国农民工政策变迁：脉络、挑战与展望》，《经济学家》2011 年第 12 期。

梁卿：《建国后两次实施"半工半读"制度的差异研究》，《职业教育研究》2008 年第 6 期。

刘平：《建国初期我国的劳动保护工作》，《工会博览》2002 年第 12 期。

刘强：《公务员工资制度改革的回顾与建议》，《宏观经济管理》2014 年第

7期。

刘声:《我国大学生就业政策体系基本形成》,《中国青年报》2009年6月5日。

刘湘丽:《我国企业职工培训现状分析》,《中国工业经济》2000年第7期。

卢锋:《中国农民工工资走势:1979—2010》,《中国社会科学》2012年第7期。

罗国亮:《改革与启示:改革开放30年来政企关系演化研究》,《理论与改革》2008年第4期。

马小丽:《我国企业工资改革的经验与问题》,《劳动保障通讯》2002年第9期。

马雪松:《从"盲流"到产业工人——农民工的三十年》,《企业经济》2008年第5期。

梅德平:《60年代调整后农村人民公社个人收入分配制度》,《西南师范大学学报》(人文社会科学版)2005年第1期。

梅宏:《如何正确看待新中国成立后的两个30年》,《中国井冈山干部学院学报》2012年第4期。

欧阳军喜等:《解放初期教育改造的历史意义》,《清华大学教育研究》1992年第2期。

潘泰萍:《中国劳动关系调整模式的变迁》,《中国劳动》2015年第9期。

邱小平:《劳动关系篇》,《中国劳动》2008年第11期。

阮崇武:《深化劳动、工资、社会保险制度改革促进企业经营机制转变》,《管理世界》1992年第3期。

宋关达:《中国工资改革50年》,《中国劳动》1999年第12期。

宋洪远、黄华波、刘光明:《关于农村劳动力流动的政策问题分析》,《管理世界》2002年第5期。

宋林飞:《"民工潮"的形成、趋势与对策》,《中国社会科学》1995年第4期。

宋士云、吕磊:《中国社会保障管理体制变迁研究(1949—2010)》,《贵州财经学院学报》2012年第2期。

宋士云:《建国以前中国共产党的社会保险政策探析》,《河南师范大学学报》(哲学社会科学版) 2003 年第 6 期。

宋士云：《民国时期中国社会保障制度与绩效浅析》，《齐鲁学刊》2004 年第 5 期。

宋士云：《新中国社会福利制度发展的历史考察》，《中国经济史研究》2009 年第 3 期。

宋士云：《中国职工福利制度的回顾与展望》，《理论学刊》2013 年第 1 期。

苏南海、刘秉泉：《工资分配篇》，《中国劳动》2008 年第 11 期。

汤立忠、赵宽、林玳玳：《略论旧中国民族资本企业的劳动工资管理》，《财经研究》1986 年第 3 期。

汪海波：《中国国有企业改革的实践进程（1979—2003 年)》，《中国经济史研究》2005 年第 3 期。

王爱云：《从城市到农村：多维度视阈下的就业抉择——试析新中国前三十年间城市劳动力向农村的转移》，《中共党史研究》2012 年第 12 期。

王爱云：《试析中华人民共和国历史上的子女顶替就业制度》，《中共党史研究》2009 年第 6 期。

王西玉等：《中国二元结构下的农村劳动力流动及其政策选择》，《管理世界》2000 年第 5 期。

韦钦：《对目前农村按劳分配问题的一些探讨》，《学术论坛》1978 年第 1 期。

魏朋：《技工学校改革发展 60 年历程的回顾与反思》，《河北科技师范学院学报》(社会科学版) 2011 年第 1 期。

吴淼：《工分制下农民与干部的行为选择》，《中共党史研究》2010 年第 2 期。

吴庆：《演变、定位和类型——中国大学生就业政策分析》，《当代青年研究》2005 年第 2 期。

武力、李光田：《论建国初期的劳动力市场及国家的调控措施》，《中国经济史研究》1994 年第 4 期。

武力：《试论建国以来农业剩余及其分配制度的变化》，《福建师范大学学报》(哲学社会科学版) 2004 年第 3 期。

肖冬连：《中国二元社会结构形成的历史考察》，《中共党史研究》2005 年第

1期。

辛逸:《"农业六十条"的修订与人民公社的制度变迁》,《中共党史研究》2012年第7期。

辛逸:《对大公社分配方式的历史反思》,《河北学刊》2008年第4期。

辛逸:《关于农村人民公社的分期》,《山东师大学报》(社会科学版)2000年第1期。

许经勇:《关于贯彻农村人民公社中的工分制问题》,《中国经济问题》1978年第3期。

尹业香:《矛盾·改革·出路——农村人民公社以来体制与制度构建之反思》,《学术论坛》2005年第10期。

于东阳:《工资决定理论评析及其对我国工资制度改革的启示》,《商业时代》2013年第29期。

俞树芳:《六年来我国工资支付形式的演变》,《劳动》1956年第5期。

翟幻君:《建国前劳动经济史》,《中国人力资源开发》1990年第1期。

翟幻君:《建国前劳动经济史 第二讲 旧中国的工资制度》,《中国人力资源开发》1990年第2期。

翟幻君:《建国前劳动经济史 第三讲 解放区(革命根据地)的分配制度》,《中国人力资源开发》1990年第4期。

翟幻君:《第四讲 解放区(革命根据地)的劳动管理工作》,《中国人力资源开发》1990年第5期。

张车伟、张士斌:《中国初次收入分配格局的变动与问题——以劳动报酬占GDP份额为视角》,《中国人口科学》2010年第5期。

张建红:《中国地区工资水平差异的影响因素分析》,《经济研究》2006年第10期。

张江华:《工分制下的劳动激励与集体行动的效率》,《社会学研究》2007年第5期。

张凯利:《从数字看我国技工学校的发展和改革》,《职业技能培训教学》1999年第12期。

赵德馨、苏少之:《两种思路的碰撞与历史的沉思——1950—1952年关于农业合作化目标模式的选择》,《中国经济史研究》1992年第4期。

赵凌云：《1978—1998 年间中国国有企业改革发生与推进过程的历史分析》，《当代中国史研究》1999 年第 5—6 期。

赵凌云：《转轨与摩擦：1979—1991 年中国二元经济体制格局的历史分析》，《中国经济史研究》2006 年第 3 期。

赵入坤：《城镇劳动就业与中国改革的发轫》，《当代中国史研究》2009 年第 2 期。

甄令德：《进一步加强学徒培训工作》，《劳动》1960 年第 1 期。

郑秉文：《中国社会保障制度 60 年：成就与教训》，《中国人口科学》2009 年第 5 期。

中共中央党史研究室：《正确看待改革开放前后两个历史时期——学习习近平总书记关于"两个不能否定"的重要论述》，《人民日报》2013 年 11 月 8 日。

周兢：《刘少奇劳动制度改革思想及其现实意义》，《北京科技大学学报》（人文社会科学版）1998 年第 4 期。

朱佳木：《正确认识新中国两个 30 年的关系》，《前线》2010 年第 3 期。

宗令：《初谈学徒制度改革问题》，《职业教育研究》1983 年第 6 期。

下卷（1979—2012）

《建国以来毛泽东文稿》（第一卷），中央文献出版社 1987 年版。

《毛泽东选集》（第四卷），人民出版社 1991 年版。

《毛泽东选集》（第五卷），人民出版社 1977 年版。

《毛泽东文集》（第七卷），人民出版社 1999 年版。

中共中央文献研究室编：《刘少奇论新中国经济建设》，中央文献出版社 1993 年版。

《邓小平文选》（第二卷），人民出版社 1994 年版。

《邓小平文选》（第三卷），人民出版社 1993 年版。

习近平：《习近平谈治国理政》，外文出版社 2014 年版。

国家统计局编：《中国统计年鉴（1983）》，中国统计出版社 1983 年版。

《中国劳动人事年鉴》编辑部：《中国劳动人事年鉴（1949.10—1987）》，劳动人事出版社 1989 年版。

国家统计局社会统计司编:《中国劳动工资统计资料(1949—1985)》,中国统计出版社1987年版。

国家统计局社会统计司编:《中国劳动工资统计资料(1978—1987)》,中国统计出版社1989年版。

《中国劳动年鉴》(1988—1989年、1990—1991年、1992—1994年、1995—1996年、1997年、1998年)、《中国劳动和社会保障年鉴》(1999—2008年)、《中国人力资源和社会保障年鉴》(2009—2013年)。

《中国劳动工资统计年鉴》(1989—2013年)。

《中国统计年鉴》(1984—2014年)。

北京市经委劳动工资处、北京市革制品厂编:《工资改革与结构工资制》,中国社会科学出版社1985年版。

薄越亮:《建立新型的劳动关系——劳动制度改革的实践与思考》,经济科学出版社1997年版。

蔡昉、白南生主编:《中国转轨时期劳动力流动》,社会科学文献出版社2006年版。

蔡昉、都阳、王美艳:《中国劳动力市场转型与发育》,商务印书馆2005年版。

蔡昉主编:《中国劳动与社会保障体制改革30年研究》,经济管理出版社2008年版。

蔡昉主编:《中国人口与劳动问题报告》,社会科学文献出版社2008年版。

常凯主编:《劳动关系·劳动者·劳权——当代中国的劳动问题》,中国劳动出版社1995年版。

常凯主编:《中国劳动关系报告——当代中国劳动关系的特点和趋向》,中国劳动社会保障出版社2009年版。

陈佳贵、罗斯纳等:《中国城市社会保障的改革》,《阿登纳基金会系列丛书》2002年第11辑。

程连升:《中国反失业政策研究(1950—2000)》,社会科学文献出版社2002年版。

戴园晨等:《中国劳动力市场培育与工资改革》,中国劳动出版社1994年版。

董克用主编:《中国经济改革30年:社会保障卷(1978—2008)》,重庆大学出版社 2008 年版。

郭继强：《工资、就业与劳动供给》，商务印书馆 2008 年版。

国家统计局编：《新中国五十年（1949—1999）》，中国统计出版社 1999 年版。

何光主编：《当代中国的劳动保护》，当代中国出版社 1992 年版。

何光主编：《当代中国的劳动力管理》，中国社会科学出版社 1990 年版。

贺晨、孙杰：《公务员绩效工资制度：国际实践与中国应用》，经济管理出版社 2012 年版。

侯玲玲：《经济全球化视角下的中国企业工资形成机制研究》，华中师范大学出版社 2007 年版。

胡绳主编：《中国共产党的七十年》，中共党史出版社 1991 年版。

胡晓义主编：《走向和谐：中国社会保障发展 60 年》，中国劳动社会保障出版社 2009 年版。

黄定康、舒克勤主编：《中国的工资调整与改革（1949—1991）》，四川人民出版社 1991 年版。

黄河涛、赵健杰主编：《经济全球化与中国劳动关系重建》，社会科学文献出版社 2007 年版。

季明明主编：《中国高等教育改革与发展》，高等教育出版社 1994 年版。

康士勇主编：《工资理论与工资管理》（第二版），中国劳动社会保障出版社 2007 年版。

康士勇主编：《社会保障管理实务》，中国劳动社会保障出版社 1999 年版。

孔泾源主编：《中国劳动力市场发展与政策研究》，中国计划出版社 2006 年版。

赖德胜、李长安、张琪主编：《中国就业 60 年（1949—2009）》，中国劳动社会保障出版社 2010 年版。

赖德胜主编：《2011 中国劳动力市场报告》，北京师范大学出版社 2011 年版。

劳动部、国家统计局编：《中国劳动统计指标体系》，中国劳动出版社 1998 年版。

劳动部课题组：《中国社会保障体系的建立与完善》，中国经济出版社 1994

年版。

李培林主编:《农民工:中国进城农民工的经济社会分析》,社会科学文献出版社 2003 年版。

李琪:《改革与修复:当代中国国有企业的劳动关系研究》,中国劳动社会保障出版社 2003 年版。

李文安编著:《当代中国农村劳动力流动》,陕西人民出版社 2003 年版。

林毅夫、蔡昉、李周:《中国的奇迹:发展战略与经济改革》(增订版),上海三联书店、上海人民出版社 1999 年版。

林新奇:《新中国人力资源管理变革的路径和走向》,东北财经大学出版社 2012 年版。

令狐安、孙桢主编:《中国改革全书(1978—1991)——劳动工资体制改革卷》,大连出版社 1992 年版。

刘贯学:《新中国劳动保障史话(1949—2003)》,中国劳动社会保障出版社 2004 年版。

刘国光主编:《中国十个五年计划研究报告》,人民出版社 2006 年版。

刘学民主编:《中国薪酬发展报告(2010 年)》,中国劳动出版社 2011 年版。

刘迎秋主编:《中国非国有经济改革与发展 30 年研究》,经济管理出版社 2008 年版。

陆铭:《工资和就业的议价理论——对中国二元就业体制的效率考察》,上海三联书店、上海人民出版社 2004 年版。

吕政、黄速建主编:《中国国有企业改革 30 年研究》,经济管理出版社 2008 年版。

毛飞:《中国公务员工资制度改革研究》,中国社会科学出版社 2008 年版。

么树本编著:《三十五年职工工资发展概述》,劳动人事出版社 1986 年版。

宁可主编:《中国经济发展史》(第五册),中国经济出版社 1999 年版。

彭佩云主编:《中国计划生育全书》,中国人口出版社 1997 年版。

邱小平主编:《工资收入分配》(第二版),中国劳动社会保障出版社 2004 年版。

任吉、左春玲:《中国的就业制度与政策》,中国劳动社会保障出版社 2011 年版。

荣兆梓等：《通往和谐之路：当代中国劳资关系研究》，中国人民大学出版社 2010 年版。

沈琴琴、杨伟国主编：《全球视野下的劳动力市场政策》，中国劳动社会保障出版社 2008 年版。

史新田：《中国劳动关系系统论：从"单位型"向"市场型"》，中国民主法制出版社 2010 年版。

宋晓梧主笔：《中国社会保障体制改革与发展报告》，中国人民大学出版社 2001 年版。

苏树厚等：《新中国劳动制度发展与创新研究》，山东人民出版社 2005 年版。

唐云岐主编：《转轨中的震撼：中国下岗问题追踪与探索》，中国劳动出版社 1998 年版。

王东进主编：《中国社会保障制度的改革与发展》，法律出版社 2001 年版。

魏后凯：《中西部工业与城市发展》，经济管理出版社 2000 年版。

温铁军：《中国农村基本经济制度研究》，中国经济出版社 2000 年版。

文魁、宋湛等：《走向和谐：市场型社会主义劳动关系新探》，经济科学出版社 2012 年版。

吴江、田小宝主编：《中国人力资源发展报告（2011—2012）》，社会科学文献出版社 2012 年版。

吴江主编：《劳动力资源配置的理论与实践》，暨南大学出版社 2010 年版。

吴敬琏：《现代公司与企业改革》，天津人民出版社 1994 年版。

武力主编：《中华人民共和国经济简史》，中国社会科学出版社 2008 年版。

夏积智、张小建主编：《中国劳动力市场实务全书》，红旗出版社 1994 年版。

徐萍：《国有企业工资制度演化内在逻辑》，经济科学出版社 2012 年版。

徐颂陶等：《中国工资制度改革》，中国财政经济出版社 1989 年版。

许涤新主编：《当代中国的人口》，中国社会科学出版社 1988 年版。

严忠勤主编：《当代中国的职工工资福利和社会保险》，中国社会科学出版社 1987 年版。

杨河清主编：《劳动经济学》（第三版），中国人民大学出版社 2010 年版。

杨河清主编：《中国劳动经济蓝皮书（2009）》，中国劳动社会保障出版社 2010 年版。

杨瑞龙主编：《工资形成机制变革下的经济结构调整：契机、路径与政策》，中国人民大学出版社 2012 年版。

杨宜勇、杨河清、张琪主编：《回顾与展望：中国劳动人事社会保障 30 年》，中国劳动社会保障出版社 2008 年版。

于驰前、黄海光主编：《当代中国的乡镇企业》，当代中国出版社 1991 年版。

袁伦渠主编：《中国劳动经济史》，北京经济学院出版社 1990 年版。

袁志刚、方颖：《中国就业制度的变迁》，山西经济出版社 1998 年版。

袁志刚主编：《中国就业报告（1978—2000）》，经济科学出版社 2002 年版。

岳颖：《事业单位薪酬管理——内部收入分配的决定基础与模式选择》，中国劳动社会保障出版社 2009 年版。

曾培炎主编：《新中国经济 50 年（1949—1999）》，中国计划出版社 1999 年版。

张东生主编：《中国居民收入分配年度报告（2011）》，经济科学出版社 2012 年版。

张厚义、明立志、梁传运主编：《中国私营企业发展报告（2001）》，社会科学文献出版社 2002 年版。

张小建、毛健、陈治中主编：《中国农村劳动力开发就业启示录》，中国劳动出版社 1997 年版。

张小建等：《当代中国就业与劳动关系》，中国劳动社会保障出版社 2009 年版。

张小建主编：《中国就业的改革发展》，中国劳动社会保障出版社 2008 年版。

张志鸿等主编：《现代培训理论与实践》，中国人事出版社 1997 年版。

张左己主编：《领导干部社会保障知识读本》，中国劳动社会保障出版社 2002 年版。

张左己主编：《中国劳动体制改革研究》，中国劳动出版社 1994 年版。

赵德馨主编：《中华人民共和国经济史（1967—1984）》，河南人民出版社 1989 年版。

赵德馨主编：《中华人民共和国经济史（1985—1991）》，河南人民出版社 1999 年版。

赵德馨：《中国近现代经济史（1949—1991）》，河南人民出版社 2003 年版。

赵凌云：《中国经济通史》（第十卷·下），湖南人民出版社2002年版。

郑功成等：《中国社会保障制度变迁与评估》，中国人民大学出版社2002年版。

郑功成：《中国社会保障30年》，人民出版社2008年版。

中共中央党史研究室编：《中国共产党历史》（第二卷·上册），中共党史出版社2011年版。

中国劳动学会编：《中国社会主义劳动工资问题》，劳动人事出版社1989年版。

周太和主编：《当代中国的经济体制改革》，中国社会科学出版社1984年版。

朱镕基主编：《当代中国的经济管理》，中国社会科学出版社1985年版。

祝慈寿主编：《中国工业劳动史》，上海财经大学出版社1999年版。

《我国农民工工作"十二五"发展规划纲要研究》课题组：《中国农民工问题总体趋势：观测"十二五"》，《改革》2010年第8期。

白天亮：《10年积极就业政策体系初建成》，《人民日报》2012年7月17日。

白天亮：《统筹做好城乡各类群体就业工作》，《人民日报》2008年4月14日。

本刊评论员：《"民工潮"：一个跨世纪的难题》，《中国农村经济》1994年第4期。

蔡昉、都阳：《工资增长、工资趋同与刘易斯转折点》，《经济学动态》2011年第9期。

蔡昉：《二元劳动力市场条件下的就业体制转换》，《中国社会科学》1998年第2期。

蔡昉：《更积极的就业政策取得成效》，《光明日报》2012年11月5日。

蔡昉：《人口转变、人口红利与经济增长可持续性——兼论充分就业如何促进经济增长》，《人口研究》2004年第2期。

蔡昉：《人口转变、人口红利与刘易斯转折点》，《经济研究》2010年第4期。

蔡昉：《中国城市限制外地民工就业的政治经济学分析》，《中国人口科学》2000年第4期。

蔡昉：《中国的人口红利还能持续多久》，《经济学动态》2011年第6期。

蔡昉:《中国经济面临的转折及其对发展和改革的挑战》,《中国社会科学》2007年第3期。

蔡昉:《中国就业制度改革的回顾与思考》,《理论前沿》2008年第11期。

常凯、邱婕:《中国劳动关系转型与劳动法治重点——从〈劳动合同法〉实施三周年谈起》,《探索与争鸣》2011年第10期。

陈岚:《劳动争议处理情况简析》,《中国劳动科学》1990年第3期。

陈清泰:《大力发展职业教育,全面提高企业员工素质,积极推进两个根本性转变》,《中国职业技术教育》1996年第7期。

陈圣莉:《社保改革进入制度定型阶段》,《经济参考报》2011年4月1日。

陈剩勇、曾秋荷:《国有企业"双轨制"用工制度改革:目标与策略》,《学术界》2012年第1期。

丁仁船、王大犇:《1990年以来我国城镇真实失业率有多高?》,《市场与人口分析》2007年第6期。

丁守海、许珊:《中国劳动力市场的变革趋势与方向》,《教学与研究》2014年第6期。

丁晓强、杨小勇:《中国当前劳动关系面临的问题及其思考》,《毛泽东邓小平理论研究》2010年第6期。

丰捷:《大学生就业难在哪里》,《光明日报》2010年6月20日。

冯政、孙坚:《我国职业培训发展》,《中国就业》2009年第10期。

高建昆:《中国人口转变与人口红利分析》,《当代经济研究》2012年第4期。

高亚男、王媛:《全面推进职业能力建设》,《中国劳动》2011年第12期。

龚平:《深化公务员工资制度改革的政策建议》,《中国财政》2001年第11期。

龚雯、许志峰、吴秋余:《开局首季问大势——权威人士谈当前中国经济》,《人民日报》2016年5月9日。

关怀:《略论集体合同制度》,《法制与社会发展》1996年第2期。

郭军:《改革开放以来劳动关系的发展变化——论市场化与法制化对构建和谐劳动关系的影响及辩证关系》,《思想政治工作研究》2011年第9期。

国家体改委企业体制司:《当前企业优化劳动组合中的矛盾及解决办法》,

《经济管理》1989年第3期。

国家统计局企业调查总队课题组：《年薪制扎根中国路漫漫》，《中国信息报》2001年2月1日。

浩歌：《大学扩招：历史的功绩与非议》，《中国高等教育》2007年第8期。

何平：《加快推进我国社会保障体系建设》，《红旗文稿》2009年第12期。

何平、汪泽英：《社会保障篇》，《中国劳动》2008年第11期。

洪泸敏、章辉美：《中国企业劳动关系的变迁》，《企业管理》2009年第3期。

胡鞍钢、程永宏：《中国就业制度演变》，《经济研究参考》2003年第51期。

胡春：《关于再就业工程的思考》，《经济学动态》1997年第8期。

胡俊波：《农民首创与政府引导：农村土地制度改革30年思考》，《财经科学》2009年第2期。

胡磊：《我国劳动关系领域存在的问题、成因与对策》，《党政干部学刊》2012年第11期。

胡磊：《中国特色和谐劳动关系构建研究》，《中国劳动》2016年第7期。

胡正梁：《如何看待"刘易斯拐点"》，《山东经济战略研究》2010年第7期。

黄敬宝：《我国大学生就业政策的演变及评价》，《中国劳动》2013年第3期。

计长鹏：《经营者年薪制的现状与完善》，《南京社会科学》1998年第7期。

纪韶：《改革开放以来的中国农民工就业政策社会效应评估研究》，《经济与管理研究》2010年第10期。

简新华、张建伟：《从"民工潮"到"民工荒"——农村剩余劳动力有效转移的制度分析》，《人口研究》2005年第2期。

蒋伏心、谈巧巧：《民工荒、刘易斯拐点和人口红利拐点》，《江苏社会科学》2014年第2期。

晋利珍：《改革开放以来中国劳动力市场分割的制度变迁研究》，《经济与管理研究》2008年第8期。

赖德胜、李长安：《经济新常态背景下的和谐劳动关系构建》，《中国特色社会主义研究》2016年第1期。

赖德胜：《大学生就业难在何处》，《求是》2013年第20期。

劳动保障部课题组：《关于民工短缺的调查报告》，《劳动保障通讯》2004年第11期。

劳动部《我国劳动力市场培育与发展》课题组：《论我国劳动力市场的培育与发展》，《中国劳动科学》1994年第1期。

劳动部职业技术培训司：《十年职业技术培训的回顾（1978—1987）》，《中国劳动科学》1988年第11期。

劳动和社会保障部劳动科学研究所课题组：《国有企业下岗职工劳动关系处理问题研究》，《管理世界》2001年第1期。

劳动和社会保障部劳动科学研究所课题组：《建立市场导向就业机制研究》，《经济研究参考》2001年第32期。

劳动人事部培训就业局：《我国职业技术培训取得可喜成绩》，《中国劳动》1984年第19期。

李波平、田艳平：《两轮"民工荒"的比较分析与启示》，《农业经济问题》2011年第1期。

郭金兴、王庆芳：《中国经济刘易斯转折的悖论、争议与共识》，《政治经济学评论》2013年第3期。

李稻葵、刘霖林、王红领：《GDP中劳动份额演变的U型规律》，《经济研究》2009年第1期。

李稻葵：《理性看待劳动收入占比下降》，《上海经济》2010年第7期。

李富生：《浅议实施弹性劳动工资计划》，《中国劳动科学》1993年第5期。

李继学：《织就13亿人的全民医保网》，《中国财经报》2012年3月9日。

李建建：《统筹城乡发展，建立城乡统一的劳动力市场》，《福建师范大学学报》（哲学社会科学版）2004年第4期。

李君如：《深入研究改革开放三十年的历史是党史学者的光荣使命》，《中共党史研究》2009年第2期。

李荣生：《改革开放三十年我国职工教育发展回顾》，《中国培训》2008年第4期。

李善民：《国有企业经营者年薪制试行中的问题及其解决》，《学术研究》1998年第12期。

李实：《中国个人收入分配研究回顾与展望》，《经济学》（季刊）2003 年第 1 期。

李为民、韩书锋：《企业改革与发展的强大智力支持（上）——改革开放以来我国企业职工教育培训工作的回顾与展望》，《现代企业教育》2006 年第 12 期。

李文安、李亚宁：《中国现代化视野下的农村劳动力流动》，《当代世界与社会主义》2010 年第 3 期。

李兴文：《解决企业工资历史拖欠工作基本完成》，《经济日报》2009 年 4 月 29 日。

李玉兰：《大学生就业"难"在"满意度"》，《光明日报》2012 年 2 月 8 日。

李占才、运迪：《改革以来我国农村劳动力转移政策的演化及其经验》，《当代中国史研究》2009 年第 6 期。

李中建：《我国农民工政策变迁：脉络、挑战与展望》，《经济学家》2011 年第 12 期。

廖海亚：《人口红利：理论辨析、现实困境与理性选择》，《经济学动态》2012 年第 1 期。

廖雯栅：《〈劳动合同法〉实施中存在的问题与路径选择——基于构建和谐劳动关系的视角》，《求实》2016 年第 6 期。

刘军胜：《收入分配制度改革在艰难中行进》，《中国人力资源社会保障》2016 年第 1 期。

刘强：《公务员工资制度改革的回顾与建议》，《宏观经济管理》2014 年第 7 期。

刘社建：《积极就业政策的演变、局限与发展》，《上海经济研究》2008 年第 1 期。

刘社建：《就业制度改革三十年的回顾与反思》，《社会科学》2008 年第 3 期。

刘声：《我国大学生就业政策体系基本形成》，《中国青年报》2009 年 6 月 5 日。

刘湘丽：《我国企业职工培训现状分析》，《中国工业经济》2000 年第 7 期。

刘昕：《对公务员工资制度改革的几点认识》，《中国人才》2006年第15期。

刘昕：《对转轨时期中国劳动力市场秩序建设问题的思考》，《财贸经济》2004年第1期。

刘行星：《关于〈劳动合同法〉的修改与企业应对》，《经济界》2013年第4期。

刘元生：《国有企业实行经营者年薪制面面观》，《中国劳动科学》1995年第7期。

卢爱红：《再就业服务中心的建设与发展》，《中国劳动》1998年第12期。

卢锋：《中国农民工工资走势：1979—2010》，《中国社会科学》2012年第7期。

罗国亮：《改革与启示：改革开放30年来政企关系演化研究》，《理论与改革》2008年第4期。

马光远：《全面准确理解中国经济新常态》，《经济参考报》2014年11月10日。

马小丽：《我国企业工资改革的经验与问题》，《劳动保障通讯》2002年第9期。

马小丽：《我国人工成本宏观管理发展历程》，《人事天地》2015年第2期。

马雪松：《从"盲流"到产业工人——农民工的三十年》，《企业经济》2008年第5期。

梅宏：《如何正确看待新中国成立后的两个30年》，《中国井冈山干部学院学报》2012年第4期。

莫荣：《就业篇》，《中国劳动》2008年第11期。

莫荣：《实施更加积极的就业政策，努力实现社会就业更加充分——学习总书记在中央政治局集体学习时讲话的体会》，《中国劳动》2012年第4期。

倪端明：《我国国有企业劳动关系30年改革与实践》，《中国经济时报》2009年3月19日。

欧阳军喜等：《解放初期教育改造的历史意义》，《清华大学教育研究》1992年第2期。

潘泰萍：《中国劳动关系调整模式的变迁》，《中国劳动》2015年第9期。

裴究：《再就业服务中心的运作与完善》，《劳动保障通讯》1999年第7期。

齐平、李洪英：《国有企业负责人年薪制的思考》，《税务与经济》2006年第6期。

乔健：《中国特色的三方协调机制：走向三方协商与社会对话的第一步》，《广东社会科学》2010年第2期。

邱小平：《劳动关系篇》，《中国劳动》2008年第11期。

人力资源和社会保障部人力资源市场司：《迈向统一规范灵活的人力资源市场——"十一五"人力资源市场发展综述》，《中国人才》2011年第1期。

阮崇武：《积极推进我国社会保险制度改革》，《中国劳动科学》1991年第5期。

阮崇武：《深化劳动、工资、社会保险制度改革促进企业经营机制转变》，《管理世界》1992年第3期。

桑梓、邓波：《九问年薪制——专访著名经济学家魏杰、著名管理学家吴春波》，《中外管理》2004年第2期。

上海财经大学"千村调查"课题组：《如何让农民工真正"进城"》，《光明日报》2014年6月17日。

宋关达：《中国工资改革50年》，《中国劳动》1999年第12期。

宋洪远、黄华波、刘光明：《关于农村劳动力流动的政策问题分析》，《管理世界》2002年第5期。

宋林飞：《"民工潮"的形成、趋势与对策》，《中国社会科学》1995年第4期。

宋士云、焦艳芳：《十六大以来中国社会保障制度的改革与发展》，《中共党史研究》2012年第11期。

宋士云、吕磊：《中国社会保障管理体制变迁研究（1949—2010）》，《贵州财经学院学报》2012年第2期。

宋士云、许冰：《中国产业结构与就业结构的互动关系及就业政策研究》，《产业经济评论》2015年第4期。

宋士云、张宪昌：《农业产业化促进农村劳动力转移的机理分析》，《山东社会科学》2009年第8期。

宋士云：《1992—2001年中国居民收入的实证分析》，《中国经济史研究》2007年第1期。

宋士云：《2002—2010年我国居民收入的实证分析》，《河南大学学报》（社会科学版）2013年第2期。

宋士云：《改革开放以来中国企业劳动关系变迁的历史考察》，《当代中国史研究》2018年第1期。

宋士云：《新中国社会福利制度发展的历史考察》，《中国经济史研究》2009年第3期。

宋士云：《中国职工福利制度的回顾与展望》，《理论学刊》2013年第1期。

苏海南：《收入分配制度改革现状与努力方向》，《中国经济时报》2015年6月9日。

苏南海、刘秉泉：《工资分配篇》，《中国劳动》2008年第11期。

苏海南：《正确认识、稳妥推进公务员工资改革》，《中国党政干部论坛》2014年第8期。

孙德超、曹志立：《公务员工资制度面临的挑战与改革方向》，《理论探讨》2015年第4期。

孙金锋、杨继武：《新生代农民工培训中的政府职能探析》，《农村经济》2012年第7期。

孙乐：《中国劳动力市场灵活性与安全性平衡探讨》，《人口与经济》2010年第3期。

孙秋鹏：《我国劳动者持续低工资形成机制分析》，《中南财经政法大学学报》2009年第3期。

孙新玲：《完善基本工资制度的几点意见》，《山东劳动》1998年第10期。

孙展、吴佩霜：《毕业，失业？》，《中国新闻周刊》2003年第25期。

唐钧：《中国的社会保障政策评析》，《东岳论丛》2008年第1期。

唐美玲：《青年农民工的就业质量：与城市青年的比较》，《中州学刊》2013年第1期。

天佑：《深化劳资合作，促进职企双赢——对各地工会大力推进区域性行业性工资集体协商工作的综合报告》，《中国工运》2011年第1期。

汪海波：《中国国有企业改革的实践进程（1979—2003年）》，《中国经济史研究》2005 年第 3 期。

王春光：《农民工：一个正在崛起的新工人阶层》，《学习与探索》2005 年第 1 期。

王德文：《中国刘易斯转折点：标志与含义》，《人口研究》2009 年第 2 期。

王鸿玲、刘春林：《探索岗位绩效工资制度改革创新之路》，《煤矿现代化》2005 年第 6 期。

王进：《"民工荒"的警示——劳动供求关系的新走向》，《中国劳动》2005 年第 8 期。

王美艳：《〈劳动合同法〉的实施：问题和对策建议》，《贵州财经学院学报》2013 年第 1 期。

刘驰：《关于发展和谐劳动关系问题研究》，《中国劳动关系学院学报》2012 年第 4 期。

王淑芳：《〈中央企业负责人经营业绩考核暂行办法〉评析》，《财务与会计》2007 年第 10 期。

王西玉等：《中国二元结构下的农村劳动力流动及其政策选择》，《管理世界》2000 年第 5 期。

王延中、单大圣：《加入 WTO 与中国社会保障制度的发展与完善》，《中国社会科学院研究生院学报》2012 年第 3 期。

王瑜琨：《2003 年高校毕业生总就业率达 70%》，《中国教育报》2003 年 11 月 12 日。

魏朋：《技工学校改革发展 60 年历程的回顾与反思》，《河北科技师范学院学报》（社会科学版）2011 年第 1 期。

吴连霞：《1979—1992 年我国农村劳动关系的变化与运行机制》，《安庆师范学院学报》（社会科学版）2015 年第 2 期。

吴庆：《演变、定位和类型——中国大学生就业政策分析》，《当代青年研究》2005 年第 2 期。

武力、肖翔：《工业化、市场化与收入差距变化趋势研究》，《甘肃社会科学》2010 年第 6 期。

夏斐：《理性客观看待大学扩招》，《光明日报》2008 年 12 月 10 日。

谢勇、王丽艳：《中国的最低工资标准：发展、构成和水平》，《开发研究》

2015年第6期。

信长星：《坚持就业优先巩固民生之本》，《经济日报》2012年5月25日。

徐瑶君：《职工经济补偿金"打欠条"现象应引起重视》，《中国工运》2001年第12期。

徐友龙等：《"民工荒"，"荒"的是什么?》，《观察与思考》2010年第4期。

许经勇：《关于贯彻农村人民公社中的工分制问题》，《中国经济问题》1978年第3期。

杨光：《千呼万唤"年薪"来》，《中外管理》2004年第2期。

杨克明、董冲：《双轨就业体系的制度分析》，《福建论坛》（经济社会版）1998年第6期。

杨宜勇、池振合：《2009年中国就业形势及对策建议》，《经济研究参考》2009年第1期。

杨宜勇、池振合：《中国居民收入分配现状及其未来发展趋势》，《经济研究参考》2014年第6期。

杨宜勇、朱小玉：《大学生就业问题成因及其对策》，《中国高等教育》2007年第23期。

姚裕群：《论企业富余人员、下岗与再就业工程》，《经济理论与经济管理》1997年第6期。

姚裕群：《我国大学生就业难问题演变与近期发展趋势》，《人口学刊》2008年第1期。

尹蔚民：《全力以赴做好就业这篇大文章》，《求是》2014年第10期。

于东阳、苏少之：《中国公务员工资制度和工资水平的演变探析——基于1992—2012年的改革实践》，《中国人力资源开发》2014年第22期。

于东阳：《改革开放以来我国工资制度研究述评》，《中国劳动》2014年第12期。

于东阳：《工资决定理论评析及其对我国工资制度改革的启示》，《商业时代》2013年第29期。

俞晓晓、张妮：《浙江省〈劳动合同法〉实施效果的调研及反思》，《学理论》2014年第4期。

原新、刘厚莲：《中国人口红利真的结束了吗?》，《人口与经济》2014年第

6 期。

岳经纶：《农民工的社会保护：劳动政策的视角》，《中国人民大学学报》2006 年第 6 期。

曾湘泉、刘彩凤：《我国劳动力供需形势分析及展望》，《中国劳动》2006 年第 1 期。

张车伟、张士斌：《中国初次收入分配格局的变动与问题——以劳动报酬占 GDP 份额为视角》，《中国人口科学》2010 年第 5 期。

张宏业：《关于深化国家机关事业单位工资制度改革的几点思考》，《山西师大学报》（社会科学版）1999 年第 1 期。

张建红：《中国地区工资水平差异的影响因素分析》，《经济研究》2006 年第 10 期。

张江华：《工分制下的劳动激励与集体行动的效率》，《社会学研究》2007 年第 5 期。

张凯利：《从数字看我国技工学校的发展和改革》，《职业技能培训教学》1999 年第 12 期。

张力、袁伦渠：《公务员工资制度改革需要新思路》，《中国国情国力》2007 年第 5 期。

张丽宾：《"民工荒"：揭示出经济运行中的深层次问题》，《中国劳动》2004 年第 11 期。

张丽宾：《"民工荒"预警劳动力供给瓶颈》，《中国国情国力》2004 年第 10 期。

张小建：《提高劳动者素质　延缓就业压力的有效措施：建立和实施劳动预备制度》，《中国劳动科学》1997 年第 5 期。

张小建：《中国积极的就业政策及其实践成果》，《中国就业》2013 年第 9 期。

张玉玲：《公平对待农民工》，《光明日报》2003 年 1 月 20 日。

章铮：《民工荒与民工中年失业》，《中华工商时报》2006 年 9 月 1 日。

赵德馨、苏少之：《两种思路的碰撞与历史的沉思——1950—1952 年关于农业合作化目标模式的选择》，《中国经济史研究》1992 年第 4 期。

赵凌云：《1978—1998 年间中国国有企业改革发生与推进过程的历史分析》，

《当代中国史研究》1999年第5—6期。

赵凌云：《转轨与摩擦：1979—1991年中国二元经济体制格局的历史分析》，《中国经济史研究》2006年第3期。

赵入坤：《城镇劳动就业与中国改革的发轫》，《当代中国史研究》2009年第2期。

郑秉文：《中国社会保障制度60年：成就与教训》，《中国人口科学》2009年第5期。

郑东亮：《经济新常态下构建和谐劳动关系面临的挑战和对策》，《中国劳动》2015年第10期。

郑志国：《我国最低工资标准增长态势与测算方法分析》，《河北经贸大学学报》2013年第1期。

中共中央党史研究室：《正确看待改革开放前后两个历史时期——学习习近平总书记关于"两个不能否定"的重要论述》，《人民日报》2013年11月8日。

中国工运研究所课题组：《"十二五"时期我国劳动关系发展走势与应对之策》，《现代财经》（天津财经大学学报）2012年第10期。

中国农民工战略问题研究课题组：《中国农民工问题调查》，《中国经济报告》2009年第2期。

周兢：《刘少奇劳动制度改革思想及其现实意义》，《北京科技大学学报》（人文社会科学版）1998年第4期。

周叔莲：《二十年来中国国有企业改革的回顾与展望》，《中国社会科学》1998年第6期。

朱佳木：《正确认识新中国两个30年的关系》，《前线》2010年第3期。

朱泽：《"民工潮"问题的现状、成因和对策》，《中国农村经济》1993年第12期。

宗令：《初谈学徒制度改革问题》，《职业教育研究》1983年第6期。

左春文：《深化机关事业单位工资制度改革》，《红旗文稿》2006年第22期。

索　引

上卷（1949—1978）

A

按劳分配原则 2,120,124,130,133,137,153,214,275,310 – 312,315,320 – 323,329,333,334,337 – 339,379,387,389,392,394,464,465

B

八小时工作制 86,443

C

城乡二元分割 79,214
城镇失业率 45,113,114

D

等级工资制 2,120,129,136,137,150,214,310,311
个体劳动制度 3,193
工分制 209 – 211,387,389,390,392
工伤保险 23

工资区类别 135,325,327,328,330,331,342,451
工资水平 2,19,20,52,86,120,132 – 134,139,141,142,146,149,150,152,154 – 156,219,317,318,324 – 326,336,339,342 – 345,362
工资制度改革 128,146,320,328,329,342,345
公费医疗 169 – 172,349,350,356,360,406,416,428,454,456,465
固定工制度 76,252 – 254,256,261,263,454
雇佣劳动制度 5,9
国家—单位保障制 2,172,214,347,359

H

合同工 228,230,255 – 258,261,262,264,271,288,315,335,336,439,444,445,454,457,458
后备技术工人 2,44,102,104 – 107,

220,294,295,303,309

J

集体劳动制度 3,193

计划经济体制 78,133,156,213,214,217,252,264,272,285,293,303,308,310,339,344,347,356,359-362,367-369,371

计划外用工 237,252,253,265,268-270,291,464

计件工资 2,17,18,52,81-83,120,126,129,137,138,145-147,150,151,165,273-276,311-314,321-323,331,333,334,338,341-345,413,445,453,467

计时工资 17,18,137,147,150,151,165,273,274,313,321-323,334,364

技工学校 41,73,102,105-108,111,217,223,224,231,244,293-300,303-306,308,309,324,336,418,420-422,424,425,429-432,435-437,439,441,444,447,448,450,453,454,459,463,466,468

奖励工资 129,145,146,150,151,214,314,320-322,324,333,339,376,453

经济发展战略 133,157,190

精减职工 214,229-231,237,240,242,246,248,257,263,272,274,282,287-290,325,342,353,444,446,449-451,456,464

就业结构 2,38,43,108,115

就业制度 43,62,70,72,116,263,264,308

居民收入 148,346,398,402-406

L

劳保医疗 172,349-351,360,456,457,465

劳动保险条例 2,37,159-163,165-169,171-173,175,286,347,350,352-354,359,360,413,418

劳动保险制度 2,21,37,38,43,95,120,159,160,214,355

劳动法规 2,22,26,27,30,183

劳动关系 3,177,179,183,187,192,359

劳动合同制 254,256,264,430

劳动计划管理体制 218,224

劳动纪律 13,31,34,94-97,184-189,191,272,287,292,314,398,419,421

劳动经济制度 1,5,25,29,33,214

劳动力就业 2,43,78,112-117,119,214,239

劳动力流动 65,76,115,438

劳动力培训 107,108,309

劳动力市场 2,5,7,39,41,43,65,

70－72,110,116,118,141,148,210
劳动力素质 41,42,111,112
劳动力统一调配 58,60,63－65,70,103,244,246,414,429
劳动力统一招收 56,72,119
劳动人口 2,43,368
劳动时间 12,13,86
劳动争议处理 185,186,188,190,192
劳资关系 1－3,11,31,47,50,138,139,142,177,179,181－185,187－190,408,419
劳资两利 2,31,33,43,49,50,86,138,182－185,188,407,410
临时工 6－8,28,60,62,64,66,74,76,79,84,189,191,222,225,227,228,230,233,236,237,246－248,254－268,270,271,286－288,290,291,318,332,335,336,360,420,426,427,431,433－435,438,439,441,444,445,447,451,454,455,457,458,461,462
刘少奇 96,202,241,254－258,261,262,305－308,430,436,454
轮换工制度 260,262,461

M

毛泽东 30,43,49,51,58,60,86,98,202－204,239,242,306,311,372－374,379,380,407,411,425,430,459,463,464

N

农村人民公社 220,221,240,260,311,312,315,321,371,374,376,377,380－385,387－389,392－397,400,439,443－445,447,452
农业集体化 195,202,205,210,321,372,373,375,376,379,382,383,389
农业劳动力 39,200,235,372
农业生产合作社 196,198,201－208,210,256,371,372,374,382,415,419,424,431
农业生产互助组 196,198,201,202

P

评工计分 199,210

Q

企业保险 215,355,356,359－361
企业编制定员 84,277－280,282,283,441
企业劳动保护 85
企业劳动定额 2,43,79,81,271,273

R

人力资源 6,7,11,17,20,21,27,28,31,34,36,38,68,266

S

社会保险制度 2,23,28,29,32,36,159,160,162,168,171,347,354-356,358-362,370

社会统筹模式 214

社会主义初级阶段经济形态 1

生育保险制度 170

剩余劳动力 38,39,45,47,57,63-65,67,79,116,257,258,414,416,417

失业工人 2,27,43-45,48,50-55,57,58,64,65,98-102,104-108,265,410-413,415-417,419

失业救济 22,51-55,98-100,105,108,420,423,426

失业人员 27,44,45,48,50-60,63-65,73,76,77,97,98,103,108,111,113,114,253,411,412,417-420,428

收入分配制度 120,130,377,393,397

T

提高劳动生产率 58,65,73,79,97,143,152,155,156,159,174,233,247,260,275-278,287,291,321,322,441,465

统包统配 56,72,74,76,214,261,310

土地改革 1,3,43,47,53,76,77,178,193-196,198,201,399,404,411

退休制度 171,348,349,356,358,362

退职制度 171,292,348,349,357

X

现收现付模式 215

新民主主义经济形态 1,25,43,407

学徒工 6,10,30,103,137,303,304,318,335,345,353

Y

医疗保险制度 169,170

以工代赈 52,54,98-100,113,411,430

亦工亦农制度 256,258,259,261

优先发展重工业战略 56,116,159,359,399

Z

政府介绍就业 54,60,113,114,419

知识青年上山下乡 214,231,233,237-244,263,269,463,466,468

职工福利 2,44-48,51-55,57,64,65,86-88,91,123,124,126,127,131,139,140,142,147-149,159,172-175,183,189,214,347,360,362-370,446,460,469

职工工资收入 2,120,146,155,214,
　310,339,344-346
职务工资制 132,326
职业病 13,93,164,258,351,352,
　429,431
职业技术培训 2,43,97,98,102,
　107,308,309
周恩来 58,86,99,109,213,233,

　236,315,337,338,347,349,413,
　432,433,446,455,462,463
转业训练 2,43,52,54,55,97-102,
　104-108,411
子女顶替 263,264,447,449,452,
　453,464
自谋职业 54,55,60,63,113,436

下卷（1979—2012）

A

按劳分配原则 514,516,519,522,
　524,526,530,695,702,705,707,
　710,984,985,1018

C

城乡二元分割 838,839,985
城乡统筹就业 598,601,641,645,
　649,650,661,662,782,785,820,
　832,836,837,982,987
城镇待业青年 474,502,503,
　1005,1014
城镇职工基本医疗保险 732-734,
　788,933,936,944,1051,1055,
　1062,1064

D

大学毕业生就业 805,808-810,

　812,814-816,818,819,843
弹性劳动工资计划 598,603,684-
　687,987,1036,1037,1042
等级工资制 472,513,525,528,535,
　693,695,702,706-708,710,895,
　981,985,986
邓小平 514,515,601,641,926,929,
　968,976,977,1005,1006,1009,
　1025,1036,1048

E

二元劳动力市场 631,661
岗位绩效工资制 702,775,894-
　897,917,989
岗位技能工资制 524,526,598,693-
　697,895,896,988,1034,1036
工伤保险制度 547,549,739,
　740,934
工资控制线 598,688,689,987,

1045,1048

工资收入分配 513,523,598,599,
　680,682,684,692-695,700-
　704,717,774,893,894,901,903,
　906,913-915,917,918,920,922,
　927,958,987-989,997-999,
　1047,1054,1055

工资增长机制 530,705,902,
　999,1036

工资支付保障 902,912,1078

工资指导线 598,682,683,690,691,
　701,894,903-905,927,987,
　999,1046

工资总额与经济效益挂钩 483,526,
　598,693,907,988

公费医疗 545,546,742,743,1017

公共就业服务体系 626,627,659,
　790,1077,1084

固定工制度 472,479,482,483,488,
　489,492,562,563,572,604,607-
　609,615,625,656,986,1027

国家—单位保障制 537,599,722,
　741,742,985,988

J

积极就业政策 774,777,780-785,
　787,788,790-796,837,844,989

集体合同制度 611,762,902,954-
　960,971,1045,1057,1058,1079

计划经济体制 471,473,474,491,
　513,514,530,532,557,578,583,
　597,601,604,608,611,613,635,
　665,674,720,722,801,806,928,
　974,980,981,985-987

计件工资 514,515,518-520,523,
　527-530,694,702,1008

计时工资 515,523

家庭联产承包责任制 486,490,491,
　493,534,582-588,593,642

奖励工资 516,518,520,524,525,
　527,985

结构工资制 472,520,523-525,
　694,707,708,986,1018

就业结构 474,478,643,655,657,
　717,721,753,791,793,819,820,
　823,982,989,995,1038

L

劳动部门介绍就业 477,1008,
　1010,1013

劳动法律法规 633,754,757,
　804,966

劳动关系的契约化 561,750

劳动关系法制化 557,754

劳动合同法 580,623,775,803,804,
　841,848,858,902,951-954,956,
　958,966-971,982,990,1002,
　1072,1075

劳动合同制 472,479-484,486,
　488,489,491,492,497,502,503,

535,536,540-543,547,548,553,559,561-563,572,574,577,598,601,603-605,607,609-611,615,618,622,625,656,658,659,749,750,753,763,800,832,841,952-954,956,959,961,986,987,1014,1016,1018,1019,1022,1023,1026,1028,1029,1034,1040,1043-1046,1070,1078

劳动纪律 481,494,660,750,755,1006,1011,1012,1025

劳动经济制度 471,773,984-987

劳动就业制度改革 473,476,478,484,486-488,491-493,659

劳动力供求 473,477,623-625,633,643,656,658,681,683,716,745,777,778,814,851,865,995,1002

劳动力就业 473,475,478,486-488,490,566,583,588,598,601,631,641,642,645,646,648-650,661,662,673,674,774,791,796,981,985,987,1038

劳动力流动 485,487,490,491,493,552,563,581,583,624,631,650-654,657,662,829,836,843,864,866,874,940,943,985,1054

劳动力培训 679

劳动力市场服务体系 628,631,843,845,859

劳动力市场工资指导价位 598,691,702,703,894,905,906,927,987,1054

劳动力素质 673,844,866

劳动力资源配置 478,488,491,534,566,624,660,685,745,773,774,836,845,847,982,983,986,988,989

劳动人口 866,871-873

劳动时间 491,516,579,689,825,852,909

劳动预备制度 657,673-676,783,1046,1048,1050,1053

劳动者自主择业 486,610,623,634,648,658,720,779,786,793,794,842,982

劳动争议处理 576,577,579,755,756,760-762,769-771,958,962-965,971,1026,1027,1037,1057,1058

劳动争议调解仲裁法 775,858,958,965,966,982,990,1002,1074

劳务市场 472,483,485,489,493,646,807,986,1018,1021,1027,1031

临时工 479,480,483,486,489,493,537,545,548,554,608,618,623,652,792,800,801,804,805,1008,1009,1012,1031

刘易斯转折点 774,850,859-862,

864-867,870,874

M

民工潮 487,490,598,601,641-645,651,657,838,850,852,862,864,987,1030,1038

民工荒 774,850-860,864,867,961,989

N

年薪制 683,693,696-701,703,704,894,897-902,1035,1040,1065

农村劳动力开发就业 487,490,598,601,641,645-650,657,820,987,1033,1037,1046,1055

农村劳动力跨地区流动有序化工程 645,650,1038

农村剩余劳动力 472,486,487,490,491,493,533,534,554,566,583,588,632,642,644-646,650-652,655,657,662,720,771,778,838,852,861,862,864,986,995,1012,1032,1038,1043,1048

农民工就业 647,650,719,771,774,788,792,796,820,823,825,826,829,832-834,961,1067,1069

Q

企业富余职工 485,503,504,534,612,614,615,671,735,1037,1046

企业工资集体协商 693,700,902,904,998,999,1047

企业管理干部培训 509,511

企业职工待业保险 480,481,543,544,573,735,736,742,1022,1023,1030,1037

企业职工基本养老保险制度 640,728-730,932,1048,1064,1069

R

人才市场 485,493,627,633,839,840,846,899,1040,1044,1060,1065,1067-1069,1074

人口红利 774,850,863,866-874,991,1003

人力资源管理 682,844,847,859,891,954

人力资源市场 633,786,833,834,840,842,845-849,883,982,989,996,1073-1075,1080

人民公社体制 566,581,582,584,585,587,588

S

社会保险法 551,834,848,934,944,945,982,990,1079,1081

社会保险制度 471,472,488,531,536-540,550,552-556,573,580,599,639,722-726,731,741-744,749,828,929,934,939,940,943,986,988,

索 引

1034,1043

社会保障体系 550,551,616,621,626,627,634,637,639,640,648,657,692,723,724,729,730,738,773,775,783,795,929－931,934,937,942,944,945,963,983,988,990,1033,1035,1043,1048,1053,1055,1056,1059,1062,1064,1071

社会保障制度的公平性 937,938,942,944

社会保障制度的效率性 939

社会养老保险制度 550,551,935,1069,1082

生育保险制度 549,599,722,739,740,742,934,942,988

失业保险制度 543,544,552,599,637,735－739,742,780,783,791,799,988,1038,1064,1065,1067

失业人员 597,599,601,606,612,616,617,621,626,628,629,631,634－638,640,641,654,657,659,661,672,673,677,678,716,718,736－738,752,754,764,765,771,774,778,780－786,789－791,796－798,800,833,838,844,845,851,864,879－882,948,951,987,1048,1060,1061,1063－1065,1067

市场导向就业机制 604,633,634,636－639,653,656,782,784,797

市场化劳动关系 557,561,564,565,568－570,577,599,745,750,754,757,759,762,771,775,963,965,988,990

市场经济体制 513,543,597,599,601－605,609,610,622－624,637,651,653,655,656,658－660,663,665,672,674,680,681,684,690,697,700,705,710－712,714,720,722,723,726,736,739,745,746,749,769,771,773,774,779,800,807,816,836,839,840,847,886,893,903,913,914,919,927－930,939,977,986－989,999,1038,1039,1042,1056,1064,1073

T

提高劳动生产率 494,518,606,613,1013

统包统配就业制度 471,473,491,986

X

习近平 972,973,977,991,993

下岗职工 482,492,597,599,601,612－621,625,626,628,629,631,634－641,657,658,660,661,671,673,675,677,678,718,722,724,735－739,743,752,764－766,771,780,781,783,784,791,797－800,844,935,948－950,958,987,

1045,1048－1050,1052－1057,
1064,1067
现收现付模式 725,985
学徒培训制度 500,501

Y

优化劳动组合 482,483,489,492,
545,563,564,572－574,604,611,
612,659,1031
优先发展重工业 475,532,980,981,
984,985

Z

再就业服务中心 611,612,616－
621,628,634－637,639,640,657,
659,737,738,765,767,778,780,
798,799,949,1045,1047,
1048,1050
再就业工程 598,601,607,611－
619,621,630,635,654,659,660,
671,675,724,725,735,780,781,
798,987,1038,1041－1044,1046,
1049,1053
职工福利 519,532,533,555,702,
704,985,1014
职工工资收入 541,566,683,704,
904,919,927,985
职业技能开发 598,624,663,666,
669,672,679,987
职业技术教育 495,496,504,668,
678,876,892,1008,1015,1022,
1023,1025,1034
职业技术培训 472,494,498,502,
503,512,649,675,986,1011,
1013,1014,1017,1019－1021,
1024,1025,1059
职业能力建设 774,875,877,878,
889,1075
转轨就业 774,796,814
最低工资保障制度 683,689,756,
908,909,1040

后 记

本书是我主持完成的2012年度国家社会科学基金项目"新中国劳动经济史"（批准号：12BJL017）研究成果的修改稿，定名《中国劳动经济史（1949—2012）》。

对于该课题的研究，我们曾多次召开专题研讨会，并邀请有关专家对课题研究的计划和内容进行深入研讨和论证，对课题研究的中期成果进行评估和把关。在课题研究中，中国社会科学院经济研究所董志凯研究员，当代中国研究所武力研究员，中南财经政法大学经济学院苏少之教授，以及山东省人力资源和社会保障厅与聊城大学的领导和专家都给予了大力支持，特别是王丙毅教授、付景远教授在课题研究内容和结构设计等方面提出了许多建设性意见，在此深表感谢。

在写作过程中，课题组成员始终坚持"质量第一，有所创新"的原则，实行分工合作、专人执笔，多次讨论修改，几易其稿，逐步完善，经过五年多的共同努力终于按时完成了任务，该成果是集体智慧的结晶。其中，中共中央党校程连升教授提供了第二章和第七章的初稿；中南财经政法大学宋博博士提供了第十九章、第二十七章和结束语的初稿，并整理了大事记、翻译了目录；吴连霞博士提供了第十五章、第十六章第一节、第二十一章和第二十九章的初稿；于东阳博士提供了第十三章的初稿；孙金锋副教授提供了第十二章、第十八章和第二十六章的初稿。我本人完成了其他章节的写作和最后的统稿、定稿。

在向山东省社会科学规划管理办公室提交研究报告后，我一直惴惴不安，等待"宣判"。可喜的是，评审专家给出了"优秀"等级的鉴定结论（结项证书号：20170829），同时也对研究成果提出了十分中肯的修改建议。

《国家哲学社会科学成果文库》评审专家的修改意见，高屋建瓴，更使我们受益匪浅。这些修改建议，我也多已融会于本书之中，专家对晚辈后学的鼓励，我深表谢意！

本书在撰写过程中借鉴了大量的国内外专家、学者的研究成果，大多都以注释或参考文献的方式体现，在此深表谢意。本书作为2019年《国家哲学社会科学成果文库》入选著作，感谢中国社会科学出版社卢小生编审的大力支持。

由于我们尚在劳动经济理论与实践的学习和探索中，偏颇、疏漏甚至错误的地方在所难免，恳请有关专家、学者和读者不吝赐教。共同推进中国劳动经济史的研究是我们共同的愿望和责任，让我们引为同道，互相勉励，共同前行。

宋士云

2020 年 11 月

图书在版编目（CIP）数据

中国劳动经济史：1949—2012：全二卷/宋士云等著 . —北京：中国社会科学出版社，2021.3

（国家哲学社会科学成果文库）

ISBN 978 - 7 - 5203 - 7879 - 6

Ⅰ. ①中… Ⅱ. ①宋… Ⅲ. ①劳动经济—经济史—中国—1949 - 2012 Ⅳ. ①F249.297

中国版本图书馆 CIP 数据核字（2021）第 025474 号

出 版 人	赵剑英
责任编辑	卢小生
责任校对	周晓东
封面设计	肖 辉 郭蕾蕾
责任印制	戴 宽
出　　版	中国社会科学出版社
社　　址	北京鼓楼西大街甲 158 号
邮　　编	100720
网　　址	http://www.csspw.cn
发 行 部	010 - 84083685
门 市 部	010 - 84029450
经　　销	新华书店及其他书店
印刷装订	北京君升印刷有限公司
版　　次	2021 年 3 月第 1 版
印　　次	2021 年 3 月第 1 次印刷
开　　本	710×1000　1/16
印　　张	74.75
字　　数	1218 千字
定　　价	448.00 元（全二卷）

凡购买中国社会科学出版社图书，如有质量问题请与本社营销中心联系调换
电话：010 - 84083683
版权所有　侵权必究